2급 필기

강명성 · 박민혁 · 이종창 · 안정 · 정인숙 · 김대성 공저

다락원

★ 저자 약력 ★

강명성

고려대학교 사회체육학과 박사 수료
현) 롯데헬스케어 서비스기획
전) 녹십자헬스케어 건강운동관리사
삼성서울병원 스포츠의학센터 건강운동관리사
건강운동관리사, 1급 생활스포츠지도사(보디빌딩), 2급 생활스포츠지도사(보디빌딩)

박민혁

고려대학교 스포츠운동의학 박사 수료
현) 대구스포츠과학센터 선임연구원
전) 경북대학교병원 심뇌혈관질환센터 건강운동관리사
남산병원 스포츠재활센터 건강운동관리사
건강운동관리사, 1급 생활스포츠지도사(보디빌딩), 물리치료사

이종창

경희대학교 스포츠의·과학 박사 수료
현) 스포츠락커룸 센터장
대구과학대학교 전문스포츠지도학과 겸임교수
경운대학교 물리치료학과 외래교수
2급 생활스포츠지도사(보디빌딩), 노인스포츠지도사(보디빌딩), 물리치료사

안정

숙명여자대학교 체육학과 석사
현) 스트레치피트 강사
한국성서대학교 기초교양교육과 외래교수
전) 삼성서울병원 스포츠의학센터 운동처방사
2급 생활스포츠지도사(스쿼시)

정인숙

한국체육대학교 건강관리전공 석사
현) 반포자이안센터 건강운동관리사
전) 서울아산병원 스포츠건강의학센터 건강운동관리사
경북대학교병원 심뇌혈관질환센터 건강운동관리사
건강운동관리사, 2급 생활스포츠지도사(보디빌딩)

김대성

서남대학교 체육학 박사
현) 한일장신대학교 운동처방재활학과 조교수
전) 한국운동재활협회 교육팀장
철인3종 청소년국가대표팀 트레이너
2급 전문스포츠지도사(철인3종), 2급 생활스포츠지도사(수영), 노인스포츠지도사(보디빌딩)

★ 머리말 ★

2급 생활스포츠지도사, 유소년스포츠지도사, 노인스포츠지도사는 문화체육관광부, 국민체육진흥공단이 주관하며, 만 18세 이상이면 누구나 응시할 수 있는 국가자격증입니다.

누구나 응시할 수 있는 시험임에도 시험을 치르는 첫 관문인 필기시험이 상당히 어렵게 느껴집니다. 과목별 내용이 상이하고, 시험의 난이도가 높아 스포츠를 전공하지 않은 사람은 특히나 더 힘이 듭니다.

〈생활스포츠지도사 2급 필기〉는 각 과목별로 전문가들이 집필하여 내용의 정확성을 높였고, 기출문제를 기반으로 하여 시험에 잘 나오는 실제 필요한 이론만을 실었습니다. 방대한 이론에서 핵심만 추린 것이니만큼 예비 스포츠지도사들의 이해를 돕기 위해 저자 직강 무료 동영상도 제공합니다. 5년간 기출문제와 상세한 해설을 수록해 이 책 한 권으로 합격할 수 있도록 했습니다.

이 책이 나오기까지 아낌없는 도움을 주신 사랑하는 우리 가족, 내 인생의 동반자 박은혜, 귀염둥이 딸 강다윤, 늘 희생하시는 허정숙 여사님에게 먼저 감사의 말씀을 드립니다. 같은 길을 걸어오며 항상 옆에서 힘이 되어 준 박민혁 님에게도 '고맙다'는 말을 전하고, 또한 모든 노력을 다하신 이종창, 안정, 정인숙, 김대성 선생님에게도 진심 어린 감사를 전합니다.

모든 예비 스포츠지도사분들이 공부하는데 있어 이 한 권의 책이 합격으로 다가가는데 있어 의미 있게 쓰여지고, 나아가 모든 일에 최선을 다하셔서 합격 그 이상을 인생에서 이루시길 진심으로 바랍니다.

강명성 드림

체육지도자

체육지도자란 학교·직장·지역사회 또는 체육단체 등에서 체육을 지도할 수 있도록 국민체육진흥법에 따라 스포츠지도사, 건강운동관리사, 장애인스포츠지도사, 유소년스포츠지도사, 노인스포츠지도사 중 어느 하나에 해당하는 자격을 취득한 사람을 말한다.

■ 체육지도자의 구분 ※ 국민체육진흥법 시행령 제9조, 제9조의2, 제9조의3, 제9조의4, 제9조의5

<table>
<tr><td rowspan="10">체육지도자</td><td rowspan="4">스포츠지도사</td><td>1급 전문스포츠지도사</td><td>해당 자격 종목의 2급 전문스포츠지도사 자격을 취득한 후 3년 이상 해당 자격 종목의 경기지도경력이 있는 사람으로서 동일 자격 종목의 1급 전문스포츠지도사 자격검정에 합격하고 연수과정을 이수한 사람</td></tr>
<tr><td>2급 전문스포츠지도사</td><td>해당 자격 종목에 대하여 4년 이상의 경기경력이 있는 사람으로서 2급 전문스포츠지도사 자격을 취득하기 위한 자격검정에 합격하고, 연수과정을 이수한 사람(체육 분야에 관한 학문을 전공하고 졸업한 사람은 그 수업연한을 경기경력으로 봄)</td></tr>
<tr><td>1급 생활스포츠지도사</td><td>해당 자격 종목의 2급 생활스포츠지도사 자격을 취득한 후 3년 이상 해당 종목의 지도경력이 있는 사람으로서 동일 자격 종목에 대하여 1급 생활스포츠지도사 자격을 취득하기 위한 자격검정에 합격하고, 연수과정을 이수한 사람</td></tr>
<tr><td>2급 생활스포츠지도사</td><td>2급 생활스포츠지도사 자격을 취득하기 위한 자격검정에 합격하고, 연수과정을 이수한 사람</td></tr>
<tr><td>건강운동관리사</td><td colspan="2">체육 분야에 관한 학문을 전공하고 졸업한 사람으로서 건강운동관리사 자격을 취득하기 위한 자격검정에 합격하고, 연수과정을 이수한 사람</td></tr>
<tr><td rowspan="2">장애인 스포츠지도사</td><td>1급 장애인스포츠지도사</td><td>해당 자격 종목의 2급 장애인스포츠지도사 자격을 취득한 후 3년 이상 해당 자격 종목의 지도경력이 있는 사람으로서 동일 자격 종목에 대하여 1급 장애인스포츠지도사 자격을 취득하기 위한 자격검정에 합격하고 연수과정을 이수한 사람</td></tr>
<tr><td>2급 장애인스포츠지도사</td><td>2급 장애인스포츠지도사 자격을 취득하기 위한 자격검정에 합격하고 연수과정을 이수한 사람</td></tr>
<tr><td>유소년 스포츠지도사</td><td colspan="2">유소년스포츠지도사 자격을 취득하기 위한 자격검정에 합격하고 연수과정을 이수한 사람</td></tr>
<tr><td>노인 스포츠지도사</td><td colspan="2">노인스포츠지도사 자격을 취득하기 위한 자격검정에 합격하고 연수과정을 이수한 사람</td></tr>
</table>

※ [회색 음영] 는 이 책으로 학습하여 응시할 수 있는 자격시험의 범위 표기

■ 체육지도자의 결격사유 ※ 국민체육진흥법 제11조5

1. 피성년후견인
2. 금고 이상의 형을 선고받고 그 집행이 종료되거나 집행이 면제된 날부터 2년이 지나지 아니한 사람
3. 금고 이상의 형의 집행유예를 선고받고 그 유예기간 중에 있는 사람
4. 성폭력범죄 또는 아동·청소년대상 성범죄를 저지른 사람으로서 금고 이상의 형 또는 치료감호를 선고받고 그 집행이 종료되거나 집행이 유예·면제된 날부터 20년이 지나지 아니하거나 벌금형이 확정된 날부터 10년이 지나지 아니한 사람
5. 선수를 대상으로 상해와 폭행의 죄를 저지른 체육지도자로서 금고 이상의 형을 선고받고 그 집행이 종료되거나 집행이 유예·면제된 날부터 10년이 지나지 아니한 사람
6. 체육지도자의 자격 취소 사항이거나 검정과정에서 부정행위를 하여 자격검정이 중지 또는 무효로 된 후 3년이 경과되지 아니한 사람

■ 체육지도자의 재교육 ※ 국민체육진흥법 제11조6

1. 체육단체 및 학교 등에서 체육 지도 업무에 종사하는 체육지도자는 윤리 및 인권의식 향상을 위하여 매 2년마다 성폭력 등 폭력 예방교육 등의 내용이 포함된 재교육을 받아야 한다.
2. 체육단체 및 학교 등을 운영하는 자는 해당 단체 및 학교 등에 종사하는 체육지도자에 대하여 재교육을 이유로 불리한 처우를 하여서는 아니 된다.

■ 체육지도자의 자격취소 ※ 국민체육진흥법 제11조7

1. 거짓이나 그 밖의 부정한 방법으로 체육지도자의 자격을 취득한 경우
2. 자격정지 기간 중에 업무를 수행한 경우
3. 체육지도자 자격증을 타인에게 대여한 경우
4. 체육지도자의 결격 사유에 해당하는 경우
5. 자격검정을 받는 사람이 그 검정과정에서 부정행위를 한 때에는 현장에서 그 검정을 중지시키거나 무효로 한다.

체육지도자 자격운영위원회의 의결에 따라 그 자격을 취소하거나 5년의 범위에서 자격을 정지

-선수의 신체에 폭행을 가하거나 상해를 입히는 행위를 한 경우

-선수에게 성희롱 또는 성폭력에 해당하는 행위를 한 경우

-재교육을 받지 아니한 경우

-직무수행 중 부정이나 비위 사실이 있는 경우

2급 생활 · 유소년 · 노인 스포츠지도사 공통

■ 유의사항

- 동일 자격등급에 한하여 연간 1인 1종목만 취득 가능(동 · 하계 중복 응시 불가)
  - 예 2023년 2급 생활 스키종목 실기검정 응시자의 경우, 같은 해 필기시험 시 스키 종목만 선택 가능(스키종목 실기구술 탈락 시, 같은 해 하계종목 필기시험 응시 불가)
- 필기 및 실기구술시험 장소는 추후 체육지도자 홈페이지에 공지 예정
- 하계 필기시험 또는 동계 실기구술시험에 합격한 사람에 대해 다음 해에 실시되는 해당 자격검정 1회 면제
- 필기시험에 합격한 해의 12월 31일부터 3년 이내에 연수과정을 이수하여야 함. 단, 필기시험을 면제받거나 실기구술시험을 먼저 실시하는 경우에는 실기구술시험에 합격한 해의 12월 31일부터 3년 이내에 연수과정(연수면제자는 성폭력 등 폭력예방교육)을 이수하여야 함
  - ※ 병역 복무를 위해 군에 입대한 경우 의무복무 기간은 불포함
- 코로나19로 인해 연수과정이 시행되지 않은 2020년 1월 1일부터 12월 31일까지의 기간은 불포함
- 나이 요건 충족 기준일은 각 자격요건별 취득절차상 첫 절차의 접수마감일 기준(2005년 출생자 중 해당 과정의 접수마감일 이전 출생)
  - 예 첫 취득절차가 필기인 경우 필기시험 접수마감일 기준, 첫 취득절차가 실기인 경우 실기시험 접수마감일 기준으로 나이 요건(만 18세)을 충족해야 함
- 졸업예정자의 경우 졸업증명서 최종제출일(2024.2.29.) 이후 3월에 자격증 발급(사전 발급 불가)
  - ※ 졸업예정자의 경우 2024년 2월 29일까지 졸업(학위)증명서 반드시 제출(필기 · 실기구술 합격자 포함), 미제출 시 필기 · 실기구술 · 연수 합격취소 및 최종 불합격처리(응시수수료 및 연수비 환불 불가)

■ 자격검정 합격 및 연수 이수기준

필기시험	합격 ➡	실기 · 구술시험	합격 ➡	연수
과목마다 만점의 40% 이상 득점하고 전 과목 총점 60% 이상 득점		실기시험과 구술시험 각각 만점의 70% 이상 득점		연수과정의 100분의 90 이상을 참여하고 연수 태도, 체육 지도 현장실습에 대한 평가점수가 각 만점의 100분의 60 이상

■ 연간일정계획 ※2023년도 기준(전년도 기준)임

구분	접수·서류제출	수수료납부	시험일	합격자발표
필기시험	2023.03.30. 09:00 (목) ~ 2023.04.05. 18:00 (수)	2023.03.30 09:00 (목) ~ 2023.04.05 23:30 (수)	2023.04.29 (토)	2023.05.19 16:00 (금)
실기·구술시험 동계(설상)	2023.02.03 09:00 (금) ~ 2023.02.08 18:00 (수)	2023.02.03 09:00 (금) ~ 2023.02.08 23:30 (수)	2023.02.14 (화) ~ 2023.03.12 (일)	2023.03.17 16:00 (금)
실기·구술시험 하계/동계(빙상)	2023.06.01 09:00 (목) ~ 2023.06.07 18:00 (수)	2023.06.01 09:00 (목) ~ 2023.06.07 23:30 (수)	2023.06.13 (화) ~ 2023.07.09 (일)	2023.07.17 16:00 (월)
	연수등록	**연수비납부**	**일반수업**	**현장실습**
연수	2023.07.20 09:00 (목) ~ 2023.07.25 18:00 (화)	2023.07.20 09:00 (목) ~ 2023.07.25 23:59 (화)	2023.08.05 (토) ~ 2023.10.22 (일)	2023.08.05 (토) ~ 2023.10.22 (일)
최종 합격자 발표				
2023.12.08 14:00 (금)				

■ 응시수수료

자격구분	필기시험	실기·구술시험	연수
일반과정	18,000	30,000	200,000

2급 생활스포츠지도사

■ 자격정의

"스포츠지도사"란 학교·직장·지역사회 또는 체육단체 등에서 체육을 지도할 수 있도록 국민체육진흥법에 따라 해당 자격을 취득한 사람을 말한다.

■ 응시자격

응시자격	취득절차
만 18세 이상인 사람	① 필기 ② 실기-구술 ③ 연수(90)
2급 생활스포츠지도사 자격을 가지고 보유한 자격 종목이 아닌 다른 종목의 자격을 취득하려는 사람	① 실기-구술 ② 폭력예방교육
해당 자격종목의 유소년 또는 노인스포츠지도사 자격을 가지고 동일한 종목의 자격을 취득하려는 사람	① 구술 ② 연수(40)
2급 장애인스포츠지도사 자격을 가지고 보유한 자격 종목이 아닌 다른 종목의 자격을 취득하려는 사람	① 실기-구술 ② 연수(40)
유소년 또는 노인스포츠지도사 자격을 가지고 보유한 자격 종목이 아닌 다른 종목의 자격을 취득하려는 사람	① 실기-구술 ② 연수(40)

※동계종목(스키)의 경우 실기시험 및 구술시험 합격자만 필기시험에 응시할 수 있다.

※폭력예방교육 : 스포츠윤리센터의 성폭력 등 폭력 예방교육(3시간)

■ 필기시험과목 (7과목 중 5과목 선택)

선택(5과목) : 스포츠교육학 / 스포츠사회학 / 스포츠심리학 / 스포츠윤리 / 운동생리학 / 운동역학 / 한국체육사

■ 자격종목 (65개 종목)

동계(설상)	스키			
하계·동계(빙상)	검도	게이트볼	골프	국학기공
	궁도	농구	당구	댄스스포츠
	등산	라켓볼	럭비	레슬링
	레크리에이션	리듬체조	배구	배드민턴
	보디빌딩	복싱	볼링	빙상
	사격	세팍타크로	소프트볼	수상스키
	수영	스쿼시	스킨스쿠버	승마

하계·동계(빙상)	씨름	아이스하키	야구	양궁
	에어로빅	오리엔티어링	요트	우슈
	윈드서핑	유도	육상	인라인스케이트
	자전거	정구	조정	족구
	주짓수	줄넘기	철인3종경기	축구
	치어리딩	카누	탁구	태권도
	택견	테니스	파크골프	패러글라이딩
	펜싱	풋살	플로어볼	하키
	합기도	핸드볼	행글라이딩	힙합

※ 계절영향이 없는 동계종목(빙상, 아이스하키 등)은 하계종목에 포함

※ 국민체육진흥법시행령 별표1 제3호의 비고 : 장애인스포츠지도사가 생활스포츠지도사, 유소년스포츠지도사 또는 노인스포츠지도사 자격을 취득하려는 경우 보유한 자격 종목명과 취득하려는 자격 종목명이 같은 경우 다른 종목으로 본다.

■ 자격검정기관 및 연수기관 지정현황

필기시험 검정기관	국민체육진흥공단	
실기 및 구술검정기관	대한체육회(태권도를 제외한 전종목), 국기원(태권도 단일 종목)	
연수기관(22)	수도권(8)	경기대, 경희대, 동국대, 용인대, 인천대, 중앙대, 한양대
	경상(5)	경남대, 경상대, 계명대, 부경대, 안동대
	충청(4)	건국대, 충남대, 충북대, 호서대
	전라(3)	군산대, 전남대, 전북대
	강원(1)	강릉원주대
	제주(1)	제주대

■ 자격취득통계

	필기시험			실기시험			연수		
	응시자	합격자	합격률	응시자	합격자	합격률	응시자	수료자	합격률
2017	23,011	6,459	28.07%	41,969	7,050	66.28%	5,622	5,622	100%
2018	24,539	13,013	53.03%	12,799	9,369	73.20%	7,773	7,773	100%
2019	29,247	12,638	43.21%	14,902	10,609	71.19%	8,776	8,776	100%
2020	27,984	14,750	52.71%	13,520	10,216	75.56%	0	0	0%
2021	30,662	14,378	46.89%	16,525	11,293	68.34%	15,667	15,667	100%

유소년스포츠지도사

■ 자격정의

"유소년스포츠지도사"란 유소년(만3세부터 중학교 취학 전까지를 말함)의 행동양식, 신체발달 등에 대한 지식을 갖추고 해당 자격종목에 대하여 유소년을 대상으로 체육을 지도하는 사람을 말함

■ 응시자격

응시자격	취득절차
만 18세 이상인 사람	① 필기 ② 실기–구술 ③ 연수(90)
학교체육교사로서 중등학교 정교사(1급·2급) 또는 준교사 자격(체육과목)을 가지고, 학교에서 체육교사로 재직하면서 해당 자격 종목의 경기지도경력이 3년 이상일 것 제출서류(인정요건) – 교사재직증명서 또는 학교장 발급 교사경력증명서 – 중등학교 정교사 또는 준교사 체육과목 자격증 사본 – 학교장 발급 경기지도경력증명서(3년 이상)	① 실기–구술 ② 연수(40)
유소년스포츠지도사 자격을 가지고 보유한 자격 종목이 아닌 다른 종목의 자격을 취득하려는 사람	① 구술 ② 폭력예방교육
해당 자격 종목의 전문 또는 생활스포츠지도사 자격을 가지고 동일한 종목의 자격을 취득하려는 사람	① 구술–연수(40)
해당 자격 종목의 노인스포츠지도사 자격을 가지고 동일한 종목의 자격을 취득하려는 사람	① 구술–연수(40)
2급 생활스포츠지도사 자격을 가지고 보유한 자격 종목이 아닌 다른 종목의 자격을 취득하려는 사람	① 실기–구술 ② 연수(40)
2급 장애인스포츠지도사 자격을 가지고 보유한 자격 종목이 아닌 다른 종목의 자격을 취득하려는 사람	① 실기–구술 ② 연수(40)
노인스포츠지도사 자격을 가지고 보유한 자격 종목이 아닌 다른 종목의 자격을 취득하려는 사람	① 실기–구술 ② 연수(40)

※동계종목(스키)의 경우 실기시험 및 구술시험 합격자만 필기시험에 응시할 수 있다.

※폭력예방교육 : 스포츠윤리센터의 성폭력 등 폭력 예방교육(3시간)

■ 필기시험과목 (5과목)

필수(1과목) : 유아체육론

선택(4과목) : 스포츠교육학 / 스포츠사회학 / 스포츠심리학 / 스포츠윤리 / 운동생리학 / 운동역학 / 한국체육사

■ 자격종목 (62개 종목)

동계(설상)	스키			
하계·동계(빙상)	검도	게이트볼	골프	궁도
	농구	당구	댄스스포츠	등산

하계·동계(빙상)	라켓볼	럭비	레슬링	레크리에이션
	리듬체조	배구	배드민턴	보디빌딩
	복싱	볼링	빙상	사격
	세팍타크로	수상스키	수영	스쿼시
	스킨스쿠버	승마	씨름	아이스하키
	야구	양궁	에어로빅	오리엔티어링
	요트	우슈	윈드서핑	유도
	육상	인라인스케이트	자전거	정구
	조정	족구	줄넘기	철인3종경기
	축구	카누	탁구	태권도
	택견	테니스	파크골프	패러글라이딩
	펜싱	풋살	플라잉디스크	플로어볼
	피구	하키	합기도	핸드볼
	행글라이딩	–	–	–

※ 계절영향이 없는 동계종목(빙상, 아이스하키 등)은 하계종목에 포함

※ 전문스포츠지도사가 생활스포츠지도사, 유소년스포츠지도사 또는 노인스포츠지도사 자격을 취득하려는 경우 사이클과 자전거, 산악과 등산, 수중과 스킨스쿠버, 트라이애슬론과 철인3종경기, 인라인롤러와 인라인스케이트는 동일한 종목으로 본다.

※ 국민체육진흥법 시행령 별표1 제3호의 비고 : 장애인스포츠지도사가 생활스포츠지도사, 유소년스포츠지도사 또는 노인스포츠지도사 자격을 취득하려는 경우 보유한 자격 종목명과 취득하려는 자격 종목명이 같은 경우 다른 종목으로 본다.

■ 자격검정기관 및 연수기관 지정현황

필기시험 검정기관	국민체육진흥공단	
실기 및 구술검정기관	대한체육회(태권도를 제외한 전종목), 국기원(태권도 단일 종목)	
연수기관(5)	수도권(1)	중앙대
	경상(1)	경남대
	충청(1)	호서대
	전라(1)	광주대
	강원(1)	가톨릭관동대

※ 실기 및 구술시험, 유소년 발육·발달 단계에 따른 지도방법 포함

■ 자격취득통계

	필기시험			실기시험			연수		
	응시자	합격자	합격률	응시자	합격자	합격률	응시자	수료자	합격률
2017	508	193	37.99%	1,829	1,376	75.23%	1,158	1,158	100%
2018	465	269	57.85%	1,478	1,209	81.80%	1,120	1,120	100%
2019	492	231	46.95%	1,921	1,550	80.69%	1,300	1,300	100%
2020	336	196	58.33%	1,610	1,302	80.87%	0	0	0%
2021	527	320	60.72%	1,539	1,179	76.61%	1,999	1,999	100%

노인스포츠지도사

■ 자격정의

"노인스포츠지도사"란 노인의 신체적 · 정신적 변화 등에 대한 지식을 갖추고 해당 자격종목에 대하여 노인을 대상으로 생활체육을 지도하는 사람을 말함

■ 응시자격

응시자격	취득절차
만 18세 이상인 사람	① 필기 ② 실기-구술 ③ 연수(90)
노인스포츠지도사 자격을 가지고 보유한 자격 종목이 아닌 다른 종목의 자격을 취득하려는 사람	① 구술 ② 폭력예방교육
해당 자격 종목의 전문 또는 생활스포츠지도사 자격을 가지고 동일한 종목의 자격을 취득하려는 사람	① 구술-연수(40)
해당 자격 종목의 유소년스포츠지도사 자격을 가지고 동일한 종목의 자격을 취득하려는 사람	① 구술-연수(40)
2급 생활스포츠지도사 자격을 가지고 보유한 자격 종목이 아닌 다른 종목의 자격을 취득하려는 사람	① 실기-구술 ② 연수(40)
2급 장애인스포츠지도사 자격을 가지고 보유한 자격 종목이 아닌 다른 종목의 자격을 취득하려는 사람	① 실기-구술 ② 연수(40)
유소년스포츠지도사 자격을 가지고 보유한 자격 종목이 아닌 다른 종목의 자격을 취득하려는 사람	① 실기-구술 ② 연수(40)

※동계종목(스키)의 경우 실기시험 및 구술시험 합격자만 필기시험에 응시할 수 있다.

※폭력예방교육 : 스포츠윤리센터의 성폭력 등 폭력 예방교육(3시간)

■ 필기시험과목 (5과목)

필수(1과목) : 노인체육론

선택(4과목) : 스포츠교육학 / 스포츠사회학 / 스포츠심리학 / 스포츠윤리 / 운동생리학 / 운동역학 / 한국체육사

■ 자격종목 (60개 종목)

동계(설상)	스키			
하계 · 동계(빙상)	검도	게이트볼	골프	국학기공
	궁도	그라운드골프	농구	당구
	댄스스포츠	등산	라켓볼	럭비
	레슬링	레크리에이션	리듬체조	배구

하계·동계(빙상)	배드민턴	보디빌딩	복싱	볼링
	빙상	사격	세팍타크로	수상스키
	수영	스쿼시	스킨스쿠버	승마
	씨름	아이스하키	야구	양궁
	에어로빅	오리엔티어링	요트	우슈
	윈드서핑	유도	육상	인라인스케이트
	자전거	정구	조정	족구
	철인3종경기	축구	카누	탁구
	태권도	택견	테니스	파크골프
	패러글라이딩	펜싱	풋살	하키
	합기도	핸드볼	행글라이딩	–

※ 계절영향이 없는 동계종목(빙상, 아이스하키 등)은 하계종목에 포함

※ 전문스포츠지도사가 생활스포츠지도사, 유소년스포츠지도사 또는 노인스포츠지도사 자격을 취득하려는 경우 사이클과 자전거, 산악과 등산, 수중과 스킨스쿠버, 트라이애슬론과 철인3종경기, 인라인롤러와 인라인스케이트는 동일한 종목으로 본다.

※ 국민체육진흥법 시행령 별표1 제3호의 비고 : 장애인스포츠지도사가 생활스포츠지도사, 유소년스포츠지도사 또는 노인스포츠지도사 자격을 취득하려는 경우 보유한 자격 종목명과 취득하려는 자격 종목명이 같은 경우 다른 종목으로 본다.

■ 자격검정기관 및 연수기관 지정현황

필기시험 검정기관	국민체육진흥공단	
실기 및 구술검정기관	대한체육회(태권도를 제외한 전종목), 국기원(태권도 단일 종목)	
연수기관(7)	수도권(2)	연세대, 이화여대
	경상(1)	신라대
	충청(1)	대전대
	전라(2)	목포대, 호남대
	강원(1)	가톨릭관동대

※ 실기 및 구술시험, 노인의 신체적·정신적 변화에 따른 지도방법 포함

■ 자격취득통계

	필기시험			실기시험			연수		
	응시자	합격자	합격률	응시자	합격자	합격률	응시자	수료자	합격률
2017	1,519	534	35.15%	2,603	1,970	75.68%	1,775	1,775	100%
2018	1,545	813	52.62%	2,426	1,949	80.34%	1,785	1,785	100%
2019	1,695	874	51.56%	2,929	2,326	79.41%	1,895	1,895	100%
2020	1,850	1,111	60.05%	2,646	2,056	77.70%	0	0	0
2021	1,834	938	51.15%	2,410	1,737	72.07%	3,095	3,095	100%

★ 이 책의 학습법 ★

① 9과목 중 선택 과목을 선정한다.

- **2급 생활스포츠지도사** : 1,2,3,4,5,6,7 중 5과목 선택
- **유소년스포츠지도사** : 필수과목 파트 8 + 1,2,3,4,5,6,7 중 4과목 선택
- **노인스포츠지도사** : 필수과목 파트 9 + 1,2,3,4,5,6,7 중 4과목 선택

② 과목별 이론을 학습한다.

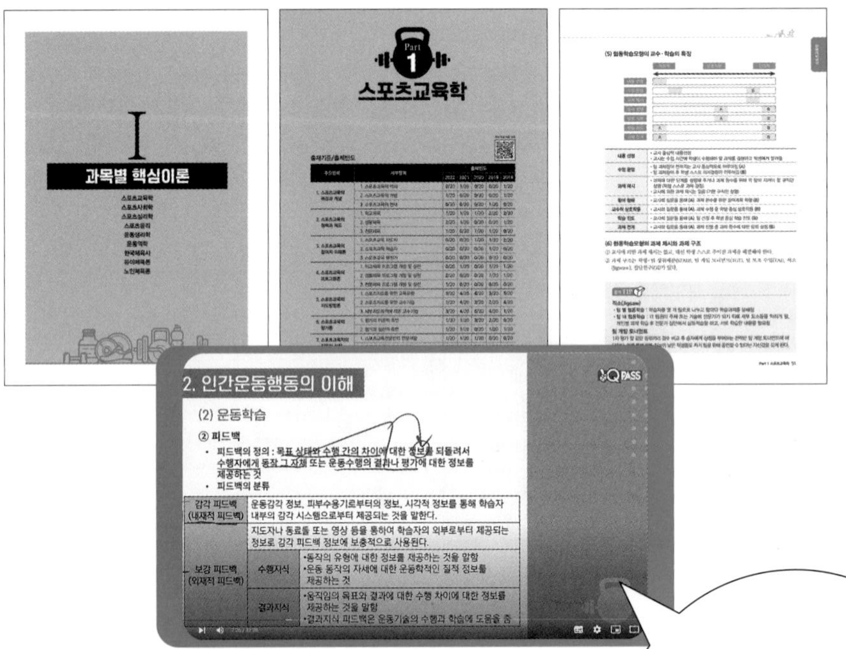

- 맨 앞장의 QR코드를 통해 저자 직강을 본다.
- 과목별 출제기준과 출제빈도를 확인한다.
- 챕터별 학습목표를 숙지한다.
- 저자의 판단에 따른 중요도 표시를 확인한다.
  - ★★★: 시험에 100% 출제예상
  - ★★: 시험에 50%이상 출제예상
  - ★: 시험에 50%미만 출제예상
- 시험에 도움이 될 만한 내용은 합격 TIP에서 확인한다.

저자 직강 핵심이론 요약 강의

강의 보는 법 → 과목 첫 장의 QR 코드를 인식하면 강의로 연결됩니다.

강의 활용법 → 과목별 핵심이론 학습 전 혹은 학습 후 강의를 통해 이해를 도울 수 있습니다.

③ 시험지와 유사하게 구성한 기출문제를 풀어본다.

- 최근 5년간 기출문제와 2023년도 기출문제를 수록했다.
- 시험장에 온 것처럼 실력을 점검해본다.

④ 자세한 해설 풀이로 복습한다.

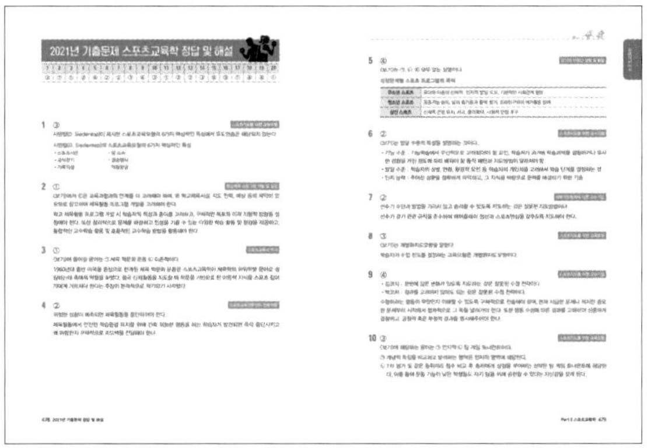

- 기출문제 풀이 후 해설을 보며 다시 학습한다.
- 더 자세히 공부하고 싶다면 해설 상단의 세부항목을 보고 이론을 다시 학습한다.
- 1권(이론+정답 및 해설)과 2권(기출문제)을 분리해 1권만 가지고 다니며 학습한다.
- 인덱스로 빠르게 내가 학습해야 하는 과목을 찾아 이론과 해설을 반복 학습한다.

★ 차례 ★

I 과목별 핵심이론

Part 1 스포츠교육학 20

Chapter 1 스포츠교육의 배경과 개념 ····· 21
Chapter 2 스포츠교육의 정책과 제도 ····· 25
Chapter 3 스포츠교육의 참여자 이해론 ····· 35
Chapter 4 스포츠교육의 프로그램론 ····· 39
Chapter 5 스포츠교육의 지도방법론 ····· 45
Chapter 6 스포츠교육의 평가론 ····· 70
Chapter 7 스포츠교육자의 전문적 성장 ····· 75

Part 2 스포츠사회학 78

Chapter 1 스포츠사회학의 이해 ····· 79
Chapter 2 스포츠와 정치 ····· 84
Chapter 3 스포츠와 경제 ····· 90
Chapter 4 스포츠와 교육 ····· 95
Chapter 5 스포츠와 미디어 ····· 98
Chapter 6 스포츠와 사회계급/계층 ····· 103
Chapter 7 스포츠와 사회화 ····· 109
Chapter 8 스포츠와 일탈 ····· 113
Chapter 9 미래사회의 스포츠 ····· 118

Part 3 스포츠심리학 121

Chapter 1 스포츠심리학의 개관 ····· 122
Chapter 2 인간운동행동의 이해 ····· 125
Chapter 3 스포츠수행의 심리적 요인 ····· 136
Chapter 4 스포츠수행의 사회 심리적 요인 ····· 159
Chapter 5 운동심리학 ····· 169
Chapter 6 스포츠심리상담 ····· 175

Part 4 스포츠윤리 178

Chapter 1 스포츠와 윤리 ····· 179
Chapter 2 경쟁과 페어플레이 ····· 186
Chapter 3 스포츠와 불평등 ····· 191
Chapter 4 스포츠에서 환경과 동물윤리 ····· 195
Chapter 5 스포츠와 폭력 ····· 198
Chapter 6 경기력 향상과 공정성 ····· 202
Chapter 7 스포츠와 인권 ····· 205
Chapter 8 스포츠 조직과 윤리 ····· 211

Part 5 운동생리학 215

Chapter 1 운동생리학의 개관 ····· 216
Chapter 2 에너지 대사와 운동 ····· 220
Chapter 3 신경조절과 운동 ····· 227
Chapter 4 골격근과 운동 ····· 236
Chapter 5 내분비계와 운동 ····· 245
Chapter 6 호흡·순환계와 운동 ····· 253
Chapter 7 환경과 운동 ····· 266

Part 6 운동역학 275

Chapter 1 운동역학 개요 ····· 276
Chapter 2 운동역학의 이해 ····· 278
Chapter 3 인체역학 ····· 287
Chapter 4 운동학의 스포츠 적용 ····· 292
Chapter 5 운동역학의 스포츠 적용 ····· 299
Chapter 6 일과 에너지 ····· 313
Chapter 7 다양한 운동기술의 분석 ····· 318

Part 7 한국체육사 323

Chapter 1 체육사의 의미 324
Chapter 2 선사 · 삼국시대 326
Chapter 3 고려 · 조선시대 332
Chapter 4 한국 근 · 현대 339

Part 8 유아체육론 356

Chapter 1 유아체육의 이해 357
Chapter 2 유아기 운동발달 프로그램의 구성 372
Chapter 3 유아체육 프로그램 교수 · 학습법 383

Part 9 노인체육론 392

Chapter 1 노화와 노화의 특성 393
Chapter 2 노인의 운동 효과 400
Chapter 3 노인 운동프로그램의 설계 403
Chapter 4 질환별 프로그램 설계 411
Chapter 5 지도자의 효과적인 지도 418

II 정답 및 해설

2022년 기출문제 정답 및 해설 426
2021년 기출문제 정답 및 해설 471
2020년 기출문제 정답 및 해설 514
2019년 기출문제 정답 및 해설 559
2018년 기출문제 정답 및 해설 602

III 기출문제

2022년 기출문제 3
2021년 기출문제 41
2020년 기출문제 77
2019년 기출문제 113
2018년 기출문제 149

IV 2023년 기출문제

2023년 기출문제 187
2023년 기출문제 정답 및 해설 222

시험과목	2급생활스포츠지도사	유소년스포츠지도사	노인스포츠지도사
스포츠교육학	선택	선택	선택
스포츠사회학	선택	선택	선택
스포츠심리학	선택	선택	선택
스포츠윤리	선택	선택	선택
운동생리학	선택	선택	선택
운동역학	선택	선택	선택
한국체육사	선택	선택	선택
유아체육론	–	필수	–
노인체육론	–	–	필수
	5과목 (7과목 중 5과목 선택)	5과목 (7과목 중 4과목 선택/ 필수 1)	5과목 (7과목 중 4과목 선택/ 필수 1)

I

과목별 핵심이론

스포츠교육학
스포츠사회학
스포츠심리학
스포츠윤리
운동생리학
운동역학
한국체육사
유아체육론
노인체육론

스포츠교육학

저자 직강 이론 강의

출제기준/출제빈도

주요항목	세부항목	출제빈도				
		2022	2021	2020	2019	2018
1. 스포츠교육의 배경과 개념	1. 스포츠교육의 역사	0/20	1/20	0/20	0/20	1/20
	2. 스포츠교육의 개념	1/20	0/20	0/20	0/20	1/20
	3. 스포츠교육의 현재	0/20	0/20	0/20	1/20	0/20
2. 스포츠교육의 정책과 제도	1. 학교체육	1/20	1/20	1/20	2/20	2/20
	2. 생활체육	2/20	1/20	0/20	0/20	1/20
	3. 전문체육	1/20	0/20	1/20	1/20	0/20
3. 스포츠교육의 참여자 이해론	1. 스포츠교육 지도자	0/20	0/20	1/20	1/20	2/20
	2. 스포츠교육 학습자	0/20	0/20	0/20	1/20	0/20
	3. 스포츠교육 행정가	0/20	0/20	0/20	0/20	0/20
4. 스포츠교육의 프로그램론	1. 학교체육 프로그램 개발 및 실천	0/20	1/20	0/20	1/20	1/20
	2. 생활체육 프로그램 개발 및 실천	2/20	0/20	0/20	1/20	1/20
	3. 전문체육 프로그램 개발 및 실천	1/20	0/20	0/20	0/20	0/20
5. 스포츠교육의 지도방법론	1. 스포츠지도를 위한 교육모형	5/20	4/20	4/20	3/20	5/20
	2. 스포츠지도를 위한 교수기법	1/20	4/20	3/20	2/20	4/20
	3. 세부지도목적에 따른 교수기법	3/20	4/20	6/20	4/20	1/20
6. 스포츠교육의 평가론	1. 평가의 이론적 측면	1/20	1/20	3/20	2/20	0/20
	2. 평가의 실천적 측면	1/20	1/20	0/20	1/20	1/20
7. 스포츠교육자의 전문적 성장	1. 스포츠교육전문인의 전문역량	1/20	1/20	1/20	0/20	0/20
	2. 장기적 전문인 성장 및 발달	0/20	1/20	0/20	0/20	0/20

Chapter 1 스포츠교육의 배경과 개념

학습목표

- 스포츠교육의 배경을 이해할 수 있다.
- 스포츠교육의 개념을 설명할 수 있다.
- 학교, 생활, 스포츠에서 스포츠교육을 이해할 수 있다.

1 스포츠교육의 정의

스포츠교육이란 스포츠활동을 통해 신체적·심리적·사회적으로 건강한 생활을 할 수 있도록 돕는 과정으로, 삶의 질을 높이는 동시에 다양한 스포츠활동에 참여하는 사람들에게 스포츠 문화를 체험하게 하고 건전한 여가 활동을 올바르게 안내하는 것이다.

2 스포츠교육의 역사

(1) 19세기 초·중반

① **체조 중심의 체육** : 독일, 스웨덴, 덴마크(민족주의), 미국(건강)

② **건강 중심적 기독교주의(Muscular Christianity)** : 청교도주의와 스포츠의 타협

③ **이상적인 남성상(강함, 활달함)** : 여성 차별

(2) 19세기 말~20세기 초

① **신(新) 체육** : 신체를 통한 교육으로서의 체육

② 루소, 존 듀이 사상의 영향으로 놀이, 게임, 레크리에이션의 의미가 부각

③ 진보주의 교육이론은 신체와 정신은 서로 분리될 수 없으며, 모든 교육적 활동은 지적, 도덕적, 신체적 결과를 동시에 가져다준다는 것을 강조하여 체육교육의 목적이 '체조 중심의 교육'에서 '신체를 통한 교육'으로 전환되는 철학적 근거를 마련함

(3) 1950년대 이후

① 스포츠교육학 분야의 연구는 '수업 활동에 관한 연구'가 주종을 이루었고 연구의 방향은 학생의 학업성취를 효과적으로 증가시키는 수업 관련 요인이 무엇인가를 파악해내려는 것에 집중

② 휴먼 무브먼트(human movement)와 움직임 교육

③ 체육 학문화 운동의 이론적 모티프를 제공

④ 교육내용은 기존의 육상, 체조, 농구, 배구처럼 특정 종목이나 활동 자체를 배우기보다는 각 활동 속에 있는 움직임의 보편적 원리로서 운동생리학, 운동역학, 스포츠심리학 등의 학문적 개념이나 과학적 원리를 바탕으로 움직임을 효율적이고 아름답게 수행할 수 있는 교육무용, 교육체조, 교육게임 등을 탐색하고 학습하는 데 중점

(4) 1960년대 체육 학문화 운동

① 1960~70년대 '인간주의 철학 사조들(humanistic philosophies)'의 영향

② 자아 발달, 열린 교육, 정서 교육 중시

③ 1960년대 중반 미국을 중심으로 전개된 체육 학문화 운동은 스포츠교육학이 체육학의 하위학문 분야로 성장하는 데 촉매제 역할을 함

④ 신체활동을 지도할 때 학문을 기반으로 한 이론적 지식을 스포츠 참여자에게 가르쳐야 한다는 주장이 본격적으로 제기되기 시작함

⑤ 스포츠교육학의 태동을 촉진한 외적 동인, 스포츠교육학이 학문적으로 체계화됨

⑥ 체육 분야에서의 혁명적 사건으로 체육의 학술적 연구를 정당화시키고 더 나아가 학교체육에 관한 과학적 연구를 촉발함

⑦ 체육 분야에서 Donald Hellison의 학교체육의 일차적 목표는 인성 발달, 자기 표현력 함양, 대인관계 향상임을 주장함

(5) 1970년대 이후

① 놀이라는 문화 활동의 내재적 가치 강조

② 스포츠의 기능, 지식, 태도를 교육해서 아이들 스스로 스포츠를 즐기고, 참여하며, 건전한 스포츠문화 형성에 공헌하는 사람이 되게 하는 것

③ 급속하게 발달하기 시작

(6) 1990년대 이후

① 신체 운동학(kinesiology)은 신체활동을 다루는 학문 영역이자 지식체계

② 신체활동을 교육내용으로 하는 오늘날의 스포츠교육과 관계가 깊으며, 스포츠교육의 목적과 내용을 보다 확장하는 데 이바지함

3 스포츠교육의 동향

① 체육교과를 이해하는 전체적인 시각, 즉 운동기능 중심에서 경험 중심, 학생 중심으로 변화

② 건강 체력과 운동 체력 향상의 균형적 발달 및 개인차를 고려

③ 스포츠 기능의 숙달과 함께 체육학적 호기심 유발과 지식의 이해를 통한 비판적인 인식능력을 발달시키고 결과보다 과정을 중요시함

④ 체육수업 시수 확대 및 여학생 체육 활성화, 학교스포츠클럽 등 참여 중심으로 변화

⑤ 체육수업 방법이 더 다양화되었고, '보는 스포츠'에서 '하는 스포츠'로 변화

4 스포츠교육의 개념 ★★★

(1) 광의의 스포츠교육 (넓은 의미)

① 스포츠교육적 활동뿐만 아니라 신체로 하는 운동, 스포츠, 움직임 등 다양한 신체활동에 참여함으로써 경험하게 되는 지, 덕, 체의 전인적 성장과 미적 표현력 등의 인간적 성장을 의미

② 건강 습관의 영역까지 확대

(2) 협의의 스포츠교육 (좁은 의미)

① 정해진 규칙에서 경쟁 활동을 통해 목표와 기록을 달성

② 스포츠를 교육적인 수단으로만 한정

합격 TIP

스포츠교육학이 추구하는 가치영역

신체적 가치	신체 건강, 체력, 스포츠 기능
인지적 가치	학업성적, 지적 기능
정의적 가치	심리적 건강, 사회적 기술, 도덕적 인격

5 스포츠교육의 현재

(1) 학교에서의 스포츠교육

① 학생들이 발달단계를 고려하여 의미 있는 학습경험이 될 수 있도록 다양한 신체활동의 경험을 제공한다.

② 교사는 학사일정 및 학생들의 신체 능력을 고려하여 학생들에게 의미 있는 학습경험을 제공한다.

③ 학생들의 적극적인 참여와 책임 있는 역할 수행을 할 수 있도록 맞춤형 피드백을 제공한다.

④ 체육수업에서 경험한 내용이 방과 후 체육활동과 평생체육으로 이어질 수 있도록 긍정적 가치와 환경을 제공한다.

(2) 생활에서의 스포츠교육

① 스포츠활동이 가지는 긍정적 목표와 의미를 고려하여 신체적, 정신적, 사회적으로 건강한 삶과 여가 활동, 그리고 삶의 질을 높이는 맞춤형 스포츠 프로그램을 운영한다.

② 다양한 스포츠활동을 즐길 수 있도록 홍보, 기획, 관리, 조직하는 역할을 한다.

③ 남녀노소 누구나 쉽게 참여하여 건강증진 및 유지, 스트레스 해소, 심리적 안정, 건강한 생활에 도움을 준다.

(3) 경기에서의 스포츠교육

① 지도자는 종목별 특성과 경기 방법 및 규칙을 이해하고 경기력 향상, 선수 육성 등의 운동 기능을 지도한다.

② 선수 개인의 경기력 수준을 고려하여 단계별, 수준별 지도한다.

③ 지도자는 이론과 실기를 겸비하여 선수들의 목표 달성 및 경기력 향상을 위해 체계적이고 과학적인 훈련 내용을 안내하여 선수들의 특기를 신장시킬 수 있도록 효율적인 지도 방법을 연구한다.

④ 운동과 학업, 인권신장을 통해 학생 개인적 성장에 초점을 둔다.

Chapter 2 스포츠교육의 정책과 제도

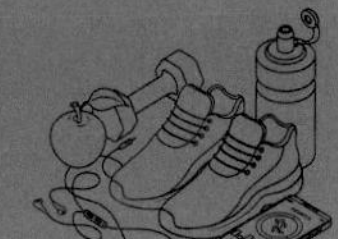

학습목표

- 학교체육의 정책을 이해할 수 있다.
- 생활체육의 정책을 이해할 수 있다.
- 전문체육의 정책을 이해할 수 있다.

1 학교체육의 정책

(1) 국가체육교육과정

① **국가수준체육과 교육과정 :** 초·중·고 체육수업을 위한 교과 목표, 교육내용, 교수학습 방법, 평가 등을 포함하고 있는 국가발행 공식문서

② 제1차~제7차 교육과정

제1차 교육과정	1954년 공포된 이후 1963년 공포된 제2차 교육과정이 적용될 때까지 시행된 교육과정을 말하며, 교과 외 교육활동인 특별활동을 통한 **전인교육**을 강조하는 조치로 도덕교육을 강조하였다.
제2차 교육과정	1963년 공포된 이후 1973년 공포된 제3차 교육과정이 적용될 때까지 시행된 교육과정으로, 생활 중심 교육과정 또는 경험 중심 교육과정으로 교과 활동, 반공도덕생활, 특별활동으로 **고등학교에 단위제 도입**이 큰 특징이다.
제3차 교육과정	1973년 공포된 이후 1981년 공포된 제4차 교육과정이 적용될 때까지 시행된 교육과정으로, 학문 중심의 **나선형 교육과정의 형태**를 취하고 있다.
제4차 교육과정	1981년 공포된 이후 1987년 공포된 제5차 교육과정이 적용될 때까지 시행된 교육과정으로 개인, 사회, 학문을 균형 있게 강조하였다. **통합교육과정의 도입과 교육과정의 개발 연구를 한국교육개발원에 위탁**한 것이 가장 큰 특징이다.
제5차 교육과정	1987년 공포된 이후 1992년 공포된 제6차 교육과정이 적용될 때까지 시행된 교육과정으로 통합교육과정의 개발, 초등 1학년에서 **'우리들은 1학년'** 신설, 남·여 공통이수의 **기술·가정 신설, 교육과정 지역화 시도** 등이 가장 큰 특징이다.
제6차 교육과정	1992년 공포된 이후 1997년 공포된 제7차 교육과정이 적용될 때까지 시행된 교육과정으로 초등학교의 **학교 재량 시간, 통합교과의 조정, 교육과정의 분권화와 지역화**가 가장 큰 특징이다.
제7차 교육과정	1997년 공포된 이후 2007년 공포된 개정 교육과정이 적용될 때까지 시행된 교육과정으로 국민 공통 기본 교육과정, 선택 교육과정, 활동 중심 교육과정, 교육내용의 적정화, 교육의 정보화, 교육의 다양화 등을 통한 교육의 질 제고 등이 가장 큰 특징이다.

③ 2007 체육과 교육과정~2009 교육과정에 따른 체육과 교육과정

<table>
<tr><th>구분</th><th>체육과 교육과정</th><th>교수-학습 방법</th><th>특징</th></tr>
<tr><td>2007년
개정 교육과정
(2007~2013)</td><td rowspan="2">• 건강 활동의 가치를 이해하고 건강관리 방법을 실천하며 자신 또는 지역사회의 건강 문화를 감상할 수 있는 능력을 기른다.
• 도전 활동의 가치를 이해하고 도전 정신을 실천하면서 도전 스포츠를 수행하고 감상할 수 있는 능력을 기른다.
• 경쟁 활동의 가치를 이해하고 선의의 경쟁을 실천하면서 경쟁 스포츠를 수행하고 감상할 수 있는 능력을 기른다.
• 표현활동의 가치를 이해하고 창의적으로 표현활동을 수행하며 감상할 수 있는 능력을 기른다.
• 여가 활동의 가치를 이해하고 지속해서 여가 스포츠를 수행하며 감상할 수 있는 능력을 기른다.</td><td>• 개인차를 고려한 수준별 수업
• 통합적 교수·학습 활동
• 창의적 교수·학습 방법의 선정과 활용</td><td>5개 영역
• 건강
• 도전
• 경쟁
• 표현
• 여가</td></tr>
<tr><td>2009년
개정 교육과정
(2013~현재)</td><td>• 창의·인성을 지향하는 교수·학습 방법
• 개인차를 고려한 수준별 수업
• 통합적 교수·학습 활동</td><td>• 창의
• 인성
• 융합
• 강조</td></tr>
</table>

- 제7차 교육과정은 전인교육을 표방하고 있으나, 그 내용 등에 있어서 일관된 방향성을 보여 주지 못하였다. 내용 체계에 있어서 종목 중심으로 기술하고 있어 운동기능 중심의 체육교육을 지향하고 있으며, 교수-학습 방법 역시 다양한 스포츠 종목의 단순 기능을 지도하고 이를 지나치게 강조하였다.
- 2007 체육과 교육과정은 신체활동의 직접 체험뿐만 아니라 그 속에 담긴 역사, 철학, 문학, 예술 등 다양한 인문적 요소들을 통해 신체활동을 통합적으로 체험함으로써 경기 예절, 사회적 책임감, 페어플레이, 스포츠 정신 등 다양한 덕목을 기를 수 있도록 하고 있으며, 이를 통해 학생들을 전인으로 성장시킬 수 있도록 하였다.
- 2009 교육과정에 따른 체육과 교육과정은 미래 사회에 필요한 기초 핵심역량과 교과별 특성을 반영한 창의성 및 인성 함양 내용이 강화된 수업 내용 개선 중심의 개정을 의도하고 있다.
- 2007 체육과 교육과정부터는 인성과 관련된 직접적인 덕목들을 언급하고 있으며, 교수-학습 방법과 평가에도 그것들을 가르치고 평가할 수 있는 다양한 방법들을 제시함으로써, 체육교과를 통한 인성 교육의 방향을 구체적으로 제시하고 있다.

④ 제7차 체육과 교육과정과 2009 체육과 교육과정의 차이점

구분	제7차 교육과정	2007 체육과 교육과정	2009 교육과정에 따른 체육과 교육과정
교과 성격	운동기능 중심	신체활동 가치 중심	
체육과 목표	움직임 욕구 실현 운동 수행기능과 체력증진 운동과 건강에 관한 다양한 지식	신체활동 가치의 내면화와 실천(전인교육)	
내용 체계	체조, 육상, 수영, 개인 및 단체활동, 무용, 보건	건강 활동, 도전 활동, 경쟁 활동, 표현 활동, 여가 활동	
인성 관련 요소	각 내용에 있어 바람직한 태도의 함양을 강조하나 구체적인 인성 요소로 나타나 있지 않음	실천의지력, 노력과 극기, 자기 절제와 공동체 의식, 스포츠 정신 등이 명시됨	자기조절, 자기 존중, 실천의지력, 인내심, 자신감, 배려와 존중 등이 명시됨

⑤ 성과 및 특징

제1차~제7차	문서상 제1차 교육과정의 목표와 교수-학습 방법에서부터 인성 교육 관련 내용(최선을 다하는 능력, 운동 정신의 함양)을 담아내고 있지만, 구체적인 인성 요소에 대한 언급은 부족하다.
2007년~2009년	'신체활동 가치'의 개념을 통해 움직임과 운동 수행 능력뿐 아니라 신체활동 가치의 내면화와 실천을 목표로 하고 있다. 기존 체육과 교육과정의 일차적 교육목적이 '건강'과 '운동기능 습득'에 있다면, 그것에 더해 신체활동의 다른 차원(지속적 참여, 인성 교육 등)이 강조되고 있다.
2009년	각 단원에서 배워야 할 창의·인성 요소를 선정하여 내용을 체계화하였으며, 그것을 가능하게 하는 다양한 교수-학습 방법과 평가체계를 구축하였다.

(2) 학교체육진흥법

합격 TIP

학교체육진흥법★★★

제1조(목적) 학교체육진흥법은 학교체육 활성화에 필요한 사항을 정함으로써 학생들이 건강하고 균형 잡힌 신체와 정신을 가질 수 있도록 한다.

제3조 국가 및 지방자치단체(교육감 포함)는 학교체육을 진흥하고 학생의 자발적 체육활동을 권장하여야 한다.

제6조 ① 학교의 장은 학생의 체력증진과 체육활동 활성화를 위해 다음의 각호의 조치를 취하여야 한다.

1. 체육교육과정 운영 및 체육수업의 질 제고
2. 비만 판정받는 학생에 대한 대책
3. 학교스포츠클럽과 학교 운동부 운영
4. 학생 선수의 학습권 및 인권 보호
5. 여학생 체육활동 활성화
6. 유아 및 장애 학생의 체육활동 활성화
7. 학교체육 행사의 개최
8. 학교 간 경기대회 등 체육 교류 활동 활성화
9. 교원의 체육 관련 직무연수 강화
10. 그 외 학교체육 활성화를 위해 필요한 사항

제8조 ① 국가는 매년 3월 말까지 학생건강 체력평가 실시계획을 수립, 학교장은 학생건강 체력평가를 시행하여야 한다.

제9조 ① 학교장은 위의 평가에서 저체력 또는 비만 판정의 학생을 대상으로 건강 체력 교실을 운영한다.

제10조

① 학교장은 학교스포츠클럽을 통해 학생들의 체육활동 참여기회를 확대한다.
② 학교장은 학교스포츠클럽 전담 교사를 지정하여야 한다.
③ 학교스포츠클럽 전담 교사에게는 소정의 지도 수당을 지급한다.
④ 학교장은 학교스포츠클럽 활동 내용을 생활기록부에 기록하여 상급학교의 진학자료로 활용하도록 한다.
⑤ 학교장은 교육부령에 따라 일정 비율 이상의 학교스포츠클럽을 여학생 선호 종목으로 운영한다.

제11조(학교운동부 운영 등)

① 학교장은 학생선수가 최저학력에 미도달 시 기초학력 보장 프로그램을 운영하며 필요시 경기 출전을 제한한다.

② 최저학력 기준과 실시 시기 및 기초학력 보장 프로그램의 운영에 필요한 사항은 교육부령으로 정한다.

③ 학교장은 학생 선수의 학습권 보장을 위해 학기 중 상시합숙 훈련이 근절되도록 한다.

④ 학교장은 원거리 통학하는 학생 선수를 위해 기숙사를 운영할 수 있다.

⑤ 학교장은 학교 운동부 후원금을 학교 회계에 편입시켜 운영한다.

⑥ 국가 및 지방자치단체는 학교 운동부 운영과 관련된 경비를 지원할 수 있다.

제12조

① 학교장은 학생 선수의 훈련과 지도를 위하여 학교 운동부 지도자를 둘 수 있다.

② 국가는 학교 운동부 지도자의 전문성 강화를 위하여 연수 교육계획을 수립하고 시행하여야 한다. 연수는 관련 단체에 위탁할 수 있다.

③ 국가 및 지방자치단체는 학교 운동부 지도자 급여를 지원하고, 학교장은 학교 운동부 지도자 임용에 필요한 경비를 학교 회계에 반영하여 집행하여야 한다.

④ 학교장은 학교 운동부 지도자가 부적절한 행위를 하였을 경우 학교 운영 위원회의 심의를 거쳐 계약을 해지할 수 있다.

⑤ 교육감은 학교 운동부 지도자의 지도를 위하여 학교 운동부 지도자 관리 위원회를 설치한다.

⑥ 교육감은 학교장이 부당하게 학교 운동부 지도자를 계약을 해지하였을 경우 학교 운동부 지도자 관리 위원회의 심의를 거쳐 계약 해지를 철회할 수 있다.

⑦ 그 밖에 학교 운동부 지도자의 자격 기준, 임용, 급여, 신분, 직무 등에 필요한 사항은 대통령령으로 정한다.

제12조의2

① 국가와 지방자치단체는 도핑을 방지하기 위하여 학생 선수와 지도자를 대상으로 도핑 방지 교육을 시행하여야 한다.

② 도핑 방지 교육의 방법 및 절차 등에 필요한 사항은 대통령령으로 정한다.

제13조 ① 국가 및 지방자치단체는 학생의 체육수업 흥미 제고 및 체육활동 활성화를 위하여 스포츠 강사를 배치할 수 있다.

제14조 ① 국가 및 지방자치단체는 유치원에 재원 중인 유아 및 특수교육 대상자에 대하여 적절한 체육활동 프로그램을 운영하여야 한다.

2 생활체육의 정책

(1) 국민체육진흥법

제1조(목적) 이 법은 국민체육을 진흥하여 국민의 체력을 증진하고, 체육활동으로 연대감을 높이며, 공정한 스포츠 정신으로 체육인 인권을 보호하고, 국민의 행복과 자긍심을 높여 건강한 공동체의 실현에 이바지함을 목적으로 한다.

제2조(정의) 이 법에서 사용하는 용어의 뜻은 다음과 같다.

1. "체육"이란 신체활동을 통하여 건전한 신체와 정신을 기르고 여가를 선용하는 것이다.
3. "생활체육"이란 건강과 체력증진을 위한 자발적이고 일상적인 체육활동이다.
5. "학교"란 초·중등교육법, 고등교육법에 따른 학교를 말한다.
6. "체육지도자"란 학교, 직장, 단체 등에서 체육을 지도하는, 다음 중 하나의 자격 등을 취득한 사람을 말한다.
   가. 스포츠지도사
   나. 건강운동관리사
   다. 장애인스포츠지도사
   라. 유소년스포츠지도사
   마. 노인스포츠지도사
7. "체육동호인조직"이란 같은 생활체육 활동에 지속해서 참여하는 모임이다.
9. "체육단체"란 체육활동이나 사업을 목적으로 설립된 다음 목의 어느 하나에 해당하는 단체이다.

제8조(지방 체육의 진흥)

① 지방자치단체는 지역주민의 체육활동을 위한 시설 등 여건을 조성하고 지원한다.
② 지방자치단체는 행정구역 단위로 연 1회 이상 체육대회를 개최하거나 이를 지원한다.
③ 지방자치단체는 직장인 체육대회를 연 1회 이상 개최한다.

제10조(직장 체육의 진흥)

① 국가와 지방자치단체는 직장 체육 진흥에 필요한 시책을 마련하여야 한다.
② 직장의 장은 대통령령에 따라 체육 동호인 조직과 체육진흥관리위원회를 설치하는 등 직장인 체력증진에 필요한 조치를 마련하여야 한다.
③ 대통령령으로 정하는 직장에는 체육지도자를 두어야 한다.
④ 공공기관과 대통령령으로 정하는 직장에서는 한 종목 이상의 운동경기부를 설치, 운영하고 체육지도자를 두어야 한다.
⑤ 2항~4항까지의 직장 체육에 관한 업무는 시장, 군수, 구청장이 지도 감독한다.

제11조(체육지도자의 양성)

① 국가는 국민체육진흥을 위한 체육지도자의 양성과 자질 향상을 위하여 필요한 시책을 마련한다.

② 문화체육관광부 장관은 체육지도자 자격검정에 합격하고 체육지도자 연수 과정을 이수한 사람에게 체육지도자 자격증을 발급한다. 다만 학교체육 교사나 프로선수 등에게는 자격검정이나 연수 과정의 일부를 면제할 수 있다.

제12조(체육지도자의 자격취소 등)

① 문화체육관광부장관은 체육지도자가 다음 각 호의 어느 하나에 해당하면 체육지도자 자격운영위원회의 의결에 따라 그 자격을 취소하거나 5년의 범위에서 자격을 정지할 수 있다. 다만, 1호부터 4호까지의 어느 하나에 해당하면 그 자격을 취소하여야 한다.

1. 거짓이나 그 밖의 부정한 방법으로 체육지도자의 자격을 취득한 경우
2. 자격정지 기간 중에 업무를 수행한 경우
3. 체육지도자 자격증을 타인에게 대여한 경우
4. 체육지도자의 결격사유에 해당하는 경우
5. 선수의 신체에 폭행을 가하거나 상해를 입히는 행위를 한 경우
6. 선수에게 성희롱 또는 성폭력에 해당하는 행위를 한 경우
7. 체육지도자의 재교육을 받지 아니한 경우
8. 그 밖에 직무수행 중 부정이나 비위 사실이 있는 경우

③ 자격검정을 받는 사람이 그 검정과정에서 부정행위를 한 때에는 현장에서 그 검정을 중지시키거나 무효로 한다.

④ 1항에 따라 체육지도자 자격이 취소된 사람은 문화체육관광부령으로 정하는 바에 따라 체육지도자 자격증을 문화체육관광부장관에게 반납하여야 한다.

⑤ 1항에 따른 행정처분의 세부적인 기준 및 절차는 그 사유와 위반 정도를 고려하여 문화체육관광부령으로 정한다.

제13조(체육시설의 설치 등)

① 국가와 지방자치단체는 국민의 체육활동 시설확보와 이용에 대한 시책을 마련한다.

② 국가와 지방자치단체는 장애인 체육활동 시설 설치와 운영에 대한 시책을 마련하고 장애인이 체육시설을 우선으로 이용할 수 있도록 한다.

③ 직장의 장은 종업원의 체육활동 시설을 설치, 운영하고, 학교의 체육시설은 교육에 지장이 없는 범위에서 지역주민에게 개방되어야 한다.

④ 국가와 지방자치단체는 민간의 체육시설설치를 권장하고 건전하게 운영되도록 한다.

⑤ 1항~4항까지의 규정에 따른 체육시설의 설치 이용 등에 필요한 사항은 따로 법률로 정한다.

(2) 국민체육진흥정책

제3조(체육진흥시책과 권장) 국가와 지방자치단체는 국민체육진흥에 관한 시책을 마련하고 국민의 자발적인 체육활동을 권장하고 보호 및 육성하여야 한다.

제4조(기본 시책의 수립 등) 문화체육관광부장관은 국민체육진흥에 관한 기본 시책을 수립·시행하여야 한다.

제5조(지역체육진흥협의회)

① 지방자치단체의 체육진흥계획을 수립하고 그 밖에 체육 진흥에 관한 중요 사항을 협의하기 위하여 지방자치단체에 지역체육진흥협의회를 둘 수 있다.

② 지역체육진흥협의회의 조직과 운영에 필요한 사항은 해당 지방자치단체의 조례로 정한다.

(3) 생활체육 활성화를 위한 정책

① **직장체육진흥정책** : 국민체육진흥법 제10조

② **동호인체육진흥정책** : 계층별 동호회 육성, 리그 지원, 여성동호회 활동 지원, 복합 체육 프로그램

③ 소외계층체육진흥정책

스포츠 강좌이용권 사업	기초생활수급가정에게 지급(체크카드), 강좌비를 지원
행복나눔 스포츠교실	소외계층 청소년에게 스포츠 체험 기회 제공, 건전한 여가 활동 조성
스포츠 버스	소외계층 청소년에게 다양한 체육활동 기회 제공, 내부를 개조한 운동장비를 갖춘 버스
기타 정책	스포츠 푸드트럭, 찾아가는 선수촌 식사 제공, 스포츠 스타와의 멘토링 등

(4) 정부의 체육 관련 주요 국정과제

① 학교 교육 활성화 추진

② 문화 향유 기회 확대 및 문화 격차 해소

③ 문화 다양성 증진과 문화교류 협력 확대

④ 스포츠 활성화로 건강한 삶 구현

3 전문체육의 정책

(1) 국민체육진흥법

제14조(선수의 보호, 육성)

① 국가와 지방자치단체는 선수와 체육지도자를 보호, 육성하여야 한다.

② 국가와 지방자치단체는 우수 선수와 체육지도자 표창 제도를 마련해야 한다.

③ 국가, 지방자치단체, 공공기관, 대통령령으로 정하는 단체는 문화체육부 장관이 요청하면 해당 우수 선수와 체육지도자를 고용하여야 한다.

제14조의3(선수 등의 금지행위)

① 전문체육선수, 감독, 코치, 심판 또는 경기단체의 임직원은 부정한 청탁을 받고 재산상 이익을 받으면 안 된다.

② 전문체육선수, 감독, 코치, 심판 또는 경기단체의 임직원은 부정한 청탁을 받고 재산상 이익을 제공해서는 안 된다.

제15조(도핑 방지 활동)

① 국가는 도핑 방지를 위한 시책을 수립하여야 한다.

② 국가는 선수와 체육지도자를 대상으로 도핑 방지 교육과 홍보를 시행하며, 도핑 방지 활동을 지도·감독한다.

(2) 국민체육진흥정책

① 국민체육 진흥 기금 마련

② 국민체육 진흥 기금 지원

③ 전문체육 활성화를 위한 대한체육회의 주요 사업

(3) 전문체육지도자

스포츠지도사	전문스포츠지도사(1·2급)	• 학교 운동부, 실업팀, 프로 단체 등의 코치 • 팀의 기량을 최대로 올리는 것이 목적
	생활스포츠지도사(1·2급)	• 다양한 스포츠시설, 체육동호회나 사회단체에서 일반인을 지도 • 삶의 질 향상이 목적
건강운동관리사		개인의 체력적 특성에 적합한 운동 방법을 지도·관리하는 사람
장애인스포츠지도사(1·2급)		장애 유형에 따른 운동 방법에 대한 지식, 장애인을 대상으로 전문체육이나 생활체육을 지도
유소년스포츠지도사		유소년(만3세~중학교 취학 전)의 행동양식, 신체 발달에 대한 지식, 유소년을 대상으로 체육을 지도
노인스포츠지도사		노인의 신체적 정신적 변화에 대한 지식, 노인을 대상으로 생활체육을 지도

(4) 전문스포츠지도사 자격제도의 주요 변경사항

전문스포츠지도사 자격제도의 변경 및 신설에 관한 법령 참조 (제9조, 제10조의 2)

① 2급 전문 스포츠지도사의 자격요건은 경기경력 중심으로 개편, 경기경력 6년에서 4년으로 완화

② 1급 전문스포츠지도사 필기시험 과목 9과목에서 4과목으로 축소

③ 2급 전문스포츠지도사 8과목에서 5과목으로 축소

④ 자격검정이나 연구 과정의 일부 면제 대상을 국가대표 선수, 문화체육부장관 지정 프로스포츠단체 등록에서 프로스포츠선수로 확대

⑤ 1급 전문스포츠지도사 자격취득 시 필기시험 면제

⑥ 자격취득자는 별도 과정 없이 새로운 자격 보유 인정

스포츠기본법의 용어 정의

- **스포츠** : 건강한 신체를 기르고 건전한 정신을 함양하며 질 높은 삶을 위하여 자발적으로 행하는 신체활동을 기반으로 하는 사회문화적 행태, 체육을 포함
- **전문스포츠** : 선수가 행하는 스포츠 활동
- **생활스포츠** : 건강과 체력 증진을 위하여 행하는 자발적이고 일상적인 스포츠 활동
- **장애인스포츠** : 장애인이 참여하는 스포츠 활동
- **학교스포츠** : 학교에서 이루어지는 스포츠 활동
- **스포츠산업** : 스포츠와 관련된 재화와 서비스를 통하여 부가가치를 창출하는 산업
- **스포츠클럽** : 회원의 정기적인 체육활동을 위하여 등록을 하고 지역사회의 체육활동 진흥을 위하여 운영되는 법인 또는 단체

Chapter 3 스포츠교육의 참여자 이해론

학습목표

- 스포츠교육 지도자에 대해 이해할 수 있다.
- 스포츠교육 학습자에 대해 이해할 수 있다.
- 스포츠교육 행정가에 대해 이해할 수 있다.

1 스포츠교육 지도자

(1) 체육교육 전문가

체육교사 (체육교육전문가)	• 학교의 정규체육 및 방과 후 체육의 지도자, 체육교사자격증을 소지하고 체육교사로 재직 중이여야 한다. • 다양한 신체활동을 통해 학생들의 인지적, 정의적, 심동적, 심리적 영역의 균형적인 발달과 성장을 도울 수 있도록 체육수업을 조직·운영해야 한다. • 체육과 교육과정을 창의적으로 운영하여 다양한 신체활동의 경험을 극대화할 수 있도록 체육교육에 대한 전문성과 높은 책무성을 가져야 한다. • 학교체육의 계획, 조직, 체육행사 기획, 예산관리, 교기육성 등을 담당한다.
스포츠 강사	• 학교스포츠클럽 및 방과 후 체육활동 지도 • 초·중·고등학교에서 체육수업 및 행사, 학교스포츠클럽 및 방과 후 체육활동 등 체육교육의 활성화를 위해 체육 관련 업무를 보조한다. • 스포츠 강사는 정과 체육수업 보조 및 학교스포츠클럽을 지도하는 체육전문 강사를 말하며, 주로 학교스포츠클럽과 정규수업 후 방과 후 활동을 지도한다. • 수업 보조, 시설관리, 수업 조직, 학생 지도 등 체육수업 활성화를 위한 보조역할을 수행한다. • 학생들의 건강 유지 및 증진, 스트레스 해소, 여가 선용 등의 목적 달성을 위해 운동프로그램을 개발한다.

(2) 스포츠지도 전문인 ★★

전문스포츠지도사	• 국가대표, 상비군, 프로스포츠, 실업팀 등에 소속된 지도자로 경기력 향상 및 선수들의 잠재력 개발을 위해 해당 종목에 대해 폭넓은 지식과 이해를 통해 공동의 목적을 달성할 수 있도록 전문성을 발휘하는 리더이다. • 맞춤형 훈련계획 및 훈련프로그램을 기획하여 선수들의 소질과 특기 신장, 잠재력 개발을 통해 최상의 경기력을 발휘할 수 있도록 한다. (해당 종목에 대한 전문지식, 선수 관리 및 육성, 훈련계획 및 선수 지도, 선수 특성 파악, 자료 수집 등)
생활스포츠지도사	• 이론과 실기의 능력을 겸비하여 다양한 스포츠프로그램에 참여하는 일반인을 대상으로 건강하고 즐거운 생활을 할 수 있도록 돕는 전문가이다. • 생활체육 참여자들을 대상으로 삶의 질 향상을 위한 안내자이다.

체육지도자의 수업 중 기여 행동
- **비기여 행동** : 수업에 전혀 도움이 되지 않는 행동 예 소방훈련, 전달방송, 외부 손님과의 대화 등
- **간접기여 행동** : 학습활동에서의 참여와 경기 운영과 관련된 행동
- **직접기여 행동** : 안정한 학습환경의 유지, 과제의 명료화와 강화, 생산적인 학습환경 유지, 피드백 제공 등의 행동

생활체육지도사 역할
- 생활체육 프로그램 개발
- 생활체육 관련 재정의 관리
- 생활체육 활동의 목표설정
- 생활체육에 관한 연구
- 효율적인 지도 방법의 개발
- 생활스포츠지도사에 대한 인간관계 유지

2 스포츠교육 학습자

(1) 스포츠교육 학습자 특성

학생들의 발달단계 및 개인차를 고려하여 학습의 효과를 높이는 것은 매우 중요하다. 학습자의 내·외적 요인을 고려하여 학습의 효과를 극대화하기 위해 학습자를 이해할 필요가 있다.

① 학습자의 개인차 고려

② 학습자의 체격 및 체력 고려

③ 학습자의 사회적·경제적 상태 고려

④ 학습자 흥미 및 관심 반영

⑤ 학습자의 적성 고려

(2) 생애주기별 발달의 특성과 체육활동

영·유아기(0~6세)	• 대근육 운동능력 발달, 언어 습득, 주변 환경 탐색, 기본생활습관과 사회규칙 습득 • 신체구조와 기능이 가장 빠르게 발달, 놀이중심, 움직임 교육 (걷기, 뛰기, 던지기 등 기초운동)
아동기(7~13세)	• 사회성 발달, 논리적 사고 가능 • 신체와 인지능력이 빠르게 발달 • 지적호기심과 탐구심 발달, 행동과 말씨가 성숙, 올바른 인간으로 성장하는 토대 (달리기, 뜀뛰기, 체조, 간이경기, 물놀이, 리듬활동 등)

청소년기(14~19세)	• 신체적 변화에 따른 행동 변화, 생식 기능과 골격, 근육의 기초가 완성되며 2차 성징 시작 • 다양한 스포츠활동에 참여함으로써 경험하게 되는 인지적, 심동적, 정의적 가치 형성 • 스포츠와 건강의 중요성 이해 • 평생체육의 기틀 마련, 신체활동과 학교체육 + 야외활동 병행
성인기(20~60세)	• 꾸준한 체력관리 및 건강관리가 필요한 시기 • 과도한 스포츠 종목보다 즐겁고 지속하여 참여할 수 있는 스포츠 종목 선택 • 가장 활발한 사회적 활동, 유산소운동 + 무산소운동(골프, 체조, 수영, 테니스 등)
노년기(60세 이상)	• 신체 능력의 쇠퇴, 소외감, 상실감, 우울 등 감정의 기복이 심함 • 신체기능을 유지하고 체력 저하를 예방하기 위해 균형 잡힌 영양 섭취 • 안전사고 예방을 위한 가벼운 운동, 유산소운동을 꾸준히 실천 • 걷기, 산책, 체조, 등산, 게이트볼 등

(3) 생애주기별 평생체육 활동

① **유아체육 :** 놀이의 중심으로 한 다양한 신체활동을 포함하고 있으며 서기, 걷기, 뛰기, 던지기 등 기초 운동기능을 기르는 것이 바람직하다.

② **아동체육 :** 부모나 교사 및 체육지도자는 아동의 나이와 체력 수준에 적합한 운동프로그램을 제시해 주는 것이 필요하다. 달리기, 뜀뛰기, 체조 등이 적합하다.

③ **청소년체육 :** 청소년들에게 신체 발달, 체력육성, 정서 안정, 여가 선용 및 자아실현 등의 바람직한 가치를 경험하게 함으로써 평생체육의 기틀을 마련하는 시기이다.

④ **성인체육 :** 운동 부족, 영양 과다 섭취, 비만, 고혈압 등의 성인병 예방은 물론 긴장과 불안을 해소하고 삶의 의욕을 높여 즐거운 생활을 누리게 하는 활력소가 될 수 있다. 등산, 골프, 체조, 수영, 테니스 등의 유산소 운동과 근력강화운동 등의 무산소 운동을 적절히 배분하여 구성한다.

⑤ **노인체육 :** 지나친 신체활동보다는 자신의 건강 상태나 체력 수준에 알맞은 운동을 선택하여 실천하는 것이 중요하다. 걷기, 산책, 체조, 게이트볼, 활동형 레크리에이션 등이 해당한다.

3 스포츠교육 행정가

스포츠와 관련된 업무를 하며 조직의 공동목표를 효과적으로 달성하기 위해 필요한 인적·물적 자원 및 스포츠 행사, 기획, 예산, 운영 등 제반 활동을 지원하는 역할을 한다.

(1) 학교체육 행정가

① **학교체육 행정 이론가 :** 교육정책과 절차를 수립한다. (교장, 교감, 행정실장 등)

② **학교체육 행정 실무자 :** 전체적인 학교체육 업무를 총괄, 예산집행 및 결재를 담당한다.

(2) 생활체육 행정가

① **일반체육 행정가 :** 수입 및 지출계획 수립, 자체 수익사업 등 사무 행정업무를 한다.

② **생활체육 전담 실무행정가 :** 생활체육대회 및 행사주관, 홍보 경기 운영 등을 담당한다.

③ **생활체육 속 행정가의 역할 :** 안내자로서 해야 할 역할, 운영자로서 해야 할 역할, 지원자의 역할

(3) 전문체육 행정가

① 엘리트 스포츠 관련기관에서 사무, 행정, 개발, 교육 등을 담당한다.

② 업무조정, 인력배치, 물적 자원 관리, 시설관리, 프로그램 관리 등을 담당한다.

③ **전문체육 속 행정가의 역할 :** 전문가로서 해야 할 역할, 행동가로서 해야 할 역할, 관리자로서 해야 할 역할

Chapter 4 스포츠교육의 프로그램론

학습목표

- 학교체육 프로그램의 개념과 유형, 개발과정을 이해할 수 있다.
- 생활체육 프로그램의 개념과 유형, 개발과정을 이해할 수 있다.
- 전문체육 프로그램의 개념과 유형, 개발과정을 이해할 수 있다.

1 학교체육 프로그램 개발 및 실천

(1) 학교체육 프로그램의 이해

교과 활동(체육수업)과 비교과 활동(체육수업과 관계없는 체육활동)으로 구분

(2) 체육수업 프로그램 개발

① 체육수업은 체육과 교육과정 및 학생들의 개인차와 흥미, 요구를 반영하여 체·지·덕의 전인적 성장에 도움을 줄 수 있도록 운영

② 좋은 체육수업 프로그램은 학생들의 개인차를 고려하여 긍정적인 수업 환경, 교수학습자료, 충분한 수업 준비, 지도자의 열정 등 균형적 조화를 이루어야 함

(3) 체육수업을 위한 지식

① 교육 철학적 지식

② 교과에 대한 전문적 지식

③ 창의적 교육과정 운영을 위한 지식

④ **학습자 관련 지식** : 발달단계, 신체활동 경험, 학습 동기, 학습 선호 등

⑤ **체육교수 지식** : 수업전략, 교수 스타일, 수업모형 등

(4) 체육수업 프로그램 개발 시 고려사항

① 구체적이고 체계적인 지도계획

② 창의·인성을 지향하는 학습환경 조성

③ 통합적 교수학습 활동 및 효율적 교수학습 방법 활용

④ 학교 내·외적 환경 고려

❷ 학교스포츠클럽 프로그램

(1) 학교스포츠클럽 개념

① 학교체육의 활성화를 위해 스포츠활동에 관심과 흥미가 높은 학생 스스로 자발적인 참여를 통해 운영

② 자율적 운영, 스포츠클럽 또는 체육동아리

③ 건강하고 활기찬 학교 분위기

④ 스포츠 친화적 학교문화, 꿈과 끼를 키우는 스포츠 환경

⑤ 선진형 학교스포츠클럽 운영 시스템 기반 구축

(2) 학교스포츠클럽 운영

① **학교스포츠클럽 조직 및 운영 :** 운동시간 및 경기 일정의 다양화를 위해 방과 후 시간, 점심시간, 토요일 등을 활용함 (학교체육진흥법 제10조)

② **학교스포츠클럽 대회 유형 :** 교내리그, 지역 교육청 리그 및 본선 대회, 학교스포츠클럽 전국대회

(3) 학교스포츠클럽 운영 구분

구분	세부유형	장점	단점
리그	통합 리그	• 경기 수 많음 • 우승팀의 권위	• 경기력 편차(순위 고착화)
	조별 리그	• 빠른 진행	• 경기 수 적음
	스플릿 리그 (상위/하위 리그)	• 경기력 평준화	• 동일한 팀과의 경기 수 많음
토너먼트	넉다운 토너먼트	• 간단한 경기방식	• 경기 수 적음 • 우승팀 외 순위산정 어려움
	더블 엘리미네이션 토너먼트 (패자부활전)	• 적절한 경기 수 • 모든 팀의 순위산정 가능	• 경기력 외 요소 작용 가능
	스플릿 토너먼트	• 모든 팀의 동일한 경기 수 보장	• 복잡한 경기방식 • 패자전 관심저하
리그 + 토너먼트	조별 리그 후 토너먼트	• 짧은 시즌	• 조 간 경기력 편차
	통합 리그 후 플레이오프	• 적절한 경기 수	• 하위 팀 동기저하

(4) 학교스포츠클럽 프로그램 구성 시 고려사항

① 활동 시간 다양화

② 학생주도의 자발적 참여

③ 학생 안전사고 예방

④ 스포츠 인성 함양

⑤ 스포츠문화 체험 기회 제공

3 생활체육 프로그램 개발

(1) 생활체육 프로그램 개발

개인의 적성, 흥미, 운동 능력을 고려하여 건강하고 즐거운 삶을 위해 다양한 스포츠활동에 참여하기 위해 제반 환경, 시설, 운동프로그램 등을 기획하고 효율적으로 운영하기 위한 과정이다.

(2) 생활체육 프로그램 기획

① 생활체육 프로그램의 목적을 달성하기 위해 참여자들의 특성을 고려한 맞춤형 프로그램을 계획하고 결정하는 것이다.

② 참여자에 대한 이해, 운동프로그램 내용, 운동프로그램 결정 및 실행, 운동프로그램 평가 및 재검토 등의 과정으로 체계적으로 이루어져야 한다.

(3) 생활체육 프로그램 목표

① 달성 목표를 명시

② 활동 내용을 구체적, 세부적으로 기술

③ 일관된 지침 역할을 하도록 설정

④ 프로그램 시행 후 목표 달성 여부를 검토

합격 TIP

생활체육 프로그램 목표설정 시 고려사항

- 생활체육 프로그램을 설정할 때는 내용, 예산, 장소 및 설계, 시간대, 홍보 등 여러 가지 목표 설정을 고려해야 한다.
- 프로그램 전개 시 일관된 지침 역할을 하도록 설정한다.
- 프로그램 시행 후 목표 달성 여부를 검토할 수 있도록 기술한다.
- 프로그램을 통해 달성하고자 하는 상태 및 운동 능력을 명시한다.
- 프로그램을 구성하는 스포츠활동 내용을 구체적이고 세부적으로 기술한다.

(4) 스포츠 지도를 위한 준비단계

① 참가자 수준 고려

② 지도 활동을 통해 동료 의식 조성

③ 목표 제시

④ 동기유발

⑤ 성취도 제고

⑥ 긍정적 분위기 조성

⑦ 과업 평가

4 생활체육 프로그램의 실천

(1) 생활체육 프로그램의 설계

① **내용** : 프로그램 목표

② **예산** : 예산 설정 후 시설 대여비, 용품구매, 인건비 등의 경비 예측

③ **장소와 시설** : 위치 및 공간 설정

④ **시간대** : 참가자의 여가, 활동 시간 파악하여 결정

⑤ **지도자와 대상** : 프로그램 대상자 설정

(2) 생활체육 프로그램의 목적

① 여가선용 및 삶의 질 향상

② 건강 체력 향상

③ 삶의 경험 확대

④ 스포츠 운동기능 향상 및 스포츠 종목에 대한 이해

⑤ 심리적 안정

⑥ 공동체 형성 및 시민정신 함양

(3) 생활체육 프로그램 요구 분석

① 지역사회와 참여자의 요구 분석 : 경쟁과 운동기능 향상의 목적이 아닌 생활체육 프로그램 참여자들의 자발적인 참여로 다양한 운동프로그램에 참여하기 때문에 참여자들의 요구 분석이 필수적이다.

② 지역사회와 참여자에 대한 사전분석

③ 지역사회에서 문제시되는 사항 파악

④ 생활체육 프로그램이 이바지할 수 있는 역할 고민

⑤ 지역사회의 관심 및 요구사항 분석

자료 수집 단계 → 자료 분석 단계 → 연구 결과에 대한 해석 단계 → 수정 및 보완 단계 → 재적용 단계

5 생활체육 프로그램 유형

(1) 유소년스포츠 프로그램

유소년스포츠 프로그램 유형	지도형, 경기대회형, 축제형, 개인운동, 집단운동
유소년스포츠 프로그램 구성 시 고려사항	• 자발적 움직임 활동 고려 • 다양한 신체활동 경험 고려 • 지역시설과 연계 고려 • 유소년의 스포츠활동 시간대 고려

(2) 청소년스포츠 프로그램

청소년스포츠 프로그램 유형	지도형 청소년스포츠 프로그램, 경기대회형 프로그램
청소년스포츠 프로그램 구성 시 고려사항	• 학생들의 요구 및 특성 이해 • 시설 및 수업 환경 고려 • 운동과 학업 병행을 위한 시간 고려 • 개인종목보다는 공동의 목표 달성을 위한 단체운동 선정 • 안전사고 예방

합격 TIP

청소년스포츠 프로그램 구성 시 고려사항
- 프로그램 지속 및 규칙성 고려
- 청소년 발달 운동 중심 프로그램 개발
- 청소년 개개인의 흥미와 요구 고려
- 청소년 생활방식 고려

(3) 성인스포츠 프로그램

성인스포츠 프로그램 유형	지도형, 경기대회형, 경기대회형과 축제형의 혼합형

(4) 노인스포츠 프로그램

노인스포츠 프로그램 유형	지도형, 경기대회형, 경기대회형과 축제형의 혼합형
노인스포츠 프로그램 구성 시 고려사항	• 건강 상태 및 운동 능력 고려 • 노인의 신체적, 심리적, 사회적 특성 및 흥미 고려 • 안전사고 예방

(5) 장애인스포츠 프로그램

장애인스포츠 프로그램 유형	지도형, 경기대회형, 경기대회형과 축제형의 혼합형
장애인스포츠 프로그램 구성 시 고려사항	• 장애 유형별 특성과 흥미 • 접근성 및 운동 환경 • 지도 방법 및 수업 자료 • 경제적 여건 • 프로그램 내용

생활체육 프로그램 유형

- **축제형** : 체육에 대한 인식 및 체험 향상을 위한 프로그램
- **강습회형** : 지도자 강습, 건강 강습 등 교육을 위한 프로그램
- **경기대회형** : 경쟁 기회 및 기술 향상을 위한 프로그램
- **지도형** : 흥미 및 참여 동기에 따른 종목 중심 프로그램

6 전문체육 프로그램 개발 및 실천

(1) 마튼스(R. Martens)가 제시한 전문체육 프로그램 개발 6단계

① **1단계** : 선수에게 필요한 기술 파악

② **2단계** : 선수 이해

③ **3단계** : 상황 분석

④ **4단계** : 우선순위 결정 및 목표설정

⑤ **5단계** : 지도방법 선택

⑥ **6단계** : 연습계획 수립

Chapter 5 스포츠교육의 지도방법론

학습목표

- 스포츠지도를 위한 교육모형에 관해 설명할 수 있다.
- 스포츠지도를 위한 교수 스타일에 관해 설명할 수 있다.
- 스포츠지도를 위한 교수 기법에 관해 설명할 수 있다.

1 직접교수모형 ★★★

(1) 직접교수모형의 특징

① 교사는 수업 내용과 의사결정의 주관자이며, 수업의 계획과 실행에 주도적인 역할을 한다.

② 수업 내용 및 관리와 학생의 참여에 대한 모든 의사결정을 주도한다.

③ 학생이 연습 과제와 기능 연습에 높은 비율로 참여하기 위해 수업 시간과 환경을 가장 효율적으로 이용한다.

(2) 직접교수모형의 목적

많은 학생이 연습에 참석하는 효율적인 수업

(3) 직접교수모형의 이론적 배경

① 행동주의 심리학자인 Skinner의 조작적 조건화 이론에서 파생

② 교사가 학생에게 바람직한 운동 수행 결과에 대한 명확한 모형 제공

③ 수업 진행에 대한 명백한 계획을 가지고 높은 비율의 긍정적·교정적 피드백 수반

④ 학생 참여 수준을 높이는 교사 위주의 학습 활동

(4) 직접교수모형의 학습 영역의 우선순위

심동적 학습 〉 인지적 학습 〉 정의적 학습

(5) 직접교수모형의 학생의 학습 선호도

회피적, 경쟁적, 의존적

(6) 직접교수모형의 교수·학습의 특징

직접적 ←→ 상호작용 ←→ 간접적

내용 선정	
수업 운영	
과제 제시	
참여 형태	
상호 작용	
학습 진도	초기 … 말기
과제 전개	

내용 선정	• 교사는 내용선정에 대한 완전한 통제권을 가짐 • 교사는 단원에 포함될 내용, 학습과제의 순서, 학생의 내용 숙달에 대한 수행 기준을 결정함
수업 운영	• 수업 운영의 효율성을 극대화하기 위해 통제가 지속해서 이루어짐 • 교사는 지도할 내용에 대한 관리 계획, 수업 방침, 세부적인 일상 행동을 결정
과제 제시	• 교사는 과제를 계획하고 통제함 • 모든 과제 계획, 시청각 및 시범을 통한 과제 제시, 설명, 시범
참여 형태	• 개별 학습, 파트너 학습, 소집단 학습 등과 같은 다양한 학생 참여 유형이 사용됨
교수적 상호작용	• 교사에 의한 상호작용 및 피드백 제공, 수업의 모든 질의응답을 주관함
학습 진도	• 초기 학습과제에서 학습 진도를 엄격하게 통제함 • 교사는 학생이 연습할 때마다 시작과 끝나는 시간을 알려 줌으로써 학습 계열 상 초기에 각 연습에 대한 단서를 줄 수 있음 • 학생은 각각의 진도를 언제 시작할지 결정한 후 자습함
과제 전개	• 교사에 의한 계열적 과제 전개 • 하나의 학습과제에서 다음의 학습과제로 이동하는 시기에 대해 모든 결정을 함

(7) 직접교수모형의 교사 전문성

① 학생이 발전함에 따라 과제분석을 세밀하게 완수하고, 한 단원에서 가르칠 내용을 파악

② 학생의 학습 목표를 달성하는데 도움을 제공, 도전적이며 달성 가능한 목표를 제시하기

③ 효과적인 과제 제시와 피드백 제공을 위해 지도내용에 관련된 지식을 숙지

④ 학생의 발달 능력과 인지 수준에 따른 명확한 과제를 제시하기

합격 TIP

로젠샤인(B. Rosenshine)의 수업의 6단계

- **전시과제 복습** : 이전에 배웠던 가장 핵심적인 기능이나 개념들을 다룬다.
- **새로운 과제 제시** : 학습자가 새로운 내용이 무엇이고 그것을 어떻게 수행해야 하는지를 언어적/시각적인 정보를 통해 얻게 된다.
- **초기 과제 연습** : 주어진 과제를 능숙하게 수행하기 위해서 연습을 시작한다.
- **피드백 및 교정** : 학습자에게 초기 학습과제와 함께 순차적으로 과제연습이 이루어지는 과정, 지도자는 다음 과제를 제시하기 위해 핵심 단서를 다시 가르치거나 이전 학습과제를 뒤풀이할 수 있다.
- **독자적인 연습** : 학습자들이 연습할 때 지도자의 단서나 관찰 감독을 기다리지 않고 스스로 활동 비율을 높게 할 수 있다.
- **정기적인 복습** : 이전 학습과제를 반복하기 위해 계획을 세운다.

직접교수모형 예시

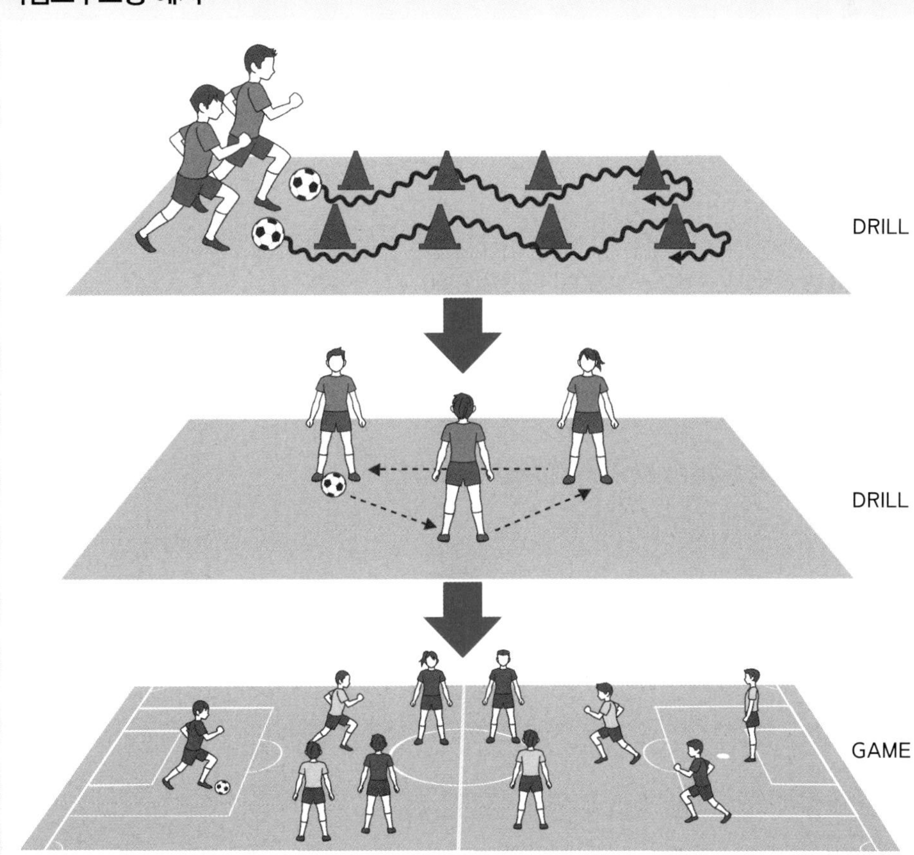

축구를 지도할 때 공을 다루는 세부적인 기술을 배운 뒤에 전체 게임에서 각각의 요소를 종합하는 방법을 가르치는데 이러한 방식과 가장 유사한 교수학습모형이 바로 '직접교수모형'이다. 직접교수모형은 **교사 중심적인 교수학습모형**으로, 수업에 대한 **거의 모든 의사결정을 교사가 한다는 특징**이 있다. 교사는 가르칠 내용을 구조화하고, 학생들에게 정확하게 **설명**과 **시범, 피드백**을 제공한다. 일반적으로 이 모형에서 객관적으로 옳은 지식과 기능이 있음을 가정한다고 볼 수 있다. 교사는 가르치려는 종목에 대한 지식과 기능을 충분히 갖춘 전문가로서 모범적인 형태의 지식이나 기능을 학생들이 유사하게 수행할 수 있도록 하는 것을 목표로 삼는다. 즉, 이 모형의 교수학습은 모범적인 지식이나 기능이 전문가인 교사로부터 학습자인 학생에게 **전수**되는 것이다.

2 개별화지도모형

(1) 개별화지도모형의 특징

① 학생은 미리 계획된 학습과제의 계열성에 따라 자신의 맞는 속도를 스스로 조절하고 설계한다.

② 학습과제는 가르칠 기능 및 지식 영역에 대한 과제분석을 통해 제시된다.

③ 학생에게 정보 전달에 걸리는 시간을 줄이고, 그 시간을 학생과 교수의 상호작용을 활발하게 한다.

(2) 개별화지도모형의 이론적 배경

① 응용 행동 분석학에서 시작되었다.

② 학습은 개인과 외부 환경 상호작용의 결과이다.

(3) Keller와 Sherman의 개별화지도모형

학생에게 충분한 강화를 제공할 수 있는 4가지 특징이 있다.

① 학습의 즉각적인 평가

② 교사의 학생 개인에 관한 관심

③ 학습 목표를 향한 규칙적이고 실제성 있는 과정

④ 창의적이며 흥미로운 학습 자료를 바라볼 수 있는 능력

(4) 개별화지도모형 학습 영역의 우선순위

심동적 학습 〉 인지적 학습 〉 정의적 학습

(5) 개별화지도모형 학생의 학습 선호도

회피적, 경쟁적, 의존적

(6) 개별화지도모형 교수·학습의 특징

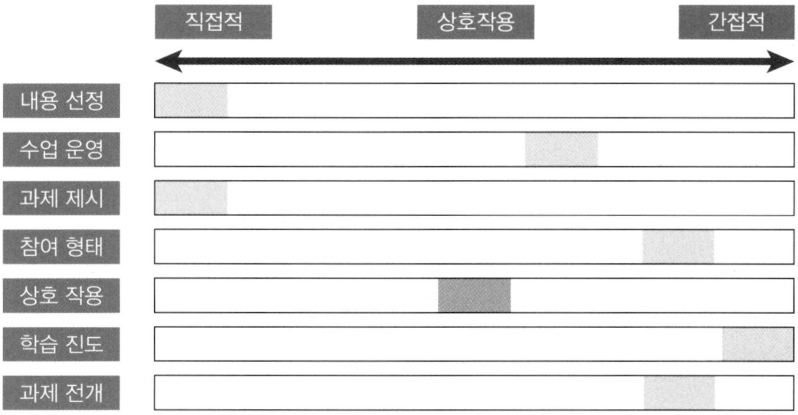

직접적 상호작용 간접적

내용 선정

수업 운영

과제 제시

참여 형태

상호 작용

학습 진도

과제 전개

내용 선정	• 교사에게 내용 선정 및 계열성 결정권이 있음 • 학습과제의 계열 순서, 과제 숙달을 위한 수행 기준을 결정
수업 운영	• 교사의 개별화지도모형에서의 관리 계획 및 구체적 절차를 결정 • 학생은 수업 관리에 책임감을 느낌
과제 제시	• 문서와 시각 자료를 통해 학생에게 과제 제시함 • 각 과제를 완수하는 방법, 오류를 교정하는 방법, 학생의 참여를 유도하는 과제의 구성을 위해 수업 자료를 작성
참여 형태	• 학생들은 교사와 다른 학생으로부터 거의 독립적으로 연습
교수적 상호작용	• 학생에게 높은 수준의 상호작용을 제공할 수 있음 • 교사에게 언어적 상호작용인 개인지도를 부탁할 수 있음
학습 진도	• 과제 참여시 학생 스스로 진도를 결정 • 과제 수행 기준에 도달할 책임이 있지만, 기준에 도달하는 과정의 책무성은 없음
과제 전개	• 학생 개인차(능력, 노력 등)에 따라 학생 스스로 과제를 전개함

합격 TIP

개별화지도모형

- 학습자는 각 과제의 수행 기준에 도달할 책임이 있다.
- 학습자는 많은 피드백과 높은 수준의 언어적 상호작용의 기회를 얻는다.
- 지도자는 내용 선정과 과제 제시를 주도하고, 학습자는 수업 진도를 결정한다.

❸ 협동학습모형

(1) 협동학습모형의 특징

① 모든 팀원이 함께 학습 목표를 달성해야 한다.

② 책임감 있는 팀원이 되고, 자신의 잠재 능력을 최대한 개발하고, 팀의 성공을 위해서 자기 능력에 맞게 공헌하는 것에 의미를 둔다.

(2) 협동학습모형의 이론적 배경

① Deutsch의 교육의 주요한 3가지 목표구조(개인적, 경쟁적, 협동적)를 제시하였다.

② **동기이론** : 모든 팀원이 공헌하고 함께 성취해야 한다.

③ **인지이론** : 팀 목표를 달성하기 위해 팀에게 적합한 학습과제를 학생에게 제공한다.

④ **사회학습이론** : 다른 팀원들을 지켜보고 그들의 이야기를 경청하면서 학습이 이루어진다.

⑤ **행동이론** : 협동과정, 학생의 과제참여, 팀 목표 달성에 따른 보상 사이의 관계를 제공한다.

(3) 협동학습모형의 학습 영역의 우선순위

① 인지적 학습에 초점을 두고 있는 경우

정의적 영역 〉 인지적 영역 〉 심동적 영역

② 심동적 학습에 초점을 두고 있는 경우

정의적 영역 〉 심동적 영역 〉 인지적 영역

(4) 협동학습모형의 학생의 학습 선호도

참여적, 협력적, 경쟁적, 독립적

(5) 협동학습모형의 교수·학습의 특징

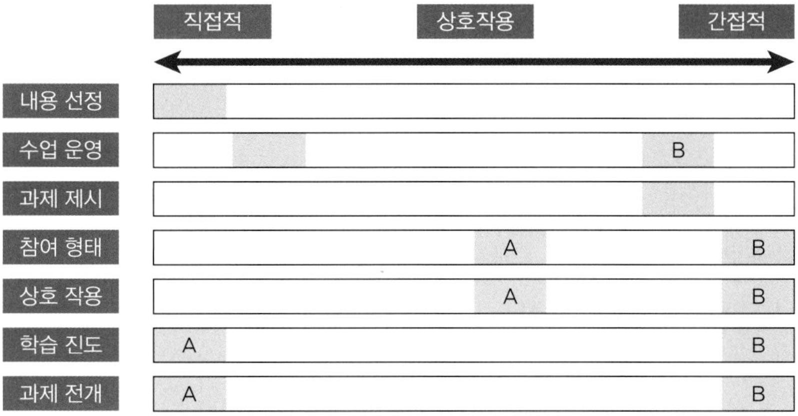

	직접적	상호작용	간접적
내용 선정			
수업 운영			B
과제 제시			
참여 형태		A	B
상호 작용		A	B
학습 진도	A		B
과제 전개	A		B

내용 선정	• 교사 중심적 내용선정 • 교사는 수업 시간에 학생이 수행해야 할 과제를 결정하고 학생에게 알려줌
수업 운영	• 팀 과제참여 전까지는 교사 중심적으로 이루어짐 (A) • 팀 과제참여 후 학생 스스로 의사결정이 이루어짐 (B)
과제 제시	• 과제에 대한 단계를 설정해 주거나 과제 완수를 위해 각 팀이 지켜야 할 규칙만 설명 (학생 스스로 과제 결정) • 교사에 의한 과제 제시는 없음 (기본 규칙만 설명)
참여 형태	• 교사의 질문을 통해 (A), 과제 완수를 위한 참여계획 확정 (B)
교수적 상호작용	• 교사의 질문을 통해 (A), 과제 수행 중 학생 중심 상호작용 (B)
학습 진도	• 교사의 질문을 통해 (A), 팀 선정 후 학생 중심 학습 진도 (B)
과제 전개	• 교사의 질문을 통해 (A), 과제 진행 중 과제 완수에 대한 팀의 결정 (B)

(6) 협동학습모형의 과제 제시와 과제 구조

① 교사에 의한 과제 제시는 없고, 대신 학생 스스로 주어진 과제를 해결해야 한다.

② 과제 구조는 학생-팀 성취배분(STAD), 팀 게임 토너먼트(TGT), 팀 보조 수업(TAI), 직소(Jigwaw), 집단연구(GI)가 있다.

합격 TIP

직소(Jigsaw)

- **팀 별 협동학습** : 학습자를 몇 개 팀으로 나누고 팀마다 학습과제를 분배함
- **팀 내 협동학습** : 각 팀원이 주제 또는 기술에 전문가가 되기 위해 세부 요소들을 익히게 됨, 개인별 과제 학습 후 전문가 집단에서 심화학습을 하고, 서로 학습한 내용을 발표함

팀 게임 토너먼트

1차 평가 및 같은 등위끼리 점수 비교 후 승자에게 상점을 부여하는 전략은 팀 게임 토너먼트에 해당한다. 이를 통해 운동 기능이 낮은 학생들도 자기 팀을 위해 공헌할 수 있다는 자신감을 갖게 된다.

(7) 협동학습모형의 학습평가

① 심동적 학습에 중점을 둔 과제인 경우, 기능검사 필기검사 등 전통적 방법 시행

② 인지적 학습에 중점을 둔 과제의 경우 실제 평가와 대안 평가를 사용

③ 학생-팀 성취배분(STAD), 팀 게임 토너먼트(TGT) 같은 전략은 일정한 시간 동안 연습 후 평가

4 스포츠교육모형

(1) 스포츠교육모형의 특징

① 유능하고 열정적인 스포츠인으로 성장할 수 있도록 돕는다.

② 스포츠에 대한 안목을 갖춘 선수가 되도록 가르치는 역할을 한다.

③ 스포츠 속에 있는 다양한 관점과 가치를 배우는 역할을 한다.

(2) 스포츠교육모형의 이론적 배경

Daryl Sindentop의 이론적 가정 4가지(1. 스포츠는 다소 발달한 형태의 놀이, 2. 스포츠는 우리 문화의 중요한 부분, 3. 학교 교육 내용으로 반드시 가르쳐야 한다, 4. 발달단계에 맞추어 이루어져야 한다)에 의해 정립되었으며, 스포츠가 놀이의 형태로써 인류의 역사와 문화에 중요한 부분을 차지하고 있다고 주장한다.

(3) 스포츠교육의 6가지 핵심 ★★

① **시즌** : 체육수업의 전통적인 내용 단원보다는 시즌이라는 개념을 사용

② **팀 소속** : 전체 시즌 동안 한 팀의 일원으로 수업에 참여

③ **공식경기** : 학생은 시즌을 조직하고 운영하는 의사결정에 참여

④ **결승전 행사** : 시즌은 라운드 토너먼트, 팀 경쟁 등 다양한 형태의 이벤트로 끝남

⑤ **기록 보존** : 게임은 경기 수행에 대한 수많은 기록을 양산

⑥ **축제화** : 스포츠 이벤트는 축제의 성격을 지님

(4) 스포츠교육모형의 학습 영역의 우선순위

① 학습 영역에 걸쳐 골고루 성장하기를 기대

② 유능함, 박식함, 열정적

(5) 스포츠교육모형의 학생의 학습 선호도

협력적, 경쟁적, 독립적

(6) 스포츠교육모형의 교수·학습의 특징

직접적 ← 상호작용 → 간접적

	직접적	상호작용	간접적
내용 선정		■	
수업 운영		■	
과제 제시	A		B
참여 형태			■
상호 작용	A		B
학습 진도			■
과제 전개			■

내용 선정	• 교사가 종목을 선정하고 학생에게 정보를 제공하는 직접적인 선택 • 학생에게 선택의 범위를 제공하고, 학생이 각 시즌에서 스포츠 종목을 선택
수업 운영	• 교사의 스포츠교육 시즌 및 기본 규칙에 대한 구조 제시 • 교사는 초기 수업 운영에 관한 결정 • 결정이 수립되고 학생에게 전달되면 학생은 거의 모든 통제를 스스로 함 • 시즌 동안 매일 수업 관리 과제를 계획하고 수행
과제 제시	• 교사 주도의 역할 분담 (A), 동료 교수와 협동 학습 (B)
참여 형태	• 맡은 바 임무에 대한 능동적 참여, 팀원으로서의 참여 • 학생의 참여 형태는 선수 역할과 비선수 역할에 따라 달라짐
교수적 상호작용	• 교사의 자료제공 (A), 동료, 협동 학습 (B)
학습 진도	• 시즌에 대한 전반적인 학생 결정, 게임의 속도 결정 • 팀 구성원들은 시즌 경쟁에 대한 준비와 시즌 전 계획을 보충하는데 무엇이 필요한지를 결정
과제 전개	• 팀들의 시즌 준비, 의사결정, 팀별 능력에 따라 전개 • 수업에서 각 팀의 내용 목록은 팀에 속한 선수들의 특정 능력에 따라 어느 정도 달라질 수 있음

(7) 스포츠교육모형의 과제 제시와 과제 구조

① 교사는 각 팀에서 1명 혹은 몇 명의 학생에게 다른 학생을 지도할 수 있도록 과제 제시의 이행과 계획을 훈련

② 준비운동, 강연, 기술, 운동 조절, 공격과 수비, 작전, 전략 훈련 등을 포함하고, 이 모든 것은 팀의 리더에 의해 설계되며, 협동 학습 또는 동료 교수 전략을 사용한다.

(8) 스포츠교육모형의 학습평가

① 선수로서 갖춰야 할 기능 지식, 전술 등에 대한 선수평가

② 맡은 임무에 대한 올바른 지식과 임무 수행에 대한 평가

5 동료교수모형 ★★

(1) 동료교수모형의 특징

교사가 과제를 제시한 후 학생들은 서로 짝을 지어 동료 학생이 교사와 학습자의 역할을 짧은 시간 동안 수행한다.

(2) 동료교수모형의 이론적 배경

① 동료교수모형은 직접교수모형에 기초한다.

② 높은 비율의 학생 참여기회, 강화, 피드백, 단원 내용이 교사 주도의 학습을 지향하는 완전숙달 중심 모형으로 볼 수 있다.

(3) 동료교수모형의 학습 영역의 우선순위

① 학습자의 우선순위

심동적 영역 〉 인지적 영역 〉 정의적·사회적 영역

② 개인교사의 우선순위

인지적 영역 〉 정의적·사회적 영역 〉 심동적 영역

(4) 동료교수모형의 학생의 학습 선호도

① **개인교사** : 참여적, 협력적, 독립적인 태도를 선호

② **학습자** : 참여적, 협력적, 종속적인 태도를 선호

(5) 동료교수모형의 과제 제시와 과제 구조

① 과제 제시로 교사는 개인교사에게 기술의 시범 또는 연습해야 할 과제를 주요 학습 단서와 함께 제시한다.

② 두 사람으로 구성되는 조 유형은 한 학생이 관찰하는 동안 다른 학생이 연습하는 동료 교수모형에서 활용될 수 있는 기술, 과제 구조의 종류를 제한한다.

(6) 동료교수모형의 교수·학습의 특징

직접적 ⟷ 상호작용 ⟷ 간접적

	직접적	상호작용	간접적
내용 선정			
수업 운영			
과제 제시			
참여 형태			
상호 작용	A	B	
학습 진도			
과제 전개			

내용 선정	• 교사는 내용, 학습과제의 위계 선정, 수행평가 기준을 결정 • 교사는 내용과 내용의 절차를 완전하게 조정
수업 운영	• 교사는 학생이 준수해야 할 관리 계획, 학급 규칙, 세부 절차를 결정 • 개인교사는 학습과제 내에서 연습 장소의 결정, 학습자에게 과제 소개, 안전 지도와 같은 수업 관리 책임의 일부를 부여받음
과제 제시	• 개인교사에게 교사가 과제와 수행 단서, 기준 등을 제시 • 개인교사는 학습자에게 과제 연습 시작에 대한 정보를 제공
참여 형태	• 교사의 역할 내 교대 계획을 결정 • 주된 참여 형태는 2인 1조 (단, 학습이 짝수로 떨어지지 않을 때는 3인 1조도 가능)
교수적 상호작용	• 교사와 개인교사의 역할이해를 위한 상호작용 (A) • 교사–개인교사 간 질의응답, 개인교사–학습자 간 상호작용 (B)
학습 진도	• 개인교사와 함께 학습자는 각 연습을 시작할 시기와 지속 시간을 결정하게 됨 • 교사가 개인교사에게 과제 제시와 과제 구조 정보를 제공한다면, 개인교사는 학습자에게 그것을 전달하고, 학습자는 자신의 학습 속도로 연습을 시작할 수 있음
과제 전개	• 교사는 각 단원의 내용 목록과 그 안에서 학습 활동이 바뀌는 시기를 결정함

(7) 동료교수모형의 학습평가

학습자에게 자기 능력에 대한 피드백을 줄 수 있으며 임시 지도자에게 자신이 학습할 때 핵심을 찾을 수 있게 하는 체크리스트를 적극적으로 활용한다.

6 탐구수업모형

(1) 탐구수업모형의 특징

① 교사가 학생에게 질문을 던짐으로써 학습 문제를 구성한다.

② 학생의 사고를 유도하기 위해 질문을 통해 움직임으로 대답하도록 한다.

③ 인지적 영역에서 학생의 학습이 이루어진다. 즉, 생각 후 움직임을 수행한다.

(2) 탐구수업모형의 이론적 배경

① 체육수업에서 서로 다른 지도 전략과 학습 활동을 제안하는 인지 학습 이론에 바탕이 있다.

② Bruner의 발견학습 이론, Ausubel의 의미 수용 학습, 구성주의 이론 등이 있다.

(3) 탐구수업모형의 학습 영역의 우선순위

인지적 영역 〉 심동적 영역 〉 정의적 영역

(4) 탐구수업모형의 학생의 학습 선호도

참여적, 협력적, 독립적인 태도를 선호

(5) 탐구수업모형의 과제 제시와 과제 구조

① 과제 및 문제해결을 이해할 수 있도록 충분한 정보를 제공하고, 생각하고 움직일 수 있도록 안내한다.

② 과제 구조는 학생에게 활용 공간, 용구, 집단 편성, 안전 확보, 문제해결 시간 등 한 가지 이상을 포함하면서 참여를 결정한다.

(6) 탐구수업모형의 교수·학습의 특징

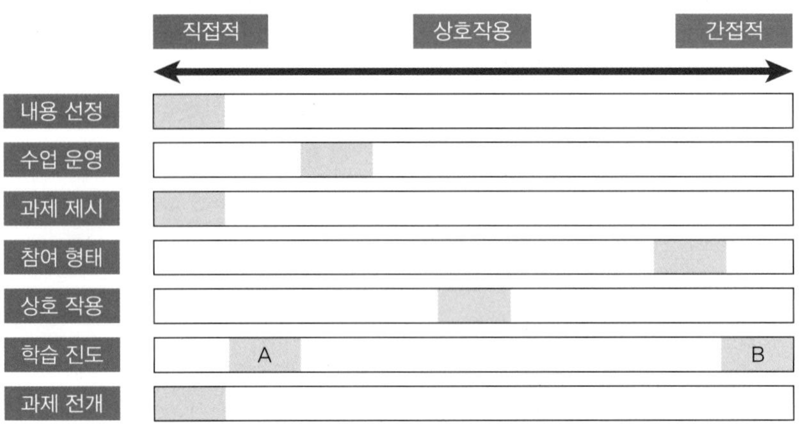

내용 선정	• 교사가 학생에게 해결하여야 할 문제 및 단원을 선정 • 교사가 학생에게 학습하기를 원하는 인지적 지식, 개념, 움직임의 유형으로, 해결해야 할 각 문제에 내용이 포함되어 있음
수업 운영	• 직접교수모형과 비슷하게 교사의 관리 계획과 수업 절차를 결정 • 학습장소, 위치, 사용기구 선정, 팀 조직과 같은 관리적 과제가 학습과제와 중첩되는 경우 교사는 학생에게 일정 부분을 결정할 수 있는 기회를 허용
과제 제시	• 교사의 질문을 통한 과제를 제시 • 학생이 학습과제를 해결하기 위해 문제를 부여받을 때 활용됨
참여 형태	• 교사가 문제를 설정하면 학생에게 해답을 찾기 위한 기회가 제공 • 학생은 가능한 해답들을 탐색하고 다른 학생과 협력하며 새로운 시도를 해 보고 용구를 변경할 수 있음
교수적 상호작용	• 교사의 질문을 통한 학습자의 문제해결, 높은 수준의 상호작용을 나타냄
학습 진도	• 교사의 단원 및 진도를 결정 (A) • 학생은 해답을 찾기 위해 각 과제에 대한 시간 내 진도를 결정 (B)
과제 전개	• 교사는 단원과 각 수업의 학습과제의 목록과 내용 계열을 결정 • 교사는 인지적, 심동적, 정의적 영역의 능력을 발달시키고, 학생이 점점 더 복잡한 과제를 해결하도록 과제를 전개해야 함

(7) 탐구수업모형의 학습평가

① **비공식적 평가** : 교사가 단기간에 신속히 해결할 수 있는 학습과제 또는 문제를 계획했을 때 비공식적 평가는 가장 실제적인 방법이 될 것이다. 대부분의 이러한 평가는 교사가 제시한 질문에 답변하기 위해 '생각하고 움직이기'를 하는 학생을 교사가 관찰한 것에 근거를 둔다.

② **공식적 평가** : 탐구수업모형에서 하위 수준의 학습 결과를 평가하기 위해서 교사는 전통적이고 공식적인 평가기법을 활용할 수 있다. 학습 목표 수준을 지식, 이해, 적용으로 설정했을 때 간단한 퀴즈, 컴퓨터 활용검사, 활동 학습지의 작성 또는 간단한 기능검사는 교사에 평가 정보를 제공할 수 있다.

③ **대안 평가** : 대안적인 평가기법은 탐구수업모형의 모든 학습 단계에서 특히 높은 수준의 학습 결과에 활용될 수 있다. 질문들이 '실제' 학습을 반영하여 창의적으로 설정된 경우라면, 이때의 평가는 매우 실제적인 평가가 될 것이다.

7 전술게임모형

(1) 전술게임모형의 특징

① 기술 발달과 게임 수행에 필요한 전술 지식을 학습하기 위해 게임 구조에 대한 흥미를 활용한다.

② 학습과제를 유사한 게임 상황으로 계획하여 정식 게임 혹은 변형게임으로 이끌어 가며, 게임 전략과 전술이 중요하다.

(2) 전술게임모형의 이론적 배경

① 구성주의와 인지 학습 이론을 통해 발전되었다.

② 학생의 이해 증진을 위해 사전 지식을 통해 새로운 학습으로 이루어진다.

③ 학생은 자신이 이해한 것을 게임에 적용하여 수행할 수 있다.

(3) 전술게임모형의 6단계 ★★

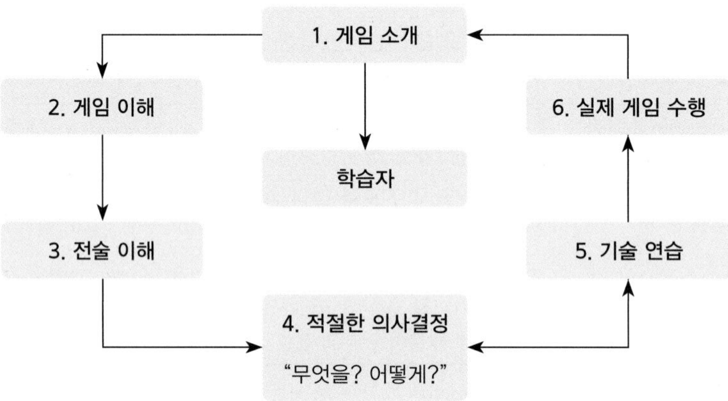

1	게임 소개	수행될 게임의 분류 및 개관 포함
2	게임 이해	게임의 역사와 전통을 가르쳐 줌으로써 게임에 대한 학생들의 흥미를 자극
3	전술 이해	주요한 전술 문제들을 게임 상황에서 제시함으로써 학생의 전술 인지능력을 발달
4	의사결정	전술적 지식의 적용 시기와 방법에 대한 인식을 학생에게 가르치기 위해 게임 유사 활동을 활용
5	기술 수행	게임 유사 활동을 통해서 전술적 지식과 기능 수행을 결합하기 시작
6	실제 게임 수행	전술 및 기능을 결합한 수행으로 능숙한 수행이 이루어짐

(4) 전술게임모형의 학습 영역의 우선순위

인지적 영역 〉 심동적 영역 〉 정의적 영역

(5) 전술게임모형의 학생의 학습 선호도

회피형, 경쟁형, 의존형

(6) 전술게임모형의 교수·학습의 특징

직접적 ⟷ 상호작용 ⟷ 간접적

내용 선정
수업 운영
과제 제시
참여 형태
상호 작용
학습 진도
과제 전개

내용 선정	• 학생이 단원을 통해 해결해야 하는 전술 문제의 계열성에 따라 제시 • 교사는 전술 문제들을 나열하고 학생의 전술인지와 의사결정을 개발하기 위해 사용할 게임과 게임 유사 상황을 계획
수업 운영	• 교사는 관리 계획, 수업 규칙, 특정 절차를 결정 • 학생이 일련의 전술적 모의 상황과 연습을 통해 발전해 나가면서 그 효율성이 향상됨
과제 제시	• 교사 중심적 질문 제시, 게임 참여 전 학습자의 문제해결을 위한 연역적 질문 사용
참여 형태	• 교사 중심적으로 이루어짐 • 교사의 과제 구조 결정과 모의 상황 또는 연습을 실행하도록 학생을 지도
교수적 상호작용	• 교사는 게임 모의 상황과 연습 동안 학생이 전략적 문제를 해결할 수 있도록 연역적 질문들을 활용
학습 진도	• 연습 시작과 종료는 학생 중심의 의사결정으로 이루어짐 • 학생이 게임 상황에 참여하게 되면 연습을 언제 시작하고 마칠 것인지에 대해서 학생 스스로 결정하게 됨
과제 전개	• 교사 중심적 • 교사는 각 학습 활동이 끝나고 학생이 다음 전술 문제와 학습과제로 이동하는 시기를 결정

(7) 전술게임모형의 과제 제시와 과제구조

① 전술게임모형에서 활용되는 4가지 주요 학습과제는 기능 발달 연습, 모의 상황 연습, 게임 형식, 정식 게임을 포함한다.

② 변형게임은 정식 게임의 많은 부분과 유사하지만, 규칙, 점수, 경기장 크기, 게임 시간을 계획적으로 변화시킨다.

(8) 전술게임모형의 학습평가

① 학습 목표는 학생이 게임 또는 게임 유사 학습 활동에서 전술 문제를 구성하고 수행하는 것이다.

② 게임은 정식 게임, 변형게임, 또는 게임 상황을 대표하는 게임 형식이 될 수도 있다. 평가는 게임 진행을 관찰함으로써 이루어지기 때문에 실제적이라고 볼 수 있다.

합격 TIP

벙커(Bunker)와 토르페(Thorpe)의 이해중심 게임수업 지도(1989)

타격형 게임
(필드형 게임)

표적형 게임

네트형 게임

영역형 게임
(침범형 게임)

이해중심 게임수업 지도

게임전술의 전의 가능성으로 구분

- **침범형(영역형)** : 농구, 하키, 풋볼, 축구
- **네트형(벽면형)** : 배드민턴, 배구, 탁구
- **필드형(타격형)** : 야구, 소프트볼, 크리켓
- **표적형** : 당구, 볼링, 양궁, 골프

이해중심게임모형

그리핀(L. Griffin), 미첼(S. Mitchell), 오슬린(J. Oslin)의 이해중심게임모형에서 변형게임 구성 시 반영해야 할 2가지 핵심 개념은 대표성과 과장성이다.

- **대표성** : 본래 게임의 가장 본질적인 특징
- **과장성** : 특정한 사태 초점을 위한 변형

8 개인적·사회적 책임감 모형

(1) 개인적·사회적 책임감 모형의 특징

① 체육에서 가르쳐야 하는 내용 대부분이 학생 스스로와 타인에 대한 책임을 어떻게 져야 하는지 그 방법을 연습하고 배우는 기회들을 제공한다.

② 책임감과 신체활동이 별개의 학습 성과가 아니므로 동시에 추구하고 성취되어야 한다.

③ 스포츠활동에서 성취는 개인적, 사회적 진취성과 책임감을 함께 학습하는 것이다.

(2) 개인적·사회적 책임감 모형의 이론적 배경

① 학생 스스로 타인에 대한 책임을 지고 긍정적인 개인적·사회적 선택을 하는 방법들을 배울 수 있는 기회를 제공한다.

② 팀의 모든 구성원은 팀의 성공에 필요한 자신의 역할을 인지하고 책임을 진다.

합격 TIP

책임감 수준 5단계

수준	특징	의사결정과 행동의 사례
5	**전이**	• 교외에서 타인 가르치기 • 집에서 개인적 체력 프로그램 실행하기 • 청소년스포츠 코치로 자원하기
4	**돌봄과 배려**	• 타인을 고려하고 경청하기 • 거드름 피우지 않기
3	**자기 방향 설정**	• 교사의 감독 없이 과제를 완수 • 자기 평가 및 목표설정
2	**참여와 노력**	• 교사가 존재할 시 자발적으로 참여 • 자기 동기부여 있음 • 열심히 시도하는 학습
1	**타인의 권리와 감정 존중**	• 다른 사람 방해하지 않기 • 타인을 고려하면서 안전하게 참여하기 • 자기 통제 보임
0	**무책임**	• 참여 의지 없음 • 자기 통제 능력 없음

* 0은 긍정적, 의사결정, 행동 및 책임감이라는 것이 부재한 상태이기 때문에 학생들은 기술하지 않는다.

(3) 개인적·사회적 책임감 모형의 학생의 학습 선호도

① 회피적·참여적

② 경쟁적·협력적

③ 의존적·독립적

(4) 개인적·사회적 책임감 모형의 교수·학습의 특성

직접적 상호작용 간접적

내용 선정

수업 운영

과제 제시

참여 형태

상호 작용

학습 진도

과제 전개

내용 선정	• 교사는 학생들의 현재 수준을 확인하고 적절한 수준별 학습 활동을 계획한 후 TPSR 모형의 내용을 결정
수업 운영	• 교사는 학생들이 낮은 수준의 책임감을 느끼고 있을 때 수업 관리와 관련된 의사결정과 행동에 대한 직접적인 통제를 함 • 학생이 높은 수준의 책임감을 나타내면, 교사는 학생들에게 수업 관리 운영을 넘어선 투입과 통제를 함
과제 제시	• 교사의 관찰과 학생의 수준 평가에서 시작됨
참여 형태	• 교사는 방법과 시기를 결정
교수적 상호작용	• 교사와 학생의 지속적인 상호작용 • 교사는 학생이 무엇을 하며 자기 삶과 주위 사람들에게 어떠한 영향을 미치는지 스스로 이해하도록 도와주고 새로운 행동 양식들을 시작할 수 있도록 격려함
학습 진도	• 교사는 학생이 다음 수준으로 언제 옮겨갈지 시기를 결정함
과제 전개	• 학습과제는 각 수준에 맞게 계획 • 한 과제에서 다음 과제로 전환하는 결정은 학생이 각 과제에 얼마나 잘 대응하는지, 언제 예상대로 과제를 잘 성취할 것인지 교사가 생각하는 바에 달려있음

(5) 개인적·사회적 책임감 모형의 학습평가

① 타인의 권리와 감정 존중, 참여와 노력, 자기 방향 설정, 돌봄과 배려, 전이 5가지 수준에 기초한다.

② 학생들이 책임감 수준 자체에 대해서만 아는 것으로 충분하지 않고 적절한 의사결정과 행동을 통해 책임감 수준의 향상도를 나타내야 한다.

9 하나로 수업 모형

(1) 하나로 수업 모형의 특징

① 전인교육 실현을 위한 통합적 접근으로 하기, 읽기, 쓰기, 보기, 듣기를 하나로 한다.

② 기능, 지식, 태도를 하나로 한다.

③ 학교 수업과 일상생활을 하나로 한다.

④ 서로 다른 사람을 하나로 한다.

(2) 하나로 수업 모형의 이론적 배경

① 운동 기술적, 정신적, 역사적, 철학적, 문학적, 예술적 요소를 통합적으로 발달시켜 균형 잡힌 학생들의 성장을 돕는다.

② 안쪽 측면과 바깥쪽 측면, 즉 직접 체험(운동을 잘하는 것)과 간접 체험(운동을 잘 아는 것)으로 나눈다.

(3) 하나로 수업 모형의 수업 운영

① '터'와 '패'로 나눌 수 있다. ('터'는 수업 활동이 이루어지는 공간, '패'는 수업 활동을 이루어내는 학생들의 모둠을 말함)

② 학생들은 작은 소집단으로 나누고, 그 안에서 각자의 역할을 담당한다.

10 교수 스타일 특성 ★★★

(1) 수업 스펙트럼의 특징

① T(교수 행동)–L(학생 행동)–O(목표)

② 각 스타일은 교사의 특정 행동, 학습자의 특정 행동, 도달 목표로 정의되기 때문에 각 스타일은 독특한 T–L–O 관계 구조를 하고 있다.

③ 교사와 학생의 상호작용에는 교과 내용 목표와 행동 목표라는 두 가지 목표가 존재한다.

(2) 모스턴(M. Mosston)의 교수 스타일

A	지시형 (명령식) 스타일	• 교사가 학생을 위하여 모든 결정을 내릴 때는 학습자의 정서 상태, 반응 능력, 학습 과제의 본질 및 목적을 충분하게 이해하면서 사용해야 한다. • 교사가 제시한 방식대로 학습이 강조된다. • 암기, 회상, 파악, 구분 등과 같은 창의력을 요구하지 않는 인지적 활동을 강조한다. • 학생들이 적극적으로 참여할 시간이 거의 주어지지 않는다.
B	연습형 스타일	• 교사가 순회하고 피드백을 제공하는 동안 수업 중 결정군 중에서 9가지 결정 군이 학생에게 이양되고 수업이 개별화된다. • 수업 중 결정군 : 자세, 위치, 과제의 순서, 과제별 시작 소요 시간, 진행 흐름과 리듬, 과제별 중지 시간, 막간, 복장과 외모, 질문의 제기 • 교사의 역할은 모든 교과 내용과 이에 따른 세부 운영 절차를 결정하고 피드백을 학생들에게 개별적으로 제공하는 것이다.

C	교류식 (상호학습형) 스타일	• 더 많은 의사결정 사항들이 교사로부터 학생들에게 전이 된다. • 관찰자는 관찰 → 기준 → 비교 → 대조 → 결론 도출의 과정을 경험함으로써 비교, 대조, 결론 도출의 능력이 향상된다. • 교사는 상황 파악으로 한 개인에게 개별적으로 피드백을 제공하는 동안에도 학급의 다른 구성원들을 계속 인식하고 있어야 한다.
D	자기점검형 (자검식) 스타일	• 교류식(상호학습형) 스타일에서 발전된 것으로 학습자가 과제를 수행하고 스스로 평가한다. • 교사는 교과 내용, 평가 기준, 수업 운영 절차 등을 결정하며 학생은 과제를 독립적으로 수행하고 지도자가 마련한 평가 기준에 따라 자신의 과제 수행을 점검하는 역할을 수행한다. • 많은 과제는 학습자의 자기점검형 스타일의 의사결정에 대한 능숙한 참여와 과정 참여에 대한 정직성을 요구한다.
E	포괄형 (포함식) 스타일	• 하나의 과제에 대해 여러 가지 난이도로 설정함으로써 수준별 학습이 가능하다. • 과제에 참여하고 과제를 수행할 수 있는 난이도를 선택한다. • 자신의 활동을 스스로 점검하는 것을 배운다.
F	유도발견식 스타일	• 교사의 질문에 답함으로써 기능이나 개념을 발견해 나간다. • 성공적으로 실행하기 위해서는 해답을 절대로 먼저 말하지 말아야 하며, 항상 학습자의 반응을 기다리고 피드백을 자주 제공해야 한다. • 새로운 주제를 소개할 때 유용한 스타일로 학습자들이 학습 과정에 흥미를 갖고 참여하게 되고 궁금증을 갖게 한다.
G	수렴발견식 스타일	• 미리 결정되어있는 정확한 반응을 수렴적 과정을 통해 발견하는 것이다. • 논리적 규칙, 비판적 사고 및 문제해결 등과 같은 합리적 사고 과정을 통해 문제를 해결해 나간다. • 교사는 수업 중 개입하지 않고, 수업 후 평가를 통해 참여한다. • 학습자는 스스로 질문을 만들고 논리적 연결을 구성해 궁극적으로 기대되는 반응을 발견한다.
H	확산발견식 스타일	• 구체적인 인지 작용을 통해 다양한 해답들을 발견한다. • 학생이 처음으로 교과 내용에 관한 발견과 선택을 한다. • 확산적 발견의 의미와 암시, 어느 한 가지 반응만이 정확한 해답이 될 수 없다는 사실을 강조하는 것이 중요하다.
I	자기설계형 스타일	• 어떤 문제나 쟁점의 해결을 위한 학습 구조의 발견에 대한 독립성 확립이 특징이다. • 교사는 일반적 교과 내용만 정해 주고, 학생이 그에 관련된 질문이나 문제를 스스로 제작하여 해답을 찾는다. • 학생의 독자적 결정권이 더욱 확대된다.
J	학생주도형 스타일	• 학습의 설계에 대한 책임과 학습경험 등에 대한 학습자의 주도가 특징이며, 학습자들의 학습 욕구에 자율권을 부여하는 것이 이 스타일의 목표이다. • 스스로 진도를 설정, 탐구, 발견하고, 프로그램을 설계하고 실행한다. • 학습자들에게 그들 자기 경험을 시도해 볼 수 있는 기회를 제공하는 것이다.
K	자기학습형 스타일	• 학습에 대한 학습자의 개인적 열망 및 개별적인 학습 집착력에 한정한다는 특성이 있다. • 수업 전, 수업 중, 수업 후 결정 군에 모든 결정을 학생이 내린다. • 학생이 동시에 교사의 역할도 하고 학생의 역할도 할 수 있어야 한다.

합격 TIP

수업 스타일 선정 시 고려사항
- 교과 내용의 목표와 학생 행동을 함께 연결하라.
- 학생의 어떤 행동을 개발시키길 원하는지 생각하라.
- 언제나 교사 행동-학생 행동-수업 목표(T-L-O)를 생각하라.
- 에피소드가 성취하고자 하는 목표가 무엇인지 결정하라.
- 한 수업에서 이루어지는 수업 에피소드에 관해 생각하라.

11 스포츠지도를 위한 교수기법

(1) 지도를 위한 기본 지식 ★★

① **명제적 지식** : 교사가 구두나 문서로 표현 (수업에 필요한 여러 가지 내용을 아는 것)

② **절차적 지식** : 수업 전·중·후에 적용 (학생들의 학습 촉진을 위해 명제적 지식을 활용할 수 있는 능력)

③ **상황적 지식** : 특수한 상황에서 적절한 의사결정을 언제, 왜 해야 하는지에 대한 정보 제공

메츨러(M. Metzler)의 교사 지식 3가지
- **명제적 지식** : 수업 시간에 필요한 개념 지식
- **절차적 지식** : 실제로 체육 프로그램에 교사가 적용할 수 있는 지식
- **상황적 지식** : 교사가 특수한 상황에서 내리는 의사결정에 대한 지식

메츨러(M. Metzler) 교수·학습 과정안 작성
- 지도 맥락의 간단한 기술
- 학습목표
- 시간과 공간의 배정
- 학습활동목록
- 과제 제시와 과제구조
- 평가
- 학습정리 및 종료

(2) 슐만(Shulman)(1987)의 7가지 교사 지식 ★★

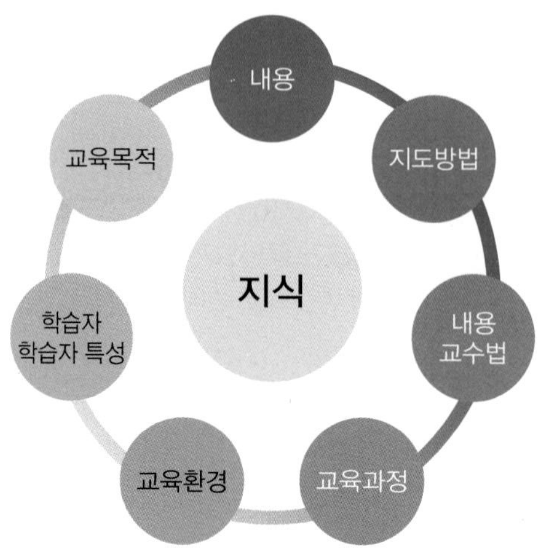

슐만(Shulman)의 7가지 교사 지식

① **내용 지식 :** 교과 내용에 대한 지식

② **지도방법 지식 :** 지도법에 대한 지식

③ **내용 교수법 지식 :** 특정 학생에게, 특정 상황에서 특정 주제에 대한 지도 방법 지식 ★

④ **교육과정 지식 :** 발달단계에 따른 내용 및 프로그램에 관한 지식 ★

⑤ **교육환경 지식 :** 학급 규모와 같은 수업 환경에 영향을 미치는 지식

⑥ **학습자와 학습자 특성 지식 :** 학습자의 특성, 개인차 등 수업에 영향을 미치는 학습자 지식

⑦ **교육목적 지식 :** 교육시스템의 구조에 관한 지식

(3) 지도 정보 단서

① **조작 단서 :** 지도자가 의사전달을 위해 학습자의 신체 일부를 이동시키는 방법으로, 자세를 직접 고쳐주는 방법

② **언어 단서 :** 간결하고 핵심적인 단어들을 이용하여 제시

③ **과제 단서 :** 학습자에게 움직임 반응에 원리를 적용하거나 움직임 반응에서 원리를 발견하는 과제를 제시

④ **시청각 단서 :** 언어 및 시범으로 보여준 기능이나 동작을 재현할 수 있는 용어로 제시

⑫ 효율적인 지도를 위한 연습법

(1) 목적

① 효율적인 지도는 수업을 얼마나 잘 조직하고 운영하여 실제 학습 시간을 높이는 목적이다.
② 학생들의 올바른 행동을 증가시키고 적극적인 참여를 위한 긍정적인 수업 분위기를 조성한다.

(2) 연습 방법

① **1인 연습** : 혼자 거울을 보거나 비디오 녹화를 이용하는 방법
② **동료 교수** : 동료끼리의 모의로 수업을 만들어 교수 기능을 연습하는 방법
③ **축소 수업** : 소수 학습자, 마이크로 티칭
④ **반성적 교수** : 6~8명 소집단 학생끼리 학습목표를 정하고, 수업 후 반성적 토의를 통한 평가 방법

(3) 효율적인 지도 특징

우수 교사는 강제적, 부정적, 징계적 학습자 관리 기술에 의존하지 않고 학생 스스로 참여할 수 있도록 동기를 유발하는 것이다.

(4) Rosenshine과 Frust(1971)의 학업성취도와 관련된 5가지 변인

① 명확한 과제 제시 (학습지도, 시범, 토의 등 학생들에게 명확히 제시)
② 교사의 열의
③ 수업 활동의 다양화
④ 과제 지향적 교수 행동 (교과 학습을 중시)
⑤ 수업 내용 (교과에 가르치는 내용 강조)

(5) 예방적 지도 전략(Kounin, 1970)

① **상황 파악** : 무엇을 하고 있는지 교사가 다 이해하고 있음을 학생들에게 알림
② **동시 처리** : 교사가 동시에 두 가지 일을 처리
③ **유연한 수업 전개** : 수업 활동의 흐름을 중단하지 않고 부드럽게 이끌어 감
④ **여세 유지** : 수업 진행을 늦추거나 학습 활동을 중단하지 않고 수업을 전개
⑤ **집단 경각** : 모든 학생이 과제에 집중하도록 지도
⑥ **학생의 책무성** : 학생에게 수업 중 과제 수행에 대한 책임감 부여

(6) 학습지도의 변인

학습자의 발달 상태, 학습자의 적성, 학습자의 사회·경제적 상태, 학습할 교과 내용

(7) 수업 운영의 효율성을 높이기 위한 기술

① 최초의 활동 통제 (수업 시작 전 수업의 구조에 대해 학생들에게 미리 알려줌)

② 수업 시간 엄수

③ 출석 점검 시간의 절약

④ 주의집중에 필요한 신호 (호각, 박수, 구호 등)

⑤ 높은 비율의 피드백과 긍정적 상호작용의 활용 (신속히 수업 조직을 갖추거나 활동 내용을 변화시킴)

⑥ 학생수업 운영시간 기록

⑦ 열의, 격려, 주의 환기 활용

13 부적절한 행동을 감소시키는 전략

① **신호간섭** : 시선, 손짓 등 지도자의 행동으로 학습자의 운동 참여 방해 행동을 제지하는 것

② **접근통제** : 프로그램 진행을 방해하는 학습자에게 가까이 접근하거나 접촉하여 제지하는 것

③ **삭제훈련** : 부적합한 행동을 하지 않았을 때 보상을 줌

④ **퇴장** : 위반행동의 벌로 일정한 시간 동안 게임 활동에 참가할 수 없도록 함

⑤ **적극적 연습** : 부적절한 행동을 하였을 때 적절한 행동을 일정 횟수로 반복시킴

14 지도 내용의 전달

(1) 내용의 발달적 분석

① **세련과제개발** : 운동 수행의 질, 운동 수행 경험의 의미에 초점을 두며, 목표의 범위를 좁히고 수행의 질적 발달에 대한 학습자의 책무성을 강하게 부여할 때 매우 효과적

② **확대과제개발** : 내용의 발달적 분석은 확대과제로 시작되며 학습경험을 간단한 과제에서 복잡한 과제로 또는 쉬운 과제에서 어려운 과제로 발전시키는 것이 과제의 확대

③ **응용과제개발** : 확대와 세련을 통해서 습득한 기능을 실제 또는 실제와 유사한 상황에서 사용할 수 있도록 지도 내용을 조직한다.

링크(J. Rink)의 내용발달 단계

시작과제 → 확대과제 → 세련과제 → 적용과제

15 운동과제의 제시

(1) 학습과제 전달 방법

① **언어적 전달** : 회고적 발문, 집중적 발문, 분산적 발문, 평가적 피드백, 교정적 피드백 등

② **시범** : 시범은 정확해야 한다. 시범 후 학습자의 이해 여부를 확인하고 왜 그렇게 수행되는지에 대한 정보를 제공한다.

③ **매체** : 학습과 관련된 그림, 차트, 필름, 동영상, 멀티미디어, 학습지 등 다양한 매체를 활용한다.

합격 TIP

스포츠 지도를 위한 준비

- 지도자는 자신이 가르칠 수 있는 내용의 수준이 어느 정도인지 고려함 (맥락분석)
- 학습자의 성취 결과뿐만 아니라 향상 정도를 평가할 수 있는 방법을 계획 (평가)
- 지도의 목표가 모방일 경우에 지시자, 창조일 경우에는 촉진자의 역할이 필요 (지도자와 학습자의 역할과 임무)
- 행동 목표는 운동수행 조건, 성취 행동, 운동수행기준을 고려하여 설정 (학습 목표 분석)

Chapter 6 스포츠교육의 평가론

학습목표

- 체육측정평가의 이론적 측면에 관해 설명할 수 있다.
- 검사의 기준과 유형에 관해 설명할 수 있다.
- 평가의 실천적 측면에 대해 이해할 수 있다.

1 평가의 이론적 측면

(1) 평가의 기본 개념

① 평가는 측정보다는 포괄적인 개념, 평가 대상의 가치를 판단하는 과정이다.

② 측정과 검사에는 가치판단이 없으며 평가는 가치지향적 활동이다.

③ 평가는 교육활동에 대한 피드백이고, 교육목적 달성을 위한 수단이다.

④ 평가 결과에 따라 활동을 계속할지, 중단할지, 보완할지를 결정한다.

⑤ 체육 영역에서 측정의 대상은 정의적, 심동적, 인지적 특성으로 구분할 수 있다.

합격 TIP

체육 영역에서 측정의 대상

- **정의적 영역** : 학습자의 감정, 태도, 가치, 사회적 행동 등과 관련된 교육적 영역
- **심동적 영역** : 신체적 활동이나 능력의 향상과 관련된 영역
- **인지적 영역** : 정보 처리와 관련된 지식 또는 능력의 영역

(2) 평가의 목적 ★★★

① 교수-학습의 효과성 판단

② 학습자의 성취 수준 이해

③ 학습자의 참여 및 동기유발

④ 학습자의 학습 상태와 학습지도에 대한 정보 제공

⑤ 학습지도 및 관리의 효율성

⑥ 학습자 역량 판단을 통한 이수 과정 선택정보 제공

⑦ 교육과정의 적합성과 적절성 확인

⑧ 학습 진행상태 점검, 교육계획 개선

⑨ 미래 수행력 예측

합격 TIP

스포츠교육의 평가 목적

스포츠지도사의 교육활동 개선, 학습자의 운동 수행 참여와 동기 촉진, 교육목표에 따른 학습 진행상태 점검과 지도 활동 조정

(3) 검사의 객관도 · 신뢰도 · 타당도

① **객관도** : 평가자가 주관적 편견을 얼마나 배제하였느냐의 문제를 말한다. 2명 이상의 평가자에 의하여 부여된 점수의 일치 정도를 말하는 것으로 객관도 분석에서 주된 관심은 평가자에 의해 발생하는 오차이다.

② **신뢰도** : 검사가 얼마나 오차 없이 정확하게 측정하는 정도를 말한다.

③ **타당도** : 검사가 원래 의도한 대로 측정을 제대로 하고 있는가의 정도를 말한다. 신뢰도와 타당도가 모두 높으면 가장 이상적인 평가도구라 할 수 있다.

내용타당도	교육목표를 얼마나 충실히 측정하고 있는가와 관련된 타당도. 논리적 사고에 입각하는 분석과정으로 판단하는 주관적 타당도이다.
준거타당도	어떤 검사나 평가도구가 다른 준거와 얼마나 관계가 있는가의 정도를 말한다. (공인타당도, 예측타당도, 결과 타당도)
구인타당도	심리적 특성에 조작된 정의를 내리고, 그것을 기준으로 측정하고자 하는 심리적 특성의 구인을 얼마나 제대로 측정하는가를 나타낸다.

2 평가 기준에 따른 분류 ★★★

(1) 절대평가(준거지향평가)

① 사전에 정해놓은 기준에 학생들이 도달 혹은 성취 여부에 관심을 두는 검사이다.

② 준거지향평가 또는 목표지향평가라고 불리며, 학습자들의 교과별 학업성취도를 평가할 때 집단 내의 다른 학습자들의 성취 정도와 비교하여 평가하는 것이 아니라 설정된 교수-학습 목표를 준거로 하여 그 목표의 달성도를 평가하는 방식이다.

(2) 상대평가(규준지향평가)

① 학생들의 개인차를 변별하는데 주된 관심을 두는 검사이다.

② 상대적인 정보만 제공하고 목표달성도에 관한 정보를 제공하지 못하는 단점과 지나친 경쟁을 부추기는 문제, 지적 성취의 등급화 조장 등의 여러 가지 비교육적인 영향을 주는 평가이다.

(3) 자기지향평가

① 학습과제를 수행하는 능력을 과시하도록 요구하는 방법이다.

② 개인의 학업성취도를 파악하고 부족한 부분을 스스로 깨우쳐 학습자 자신을 이해하게 하는 데 효과적이며 자기 이해를 통한 심리적 문제해결이나 자기분석을 위해 자기 평가를 지향하기도 한다.

합격 TIP

상대평가와 절대평가의 비교 ★★★

구분	상대평가	절대평가
평가 근거	상대방과 비교, 소속집단의 점수분포	학습 목표, 목표 도달 수준
평가도구의 양호도	신뢰도 중시	타당도 중시
성취수준의 판정방법	평균치	목표 도달률
결과 처리 및 해석	백분위, 표준점수	백분율(%)
기준	대상 집단의 자료에 근거	과학적 연구결과에 근거
특징	기준이 상대적으로 높은 경우 피검자를 실망시킬 수 있음	개인점수의 변화에 대한 설명이 용이

3 평가 기능 및 시기에 따른 유형 ★★★

(1) 진단평가

① 교육프로그램 시행 이전에 하는 평가활동

② 학습자들의 수준을 파악하기 위해 실시되는 평가 방법

③ 학습자의 정보를 수집하고 교육 방향을 설정·수정, 학습장애의 원인과 정도를 파악

(2) 형성평가

① 교육프로그램 운영 중간에 이루어지는 과정 중심 평가, 수업 중 수시로 평가활동

② 학습자의 학습 동기를 유발할 수 있으며 지도자는 프로그램과 지도 방법을 수정하기 위한 기초자료로써 활용하기도 한다.

(3) 총괄평가

① 교육프로그램 성취도를 포함한 결과를 종합적으로 판단하는 방법

② 주어진 일정한 기간 학습 과정을 끝마치고 그 결과에 학습 목표의 달성도를 개인별 또는 집단별로 평가하여 학습자들의 성적을 작성, 기능과 능력의 점검, 다음 학습 과정에서의 성공 예측, 학습 교수활동의 출발점 결정, 완전 학습을 위한 학습의 피드백 유도, 그리고 개인의 집단 내 위치를 확인하는 평가 방법이 있다.

합격 TIP

시기별로 진단평가–형성평가–총괄평가로 구분할 수 있으며 진단평가는 교육프로그램 이전, 형성평가는 교육프로그램 운영 중간, 총괄평가는 교육프로그램 이후에 진행되는 평가를 말한다.

(4) 임의평가

① 측정된 결과를 평가할 때 어떤 객관적인 기준에 의해서 측정치 또는 질적 기술을 해석하지 않고 주관적인 판단으로 해석

② 지도자마다 다른 해석기준이 사용되기 때문에 객관적이고 체계적인 평가를 불가능하게 만든다.

(5) 수행평가

① 학습자에게 주어진 실제적이고 진솔한 과제를 학습자들이 수행하고, 그러한 과정을 통해 나타내는 지식, 기능, 태도에 대해 학습 과정에서 수집한 자료에 근거하여 전문가적인 견해로 판단하는 평가 방법이다.

② 지도자의 평가뿐만 아니라 상호(동료–학습자)평가, 자기 평가 등의 학생평가를 결합한 다양한 방법을 사용하여 종합적인 평가가 이루어지도록 한다.

③ 목적과 내용을 고려하여 실시하도록 하고 학년별 평가의 기준, 절차, 시기, 시설이나 용구, 평가도구를 고려하여 실시하도록 하며 객관적이고 신뢰성 있는 평가가 이루어지도록 한다.

합격 TIP

평가 방법 기출 예시

- **진단평가** : 수업 전 학습 목표에 따른 참여자 수준을 결정하고 학습 과정에서 참여자가 계속적인 오류 상황을 발생시킬 때 적절한 의사결정을 하도록 한다.
- **총괄평가** : 학생들에게 자신의 높이뛰기 목표와 운동계획을 수립하게 한 다음 육상 단원이 끝나는 시점에서 종합적 목표 달성여부 확인을 위해 평가를 실시한다.

4 평가의 실천적 측면

(1) 평가도구 ★★

① **관찰법** : 지속적, 객관적으로 관찰, 체크리스트를 활용하여 평가

② **면접법** : 대화를 통하여 학생들의 생각이나 느낌 등의 정보를 수집하여 수업 태도, 협동심, 책임감 등을 평가

③ **프로젝트법** : 학생들이 각종 자료를 수집, 분석, 종합하여 연구보고서를 작성하고 이를 평가

④ **포트폴리오** : 학생의 변화, 발전 과정을 전반적으로 평가하고 학생의 자기반성 및 평가 촉진

⑤ **루브릭** : 평가자에게 평가 시 활용할 수 있도록 각각의 수행 수준의 특징에 대한 정보를 명제화하여 제공할 수 있고, 학습자에게는 자신들이 어느 정도의 수준인지에 대해 알려주고 향후 수행 능력 향상을 위해 무엇이 필요한지에 대한 분명한 피드백을 제공한다. 학습의 질을 결정하는데 사용된다. (초급, 중급, 고급 / 매우 잘함, 잘함, 보통, 노력 등)

⑥ **평정척도** : 학습자의 속성이나 반응이 연속적이라는 가정하에 상대적 가치에 따라 표시하는 상대적 기법으로 가치에 따라 A, B, C, D 또는 수, 우, 미, 양, 가 등으로 평가하는 것이 대표적이다.

⑦ **학습자일지** : 학습자의 학습 진행 및 학습 내용을 상세히 기록한 문서로 자기 평가의 도구가 될 수 있으며 타인에게 자신의 활동 기록을 입증해야 할 때 이용되기도 하는 평가기법이다.

⑧ **체크리스트** : 올바른 수행 단서를 학습한 후 학습 내용에 따라 기입 혹은 자기 평가 기입식으로 자신의 동작을 확인한다. 다른 평가기법에 비해 제작과 활용이 쉽고, 평가 시간을 단축할 수 있는 장점이 있다.

Chapter 7 스포츠교육자의 전문적 성장

학습목표

■ 스포츠교육 전문인의 전문적 자질에 관해 설명할 수 있다.
■ 스포츠교육 전문인으로서의 성장에 대해 설명할 수 있다.

1 스포츠교육 전문인의 전문적 자질

(1) 학교체육 전문인

인지적 자질	• 폭넓은 지식과 전문성을 바탕으로 학생 개인의 특성과 학습 및 발달 정도 이해 • 체육교과에 대한 전문지식 및 다양한 지도 방법을 활용하여 학생들의 전인적 성장과 잠재적 소질 계발에 기여 • 수업의 극대화를 위해 창의적인 문제해결력 발휘
수행적 자질	• 교과, 학생, 상황에 맞는 교육과정 개발 및 창의적 운영 • 학생 관찰 및 평가 • 수업, 방과 후 활동, 학교스포츠클럽 운영 • 국가 및 학교 정책의 효과적 운영 • 구성원들과 원만한 협력 관계 구축
태도적 자질	• 전문성 개발을 위한 반성과 실천 • 건전한 인성과 교직에 대한 사명감과 윤리의식 • 열정 및 자기개발 • 협력적 태도 및 수용적 마음

[학교체육 전문인의 전문적 자질 8가지]

① 교직 인성, 사명감
② 교과 지식
③ 학습자 이해
④ 교육과정 개발, 운영
⑤ 수업 계획 및 운영
⑥ 학습 모니터 및 평가
⑦ 협력 관계 구축
⑧ 전문성 개발

(2) 생활체육 전문인

인지적 자질	• 지도 대상, 지도 방법, 지도 내용, 지식과 같은 지도에 관련된 지식 • 생활체육 목적 및 필요성 등에 대한 이해 및 활용 • 다양한 참가자들에 대한 이해
기능적 자질	• 프로그램 개발 • 종목지도관리 등의 능력 및 지식(프로그램 계획 및 운영 능력) • 참여자의 동기와 요구에 부응하는 능력 • 해당 종목에 대한 지도력 • 회원 관리, 시설관리, 안전관리 능력
인성적 자질	• 생활체육 참가자의 신체적, 심리적, 사회적 특성 이해하기

(3) 전문체육 전문인의 핵심역량 개발(미국 스포츠-신체교육협회, NASPE)

전문체육 전문인은 스포츠 선수들이 가장 탁월하게 운동을 수행할 수 있도록 지도하는 사람들이다. 그러므로 가르치는 선수가 탁월한 기량을 발휘할 수 있도록 지도하는 것이 가장 중요하지만, 선수를 신체적·심리적·사회적으로 온전한 사람으로 길러내는 것이 더 중요하다.
미국의 스포츠 체육협회(NASPE)에서는 코치들이 갖추어야 할 전문적 자질을 8개 영역, 40개 행동 표준, 127개의 행동 특성으로 구분하여 제시하고 있다.

[전문적 자질 영역]

① 철학 및 윤리	⑤ 지도법 및 커뮤니케이션
② 안전 및 상해 예방	⑥ 운동기능 및 전술
③ 신체적 컨디셔닝	⑦ 조직과 운영
④ 성장 및 발달	⑧ 평가

① **철학 및 윤리** : 코치는 선수의 발달을 위한 확고한 철학을 가지고 있어야 하며, 이러한 철학은 코칭의 전 과정을 통하여 스며들 수 있어야 한다. 또한 코칭의 전 과정을 통하여 윤리적으로 행동하고 이러한 행동을 선수들에게 모범적으로 실천하며 가르칠 수 있어야 한다.

② **안전 및 상해 예방** : 코치는 안전사고에 대비하여 적절히 대처할 수 있는 응급처치 기술을 가지고 있어야 하며, 연습 또는 시합 중에 발생할 수 있는 잠정적인 위험 요인을 파악하고 이를 예방할 수 있도록 조치를 취할 수 있어야 한다.

③ **신체적 컨디셔닝** : 코치는 선수가 안전하게 운동할 수 있도록 운동과학 원리를 적용한 체력 훈련 프로그램을 설계하고 최적의 수행을 위한 상태를 유지할 수 있도록 해야 한다.

④ **성장 및 발달** : 코치는 선수의 개인적 성장 및 발달의 정도를 알고 있어야 하며, 이를 바탕으로 각각의 선수들이 최적의 신체적·기능적·정서적 발달을 이루어낼 수 있도록 개별화된 교육환경을 조성하고 연습과 시합 전략을 달리할 수 있어야 한다.

⑤ **지도법 및 커뮤니케이션** : 코치는 선수들이 긍정적인 학습경험을 가질 수 있도록 연습 활동을 계획하여 실행하여야 한다.

⑥ **운동기능 및 전술** : 코치는 팀원들을 효과적이고 성공적인 그룹으로 만들기 위하여 가르치는 종목과 연관된 기능과 전술을 개발하고 적용할 수 있어야 한다.

⑦ **조직과 운영** : 코치는 대회 관리 및 운영, 재정관리, 인력관리, 문서관리, 조직관리 등에 대한 전문성을 가지고 있어야 한다.

⑧ **평가** : 코치는 팀의 전 영역에 대하여 평가를 할 수 있는 적절한 평가기법 활용과 이를 통하여 선수, 코치, 스태프들을 체계적으로 평가할 수 있어야 한다.

(4) 전문체육 전문인의 전문적 자질 개발

① 코치의 수준 또는 발전단계를 나라마다 조금씩 다르게 구분하고 있다.

② 우리나라는 보통 초등학교 코치, 중·고등학교 코치, 대학·실업팀 코치, 프로팀 코치로 구분한다.

③ 미국은 초보 코치, 중급 코치, 마스터 코치로 나누고, 뉴질랜드는 초보 코치와 숙련 코치로 구분한다.

④ 영국에서는 초급 코치, 레벨 2코치, 중견 코치, 마스터 코치로 구분한다.

2 스포츠교육의 전문인으로서의 장기적인 성장

(1) 형식적 성장

① 고도로 제도화되고, 관료적이며, 표준화된 교육과정을 통해서 코치들이 배워야 할 공통의 지식을 체계적으로 가르치는 형식적 교육을 통해서 성장하는 것이다.

② 교육은 기관에 의해 이루어진다.

③ 형식적인 교육은 표준화된 교육과정을 통해 코치들이 배워야 할 공통의 지식을 체계적으로 전달할 수 있으며 평가가 용이하다.

④ 체육지도자 연수과정, 대학학위과정, 협회 자격증 제도 등

(2) 무형식적 성장

① 공식화된 교육기관 밖에서 단기간 자발적으로 학습하여 성장하는 것이다.

② 넓은 범위의 지식을 지속해서 개발할 수 있다는 장점이 있다.

③ 무형식적 교육은 지속적이면서 광범위하게 이루어진다.

④ 세미나, 워크숍, 콘퍼런스 등

(3) 비형식적 성장

① 일상적인 경험 또는 코칭을 하는 과정에서 의식적 또는 무의식적으로 얻은 비형식적 학습

② 과거의 선수 경험으로부터 얻은 비형식적 학습

③ 고급 단계의 코치 교육은 형식적인 교육으로 이루어지는 경우는 거의 없고, 자신의 지도 활동에 대하여 스스로 반성하고 효과적인 지도 방법을 스스로 창출해야 한다.

④ 과거 선수 경험, 비형식적 멘토링, 실제 코칭 경험, 동료 선수와의 대화, 인터넷, 독서 등

[참고문헌]

강신복(1993). 체육교육과정이론. 서울 : 보경사.

강신복 & 최의창(1997). 스포츠교육학 연구의 발전과 전망. 한국스포츠교육학회지, 4(2), 29-54.

강신복(2003). 한국스포츠교육학 연구의 동향과 향후 과제. 한국스포츠교육학회지, 10(3), 1-28.

김승재(1999). 체육실제학습시간과 학습성취도의 관계 분석, 미간행 박사학위논문, 한국교원대학교 대학원.

최의창(2003). 스포츠교육학. 도시출판 무지개사.

한국스포츠교육학회(2020). 스포츠교육학. 대한미디어.

스포츠사회학

저자 직강 이론 강의

출제기준/출제빈도

주요항목	세부항목	출제빈도				
		2022	2021	2020	2019	2018
1. 스포츠사회학의 이해	1. 스포츠사회학의 의미	2/20	1/20	0/20	2/20	0/20
	2. 스포츠의 사회적 기능	0/20	2/20	2/20	1/20	2/20
2. 스포츠와 정치	1. 스포츠와 정치의 결합	2/20	0/20	2/20	2/20	1/20
	2. 스포츠와 국내정치	0/20	0/20	0/20	0/20	0/20
	3. 스포츠와 국제정치	1/20	2/20	1/20	0/20	1/20
3. 스포츠와 경제	1. 상업주의와 스포츠	1/20	2/20	1/20	3/20	2/20
	2. 스포츠 메가이벤트의 경제	0/20	0/20	0/20	0/20	0/20
4. 스포츠와 교육	1. 스포츠의 교육적 기능	1/20	1/20	1/20	0/20	1/20
	2. 한국의 학원스포츠	1/20	0/20	0/20	1/20	1/20
5. 스포츠와 미디어	1. 스포츠와 미디어의 이해	2/20	0/20	3/20	1/20	1/20
	2. 스포츠와 미디어의 상호관계	1/20	2/20	0/20	1/20	3/20
6. 스포츠와 사회계급/계층	1. 사회계층의 이해	2/20	1/20	1/20	0/20	0/20
	2. 사회계층과 스포츠 참가	0/20	0/20	2/20	0/20	2/20
	3. 스포츠와 계층이동	1/20	2/20	1/20	2/20	1/20
7. 스포츠와 사회화	1. 스포츠사회화의 의미와 과정	1/20	2/20	1/20	3/20	2/20
	2. 스포츠로의 사회화와 스포츠를 통한 사회화	0/20	0/20	0/20	0/20	0/20
	3. 스포츠 탈사회화와 재사회화	1/20	0/20	0/20	0/20	0/20
8. 스포츠와 일탈	1. 스포츠일탈의 이해	0/20	0/20	0/20	1/20	0/20
	2. 스포츠일탈의 유형	3/20	3/20	3/20	1/20	3/20
9. 미래사회의 스포츠	1. 스포츠 변화에 영향을 미치는 요인	0/20	1/20	0/20	1/20	0/20
	2. 스포츠 세계화	2/20	1/20	1/20	1/20	0/20

Chapter 1 스포츠사회학의 이해

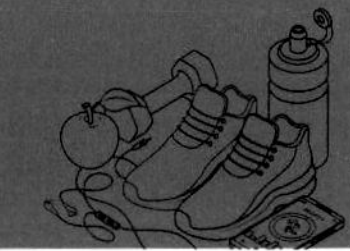

학습목표

- 스포츠사회학의 주요 이론을 이해한다.
- 스포츠의 사회적 기능을 이해한다.

1 스포츠사회학의 의미

(1) 스포츠사회학의 이해

① 사회학의 기본구조의 이론을 근거로 스포츠 현장에서 발생하는 스포츠 구조, 구성원, 환경, 문화 및 상황적 사회현상을 사회학적 이론과 연구 방법으로 해석하고 설명하려는 스포츠 과학의 분과 과학으로 설명

② 단순한 신체활동의 의미뿐 아니라 복잡하고 다양한 사회적인 가치와 의미 포함

③ 내적/외적동기로 유발된 개인에 의해 이루지는 활발한 신체활동을 포함하는 제도화된 경쟁적 활동

④ 조직화되고 경쟁적인 요소를 포함하는 신체적인 활동

(2) 스포츠사회학의 정의 ★★★

"스포츠사회학이란 스포츠 내에서 발생하는 모든 현상을 사회의 총체적인 관점에서 설명하고 이해하는 인문 사회 과학의 분과 학문"

① 스포츠와 사회의 관련성에 초점을 둔 사회학의 하위분야 혹은 일개 분과 과학

② 스포츠의 현상에 사회학적 이론과 연구 방법을 적용하여 연구하는 사회학과 스포츠 과학의 한계 과학(boundary science) 또는 학제적 학문(interdisciplinary science)

③ 스포츠에서 나타나는 행동 유형과 사회과정에 초점을 두고 있으며, 이를 스포츠 활동이 존재하는 일반 사회구조의 측면에서 설명하는 학문

④ 스포츠 장면에서 일어나는 행동 유형과 사회과정을 일반 사회구조의 측면에서 설명하는 학문

⑤ 스포츠 현장의 인간 행동을 예측하고 이해하고, 스포츠의 맥락에서 인간의 사회행동 법칙을 규명

⑥ 사회행동의 과정과 유형을 스포츠의 맥락에서 설명하는 학문

⑦ 스포츠는 사회영역과 밀접한 관계를 맺고 있어 통찰과 분석이 필요함

(3) 스포츠의 사회학적 의미

① 스포츠는 비교적 지속해서 사회 조직 유형을 유지하는 특성

② 스포츠는 신체적 기능을 강조

③ 스포츠는 결과가 사전에 결정되지 않는 진지한 경쟁

④ 스포츠는 팀, 리그전, 코치, 감독관, 후원사, 지도자 충원과 인사교체, 경기 규칙 및 규제기관으로 구성된 형식조직 내에서 행해짐

(4) 스포츠사회학의 역할

① 스포츠의 중요성과 위상을 체계적으로 주장

② 생활체육의 필요성과 당위성을 효과적으로 설명

③ 스포츠의 사회적, 문화적, 정치적, 그리고 경제적 가치를 객관적으로 규명

④ 생활체육 진흥을 위한 다양한 현실적 대안을 제시

(5) 스포츠사회학의 연구 대상

스포츠사회학의 연구 대상으로 가족, 교육, 정치, 경제, 종교 등이 있다.

① **교육** : 스포츠는 교육의 전반적인 수준에서 필수적으로 경험하는 정규 교육과정의 일부분이다.

② **정치** : 스포츠는 국제정치 무대에서 흔히 국가의 자존심과 직접 결부되어 있다. 스포츠와 정치가 유착되어 있다고 비난하면서도 대부분 사람은 스포츠에서의 우열을 국력과 동일시하기 때문에 모든 국민은 국제경기에서 승리하여 자국 국기가 게양되고 국가가 연주되기를 갈망한다. 정치 지도자들은 어떠한 형태로든지 스포츠와 관계를 맺음으로써 그들의 지위를 유지하며 강화하고 있는 것은 널리 알려진 사실이다.

③ **경제** : 스포츠 경기의 입장료, 장비와 시설, 가입비 및 회비에 지출되는 통화량은 국가 산업경제에 크게 영향을 미치고 있다. 특히 프로경기를 통하여 지출되는 통화량과 올림픽 경기를 위하여 소요되는 재정은 국가 경제에 지대한 영향을 미치고 있으며 새로이 등장한 스포츠 산업은 국민 경제에 큰 부분을 차지하고 있다.

④ **종교** : 교회는 스포츠 활동은 후원하고 있으며 종교의식도 경기행사 의식과 유사하게 거행된다. 종교단체에서는 스포츠를 통하여 포교 활동을 전개하기도 하고 학교 홍보로 이용하기도 한다.

(6) 스포츠사회학을 적용한 연구 사례

① 종교가 스포츠 보급에 미치는 영향을 분석

② 운동선수들의 은퇴 후 사회 적응과정을 분석

③ 스포츠 활동과 생활 만족도 간의 관계를 연구

2 스포츠사회학의 연구 범위 및 접근방법에 따른 영역

(1) 거시적 영역

대규모 사회체계를 이루고 있는 사회제도와 그들 간의 관계에 관한 연구

① 스포츠가 존속하고 있는 각 사회에 대한 스포츠의 기능인 가치, 이데올로기 및 신념의 전달, 스포츠와 정치의 관계, 참가자의 정치적 성향, 개인과 국가의 정치적 목적 성취를 위한 스포츠 대회 및 참가의 이용

② 스포츠와 종교에 관하여 기독교, 불교, 유교 등 각 종교의 교리와 스포츠를 통한 경험적 의식

③ 스포츠와 교육으로 학생의 성취에 대한 스포츠 참가의 영향, 대학 및 중등학교에 대한 스포츠 영향

④ 스포츠와 기능주의

⑤ 스포츠와 성으로 스포츠 활동에의 참가와 운동 수행에 대한 성차별에 대한 스포츠 내의 구조적인 문제의 연구 내용이 거시적 영역에 해당한다.

(2) 미시적 영역

스포츠 현상에서 나타나는 사회관계와 소규모 사회체계의 연구

① 개인의 신체활동, 건강, 체력증진, 일탈, 사회화, 조직, 소집단 등

② 소집단의 상호작용 내용으로 협동심을 가장 잘 발휘할 수 있는 개인적인 인성의 특성, 소집단의 구성, 구조 및 효율성 문제

(3) 전문적 영역

스포츠사회학의 학문적 연구에 연관된 과제와 방법

① 학문적 적법성으로 스포츠사회학 연구의 이유와 유용한 연구 방법, 유용한 정의, 개념 및 이론의 제시

② 스포츠의 본질적 정체로 구조기능주의, 갈등이론, 비판이론 및 상징적 상호작용 등 각종 사회학적 이론의 적용 등이 전문적 영역 속에서 연구

합격 TIP

스포츠사회학의 연구영역과 주제 ★★

- **거시적 영역** : 정치, 경제, 문화, 종교, 교육 등
- **미시적 영역** : 개인의 신체활동, 건강, 체력증진, 일탈, 사회화, 조직, 소집단 등

스포츠사회학 이론 ★★

- **갈등이론** : 지배계급은 피지배계급을 억압하고 착취하며, 재화의 불평등한 분배는 사회의 본질적 속성이라는 이론
- **교환이론** : 사회적 상호작용을 행위자 간에 가치 있는 물질적·비물질적 보상을 주고받는 교환과정으로 이해하는 이론
- **상징적 상호작용론** : 과정을 중시하고 인간의 상호작용에 초점을 맞추고 있는 이론
- **기능주의이론** : 사회는 하나의 실체이며 구성원들이 자신의 역할을 충실히 수행할 때 건강한 사회가 유지될 수 있으며, 사회의 주요 구성체는 사회 유지에 기여한다고 보는 이론

스포츠의 사회적 기능 ★★

파슨즈(T. Parsons)의 조직에 대한 유형분류로서 조직을 사회적 기능에 따라 적응(Adaptation), 목표성취(Goal attainment), 통합(Integration), 유형 유지(Latent pattern maintenance) 등으로 분류하고 머리글자를 따서 **AGIL모형**이라 하였다.
(A : **적응**, G : **목표성취**, I : **통합**, L : **유형 유지**)

- **적응**은 사회체제의 환경에 대한 적응 기능을 수행하는 조직으로서 경제적 재화의 생산과 배분에 종사하는 조직이며 사기업에 이에 해당
- **목표성취**는 사회체제의 목표를 결정하고 순서를 정하여 목표 달성을 촉진
- **통합**은 체계 내부의 협동적이고 조화된 사회적 관계를 보장하는 것으로 사회 내의 구성원들의 관계를 통제하고 사회적 규범을 창조하고 유지하는 조직
- **유형 유지**는 사회체제를 유지하거나 문화적 가치를 창조하는 문화적이고 교육적인 기능과 밀접한 관련이 있는 조직

3 스포츠의 사회적 기능 ★★

(1) 사회적 순기능

① **사회통합 기능** : 스포츠가 사회구성원을 결집하고 조직의 일체감을 조성한다는 사실에 흥미를 갖는다.

② **사회화 기능** : 스포츠를 통해 가치와 규범을 배우며 사회가 원하는 일반적 가치관을 학습하게 된다.

③ **체제 유지와 긴장 처리** : 스포츠가 일반 대중에게 사회의 기본적 가치와 규범을 가르친다는 사실에 관심을 둔다.

④ **목표성취** : 스포츠는 사회제도의 목적을 달성하는 데 동원할 수 있는 수단을 합법화하고, 그것을 재확인시켜 주는 기능을 지닌다. 스포츠 참가를 통해 능력 발휘가 배양되는 스포츠맨십 및 페어플레이 정신은 스포츠와 일반 사회가 공통으로 추구하는 목표를 성취하기 위한 전제 조건이 된다.

⑤ **적응** : 스포츠는 격렬한 신체활동을 통하여 체력, 정신력, 극기심 등을 배양함으로써 자연적, 사회적 환경의 도전을 극복할 수 있는 적응기제를 강화해 준다.

(2) 사회적 역기능

① **사회통제 기능** : 스포츠가 사회적·경제적·정치적 주변 문제로부터 국민의 관심을 분산시킨다.

② **신체적 소외** : 자본주의 사회에 있어서 생산유형은 소외된 노동에 기초하고 있어서, 스포츠 또한 소외된 노동의 형태로 창출되며, 인간관계의 구조는 소외된 노동과 스포츠의 노동 사이에서 이루어진다.

③ **과도한 상업주의** : 독점 자본주의가 국내 및 국제 스포츠를 급속히 잠재해 가는 가운데, 자본가 집단은 스포츠 관련 용품이나 소비자의 생산뿐만 아니라 서비스 제공을 기반으로 하여 그들 소유의 스포츠 산업을 발전시켜 오고 있다.

④ **성차별** : 스포츠는 남녀 간의 능력 차이를 극명하게 드러내는 활동이기 때문에 전통적인 남녀 양성 간의 성역할 고정관념을 강화함으로써 여성의 스포츠 참여 기회를 제한하고 있을 뿐만 아니라, 스포츠에 참여하는 여성을 정상이 아닌 일탈자로 낙인을 찍어 성차별을 영속화한다고 비판하고 있다.

합격 TIP

스포츠 사회적 역기능
- 사회통제 기능
- 신체적 소외
- 과도한 상업주의
- 성차별

Chapter 2 스포츠와 정치

학습목표

- 스포츠의 정치적 속성, 정치적 순기능과 역기능을 이해한다.
- 스포츠와 국내정치에 대해 이해한다.
- 국제정치에서 스포츠의 역할, 올림픽 경기의 문제점을 이해한다.

1 스포츠와 정치의 결합

(1) 스포츠와 정치의 관계

① 정치, 경제, 문화적 우월성을 표출하는 수단

② 조직과정의 권력 배분

③ 조세감면 혜택

④ 외교의 상호작용 효과

⑤ 스포츠의 제도적 특성에 기인

(2) 스포츠의 정치적 속성

① 스포츠 참여자는 전형적으로 특정 사회 조직(학교, 직장, 지역사회, 국가 등)을 대표하며 그 조직에 대한 강한 충성심을 가지고 있다.

② 스포츠와 정치의 밀접한 관계는 본질적으로 조직의 과정 자체에 존재한다.

③ 스포츠와 정치의 결합은 정부 기관이 개입되었을 때 명백하게 발생한다.

④ 스포츠 경기와 정치적 상황이 상호작용 효과를 지니고 있다는 점에서 스포츠와 정치의 밀접한 관계가 성립한다.

⑤ 스포츠와 정치의 밀접한 관계를 성립시키는 마지막 요인은 스포츠의 제도적 특성에서 기인한다.

합격 TIP

에티즌(D.Eitzen)과 세이지(G. Sage)가 제시한 스포츠의 정치적 속성

- **보수성** : 현존하는 질서를 지지하고 유지, 애국 의식, 정치체계 강화
- **대표성** : 소속 조직 대표, 충성심, 슬로건, 응원가 등 상징을 통해 조직에 대한 선수의 충성심을 지속시키거나 강화
- **상호의존성** : 스포츠는 국가 홍보 역할을 하고, 국가는 스포츠에 혜택을 부여하는 속성
- **권력투쟁** : 스포츠가 조직화함에 따라 불평등하게 배분된 권력을 획득하는 속성

(3) 정치의 스포츠 이용 방법

상징	스포츠에 참여하는 선수나 팀이 스포츠 경기 자체를 뛰어넘어 특정 집단을 대리 또는 대표하는 것 예 경기 전 국가 연주, 국기에 대한 경례
동일화	자신과 타인이 일치된 상태로, 대중은 선수나 팀을 자신과 일치시키는 태도를 형성함
조작	정치권력이 인위적 개입을 통해 상징 등의 효과를 극대화하는 것으로 정치인의 비리, 부정 등을 은폐하기 위해 스포츠를 이용
우민화	국가의 정권이 국민들의 정치와 국정에 관심을 가지지 않는 우민으로 전락시키는 정책

(4) 스포츠의 정치적 순기능 ★★★

① 국민 화합의 수단으로 정치적 가치와 기능을 수행하고 있다.

② 외교적 수단의 기능을 가진다.

③ 스포츠는 모든 사람이 갖는 기본적인 인성 및 사회의 기본적 가치와 규범을 가르친다.

④ 경쟁적 스포츠는 높은 성취 욕구를 불러일으킴으로써 생산성을 높이는 역할을 한다.

(5) 스포츠의 정치적 역기능 ★★★

① 대립 국가 간의 대결의 장으로 이용되어 국제적 갈등의 원인이 된다.

② 권력 형성과 유지를 정당화하기 위해 피지배자 감정에 호소하여 지배의 정당성을 구하고자 한다.

③ 국수주의적 국민 의식을 조장한다.

합격 TIP

훌리한(B. Houlihan)의 스포츠에 대한 정치적 개입 목적

- **공공질서 보호** : 각종 스포츠법 제정
- **지배적인 정치 이데올로기 확산** : 올림픽 순위 거양
- **지역사회나 국가의 명성 고취** : 올림픽 유치
- **정체성과 소속감 증진** : 지역 스포츠 활성화
- **시민들의 건강 및 체력 유지** : 건강관련정책 및 지원
- **정치지도자와 정부에 대한 지지 증진** : 시설 확충
- 국가 및 지역사회의 경제발전 도모

❷ 스포츠와 국내정치

(1) 지역사회와 스포츠(국가·지역사회의 경제발전 촉진)

지역사회에 대한 향토애 진작과 지역 경제 활성화를 시켜준다. 특히 올림픽이나 월드컵 같은 메가 이벤트의 유치는 여러 방면에서 국가와 지역사회 경제발전에 이바지할 수 있다. 경기를 개최하는 데 필요한 기반 시설인 교통, 주거환경 개선으로 건설 경기가 부양되고 행사를 조직, 기획, 운영하기 위한 고도의 지적·인적 인프라가 구축되어 지역사회 발전에 중요한 자원을 확보할 수 있다.

(2) 국민건강 증진과 여가 기회 제공

국민의 건강 증진을 위해 정부가 스포츠에 개입함으로써 국민의 건강 및 여가 기회는 국가 경제의 생산력과 직접 연계될 뿐 아니라 국민의 삶의 질을 향상시켜 보다 행복하고 건전한 사회를 만드는 초석이 된다.

(3) 사회질서의 유지·보호

스포츠가 영위되는 환경에서 발생하는 일탈 및 범법행위를 통제할 규칙을 제정하고 지도자 및 선수 간의 폭력 혹은 성폭력 사건 개입, 학생 선수의 학습권 보장을 위한 시정 노력, 훌리건과 같은 과격한 관중문화에 대한 규제 등을 예로 들 수 있다. 즉, 스포츠가 개인들의 사적 활동에서 사회제도를 공식화될 때 발생하는 갖가지 문제들을 통제하는 정부의 역할을 일컫는다.

(4) 국위선양

스포츠를 통한 지역 혹은 국가의 이미지 개선 효과뿐만 아니라 국제 스포츠 경기에서 우수 선수 및 팀에 대한 지원금, 병역 혜택 등을 제공한다. 88 서울올림픽을 통해 한국이 국제사회에서 위상이 높아지고, 외교적 역량이 증대되었던 사실은 스포츠가 국위선양의 기제로 이용될 수 있음을 보여준다.

(5) 사회통합

스포츠 활동은 구성원 상호 간의 정서적 일체감을 형성하여 집단에 대한 소속감을 높이는 작용을 한다. 따라서 정치는 스포츠를 통해 국민의 정체감을 형성하고 국민을 하나로 결집하기 위해 스포츠에 개입한다.

(6) 정부나 정치가에 대한 지지 확보

정부나 정치가는 체제의 정당성을 강화하고 자신의 권력을 유지하기 위해서 스포츠를 지원하기도 한다. 정치가는 자신이 후원하는 스포츠 활동에 참여하는 사람들이 즐거움과 가치를 느끼면 자신의 인지도와 함께 정치적 입지가 강화된다고 믿는다. 따라서 정부나 정치가들은 각종 스포츠를 지원하거나 개최하고 자신이 열렬한 스포츠 팬임을 자처하기도 하며, 사회적 비중이 높은 중요 대회에 참석하고자 노력한다.

(7) 지배이데올로기에 부합하는 가치·성향의 강조

스포츠는 목표 달성 및 성공을 최대 덕목으로 여기기 때문에 훈련과정에서 구성원의 인내심과 집단에 대한 충성심, 근면 등을 강조한다. 이들은 현대 자본주의 사회의 질서 유지에 필수적인 가치들이기 때문에 정부는 이러한 태도 및 성향을 고취하기 위해 스포츠를 이용한다.

3 국제정치에서 스포츠의 역할 ★★★

(1) 외교적 항의

특정 국가가 자국의 이익에 어긋나는 행동을 하거나 위협을 가한 국가에 대해 외교적 항의를 할 때 극심한 외교적, 통상적, 정치적 피해를 보게 된다. 그러나 스포츠를 통해 이와 같은 항의를 전달하면 직접적인 피해나 손해를 입지 않고도 외교적 목적을 달성할 수 있게 된다.

(2) 외교적 친선 및 승인

공식적인 외교 수단으로 해결하지 못하는 국가 간 분쟁을 해결하는데 이바지하는 국제정치에서의 스포츠 역할을 말한다.

예 2018년 평창동계올림픽 여자아이스하키에서 남북이 한 팀을 이뤄 출전하는 건 1991년 탁구와 축구에서 남북 단일팀으로 참가한 이후 27년 만으로, 올림픽은 물론 종합대회에서 '사상 최초' 단일팀을 구성하였다. 기존 우리 선수 23명에 북한 선수 12명이 가세해 총 35명으로 엔트리를 확대하였다. 이를 계기로 남북교류가 다시 활성화되면서 이는 국제정치에서 스포츠를 통한 외교적 친선 및 승인에 해당한다.

(3) 갈등 및 전쟁의 촉매

오늘날 국제적인 스타 선수는 국가가 보유하고 있는 핵무기처럼 여겨지고 있어 국가의 중요한 외교적 정치 수단이 되고 있다. 스포츠를 통해 의도적으로 갈등을 분출하고자 하는 정부는 거의 존재하지 않음에도 불구하고 갈등은 스포츠 현장에 언제나 존재하며 예기치 않게 발생한다.

예 1988년 서울올림픽에서는 올림픽 경기의 성공적 개최를 우려한 북한이 김포공항에 폭탄테러를 자행함으로써 올림픽 개최를 방해한 사건이 발생하였다.

(4) 외교적 도구

국제 수준에서 스포츠를 이용하는 가장 보편적인 방법은 외교적 승인이다. 오늘날에는 어느 한 국가가 다른 국가와 스포츠 경기를 하게 되면 공식적 외교 관계가 성립되어 있지 않은 국가 간이라 할지라도 양국 및 해당 정부를 승인함을 상징하게 된다.

(5) 이데올로기 및 체제 선전의 수단

국제 스포츠에서의 경쟁은 승자와 패자를 가르는 스포츠의 경쟁 원리에 입각하고 있다는 점에서 특정 정치체제의 입지를 강화하기 위한 대리 전적 성격을 띠고 있을 뿐만 아니라 국제경기에서의 승리는 특정 정치체제의 우월성을 입증하는 증거가 된다.

(6) 국위선양

운동선수와 국가의 동일시는 특정 국가가 세계의 매스컴에 자연스럽게 명성을 떨칠 수 있는 기회를 제공한다. 올림픽과 국제대회 승리는 즉각적인 갈채와 국제적 신망, 그리고 지위를 확보하게 된다.

예 황영조(1992 바르셀로나올림픽 마라톤 우승), 김연아(2010 벤쿠버동계올림픽 피겨스케이팅 여자 싱글 우승)

합격 TIP

스포츠의 국제정치적 사건 ★★

: 헤이젤 참사

헤이젤 참사는 1985년 5월 29일 유러피언컵 결승전이 열린 벨기에 브뤼셀의 헤이젤 경기장에서 이탈리아의 유벤투스 FC와 잉글랜드 리버풀 FC 서포터 사이에 벌어진 싸움으로 39명이 사망하고, 454명이 부상당한 사건이다.

: 검은 구월단

1972년 9월 5일 서독 뮌헨에서 개최된 올림픽에서 팔레스타인의 과격단체 '검은 구월단' 소속 테러리스트 8명이 이스라엘 선수단 숙소를 습격해 이스라엘인 2명을 사살하고 선수 9명을 인질로 납치하는 사건이 발생했다.

: 핑퐁외교

1971년 미국 탁구 선수단이 중화인민공화국의 초청을 받아 방문한 것을 계기로 오랫동안 적대적으로 대립해 왔던 미국과 중국의 관계가 개선된 사건이다. 미-중 수교의 물꼬를 튼 이른바 '핑퐁외교'는 스포츠 교류를 통해 국가 간의 관계 개선을 이룩한 대표적인 사례이다.

: 축구전쟁

1969년 6월 15일 제9회 멕시코 월드컵의 지역 예선 2차전 경기로 인해 같은 해 7월에 온두라스와 엘살바도르 사이에서 발발한 4일간의 전쟁을 축구전쟁(La guerra del futbol), 또는 '100시간 전쟁'이라고 부른다. 전쟁의 발단은 1969년 6월 8일 테구시갈파에서 열린 예선 1차전에서 온두라스가 승리하자 엘살바도르의 18세 여성 축구팬이 권총으로 자살한 사건에 있었다. 이에 엘살바도르에 국가적인 애도 분위기가 조성되고, 6월 15일 엘살바도르의 수도 산살바도르에서 열린 2차전에서 엘살바도르가 승리하자, 양국 응원단은 장외에서 난투극을 벌였다. 엘살바도르에서 폭행당한 온두라스 응원단이 국외로 추방되는 과정에서 2명이 사망했다. 이에 격분한 온두라스 국민들은 자국의 엘살바도르 이주민을 약탈하고, 폭행했으며, 방화를 저질렀다. 이에 1969년 7월 10일 엘살바도르 공군이 테구시갈파의 공군 기지를 선제공격하고, 7월 14일 보병 1만 2,000명을 동원하여 온두라스를 침공함으로써 전쟁이 시작된 사건이다.

아파르트헤이트(Apartheid)

경제적·사회적으로 백인의 특권 유지·강화를 기도한 남아프리카공화국의 극단적 인종차별정책으로, 1994년 최초의 흑인정권이 탄생하며 철폐되었다. 국제연합은 당연하게 이를 비난하고 나섰고, 남아프리카공화국은 국제대회 참여가 거부되었다.

4 올림픽 경기의 정치화 요인과 정치 구도화

(1) 올림픽 경기의 정치화 요인

① **민족주의 심화** : 국가 간 경쟁을 심화한다. 올림픽 경기에서 민족주의가 대두된 직접적인 요인은 국기게양, 국가 연주, 메달 성적발표, 팀 스포츠의 존재 등이다.

② **상업주의 팽창** : 상업적 이익 추구를 위한 도구로 이용된다. 올림픽 경기 규모의 거대화와 올림픽 유치에 따르는 재정적인 부담 등으로 인해 올림픽을 유치할 수 있는 도시의 수가 한층 제한되고 있을 뿐만 아니라, 무엇보다도 올림픽 유치에 따른 재정문제가 유치국의 정치·경제 문제로 크게 드러나고 있다.

③ **정치권력 강화** : 스포츠를 국가정책 수단으로 활용한다. 오늘날 세계 각국은 자국의 정치적 목적에 따라 스포츠를 이용하고 있는데, 이는 곧 스포츠가 국가정책의 수단으로 활용되고 있음을 의미한다.

합격 TIP

올림픽 경기의 정치 구도화

① 아테네올림픽(1896) : 그리스와 적대 관계인 터키의 불참
② 안트베르펜올림픽(1920) : 독일, 오스트리아, 터키, 구소련 등 참가가 거부됨
③ 베를린올림픽(1936) : 나치의 권위를 과시
④ 런던올림픽(1948) : 국가 간의 정치적 갈등(구소련, 미국, 영국 등)
⑤ 헬싱키올림픽(1952) : 미국과 소련 세력 싸움
⑥ 멜버른올림픽(1956) : 구소련의 헝가리 침공으로 서방국가 불참
⑦ 뮌헨올림픽(1972) : '검은 구월단 사건' 발생
⑧ 몬트리올올림픽(1976) : 아프리카 국가들의 뉴질랜드 참가 저지
⑨ 모스크바올림픽(1980) : 구소련의 아프가니스탄 침공으로 미국 불참
⑩ 로스앤젤레스올림픽(1984) : 사회주의국가 14개국 불참

Chapter 3 스포츠와 경제

학습목표

- 상업주의에 의한 스포츠의 변화를 이해한다.
- 프로스포츠의 순기능과 역기능을 이해한다.
- 스포츠 메가 이벤트의 경제적 가치를 설명할 수 있다.

1 상업주의와 스포츠의 변화

(1) 현대 스포츠 발전에 영향을 미친 사회적 요소

① **산업화** : 대중들의 삶의 질 향상, 여가시간 증대 (스포츠 활동 참여를 확대)

② **도시화** : 도시 인구가 지속해서 증가하면서 이윤을 추구하는 프로스포츠가 집약적으로 발전하는 계기가 된다.

③ **교통과 통신의 발달** : 스포츠 경기 교류 확대 및 스포츠 관련 정보를 빠르고 쉽게 공유한다.

합격 TIP

현대 스포츠 발전에 영향을 미친 요소

- **산업의 고도화** : 스포츠용품의 대량생산 및 용구의 표준화
- **도시화** : 일자리가 많은 도시로 이동(인구의 고밀도화), 쾌적한 생활환경으로 인해 스포츠 참가 증가
- **교통·통신의 발달** : 수송체계가 원활해지면서 다양한 스포츠 행사가 열림

(2) 상업주의 스포츠 발전을 위한 사회·경제적 환경

① 자본주의적 시장경제 체제

② 인구가 밀집되어있는 도시 : 상품 소비시장 필요

③ 경제적 여유가 있는 계층

④ 상업스포츠의 기반 시설 구축을 위한 거대자본

⑤ 소비를 강조하는 문화

합격 TIP

상업주의 스포츠 출현의 사회·경제적 조건
- 스포츠 기반 시설 구축을 위한 거대자본
- 인구가 밀집된 도시
- 자본주의 시장경제 체제
- 소비를 강조하는 문화
- 교통·통신의 발달

(3) 스포츠와 경제활동

① 스포츠용품 산업

② 스포츠 관련 건설 산업

③ 기념품과 운영권 산업

④ 스포츠관광산업

⑤ 광고, 엔터테인먼트와 스폰서 산업

(4) 스포츠 가치와 사회주의적 가치

① 스포츠에서의 신념과 경제적 신념이 일치해야 스포츠가 발전함

② 근면, 경쟁, 능력, 성공, 인내, 훈육 등의 가치를 인정받는 사회일수록 스포츠가 발전함

③ 자본주의 국가 = 스포츠 선진국

(5) 상업주의와 관련된 스포츠 규칙 변화의 충족 조건

① 경기의 속도감 향상 예 야구 공수교대 시간제한 등

② 관중의 흥미 극대화 예 연장전, 승부차기 등

③ 상업적인 광고 시간 할애 예 농구의 쿼터제 등

④ 경기력의 균형을 맞춤

⑤ 극적인 요소를 극대화

(6) 스포츠와 기업

① 프로스포츠발전에 밀접한 관계를 맺고 있음

② 대기업은 스폰서십을 통해 스포츠에 관여함

③ 스포츠팀 자체가 기업이 되기도 함 예 맨체스터 유나이티드, 뉴욕 양키즈 등

④ 스포츠선수를 상업적으로 이용 예 마이클 조던 – 나이키 등

(7) 스포츠와 미디어

① 스포츠와 미디어는 경제적 공생관계

② TV는 방송을 구성할 새로운 콘텐츠가 필요하며, 스포츠는 그 요구에 가장 부합하는 콘텐츠

합격 TIP

미디어가 스포츠에 미치는 영향

- 스포츠에 관한 관심과 인기, 참여 증대
- 스포츠 기술의 전문화와 일반화, 표준화에 기여
- 스포츠 상품화, 대중화에 기여
- 스포츠 실시간 중계 가능
- 스포츠 정보 습득 용이
- 스포츠 경기 규칙 변경 및 일정 변경
- 흥미 위주의 스포츠 규칙 개정
- 스포츠 용구 변화

상업주의에 의한 스포츠 변화 ★★★

스포츠 본질의 변화	• 아마추어리즘의 약화 • 스포츠의 직업화 : 스포츠 활동을 본업으로 삼고 있는 직업 스포츠인은 금전적 이익을 위해 스포츠에 참여하고 있고, 어떠한 형태로든 보수를 받으며, 그들에게 스포츠란 즐거움이기보다는 하나의 직업으로 생각
스포츠 구조의 변화	• 규칙적인 변화 • 결승전 경기 시간 조정, 광고 시간 삽입, 결승전 주말 유도, 지명타자제도, 연예인 캐스터, 농구의 3점 슛 규칙 개정 등
스포츠 내용의 변화	• 관객이 증가함으로써 전문화된 경기 규칙, 작전, 기술을 이해하지 못하므로 스포츠의 본질적 요인보다는 비본질적 요인을 중시하여 경기 자체보다 경기 외적 사실을 중요시하는 것을 의미 • 관중의 이목을 끌기 위한 플레이나 화려함 위주의 플레이를 하게 됨 (심미적 가치 경시, 영웅적 가치 중시)
스포츠 조직의 변화	• 상업주의 스포츠 경기가 기획·조직되는 방식에 있어 영향력을 행사함 • 대부분의 대회는 대중매체, 팀 구단주 그리고 대회 후원자의 지원으로 개최됨으로써 쇼(show)화 되고 있음 • 경제적 가치 극대화를 위해 스포츠 외적 요소 강조 예 치어리더, 연예인 시구, 초대가수 등 • 선수들의 권리보다는 소수의 관리자와 스폰서의 이익을 증대시키는 방향으로 조직 운영
스포츠 목적의 변화	• 관중의 흥미를 유발 (경제적 이윤을 중시함)

② 프로스포츠와 상업주의

(1) 프로스포츠의 순기능 ★★

① 스포츠 관람을 통해 관중들에게 각종 스트레스를 해소할 수 있는 기회를 제공하고 생활의 활력소의 역할을 담당하고 있다.

② 프로스포츠는 아마추어 선수에게 장래에 대한 진로 개척과 함께 앞날에 대한 희망을 갖게 함으로써 선수의 사기 증진에 도움을 주면서 아마추어 스포츠를 활성화하는 역할을 한다.

③ 지역을 대표하는 팀의 존재로 인해 해당 지역주민의 공동체 의식이 유발되고, 지역경제가 활성화되어 지역사회 발전을 이룰 수 있는 기회를 제공한다.

④ 스포츠 관련 경제활동을 촉진 시킨다.

⑤ 인기 프로스포츠는 대중에게 경기에 대한 이해를 높이고 호기심을 자극하여 직접 스포츠 참여를 유도하는 스포츠의 대중화에 이바지한다.

합격 TIP

프로스포츠의 순기능

- 스포츠의 대중화에 기여
- 사회적 긴장을 해결하는 활력소 역할
- 지역을 대표하는 팀의 존재로 인하여 해당 지역주민의 공동체 의식이 유발되고, 지역 경제가 활성화되어 스포츠를 통한 지역사회의 발전을 이루는 기회를 제공
- 아마추어 스포츠를 활성화

(2) 프로스포츠의 역기능

① 스포츠를 지나치게 상업화한다.

예 이윤을 추구하기 위해 인기 있는 종목 중심으로 스포츠 편중

② 스포츠의 내면적 만족보다 외양적인 이익을 중시하여 순수한 아마추어리즘을 퇴색시키고 물질만능주의에 빠지게 만든다. 예 물질적 가치 중시

③ 프로스포츠를 매개로 하는 스포츠 도박이 사회적 문제로 대두되고 있다.

예 경마, 경륜 같은 일부 종목의 경우 합법적인 도박의 기회를 제공하여 국민의 사행심을 조장할 뿐만 아니라 게임 조작이나 불법적인 행동을 유발

❸ 스포츠 메가 이벤트의 경제

올림픽이나 월드컵 같은 스포츠 메가 이벤트는 경제적 측면에 있어서 황금알을 낳는 거위에 비유될 정도로 크게 주목받고 있다. 스포츠 메가 이벤트가 경제적 측면에서 주목받게 된 이유는 스포츠 메가 이벤트가 갖는 경제성과 스포츠 메가 이벤트를 통해 얻을 수 있는 무형의 경제적 가치(고용 창출, 생산 유발, 관광 수입 증가, 지역경제 활성화, GDP 증가)이다.

(1) 경제적 효과

① 미디어 광고권 판매로 인한 수익 창출

② 이벤트 관련 관광산업의 증대

③ 대회 시설 확충을 위한 건설 경기 증대

④ 대회 운영을 위한 사회간접 시설의 확충

(2) 사회적 효과

① 개최도시로서 이벤트의 성공적 개최는 지역주민의 자긍심을 높임

② 개최지역의 이미지를 개선하고 선전함

③ 이벤트 관련 다양한 기반 시설의 확충

④ 이벤트 운영 시스템 개발 및 서비스 노하우 형성

Chapter 4 스포츠와 교육

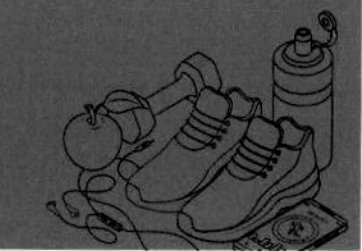

학습목표

- 스포츠의 교육적 순기능과 역기능에 대해 이해한다.
- 학원스포츠의 문제점과 학습권 보장에 관련된 제도를 알아본다.

1 스포츠의 교육적 순기능 ★★

스포츠의 교육적 순기능으로 전인교육, 사회통합, 사회선도 등이 있다.

(1) 전인교육

학업활동 격려	• 학생의 학업 활동을 격려하는 유효한 수단으로 활용되기도 함 • 학생 운동선수 최저학력제를 시행
사회화 촉진	• 사회화는 특정 개인이 조직의 목표와 역할, 가치 및 태도를 학습함으로써 자신이 속해 있는 조직 내의 사회적 기대를 타인과의 상호작용을 통해 분담하게 되는 사회 학습 과정 • 스포츠는 '사회화의 주관자'이며 사회 조직, 특히 학교 조직에 큰 영향을 끼침 • 스포츠는 도전, 스포츠맨십, 팀워크와 같은 긍정적인 가치를 학생에게 학습시켜 사회적으로 바람직한 가치와 태도 및 행동을 학습하도록 적극적으로 개입
정서 순환	• 스포츠 활동은 청소년의 기본적 욕구를 충족시켜줌과 동시에 현대사회의 구조적, 문화적 변동으로 파생된 청소년 비행을 예방하고 치유할 수 있는 유효한 수단 • 스포츠에서 경험하게 되는 경쟁은 개인을 도덕적으로 성숙시켜 사회적으로 유용한 인간으로 형성시키는 수단이 되는데, 특히 스포츠 경쟁에서 성공감은 사회 적응력에 큰 영향을 미침

(2) 사회통합

학교 내 통합	• 스포츠는 학교에 공동 목표를 제공하여 학교를 학생의 일부분으로, 또는 학생을 학교 일부분으로 만들어 교내의 모든 사람에게 '우리'의 학교라는 공동체 의식을 형성시킴 • 애교심과 단결력이 높아지며 학교 구성원으로서 자부심을 높임
학교와 지역사회 통합	• 스포츠를 통해 학교는 지역사회 생활의 일부가 되기도 하며, 일부 지역에 존재하고 있는 '학교와 주민'사이의 이해 부족을 해소하기도 함 • 학교 운동부의 활동을 통해 지역의 대표성을 가지게 되며 지역주민과 동문의 유대관계를 높임

(3) 사회선도

여권신장	• 여학생에 있어서 스포츠는 남녀평등 의식의 개선과 함께 자신의 권리를 신장시킬 수 있도록 사회 전반에 관한 관심과 기회를 증대시킴
장애인 적응력 배양	• 장애인의 신체 기능의 퇴화를 예방하고 체력을 증진 시키며 심리적 위축감을 해소하여 자신의 역할을 긍정적으로 수용하도록 인식시킴 • 또한, 협동심을 함양하고 규칙을 준수하게 함으로써 사회 활동 능력 및 환경 적응 능력을 배양함
평생체육 조성	• 교육 제도 내의 스포츠는 참가자는 물론 일반 학생에게 평생 즐길 수 있는 신체활동의 유형이나 실천 방법과 더불어 기능, 지식, 태도 등을 전수함으로써 미래의 삶을 보다 가치 있게 누리도록 함

2 스포츠의 교육적 역기능 ★★★

스포츠의 교육적 역기능으로 교육목표결핍, 부정행위조장, 편협된 인간 육성 등이 있다.

(1) 교육목표결핍

승리 제일주의	• 승리에 대한 과도한 압력으로 참가보다는 승리, 즐거움보다는 노동의 형태로 스포츠의 가치를 변질시킴 (성적과 결과만 중시되는 현상 발생)
일반 학생 참가 기회 제한	• 소수의 우수한 선수와 팀만 참가 가능 • 전체 학생을 위해 사용되어야 할 학교의 체육시설이나 재원이 스포츠 팀인 운동부에 전용되고 있는게 현실
성차별 간접교육	• 남성과 여성에 대한 다른 역할 기대 때문 • 남학생은 스포츠 참여를 선호, 여학생은 응원단이나 치어리더로서의 다른 역할 기대 • 운동부 여성 감독 부재

(2) 부정행위조장

스포츠 상업화	• 승리에 대한 경제적·상징적 보상이 학교에 재정적 이익을 가져옴 (이윤만 추구)
위선과 착취	• 일부 학교의 경우 출결 및 본래의 시험 성적과 무관하게 일정 수준의 성적이 선수에게 부여되며, 대학의 경우 졸업 논문은 대필 혹은 형식적으로 통과됨
선수 일탈과 부정행위	• 약물복용 용인, 무리한 훈련이나 체중조절, 강제 유급시키기 등 • 일부 학교와 코치는 자신의 성공을 위해 선수의 운동 성취를 지원 또는 강요 (이는 선수가 경기장 내외에서 승리를 위한 각종 일탈 행위를 일으키게 되는 원인이 되며, 결국 선수는 스포츠를 통해 살아남기 위한 경쟁의식과 부도덕한 가치관을 내재화하게 됨)

(3) 편협된 인간 육성

독재적 코치	• 코치들은 무조건적 복종 강요로 선수들이 독립된 성인으로 성장할 기회를 박탈함 • 자신의 훈련방식에 순응하도록 지도하며 스포츠에 전념하는 것만이 최선이라고 역설함
비인간적 훈련	• 많은 코치는 자신의 성공을 위해 선수를 잔인하고 무자비하게 강훈련함 (비인간적 훈련)

3 학원스포츠

(1) 학원스포츠의 문제점

학생 선수의 학습권 제한	• 운동선수의 학습권을 박탈함으로써 운동선수 이후의 바람직한 사회생활의 영위를 저해할 가능성이 크다. • 진학의 목표가 좌절되거나 운동선수 이후에는 사회생활 영위에 문제가 생긴다.
학생 선수의 폭력 및 인권 문제	• 코치, 선후배의 강압적인 지도나 내부 규율로 인한 언어적·비언어적인 폭력에 노출되어 있다.

(2) 학습권 보장을 위한 제도

① 학생 선수에게 학업성취가 대학에서 운동하는 데 필요하다는 메시지를 보낸다.

② 학생 선수의 학업을 중요하게 여기지 않는 대학에 새로운 가이드라인을 설정하고 대학이 학생 선수에게 학업성취를 높일 수 있도록 각종 지원을 하도록 한다.

③ 최저학력 기준미달 선수는 기초학력 보장 프로그램 참여를 의무화하여 학생 선수의 학습 결손을 방지한다.

최저학력제 도입 및 운영

• 국어, 영어, 수학 등 주요 교과별 학생성적이 일정 기준에 미달하면 주요 대회의 출전을 제한하도록 한 제도로 운동부 학생들의 학습권을 보장하고, 학업의 문제점을 해소하기 위해 교육부가 도입

• 학교의 장은 학생 선수가 일정 수준의 학력 기준에 도달하지 못한 경우에는 별도의 기초학력 보장 프로그램을 운영하여 최저학력이 보장될 수 있도록 노력하여야 하며, 필요한 경우 경기대회 출전을 제한할 수 있음

• 학교의 장은 학생 선수의 학습권 보장 및 신체적·정서적 발달을 위하여 학기 중의 상시 합숙훈련이 근절될 수 있도록 노력하여야 하며, 원거리에서 통학하는 학생 선수를 위하여 기숙사를 운영할 수 있음

학원엘리트스포츠

학원엘리트스포츠는 학교 운동부와 관련 학교 체육활동을 말한다.

이러한 학원엘리트스포츠는 학생 선수의 학습권 제한, 성폭력 문제, 인권침해 등 문제점이 발생하긴 했지만 2021년 6월 22일 국회 본회의에서 **'학원엘리트스포츠 체육정상화를 위한 촉구 결의안'**이 통과되어 학생들이 공부와 운동을 병행할 수 있도록 모든 학생체육대회의 평일 개최를 금지하고, 주말과 방학 기간에 개최할 것을 촉구하고 있다. 또한 학생들이 학업과 운동을 병행하도록 최저학력제를 도입하고, 학교의 합숙소를 점진적으로 폐지하라는 요구가 들어가 있다.

이러한 결의안을 바탕으로 학생들은 소속된 학교의 애교심을 강화할 수 있으며, 지위 창출의 수단, 사회이동의 기제로 작용할 수 있으며, 사회에서 요구되는 책임감, 성취감, 적응력 등을 배양시킬 수 있으므로 지지하는 태도가 생긴다.

Chapter 5 스포츠와 미디어

학습목표

- 핫매체(Hot Media)와 쿨매체(Cool Media)를 비교하여 이해한다.
- 스포츠매체와 매체 스포츠를 구분하여 이해한다.
- 스포츠와 미디어의 상호영향에 따른 관계를 이해한다.

1 스포츠와 미디어의 이해

(1) 스포츠 미디어

① 스포츠에 담긴 인간의 정서, 지식, 가치 등을 미디어를 통해 대중에게 전달하는 것

② 맥루한(M. McLuhan)에 의하면 사회와 매체는 상호 불가분의 관계에 있다고 보고 특정 사회는 그 사회에서 가장 지배적인 매체 형태가 무엇이냐에 따라 성격이 특징 지워지기 때문에 매체를 이해하는 것이 곧 그 사회를 이해하는 지름길이라고 주장하였다.

③ 사회의 역사적 발전과 매체의 형태에 관한 맥루한(M. McLuhan)의 견해는 인간 역사를 전 문자 시대, 문자 시대, 후 문자 시대로 구분하고 있다.

(2) 스포츠 미디어의 기능

① **정보 기능 :** 대중에게 스포츠와 관련된 정보를 제공한다.

예 선수소개, 경기내용 및 결과, 경기 규칙 등에 관련된 정보 등이 포함

② **통합적 기능 :** 대중에게 공유할 수 있는 경험을 제공해 사회집단을 통합하는 기능을 한다.

③ **정의적 기능 :** 스포츠는 미디어를 통해 대중에게 즐거움, 흥미, 관심을 느끼게 한다.

④ **도피 기능 :** 미디어를 통해 스포츠는 일상생활에서 접할 수 없는 새로운 경험을 제공한다.

예 대리만족을 경험하며 일상생활에서 느끼는 불안, 좌절, 스트레스 등을 해소

(3) 스포츠와 미디어의 관계

① 스포츠는 미디어의 주요 콘텐츠로 자리 잡을 때 경제적 가치를 인정받을 수 있다.

② 뉴미디어의 등장으로 스포츠 콘텐츠의 생산자와 수용자의 경계가 모호해지고 있다.

③ 미디어는 상업적 가치를 증가시키기 위해 스포츠 규칙의 변화를 요구한다.

④ 스포츠 저널리즘은 미디어를 통해 이루어지는 스포츠 관련 커뮤니케이션 활동으로 대중의 호기심과 흥미를 유발하는 옐로 저널리즘의 성격이 강하다.

⑤ 스포츠 메가 이벤트는 미디어의 이윤창출에 기여한다.

합격 TIP

스포츠와 미디어의 이데올로기 전파

- **자본주의 이데올로기** : 스포츠 중계를 통해 시청자들의 상품 소비를 유도 및 촉진
- **젠더(성차별) 이데올로기** : 여성스포츠를 실력보다 외모를 부각시킴
- **성공 이데올로기** : 경쟁에서 승리와 개인 및 팀의 성공만 강조

2 스포츠매체 ★★★

(1) 스포츠 미디어별 특성

맥루한(M. McLuhan)은 매체 그 자체의 정의성과 수용자의 감각 참여성, 감각 몰입성을 기준으로 하여 매체를 핫매체(Hot Media)와 쿨매체(Cool Media)로 구분하였다.

구분	내용
핫매체 (Hot Media)	• 신문, 잡지, 라디오, 화보 등의 핫매체들은 메시지의 정의성이 높게 충만하여 있으므로 수용자의 감각 참여성과 몰입성이 낮게 요구되고 논리성이 높은 특징이 있다. • 전달되는 메시지가 논리적이며 사전 계획적이고 직접적으로 전달되는 메시지로서, 그 자체가 높은 정의성을 지니게 되므로, 이를 수용하는 매체 수용자는 낮은 감각의 참여와 낮은 감각의 몰입을 통해 메시지를 수용할 수 있다. • 일시적 전달보다는 장시간을 통해 개별적으로 수용하기에 적절한 매체의 형태를 핫매체(Hot Media)라 부른다.
쿨매체 (Cool Media)	• 매체 자체가 낮은 정의성을 가지고 있어서 매체 수용자들은 높은 감각의 참여와 높은 감각의 몰입을 통해 전달되는 메시지를 수용할 수 있다. • 쿨매체는 전자 시대에 적합한 매체로서 TV, 영화, 비디오와 같이 전달되는 메시지 상태가 즉흥적이고 일시적이며 비논리적이기 때문에 주어지는 정보 제공량은 적지만, 전달하려는 메시지의 내용은 충분하게 채워져 있으므로 메시지를 수용할 때 수용자의 주관이 개입하기에 적당하고 수용자의 심리적 반응 효과가 크다.

합격 TIP

핫매체(Hot Media)	쿨매체(Cool Media)
매체 자체의 정의성 높음 (메시지 자체의 논리성, 사전계획)	매체 자체의 정의성 낮음 (즉흥적, 비논리적, 일시적)
수용자의 낮은 감각 참여와 낮은 감각 몰입성으로 매체 수용	수용자의 높은 감각 참여와 높은 감각 몰입성으로 매체 수용
일시적 전달보다 장시간 개별적 수용에 적절	복잡한 정보의 제한적 제공
매체 중심의 일방적 전달	수용자와 매체 간 쌍방향적 전달
문자시대 적합	전자시대 적합
신문, 잡지, 라디오, 자서전, 화보 등	TV, 영화, 인터넷, 만화 등

(2) 스포츠매체(Sportmedia)

핫스포츠매체(hot sportmedia)	쿨스포츠매체(cool sportmedia)
• 신문, 잡지, 라디오, 필름 등과 같은 매체 • 정의성이 높다. • 스포츠 메시지를 수용하는 스포츠 팬은 낮은 감각의 참여와 낮은 감각의 몰입 상태로 스포츠를 관람하거나 간접적으로 즐긴다.	• 텔레비전, 비디오, 영화, 만화 등과 같은 매체 • 비논리적이고 전달하려는 내용의 정의성이 낮다. • 스포츠 메시지를 수용하는 스포츠 팬은 높은 감각의 참여와 높은 감각의 몰입 상태로 스포츠를 관람하거나 즐긴다.

(3) 매체 스포츠(Mediasport)

핫매체 스포츠(hot mediasport)	쿨매체 스포츠(cool mediasport)
• 낮은 감각의 몰입과 낮은 감각의 참여를 통해 운동 경기자의 낮은 행동 확산과 경기장의 낮은 확산으로 스포츠 메시지를 심리적 부담 없이 쉽게 수용할 수 있게 된다. • 핫스포츠 유형은 정적 스포츠, 개인 스포츠, 기록 스포츠이며 단체 스포츠 중에서 수비 측과 공격 측이 명확히 구분되는 스포츠이다. 예 검도, 수영, 탁구, 체조, 육상 등	• 동적이고 박진감 있는 경기로서 개인 경기보다는 점수 경기이며, 수비 측과 공격 측이 구분되지 않는다. • 경기 속도감이 높고 변화의 범위가 많은 경기로 스포츠 팬은 높은 감각의 몰입과 감각의 참여 형태를 통해 스포츠를 수용한다. 예 농구, 축구, 핸드볼, 럭비 등

3 스포츠의 미디어 의존

(1) 스포츠에 관한 관심 증대

① 다양한 매체를 통해 보도 비율이 증가함에 따라 대중들의 관심이 증가

② 더욱더 극적이고 과장된 표현을 활용

③ 대중들의 흥미를 유발할 수 있는 새로운 에피소드 제공

(2) 스포츠 수익구조의 변화

① 스포츠 조직 운영에 필요한 예산 중 미디어에 의한 수익이 대단히 중요한 부분을 차지함

② No TV, No Game : 중계되지 않는 스포츠는 존재하기 어려움

(3) 미디어에 의한 스포츠 구조의 변화

① 게임 형태와 규칙의 변화

② 게임스케줄, 운동복의 모양, 작전타임의 횟수, 경기 시간 및 일정 등

(4) 메가 스포츠 이벤트에 대한 영향력

① 올림픽과 같은 메가 스포츠 이벤트의 개최도시 선정에서 대형 미디어 기업의 이익에 따라 영향력을 행사함

② 세계적으로 중계권료를 많이 지불하는 국가의 영향력이 높음

(5) 미디어에 의한 스포츠의 재의미화

① 스포츠가 가진 고유의 의미가 변함

② 과장된 몸짓, 긴장감 조성, 폭력

③ 선수들의 심미주의적 특성 강조

④ 여성 선수들에 대한 성 상품화

합격 TIP

스포츠 미디어를 통해 충족할 수 있는 욕구유형

통합적 욕구	스포츠는 타 사회집단과 친화하게 하고, 다른 관중과 사회적 경험을 공유하게 하며 공동체의식을 갖게 한다.
인지적 욕구	스포츠에 대한 지식, 경기결과 및 통계적 지식을 제공한다.
정의적 욕구	스포츠에 대한 흥미와 즐거움을 제공한다.
도피적 욕구	불안, 초조, 욕구불만, 좌절 등의 감정을 해소하도록 돕는다.

4 미디어의 스포츠 의존

(1) 미디어 기업의 킬러 콘텐츠

① 스포츠 중계권을 가지기 위한 미디어 기업의 분쟁 발생

② 인기 드라마를 만드는 것은 힘들어도 스포츠 중계는 최소 수준 이상의 시청자를 확보함

③ 투자손실에 대한 위험 부담이 적은 상품

(2) 이익의 극대화를 위한 상품

① 다른 상품에 비해 매몰 비용이 적음

② 높고 안정된 시청률

③ 특히, 메가 스포츠 이벤트는 높은 가시성과 희소성으로 매우 높은 상품성을 가지고 있음

(3) 미디어 산업의 발전

스포츠 중계를 위한 방송 기술이 발전함

합격 TIP

현대 스포츠와 대중매체는 서로 간의 상호작용을 통해 발전적 체계를 구축하는 공생관계에 있다. 즉, 스포츠는 신문 판매 부수 증대, 광고 수익, TV와 라디오 방송 시간을 이용한 수익 증대 등에 이용되고 있으며, 반대로 매체는 스포츠와 관련된 소비상품을 경기 장소에서 관객들에게 판매하도록 돕고 있다.

스포츠 미디어 이론

- **사회범주이론** : 미디어의 영향력과 스포츠의 소비 형태는 연령, 성, 사회계층, 교육수준, 결혼 여부 등에 따라 달라질 수 있음
- **개인차이론** : 대중매체가 관람자의 개인적 특성에 호소하는 메시지를 제공하여 개인의 욕구 충족을 제공
- **사회관계이론** : 개개인이 원하는 정보를 선택하고 해석할 때는 주변 사람의 영향이 크고, 개인의 대중매체에 대한 접촉 양식은 중요 타자와의 사회관계에 많은 영향을 받음
- **문화규범이론** : 대중매체가 현존하는 사상이나 가치를 선택적으로 제시하며 강조

Chapter 6 스포츠와 사회계급/계층

학습목표

■ 스포츠계층의 개념, 특성, 형성과정을 알아보고 스포츠와 사회계층의 관계를 이해한다.
■ 스포츠와 사회이동의 유형을 이해한다.

1 사회계층의 이해

(1) 사회계층의 개념 및 정의

① 사회가 보상해야 하는 가치평가에 대해 많고 적음에 따라 나누어지는 구분 형태를 말한다.

② 사회의 위계 구조에서 위치에 따라 각각 불평등한 물질적, 정신적 배분을 받게 되며, 이러한 희소가치의 배분에 있어서 불평등의 제도화 현상이 곧 사회계층이다.

(2) 사회계층과 이론적 관점

기능주의적 관점	• 사회통합과 체계 유지 • 차별적 보상체계의 필요성 강조 • 사회의 계통 구조를 강화 • 상승이동을 위한 수단
갈등주의적 관점	• 권력 집단의 대중 통제를 위한 수단으로 이용 • 불평등한 권력의 분배가 문제 • 경제적 능력이 사회를 지배함 • 자본가 계급의 정신 상태를 주입시키며 자본가의 이익을 위한 도구나 착취 수단

(3) 사회계층의 형태

카스트 (caste)	• 매우 폐쇄된 사회 집합체나 거의 폐쇄된 사회 집합체를 의미하는 것으로 전통적인 믿음, 특히 종교에 의해 차별적 특권이 약속된 엄격한 계층 체계이다. • 수평이동은 가능하나 수직이동이 불가능하다.
신분제도 (estate)	• 중세 유럽에서 발견되는 법률적으로 성문화되고 토지 관계에 기초를 둔 계층 체계로서 신분 내의 서열에 따라 권리와 특권, 그리고 책임을 지니는 계층의 한 형태이다. • 최소한의 상하 이동만 허용된다.
계급 (class)	• 현대 산업 사회에서 발견할 수 있는 대표적인 계층 체계로서 직업, 수입, 거주지, 종교, 사회적 평판 등과 같은 사회경제적 요인과 관련된 지위 역할을 기초로 한 불평등 체계이다. • 노력 여하에 따라 사회적 상승이동이 가능하다.

2 스포츠계층의 정의

스포츠라는 특정 사회체계 내에서 개인의 사회적, 문화적, 생물학적 특성에 따라 권력, 부, 사회적 평가, 심리적 만족 등이 특정 집단이나 개인 및 종목에 차별적으로 배분되어 상호서열의 위계적 체계를 이루고 있는 형상을 의미

3 스포츠계층의 형성과정 ★★★

(1) 지위의 분화

① 선수, 감독, 구단주와 같은 사회적 지위들의 각기 특정한 역할인 일련의 책임과 권리가 할당됨으로써 타 지위와 구별되는 과정을 말한다.

② 팀과 같은 조직에는 구단주, 감독, 코치, 선수 간에 책임과 권리에 대한 뚜렷한 구분이 존재(업무의 효율성을 극대화하기 위해 각자의 영역에서 역할을 부여받는 행위)

(2) 지위의 서열화

① 개인의 특성과 능력에 따라 서열을 정하는 행위

② 지위의 서열화는 개인의 특성, 개인의 기능이나 능력, 역할의 사회적 기능에 의해 가능해진다.

③ 적재적소에 필요한 인재를 배치하기 위한 행위

(3) 평가

① 가치나 유용성의 정도에 따라 다른 각 위치에 지위를 적정하게 배열

② 평가적 판단의 종류에는 크게 위광(prestige), 호감(preferability), 인기(popularity)가 있다.

(4) 보수부여

① 분화되고 평가된 각 지위에서 생활하는데 필요한 보수가 배분되는 과정이다.

② 봉급이나 상금 등과 같은 재화나 용역에 대한 관리 권한

③ 성과, 인기같이 행복과 만족을 느낄 수 있는 비물질적 보수도 있다.

합격 TIP

투민(M. M. Tumin)의 스포츠계층 형성과정

지위의 분화 → 지위의 서열화 → 평가 → 보수부여

- **지위의 분화** : 업무의 범위와 역할에 대해 권한과 책임이 명확히 분리 예 구단주, 감독, 선수, 코치
- **지위의 서열화** : 역할담당을 위해 개인적인 특성에 따라 서열 형성
- **지위의 평가** : 유용성에 정도에 따라 다른 위치에 지위를 적절히 배열 예 선수의 경기력으로 등급 평가
- **보수부여** : 연봉

프로스포츠 제도

- **FA** : 일정기간 프로선수로 재직한 사람에게 자신의 뜻대로 구단과 협상할 권리를 주는 제도
- **샐러리 캡** : 팀에 소속된 전체선수의 연봉 총액 상한선에 대한 규정으로 스포츠 스타들의 과도한 몸값을 제한하기 위한 제도
- **최저연봉** : 프로선수들이 생계고민 없이 운동에 전념할 수 있도록 구단이 지불해야 하는 연봉의 최하한선
- **트레이드** : 스포츠 팀 간 선수들을 맞바꾸는 이적 방법으로 전적으로 구단에 권리가 있음

4 스포츠계층의 특성

(1) 스포츠계층의 사회성

① 광범위하고 다양한 사회 문화적 현상을 나타내는 것으로서, 스포츠계층 체계가 항상 사회의 다른 측면과 관련을 맺고 있음을 의미한다.

② 체력, 지능, 연령, 성 등의 차이가 스포츠에서의 지위나 층을 구분하는 기반이 될 수 있으나, 그러한 차이만으로는 어떤 지위가 다른 지위보다 권력이나 재산, 명예를 뛰어넘는 것에 한계가 존재

③ 스포츠 제도 내에서 연봉 계약이나 신인선수 드래프트 모집 시 보수 체계에 관한 규범과 관행이 존재하며, 이에 의하여 스포츠 조직 내에 불평등한 사회적 구조가 존재

④ 스포츠계층의 '사회적' 측면이란 스포츠라는 공동체 내에서 보수가 배분되는 방법이 스포츠 내의 규범이나 관행에 의해 결정된다는 사실을 의미

(2) 스포츠계층의 고래성(역사성)

① 운동선수의 사회적 지위는 시대와 공간에 따라 부침을 거듭해 왔다.

② 사회계층에 따른 참여와 관람의 불평등은 스포츠가 사회적 가치와 태도를 반영하고 있는 사회제도 일부라는 측면에서 일반 사회의 불평등 역사와 그 맥을 같이해 오고 있다.

③ 중세부터 발생한 현상으로 스포츠를 처음 시작한 상류 지배 계급은 하류층이나 대중이 그 스포츠를 행하면 스포츠를 더 이상 즐기지 않는다.

④ 어떤 스포츠에 하류 계층이 지배적으로 참가하게 되면 그 스포츠는 급속도로 빠르게 프로스포츠로 발달하게 된다.

⑤ 상이한 계층이나 민족 간 스포츠 경기의 교류 금지를 들 수 있다.

(3) 스포츠계층의 보편성

① 재화와 용역의 일반적인 분배 방식에 대한 불만이 스포츠 장면에서 지속해서 표출된다. 이러한 불만은 스포츠 제도 내에 계층이 존재하고 있음을 확신시켜 주는 명확한 증거이다.

② 편재성이란 어느 곳에서나 존재한다는 의미로서 스포츠계층 또한 어느 곳에서나 존재하고 어디에서든지 발견할 수 있는 보편적인 사회 문화적 현상이다.

③ 스포츠 종목 간 계층 현상은 야구, 농구, 축구, 배구, 씨름 등과 같은 일부 스포츠는 인기 스포츠로 취급되고, 체조, 육상, 럭비, 하키, 역도, 사이클 등과 같은 스포츠는 비인기 종목으로 인식되는 것이다.

④ 스포츠 종목 내 계층 현상은 예를 들어 태권도와 유도 같은 경우 띠를 매개로 단이나 급의 층을 형성하고, 격투기 종목 경우 체급에 따라 위광의 수준이나 수입이 계층화된다.

⑤ 계층 없는 사회인 공산국가에서도 스포츠계층이 존재한다.

(4) 스포츠계층의 다양성

① 스포츠에서의 불평등 정도는 이론상으로 권력, 재산, 위광이 모든 사람에게 동등한 양으로 분배된 경우와 능력이나 재능에 따라 이 모든 것이 전혀 불평등하게 분배된 경우의 양극으로 생각할 수 있다.

② 스포츠는 평등주의적 가치를 반영하여 다른 계층 간의 사회적 상호작용을 증진하고 스포츠에 관한 관심이 계급과 사회적 한계를 초월함으로써 사회적 배경과는 무관하게 균등한 스포츠 참여의 기회를 제공한다는 점에서 완전한 평등에 가까운 것으로 평가할 수 있다.

③ 개인의 운동능력이나 재능에 따라 사회적 평가와 보상이 차별적으로 부여된다는 점에서 완전한 불평등에도 근접해 있는 것으로 간주한다.

④ 일반적으로 사회계층은 카스트(caste), 신분제도(estate), 계급(class)의 3가지 주요 형태가 있다.

(5) 스포츠계층의 영향성

① 권력, 재산, 평가 및 심리적 만족의 불평등 때문에 나타나는 결과는 크게 생활 기회와 생활 양식의 변화를 들 수 있다.

② 상류 계층에 속하는 사람은 중류층이나 하류층에 속하는 사람에 비해 참여 스포츠를 선호한다.

합격 TIP

로이와 레오나르드가 제시한 사회이동 기제로써 스포츠 역할

- 어린시절부터 조직적인 스포츠에 참여함으로써 최소한의 교육을 받고서도 프로스포츠와 같은 전문직종에 입문할 수 있는 신체적 기량 및 능력이 고도로 발달함
- 직·간접적으로 교육적 성취도를 향상시킴
- 일반 직업 영역에서 가치 있게 여겨지는 태도 및 행동 양식의 발달을 유도하여 사회적 상승이동을 촉진함

매기(J. Magee)와 서덴(J. Sugden)이 제시한 스포츠의 노동이주 유형

유형	내용
유목민형	종목의 특성으로 인해 국가 간 이동이 발생하는 거주
정착민형	경제적 보상 외에 다른 요인에 의해 정착하여, 보다 나은 사회적 환경이나 교육환경에서 거주
개척자형	금전적 보상이 최고의 가치가 아니며, 이주 국가와 친밀한 관계를 형성
귀향민형	해외로 이주했다가 다시 국내로 귀향
용병형	금전적 보상을 최고의 가치라고 생각하는 유형

5 사회계층과 스포츠 참가

(1) 스포츠 참가 유형의 차이

① 상류층은 중류층이나 하류층보다 직접 참여를 선호하는 비율이 높다.

② 직접 참여는 시간적, 경제적 여유가 보장될 때 가능하다.

③ 관람 스포츠의 경우, 대중화되어 접근이 편리하고 비용이 저렴할 뿐만 아니라 TV를 통한 시청도 가능한 데 비해, 참여 스포츠는 필요한 장비의 구매나 시설 이용에 큰 비용이 소요된다.

(2) 스포츠 관람 유형 및 참가 종목의 차이

① 중·상류층에서 일차적 관람의 선호 비율은 하류층보다 높다.

② 중·하류층의 경우 축구와 야구 같은 단체종목에 많이 참가하는 반면, 상류층에는 테니스, 골프, 탁구, 수영과 같은 개인종목의 참가가 두드러진다.

③ 상류층은 소수 인원이 즐길 수 있는 개인 스포츠에 더욱 적합하다.

❻ 스포츠와 계층이동

(1) 스포츠계층이동의 유형

① 이동 방향

이동 방향을 기준으로 수직이동과 수평이동으로 나뉜다.

수직이동	• 상승이동 : 계층적 지위가 상승하는 경우 • 하향이동 : 계층적 지위가 하강하는 경우
수평이동	• 계층적 지위의 변화가 없는 이동 • 자리바꿈

② 기간

기간을 기준으로 세대 간 이동과 세대 내 이동으로 나뉜다.

세대 간 이동	• 한 세대로부터 다음 세대로 이어지는 과정에서 발생하는 지위의 변화
세대 내 이동	• 한 개인의 생애를 통해 발생하는 사회 경제적 지위의 변화(경력이동)

③ 이동의 주체

이동의 주체에 따라 개인이동과 집단이동으로 나뉜다.

개인이동	• 개인의 능력에 근거하여 사회적 상승의 기회가 실현되는 경우
집단이동	• 유사한 조건을 갖추고 있는 집단이 어떤 계기를 통해 집합적으로 이동하는 것

합격 TIP

사회계층이동의 유형

- **이동 방향 기준** : 수평이동(계층적 지휘 변화 없이 이동), 수직이동
- **시간 간격 기준** : 세대 간 이동(다음 세대로 넘어가는 과정에서 생겨나는 사회경제적 지위 변화), 세대 내 이동
- **이동의 주체** : 집단이동(유사한 조건을 갖추고 있는 집단이 특정 계기를 통하여 단체로 이동), 개인이동

Chapter 7 스포츠와 사회화

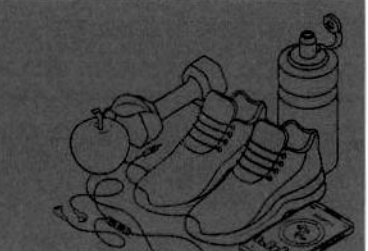

학습목표

- 스포츠사회화의 과정을 이해한다.
- 스포츠로의 사회화와 스포츠를 통한 사회화의 특성을 이해한다.
- 스포츠 탈사회화와 재사회화의 특성을 이해한다.

1 스포츠사회화의 정의와 과정

(1) 스포츠사회화의 개념

① Leonard(1980)은 인간이 사회의 구성원으로서, 사회생활에 참여하게 되는 일반적인 과정, 사회적 환경 내에서 타인들로부터 얻은 학습경험을 바탕으로 자신의 특성을 발휘하는 과정이라 하였다.

② Calhaun(1981)은 인격 형성을 통해 사회의 구성원이 되어가는 과정이라 하였다.

(2) 스포츠사회화의 정의

사회 내에서 집단 성원이 공통으로 지닌 가치관, 신념, 태도를 습득하는 과정으로, 스포츠가 개입되는 것이 특징이다. 즉, 스포츠 집단이 가지고 있는 문화를 체득하는 과정이다.
개인은 스포츠 활동을 하면서, 사회집단의 구성원으로 자리 잡으며, 그 집단의 특정한 사회문화를 체득하고, 이내 정체성을 발현하게 되는 과정을 거친다.

(3) 스포츠사회화 이론

① **사회학습이론** : 스포츠 역할을 학습을 이해하기 위해 강화, 코칭, 관찰학습의 개념을 활용

② **역할이론** : 개인이 사회 속에서 각자의 사회적 지위를 향한 역할기대 또는 행동양식을 획득하는 과정을 설명하는 이론

③ **준거집단이론** : 인간은 스스로 집단이나 타인에게 적응하고 이들의 행동, 태도, 감정 등을 자신의 행동이나 태도, 감정의 형성을 위한 중요한 판단 기준이 되는 준거의 척도로 삼는다는 이론으로 준거집단은 규범집단, 비교집단, 청중집단 등으로 구성

(4) 사회학습이론 구성요소 ★★

① **강화** : 사회적 역할의 습득과 수행에 있어서 상과 벌의 역할을 강조하는 것, 상과 벌을 통해 행동의 변화가 일어남

② **코칭** : 사회화의 대상이 사회화의 주관자에 노출되거나 가르침을 받는 것, 사회화 주관자의 가르침을 통해 행동이 변화함

③ **관찰학습** : 타인의 행동을 모방하고 관찰함으로써 학습이 이루어지는 것, 다른 사람의 행동을 관찰하여 모방이 일어남

④ **역할학습** : 개인이 사회 속에서 각자의 사회적 지위를 향한 역할기대 또는 행동양식을 획득하는 과정을 설명하려는 이론

(5) 스포츠사회화의 과정 ★★★

스포츠사회화는 한 개인이 스포츠에 입문하여 스포츠와 관련된 문화적 내용을 학습하여 내면화하고 스포츠로부터 멀어지기까지의 단계로 이루어진다. 이를 순서대로 나열하면 스포츠로의 사회화, 스포츠를 통한 사회화, 스포츠로부터의 탈사회화, 스포츠로의 재사회화로 분류된다.

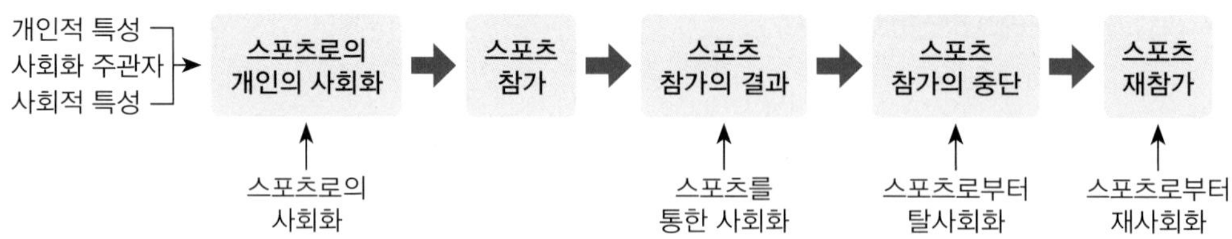

2 스포츠로의 사회화

(1) 스포츠로의 사회화의 특징

① 스포츠에 관한 관심을 가지거나 스포츠에 참여하게 될 때 사회적 가치, 태도, 메시지를 학습하고 내면화하는 과정을 말한다.

② 개인의 특성이나 스포츠를 접하는 시기에 따라 반응의 정도가 달라지며, 스포츠 참가에 영향을 미친 사람이나, 참가 당시의 주변 상황 등 개입 요소들에 의해 스포츠에 대한 참여 형태, 참여 수준, 경기 성향 등이 결정된다. 스포츠는 사회 구성원 모두가 균등하게 경험하는 것이 아니기 때문에 일차적으로 스포츠에 참여가 전제되어야 한다. 또한 스포츠 참여의 경험으로 긍정적, 부정적 영향을 받아 스포츠에 대한 개입 수준을 증가, 감소시키는 것으로 주요 타자와 준거집단의 가치관이 결정적인 영향을 미친다.

(2) 스포츠 활동에 대한 개입을 유지하고 증진하는 요소

① 스포츠 활동의 본질적 즐거움

② 승리, 금전, 건강 등 외적보상에 대한 기대

③ 개인의 정체 의식

④ 주요 타자로부터 인정받을 때의 만족감

⑤ 개인의 정체감을 위협하는 지위 상실, 불명예, 당혹감 등과 같은 부정적 제재로부터의 회피

(3) 스포츠로의 사회화 요인

① **개인의 특성 :** 나이, 성별, 신장, 사회적 위치 등의 개인적 요소

② **스포츠사회화의 주관자 :** 개인의 가치관이나 태도의 형성에 큰 영향을 미치는 단수의 뜻을 가진 객체를 주요 타자라고 하며, 집단이나 복수의 의미에서 영향을 미치는 개체를 준거집단이라 한다. 대표적인 준거집단으로 가족, 동료집단, 학교, 지역사회, 대중매체 등이 있다.

③ **가족 :** 스포츠에 참가하는 데 있어 절대적인 역할을 수행

④ **학교 :** 많은 학생을 대상으로 스포츠로의 사회화를 실천

⑤ **동료집단 :** 유년기나 청소년기의 동료집단은 가장 큰 영향력을 지님

⑥ **지역사회 :** 비영리 및 영리 목적의 스포츠 시설이 지역주민의 스포츠사회화 주관자 역할을 담당

⑦ **대중매체 :** 미디어 대중매체가 일반대중이 직·간접적으로 스포츠를 소비하고 참가하도록 유도

3 스포츠를 통한 사회화

(1) 스포츠를 통한 사회화의 특징

① 스포츠에 참여하면서 사회적 가치, 태도, 메시지를 학습하고 내면화하는 과정이다.

② 스포츠 참여 과정에서 기술, 특성, 가치, 규범, 믿음을 학습한다.

③ 정직, 용기, 스포츠맨십 등 사회적 가치관과 도덕적 특성을 학습한다.

④ 사회적 가치관 형성에 주요하며 학교 교육과정에 필수적 요소이다.

(2) 스포츠 참가의 형태(G.Kenyon & Schutz)

G.Kenyon은 스포츠 참가의 형태를 참가 내용의 특성에 따라 **행동적 참가, 인지적 참가, 정의적 참가**로 구분하고 스포츠 참가의 역할에 의해 참가자, 생산자, 소비자로 세분하고 있다.

① **행동적 참가 :** 스포츠에 실질적으로 참가하는 형태를 말한다. 행동적 참가에는 일차적 참가와 이차적 참가로 구분되며, 이차적 참가는 직접 생산자, 간접 생산자, 직접 소비자, 간접 소비자로 구분된다.

	직접	간접
생산자	경기 결과에 직접적으로 영향을 미치는 지도자, 심판 등과 같은 역할	스포츠 상황에 참가하지만, 경기 결과에 직접적인 영향을 미치지 않는 기업가, 기술 요원, 서비스 요원 등과 같은 역할
소비자	관중, 직접 경기 현장에 입장하는 팬	언론, 매스컴을 통해 스포츠와 관계를 맺고 있는 팬

② **인지적 참가 :** 학교, 사회기관, 미디어 등을 통해 스포츠에 관한 정보를 수용함으로써 이루어지는 참가

③ **정의적 참가 :** 특정 선수나 팀 또는 경기 상황에 대해 감정적 태도, 성향을 표출하는 간접적인 참가

4 스포츠 탈사회화

스포츠 탈사회화는 스포츠 활동을 하던 사람이 중도에 포기하거나 그만둠으로써 스포츠에서 이탈하는 것을 말한다.

① 스포츠에서 이탈하는 과정

② 연령, 부상 등의 이유로 스포츠 참가를 중지하는 것

③ 개인의 의사에 따른 개인적 탈사회화와 연령, 부상, 주변 환경 등에 의한 비자발적 탈사회화가 발생한다.

④ 개인적 탈사회화는 다양한 사회적 변인에 의해 이루어진다.

5 스포츠 재사회화

스포츠의 재사회화는 조직화한 경쟁 스포츠에 참여했던 개인이 스포츠로부터 탈사회화 과정을 거쳐 사회 심리학적 적응을 경험하면서 새로운 직업이나 환경으로 변화하는 과정이다.

① 스포츠 탈사회화 이후 다시 스포츠에 참가하는 것

② 직접 참여가 아니어도 다양한 형태로 참여

③ 운동선수는 아니지만, 스포츠와 관련된 직업에 취업하는 것

④ 선수가 은퇴 후 해설가나 다른 스포츠로 활동하는 경우 스포츠로의 재사회화로 볼 수 있음

합격 TIP

스포츠사회화 과정 ★★★

스포츠로의 사회화 → 스포츠를 통한 사회화 → 스포츠 탈사회화 → 스포츠 재사회화

- **스포츠로의 사회화** : 스포츠 참가 자체를 의미하는 것
- **스포츠를 통한 사회화** : 스포츠에서 학습된 기능, 특성, 가치, 태도 등이 다른 사회현상으로 전이되는 과정
- **스포츠 탈사회화** : 지속해서 스포츠 활동을 하던 사람이 스포츠 참가를 중도에 포기하거나 아예 그만둠으로써 스포츠에서 이탈하는 것
- **스포츠 재사회화** : 스포츠 영역에서 새로운 직업이나 환경으로 변화하여 스포츠 활동에 다시 참여하는 것

Chapter 8 스포츠와 일탈

학습목표

- 스포츠일탈의 개념과 원인을 이해한다.
- 스포츠일탈의 다양한 유형을 이해한다.

1 스포츠일탈의 개념

① 스포츠 환경에서 발생할 수 있는 다양한 형태의 규범 행위 위반을 말한다.

② 폭력, 약물복용, 불법 스카우트, 도박, 승부조작 등 스포츠의 가치와 의미를 훼손할 수 있는 모든 형태의 행위를 포함한 개념을 말한다.

2 스포츠일탈의 원인 ★★★

(1) 양립 불가능한 가치 정향

① 스포츠는 규칙과 준수, 페어플레이 등의 행동규범을 지향하는 반면 필연적으로 경쟁을 통한 승리를 지향하게 되어 있다. 어떠한 희생을 감수하더라도 승리하여 패권을 쟁취하려는 것이 실제 상황이기 때문에 어느 한쪽을 위배하지 않고 두 가지 가치를 동시에 실현하는 것은 불가능하다.

② 페어플레이와 승리는 상대적으로 다른 방향성을 추구하는 경향이 있다. 결국 두 가지 가치 중 어느 것에 더 비중을 두느냐에 따라 스포츠일탈 정도가 결정된다.

예 2019 아시아축구연맹(AFC)에서 베트남이 페어플레이 점수로 극적으로 16강행 진출

(2) 승리에 대한 강박 관념

① 같은 환경 속에서 정정당당한 경쟁을 하는 것은 스포츠가 추구하는 가치 중 하나이다. 승리에 대한 압박이 심해질수록 승리를 위해 수단과 방법을 가리지 않는 일탈적 행동이 발생하게 된다.

② 승리에 대한 압박과 허용된 연습 시간제한에 비례하여 상대방보다 유리한 위치를 점유하기 위한 여러 가지 속임수가 이용된다.

예 2014 소치올림픽 쇼트트랙 1,000m 결승에서 중국 선수가 한국 선수를 손으로 잡으려는 행동

(3) 경쟁적 보상구조

① 스포츠에서 경쟁은 노력에 대한 보상이라는 측면에서 긍정적이지만 일탈행동을 할 여지를 내포하고 있다. 승리가 성공의 유일한 척도이고 승리에 대한 보상이 큰 경우 사람들은 스포츠에서 성공 기회를 포착하기 위한 수단으로써 일탈행동을 범하게 된다.

② 부정 선수 동원, 금지된 약물의 복용, 심판 매수 등 경쟁을 통한 보상이 클수록 수단과 방법을 가리지 않고 승리를 쟁취하기 위한 일탈행동을 범하게 된다.

예 한국도핑방지위원회는 도핑테스트에서 양성 반응을 보인 선수에게 2년 자격 정지 처분을 내린다.

(4) 역할 갈등

① 한 사람이 차지하고 있는 두 가지 이상의 지위 때문에 나타나는 갈등 상황으로 인간은 사회적 존재로서 개인의 다양한 역할을 지니고 있다. 다양한 개인이 모여 지위에 기대되는 규범을 충족시키고자 할 때 역할 갈등이 나타나며, 그 결과 일탈적 행동이 발생한다.

② 예를 들면 감독은 선수 개개인의 건강과 선수로서의 생명을 고려해야 할 책임을 지닌 동시에 팀의 승리를 위해 선수 개인을 희생시켜야 할 역할 갈등을 경험하게 된다.

머튼(R. Merton)의 아노미이론

- 스포츠에서 일탈 현상이 발생하는 원인과 과정을 잘 설명해주는 이론
- 구조기능론적 관점에서 사회구성원간 규범적 합의를 기준으로 일탈을 규정
- 일탈의 주요 초점을 사회적 규정보다 규범 위반에 두고 있음
- 목적과 수단을 수용하는 동조형을 제외한 나머지 네 가지 유형은 모두 일탈행위로 간주함

유형	내용
의례주의	스포츠에서는 승패보다 규칙을 지키며 참가하는데 가치가 있다고 생각한다.
혁신주의	스포츠에서 이기기 위해서는 수단과 방법을 가리지 않아야 한다고 생각한다. 예 불법 스카우트, 금지 약물 복용, 경기장 폭력, 승부조작 등
동조주의	스포츠에서는 규칙을 준수하면서 이기는 것이 중요하다고 생각한다. 예 전략적 시간 끌기 작전, 경기규칙이 허용하는 범위 내에서의 파울 등
반란주의 (반역주의)	기존의 스포츠를 거부하고 새로운 형태의 스포츠를 개발해야 한다고 생각한다.
도피주의	스포츠에 내재된 비인간성, 승리지상주의, 상업주의, 학업 결손 등에 염증을 느껴 스포츠 참가를 포기한다.

3 스포츠일탈의 기능

(1) 순기능

① 스포츠일탈은 규범의 존재를 재확인(규범에의 동조를 강화)한다.

② 부분적인 스포츠일탈은 사회적 안전판의 역할을 한다.

③ 사회개혁과 창의성을 가져다주는 역할을 한다.

④ 공격본능의 합법적 표출과 경기력 향상에 영향을 준다.

(2) 역기능

① 스포츠 체계의 질서 및 예측 가능성을 위협하고 긴장과 불안을 조성한다.

② 스포츠 참가자의 사회화에 부정적인 영향을 미칠 수 있다.

③ 스포츠 본질과 의미를 상실한다.

4 스포츠일탈의 유형

(1) 폭력행위

① 폭력행위는 고의적 또는 수단적으로 상대방에게 신체적 위협을 가하는 공격적인 행동을 의미한다.

② 개인적 차원에서 상대방의 공격, 반칙, 행동 등에 대한 반응으로써 공격적 행동을 한다.
예 신체접촉, 폭력행사 등

③ 구조적 차원의 폭력행위는 팀 승리를 위한 수단으로써 야구에서 빈볼, 농구에서 고의적인 파울 등에 해당한다.

④ 스포츠 환경 내에서 일어나는 위계적 상황에 의한 폭력을 말한다. 예 기합, 체벌 등

(2) 약물복용

① 약물을 복용하여 신체적, 정신적 기능을 인위적으로 향상시킨다.

② 도핑은 의도적으로 경기력을 향상시키기 위한 신체적·정신적 측면을 약물로 제어하고자 하는 것이다.

③ 선수들은 우수한 기록 및 경기력의 발휘를 위해 비정상적인 방법을 동원한다.

(3) 부정행위

① 경기 규칙과 규정을 위반하는 행위를 의미한다.

② 스포츠의 가치를 훼손하는 행위를 의미한다.

③ 부정행위는 승리에 대한 보상이 상대적으로 클 때, 경기 규칙이 지나치게 엄격할 때, 경쟁 결과가 불투명할 때 일어나기 쉽다. 예 경기 결과 조작, 승부조작, 심판 매수 등

(4) 긍정적 일탈(규범 지향적) ★★

① 긍정적 일탈은 한 개인이 기존의 가치체계를 과도하게 따른 결과 나타나는 부작용을 의미하며, 이를 과잉동조 혹은 과수용 행위라고 한다.

② 일반인이 자신의 일상생활에 지장을 줄 정도로 과도하게 스포츠에 몰두하는 경우 일탈적 참가라고 한다.

③ 선수는 과도한 트레이닝과 부상 투혼, 운동중독, 섭식장애 등 규칙에 심하게 동조하기 때문에 발생한다.

(5) 조직적 일탈

① 조직 내의 집단 규범에 의해 지지가 되며, 어떤 의미에서는 조직 차원에서 일탈행동을 눈감아 주거나 조장하기도 한다.

② 선수 스카우트에 따른 금품 수수, 운동선수의 학업 성적 위조, 부정 선수 출전 등과 같이 스포츠 관련 연맹과 협회 규정의 위반 행위는 조직적 일탈의 대표적 예이다.

5 스포츠일탈의 관점

(1) 절대론적 관점

사회구성원 간의 합의를 통한 기준을 벗어나는 행위를 말한다.

(2) 상대론적 관점

인간관계의 상호작용에 의한 기준, 규범의 수용 정도에 따라 과잉동조와 과소동조로 구분된다.

① **과잉동조 :** 기준, 규범을 무비판적으로 수용하는 태도로 집단에서 설정된 규칙이나 목표를 무조건으로 따르는 행동, 과잉동조는 헌신, 전념, 자기희생 등을 강요한다.

예 선수가 부상에도 불구하고 진통제를 맞고 경기에 출전

② **과소동조 :** 규범을 무시하거나 거부하는 유형으로 스포츠 경기에서 폭력이나 승부조작, 음주 등과 같은 규칙이나 규범을 위반하는 행위를 말한다.

(3) 스포츠일탈이론의 관점

① **갈등론적 관점 :** 경제적 이해관계가 대립되는 집단이나 개인들 간의 경쟁 갈등이 사회의 본질이라고 본다.

② **구조기능주의 관점 :** 사회를 이루는 정치, 경제, 종교, 교육, 스포츠 등이 각각 기능을 가지고 있고, 유기체처럼 서로 연결되어 있다고 본다. 스포츠가 사회에 어떤 기능을 하는지 관심을 둔다.

③ **상징적 상호작용론적 관점 :** 인간은 상황을 주관적으로 해석하고, 능동적으로 행동하는 존재이기 때문에 사회구조보다 개인의 역량이 중요하다고 본다.

④ **비판론적 관점 :** 스포츠가 사회를 구성하는데 직접 관여한다고 보고, 스포츠를 통한 사회변화의 가능성에 관심을 둔다.

합격 TIP

과잉동조

: 기준, 규범 무비판적 맹목적인 수용(규범을 무조건 지키는 행위)

예 경기에 헌신, 탁월성 추구, 어떠한 위험과 고통 감수, 성공을 추구하는 데 있어 어떤 장애물도 용납하지 못함

: 과잉동조를 유발하는 스포츠윤리규범(J. Coakley)

몰입규범	운동선수는 경기에 헌신, 스포츠 경기에 집중하고 그들의 삶에서 우선순위에 둘 것
인내규범	운동성수는 스포츠 상황에서 발생하는 다양한 위험과 고통을 감수
도전규범	운동선수는 성공을 위한 어떤 장애물도 용납하지 않음, 장애물 극복 및 역경 헤쳐나가기
구분짓기규범	운동선수는 다른 선수들보다 뛰어난 모습을 보이기 위해 노력하고, 탁월성을 추구

과소동조

: 기준, 규범 무시, 지키지 않는 행동

긍정적 일탈		부정적 일탈
과잉동조	용인되는 범위	과소동조
규범지향적 (오버트레이닝, 운동중독, 부상투혼)	정상적 행동	반규범지향적 (금지약물, 구타, 폭력)

Chapter 9 미래사회의 스포츠

학습목표

- 미래 스포츠의 변화에 영향을 미치는 요인을 이해한다.
- 세계화 의미와 세계화로 인한 변화를 이해한다.

1 미래 스포츠의 변화

(1) 기술 산업의 발전

① 첨단기술의 발전으로 운동 기술 및 수행이 발전됨

② 최신 장비의 개발

③ 가상현실 속의 스포츠 참여가 가능해짐

④ 삶과 스포츠의 일치성이 높아짐

(2) 미디어 매체의 발전

① 스포츠 콘텐츠 전달 매체의 발달로 언제 어디서나 스포츠를 소비할 수 있는 여건이 형성됨

② 실시간, 양방향 소통이 가능한 형태의 콘텐츠 개발

③ 다양한 정보 제공 가능

④ 미래 미디어 기업의 스포츠에 대한 영향력 증가

2 스포츠 세계화

① 스포츠 세계화는 규칙과 경쟁을 기초로 스포츠를 통해 지구적 차원의 사회관계를 유연하게 할 뿐만 아니라 문화적, 정치적, 경제적 교류 등을 꾀하게 하는 시대적 조류를 의미한다.

② 스포츠의 탈영토화를 의미한다.

③ 스포츠 소비문화의 측면에서도 이루어지고 있다.

④ 스포츠가 내재하고 있는 가치를 전 세계에 전파하는 데 이바지한다.

⑤ **스포츠 세계화의 원인**

종교전파	원주민의 종교적 거부감을 해소하는 중요한 도구로 스포츠 활용
제국주의 확장	자국의 정치적·경제적 지배권을 다른 민족국가의 영토로 확장시키려는 국가의 충동이나 정책으로, 스포츠는 피식민국에 대한 식민국의 정치적 프로그램이자 식민 지배의 도구로 활용되었고, 전근대적인 피식민지 국민을 깨우칠 수 있는 동화정책의 일환이자 근대적 교육프로그램으로 사용

과학기술발전	교통, 통신, 미디어 등 테크놀로지의 진보로 오늘날 세계 각국에서 열리는 스포츠 경기는 시공간의 제약을 넘어 거의 실시간으로 서로 다른 나라와 지역으로 생생하게 전달되고 있으며, 스포츠의 세계화에 결정적 영향을 미치게 됨
민족주의	민족주의가 스포츠 세계화에 대한 결정적 동기부여를 함. 국가의 이름으로 치러진 국제경기는 민족이란 정체성을 확인시켜 주는 과정이었고, 이는 '그들만의 하나', 즉 '민족형성'을 유발하는 결정적인 요인이 됨

합격 TIP

스포츠 세계화 결과

- 스포츠 시장의 경계가 국경을 초월해 전 세계로 확대됨
- 세계인이 표준화된 스포츠 상품과 문화를 소비하도록 만듦
- 프로스포츠의 이윤 극대화에 이바지함
- 스포츠 시장의 빈익빈 부익부라는 양극화 문제를 심화시킴

로버트슨(R. Roberston)이 제시한 세방화(Glocalization)

세방화(Glocalization)라고 하는 이 말은 세계화(Globalization)와 지방화(Localization)의 합성어로 세계화와 지방화의 장점을 서로 인정하고 발전시켜 새로운 질서 체계로 나아가는 일로 정치·경제·문화 등 다양한 방면으로 확산하고 있다. 예를 들면 한국 전통의 정체성을 유지하면서 세계화하는 방식, 기업의 세계화를 추구하면서 현지 국가의 기업 풍토를 존중하는 방식 따위가 있다.

3 미래 스포츠의 변화

(1) 미래 스포츠의 변화

① 테크놀로지 발전

② 통신 및 전자매체의 발달

③ 조직화 및 합리화

④ 상업화 및 소비성향의 변화

⑤ 다양한 문화적 배경의 융합

(2) 미래 스포츠의 전망

① 스포츠 정보화와 유비쿼터스 패러다임

② 스포츠 다양화와 e-sports 확대

③ 노인인구의 급증에 따른 사회 환경의 변화

④ 고령사회 진입에 따른 시니어 건강운동산업 증대

[참고문헌]

강신욱(2003). 스포츠사회학: 생활체육 참가자의 운동중독과 자기의식 및 사회적응의 관계. 한국체육학회지, 42(5), 91-99.

강신욱(2005). 스포츠사회학: 학교운동부의 교육적 순기능에 대한 연구. 한국체육학회지, 44(5), 147-159.

권순용, 조욱연(2015). 스포츠사회학. 대한미디어.

고은하(2002). 스포츠사회학 내에서 문화연구: 비판적, 맥락적 감수성을 지향하며. 한국스포츠사회학회지, 15(2), 499-520.

구창모(2002). 한국스포츠사회학의 질적 연구 동향과 과제. 한국스포츠사회학회지, 15(2), 375-390.

김범(2019). 스포츠 사회학(전정판). 대경북스.

남상우(2021). 스포츠 사회학. 궁미디어.

서희진(2003). 스포츠사회학: 청소년의 스포츠참가와 또래관계 및 일탈행동의 관계. 한국체육학회지, 42(3), 143-152.

안민석(1998). 스포츠사회학의 대안적 패러다임: 해석적 패러다임을 중심으로. 한국스포츠사회학회지, 9, 25-42.

유재충(2006). POINT 스포츠 사회학. 보경문화사.

임새미 & 김한범(2021). 스포츠, 사회문제, 그리고 스포츠사회학: 사회문제 해결을 위한 스포츠사회학의 도전과 가능성. 한국스포츠사회학회지, 34(1), 63-79.

한국스포츠사회학회(2022). 스포츠사회학. 레인보우북스.

Part 3

스포츠심리학

저자 직강 이론 강의

출제기준/출제빈도

주요항목	세부항목	출제빈도				
		2022	2021	2020	2019	2018
1. 스포츠심리학의 개관	1. 스포츠심리학의 정의 및 의미	1/20	0/20	0/20	0/20	0/20
	2. 스포츠심리학의 역사	0/20	0/20	0/20	0/20	0/20
	3. 스포츠심리학의 영역과 역할	0/20	1/20	0/20	0/20	1/20
2. 인간운동행동의 이해	1. 운동제어	4/20	1/20	4/20	5/20	1/20
	2. 운동학습	2/20	2/20	5/20	3/20	3/20
	3. 운동발달	2/20	2/20	0/20	0/20	1/20
3. 스포츠수행의 심리적 요인	1. 성격	0/20	0/20	0/20	0/20	1/20
	2. 정서와 시합불안	4/20	2/20	3/20	2/20	2/20
	3. 동기	1/20	2/20	1/20	3/20	1/20
	4. 목표설정	0/20	0/20	1/20	0/20	0/20
	5. 자신감	1/20	0/20	0/20	2/20	1/20
	6. 심상	1/20	0/20	1/20	0/20	1/20
	7. 주의집중	0/20	1/20	1/20	0/20	2/20
	8. 루틴	0/20	0/20	0/20	1/20	0/20
4. 스포츠수행의 사회 심리적 요인	1. 집단 응집력	0/20	2/20	1/20	1/20	1/20
	2. 리더십	1/20	1/20	1/20	1/20	1/20
	3. 사회적 촉진	0/20	0/20	0/20	0/20	0/20
	4. 사회성 발달	0/20	0/20	0/20	0/20	0/20
5. 운동심리학	1. 운동의 심리적 효과	0/20	0/20	0/20	0/20	2/20
	2. 운동심리 이론	2/20	2/20	1/20	0/20	1/20
	3. 운동실천 중재전략	0/20	2/20	0/20	1/20	1/20
6. 스포츠심리상담	1. 스포츠심리상담의 개념	1/20	1/20	1/20	1/20	0/20
	2. 스포츠심리상담의 적용	0/20	1/20	0/20	0/20	0/20

Chapter 1 스포츠심리학의 개관

학습목표

- 스포츠심리학의 정의 및 의미를 알아본다.
- 스포츠심리학의 역사를 이해한다.
- 스포츠심리학의 영역과 역할을 이해한다.

1 스포츠심리학의 정의 및 의미

(1) 스포츠심리학의 정의

① 스포츠와 운동상황에서 인간과 인간행동을 과학적으로 연구하고 그 지식을 실천적으로 적용하는 학문분야를 말한다.

② 개인의 운동수행에 심리적 요인이 어떠한 영향을 미치는지, 스포츠와 운동실천이 개인의 심리적 발달에 어떠한 영향을 미치는지 이해하는 것을 목적으로 한다.

(2) 스포츠심리학의 의미

① **광의의 스포츠심리학** : 인간 운동의 기능적, 생태적 원리를 포괄하는 운동학습, 운동발달, 운동제어와 함께 스포츠 심리를 모두 포함시켜 스포츠심리학을 보는 관점을 말한다.

② **협의의 스포츠심리학** : 운동학습, 운동발달, 운동제어를 포함시키지 않고 사회심리학적 배경이 강한 스포츠 심리 영역만을 스포츠심리학으로 간주하는 관점을 말한다.

합격 TIP

레빈(Lewin.k)의 장 이론(Field Theory)

- 레빈(Lewin.k)은 인간의 행동(B)은 개인(P)과 환경(E)과의 상호함수관계에 있다는 B = f (P*E) 공식을 제안했다.
- 인간의 행동은 인적요인(개인)과 외적요인(환경)에 의해 결정된다는 것이다.
- 인적요인은 형성되어있는 것이나 일정하지 않고, 환경은 항상 변화하는 것으로 개인과 환경의 상호작용에 의해서 행동이 변화한다는 것이다.

B = f (P*E)
- B(Behavior) : 인간행동
- f(Function) : 함수관계
- P(Person) : 인적요인(개인)
- E(Environment) : 외적요인(환경)

2 스포츠심리학의 역사

(1) 초창기(1885~1920)

① 이 시기에는 일반심리학자와 체육학자가 스포츠의 심리적 측면과 운동 기술의 학습을 처음으로 연구하였다.

② 반응시간, 운동기술의 학습, 스포츠와 성격 발달 등을 주제로 연구하였다.

(2) 그리피스 시대(1921~1938)

① 콜먼 그리피스(Coleman Griffith)에 의해 운동연구 실험실이 만들어지고 스포츠 과제가 실험 대상이 되었다.

② 지금의 스포츠심리학자와 매우 비슷한 연구와 컨설팅을 하였지만, 후진을 양성하지는 못하여 1960년대까지 스포츠심리학 분야는 침체를 겪는다.

(3) 학문 준비기(1965~1979)

① 1960년대 들어서며 국제적 학술단체가 창립되기 시작한다. 1965년 로마에서 국제적 수준에서 최초의 학술단체인 국제스포츠심리학회(ISSP)가 결성된다.

② 1960년대는 체육학 내에서 스포츠심리학과 운동학습이 구분되는 세분화의 시기였다.

③ 1970년대에 일부 스포츠심리학 전문가가 컨설팅을 시작하였으나 응용연구와 컨설팅이 활발하지 못하였다. 이 시기 스포츠심리학계의 가장 큰 목적은 실험연구를 통하여 이 분야의 지식을 발전시키는 것이었다.

④ 이후 레이너 마튼스(Rainer Martens, 1978)의 새로운 방향 제시로 실제적으로 활용 가능한 지식 발견을 위한 현장연구와 응용연구가 크게 증가하였다.

(4) 학문적 발달기(1980~현재)

① 운동심리학이 스포츠심리학으로부터 분리되어 체육학에서 독자적인 학문영역으로 자리를 잡았다.

② 스포츠운동심리학의 발전과정에서 실험실보다 현장연구가 급격히 증가하였다.

③ 1991년 AASP(당시 AAASP)가 전문자격제도를 시행하였다. 우리나라는 AASP의 자격제도에 영향을 받아 2004년 한국스포츠심리학회에서 스포츠심리상담사 자격제도를 도입하였다.

3 스포츠심리학의 영역과 역할

(1) 스포츠심리학

① 심리적 요소가 스포츠 수행에 어떤 영향을 주는지, 스포츠 참가가 심리에 어떤 영향을 주는가를 이해하는 목적을 갖는다.

② 성격, 동기, 에너지 관리, 개인 및 집단 과정, 유소년 스포츠 심리, 수행 향상 기법 등

(2) 운동제어

① 인간의 움직임이 어떻게 생성되고 제어(조절)되는지를 연구한다. 뇌, 신경계, 근육이 운동을 조절하기 위해 어떤 역할을 하는지 이해하려고 노력하는 분야이다.

② 운동제어이론, 운동의 법칙, 정보처리 이론 등

(3) 운동학습

① 운동기술을 효율적으로 습득하는 데 필요한 원리를 발견하는 데 관심을 갖는다. 효율적인 동작을 위하여 필요한 조건과 과정이 무엇인지를 설명한다.

② 운동행동모형, 운동학습과정, 피드백 등

(4) 운동발달

① 성장이 운동수행에 미치는 영향과, 성장에 따라 운동수행과 학습이 어떻게 달라지는가를 연구한다. 성장에 따른 인지적 과정의 변화를 설명한다.

② 유전과 경험, 운동 기능의 발달, 운동 능력의 발달 등

(5) 운동심리학

① 신체활동에 영향을 주는 사회인지적 요인과 운동에 따른 심리적 혜택을 이해한다.

② 운동참여동기, 운동지속동기, 운동중지, 정신건강 등

Chapter 2 인간운동행동의 이해

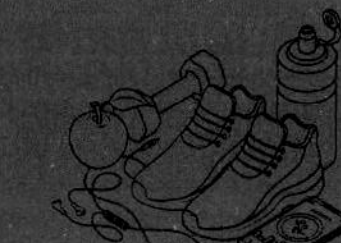

학습목표

- 운동제어의 개념과 체계를 이해한다.
- 운동학습의 특성과 단계에 대해 이해한다.
- 운동발달의 특성과 단계에 대해 이해한다.

스포츠심리학

1 운동기술

(1) 운동기술의 개념

목적의 달성을 위해 수행하는 수의적, 효율적인 신체 움직임을 말한다.

(2) 운동기술의 3가지 조건

① **목표지향적** : 특정한 의도와 목적을 가지고 움직여야 한다.

② **수의적** : 수행자가 의식을 가지고 신경을 통한 근육명령에 의해 일어나야 한다.

③ **신체에 의한 움직임** : 신체에 의한 움직임이어야 한다.

(3) 운동기술의 분류

① **기술수행에 사용되는 근육의 크기에 따라** : 대근운동기술, 소근운동기술

② **움직임의 연속성에 따라** : 불연속적 운동기술, 계열적 운동기술, 연속적 운동기술

③ **환경의 안정성에 따라** : 폐쇄운동기술, 개방운동기술

2 운동제어

(1) 운동제어의 개념

① 인간이 운동기술의 바탕이 되는 개별적인 움직임을 어떻게 생성하고 조절하는가에 관한 원리와 기전을 제공해주는 연구영역을 의미한다.

② 인간 움직임의 생성 및 조절에 대한 신경심리적 과정과 생물학적 기전을 밝히는 영역이다.

(2) 기억체계 및 운동제어 체계 ★

① 기억체계의 종류

감각기억	• 환경으로 들어온 자극이 처리될 때까지 여러 가지 감각 시스템을 사용하여 정보를 잠시 유지하는 정보저장고이다. • 감각시스템을 통해 들어온 정보는 병렬적으로 처리되고, 아주 짧은 시간 동안 많은 양의 정보가 감각기억에 저장된다. • 새로운 정보가 유입되면 쉽게 손실된다.

단기기억	• 감각기억을 통해 들어온 정보를 처리하는 동안 정보를 유지하는 정보저장고이다. • 감각기억보다 긴 시간 동안 정보를 보유할 수 있다. • 저장할 수 있는 정보의 양이 제한되어 있다. • 반복적으로 사용하거나 암송하지 않으면 기억된 정보를 잊어버리게 된다.
장기기억	• 단기기억에서 저장된 정보는 다양한 인지적인 처리 과정을 거쳐서 영구적인 정보저장 장소이다. • 기억 용량의 제한이 없다. • 반복과 시연을 통해 강화된다.

② **기억체계의 단계 :** 지각–저장–인출

③ **정보처리 단계 :** 인간의 운동은 외부의 정보가 들어와 내적 처리단계를 거쳐 반응으로 생성되는 과정을 거친다고 본다.

감각·지각 단계 (자극확인 단계)	• 자극의 발생을 인지하고 확인하는 단계이다. • 환경의 정보 자극에 대한 탐지 기능 : 자극의 명확성 정도나 강도에 의해 영향을 받는다. • 유형에 대한 인식 : 자극의 특징이나 특정한 유형을 추출한다. • 스트룹 효과 : 두 자극이 일치하지 않을 경우 다음 단계인 반응선택 단계에서 두 자극간 간섭이 발생하기 때문에 반응시간이 늦어진다. • 칵테일 파티 현상 : 정보가 감각·지각 단계에서는 주의 역량과 상관없이 병렬적으로 동시에 처리되지만, 주의를 기울임에 따라서 선택적으로 하나의 정보를 무시할 수 있다.
반응선택 단계	• 자극 발생을 인지하고 확인 후 어떤 반응을 선택할 것인지 결정하는 단계이다. • 통제적 처리 : 반응을 순차적으로 처리하는 과정이다. 새로운 과제를 학습하고자 하는 학습 초기 단계에서 주로 발생한다. • 자동적 처리 : 의식적인 노력 없이 많은 정보들을 동시에 처리한다. 많은 연습을 통하여 특정한 자극에 대한 행동적 단위를 형성함으로써 자동화된 운동 수행이 가능하다.
반응실행 단계	• 반응에 대한 선택 후 알맞은 동작을 수행하는 단계이다.

합격 TIP

폐쇄회로 이론

인간의 운동행동의 조절은 기억체계에 저장되어 있는 정확한 동작과 관련된 정보와 실제로 이루어진 동작간의 오류에 대한 피드백 정보를 활용하여 이루어진다고 보는 이론이다.

개방회로 이론

피드백을 통한 움직임 조절과정이 불필요하며, 상위의 대뇌피질에 동작에 대한 운동프로그램이 저장되어 있기 때문에 인간의 모든 운동행동이 생성된다는 이론이다.

도식이론

슈미트(Schmidt)는 운동 행동의 원리를 폐쇄회로 이론의 피드백과 개방회로 이론의 운동프로그램의 개념을 통합하여 설명하였다. 개방회로 이론으로 빠른 움직임, 폐쇄회로 이론으로 느린 움직임을 설명하고자 하였다.

: **회상도식**

현재 수행하고자 하는 운동과 유사한 과거의 운동 결과를 근거로 하여 새로운 운동을 계획, 빠른 움직임을 조절하기 위하여 동원된다.

: **재인도식**

피드백 정보를 통하여 잘못된 동작을 평가하고 수정, 느린 움직임을 조절하기 위하여 동원된다.

: **일반화된 운동프로그램(Generalized Motor Program: GMP)**

슈미트는 반응과 단순한 관계를 갖는 운동프로그램의 개념을 보다 융통성이 있는 일반화된 운동프로그램으로 발전시켰다. 일반화된 운동프로그램에서는 매개변수(불변매개변수와 가변매개변수)에 의하여 운동프로그램이 바뀌게 된다.

매개변수 : 특정한 환경적 요구에 적응하기 위하여 움직임의 형태를 조절하는 데 관여하는 변수로 불변매개변수와 가변매개변수로 구분된다.

불변매개변수(invariant parameter)	• 상대적인 힘, 요소의 순서, 시상 등 • 일반화된 운동계획을 규정함 • 변화하지 않는 독특한 특성이 있음
가변매개변수(variant parameter)	• 전체 지속시간, 총 힘의 양, 선택된 근육군 등 • 동작들을 여러 가지 방식으로 변화시킬 수 있음

④ 다이나믹 시스템 이론

- 인간 운동시스템이 자체적으로 가진 신체적 특성을 매우 중요하게 여긴다.
- 운동이 일어나는 환경의 중요성을 강조한다.

번스타인 (Bernstein)	• 신체적인 역학적 특성과 신체에 작용하는 내·외적인 힘을 고려하여 인간의 운동체계를 설명한다. • 두 가지 요인간의 상호작용으로 맥락조건 가변성이나 운동등가가 발생한다고 하였다. • **맥락조건 가변성** : 동일한 근육 수축이 조건(조건의 가변성)에 따라 다른 움직임을 생성하는 현상을 말한다. • **운동 등가** : 다른 근육의 수축이 같은 형태의 움직임을 생성하게 되는 현상을 말한다.
뉴웰 (Newell)	• 유기체·환경·과제(인간의 운동행동을 제한하는 요소로 간주함)의 상호작용 속에서 자기조직의 원리와 비선형성 원리에 의하여 인간의 운동이 생성되고 변화한다고 보았다. • **자기조직의 원리** : 세 제한요소의 상호작용 결과가 특정한 조건에 부합될 때 인간의 운동은 저절로 발생하는 것이다. 자기조직의 원리에 따라 협응구조(근육의 공동작용, synergy)가 형성된다. • **비선형성의 원리** : 운동의 변화가 선형적인 경향을 보이지 않는다는 것을 의미한다. • 기억 표상의 구조가 필요하지 않다는 것을 전제로 한다. • 상변이의 개념을 통해 갑작스러운 운동 유형의 변화를 설명한다.

상변이 현상

- 상변이 현상은 비선형의 원리를 따른다.
- 인간의 운동은 제한요소의 상호작용에 의해서 영향을 받기 때문에, 이러한 제한요소의 변화에 따라서 새로운 조건에 적합한 운동형태로 갑작스럽게 전환되는 것을 말한다.
- 안정성의 개념과 밀접한 관련이 있다. 제한요소의 변화는 운동 유형의 안정성에 영향을 준다. 현재의 행동유형으로 제한요소의 상황에 적응하지 못하면 그 행동 유형이 매우 불안정해지고 상변이 현상이 발생하게 된다.

⑤ **반응시간 :** 자극 신호가 제시되는 순간부터 동작 반응이 일어나는 순간까지의 시간을 말한다. 외부 환경으로부터 들어오는 정보를 처리하는 시간으로, 움직이기 전까지의 시간만을 의미한다.

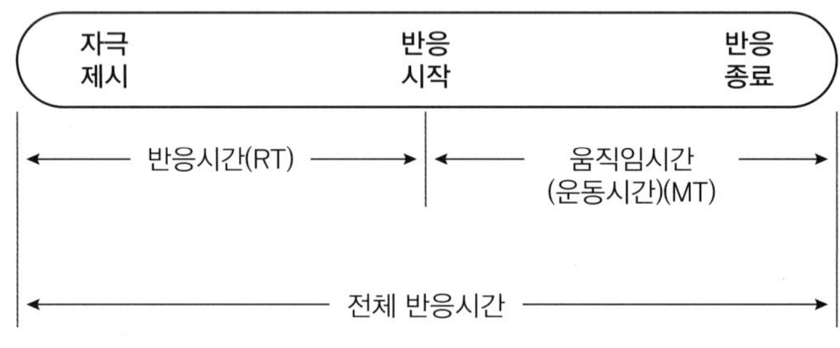

반응시간

단순반응시간	• 하나의 자극 신호에 하나의 반응만을 요구할 때 측정되는 반응시간
선택반응시간	• 두 개 이상의 자극이 제시되고 각각의 자극 신호에 다른 반응을 요구할 때 측정되는 반응시간 • 힉스의 법칙 : 자극 반응의 대안 수가 증가함에 따라 선택반응시간이 증가하는 현상
변별반응시간	• 두 가지 이상의 자극이 제시되고 어느 특정한 자극에 반응할 때 측정되는 반응시간
운동시간	• 목표자극에 대한 동작 반응이 시간된 순간부터 그 움직임이 완전하게 종료될 때까지의 시간을 말한다.
전체 반응시간	• 자극 제시부터 반응 종료까지의 시간을 말한다.

심리적 불응기

- 먼저 제시된 자극에 대한 반응 수행 중 다른 자극이 제시가 될 경우, 2차 자극에 대한 반응시간이 느려지는 현상이다.

- 반응실행 단계에서는 병목현상이 발생하여 심리적 불응기 현상이 나타나게 된다.
- 근육에 전달되는 운동명령은 계열적으로 처리되는데, 정보처리 과정에서 병목 현상의 발생으로 하나의 자극에 대한 발생실행이 완료되기 전까지는 다음 자극에 대한 반응실행이 이루어질 수 없다.
- 자극간의 시간차가 길어지면 1차 자극에 대한 반응실행이 이미 완료되어 2차 자극에 대한 반응실행이 지연되지 않는다.
- 자극 간 시간차가 짧을 경우 1차 자극에 대한 반응실행이 진행 중에 있어 2차 자극에 대한 반응실행이 지연되게 되는데, 이러한 현상을 심리적 불응기(psychological refractory period: PRP)라고 한다.
- 심리적 불응기는 자극 간의 시간차이가 짧을수록 지연시간이 크게 나타난다.
- **집단화** : 자극 사이 시간차이가 매우 짧은 경우(40ms 이하) 1차, 2차 자극을 하나의 자극으로 간주하여 심리적 불응기 현상이 나타나지 않는데, 이러한 현상을 집단화라고 한다.

3 운동학습

(1) 운동학습의 개념

운동학습은 숙련된 운동수행을 위한 개인능력의 영구적 변화를 유도하는 일련의 내적 과정을 의미한다.

(2) 운동학습의 특징

① 직접적으로 관찰할 수 없다. 학습자의 수행을 반복적으로 관찰하여 실제 학습에 대한 평가를 유추할 수밖에 없다.

② 연습과 경험에 의해 나타나는 현상이다.

③ 성숙과 동기 및 훈련 등에 의해 일시적으로 변화하는 수행을 포함하지 않는다.

(3) 운동학습의 과정

① **움직임의 역동성에 대한 지각** : 학습자가 지도자에 의해 제시되는 운동기술 동작의 전체적인 움직임 형태를 관찰하여, 그 운동기술의 특성에 대한 정보를 지각하게 된다.

② **움직임 구성 수준의 결정과 운동 구조의 형성** : 운동기술 학습을 위하여 학습자가 동작의 구성수준을 확인하고 움직임을 구성한다.

③ **오류수정** : 움직임 자체에 대한 느낌과 감각 오류를 내부적으로 어떻게 느낄 것인가에 대한 해답을 찾는다.

④ **자동화와 안정성 획득** : 학습이 진행됨에 따라 의식적인 주의에 대한 요구가 감소되고 의도된 동작에 대한 특별한 주의집중 없이 운동수행을 하는 것이 가능하게 된다.

(4) 운동학습 단계 이론 ★

① 피츠(P. Fitts)와 포스너(M. Posner)의 3단계

인지 단계	• 학습할 운동기술의 특성을 이해하고 그 과제를 수행하기 위하여 사용되는 전략을 개발하는 단계이다. • 다양한 감각기관을 통해 들어오는 수많은 정보를 활용한다. • 오류를 수정할 능력을 갖추지 못하여 운동수행에 일관성이 부족한 경우가 많다.
연합 단계	• 과제를 수행하기 위한 수행전략을 선택하고, 잘못된 수행에 대한 적절한 해결책을 찾는 단계이다. • 움직임의 형태가 완벽하지는 않지만, 다양한 기술요소들을 상호연관시키고 상황에 따라 동작의 형태를 바꾸는 방법을 깨닫기 시작한다. • 수행의 일관성과 수행력이 점차 향상된다.
자동화 단계	• 동작이 거의 자동적으로 이루어지기 때문에 움직임 자체에 대한 의식적 주의가 크게 요구되지 않는다. • 운동기술의 다른 측면으로 주의를 전환시킬 수 있다. • 운동수행에서 발생하는 오류가 매우 적으며, 오류를 탐지하고 수정할 수 있는 능력을 가진다. • 변화하는 환경 속에서 자신이 수행해야 할 동작의 움직임 형태를 지속시킬 수 있다.

② 젠타일(Gentile)의 2단계

움직임의 개념 습득단계	• 움직임의 형태에 대해 이해한다. • 운동기술과 관련 있는 환경 정보와 그렇지 않은 정보를 구분한다. • 필요한 정보는 받아들이고, 필요하지 않은 정보는 무시할 수 있는 능력을 학습하게 된다.
고정화 및 다양화 단계	• 운동기술의 유형에 따라 다르게 적용된다. • 폐쇄운동기술(양궁, 체조 등) : 운동기술 수행의 고정화가 필요하다. 이전 단계에서 획득한 운동기술의 안정성 향상에 중점을 준다. • 개방운동기술(축구, 럭비 등) : 운동기술 수행의 다양화가 필요하다. 다양하게 변하는 환경과 동작의 요구에 맞도록 움직임을 적응시키는 것에 중점을 둔다.

③ 번스타인(Bernstein)의 학습단계

자유도 고정 단계	• 새로운 운동기술을 학습하고자 할 때 처음에는 그 동작을 수행하는 데에 동원되는 신체의 자유도의 수를 줄여서 움직임과 관련된 요소들을 단순화 시킨다.
자유도 풀림 단계	• 고정하였던 자유도를 풀어, 사용이 가능한 자유도의 수를 늘린다. • 환경과 과제의 특성에 따른 다양한 운동수행이 가능하다. • 동작과 관련된 운동 역학적 요인과 근육의 공동작용, 관절의 상호 움직임 등에 변화가 나타난다.
반작용의 활용 단계	• 자유도 풀림 단계와 비교하여 더욱 많은 여분의 자유도를 활용한다. • 지각과 동작의 역동적인 순환 관계를 끊임없이 수정해가며 변화하는 환경에 적응하여, 보다 숙련된 동작이 가능하다.

단 자유도 : 신체를 움직일 수 있는 가능성의 수

④ 뉴웰(Newell)의 운동학습단계

협응 단계	• 학습자는 과제의 목표를 달성하기 위해 필요한 기본적인 협응 동작을 형성한다.
제어 단계	• 매개 변수화 : 협응 동작의 형성 후 다양하게 변하는 환경과 과제의 특성에 따라 협응 형태가 달라지게 된다. • 매개 변수화하는 능력을 학습하는 단계이다. • 운동기술 수행의 효율성은 더욱 향상된다.
기술 단계	• 움직임과 협응에 필요한 최적의 매개변수가 부여된 단계이다.

(5) 운동학습과 전이 ★

① **전이의 개념 :** 전이란 과제의 수행 또는 학습 경험이 새로운 운동기술의 수행과 학습에 영향을 미치는 것을 말한다.

② 전이의 분류

정적 전이	• 운동기술 요소의 유사성이 있거나 수행 상황이 비슷한 경우 발생한다. • 과거의 학습이 새로운 학습에 도움이 된다.
부적 전이	• 두 과제의 운동수행 상황에서 획득하는 지각 정보의 특성이 유사하지만 움직임 특성이 다른 경우에 발생한다. • 같은 자극에 대한 반응에서 움직임의 공간적 위치가 변하거나 움직임의 타이밍 특성이 변할 경우 부적전이 효과가 나타나기 쉽다. • 과거의 학습이 새로운 학습에 방해가 된다.

③ **전이 검사 :** 학습자가 연습한 기술이 다른 수행상황에서 발휘될 수 있는지 평가하는 검사

(6) 운동학습과 파지

① **파지의 개념 :** 파지란 연습으로 향상된 운동기술의 수행력을 오랫동안 유지할 수 있는 능력으로, 운동기술의 파지 검사를 통하여 운동기술에 대한 학습 여부를 판단할 수 있다.

② **파지에 영향을 미치는 요인 :** 운동과제의 특성, 환경의 특성, 학습자의 특성, 연습

③ **파지 검사 :** 학습자가 연습한 기술의 수행력을 오랫동안 유지할 수 있는 능력을 평가하는 검사

(7) 피드백

① **피드백의 정의 :** 목표 상태와 수행 간의 차이에 대한 정보를 되돌려서 수행자에게 동작 그 자체 또는 운동수행의 결과나 평가에 대한 정보를 제공하는 것을 말한다. ★★★

② 피드백의 분류

<table>
<tr><td>감각 피드백
(내재적 피드백)</td><td colspan="2">운동감각 정보, 피부수용기로부터의 정보, 시각적 정보를 통해 학습자 내부의 감각 시스템으로부터 제공되는 것을 말한다.</td></tr>
<tr><td rowspan="3">보강 피드백
(외재적 피드백)</td><td colspan="2">지도자나 동료들 또는 영상 등을 통하여 학습자의 외부로부터 제공되는 정보로 감각 피드백 정보에 보충적으로 사용된다.</td></tr>
<tr><td>수행지식</td><td>• 동작의 유형에 대한 정보를 제공하는 것
• 운동 동작의 자세에 대한 운동학적인 질적 정보를 제공하는 것</td></tr>
<tr><td>결과지식</td><td>• 움직임의 목표와 결과에 대한 수행 차이에 대한 정보를 제공하는 것
• 결과지식 피드백은 운동기술의 수행과 학습에 도움을 줌</td></tr>
</table>

③ 피드백의 기능

<table>
<tr><td>정보기능</td><td colspan="2">감각 피드백과 보강 피드백 정보를 통하여 성공적인 운동수행에 필요한 적절한 정보를 제공한다.</td></tr>
<tr><td rowspan="2">강화기능</td><td>정적강화 기능</td><td>성공적인 운동수행을 통해 현재의 수행을 지속적으로 유지하거나 보다 나은 수행을 할 수 있도록 한다.</td></tr>
<tr><td>부적강화 기능</td><td>실패한 운동수행 시 성공적인 수행을 할 수 있도록 기술 수행을 교정한다.</td></tr>
<tr><td>동기유발 기능</td><td colspan="2">보강 피드백은 학습자가 운동기술을 지속적으로 추진할 수 있는 동기를 유발한다.</td></tr>
</table>

(8) 운동기술의 연습 ★★★

① 맥락간섭효과에 따른 연습 구분

구획연습	학습자가 하나의 기술 학습에 있어서 다양한 변인들을 나누어 각각 할당된 시간 동안 연습하는 것으로, 맥락간섭의 효과가 낮아 무선연습에 비해 연습 수행에 효과가 높다.
무선연습	학습자가 운동기술에 포함되는 하위 요소들을 무작위로 연습하는 것으로, 맥락간섭의 효과가 높아 파지와 전이에 효과적이다.

② 시간배분에 따른 연습 구분

집중연습	연습시간이 휴식시간보다 상대적으로 긴 경우를 말한다.
분산연습	휴식시간이 연습시간보다 상대적으로 긴 경우를 말한다.

③ 과제배분에 다른 연습 구분

<table>
<tr><td>전습법</td><td colspan="2">학습자가 운동기술 과제를 한꺼번에 전체적으로 학습하는 방법을 말한다.</td></tr>
<tr><td rowspan="4">분습법</td><td colspan="2">운동기술 요소를 몇 개의 단위로 나누어 학습하는 방법을 말한다.</td></tr>
<tr><td>분절화</td><td>학습할 전체 기술을 특정한 시·공간적 영역으로 나누어 연습 후, 각 기술이 특정 수준에 도달하면 전체 기술로 결합하여 연습하는 방법</td></tr>
<tr><td>단순화</td><td>운동기술 수행에서 과제 요소를 줄여 기술 수행의 난이도나 복잡성을 낮추는 방법</td></tr>
<tr><td>부분화</td><td>운동 과제의 하위 요소를 하나 혹은 둘 이상으로 분리하여 각각 연습하는 방법</td></tr>
</table>

합격 TIP

시각탐색을 위한 안구의 움직임

빠른 움직임 (saccadic movement)	• 수의적으로 이루어지는 움직임 • 관심을 가진 곳에 순간적으로 손오목(fovea)으로 이동시킨다.
부드러운 추적 움직임 (smooth pursuit movement)	• 정지해 있거나 움직이는 지점에 고정시키는 움직임 • 목표물의 속도와 안구의 속도가 일치한다.
전정안구반사 (vesticule-ocular reflex, VOR)	• 머리 회전에 대한 안구의 움직임
빠른 움직임과 추적 움직임의 조화로운 움직임 (optokinetic nystagmus)	• 움직이는 물체를 보다 다른 물체로 시선을 움직일 때를 말한다.

4 운동발달

(1) 운동발달의 개념

출생부터 사망까지 움직임 과제, 개체의 생물학적 조건 및 환경조건 간에 상호작용을 통하여 야기되는 전 생애에 나타나는 운동행동의 불연속적인 변화와 그 변화가 일어나는 과정이다.

(2) 운동발달의 특성 ★

① 일정한 순서를 가지고 발달한다.
- 초보적 반사운동에서 수의운동 순으로 발달한다.
- 버둥거림에서 기기, 앉기, 서기, 걷기 순으로 발달한다.
- 뻗기에서 잡기, 조작하기 등의 순으로 발달한다.

② 방향성이 있다.
- 머리에서 꼬리 방향으로 발달한다.
- 중심에서 말단 방향으로 발달한다.
- 전체운동에서 특수운동으로 발달한다.
- 대근활동에서 소근활동으로 발달한다.

③ 연속적이고 점진적인 과정을 보인다.

④ 시기에 따라 발달 속도에 다양한 차이가 존재한다.

⑤ 신체의 기관 특성에 따라 발육발달의 패턴이 다르게 나타난다.

⑥ 유전적, 내적 조건에 의해 결정되지만, 환경적 조건에 의해 변용성을 보인다.

⑦ 개인차가 존재한다.

⑧ 각 부분이 미세하고 특수화되는 분화의 과정과 통합되는 협응의 과정을 거친다.

⑨ 모든 측면과 상호 관련성이 있으며 개체와 환경의 상호작용을 통하여 나타난다.

⑩ 운동발달 과정에는 민감기(특정한 능력, 발달에 최적인 시기)가 존재한다.

(3) 갤러휴(Gallahue)의 운동발달 단계별 특성

단계	연령, 시기	내용
반사 움직임 단계	출생~1세	• 불수의적 움직임이나 전형적인 리듬을 갖는 형태의 움직임이 나타나지만 신경체계는 아직 미성숙 단계이다. • 반사활동을 통해 환경에 대한 정보를 즉각적으로 획득할 수 있다. • 점차적으로 신경계가 성숙하며 수의적인 운동제어가 가능해지고, 반사가 사라지기 시작한다.
초기 움직임 단계	1~2세	• 성숙에 의해 절대적인 영향을 받는다. • 과정에 대한 예측이 비교적 가능하다. • 생존을 위한 수의적 움직임의 기본형태가 나타난다. • 물체조작 및 기기, 걷기 등의 이동운동이 발달한다.
기본 움직임 단계	2~6세	• 성숙과 환경적 조건(연습의 기회, 동기, 교육)이 중요한 역할을 한다. • 초기 움직임 단계에서 획득한 기술보다 훨씬 발전적인 형태의 이동기술과 물체조작기술이 가능하다. • 지각·운동 능력 발달 및 신체 인식과 균형 유지가 발달한다.
스포츠 기술 (전문적 움직임) 단계	7~14세	• 일상생활 및 스포츠 등에 요구되는 다양하고 복잡한 활동들을 위한 움직임 패턴이 가능하고, 효율적인 형태로 발전하게 된다. • 동작의 협응력 발달로 각각의 움직임 동작을 서로 연관시켜 하나의 일관된 동작을 형성할 수 있다.
성장과 세련 단계	청소년기	• 질적·양적 측면이 급격하게 발달하는 단계이다. • 호르몬 분비의 증가와 근·골격계가 급성장한다. • 운동기술 수준이 급격하게 발달한다.
최고 수행 단계	성인 초기	• 심폐기능 및 근력, 정보처리 등에서 최고의 능력을 발휘한다. • 최상의 운동기술 수행이 가능한 단계이다.
퇴보 단계	성인 후기	• 30세 이후부터 생리적, 신경학적 기능이 감소하기 시작한다. • 운동행동 능력이 쇠퇴하고 스피드를 요구하는 운동과제를 수행하는 능력이 현저하게 떨어진다. • 심혈관, 근력, 유연성, 지구력, 신경기능 등이 감소한다. • 체지방이 증가한다.

시기	태아기	영아기	유아기	아동기	청소년기	성인 초기	성인 후기
연령	임신 1세	2세	6세	12세	18세	30세	70세
발달 단계	반사 움직임 단계	초기 움직임 단계	기본 움직임 단계	스포츠 기술 단계	성장과 세련 단계	최고 수행 단계	퇴보 단계

시기별 운동발달 단계

(4) 운동발달의 영향 요인

개인적 요인	사회·문화적 요인
유전 성장과 성숙 신체시스템의 발달 체력의 발달	성역할 사회적 지지자 대중매체 인종과 문화적 배경 자극과 결핍 놀이 공간, 놀이 활동

Chapter 3 스포츠수행의 심리적 요인

학습목표

- 성격의 특성과 구조에 대해 이해한다.
- 불안의 종류와 특성을 이해한다.
- 경쟁불안과 경기력 관계 이론을 이해한다.
- 동기의 이론에 대하여 이해한다.
- 귀인과 귀인훈련에 대하여 이해한다.

1 성격

(1) 성격의 개념

다른 사람과 구분되는 개인의 여러 특성을 말한다.

(2) 성격의 특성

① **독특성** : 성격은 타인과 구분할 수 있는 개인의 사고와 행동양식이다.

② **일관성** : 성격은 시간이나 상황의 변화에 영향을 받지 않고 비교적 안정되고 일관적으로 나타난다.

③ **경향성** : 성격은 사고나 느낌, 행동 그 자체보다는 그 속에서 나타나는 일련의 경향성을 의미한다.

(3) 성격의 구조

① 심리적 핵, 전형적 반응, 역할과 관련된 행동으로 구분할 수 있다(Hollander, 1971).

② 역할행동, 전형적 반응, 심리적 핵으로 들어갈수록 일관성이 높아진다.

구분	내용
심리적 핵	• 가장 기초단계이다. • 깊숙이 내재되어 있는 각 개인의 실제 이미지를 말한다. • 성격의 속성 중 가장 일관성이 높다. • 가치, 흥미, 동기, 개인의 자아, 기본적인 태도 등을 포함한다.
전형적 반응	• 주변 상황 및 환경의 자극에 의해 상호작용 결과가 나타나는 행동을 말한다.
역할행동	• 주어진 환경을 인식하여 행하는 행동을 말한다. • 환경을 어떻게 인식하느냐에 따라 행동이 달라진다. • 주어진 환경에 가장 민감한 성격의 속성이다.

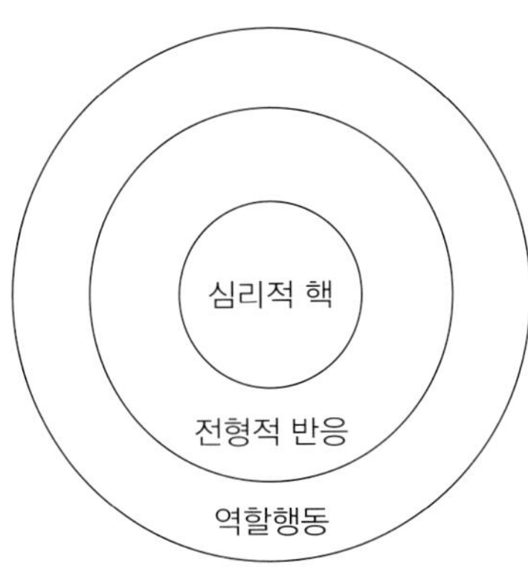

성격의 구조

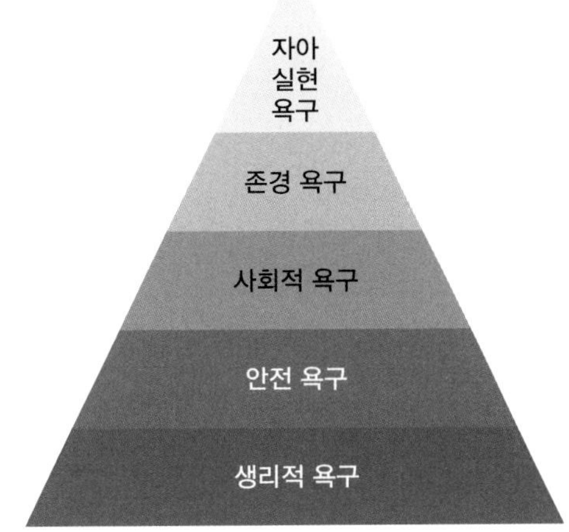

Maslow의 욕구체계 5단계

(4) 성격 이론

정신역동 이론	• 인간의 성격에서 의식보다 무의식의 작용을 강조한다. • 인간의 성격을 원초아(1차적인 생리적 욕구), 자아(원초적 욕구에 대한 반응), 초자아(순수한 이상적인 도덕 욕구)로 구분한다.
사회학습 이론	• 개인이 처한 특정 상황 및 개인이 학습한 행동이 성격을 좌우한다고 주장한다.
체형이론	• 사람의 체형에 따라 성격이 달라지며, 개인의 성격은 타고난 생물학적 구조에 의해 영향을 받는다고 주장한다.
특성이론	• 외부 환경이나 상황의 영향보다 개인 내에 존재하는 특성들에 의해 결정되고, 개인의 성격 특성은 비교적 오랫동안 유지된다고 여긴다.
욕구위계이론 (Maslow의 욕구 체계 5단계)	• 인간행동의 기초적 욕구를 욕구의 강도와 중요성에 따라 5단계로 도식화 하였다. • 인간은 기본적으로 무엇인가를 원하는 욕구적인 존재이며, 하나의 욕구가 충족되면 또 다른 욕구의 충족을 원한다(낮은 단계의 욕구가 만족되어야 높은 단계의 욕구를 의식하게 된다).

(5) 성격의 측정

질문지 측정법	설문을 통해 진행되는 방식으로, '보통 자기보고식 검사'라고 한다. 성격을 묻는 문항을 제시하고 설문 참여자가 스스로 응답을 결정하는 방식이다. • 미네소타 다면적 인성 검사(MMPI) • Cattell의 성격요인 검사(16PF) • Eysenck의 성격차원 검사(EPQ) • Butler와 Hardy의 선수 수행 프로파일
투사법	애매하거나 해석하기 어려운 과제를 제시하고 그에 대한 반응을 분석하여 피험자의 성격을 진단하는 방법을 말한다. • 로르샤흐 잉크반점 검사 • 주제통각 검사
면접법	면접자와 피면접자 간 대면을 통해 준비된 질문을 가지고 성격을 파악하는 방법을 말한다.

(6) 성격과 경기력의 관계

우수 선수와 비우수 선수의 성격특성	• 우수 선수는 활력이 평균보다 높고, 긴장, 우울, 분노, 피로, 혼동과 같은 부정적 요인이 평균보다 낮다. • 우수 선수일수록 정신건강이 더욱 뛰어나고 긍정적이다.
비선수와 선수의 성격특성	• 비선수와 비교하여 단체종목 선수는 추상적 사고를 덜하고, 외향성이 높으며, 의존성이 더 강하고, 자아 강도가 더 약하다. • 비선수와 비교하여 개인종목 선수는 객관성과 독립성이 강하고, 불안과 추상적 사고경향이 낮았다.

2 정서와 시합불안

(1) 재미

① 과제 활동 시 느끼는 긍정적인 정서 반응으로 보상이나 목적을 기대하지 않고 활동 자체에만 몰두하여 얻는 적극적인 감정상태를 말한다.

② 숙달과 성취, 사회적 소속, 동작 자체의 감각 체험은 스포츠 재미에 영향을 미치며 스포츠 재미는 스포츠 전념에 영향을 주고, 전념은 스포츠 행동에 영향을 미친다(웨이스와 아모로스).

(2) 몰입

① **몰입의 개념 :** 기술(실력)이 도전(과제)과 균형을 이루는 상황에서 수행에 완전하게 집중하는 것을 말한다.

② 몰입의 구성요소

도전-기술 균형	인간은 어려운 도전 과제와 높은 기술 수준 사이의 균형을 자각한다.
행동-인식 일치	아주 몰두해 있어서 행동이 동시에 자동적으로 일어난다.
명확한 목표	명확하게 정의 내려진 목표는 정확하게 무엇을 해야 할지 알게 한다.
구체적 피드백	인간은 수행 중의 활동에 대한 즉시적이고 명확한 피드백을 받는다.
과제 집중	과제에 대한 완전한 집중이 생긴다.
통제감	외부의 압력이나 강제에 의한 상황이 아닌 자발적인 상황이므로 인간은 통제하려는 노력 없이도 운동 통제감을 경험한다.
자의식 상실	자기 자신의 존재를 인식하지 못할 만큼 활동과 자신이 하나가 되는 것을 말한다.
변형된 시간 감각	시간이 평소보다 빠르게 혹은 느리게 지각된다.
자기 목적적 경험	행동 그 자체가 보상이 되는 경험을 의미하며, 내적동기의 특징을 갖는다.

(3) 정서

① **정서의 개념 :** 지속 시간이 짧고, 선행사건이 분명하게 지각되며, 대상이 뚜렷하고, 독특한 표정과 생물학적 과정을 수반하며, 행동의 변화가 있는 상태를 말한다.

② 정서의 모형

플루치크 (Plutchik, 1980)의 정서모형	• 동물과 인간이 가지고 있는 여러 가지 적응적 행동을 동기화시키는 데 필요한 8가지 기본 정서(두려움, 놀람, 슬픔, 혐오, 분노, 예기, 기쁨, 수용)를 제시하였다. • 정서의 구조 모형을 3가지로 구분하여(강도 차원-슬픔의 강약, 유사성 차원-불안과 공포, 양극성 차원-사랑/슬픔) 설명하였다.
러셀 (Russell, 1994)의 차원이론	• 정서가 혼합되거나 기본적인 정서로 구분되는 것이 아니라 비정서적인 몇 개의 차원으로 환원된다는 정서의 차원이론을 제안하였다. • 정서를 쾌-불쾌와 각성-비각성의 두 차원으로 이루어진 평면상의 좌표로 표현하였다.
에케카키스와 페트루 첼로 (Ekkekakis & Petruzzello, 2002)의 원형모형	• 활성과 유인가의 2차원으로 구성되어 있으며, 유쾌-활성(에너지, 흥분), 유쾌-비활성(이완, 침착), 불쾌-비활성(지루함, 피로), 불쾌-활성(불안, 긴장)으로 나누어진다.

③ 정서의 측정

- 자기보고식 방법
- 생리적 측정 방법
- 표정 측정 방법
- 뇌기능 측정 방법

(4) 불안 ★

① **불안의 개념** : 신체의 활성화와 각성이 어느 정도 존재하는 상태로 경험하는 초조함, 걱정과 같은 부정적인 정서 상태를 말한다.

② 불안의 종류

상태불안	• 상황에 따라 변화하는 정서 상태이다. • 자율신경계의 활성화나 각성과 관련하여 주관적·의식적으로 느끼는 우려나 긴장감을 말한다. • 특정한 상황에서 개인이 경험하는 기분으로 인지적 불안과 신체적 불안으로 구분된다.	
	인지적 불안	경기력에 대한 부정적인 생각이나 주위가 산만한 상태를 말한다.
	신체적 불안	지극에 대한 자율신경계의 각성수준의 변화로 발생한 생리적 그리고 감정적 반응이다. 예 심박수의 증가, 호흡수의 증가, 손 떨림, 근육긴장 등
특성불안	• 객관적인 비위협적인 상황을 위협적으로 지각하여, 객관적 위협의 정도와 관계없이 상태불안 반응을 나타내는 행동경향이다. • 성격적으로 타고난 불안이다.	
경쟁불안	• 경쟁상황에서 느끼는 불안이다. • 경쟁을 주요 요소로 포함하고 스포츠 상황에서 가장 뚜렷하게 나타난다.	
	경쟁특성 불안	경쟁적 상황을 위협적으로 지각하고 이러한 상황에 대한 우려와 긴장의 감정으로 반응하려는 경향을 말한다.
	경쟁상태 불안	• 경쟁상황에서 수행자가 느끼는 상황에 대한 반응이다. • 의식적으로 지각되는 주관적인 우려나 긴장 같은 정서이다. • 자율신경계의 활성화 또는 각성을 수반한다.

③ 스포츠 상황에서 발생하는 경쟁상태 불안의 원인

- 실패에 대한 공포
- 불만족스런 신체적인 증상
- 부적합한 느낌
- 통제력의 상실
- 죄의식

④ 불안의 측정

생리적 불안 측정	• 자율신경계의 활성화에 의해 나타나는 여러 가지 생리적 반응의 측정값을 말한다. • 뇌전도(EEG), 심전도(EKG), 근전도(EMG), 피부저항(GSR), 안면근육 패턴, 심박수, 혈압 등
행동적 불안 측정	• 시합에 참가하거나 중요한 시험을 보게 될 경우 어떤 사람의 외형적인 행동을 통해 가장 직관적이고 손쉽게 관찰할 수 있는 방법이다. • 불안의 행동적 증상 기록지(checklist)
심리적 불안 측정	• 단일차원 : 상태특성불안검사지(STAI), 신체지각설문지(SPQ), 활성비활성척도(ADAC), 스포츠경쟁불안검사(SCAT PDCS) • 다차원 : 인지적·신체적불안검사지(CSAQ), 경쟁상태불안검사(CSAI, CSAI-2), 스포츠불안척도(SAS)

(5) 스트레스

내·외적 압력에 의하여 유기체 내에서 일어나는 모든 불특정적 반응이다. 신체적·심리적 긴장 상태를 말한다.

유쾌스트레스 (eu-stress)	• 가볍고 조절 가능한 스트레스이다. • 상쾌한 자극이 되어 우리의 감정과 지적 발달에 긍정적으로 작용한다.
불쾌스트레스 (distress)	• 장기적이고 조정이 불가능한 스트레스이다. • 면역체계를 약화시켜 질병으로 발전한다.

(6) 탈진

① 부정적 스트레스의 일부분으로 과도한 신체, 심리 에너지 사용으로 인한 심리·생리적 피로를 의미한다.

② 탈진의 원인으로는 과훈련, 목표 성향과 동기, 코칭행동과 동기 분위기, 완벽주의와 열정 등이 있다.

③ **레이데크와 스미스(T. Readeke & Smith, 2001)가 개발한 운동선수탈진질문지(The Athlete Burnout Questionnaire: ABQ)의 세 가지 측정요인** : 성취감의 감소, 평가 절하, 정신적·육체적 피로

3 경쟁불안과 경기력 관계 이론 ★★★

(1) 추동(욕구)이론(drive theory)

수행(p : 경기력) = 습관(H : 기술) × 욕구(D : 각성 또는 불안수준)

① 운동수행은 각성수준이 강할수록 향상된다.

② 각성이 증가하면 수행도 직선적으로 증가한다.

③ 단기적이고 일시적으로 각성수준이 증가해야 유리한 종목을 설명하기에 유리하다.

④ 복잡한 과제를 설명하기에는 불충분하다.

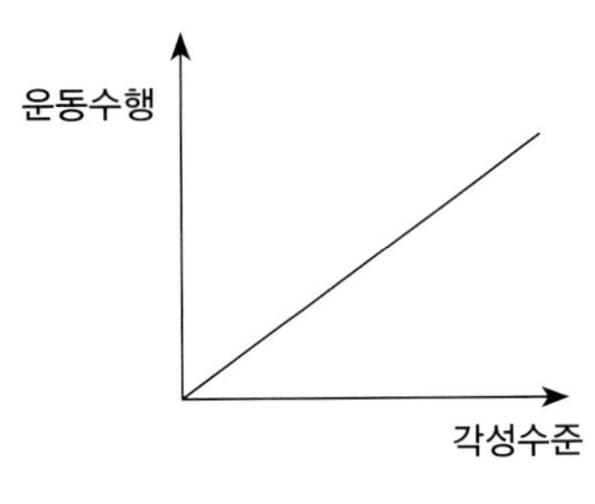

추동이론

(2) 역U가설(inverted-U hypothesis)/적정수준이론(optimal level theory)

① 각성이 아주 낮거나 지나치게 높으면 수행에 방해가 되며, 중간 정도의 각성수준이 최고의 운동수행을 발휘한다.

② 각성수준이 점차적으로 상승함에 따라 수행도 점차적으로 상승되다가, 각성이 적정수준을 넘어서면 수행은 다시 점차적으로 하강한다.

③ 적정수준의 각성이 최고 수행을 가져온다.

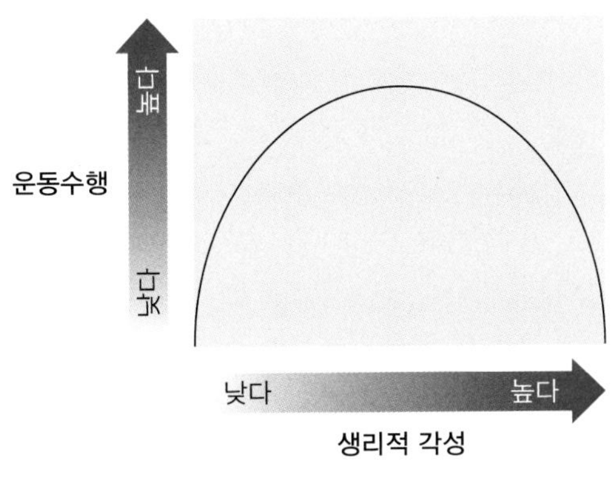

역U가설

(3) 최적수행지역이론/적정기능지역이론(zone of optimal functioning theory)

① 개인마다 적정수준의 각성이 다르기 때문에 최적의 수행에 이르는 일정한 각성수준은 없다.

② 최고의 수행을 발휘하기 위한 자신만의 고유한 불안 수준이 있다.

③ 각성수준이 특정 범위 안에 있을 때 높은 운동수행 수준을 보일 수 있다고 본다.

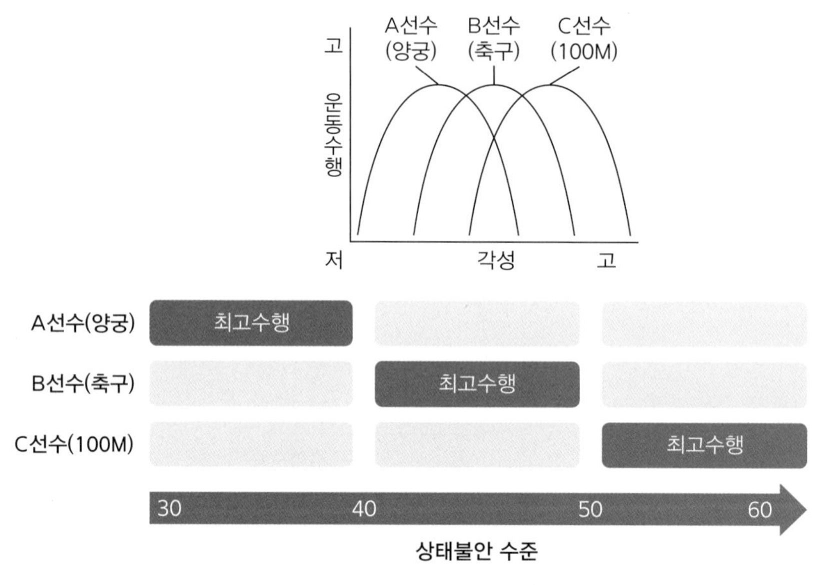

최적수행지역이론

(4) 다차원적 불안이론(multidimensional anxiety theory)

① 불안을 다차원적으로 검사하여 불안과 경기력과의 관계를 규명한다.

② 인지적 불안(걱정, 근심)과 신체적 불안(생리적 각성)이 운동수행에 서로 다른 영향을 미친다.

③ 인지불안은 운동수행에 부정적인 영향을 미친다.

④ 신체적 불안은 운동수행과 역U관계(적정 수준까지는 수행향상, 그 이상 높아지면 수행감소)를 보인다.

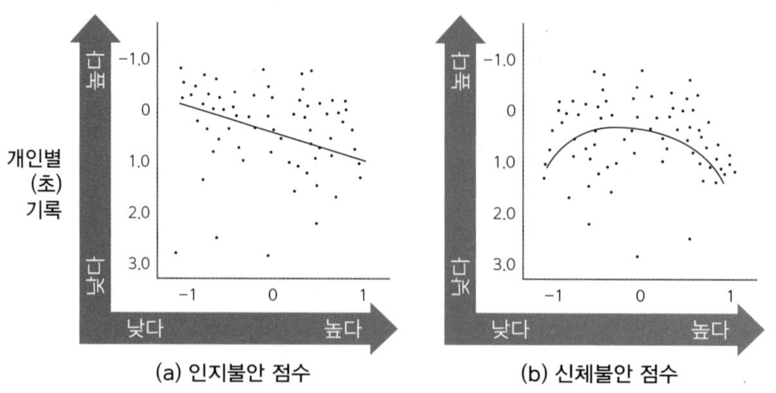

다차원적 불안이론

(5) 격변이론/카타스트로피이론(catastophe theory)

① 역U가설이론에 대한 대안으로 인지불안과 신체적(생리적) 각성을 동시에 고려하여 수행의 관계를 예측하는 이론이다.

② 인지적 불안이 생리적 불안을 중재하여 수행에 극적인 변화를 초래한다는 것이 핵심이다.

③ 인지불안이 낮을 때와 높을 때 신체적 각성의 증가에 따른 운동수행의 변화 곡선이 달라진다(역U자 관계).

④ 인지불안이 높으면 신체적 각성의 증가와 함께 수행도 향상하다가 어느 지점을 넘어서게 되면 한 순간에 수행이 급격하게 떨어진다.

⑤ 급격한 수행의 하강은 회복에 많은 시간을 필요로 한다.

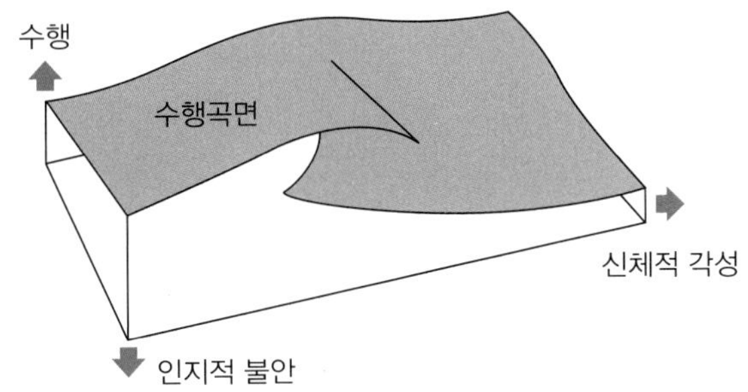

카타스트로피모형

(6) 전환이론/반전이론(reversal theory)

① 각성과 정서의 관계는 각성을 인지적으로 어떻게 해석하는지에 달려있다는 이론이다.

② 각성이 높은 상태를 기분 좋은 흥분 상태로 해석할 수 있고 불쾌한 불안으로 해석할 수 있다.

③ 각성이 낮은 상태를 이완 상태(편안함)로 해석할 수 있고, 지루함으로 해석할 수도 있다.

④ 개인의 동기(목표지향 양식 또는 쾌락지향 양식)가 각성의 해석에 중요한 역할을 한다.

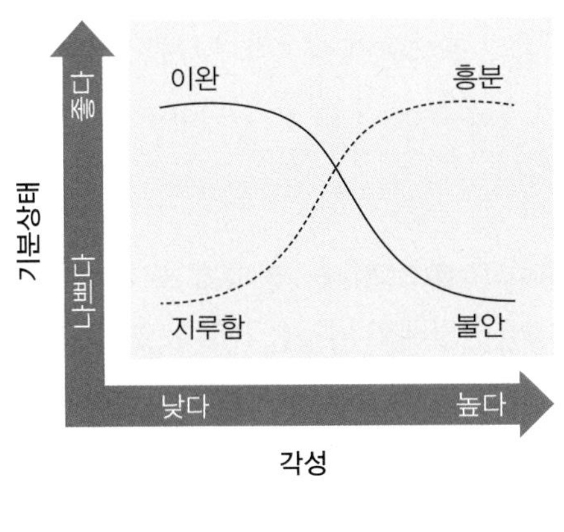

반전이론

(7) 심리에너지이론(mental energy theory)

① 각성을 어떻게 해석하느냐에 따라 운동수행이 달라진다고 보는 이론이다.

② 각성을 긍정적으로 해석하면 긍정적 심리에너지의 발생으로 운동수행에 긍정적인 영향을 미친다.

③ 각성을 부정적으로 해석하면 부정적 심리에너지로 인해 각성과 운동수행 사이에는 부정적인 관계가 성립된다.

④ 긍정적 심리에너지가 높고 부정적 심리에너지가 낮을 때 최고의 경기력을 발휘한다.

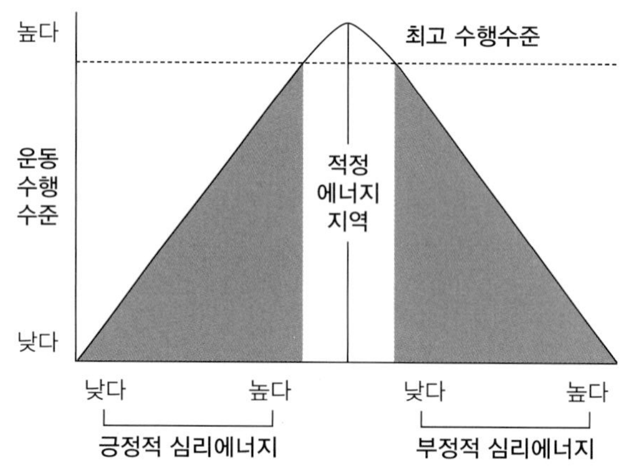

심리에너지이론

4 불안 및 스트레스 관리 기법 ★

(1) 바이오피드백(bio-feedback)

① 마음속 특정 상황을 떠올리거나 생각을 조작하여 자율신경계의 반응을 일으키는 조건을 알아내어, 그 조건으로 자율신경계의 기능을 의식적으로 통제하는 방법이다.

② 조작된 조건에 따라 자신의 생리적 반응이 어떻게 변화하는가를 간단한 도구를 사용하여 빠른 시간 내에 시험해 봄으로써 생리적 변화를 일으키는 조건을 쉽게 알아낼 수 있다.

③ 조건과 자율신경계 반응의 관계를 알기 위하여 온도계, 혈압계, 근전도계, 뇌파측정기 등을 모니터로 활용한다.

(2) 점진적 이완기법(progressive relexation)

① 자기관리를 통해 자율신경계의 기능을 조절함으로써 스트레스를 완화시키는 것을 말한다.

② 신체 각 부위의 근육군을 차례로 긴장시키고 이완시키는 과정으로 이루어진다.

(3) 자율훈련/자생훈련(autogenic training)

자신이 느끼고자 하는 감각에 주의를 기울이고, 이것을 명상 같은 수동적 상태에서 느끼도록 하는 것이다.

(4) 호흡조절

① 스트레스에 대한 자율신경계의 반응은 호흡증가이다. 호흡은 조절하기 쉬운 생리적 반응 중 하나이다.

② 느리고 깊게 숨을 쉬는 것은 이완을 위한 가장 대표적이면서 간단한 방법이다.

(5) 자화(self-talk, 자기암시)

① **긍정적이고 합리적인 자화 :** 자신감과 자긍심을 강화하여 수행에 긍정적인 영향을 미친다.

② **부정적인 자화 :** 불안을 증가시키고 정서적인 안정을 깬다.

(6) 체계적 둔감화(systematic desensitization)

불안이나 스트레스를 유발하는 자극에 노출될 때 불안반응 대신 이완반응을 보임으로써 불안이나 스트레스에 대해 점차적으로 둔감하게 만드는 훈련방법을 말한다.

(7) 인지재구성(cognitive restructuring, CR)

비합리적이거나 부정적인 생각의 패턴을 찾아내 중지시키는 방법을 말한다.

(8) 시각운동 행동시연(visuomotor behavior rehearsal, VMBR)

이완과 심상을 복합적으로 사용하여 스트레스를 낮추고 자기개념을 향상시킬 목적으로 개발된 불안감소 복합기법이다.

5 동기

(1) 동기의 개념 및 속성

① 어떤 목표를 향해 행동을 시작하도록 하는 내적 과정을 말한다.

② 행동을 촉발시키거나 활성화시키는 원동력으로 작용한다.

③ 정서와 밀접한 관련이 있다.

④ 행동의 방향을 설정하거나 목표를 지향하면서 행동을 유지 및 지속시킨다.

(2) 동기의 관점

특성지향적 관점	• 사람의 성격, 태도, 목표 등이 동기를 결정한다고 보는 관점이다. • 성격적 특성으로만 해석하기 때문에 특정한 행동과 관련 있는 환경의 영향을 무시한다.
상황지향적 관점	• 개인이 처한 상황과 환경에 의해 동기가 결정된다는 관점이다. • 상황적인 해석에 관심이 집중되기 때문에 개인의 기질적인 성격을 고려하지 않는다.
상호작용적 관점	• 특성적 관점과 상황적 관점과의 상호작용 속에서 형성된다. • 개인에 내재된 특성적인 개인요인과, 개인이 처한 상황이나 환경요인의 상호작용을 제대로 이해하면 참여자의 동기를 제대로 이해할 수 있다고 본다.

(3) 동기유발의 기능

활성적 기능	최초로 행동을 유발시키고, 지속·추진한다.
지향적 기능	설정한 목표에 맞게 행동을 유도한다.
조절적 기능	다양한 행동을 선택하고 수행하면서 목표에 맞는 선택적인 행동을 유발하는 데 영향을 미친다.
강화적 기능	행동의 결과에 따른 정적 혹은 부적강화를 제공하여 후속되는 동기유발의 수준을 결정한다. 따라서 행동 재현 예측이 가능하다.

(4) 동기유발의 종류

내적동기유발	• 자기 자신의 내적보상에 의한 동기유발이다. • 학습에 대한 보상으로 높은 점수, 칭찬, 학습목표를 분명히 제시한다. • 참가종목의 기본적인 호기심을 자극하고 성공감이나 성취감을 느끼게 한다. • 학습자로 하여금 학습 결과에 대해 스스로 평가하게 한다.
외적동기유발	• 외적보상에 의한 동기유발이다. • 학습 그 자체와 아무런 관계가 없는 외적인 보상을 받음으로써 발생된다. • 행동에 대한 상과 벌, 정적강화와 부적강화를 적절하게 사용하며 타인과의 경쟁과 협동을 유발하기 위해 연습게임 및 시합 참가를 유도한다.

(5) 동기유발의 방법

이론에 근거한 동기유발 전략	• 운동실천으로 얻는 혜택을 인식시켜 준다. • 운동 방해요인에 대한 대책을 마련한다. • 자기효능감을 높여준다.
행동수정 전략	• 의사결정 단서를 제공한다. • 운동 출석 상황을 게시한다. • 출석에 따른 보상을 제공한다.
인지행동 전략	• 목표설정 원칙에 맞는 목표를 설정한다. • 운동 일지를 작성한다. • 운동 계약서를 작성한다. • 운동 강도 모니터링을 한다.
내용동기 전략	• 즐겁게 운동하도록 만든다. • 몰입 체험을 하도록 유도한다.

6 동기이론 ★★

(1) 성취목표 성향이론

개인의 성취목표를 이분화시켜 설명한다.

과제목표 (학습목표) 성향	• 새로운 것을 배워 익히는 그 자체가 학습활동의 궁극적 목표이다. • 실패란 학습과정에서 일어날 수 있는 자연스러운 단계의 하나로 인식한다. • 과제 완수를 통해 스스로의 능력이 향상된다고 믿는다. • 자신의 능력에 비해 너무 어렵거나 쉬운 과제보다는 노력하면 성취할 수 있다고 판단되는 적절한 과제를 선호한다.
수행목표 (자아목표) 성향	• 자신의 능력이 남들보다 우수하다는 것을 증명하는 것이 목표이다. • 타인을 이겼을 때 자신이 잘하여 승리한 것이라고 여긴다. • 자신의 능력이 열등하다고 판단될 경우 이를 드러내지 않으려고 노력한다. • 실수나 실패는 자신의 능력이 열등하다는 증거로 이에 대한 핑계거리를 미리 만들어 놓는다. • 성공이 보장되는 쉬운 과제 혹은 아예 불가능한 과제를 선택하는 불합리성을 보이기도 한다.

(2) 인지평가 이론

① 원래 내재적으로 동기화된 행동에 외적보상이 주어졌을 때 내재적 동기가 삭감되고 타인에 의해 통제된다는 느낌을 발생시켜 오히려 과업에 대한 흥미를 감소시키게 된다는 이론이다.

② 성취감이나 책임감 등에 의해 동기유발이 되어 있는 것에 외적인 보상(승진, 급여인상, 성과급)을 도입하면 오히려 동기유발 정도가 감소한다.

③ 내적동기는 사람들이 유능감을 느끼고 자기가 자신의 의지에 따라 도전할 수 있는 재미있는 과제에 참여할 때 나타난다.

④ 스스로 조절할 수 있는 통제적인 측면이 강해지면 자율성 욕구가 강화되고 누군가에게 자신이 운동수행에 대해 칭찬과 같은 긍정적인 정보를 듣게 되면 유능감 욕구가 향상된다.

⑤ 외적보상은 내적동기를 높일 수 있도록 주의해 제공하도록 한다.

⑥ 외적보상이 통제적으로 작용하지 않아야 한다.

⑦ 선수가 자신의 훈련과 시합에 관한 의사결정에 참여하게 하면 자결성을 높이는 데 도움이 된다. 팁 자결성 : 자신이 얼마나 통제력을 발휘하는가를 의미한다.

⑧ 동료와의 관계, 지도자와 선수의 관계를 좋게 유지할수록 내적동기가 높아질 가능성이 커진다.

(3) 자기결정성 이론(self-determination)

① 외적보상이 내적동기에 어떤 영향을 주는지 알아보는 연구에 기원을 두었다.

② 외적보상을 받으면 유능감에 대한 정보를 얻을 수 있다.

스포츠심리학

③ 외적보상은 통제의 느낌을 줄 수도 있는데, 이 경우는 자결성을 감소시켜 내적동기를 낮춘다.

④ 외적보상이 유능감에 대한 긍정적 정보를 제공하고 스스로 통제력을 발휘한다는 정보를 줄 경우 내적동기가 높아진다.

⑤ 인간의 행동에 영향을 주는 동기에 내적동기, 외적동기, 무동기가 있다고 본다.

<table>
<tr><td>무동기</td><td colspan="2">• 동기가 없는 상태이다.</td><td>자결성 낮음</td></tr>
<tr><td>내적동기</td><td colspan="2">• 자결성이 가장 높다.
• 운동하는 것 자체가 좋아서 운동을 지속하는 것을 말한다.
• 지식습득 동기, 과제성취 동기, 감각체험 동기로 구분할 수 있다.</td><td>자결성 높음</td></tr>
<tr><td rowspan="4">외적동기</td><td colspan="2">• 무동기와 내적동기 사이에 위치한다.
• 외적규제, 의무감규제, 확인규제로 구분할 수 있다.</td><td rowspan="4">자결성 보통</td></tr>
<tr><td>외적규제</td><td>외적보상을 받으려는 욕구로 운동하는 것</td></tr>
<tr><td>의무감규제</td><td>스스로 압력을 느껴서 운동하는 것</td></tr>
<tr><td>확인규제</td><td>자신이 설정한 목표를 달성하는 것이 중요해 운동하는 것</td></tr>
</table>

⑥ 자결성이 높으면 운동을 지속적으로 실천하지만 낮으면 중도에 포기할 가능성이 높기 때문에 자결성을 키우는 지도 전략이 필요하다.

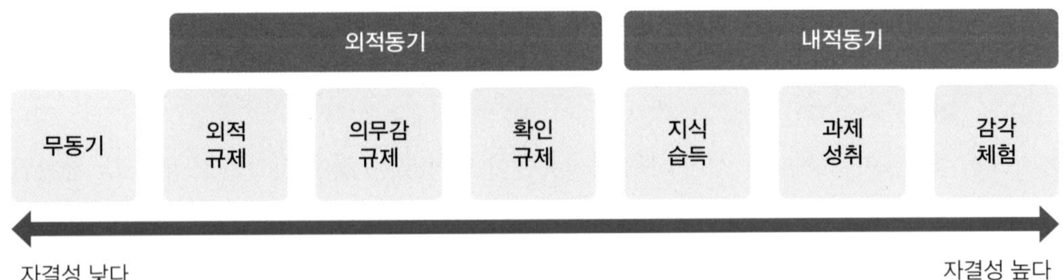

자결성 이론

7 와이너(Weiner, 1972)의 귀인이론

(1) 귀인 ★★

① 어떠한 사건(행동)의 원인을 추론하는 것을 말한다.

② 귀인이 중요한 이유는 시합 결과에 대해 어떻게 귀인하는지에 따라 다음을 어떻게 준비하는지가 결정되기 때문이다.

(2) 3차원 귀인 모형

① 귀인의 3가지 차원

인과성	귀인이 내적 요인인지, 외적 요인인지
안정성	귀인이 안정적인지, 불안정한 것인지
통제성	귀인을 개인이 통제 가능한지, 불가능한지

② **귀인의 분류 :** 귀인의 4가지 소재(능력, 노력, 운, 과제의 난이도)와 인과성의 소재, 안정성, 통제 가능성을 적용하여 분류하였다.

귀인 소재	원인 소재	안정성	통제성
능력	내적	안정적	통제 불가능
노력	내적	불안정적	통제 가능
운	외적	불안정적	통제 불가능
과제 난이도	외적	안정적	통제 불가능

③ **귀인 훈련 :** 자신의 능력에서 성공의 귀인을 찾고, 노력 부족이나 전략의 미흡에서 실패의 귀인을 찾도록 훈련하는 것이다. 귀인의 수정이나 재훈련은 실패에 대한 부적절한 귀인을 적절한 귀인 패턴으로 변화, 발전시키는 것이다.

8 목표설정

(1) 목표설정의 개념

① 목표란 정해진 기간까지의 특정 과제의 향상 기준을 말한다.

② 목표설정은 정해진 기간까지 특정 과제에 대해 정해진 향상 기준을 성취하는 것이다.

(2) 목표의 유형

주관적 목표	• 기준이 자기 자신에게 있으며, 개인에 따라 해석에 차이가 있는 목표를 의미한다.
객관적 목표	• 구체적인 시간제한 내에서 구체적인 수행기준에 도달하는 목표를 의미한다.
결과목표 (성과목표)	• 조절할 수 없는 결과나 성과에 기반을 둔 기준을 말한다. 예 농구 대회에서 우승한다.
수행목표 (과정목표)	• 운동수행 성취에 기반을 둔 기준을 말한다. • 운동수행의 실행과 관련된 조절 가능한 생각이나 행동에 기반을 둔 기준을 설정하기도 한다. 예 골프 스윙에서 공을 끝까지 본다.

(3) 목표의 중요성

① **행동의 변화**

- 운동 수행에 중요한 주의집중을 하게 한다.
- 노력을 더 하게 한다.
- 어려움이 있어도 노력을 지속하게 한다.
- 구체적인 전략을 개발하도록 하고 동기를 유발한다.

② **생각과 감정의 변화**

③ **집중 :** 목표설정은 선수들에게 행동을 적절하게 계획할 수 있게 하고, 경기 상황에서 선수가 수행에 중요한 단서에 집중하게 한다.

④ **긍정적인 생각 :** 효과적인 목표설정은 부정적인 생각을 바꾸고 과정지향적인 목표에 초점을 두게 하여 긍정적인 생각을 하게 한다.

⑤ **감정조절 :** 부정적인 감정을 느끼더라도 목표설정에 의해 주의의 전환과 긍정적인 생각을 통한 감정의 조절이 가능하다.

(4) 목표설정의 원리

① 구체적인 목표를 설정한다.

② 긍정적인 목표를 설정한다.

③ 도전적이지만 실현 가능한 목표를 설정한다.

④ 결과목표와 과정목표를 함께 설정한다.

⑤ 장기목표를 세운 후 단기목표를 세운다.

⑥ 목표를 기록하고 보이는 곳에 붙인다.

⑦ 목표를 달성할 수 있는 구체적인 전략을 제시해야 한다.

⑧ 목표 달성을 위해 주위의 적극적인 지원이 필요하다.

(5) 목표설정의 실제

준비 단계 → 교육 단계 → 평가 단계

9 자신감 ★

(1) 자신감의 개념

주어진 과제를 성공하거나 목표를 성취할 수 있다는 나 자신의 능력에 대한 믿음으로, 능력에 대한 믿음과 확신의 상태를 포함하는 개념이다.

합격 TIP

자신감의 유사개념

- **자기효능감** : 특수한 상황에서의 성공에 대한 기대감으로 마주한 과제 해결을 위해 다양한 지식과 기술을 상황에 맞게 조직하고 행동으로 옮기는 능력에 대한 믿음
- **낙관주의** : 미래에 대한 긍정적인 기대

자신감 있는 선수들의 특징

- 차분하게 경기에 임한다.
- 훈련이나 경기에서 더욱 노력한다.
- 더욱 적절한 경기 전략을 활용한다.
- 주의집중을 잘한다.
- 목표를 성취하지 못하게 되면 더욱 노력한다.
- 회복 탄력성이 높다.

(2) 자기효능감 이론

① 자기효능감은 특수한 상황에서의 성공에 대한 기대감으로, 당면한 과제 해결을 위한 다양한 지식과 기술을 상황에 맞게 조직하고 행동으로 옮기는 능력에 대한 믿음을 말한다.

② 자기효능감이 높을수록 행동의 실현 가능성이 높아진다.

③ 자기효능감은 성공 경험, 대리 경험, 사회적 설득, 신체적·정서적 상태의 4가지 정보원으로부터 영향을 받는다.

성공 경험	• 경기에서의 승리 같은 성공 경험이 많을수록 자신감은 향상된다. • 주관적인 판단으로 성공을 경험하는 것 역시 자신감 향상에 도움이 된다.
대리 경험	• 자신과 실력이나 체격이 비슷한 사람이 운동수행을 성공하는 모습을 관찰하거나 마음속에 떠올리면 자기효능감이 향상된다.
사회적 설득	• 우리의 삶에 의미가 있고 영향을 미치는 주요 타인이 하는 격려나 칭찬이 자기효능감의 중요한 정보원이 된다.
신체적·정서적 상태	• 선수의 신체적·정서적 상태는 자기효능감에 영향을 미치고 경기력에 영향을 미친다. • 운동 중 긍정적 정서 체험은 자기효능감을 증가시킨다. • 운동 중 부정적 정서 체험은 자기효능감을 감소시킨다.

합격 TIP

폭스(K. Fox)의 위계적 신체적 자기개념 가설

- **신체적 자기 가치** : 신체적 자아에 대한 행복, 만족, 자부심, 존중, 자신감에 대한 일반적인 느낌을 말한다.
- **스포츠 유능감** : 운동능력, 스포츠 기술 학습 능력, 스포츠에서 자신감에 대한 인식이다.
- **신체적 힘** : 근력, 근육 발달, 근력이 요구되는 상황에서 자신감의 인식이다.
- **신체 매력** : 외모에 대한 매력 인식 매력적 신체를 유지하는 능력이다.
- **신체적 컨디션** : 신체 컨디션, 스테미너, 체력에 대한 인식, 운동을 지속할 수 있는 능력, 운동과 피트니스 상황에서 자신감이다.

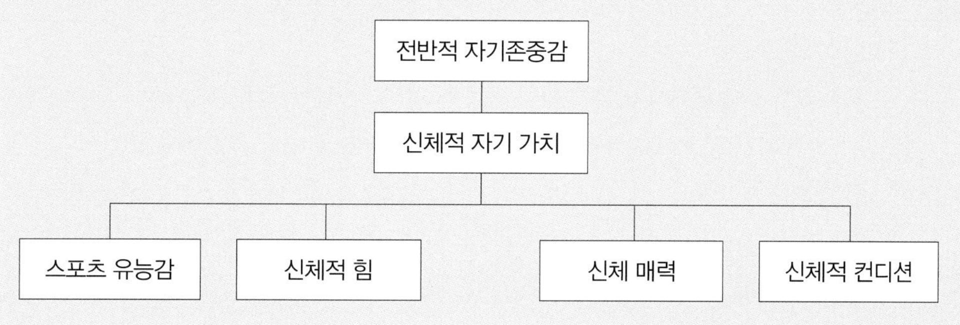

(3) 스포츠 자신감의 구성 요소

성취	• 자신감을 향상시키는 가장 중요한 요인이다.
준비	• 훈련과 경기의 전략을 개발하고 이를 꾸준히 연습하여 준비 수준을 높이고, 이를 통하여 자신감을 높일 수 있다.
자기조절	• 최상의 경기력을 발휘하기 위하여 집중력을 유지하고, 생각과 감정 및 행동을 조절하기 위해 효과적인 기술과 전략을 활용하는 것을 말한다.
모델링	• 운동을 학습할 때 가장 많이 활용되는 방법으로, 타인의 성공적인 수행을 관찰하게 되면 기술 습득뿐만 아니라 행동, 의사결정, 전략 개발에 있어서 자신감이 향상된다. • 자신과 유사한 체력이나 체격을 갖고 있는 동료가 성공적으로 수행하는 것을 관찰하는 것도 자신감 향상에 도움이 된다. • 자신이 잘했을 때의 동영상을 보며 동작과 태도를 분석하는 것도 자신감 향상에 도움이 된다.
피드백	• 의미 있는 사람들의 긍정적인 피드백과 격려는 자신감의 중요한 근원이다. • 연령에 따라 자신감의 요소는 다르게 나타난다. • 9세 이하 : 부모와 코치에 의한 피드백으로부터 자신감을 얻음 • 10~13세 : 또래와의 비교에 의하여 자신감을 얻음 • 14~17세 : 자기 준거 기준을 활용하므로 기술 향상, 숙달, 개인 목표의 성취에서 자신감을 얻음

(4) 자신감을 향상시키는 방법

① **성공적인 경기수행 :** 성공적 수행경험은 자신감 증대와 성공적 행동을 유도한다.

② **자신감 있는 생각 :** 긍정적 생각과 태도는 자신감을 향상시킨다.

③ **심상 :** 심상은 자신감의 발달에 중요한 심리적 기술이다.

④ **신체의 상태 :** 건강한 신체는 자신감을 향상시킨다.

⑤ **마음의 준비 :** 수행 전 충분한 마음의 준비 상태는 자신감을 향상시킨다.

10 심상 ★

(1) 심상의 개념

① 모든 감각을 활용하여 마음속으로 어떠한 경험을 재현하거나 창조하는 것을 말한다.

② 스포츠에서 심상은 마음속에서 운동수행을 선명하게 이미지를 만들거나 다시 만드는 것을 의미한다.

③ 심상은 자신이 특정 기술을 완벽하게 수행하는 이미지를 그림으로써 성공적인 수행을 준비하는 데 도움이 된다.

(2) 심상의 분류

내적 심상	• 자신의 눈으로 보는 관점으로 수행 장면을 상상하는 것이다. • 수행자 자신의 관점에서 이루어지므로 동작을 수행할 때의 느낌인 운동감각이 생생하게 전달된다. • 우수 선수들은 비우수 선수에 비해 내적 심상을 자주 이용한다. • 외적 심상보다 내적 심상을 할 때 근육과 신경이 더 활발하게 활동한다.
외적 심상	• 비디오카메라로 자신을 찍은 모습처럼 외부에서 관찰자의 시점으로 수행 장면을 상상하는 것이다. • 심상을 활용할 때 두 가지 유형을 모두 연습하고 필요에 따라 두 관점을 바꾸어 활용할 수 있어야 한다. • 어떤 심상을 활용하든 모든 감각을 동원하여 선명한 이미지를 그리고, 이를 조절할 수 있는 능력을 갖는 것이 중요하다.

(3) 심상의 이론

심리신경근 이론	• 운동선수가 특정 움직임을 상상할 때 실제 근육의 움직임이 일어나지는 않지만, 뇌와 근육에는 실제 움직임이 일어날 때와 유사한 자극이 일어난다는 이론이다. • 심상을 통하여 신경과 근육의 기억에 대해 훈련이 가능하다. • 재활훈련에서 실제 근육의 움직임은 훈련할 수 없지만, 신경과 근육의 기억을 훈련시킬 수 있다.
상징학습 이론	• 심상이 움직임의 패턴을 이해하는 데 도움이 되는 기호체계의 역할을 한다고 제안한다. • 심상은 동작에 대한 청사진을 그리거나 동작을 상징적인 요인으로 기호화하여 운동수행을 더욱 원활하게 하고, 이를 통하여 동작을 잘 이해하게 만들거나 자동화시키게 한다.
생체정보 이론	• 심상은 뇌의 장기 기억 속에 저장되어 있는 전제 혹은 특징이라 가정한다. • 심상을 하게 되면 이미지의 내용을 묘사하는 자극 전제와 그 상황에서 자극에 대한 반응을 묘사하는 반응전제가 활성화된다. • 심상이 운동수행에 도움이 되기 위해서는 심상을 할 때 반응전제를 일으켜 이를 수정하고 향상시키고 강화하는 것이 중요하다. • 심상을 통해 특정 자극 상황으로 인한 반응의 특징을 반복적으로 측정하고, 이러한 반응을 수정하여 기술을 실행하는 데 완전하게 조절할 수 있으면 운동수행을 향상시킬 수 있다.

(4) 심상의 효과

자신감 향상	• 심상을 통해 목표를 성취하는 자기 자신을 느끼거나 볼 수 있다.
동기유발	• 과거 경기 회상이나 앞으로 있을 미래의 경기를 상상하는 것은 훈련이나 경기 기간 동안 인내심과 노력의 강도를 유지하는 데 도움이 된다.
에너지 수준 관리	• 긴장과 불안을 해소하기 위하여 이완되는 이미지를 통해 차분해진다. • 에너지 수준이 너무 낮을 때는 힘을 내게 하는 이미지를 상상하여 에너지 수준을 향상시킨다.
기술의 학습과 완성	• 특정 기술의 완벽한 수행이나 기술 수행의 실수를 수정하기 위하여 훈련의 일부로 활용한다.
재집중	• 시합에서 중요한 요인을 심상을 통해 재확인함으로써 재집중한다.
시합준비	• 자신을 시합 환경에 있다고 상상하고, 운동수행의 중요한 요인을 마음속으로 시연할 수 있다. • 어려운 상황에 있는 자신을 생각하고 이를 성공적으로 극복하는 자신을 상상함으로써 시합에서 예상하지 못한 일에 대해 대비할 수 있다.

(5) 심상의 효과에 영향을 미치는 요인

① **심상의 조절성(조절 능력)** : 이미지를 원하는 대로 바꿀 수 있는 능력

② **심상의 선명도** : 운동수행과 관련된 모든 감각을 활용하여 실제처럼 시각화하는 것

③ **심상의 종류** : 내적심상, 외적심상

④ **기술수준** : 높을수록 심상 효과가 큼

(6) 심상의 훈련 방법

① 방해가 없는 장소에서 차분하고 충분히 이완된 상태에서 이루어져야 한다.

② 모든 감각기관을 동원하도록 한다.

③ 심상훈련은 꾸준하게 이루어져야 한다.

④ 이완을 결합한 심상을 통해 효과를 높인다.

⑤ 연습, 시합 모두 심상을 사용한다.

⑥ 실제시간이나 속도로 심상훈련을 한다.

⑦ 심상을 기록한다.

(7) 심상의 활용 목적

집중력 향상	성공 장면에 대한 상상이나 특정 상황에서의 행동을 떠올리면 집중력을 증가시킬 수 있다.
동기강화	심상은 동기를 유발하는 데 도움을 준다.
자신감 구축	심상을 더욱 많이 하는 선수가 강한 자신감을 갖는다.
감정 통제	심상은 낮은 수준의 각성을 높이거나, 높은 수준의 각성을 낮출 수 있다.
스포츠기술 습득, 연습 및 교정	심상은 기술의 조정을 가능하게 하고, 문제점을 파악하여 해결할 수 있게 한다.
전략 습득 및 연습	심상은 새로운 전략을 개발, 습득할 수 있게 한다.
시합대비	시합을 대비하여 선수들은 심상을 자주 사용한다.
통증과 부상 대처	심상을 통해 부상회복을 촉진시킨다.
문제 해결	심상을 통해 문제를 파악할 수 있다.

11 주의집중

(1) 주의집중의 개념

① 주의는 개인이 관심을 기울일 대상을 선정하는 능력으로, 자신이 처한 상황에서 지속적으로 정보를 수용하고 인지하는 것을 의미한다.

② 집중은 주위로부터 받아들인 정보를 개인이 처한 상황에 맞게 가장 적합한 주의를 유지하는 것을 말한다.

(2) 주의의 특성

<table>
<tr><td>주의 용량</td><td colspan="2">• 한 번에 처리할 수 있는 정보의 양이 제한되어 있다(주의 용량의 제한).</td></tr>
<tr><td rowspan="4">주의 준비</td><td colspan="2">• 선수들의 정서상태에 따라 주의가 달라진다.</td></tr>
<tr><td>각성수준이
너무 낮은 경우</td><td>지각할 수 있는 주의의 범위가 상대적으로 넓어져 많은 단서를 받아들이게 된다.</td></tr>
<tr><td>각성수준이
적당한 경우</td><td>주의를 기울일 수 있는 폭이 점점 좁아져 부적절한 단서는 배제하고 적절한 단서만 받아들여 경기력에 도움이 된다.</td></tr>
<tr><td>각성수준이
지나치게
높은 경우</td><td>활용할 수 있는 단서에 대한 주의가 좁아져 운동수행에 반드시 필요한 단서를 놓칠 가능성이 높아져 경기력이 저하된다.</td></tr>
<tr><td>주의 선택</td><td colspan="2">• 선수들이 자신이 주의초점을 선택할 수 있으며, 의도적(의도적 선택 : 필요하지 않은 정보는 배제, 적절한 정보만 선택)으로 이루어진다.
• 외적 주의분산 요인(관중의 소리, 심판, 날씨, 상대 선수)과 내적 주의분산 요인(걱정, 피로)으로부터 방대한 양의 자극을 받을 때 주의를 선택하는 선수들의 능력은 경기력에 매우 중요한 요인이다.
• 성공적인 운동수행을 위해 선수들이 훈련을 통해 향상시켜야 할 능력이다.</td></tr>
</table>

(3) 주의의 유형 ★

① 주의는 폭(좁은, 넓은)과 방향(내적, 외적)의 두 가지 차원으로 구성된다.

<table>
<tr><td rowspan="3">주의의 폭</td><td colspan="2">얼마나 많은 것에 주의를 기울일 수 있는지를 의미한다.</td></tr>
<tr><td>폭이 넓을 때</td><td>많은 것에 주의를 기울일 수 있다.</td></tr>
<tr><td>폭이 좁을 때</td><td>하나 혹은 몇 개의 것에만 좀 더 구체적으로 주의를 기울일 수 있다.</td></tr>
<tr><td rowspan="3">주의의 방향</td><td colspan="2">내적이거나 외적으로 구분된다.</td></tr>
<tr><td>내적 주의</td><td>주의의 초점을 자신의 생각이나 느낌에 두는 것이다.</td></tr>
<tr><td>외적 주의</td><td>주의의 초점을 환경 같은 외부에 두는 것이다.</td></tr>
</table>

② 주의집중의 유형(니드퍼의 TAIS)에 따른 장단점

구분	장점	단점
넓은-내적	• 한 번에 많은 정보 분석 가능 • 경기 계획이나 전략 개발에 필수적	• 과도한 분석을 할 수 있음 • 생각이 너무 많아질 수 있음
넓은-외적	• 빠른 상황판단 가능 • 환경 관련 모든 단서 지각에 필수적	• 주의를 분산시키거나 관련 없는 단서에 초점을 둘 수 있음 • 속임수에 쉽게 넘어갈 수 있음
좁은-내적	• 하나의 생각이나 단서에만 초점 • 자신의 신체지각, 에너지 관리, 심상에 필수적	• 압박감을 느낄 수 있음 • 주의의 분산 혹은 자신의 생각에 갇혀버릴 수 있음
좁은-외적	• 주요 목표물에만 집중 가능 • 주의 분산 요인 차단에 필수적	• 중요 단서를 놓칠 가능성

지각협소화

각성 수준이 증가함에 따라서 주의를 기울일 수 있는 초점의 폭이 점차 좁아지게 되는 현상을 말한다. 집중하고 있는 좁은 주의영역에서 오는 정보에 대해서는 적절하게 반응할 수 있지만, 주의 초점의 폭이 과도하게 좁아지게 되면 과제 수행에 필요한 정보들을 적절하게 받아들이지 못하게 된다.

(4) 주의집중의 측정

주의집중을 측정하는 방법에는 검사지 기법, 생각추출 기법, 관찰분석법, 심리생리적 기법, 격자판 검사, 인터뷰, 실제 경기력 측정 등이 있다.

(5) 주의집중의 향상 방법 ★

① **주의산만 요인에 노출시킨다.** : 최대한 많은 주의산만 요인에 선수들을 노출시키고, 이때 운동수행과 관련된 단서에 집중하도록 훈련시킨다.

② **주의 초점의 전환을 훈련한다.**

- 주의 초점을 어디에 둘 것인지 경기의 상황에 따라 미리 예상하고 훈련한다.
- 광의-외적, 광의-내적, 협의-내적, 협의-외적 주의 초점을 자신의 종목과 상황에 적합하도록 주의 초점을 유지하거나 초점의 전환을 훈련할 수 있어야 한다.

③ **지금 현재 하는 수행에 집중한다.** : 최상수행을 하기 위해서는 현재의 운동수행이나 과제에만 집중해야 한다.

④ **적정 각성수준을 찾는다.** : 선수는 본인에게 적절한 각성수준을 찾고 이를 조절할 수 있도록 훈련한다.

⑤ **재집중하도록 훈련한다.**

- 선수들은 자신의 집중이 분산되는 경기 중 상황이 언제인지, 어떠한 요인(외적 요인 혹은 내적 요인)에 의해 자신의 주의가 산만해지는지 알아야 한다.
- 자신에게 효과가 있는 단서를 이용하여 재집중하도록 훈련해야 한다.

⑥ **조절할 수 있는 것에 집중한다.**

- 조절 불가능한 요인 : 날씨, 심판, 상대, 선수, 승패 등
- 조절 가능한 요인 : 경기 중의 자신의 생각, 감성, 몸의 감각, 루틴, 의사결정, 혼잣말 등

⑦ **수행 전 루틴을 개발하고 연습한다.**

⑫ 루틴 ★

(1) 루틴의 개념과 특성

① 선수들이 최상의 운동수행을 발휘하는 데 필요한 이상적인 상태를 갖추기 위한 자신만의 고유한 동작이나 절차를 말한다.

② 최상수행을 위하여 훈련과 경기에서 일관성을 유지하는 것은 매우 중요하다.

③ 연습시간에 개발되고 훈련되며, 경기에서 활용될 수 있는 기술, 신체적 컨디션 조절, 심리기술로 이루어진 신체적·심리적·환경적 기반이 된다.

스포츠심리학

(2) 루틴의 효과

① 경기의 준비

- 선수들이 훈련과 경기의 운동수행을 충분히 준비하는 데 도움이 된다.
- 루틴을 통해 운동수행 상황을 자신이 조절할 수 있는 환경으로 생각하고 적응할 수 있다.

② **조절 가능한 요인에 집중** : 운동수행에 중요한 요인들을 조절하는 데 도움을 준다.

③ **예상하지 못한 경기 상황 변화에 적응**

- 독특하거나 예상치 못한 경기 환경에 알맞게 행동 수정을 가능하게 한다.
- 경기의 불확실성에 적응할 수 있는 유연성을 기르게 한다.

④ **자기 자각** : 선수들의 자기 자각을 가능하게 하여 외적 요인(경기 일정의 지연이나 연기, 상대 선수를 응원하는 적대적인 관중 등)에 적절하게 대처하게 한다.

⑤ **역경 요인에 대한 대처** : 경기 중 발생할 수 있는 역경 요인을 생각하게 하고, 긍정적이고 빠른 대처를 통해 경기력 수준을 유지하게 한다.

⑥ **통합** : 운동행동과 관련된 신체적·심리적·행동적 요인이 긍정적으로 통합되게 한다.

(3) 루틴의 유형

구분	내용
경기 전 루틴	• 선수의 최상의 수행이 가능하도록, 충분한 준비를 하는 데 도움이 되는 루틴이 만들어져야 한다. • 신체적·기술적·전술적·심리적 요인, 장비, 팀 등 운동수행과 관련된 모든 요인을 포함한다. • 경기 전 루틴을 개발하기 위한 첫 단계로 경기 전에 완전하게 준비해야 할 모든 것들의 목록을 만들어본다. – 공통적인 요인 : 식사, 경기 전술 재점검, 준비운동, 장비 점검, 동료와의 대화 등 – 개인별 요인 : 화장실 가기, 경기 유니폼으로 갈아입기, 경기 심상하기 등 • 어떤 순서대로 목록에 있는 것들을 할 것인지 결정한다. • 각 단계의 수행 장소와 수행 시간을 정한다.
수행 간 루틴	• 휴식 : 운동수행을 마치고 난 직후에는 천천히 심호흡하면서 근육을 풀어준다. • 재정비 : 수행 간 루틴을 하면서 운동수행 간의 감정을 확인한다. 경기 중 부정적인 감정은 제거하고 긍정적인 감정으로 전환할 수 있도록 훈련해야 한다. • 재집중 : 선수는 앞으로 해야 할 운동수행으로 주의를 전환해야 한다.

경기 후 루틴	• 장기목표를 성취하고 다음 경기를 준비하는 데 필수적이다. • 신체적 부분 : 신체 상태의 점검, 마사지, 수분이나 영양보충 등 • 심리적 부분 : 자신의 감정 자각, 표현, 감정 전환 • 장비 부분 : 자신의 장비 정리 및 정비
미니 루틴 (수행 루틴)	• 운동 수행에서 특정한 동작을 하기 직전의 루틴을 말한다. 예 양궁 슈팅 바로 전 루틴 → 프리슈팅 루틴 예 골프 샷 바로 전 루틴 → 프리샷 루틴 • 시합 규칙에서 벗어나지 않고, 짧고 간결하게 만든다. • 수행루틴에는 인지적 요인과 행동적 요인이 포함된다. – 인지적 요인 : 정신적 이완, 기술적 단서, 심상, 인지 재구성, 긍정적 생각, 자신감 유지, 주의집중, 혼잣말, 의사 결정 등 – 행동적 요인 : 신체적 이완이나 기술수행에 필요한 동작 등

Chapter 4 스포츠수행의 사회 심리적 요인

학습목표

- 집단 응집력의 개념과 특징, 이론에 대해 이해한다.
- 사회적 태만의 원인과 감소방안에 대해 이해한다.
- 리더십의 구성요소에 대해 이해한다.
- 강화 효과와 처벌의 지침에 대해 이해한다.

1 집단 응집력

(1) 응집력의 개념

① 응집력은 집단의 목적과 목표를 추구하기 위해 집단에 단결하여 남으려고 하는 경향성에 나타난 역동적 과정을 말한다.

② 스포츠 팀의 응집력은 집단 내에서 서로 밀착되고 집단 목표 달성에 동참하는 경향을 나타내는 역동적인 과제를 말한다.

(2) 응집력의 특징

① 다양한 요인으로 구성된 다차원적 개념이다.

② 역동적인 집단 과정에 의해 지속적으로 변화하는 역동적인 개념이다.

③ 그 자체가 하나의 운동수행을 위한 수단이다.

④ 정의적 영역이 포함되어 있다.

⑤ 집단구성원에 따라 달라진다.

(3) 스포츠 팀 응집력 이론 모형 ★

① **선행 요인** : 응집력을 결정하는 요인은 환경 요인, 개인적 요인, 리더십 요인, 팀 요인이다.

환경 요인	계약이행, 조직의 성향, 경쟁 수준, 근접성, 독특성, 집단의 크기
개인 요인	인구학적 특성(성별, 능력), 인지 및 동기 특성(불안, 만족), 행동특성(사회적 태만, 운동지속)
리더십 요인	리더십 행동, 리더십 스타일, 지도자와 선수와의 관계
팀 요인	집단 구조(규범, 역할), 집단 과정(팀 목표, 의사소통), 집단 수행 결과

② **결과 요인 :** 응집력의 결과는 집단적 성과, 개인적 성과로 구분된다.

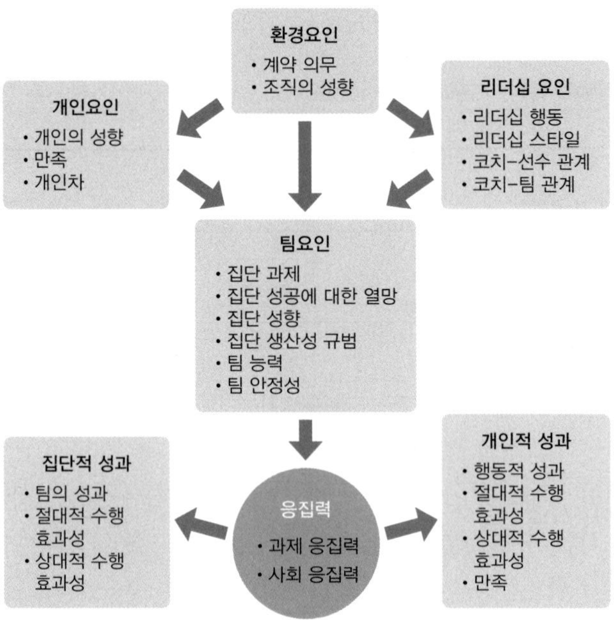

스포츠 팀 응집력 이론 모형

합격 TIP

수정된 응집력 개념모형

선행 요인과 결과 요인의 분류를 없애고, 요인들과 응집력 간의 역동적·상호작용적 관계를 강조하였다.

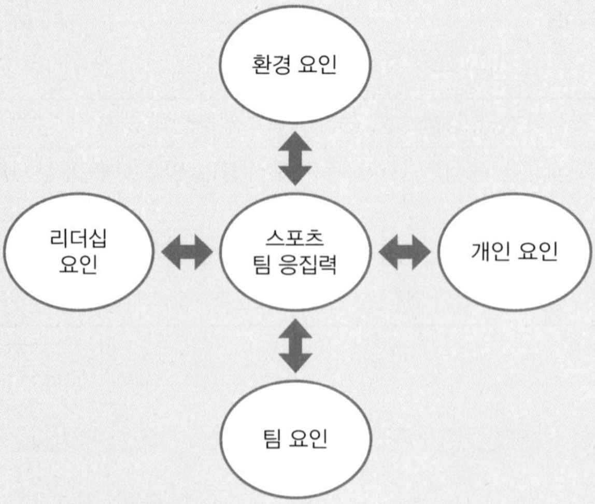

환경 요인

리더십 요인 ↔ 스포츠 팀 응집력 ↔ 개인 요인

팀 요인

수정된 응집력 개념모형

(4) 집단 응집력 측정모형

① 스포츠응집력질문지(SCQ, Sport Cohesiveness Questionnaire)

② 다차원스포츠응집력도구(MSCI, Multidimensional Sport Cohesion Instrument)

③ 집단환경질문지(GEQ, Group Environment Questionnaire)

④ 신체활동집단환경질문지(PAGEQ, Physical Activity Group Environment Questionnaire)

(5) 집단 응집력과 운동수행 관계

① 상호의존적 스포츠 종목에서는 집단 응집력이 높을수록 팀이 긍정적 경기력을 보였다.

② 개인과 집단의 운동수행 결과를 독립적으로 보는 집단에서는 팀 응집력과 결과의 상관관계가 거의 없는 것으로 나타났다.

③ 응집력이 높은 집단은 집단 규범의 좋고 나쁨과 상관없이 집단 규범을 잘 지킨다.

(6) 팀 구축과 집단 응집력 향상 기법

① 팀 구축의 개념

- 팀 과정 혹은 팀 상승 효과에 긍정적 영향을 미침으로써 팀 경기력을 향상시키는 팀 개입을 말한다.
- 팀의 효과성을 높이고, 구성원의 요구를 만족시키거나 작업 조건을 향상시키기 위해 팀을 도와주는 방법을 말한다.
- 과제 측면과 사회 측면의 목적 달성을 위해 팀을 향상시키는 것을 말한다.

② 팀 구축 이론 모형 : 팀(집단)의 환경과 팀(집단)의 구조는 팀(집단)의 과정에 영향을 미친다. 팀(집단)의 과정은 팀(집단)의 응집력에 영향을 미친다.

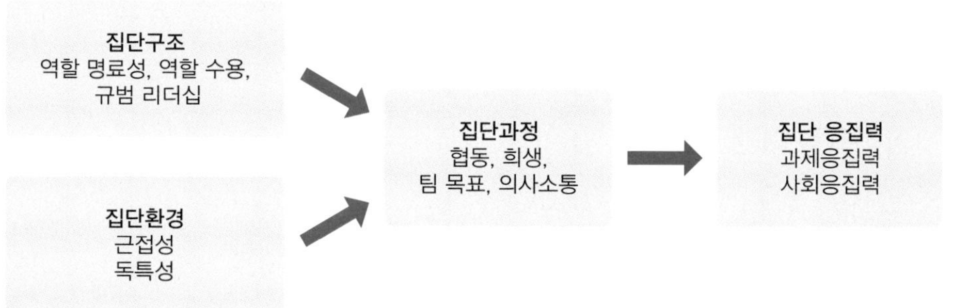

③ 팀 구축 전략

독특성	• 티셔츠, 로고 등 일체감을 갖게 하는 물품 제공 • 팀의 전통과 역사 강조
개인위치	• 역할이 구분되어진 구조 형성 • 회원의 운동 실력에 따라 운동 공간을 초급, 중급, 고급으로 구분

집단규범	• 팀 규칙의 준수가 팀 단합에 공헌함을 알림
개인희생	• 팀을 위하여 팀의 중요한 선수가 헌신하는 것을 권장
상호작용과 의사소통	• 서로 간의 조언과 격려가 가능하도록 상호 신뢰와 존중하는 분위기를 형성

2 집단에서의 사회적 태만 ★

(1) 사회적 태만

① 집단의 크기가 커질수록 개인 수행의 평균이 감소하는 현상을 말한다.

② 한 집단을 이루어 일하게 될 때, 개인의 평균은 집단 성원의 한 개인으로부터 기대할 수 있는 결과와 일치하지 않고 오히려 더 저하된다.

③ 집단 내에서 개인의 노력이 파악되지 않으면 수행이 줄어든다.

④ 구성원들의 개인성과에 대한 확인이 가능하면 사회적 태만은 나타나지 않는다.

⑤ **링글만 효과 :** 집단의 인원수가 늘어날수록 구성원 개개인의 공헌도가 낮아지는 현상으로, 집단의 크기가 증가할 때 발생되는 개인수행의 손실은 동기손실을 말한다.

(2) 사회적 태만의 발생원인

사회적 태만이 발생하는 원인은 할당 전략, 최소화 전략, 무임승차 전략, 반무임승차 전략을 통해 설명 가능하다.

① **할당 전략 :** 개인 과제에서 능력 발휘를 위하여 집단 안에서는 능력을 절약하려는 것이다.

② **무임승차 전략 :** 타인의 노력에 편승하여 혜택을 받고자 하는 것이다.

③ **최소화 전략 :** 최소한의 노력으로 목표를 이루고자 하는 것이다.

④ **반무임승차 전략 :** 타인이 무임승차를 하지 않도록 본인 스스로도 노력하지 않으려 하는 것이다.

(3) 사회적 태만 감소방안

① 개인의 노력 확인

② 개인의 공헌 강조

③ 사회적 태만 허용상황 규정

④ 선수들과의 대화(개별면담)

⑤ 소집단 구성

⑥ 포지션 변경

⑦ 긍정적 귀인

⑧ 개인 목표 및 팀 목표설정

리더십

(1) 리더십의 개념

공통의 목표를 달성하기 위한 방향으로 집단의 활동을 이끄는 개인의 행동을 말한다.

(2) 리더십 이론

특성적 접근	• 특성이론은 리더의 개인적 속성을 강조한다. • 리더는 타고난 인성이나 성격을 지니고 있으며, 어떤 상황에서도 성공적인 리더가 될 수 있다고 본다.
행동적 접근	• 성공적인 리더는 집단을 효율적으로 이끄는 보편적인 행동 특성을 가지고 있고, 이러한 행동 특성을 찾아내어 가르치면 누구나 훌륭한 리더가 될 수 있다고 본다. • 리더십은 생득적인 특성이나 유전적인 소질이 아닌 학습할 수 있는 하나의 성취이다.
상황적 접근	• 리더십을 결정하는 것은 리더의 특성이나 행동뿐만 아니라 추종자의 태도와 능력 그리고 리더십이 발휘되는 조직 내외의 상황들이 영향을 미친다.

Fiedler의 상황부합 이론

- 리더십의 효율성은 지도자의 인적 특성과 집단의 상황적 조건에 의존한다는 '유관성 모형'을 제안하였다.
- 리더를 과제 지향과 개인 지향으로 나누고 있으며, 리더의 효과성은 상황의 유리함 여부에 달려 있다고 본다.

첼라드라이(P. chelladurai)의 다차원적 리더십 모형

- 리더십의 효율성은 상황적 요인과 리더의 성원의 특성에 의하여 결정된다고 주장한다.
- 리더 행동은 규정 행동, 실제 행동, 선호 행동의 3가지 유형으로 구분되며, 이 세 요인들이 얼마나 서로 일치하는지에 따라 리더십의 효율성이 달려있다고 말한다(규정 행동, 실제 행동, 선호 행동이 일치할수록 수행결과와 선수만족에 긍정적 영향을 미친다).

규정 행동	• 특정 상황에서 리더에게 요구되는 행동
실제 행동	• 리더가 실제로 행동하는 행동 • 성격, 능력, 경험에 의해 좌우됨 • 주어진 상황이나 집단이 선호하는 방식에 따라 달라짐
선호 행동	• 성원들이 선호하는 리더의 행동 • 개인 특성, 경험, 상황적 특성에 따라 달라질 수 있음

- 원인변인(상황 요인, 리더 특성, 성원 특성)이 리더 행동(규정 행동, 실제 행동, 선호 행동)에 영향을 미치고, 리더 행동은 결과변인(수행결과, 선수만족)에 영향을 미친다.

(3) 효과적인 리더십의 구성요소

① 지도자의 특성

② 상황 요인

③ 리더십 스타일

④ 구성원 특성

4 강화 ★

(1) 강화의 개념

① 즉각적 반응을 유도하고 반응 빈도를 증가시키는 자극이나 사건, 상황 등을 말한다.

② 원하는 행동이 나타난 다음에 강화자극을 통해 미래에 그 반응이 나타날 가능성을 증가시키는 것을 말한다.

(2) 강화의 구분

① 정적강화와 부적강화

정적강화	• 반응의 빈도 증가를 위해 제시되거나 주어지는 자극을 말한다. • 행동의 발생 직후 바람직한 강화물을 제공하여, 바람직한 행동의 강도와 빈도를 증가시킨다.
부적강화	• 불쾌하거나 고통스러운 자극을 제거하여 바람직한 반응의 확률을 높이는 것을 말한다. • 행동 발생 이후 대상자가 싫어하거나 바라지 않는 것을 제거하여, 바람직한 행동의 강도와 빈도를 증가시킨다.

② 1차적 강화와 2차적 강화

1차적 강화	• 그 사람에게 가치 있는 물건이나 물질을 사용하는 것을 말한다. • 돈이나 음식, 게임 티켓 또는 보상을 받아들일 만한 물건이다.
2차적 강화	• 코칭-선수관계와 관련된 사회적 강화를 말한다. • 긍정적 관심, 말로 하는 칭찬, 사람들에게 인정받는 것과 같은 것들이다. • 말이나 글 또는 미소나 엄지를 올리는 등의 몸짓으로 표현될 수 있다.

③ 연속강화와 부분강화

연속강화	• 행동이 있을 때마다 강화를 주는 것을 말한다. • 처음 학습할 때 효과적이다. • 행동유도 반응률은 높지만 강화가 중지되면 급속한 행동 소거가 나타난다.
부분강화	• 행동이 있을 때마다 강화를 주지 않고 줄 때도 있고 주지 않을 때도 있다. • 바람직한 행동이 형성된 후에 효과적이다. • 연속강화에 비해 행동을 지속시키는 데 효과적이다.

(3) 효과적인 강화를 위한 전략

① 즉각적으로 강화하도록 한다.

② 일관성을 유지하도록 한다.

③ 성취 결과뿐만 아니라 노력과 행동에 대해 반응해야 한다.

④ 운동선수가 올바르지 않은 패턴에 빠지지 않는 한 코치는 올바른 기술에 대해 과도하게 압박하지 않으면서 강화를 계속해야 한다.

⑤ 이루고자 하는 행동을 배운 다음에는 이를 지속시키기 위해 강화를 사용한다.

5 처벌

(1) 처벌의 개념

① 어떤 행동을 했을 때 따라오게 되는 회피하고자 하는 상태를 말한다.

② 처벌은 어떤 행동을 강화시키는 것이 아니라 감소시킨다.

(2) 처벌의 구분

정적처벌	행동의 발생 후 불쾌하거나 고통스런 자극을 주어 그 반응의 빈도를 낮추는 것을 말한다.
부적처벌	금지형 처벌로, 행동 발생 확률을 감소시키기 위해 제거되거나 박탈되는 자극을 말한다.

(3) 처벌의 부정적 효과

① 행동 통제에 때로 비효과적이다.

② 처벌대상에 대한 혐오학습이 될 수 있다.

③ 학습된 무기력감을 가질 수 있다.

④ 처벌은 학습된다.

⑤ 심한 처벌은 상대방의 자아존중감을 하락시킨다.

⑥ 행동에 대한 대안이 없다.

(4) 바람직한 처벌 행동 지침(와인버그와 굴드, Weinberg & Gould, 2015)

① 동일한 규칙위반에 대해서는 누구에게나 동일한 처벌을 하는 일관성을 지킨다.

② 사람이 아니라 행동을 처벌한다.

③ 규칙 위반에 관한 처벌 규정을 만들 때 선수의 의견을 반영한다.

④ 신체활동을 처벌로 이용하지 않는다.

⑤ 개인적 감정으로 처벌하지 않는다.

⑥ 전체 선수나 학생 앞에서 개인 선수에게 창피를 주지 않는다.

⑦ 처벌이 필요할 때에는 단호함을 보인다.

6 사회적 촉진

(1) 사회적 촉진의 개념 및 특성

① 타인의 존재가 수행에 미치는 영향을 말한다.

② 타인의 존재가 수행결과에 정적 혹은 부적인 영향을 미치는 힘을 말한다.

③ 관중효과와 공행효과 모두를 포함한다.

관중효과	단순하게 관람만 하는 관중에 의해 운동수행이 향상되는 것을 말한다.
공행효과	혼자 운동을 했을 때보다 타인과 같이했을 때 운동수행이 향상되는 것을 말한다.

(2) 사회적 촉진 이론

단순존재가설	• 타인이 존재할 때 욕구 수준이 상승된다(각성 증가). • 단순과제나 잘 학습된 과제일 경우 우세반응을 일으키고, 수행이 향상된다. • 복잡하거나 어려운 과제일 경우 열세반응을 일으키고, 수행이 저하된다.
평가우려가설	• 단순한 타인의 존재는 각성을 일으키지 못한다. • 타인의 전문성과 수행자의 타인 지각 경험이 중요하다. • 타인의 전문성을 높이 평가할 경우 욕구가 상승하여 단순과제는 수행이 향상, 복잡한 과제일 경우 수행이 저하된다. • 타인의 전문성을 낮게 평가할 경우 단순과제일 경우 수행이 저하되고, 복잡한 과제일 경우 수행이 향상된다.
자아이론	• 타인의 존재가 자의식을 증진시키기 때문에 수행의 변화를 일으킨다. • 타인에게 인정받으려는 수행자의 욕구의 증대는 동기를 촉진시킨다. • 타인으로부터 인정받기 위해 타인이 존재할 때 수행이 향상된다. • 자신이 원하는 수행수준과 실제수행 사이의 일치 : 만족 경험 • 자신이 원하는 수행수준과 실제수행 사이의 불일치 : 갈등 경험
주의분산/ 갈등이론	• 타인의 존재가 과제에 대한 집중을 방해(주의 분산)하기 때문에 수행에 변화를 가져온다. • 집중의 방해가 노력보다 크면 수행 저하 • 집중의 방해보다 노력이 크면 수행 향상

7 모델링

(1) 모델링의 개념

① 하나 이상의 모델을 관찰함으로써 나타나는 행동적·인지적·정의적 변화를 일으키는 용어이다.

② 개인이 다른 개인의 사고, 태도나 외형적 행동을 모방하거나 순응할 수 있는 행동이다.

(2) 모델링의 기능

행동반응 촉진	• 어떤 사회적 자극 같은 모델에 의해 행동이 촉진된다.
억제와 탈억제	• 모델을 관찰하게 되면 이전에 학습된 행동에 대한 억제를 강화시키거나 약화시킬 수 있다. • 행동이 사람들이 이미 학습해온 행동을 반영한다는 점에서 촉진과 유사해 보이지만, 행동 억제와 탈억제된 행동은 종종 도덕적·법적인 함축을 가지며 감정을 수반한다(반응 촉진은 일반적으로 사회적으로 수용할 수 있는 행동을 포함).
관찰학습 유발	• 관찰을 통하여 새로운 행동을 학습할 수 있다.

(3) 모델링의 과정

관찰	• 모델의 수행 관찰
주의 집중	• 모델이 제시하는 행동의 세부적인 특징에 주의를 기울이고 정확하게 인식해야 한다.
파지	• 어떤 정보에 대한 정신적 표상을 기억하는 것을 말한다. • 파지과정 : 자신이 관찰한 모델의 행동을 회상하는 데 도움이 되도록 관찰자가 행하는 행위
산출 (운동재생)	• 모델링 방식으로 기술을 습득하기 위해서는 산출(운동 재생)하는 과정을 거쳐야 한다. • 파지 후 수행자는 그 이미지와 실제 수행의 점진적 일치를 위하여 지도자의 피드백을 이용한 반복학습을 통해 제대로 된 기술을 습득할 수 있다.
동기과정	• 모델링을 통한 기술 습득을 위해서는 동기가 필요하다. • 동기가 있을 때 유목적적이게 되고, 모델링을 이용한 행동으로 구현하게 된다.
운동수행	• 모델을 통하여 보아 왔던 행동을 따라하게 된다.

8 사회성 발달

(1) 공격성의 개념

피해나 부상을 피하려는 사람에게 피해나 부상을 입히기 위한 목적으로 가해지는 모든 행동을 말한다.

(2) 공격성의 특성

① 공격성은 태도나 정서 또는 동기가 아니라 행동이다.

② 공격성은 목표가 정해지거나 의도적인 행동이다.

③ 공격성은 다른 사람으로부터 무엇인가를 박탈할 의도가 있는 것이다.

④ 공격성은 살아 있는 존재에게 가해진다.

⑤ 공격성은 피해자가 공격적 행동을 피하려는 동기가 있는 상황에 한정되고, 가학·피학성 행동이나 자살행동은 제외한다.

(3) 공격행위의 종류

① **적대적 공격** : 승리와 관계없이 공격을 통하여 상대에게 피해를 가하는 행동을 말한다.

② **수단적 공격** : 승리를 위하여 상대에게 가하는 공격적인 행동을 말한다.

(4) 공격성의 이론

① **본능 이론** : 공격성이 선천적인 본능현상이다.

② **좌절-공격 가설** : 목표를 세우고 달성을 위해 노력하는 과정에서 방해를 받으면 좌절을 경험하게 되고, 좌절은 공격행위를 일으킨다.

③ **사회학습 이론** : 공격행위를 환경 속에서 관찰과 강화에 의하여 학습한 것이다.

④ **단서촉발 이론** : 내적 욕구와 학습의 결과로 인해 공격 행위가 일어난다.

(5) 스포츠에서 공격성의 원인 및 결과

원인	결과
종목의 특성	• 신체적 접촉이 일어나지 않는 경기는 공격행동이 자주 일어나지 않는다. • 신체적 접촉이 많은 종목은 공격행동이 매우 빈번하다.
스코어 차이	• 경기가 팽팽한 접전일 경우 공격행위는 감소한다. • 스코어 차이가 많이 날 때 공격행위가 증가한다.
초청경기와 방문경기	• 초청경기를 벌일 때보다 상대팀의 구장을 방문하여 원정경기를 벌일 때 공격행위가 더 많이 일어난다.
팀의 순위	• 하위 리그에 있는 팀이 상위 리그에 있는 팀보다 공격행위를 더 많이 한다.
경기의 시점	• 공격행위는 시합 초반에 비해 경기가 진행됨에 따라 더 많이 일어난다.
경력과 경기수준	• 경력이 많고 경기 수준이 높을수록 난폭한 공격행동을 더 많이 한다.
성	• 공격성에 대한 전체적인 점수는 여성 선수보다 남성 선수가 더 높다.

Chapter 5 운동심리학

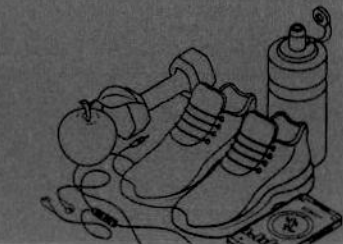

학습목표

- 운동의 심리·생리적 효과에 대해 이해한다.
- 운동심리 이론에 대해 학습한다.
- 운동실천 중재전략에 대해 이해한다.

1 운동의 심리·생리적 효과 ★

(1) 운동과 불안

① 운동은 불안을 감소시키는 효과가 상당히 높다.

② 유산소 운동이 불안을 감소시킨다.

③ 고강도의 무산소 운동은 불안을 낮추는 데 뚜렷한 효과가 없거나 오히려 불안을 높인다.

④ 운동을 장기간에 걸쳐 실천하면 특성불안이 감소한다.

⑤ 일회성 운동은 운동 전에 비해 운동 후의 상태불안을 낮추는 효과가 나타난다.

(2) 운동과 우울

① 운동을 규칙적으로 실천하는 사람일수록 덜 우울한 것으로 나타났다.

② 유산소 운동, 무산소 운동 모두 우울증을 감소시키는 효과가 비슷했다.

③ 운동 기간은 우울증 개선에 중요한 영향을 미치기 때문에 우울증 개선이 목적이라면 운동 기간을 길게 잡는 것이 중요하다.

④ 운동의 우울 감소 효과는 나이, 건강상태, 인종, 사회경제적 지위, 성에 관계없이 나타난다.

⑤ 운동이 우울을 낮추는 효과는 심리치료만큼 효과적이다.

⑥ 운동이 우울을 낮추는 효과는 운동 트레이닝 프로그램이 9주 이상일 때 더 높다.

⑦ 유산소 운동과 무산소 운동 모두 우울을 낮추는 데 효과적이다.

⑧ 운동이 우울을 낮추는 효과는 우울증 환자에게 더 크게 나타난다.

⑨ 운동을 한 후에 우울이 낮아지는 효과는 개인의 체력 수준에 관계없이 나타난다.

(3) 운동과 기분

① 우수선수일수록 정신건강이 더 우수하다.

② 일반인도 운동을 하면 기분 상태를 긍정적으로 바꿀 수 있다.

러너스 하이
신체적으로 힘든 운동을 하는 도중 예상치 않게 행복감, 편안함, 자동적 수행의 느낌, 통제감, 희열감이 느껴지는 순간을 경험하는 것을 말한다.

(4) 운동과 자기개념

① 운동을 꾸준히 실천하면 자기 자신을 보다 긍정적으로 평가하는 데 도움이 된다.

② 운동은 아동의 자기존중감 향상 효과가 상당히 높다(일반 아동보다 장애 아동에게서 더 크다).

③ 운동의 유형에 관계없이 자기존중감에 영향을 줄 수 있지만, 단기적으로는 웨이트트레이닝의 효과가 더 좋은 것으로 알려져 있다.

④ 운동은 신체적 자기개념을 높인다.

(5) 운동과 인지기능

① 일회성 운동보다 장기간 운동이 인지능력의 개선에 더 좋은 영향을 준다.

② 중·장년층에게 가장 큰 효과가 있고, 청소년과 대학생에게도 상당히 좋은 효과를 준다.

③ 체력이 좋은 학생의 인지능력이 더 높게 나타난다.

(6) 운동의 부정적인 영향

① 운동중독

② 과훈련과 탈진

③ 식이장애

④ 스테로이드 남용 등

(7) 신체활동의 심리측정

① 운동강도의 심리적 측정

주관적 운동강도 척도 (RPE, Rating of Perceived Exertion Scale)	• 운동의 강도를 알 수 있는 몸의 감각을 찾아서 주관적으로 해석하는 것을 말한다.
토크 테스트(Talk Test)	• 운동강도가 높아짐에 따라 말하기 수준이 달라진다는 원리를 이용하는 측정 방법이다.

② 신체활동량의 심리적 측정

질문지	• 자기보고식, 인터뷰식, 대리응답식이 있다. • 장점 : 측정과 채점이 쉽고 자료수집이 간편하다. • 단점 : 질문을 이해하지 못하거나 신체활동을 정확하게 회상하지 못한 경우, 의도적으로 허위 응답을 할 수도 있다.

③ 운동정서 측정

기분상태검사지(POMS)	• 일반적인 정서 측정도구로 긴장, 우울, 분노, 활력, 피로, 혼동의 6개 요인을 측정한다.
긍정적·부정적 감정척도(PANAS)	• 감정을 긍정적·부정적으로 나누어 측정한다. • 긍정 감정을 묻는 10문항, 부정 감정을 묻는 10문항으로 구성되어 있다.

④ 운동 상황에만 전문적으로 사용하는 정서 측정

운동정서질문지(EFI)	• 운동 후에 체험하는 정서를 측정하는 도구로 12문항으로 구성되어 있다.
주관적운동체험척도(SEES)	• 긍정적 웰빙, 심리적 스트레스, 피로의 3요인을 12문항으로 측정한다.
감정척도(FS)	• 하나의 문항으로 유쾌와 불쾌의 정도를 측정하도록 개발되었다.
한국형운동정서척도	• 재미, 긍지, 활력, 정화, 성취의 5개 요인을 측정하고 있다.

(8) 운동의 심리적 효과

열 발생 가설	• 운동은 체온을 높이는데, 체온이 상승하면 뇌는 근육에 이완 반응을 명령하게 되고 편안함을 느낀다.
모노아민 가설	• 운동을 하면 세로토닌, 노르에피네프린, 도파민과 같은 신경전달물질의 분비가 많아지면서 감정과 정서가 개선된다.
뇌 변화 가설	• 운동을 하면 대뇌 피질의 혈관 밀도가 높아지고 뇌 구조에도 변화가 나타난다. • 평소에 운동을 꾸준히 하면 뇌의 구조와 기능이 긍정적으로 변하고 인지능력이 향상된다.
생리적 강인함 가설	• 규칙적인 운동은 규칙적인 스트레스를 가하는 것과 유사하다. 스트레스에 자주 노출되면 대처능력이 좋아지고 정서적으로 안정되어 불안이 줄어든다. • 스트레스에 빠르게 반응하고 스트레스가 사라지면 신속하게 정상으로 회복할 수 있도록 교감신경계와 부교감신경계가 적응한다.
사회심리적 가설	• 운동을 하면 기분이 좋아질 것이라는 기대를 갖고 있기 때문에 위약효과가 작용하여 심리적으로 좋은 효과가 나타난다.

2 운동심리 이론 ★

(1) 합리행동 이론

① 개인의 운동참여 의도가 행동을 유도하는 결정적인 원인이라고 보는 이론이다.

② 개인의 의도가 있으면 운동을 실천하고, 의도가 없으면 실천하지 않는다.

③ **구성요인 :** 태도, 주관적 규범, 의도

(2) 계획행동 이론

① 합리행동 이론에 행동통제 인식(운동행동을 방해하는 요인을 통제할 수 있는 자신감)이라는 개념을 추가한 이론이다.

② 운동에 대한 의도와 함께 운동을 방해하는 일에 대해 어떻게 성공적으로 대처할 것인가에 대한 전략이 중요하다.

③ **구성요인 :** 태도, 주관적 규범, 의도, 행동통제 인식

(3) 변화단계 이론(프로차스카, J. Prochaska) ★

① 운동행동의 변화단계는 무관심, 관심, 준비, 실천, 유지의 5단계로 구분된다.

무관심	• 현재 운동을 하지 않고 있으며, 6개월 이내에도 운동을 시작할 의도가 없다. • 운동과 관련된 행동 변화의 필요성을 거부한다.
관심	• 현재 운동을 하지 않고 있지만, 6개월 이내에 운동을 시작할 의도가 있다.
준비	• 현재 운동을 하고 있지만, 가이드라인(대개 주당 3회 이상, 1회 20분 이상 기준)을 채우지 못하는 수준이다. • 30일 이내에 가이드라인을 충족하는 수준으로 운동을 시작할 생각이 있다.
실천	• 가이드라인을 충족하는 수준의 운동을 해왔는데 아직 6개월 미만이다. • 운동 동기가 충분하고 운동에 투자도 많이 했다. • 운동으로 인한 손실보다는 혜택을 더 많이 인식한다. • 가장 불안정한 단계로, 하위 단계로 내려갈 위험성이 가장 높다.
유지	• 가이드라인을 충족하는 수준의 운동을 6개월 이상 해왔다. • 운동이 안정 상태에 접어들었으며, 하위 단계로 내려갈 가능성은 낮다.

② 단계는 진전이 될 수 있지만 퇴보나 정체도 가능하다.

③ 같은 단계에 속한 사람들은 같은 특성을 가지지만, 다른 단계에 속한 사람과는 특성에서 차이가 있다고 본다.

④ 행동의 단계의 변화에는 자기효능감, 의사결정균형, 변화과정이 영향을 미친다.

<table>
<tr><td>자기효능감</td><td colspan="2">• 단계가 낮을수록 운동에 대한 자기효능감이 낮다.
• 가장 낮은 단계에서 가장 높은 단계로 진전됨에 따라 자기효능감도 점진적으로 향상된다고 예측 가능하다.</td></tr>
<tr><td>의사결정균형</td><td colspan="2">• 운동수행에 대한 결정 시 손익계산을 한다는 개념이다.
• 변화단계에서 낮은 단계에 속할수록 혜택보다 손실을 크게 인식한다.
• 단계가 높아짐에 따라 혜택은 증가하는 반면 손실은 낮게 인식한다.
• 무관심단계, 관심단계 : 손실이 더 크다.
• 준비단계 : 혜택인식과 손실이 교차된다.
• 실천, 유지단계 : 혜택이 손실보다 커진다.</td></tr>
<tr><td rowspan="3">변화과정</td><td colspan="2">• 행동의 변화가 일어나기 위해서는 과정이나 전략이 필요하다고 본다.
• 인지과정과 행동과정을 거치면서 다음단계로의 변화가 일어난다고 본다.</td></tr>
<tr><td>인지과정</td><td>• 운동에 대해 태도, 생각, 느낌을 바꾸는 과정
• 변화를 위해 필요한 정보를 얻는 과정</td></tr>
<tr><td>행동과정</td><td>• 변화를 유도하기 위해 행동 측면에서 새로운 시도가 이루어지는 것</td></tr>
</table>

(4) 건강신념 모형

질병의 위험성 인식이 건강행동의 실천에 직접적인 영향을 준다는 이론이다.

(5) 자기효능감 이론

① 자기효능감이 높을수록 행동의 실현 가능성이 높아진다는 이론이다.

② 자기효능감은 과거의 수행, 간접 경험, 언어적 설득, 신체와 정서 상태라는 4가지 원천에 의해 결정된다.

③ 과거의 수행, 즉 과거의 성공 경험이 자기효능감 형성에 가장 큰 영향을 미친다.

(6) 생태학 이론

① 사회생태학 이론에서는 환경과 행동이 상호작용을 한다고 간주하고, 여기에 영향을 주는 개인 내적(생물학적), 개인 관계적(가족, 직장 동료), 기관(학교, 기업), 정책(각종 규정), 프로그램 등을 종합적으로 고려한다.

② 즉, 개인 내적 변인뿐만 아니라 사회적 환경, 물리적 환경, 정책 변인을 모두 중요하게 본다.

3 운동실천 중재전략 ★

(1) 행동수정 전략

프롬포트	• 운동을 하는 데 도움이 되는 단서로 언어적·비언어적 프롬포트를 이용한다. • 운동 용품을 눈에 띄는 곳에 두거나 포스터나 슬로건을 붙여두기 등
계약하기	• 운동 지도자와 기대되는 행동, 의무사항, 행동 변화에 대한 조건 등이 포함된 운동 계약을 맺어 운동을 촉진한다.
출석 게시	• 출석이나 참석에 관한 사항을 공개적으로 게시하면 운동에 대한 동기를 높일 수 있다.
보상 제공	• 출석 게시와 함께 보상을 주어 운동 실천을 높인다.
피드백 제공	• 긍정적 피드백을 통해 운동 동기를 이끌어 낼 수 있다.

(2) 인지전략

목표설정	• 운동참가와 지속 실천에 좋은 효과를 준다. • 회원 스스로 정한 변화 가능한 융통적 목표가 더욱 효과적이다.
주의집중 전략	• 내적 집중 : 몸의 내부에서 오는 정보(심박수, 근육, 호흡 등)에 집중하는 방법 • 외적 집중 : 외부 정보(경치, 사람, 음악 등)에 주의 집중하는 방법
의사결정 전략	• 의사결정 균형(운동을 시작함에 따라 얻을 수 있는 혜택과 손실을 표로 만드는 기법) 기법은 운동실천에 도움이 된다.

(3) 운동실천 영향 요인 ★

① 개인적 요인

배경적 요인	성, 연령, 교육 수준, 건강 상태 등
심리적 요인	태도, 자기효능감, 기분, 즐거움, 재미 등
운동 특성 요인	운동강도와 지속시간 등 운동 그 자체가 갖는 속성

② 사회적 요인

지도자	• 운동 지도자는 회원의 지속적 운동실천 결정에 중요한 요인 • 지도스타일은 회원의 인지, 정서, 행동에 상당한 영향을 미침
집단 응집력	• 집단의 목표 달성과 회원의 만족을 위하여 집단 구성원이 뭉치는 경향을 말한다. • 응집력이 높은 집단일수록 운동 지속 실천도 좋아진다.
사회적 지지	• 다른 사람으로부터 받는 편안한 느낌, 사랑받고 있다는 인식, 도움이나 정보를 받는 것을 말한다.
문화	• 문화는 구성원들이 공통적으로 갖고 있는 가치, 관습, 규범, 규칙, 신념을 말한다. • 문화적으로 기대되는 신념은 운동을 하는 패턴에도 영향을 준다. • 사회구성원이 공통적으로 갖고 있는 신념이나 태도는 운동실천과 밀접한 관계를 갖는다.

합격 TIP

사회적 지지의 요인

정서적 지지	노력에 대한 칭찬이나 어려움 호소 시 걱정해주는 것과 같이 타인을 격려, 걱정하는 과정에서 생기는 지지를 말한다.
도구적 지지	실질적인 행동으로 지지를 제공하는 것을 말한다.
비교확인 지지	타인과의 비교를 통해 자신의 생각, 감정, 문제 등이 정상적임을 확인하는 것을 말한다.
정보적 지지	운동방법에 대한 안내와 조언을 하고 진행 상황에 대한 피드백을 제시하는 것을 말한다.
동반적 지지	운동 시 동반자 역할을 하는 사람이 있는지의 여부를 말한다.

Chapter 6 스포츠심리상담

학습목표

- 스포츠심리상담의 개념에 대해 이해한다.
- 스포츠심리상담사의 역할과 상담윤리에 대하여 이해한다.
- 스포츠심리상담의 절차와 기법에 대하여 이해한다.

1 스포츠심리상담의 개념과 역할

(1) 스포츠심리상담의 개념

스포츠와 운동 상황에서 선수, 지도자, 일반 운동 참여자를 대상으로 심리 기술훈련과 상담을 적용하여 경기력 향상과 인간적 성장을 위한 개입 과정을 의미한다.

(2) 스포츠심리상담사의 역할

① 스포츠심리상담사들은 개인, 집단, 조직에 스포츠와 관련된 심리적 요인이 어떤 역할을 하는지에 대한 정보를 전달해줄 수 있어야 한다.

② 운동이나 스포츠 상황에 적용할 수 있는 인지, 행동, 사회심리 및 정서적 기술을 지도할 수 있어야 한다.

③ 운동이나 스포츠 상황에서 여러 심리적 요인의 이해와 측정, 경기력 향상을 위한 도움을 제공해주어야 한다.

④ 운동 지속 참여 방안, 의사소통, 집단 응집력, 프로그램 개발 및 평가 등을 할 수 있어야 하고, 이러한 내용을 조직이나 집단, 개인을 위해 교육할 수 있어야 한다.

합격 TIP

한국스포츠심리학회의 상담윤리

한국스포츠심리학회에서는 스포츠심리상담 시 고려해야 할 상담윤리는 일반원칙 5조와 일반윤리 11조를 제시하고 있다.

[2022년 19번 기출] 일반윤리 6조 2항에 따르면 스포츠심리상담사는 참여한 사람으로부터 좋은 평가나 소감(증언)을 요구하지 않는다.

[2020년 19번 기출] 일반윤리 10조 7항에 따르면 스포츠심리상담사는 특별한 경우를 제외하고는 고객과 상담실 밖에서의 사적인 관계를 유지하지 않도록 한다.

[2019년 4번 기출] 일반윤리 10조 1항에 따르면 스포츠심리상담사는 알고 지내는 사람(가까운 친구, 친인척, 제자, 후배)과의 전문적인 상담 관계를 진행하지 않도록 한다.

② 스포츠심리상담의 모형

(1) 인지재구성 모형

① 인간이 합리적이고 올바른 사고와 비합리적이고 올바르지 못한 사고를 할 수 있는 가능성을 모두 가지고 태어난다는 가정에 기초하며, 이러한 사고나 신념이 정서와 행동에 영향을 미친다고 가정한다.

② 인간이 갖고 있는 비합리적 신념이나 사고를 훈련이나 치료과정을 통해 합리적이고 이성적인 신념과 사고로 바꾸는 방법을 익히게 하여 동일한 상황에서의 정서적 행동적 반응이 합리적으로 바뀌게 한다.

(2) 교육적 모형

심리기술훈련을 단계별로 나누어 훈련하게 하는 이론 모형으로 4단계로 구성된다.

1단계	내담자의 수준 인지	폐쇄기능의 역학적·생리적 분석
2단계	검사의 실행	다양한 질문지를 활용한 선수의 심리적 분석
3단계	동기부여	선수의 의지력 향상, 동기부여
4단계	심리기술 개발	심리기술의 개발

(3) 멘탈 플랜 모형

① 선수의 심리적 잠재력과 장점을 찾아 그 선수에게 맞는 멘탈 플랜을 구성해주는 것이다.

② 선수들이 최고수행과 최저수행 사이에 나타나는 신체적·행동적·인지적·감정적 차이를 인식시키고, 최고수행 시의 상태를 이끌어낼 수 있는 각종 심리기법을 선정하고 연습함으로써 선수가 최고수행 시의 상태에 근접할 수 있도록 한다.

③ 스포츠심리상담의 적용

(1) 스포츠심리상담의 절차

상담 전 단계	• 의뢰 : 상담을 요청하는 내담자와 스포츠심리상담자의 공식적인 상담관계가 형성되는 과정을 말한다. – 자발적인 의뢰 : 내담자 본인이 요청하여 상담하게 되는 것을 말한다. – 비자발적 의뢰 : 내담자의 주요 타자의 요청에 의해 상담하는 것을 말한다.
상담 시작 단계	• 내담자와 상담자 간의 신뢰가 형성되는 시기로 상담의 효과가 좌우되는 중요한 시기이다. • 내담자의 동의하에 상담의 목표를 설정하게 된다. • 내담자의 심리 상태를 파악하기 위해 다양하고 적합한 질문지를 활용하여 심리 상태를 측정하고, 결과를 분석하여 어떤 스포츠심리상담 내용을 적용할지 결정한다. • 상담을 통한 내담자의 심층적 심리 상태를 파악한다.

상담 진행 단계	• 상담의 기법이 활용되고 심리기술훈련도 함께 적용되는 시기이다. • 상담실에서의 상담이 이루어지고 현장에서도 함께 상담이 적용된다.
상담 종결 단계	• 상담 시작단계에서 측정했던 심리적 변인의 재측정과 결과 분석을 통해 시작단계의 결과와 비교한다. • 상담 적용의 효과에 대한 검증과 목표 성취 여부를 평가한다.

(2) 스포츠심리상담의 기법 ★★

신뢰형성	• 상담자와 내담자 간 신뢰관계를 형성하는 기술 • 상담의 성립과 진행의 기초가 된다. • 내담자가 원하는 것을 파악하고 도움을 줄 수 있다는 인상을 심어주어야 한다. • 상담 효과에 대한 긍정적 기대를 가질 수 있도록 해야 한다. • 전문성을 가지고 정직하고 솔직하게 비밀을 엄수해야 한다.
관심집중	• 내담자와 온전하게 함께하는 것 • 내담자가 무엇인가를 하기 전에 내담자가 원하는 것이 무엇인지 정성껏 주의를 기울여서 들어야 함 • 내담자와의 협조관계를 형성하여 문제에 대한 이해와 필요한 정보를 효과적으로 얻을 수 있다. 예 내담자를 향해 앉기, 개방적 자세 취하기, 적절하게 시선 맞추기, 긴장풀기 등
경청	• 내담자의 언어적 메시지, 비언어적 메시지를 모두 듣는 것
공감적 이해	• 상담자의 공감적 이해를 통해 내담자는 자신이 몰랐던 감정이나 행동방식 등을 스스로 파악하고 효율적인 해결책을 찾게 된다.

(3) 스포츠심리상담사의 상담윤리

① 전문성을 유지하고 개발시켜야 한다.

② 정직성, 책무성을 갖는다.

③ 개인차이와 권리, 인권을 존중한다.

④ 사회적 책임을 인식하고 공공의 복리 증진을 위한다.

⑤ 권력남용과 위협을 하지 않는다.

⑥ 물품이나 금품 등의 보상을 받지 않는다.

⑦ 부적절한 관계로 만나지 않는다.

⑧ 상담과정에서 얻은 정보의 비밀을 보장한다.

[참고문헌]

김병준(2021). 스포츠심리학의 정석 개정판. 서울: 레인보우북스.
김선진(2009). 운동학습과 제어. 서울: 대한미디어.
한국유아체육학회(2017). 유아체육론. 서울: 대한미디어.
황진, 김상범, 김병준 & 김영숙(2021). 스포츠심리학. 서울: 대한미디어.
유소연(2014). 운동선수의 완벽주의 성향에 따른 역경대처 방식 및 운동탈진과 경기력의 구조적 관계. 미간행 박사학위논문. 충남대학교

저자 직강 이론 강의

출제기준/출제빈도

주요항목	세부항목	출제빈도				
		2022	2021	2020	2019	2018
1. 스포츠와 윤리	1. 스포츠의 윤리적 기초	3/20	3/20	2/20	1/20	2/20
	2. 스포츠윤리의 이해	0/20	0/20	1/20	0/20	3/20
	3. 윤리이론	2/20	3/20	4/20	7/20	3/20
2. 경쟁과 페어플레이	1. 스포츠경기의 목적	3/20	1/20	2/20	0/20	1/20
	2. 스포츠맨십	1/20	0/20	0/20	0/20	1/20
	3. 페어플레이	1/20	4/20	1/20	3/20	3/20
3. 스포츠와 불평등	1. 성차별	0/20	0/20	1/20	0/20	0/20
	2. 인종차별	1/20	1/20	1/20	1/20	1/20
	3. 장애차별	0/20	1/20	1/20	0/20	1/20
4. 스포츠에서 환경과 동물윤리	1. 스포츠와 환경윤리	1/20	0/20	2/20	1/20	0/20
	2. 스포츠와 동물윤리	0/20	0/20	0/20	1/20	1/20
5. 스포츠와 폭력	1. 스포츠 폭력	1/20	1/20	1/20	0/20	1/20
	2. 선수 폭력	0/20	1/20	1/20	0/20	0/20
	3. 관중 폭력	1/20	0/20	0/20	1/20	0/20
6. 경기력 향상과 공정성	1. 도핑	1/20	0/20	2/20	1/20	1/20
	2. 유전자 조작	0/20	0/20	0/20	0/20	0/20
	3. 용기구와 생체 공학 기술 활용	0/20	1/20	0/20	0/20	0/20
7. 스포츠와 인권	1. 학생선수의 인권	1/20	0/20	0/20	1/20	0/20
	2. 스포츠지도자 윤리	0/20	0/20	0/20	0/20	0/20
	3. 스포츠와 인성교육	2/20	3/20	0/20	2/20	1/20
8. 스포츠 조직과 윤리	1. 스포츠와 정책윤리	1/20	1/20	0/20	0/20	0/20
	2. 심판의 윤리	0/20	0/20	1/20	1/20	1/20
	3. 스포츠 조직의 윤리경영	1/20	0/20	0/20	0/20	0/20

Chapter 1 스포츠와 윤리

학습목표

- 스포츠의 윤리적 기초와 목적을 이해한다.
- 스포츠윤리의 목적에 대해 알아본다.
- 윤리이론에 대하여 이해한다.

1 도덕, 윤리, 선의 개념 ★

(1) 도덕의 개념

① 모든 인간이 지켜야 할 공통적인 규범과 도리를 말한다.

② 사람이 사람으로서 행해야 할 도리와 그것을 자각하여 실천하는 행위를 의미한다.

③ 개인의 양심이라는 의식적 체계에 걸러진 규범을 말한다.

스포츠윤리

(2) 윤리의 개념

① 인간이 모여서 집단을 이루었을 때 그 집단에서 조화롭게 생활하기 위한 특정한 관습과 질서, 도리를 말한다.

② 사회존속을 위한 사회적 양심이라는 의식적 체계에 걸러진 규범을 말한다.

(3) 선의 개념

① '좋음' 또는 '좋은 것'을 의미하며, 도덕적 실천의 기본이 되는 가치를 말한다.

② 윤리적 의미의 선과 일반적 의미의 선으로 구분된다.

윤리적 의미의 '선'	• 악함과 구별되는 선함 • 도덕적인 성품이나 도덕적인 가치와 관련된다.
일반적 의미의 '선'	• 유용성, 유효성 혹은 이익 등이 있다는 것 • 도덕적 평가와는 무관하게 사물과 현상을 묘사하거나 서술할 때 사용된다.

2 사실판단과 가치판단 ★★★

(1) 사실판단

① 있는 그대로의 사실에 대한 객관적 진술을 의미한다.

② 경험적으로 검증이 가능하며, 참과 거짓 즉, 진위를 가릴 수 있다.

(2) 가치판단

① 실제 세계의 정보가 아닌 평가를 의미하며, 옳음과 그름, 좋음과 나쁨, 바람직하거나 그렇지 못한 것 등 가치에 대한 진술로 이루어진다.

② 참과 거짓을 구분하는 것이 아니라 마땅히 해야 할 당위에 근거한다.

③ **가치판단의 3가지 형태** : 사리분별에 관한 것, 미적인 것, 도덕적인 것

사실판단	가치판단
• A가 규칙을 어겼다. • B가 상대방을 때렸다.	• 규칙을 어기는 것은 좋지 않은 행동이다. • 때리는 행동은 옳은 행동이 아니다.

합격 TIP

셸러(M. Scheler)의 가치서열 기준

지속성	• 일시적인 것보다 지속적인 것일수록 서열이 높다.
만족의 깊이	• 일시적 쾌락보다 만족이 깊을수록 서열이 높다. • 만족은 충족의 내면적 체험이며 가치의 깊이에 비례한다. • 따라서 정신적 만족이 최고의 가치이다.
근거성	• 어떤 가치의 근거가 되는 것일수록 서열이 높다. • 목적이 되는 가치는 수단적 가치보다 서열이 높다. • 따라서 본래적 가치가 최고의 가치이다.
분할 향유 가능성	• 보다 많은 사람들이 가질수록, 그리고 아무리 나누어 누리더라도 그 몫이 감소하지 않는 것일수록 서열이 높다.

3 스포츠윤리의 이해

(1) 스포츠와 윤리의 관계

① 윤리는 개인의 일반적인 선택뿐만 아니라 스포츠 상황 속에서 직면하는 선택들에도 그대로 적용되기 때문에 스포츠와 윤리는 불가피한 관계이다.

② 스포츠윤리란 스포츠에 참여하는 사람들이 행동하는 데 요구되는 행동원리, 도덕적 특성에 관한 탐구이다.

③ 일반 윤리와 스포츠윤리 비교

일반 윤리	• 도덕적 행위가 갖추어야 할 조건과 기준을 제시한다. • 보편성 : 다양한 사회의 공통된 윤리정신이나 도덕적 원리를 추구한다. • 개인의 인격 함양과 바람직한 공동체를 실현하게 하며, 도덕적 문제에 대한 최선의 대안을 제시한다.
스포츠윤리	• 스포츠에 종사하는 특정 집단이나 스포츠 활동에서 일어나는 도덕적 행위의 옳고 그름을 판단한다. • 스포츠 규범의 도덕적 원리를 연구한다. • 스포츠 활동이라는 특수한 상황에서 발생한다. • 스포츠 상황에서 발생하는 도덕적 행위를 일반 윤리학의 원리를 통해 밝히고, 스포츠 고유의 원리를 정립한다. • 스포츠윤리의 독자성 : 스포츠 고유의 윤리적 가치를 통해 일반 윤리의 근거를 더욱 강화한다.

스포츠윤리의 독자성

• 경쟁의 도덕적 조건과 가치 있는 승리의 의미를 밝힌다.
• 비도덕적 행위의 유형과 공정성의 조건을 제시한다.
• 스포츠를 통하여 도덕적 자질, 인격 함양을 추구한다.
• 스포츠 행위의 교육적 가치, 문화적 가치를 연구한다.
• 스포츠의 도덕적 가치를 옹호하고 보편적 윤리로서의 정당성을 확보한다.
• 스포츠윤리 규범을 바탕으로 바람직한 공동체의 모습을 제시한다.

(2) 스포츠윤리의 특성

스포츠윤리는 개인윤리, 직업윤리, 사회윤리 요소의 모든 측면을 포함한다.

개인윤리	• 도덕적 자율성 • 행위의 주체를 개인의 양심이나 덕성에 둠
직업윤리	• 어떤 직업을 수행하는 사람들에게 요구되는 행동규범 • 스포츠 조직들 간의 관계에서 발생하는 문제들과 관련이 있음
사회윤리	• 제도적 강제성 • 개인들이 속해 있는 사회의 구조나 제도 자체의 개혁에 의해 윤리적 문제가 해결됨

(3) 스포츠윤리의 역할(필요성과 중요성)

① 스포츠에서 발생하는 윤리적 쟁점을 인식할 수 있는 능력과 윤리적 문제들을 다루고 분석하는 기술을 개발한다.

② 스포츠 행위에 대한 책임감을 고양한다.

(4) 스포츠윤리의 목적 ★

① 스포츠인의 도덕적 자율성 함양을 목적으로 한다.

단 도덕적 자율성 : 도덕적 문제에 대해 비판적, 독립적으로 사고함과 동시에 이러한 도덕적 사고를 스포츠에서 발생하는 도덕적 상황들에 적용하는 능력

② 스포츠에서 제기되는 윤리적 문제에 대하여 분석하고 가장 바람직한 방법을 통해 문제를 해결할 수 있도록 훈련시키는 목적을 갖는다.

(5) 도덕 원리의 검토

도덕 원리에 합당한 행위인지 다음의 도덕 원리를 통해 검토할 수 있다.

포섭 검토	선택한 원리를 보다 포괄적인 원리에 비추어 판단하는 방법
보편화 결과의 검토	모든 사람들이 원리를 선택하여 행동하였을 때를 가정해 판단하는 방법
반증 사례의 검토	반증하는 사례를 통하여 원리의 근거가 적합하지 않다고 반박하는 검토 방법
역할 교환의 검토	역할을 교환하여 적용하였을 때 옳은 원리인지 검토하는 방법

4 윤리이론 ★★★

(1) 결과론적 윤리체계

① 도덕적 강조점을 행위 그 자체보다 행위의 결과에 둔다.

② 자신의 행위의 결과가 유용하고, 소수보다 다수에게 이익을 줄 수 있다면 행동이 옳다고 판단한다.

③ 공리주의

- 결과론적 윤리체계의 대표적 형태이다.
- 유용성(utility)의 원리(행위가 유용하다면 그 행위는 옳은 것)를 바탕으로 한다.
- 결과 평가에서 고려할 유일한 기준은 행위에 의해 생겨날 행복과 불행의 양이다.
- 도덕적으로 옳은 행위는 불행 또는 고통의 양을 최소화하고 행복 또는 쾌락을 최대화하는 일이다.
- 선한 동기를 가졌더라도 나쁜 결과를 가져온다면 옳은 행위로 보지 않는다.
- 악한 동기를 가졌더라도 좋은 결과를 가져온다면 옳은 행위로 본다.
- 최대다수의 최대행복
- 공평성의 원리 : 모든 인간들은 그들의 이익 충족에 있어 똑같은 권리를 가진 존재이다. 행동의 결과 판단에서 그 가치의 기준이 반드시 공평하고 보편적이어야 한다.

(2) 의무론적 윤리체계

① 행위의 옳고 그름의 기준이 행위가 도덕규칙을 따르는지 위반하는지에 있다.

② **보편성의 원리** : 행위의 주관적 준칙이 객관적 도덕법칙이 되기 위해서는 그 준칙이 보편성을 가져야 한다.

③ 윤리적 행동은 자신의 도덕적 의무를 적절하게 수행한 결과이다.

④ 의무를 규정한 도덕규칙 간의 갈등상황에서 생기는 논리적 난점이 존재한다.

⑤ 개인의 권리를 강조하기 때문에 사회 전체의 이익을 제대로 고려하지 못하는 경우가 있다.

합격 TIP

칸트(I. Kant)의 정언명령(定言命令, Kategorischer Imperativ)
정언명령은 어떠한 경우에도 '반드시 행하라'와 같이, 무조건 절대적으로 따라야 하는 도덕법칙이다. 칸트는 '네 의지의 준칙이 언제나 동시에 보편적 입법의 원리가 될 수 있도록 행위하라(윤리적 판단의 상황에서 의사결정 혹은 행위에 대해 보편성의 원리로 스스로에게 질문을 해보아야 한다는 것)'라는 정언명령을 제시하였다.

(3) 덕론적 윤리체계

① 행위 자체보다 행위자에 초점을 맞춘다(행위에 대한 의무판단보다는 행위자의 덕성판단을 중요시 한다). 예 어떠한 사람이 되어야 하는가? / 어떻게 살아야 하는가?

② 미덕을 드러내는 행동은 옳으며, 악덕을 드러내는 행동은 그르게 여겨진다.

예 미덕 : 책임, 정직, 충성, 신뢰, 공정, 배려, 존중 등

예 악덕 : 거짓, 배신, 무책임, 불성실 등

(4) 윤리적 상대주의

① 도덕적 원칙이 상황에 따라 변화하는 것을 말한다.

② 절대적 진리의 존재와 보편타당한 윤리 규범을 부인한다.

③ 윤리규범은 특정사회에서 특수한 상황에서 통용되는 규범으로써 상황의 특수성이 반영된다는 입장이다.

나딩스의 배려윤리

배려윤리는 타인의 욕구에 민감하게 반응하고 공감하며 대응하는 것이 도덕의 출발이라 설명하는 윤리이론이다. 나딩스는 윤리적 가치의 근거를 페미니즘에서 찾는다. 인간의 상호작용에 의해 만들어지는 것이므로 배려윤리는 이성의 윤리가 아닌 감성의 윤리이다.

니부어(R. Niebuhr)의 사회윤리

니부어는 개개인의 인간이 도덕적인 데 비해 인간의 집단은 도덕적으로 무디기 때문에 순수한 공평무사의 도덕을 집단에서 찾기란 불가능하다고 지적하며, 개인의 도덕적 능력만으로 사회정의를 실현할 수 없고 정책과 제도의 개선을 통한 사회적 도덕의 중요성을 강조하였다.

막스 베버(Maximilian Weber)의 책임윤리

책임윤리 : 선한 동기를 기반으로 선한 결과에 의해 완성되기 때문에 어떤 문제, 사건의 전체적인 구조나 맥락에서 행위자가 본인의 결정에 따른 결과를 상상하고, 그 자신이 원래 바라는 목표와 관련해 그것이 어떠한 결과를 가져올 수 있을 것인가를 생각하는 깊은 판단을 기반으로 한다(신념윤리 : 행위자가 이념이나 가치, 대의나 이데올로기 같은 내면적 신념을 가짐으로써 자신의 윤리적 목적을 만족시킬 수 있다).

5 동양사상과 윤리체계 ★

(1) 유교

공자	• 실천 가능한 윤리의 발현을 위한 덕의 10가지 요인을 강조하였다. • 인(仁), 의(義), 효(孝), 우(友), 충(忠), 신(信), 관(寬), 서(恕), 공(恭), 경(敬) • 덕의 완전한 습득이나 습득된 덕의 적절한 발현을 위해서는 지식과 능력이 필요하며, 그렇지 않을 경우에는 오히려 덕이 자신이나 타인에게 해를 끼친다고 하였다. • 정명(正名) : 사회구성원의 모든 행위가 그 역할에 적합하게 행해야 한다는 도덕적 요구로, 임금은 임금답고 신하는 신하다우며, 아버지는 아버지답고 자식은 자식다워야 한다는 주문으로 각각 주어진 이름과 역할에 걸맞게 행동하라는 도덕적 명령이다. 스포츠인을 스포츠인답게 만드는 것은 스포츠맨십이다.
맹자	• 평소 터득된 윤리적 상황이 어떻게 올바른 신체적 행위로 이루어져야 하는지 실천 가능한 방법에 대해 설명하였다. • 측은지심(인) : 남을 불쌍하게 여기는 타고난 착한 마음 • 수오지심(의) : 자신의 옳지 못함은 부끄러워하고 타인의 옳지 못함은 미워하는 마음 • 사양지심(예) : 겸손하여 사양할 줄 아는 마음 • 시비지심(지) : 옳고 그름을 가릴 줄 아는 마음

(2) 불교

① 스포츠의 행위 자체보다 행위자의 관점을 중요시한다.

② **팔정도** : 정견(正見), 정사(正思), 정어(正語), 정업(正業), 정명(正命), 정근(正勤), 정념(正念), 정정(正定)

(3) 도교

노자	• 인간의 본질을 아는 데에서 덕이 이루어진다 하였다. • 덕은 인간이 거짓을 만드는 것 없이 본래 자신의 자아를 인식하는 것이라고 하였다. • 덕 개념을 스포츠맨십에 적용 : 겸양 ㊟ 겸양 : 스스로를 낮추고 동료나 타인에게 양보와 겸손의 예의를 갖추어, 흐르는 물처럼 자연스럽게 물길을 내고 큰 강이나 바다를 이루는 듯한 개인의 내재된 도덕성 • 승리보다 스포츠 자체를 즐기도록 스스로를 낮추고 겸양과 배려를 실천할 때(인위적 제도나 구속이 요구되지 않고 스포츠 자체를 위해 발현되는 것) 진정한 의미의 스포츠윤리가 자연스럽게 발현된다고 하였다. • 행위자 개인의 내재된 도덕성을 강조하였다.
장자	• 노자의 도를 중심사상으로 삼아, 노자의 사상과 대부분 일치한다. • 제도화, 형식화된 인위적 행동보다 내재된 도덕성을 강조하였다. • 의도적이거나 조작적인 윤리행위가 아닌 내면의 진실한 도덕성의 발현을 강조하였다. • 도 : 어떤 목적을 욕구하거나 사유하지 않는 무위(無爲)이다.

유교와 도교

유교	도교
• 인간과 인간 사이의 인위적 관계를 중시하는 사상이다. • 형식화하고 제도화 속에 인간과 사회를 두려 한다.	• 의도적, 조작적이지 않은 있는 그대로의 관계를 중요시 여긴다. • 무위 : 얽매이거나 규정하는 것이 아닌, 어떤 형태로의 변화 가능성을 열어둔다.

6 가치충돌의 문제와 대안

두 개 이상의 가치가 충돌하는 상황에서의 대안은 다음과 같다.

① **분석 능력의 습득 :** 윤리적 상황을 다각도로 정확하게 분석한다.

② **적용 능력 향상 :** 주요 윤리이론들을 상황에 적용시켜 사고의 폭을 넓히도록 한다.

③ **창의적 중도 :** 모두가 수용할 수 있는 중간을 찾아낸다.

④ 평가자의 관점보다는 상황을 직면하는 행위자의 관점을 취하도록 한다.

Chapter 2 경쟁과 페어플레이

학습목표

- 아곤적 요소와 아레테적 요소를 통하여 스포츠 경기의 목적을 알아본다.
- 스포츠맨십에 대해 이해한다.
- 페어플레이에 대해 이해한다.

1 스포츠경기의 목적(아곤과 아레테) ★★★

(1) 아곤

① 고대 그리스 올림픽 운동경기의 경쟁과 대결을 의미한다.

② 경쟁에서 승리하는 것을 목적으로 한다.

③ 상대와의 비교적 우위 추구, 승리 추구를 통해 의미를 찾는다.

④ 경쟁관계에 있는 상대 또는 상대팀을 전제하기 때문에 상대적 개념이다.

(2) 아레테

① 인간을 인간답게 만들어주는 자질을 의미한다.

② 탁월성 추구 그 자체에서 의미를 찾는다.

③ 사람과 사물의 고유한 기능이 최적의 상태에 이르는 것을 의미한다.

④ 사물 용도나 사람의 직분에 따라 상이한 내용을 가진다.

⑤ 덕으로 번역되는 개념이다. 선수 이전에 인간으로서 갖추어야 하는 태도와 자세를 갖출 때 덕이 있는 인간이 된다.

⑥ **스포츠인의 아레테** : 운동선수로서 자신에게 주어진 모든 가능성을 최대한 활용하여 개인 혹은 집단의 한계를 넘어서 최고의 성과를 올리고자 하는 마음가짐과 태도를 말한다.

(3) 승리 추구와 탁월성 추구

① 스포츠는 아곤과 아레테적 요소 모두 내재되어 있다.

② 아곤은 경기에 긴장과 흥미를 가져오지만, 경쟁심의 과열은 스포츠가 폭력적 투쟁으로 변질될 수 있다.

③ 아레테의 추구는 스포츠의 승리지상주의로 인한 부정적 이미지를 제거하고 인간 승리의 긍정적 이미지를 갖게 한다.

④ 아레테가 아곤보다 더욱 포괄적인 개념이기 때문에 스포츠에서는 아레테를 더욱 중요한 요인으로 고려할 필요가 있다.

⑤ 스포츠에서 최고의 성과 추구는 규칙이 허용하는 범위 내에서 이루어져야만 의미가 있다.

합격 TIP

승리의 추구

독일의 철학자 호네트(A. Honneth)는 인간의 행위에 대한 탐구를 통해 성공적인 삶을 실현하는 사회적 조건으로 '인정'을 말한다. 인간은 누구나 타인에게 인정을 받고 싶은 욕구를 가지며, 타인으로부터 인정받을 때 긍정적 자기의식을 갖는다. 스포츠에 있어 승리추구는 매우 자연스러운 행위의 내적동기이며, 가장 원초적으로 드러나는 '인정 투쟁'이다.

롤스(J. Rawls)의 탁월성

롤스는 탁월성은 인간 발전의 조건이며, 그것은 모든 이의 관점에서 선이 된다 하였다. 인간이 갖는 신체적 능력의 불평등은 오히려 탁월성을 개발할 계기를 마련해 주며 이를 통해 스포츠 전체의 선(善)이 강화된다. 스포츠는 신체적 불평등을 훈련과 노력에 의해 극복함으로써 조건과 기회의 균등이 정의로 작용하고 있음을 보여준다.

아리스토텔레스의 로고스(logos), 파토스(pathos), 에토스(ethos) ★

아리스토텔레스가 제시한 상대방을 설득하는 요소이다.

- **로고스(logos)** : 이성적이고 과학적인 것을 지시하는 것이다(사고의 능력과 이성 등).
- **파토스(pathos)** : 감각적, 신체적, 예술적인 것(격정, 정념, 충동 등)으로, 로고스와 반대되는 개념이다.
- **에토스(ethos)** : 성격과 관습을 의미하며, 사람이 도덕적으로 옳고 그름을 판단하는 원동력이다.

스포츠에서 공격이 윤리적이어야 하는 이유(스포츠 공격의 윤리적 배경)

- 신체적 탁월성을 발휘할 자유와 충돌하는 공격성은 폭력으로 변질되므로 타인의 자유를 침해하지 말아야 한다.
- 스포츠에서 공격은 소통의 구조를 갖는다. 일방적인 침투나 파괴가 아니라 규칙이 허용한 범위 내에서의 의도와 전술의 교환을 의미한다.
- 스포츠의 공격은 승리를 이르는 합리적 방법과 전술의 개발로 이어지는데 이는 스포츠 자체의 고유한 지식 및 문화의 축적을 가능하게 한다.

2 스포츠맨십과 페어플레이

(1) 스포츠맨십의 개념

① 스포츠 참여자가 마땅하게 따라야 할 준칙이자 갖추어야 할 태도를 말한다.

② 스포츠맨십은 페어플레이, 상대편과 상대 선수의 존중, 경쟁상대에 대한 공손한 태도 같은 덕목을 포함한다.

(2) 페어플레이의 개념 ★★

① 학자에 따라 구체적인 의미가 다르다.

② 진실과 성실의 정신을 바탕으로 하는 경기에 임하는 도덕적 태도를 말한다.

③ 오늘날 스포츠의 보편적인 윤리규범이다.

④ 유·불리함의 계산 없이, 경기의 공정성을 처음부터 끝까지 유지해야 할 의무이다.

3 공정시합

(1) 공정의 개념

① 인간의 모든 활동에 적용되는 보편적 윤리 원칙 또는 규범을 말한다.

② 참여자들이 동등한 조건에 있다는 사실이나 있어야 한다는 당위를 반영한다.

(2) 공정시합에 관한 두 가지 견해

형식주의	• 공정시합이 정해진 공식의 성문 규칙을 어기지 않고 행해질 때 이루어진다고 본다. • 경기의 구성적, 규제적 규칙을 준수하기만 하면 공정은 실현될 것이라고 보는 주의이다. • 규칙의 조문을 충실히 이행하는 것에 의해 공정시합이 실현된다. • 규정집에 존재하는 공정시합을 실현할 수 있는 규정만 지키면 어떠한 윤리적 비난에서도 자유로울 수 있다는 논란의 여지가 있다.
비형식주의	• 형식주의의 과도한 제약이 경기에서 벌어지는 다양한 행위에 대해 합당한 윤리적 판단을 내리지 못하고 있다고 보는 주의이다. • 규정에 없지만 좋은 경기를 위해 권장되어야 하는 행위와 비난받아야 하는 행위를 판단할 수 있는 준거와 기준의 정립을 제안한다. • 경기에서의 공정은 경기의 관습을 지키는 것이며, 경기의 관습이 지켜지는 경기가 공정하다고 본다. • 경기 중 행위의 공정은 그 경기의 관습에 의해 판정된다.

4 스포츠의 규칙

(1) 규칙의 특징

① 해당 스포츠의 역사적 과정에서 개정이 반복되며 현재의 형태에 이른다.

② 규칙의 제정과 개정은 스포츠의 역사이다.

③ 현재의 규칙은 사회적 환경에 따라 언제든지 변화 가능하다.

(2) 규칙의 원리

공평성	공정의 원리인 동시에 평등의 원리를 의미한다.
임의성	스포츠의 규칙은 반드시 그러해야 하는 필요성을 가지지 못하는 우연적이고 임의적인 것이다.
제도화	규칙이 임의성을 갖지만 규칙의 제정과 개정은 반드시 별도의 전문화된 조직에 의해 이루어진다.

합격 TIP

구성적 규칙과 규제적 규칙 ★★

구성적 규칙	• 해당 스포츠가 성립하기 위한 조건을 명시해 놓은 것을 말한다. • 다른 스포츠와 구별해주는 근거가 되는 것으로 승리에 대한 정의를 포함한다. • 해당 스포츠의 승리에 이르는 신체적 탁월성이 드러난다.
규제적 규칙	• 해당 스포츠가 경쟁을 통해 승패를 결정하는 과정에서 탁월성 발휘에 방해가 되는 행위에 대한 제약적인 조건을 설정한 것을 말한다. • 경기의 구성에 관여하기 보다 경기의 운영에 직접적으로 연관되어 있다. • 하지 말아야 할 행위와 그에 대한 보상이다. • 승리의 쟁취라는 본원적 욕구의 적절한 통제와 관련되어 있다.

(3) 반칙 : 규칙의 위반

① 규칙을 벗어난 제반 행위를 말한다.

② 자신의 이익을 위한 의도적이거나 비의도적인 규칙에 어긋나는 행위를 말한다.

③ 미리 정해놓은 규칙이 있을 경우에만 성립된다.

④ 의도성은 매우 중요한 반칙의 요소이다.

⑤ 반칙의 구분

의도적 구성 반칙	• 의도성을 갖고 구성적 규칙을 위반한 경우를 말한다. • 스포츠의 본질적 성격을 부정하는 제반 행위까지 포함한다.
비의도적 구성 반칙	• 의도성을 갖지 않으나 구성적 규칙을 위반한 경우를 말한다. • 정확한 이해가 부족하거나 부주의로 일어난 경우가 많다.
의도적 규제 반칙	• 의도성을 갖고 규제적 규칙을 어긴 경우를 말한다.
비의도적 규제 반칙	• 경기 중 흔히 발생하는 일반적 반칙을 말한다. • 승리를 추구하는 과정에서 자연스럽게 일어나는 경향성이다. • 경쟁 우위를 점하기 위하여 경쟁하는 과정에서의 행위가 상대의 이익과 탁월성을 방해한 것이다.

5 정의 ★

(1) 정의의 개념

① 옳은 것, 당연히 따라야 할 행위나 제도의 기준을 말한다.

② **합법성, 합규칙성** : 스포츠에서의 정의는 스포츠에서 당연히 따르고 지켜야 할 규칙이나 규범

③ 준법성(규칙의 준수)과 공정성(규칙의 차별 없는 적용)의 의미를 동시에 갖는다.

(2) 정의의 유형

① **평균적 정의와 분배적 정의 :** 아리스토텔레스의 정의 구분

광의의 정의	**자연적 정의**	• 사람들의 승인 여부와 관계없이 어디에서나 동일한 힘을 갖는 정의를 말한다.
협의의 정의	**평균적 정의**	• 모든 사람들이 동등한 권리를 가지는 절대적 평균을 말한다. • 스포츠 경기 내에서 규칙을 동일하게 적용, 참가의 동등한 조건, 경쟁에 임하는 모든 선수의 조건을 평등하게 만드는 것이다.
	분배적 정의	• 사람들 간의 차이를 다르게 두어 개개인에게 합당한 몫을 부여하는 것을 말한다. • '다른 것은 다르게'의 원칙을 유지하여 차별에 대한 근거를 부여한다.

② 절차적 정의

- 롤스(J. Rawls)가 정의론에서 절차적 정의를 제시하였다.
- 일정한 조건 아래에서 공정한 절차적 규칙에 따라 합의가 이루어지면 그것을 통해 도출한 결과도 정의롭다고 보는 관점이다.

예 시합 전 동전 던지기로 선공과 후공을 결정하는 것

(3) 롤스의 정의론

① **공정으로서의 정의 :** 합의의 절차가 공정하면 그 절차를 통해 나온 결과 역시 정의롭다 여긴다.

② 정의를 절대 불변이 아닌 사회적 합의의 대상으로 여긴다.

③ 정의의 원칙에 합의해 나가는 과정과 절차를 중요하게 여긴다.

④ 자신에게 유리한 상황을 악용하지 않고 공정하게 판단할 조건을 만들면 원초적 당사자들은 정의의 원칙에 도달할 것으로 보았다.

⑤ 모든 사람에게 평등한 자유의 원칙을 보장하고 사회적·경제적 불평등이 최소 수혜자를 포함한 모든 사람들의 처지를 향상시키면 불평등은 허용해야 한다고 보았다.

정의의 제1원칙	제1원칙은 제2원칙에 언제나 우선한다.	
	평등한 자유의 원칙	타인의 자유를 침해하지 않으며 한 개인의 자유에 대한 권리는 보장되어야 한다. 이는 누구에게나 동등하게 부여된 권리이다.
정의의 제2원칙	사회적·경제적 불평등은 차등의 원칙과 기회균등의 원칙 조건을 만족하는 경우에만 가능하다.	
	차등의 원칙	최소 수혜자에게 최대한의 이익을 제공하는 방향으로 불평등이 이루어져야 한다.
	기회 균등의 원칙	직위와 직책이 모두에게 열려 있어야 한다.

Chapter 3 스포츠와 불평등

학습목표

- 스포츠에서의 성차별 문제를 파악하고 극복 방안을 알아본다.
- 스포츠에서의 인종차별의 역사와 극복 방안을 알아본다.
- 스포츠에서의 장애인 차별과 권리를 알아본다.
- 장애인의 스포츠 참여를 위한 조건 및 개선방안을 알아본다.

1 성차별

(1) 스포츠 성차별의 과거

① 스포츠에서의 성차별은 근대올림픽의 모태인 고대 그리스의 올림피아, 피타아, 네메아, 이스트미아의 4대 제전경기(고대 그리스에서 조욕 의식의 하나로 진행된 경기)의 여성 참가 및 관람의 제한에서 비롯되었다.

② 사회의 발전에도 불구하고 여성의 스포츠 참여는 미진하였으며, 성 역할 자체가 더욱 고착화 되었다.

③ 근대올림픽에서도 여성들의 참여가 제한되었다. 참여 가능한 종목보다 참여 불가능한 종목의 수가 더욱 많았다.

④ 미국의 Title Ⅸ의 통과는 여성의 스포츠 참가가 확대되기 시작한 결정적 계기가 되었다.

합격 TIP

Title Ⅸ

연방재정의 지원을 받는 학교에서 성차별을 금지하는 법조항이다.
'미국 내에서 어느 누구도 성별에 의해 연방 재정지원을 받는 교육프로그램 또는 활동에서 제외되거나 혜택을 거절당하는 등 차별대우를 받지 않는다'는 내용을 담고 있다.
Title Ⅸ의 재정은 미국 여성의 학교스포츠 활동 비율의 증가와 여성의 스포츠 참여가 세계적으로 활성화 되는 계기가 되었다.

(2) 현재의 성차별

① 스포츠에서 여성의 참여가 활발해졌으나 아직 성차별적 요인이 발생하고 있다.

② 성의 상품화 추구 예 여성 선수의 유니폼

③ 일부 지역에서의 여성 선수의 참여 기회 제한

④ 여성 선수 지원의 불평등

(3) 성차별의 원인 ★

① 스포츠에 내재되어 있는 공격성이나 위계화, 경쟁적 요인 등이 남성적 영역으로 여겨지기 때문이다.

② 사회적 성역할의 고착화 때문이다.

예 젠더에 의한 성차별 : 여자에게 요구되는 성역할이라는 고정관념에 의해 이루어지는 성차별

③ 여성의 신체적 조건에 대한 편견 때문이다.

예 생물학적 환원주의 : 성차별의 근거로 제시되는 잘못된 인식으로, 극복하기 어려운 생물학적인 성에 기대어 남녀 간의 차이를 차별로 정당화하는 논리이다.

(4) 성평등을 위한 방안

① 여성 스포츠에 대한 필요성과 목적, 효과 및 구체적인 방법 등 전반적인 홍보가 필요하다.

② 스포츠에서 나타나는 성차별에 대한 공론화가 필요하다.

③ 여성 스포츠 지도자, 프로그램, 시설 등의 확충이 필요하다.

2 인종차별

(1) 인종차별의 개념

타자로서의 타자에 대한 증오를 말한다.

> 합격 TIP
>
> **인종차별** : 특정 인종에 속한다고 여겨지는 사람에 대한 증오이다.
> **자민족중심주의** : 자기 민족이 세상의 중심이라고 믿는 태도이다.
> **제노포비아** : 외국인에 대한 공포와 혐오, 기피를 말한다. 자신과 다르다는 이유로 근거 없는 공포와 경계심으로 이방인을 배척하는 심리상태이다.

(2) 스포츠 인종주의

① 스포츠에서 특정 인종이 다른 인종을 차별하거나 분리하려는 비합리적인 사고방식이다.

② 남아프리카공화국, 미국 등의 다인종사회에서 상존해왔다.

> 합격 TIP
>
> **아파르트헤이트(Apartheid)**
> 남아프리공화국의 20세기 대표적인 인종차별 정책이다. 백인으로만 구성된 선수단이 올림픽에 참가하기도 하였으며, 원주민이 포함된 팀과의 경기를 취소해 버리기도 하였다.

(3) 스포츠와 인종차별

① 스포츠 선수들 사이에 존재하는 신체능력의 차이를 특정 인종의 우월로 과장하거나 열등으로 폄하한다.

② 인종에 대한 차별은 대부분 피부색에 의한 경우가 많다.

예 특정 종목에 유리한 인종이 존재한다는 편견

(4) 스포츠 인종주의의 원인

① 신체적 우월감 혹은 열등감을 인종적 편견으로 연결짓는다.

② 오랜 민족 간의 갈등, 역사적 라이벌 의식, 종교적 반목이 스포츠에 투영되어, 승리를 통해 대리만족을 느끼려는 왜곡된 집단의식이 존재한다.

③ 개인의 운동기량을 인종 전체로 일반화시킨다.

④ 일부 극우 관중들이 스포츠 대회를 정치적인 감정 표출로 사용한다.

⑤ 대중매체의 만들어진 특정 인종에 대한 이미지가 편견 형성에 많은 영향을 미친다.

3 장애차별

(1) 스포츠에서의 장애차별의 의미

장애로 인하여 스포츠 참여의 권리와 기회를 비장애인과 동등하게 누리지 못하는 불평등을 의미한다.

(2) 스포츠에서 이루어지는 장애인 차별

① 장애인의 욕구를 충족시키는 스포츠 종목이 다양하지 않다.

② 장애스포츠의 특수성을 전문적으로 습득한 지도자의 부족으로 체계적인 교육이나 활동이 이루어지지 못한다.

③ 시설이 부족하며 접근성이 떨어진다.

(3) 장애인 선수들의 인권향상

① 장애인 스포츠문화에 맞추어 인권교육의 목표를 설정하고 선수 인권교육 프로그램을 개발해야 한다.

② 지속적인 홍보와 예방교육을 실시한다.

③ 지도자들의 과학적인 지도가 필요하다.

④ 장애인들을 위한 과학적 훈련방법에 대한 연구와 인권관련 측정 등의 연구가 지속적으로 이루어져야 하며, 현장과 연구의 연결이 이루어져야 한다.

(4) 장애차별 없는 스포츠의 조건 ★

① **기회제공** : 장애인이 원하는 장소와 시간이 확보되어야 한다.

② **재정지원** : 활동에 필요한 장비 및 기구의 재정적 지원이 확보되어야 한다.

③ **계속적 활동** : 일회성 체험이 아닌 회원으로 관리되는 활동이 보장되어야 한다.

④ **선택의 기회** : 참여종목과 대회의 참여는 본인의 선택에 맡긴다.

⑤ **다양한 사람과의 만남** : 다양한 사람과의 관계를 통하여 사회성 함양의 기회를 주어야 한다.

(5) 장애차별의 개선을 위한 방안 ★

지도자	• 장애유형과 정도, 손상부위의 잔존능력을 정확히 이해하고 장애인의 신체활동을 계획해야 한다. • 장애인의 체육활동에 대한 운동기술과 전문지식을 습득해야 한다. • 장애인을 위한 지역사회 연계 프로그램을 숙지한다.
시설	• 신체활동 참여를 위한 시설, 편의시설이 설치되어야 한다. • 충분한 정부의 재정지원이 필요하다. • 접근성 강화의 우선적 고려와 전국적으로 균형 잡힌 시설 배치가 필요하다.
프로그램	• 수요자 중심의 프로그램이 제공되어야 한다. • 일반인과 통합하여 운영하는 생활체육 프로그램의 개발이 필요하다. • 장애인만을 위한 생활체육 프로그램을 실시할 경우 중증 장애인만을 위한 프로그램 개발과 장애인들의 욕구를 기초로 한 프로그램이 실시되어야 한다.

Chapter 4 스포츠에서 환경과 동물윤리

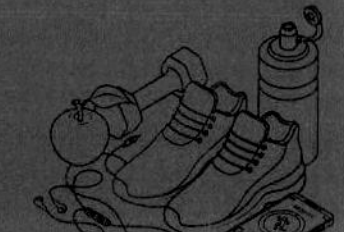

학습목표

- 스포츠에서 생겨날 수 있는 환경윤리적 문제를 알아본다.
- 인간중심주의와 자연중심주의에 대해 알아본다.
- 스포츠에서의 종차별주의에 대해 알아본다.

1 스포츠와 환경윤리

(1) 스포츠 환경

① 실제 경기가 이루어지는 공간, 경기를 위한 제반 훈련시설, 운동 및 여가를 포함하는 모든 스포츠 활동에 직·간접적으로 영향을 미치는 물리적 조건을 말한다.

② 스포츠 환경은 사회·문화의 발전과 불가분의 관계를 갖는다.

③ 스포츠 환경은 활용하는 사람의 필요에 따라 상대적으로 평가되는 가치이다.

(2) 스포츠에 적용 가능한 환경윤리학의 이론 ★

인간중심주의	• 인간에게만 본질적 가치를 부여, 인간 외의 존재에는 도구적 가치만을 부여한다. • 인간만이 유일한 가치의 척도로 자연은 인간의 목적을 이루기 위한 수단적 가치를 갖는다는 입장이다. • 인간만이 도덕적 주체로, 주체인 인간이 없으면 자연은 있을 수 없는 것이다. • 자연의 고유한 법칙, 질서와 같은 것은 부정된다. • 자연은 오직 인간에 의해서만 그 의미와 가치를 부여 받는다. • 자연환경 보호의 당위성을 도구적 가치에서 찾는 입장이다. • 베르크의 환경윤리 : 에쿠멘(ecoumen, 다른 생명체의 환경과 구별되는 인간적 거처)이라는 새로운 개념을 제시하며, 지구나 생태계, 환경은 모두 인간 존재의 터로 보았을 때 의미와 가치를 가진다고 본다. 인간에게 환경윤리가 필요한 이유는 깨끗하고 아름다운 인간적 거처로서의 지구를 원하기 때문이라고 본다.
자연중심주의	• 환경에 있어서 도덕적 고려의 대상을 자연의 생명체를 포함한 생태계 전체로 확대한다. • 자연환경은 그 자체로 고유한 가치를 지니고 있기 때문에 보존되어야 한다고 주장하는 입장이다. • 인간의 특수한 위치를 거부한다. • 자연을 보호하는 목적을 인간의 건강한 생존이 아닌, 자연을 존중하는데 있다고 본다. • 인간의 뜻에 의존하지 않고 자연의 목적을 알고 순종하는 길만이 참된 자연보호의 태도라고 여긴다. • 레오폴드의 대지윤리 : 인간을 대지 공동체의 일원으로 규정하고, 그 일원으로서 대지윤리를 지켜야 한다고 하였다. 대지에 대한 인간적 윤리의 기준을 생물공동체의 통합성과 안정성을 유지하는 행동이라고 보았다. 생태계가 진화의 과정을 통하여 오랜 기간 동안 균형을 유지해 왔기 때문에 인간의 개입은 불필요하고 인간의 윤리적 의무는 그 안정성을 지키는 것이라고 본다.

<table>
<tr><td rowspan="3">자연중심주의</td><td colspan="2">• 네스의 심층적 생태주의 : 현재의 환경문제 해결을 위해서는 근본적으로 세계관과 생활양식 자체를 바꾸어야 한다고 본다. 자아를 확장하여 주변의 생물, 그들의 서식지, 지구 전체의 생태계를 나의 영역으로 받아들일 때 환경문제의 근본적 해결이 가능하다고 본다. 이렇게 형성된 큰 자아는 스스로를 자연의 일부로 보고 자연과 상호 연관하는 존재로 이해하게 된다는 것이다.</td></tr>
<tr><td>생명 중심주의</td><td>그 자체로 선이며 본래적 가치를 가지는 생명에 주목하여 환경윤리를 전개하는 생명 존중의 입장이다.</td></tr>
<tr><td>생태 중심주의</td><td>미생물을 포함한 생태계 전체를 윤리적 대상으로 삼는다.</td></tr>
</table>

합격 TIP

테일러의 생명 중심주의

- 인간을 다른 생물체와 상호 의존하며 살아가는 생명공동체의 구성원으로 규정한다.
- 인간의 본래적 우월성을 부정한다.
- 모든 생명체를 자신의 고유한 선을 지닌 도덕적 주체로 대할 것을 주문한다.
- 테일러는 환경문제의 해결을 위한 인간의 4가지 의무를 제시하였다.

불침해의 의무	다른 생명체를 해치는 행위를 해서는 안 된다.
불간섭의 의무	개별 생명체의 자유와 생태계에 간섭해서는 안 된다.
신뢰의 의무	낚시나 덫처럼 동물을 기만하는 행위를 해서는 안 된다.
보상적 정의의 의무	부득이하게 해를 끼치는 경우 피해를 보상해야 한다.

(3) 지속가능한 스포츠 발달의 윤리적 전제

① **필요성의 계율 :** 새로운 스포츠 시설 건립에 전문가로 하여금 이 시설의 건립이 반드시 필요한 것인지 정확하게 진단 하도록 하여 불필요한 것으로 판명될 경우 건립을 포기하도록 종용하는 행위지침이 지켜지도록 노력해야 한다.

② **역사성의 계율 :** 스포츠시설을 개발하는 데 있어 늘 천연자연과 인공적 자연, 인공물들이 갖는 역사성을 충분히 고려할 필요가 있다.

③ **다양성의 계율 :** 자연과 환경의 공존을 위하여 자연이 보유하고 있는 다양성이 지켜질 수 있도록 최선의 노력을 기울여야 한다.

2 스포츠와 동물윤리

(1) 종차별주의

① 자신이 속한 종의 이익은 옹호하고 다른 종의 이익은 배척하는 편견이나 왜곡된 태도를 말한다.

② 동물을 수단으로 생각하고 활용한다.

③ 동물에 대한 아무런 의식 없는 태도나 대우를 보인다.

(2) 반종차별주의

① 종차별을 반대하는 입장이지만, 인간과 동물의 조건 없는 평등을 주장하지는 않는다. 서로의 차이를 인정하고 그 차이에 맞는 처우를 해야 한다고 본다.

② 쾌고감수능력(쾌락과 고통을 인지하는 능력)을 보유한 존재들 중에서 이익동등 고려의 원칙을 통하여 그 차이를 인정하고 차이에 맞는 적절한 처우가 필요하다는 입장이다.

합격 TIP

피터 싱어(P.Singer) – 이익동등 고려의 원칙

이익동등 고려의 원칙을 통해 여건에 맞게 이익을 동등하게 분배하거나 대우해야 한다고 주장하였다. 쾌고감수능력을 보유한 존재는 이익을 고려해야 할 존재, 쾌락에 비해 고통을 상대적으로 적게 느끼게 할 의무를 가진다.

(3) 스포츠의 종차별주의 3가지 요소와 개선방안

요소	예시	개선방안
경쟁도구로 이용	비둘기 사격, 마장마술, 장애물 비월, 경마, 소싸움 등	• 동물의 경기를 없앰 • 동물을 다루는 선수나 사육사에 대한 체계적이고 지속적인 윤리교육 실시
인간의 유희수단	밀렵, 수렵, 서커스 등	• 사육이나 훈육과정에 있어서 이익동등 고려의 원칙을 최대한 준수해야 함
연구의 희생물	실험연구에서 대체수단으로 활용	• 대상에 대한 기준 권장 • 감소의 원칙 (숫자 최소화) • 개선의 원칙 (동원되는 동물들에게 최대한의 복지와 도덕적 지위에 맞는 처우)

Chapter 5 스포츠와 폭력

학습목표

- 스포츠에서 나타나는 공격적 특성과 폭력성을 이해한다.
- 선수 폭력과 예방법 및 대처법에 대해 알아본다.
- 관중 폭력에 대해 알아본다.

1 스포츠의 공격적 특성과 폭력성

(1) 폭력의 개념

① 다른 사람의 의도에 반해 특정의도를 관철시키기 위해 강제수단을 행사하는 것을 말한다.

② 인간에 대한 폭력은 육체적, 정신적, 영적 침해 등과 인간성 전체에 대한 침해이다.

(2) 스포츠에서 나타나는 인간의 폭력성

① 모든 현대의 운동경기에서 생성된 사회적이고 개성적인 구조는 스포츠에서 도구적이고 폭력적인 범위를 동시에 증가시켰다.

② 스포츠 고유의 공격성은 인간의 근원적이고 원초적인 욕망과 살아온 환경으로부터 습득된 것이다.

③ 인간의 공격적이고 폭력적인 현상들이 적절하게 통제되고 스포츠의 즐거움을 향유하기 위해서는 공동체를 지향하는 인간에게 합리적인 도덕성의 기준 설정과 제도 및 규범에 의한 규칙으로 인간의 욕구를 잘 조절해주어야 한다.

④ 인간의 삶의 질 향상을 위한 스포츠가 되려면 자신의 분노를 제어하는 방법을 익혀야 하며, 스포츠를 행하는 인간의 폭력성 및 공격성을 근절시킬 수 있는 자제력을 함양해야 한다.

합격 TIP

폭력의 예시와 폭력이론을 관련짓는 문제가 나오므로 폭력이론을 이해하여야 한다.

분노(아리스토텔레스)

- 분노는 자제력 없음의 의미이며, 욕망으로부터 나오는 인간 행위라고 하였다.
- 분노가 종종 도덕과 용기가 되지만, 그 분노는 합당해야 하고 논리적이어야 하며 인간이 우선시 되어야 한다고 하였다.
- 절제되지 못한 지나친 분노를 우려하며 중용을 따르는 분노가 되어야 함을 강조하였다.
- 분노를 하되 절제된 분노를 지지할 것을 주장하였다.

규율과 권력(푸코)
권력은 누군가가 소유할 수 있는 어떤 것이 아니며, 관계로서 사회적 네트워크 속에 끊임없이 변화되는 위치가 중요하고, 그 위치에서 변환운동을 통해 기능한다.

악의 평범성(한나 아렌트)
무사유 : 잘못된 관행에 복종하는 데 익숙해져서 잘못을 수정하기는커녕 잘못된 관행을 지속시키는 데 더 익숙해져 있다.

폭력론(홉스)
- 인간의 폭력적 속성을 자연 상태와 욕망의 체계에서 발견하였다.
- **자연 상태(만인의 만인에 대한 투쟁)** : 인간은 누구나 자신을 보호하려는 본성을 갖기 때문에 자신 이외의 타자는 자기 보전을 위협하는 잠재적인 폭력이 된다고 하였다.
- 인간은 본성 속에 폭력성과 공격성이 내재되어 있으며, 자신의 욕망을 충족하기 위해 통제되지 않는 폭력을 행사하는 존재이다.
- 자연 상태에서 인간의 폭력은 보복과 새로운 폭력을 낳는 악순환에 갇히게 된다고 하였다.

2 선수 폭력

(1) 선수 폭력의 유형

① 선수들 간의 폭력

② 상대 팀 선수와의 폭력

③ 선후배 간의 폭력

④ 선수 또는 지도자가 심판에게 가하는 폭력

⑤ 지도자가 선수에게 가하는 폭력

⑥ **선수 성폭력** : 강간, 성추행, 성희롱을 포함하며 몸의 자율성과 권리의 침해를 말한다.

합격 TIP

선수 성폭력 예방법
- 선수는 다른 선수에게 성적 굴욕감을 주는 행위를 해서는 안 된다.
- 선수는 훈련 중 신체접촉을 해야 할 경우 반드시 상대방에게 허락을 받아야 한다.
- 선수는 다른 선수에게 성적인 농담이나 이야기를 해서는 안 된다.
- 선수는 동료의 인격을 아끼는 마음과 태도를 가져야 한다.
- 선수는 운동 시간 외에 지도자와 불필요한 일대일 사적 만남을 갖지 않는다.
- 선수는 성폭력 예방교육에 적극 참여한다.

선수 성폭력 대처법

- 선수는 지도자로 인해 성적 굴욕감을 느꼈을 때 즉시 그 행위를 중단하도록 요구한다.
- 선수는 가능한 한 피해상황에서 즉시 벗어나도록 한다.
- 선수는 피해 사실을 숨김없이 학교장, 지도자, 부모 혹은 상담교사, 수사기관, 스포츠인권권익센터 등의 믿을 수 있는 사람에게 반드시 알린다.
- 다른 선수의 성폭력 피해를 목격한 경우에도 학교장, 지도자, 부모 혹은 상담교사, 수사기관, 스포츠인권권익센터 등의 믿을 수 있는 사람에게 반드시 알린다.
- 피해 선수는 피해사실을 기록한다.

(2) 선수 폭력 예방법

① 어떠한 경우에도 동료 선수에 대한 폭력을 행사하지 않는다.

② 분노를 참지 못할 경우 그 자리를 벗어나 감정을 조절할 수 있는 시간을 갖는다.

③ 동료 선수에게 협박, 위협의 언어, 몸짓, 표정을 사용하지 않는다.

④ 동료 선수에게 정당한 이유 없는 심부름 등을 시키지 않는다.

⑤ 선수 폭력을 알게 되었을 경우 모르는 척 하지 않는다.

⑥ 폭력 발생 시 신고할 수 있는 연락처 등을 알아두도록 한다.

⑦ 잘못된 일이 있으면 신속하게 사과한다. 오해가 생길 경우 충분하게 설명하도록 한다.

(3) 선수 폭력 대처법

① 폭행 가능성이 있거나 폭행을 당했을 경우 즉시 지도자, 교사, 학교장 등에 알리도록 한다.

② 폭행 장면을 목격하거나 폭력이 발생할 것을 알았을 경우에도 즉시 알리도록 한다.

③ 폭행이 있을 경우 주변 선배나 동료는 즉시 폭행이 중지되도록 노력해야 한다.

④ 다른 선수를 폭행했을 경우 즉시 스스로 지도자에게 신고한다. 피해 선수에게 즉시 사과하고 재발행동은 절대 하지 말아야 한다.

3 관중 폭력

(1) 경기 중 관중의 폭력

① 관중은 개인이 아닌 군중의 일원이 되었을 때, 사람들은 흔히 비합리적이고 감정적인 행동을 일삼기 쉬우며 군종의 지배적인 분위기에 휩싸여 공격적이고 파괴적인 행동을 하기 쉽다.

② 관중의 무리 지은 폭력행동은 운동경기가 치열하고 팀에 대한 애정과 몰입수준이 높을수록 여러 가지 구조적 요인들로 인해 폭력성을 자극하게 된다.

③ 관중 폭력은 경기의 성격, 라이벌 의식, 배타적 응원 문화 등에 따라 형태가 다르게 나타난다.

(2) 관중의 폭력적인 단체행동을 일으키는 유발요인

① 심판들의 편파적이고 무능력한 판정

② 긴장을 촉발시킬 수 있는 비중 있는 경기

③ 과격한 선수 행동

④ 사회적 통제 및 안전장치의 미흡

합격 TIP

훌리거니즘

- 경기 후 관중의 폭력행동
- '군중'과 '팬의 무질서'를 합친 뜻으로, 응원하는 팀을 빌미로 광적인 행동으로 폭력을 조장한다.
- 훌리건들은 장소를 불문하고 상대방 팀을 응원하는 사람을 만나면 싸움을 벌인다.
- 자기 팀에 대한 몰입수준이 충성심으로 연결되어 경기내용과 관계없이 오로지 자기 팀의 승리를 최고선으로 생각하는 경향을 보인다.

Chapter 6 경기력 향상과 공정성

학습목표

- 도핑의 의미, 금지되어야 하는 이유와 금지 방안에 대해 알아본다.
- 스포츠에서의 유전자 도핑과 반대해야 하는 이유를 알아본다.
- 스포츠에서의 생체공학 기술활용에 대해 알아본다.

1 도핑 ★★★

(1) 도핑의 의미

선수 또는 동물에게 수행능력의 향상을 목적으로 약물을 사용하거나 특수한 이학적 처리를 하는 것, 그 사용행위를 은폐하는 것을 포함한 총체적인 행위를 말한다.

합격 TIP

세계반도핑규약(WADC)에서 규정하고 있는 금지 도핑방법

혈액 및 혈액 성분의 조작, 화학적 · 물리적 조작, 유전자 조작

(2) 도핑의 이유

① 경기에 참가하고자 하는 지나친 욕구

② 수행능력 향상의 욕구

③ 경쟁에서 승리하고자 하는 욕구

④ 물질적 보상이 동기가 되어서

(3) 도핑을 금지해야 하는 이유

공정성	• 모든 스포츠는 공정성을 기반으로 구성되어 있음 • 도핑은 경쟁의 본질을 직접적으로 훼손하는 것
역할모형	• 역할모형인 선수의 약물복용을 모방할 가능성이 있음 • 역할모형에 대한 실망감이나 회의감 등의 상대적 박탈감과 목표상실의 부작용이 나타날 수 있음
강요	• 상급자에 의한 강제적 도핑
건강상의 부작용	• 건강상의 부작용을 초래할 수 있음

(4) 효과적인 도핑 금지 방안

① 윤리, 도덕 교육의 강화와 교육을 통한 의식 변화

② 도핑검사의 강화와 의무화

③ 도핑 검사도구의 지속적인 개발

④ 도핑 적발 시 강경한 처벌

(5) 도핑검사에서 선수의 역할 및 책임

① 도핑방지기구에 협력해야 한다.

② 시료채취가 언제든 가능할 수 있도록 한다.

③ 의료진에게 운동선수임을 고지해야 한다.

④ 의료진에게 선수로서 금지약물 및 금지방법을 사용하지 않아야 할 책임이 있음을 고지하고, 어떠한 의료처치도 규정에 위반되지 않도록 확인할 책임을 진다.

⑤ 도핑방지와 관련하여 사용, 복용하는 모든 물질에 대해서 책임을 진다.

2 유전자 조작

(1) 유전자 도핑의 개념

① 유전자 치료가 본래의 순수한 목적에서 벗어나 운동선수들에게 자신의 능력을 증가시키기 위한 방법으로 사용되는 행위를 말한다.

② 기존 도핑방법과는 달리 인간이 지닌 유전자 자체의 변형을 통하여 스포츠 수행능력 향상을 기대하는 방법이다.

(2) 유전자 조작이 반대되어야 하는 이유

인간의 존엄성 침해	인간이 중심이 되는 스포츠 주체에 대한 숙고 없이 결과(목적) 달성에만 치중하게 한다.
종의 정체성 혼란	자연적인 종의 경계를 무너뜨려 생태적·진화적 문제를 제기한다.
스포츠사회의 무질서 초래	전통적인 스포츠 가치가 퇴색된다.
위험성	안전성 검증이 되지 않았다.

(3) 유전자 조작 방지 대책

① 지속적인 연구 (자연과학의 측면뿐만 아니라 인문학적 측면의 연구)

② 신뢰성 있는 도핑테스트 개발

③ 선수들의 도핑검사 의무화

④ 선수 및 지도자의 윤리교육 실시

3 스포츠에서 생체공학 기술활용

(1) 스포츠에서 과학기술의 범주

안전을 위한 기술	• 시간과 장소를 초월하여 부상에 노출되어 있는 선수들의 안전을 보호할 수 있다.
감시를 위한 기술	• 위법 적발, 경기 규칙 보호와 공정한 경기 진행 역할을 한다. • 오심이나 편파판정을 최소화 하여 경기가 지닌 공정성 향상시키는 역할을 한다.
수행증가를 위한 기술	• 선수들의 목적 달성과 직접적인 연관이 있다. • 과학적 훈련방법, 운동장비의 개발, 식이요법 등은 선수의 기량을 최대화한다.

Chapter 7 스포츠와 인권

학습목표

- 학교운동부에 대해 알아본다.
- 학생선수의 생활권과 학습권을 이해한다.
- 스포츠지도자로서의 윤리에 대해 알아본다.
- 학교체육의 인성교육적 가치와 학교문화를 위한 스포츠의 역할을 알아본다.

1 학생선수의 인권

(1) 학교운동부의 인권문제

① **학교운동부의 인권문제** : 학생선수에 대한 폭력, 성폭력, 선수 도구화 등

② **체육특기생의 문제** : 억눌린 생활, 과도한 체벌과 폭력, 인간소외, 상품화 과정, 수업결손 및 학력저하

③ 학생선수의 소외

신체로부터 소외	부상
스포츠 활동으로부터의 소외	주체성 상실과 자율성의 억압
유적본질의 소외	스포츠 참여의 의미가 진학 등 특수목적으로 축소되면 스포츠를 통해 경험할 수 있는 다양한 가능성으로부터의 배제
인간으로부터의 소외	학생선수를 기계의 부품처럼 착취적으로 활용
자기로부터의 소외	정체성분열 경험

(2) 학생선수의 학습권 보장의 근거

① 다양한 직업 선택을 위한 준비

② 좋은 삶에 대한 준비

③ 운동선수 이후의 삶 준비

④ 더불어 공존하기 위함

⑤ 교육의 목적을 달성하기 위함

⑥ 학생선수로서의 역할을 위함

(3) 학생선수의 학습권 보장을 위한 대안

① 방과 후 운동

② 정규수업 이수

③ 미래를 위한 준비

④ 철저한 학사관리

⑤ 체육특기자 동일계 진학제도 개선

⑥ 합숙소를 기숙사로 전환

⑦ 지도자의 변화

⑧ 최저학력제 도입

학생선수의 학습권 보장과 최저학력제

- 학생선수의 학습권 및 인권보호를 위한 수단적 조치이다.
- 학생선수의 석차백분율을 기준으로 최저성적기준을 명시하여 이에 미달하는 학생선수에 대해 선수로서의 활동에 대해 일정 부분의 불이익을 감수하도록 한다.
- 그 성적기준은 기준학년을 대상으로 단계적으로 상향조치되어 적용한다.

(4) 체육특기자제도

학업성적과 관계없이 일정한 경기실적을 보유하면 상급학교 진학 허용과 등록금, 수업료 감면 등을 제공하여 학생선수들이 운동에 매진할 수 있도록 유도하기 위한 제도이다.

(5) 체육특기자의 진학과 입시제도의 문제

① 입시비리의 관행화 및 법적 처벌의 한계가 존재

② 스카우트 불법성에 대한 현장의 인식부족 및 대안부재

③ 학교 중심적 선발구조의 문제점

④ 관리감독기구의 부실

⑤ 고등학교운동부의 파행적 운영

(6) 체육특기자의 진학과 입시제도 문제의 해결방안

① 스카우트 관행 금지를 위한 제도적 기반을 확보해야 한다.

② 체육특기자 입학체계를 개선해야 한다.

③ 입시비리 적발 및 처벌 구조를 확립해야 한다.

2 스포츠지도자의 윤리

(1) 지도자에 의한 폭력이 발생하는 이유

① 지도자는 전체적인 결정을 할 수 있는 결정권자이다.

② 지도자는 팀의 전략과 진술을 지휘하는 최고의 위치에 있다.

③ 지도자는 선수의 진로와 연봉을 결정하는 데 영향력을 미친다.

④ 지도자는 감시와 통제를 받지 않는 자리이다.

⑤ 지도자는 경기출전권을 가지고 있다.

(2) 선수체벌

체벌은 교육적 목적을 상실하면 폭력이 될 수 있다. 폭력은 물리적 폭력, 성폭력, 언어폭력 등 다양하게 나타난다.

폭력의 공통적 5가지 법칙

계속성, 상호성, 동일성, 폭력은 폭력을 낳는 것일 뿐 다른 아무것도 아님, 폭력하는 사람은 폭력과 자신을 정당화하려 애씀

(3) 선수체벌의 이유

① 지도자의 생존권 문제

② 승리지상주의가 작동하는 결과주의

③ 학부모들이 폭력을 묵인하고 침묵하는 태도

④ 폭력을 당연하게 생각하는 운동문화

(4) 선수체벌의 해결방법

① 잘못된 믿음과 수직적 관계에 의한 폭력문화를 추방해야 한다.

② 체육계 스스로 변화를 위해 노력해야 한다.

③ 지도자, 선수, 학부모에 대한 인권교육 프로그램을 확대한다.

④ 스포츠지도자의 임용과 자격취득 검증제도를 강화한다.

⑤ 지도자 평가제도를 개선해야 한다.

⑥ 폭력행위자를 퇴출해야 한다.

⑦ 스포츠 인권보호를 위한 가이드라인을 개정한다.

⑧ 스포츠인권지원센터를 설립하는 등 적극적 지원체계를 구축해야 한다.

(5) 스포츠 성폭력

① 스포츠계의 조직 특성상 매우 은밀하게 발생하는 경우가 많다.

② 스포츠계의 불평등한 권력구조, 위계적인 폭력문화와 구조적 연관이 있다.

③ 지도자의 선수에 대한 인식 문제(선수가 존중받을 인격체라는 인식이 없음)로 발생한다.

(6) 스포츠 성폭력의 해결방안

① 선수들의 의사표현과 저항의식 교육이 필요하다.

② 지도자의 성폭력이나 성희롱 등에 대하여 단호한 집단적 저항이 필요하다.

③ 내부고발이 자연적으로 이루어지는 분위기를 형성해야 한다.

④ 도움을 받을 수 있는 제도적 장치를 적극적으로 활용하도록 한다.

⑤ 운동선수, 지도자 모두를 대상으로 한 철저한 예방교육이 이루어져야 한다.

⑥ 성폭력이 발생하였을 경우 법이 허용하는 범위 내에서 가해자에 대한 신속하고 엄격한 처벌이 이루어져야 한다.

⑦ 성폭력 피해가 일어났을 경우 전문적인 상담, 치료시설이 필요하다.

⑧ 스포츠계의 폐쇄성이 타파되어야 한다.

(7) 지도자의 역할

① 목표가 명확한 방향을 제시한다.

② 팀의 목표 달성에 도움이 되는 심리적, 사회적 환경을 조성한다.

③ 삶의 철학을 공유하여 가치를 교육한다.

④ 집단 성원들이 집단의 목표를 추구하도록 동기유발한다.

⑤ 문제 발생 시 구성원들과 대면하여 갈등을 해결한다.

⑥ 선수와 상호 소통해야 한다.

(8) 교육자로서의 책임과 권한

① 비교육적인 방법으로 훈련하지 않아야 한다.

② 선수들의 미래를 위한 발전적인 방향에서 지도해야 한다.

③ 물리적 폭력이나 언어적 폭력을 사용하지 않아야 한다.

④ 선수들의 의견을 존중하고 대화를 통해 민주적으로 의사 결정을 할 수 있도록 한다.

⑤ 선수를 도구화하거나 비인간화 하지 않는다.

⑥ 선수를 존중하고 대우한다.

❸ 스포츠와 인성교육

(1) 어린이 운동선수의 보호방안

① 너무 무리한 훈련을 시키지 않는다.

② 이기는 것보다 기초기술 위주의 훈련을 실시한다.

③ 지속적인 선수생활을 위하여 승리보다는 스포츠 자체의 즐거움과 재미를 위주로 훈련한다.

④ 공부와 운동을 병행할 수 있도록 한다.

⑤ 어린 선수에게 체벌을 가하지 않는다.

(2) 스포츠 교육과 인성발달

① 스포츠는 본질적으로 명예, 정직, 페어플레이, 예의범절 등과 같은 운동정신을 강조하며 정당하지 못한 방법을 허용하지 않음

② 스포츠를 통해 경험하게 되는 규칙의 준수와 스포츠맨십 등은 인성발달에 기여함

(3) 학교체육의 인성교육적 가치

① **스포츠 활동과 정서발달** : 긍정적 정서 증진, 타인에 대한 정서적 공감능력 함양

② **인지발달** : 주의력, 집중력 등 지적 기능 발달의 생리적 토대, 전략적 창의적 사고 기술과 비판적·도덕적 판단 능력의 함양

③ **사회성, 도덕성 발달** : 부정적 행동 및 일탈 방지, 친사회적 행동 및 생활기술 발달, 도덕적 성품 발달

(4) 새로운 학교문화를 위한 스포츠의 역할

인성교육의 장	• 존경, 책임감, 정성, 정직, 공평, 올바른 시민의식을 함양하게 한다. • 공정한 게임을 통해 승리와 패배를 수용하고 노력을 극복하려는 자세를 배우게 한다.
학교폭력의 예방과 해결	• 스포츠교육적인 학교 폭력 예방을 위한 이론과 현장 연계강화, 교내에서 실질적으로 실행 가능한 스포츠교육적 예방프로그램의 다양한 개발, 효과적인 실행을 위한 조직적 네트워크와 융합적 연계 구축 등을 통한 학교폭력 문제의 해결을 가능하게 한다.
학교공동체 형성	• 우정과 연대를 통한 학교공동체를 형성하게 한다.

합격 TIP

스포츠 인권

- 스포츠 인권은 스포츠에서 가져야 할 인간의 보편적 존엄성과 자유에 대한 권리를 말한다.
- 인종, 성별과 관계없이 누구나 동등하게 스포츠를 누릴 수 있는 권리이다.
- 종목이나 대상과 상관없이 모두에게 보장되는 권리이다.

레스트의 도덕 교육론 ★

도덕 판단, 도덕적 민감성, 도덕 동기, 도덕적 품성화가 서로 상호작용하여 도덕행동에 영향을 미친다고 하였다.

구분	내용
도덕적 판단력	어떤 행동이 도덕적으로 옳고 그른지 판단하는 것
도덕적 감수성 (도덕적 민감성)	어떤 상황을 도덕적인 문제 상황으로 감지하고 그 상황에서 어떠한 행동을 할 수 있으며 그 행동들이 어떤 영향을 미칠 수 있는가를 상상하는 것
도덕적 동기화	다른 가치들에 비하여 도덕적 가치를 더 우위에 두려는 동기
도덕적 품성화	도덕적 실천에 있어 장애요인을 극복할 수 있는 인내, 용기, 확신 등의 품성

스포츠를 통한 도덕교육 방법 : 스포츠 사상가

사상가	내용
루소 (J. Rousseau)	• 어린 시절부터 다양한 신체활동을 통해 성평등, 동료애, 공동체에서의 협력과 책임을 지는 습관을 길러준다.
베닛 (W. Benneitt)	• 인지적 도덕추론과 정의적 가치명료화 등은 도덕성의 함양에 실제적인 도움이 되지 못한다고 비판하며, 고전과 인문학에 중점을 둔 전통적인 인격교육으로 돌아가야 한다고 주장하였다. • 교사들은 해당 사회의 전통적 가치들에 대해 확신을 갖고 학생들에게 제시해야 한다고 하였다.
위인 (E. A. Wynne)	• 도덕교육은 선을 아는 것, 선을 사랑하는 것, 그리고 선을 행동하는 것이 될 수 있도록 실행되어야 한다. • 스포츠 경기의 전통을 이해하고, 규칙 준수 등의 바람직한 행동을 습관화할 수 있도록 가르친다.
콜버그 (L. Kohlberg)	• 도덕교육의 목적이 도덕적 추론의 단계들을 발달시킴으로써 각 개인들이 자율적인 도덕적 행위자가 될 수 있도록 도와주는 것이 되어야 한다고 보았다. • 스포츠에서 발생하는 도덕적 딜레마에 대한 토론을 통해 도덕적 갈등상황을 이해하고, 자율적으로 대처할 수 있도록 가르친다.
맥페일 (P. McPhail)	• 도덕적 가치들이 중요한 타인들의 행동에 대한 관찰에 의해 학습된다고 하였다. • 스포츠의 도덕적 가치는 체육교사 혹은 스포츠 지도자의 도덕적 모범에 의해 학습되어지고, 학생들은 교사 혹은 지도자를 통해 관찰학습과 사회적 모델링을 하게 된다.

Chapter 8 스포츠 조직과 윤리

학습목표

- 정치와 스포츠의 관계를 이해한다.
- 스포츠 정책과 윤리에 대해 이해한다.
- 심판의 윤리기준과 역할 및 과제에 대해 알아본다.
- 스포츠경영자의 윤리적 의식과 리더십에 대해 알아본다.
- 스포츠 조직의 윤리에 대해 알아본다.

1 스포츠와 정책윤리

(1) 정치와 스포츠의 관계

① 스포츠가 정치권력을 이용하고 정치가 스포츠를 이용하는 공생의 관계이다.

② 지역사회, 국가사회, 국제사회 수준에서 스포츠는 모두 정치적 작용을 할 수 있다.

(2) 정치가 스포츠를 이용하는 방법

상징, 동일화, 조작

(3) 정부가 스포츠에 개입하는 동기나 이유

① 국민의 안전과 질서 확립

② 건강과 체력증진

③ 국가브랜드 이미지 향상이나 국위 선양

④ 국민 화합과 통합

⑤ 경제성장

⑥ 여가선용

⑦ 강군육성

⑧ 국가 간의 화해와 협력 증진

(4) 정부의 스포츠 개입의 기능적 측면

순기능적 측면	역기능적 측면
• 국민의 화합과 협력 • 외교적 승인과 국위선양 • 국민의 건강과 행복 증진 • 국가 간의 화해와 협력	• 정치선전 및 체제강화 • 사회통제 • 국가 간 분쟁 • 정치적 시위

(5) 스포츠의 사회적 이슈와 윤리성 문제

① **스포츠윤리의 결여** : 불법스포츠도박, 승부조작, 도핑, 폭력 등의 문제가 발생함

② **사회적 이슈** : 운동선수 귀화 논쟁, 남북한 스포츠교류

③ 스포츠의 사회적 이슈와 윤리성 문제에 대응하는 적극적 자세가 필요함

지양해야 할 태도	무지한 태도	놓여있는 상황을 인식하지 못하는 태도
	비관적 태도	현실도피와 소외의식의 태도
	반항적 태도	맹목적으로 거부하고 반항하는 태도
지향해야 할 태도	낙관적 태도	과학기술 문명의 발달로 좋아질 것
	적극적 태도	합리적 사고와 반성적 사고를 수용하고 사용하는 태도

스포츠윤리센터

국민체육진흥법 제18조3에 근거하여 재단법인 스포츠윤리센터가 설립되었다.

스포츠윤리센터의 주요 사업 및 역할

- 스포츠비리 및 체육계 인권침해에 대한 신고 접수, 조사, 조사 결과에 따른 조치
- 피해자에 대한 상담, 법률 지원 및 연계
- 체육계 비리 및 인권침해에 대한 신고접수 및 조사와 피해지원
- 체육계 비리 및 인권침해에 대한 실태조사 및 제도 개선
- 체육계 비리 및 인권침해 예방교육 및 홍보활동
- 체육계 인권침해 재발방지를 위한 징계정보시스템 운영
- 체육의 공정성 확보 및 인권보호를 위해 필요한 사업
- 스포츠 비리 및 체육계 인권침해에 대한 실태조사 및 인권침해 방지를 위한 예방교육 등

(6) 스포츠정책의 윤리적 문제

① 스포츠 통합 후에도 엘리트 체육과 생활체육 정책 사이의 이원화

② 스포츠 참여의 불평등

③ 스포츠 복지 소외

④ 선수선발과 육성 비리, 폭력, 성폭력, 양물복용, 승부조작, 조직 사유화 등

⑤ 체육정책능력보다 정당, 지역에 따른 검증 없는 임용

⑥ 공무원의 무사안일과 실책의 은폐

⑦ 전공영역의 불일치와 잦은 인사이동으로 인한 전문성 문제

심판의 윤리

(1) 심판의 기능

순기능	역기능
• 심판의 판정행위는 경기에서 선수의 기술에 대한 판단의 일부로 윤리적 가치를 발휘한다. • 심판의 판정은 보편타당성을 갖고 있으며, 객관적 필연성이 있다. • 심판의 판정 행위는 심판의 절제 있는 자세를 취한 것이다.	• 심판의 오심이 경기에 영향을 미칠 수 있다. • 심판의 편파 판정이 있을 수 있다.

(2) 심판이 갖추어야 할 윤리기준 ★★

① **공정성** : 모든 심판은 경기에서 어느 한쪽으로 치우침이 없고 사사로움이 없어야 한다.

② **청렴성** : 성품이 고결하고 탐욕이 없어야 한다.

③ **편견과 차별성** : 심판은 편견과 차별성을 가져서는 안 된다.

심판의 전문성

심판의 판정은 비가역성의 특성을 갖기 때문에 정확한 판정이 이루어져야 한다. 즉 한번 내린 심판의 결정은 번복하지 못한다.

(3) 심판 윤리의 구조

① **개인윤리** : 도덕적 문제에 있어서 양심과 의사 결정 능력, 실천 의지 등 개인적 측면에서 원인을 파악하고 개인의 도덕성 회복과 증진을 중요시 한다.

② **심판의 개인윤리** : 심판이라는 전문적 업무를 수행함에 있어 요구되는 도덕적 덕목으로 심판에게 요구되는 윤리적 자세, 기본적 행동지침이다.

공평무사	사적인 이익과 감정에 휘둘리지 않고 공정한 자세를 유지해야 한다.
냉철함	침착한 판단과 선수의 심리에 밝아야 한다.
자율성	외부의 지시나 간섭을 단호하게 뿌리쳐야 한다.
정직	거짓이나 꾸밈이 없어야 한다.
청렴성	성품과 행실이 바르고 탐욕이 없어야 한다.
투명성	말이나 태도가 분명해야 한다.

③ **사회윤리** : 윤리적 문제가 단순히 개인의 양심과 도덕성의 회복 혹은 행동의 교정을 통해 해결되지 않으며 사회구조와 제도 자체를 개선하여 해결될 수 있다고 여긴다.

④ 심판에게 있어서 사회윤리는 독립성의 확보가 필요하며, 심판의 윤리성을 강화하기 위해서는 비도덕적 문제에 휘둘리지 않도록 제도적 장치를 먼저 마련해야 한다.

⑤ 심판의 윤리는 개인윤리와 사회윤리가 복합적으로 얽혀 있어 상호보완적 관계를 갖는다.

합격 TIP

심판의 개인윤리적 덕목

- 사적인 이익과 감정에 휘둘리지 않고 공정한 자세를 유지해야 한다.
- 올바른 성품과 행실, 탐욕이 없어야 한다.
- 말과 태도가 분명해야 한다.
- 외부의 지시나 간섭에 휘둘리지 말아야 한다.
- 거짓이나 꾸밈이 없어야 한다.
- 침착한 판단을 해야 한다.

3 스포츠 조직의 윤리경영

(1) 스포츠경영자의 윤리적 리더십

① **타인존중** : 경쟁자를 포함한 모든 참여자를 존중해야 한다.

② **봉사** : 스포츠 조직과 기업은 봉사를 통하여 스포츠 이미지의 긍정적 인식을 강화시킬 수 있다.

③ **정의** : 스포츠경영자는 법과 원리로 공정성과 정의를 실천하는 윤리적 리더가 되어야 하며, 스포츠 조직의 공동선을 창출할 수 있어야 한다.

④ **신뢰** : 스포츠경영자는 능력, 호의성, 정직성을 기반으로 소비자와 진정성 있는 신뢰를 구축해야 한다. ★

⑤ **공동체 형성** : 구성원들이 소속으로 인한 목적의식, 자기만족, 연대의식 등으로 공유가치를 창출해 낼 수 있도록 유익한 목표의 제시와 공동선을 지향해야 한다.

[참고문헌]
김정효(2021). 스포츠윤리학. 서울: 레인보우북스.
스포츠윤리센터. https://www.k-sec.or.kr/front/info/introduce.do
한국체육철학회(2022). 스포츠윤리. 서울: 대한미디어.
문개성(2020). 현대사회와 스포츠. 서울: 박영사.

운동생리학

저자 직강 이론 강의

출제기준/출제빈도

주요항목	세부항목	출제빈도				
		2022	2021	2020	2019	2018
1. 운동생리학의 개관	1. 주요 용어	2/20	0/20	0/20	2/20	0/20
	2. 운동생리학의 개념	0/20	0/20	0/20	0/20	1/20
2. 에너지 대사와 운동	1. 에너지의 개념과 대사작용	0/20	1/20	0/20	2/20	1/20
	2. 인체의 에너지 대사	1/20	1/20	2/20	2/20	2/20
	3. 트레이닝에 의한 대사적 적응	2/20	2/20	3/20	1/20	0/20
3. 신경조절과 운동	1. 신경계의 구조와 기능, 특성	2/20	1/20	1/20	0/20	1/20
	2. 신경계의 특성	0/20	1/20	0/20	0/20	0/20
	3. 신경계의 운동기능 조절	1/20	1/20	2/20	3/20	2/20
4. 골격근과 운동	1. 골격근의 구조와 기능	1/20	2/20	3/20	2/20	2/20
	2. 골격근과 운동	2/20	1/20	2/20	0/20	1/20
5. 내분비계와 운동	1. 내분비계	1/20	2/20	2/20	2/20	2/20
	2. 운동과 호르몬 조절	0/20	0/20	0/20	0/20	0/20
6. 호흡·순환계와 운동	1. 호흡계의 구조와 기능	1/20	1/20	1/20	1/20	2/20
	2. 운동에 대한 호흡계의 반응과 적응	2/20	1/20	0/20	1/20	0/20
	3. 순환계의 구조와 기능	4/20	2/20	2/20	2/20	3/20
	4. 운동에 대한 순환계의 반응과 적응	0/20	1/20	0/20	1/20	1/20
7. 환경과 운동	1. 체온 조절과 운동	1/20	2/20	1/20	0/20	1/20
	2. 인체 운동에 대한 환경 영향	0/20	1/20	1/20	1/20	1/20

Chapter 1 운동생리학의 개관

학습목표

- 운동생리학의 개요와 주요 용어에 대한 의미를 이해할 수 있다.
- 건강체력과 운동체력의 의미를 이해하고 각 구성요소를 구분할 수 있다.
- 트레이닝의 원리를 구분하여 이해할 수 있다.

1 주요 용어

(1) 운동

건강 및 체력의 향상과 유지를 위해 구체적인 계획을 세워, 규칙적으로 하는 신체활동을 의미

(2) 신체활동

계획적이지 않은 신체의 움직임으로 골격근 수축에 따른 에너지를 소비하는 모든 움직임을 의미

(3) 체력

신체활동을 할 수 있는 능력으로 건강관련체력과 운동기능체력으로 구분함 ★★

① **건강체력** : 일상생활에서 적극적으로 활동할 수 있는 신체적 능력

근력	근육이 한 번에 최대로 낼 수 있는 힘 예 악력
근지구력	운동을 지속적으로 할 수 있는 근육의 능력 예 윗몸일으키기
심폐지구력	지속적인 신체활동을 위한 심장과 폐의 산소 공급 능력 예 오래달리기
유연성	관절의 전체 동작범위에 걸쳐 자유롭게 움직이는 능력 예 앉아윗몸앞으로굽히기
신체조성	신체의 지방과 제지방 조직(근육, 뼈, 기관 등)의 상대적인 양

② **운동체력** : 스포츠 경기에서의 운동기술을 발휘하는데 필요한 체력 요소

평형성	신체활동 중에 균형을 유지하는 능력 예 한발로서서균형 잡기
민첩성	방향이나 자세를 정확하고 재빠르게 바꿀 수 있는 능력 예 10m 왕복달리기
협응력	운동을 정확하게 인지하고 수행하기 위해 신체 여러 부분의 감각을 잘 사용할 수 있는 능력 예 8자보행
순발력	순간적으로 강한 힘을 발휘할 수 있는 능력 예 제자리멀리뛰기
스피드	짧은 시간 내에 움직임을 빠르게 수행할 수 있는 능력

❷ 항상성 ★★

(1) 항상성

신체의 외부 환경이 변해도 적절하게 반응하여 몸의 상태를 일정하게 유지하려는 성질을 말하며, 신경과 호르몬의 작용으로 항상성이 유지된다.

(2) 운동 중의 항상성 조절

체온 조절, 혈압조절, 산소/이산화탄소 분압 조절, 혈당조절, 산-염기 조절

(3) 항상성의 조절 체계

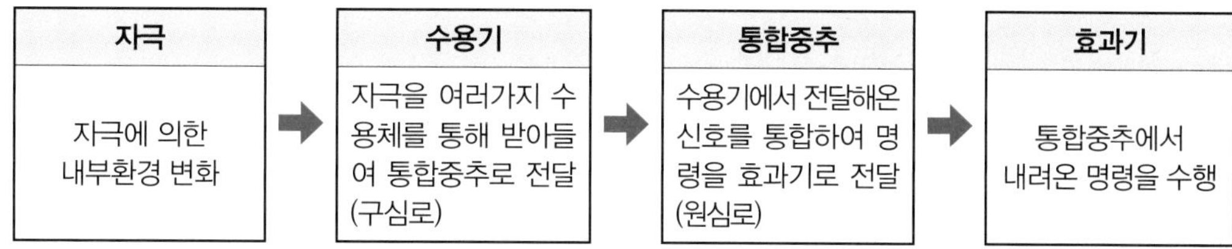

(4) 항상성 조절 기전 ★★

① **음성 되먹임 기전** : 특정 반응의 결과가 시스템의 작동을 억제하거나 조절하는 과정으로 신체 대부분의 항상성 조절은 음성 되먹임 기전에 의해 조절된다.

② **양성 되먹임 기전** : 특정 반응의 결과가 시스템의 작동을 더욱 촉진시키는 과정이다.

합격 TIP

항상성과 관련된 문제는 내분비계와 함께해서 자주 출제되므로 정의와 함께 예시를 외워두면 도움이 될 것이다. 다음은 항상성 조절 기전인 음성 되먹임 기전과 양성 되먹임 기전의 예시이다.

음성 되먹임 기전의 예시

: 혈당조절

혈액 속 혈당량이 높을 때에는 이자에서 인슐린이 분비되어 혈액 속 포도당을 세포내로 이동시키고 간과 근육에 글리코겐으로 저장함으로써 혈당량을 감소시킨다. 혈당량이 낮을 때에는 글루카곤이 분비되고 간에 저장된 글리코겐을 포도당으로 전환시켜 혈액 속으로 내보내 혈당량을 증가시킨다.

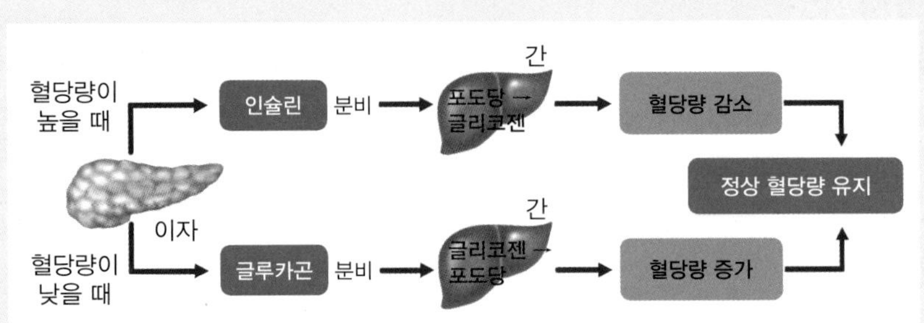

음성 되먹임 조절의 예시 (혈당조절)

양성 되먹임 기전의 예시

: 상처로 인해 발생한 지혈과정

상처로 인해 혈관이 손상되면, 지혈하기 위한 여러 응고 인자들과 혈액 구성요소들이 손상된 혈관으로 모여들며 지혈작용이 시작된다. 지혈작용이 완료될 때까지 지속적으로 화학물질이 분비되며 양성 되먹임이 발생한다.

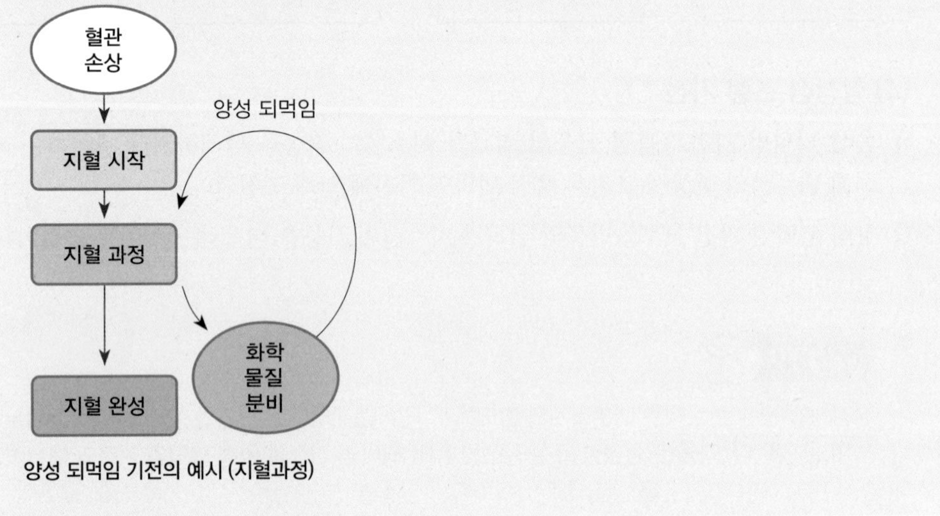

양성 되먹임 기전의 예시 (지혈과정)

(5) 항정상태(steady state)

내부 환경이 변하지 않는 일정한 유지상태를 말하며, 내부 환경이 반드시 정상적인 상태라는 것을 의미하진 않는다.

예 운동 중 체온 변화 : 운동 시작 이후 체온이 서서히 증가하여 항정상태에 이르게 됨

3 운동훈련의 원리 ★★

① **과부하의 원리 :** 운동 훈련에 의한 효과는 운동량이 일상생활 수준보다 높을 때 일어난다.

② **특이성의 원리 :** 운동 훈련의 종류와 강도에 따라 운동적응은 다르게 나타난다.

예 단거리 육상선수 – 스프린트 운동, 역도선수 – 근력 및 파워트레이닝

③ **가역성의 원리 :** 운동을 통해 얻어진 결과들이 운동을 중단할 경우 운동 전 상태로 되돌아간다.

④ **개별성의 원리 :** 개인의 체력, 건강상태, 운동종목 선호도 등을 고려하여 적합한 형태의 운동훈련을 해야 한다.

⑤ **점진성의 원리 :** 운동의 강도, 시간, 빈도를 서서히 증가시키면서 훈련한다.

4 운동생리학의 개념

(1) 운동생리학의 정의 ★

운동 수행으로 인한 자극에 대해 인체가 반응하고 적응하는 과정 속에서 나타나는 생리학적 현상을 분석하고 연구하는 학문

(2) 운동생리학의 인접 학문

① 인체생리학, 해부학, 운동처방, 스포츠의학, 운동영양학, 운동생화학, 트레이닝론 등 다양한 학문과 관련성을 가진다.

② 최근엔 분자생물학적 분석을 기반한 분자·세포수준에서의 연구, 유전자를 통한 기관의 구조와 기능을 조절하는 운동유전학에서의 연구도 이루어지고 있다.

Chapter 2 에너지 대사와 운동

학습목표

- 에너지 대사의 개념과 주요 에너지원에 대해 안다.
- ATP 생성 시스템 3가지를 구분하여 이해한다.
- 유산소 트레이닝과 무산소 트레이닝에 의한 대사적 적응을 이해한다.

1 에너지의 개념과 대사 작용

(1) 에너지 대사의 개념 ★

에너지를 얻기 위해 세포에서 일어나는 물질의 화학반응을 말한다. 섭취한 음식은 화학반응을 통해 인체 내에서 사용할 수 있는 형태의 에너지로 변환되는데 이때 동화작용과 이화작용으로 전환되어진다.

이화작용	• 물질을 분해하여 에너지를 방출하는 과정(발열) • 에너지가 부족한 환경에서 우세 • 큰 분자를 작은 분자로 분해하는 반응 예 소화, 세포 호흡 예 탄수화물 → 포도당(글루코스), 지방 → 글리세롤(1개) + 지방산(3개), 단백질 → 아미노산
동화작용	• 물질을 합성하여 에너지를 흡수하는 과정(흡열) • 에너지가 풍부한 환경에서 우세 • 작은 분자들을 붙여 큰 분자를 합성하는 반응 예 광합성, 단백질 합성, 글리코겐 합성

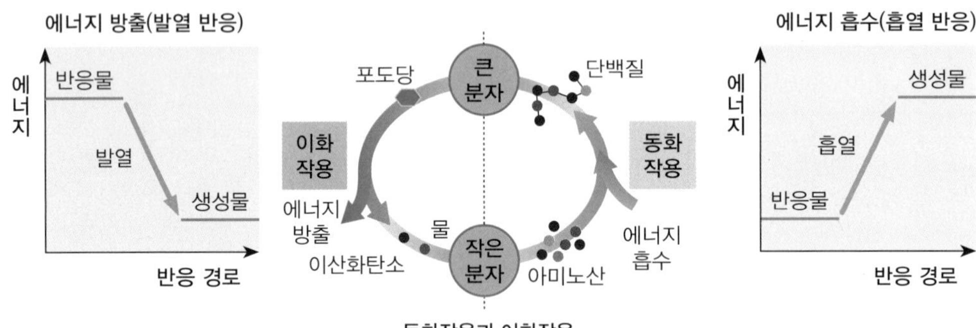

동화작용과 이화작용

(2) 에너지 대사에 사용되는 주요 에너지원 ★

인체는 탄수화물, 지방, 단백질을 통해 근 수축을 위한 에너지 ATP를 생성한다.

탄수화물 (포도당, 글루코스)	• 1g당 4Kcal 에너지를 가짐 • 산소 없이도 에너지 생성이 가능하여 고강도 운동 시 가장 빠르게 에너지 생산에 동원됨 • 남은 탄수화물은 글리코겐, 지방으로 전환되어 저장됨 • 인체 저장량에 한계가 있음
지방 (1개의 글리세롤 + 3개의 지방산)	• 1g당 9Kcal 에너지를 가짐 • 에너지 대사에 쓰이기 위해서는 꼭 산소가 필요하며, 가장 느리게 에너지를 생산함 • 중강도 운동 및 휴식 시에 많이 사용 • 신체 저장량이 가장 높아 오랜 시간 에너지 공급 가능 • 인체의 저장된 지방은 대부분 중성지방이며, 근육에는 소량의 지방이 저장되어 있음
단백질 (아미노산)	• 1g당 4Kcal 에너지를 가짐 • 운동 중에는 약 1~2% 사용되나, 고강도 장시간 운동으로 에너지가 부족하거나, 장기간 굶었을 때에 분해되어 사용되어짐

(3) 에너지 소비량 측정

운동 중 사용되는 에너지 소비량은 직접 및 간접적인 방법으로 측정할 수 있다.

① 직접 열량 측정법

- 밀폐되고 단열된 방으로 구성된 열량계를 이용한 측정법이다.
- 운동을 통한 대사 작용으로 인체 내에서 열 발산 → 전도되어진 열이 방에 설치되어진 구리 관을 통해 순환하고 있는 물의 온도를 높임 → 그 온도 차이로 에너지 소비량을 측정
- 최근에는 잘 사용되지 않는다.

② 간접 열량 측정법 : 산소 소비량 측정을 통해 에너지양을 환산하는 방법이다.

합격 TIP

간접 열량 측정법 중 보편적으로 사용되는 호흡교환율은 대사 동안에 산화되어진 연료의 종류에 따라 값이 달라진다. 호흡교환율에 대한 문제가 자주 출제되는 만큼 꼭 이해하고 넘어가자.

호흡교환율(Respiratory Exchange Ratio : RER) ★★

1분 동안 폐에서 배출되는 이산화탄소의 양과 소비되는 산소의 양의 비율

: 계산공식

RER = VCO_2(배출되는 이산화탄소 양)/ VO_2(소비되는 산소의 양)

휴식상태에서의 RER값은 약 0.78~0.80 사이로 주로 지방이 쓰인다. 하지만 운동을 시작하고 강도가 높아질수록 근육의 탄수화물 사용량은 증가되고 산소 소비량만큼이나 배출되는 이산화탄소의 양도 많아짐으로 인해 RER값이 1.0에 가까워진다.

: **호흡교환율과 대사연료의 기여도**

- 운동시간이 짧고 강도가 높을수록 탄수화물 에너지 기여도가 높아지고, 운동시간이 길고 강도가 낮을수록 지방의 기여도가 높아진다.
- **각각의 연료를 100% 이용 시 RER값** : 지방 0.7 / 단백질 0.8 / 탄수화물 1.0

호흡교환율(R)	탄수화물(%)	지방(%)
0.70	0	100
0.75	16	84
0.80	33	67
0.85	50	50
0.90	67	33
0.95	84	16
1.00	100	0

2 인체의 에너지 대사

(1) ATP(Adenosin Tri-Phosphate, 아데노신3인산)

① 인체가 이용할 수 있는 가장 중요한 에너지원

② 1개의 아데노신과 3개의 무기인산이 결합되어있는 형태로 1개의 무기인산이 분해될 때마다 7.3Kcal의 에너지 발생한다.

③ 음식 섭취를 통해 얻어진 에너지는 약 60%는 열에너지로 이용, 약 40%는 ATP로 저장되어 근 수축에 이용된다.

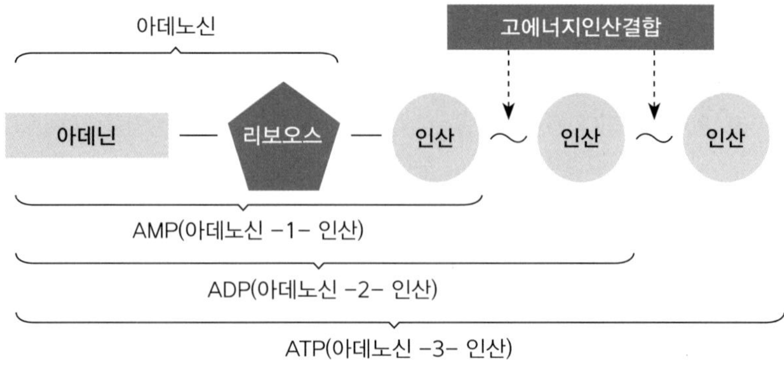

ATP의 화학구조

(2) ATP 생성 시스템 ★★★

ATP 생성 시스템은 ATP 생성 속도와 생성량, 산소의 필요 유무에 따라 시스템이 크게 3가지로 구분되며, 운동 강도에 따라 최대한 빠르게 에너지를 공급해줄 수 있는 시스템으로 결정되어 순차적으로 공급된다.

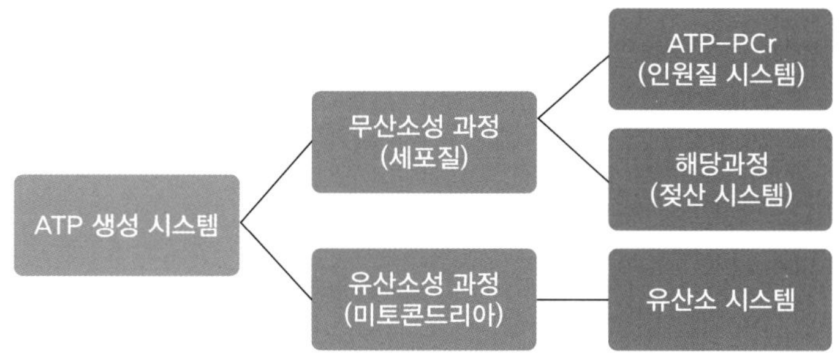

ATP 생성 시스템의 구분

(3) ATP-PCr 시스템(인원질 시스템)

① **물질대사 장소 :** 세포질

② **주요 에너지원 :** PCr(크레아틴 인산)

③ 산소 없이도 에너지를 만들어 낼 수 있어 가장 빠르게 ATP를 공급하는 시스템

④ 극히 소량의 ATP 생산으로 약 10초 이내에 폭발적인 근 수축에 사용

예 포환던지기, 높이뛰기, 단거리 달리기, 역도 등

⑤ 근세포에 저장되어 있던 PCr(크레아틴 인산)이 크레아틴키나아제(creatine kinase, CK)에 의해 인산기(Pi)와 크레아틴(creatine)으로 분해되고, 분해되어 나온 인산기(Pi)를 ADP와 결합시켜 ATP로 재합성시킴으로 에너지를 얻음

(4) 해당과정(젖산 시스템)

① **물질대사 장소 :** 세포질

② **주요 에너지원 :** 탄수화물

③ 당분을 분해한다는 의미로 탄수화물, 포도당을 분해하여 에너지를 얻는 시스템

④ 에너지 생성과정에서 최종 부산물로 젖산이 생기기 때문에 젖산 시스템이라고도 함

⑤ 산소 없이도 에너지 생성 가능

⑥ 한정된 ATP 생산으로 약 1분 전후로 강한 근 수축에 사용

예 400m 달리기, 100m 수영, 500m 스피드 스케이팅 등

⑦ 해당과정에서 얻어진 피부르산 → 산소가 없는 경우, 수소이온(H^+)을 받아들임으로서 젖산탈수소효소(lactate dehydrogenase, LDH)에 의해 젖산으로 전환 → 그 과정 속에서 ATP를 재합성 할 수 있는 에너지가 제공

⑧ 해당과정의 최종 부산물인 젖산은 2가지 과정을 통해 제거 → 미토콘드리아 내에서의 산화, 간에서의 코리 사이클(cori cycle) 과정을 통해 글리코겐으로 재합성되어 에너지로 재사용

(5) 유산소 시스템(크렙스회로 & 전자전달계)

① **물질대사 장소** : 미토콘드리아

② **주요 에너지원** : 지방

③ 산소가 있어야 에너지 생성 가능

④ 에너지 제공 속도는 느리지만 가장 많은 ATP를 생성, 장시간 운동에서 쓰이는 시스템

예 1,500m 달리기, 마라톤, 크로스컨트리 등

⑤ 해당과정에서 얻어진 피부르산 → 산소가 있기에 세포 내 미토콘드리아에서 아세틸 조효소 A로 분해되어 크렙스회로의 연료로 사용 → 전자전달계를 거쳐 가장 많은 ATP를 생성

⑥ 크렙스회로는 TCA 회로, 구연산 회로, 시트르산 회로라고도 함

⑦ **베타 산화** : 유리지방산이 분해되어 아세틸 조효소 A, NADH, $FADH_2$를 생성하는 과정

- 생성되어진 아세틸 조효소 A는 TCA 회로를 통해 ATP를 생성하는데 쓰임

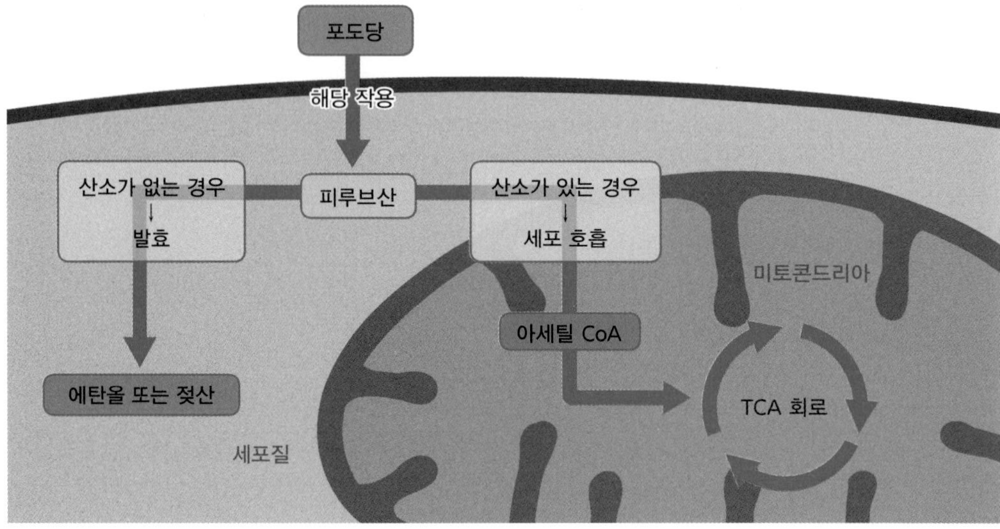

산소유무에 따른 피루브산 작용

(6) ATP 생성시스템 요약 ★★★

구분	ATP-PCr 시스템 (인원질 시스템)	해당과정 (젖산시스템)	유산소 시스템 (크렙스회로 & 전자전달계)
산소유무	산소 필요 없음	산소 필요 없음	산소 필요함
장소	세포질	세포질	미토콘드리아
주요 에너지원	PC	탄수화물	지방
속도조절 효소	CK (creatine kinase)	PFK (phosphofructokinase)	크렙스회로 : 이소구연산 탈수소효소 전자전달계 : 시토크롬 옥시다제
시스템 특징	가장 빠르게 에너지 공급이 가능하나, 극히 소량의 ATP 생산	산소 없이 에너지 공급이 가능하나, 한정된 ATP 생산	가장 많은 에너지 공급 가능, 지속적인 ATP 생산 가능
지속시간	10초 이내	몇 분 내외	몇 시간 이상
운동형태	고강도&단시간 운동	고강도&단시간 운동	저강도&장시간 운동
예	짧은 시간동안 폭발적인 힘이 필요한 스포츠	몇 분 이내에 이루어지는 고강도 운동	오랜 지속시간이 필요한 스포츠
	포환던지기, 높이뛰기, 단거리 달리기, 역도 등	400m 달리기, 100m 수영, 500m 스피드 스케이팅 등	1500m 달리기, 마라톤, 크로스컨트리 등
부산물에 의한 피로	없음	있음 (젖산에 의한 근피로)	없음

3 트레이닝에 의한 대사적 적응 ★★★

각각의 시스템이 작용한 운동자극은 그 시스템에 맞춘 몸의 적응반응을 유도하게 된다.

(1) 유산소(지구성) 트레이닝에 의한 적응

① 심폐조직의 지구력을 강화시켜, 근육에 필요한 영양분과 산소를 충분히 공급해주는데 목적

② 지속적이고, 효율적인 산소공급을 위한 다양한 변화와 적응이 일어남

심폐조직	• 혈액량 및 헤모글로빈 증가 • 산소 섭취 및 운반 능력 증가 • 최대산소섭취량 증가 • 1회 박출량 증가 (정맥회귀율 증가 + 확장기말 혈액량 증가에 따름) • 최대 심박출량 증가 • 안정시 및 최대하 심박수 감소 (부교감신경(미주신경) 자극 증가에 따름) • 좌심실 크기(용적) 증가 및 좌심실 두께 증가 • 수축기말 용량(ESV) 감소 및 확장기말 용량(EDV) 증가
근육조직	• 미토콘드리아의 크기와 수, 마이오글로빈 수 증가 (산소를 근육 안으로 끌어당기는 능력이 증가됨) • 모세혈관 밀도 증가 • 산화적 인산화에 관여하는 효소 증가 • 지근섬유(Type Ⅰ 섬유, ST 섬유), 속근섬유 중 FTa 섬유 비율 증가
기타	• 지방 사용 증가 (혈중 중성지방 감소, 저밀도 지단백 감소) • 무산소성 역치점 증가 (환기량이 최대강도에서 직선적인 증가를 벗어나 급격히 증가하는 시점)

(2) 무산소(저항성) 트레이닝에 의한 적응

① 근육의 최대 수축능력을 증가시켜 단기간에 큰 에너지를 효율적으로 사용하는데 목적

② 에너지원을 미리 저장시켜 운동 시 무산소 시스템을 빨리 동원토록 하고, 피로와 관련한 물질의 축적을 감소시키거나 빠르게 제거할 수 있도록 적응현상이 일어남

근육조직	• 속근 섬유(Type Ⅱ, FT 섬유) 비율 증가 • 동원되는 운동단위 수 증가, 십자형 가교 수 증가에 따른 근력증가 • ATP와 PCr, 글리코겐 저장 능력 증가 → 에너지 공급 원활하게 함 • ATP-PC, 해당과정에 필요한 효소 활동 증가 예 phosphorylase, PFK, LDH, Hexokinase • 결합 조직의 증가 (건, 인대 조직) • 액틴 단백질 양 증가
기타	• 늦어지는 젖산 역치 • 젖산에 대한 완충작용능력 향상으로 젖산역치 시점이 지연됨 (중탄산염과 인산염이 H^+과 결합하여 pH농도 감소를 완화) 단 젖산역치(Lactate Threshold : LT) : 젖산농도가 급격하게 증가하는 시점을 말함 • 시냅스 소포 수 증가

Chapter 3 신경조절과 운동

학습목표

- 신경세포(뉴런)의 구조와 기능에 대하여 이해한다.
- 중추신경계의 구조와 기능에 대해 이해한다.
- 말초신경계의 구조와 기능에 대해 이해한다.

1 신경세포(뉴런)

(1) 신경세포(뉴런)의 특징

① 신경을 구성하여 신호를 전달하는 세포로 세포체, 수상(가지)돌기, 축삭돌기 3가지로 구성

② 뉴런의 전도 속도는 신경섬유의 지름과 비례, 굵을수록 전도속도가 빠름

③ 뉴런의 전도는 한쪽 방향으로 이동함

(2) 신경세포(뉴런)의 구조 ★

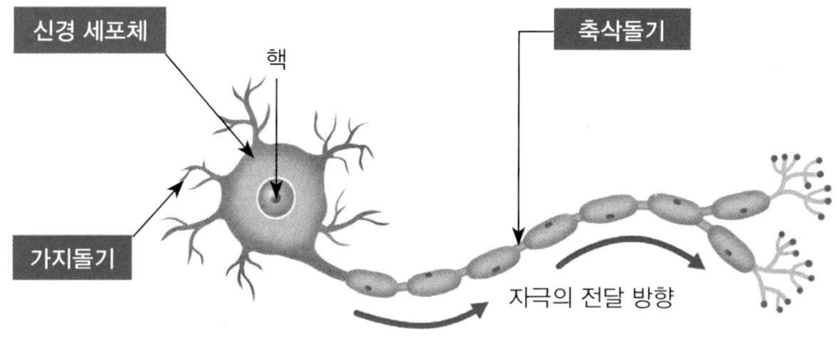

뉴런의 구조

세포체	수상(가지)돌기	축삭돌기
• 핵과 세포질로 구성 • 영양공급 및 외부 물질에 대한 식세포 작용	• 세포체에서 짧게 뻗어 나온 여러 개의 돌기 • 신호를 받아들이는 역할	• 세포체에서 길게 뻗어 나온 돌기 • 신호를 전달하는 역할

운동생리학

(3) 신경세포(뉴런)의 종류 ★★

① 기능에 따른 분류

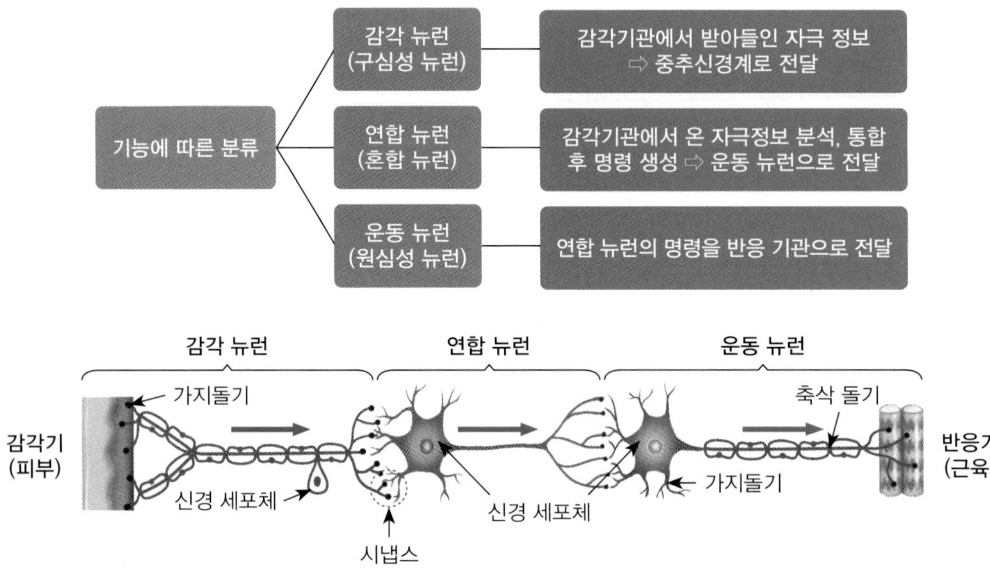

기능에 따른 신경세포의 종류

② 구조에 따른 분류

단 말이집(미엘린 수초) : 슈반세포에 의해 생성되어 축삭을 여러 층의 세포막으로 감싸고 있으며, 지질로 이루어져 전기적 절연체로 작용한다.

단 랑비에 결절 : 수초가 없는 축삭의 부분을 말한다. 활동전위가 이곳 결절에서 형성하여 다음 결절로 도약전도하며 활동전위를 빠르게 전달한다.

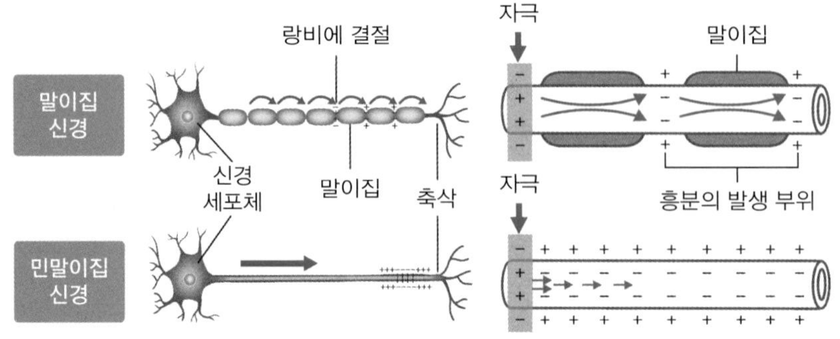

말이집 신경과 민말이집 신경의 흥분전도 속도 비교

(4) 뉴런의 전기적 활동 ★★

살아있는 세포막은 막전위를 가지며, 세포막을 사이로 나트륨(Na^+)이온과 칼륨(K^+)이온의 이동에 따라 전기적 신호가 발생하고 전달되어진다.

① 안정막전위와 활동전위

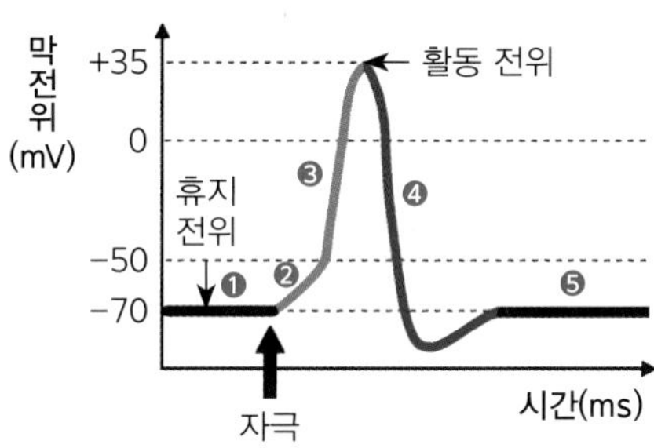

구분	❶ 분극(휴지 전위)	❷ 탈분극	❸ 탈분극	❹ 재분극
대전 상태	세포 밖 : + 세포 안 : -	세포 밖 : + 세포 안 : - Na^+	세포 밖 : - 세포 안 : + Na^+	세포 밖 : + 세포 안 : - K^+

활동전위의 발생 과정

안정막 전위	**분극**	−70mV	자극을 받지 않은 상태, 즉 안정 시 상태의 전위차로 세포 안은 칼륨(K^+)이 많아 음 전위를 띄고, 세포 밖은 나트륨(Na^+)이 많아 양 전위를 띔
활동 전위	**탈분극**	+30mV	역치 이상의 자극을 받아 세포막의 나트륨(Na^+) 통로가 활성화되고, 세포 안으로 나트륨(Na^+)이 유입됨으로써 전기적 신호가 전달되는 상태 ㉡ 역치 : 세포가 활동전위를 일으킬 수 있는 최소한의 자극세기
	재분극	−70mV	탈분극을 지나 분극상태로 돌아가는 시점으로 나트륨(Na^+) 통로는 닫히고, 칼륨(K^+)이 세포 밖으로 확산되어 이동함
	과분극	−70mV 이하	재분극 시점에서 칼륨(K^+)이 세포 밖으로의 확산이동이 너무 많이 되어 안정막 시점의 전위차보다 커지는 경우를 말함

② 불응기 : 일정시간동안 전기적 활동에 반응하지 않는 시기를 말한다.

절대 불응기	활동전위가 발생되어 역치 이상의 자극이 와도 반응하지 않는 시기
상대 불응기	재분극 상태에서 평상시의 자극수준보다 더 큰 역치 수준 이상의 자극으로 반응할 수 있는 시기

③ 실무율 : 역치 이하의 자극에서는 반응하지 않고, 역치 이상의 자극에 대해서만 반응이 일어나며 또한 자극이 세기가 더 증가하더라도 반응의 크기는 더 커지지 않고 일정한 현상을 말한다. 단일근섬유, 신경세포, 감각세포 등은 실무율이 적용되나 여러 근세포가 모인 근육, 신경다발에서는 실무율이 적용되지 않는다(각 세포의 역치도 다르고, 반응하는 세포의 수도 다르기 때문에).

❷ 신경계의 특성

자극과 정보를 전달하는 역할의 신경계는 여러 개의 뉴런으로 연결되어 있으며, 뉴런과 또 다른 뉴런이 만나는 그 기능적 연결 부위를 '시냅스(synapse)'라고 한다. 이 시냅스를 통해 환경 변화에 따른 자극으로 흥분을 일으키는 흥분성, 적절한 신체반응을 말초로 전달하는 전달성, 정보를 통합하는 통합성의 기능을 수행한다.

(1) 흥분성 ★★

① 화학물질을 통해 흥분 전도를 일으키며, 한쪽 방향으로만 전달한다.

② 전달하는 축삭종말의 막은 '시냅스 전', 정보를 받는 뉴런의 막은 '시냅스 후'라고 하며, 시냅스 전과 시냅스 후의 작은 틈을 '시냅스 간극(synapse cleft)'이라고 한다.

(2) 전달성 ★★

① **전기적 시냅스와 화학적 시냅스** : 시냅스에서의 자극 전달은 2가지로 이루어짐

전기적 시냅스	화학적 시냅스
• 전기 신호 전달 예 심근세포, 일부 평활근 세포 • 인접한 세포에만 전달하고, 양방향으로 전달되어 동시 수축이 가능함 • 시냅스 간극이 좁고 전달 속도가 빠름	• 신경전달 물질에 의한 전달 예 대부분의 신경세포 • 시냅스 전 뉴런 축삭말단에서 시냅스 후 뉴런 수상돌기로 단일 방향의 신호 전달 • 시냅스 간극이 넓고 전달 속도가 느림

합격 TIP

화학적 시냅스의 신호전달 경로를 아래 그림과 함께 더욱 자세히 알아보도록 하자.

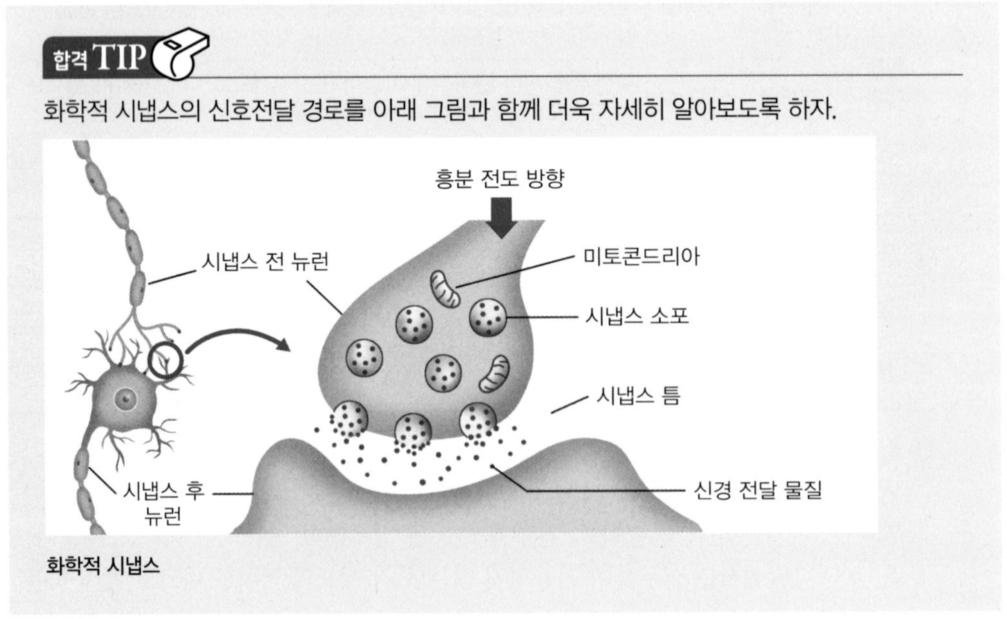

화학적 시냅스

화학적 시냅스의 신호전달 경로

① 활동전위가 시냅스 전 뉴런의 축삭말단에 도달
② 칼슘(Ca^+)채널 열림 (세포내로 칼슘(Ca^+) 유입)
③ 시냅스 소포에서 시냅스 간극으로 신경전달물질 분비
④ 시냅스 후 뉴런으로 신경전달물질 확산
⑤ 나트륨(Na^+) 채널이 열리고 탈분극이 진행되며 활동 전위가 발생하여 자극을 전달

② **신경전달 물질의 종류** : 시냅스 종말에서 나오는 화학물질로 종류가 약 60가지 이상이 되며, 신경의 종류에 따라 방출되는 신경전달 물질의 종류도 다르다.

흥분성 물질	시냅스 후 막에 탈분극을 일으켜 신경자극을 전달하는 물질 예 acetylcholine(아세틸콜린), glutamic acid(글루탐산)
억제성 물질	시냅스 후 막에 과분극을 일으켜 신경자극을 억제하는 물질 예 glycine(글라이신), endorphin(엔돌핀), GABA(γ-aminobutric acid)
흥분성 or 억제성	수용체에 따라 흥분성 또는 억제성 물질이 됨 예 epinephrine(에피네프린), norepinephrine(노르에피네프린), Nitric Oxide(일산화질소)

(3) 통합성 ★★

① 여러 개의 시냅스에서 신호를 받아 통합과정을 거쳐 활동전위를 만든다.

② 흥분성 시냅스와 억제성 시냅스의 상호작용 효과

3 신경계의 구성

우리 몸의 신경계는 크게 중추신경계와 말초신경계 2가지로 나뉜다.

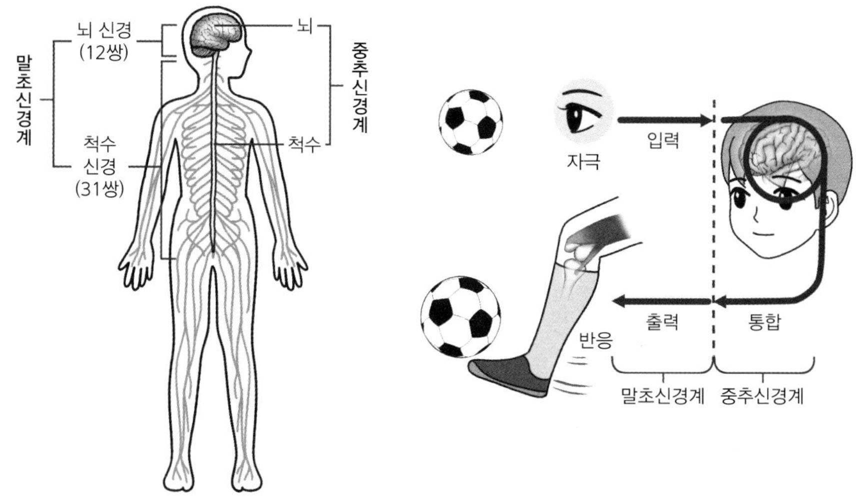

신경계의 구성 및 정보전달

운동생리학

❹ 중추신경계의 운동 기능 조절 ★

중추신경계는 체내 외에서 수용한 정보를 통합하여 반응을 일어나도록 조절하는 역할을 하며, 그 중 뇌는 대뇌, 소뇌, 간뇌, 중간뇌, 연수로 구성된다. 각각의 기능은 아래와 같다.

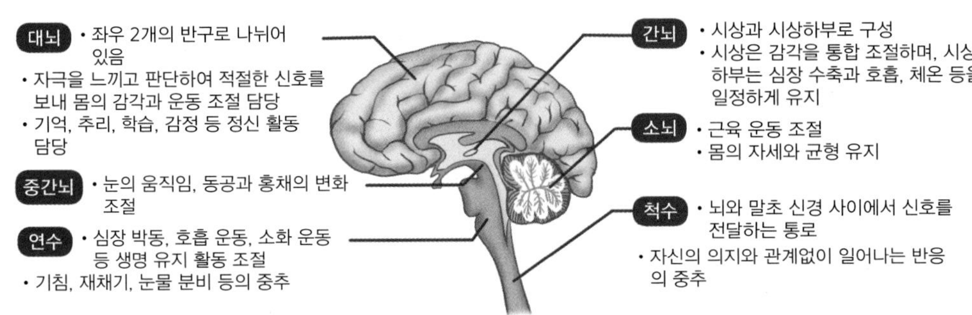

중추신경계의 구조 및 운동 조절

(1) 척수의 구조와 기능 ★★

① 겉질(백색질)과 속질(회색질)이 있음

② 좌우로 31쌍의 신경 다발이 뻗어 나감

③ 전근(배 쪽)은 운동신경다발, 후근(등 쪽)은 감각신경다발로 구성

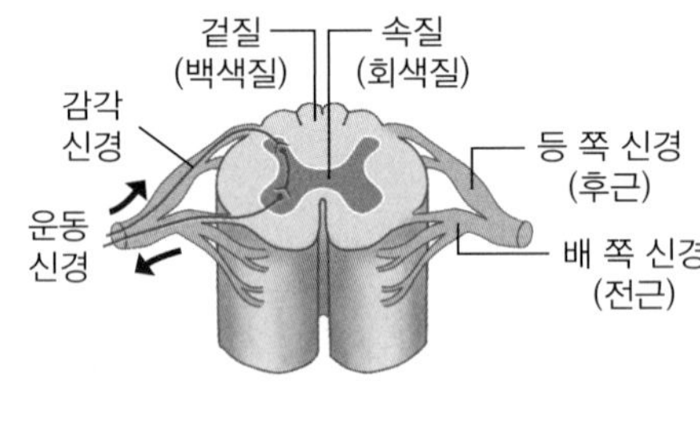

척수의 구조

(2) 척수에서의 반응과 반사 ★

의식적 반응	대뇌가 중추가 되어 의식적으로 발생하는 움직임 ㉠ 날아오는 공을 원하는 방향으로 맞추려고 하는 경우	
무조건 반사	척수, 연수, 중뇌가 중추가 되어 무의식적으로 반응하는 움직임	
	척수반사 (무릎반사)	뜨거운 물체나, 뾰족한 것에 손이 닿았을 경우 반사적으로 나타나는 반응
	연수반사	하품, 기침, 딸꾹질, 재채기 등
	중뇌반사	동공 반사

5 말초신경계의 운동 기능 조절

말초신경계는 중추신경계와 몸의 각 부분을 연결하는 신경계로 뇌와 기관을 연결하는 뇌신경 12쌍, 척수와 기관을 연결하는 척수신경 31쌍으로 구성된다.

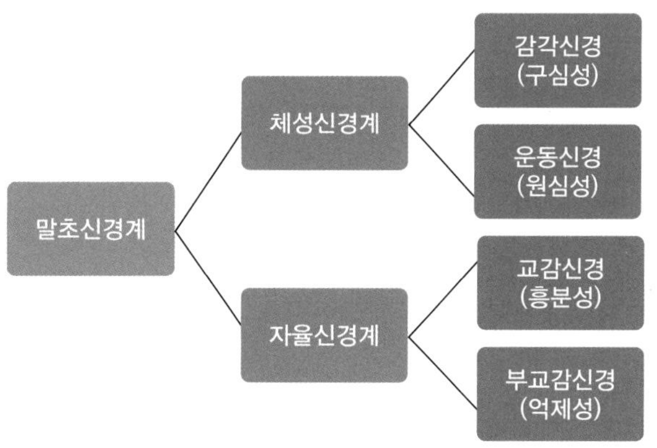

말초신경계의 구분

(1) 체성신경

① 자신의 의지에 따라 움직이는 수의적 운동 조절

② **감각신경(구심성 신경)** : 감각기관에서 받아들인 자극을 중추신경계로 전달

③ **운동신경(원심성 신경)** : 중추신경계에서 통합되고 결정되어진 정보를 운동기관으로 전달

합격 TIP

체성신경계는 감각신경과 운동신경으로 구성되어 있다. 각각의 신경은 운동과 관련한 중요한 내용이다. 출제빈도가 높은 내용이므로 꼭 숙지하고 넘어가도록 하자.

감각신경 – 고유수용기 ★★

근육과 관절에 위치한 감각기관으로 근육, 관절, 인대에서 오는 여러 가지 감각정보를 중추신경계로 전달하여 협응적인 운동을 가능하게 한다.

근방추	골지힘줄기관	관절수용기
• 근육 내 위치	• 근육과 힘줄 사이에 위치	• 관절막, 근육, 인대
• 근육의 길이에 반응 • 근육의 과도한 신장 억제위해 수축작용 • 감마운동신경에 의해 조절	• 근육의 장력에 반응 • 근육의 과도한 수축 억제위해 이완작용 • 주동근(억제성 역할), 길항근(촉진성 역할)	• 관절의 각도, 가속도, 압력에 의한 변형된 정도를 전달

운동신경 – 운동단위(motor unit) ★★

운동단위란, 1개의 알파(α)운동신경세포가 지배하고 있는 근섬유 수를 말한다. 1개의 알파(α)운동신경세포당 연결되어진 근섬유수가 많을수록 더 큰 힘을 낸다.

- **작은 세포체, 얇은 축삭, 작은 크기의 운동 단위** : 세밀하고 정교한 움직임 조절
  - 예 눈 움직임 조절은 1개의 신경세포 당 적은 근섬유 수를 가짐
- **큰 세포체, 굵은 축삭, 큰 크기의 운동 단위** : 큰 움직임 조절
  - 예 대퇴 근육의 경우 1개의 신경세포 당 수백 개에서 수천 개의 근섬유 수를 가짐

지근(Type Ⅰ)섬유는 운동단위가 작아 수축 속도가 느리고 정교한 동작에 쓰이며, 속근(Type Ⅱ)섬유는 운동단위가 커 수축 속도가 빨라 큰 힘을 발휘할 수 있다.

(2) 자율신경

① 간뇌, 중뇌, 연수의 조절을 받으며 자신의 의지와 관계없이 움직이는 불수의적 운동 조절

② 주로 내장기관에 분포하고, 심장박동, 호흡, 호르몬 분비 등과 같이 생명유지에 필요한 기능을 자율적으로 조절함

③ 특이한 점은 2개의 뉴런으로 구성되어 신경절 이전 뉴런과 신경절 이후 뉴런이 있음

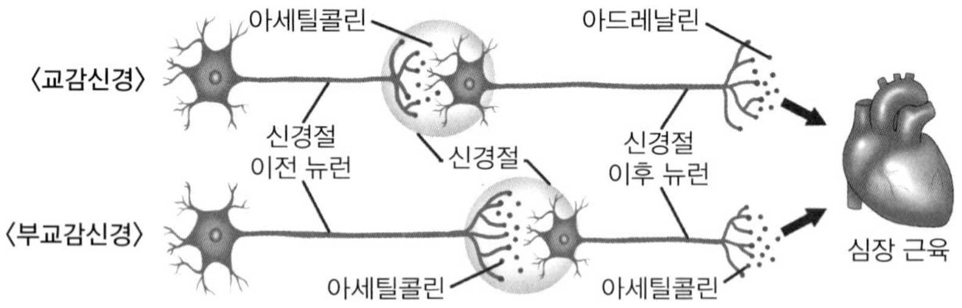

교감신경과 부교감신경

교감신경(흥분성)	• 운동을 하거나 흥분되어 위험한 상황이 처했을 때 항진 • 심박수 증가, 혈관 수축, 혈압 상승으로 효과기의 활동을 촉진 • 신경절 이전 뉴런이 짧고 신경절 이후 뉴런이 김 • 주로 신경절에서 방출되는 호르몬은 아세틸콜린, 신경 말단에서는 노르에피네프린(아드레날린)이 분비됨
부교감신경(억제성)	• 안정상태에서 주로 작용 • 심박수 감소, 혈관 확장, 기관지 수축, 소화와 배설촉진, 에너지 보존 등에 관여 • 신경절 이전 뉴런이 길고, 신경절 이후 뉴런이 짧음 • 신경절과 신경 말단에서 모두 아세틸콜린이 분비됨

합격 TIP

교감신경과 부교감신경은 서로 반대의 작용(길항작용)을 하지만 늘 함께 기능을 담당한다. 아래 그림은 각각 신경의 대표적인 작용을 나타낸 그림이다. 교감신경과 부교감신경의 작용을 구분하여 이해하고 있는지를 확인하는 문제도 자주 출제되므로 하나하나 위치를 확인하며 숙지하도록 한다.

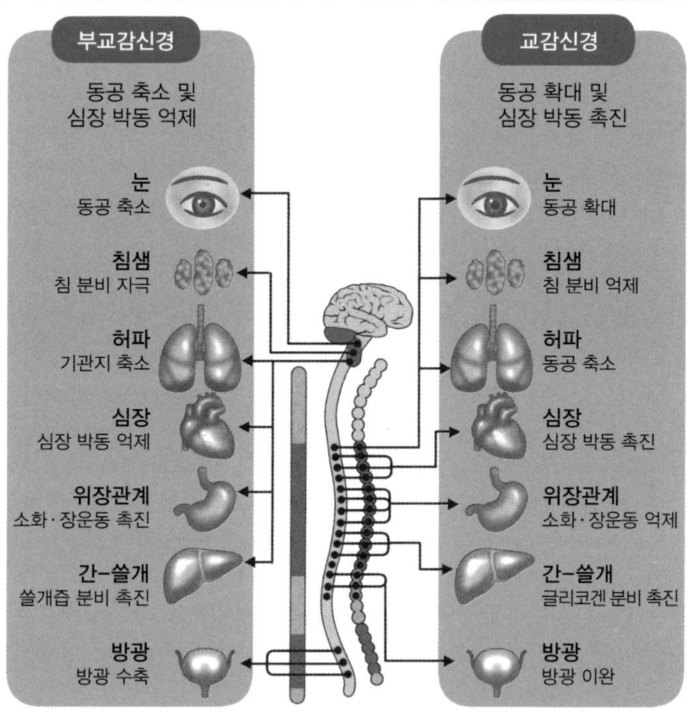

교감신경과 부교감신경의 작용

운동생리학

Chapter 4 골격근과 운동

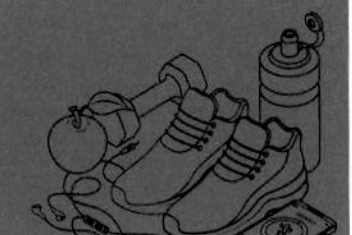

학습목표

- 근수축 기전에 대해 이해한다.
- 근섬유 형태와 특징에 대해 구분하여 숙지한다.
- 근수축의 종류와 특징에 대해 구분하여 이해한다.

1 근육의 종류

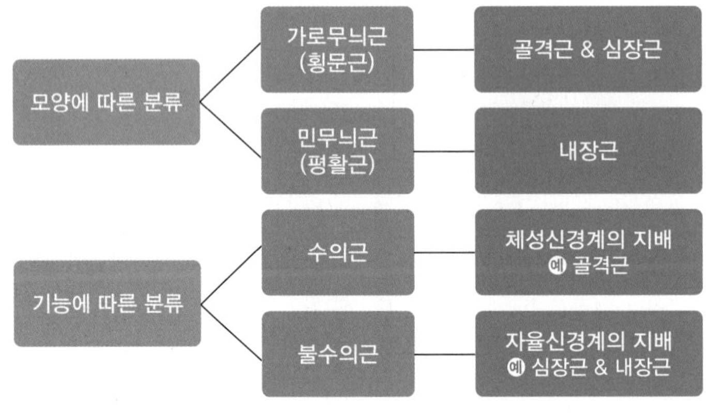

근육의 종류

2 골격근의 구조

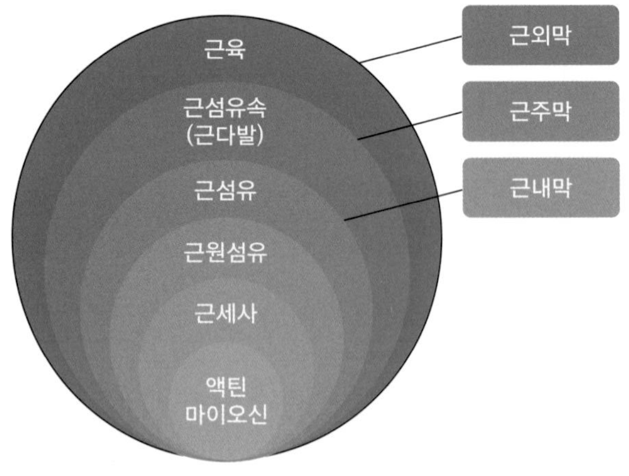

골격근의 구조

(1) 근섬유

① 근육을 구성하는 단위로, 근원섬유와 근형질로 구성되어 근내막에 의해 덮여 있다.

② 원기둥 모양에 핵을 여러 개 가지고 있는 다핵세포이다(내장근의 경우 단핵세포).

③ 근섬유와 근섬유막 사이에는 근수축에 필요한 에너지 생산 및 공급을 하는 미토콘드리아 및 리소좀이 존재한다.

④ **T-세관(가로세관)** : 신경자극 전달 통로

⑤ **근형질** : 글리코겐과 마이오글로빈을 저장함

⑥ **근형질세망** : 칼슘이 저장된 곳으로 근 수축 시 칼슘 방출, 근 이완 시 칼슘 흡수 기능을 함

(2) 근원섬유

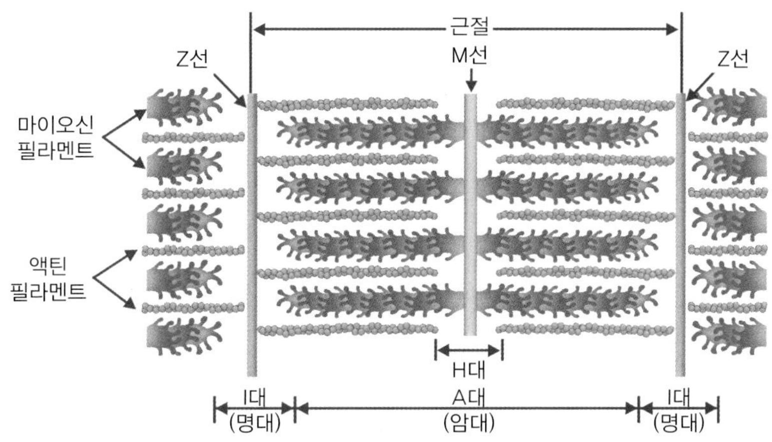

근원섬유의 구조

① 가는 액틴 필라멘트와 굵은 마이오신 필라멘트로 구성되어 근육의 기본적 기능단위인 근절을 이룬다.

② 액틴 필라멘트는 근 수축에 중요한 단백질인 트로포닌과, 트로포마이오신으로 구성되어 있다.

③ 액틴 필라멘트만 있어 밝은 부분을 명대(I대), 마이오신 필라멘트와 액틴 필라멘트가 겹쳐있어 어두운 부분을 암대(A대), 근절의 중심에 마이오신 필라멘트 있는 부분을 H대라고 한다.

④ Z선은 명대(I대)를 수직으로 내린 선으로 근육 수축의 기본단위가 되는 근절을 이룬다.

(3) 근원섬유의 근 수축 ★★

액틴 필라멘트와 마이오신 필라멘트의 길이는 변하지 않고, 액틴 필라멘트와 마이오신 필라멘트가 겹쳐지는 부분(십자형가교)이 많아짐으로서, 근절의 길이가 짧아지며 수축한다.

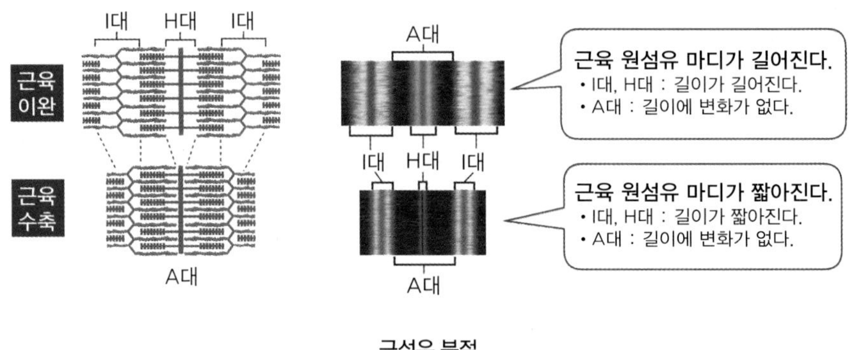

근섬유 분절

③ 근섬유의 근 수축 과정의 5단계(근세사 활주설) ★★★

근수축 과정은 액틴 필라멘트에 있는 트로포닌과 트로포마이오신 단백질에 의해 조절된다.

안정단계	• 액틴 필라멘트와 마이오신 필라멘트의 결합이 일어나지 않은 상태 • 칼슘(Ca^{2+})은 근형질세망에 저장되어 있음
자극–결합단계	• 신경자극 발생으로 신경근 접합부에서 아세틸콜린 분비 • 가로세관(T–세관)을 통해 자극이 전달되고 근형질세망에서 칼슘(Ca^{2+}) 분비 • 분비된 칼슘이 트로포닌과 결합하여 액틴 위의 활성부위를 막고 있던 트로포마이오신의 위치를 변화시킴 • 트로포마이오신의 위치 변화로 액틴 활성부위가 노출되고, 이때 액틴과 마이오신이 강하게 결합하면서 액토미오신 복합체를 형성 ㊟ 신경근 접합부 : 운동뉴런 말단과 근섬유가 접합되어어있는 기능적 연결부위로 신경전달물질이 분비되는 공간
수축 단계	• 액토미오신의 형성은 ATPase 효소를 활성화시킴 • 활성화된 ATPase 효소에 의해 ATP가 ADP + Pi로 분해되면서 에너지를 방출하고 마이오신 머리에서 Pi가 분비되며 그 에너지로 액틴을 당겨 근수축이 이루어지면서 힘이 발생
재충전 단계	• ATP가 재충전되며, 액토미오신이 액틴과 마이오신으로 분해됨
이완 단계	• 신경자극이 중지되며, 트로포닌에 붙어 있던 칼슘(Ca^{2+})은 칼슘 펌프에 의해 다시 근형질세망으로 저장됨 (칼슘(Ca^{2+})을 제거함으로서 트로포마이오신의 위치가 다시 되돌아오게 되며 액틴 활성부위가 다시 막아짐) • 근육이 안전 상태로 다시 되돌아감

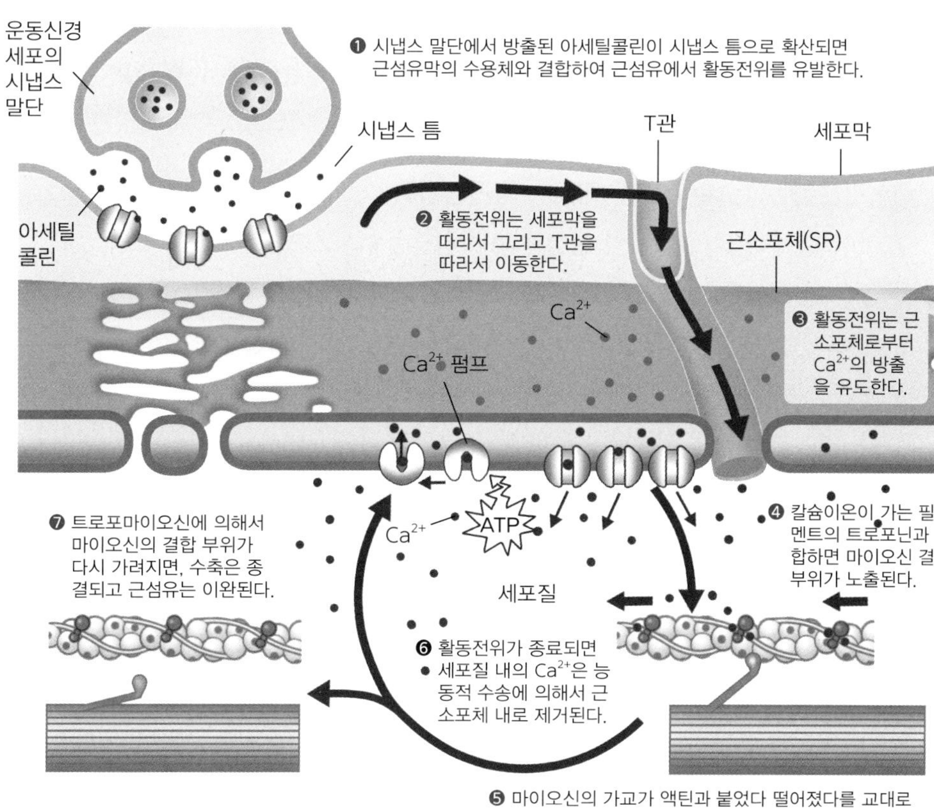

체성신경계로부터의 근수축 조절

4 근섬유의 형태와 특성 ★★★

근섬유는 근수축 특성에 따라 지근섬유(Type I), 속근섬유(Type Ⅱa, Type Ⅱb)로 구분하며, 일반 성인의 경우 지근섬유의 비율이 약 50%, 나머지가 속근섬유로 구성된다.

(1) 지근섬유(Type I, ST Fiber, 적근섬유)

① 마이오글로빈의 양의 높아 빨갛게 보여 적근섬유라고도 함

② 높은 미토콘드리아 농도와 높은 산화효소 능력, 많은 모세혈관으로 유산소성 대사에 뛰어남

③ 수축 및 장력은 낮으나 에너지 효율은 높음

④ 지근섬유 운동단위의 α-운동신경은 작은 세포체이며 300개 이하의 근섬유를 지배함

⑤ 중·장거리 마라톤 선수의 근육형태

단 마이오글로빈 : 근육 세포 안에 있는 붉은 색소 단백질로 근육 내에서 산소를 운반하는 기능을 함

(2) 속근섬유(Type II a, Type II b, FT Fiber, 백근섬유)

① Type Ⅱa, Type Ⅱb 2가지 섬유로 구성

② Type Ⅱa 섬유의 경우 속근과 지근의 형태를 둘 다 지닌 중간형태의 섬유

③ 마이오글로빈 양의 낮아 색이 하얗게 보여 백근섬유라고도 함

④ 높은 ATPase의 활성능력으로 무산소성 대사가 뛰어나며, 지근섬유에 비해 고도로 발달된 근형질세망은 근육세포에 칼슘을 더 많이 제공할 수 있어 근수축이 매우 빠름

⑤ 근수축은 빠르지만, 에너지 소비율이 높아 효율성은 낮음

⑥ 속근섬유 운동단위의 α-운동신경은 큰 세포체이며 300개 이상의 근섬유를 지배함

⑦ 단거리, 스프린터 선수의 근육형태

(3) 지근섬유와 속근섬유의 특성 ★★★

구분	지근섬유(ST, 적근섬유)	속근섬유(FT, 백근섬유)	
	Type I	Type II a	Type II b
미토콘드리아 수	많음	중간	적음
마이오글로빈 농도	높음	중간	낮음
모세혈관 밀도	높음	중간	낮음
근형질세망 발달	낮음	중간	높음
유산소 능력	높음	중간	낮음
무산소 능력	낮음	중간	높음
근수축 속도	느림	중간	빠름
피로도 내성	높음	중간	낮음

<table>
<tr><th rowspan="2">구분</th><th>지근섬유(ST, 적근섬유)</th><th colspan="2">속근섬유(FT, 백근섬유)</th></tr>
<tr><th>Type Ⅰ</th><th>Type Ⅱ a</th><th>Type Ⅱ b</th></tr>
<tr><td>에너지 체계</td><td>유산소</td><td>유/무산소</td><td>무산소</td></tr>
<tr><td>효소</td><td>산화효소 풍부</td><td colspan="2">해당작용 효소 풍부</td></tr>
<tr><td>스포츠 적용</td><td>지구성 운동
(장거리 마라톤, 사이클)</td><td colspan="2">스프린터, 스피드와 순발력을 요하는 운동
(역도, 단거리 달리기, 멀리뛰기 등)</td></tr>
</table>

5 운동 강도에 따른 근섬유 동원의 순서

지근섬유(Type Ⅰ)가 먼저 동원되고 운동 강도가 높아지면 점차적으로 속근섬유(Type Ⅱ)가 동원된다.

Type Ⅰ → Type Ⅱ a → Type Ⅱ b

6 트레이닝에 따른 골격근 섬유의 변화 ★★

장기간의 지구성 훈련에 의해 Type Ⅱ 섬유가 Type Ⅰ 섬유로의 전환이 가능하다.

(1) 고강도 저반복

① 속근섬유의 발달을 촉진시켜, 근비대로 인한 근력 증가

② **해당능력 향상** : 근 글리코겐 저장 능력 및 해당효소(PFK)가 증가되어 근형질의 해당능력 증가

(2) 저강도 고반복

① 지근섬유의 발달을 촉진시켜, 근육의 유산소 대사능력 증가로 인한 근지구력 증가

② **유산소 능력 향상** : 마이오글로빈과 미토콘드리아의 크기 및 양 증가

③ **모세혈관 변화** : 모세혈관 밀도 및 헤모글로빈의 수 증가로 산소 공급이 잘 이루어져 근지구력이 향상됨

7 골격근 수축의 형태와 기능 ★★

(1) 등척성 수축

① 관절의 각, 근섬유의 길이 변화 없이 장력 발생

② 근통증을 거의 유발하지 않고, 초기 재활 프로그램에 유용하나, 등장성, 등속성 운동에 비해 근력의 개선정도가 낮음

(2) 등장성 수축

① 관절의 각과 근섬유의 길이변화를 통한 근수축 작용으로 근력 및 신경계 적응을 증가시킴

② **구심성(단축성 수축)** : 근육의 길이가 짧아지며 발생, 속도가 느릴수록 더 큰 힘 발생

③ **원심성(신장성 수축)** : 근육의 길이가 길어지며 발생, 속도가 빠를수록 더 큰 힘 발생

(3) 등속성 수축

① 속도가 일정한 상태에서 관절의 각이 움직임

② 근육의 통증이나 상해가 적어 재활프로그램에 사용하기에 적합하나, 장비가 고가임

합격 TIP

운동에서의 힘은 매우 중요하다. 힘의 생성은 운동단위의 개수와 유형, 자극빈도, 근육의 크기, 근절의 길이, 근육의 수축 속도 등과 같은 다양한 요인에 의해 영향을 받는데, 어떠한 경우에 더 큰 힘을 발휘할 수 있는지 각각의 내용을 알아보고 꼭 알고 있도록 하자.

수축에 동원되는 운동단위의 수
운동단위가 클수록 더 큰 힘을 발휘할 수 있음 (Type II b 〉 Type II a 〉 Type I)

운동단위의 자극빈도
운동단위의 자극빈도에 따라 힘의 크기가 다르며 자극빈도가 자주 있을수록 힘이 커짐

- **연축** : 1개의 전기 자극에 대해 운동단위의 가장 작은 수축 반응
- **가중** : 첫 번째 자극으로 인해 수축되어진 근육이 이완되기 전에 다시 자극이 추가되어 힘이 더욱 증가되는 반응
- **강축** : 일반적인 신체의 움직임에 쓰이는 수축으로, 가중 반응에서 더욱 자극빈도가 증가하고 수축이 중첩되어 더욱 강한 힘을 발휘하는 반응. 이것은 근섬유의 긴장상태가 최고점에 도달했음을 의미

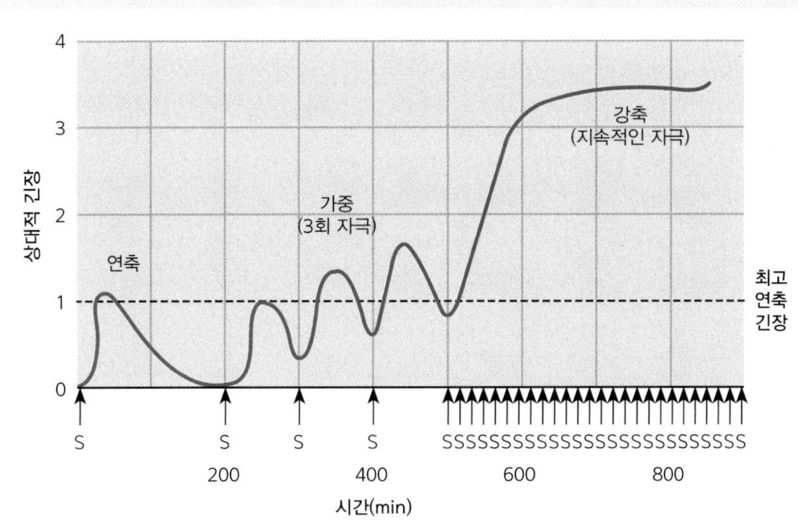

자극빈도에 따른 힘의 생성

근섬유 근절의 길이

근섬유는 최대 힘을 생성하기 위한 적정 길이가 존재함 (근절의 길이가 약 2.0~2.5㎛일 때)

- **근절의 길이가 적정길이보다 긴 경우** : 액틴과 미오신의 결합부위가 감소하여 수축 힘이 줄어든다.
- **근절의 길이가 적정길이보다 짧은 경우** : 액틴과 미오신의 결합이 많아져 H대의 간격이 좁아짐으로 인해 추가적인 수축이 이루어질 수 없다.

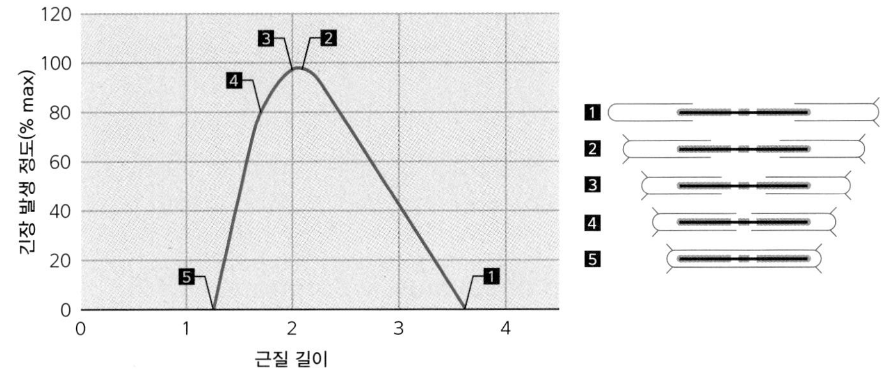

힘의 생성과 근절길이의 변화

수축 속도

- **단축성 운동** : 수축 속도가 빠를수록 힘 감소, 느릴수록 증가
- **신장성 운동** : 수축 속도가 빠를수록 힘 증가, 느릴수록 감소

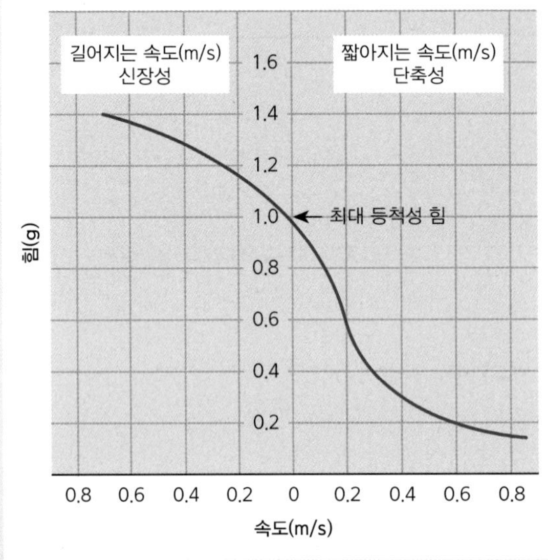

근수축 속도와 힘 생성관계

8 근 통증

(1) 급성 근 통증

① 운동 중, 운동 직후 발생

② 체액 이동에 따른 조직부종, 운동 부산물이 원인

③ 운동 후 몇 분, 몇 시간 이내로 사라짐

(2) 지연성 근 통증(Delayed onset muscle soreness, DOMS)

① 강도 높은 운동 후 하루, 이틀 뒤에 나타나는 근 통증

② 운동 후 24시간~48시간에 가장 통증이 심함

③ 신장성 수축에서 자주 발생하며, 근육이나 인대의 손상으로 발생하기도 함

④ 운동의 강도를 점진적으로 진행하는 방법과 정적 스트레칭으로 예방 및 치료가 가능

Chapter 5 내분비계와 운동

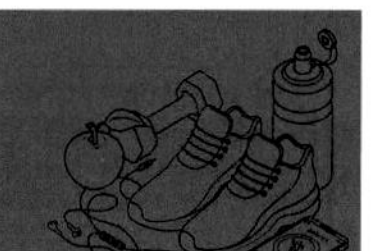

학습목표

- 호르몬의 정의와 종류, 역할에 대해 이해한다.
- 운동 시 작용하는 호르몬의 종류와 기능에 대해 이해한다.

1 내분비계

내분비계는 호르몬을 분비하는 여러 가지 내분비샘으로 구성된 기관계를 말한다. 내분비샘은 호르몬을 생성하여 분비하는 신체조직으로 혈액이나 조직액으로 직접 분비한다. 신체 항상성 유지 및 신체 기능조절을 하게 되며 분비되는 양은 적으나 생리학적 변화에 큰 영향을 끼친다.

2 호르몬

(1) 호르몬의 정의와 기능

① 체내 특정세포(내분비샘)에서 만들어지고 분비되어 혈액을 통해 이동하는 화학물질이다.

② 특정 수용체를 가진 표적기관 및 표적세포에서만 작용한다.

③ 신체의 기능을 최상의 상태로 유지하기 위해 서로 협동하거나 길항작용을 한다.

④ 신경계보다 전달속도는 느리나, 작용 범위가 넓고 효과가 오래 지속된다.

⑤ 분비량이 많으면 과다증, 적으면 결핍증이라고 한다.

(2) 호르몬과 신경계의 차이 ★★

호르몬	신경계
• 혈액으로 전달 • 전달속도가 느림 • 효과가 지속적임 • 작용범위가 넓음 • 표적기관(세포)에만 작용	• 뉴런으로 전달 • 전달속도가 빠름 • 효과가 일시적이고 짧음 • 작용범위가 좁음 • 일정한 방향으로만 전달

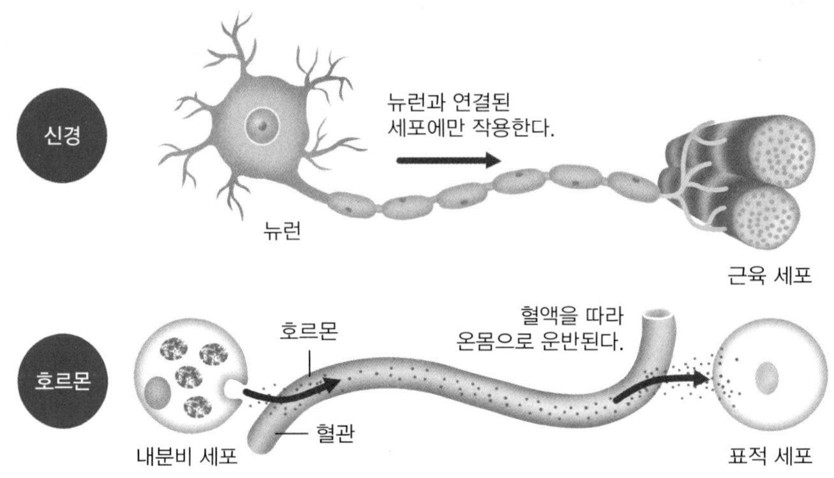

호르몬과 신경에 의한 신호전달

(3) 호르몬의 종류

지용성 호르몬	• 지질 성분인 세포막을 쉽게 통과 • 표적세포에 직접 작용 예 스테로이드성호르몬(에스트로겐, 프로게스테론), 부신피질호르몬(코티졸, 알도스테론), 갑상샘호르몬
수용성 호르몬	• 세포막의 수용체와 결합하여 세포막 통과 • 표적세포에 직접 작용하지 않음 • 호르몬의 작용을 중재하는 세포 내 2차 신호전달자를 활성화 시킴 예 폴리펩타이드계 호르몬(인슐린, 글루카곤, 성장호르몬 등) 예 카테콜아민계 호르몬(에피네프린, 노르에피네프린)

(4) 호르몬 분비의 조절

① 간뇌(시상하부)와 뇌하수체에 의해 조절

② **음성 되먹임 기전(음성 피드백)** : 호르몬이 분비되어진 결과에 의해 기능을 억제하여 호르몬 분비를 줄이는 방식 예 혈액 내 혈당량 조절, 티록신 분비 조절

③ **양성 되먹임 기전(양성 피드백)** : 호르몬이 분비되어진 결과가 호르몬 분비를 더욱 촉진하는 기전 예 옥시토닌의 자궁 수축 촉진

2 내분비선과 호르몬의 작용 ★★★

(1) 간뇌의 시상하부

① **갑상샘자극호르몬방출호르몬(TRH)** : 갑상샘자극호르몬 및 프로락틴 분비 촉진

② **부신피질자극호르몬방출호르몬(CRH)** : 부신피질자극호르몬 분비 촉진

③ **성선자극호르몬방출호르몬(GNGH)** : 여포자극호르몬 및 황체형성호르몬 분비

④ **성장호르몬방출호르몬(GHRH)** : 성장호르몬 분비 촉진

⑤ **성장호르몬억제호르몬(GHIH)** : 성장호르몬 분비 억제

⑥ **멜라닌세포자극호르몬방출호르몬(MSHRH)** : 멜라닌세포자극호르몬 분비 촉진

⑦ **멜라닌세포자극호르몬억제호르몬(MSHRIH)** : 멜라닌세포자극호르몬 분비 억제

⑧ **유선자극호르몬방출호르몬(PRH)** : 프로락틴 분비 촉진

⑨ **유선자극호르몬억제호르몬(PIH)** : 프로락틴 분비 억제

(2) 뇌하수체

시상하부의 명령에 따라 호르몬이 조절되며, 전엽, 중엽, 후엽으로 구분된다.

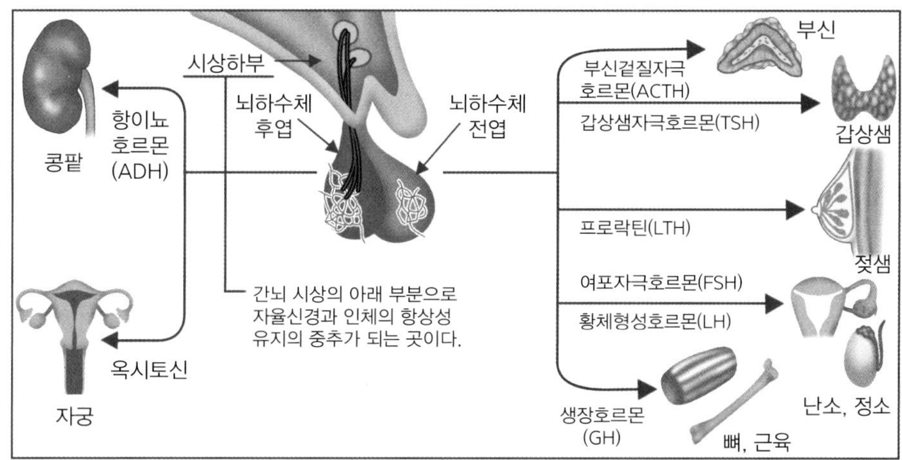

뇌하수체 호르몬

전엽	성장호르몬(GH)	• 단백질 합성 속도 증가 • 탄수화물 및 지방 사용 증가 • 조직의 성장 속도를 촉진하여 뼈와 근육의 발달 촉진
	갑상샘자극호르몬(TSH)	• 티록신과 트라이요오드타이로닌 농도 조절
	부신피질자극호르몬(ACTH)	• 부신피질호르몬 분비 조절
	황체형성호르몬(LH)	• 성호르몬
	여포자극호르몬(FSH)	• 에스트로겐 분비 촉진 및 정자 성숙
	프로락틴	• 유방 발달 및 유즙 분비 촉진
중엽	멜라닌세포자극호르몬	• 피부의 체색 변화에 관여
후엽	항이뇨호르몬(ADH, 바소프레신)	• 신장에서의 수분 재흡수 촉진작용으로 체내 수분량을 조절 및 혈압 상승
	옥시토신	• 분만 시 자궁수축, 분만 후 젖 분비

(3) 갑상샘과 부갑상샘

갑상샘과 부갑상샘

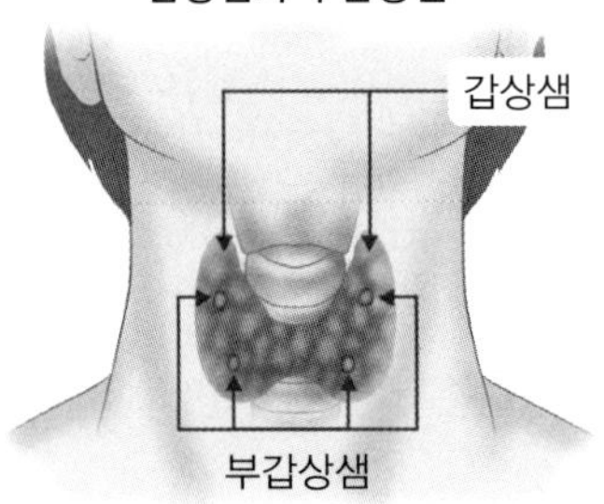

갑상샘과 부갑상샘

① 갑상샘

티록신(T_4) 트리요오드티로닌(T_3)	• 심장 박동 및 수축력 증가 • 열 발생(체온이 낮을 때), 세포호흡 촉진에 따른 물질대사 촉진 • 유아의 성장 및 중추신경계 발달 촉진
칼시토닌	• 혈중 칼슘 농도 감소 (뼈의 칼슘이 혈장으로 방출되는 것을 억제)

② 부갑상샘

부갑상샘호르몬 (파라토르몬, PTH)	• 혈중 칼슘 농도 증가 (뼈를 자극하여 칼슘을 혈장으로 내보냄)

(4) 부신샘

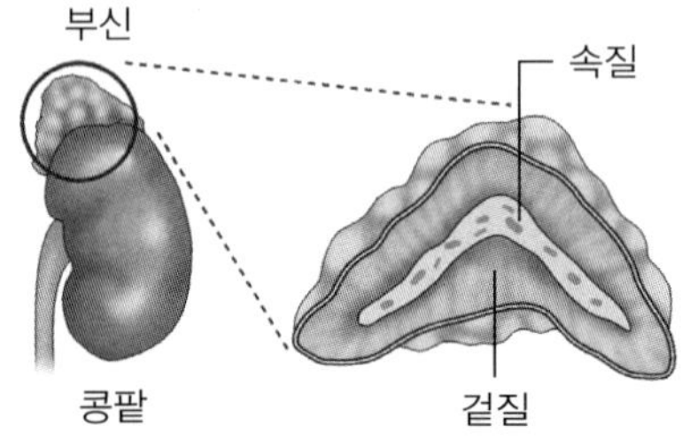

부신의 구조와 기능

① 부신피질(겉질)

코티졸 (당질코르티코이드)	• 운동 시 혈당 유지를 위한 유리지방산의 혈액 유입 촉진 • 포도당 신생합성 자극, 간에서의 글리코겐 합성 촉진 • 면역계 억제 (염증 및 알레르기 억제 작용) • 스트레스 조절
알도스테론 (무기질코르티코이드)	• 운동 시 수분 손실에 자극 • 신장에서의 나트륨(Na^+) 재흡수 및 칼륨(K^+) 분비 촉진하여 수분 손실 억제

② 부신수질(속질)

아드레날린(에피네프린), 80%	• 간과 근육의 글리코겐 분해 촉진 • 지방조직과 근육의 지방 분해 촉진 • 골격근으로의 혈액량 증가 • 심박수, 심장수축력, 산소 소비량 증가
노르아드레날린(노프에피네프린), 20%	• 세동맥, 세정맥을 수축시켜 혈압 증가

(5) 이자(췌장)

이자(췌장) 안에 랑게르한섬이라는 내분비샘에서 분비된다.

알파세포 (α-cell)	글루카곤	• 혈당량 증가 • 당신생합성 촉진 : 간에 저장된 글리코겐을 포도당으로 분해하여 혈당량 증가, 지방세포에 저장된 지방을 분해하여 혈당량 증가
베타세포 (β-cell)	인슐린	• 혈당량 감소 • 혈액 속 포도당을 근육세포 또는 간으로 이동시켜 글리코겐으로 저장하여 혈당량 감소시킴
감마세포 (δ-cell)	소마토스타틴	• 혈액 내 포도당과 아미노산이 많이 있을 때 분비 • 인슐린과 글루카곤 분비를 모두 억제

(6) 난소

여포	에스트로겐	여성의 생식 기관 발달, 2차 성징, 난자 형성, 지방 축적 촉진
황체	프로게스테론	배란을 억제하여 자궁 내벽 유지, 임신 유지

(7) 정소

테스토스테론	남성의 생식 기관 발달, 2차 성징, 정자 형성, 단백질 합성 증가

3 운동과 호르몬 조절

운동 중 호르몬은 운동에 필요한 에너지를 공급해주기 위해 간과 근육에 저장되어 있는 글리코겐을 분해하고, 유리지방산을 동원하여 혈중 포도당을 절약하는 기전으로 조절된다. 또한 운동을 통한 체열 상승, 땀 분비에 따른 수분조절도 호르몬이 담당한다.

(1) 운동 중 대사조절 호르몬 ★★

뇌하수체	갑상샘자극호르몬 & 부신피질자극호르몬	• 운동은 뇌하수체 전엽 호르몬의 분비율을 증가시킴
갑상샘	트리요오드티로닌(T_3) & 티록신(T_4)	• 트리요오드티로닌의 조직 대사율 속도 증가 • 기초대사율을 약 60~100%까지 증가시킬 수 있음 • 단백질 합성 증가 • 세포의 미토콘드리아 크기와 숫자 증가 • 세포 내부로의 글루코스 이동 촉진 • 해당과정 및 글루코스 신생합성 촉진 • 지방의 동원 촉진하여 유리지방산을 더 많이 사용하게 함
부신	카테콜아민 (에피네프린 & 노르에피네프린)	• 심장 박동수 및 수축력 증가 • 혈압 및 호흡수 증가 • 신진대사 증가 및 골격근으로의 혈액 재분배 • 간과 근육의 글리코겐 분해 증가 • 혈액 속으로 글루코스 및 유리지방산 방출 증가
췌장	인슐린	• 세포, 근육 내부로의 글루코스 이동 촉진 • 글리코겐 생성 촉진 및 글루코스 신생합성 억제 • 세포의 아미노산 흡수 증가 및 단백질 및 지방 합성 촉진
	글루카곤	• 간의 글리코겐 분해 및 글루코스 신생합성을 촉진

(2) 운동 중 탄수화물 대사 조절 호르몬

운동으로 인해 더 많이 필요해진 에너지를 충족시켜주기 위해 글루코스를 생성하는 방향으로 호르몬을 조절한다. 이때 인슐린의 농도는 감소하며, 아래의 호르몬의 증가한다.

① **글루카곤** : 간의 글리코겐 분해 및 글루코스 신생합성을 촉진해 근육에 에너지 공급

② **에피네프린, 노르에피네프린** : 간과 근육의 글리코겐 분해 증가, 유리지방산 방출 증가

③ **코티졸** : 유리지방산의 혈액 유입 촉진

(3) 운동 중 지방 대사 조절 호르몬

탄수화물 저장량이 줄어들면 인체는 지방분해를 촉진시키는 과정을 사용하게 되는데, 이때 코티졸, 에피네프린, 노르에피네프린, 성장호르몬을 이용해 지방산화를 촉진시킨다.

(4) 운동 중 수분과 전해질 조절 호르몬

운동을 하게 되면 땀 분비 및 잦은 호흡으로 혈장량이 감소하여 신체 내 수분을 보존하기 위한 방향으로 호르몬을 조절한다.

① **항이뇨호르몬**(ADH or vasopressin)

혈액 내 삼투질 농도가 증가하거나, 혈장량이 감소하는 것에 반응하여 뇌하수체 후엽에서 분비 → 신장이 흡수하는 수분의 양을 조절하여 체내의 수분균형을 조절함

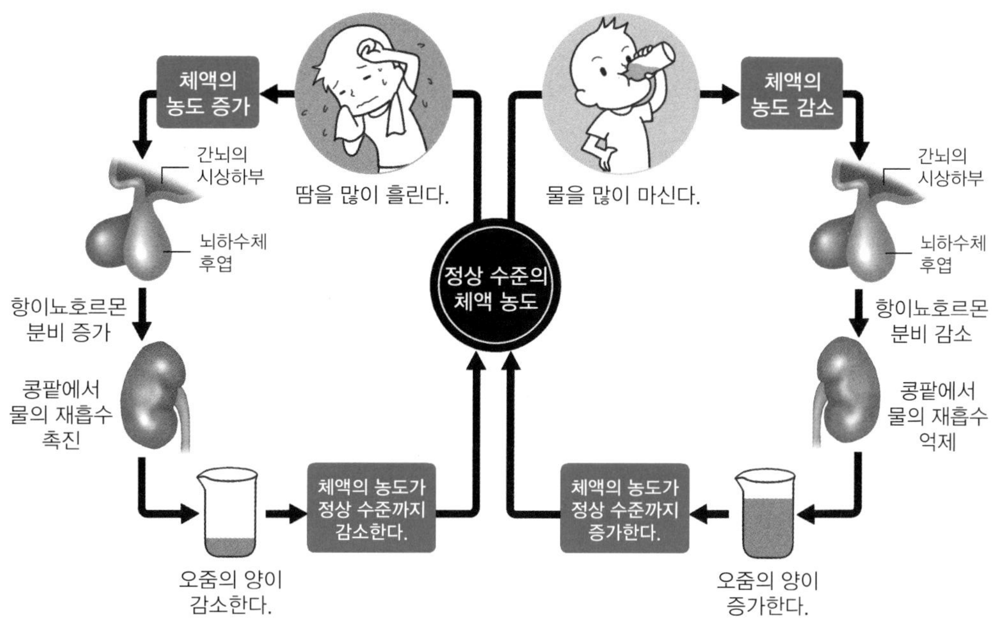

항이뇨호르몬에 따른 체액 농도 조절

② 레닌 및 안지오텐신과 알도스테론의 작용

레닌	감소된 혈장량과 혈압으로 신장으로의 혈액이 감소하고, 이를 감지한 신장이 레닌을 분비한다. 레닌은 간에서 분비된 안지오텐신 단백질(안지오텐시노겐)을 안지오텐신 I 으로 전환하는 작용을 한다.
안지오텐신 전환효소(ACE)	폐에서 분비되는 안지오텐신 전환효소(ACE)는 안지오텐신 I 을 안지오텐신 II 로 전환하는 작용을 한다.
안지오텐신 II	혈관을 수축시켜 혈압을 증가시키고 알도스테론 분비를 촉진한다.
알도스테론	부신피질에서 분비되며 신장의 나트륨(Na^+) 재흡수 증가 및 소변량을 감소시켜 신체 내 수분을 보유하고, 칼륨(K^+) 배설을 증가시킨다.

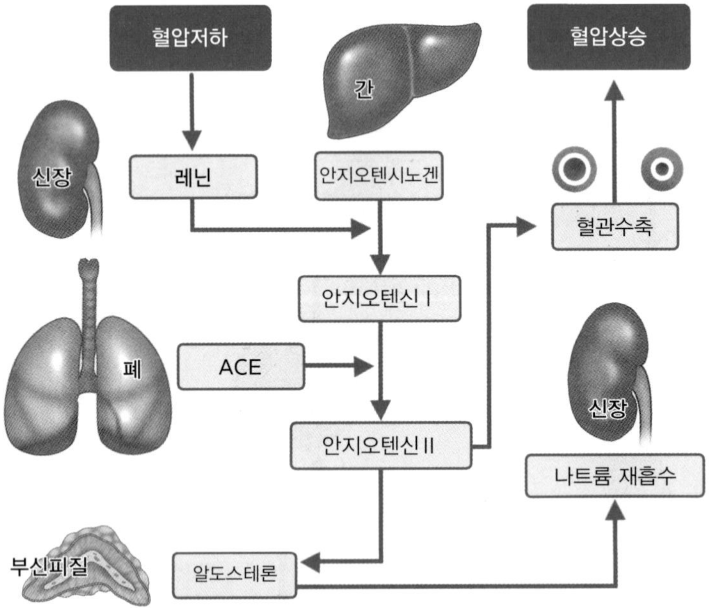

레닌-안지오텐신-알도스테론계(RAAS)

Chapter 6 호흡·순환계와 운동

학습목표

- 운동 시 호흡계의 반응과 적응에 대해 이해한다.
- 혈관 및 혈액의 종류와 기능을 안다.
- 운동 시 순환계의 반응과 적응에 대해 이해한다.

1 호흡계의 구조와 기능

(1) 호흡계의 구조

인체에 들어오는 공기에서 노폐물을 걸러내어 산소를 공급하고 이산화탄소를 배출하는 기관으로 구조적 분류와 기능적 분류가 있다.

구조적 분류	상기도	비강, 인두, 후두로 구성
	하기도	기관, 기관지, 세기관지, 폐로 구성
기능적 분류	전도영역	• 공기의 통로, 공기의 여과, 가온, 가습 기능 • 비강, 인두, 후두, 기관, 기관지, 세기관지, 종말세기관지
	호흡영역	• 공기와 혈액 사이의 실질적인 가스교환 장소 • 호흡세기관지, 폐포관, 폐포

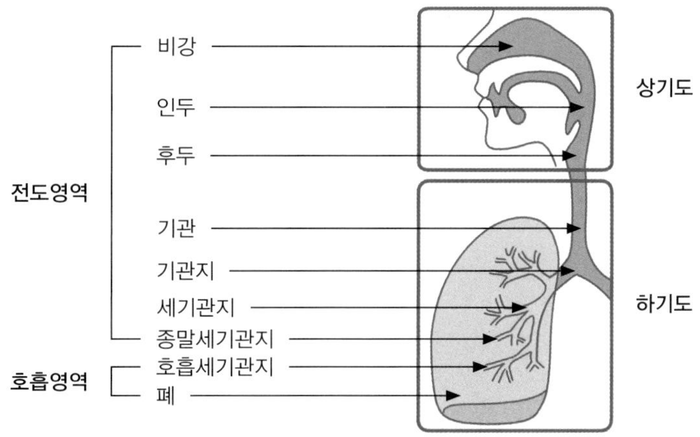

호흡계의 구조

(2) 호흡계의 기능

① 산-염기 평형조절 ② 호흡을 통한 수분방출, 체온 조절

③ 성대의 열림을 통한 발성 ④ 외부로부터 산소를 받아들여 에너지 생성

⑤ 에너지 생성과정에서 발생한 이산화탄소를 외부 배출

(3) 호흡 과정 ★★

분압차이에 의한 확산현상으로 기체교환이 일어난다(농도가 높은 곳에서 낮은 곳으로 이동).

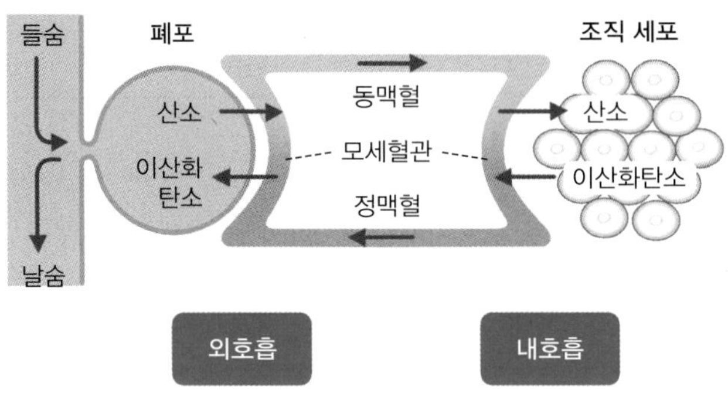

폐호흡과 세포호흡

① **폐호흡(외호흡)** : 외기와 폐포 사이에서 공기가 교환되는 환기과정과 폐포와 모세혈관 사이에서 확산에 의해 교환이 이루어지는 과정을 합친 것을 말한다.

② **세포호흡(내호흡)** : 모세혈관과 조직세포 사이에서 이루어지는 기체교환을 말하며 산소를 이용한 대사로 에너지가 생성된다.

2 호흡의 원리 ★★

폐는 근육이 없으므로 스스로 운동이 불가하여 폐를 둘러싸고 있는 갈비뼈와 횡격막의 상하 운동으로 흉강의 부피와 압력을 조절하며 호흡이 이루어진다.

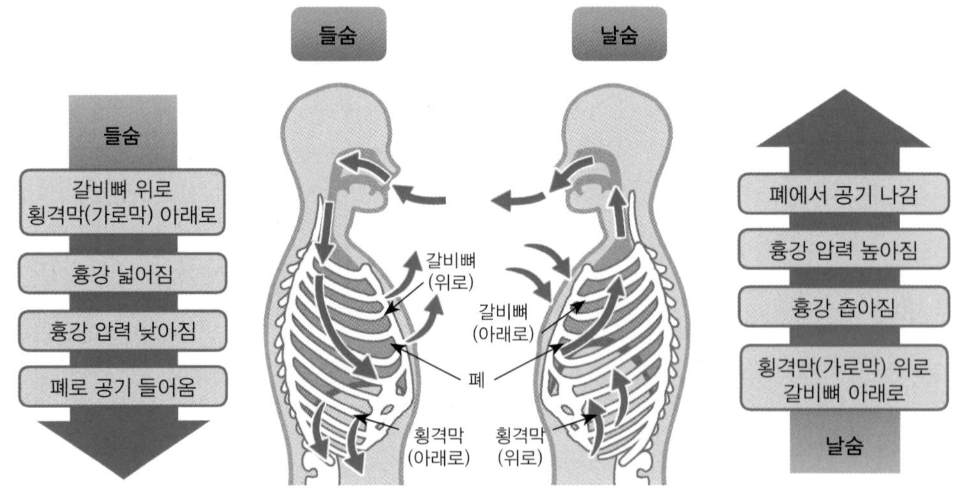

날숨과 들숨일 때 우리 몸의 변화

(1) 들숨(흡기)

① 혈중 이산화탄소의 양이 증가 → 이를 제거하기 위해 호흡중추 자극 → 미주신경 작용

② 횡격막 수축, 내늑간근 이완, 외늑간근 수축 → 갈비뼈는 위로 올라가고, 횡격막은 아래로 내려가 흉강의 부피를 증가시킴 (운동 시 사각근 및 흉쇄유돌근 근육도 함께 사용됨)

③ 흉강의 부피가 증가하면 흉강 내 압력은 낮아지고 공기가 폐 속으로 들어옴

(2) 날숨(호기)

① 폐의 확장으로 인한 자극이 신경을 거쳐 호흡중추에 전달

② 횡격막 이완, 내늑간근 수축, 외늑간근 이완 → 갈비뼈는 아래로, 횡막은 위로 상승하며 흉강의 부피를 감소시킴 (운동 시 복직근 및 내복사근 근육도 함께 사용됨)

③ 흉강의 부피가 감소하면 흉강 내 압력은 높아지고 공기가 폐 밖으로 나감

(3) 호흡에 따른 변화

구분	들숨(흡기)	날숨(호기)
내늑간근	이완	수축
외늑간근	수축	이완
갈비뼈	상승	하강
횡격막	수축하여 하강	이완하여 상승
흉강 부피	증가	감소
흉강 압력	감소	증가
폐 부피	증가	감소
공기의 흐름	몸 밖 → 폐	폐 → 몸 밖

(4) 호흡운동의 조절 (환기량 조절)

① **신경성 조절 :** 노의 호흡조절 중추(뇌교, 연수), 구심성 신경자극에 의한 운동신경 흥분에 의해 환기량 증가

② **화학적 조절 :** 혈액 내 산소, 이산화탄소, 수소(H^+) 농도 등에 의해 환기량 조절

중추 화학 수용기	이산화탄소 증가에 따른 뇌척수액에서의 수소(H^+) 이온 증가로 환기량 증가
말초 화학 수용기	말초 화학 수용기인 경동맥체와 대동맥체는 혈액 내 산소 감소 및 이산화탄소 증가를 감지하고 호흡중추로 전달하여 환기량 증가

3 운동에 대한 호흡계의 반응과 적응

(1) 동-정맥 산소차 ★★

① 동맥혈과 정맥혈에서의 산소 농도 차이로 혈액에서 산소를 추출하는 근육의 능력을 뜻함

② 산소가 풍부한 동맥혈에서 운동을 통해 근육조직이 많은 산소를 이용하였다면 정맥혈에서의 산소 농도는 감소한다. 즉, 동-정맥 산소차가 증가되었다는 것은 조직에서의 산소 이용률이 증가되었음을 나타내며, 훈련을 통해 동-정맥 산소차를 증가시킬 수 있다.

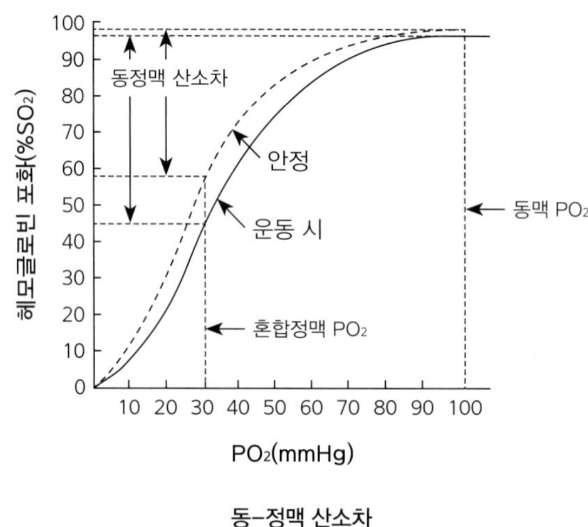

동-정맥 산소차

(2) 보어효과(Bohr effect)

이산화탄소 분압이 상승하거나 pH가 감소하면 산소분압의 변화가 없더라도 산소해리가 잘 되어버리는 현상

① 이산화탄소 분압 증가 + 낮은 pH → 산소와의 친화력 감소 → 해리가 잘 이루어짐

② 이산화탄소 분압 감소 + 높은 pH → 산소와의 친화력 증가 → 해리가 잘 이루어지지 않음

(3) 폐용적(Pulmonary volume)과 폐용량(Pulmonary capacity) ★

① 폐용적(Pulmonary volume)

구분	내용
1회 호흡량 (TV)	• 안정상태에서 흡입하거나 호기되는 공기의 양 • 성인남자 : 약 600ml / 성인여자 : 약 500ml
들숨예비용적 (IRV)	• 안정상태에서 숨을 들이마신 후 최대한 노력하여 추가로 더 들여 마실 수 있는 공기의 양 • 약 3,000ml
날숨예비용적 (ERV)	• 안정상태에서 숨을 내쉰 후 최대한 노력하여 추가로 더 내쉴 수 있는 공기량 • 약 1,200ml
잔기량 (RV)	• 최대한 노력하여 내쉰 후에도 폐 속에 남아있는 공기량 • 약 1,200ml

② **폐용량(Pulmonary capacity)** : 두 가지 또는 그 이상의 폐용적을 통합하여 지칭할 때

들숨용량 (IC)	• 최대한 노력하여 들이마실 수 있는 공기량 • 1회 호흡량(TV) + 들숨예비용량(IRV) • 약 3,600ml
기능적 잔기용량 (FRC)	• 안정 시 편하게 숨을 내쉰 상태에서 폐 안에 남아있는 공기의 부피 • 날숨예비용적(ERV) + 잔기량(RV) • 약 2,400ml
폐활량 (VC)	• 폐용적 중에서 잔기량을 제외한 나머지 3가지 용적의 합 • 1회 호흡량(TV) + 들숨예비용적(IRV) + 날숨예비용적(ERV) • 성인남자 : 약 4,800ml / 성인여자 : 약 3,200ml
총폐용량 (TLC)	• 최대한 노력하여 들이마셨을 때 폐 내에 존재하는 공기의 총량 • 폐활량(VC) + 잔기용적(RV) • 약 6,000ml

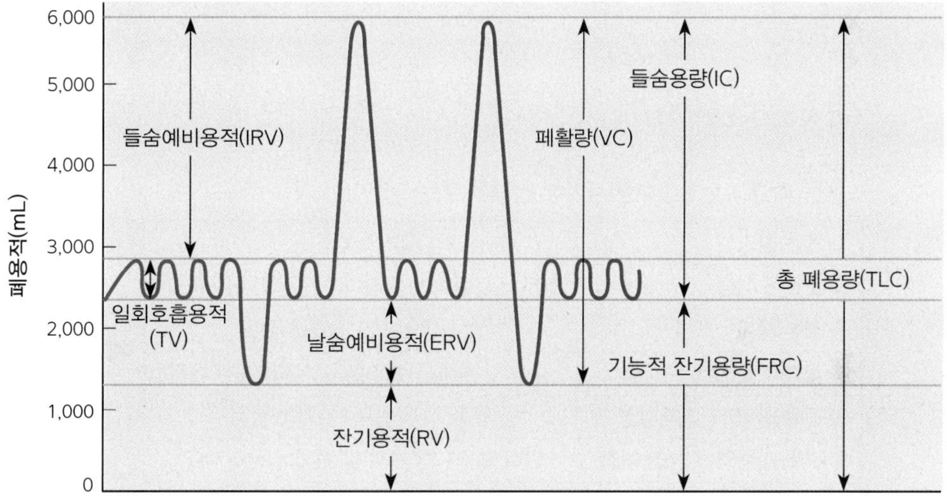

폐용적과 폐용량

(4) 운동에 대한 호흡계의 적응 ★★★

호흡수	• 안정 시 및 최대하 운동 중 호흡수는 감소 (1회 호흡량은 거의 동일함) • 최대 운동 시에는 호흡수 증가
폐 환기량	• 안정 시에 비해 변화가 없거나 감소 • 최대 운동 시에는 증가 (1회 호흡량과 호흡수 증가에 따름)
폐용량	• 폐활량은 약간 증가하며, 잔기량은 감소 • 1회 호흡량은 최대 운동 시 증가
동-정맥 산소차	• 근육에서의 산소 추출능력 향상으로 동-정맥 산소차 증가

합격 TIP

운동 후 초과산소섭취량(EPOC, excess post-exercise oxygen consumption)
운동이 끝난 직후 몇 분 동안 휴식 상태에서 정상적으로 섭취하는 것 이상으로 섭취하는 산소의 양을 말한다.

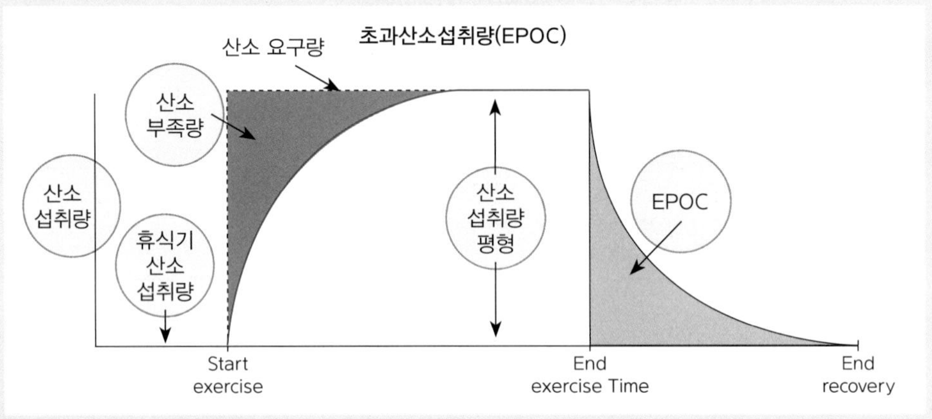

운동 후 초과산소섭취량(EPOC)

: **운동 후 초과산소섭취량 증가에 영향을 주는 요인**

요인	내용
① **체온 상승**	대사율 증가
② **호르몬 상승**	에피네프린과 노르에피네프린의 높은 농도
③ **젖산 제거**	젖산염이 포도당으로 전환
④ **심박수 및 호흡수 상승**	심장 및 호흡근육의 활동수준이 높게 유지
⑤ **근육에서의 PC 재합성**	운동 시 사용된 PC의 재합성
⑥ **근육과 혈액에 산소 저장**	근육에 PC 재 저장 및 조직에 산소 저장

➡ **추가적인 산소 필요** ⇩ **운동 후 초과 산소섭취량 증가**

4 순환계의 구조와 기능

순환계는 심장, 혈관, 혈액으로 구성되어 있으며 심장의 펌프질에 의해 혈관 속 혈액이 순환하며, 다음과 같은 5가지 기능을 한다.

(1) 순환계의 기능

① **운송기능** : 산소와 영양소를 세포에 운송

② **제거기능** : 세포에서 만들어진 CO_2와 대사 노폐물을 제거

③ **운반기능** : 호르몬을 분비샘에서 목표 수용체로 운반

④ **유지기능** : 체온유지, 체액유지 및 체내의 pH를 조절하며 혈액 완충작용을 함

⑤ **방어기능** : 세균이 침입한 기관의 감염을 방지(백혈구)

(2) 심장의 구조 및 기능

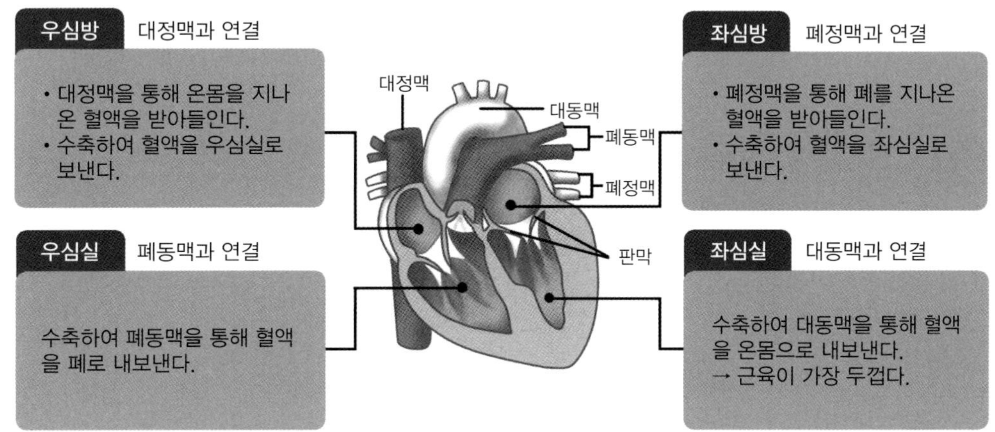

심장의 구조 및 기능

① **관상동맥 :** 심장근육에 혈액을 공급하는 혈관

② 심장근육은 가로무늬근(횡문근)이며, 사이원판이 잘 발달되어 근육세포가 거의 동시에 수축

③ 2개의 심방과 2개의 심실로 구성 (우심방, 우심실, 좌심방, 좌심실)

④ 심장에는 혈액의 역류를 방지하는 4가지의 판막이 존재

폐동맥판막	대동맥판막	오른방실판막(삼첨판)	왼방실판막(승모판)
우심실–폐동맥 사이	좌심실–대동맥 사이	우심방–우심실 사이	좌심방–좌심실 사이

(3) 체순환과 폐순환 ★

① **체순환 :** 산소를 품은 좌심실에서의 혈액이 전신을 돌아 조직에 산소를 공급하고 다시 심장으로 되돌아오는 순환

좌심실 → 대동맥 → 모세혈관 → 대정맥 → 우심방까지

② **폐순환 :** 노폐물과 CO_2가 많은 혈액을 폐로 운반해 산소와 교환하고 좌심방으로 향하는 순환

우심실 → 폐동맥 → 폐의 모세혈관 → 폐정맥 → 좌심방까지

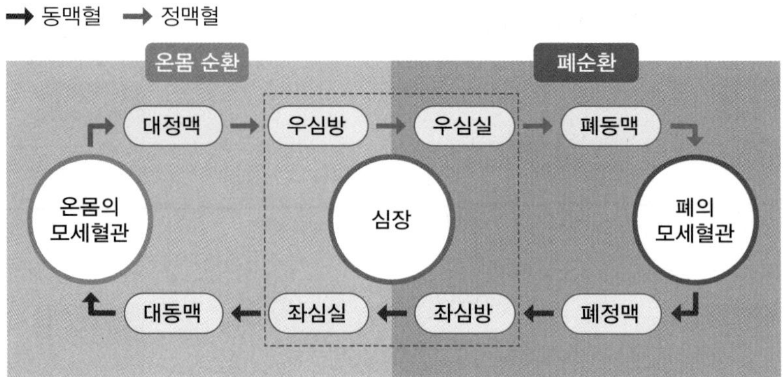

체순환과 폐순환

(4) 심장의 주기

심장근육의 수축과 이완에 의해 혈액을 전신으로 내보내고, 혈액을 받아들이는 과정

(5) 심장의 전기적 활동 경로 ★★

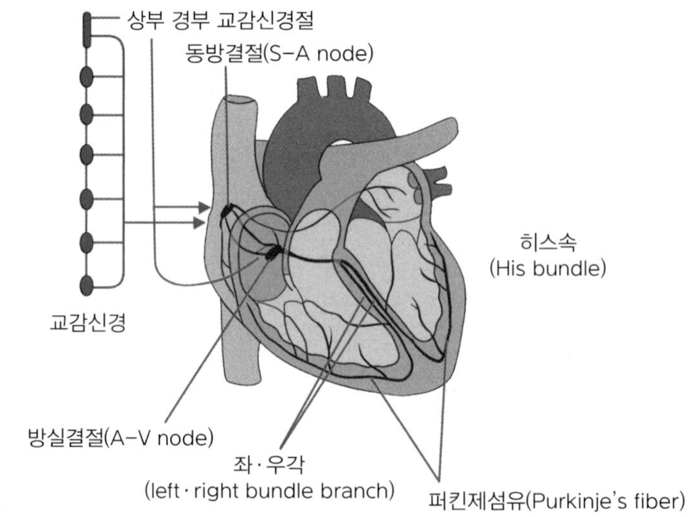

심장의 전도계

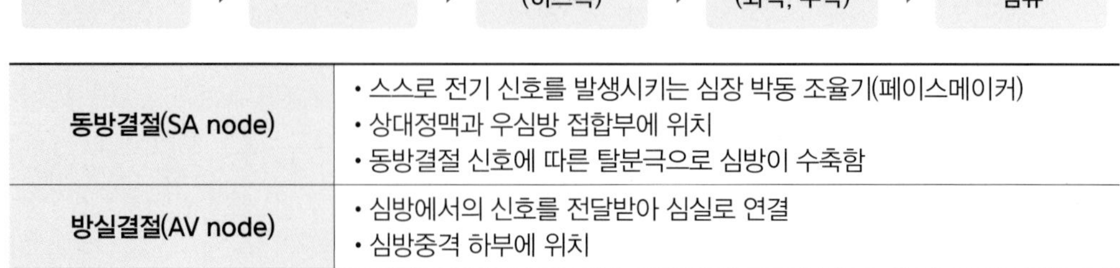

동방결절(SA node)	• 스스로 전기 신호를 발생시키는 심장 박동 조율기(페이스메이커) • 상대정맥과 우심방 접합부에 위치 • 동방결절 신호에 따른 탈분극으로 심방이 수축함
방실결절(AV node)	• 심방에서의 신호를 전달받아 심실로 연결 • 심방중격 하부에 위치

방실다발(히스속)	• 방실결절과 퍼킨제섬유를 연결
방실다발 갈래(좌각, 우각)	• 하나의 방실다발에서 갈라져 우심실과 좌심실에 위치하는 섬유
퍼킨제섬유	• 방실다발 갈래가 작은 가지로 분지되어 심실벽 전체로 퍼져있는 섬유

(6) 심전도(Electrocardiogram, ECG) ★★

심장의 전기활동으로 생긴 전위변화를 증폭하여 기록한 것

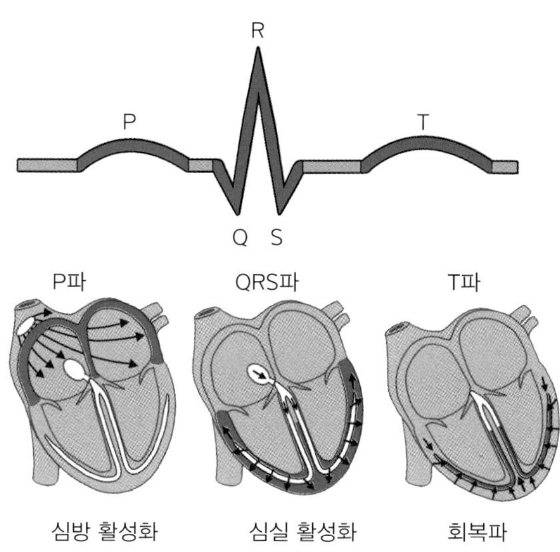

심전도

P파	심방의 탈분극	• 동방결절의 탈분극으로 심방이 수축하여 생기는 파형 • 심방을 통한 전도속도가 느려지면 P파는 넓어짐
QRS파	심실의 탈분극	• 방실결절의 탈분극으로 심실이 수축하여 생기는 파형 • 방실결절 → 방실다발 → 좌,우각 → 퍼킨제섬유까지 빠르게 신호가 전도되어 심실이 수축함 • QRS파 간격(또는 R파)을 통해 심박수 측정 가능
T파	심실의 재분극	• 심실의 수축이 끝나고 다시 되돌아가는 회복기 • 심실의 심외막 → 심실벽 → 심내막 방향으로 신호 전달
PR간격	심방의 탈분극 ~ 심실 탈분극 전	• 심방의 탈분극에서부터 심실의 탈분극 전까지 걸리는 시간을 나타냄 • 전도 속도에 따라 PR간격이 증가하거나 감소
QT간격	심실의 탈분극 + 심실 재분극	• Q파, QRS파, T파를 포함한 파형 • 심실의 탈분극에서부터 심실의 재분극까지 의미
ST분절	심실의 탈분극과 재분극 사이	• QRS파 말단과 T파의 시작점 사이 • 급성심근경색을 알 수 있는 지표로 쓰임 • 정상적으로는 분절의 형태가 평평한 직선이나, 급성심근경색의 경우 ST 분절이 상승하거나 하강하는 형태를 보임

(7) 심박출량(cardio output, CO) ★★★

심박출량 = 심박수(heart rate, HR) × 1회 박출량(stroke voulme, SV)

단 심박수(heart rate, HR) : 1분 동안 심장이 뛰는 맥박수

단 1회 박출량(stroke voulme, SV) : 좌심실에서 1회 수축할 때 방출되는 혈액량

① 1분간 좌심실에서 대동맥으로 내보내는 혈액량으로 일반 성인의 경우 약 4~8L

② 좌심실이 수축하기 직전의 심실 확장기말 용량(end-diastolic volume, EDV)에서 심실 수축이 완료된 후 좌심실에 남아있는 심실 수축기말 용량(end-systolic volume, ESV)을 빼면 1회 박출량이 된다.

③ 심실 확장기말 용량이 클수록, 심실 수축기말 용량이 작을수록 1회 박출량은 증가한다.

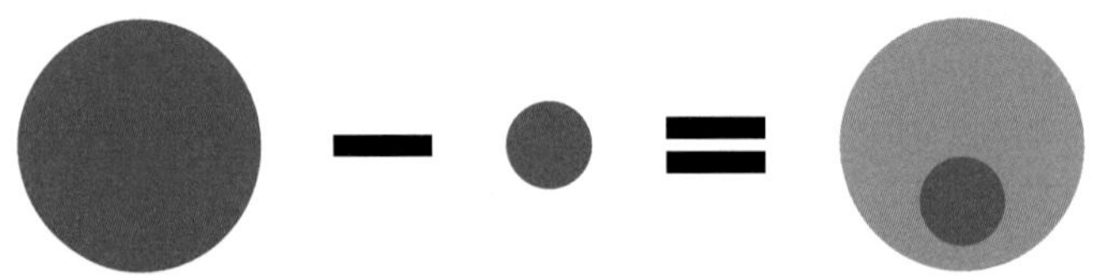

확장기말 용량 − 수축기말 용량 = 1회 박출량

EDV − ESV = SV

1회 박출량

(8) 심박출량 조절 시스템 ★★★

① 심박수

교감신경	심박수 증가
부교감신경	심박수 감소

② 1회 박출량

<table>
<tr><td rowspan="3">내인성 조절</td><td>심실 확장기말 용적 (end-diastolic volume, EDV)</td><td>• 프랭크-스탈링(Frank-starling) 기전 : 확장기말 심실의 혈액량(전부하)이 클수록 심실이 더 확장되며 수축력도 증가함
• 정맥혈 회귀 : 정맥수축, 골격근 펌프작용, 호흡계의 펌프작용으로 심장으로 되돌아오는 혈류량이 증가하여 확장기말 심실의 혈액량 증가(전부하 증가) → 1회 박출량 증가</td></tr>
<tr><td>평균 대동맥 혈압</td><td>좌심실에서 대동맥으로 혈액을 내보낼 때 평균 대동맥의 혈압이 낮아야(후부하 감소) 좌심실의 근육이 큰 저항 없이 많은 혈액을 내보낼 수 있음</td></tr>
<tr><td>심실의 수축력</td><td>교감신경 → 에피네프린, 노르에피네프린 분비 → 심실 수축력 증가</td></tr>
<tr><td colspan="2">외인성 조절</td><td>교감신경 자극 → 정맥 수축 → 심장으로의 정맥 환류량 증가 → 심박출량 증가</td></tr>
</table>

5 혈관

(1) 혈관의 구조 및 기능 ★★

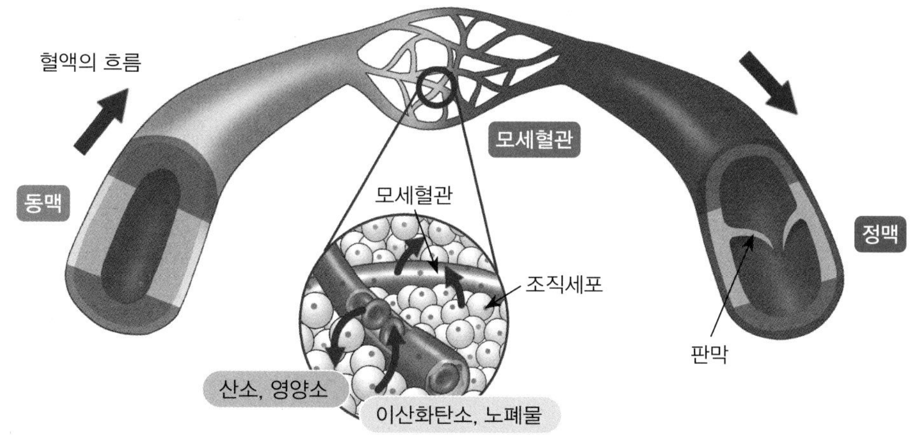

혈관의 구조

동맥	• 심장에서 세포로 나아가는 혈액이 흐르는 혈관 • 혈관 벽이 두껍고, 탄력이 좋으며 판막이 없음(민무늬근)
세동맥	• 혈압의 감소가 가장 크게 발생하는 혈관 • 대동맥의 가지 혈관으로 직경이 좁아 혈류저항이 가장 큼
모세혈관	• 동맥과 정맥을 연결하며 온몸에 그물망처럼 퍼져 있음 • 세포와 물질교환이 일어나는 혈관으로, 혈관벽이 매우 얇고 흐르는 속도가 느림(세포와의 물질교환에 유리하게 적용)
정맥	• 전신을 돌아 다시 심장으로 되돌아오는 혈액이 흐르는 혈관 • 심장 위에서 내려오는 혈관을 위대정맥(상대정맥), 아래에서 올라오는 혈관을 아래대정맥(하대정맥)이라고 함 • 혈관 벽이 얇고, 탄력이 낮으며 판막이 있음 • 혈액의 저장고 역할(약 60% 이상의 혈액 보유) • 심박출량의 요구가 증가될 시, 정맥혈관의 용적을 줄여 심장으로 보내는 혈액량을 증가시킴

(2) 혈관의 특징

혈관 두께	동맥 → 정맥 → 모세혈관
혈류 속도	동맥 → 정맥 → 모세혈관
혈압 세기	동맥 → 모세혈관 → 정맥
총 단면적	모세혈관 → 정맥 → 동맥
혈관 내부 직경	정맥 → 동맥 → 모세혈관

(3) 혈액의 구조 및 기능 ★

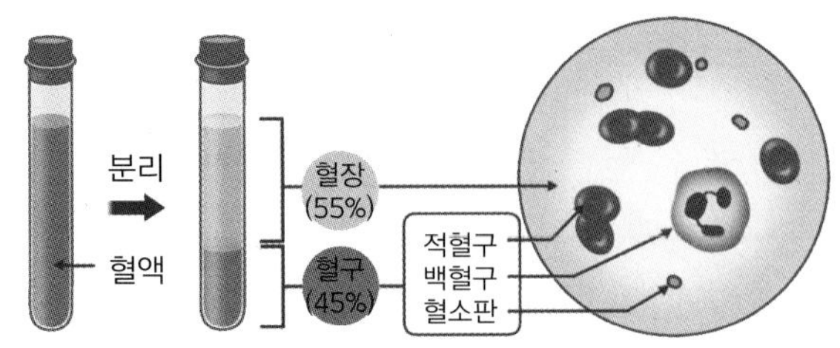

혈액의 구성

① **혈장(55%)** : 약 90%가 물, 약 7%의 단백질, 아미노산 등과 같은 영양소와 노폐물로 구성, 세포로 영양소 운반 및 노폐물 운반 및 체온 조절 역할을 함

② 혈구(45%)

적혈구	• 혈구 성분 중 99% 차지, 산소와 이산화탄소의 운반역할을 하며, 핵이 없음 • 헤모글로빈 : 적혈구 세포질에 포함된 성분으로 혈액 내 산소 운반 기능을 함 • 에리스로포이에틴(EPO) : 신장에서 분비되는 호르몬으로 골수에서 적혈구 생산을 조절함
백혈구	• 세균을 잡아먹는 식균작용을 통해 신체를 방어함 • 핵이 있음
혈소판	• 출혈 시 혈액 응고 작용을 함 • 핵이 없음

(4) 적혈구용적률(Hematocrit) ★★

① 혈액 중에서 적혈구가 차지하고 있는 비율을 말함

② 일반적으로 남성은 45% 내외, 여성은 40% 내외로 성인 남성이 여성보다 더 높음

③ 적혈구용적률이 증가하면 혈액의 점도가 높아지고, 혈류 속도는 느려진다.

④ 적혈구용적률이 감소하면 빈혈증상이 나타난다.

⑤ 운동선수의 경우, 정상적인 적혈구 수치를 가지고 있음에도 불구하고 빈혈로 나오는 경우가 있는데, 이는 고강도 운동에 의해 혈장량이 증가하여 상대적으로 적혈구가 차지하는 비율이 낮아짐에 따라 나타나는 것이다. 이것을 혈액희석(hemodilution) 증상이라고 한다.

(5) 혈액의 산소 및 이산화탄소 운반 ★★

산소(O_2) 운반	• 폐를 통해 들어온 산소는 혈액을 통해 각 조직에 운반 • 주로 헤모글로빈과 결합된 상태(97%), 나머지는 혈장에 용해된 상태(3%)로 운반 • 산화헤모글로빈 : 1개의 헤모글로빈이 4개의 산소분자와 결합한 상태를 뜻함 • 근육 내에서의 산소는 마이오글로빈과 결합하여 미토콘드리아로 운반됨
이산화탄소(CO_2) 운반	• 혈액에서 이산화탄소의 농도는 산-염기 평형을 위해 중요한 역할을 함 • 주로 중탄산염 이온상태(약 70%)로 운반되며 나머지는 산소와 결합하지 않은 헤모글로빈과 혈장 단백질이 결합되어 만들어진 카바미노헤모글로빈 형태(약 23%), 혈장에 용해된 상태(약 7%)로 운반

6 운동에 대한 순환계의 반응과 적응

(1) 운동에 대한 순환계의 반응

심박수	• 1분간 심장이 뛰는 박동수로 운동 강도와 비례하여 증가 • 운동 시작 전 심박수는 예상반응 현상에 의해 증가됨 • 정상 안정 시 심박수 : 60~80회 • 심박수 증가 : 동방결절을 자극하여 증가시킴 (교감신경) • 심박수 감소 : 동방결절을 억제하여 감소시킴 (부교감신경–미주신경)
1회 박출량 증가	• 심장이 1회 수축하면서 좌심실에서 대동맥으로 박출되는 혈액의 양 • 심실 확장기말 혈액량이 많을수록, 평균대동맥혈압이 낮을수록, 수축력이 강할수록 1회 박출량 증가
심박출량	• 1분간 심장에서 박출되는 총 혈액의 양 • 1회 박출량 × 심박수 • 안정시 및 최대하 운동 강도에서의 심박출량은 크게 변화가 없음 (1회 박출량은 증가하고 심박수는 감소하는 상호 변화정도가 비슷하기 때문)
혈압	• 수축기 혈압 : 운동 강도의 증가에 비례해 증가 • 이완기 혈압 : 증가하지 않거나 오히려 감소
혈류	• 교감신경 작용으로 세동맥이 수축하여 활동적인 부위로 혈액을 재분배함
혈액	• 운동강도 증가에 따른 동–정맥 산소차도 점진적으로 증가

(2) 운동에 대한 순환계의 적응

순환계는 지속적인 운동을 위해 증가된 산소 요구량을 충족시키기 위해 활동 조직으로 충분한 산소를 운반시킬 수 있는 능력을 향상시키기 위한 쪽으로 적응된다.

심장의 크기	• 심장의 근육두께 증가 및 심실 용적 크기 증가 • 좌심실의 근육 두께의 증가는 심실 수축력을 증가시켜 수축말기 용량(ESV)을 감소시킨다. • 좌심실의 용적 크기 증가는 좌심실에 더 많은 혈액을 담게 하고, 확장말기 용량(EDV)을 증가시킨다.
1회 박출량	• 최대하 운동강도 및 최대운동 강도에서의 1회 박출량 증가
심박수	• 안정시 및 최대하 운동 강도에서의 심박수 감소 • 최대 심박수는 변화가 없거나 약간 감소함 • 운동 후 안정시 심박수로 되돌아오는 시간이 빨라짐
심박출량	• 최대 운동 시 심박출량 증가
혈류	• 새로운 모세혈관의 증가, 기존 모세혈관의 더 많은 동원, 비활동적인 부위로부터의 효율적인 혈류 재분배, 총 혈액량 증가로 조직으로의 혈류공급이 증가됨
혈압	• 말초저항 감소로 인해 수축기 혈압의 감소
혈액량	• 총 혈액량이 증가함(혈장량 증가 + 적혈구 증가에 따름)

Chapter 7 환경과 운동

학습목표

■ 체온 조절 기전에 대해 이해할 수 있다.
■ 고온과 저온 환경 시 여러 가지 신체 반응에 대해 구분할 수 있다.
■ 고지 환경에서의 운동 시 해수면 위치와의 생리학적 반응과 차이점에 대해 이해한다.

1 체온 조절과 운동

우리 몸의 체온 조절은 열생성과 열손실의 균형을 어떻게 이루게 하느냐에 따라 좌우된다.

(1) 체온 조절을 위한 효과기 4가지 ★

피부 소동맥	• 소동맥의 이완이나 수축을 통해 피부로의 혈류를 증가시키거나 감소시켜, 체열을 발산하거나 또는 체열을 보존함
땀샘	• 피부와 심부온도가 올라가면 에크린땀샘의 자극으로 땀을 증가시켜 증발을 통한 체열을 낮추는 작용을 함
골격근	• 체열을 더 많이 생성하고자 할 때 동원 • 골격근의 수축과 이완을 반복하여 열 생성
내분비 샘	• 호르몬 작용을 통한 대사율 증가로 열 생성 예 추울 때 갑상샘에서 갑상샘호르몬을 방출하도록 자극함

(2) 열손실 기전 ★★

열손실은 열의 전달에 의해 이루어진다.

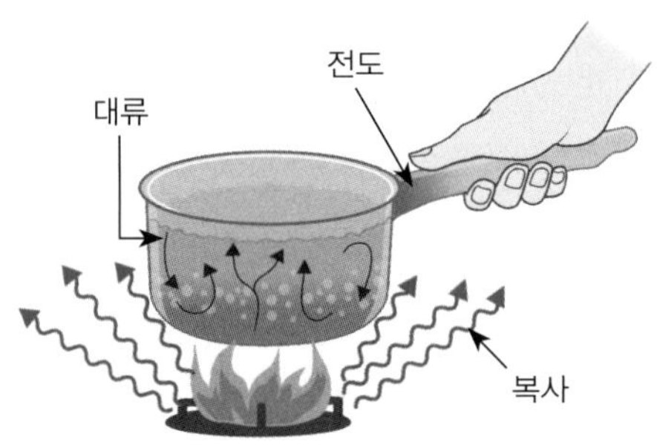

열손실 기전

복사	• 어떠한 물질의 도움 없이 열 자체가 직접 이동하는 방식 • 물질을 거치지 않으므로 전도나 대류보다 열의 이동이 훨씬 빠르다. 예 그늘보다 햇볕 아래가 더 따뜻한 것, 난로에 가까이 가면 따뜻함을 느끼는 것
전도	• 서로 다른 온도를 갖는 두 표면이 직접 접촉할 때 열이 이동하는 방식 예 더운 날씨에 얼음물에 손을 대어 피부가 시원해지는 것 예 추운 날씨에 따뜻한 물건을 만지면 피부가 따뜻해지는 것

대류	• 체표면과 공기나 물 등 사이에서 열이 전달되는 것으로 피부에 접하는 공기나 물 분자의 순환에 의해 일어나는 방식 예 선풍기, 자전거 탈 때
증발	• 열 발산을 위한 1차적 방법으로 땀이 증발하면서 열이 제거되는 방식 • 운동 중 체온이 정상 수준 이상으로 증가하면 땀샘에서 땀을 분비시키고, 이 땀이 증발되면서 피부온도를 낮추게 됨 • 상대습도가 높은 날에는 땀의 증발이 잘 이루어지지 않음 (이미 공기가 많은 수분분자를 가지고 있으므로)

2 고온 환경과 운동

인체가 고온 환경에 노출되면 신체 내 높은 열을 외부로 발산하기 위해 발한과 증발의 방법으로 열 상실 작용을 하게 된다(고온 환경은 이미 외부 온도가 높으므로 복사, 전도를 통한 열손실이 어려움).

(1) 고온에서의 체온 조절 기전 ★★★

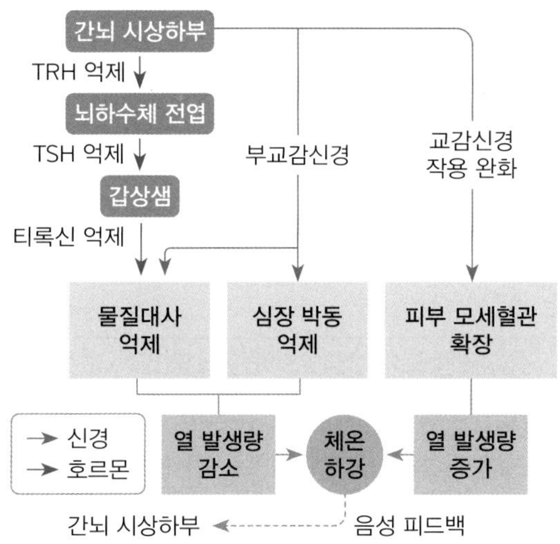

고온에서의 체온 조절

① **열 발산량 증가** : 부교감신경 항진에 의해 교감신경 작용이 완화되어 모세혈관 및 털세움근이 확장되고 피부로의 땀 배출을 촉진시킨다.

② **열 발생량 감소** : 뇌하수체 전엽에서의 갑상샘자극호르몬(TSH)의 분비량 감소는 티록신 분비를 억제시켜 물질대사를 감소시키며, 부교감신경계 항진을 통해 심박박동 억제로 열 발생량이 줄어든다.

(2) 고체온증 예방

습구흡구온도가 28℃ 이상일 경우, 야외경기 및 야외연습을 금지하여 고체온증을 예방할 수 있다.

(3) 고온에서의 운동 시 생리적 반응

① 체온의 상승 및 심박수 증가

② 땀의 양이 증가하며, 혈장량 감소에 따른 체액 손실 증가

③ 근육의 글리코겐 이용률 증가 및 젖산 생성량 증가 (장시간 지속하는 운동의 경기력은 현저히 감소)

④ 발한 작용에 의한 무기질과 수분의 상실 증가

(4) 고온에서의 열순응 ★★★

① 고온 환경에서 약 9~14일간, 매일 1시간 이상, 저−중강도 운동을 통해 적응

② **혈장량 증가 :** 운동 초기 1~3일 동안에 제일 먼저 나타나는 반응

③ **발한 시점의 조기화 및 발한율 증가 :** 열 제거가 효율적인 부위에서 땀이 일찍 분비되기 시작하여 피부 온도를 낮추고, 그에 따라 열 상실 촉진

④ **나트륨 보존 :** 생산되는 땀이 묽어짐으로 인해

⑤ 심부온도 감소 및 심박수 감소

⑥ **피부 혈류량 감소 :** 활동적인 근육으로의 혈류가 더 많이 이동하게 됨

⑦ **열 충격 단백질 증가 :** 열 스트레스로 인한 세포의 손상 방지

㉠ 열순응 : 더위에서 장시간 저강도 운동을 반복하여 과도한 체열을 제거하는 능력을 향상시키고 내성이 증가되는 생리적 적응현상을 말한다.

(5) 열 관련 장애 ★★

열경련 (Heat Cramp)	• 심각성 정도가 제일 낮으며, 운동 중 많이 사용한 근육에서 주로 발생 • 고통스럽고 심한 경련이 일어남 • 땀을 많이 흘렸을 때 일어나며, 나트륨의 상실과 탈수현상이 원인 • 운동 중 염분을 포함한 음료를 충분한 섭취하는 것으로 예방가능
열탈진 (Heat Exhaustion)	• 심한 탈수현상이 일어나 심혈관계가 인체의 요구에 대처하지 못함으로 인해 발생 • 극도의 피로, 현기증, 구토, 메스꺼움, 약하고 빠른 맥박이 특징 • 체온 조절기전은 기능을 하고 있으나, 혈류를 피부까지 적절히 보낼 수 있는 혈액이 부족하기 때문에 나타남
열사병 (Heat Stroke)	• 체온 조절 기전이 작동하고 있지 못하는 상태로 즉각적인 응급치료를 요함 • 40℃ 이상의 심부온도, 의식장애, 방향감각 상실 또는 의식불명이 특징

❸ 저온 환경과 운동 ★★

인체가 저온 환경에 노출되면 체온을 높이기 위한 작용으로 호르몬 조절 및 말초혈관 수축, 근육 수축을 통한 떨림 반응이 나타난다.

(1) 저온에서의 체온 조절 기전

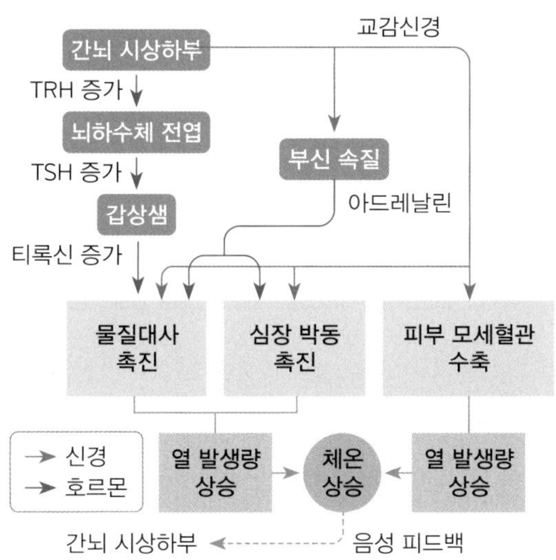

저온에서의 체온 조절

① **열 발산량 감소 :** 교감신경의 작용으로 모세혈관 및 털세움근을 수축시켜 피부 쪽으로의 혈액량을 줄여 열 발산을 감소시킨다.

② **열 발생량 증가 :** 뇌하수체 전엽의 갑상샘자극호르몬(TSH)에 의해 갑상샘에서 티록신이 분비되고, 부신겉질자극호르몬(ACTH)에 의해 당질코르티코이드가 분비되어 물질대사를 촉진시켜 열을 발생시킨다.

(2) 저온에서의 운동 시 생리적 반응 ★★

① **떨림 증가 :** 골격근의 빠른 수축-이완작용을 되어 통한 열 생산, 열 생산율이 4~5배 증가

② **심장박동 조절장치인 동방결절의 기능이 저하 :** 심박수 및 심박출량 감소

③ **근육과 혈액의 온도 감소 :** 근육의 반응속도 감소, 산소운반능력 및 최대산소섭취량 감소

④ **교감신경계 자극을 통한 말초혈관 수축 :** 세동맥을 좁혀 신체 바깥으로 흐르는 혈액의 양을 감소시켜 열 상실을 최소화함

⑤ **대사율 증가 :** 인체 내부의 열 생산 증가

(3) 추위 관련 장애 ★

구분	내용
저체온 (Hypothermia)	• 체온이 35℃ 이하로 떨어진 상태로, 시상하부의 체온 조절능력을 상실하기 시작 • 심부 온도의 저하와 심박수 감소에 의해 심박출량 급감 • 추위로부터 보호하기 위해 옷이나 담요로 감싸주며, 따뜻한 물 섭취 • 심한 저체온일 경우 의료진의 치료가 필요 • 증상 : 오한, 혈압저하, 의식혼미, 사지강직
동상 (Frostbite)	• 극한 추위에 노출되었을 경우, 체액이 얼면서 피부에 혈액공급이 원활이 이루어지지 않아 조직이 괴사되어 가는 것 • 증상 : 통증과 물집, 혈액순환 장애
운동유발천식	• 저온 환경만의 문제는 아니나, 동계 종목 선수들의 50% 이상 영향 받는 보편적인 문제 • 기온 저하에 따른 건조한 공기와 운동을 통해 높아진 호흡률로 나타나는 기도의 건조함이 원인 • 차갑고 건조한 공기는 기도를 좁게 만들어 숨을 가쁘게 몰아쉬는 운동유발천식 증상을 자주 유발하게 됨

4 고지 환경과 운동 ★★★

사람이 해수면 위치에서 고지대로 올라가면서 나타나는 가장 대표적인 환경변화는 산소분압의 감소에 따른 산소부족과 온도 및 습도의 감소이다.

산소분압 감소, 기온 및 습도 감소

대기 중 산소농도 감소에 따른 폐포의 낮은 산소 분압 / 환기량 증가에 따른 혈액의 수분 증발량 증가

↓

최대산소섭취량 감소 및 동맥혈의 산화헤모글로빈포화도 감소

혈액 내 헤모글로빈과 결합하는 산소의 양 감소

↓

근육에 충분한 산소 공급 불가

그 외 수면장애, 인지능력감소, 급성 고산병, 고산 뇌부종, 고산 폐부종

↓

운동능력 감소

유산소 대사를 이용하는 경기 종목에서 부정적 영향

고지 환경에 따른 생리적 변화

(1) 산소분압 감소에 따른 산소부족

① 고지대로 올라갈수록 대기압은 감소하고, 그에 따라 공기 중의 산소농도(산소분압) 또한 감소한다.

② 즉, 신체가 사용할 수 있는 산소의 양이 해수면에 비해 절대적으로 부족한 상황

③ 산소부족현상(저산소증)은 최대산소섭취량을 감소시키며 혈액에 녹아든 산소함량(산화헤모글로빈포화도) 또한 줄어들게 한다.

④ 충분한 산소를 공급받지 못한 근육 조직은 젖산과 같은 피로물질이 축적시키며 운동능력이 감소되고, 이를 보상하기 위해 신체는 숨을 많이 쉬는 것(환기량 증가)으로 산소부족량을 보충하게 된다.

⑤ 산소가 부족한 상황에서 중요한 뇌를 보호하기 위해 뇌의 혈관을 확장하여 뇌에 많은 혈액이 흐르도록 적응하게 된다(고산뇌부종).

(2) 기온 감소, 습도 감소에 따른 혈액량 감소

고지대로 올라갈수록 기온이 감소되고, 습도가 낮아짐에 따라 혈액의 수분이 쉽게 증발되어 혈장량이 줄어든다. 이는 결국 혈액량을 감소하게 만들며 이를 보상하기 위해 심박수를 증가시킨다.

합격 TIP

산소-헤모글로빈 해리 곡선은 고지대와 해수면에서의 산소분압차이로 인한 환경변화와 관련하여 문제가 자주 출제되었던 만큼 꼭 이해하고 있어야 한다. 그 전에 앞서 산소포화와 산소해리에 대한 내용부터 알고 넘어가도록 하자.

산소포화	• 산소 분자와 헤모글로빈이 결합하는 것 • 산소 + 헤모글로빈 → 산소헤모글로빈
산소해리	• 산소헤모글로빈이 산소와 헤모글로빈으로 분리되는 것 • 산소헤모글로빈 → 산소 + 헤모글로빈

⇩

폐에서는 산소포화도가 높고, 조직에서는 산소해리도가 높아야 한다.
그래야 폐에서 최대한 많은 산소와 결합하여 이동하고,
조직에 많은 산소를 내어줌으로써
근육조직이 충분한 산소를 이용해 효과적인 운동능력을 발휘할 수 있다.

산소-헤모글로빈 해리 곡선이란, 산소분압에 따른 헤모글로빈과 산소의 해리 정도를 나타낸 그래프이다. 이 곡선은 정상적인 경우 가운데의 선이지만, 혈중 산소분압(용해된 산소농도), 혈중 수소이온(H^+) 농도, 온도, 혈중 이산화탄소 분압(P_{CO_2}), 2,3-DPG 등의 외부환경 영향에 따라 곡선이 좌우로 이동하게 된다.

고지대의 경우 곡선이 왼쪽으로 이동(조직에서의 높은 산소포화, 낮은 산소해리)하게 되는데, 이는 해수면에 비해 낮은 산소분압, 낮은 대기온도에 따른 저체온, 증가된 환기로 인한 폐포 속 이산화탄소의 양 감소, 혈액의 pH 증가가 이유가 된다.

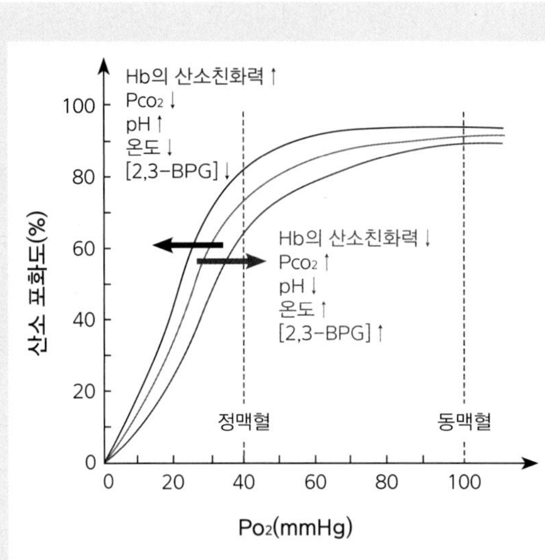

여러 인자에 따른 산소 해리곡선의 변화

왼쪽으로 이동	오른쪽으로 이동
온도가 낮을수록	온도가 높을수록
이산화탄소 분압이 낮아질수록	이산화탄소 분압이 증가할수록
혈중 수소이온(H^+) 농도가 낮을수록 → pH 증가(염기성)	혈중 수소이온(H^+) 농도가 높을수록 → pH 감소(산성)
2,3-DPG 감소	2,3-DPG 증가
헤모글로빈과 산소의 친화력 증가 → 산소 해리가 잘 이루어지지 않음 → 조직에서의 산소 이용이 어려움	헤모글로빈과 산소의 결합력이 감소 → 산소 해리가 잘 이루어짐 → 조직에서 원활한 산소 이용 가능

㊟ 2,3-DPG : 헤모글로빈의 산소 친화력을 조절하는 효소(적혈구에만 존재)로 이 효소가 많을수록 헤모글로빈과 산소의 친화력은 감소하며, 적을수록 친화력이 증가한다.

(3) 고지 환경에서의 생리적 적응 ★★

산소가 부족한 고지대에서의 훈련은 조직으로의 충분한 산소를 공급하기 위한 시스템으로 적응현상이 나타나게 된다.

① **적혈구 증가 :** 산소분압의 감소는 신장을 자극해 적혈구 조혈인자(에리스로포이엔틴, EPO)를 생성 및 분비하며 적혈구 생성을 촉진

② 헤모글로빈 농도, 모세혈관 증가

③ 혈액의 산소운반능력 향상

④ 근육 내 마이오글로빈과 미토콘드리아 증가

⑤ 주어진 절대강도 운동 시 폐환기량 증가

생리기능	단기간의 변화	장기간의 변화
호흡	과호흡	과호흡
최대심박수	감소	감소
최대하 운동심박수	증가	증가
최대심박출량	감소	감소
혈장량	감소	평지수준
적혈구 수	증가	증가
모세혈관 밀도	–	증가
마이오글로빈 함량	–	증가
미토콘드리아 수	–	증가
산화효소 활성도	–	증가

고지 환경에서의 단기간 및 장기간의 생리적 적응

5 수중환경과 운동

수중환경에서 대표적인 환경변화는 수심이 깊어질수록 사람이 받는 기압이 증가된다는 점이며, 중력의 감소, 호흡 불가, 체온 조절을 위한 열 이동이 대기보다 빠르게 진행된다는 점이다.

(1) 수중환경에 따른 생리적 변화

① **혈액 재분배** : 혈액이 신체의 말단부위에서 심장 쪽으로 몰려 심부혈액량의 증가

② **입수에 의한 방뇨현상** : 물속에 들어가면 혈액 재분배에 따른 방뇨현상이 나타남

③ 근혈류량 및 환기량 증가

④ 최대 심박출량, 최대 심박수, 최대 혈류량, 산소운반능력, 무산소 능력 감소 (약 15%)

(2) 수중환경에서의 적응

① 폐용량의 최대흡기압 및 폐활량 증가

② 고탄산혈증의 민감도 감소

③ 부족한 산소에 의한 환기반응 지연

6 대기오염과 운동

운동은 호흡을 통해 이루어지는 만큼 대기 중의 오염된 공기는 운동능력에 영향을 미친다.

(1) 공기오염 물질

① **1차 오염물질** : 성분이 거의 변하지 않는 물질로 가솔린을 사용하는 자동차, 공장에서 직접배출되는 물질을 말한다. 예 일산화탄소, 이산화황, 산화질소, 분진 등

② **2차 오염물질** : 1차 오염물질과 상호작용하여 새로 생성된 물질을 말한다. 예 오존, 에어로졸 등

(2) 공기오염 물질의 영향

일산화탄소	• 무색, 무취, 무미의 기체로 불완전 연소로 발생 • 산소운반 능력 감소 : 산소보다 헤모글로빈과의 친화력이 높아, 산소대신 헤모글로빈과 결합함으로써 조직으로 공급하는 산소의 양을 줄임 • 폐의 확산 능력 및 최대 유산소 능력을 감소시킴
이산화질소 (과산화질소)	• 자극성 냄새가 나는 갈색의 유해한 기체 • 200~400ppm에 해당하는 고농도에서 심각한 폐손상 및 사망 초래
이산화황 (아황산가스)	• 운동 중 가장 큰 악역향을 초래하는 물질 • 기도의 윗부분과 기관지에 자극을 주어 기도수축현상 및 천식 유발
오존	• 자외선 복사에너지가 탄화수소와 이산화질소를 반응시켜 대기에서 만들어진 기체 • 주로 여름 한낮에 가장 많이 생성 • 강력한 기도 자극제로 상기도에 반사적 기도수축 현상 유발 • 폐기능 저하

[참고문헌]

강남이 외(2017). 영양생리학. 파주: 지구문화사.
권혁빈 등 저(2011). 생명과학 I . 서울: 교학사.
국가건강정보포털 health.cdc.go.kr
김기진 외(2014). 운동과 스포츠 생리학 5판. 서울: 대한미디어.
김상범(2008). 재활의학. 서울: 군자출판사.
김윤택 외 4인(2018). 고등학교 생명과학 I . 서울: 동아출판.
대한운동사협회(2011). 운동검사 및 처방. 서울: 한미의학.
대한운동사협회(2011). 운동검사 및 처방. 서울: 한미의학.
대한운동사협회(2007). 운동생리학. 서울: 한미의학.
대한운동사협회(2011). 운동손상학. 서울: 대한미디어.
서울아산병원 질환백과
서주희 외(2015). 오투 중등과학2-2. 서울: 비상교육.
서주희 외(2015). 오투 중등과학3-1. 서울: 비상교육.
손희도 등 저(2016). 오투 과학탐구 생명과학 I . 서울: 비상교육.
이준규 외(2015). 생명과학 I . 서울: 천재교육.
전태원 외(2014). 파워생리학. 서울: 라이프 사이언스.
최대혁 외(2018). 파워 운동 생리학. 서울: 라이프 사이언스.
한국운동생리학회(2019). 운동생리학. 서울: 대한미디어.
한국해부생리학교수협의회(2021). 생리학 6판. 서울: 학지사메디컬.
황옥남(2018). 성인간호학 상 제 7판. 서울: 현문사.
황인균 외(2020). 건강기능식품 기능성 평가 가이드 '호흡기(기관,기관지) 건강에 도움을 줄 수 있음'편. 청주: 식품의약품안전평가원.
campbell(2016). 생명과학. 파주: 바이오사이언스.
MSD 매뉴얼 www.msdmanuals.com/ko

운동역학

저자 직강 이론 강의

출제기준/출제빈도

주요항목	세부항목	출제빈도				
		2022	2021	2020	2019	2018
1. 운동역학 개요	1. 운동역학의 정의	0/20	0/20	0/20	0/20	0/20
	2. 운동역학의 목적과 내용	3/20	2/20	2/20	2/20	3/20
2. 운동역학의 이해	1. 해부학적 기초	1/20	1/20	1/20	2/20	2/20
	2. 운동의 종류	0/20	1/20	1/20	1/20	0/20
3. 인체역학	1. 인체의 물리적 특성	1/20	2/20	1/20	1/20	0/20
	2. 인체 평형과 안정성	0/20	0/20	0/20	0/20	1/20
	3. 인체의 구조적 특성	2/20	1/20	1/20	1/20	1/20
4. 운동학의 스포츠 적용	1. 선운동의 운동학적 분석	2/20	1/20	2/20	3/20	1/20
	2. 각운동의 운동학적 분석	2/20	0/20	2/20	0/20	0/20
5. 운동역학의 스포츠 적용	1. 선운동의 운동역학적 분석	4/20	5/20	3/20	3/20	5/20
	2. 각운동의 운동역학적 분석	1/20	2/20	3/20	2/20	4/20
6. 일과 에너지	1. 일과 일률	1/20	2/20	0/20	1/20	2/20
	2. 에너지	1/20	2/20	2/20	1/20	0/20
7. 다양한 운동기술의 분석	1. 동작분석	1/20	0/20	1/20	1/20	0/20
	2. 힘 분석	1/20	0/20	0/20	1/20	0/20
	3. 근전도 분석	0/20	1/20	1/20	1/20	1/20

Chapter 1 운동역학 개요

학습목표

- 운동역학의 목적과 연구내용을 이해한다.
- 운동역학의 연구 분야 및 연구 방법을 구분하고 이해한다.
- 운동학적 변인과 운동역학적 변인을 구분할 줄 안다.

1 운동역학의 정의 ★

역학, 생리학, 해부학적 기초 지식을 활용하여 신체 운동을 보다 쉽게 이해하는 학문으로 움직임을 일으키는 힘과 그 힘의 결과로 발생하는 물체의 움직임을 연구한다.

2 운동역학의 연구목적 ★★

① 장비개발과 스포츠 동작의 신기술 개발을 통한 경기력 향상 예 클랩 스케이트

② 역학적 이론을 바탕으로 운동동작을 분석하여 운동학습 효과 극대화

③ 스포츠 손상의 원인 규명 및 최소화

④ 트레이닝 방법 및 운동기구의 평가 및 개발

⑤ 인체 움직임의 측정방법, 분석 방법, 자료처리 기술 개발

3 운동역학의 학문내용 ★★

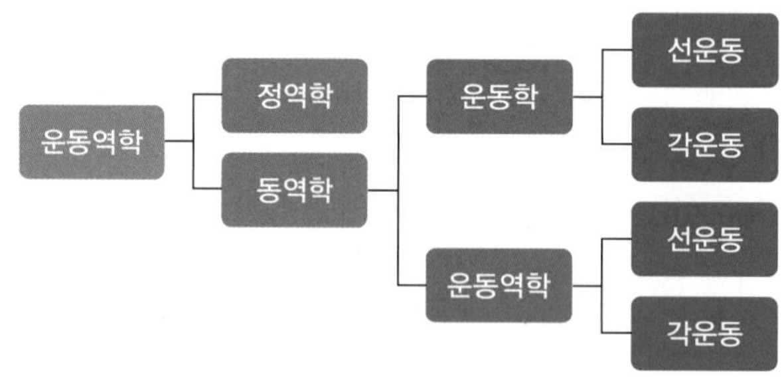

운동역학의 분류

(1) 정역학(statics)

정지상태 혹은 작용하는 힘들의 합이 0인 즉, 평형이 되는 힘의 상태를 연구

예 100m 달리기의 크라우칭 스타트, 체조의 십자 버티기 자세

(2) 동역학(dynamics)

① 신체가 가속되는 상태에서 발생하는 힘을 연구

② 작용하는 힘들 사이에 평형이 이루어지지 않아 결과적으로 운동 상태가 변하는 힘의 상황을 연구

예 골프 스윙, 야구 스윙

(3) 운동학(kinematics)

① 운동을 일으키는 힘은 고려하지 않고 동작수행에 따른 운동의 효과, 결과만을 기술하는 분야로 공간적, 시간적으로 연구

② **주요 연구대상** : 물체의 변위, 속도, 가속도, 무게중심, 관절각 등

③ **주요관심사** : 어떻게 하면 얼마나 빠르게, 얼마나 높이, 얼마나 멀리 이동할 수 있는지 등

예 멀리뛰기의 도움닫기 속도, 이륙속도, 이륙과 착지시의 인체 분절 각도, 인체의 중심이동 등

(4) 운동역학(kinetics)

① 운동을 일으키는 힘 자체 즉, 움직임의 원인이 되는 힘을 연구

② **주요 연구대상** : 근력, 지면반력, 토크, 운동량, 충격량, 마찰력 등

예 멀리뛰기의 지면반력, 충격량

(5) 인체 측정학(anthropometry)

인체의 길이, 질량, 무게, 부피, 중력, 중심 등과 같은 인체 측정학적 요인을 연구

4 운동역학의 연구방법 ★

(1) 정성적 분석

① 지도자의 경험이나 지식을 바탕으로 관찰하고 분석하는 방법으로 스포츠 현장에서 즉각적인 활용이 가능하다.

② **단점** : 주관적인 판단이 개입되어 선수에게 잘못된 피드백을 제공할 수 있고, 선수와의 판단 기준이 다를 경우 원활한 의사소통이 이루어지지 않을 수 있다.

(2) 정량적 분석

① 기계와 기구의 정량적 자료, 즉 객관화된 수치를 활용하여 동작을 분석하는 방법이다.

② **단점** : 자료처리 시간이 소요되므로 스포츠 현장에서 즉각적 활용이 힘들다.

예 근전도 분석, 지면반력 분석, 동작분석 등

Chapter 2 운동역학의 이해

학습목표

- 해부학적 자세와 방향 용어를 숙지한다.
- 인체의 축과 운동면에 대해 이해하고 관절운동을 숙지한다.
- 운동형태의 종류를 구분하고 각각의 내용에 대해 이해한다.

1 해부학적 기초

(1) 해부학적 자세

① 신체를 곧게 세우고 양발을 11자로 모아 선 상태에서 손바닥은 전방을 향하고, 양팔은 몸통 옆으로 늘어뜨린 자세

② 신체의 위치 및 방향을 설명하는데 있어 기준이 됨

(2) 방향용어 ★★★

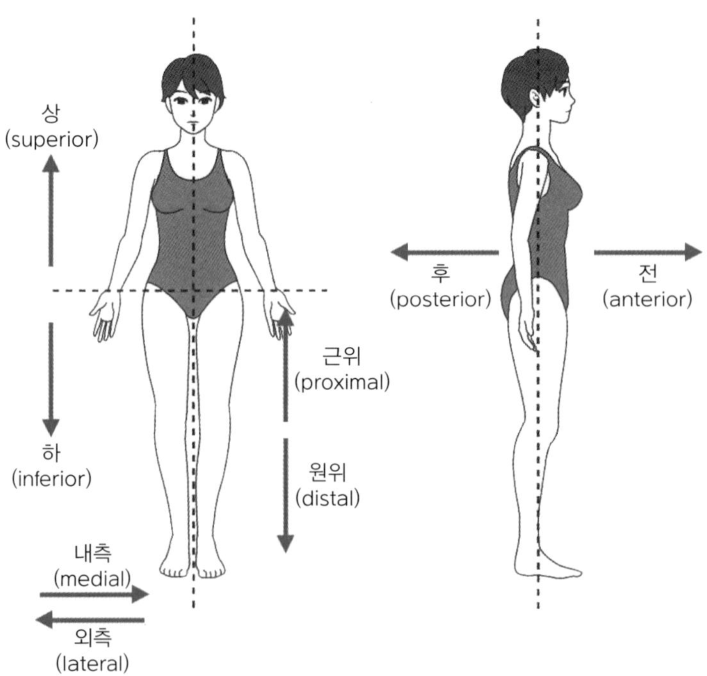

해부학적 자세 및 방향용어

방향용어	설명	예시
위쪽, 상(superior)	머리에 가까운 쪽	머리는 몸통보다 위에 있다.
아래쪽, 하(inferior)	발에 가까운 쪽	배꼽은 가슴보다 아래에 있다.
앞쪽, 전(anterior)	인체의 앞면에 가까운 쪽	가슴은 등보다 앞쪽에 있다.
뒤쪽, 후(posterior)	인체의 뒷면에 가까운 쪽	등은 배보다 뒤쪽에 있다.
안쪽, 내측(medial)	정중면을 기준으로 가까운 쪽	코는 눈보다 안쪽에 있다.
바깥쪽, 외측(lateral)	정중면을 기준으로 먼 쪽	귀는 코의 바깥쪽에 있다.
몸쪽, 근위(proximal)	몸통에 가까운 쪽	팔꿈치는 손목보다 몸쪽에 있다.
먼쪽, 원위(distal)	몸통에서 먼 쪽	발가락은 허벅지보다 먼쪽에 있다.
깊은, 심층(deep)	체표면에서 먼 깊은 쪽	장기는 피부보다 심층에 있다.
얕은, 표층(superficial)	체표면에 가까운 쪽	피부는 근육보다 표층에 있다.

(3) 인체의 운동면(전후면, 좌우면, 횡단면)

전후면 / 시상면 / 정중면 (sagittal plane)	**좌우면 / 전두면 / 관상면 (frontal plane)**	**횡단면 / 수평면 (transverse plane / horizontal plane)**
인체를 좌우로 나누는 면	인체를 앞뒤로 나누는 면	인체를 상하로 나누는 면
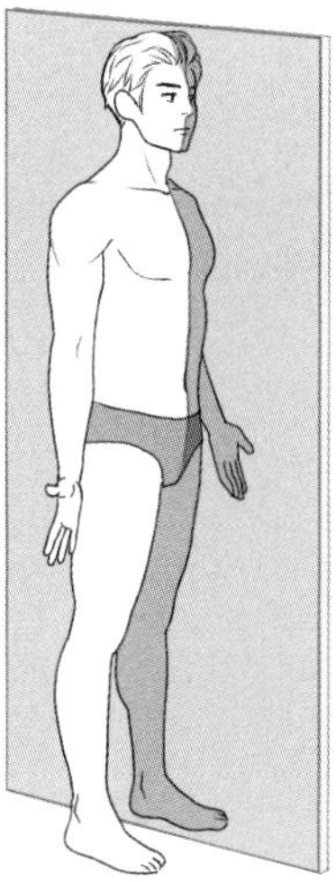	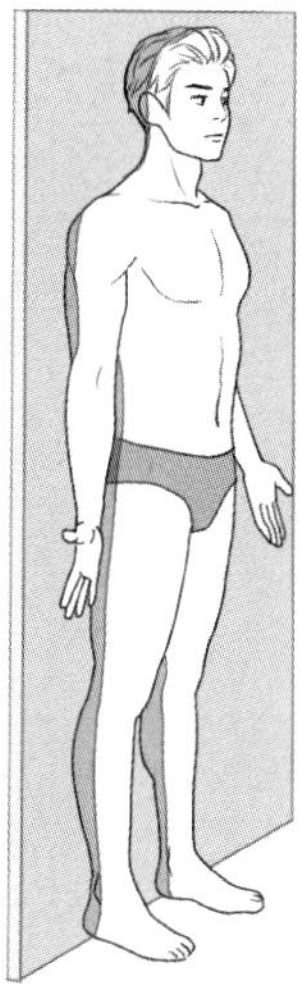	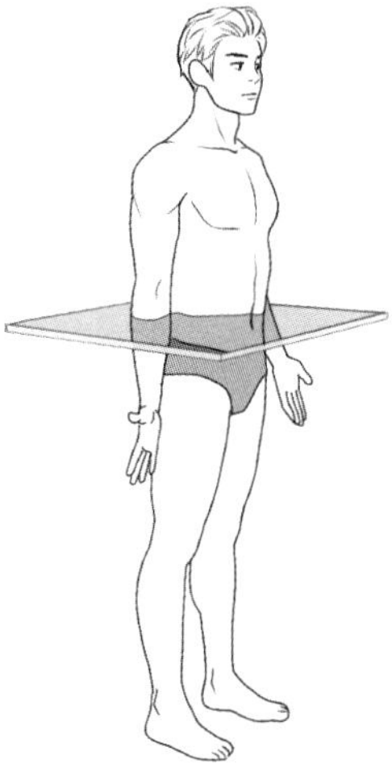
팔을 앞뒤로 흔들며 걷기	팔 벌려 뛰기 동작	몸통 회전하기

(4) 인체의 운동축(좌우축, 전후축, 수직축)

3개의 운동면은 3개의 운동축을 중심으로 운동이 일어나며, 각각의 축과 대응하는 면을 이해함으로써 운동동작을 정확하게 이해할 수 있다.

좌우축 / 관상축 (mediolateral axis)	전후축 / 시상축 (anteroposterior axis)	수직축 / 종축 (longitudinal/vertical axis)
좌우를 통과하는 축	앞뒤를 통과하는 축	위아래를 통과하는 축
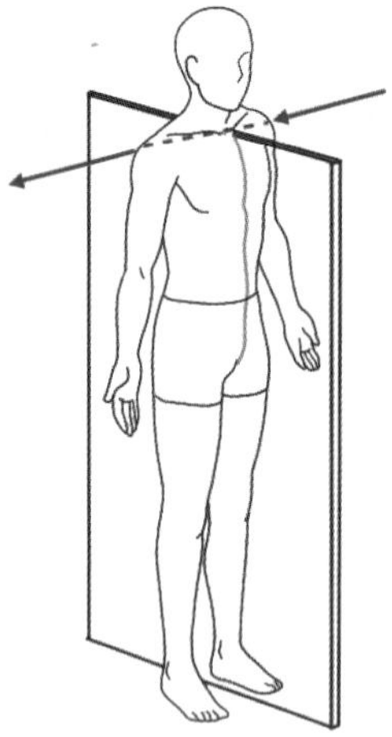	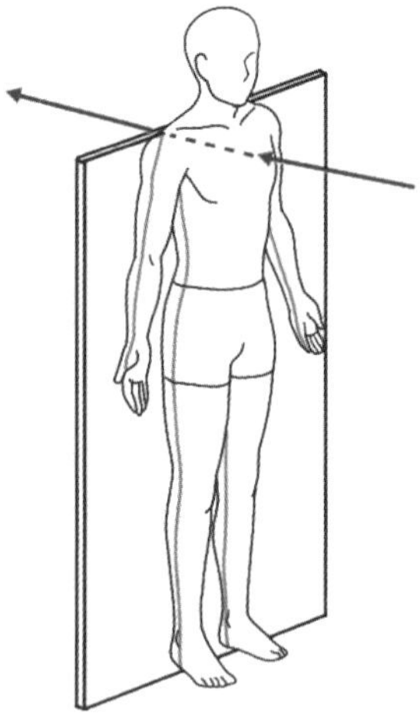	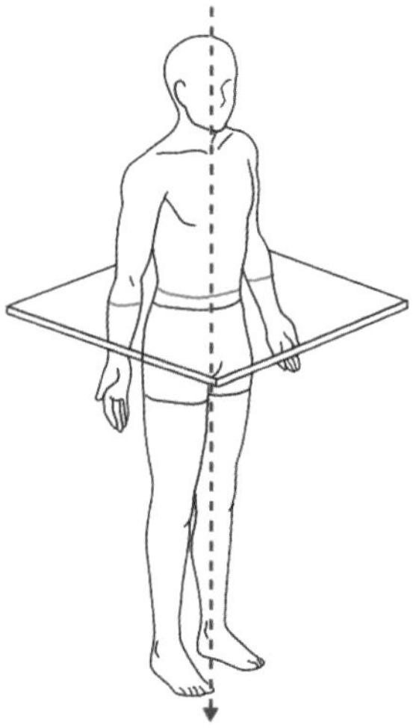
전후면 + 관상축	좌우면 + 시상축	수평면 + 수직축
앞뒤 구르기	손 짚고 옆으로 돌기	피겨 스핀

(5) 관절운동(articular movement) ★★★

① 전후면 + 관상축에서의 운동

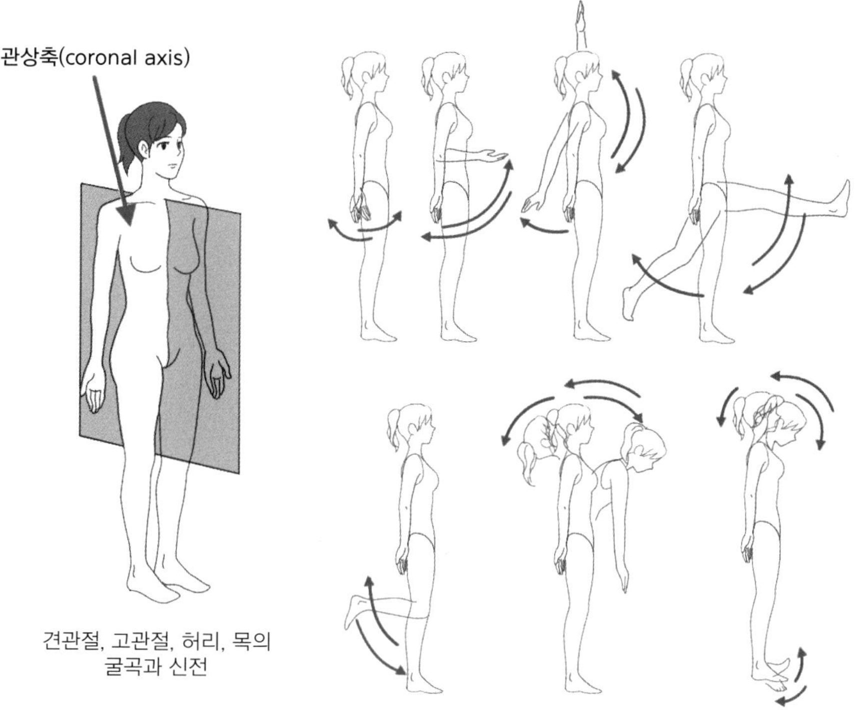

굽힘 (굴곡, flexion)	두 뼈 사이의 각도가 작아지게 하는 움직임
폄 (신전, extension)	두 뼈 사이의 각도가 커지게 하는 움직임
과다폄 (과신전, hyper extension)	정상운동범위를 넘어서 과도하게 펴지는 움직임
발등굽힘 (배측굴곡, dorsi flexion)	발등을 정강이 쪽으로 들어 올리는 것
발바닥굽힘 (저측굴곡, plantar flexion)	발이 정강이에서 멀어지게 뻗는 것

② 좌우면 + 시상축에서의 운동

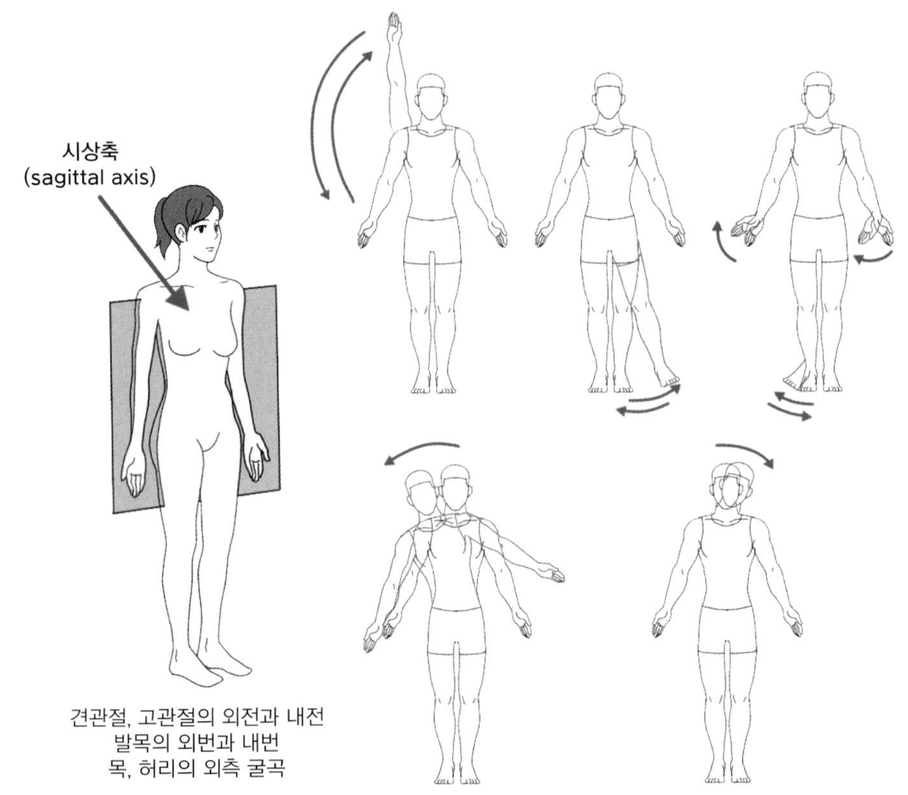

모음 (내전, adduction)	몸의 가까운 쪽으로 움직이는 것
벌림 (외전, abduction)	몸의 먼 쪽으로 움직이는 것
가쪽굽힘 (외측굴곡, lateral flexion)	몸통이 같은 쪽 방향으로 가까워지는 동작
노측굽힘 (요측편위, radial deviation)	전두면에서 손목이 신체의 중심에서 멀어지는 동작
자측굽힘 (척측편위, ulnar deviation)	전두면에서 손목이 신체의 중심으로 가까워지는 동작
안쪽번짐 (내번, inversion)	발을 안쪽(엄지발가락 쪽)으로 들어올리는 동작
외쪽번짐 (외번, eversion)	발을 바깥쪽(새끼발가락 쪽)으로 들어올리는 동작

③ 횡단면 + 종축에서의 운동

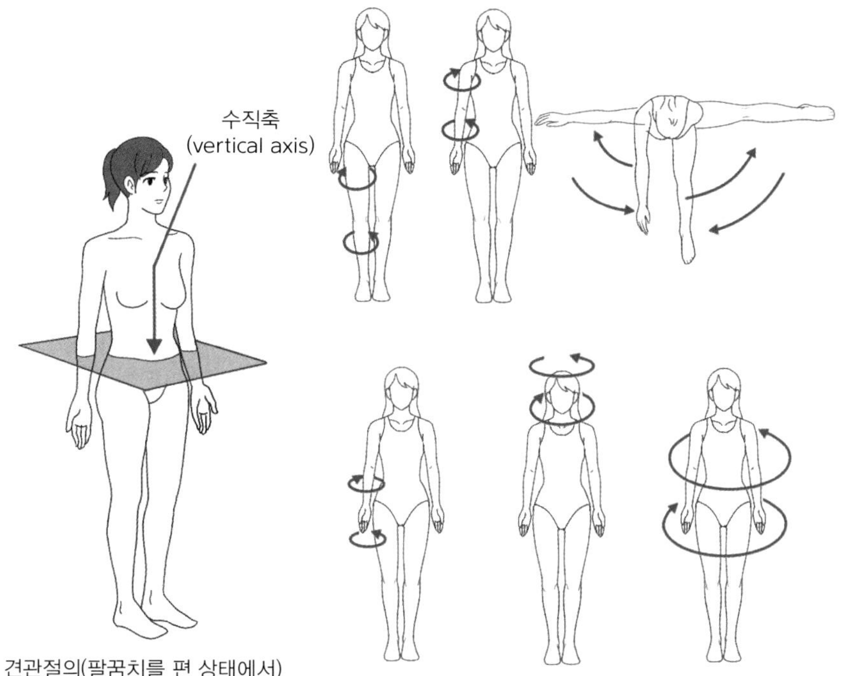

견관절의(팔꿈치를 편 상태에서)
외회전, 내회전, 수평외전, 수평내전,
고관절의 외회전, 내회전, 허리와 목의 좌우 회전

안쪽돌림 (내회전, internal rotation)	정중선 쪽으로 가까워지는 회전동작
바깥쪽돌림 (외회전, external rotation)	정중선 쪽에서 멀어지는 회전 동작
엎침 (회내, pronation)	손바닥이 아래로 향하는 동작
뒤침 (회외, supination)	손바닥이 위로 향하는 동작
수평모음 (수평내전, horizontal adduction)	어깨관절이 90도 굽힘 되었을 때 정중선 쪽으로 가까워지는 동작
수평벌림 (수평외전, horizontal abduction)	어깨관절이 90도 굽힘 되었을 때 정중선에서 멀어지는 동작

(6) 회전축에 따른 관절의 종류

무축관절	미끄럼관절 (평면관절)	비교적 편평한 2개의 뼈 사이에 형성된 관절로 미끄러짐 운동만 일어나는 관절 예 수근관관절	
1축성 관절 (자유도 1)	경첩관절 (접번관절)	하나의 축을 중심으로 굽힘과 폄 운동만 일어나는 관절 예 팔꿈치관절	위팔뼈 자뼈
	중쇠관절 (차축관절)	하나의 세로 회전축에 대해 회전운동이 일어나는 관절 예 정중고리중쇠관절	
2축성 관절 (자유도 2)	타원관절 (과상관절)	마주보는 두 타원형의 관절면인 오목면과 볼록면이 짝을 이루어 굽힘과 폄, 벌림과 모음 운동이 일어나는 관절 예 요수근관절	노뼈 자뼈 반달뼈 손배뼈
	안장관절	한 면은 오목, 한 면은 볼록하며 굽힘과 폄, 벌림과 모음, 약간의 회전운동이 가능한 관절 예 손허리손가락관절	
3축성 관절 (자유도 3)	절구관절 (구와관절)	공 모양의 머리뼈가 절구처럼 오목하게 들어간 뼈에 끼워진 형태로 3가지면의 모든 운동이 일어나는 관절 예 어깨관절	

단 자유도 : 해부학적 면과 축을 기준으로 관절이 움직일 수 있는 방향의 수를 말한다.

2 운동의 종류 ★★★

(1) 선운동(병진운동)

① 신체의 모든 부위가 같은 시간에 동일한 방향으로 동일한 거리를 움직이는 운동을 말한다.

② 직선운동과 곡선운동 2가지로 나뉜다.

직선운동	동일한 거리를 동일한 방향과 속도로 움직일 때
곡선운동	직선운동이 아닌 모든 병진운동

③ **선운동(병진운동)을 표현하는 역학량 :** 거리, 변위, 속력, 속도, 가속도

선운동의 직선운동과 곡선운동의 예

(2) 각운동(회전운동)

① 고정된 축(회전축)을 중심으로 같은 시간에 동일한 방향으로 동일한 각을 움직이며 일어나는 운동을 말한다.

② **철봉 대차돌기 :** 철봉을 축으로 회전하는 운동

③ **골프 :** 어깨관절을 축으로 회전하는 운동

④ **각운동(회전운동)을 표현하는 역학량 :** 각거리, 각변위, 각속력, 각속도, 각가속도

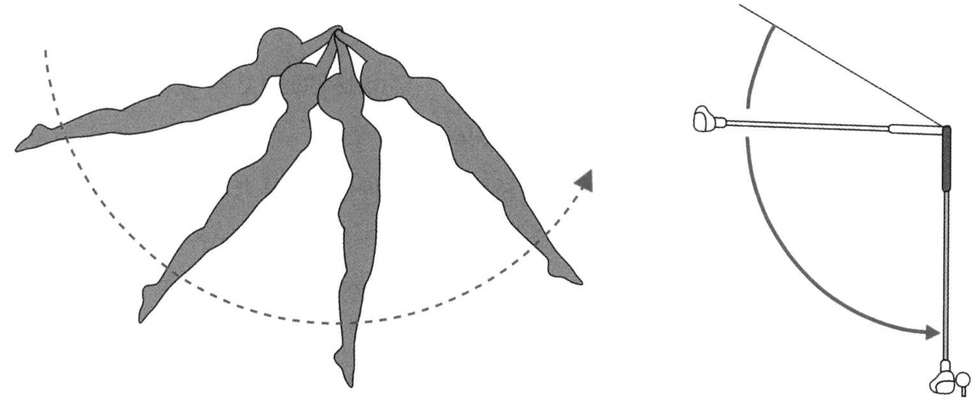

각운동의 예 : 철봉 대차돌기, 골프 스윙

운동역학

(3) 복합운동

① 선운동과 각운동이 결합되어 복합적으로 움직여지는 형태를 말한다.

② 신체 운동 대부분이 복합운동에 해당된다.

보행	신체의 무게중심은 앞 방향으로 선운동을 하지만, 사지는 관절을 축으로 각운동을 함
사이클	직선으로 달리며 선운동을 하고 있지만, 자전거 바퀴와 다리는 회전운동을 함

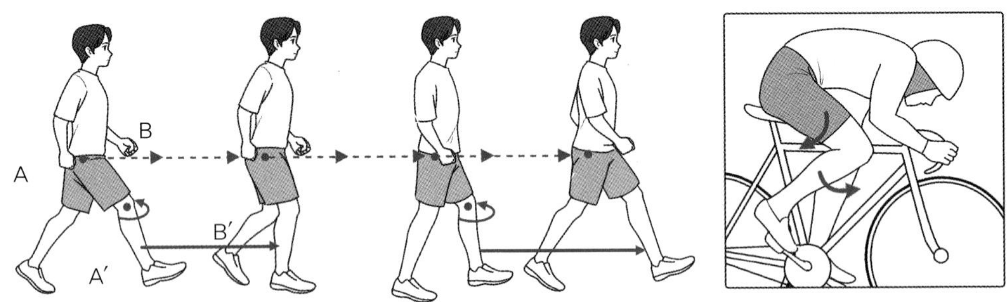

복합운동의 예 : 보행, 사이클

Chapter 3 # 인체역학

학습목표

- 인체의 무게중심과 기저면에 대해 알고 안정성을 결정짓는 요소를 안다.
- 지레의 종류와 특징에 대해 숙지하고 각 지레에 해당되는 관절운동을 안다.

1 인체의 물리적 특성

(1) 질량(mass)

① 물체가 가진 고유한 역학량

② 장소에 따라 바뀌지 않고 동일한 값을 가지는 스칼라 양

③ **단위** : 그램(g), 킬로그램(kg)

(2) 무게(weight)

① 물체에 작용하는 중력의 크기로 중량이라고도 함

② 질량(m)과 중력가속도(g)를 곱한 값

③ 중력 값이 장소에 따라 바뀌므로 무게 또한 장소에 따라 바뀌는 벡터 양

④ **단위** : 킬로그램중(kgf), 뉴턴(N), 파운드(lb) 등

(3) 인체의 무게중심 ★★

① 물체가 균형을 이루는 점으로 토크의 합이 '0'인 지점을 말함

② 정적인 자세의 무게중심은 일정하나, 자세 변화에 따라 무게중심의 위치는 변함

③ 남성이 여성보다 무게중심 위치가 높음(남성 – 상체발달 / 여성 – 둔부발달)

④ 무게중심은 신체 바깥에도 존재할 수 있음 예 배면뛰기, 체조 자세

⑤ 무게중심이 낮을수록 안정성이 높아져 방향전환이나, 방어동작에서 더 유리

무게중심 위치

② 인체 평형과 안정성

(1) 평형

내력과 외력에 반응해 자세를 정렬하여 신체의 무게중심을 유지하려는 조절을 말한다.

(2) 안정성

① **정적 안정성** : 물체에 작용한 모든 힘과 토크의 합이 0인 상태로 평형을 이룬 상태
예 양궁의 조준자세

② **동적 안정성** : 움직이고 있는 상태의 안정성 예 쇼트트랙 코너링 자세

(3) 기저면

① 물체 또는 인체 등이 지면과 접촉하는 각 점들로 이루어진 전체 면적을 말한다.

② 기저면이 넓을수록 안정성이 높아지고, 기저면이 좁을수록 안정성이 낮아진다.

기저면 넓이에 따른 안정성

(4) 인체 중심의 높이와 중심선의 위치

① **인체 중심의 높이** : 무게중심의 위치를 말하며, 무게중심의 높이가 낮을수록 안정성 증가

② **무게중심선의 위치** : 인체의 무게중심을 통과하는 수직선

③ 무게중심선이 기저면 중앙에 가까울수록 안정성은 점점 커지며, 기저면 가장자리 쪽으로 위치할수록 안정성이 낮아지고, 기저면 바깥으로 나가게 되면 넘어지게 된다.

예 씨름 : 상대방을 넘어뜨리기 위해서는 무게중심선을 기저면 밖으로 벗어나도록 해야 한다.

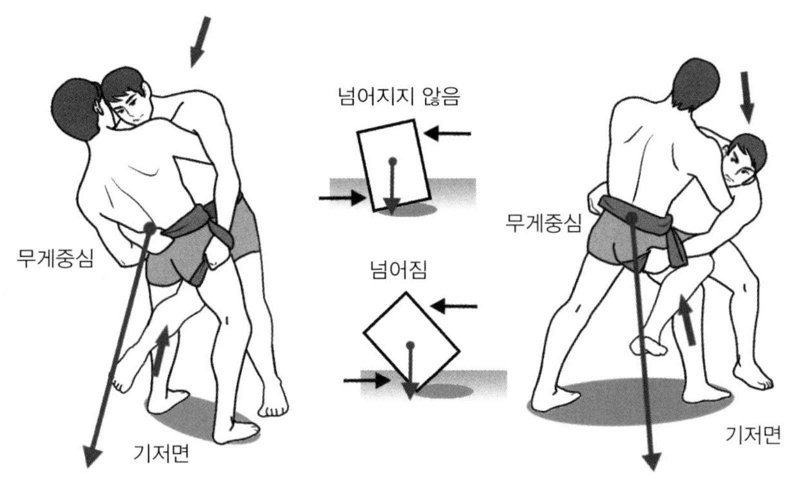

씨름의 무게중심과 기저면

합격 TIP

인체의 안정성을 높이기 위한 방법 ★★★
- 기저면의 크기가 넓을수록
- 무게중심의 높이가 낮을수록
- 무게중심선의 위치가 기저면 중앙 가까이 위치할수록
- 질량이 무거울수록
- 마찰력이 클수록

③ 인체의 구조적 특성 ★★★

(1) 지레

① 지레는 최소한의 힘으로 큰 물체를 효율적으로 들어 올리는 역학적 이점을 얻기 위해 이용해왔다.

② 지레는 축을 중심으로 회전하는 각운동을 일으키며, 인체의 관절에도 지레가 있다.

(2) 인체 지레의 요소

① 지레의 3요소

- 축(관절)
- 저항점(외력의 무게중심이 위치하는 지점)
- 힘점(주동근의 부착점)

② **힘 팔(힘모멘트)** : 축에서 힘점까지의 거리

③ **저항 팔(저항모멘트)** : 축에서 저항점까지의 거리

④ **역학적 이점** : 힘 팔(축에서 힘점까지의 길이)의 길이를 길게 할수록 역학적 이점이 커짐

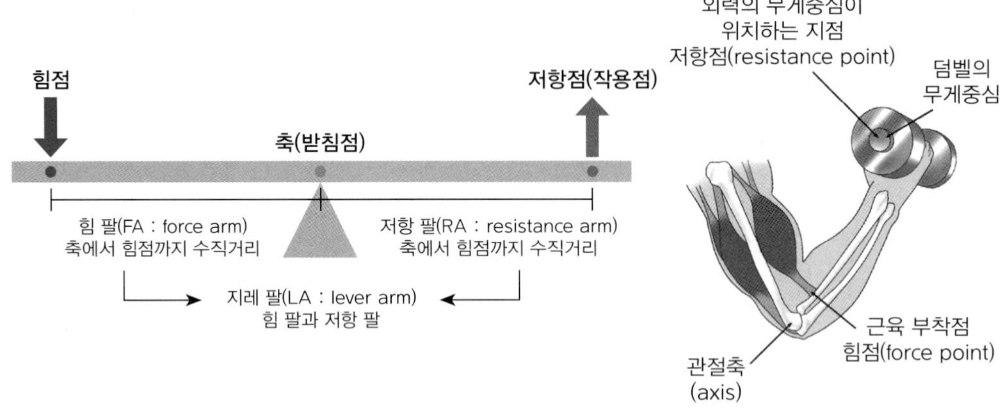

인체 지레의 요소

(3) 지레의 종류

지렛대 가운데에 어떤 것이 위치하느냐에 따라 1종, 2종, 3종 지레로 나뉜다.

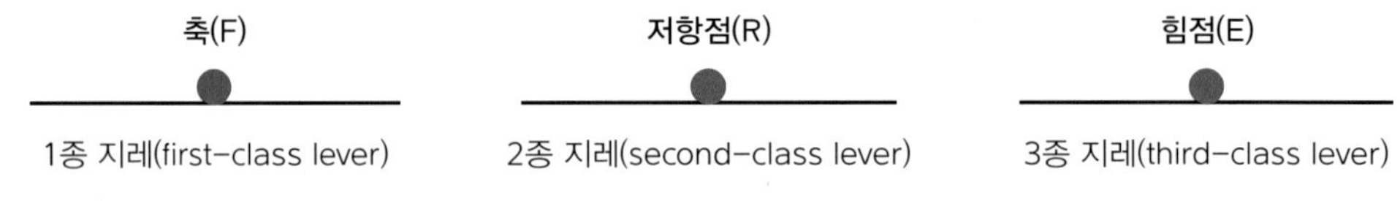

지레의 종류

(4) 1종 지레

① 가운데에 축이 있는 지레 (힘점 – 축 – 저항점)

② 축을 어느 위치에 두느냐에 따라 힘팔과 저항팔의 길이가 달라지며, 그 결과 역학적 이득도 1보다 클 수도 작을 수도 있다.

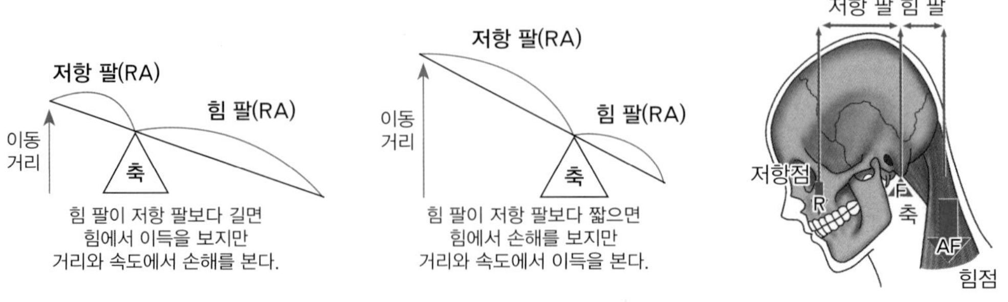

1종 지레

(5) 2종 지레 예 팔굽혀 펴기, 뒤꿈치 들기

① 가운데에 저항점이 있는 지레 (축 – 저항점 – 힘점)

② 힘 팔이 저항 팔보다 항상 크므로 힘의 이득은 보지만, 거리와 속도에서는 손해를 본다.

③ 역학적 이득은 항상 1보다 크다.

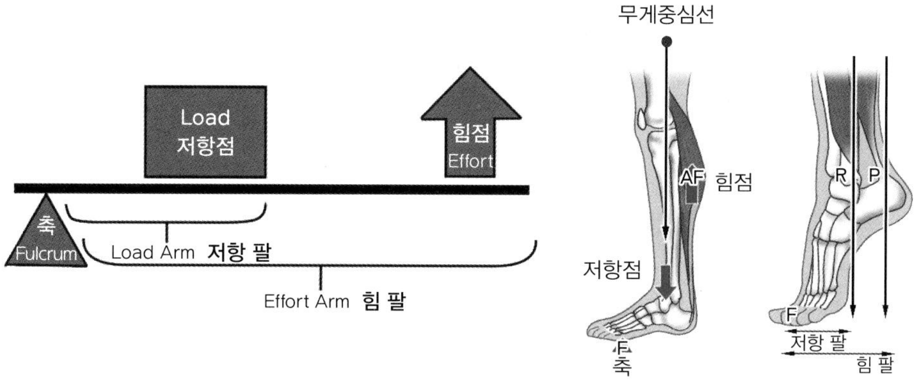

2종 지레

(6) 3종 지레 예 팔꿈치 굽히기(Biceps curl)

① 가운데에 힘점이 있는 지레 (축 – 힘점 – 저항점)

② 인체 지레의 대부분이 3종 지레에 속하며 힘에서 이득을 보지 못한다.

③ 저항 팔이 항상 크므로 힘에서는 손해를 보고, 속도와 거리에서는 이득을 본다.

④ 역학적 이득(기계적 확대율)은 항상 1보다 작다.

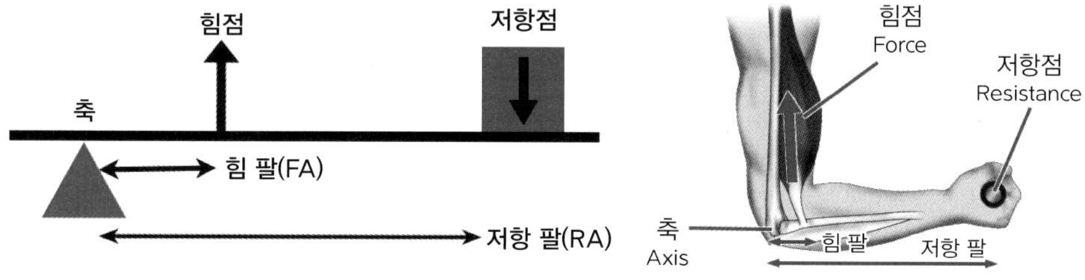

3종 지레

(7) 지레 원리를 이용한 힘의 크기 계산공식

일의 원리를 이용한 공식	힘 = 저항점 무게 × 축에서 작용점과의 거리 ÷ 축에서 힘점과의 거리
지렛대의 길이 비를 이용한 공식	힘 × 힘 팔의 길이 = 저항 × 저항 팔의 길이

Chapter 4 운동학의 스포츠 적용

학습목표

- 거리와 변위에 대해 이해하고 속도와 속력을 구할 줄 안다.
- 포물선 운동 3요소에 대해 이해한다.
- 선속도와 각속도의 관계에 대해 이해한다.

단 운동학적 분석이란, 힘과 관계없이 외형적으로 관찰될 수 있는 거리의 이동, 동작의 빠르기, 자세, 무게중심의 이동과 같이 운동방향, 위치, 속도, 가속도, 변위 등이 주요 분석 내용이 된다. 예로는 멀리뛰기 선수의 공중동작의 변화인 무게중심의 선운동, 빠르기, 몸의 자세 등이 있다.

1 선운동의 운동학적 분석

(1) 이동거리와 변위 ★

① **이동거리 :** 처음 위치와 마지막 위치까지 이동한 경로의 총 거리 (크기만을 가지는 스칼라량)

② **변위 :** 처음 위치와 마지막 위치의 직선거리 (크기와 방향성을 가지는 벡터량)

곡선 궤도를 따라 운동할 때	원 궤도를 따라 운동할 때	직선상에서 운동 방향이 바뀔 때
이동거리 : 5 m 변위 : 3 m A, B	원 둘레 : 5 m	5 m A 3 m 변위 : 2 m
• 이동거리 : 5m • 변위의 크기 : 3m ※ 이동거리 〉 변위의 크기	• 이동거리 : 5m • 변위의 크기 : 0m (처음 위치와 나중 위치가 같으므로) ※ 이동거리 〉 변위의 크기	• 이동거리 : 5m + 3m = 8m • 변위의 크기 : 5m − 3m = 2m ※ 이동거리 〉 변위의 크기

(2) 속력과 속도 ★★★

속력(speed)	속도(velocity)
• 스칼라(scalar) • 물체의 빠르기를 나타내는 **스칼라량** • 물체의 크기만을 나타내는 양 예 100km/h • **이동거리**를 단위시간으로 나눈 값 • 속력(s) = 이동거리/이동시간 • 단위 = m/s	• 벡터(vector) • 물체의 빠르기를 나타내는 **벡터량** • 크기와 방향을 함께 나타내는 양 예 북쪽 100km/h • **변위**를 단위시간으로 나눈 값 • 속도(v) = 변위/이동시간 • 단위 = m/s

합격 TIP

속력과 속도를 계산하는 문제가 자주 출제된다. 특히 대부분의 학생들이 속력과 속도의 개념 중 이동거리와 변위의 의미를 구분하지 못해 쉬운 문제도 틀리는 경우가 많은데 기출문제를 예를 들어 이해해보자.

20. 400m 트랙 한 바퀴를 50초에 달린 육상선수의 평균속력과 평균속도로 적절한 것은? (단, 출발점과 도착점의 위치가 같음)

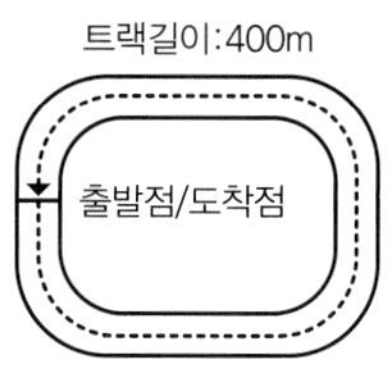

	평균속력(m/s)	평균속도(m/s)
①	0	8
②	0	0
③	8	0
④	8	8

9. 길이 50 m 수영장에서 자유형 100 m 경기기록이 100초였을 때 평균속력과 평균속도는? (단, 출발과 도착 지점이 동일하다고 가정)

① 평균속력 : 1 m/s, 평균속도 : 1 m/s
② 평균속력 : 0 m/s, 평균속도 : 0 m/s
③ 평균속력 : 1 m/s, 평균속도 : 0 m/s
④ 평균속력 : 0 m/s, 평균속도 : 1 m/s

평균속도는 변위를 단위시간당 나눈 값이며, 평균속력은 이동거리를 단위시간당 나눈 값이다. 각 문제에 시간은 50초, 100초로 제시되어 있으니, 변위와 이동거리만 몇인지 알면 쉽게 답을 찾을 수 있다. 위에서 학습했듯이 이동거리는 처음 위치와 마지막 위치까지 이동한 총 거리를 말하며, 변위는 처음 위치와 마지막 위치까지의 직선거리를 말한다.

위의 2문제 모두 '출발점과 도착점의 위치가 같다'라고 제시하여 주는데 이것이 바로 처음 위치와 마지막 위치의 직선거리, 즉 변위가 0m임을 알려주는 단서이다. 이동거리는 20번 문제의 경우 400m, 9번 문제의 경우 100m로 제시되어 있으니 각각의 값을 공식을 대입하여 문제를 풀면 다음과 같다.

20번 문제의 평균속도는 0m ÷ 50s = 0m/s, 평균속력은 400m ÷ 50s = 8m/s이므로 정답은 ③번이 되고, 9번 문제의 평균속도는 0m ÷ 100s = 0m/s, 평균속력은 100m ÷ 100s = 1m/s이므로 정답은 ③이 된다.

운동역학

(3) 가속도

$$가속도 = \frac{(나중속도 - 처음속도)}{이동시간}$$

① 시간에 따른 속도 변화의 비율, 즉 시간당 속도의 변화량을 말한다.

② **양(+)의 가속도 :** 물체의 속도가 점진적으로 증가

③ **음(−)의 가속도 :** 물체의 속도가 점진적으로 감소

④ **단위 :** m/s^2

⑤ **등속도 :** 물체의 속도가 변하지 않고 일정한 것으로 나중속도와 처음속도가 동일하기 때문에 가속도는 0이다.

예 $100m/s^2 \rightarrow 100m/s^2 \rightarrow 100m/s^2$

⑥ **등가속도 :** 속도가 변하는 비율이 일정하게 증가하는 것을 말한다.

예 $5m/s^2 \rightarrow 10m/s^2 \rightarrow 15m/s^2$

(4) 포물선 운동 ★★

① 운동하는 물체나 선수가 포물선을 그리며 운동하는 것을 말한다.

② **투사체 :** 던져지거나, 쏘아지는 물체로 골프공, 농구공, 해머, 체조와 다이빙 같은 경우 선수 자신이 투사체가 되며, 중력과 공기저항에 따라 투사체의 비행경로가 변하게 된다.

③ 포물선 운동은 등속도 운동을 하는 수평방향과 등가속도 운동을 하는 수직방향이 합쳐져 포물선 궤도를 그린다.

수평방향	중력의 영향을 받지 않으므로 등속도 운동을 함 (아래 그림의 공의 간격이 일정)
연직방향	중력이 계속 작용하므로 자유 낙하 운동처럼 속도가 일정하게 증가하는 등가속도 운동을 함 (아래 그림의 공의 속도의 증가에 따라 간격이 점점 벌어짐)

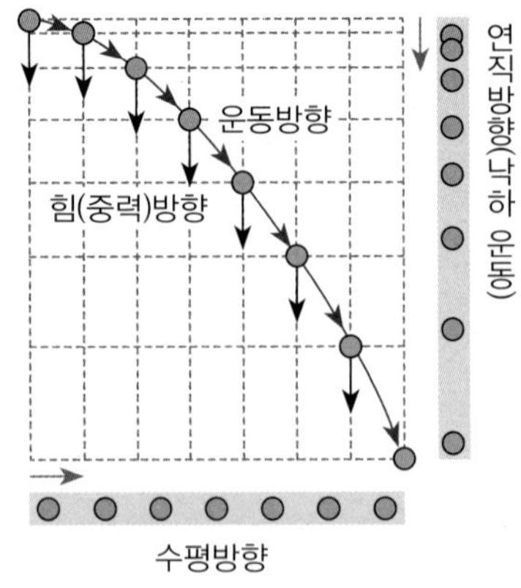

포물선 운동

④ 투사체의 수평거리를 결정짓는 포물선 운동의 3요소(높이, 각도, 속도) ★★

투사높이	투사높이가 높을수록 투사거리가 증가
투사각도	외력이 작용하지 않고, 투사점과 착지점의 높이가 같다면 45°에서 가장 투사거리가 김 (비행경로의 형태를 결정하는 요소)
투사속도	투사 속도가 빠를수록 투사높이 증가 (비행경로의 크기를 결정하는 요소)

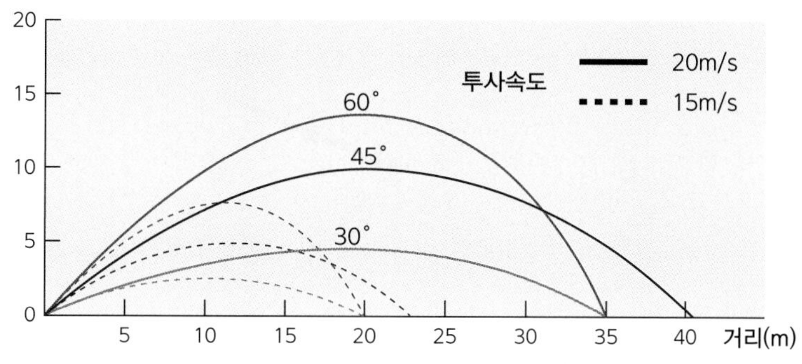

투사속도 및 각도와 거리와의 관계

2 각운동의 운동학적 분석

(1) 각운동의 단위

① 라디안(radian), 회전(revolution), 도(degree)

② **라디안** : 원주 호의 길이가 반지름과 같은 길이가 될 때의 중심각을 말한다.

③ **1라디안(1rad)** : 57.3°를 뜻함

④ $360° = 1$회전 $= 2\pi$ rd

⑤ $180° = \frac{1}{2}$회전 $= 1\pi$ rd

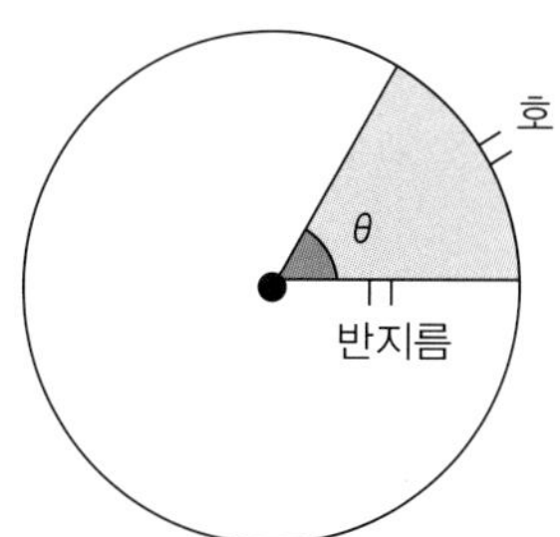

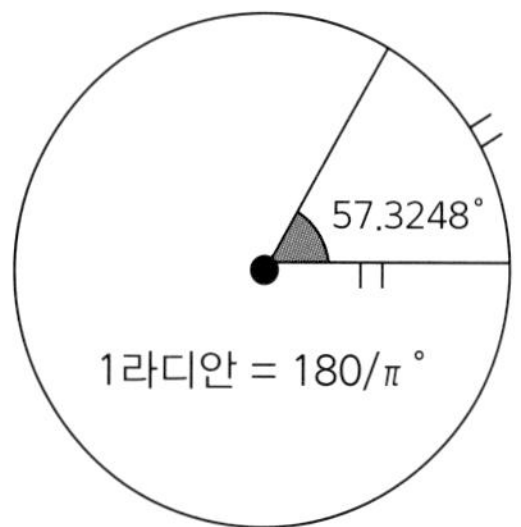

라디안

(2) 각거리와 각변위

① **각거리** : 물체가 움직인 전체 각도 (크기만을 가지는 스칼라량)

② **각변위** : 처음 위치와 마지막 위치까지의 사이 각도 (크기와 방향성을 가지는 벡터량)

- 시계방향이 음(−)의 값, 반시계방향이 양(+)의 값을 뜻함

③ 아래 그림에서 처음 위치(P_1)에서 마지막 위치(P_2)까지의 전체각도인 각거리는 290°이며, 사이각도 각변위는 70°이다.

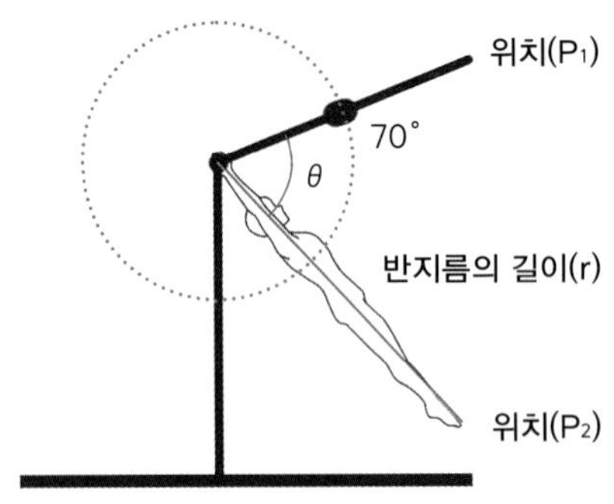

체조선수의 각거리와 각변위

(3) 각속력과 각속도

속력(speed)	속도(velocity)
• 스칼라(scalar) • 각거리를 단위시간으로 나눈 값 • 각속력 $= \frac{\text{각거리}}{\text{소요시간}}$ • 단위 : rad/s	• 벡터(vector) • 각변위를 단위시간으로 나눈 값 • 각속도 $= \frac{\text{각변위}}{\text{소요시간}}$ • 단위 : rad/s

(4) 각가속도

① 각속도의 시간에 대한 변화율

② **단위** : rad/s^2

③ 각가속도 $= \dfrac{\text{마지막 각속도} - \text{처음 각속도}}{\text{시간}}$

(5) 선속도와 각속도의 관계 ★★★

선속도(v)	각속도(ω)
회전반경(r) × 각속도(ω)	$\dfrac{\text{선속도}(v)}{\text{회전반경}(r)}$
회전하는 물체의 선속도는 회전반경과 각속도를 곱한 값	회전하는 물체의 각속도는 선속도를 회전반경으로 나눈 값

① **각속도가 일정한 경우 :** 회전반경을 길게 함으로써 선속도를 증가

예 골프 임팩트 순간 팔을 곧게 펴는 것, 배구 스파이크 시 팔을 곧게 펴는 것

② **선속도가 일정한 경우 :** 회전반경을 짧게 함으로써 각속도를 증가

예 야구 스윙 시 상완을 겨드랑이 부위로 밀착시킴으로써 회전반경을 작게 하여 각속도를 증가시킴

예 축구선수가 킥을 할 때 무릎을 구부리는 것은 다리를 펴는 각속도를 증가시켜 축구공을 멀리 차기 위함

야구 스윙을 예를 들어 각속도와 선속도의 관계에 대해 더 자세히 알아보자.

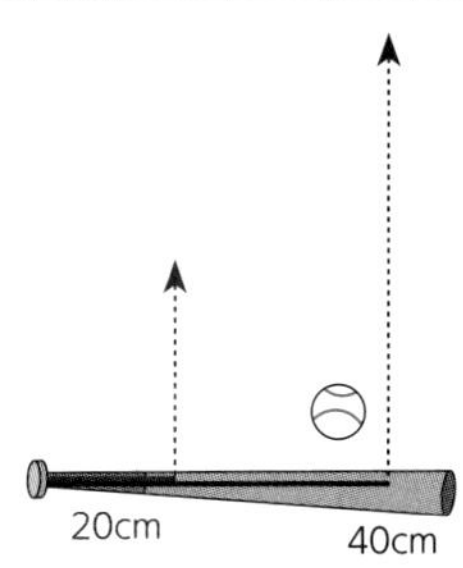

저 멀리 날아오는 야구공을 친 2명의 선수가 있다. A선수의 공은 배트의 회전축으로부터 20cm 위치에서 맞았고, B선수의 공은 배트의 회전축으로부터 40cm 위치에서 맞았다. 이 때 2가지 공 모두 타격되는 순간에 40rad/s의 각속도를 가지고 있었다면 타격지점에서의 배트의 선속도는 각각 몇일까? 선속도는 회전반경 × 각속도이므로 공식을 대입하면 다음과 같다.

A선수 : 0.2m × 40rad/s = 8m/s , B선수 : 0.4m × 40rad/s = 16m/s

즉, 각속도가 일정할 때 회전반경이 길수록 선속도가 증가함을 알 수 있다.

만약 반대로 선속도가 40m/s로 일정했다면 각속도는 각각 몇일까? 각속도는 선속도를 회전반경으로 나눈 값으로 공식에 대입하면 다음과 같다.

A선수 : 40m/s ÷ 0.2m = 200rad/s , B선수 : 40m/s ÷ 0.4m = 100rad/s

즉, 선속도가 일정할 때에는 회전반경이 짧을수록 각속도가 더 큼을 알 수 있다.

③ 선운동량과 각운동량의 물리량 ★★

운동하는 물체의 변화를 일으키는 원인을 선운동에서는 힘, 각운동에서는 토크라고 한다.

구분	선운동	각운동
관성	관성질량	관성모멘트
속도	선속도	각속도
가속도	선가속도	각가속도
힘	힘 = 질량 × 가속도	토크 = 관성모멘트 × 각가속도
운동량	운동량 = 질량 × 속도	각운동량 = 관성모멘트 × 각속도
운동량 보존의 법칙	외부에서 힘이 작용하지 않으면 운동량은 일정	외부에서 토크가 작용하지 않으면 각운동량은 일정
충격량	충격량 = 힘 × 작용시간	각충격량 = 토크 × 작용시간

Chapter 5 운동역학의 스포츠 적용

학습목표

- 다양한 힘에 대해 이해한다.
- 뉴턴의 운동법칙에 대해 이해하고 스포츠 상황에 적용할 줄 안다.
- 선운동과 각운동의 운동역학적 요소에 대해 알고 스포츠 상황에 대입하여 이해한다.

㉰ 운동역학적 분석 : 운동의 원인이 되는 힘에 관한 분석으로 운동량, 충격량, 일, 파워, 에너지, 마찰력 등이 있다. 예로는 멀리뛰기에서 도움닫기 시 발 구름판에서 얻어지는 지면반력이 있다.

1 힘

(1) 힘의 정의 ★★

① 크기와 방향을 가진 벡터량

② 어느 방향으로 어떤 크기의 힘을 쓰느냐에 따라 힘의 크기는 달라진다.

③ 힘은 정지 또는 움직이고 있는 물체의 속도, 운동방향, 형태를 바꾸는 원인이 된다.

㉮ 정지해있거나 패스되어 움직이고 있는 축구공의 속도나 방향을 바꾸는 것은 축구선수의 힘에 달려있다.

④ 힘은 질량과 가속도에 비례 (체중이 많이 나가는 선수가 빠르게 달릴수록 힘이 커짐)

> 힘 = 질량 × 가속도 = 질량 × {(나중속도 − 처음속도)/시간}

(2) 힘의 단위 ★★

① **N(뉴턴)** : 1N은 1kg의 물체를 $1m/s^2$로 움직이게 하기 위해 필요한 힘

② **kgf(킬로그램힘, 킬로그램중)** : 중력단위계에서의 힘의 단위

③ 1kg 물체에 $9.8m/s^2$의 가속도를 갖게 하는 힘 ($1kgf = 1kg \times 9.8m/s^2 = 9.8N$)

(3) 힘의 3요소

① **힘의 방향(㉠)** : 물체의 이동방향

② **힘의 크기(㉡)** : 물체의 이동거리, 속도

③ **힘의 작용점(㉢)** : 힘의 능률, 회전

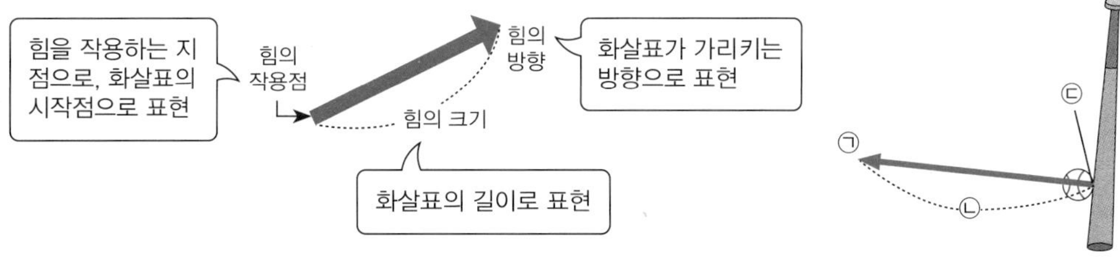

힘의 3요소

운동역학

(4) 힘의 구분

힘의 효과에 의한 구분	추진력	운동을 일으키는 힘 예 근육의 근력
	저항력	운동을 방해하는 힘 예 중력, 마찰력, 공기, 유체저항력
힘의 발현처에 의한 구분	외력	정해진 시스템 밖에서 발생한 힘 예 멀리뛰기 시 공기저항과 중력
	내력	정해진 시스템 안에서 발생한 힘 예 멀리뛰기 선수가 발휘한 힘

2 힘의 종류

(1) 근력 ★★

① 근육 수축에 의해 발생하는 근육의 힘

② **등척성 수축** : 근육의 길이와 관절의 각도가 변하지 않고 힘을 쓰는 움직임 예 벽밀기

③ 등장성 수축

단축성(구심성) 수축	• 근육의 길이가 짧아지며 힘을 쓰는 움직임 • 양(+)의 일 • 주동근에 의해 발휘되는 힘모멘트가 저항모멘트보다 커서 근육의 길이가 짧아지는 움직임	
신장성(원심성) 수축	• 근육의 길이가 길어지며 힘을 쓰는 움직임 • 음(−)의 일 • 주동근에 의해 발휘되는 힘모멘트가 저항모멘트보다 작아서 근육의 길이가 길어지는 움직임	

(2) 중력 ★

① 지구가 물체를 지구 중심으로 끌어당기는 힘

② 정확히는 질량이 있는 물체에 작용하는 만유인력과 지구 자전에 의한 원심력을 더한 힘이다.

③ 지구에 있는 모든 물체는 중력의 영향을 받으며, 고도나 지역에 따라 중력의 크기는 다르다.

④ 질량이 클수록, 중심에 가까울수록 중력의 크기는 크다.

⑤ **중력가속도** : 중력에 의하여 물체가 지구 쪽으로 떨어질 때의 가속도를 말한다.

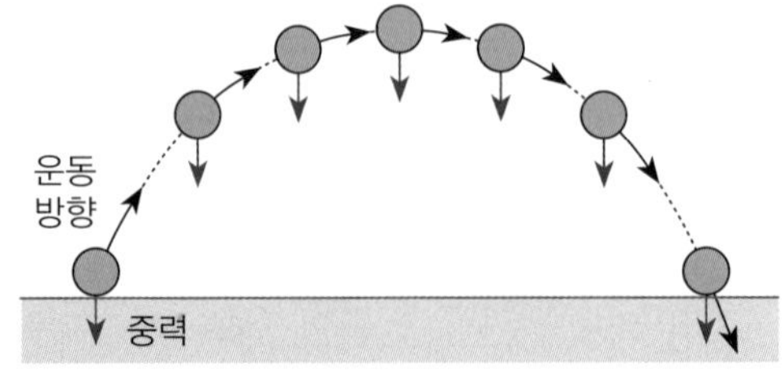

중력

(3) 마찰력 ★★

마찰력(F) = 마찰계수(μ) × 수직항력(N)

① 두 물체의 접촉면에서 물체의 운동을 방해하는 힘으로 반대방향으로 작용한다.

② 마찰력의 크기는 접촉면에 수직으로 작용하는 수직항력 크기에 비례한다.

③ 접촉면의 형태와 성분(재질)은 마찰계수에 영향을 미친다.

- 중력이 낮은 곳보다 높은 곳에서 마찰계수가 더 크다.
- 부드러운 표면보다 거친 표면에서 마찰계수가 더 크다.
- 무게가 가벼울 때보다 무거울 때 마찰계수가 더 크다.

단 마찰계수 : 두 물체의 접촉면에 작용하는 마찰력과 수직으로 누르고 있는 수직항력의 비율을 뜻함

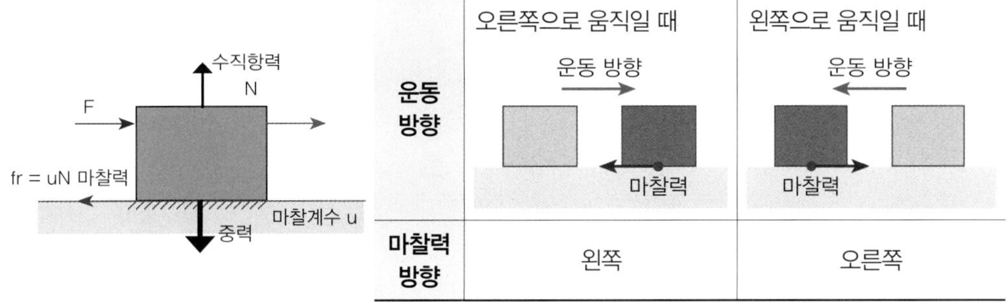

마찰력

④ 마찰력은 추진력, 저항력으로도 작용한다.

추진력	미끄럼 마찰력을 극대화시켜 추진력으로 사용 예 수영선수의 밀착되는 매끄러운 수영복을 통해 표면항력을 감소시킴
저항력	미끄럼 마찰력을 극소화시켜 저항력으로 사용 예 스키, 썰매, 스케이트

⑤ 마찰의 형태

정지 마찰		• 움직이지 않는 두 물체의 접촉면 사이에 존재 • 운동을 방해하는 저항력 제공
운동 마찰	**미끄럼 마찰**	• 두 물체가 접촉한 상태에서 상대적으로 미끄러질 때 서로에 대해 발생시킨 마찰력
	구름 마찰	• 공이나 바퀴 같은 물체가 면 위를 구를 때 물체의 형태가 변형되면서 발생하는 마찰

⑥ **최대정지마찰력** : 정지해 있던 물체가 움직이기 시작하는 순간의 마찰력으로 정지마찰력의 최대값을 말한다.

예 리어카를 밀 때 처음에는 최대정지마찰력을 이겨내기 위한 큰 힘이 필요하지만 한번 움직이고 나면 수월하게 움직여진다.

(4) 부력

① 액체나 기체가 물체를 밀어 올리는 힘으로 중력과 반대방향인 위쪽으로 작용

② 물체의 부피가 크고 밀도가 작을수록 증가

③ 작용하는 부력과 중력 중 더 큰 힘이 작용하는 쪽으로 물체가 이동

예 스펀지, 코르크는 가벼운 물체여서 물 위에 뜨고(중력보다 부력이 더 큼), 철, 납은 무거운 물체여서 가라앉음(부력보다 중력이 큼)

④ 부력중심은 신체의 무게중심보다 높은 흉곽 바로 밑에 위치하여 무게중심과 일치하지 않는다.

⑤ **부력의 영향을 받는 스포츠 :** 수영, 요트, 카약 등 수상스포츠

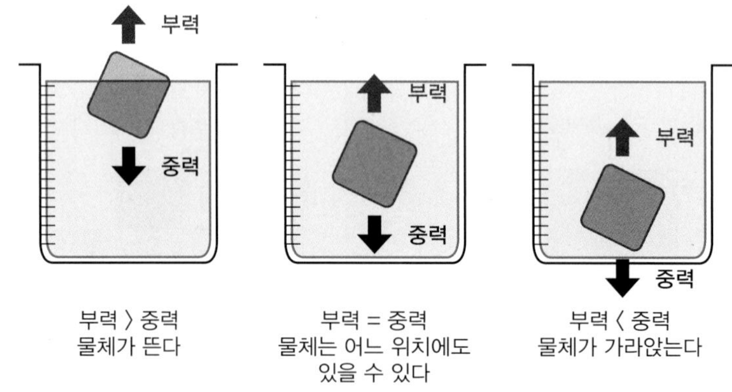

부력과 중력과의 관계

(5) 항력

물체가 유체 속을 운동할 때 운동하는 방향과 반대 방향으로 저항하는 힘

예 달리기 선수가 앞쪽방향으로 달리면 항력은 뒤쪽방향으로 작용한다.

표면항력	유체의 반작용력 예 수영선수의 밀착되는 매끄러운 수영복을 통해 표면항력을 감소시킴
형태항력	유체 속을 이동하는 선수와 장비의 모양 및 크기에 의해 생긴 유체의 저항력 예 사이클 선수의 자세, 지면과 평행하게 등을 구부리고 머리를 숙여 팔을 뻗음으로써 형태항력을 감소시킴

(6) 양력

항력과 수직을 이루며 작용하는 힘

베르누이의 정리	• 공기의 흐름이 물체의 회전방향과 같은 쪽에서는 공기의 속도가 빨라지고, 압력이 감소하지만, 반대방향에서는 속도는 느려지며 압력이 증가한다는 이론
마구누스 효과 ★★	• 유체 속에서 회전하는 물체에 양력이 작용하여 경로가 휘어지는 현상 • 공을 이용하는 스포츠에서 공을 의도적으로 휘어지게 하려는 기술에서 중요하다. 예 야구, 탁구, 테니스 등에서 마구누스의 힘을 이용해 백스핀, 톱스핀, 사이드 스핀 등을 이용하여 다양한 기술을 발휘

합격 TIP

마구누스 힘은 공의 회전방향과 공기의 흐름방향이 같은가, 다른가에 따라 속도 및 압력이 변하게 되고, 그 변화에 따라 공의 방향이 휘어지는 원리를 말한다. 그 원리를 이해하고 있는지에 대한 문제가 자주 출제되었으니 꼭 이해하고 넘어가도록 하자.

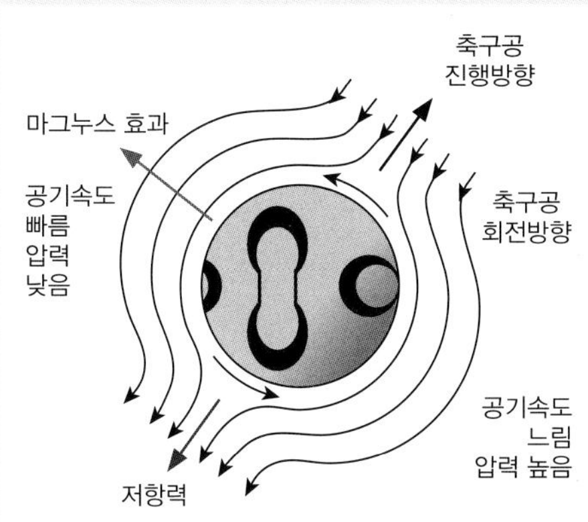

마그누스 효과

간단히 생각하면 공의 가고자 하는 방향의 반대방향으로 공기가 움직인다면 저항력으로 이용되어 속도가 감소하게 되고 압력은 증가할 것이다. 반대로 공이 가고자 하는 방향으로 공기의 흐름도 함께 가준다면 속도가 증가되고 압력 또한 감소하게 될 것이다.

공의 회전방향과 공기의 흐름방향이	같은 경우	속도 증가, 압력 감소
	반대인 경우	속도 감소, 압력 증가

⇩

결과적으로 압력이 높은 곳(고기압)에서 낮은 곳(저기압) 방향으로 공이 휘어짐

3 뉴턴의 선운동법칙 ★★

(1) 제1법칙 관성의 법칙

① 외력이 작용하지 않는 한, 현재의 상태(정지한 상태, 혹은 운동하고 있는 상태)를 계속 유지하려는 성질을 말한다.

② 질량이 큰 물체일수록 자신의 상태를 유지하려는 성질이 강하다.

예 야구 배팅, 테니스 스매싱의 폴로스루

(2) 제2법칙 가속도의 법칙

① 물체의 가속도는 힘이 작용하는 방향과 운동을 일으키는 힘에 비례한다.

② 힘 = 질량 × 가속도

③ 가속도 = 힘 / 질량

예 축구공을 세게 차면 골대로 빠르게 가고, 약하게 차면 느리게 감

(3) 제3법칙 작용과 반작용의 법칙

모든 힘의 작용에는 항상 크기가 같고 방향이 반대의 힘인 반작용이 있다.

예 스타팅 블록을 박차고 나가는 달리기 선수

4 선운동량과 충격량 ★★

움직이는 물체는 모두 운동량을 가지고 있다. 이때 운동량이란, 운동하고 있는 물체가 가지고 있는 물리량으로 운동이 얼마나 세게 일어나고 있는지를 말해주는 양이다. 테니스로 예를 들면, 라켓을 느리게 휘두르는 것보다 빠르게 라켓을 휘둘렀을 때 운동량이 더 많이 발생하여 공이 더 멀리 날아가고 공이 받은 충격량도 더 크다.

(1) 선운동량

운동량 = 질량 × 속도

① **운동량** : 운동하는 물체가 가지는 물리량

② 질량과 속도를 곱한 값으로 물체의 질량과 속도가 증가하면 운동량도 비례하여 증가

예 질량이 100kg인 권투선수의 빠른 속도의 펀치는 50kg인 권투선수보다 운동량이 크다.

(2) 충격량

충격량 = 힘(충격력) × 작용시간

① 물체가 받은 충격의 정도를 나타내는 양으로 충격력과 접촉시간을 곱한 값을 말한다.

② **단위** : kg·m/s = N·s

③ 받은 힘(충격력)이 클수록, 힘이 작용한 시간이 길수록 충격량이 크다.

예 권투선수가 펀치를 날렸을 때 상대선수가 능숙하게 얼굴을 뒤로 빼며 맞았을 때보다 피하지 못하고 바로 맞았을 경우에 충격량이 더 크다.

(3) 운동량과 충격량의 관계 ★★

충격량 = 충돌 후 운동량 – 충돌 전 운동량

물체가 받은 충격량은 물체의 운동량의 변화량과 같음

예 야구배트를 끝까지 휘두르면 공과 방망이의 접촉 시간이 길어져 충격량이 커지므로 야구공이 더 멀리 날아감

예 골프채를 빠르고 크게 휘두르면 공이 작용하는 힘이 커지고 접촉시간이 길어져 골프공이 멀리 날아감

(4) 선 운동량 보존의 법칙

① 외부의 힘이 발생하지 않는 한, 물체의 총 운동량은 변하지 않고 보존된다는 법칙

② 힘이 충돌하는 물체들 사이의 상호작용에 의하여 속도는 변할 수 있으나 외부에서 힘이 작용하지 않으면 상호 작용 전의 운동량과 상호 작용 후의 운동량은 같음을 의미한다.

5 충돌 ★

(1) 충돌

① 스포츠 상황에서는 다양한 충돌이 발생한다.

예 라켓과 공, 선수끼리의 충돌, 농구공과 코트바닥의 충돌 등

② 외력이 작용하지 않는 한 충돌 전과 충돌 후의 운동량은 같다.

(2) 충돌의 형태

구분	내용
완전탄성충돌 (반발계수 = 1)	충돌 전후, 운동량과 운동에너지 모두 보존되는 경우 예 당구
불완전탄성충돌 (0 〈 반발계수 〈 1)	충돌 전후, 운동량은 보존되나 운동에너지가 보존되지 않는 경우 예 골프 임팩트, 바운드 된 공, 축구의 킥
완전비탄성충돌 (반발계수 = 0)	충돌 후 두 물체가 한 덩어리가 되어 움직이는 경우로 운동량은 보존되나 운동에너지가 보존되지 않아 에너지 손실이 큰 경우 예 사격, 과녁에 꽂힌 화살

(3) 반발계수 ★

$$\text{반발계수} = \frac{\text{충돌 후 상대속도}}{\text{충돌 전 상대속도}}$$

① 두 물체가 충돌할 때 각각의 물체는 일시적으로 변형되나, 탄성에 의해 본래 상태로 되돌아가고자 하는 성질을 가진다.

② 부딪치는 물체의 재질, 온도, 충돌강도 등에 따라 원래 상태로 복원되려는 정도가 달라지며, 이때 복원되려는 크기를 탄성계수라 한다.

③ **탄성력이 추진력으로 사용되는 스포츠** : 양궁, 장대높이뛰기, 스프링보드다이빙, 체조

(4) 임팩트와 리바운드

① **임팩트 :** 두 물체가 충돌하는 순간을 말한다.

② **임팩트를 증가시키는 요인 :** 운동에너지가 클수록, 힘이 가해지는 시간이 길수록, 힘이 가해지는 면적이 넓을수록

③ **리바운드 :** 임팩트 후 물체가 튀어 나가는 것을 말한다.

6 힘의 모멘트

(1) 토크(힘의 모멘트) ★

① **토크 :** 회전을 일으키는 원인이 되는 힘으로, 힘의 모멘트라고도 한다.

② 정지하고 있는 물체나, 회전하고 물체의 각속도를 변화시키기 위해서는 토크라는 힘이 필요하다.

③ 토크가 작용하면 정지하고 있는 물체는 회전하며, 회전하고 있는 물체는 회전율이 바뀐다.

> 토크(T) = 힘(F) × 축에서 힘점까지의 수직 거리(d)

(2) 관성모멘트

> 관성모멘트(I) = 질량(m) × 회전반경²(r^2)

① 회전하는 물체가 회전을 지속하려는 성질의 크기, 즉 회전운동에서의 관성의 크기를 말한다.

② **단위 :** $kg \cdot m^2$

③ 회전운동이 일어나는 모든 상황에 존재

④ 물체의 질량과 질량분포, 회전반경에 따라 관성모멘트의 크기가 달라진다.

- 물체의 질량이 축으로부터 멀리 분포할수록, 회전반경이 길수록 ⇨ 관성모멘트 길이 증가
- 물체의 질량이 축으로부터 가까이 분포할수록, 회전반경이 짧을수록 ⇨ 관성모멘트 크기 감소

합격 TIP

다이빙 자세와 관련한 관성모멘트 문제는 굉장히 자주 출제된 문제 중 하나이다. 아래의 그림을 보면 다이빙 자세는 같은 회전축을 가지고 있다. 하지만 자세에 따라 분절들이 회전축으로부터 떨어진 거리(회전반경)가 다르고, 질량분포도 다르게 되어 관성모멘트의 크기가 다르게 된다.

다이빙 자세에 따른 관성모멘트 ★★★

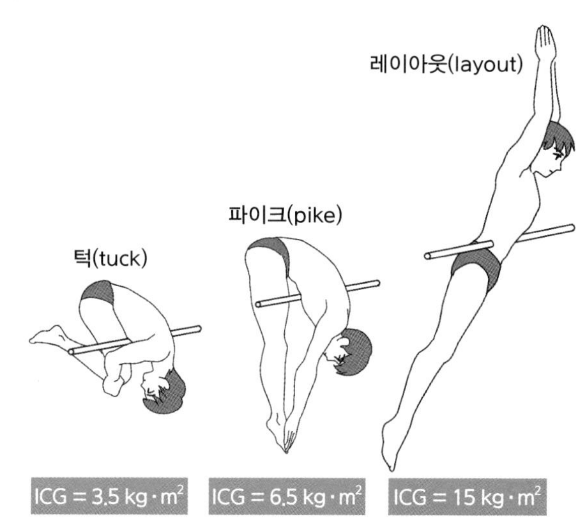

다이빙 자세에 따른 관성모멘트

턱(tuck) 자세	레이아웃(layout) 자세
• 질량이 회전축에 가깝다. • 회전반경이 짧다. • 각속도가 증가한다. • 회전에 저항하는 성질이 약해 회전하기 쉬우며, 지속하려는 저항도 약해 회전을 멈추기 쉽다. 즉, 회전을 쉽게 조절할 수 있다.	• 질량이 회전축으로부터 멀다. • 회전반경이 길다. • 각속도가 감소한다. • 회전에 저항하는 성질이 강해 회전하기 어렵고, 회전을 지속하려는 성질도 강해 회전을 멈추기 어렵다. 즉, 회전을 쉽게 조절할 수 없다.
⇩	⇩
관성모멘트가 작음	관성모멘트가 큼
⇩	⇩
즉, 빠른 회전이 가능하다.	즉, 빠른 회전이 어렵다.

관성모멘트는 회전운동을 하는 상황에서는 모두 존재한다고 하였다. 아래의 그림처럼 손잡이를 축으로 스윙이 이루어지는 야구에서도 관성모멘트는 달라진다.

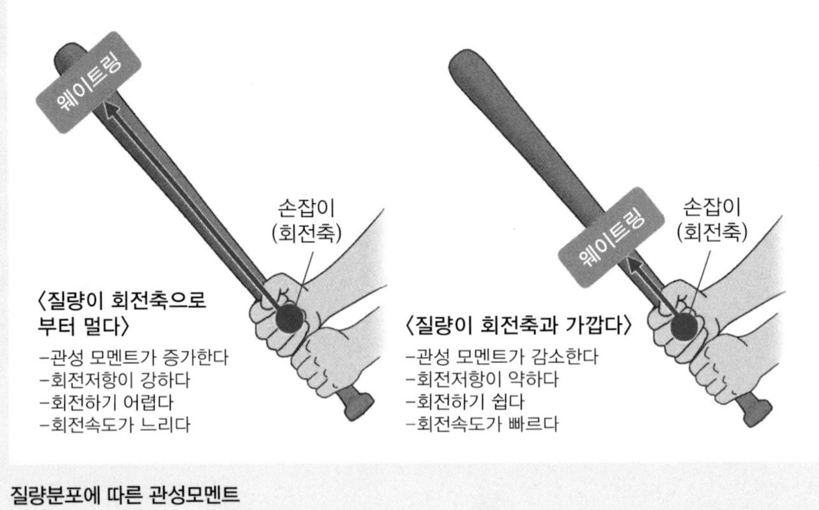

질량분포에 따른 관성모멘트

7 뉴턴의 각운동 법칙

(1) 제1법칙 각관성의 법칙(각운동량 보존의 법칙)

① 외력이 작용하지 않는 한, 회전하고 있는 상태를 계속 유지하려는 성질

예 다이빙 회전, 피겨스케이팅 점프회전

② 회전운동을 하고 있는 물체의 속도나 방향을 바꾸기 위해서는 토크가 필요함

(2) 제2법칙 각가속도의 법칙

① 회전하고 있는 물체에 같은 방향으로 토크가 가해지면 회전가속도가 증가함

② 관성모멘트와 각가속도는 서로 반비례관계이기 때문에 관성모멘트가 증가하면 각가속도는 감소하고 각가속도가 증가하면 관성모멘트는 감소함

③ 각운동 토크 = 관성모멘트 × 각가속도

(3) 제3법칙 각반작용의 법칙

회전하는 물체에 작용한 토크의 작용에는 항상 크기가 같고 방향이 반대인 토크가 있다.

8 각운동량과 회전충격량 ★★

(1) 각운동량

각운동량 = 관성 모멘트(I) × 각속도(ω)
= 질량(m) × 회전반경²(r²) × 각속도(ω)

① 회전하고 있는 물체의 운동량 즉, 회전운동의 양

② **단위 :** kg · m²/s

③ 관성모멘트가 클수록, 각속도가 빠를수록 각운동량은 증가

④ 관성모멘트는 회전축에서 거리가 멀어질수록 증가

⑤ 각속도는 회전축에서 거리가 가까워질수록 증가

(2) 회전충격량

회전충격량 = 토크 × 작용시간

① 주어진 시간동안 가해진 회전력(토크)의 총량

② 회전충격량 = 각운동량의 변화량

(3) 각운동량의 보존과 전이 ★★★

① **각운동량의 보존 :** 각운동을 하고 있는 물체에 외적 토크가 가해지지 않는 한 전체 각운동량은 일정하게 보존된다.

② **각운동량의 전이 :** 각운동량은 전체에서 부분으로 또는 부분에서 전체로 전이될 수 있다.

③ **카운터밸런스**

- 공중 동작 중 분절의 각운동량이 전신 또는 다른 신체부위로 전이되어 전체 신체균형이 유지되는 것을 말함
- 한 분절의 각운동량이 증가되면 다른 분절의 각운동량은 동일한 양이 감소되어야 함

예 클라이밍, 배구 스파이크, 테니스 그라운드 스트로크

피겨스케이팅의 점프로 각운동량의 보존과 전이에 대해 이해해 보도록 하자.

김연아 선수의 점프

1. 빠른 속도로 스케이트를 타며 선운동량을 증가시킴
2. 증가된 선운동량을 그대로 이어 점프 직전 스케이트 날이나 토로 빙판을 찍으며 도약하는 동작으로 토크(회전을 일으키는 힘)를 얻어 각운동량으로 전환
3. 공중에서 팔을 빨리 오므려 관성모멘트를 감소시키고 회전속도를 증가시켜 빠르게 회전
4. 다시 팔다리를 최대한 펼쳐 관성모멘트를 증가시키고 회전속도를 감소시켜 몸의 중심을 잡으며 착지

9 구심력과 원심력 ★★

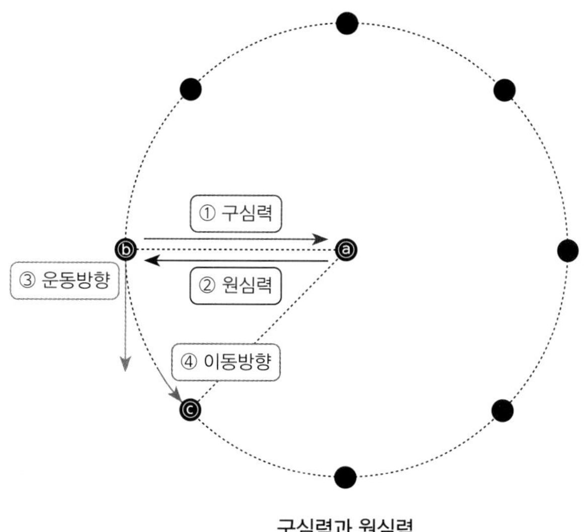

구심력과 원심력

(1) 구심력

① 원운동을 하는 물체가 원의 중심 방향 쪽으로 작용하는 힘 즉, 중심으로 잡아당기는 힘

② 물체는 관성에 의해 직선으로 가려는 경향이 있기 때문에 직선운동을 곡선이나 회전운동으로 바꾸려면 구심력이 필요함

> 구심력 = 질량(m) × 회전반경(r) × 각속도(ω^2)

(2) 원심력

① 구심력과 크기가 같고 방향이 정반대인 힘 즉, 중심을 벗어나려는 힘

예 직선주로를 달릴 때보다 곡선주로를 달릴 때 원심력 때문에 달리기 속도가 감소함

② 구심력이 작용할 때 발생되는 힘으로 구심력이 사라지면 원심력도 사라짐

> 원심력 = 질량(m) × 회전반경(r) × 속도(v^2)

운동역학

합격 TIP

구심력과 원심력을 쇼트트랙 경기로 이해해보자.

쇼트트랙에서의 구심력과 원심력

쇼트트랙 경기장의 둘레는 111.12m이며 그 중 곡선주로가 53m로 거의 절반에 가깝다. 곡선주로를 달릴 때는 중심을 벗어나려는 원심력을 받게 되는데, 이 원심력을 이겨내지 못하면 트랙 밖으로 튕겨져 나가게 된다. 직선주로에서 낸 빠른 속도를 최대한 유지하며 곡선을 통과하려면 강한 원심력을 이겨내야 하는데, 원심력을 이겨내는 방법은 2가지가 있다. 속도를 줄이거나, 원심력에 맞서 균형을 잡아줄 구심력을 키우는 것이다.

0.001초를 다투는 쇼트트랙 경기에서 속도를 줄일 수 없으니, 구심력을 키우는 방법을 선택하는데 그 방법이 바로 몸을 최대한 안쪽으로 기울여 타는 것이다. 몸을 경기장 안쪽으로 최대한 기울여 타는 자세는 얼음이 스케이트 날을 곡선 구간 안쪽으로 밀어주는 구심력을 증가시키게 되며, 이것이 바로 강한 원심력을 이겨내는 방법이 된다. 쇼트트랙 강국인 우리나라 선수들의 경기를 보면 마치 몸이 얼음에 닿을 것처럼 기울여타는 모습을 볼 수 있다. 그 외 허리를 굽힌 상태를 유지하기 위한 'ㄱ자' 형태의 경기복, 왼쪽으로 치우쳐진 스케이트 날, 왼쪽으로 휘어진 오른발 스케이트, 특수 합성 소재의 장갑 등이 원심력을 이기는데 도움을 주고 있다.

Chapter 6 일과 에너지

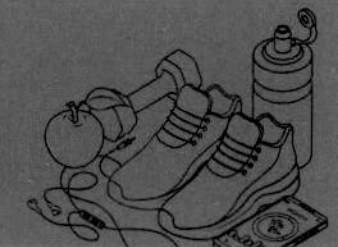

학습목표

- 스포츠에서의 일의 역학적 정의를 이해하고 계산할 수 있다.
- 일률의 정의와 개념을 이해하고 계산할 수 있다.
- 에너지의 종류를 이해하고 에너지 보존과 전이에 대해 안다.

1 일과 일률

(1) 일(work : W) ★★

일 = 힘 × 이동한 거리 (W = F × d)

① 물체에 힘을 가했을 경우, 힘의 방향으로 위치가 변하거나, 가속 또는 감속되는 경우를 말한다.

② 물체에 작용된 힘(F)과 힘을 가한 방향으로 이동된 거리(d)를 곱한 물리량

③ 양의 일과 음의 일

양(+)의 일(positive work)	힘의 방향과 이동방향이 같은 경우
음(−)의 일(negative work)	힘의 방향과 이동방향이 반대인 경우

예 단축성 수축은 양(+)의 일, 신장성 수축은 음(−)의 일, 등척성 수축은 일을 하지 않음

④ **일의 단위** : 힘의 단위 N과 거리의 단위 m을 곱한 Nm으로 줄(joule : j)을 사용함. 즉, 1Nm = 1 joule이다.

⑤ 역학적 일이 아닌 경우

작용한 힘이 0인 경우	이동거리가 0인 경우	힘과 이동방향이 수직인 경우
마찰이나 저항이 없는 곳에서 관성에 의해 운동수행이 된 경우 예 마찰력 없는 등속직선 운동, 썰매	힘을 가했지만 거리가 달라지지 않는 경우 예 있는 힘껏 벽을 밀었지만 벽이 밀리지 않는 경우, 철봉에 매달려 있는 경우, 무거운 역기를 들고 그냥 서 있는 경우	작용한 힘의 방향과 움직이는 방향이 수직인 경우 예 가방을 들고 수평면 위를 걸어가는 경우

운동역학

(2) 일률(power) ★★

$$일률(P) = \frac{힘(F) \times 이동한\ 거리(d)}{소요시간(t)} = \frac{일(W)}{소요시간(t)} = 힘(F) \times 속도(V)$$

① 단위 시간동안 한 일의 양, 즉 일의 효율을 나타내는 양을 말한다.

② 일률이 높다는 것은, 단위 시간당 많은 일을 할 수 있는 능력이 있다는 것으로 스포츠에서는 파워, 순발력이 좋다고 표현한다.

- 파워를 힘과 혼동하여 사용하는 경우가 있으나, 파워는 힘과 속도, 2가지 의미를 가진다.

③ **일률의 단위 :** j/s의 단위를 사용하며 W(Watt)라고 한다.

④ 1W는 1초동안 1j의 일을 수행

⑤ **일의 양과 소요시간과의 관계**

같은 시간동안 일을 할 때	같은 양의 일을 할 때
한 일의 양이 많을수록 일률이 큼 (비례관계)	걸린 시간이 짧을수록 일률이 큼 (반비례관계)
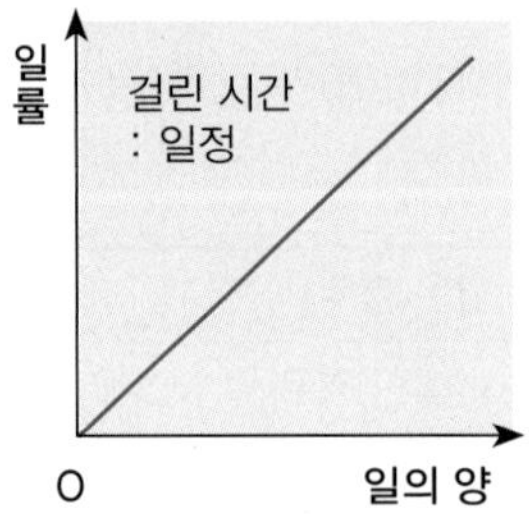 일률 걸린 시간 : 일정 O 일의 양	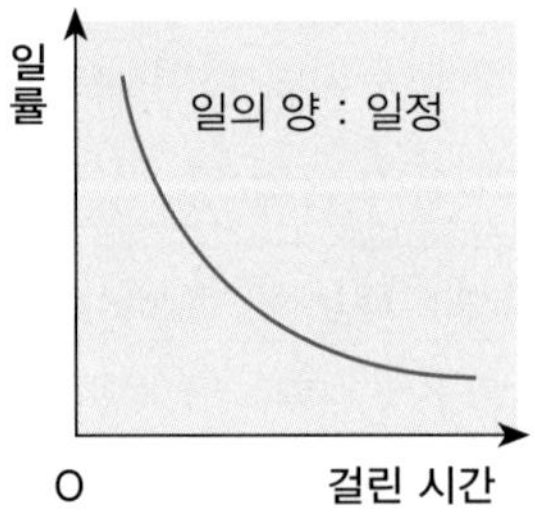 일률 일의 양 : 일정 O 걸린 시간

2 에너지

(1) 에너지

① 일을 할 수 있는 능력으로 단위는 일의 단위와 동일한 J(joule)을 사용

② 1J은 1N의 힘을 작용하여 1m의 거리를 움직였을 때 한 일의 양을 말함

③ 방향은 없고 크기만 있는 스칼라량

(2) 에너지의 종류 ★★★

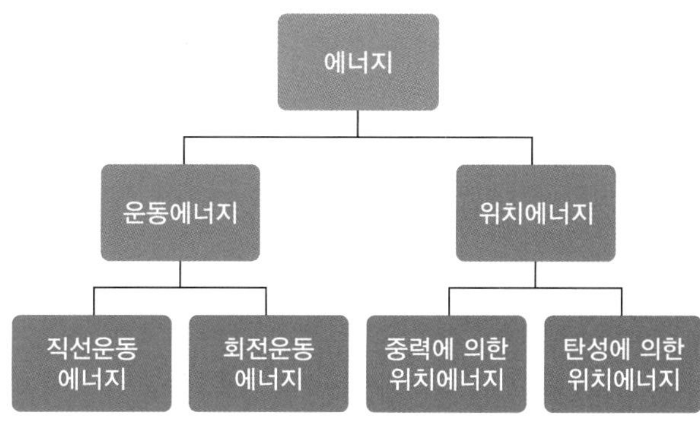

에너지의 종류

① 운동에너지(kinetic energy, KE)

직선운동의 운동에너지(Ek)	Ek = $\frac{1}{2}$ × 질량 × (속도)^2 • 직선운동을 하는 물체가 가지는 에너지로 물체의 질량과 속도의 제곱에 비례한다.
회전운동의 운동에너지(Er)	Er = $\frac{1}{2}$ 질량 × 회전축으로부터의 거리 × 각속도^2 • 회전하는 운동에너지는 관성모멘트(회전축으로부터의 거리)와 각속도에 의해 결정됨 • 관성모멘트가 크면 클수록 주어진 각속도로 회전하는 운동에너지는 증가함

② 위치에너지(potential energy, PE)

중력에 의한 위치 에너지	질량 × 중력가속도(9.8m/s^2) × 높이 • 물체가 기준면으로부터 높은 곳에 위치하여 갖는 에너지 • 질량(m)이 크고 높이(h)가 높을수록 큰 위치에너지를 갖는다.
음(−)의 일 (negative work)	$\frac{1}{2}$ × 탄성계수 × 변형된 길이^2 • 탄성이 있는 물체가 변형되었다가 다시 되돌아올 수 있는 에너지 • 달리고, 뛰고, 던질 때 신전된 근육의 탄성 반동도 탄성에너지에 속한다.

(3) 역학적 에너지 ★★

역학적 에너지란(mechanical energy, ME), 운동에너지와 위치에너지를 합한 값을 말한다.

역학적 에너지(ME) = 운동에너지(KE) + 위치에너지(PE)

운동역학

(4) 역학적 에너지 보존 법칙

① 운동하고 있는 물체의 역학적 에너지는 외력이 작용하지 않는 한 변하지 않고 항상 일정하다는 법칙 (단, 공기저항은 무시)

② 공중에서 이루어지는 모든 운동에서는 운동에너지와 위치에너지를 함께 갖는다.

(5) 스포츠에서의 역학적 에너지 보존과 전이 ★★

역학적 에너지인 운동에너지와 위치에너지는 외력이 작용하지 않는 한 그 합이 늘 일정하게 유지되며, 서로 전이도 가능하다.

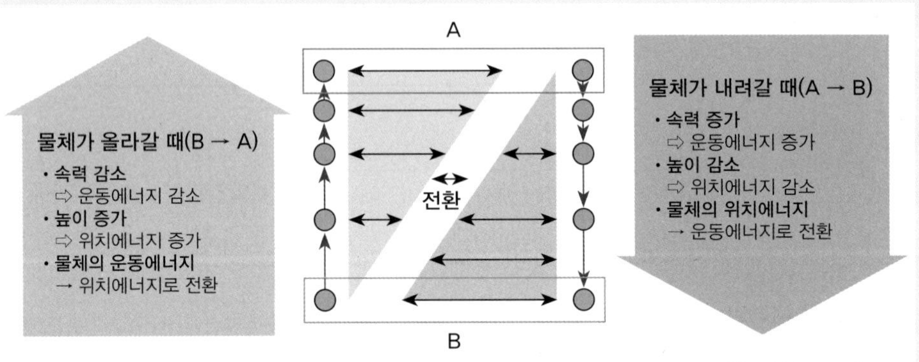

역학적 에너지의 보존과 전이

위의 그림을 보면 아래에 위치했던 물체가 위로 올라가며 높이가 높아짐으로 인해 위치에너지는 증가되지만 아래로 끌어당기는 중력에 의해 속력은 감소하며 결과적으로 운동에너지는 감소하게 된다. 즉, 위치가 올라갈수록 운동에너지가 위치에너지로 점차 전이되어 간다.

반대로 위에 위치했던 물체가 아래로 내려갈 때에는 중력의 힘을 힘입어 속력이 증가해 운동에너지가 증가하고, 높이가 낮아짐에 따라 위치에너지는 감소된다. 이 일련의 과정은 위치에너지가 운동에너지로 점차 전이되어 비율이 높아지는 모습을 나타낸다.

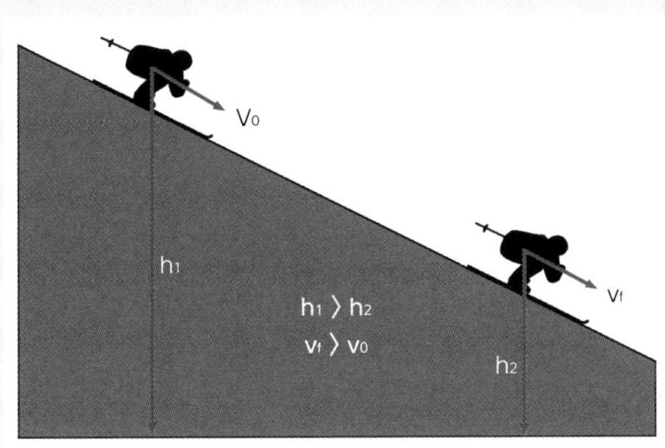

스키선수의 역학적 에너지

이 개념을 스키선수에 대입해보자. 높은 슬로프에 위치한 스키선수는 높은 위치에너지를 가진다. 하지만 활강하며 내려오면서 위치에너지는 점점 감소하고 속도는 증가해 운동에너지는 증가하게 된다.

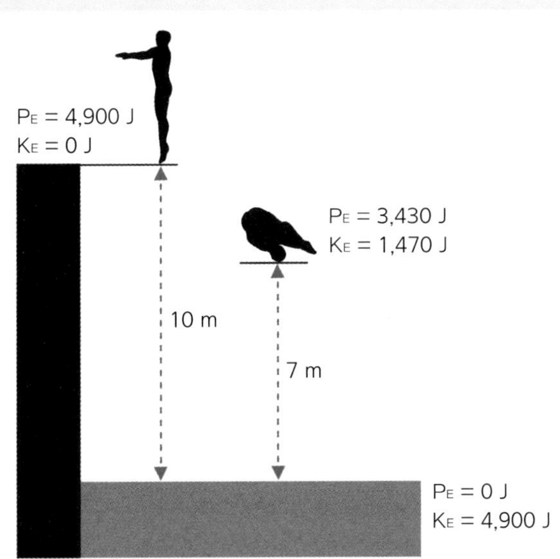

다이빙 선수의 역학적 에너지

다이빙에 대입해보면 다이버가 높은 스프링보드에 정지해 서있는 경우, 높이만큼 위치에너지를 가지며, 운동에너지는 0이다. 하지만 다이버가 점프하여 내려오면서 높이가 낮아짐에 따라 위치에너지는 줄어들며 속도가 증가해 운동에너지가 증가한다. 그리고 수면에 입수하기 직전의 높이는 0이므로 위치에너지는 0이며, 이 때 운동에너지는 최대가 된다.

운동역학

Chapter 7 다양한 운동기술의 분석

학습목표

- 2차원 및 3차원 영상분석 특징에 대해 이해한다.
- 지면반력에 대한 내용을 알고 스포츠 상황에 대입할 줄 안다.
- 근전도의 원리를 이해하고 근전도를 통해 알 수 있는 정보에 대해 안다.

1 동작분석

스포츠 동작과 기술을 다양한 방법으로 분석하는 것으로 영상 분석을 가장 많이 사용한다.

(1) 영상분석 ★★

2차원 영상분석	3차원 영상분석
• 단일 평면상에서 일어나는 인체 움직임을 1대의 카메라를 이용해 분석	• 3차원 공간상에서 이루어지는 복합적인 인체 움직임을 2대 이상의 카메라와 특수 장비를 이용해 분석
• 인체가 반드시 단일 평면 내에서 움직이는 것이 불가능하기에 영상왜곡에 따른 투시오차가 생김 • 투시오차를 최소화하기 위해 카메라를 가능한 멀리 설치하고 화면의 크기를 적절히 조절해야 함	• 정밀하고 복잡한 동작분석이 필요할 때 유리하나, 실험과 분석절차가 복잡함

2 힘 분석

(1) 힘 측정방법

직접측정	• 힘을 정확하게 측정 가능하나, 측정할 때 기술동작에 영향을 미칠 수 있다. • 가속도계, 스트레인 게이지 측정
간접측정	• 실제 기술동작 시 영향을 적게 줄 수 있으나, 산출과정이 복잡하고 정확성이 떨어진다. • 영상분석, 시뮬레이션, 근전도

㉰ 스트레인 게이지(strain gauge) : 힘을 측정할 수 있는 센서 중 하나로 체중계 등이 있다. 단위 길이에 대한 변형율을 측정하기 위한 센서 중 하나로, 스트레인 게이지에 외력이 가해져 변형이 생기면 게이지의 저항이 바뀌고, 이는 연결된 브리지(bridge) 회로를 통해 전압 변화를 감지하여 가해진 힘의 크기를 측정한다.

(2) 지면반력 ★★

① 지면반력은 인체가 지면에 접촉하여 지면을 누르는 힘에 반하여 지면이 인체를 밀어내는 힘, 즉 반작용 힘이다. (뉴턴의 제3법칙 작용–반작용 법칙)

② 지면반력은 대부분의 스포츠에서 중요한 요인으로 작용한다.

예 높이뛰기 : 지면반력이 클수록 높이 뛸 수 있음

단 체조 : 체공시간을 증가시키기 위해 지면반력의 힘을 크게 하여 점프하지만, 착지 동작에서는 충격력을 줄이기 위해 무릎을 굽히는 동작을 통해 지면반력의 크기를 줄여 부상을 방지

③ 좌우(X), 전후(Y), 상하(Z) 세 방향의 힘을 측정하며, 지면반력의 단위는 N이다.

④ 지면반력 측정기 내부에는 스트레인 게이지 방식의 감지기들이 내장되어 있어 외력에 의한 변형을 감지하여 힘의 크기를 측정한다.

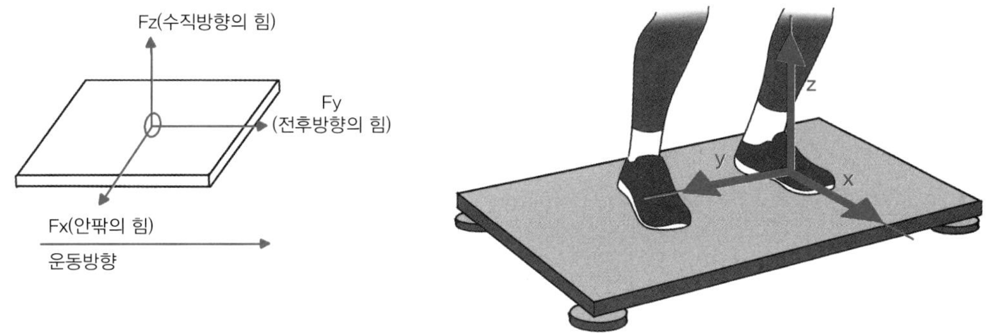

지면반력 3가지 방향의 힘과 지면반력 측정기

합격 TIP

지면반력분석을 통해 알 수 있는 정보

지면반력분석을 통해 알 수 있는 정보는 6가지로 F_x, F_y, F_z, x, y, T_z이다.

- F_x F_y F_z – 지면반력 세 방향의 힘
- x, y – 압력중심의 수평좌표
- T_z – 지면반회전력의 수직성분인 프리토크

발과 지면반력 측정기 사이의 회전 마찰력에 의해 생성되는 회전력으로 발을 판에 접촉한 채 수평으로 비틀 때 발생하는 토크의 크기를 의미하며 프리토크(free torque)라고 한다. 하지 관절의 상해와 높은 상관관계를 보인다.

지면반력의 수직성분과 수평성분

지면반력은 수직성분과 수평성분이 있다. 2가지 성분 중 수직성분은 중력(무게, 질량)의 영향을 받으며, 수평성분은 지면과의 마찰력, 내력에 영향을 받는다.

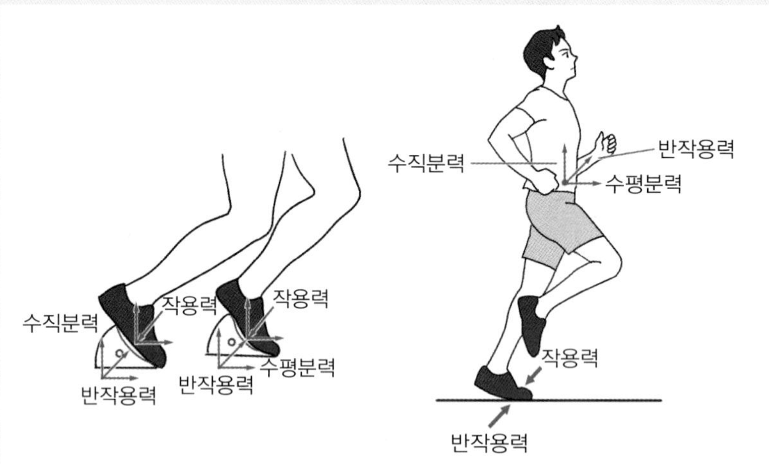

달리기의 작용과 반작용력

걷기, 달리기, 뛰기 동작은 발로 지면을 밀어낸 힘의 결과로 지면으로부터 발에 작용한 지면반력에 의하여 이루어지는 것이다. 그림을 보는 것과 같이 발로 지면을 밀어내면 동일한 크기의 지면반력이 반대방향으로 작용하며, 수평성분과 수직성분으로 분해되어 수평분력은 신체를 전방으로 이동하게 하고, 수직분력은 상 방향으로 몸을 솟구치게 한다.

수직성분	수평성분
상하(Z)	좌우(X), 전후(Y)
중력(무게, 질량)의 영향을 받음	지면과의 마찰력, 내력에 영향을 받음
• 수직 점프 시 몸을 상방으로 추진시키는 추진력과 착지 시 몸에 가해지는 충격력으로 작용 • 상하(Z)성분의 크기가 체중보다 클 경우 상향가속, 작은 경우 하향가속이 일어남	• 전후(Y) : 운동을 도와주거나 저해하는 힘으로 작용 ⓔ 보행이나 달리기 시 전반부는 제동력, 후반부는 추진력으로 작용 • 좌우(X) : 방향전환 시 추진력으로 작용

(3) 압력분포 측정기

수십 개 혹은 수백 개의 힘 센서를 이용하여 압력이 가해지는 부분의 형태나 크기 등을 정밀하게 측정

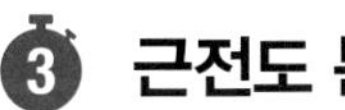

근전도 분석

(1) 근전도의 원리

근 수축 시 발생하는 전위차를 이용해 근육의 활성도, 활성 시점, 근육의 피로 정도를 확인하는 방법을 말한다.

(2) 표면전극법과 삽입전극법

표면전극법	삽입전극법
• 지름 약 1cm 정도의 은으로 만들어진 금속제 원판을 근육에 부착하여 정보를 얻음 • 사용하기 간편하며, 근육 크기에 따라 적절한 지름의 전극을 사용 • 전극 부착 부위에는 알코올로 잘 닦아내고 털을 제거하여 피부와 전극 사이에 생기는 이물질로 인한 잡음 신호를 제거	• 침 전극과 미세선 전극 2가지가 있으나, 미세선 전극을 더 주로 사용 • 머리카락 정도의 굵기를 가진 절연된 전선으로 끝부분만 근육과 직접 접촉 • 깊은 근육으로부터 근전도를 얻고자 할 때 사용
• 주의할 점은 반드시 근육의 수축과 관련이 없는 뼈 부위에 접지 전극을 부착하여 같이 사용해야 함	• 스포츠 상황에서는 적합하지 않음
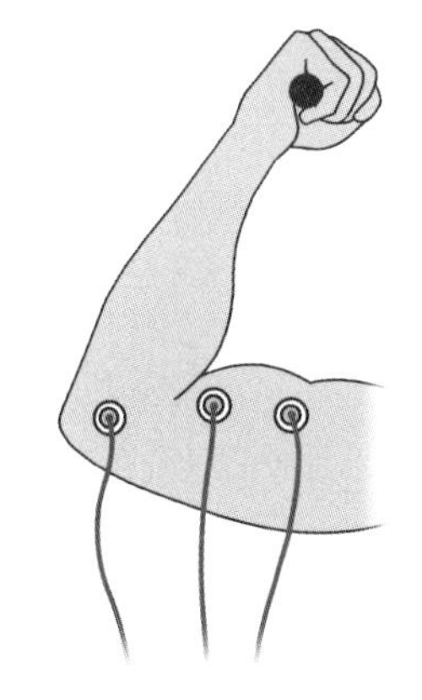	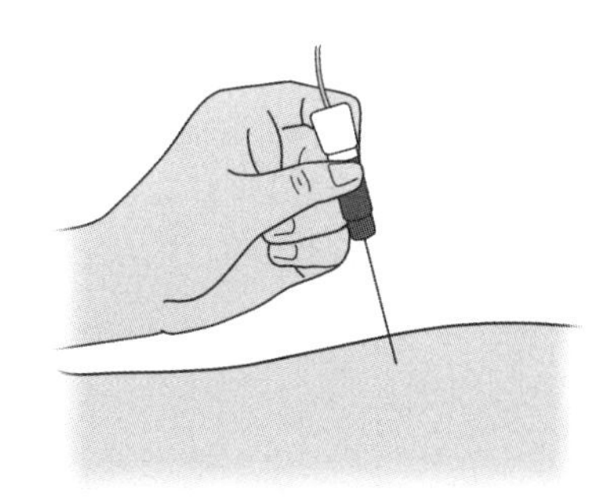

(3) 근전도를 통해 알 수 있는 요소 ★★

① 근육이 발휘하는 힘의 크기 (힘의 크기가 클수록 근전도 진폭의 크기도 큼)

② 근육의 피로 정도 (근육이 피로하면 수축 빈도가 느려지고, 저주파가 증가함)

③ 근육이 활성화 되는 시점 (각 근육들의 협응과 발현에 대해 알 수 있음)

④ 활동 근육의 종류

⑤ 근육의 동원 순서

[참고문헌]

구희성(2011). 스포츠 운동역학의 기초. 서울: 대경북스.
문병용(2004). (알기 쉬운) 운동역학. 서울: 대경북스.
박성순 외(2012). 운동역학. 서울: 대경북스.
비상교육 편집부(2021). 오투 중등과학. 서울; 비상교육.
이종연 & 윤재백(1994). 운동역학 개론. 태근문화사.
이필근(편)(2009). 핵심 운동역학. 서울: 대경북스.
한국운동생리학회(2015). 운동역학. 서울: 대한미디어.
Gerry carr 저. 주명던, 이기청 역(2001). 운동역학. 서울: 대한미디어.
Nihat Ozkaya ; Margareta Nordin저, 김영호 역(2005). 기초생체역학. 서울: 텍스트북스.
Susan Jean Hall 저, 김창국 역(2003). 생체역학. 서울: 대경북스.

한국체육사

출제기준/출제빈도

주요항목	세부항목	출제빈도				
		2022	2021	2020	2019	2018
1. 체육사의 의미	1. 체육사 연구 분야	2/20	2/20	1/20	1/20	2/20
2. 선사·삼국시대	1. 선사 및 부족국가시대의 체육	1/20	1/20	1/20	1/20	1/20
	2. 삼국 및 통일신라시대의 체육	2/20	2/20	1/20	1/20	3/20
3. 고려·조선시대	1. 고려시대의 체육	2/20	3/20	3/20	2/20	2/20
	2. 조선시대의 체육	3/20	2/20	3/20	3/20	2/20
4. 한국 근·현대	1. 개화기의 체육	1/20	3/20	3/20	5/20	4/20
	2. 일제강점기의 체육	3/20	3/20	4/20	1/20	3/20
	3. 광복 이후의 체육	6/20	4/20	4/20	6/20	3/20

Chapter 1 체육사의 의미

학습목표

- 체육사의 연구 분야에 대해 이해하고 설명할 수 있다.
- 한국체육사의 시대구분에 대해 이해하고 설명할 수 있다.

1 체육사의 연구 분야 ★★

고대에서부터 오늘날까지 체육의 변천 모습을 돌이켜보고, 각 시대의 체육관이나 그 방법 등에 관련된 시대적·사회적 배경 등을 사(史)적으로 연구하는 분야이다.

(1) 체육사의 정의

① 체육과 스포츠를 역사적 방법으로 연구하는 학문이다.

② 사회적·시간적 변화에 따라 나타나는 인류문화의 성격과 특성을 판단한다.

③ 현재의 체육 상황을 인식하여 장래를 현명하게 통찰하기 위한 학문이다.

(2) 체육사의 의의

① 인간의 역사를 이해하고 나아가 삶의 풍요를 가져다주기 위함이다.

② 과거에 어떠한 사실이 있었는가를 탐구한다.

(3) 체육사의 연구영역

① 통사적·세계사적 연구영역

② 시대적·지역적 연구영역

③ 개별적·특수적 연구영역

(4) 체육사의 연구내용

① 스포츠를 통해 시대별로 파생된 여러 문화 현상을 연구한다.

② 스포츠의 기원 또는 발달 과정을 연구한다.

③ 스포츠 종목의 발생 원인 및 조건을 연구한다.

④ 체육사상사, 스포츠문화사, 스포츠종목사 등의 연구내용을 포함한다.

(5) 체육사의 연구에서 사관(史觀)의 의미

사관(史觀)이란 역사가의 역사에 대한 의식이 반영되어 과거의 사실을 확인할 때 역사가의 가치관과 해석 원리에 따라 그 기준이 달라지는 것으로 역사가의 사관에 따라 체육의 역사 해석이 달라질 수 있다.

2 한국체육사의 시대구분

체육사의 종합적인 이해와 서술을 돕기 위해 시대를 구분한다.

선사시대	구석기시대~신석기시대
고대	부족국가~삼국시대, 통일신라
중세	고려 건국~고려 멸망
근세	조선 건국~갑오개혁
근대	갑오개혁~광복
현대	광복 이후

Chapter 2 선사·삼국시대

학습목표

■ 선사시대의 체육과 민속 스포츠에 대해 이해하고 설명할 수 있다.
■ 삼국 및 통일 신라시대의 체육과 민속 스포츠에 대해 이해하고 설명할 수 있다.

1 선사 및 부족국가시대의 체육

선사시대에는 주로 자연에 의존하면서 야생 동물과 같은 생활을 하였으며, 시간이 흐르면서 촌락을 형성하여 공동체를 이루고, 수렵과 채집 생활 및 생존을 위한 신체 기량이 중시되었다. 그리고 애니미즘(animism, 만유정령설)에 대한 믿음을 바탕으로 놀이와 신체활동이 포함된 제천의식을 시행하였다.

2 선사시대의 신체 문화

(1) 생존 수단으로서의 신체활동

① 신석기시대에는 활, 창, 도끼 등이 나타나는 것으로 보아 생존을 위한 신체 활동으로서 궁술, 사냥 등이 있었을 것으로 추정되고 있다.

② 1917년 발견된 울주군 대곡리 반구대 암벽 조각은 사냥과 풍성한 번식을 기원하는 모습의 사냥 미술이며, 그것을 통해 사냥, 어로, 춤 등과 같은 신체 문화의 존재를 확인할 수 있다.

(2) 성인과 주술의 신체 문화

① 수렵과 채취 중심으로 살아가던 생활에서 농경사회로 접어들면서 성인식이 거행된 것으로 나타난다.

② 「삼국지」 '위지동이전'에는 등가죽을 뚫어 줄을 꿰고 나무를 꽂은 의식을 통과하면, '큰 사람'이라고 불렀다는 기록이 있다.

③ 「삼국지」 '위지동이전' 마한 조(條)에는 5월 파종이 끝나면 귀신에게 제사하고, 밤낮으로 노래와 춤으로 보냈다는 기록이 있다.

④ 태양 숭배를 바탕으로 한 샤머니즘 신앙과 관련해서는 춤이라는 문화가 있었다는 것도 확인할 수 있다.

3 부족국가시대의 신체 문화 ★★★

(1) 교육적 신체 활동

① **궁술** : 생존과 전투에 있어서 중요한 기술이었다.

② **기마술** : 《삼국지》고려조에 "말이 모두 작아 산을 잘 오른다. 사람들이 기력이 좋으며, 전투 연습을 한다."는 기록이 있는 것으로 보아 기마술 훈련도 했던 것으로 추정된다.

(2) 민속적인 신체 활동

① **제천행사** : 부족국가시대의 우리 조상들은 파종기와 추수기에 제사를 지내고 여흥을 즐겼다.

고구려	동맹(10월)
부여	영고(12월)
동예	무천(10월)
신라	가배(8월)
삼한	수릿제(5월), 계절제(10월)

② **민속놀이** : 제천의식과 관련된 놀이나 민속 스포츠로 기마, 덕견이, 수박, 격검, 사예(궁술), 씰흠, 저포(윷놀이) 등이 있었다.

저포 (윷놀이)	• 대개 정월 초하루부터 대보름까지 • 도, 개, 걸, 윷, 모는 돈(豚), 견(犬), 양(洋), 우(牛), 마(馬) 등 동물의 크기와 속도에 연관

합격 TIP

윷놀이는 정월 초하루부터 보름달까지만 행하였는데, 이 민속놀이는 짐승의 크기와 빠르기를 따라 판에서 노는 놀이이다. 윷놀이는 부여의 사출도(四出道)라는 관직 이름에서 연유되었다고 한다.

4 삼국 및 통일신라시대의 체육

삼국시대에는 오늘날 체육의 한 유형인 각종 무예 교육이 시행되었다. 고구려의 대표적인 무예는 기마술과 궁술이다. 평민층 교육기관인 경당의 주된 교육내용은 경서암송과 궁술이다.

5 삼국시대의 교육

(1) 삼국시대의 교육

① 삼국시대는 유교와 불교가 도입되어 전통적인 무속신앙과 낭가사상이 조화를 이루면서 정치와 교육 문화 전반에 큰 영향을 주었으며, 윤리의식의 발달과 아울러 정치제도도 발달되었다.

② 고구려는 중국의 문화를 수용·정리하여 백제와 신라에 전달하였다.

③ 백제는 상업으로 경제적 번영을 누리면서 중국 귀족 문화를 수용·확산시켰다.

④ 불교가 삼국시대에 전래되어 사회, 문화, 교육에 큰 영향을 미쳤던 것으로 확인되고 있다.

(2) 고구려의 교육

① **태학** : 최초의 관학이며, 고등교육기관의 효시로 《삼국사기》에 의하면 태학은 소수림왕 2년(372년)에 설립되었으며 교육과정은 오경(五經)과 삼사(三使)로 구성되었다. 국가의 관리양성을 목적으로 귀족자제들의 교육을 담당했던 것으로 보고 있다.

② **경당** : 사립 초등교육기관으로 경당은 평민들의 교육기관이었으며, 서민을 대상으로 한 사립 체계로 경서와 아울러 활쏘기를 익히는 문무 겸비를 목적으로 한 교육기관이었다.

(3) 백제의 교육

① 《일본서기(日本書紀)》에 의하면 일본의 아직기가 백제의 왕명으로 일본에 건너가 응신천황의 태자 토도치랑자의 스승이 되었으며(284년), 이듬해에는 백제의 왕인 박사가 일본의 초청으로 일본에 논어와 천자문을 전했다고 한다.

② **박사제도** : 모시(毛詩)박사, 의(醫)박사, 역(易)박사, 오경박사 등 박사제도를 두고 있었다.

(3) 신라의 교육 ★★★

① **화랑도**

- 국가에 의해 정식으로 제정된 것은 진흥왕(540~576) 때의 일로 군사적 필요에 의해 종래의 제도를 개편하였다.
- 민간수양단체의 성격을 지니고 있었으나 국가의 비상사태를 위해 전사교육도 실시하였다.
- 화랑도의 조직 : 중앙에는 화주 또는 국선이라는 통제관이 있었으며, 국선 아래는 3~8명의 화랑이 있었고, 다시 그 아래에는 문호라는 작은 집단이 있었으며, 문호는 수백, 수천의 낭도로 편성되었다.
- 화랑제도는 청소년들에게 단체 활동을 통해서 도덕적 품성과 미적 정조를 함양하고, 신체적 단련을 함으로써 사물에 대한 판단력과 선악의 가치판단을 할 수 있는 인재들을 양성했다.

② 국학 : 유학의 교수 및 연구와 관리 양성을 목표로 수업 연한은 9년이었으며, 교육의 대상자는 귀족 자제들이었다.

합격 TIP

《국사대사전》에 서술된 화랑도 ★★★

신라시대 청소년으로 조직된 민간 수양 단체로 별명은 풍류도(風流徒), 국선도(國仙徒), 풍월도(風月徒), 원화도(原畵徒)라고 하였다. 그리고 이것은 심신을 수양하고, 교양을 기르며, 사회생활의 규범을 배워 국가 비상시에는 전사(戰士)가 되는 사회의 중심 인물을 양성하며, 전통을 존중하고, 협동정신과 신의(信義), 용기심을 기르는 것을 목적으로 하였다.

6 삼국시대의 체육 ★★★

(1) 고구려의 체육

① 대표적 무예로는 궁술, 기마술, 각저, 수박을 비롯하여 창술, 검술, 석전 등이었으며, 그 중 체육활동의 성격을 지닌 대표적인 무예는 기마술과 궁술이었다.

② 경당의 주된 교육 내용은 경서 암송과 활쏘기로 《구당서(舊唐書)》에는 "풍속이 책 읽기를 좋아하여 허름한 서민의 집에 이르기까지 거리에 큰집을 지어 이를 '경당'이라 하고, 미혼의 자제들이 여기서 밤낮으로 독서하고 활쏘기를 익힌다."고 되어 있다.

③ 기마술과 궁술

기마술	• 기사(騎射)란 말을 타고 달리며 활을 쏘는 것으로 훗날 조선시대 무과시험 과목이 되었다. • 삼국시대부터 중요한 무예 교육의 한 영역이었던 것으로 보인다.
궁술	• 고구려의 경당에서 궁술을 가르쳤다. • 백제에서는 기사를 중요하게 취급했으며, 궁술은 백성이나 임금이 갖추어야 할 중요한 자질의 하나로 취급되었다.

(2) 신라의 체육

화랑도	• 교육과정에서 체육의 성격을 지닌 활동은 궁술, 마술, 기마, 검술, 창술, 사냥, 검무, 편력 등이다. • 궁술과 마술은 신라 귀족 교육의 6개 교과목에 포함되어 있었다. • 신라의 지배계급은 신체단련을 단순한 군사적인 훈련의 수단이 아니라 인격 함양의 과정으로 인식하였기 때문에 궁도와 기마술, 즉 사(射)와 어(御)는 예(禮), 낙(樂)과 함께 교육의 중요한 영역으로 취급했다.
입산수행과 편력 ★★★	• 입산수행 : 화랑도의 심신수련 활동으로 독특한 신체적 교육 방식의 하나였다. • 편력 : 화랑도 교육과정에 편성되었던 일종의 야외교육 활동이었는데, 명산대천을 두루 돌아다니며, 야외활동을 하는 과정에서 시와 음악을 비롯하여 각종 신체적 수련 활동에도 참여하였다.

한국체육사

화랑도 체육

"세속오계(사군이충, 사친이효, 교우이신, 임전무퇴, 살생유택)"를 바탕으로 보국충성할 수 있는 문무겸비의 인재 양성 기능도 지니고 있었다.

: **군사적 측면에서의 교육 목적**

- 평소에 사회 지도적 인물이 될 청년들의 수양 단체와 같은 성격을 띠고 있었다.
- 유사시에는 전사로서 활동할 수 있는 청년의 육성기관 역할도 하였기 때문에 화랑도 체육의 목적에는 전사의 육성 개념도 내포되어 있었다.
- 화랑도는 전사단체로서의 전사의 양성기관이었고, 따라서 체육 또한 전사체육의 성격이 강했던 것으로 파악된다.

: **교육적 측면에서의 교육 목적**

- 심신의 단련을 통하여 도덕적 인간을 육성하고자 하였다.
- 세속오계는 화랑도 교육의 핵심방향이었던 것으로 보인다.
- 심신의 조화적 발달을 추구한 교육적 활동이었던 것으로 추정된다.

7 삼국시대의 민속 스포츠와 오락

① **수렵(사냥)** : 고대사회에서 공통적으로 나타나는 생존활동이자 스포츠였다. 방응(매사냥)도 동서고금을 통해 보이는 사냥의 한 종류였다.

② **축국** : 가죽주머니에 겨를 넣거나 공기를 불어넣어 만든 공을 발로 차고 노는 게임이었다. 신라에서는 농주(弄珠)라 불리기도 했고, 기구(氣球)라는 이름으로도 나온다.

③ **석전(돌싸움)** : 집단 간에 돌팔매질을 하던 놀이 성격의 석전과 전투 훈련으로서의 석전이 있었던 것으로 보고 있다.

④ **각저(씨름)** : 두 사람이 서로 맞잡고 힘과 기를 겨루는 경기로 서양에서는 레슬링이 있었다.

⑤ **투호** : 여가 시간에 행해지던 단순한 놀이 성격도 있었으나 인격 수양이나 예절 교육과도 관련이 있었다. 오락적 성격이 짙은 유희의 일종이었지만 성인이 참여하여 예를 닦는데 이용되기도 했던 것이다.

⑥ **저포(윷놀이)** : 짐승의 크기와 빠르기 등이 고려되어 조직화된 놀이이다.

⑦ **위기(바둑)** : 흑백의 돌로 집싸움을 하던 놀이이다.

⑧ **쌍육(주사위놀이)** : 주사위를 던져서 나는 사위대로 말(馬)을 써서 겨루는 놀이이다.

⑨ **추천(그네뛰기)** : 단오절에 많이 행해진 서민들의 민속놀이이다.

합격 TIP

민속 스포츠와 오락

- **방응** : 매사냥
- **석전** : 돌싸움
- **투호**
- **위기** : 바둑
- **추천** : 그네뛰기
- **초판희** : 널뛰기
- **축국** : 오늘날의 축구
- **각저** : 씨름
- **저포** : 윷놀이
- **쌍육** : 주사위놀이
- **봉희** : 골프와 유사한 유희

8 삼국시대의 체육 사상

① 신체미의 숭배사상으로 귀족의 자제 중 외모가 수려한 자들만을 화랑으로 선발했다는 사실을 통해서도 잘 드러나며 신체미에 대한 숭배의식은 아름다운 사람을 신성시하던 당시의 사회적 풍조와도 깊은 관련이 있다.

② 심신 일체론적 체육관으로 궁도나 편력을 통해서 알 수 있다.

③ 군사주의 체육사상으로 신라는 고구려, 백제에 비하여 지리적으로 대단히 불리한 위치에 놓여 있었기 때문에 화랑에게 군사적 성격의 훈련이 요구될 수밖에 없었다.

④ 화랑도의 체육은 편력이라는 독특한 야외활동 형식이 있었으며, 국토를 신성하고 존엄하게 생각하며 목숨을 걸고서라도 지켜내야 한다는 불국토(佛國土)사상과도 연계되어 있었다.

Chapter 3 고려·조선시대

학습목표

- 고려시대의 체육에 대해 이해하고 설명할 수 있다.
- 조선시대의 체육에 대해 이해하고 설명할 수 있다.

1 고려시대의 체육

(1) 고려시대의 체육

고려시대의 무예는 삼국시대의 신체 활동이 계승되었으며, 무학을 공부하는 강예재(講藝齋)가 있었다.

(2) 고려시대의 사회

① 918년 왕건은 태봉을 세웠던 궁예를 몰아내고 고려를 건국한 뒤 신라, 후백제를 멸하여 다시 통일 국가를 세웠다.

② 고려(918~1392)는 호족들이 연합하여 구성한 사회였으며, 사회 계급은 상류층인 호족, 군인 계급인 중류층, 평민이었던 하류층, 천민과 노예 등으로 이루어져 있었다.

③ 고려 호족들은 중국의 관료 제도를 받아들였으며, 사상적인 측면에서도 불교와 유교를 동시에 수용하였다.

2 고려시대의 교육

(1) 관학

① **국자감** : 7재(七齋)라는 전문 강좌(반)를 두었으며, 6학 4계급으로 되어 있었다. 강예재에서 무학(武學)을 공부했다.

7재(七齋)

여택재, 대빙재, 경덕재, 구인재, 복응재, 양정재, 강예재가 7재(齋)이다.

② **향교** : 교과목은 국자감과 비슷하였으나 교관의 부족과 재정적 어려움으로 말기에 와서는 쇠퇴하였지만 지방의 교육을 위하여 설치된 교육기관으로 유학의 전파와 지방민의 교화를 목적으로 두었다.

③ **학당** : 순수한 유학 교육기관으로서 서민을 위한 교육기관이었다.

(2) 사학

① 12도 : 최충 등에 의해 설립된 교육기관으로, 인격 완성과 과거 준비를 목적으로 하였다.

② 서당 : 향촌의 부락에 설치된 민간의 자생적인 사설 교육기관이었다.

12도(十二道)

해동공자 최충이 72세로 관직을 은퇴한 이후 9재를 짓고 학당을 설립한 것이며, 후일 학원을 최공도라고 하였다. 최공도의 교육성과가 널리 알려지자 유명한 유학자들이 유사한 학원을 개설하게 되었는데, 그 중 유명한 11개 학원을 더하여 12도라고 부르게 되었다.

3 고려시대의 무예

(1) 국학 및 향학의 무예체육 ★★

① 국학의 7재 중 무학을 공부하는 강예재가 있었는데, 이는 무학을 통해 장수(將帥)를 육성한 것으로 보인다.

② 무인의 인재 선발에서 수박희의 능력은 인재 선발의 기준이 되기도 하였다.

(2) 무신집권과 무예의 발달

① 문치주의에 입각한 귀족정치는 무신의 사회·경제적 열세를 초래하였다.

② 12세기 중엽, 무인들의 등장은 무예의 발달을 더욱 촉진하는 계기가 되었으나, 무인들은 천시되었다.

③ 무인 정권이 들어선 것도 뿌리 깊은 숭문천무 사상 때문이었는데, 무인들이 반란을 일으킨 직접적인 계기는 수박희 행사였다.

④ 그 이후 무인들이 집권하여 약 100년 간 정치적 영향력을 행사하여, 무예는 더욱 발달하였다.

(3) 무예체육

고려시대의 무예는 주로 삼국시대의 것들이 계승되었다. 고려시대 무예로 취급할 수 있는 대표적인 것으로는 수박, 궁술, 마술, 기사, 기창 등을 들 수 있으며, 격구, 방응, 석전 등도 무예 훈련의 성격을 지닌 체육활동으로 볼 수 있다.

수박★★	• 무인들에게 적극 권장되었으며, 명종 때에는 수박을 겨루게 하여 승자에게 벼슬을 주었다. • 고구려시대부터 성행하였던 것으로 맨손과 발을 이용한 격투기로 보인다. • 무신집권기시대에는 수박희가 인재 선발의 중요한 수단이었다.
궁술	• 신라시대 궁술에 의해 인재를 뽑던 전통도 고려시대로 전승되었으며, 궁술의 장려와 인재 등용 정책은 문무를 겸비한 인재 양성과 무관하지 않았다. • 고려시대에 궁술이 장려된 것은 국방력의 강화라는 차원과도 연계되어 있었으나 활터를 설치하고 일반인들에게도 공개한 점으로 보아 군사적 목적 외 운동경기의 성격도 지닌 활동으로 보인다.
마술★★	• 말을 타고 여러 가지 자세나 기예를 보여주는 것으로, 6예(육예六藝)의 어(御)에 속했던 승마 능력은 군자의 중요한 덕목 중에 하나였다. • 중국의 영향을 받아 마상재, 격구 등과 연계되어 발달되었다.

4 고려시대 귀족 사회의 민속 스포츠와 오락 ★

(1) 격구

① 서양의 폴로 경기와 유사하며, 말을 타고 채를 이용하여 공을 치는 경기이다.

② 군사훈련, 즉 연무 수단이었다. 격구가 군사훈련을 위한 수단으로 채택된 이후부터 급속히 확산되었다.

③ 귀족들의 오락 및 여가 활동이었다. 격구는 왕, 귀족, 무인들의 오락이나 스포츠의 성격을 띠고 발달되었으며, 오락적 특성도 격구의 성행 배경이 되었다.

(2) 방응(매사냥)

① 삼국시대부터 성행하던 것으로 사나운 매를 길러 꿩이나 기타 조류를 사냥하는 수렵 활동이자 무예 훈련의 성격도 지닌 스포츠였다.

② 사냥과 연계되어 궁술과 같은 무예의 훈련, 체력 및 용맹성을 기르기 위한 수단이기도 하였으나 주로 왕이나 귀족들의 유희이자 스포츠였다.

(3) 투호

왕실과 귀족 사회에서 성행했던 유희였다.

5 고려시대 서민 사회의 민속 스포츠와 오락 ★

(1) 씨름

현재 씨름의 유형으로 믿어지는 것들은 각저, 각력, 상박, 각지, 각희 등으로 불렸으며, 삼국시대부터 행하여진 일종의 민속 스포츠였다.

(2) 추천(그네뛰기)

주로 단오절에 가장 많이 행하여졌으며, 여성의 유희나 스포츠로서 각광을 받았던 것으로 보고 있다.

(3) 석전

① 국속(國俗)으로서 단오나 명절에 행하던 민속놀이의 성격을 지니고 있었다.

② 무(武)로서 군사훈련의 성격을 지녔다.

③ 왕이나 양반들에게 구경거리를 제공하는 관중 스포츠로서의 성격을 지녔다.

(4) 연날리기

삼국시대부터 있었던 연날리기도 군사적 목적이나 놀이의 성격을 띠고 고려시대로 전승되었던 것으로 보인다.

6 조선시대의 체육

(1) 조선시대의 체육

조선시대는 과거에 무과도 있었으며, 훈련원에서 무관을 양성하기도 했다. 그러나 성리학의 발달과 유교주의적 특성으로 인하여 문존무비의 숭문천무사상이 만연하였다.

(2) 조선시대의 사회

① 정치, 경제, 사회, 문화, 교육 등 모든 분야에 있어서 유교를 근간으로 하는 체제를 구축하였다.

② 주자가례(朱子家禮)는 국민생활의 기본적인 규범의식이 되었고, 삼강오륜(三綱五倫)은 지고한 도덕률이 되었으며, 신분제도는 사, 농, 공, 상이라는 엄격한 틀로 분화되어 있었고, 유학(성리학)이 발달되었다.

③ 두 차례의 왜란(임진, 정유)과 두 차례의 호란(정묘, 병자)으로 침략과 파괴를 당하면서 조선은 밀려오는 외세를 막지 못하였다.

④ 임진왜란 이후 청나라 고증학의 양학, 서양문물의 전래, 일부 지식인들의 반성으로 실학운동이 일어났고, 그것은 개화사상으로 연계되어 교육 근대화의 초석이 되었지만, 청·러·일의 세력 속에 표류하면서 근대적인 사회로 전환이 늦어졌고, 체육 및 스포츠 문화의 발달이 지연되는 결과를 낳아 민족의 역동성도 약화되었다.

7 조선시대의 교육

(1) 관학

구분	내용
중앙	• 성균관 : 고려 말 국자감의 명칭을 변경하여 사용한 이래 조선시대까지 명칭이 계승된 것이다. • 4학 : 고려 말의 5부 학당이 이어진 것으로 세종 20년(1438) 북부학당이 폐지됨에 따라 4학으로 정착되었다. • 학당 : 순수한 유학 교육기관으로서 서민을 위한 교육기관이었다.
지방	• 향교 : 조선시대 들어 크게 발전하였으며, 양반이나 향리 자제들이 주로 입학하였다.
기술 교육기관	• 잡학 : 역학, 율학, 의학, 천문학, 명과학, 산학 등을 담당하였다. • 무학교육 : 병조에서 담당하고 훈련원에서 주관하였으며, 무예연습과 강습이 주된 내용이었으며, 무인을 양성한다는 측면에서 일반 잡학과는 성격이 달랐다.

(2) 사학

① 삶을 위한 교육이기보다 앎을 위한 교육

② **서원 :** 교육의 목적은 선현존중이었으며, 선현을 제사하고 학통을 따라 학문을 연마하였으나 현실적으로는 과거를 준비하였다.

③ **서당 :** 교육내용은 천자문과 사서오경의 강독, 문장 공부인 제술, 실용적인 글쓰기 연습인 습자 등이었다.

(3) 과거제도 중 무관 채용시험 ★

① **식년시 :** 3년에 1회씩 정기적으로 실시되는 시험

② 소과, 대과의 구분 없이 초시(初試:230명), 복시(覆試:28명), 전시(殿試:28명–갑3, 을5, 병20)의 3단계의 시험이 있었다.

③ 무과 응시자에게는 궁술, 기창, 격구, 조총 등의 무예와 경서, 병서 등의 시험을 부과하였다.

④ 초시는 서울은 훈련원에서, 지방은 각도의 병사에서 치르고, 복시와 전시는 병조와 훈련원에서 관장했으며, 합격자는 선달(先達)이라고 불렀다. 전시 합격자에게는 홍패를 주었다.

8 조선시대의 무예

(1) 무예 서적 ★

《무예도보통지》는 정조의 명에 의해 규장각의 이덕무, 박제가와 장용여영의 초관이었던 백동수가 장용영의 무사들과 함께 무예의 내용을 일일이 검토하여 만든 것이었다.

(2) 훈련원과 사정의 교육

① **훈련원 :** 조선 왕조의 무인 양성과 관련된 공식적인 교육기관으로 군사의 무재(武才)를 시험하고 무예를 연습하였으며, 병서(兵書)강습도 하였다. 교육내용은 습득과 활쏘기, 승마 등의 훈련을 하였다.

② **사정 :** 전국 각지에 산재하여 무사 양성 교육기관 역할을 대신했던 장소이다.

(3) 체육 성격의 무예와 건강법 ★

궁술	• 체육 및 무예교육으로서의 궁술 : 교육 활동의 한 영역으로 가치를 인정 받아왔으며, 육예의 하나로 활쏘기를 통한 인간 형성을 지향하는 유교적 교육의 한 방식으로 인식되었다. • 스포츠 성격의 궁술(편사) : 전쟁 기술로서가 아닌 일종의 게임으로 승부를 겨루는 편사(변사, 편싸움)는 팀을 구성하여 실시하던 궁술 대회였다.
격구	• 말을 탄 채 숟가락처럼 생긴 막대기로 공을 쳐서 상대방 문에 넣는 놀이이다. • 군사훈련 수단 및 귀족들의 오락과 여가 활동이었다. • 무과(武科) 과거제도에서 중요한 과목의 하나로 취급되었다.
수박희	• 조선 말기에 들어 전국에 민속경기로 보급되어 스포츠의 성격을 띠고 발달되었다.
도인체조와 이황의 활인심방	• 도인은 정신통일, 목 돌리기, 마찰, 침 삼키기, 다리의 굴신 동작으로 구성된 치료보다는 예방을 위한 보건 체조의 기능을 한 인위적 운동이었다. • 퇴계 이황은 주권(朱權)의 《활인심(活人心)》을 필사하여 《활인심방》이라 이름 붙였다. "건강한 사람이 되는 으뜸 건강법"이라는 뜻이다. 활인심에서 가장 강조한 건강법은 마음의 평안이었다. 병은 마음이 원인이 되어 생긴다고 했다.

9 조선시대 민속 스포츠와 오락

(1) 귀족 사회의 민속 스포츠 ★★

① **궁도 :** 궁술은 무예로서도 중요했지만 스포츠로서의 성격도 갖고 있었다. 궁술은 전국적으로 광범위하게 확산된 스포츠 중 하나였으며, 대표적인 것으로 편사(便射)를 들 수 있었다.

② **봉희 :** 조선시대 유행하였던 오늘날의 골프와 유사한 유희였으며, 주로 궁중에서 실시되었다.

③ **방응 :** 왕실과 상류층의 여가문화로 각광을 받았으며, 매를 훈련시켜 꿩이나 토끼 등의 사냥감을 잡았다.

④ **투호 :** 고려왕조를 거쳐 조선왕조에 들어 투호는 궁중 오락으로 매우 성행하였으며, 교육적 가치도 높게 인정받았다.

합격 TIP

투호

: 덕(德)으로서의 스포츠

투호는 각종 행사에서 손님들을 즐겁게 해 주기 위하여 실시된 사교적 목적의 스포츠였다. 퇴계는 투호의 본질적 가치를 덕성의 함양에 두고 제자들에게 투호를 실시하게 하여 도덕성을 높이고자 하였다.

: 경(敬)으로서의 스포츠

투호는 화(和)와 엄(嚴), 격식과 규범, 주인과 손님이 오만하지 않고 승부에 승복하는 마음이 고루 교차되는 경기이다. 퇴계는 투호를 통해 경(敬)을 수련하고자 하였다.

(2) 민중 사회의 유희와 스포츠 ★★

① **장치기** : 오늘날의 필드하키와 비슷한 유형의 경기로 여러 사람이 편을 갈라 공, 나무토막 등을 긴 막대기로 쳐서 상대편 골(goal)에 넣는 경기였다.

② **석전** : 돌싸움이라고도 하며, 국속으로서의 석전, 무(武)로서의 석전, 관중 스포츠로서의 석전, 운동경기로서의 석전 등으로 분류된다.

③ **씨름** : 각저(角觝), 각력(角力), 상박(相搏), 각지(角支), 각희(角戲) 등 다양한 명칭이 있다.

④ **추천** : 오늘날의 그네타기로 단오절에 가장 많이 행하여졌으며, 남자도 했지만 여성의 참여도 많았다. 전통적으로 서민들의 생활 속에 남아 오늘날에까지 계승되어져 오고 있다.

⑤ **연날리기** : 삼국시대부터 있었던 연날리기는 군사적 목적이나 놀이의 성격을 띠고 조선시대까지 전승되었던 것으로 추측하고 있다.

⑥ **투호** : 궁중과 사대부 집안에서 활성화되었으나 조선 후기로 접어들어 민중들의 유희로서도 널리 확산되었다.

⑦ **줄다리기** : 삭전, 갈전으로도 불리며, 촌란 공동체의 의례적 연중행사로 정월 보름에 하였으나 지방에 따라 단오나 백중절에도 행하여졌고 단순한 놀이의 성격을 지닌 것만이 아니라 농사의 결과를 점치는 점세속이나 풍년기원의 주술적 속성도 있었다.

⑧ **기타** : 제기차기(축지국), 널뛰기(초판희), 줄넘기(도색희) 등

Chapter 4 한국 근·현대

학습목표

■ 개화기의 체육에 대해 이해하고 설명할 수 있다.
■ 일제강점기의 체육에 대해 이해하고 설명할 수 있다.
■ 광복 이후의 체육에 대해 이해하고 설명할 수 있다.

1 개화기의 체육

(1) 개화기의 체육

① 1876년 : 개항과 더불어 서구 문화가 도입되면서 체육·스포츠 분야에서도 큰 변화가 왔으며, 전통적인 무예 및 민속적 유희 중심의 체육 내용이 체조, 유희, 스포츠 등으로 확대되었다.

② 1894년 : 갑오개혁 이후부터 근대 학교에서 서구식 체육이 공식적으로 채택되고 각종 운동회를 수시로 개최함으로써 체육·스포츠 역사의 전환기를 맞았다.

③ 1910년 : 일본의 식민지로 전락할 때까지의 체육을 개화기 체육이라고 하며 개화기를 통해 한국 근대 체육은 새롭게 정립되었다.

(2) 개화기의 사회

① 서세동점의 세계사적 조류와 일본의 제국주의적 팽창정책으로 1876년 문호를 개방하고, 일본과 강화도 조약을 체결한 이후 미국을 비롯한 유럽 여러 나라와 통상 수호 조약을 체결하게 되면서 열강들의 각축장으로 변하였다.

② 조선 말기 사회는 반봉건적 근대화 정서와 반제국주의적 민족주의의 정서가 동시에 분출하여 위정척사 운동, 동학운동, 갑오개혁, 을미사변, 의병운동 등과 같은 정치·사회적 격변이 숨가쁘게 전개되었지만 결국 1910년 일본의 식민지로 전락하게 되었다.

③ 개화기의 수많은 시련과 격동 속에서도 우리 민족은 '교육입국'의 의지를 갖고 근대화를 위한 노력을 경주하였다.

④ 덕, 체, 지의 소위 삼육론(三六論)이 대두되는 가운데 전통적인 교육에도 변화가 일어났다.

⑤ 각종 서구 문물을 받아들이게 되었고, 그러한 변화는 체육과 스포츠 문화의 발달에도 영향을 미치게 되었다.

개화기의 교육

(1) 교육기관의 설립

① **근대 관립 교육기관 :** 서구열강 및 일본과 통상조약을 체결한 이후 가장 시급한 것이 통역관의 양성이었고, 그러한 배경으로 세워진 학교가 동문학, 통변학교, 육영공원이었다.

동문학	1883년 영어교육을 위해 설립
통변학교	1883년 정부의 외교 고문이었던 독일의 묄렌도르프가 세웠고, 영국의 핼리팩스가 주로 영어를 가르쳤으나 오래 가지 못함
육영공원	1886년 정부가 외국어를 해득할 수 있는 관리를 양성하기 위하여 설립

② **근대 민간 교육기관의 설립 :** 개항 이후 서구 및 일본의 제국주의적 팽창으로 인해 위기의식을 가졌던 국민들은 교육의 중요성을 인식하게 되었고, 많은 지식인들은 각종 민간 사립학교를 설립하였으며, 1910년까지 세워진 사립학교의 수는 대략 3,000여개에 달했다.

원산학사	1883년 세워진 최초의 근대적 학교로 원산 주민들이 덕원부사 정현석과 협력하여 설립
홍화학교	1895년 민영환이 서울에 설립
대성학교	1907년 안창호가 설립

③ **선교단체 교육기관의 설립 :** 개항 이후 기독교의 복음을 전하기 위해 입국한 선교단체들은 기독교의 확장 수단으로 교육과 의료 활동을 선택하였으며, 1910년 2월까지 전국에 796개의 의료 및 교육기관이 설립되었다.

광해원	1885년 의료인 양성을 위해 알렌과 선교사들에 의해 설립되었으며, 그 후 세브란스 의학전문학교로 바뀌었다가 해방 후 연희전문학교와 합침으로써 연희대학교(현 연세대학교)가 되었다.
배재학당	1885년 아펜젤러에 의해 설립된 배재학당은 선교계통학교 중 일반교육을 목적으로 설립된 최초의 학교로 명칭은 고종이 내린 것이며, 학당이란 명칭은 종전의 사부학당에서 가져온 것이다.
이화학당	1886년 스크랜턴에 의해 설립되었으며, 우리나라 최초의 여성교육기관으로 한국 최초의 체육과가 개설된 학교로 기록되고 있다.
경신학교	1886년 언더우드가 고아들을 대상으로 설립한 경신학교는 처음에 '언더우드학당(일명 구세학당)'에서 경신학교로 발전하게 되었고, 경신은 안창호, 김규식 등 많은 민족 운동가들을 배출하였다.

3 개화기 체육의 발전단계

(1) 개화기 체육의 발전단계

① 근대체육의 도입은 학교를 통해 본격화되었다. 최초의 근대 학교인 원산학사에서는 설립 초기 문사양성을 위한 문예반(50명)과 무사양성을 위한 무예반(200명)이 있었다. 무예반에서는 병서(兵書), 사격(射擊) 등의 교과목이 있었으며, 이러한 사실은 우리의 전통 무예가 교육과정에 포함되어 있었다는 점에서 큰 의미가 있다.

② 1894년 갑오개혁 이후부터 근대 학교에서 서구식 체육이 공식적으로 채택되고 각종 운동회를 수시로 개최함으로서 체육·스포츠 역사의 전환기를 맞았다.

③ 개화기의 체육은 3단계를 거쳐 발달되면서 체육의 교과 내용도 점차 다양해졌고, 교과목으로서의 위치도 더욱 확고해졌다.

(2) 제1기 근대 체육의 태동기(1876~1884) ★★

① 무예학교와 원산학사의 정규 교육과정에 무예체육이 포함되었다.

② 최초의 근대 학교인 원산학사에서는 설립 초기 문사양성을 위한 문예반(50명)과 무사양성을 위한 무예반(200명)을 두었다.

③ 무예반에는 병서와 사격 과목이 편성되어 있었으며, 별군관도시절목에는 유엽전, 편전, 기추 등이 시험과목으로 선정되어 있었다.

(3) 제2기 근대 체육의 수용기(1885~1904) ★★★

① 기독교계 사립학교와 관립학교의 정규 교과과정에 체조과목이 편성되고 과외 활동으로 서구 스포츠가 도입되었다.

② 1880년대부터 개신교 선교사들에 의해 배재학당(1885), 이화학당(1886), 경신학당(1886)과 같은 미션 스쿨이 설립되었다.

③ 관립 외국어학교의 경우 체조가 정식 과목으로 채택되지는 않았으나 병식체조와 기계체조를 통해 신체 단련 활동을 하였으며, 영국의 허치슨(Hutchison)과 헬리팩스(Halifax), 터너(Turner), 미국의 질레트(Gillet), 프랑스 마텔(Martel) 등에 의해서 각종 서구 스포츠가 소개되었다.

④ 최초의 운동회가 실시된 곳은 외국어학교였다(영어학교의 화류회, 1896).

⑤ 운동회 및 체육 구락부의 활동이 활성화되었다.

(4) 제3기 근대 체육의 정립기(1905~1910) ★★

① 기독교계 사립학교를 비롯하여 일반학교 체계에 학교체조, 병식체조, 유희 등이 필수 교과로 지정되었다.

② 일본이 학교 체육을 병식체조 중심으로 전환하려는 노력을 기울인 반면, 우리나라 지도자들은 연합 운동회와 같은 활동을 통하여 애국심을 고취하려는 민족적인 노력을 하였다.

③ 시대적 상황으로 인해 체육은 군사교육의 성격을 띠고 실시되었다(대성학교, 오산학교).

4 개화기 관·공립학교의 체육 ★

(1) 고종의 교육입국조서 반포

① 1895년 고종이 『교육조서(敎育詔書)』를 반포하였고, 그 속에는 체육을 강조하는 내용이 담겨져 있었다.

② 『교육조서(敎育詔書)』가 발표된 이후 체육은(체조라는 명칭으로) 소학교 및 고등과에 정식교과목으로 채택되었다.

③ 교육 기회가 전 국민으로 확대되었고, 교육 방침이 전통적 유교 중심의 교육에서 근대적 전인교육으로 전환되었다.

④ 덕, 지, 체 교육을 강조함으로써 체육을 교육의 중요한 영역 중 하나로 인정했다.

합격 TIP

『교육조서(敎育詔書)』

짐이 정부에 명하여 학교를 널리 설치하여 인재를 양성하는 것은 너희 신민의 학식으로서 국가 중흥의 대업을 도와서 이루게 하려는 것이다. 너희 신민은 군주에 충성하고 나라를 사랑하는 심성으로써 너의 덕(德)을, 너의 체(體)를, 너의 지(智)를 길러야 할 것이다.

(2) 학교 교칙

① 1896년 소학교의 소학교규칙대강 발표 : 소학교령 제1조에서는 "아동의 신체 발달을 감하여 기초생활에 필요한 지식과 기능을 가르친다."고 규정하였다.

② 중학교 편제는 심상과 4년, 고등과 3년으로 심상과와 고등과 교과목에 체조가 편성되어 있었다.

③ 한성사범학교 교칙은 "신체의 건강은 성업의 기본이므로 평소에 위생에 유의하고 체조에 힘써 건강을 증진시킴을 요한다."라고 규정하고 체조를 편성하였으며, 그 내용은 보통체조와 병식체조였다.

(3) 외국어학교

① 관립 외국어학교의 경우 체조가 정식 과목으로 채택되지는 않았으나 병식체조와 기계체조를 통해 신체 단련 활동을 하였으며, 영국의 허치슨과 핼리팩스, 터너, 미국의 질레트, 프랑스 마텔 등에 의해서 각종 서구 스포츠가 소개되었다.

② 최초의 운동회가 실시된 곳은 외국어학교로 운동회에서는 다양한 육상 종목도 소개되었다.

③ 1879년 독립신문의 기사에는 외국어학교 학생들이 병식체조와 기계체조를 했다는 내용이 담겨있다.

5 개화기의 스포츠

(1) 운동회의 확산 ★★★

① 근대화 과정에서 다양한 스포츠가 체계적으로 발달되었던 것은 아니지만 영어학교나 기독교계의 선교학교를 선두로 서구식 스포츠가 소개되기 시작했고, 과외 활동의 일환으로 운동회가 활성화 되었다.

② 최초의 운동회는 1896년 5월 5일 영어학교에서 개최한 화류회이다.

③ 화류회는 몸을 움직이는 일을 금기시했던 양반 사회에서 새바람을 일으킨 근대 체육의 효시라고 할 수 있다.

④ 운동회는 심신 단련과 호연지기의 기상을 배양하기 위해 실시되었고, 운동회를 통해 여러 근대 스포츠가 소개되었다.

⑤ 이 시기의 운동회는 주민과 지역 사회의 축제 성격을 지녔으며, 공동체 의식을 강화시키는 역할을 수행하였다.

⑥ 그 이후부터는 다른 학교에서도 운동회가 열렸으며, 운동회는 점차 확산되어 학교 간 연합 운동회로 발전하였고, 그러한 운동회를 통해 학교 스포츠가 발달되었다.

(2) 개화기 학교 운동회의 성격과 기능

① 개화기 학교 운동회는 학생들과 주민들이 함께 참가함으로서 학교와 사회가 어우러진 축제의 성격을 띠고 있었으며, 민족운동의 요람이자 사회체육 발달의 촉진제 역할도 했다.

② 운동회는 주민과 향촌의 축제 성격을 갖고 공동체 의식을 강화시키는 역할을 했다.

- 운동회나 연합 운동회에서는 많은 군중이 모였다.
- 축제 형태의 운동회는 주민들의 연대감을 강화시키는 역할을 했다.

③ 운동회는 민족주의 운동의 성격을 갖고 애국심을 고취시키는 역할을 했다.

- 운동회에서는 애국가를 부르며, 귀빈들의 연설을 들었다.
- 지도적 위치에 있던 인사들의 축사나 기타 연설을 통해 민족의식을 불어넣었고, 운동장은 자주독립의 의지를 강화시키는 장으로 활용되었다.

④ 국민의 스포츠사회화(社會化)에 영향을 미쳐 사회체육의 발달을 촉진하는 역할을 하였다.

6 근대스포츠의 도입과 보급 ★★

체조	• 1895년 한성사범학교 설치령에 체조 교과가 정식으로 채택되었다. • 1897년 헐버트는 배재학당에서 도수체조와 철봉 등을 지도하였다.
육상	• 1896년 영어학교에서 허치슨, 핼리팩스, 터너 등의 지도로 개최된 운동회(화류회)에서 처음 시작되었다. • 1897년 훈련원에서 개최된 영어학교의 대운동회에서 정부의 고관들이 참관한 가운데, 여러 종목의 경기가 열렸다.
수영	• 우리나라에 수영이 도입된 기록은 1898년 무관학교칙령이다. • 최초의 수영대회는 1929년 9월 1일 동서일보사 주최 제1회 조선 수영대회였다.
축구	• 1890년 구기 종목 중 우리나라에 가장 먼저 소개된 것으로 보이며, 1896년 외국어학교에서 운동회 경기 종목으로 채택되었다. • 1897년 외국어학교 출신 통역관들이 주축이 된 최초의 축구팀 "대한 척구 구락부"가 조직되었다.
야구	• YMCA 선교사에 의해 도입되었다. • 1905년 미국 질레트가 황성기독교청년회 회원들에게 야구를 가르쳤으며, "타구(打毬)"라고 했다. • 최초의 야구 경기는 1906년 훈련원 마동산에서 황성기독교청년회 팀과 덕어(德語, 독어) 학교 팀 간의 시합이었다.
농구	• 미국 YMCA 스프링필드 대학에서 조직화된 것으로 YMCA의 복음사업으로 인해 한국, 중국, 일본 등지로 보급되었다. • 1907년 황성기독교청년회 초대 총무 질레트에 의해 한국에 소개되었다.
정구(테니스)	• 연식정구(軟式庭球)로 소개되었으며 당시에는 척구(擲球)라고 하였다. • 미국 공사 푸트가 최초로 소개했다.
유도	• 우리나라에 1906년 일본인 우치다 효헤이에 의해 소개되었다.

7 개화기 체육단체의 결성

(1) 대한체육구락부

① 1906년 김기정 등이 결성한 우리나라 최초의 근대적인 체육단체이다.

② 현양운을 비롯한 발기인들은 1898년 3월부터 매주 수요일과 토요일 오후 훈련원, 장충단, 마동산, 삼선평 등에서 축구, 높이뛰기, 멀리뛰기, 달리기, 씨름 등 근대 스포츠를 보급하고 지도했다.

(2) 황성기독교청년회 운동부

① 1903년 발족되었으며, 1906년 황성기독교청년회 운동부를 결성하였다.

② 개화기 결성된 체육단체 중 가장 왕성한 활동을 펼친 단체였다.

③ 회장 터너와 총무 질레트 등의 노력으로 이 단체는 개화기 우리나라 근대 스포츠의 발달에 큰 역할을 했으며, 특히 농구, 배구, 야구, 유도, 철봉, 역도, 권투, 무용 등의 보급에 지대한 영향을 미쳤다.

(3) 대한국민체육회

① 1907년 병식체조의 개척자로서 우리나라 근대 체육의 선구자였던 노백린 등이 창립하였다.

② 노백린은 덕육 및 지육에 치우친 교육의 문제점을 병식 체조 중심의 학교 체육을 비판하며, 체육의 올바른 이념 정립과 체육관련 정책의 개혁을 목표로 체육단체를 이끌었다.

(4) 대동체육구락부

① 1908년 조상호, 이기환 등이 결성한 사회체육단체였다.

② 사회진화론적 자강론에 입각하여 체육의 가치를 국가의 부강과 존폐의 근간으로 인식하고 체육학의 연구와 강건한 체력의 육성을 부르짖었다.

③ 이것은 일종의 체육 계몽운동이었으며, 강력한 국가 건설을 지향한 것이었다.

(5) 대한흥학회운동부

1909년 윤기현 등이 회원 친목 및 스포츠 소개와 보급을 위해 설립하였다.

8 개화기 체육의 역사적 의미

① 체육의 개념 및 가치에 대한 근대적 각성이 이루어진 점이다.

- 체육의 목적과 개념이 정립되고, 체육활동의 가치에 대한 근대적인 각성이 일어났다.

② 교육체계 속의 체육의 위상이 정립되었다는 점이다.

- 원산학사 무예반에서 신체 활동을 통한 교육이 시작되었고, 선교를 목적으로 설립된 기독교계 학교를 중심으로 각종 서구 스포츠가 도입되어 '체조'가 하나의 교과목으로 편성되었다.
- 고종은 『교육조서』를 통해 덕육, 지육과 함께 체육을 중요한 교육의 영역으로 인정했다.

③ 근대적인 체육 및 스포츠 문화가 창출되었다는 점이다.

- 운동회와 같은 과외활동을 통해 각종 스포츠가 널리 보급되었으며, 그러한 신체 문화는 사회로까지 확산되었다.
- 각종 체육 단체는 체육의 발달과 국민의 스포츠사회화를 주도하였으며, 그러한 결과로 근대 체육 및 스포츠 문화가 발달되었다.

9 개화기 체육 사상가

(1) 이기(1848~1909) ★

① 한성사범학교의 교관이 되어 후진양성에 주력하였다.

② '대한자강회'를 조직하여 민중계몽에 헌신하였던 그는 지육, 덕육, 체육 중에서 체육이 가장 중요하다고 강조하였다.

③ 하루 한 시간 정도 수족에 힘을 주어 근육과 뼈를 튼튼하게 해서 그 기지를 펴고 피가 잘 흐르게 하는 체조 방법을 제시하고, 이 체조야 말로 신체를 건전하게 하는 공부라고 역설하였다.

(2) 박은식(1859~1925)

① 문(文) 위주로 되어 있는 우리나라 전통 교육의 폐단을 지적하고, 그 대안으로 선진 외국의 체조 교육을 제시하였다.

② 우리나라 교육은 앉아서 글만 읽고 쓰게 하는 것이기에 어린이들이 감히 동작을 마음대로 하지 못하여 언제나 감정이 우울해져 활달하지 못한 폐단이 있음을 지적하면서, 미주에서는 체조를 통해 어린이를 양육한다는 내용을 소개하기도 하였다.

(3) 문일평(1888~1939) ★

① 체육을 국가의 운명을 결정하는 중요한 교육 영역으로 인식하였다.

② 1908년 태극학보 제2호에 실린 '체육론'은 그의 체육 사상을 잘 보여주고 있으며, 체육발전을 위해 다음과 같은 다섯 가지 제언을 남겼다.

> 첫째, 체육학교를 특설하고 체육교사를 양성할 사
> 둘째, 과목에 체조, 승마 등을 치(置)할 사
> 셋째, 평단보필이 차(此)에 대하여 특히 주의할 사
> 넷째, 학교, 가정에서 특히 주의할 사
> 다섯째, 체육에 관한 학술을 정구키 위하여 품행단정하고 신체 강장한 청년을 해외에 파견할 사

(4) 이기동(1885~미상)

육군무관학교를 졸업하고 휘문의숙의 체육교사를 역임하였다.

(5) 이종만

① 체육이 국가의 운명을 좌우하는 중요한 교육·문화영역이라 인식하고 "체육의 국가에 대한 효력"을 설명했다.

② 1908년 일본의 보호령이 들어간 국권상실의 위기 상황을 체육을 등한시 한 결과로 보았으며, 체육을 강력한 국가 건설을 위한 기초로서 정신력이 투철하고, 응집력 있는 국민성을 길러주는 중요한 교육 수단으로 파악하고 있었음을 보여주고 있다.

(6) 노백린

① 1989년 외국 유학생으로 선발되어 일본 육사에 관비생으로 입교하였다.

② 신민회를 조직하여 구국 운동을 전개하고 만주에 독립운동 전초기지를 건설하기 위한 계획을 세웠으며, 고향인 송화에 민립 학교인 '광무학당'을 설립하는 등 구국 교육 운동을 전개하였다.

(7) 이종태

① 1905년 관립 외국어학교 교장을 지낸 인물로 한국 근대 교육의 선구자였으며, 체육사적으로도 일찍이 체육교육의 중요성을 일깨운 중요한 인물 중의 한 명이었다.

② 지교(智教), 덕교(德教), 체교(體教)를 교육의 필수적인 세 영역으로 파악하고, 체육 시간을 피하는 폐습이 많음을 개탄했다.

(8) 조원희

① 개화기 학교 체육의 발전에 공헌한 인물이다.

② 학교체조에 지대한 관심을 갖고 이론적, 실천적인 개선을 위하여 노력하였다.

③ 1909년 종래 병식체조의 문제점을 지적하고 미용술, 정용술의 신편유희법을 발간하며, 일반학도들에게 근대식 학교체조를 보급시키고자 하였다.

10 일제강점기의 체육

(1) 일제강점기의 체육

일제강점기의 체육도 일반 교육과 마찬가지로 그 목적을 일본의 제국주의적 팽창과 일제에 대한 충량한 식민지인의 양성에 두었다. 식민지 시대의 체육이 본격적으로 실시된 것은 1914년 학교체조교수요목(學校體操教授要目)을 제정한 이후부터였으며 일제강점기에는 민속스포츠가 장려되기보다 근대스포츠가 보급·확산되었다.

(2) 일제강점기의 사회

① 1905년 일본은 러시아, 영국, 미국 등으로부터 한국에 있어서의 특수 이익을 인정받은 뒤 을사늑약(1905년)을 통해 조선을 보호령으로 만들었고, 1910년 8월 29일 조선을 강제 병합하여 식민 통치하게 되었다.

② 우리 민족은 주권을 상실하게 되었고, 2000만의 겨레가 노예상태로 전락하여 35년간 일제의 억압 속에 신음하였다.

③ 일제 강점기는 우리 민족이 주권을 잃고 국가 활동이 단절되어버린 비극의 시대요, 독립을 쟁취하기 위해 싸운 투쟁의 시대라 할 수 있다.

④ 일제는 헌병, 경찰을 동원하여 언론·집회·결사의 자유를 앗아갔으며, 민족 교육을 강압적으로 막고 자주적인 스포츠 활동까지 탄압·통제하였다.

11 일제강점기의 교육

제1차 조선교육령 시행기 (1911~1922)	• 조선의 우민화 교육에 착수하였다. – 식민지 교육으로 천황의 충량한 신민을 육성하는 것 – 시세와 민도에 적합한 교육을 통해 우리 민족을 우민화하는 것 – 일본어 보급을 통해 우리의 전통문화와 생활양식을 말살하고 일본 문화와 생활양식에 동화시키는 것
제2차 조선교육령시행기 (1922~1938)	• 각급 학교의 편제와 수업 연한을 일본과 유사하게 조성하였다. • 교육의 목적이 일본어 습득에 있었으며, 일본어와 일본의 역사를 통해 민족의식의 말살을 시도한 것이다. • 대학교육의 기회를 제공하는 방침이 명시되어 있었다.
제3차 조선교육령시행기 (1938~1943)	• 종래의 보통학교, 고등보통학교, 여자고등보통학교를 각각 소학교, 중학교, 고등여학교로 개칭하였다. • 황국식민화를 위해 일본어, 일본사, 수신(도덕), 체육 등과 같은 교과목의 비중을 높였다.
제4차 조선교육령시행기 (1943~1945)	• 학교의 수업 연한을 1년 단축하고 교육목적을 "황국신민의 양성"에서 "국가유용 인물의 양성"으로 바꾼다는 것이었다. • 그러나 모든 것은 학교 교육을 통해 전쟁인력을 확보하려는 술책에 불과했다.

12 일제강점기 체육의 단계

조선 교육령 공포기의 체육 (1910~1914)	• 조선인을 충량한 일본 신민으로 육성하는 것에 교육의 목적을 두고 있었다. • 보다 근대적인 체육의 목적 개념이 설정되었으나 잠재적 의도는 체육의 자주성을 박탈하고, 우민화 교육을 지향한 것이었다. • 학교 체조가 없어지고 대신에 보통체조가 등장하고 호외유희, 수영, 스케이트 등이 새롭게 추가되었다. • 체육의 내용은 보다 다양해졌으나 총독부는 체조 교원을 일본 군인으로 충당하는 등 본래의 의도는 민족주의적 체육활동을 통제하는 것이었다.
체조 교수 요목의 제정과 개정기의 체육 (1914~1927)	• 체육은 근대화 되었다. • 각 학교의 체조교육을 통일시키기 위한 몇 가지 조치에 따른 변화 – 유희, 병식체조, 보통체조의 구분이 체조, 교련, 유희로 변경되었다. – 유희는 경쟁적 유희, 발표적 동작을 주로 한 유희 등으로 구분되었다. – 과외 활동 시간이나 일상생활 속에서 실시할 종목으로 야구, 수영, 테니스 등이 소개되었다. – 체조교육의 교수 방법, 목적 개념 등을 구체적으로 제시하였다. • 심신의 발달이라는 체육의 목적 개념, 체육의 생활화, 학교 위생의 강조 등은 교수요목의 반포를 계기로 체육이 근대적인 모습으로 변천하는 것을 보여주고 있다. • 이러한 변화 또는 총독부의 식민지주의 교육 정책을 토대로 한 것이었다는 측면에서 우리나라 체육의 근대화는 일본이 주도했다는 정당화 논리는 믿기 어렵다.

학교 체육 교수 요목기의 체육(1927~1941)	• 이 시기의 체육은 유희 및 스포츠 중심 체육으로 볼 수 있다. – 내용은 요목의 성격, 체조과 교재, 체조과 교재의 배당, 체조 교수 시간 외 권장할 여러 가지 운동 종목 등을 담고 있다. – 학교 체육시설의 부족으로 육상경기 중심의 스포츠 밖에 실시할 수밖에 없는 여건이었으나 그 내용상 체조 중심에서 유희, 스포츠 중심으로 변화된 것이었다. – 학생들의 체육 활동에 대한 요구가 증가하고 학교대항 각종 경기대회가 성행했으며, 국제무대에도 진출하게 되는 시기였다. • 1930년 체육 대중화를 위하여 조선인 체육지도자들이 보건체조를 보급하였다. • 1937년 '황국신민체조'로서 국민체조와 비슷한 일본의 체조 프로그램으로 주로 공영 라디오 방송을 통해 전파되어 라디오체조라고 하였다. • 경성사범부속 보통학교의 체육교육 대강에는 단·장거리 달리기, 릴레이, 멀리뛰기, 높이뛰기 등과 같은 10여종의 육상경기를 비롯하여 야구, 농구, 그라운드 볼 등으로 명시되어 있었다. – 과외 활동으로서 학교 간 경기 대회가 성행하였다. – 이러한 학교 경기는 사회체육으로 이어져 민족의식을 고취시키는 기능을 하기도 하였다.
체육 통제기의 체육(1941~1945)	• 일본은 1937년 중일전쟁을 일으켜 한반도를 대륙 침략의 기지로 삼았으며, 1941년 태평양전쟁을 일으키면서 조선에서 노골적인 민족문화 말살정책을 폈다. • 1941년 3월 31일 초등학교령을 반포하여 전시 동원 체제에 맞는 학제로 개편하였고, 체조과는 체련과로 변경되어 체육은 점차 교련화되었다.

13 일제강점기의 스포츠

(1) 근대스포츠의 도입 ★

① **권투** : 광무대 단성사 주인이었던 박승필 등이 유곽권구락부를 조직하여 회원들 간에 행한 것이 처음이었다.

② **탁구** : 1914년 조선교육회와 경성구락부 원유회의 탁구시합이 처음 행해진 것이다.

③ **배구** : 기독교청년회에서 도입하여 보급하였다.

④ **스키** : 1921년 일본인 나카무라에 의해 소개되었다.

⑤ **럭비** : 1924년 가을 만주에서 럭비를 배운 조선철도국 사카구찌에 의해 소개되었다.

⑥ **역도** : 1926년 일본체육회 체조학교를 졸업한 서상천에 의해 국내에 소개되었다.

⑦ **골프** : 1921년 영국인 던트에 의해 효창원 골프코스가 만들어지면서 본격화 되었다.

⑧ **경식정구** : 1908년 일본 탁지부 관리들이 회동구락부를 조직하여 미창동에 코트를 마련하고 일본에서 조직화한 연식정구를 했으며, 오늘날의 경식정구, 즉 영국 론 테니스는 1927년 소개되었다.

(2) 민족주의적 체육 활동–YMCA의 스포츠 운동 ★★

① 한국 YMCA는 1903년 '황성기독교청년회'라는 이름으로 창설되었다.

② 황성기독교청년회는 YMCA 회원들에게 서구식 스포츠와 한국 전통 스포츠를 보급했으며, 1905년부터는 황성기독교청년회 체육부의 조직을 통하여 각종 스포츠를 한국 사회에 보급하는 역할을 담당했다.

③ 오늘날 우리나라에서 대중적인 인기가 있는 야구, 축구, 농구, 배구, 테니스 등과 같은 서구 스포츠는 주로 선교사들에 의해서 도입되었다.

④ YMCA의 조직망을 통해 스포츠를 전국으로 확산시키는데 기여하였다.

⑤ 한국에 많은 스포츠 지도자를 배출하였다.

(3) 체육단체의 결성과 청년회 활동 ★★

조선체육회	• 현 대한체육회의 전신이다. • 1920년 7월 동아일보사의 후원으로 일본유학생과 국내체육인들이 조선인의 체육을 장려할 목적으로 설립하였다. • 1920년 첫 사업으로 제1회 전조선야구대회를 개최했으며, 그 대회가 오늘날 전국체전 통상 횟수의 출발점이 되었다. • 제1회 조선축구대회(1921), 제1회 조선여자정구대회(1921), 조선신궁대회(1925) 등과 같은 많은 대회를 개최하였다. • 고려구락부를 모체로 설립된 단체이다.
조선체육협회	• 일제강점기 조선 내 스포츠 단체를 관리하기 위해 1919년 2월 18일 설립된 체육단체이다. • 경성운동장 준공기념으로 1925년 10월 15일부터 사흘 동안 제1회 조선신궁경기대회를 열었다. • 1938년 조선체육회는 일제에 의해 해산되어 조선체육협회로 통합되었다.
관서체육회	• 1925년 2월 평양기독교청년회에서 결성되었다. • 1934년 이래 전조선빙상대회(1월)를 비롯하여 전조선씨름(6월), 전조선수상(7월), 전조선야구(8월), 전조선탁구(11월)를 개최했고, 관서체육회 체육대회, 전평양농구 연맹전 등을 개최하여, 체육의 발전에 지대한 영향을 하였다. • 전국적인 체육단체의 성격을 지녔으며, 민족주의적 체육단체였다.

합격 TIP

경성운동장

경성운동장은 조선시대의 훈련원(訓練院) 자리와 성벽을 허물고 남은 공터에 일본 황실 황태자의 결혼식이라는 일본의 최대 경사를 경축하는 뜻을 담는 동시에 "특히 운동을 사랑하시는 동궁전하의 기념사업으로 운동장 설치계획을 세움은 적당한 처치"라는 것이 그 건립의 이유였으며, 1925년 경성운동장이 설립되어 각종 스포츠대회가 개최되었고 준공기념으로 1925년 10월 15일부터 사흘 동안 제1회 조선신궁경기대회를 열었다. 1931년 덴마크의 닐스 북(Neils Bukh) 일행 26명이 내한하여 경성운동장에서 체조강습회를 개최하였으며 이는 급속한 체조보급의 계기가 되었다.

(4) 체육 · 스포츠의 탄압 ★★

① **체육의 교련화와 연합 운동회의 탄압** : 일제는 1930년대를 전후로 학교 체육을 군사적 팽창에 필요한 인력 양성 교육의 수단으로 이용하였다.

② **체육단체의 해산과 통합**

- 일제는 "조선체육협회(1919)"와 그 산하단체를 조직하여 우리의 체육을 장악했으며, 우리의 체육활동을 탄압하고 1938년 조선체육회를 해산시켜 조선체육협회로 통합해버렸다.
- 조선체육회를 일본인들이 조직한 조선체육협회로 통합한 일제는 종로 경찰서를 앞세워 무도계를 통제에 착수했으며, 1938년 7월 1일 당시 조선인 단체였던 조선 무도관, 조선 연무관, 조선 강무관, 조선 중앙 기독교 청년회 유도부 등을 동경 강도관 조선지부로 흡수·통합하였다.

합격 TIP

일장기 말소 사건과 일제의 탄압

1936년 8월 11일 베를린올림픽에 출전한 조선 출신 선수들은 일본대표팀 소속으로 출전하여, 마라톤에서 손기정은 금메달, 남승룡은 동메달을 획득하였으며 그 결과 우리 민족을 비하하던 국민들에게 강한 자신감과 민족의식을 불어넣어주는 기능을 했다. 베를린올림픽 마라톤에서 우승한 손기정 선수가 시상대에서 월계관을 쓴 모습은 일본 아사히신문을 통해 일본에 보도되었다. 이 사진을 8월 말에 입수한 이길용 기자는 편집국 사회부 현진건 부장과 상의한 뒤 손기정 선수의 가슴에 그려진 일장기를 동아일보 전속 화가 이상범에게 부탁하여 물감으로 지워버리도록 하고, 일장기가 없는 모습의 손기정 사진을 1936년 8월 25일자 보도자료에 넣어 편집하였다. 그로 인해 사진 수정을 제안한 이길용, 미술 담당자 이상범 등 8명은 경기도 경찰부에 연행되었고, 사장단은 배후로 지목되어 혹독한 고문을 받았으며, 결국 관련자들은 사직처리 되었고, 동아일보는 다음날인 29일부터 무기정간처분을 받았다가 1937년 6월 2일 복간되었다.

14 광복 이후의 체육

(1) 광복 이후의 체육

1945년 8월 15일 광복 이후 학교체육을 중심으로 한 학교 스포츠, 사회 스포츠, 엘리트 스포츠 발전을 토대로 한 대중 스포츠가 발달하였다.

(2) 광복 이후의 사회

8월 15일 광복과 6·25전쟁, 미군정기를 거치며, 서구식 자유민주주의를 표방하며 선진 민주국가를 건설하는데 박차를 가해왔다.

15 광복 이후 체육의 발전단계 ★★

(1) 체육 및 스포츠 진흥운동의 전개 양상

① 1950년대까지 정치적 혼란, 사회적 불안정, 경제적 궁핍 상황은 스포츠 문화가 성장할 수 있는 상황이 아니었다.

② 1960년 박정희 정권의 등장과 함께 국민체육진흥운동이 전개되었다.

③ 약 18년 동안 계속된 국가주도의 스포츠 진흥운동은 성공을 거두게 되어 1980년데 말까지 우리나라는 세계 스포츠 강국들과 어깨를 나란히 할 수 있게 되었다.

④ 20세기 후반 한국 스포츠 운동의 발달 유형은 엘리트 스포츠를 중심으로 스포츠 문화가 확산된 이후에 대중 사회에도 스포츠가 확산되는 경우에 해당되었다.

⑤ 그것은 엘리트 스포츠를 지향한 것이었으며, 강한 국가주의적 경향을 띤 스포츠 내셔널리즘 정책의 결과였다.

(2) 학교 스포츠의 발달

① **교기육성제도** : 전국의 초·중·고등학교는 지리적 환경이나 사회적 상황에 적합한 하나의 스포츠 종목을 채택하고, 그 분야의 우수선수를 발굴·육성하도록 한 국가 스포츠 정책이었다. 그러나 이 제도는 학교 스포츠 진흥운동에 지대한 역할을 했으나 과열 경쟁으로 선수들의 학습권을 앗아가는 등 파행적인 운영으로 많은 문제점을 야기하기도 하였다.

② **소년체전** : 제52회 전국체육대회부터 규모가 너무 커지자 대한 체육회는 전국체전의 규모를 줄이기 위해 1972년부터 제1회 전국소년체전을 개최하게 되었다. 소년체전의 목적은 스포츠를 통해 강인하고, 건전한 청소년을 육성함은 물론 우수 선수를 조기 발굴하고 육성하는데 있었다. 소년체전의 슬로건은 "몸도 튼튼, 마음도 튼튼, 나라도 튼튼"이었다.

(3) 사회스포츠의 발달

① **조선체육회의 부활** : 1945년 9월 5일 조선체육동지회가 결성되었다.

② **경기단체의 설립** : 조선체육회의 재건과 함께 각종 경기 단체가 설립되었다.

③ **전국체전** : 1947년 10월 27일 조선체육동지회 주최의 종합경기대회가 경성운동장에서 개최되었다. 이 대회는 일제의 탄압으로 중단되었던 제18회 전조선종합경기대회를 부활시킨 것으로 육상, 축구 등 10개 종목에 걸쳐 경기대회를 개최하게 되었다. 후일 이 대회를 제26회 전국체육대회로 추인하게 되었다. 1920년 경성대회를 자연히 제1회 전국체전으로 취급하여 오늘날까지 통상 횟수가 이어지게 되었다.

④ **국제대회** : 1947년 9월 18일 제1회 세계역도선수권대회(필라델피아)에 참가하는 등 국제적인 대회에도 참가하기 시작하였다.

⑯ 광복 이후 각 정권기의 스포츠 ★★★

(1) 이승만 정권

① 이승만 정권기에는 뚜렷한 스포츠 진흥정책은 없었으며 스포츠 문화의 발흥기라 할 수 있다.

② 1948년 최초로 제14회 런던하계올림픽에 출전하였으며, 조선체육회가 "대한체육회"로 명칭이 변경되었다.

③ 보스턴마라톤대회(1950)에서 함기용, 송길윤, 최윤칠 선수가 1~3위를 차지하였다.

(2) 박정희 정권

① 경제적으로 궁핍한 상황에서 민간 스포츠 단체가 주도하는 대중 스포츠 운동이 성공을 거두기 어려운 실정이기 때문에 정부가 스포츠 단체를 강력히 지원하였다.

② 1960년대부터 사회체육의 기반이 조성되기 시작하였다.

③ 1961년 "체력은 국력"이라는 슬로건을 채택하였다.

④ 1961년 7월 10일 "국민재건체조"를 제정하였다.

⑤ 1962년 9월 17일 "국민체육진흥법"을 공포하였다.

⑥ 1962년 10월 15일 "체육의 날"을 제정하였다.

⑦ 1966년 태릉선수촌이 건립되었다.

⑧ 1974년 메달리스트 종신연금계획이 확정되었고, 우수선수병역면제 제도가 도입되었다.

⑨ 1970년대부터 한국 스포츠의 발전 기반이 조성되어갔는데, 가장 두드러진 변화는 직장체육의 활성화였다.

(3) 전두환 정권

① '스포츠 포 올 무브먼트(sports for all movement)'라고 하는 '생활체육'의 확산에 관심을 갖고 있었다.

② 1982년 중앙정부행정조직에 체육부를 신설하였다.

③ 1980년대부터 프로야구(1982), 프로축구(1983), 프로씨름(1983) 시대가 개막됨으로써 관중 스포츠시대를 열었고, 1984년 국군체육부대를 설립, 1986년 제10회 서울아시안게임을 개최하였다.

(4) 노태우 정권

① 올림픽을 성공적으로 개최한 이후 대중 스포츠 운동에 더욱 많은 관심을 기울였다.

② "호돌이 계획"으로 불리는 국민생활체육진흥 3개년 종합계획(1990)을 추진하기 위하여 전국적인 조직을 갖춘 사단법인 '국민생활체육협의회'를 창설하였다.

17 광복 이후의 스포츠대회 참가 ★

연도	대회명	주요 내용
1948년	제5회 스위스생모리츠동계올림픽	제14회 영국 런던 하계올림픽 보다 5개월 앞서 열렸으며 우리 국호를 사용하여 참가한 최초의 올림픽 대회
1948년	제14회 영국런던올림픽	우리 국호를 사용하여 처음으로 하계 올림픽 출전
1951년	제1회 인도뉴델리아시안게임	한국전쟁으로 아시안게임 불참
1954년	제2회 필리핀마닐라하계아시안게임	하계 아시안게임 최초 참가
1976년	제21회 케나다몬트리올올림픽	양정모(레슬링) 선수가 첫 올림픽 금메달을 획득
1986년	제1회 일본삿포로동계아시안게임	동계 아시안게임 최초 참가
1988년	제24회 서울올림픽	최초로 하계올림픽경기를 개최하였으며 전세계 160개국이 참가해 올림픽사상 최대 규모로 진행되었고 종합 4위의 성적을 달성함
1992년	제16회 프랑스알베르빌동계올림픽	김기훈(쇼트트랙)이 동계올림픽 사상 첫 금메달을 획득
1999년	제4회 강원동계아시안게임	한국에서 최초로 개최하는 동계아시안게임
2002년	제17회 한일월드컵	브라질이 우승하였지만 대한민국은 4강에 진출하는 기록을 세웠으며 한국의 길거리 응원은 온 국민의 문화축제가 됨
2008년	제29회 중국베이징올림픽	올림픽 사상 처음으로 구기종목인 야구에서 금메달을 획득, 장미란 역도 금메달, 박태환 수영 최초 금메달
2018년	제23회 평창동계올림픽	한국에서 최초로 개최하는 동계올림픽

18 광복 이후의 스포츠 인물

① **김성집 :** 대한민국의 역도 선수로 1948년 하계 올림픽에서 출전하여 대한민국 국적으로 동메달을 땄으며, 이는 올림픽에 출전하여 획득한 최초의 메달이다.

② **민관식 :** "한국스포츠 근대화의 아버지"로 불렸으며, 1964년 도쿄올림픽대회를 앞두고 대한체육회 회장에 취임해 1971년까지 한국체육계를 선도하였고, 대한올림픽위원회 위원장(1968~1971)을 역임하였다.

③ **박신자 :** 아시아 국적 최초로 FIBA 농구 명예의 전당 '선수' 부문에 헌액되었으며, 1967년 세계여자농구선수권대회에 출전해 최우수 선수로 선정되었다.

④ **김 일 :** 한국의 1세대 프로레슬링 선두주자로 불리는 프로레슬러로, 1960~70년대 일본과 한국에서 '박치기왕'이라는 별명을 얻으며 최고의 인기를 누렸다.

⑤ **조오련** : 수영선수로 현역 시절 "아시아의 물개"라는 별명을 가지고 있었으며, 1980년, 2002년 대한해협 횡단 및 2008년 독도 33바퀴 회영 등 대한민국 스포츠의 역사적인 인물이다.

⑥ **현정화** : 1991년 스포츠 사상 처음으로 남북 단일팀을 구성하여 제41회 세계탁구선수권대회(일본 지바)에 출전하여 여자 단체전에서 우승했다.

⑦ **김연아** : 2010년 밴쿠버동계올림픽경기대회에 출전해 피겨스케이팅에서 금메달을 획득하였으며, 제22회 소치동계올림픽에서는 은메달을 획득하였다.

19 광복 이후 남북의 체육 교류 ★

연도	대회명	주요 내용
1983년	제4회 멕시코세계청소년축구대회	우리나라는 북한과 남북단일팀을 결성, 8강까지 진출
1990년	남북통일축구대회	1990년 10월 11일과 23일 두 차례에 걸쳐 남북한 축구대표팀이 서울과 평양에서 개최한 축구대항전
1991년	제41회 지바세계탁구선수권대회	남북 단일팀인 '코리아(KOREA)'팀이 우승
1991년	제6회 포르투갈세계청소년축구대회	아시아 예선에서 나란히 우승, 준우승을 거둬 동반 본선에 진출한 북한과 사상 최초의 남북 단일팀을 결성해 출전한 대회
2000년	제27회 호주시드니올림픽	남북이 최초로 KOREA라는 표지판과 한반도기를 앞세우고 공동 입장하였으며, 태권도가 정식정목으로 채택
2004년	제28회 그리스아테네올림픽	남북 공동 입장
2018년	제23회 평창동계올림픽	남북 공동 입장 및 여자 아이스하키 남북 단일팀을 구성

[참고문헌]
- 하남길(2016). 체육사신론. 지앤유.
- 하남길(2016). 체육과 스포츠의 역사. 경상대학교출판부.
- 김형규(2018). 전공체육. 임용닷컴.

Part 8

유아체육론

저자 직강 이론 강의

출제기준/출제빈도

주요항목	세부항목	출제빈도				
		2022	2021	2020	2019	2018
1. 유아체육의 이해	1. 유아기의 특징	6/20	4/20	4/20	5/20	4/20
	2. 유아기 운동발달	7/20	5/20	5/20	5/20	1/20
	3. 유아기의 건강과 운동	2/20	1/20	2/20	0/20	2/20
2. 유아기 운동발달 프로그램의 구성	1. 운동발달 프로그램의 기본원리	0/20	1/20	1/20	1/20	1/20
	2. 운동프로그램의 구성요소	3/20	5/20	3/20	3/20	5/20
3. 유아체육 프로그램 교수·학습법	1. 유아체육 지도 방법	1/20	3/20	3/20	5/20	5/20
	2. 유아운동발달 프로그램 계획	0/20	0/20	0/20	0/20	0/20
	3. 유아 운동프로그램 지도	0/20	1/20	0/20	0/20	0/20
	4. 안전한 운동프로그램 지도를 위한 환경	1/20	0/20	2/20	1/20	2/20

Chapter 1 유아체육의 이해

학습목표

- 유아와 유소년의 개념과 특징을 이해한다.
- 유아기의 발달에 대해 이해한다.
- 유아기의 신체 건강과 기능에 대해 이해한다.

1 유아체육의 이해

(1) 유아와 유소년의 개념

① **영아기의 개념** : 4주 이후에서 생후 1년까지

② **유아의 개념** : 생후 1년부터 만 6세까지의 어린아이

③ **유소년의 개념** : 만 3~12세의 초등학교까지의 아동

*연령의 구분은 학자, 학문에 따라 개념이 상이할 수 있다.

유소년스포츠지도사

국민체육진흥공단에서 정의하는 유소년스포츠지도사는 유소년(만 3세부터 중학교 취학 전까지를 말함)의 행동양식, 신체발달 등에 대한 지식을 갖추고 해당 자격종목에 대하여 유소년을 대상으로 체육을 지도하는 사람을 말한다.

(2) 유아체육의 목표

① 대·소 근육의 발달

② 신체능력 발달, 운동능력 발달

③ 언어발달

④ 인지적 능력 발달

⑤ 사회적 발달

⑥ 정서 발달

합격 TIP

민감기

유아기는 발달 단계에 따라 영향을 많이 받는 민감기가 존재한다. 특정 능력, 행동의 발달에 최적인 시기이다. 인간은 이러한 속성을 길러주는 환경 영향에 특히 민감하다. 연령에 따른 민감기를 고려한 적절한 운동의 적용은 효과적인 운동발달을 유도할 수 있다.

발달과업

인간발달 과정에서 인간이 환경에 적응하기 위하여 각 발달단계에 반드시 성취해야 할 일

2 유아기의 특징

(1) 영아기 발달 ★★★

① 반사

- 신생아기와 영아기에 나타나는 가장 큰 특징
- **반사의 구분 :** 원시반사, 자세반사, 운동반사
- 성장할수록 원시반사는 감소되고 자세반사는 점차 증가한다.
- 특정 반사의 출현과 소멸은 신경 상태의 이상 유무를 예측할 수 있다.

② 반사의 역할

- 영아의 생존을 돕는 역할
- 미래의 움직임을 예측하는 역할
- 영아의 운동행동을 진단하는 역할

③ 원시반사(primitive reflexes)

반사작용	반응	특징	발생 범위
모로반사 (moro)	큰소리나 위치의 변화가 생기면 팔과 다리를 벌리고 손가락을 피면서 무언가를 껴안으려는 듯이 몸 쪽으로 팔과 다리를 움츠린다.	중추 신경 계통의 장애를 추측할 수 있다.	출생 전~ 6개월
흡입반사 (빨기반사) (sucking)	아기의 입에 손가락을 대면 그것을 찾아 빨려고 한다. 흡입반사의 비율과 강도는 개인차가 심하다.	섭식을 가능하게 해준다.	생후~3개월
포유반사 (찾기반사) (rooting/ search)	입 주위의 뺨을 건드리면 대상물을 향해 입을 벌리고 고개를 돌린다.	젖꼭지를 찾고 음식물을 먹을 수 있도록 도와주므로 섭식과 관련이 있다.	생후~ 12개월
손바닥 파악반사 (palmar grasp)	아기의 손바닥이나 손가락이 자극을 받으면 그 물건을 자동적으로 힘주어 잡는 반응을 보인다.	자발적으로 잡을 수 있는 지를 나타내준다.	출생 전~ 6개월
발바닥 파악반사 (plantar grasp)	아기의 발바닥이나 발가락이 자극을 받으면 발가락을 아래쪽으로 오므린다.	신경근계의 성숙함에 따라 바빈스키반사가 발바닥 파악반사로 바뀐다.	4~12개월
바빈스키반사 (babinski)	발바닥을 건드리면 처음에는 다리를 움츠리고, 그 다음 발가락을 부챗살처럼 쫙 펴는 반응을 보인다.	척추 하부조직에 결함이 있을 경우에는 나타나지 않는다.	생후~4개월

목강직반사 (tonic neck)	비대칭성 긴장성 목반사 (asymmetric tonic neck)	머리를 한쪽으로 돌려놓으면 마치 펜싱을 하듯 얼굴이 향하는 쪽의 팔을 쭉 뻗으면서 반대쪽의 팔을 구부린다.	눈과 손의 협응을 가능하게 한다.	출생 전~6개월
	대칭성 긴장성 목반사 (symmetric tonic neck)			6~7개월

④ 자세반사(postural reactions)

반사작용	반응	특징	발생 범위
직립반사 (labyrinthine righting)	아기의 몸을 잡고 여러 방향으로 움직였을 때 머리를 직립으로 유지하려는 반응을 보인다.	–	2~12개월
시각 바로잡기 (optical righting)	아기가 시각 자극을 통하여 목과 팔다리로 균형을 잡아 머리를 똑바로 유지할 수 있게 한다.	–	6~12개월
당김반사 (pull-up)	앉아 있는 상태에서 손을 잡아주면 팔을 구부려 일어서려고 하는 반사 움직임이다.	–	3~12개월
낙하산자세반사 (parachute)	아기를 뒤에서 안아 상체를 아래로 내리면 손을 앞으로 뻗고 손바닥을 펴 보호하려 한다.	추락에 대한 보호 반응이다.	4~12개월
지지반사 (propping)	아기의 몸통을 잡고 좌우로 몸을 이동하면 원래의 자세를 유지하려 팔과 다리를 움직이는 반사이다.	혼자 걸을 때까지 나타난다.	4~12개월
목자세반사 (neck righting)	눕거나 엎드린 상태에서 머리를 한쪽으로 돌리면 목 아랫부분이 같은 방향으로 움직이는 반사이다.	눈과 손의 협응을 가능하게 한다.	생후~6개월
몸통자세반사 (body righting)			6~12개월

⑤ 운동반사(locomotor reflexes)

반사작용	반응	특징	발생 범위
기기반사 (crawling)	엎드린 상태에서 발바닥에 자극을 주면 팔다리가 반응하여 앞으로 가려하는 반사이다.	–	생후~4개월
걷기반사 (stepping/walking)	아기의 겨드랑이를 잡고 평평한 곳에 맨발이 닿게 하면 걷는 것과 같이 발을 교대로 움직이는 반응을 한다.	이후에 자발적으로 걸을 수 있는지를 보여준다.	생후~5개월
수영반사 (swimming)	아기를 물속에 넣으면 뜨기 위해 수영하는 것처럼 팔을 젓고 발을 걷어차는 움직임 반사이다.	아기의 생존본능이다.	생후~5개월

(2) 유아기의 건강체력 발달

① 호흡수와 최대심박수는 연령이 증가함에 따라 횟수가 감소하는 경향을 보인다.

② 근력과 근육의 질량은 성장에 따라 자연스럽게 증가한다.

③ 유아의 근지구력은 매년 뚜렷한 향상을 보인다.

④ 유연성은 관절에 따라 다르고 연습을 통해 향상될 수 있으나, 남아의 경우 10세, 여아의 경우 12세경부터 감소하기 시작한다.

⑤ 지방조직이 증가하게 된다. 지방조직의 비정상적인 증가는 비만을 발생시킨다.

합격 TIP

유아의 성장과 발달에 영향을 주는 요인

- 영양섭취
- 운동과 손상
- 질병과 기후

(3) 유아기의 인지발달

① 언어와 놀이에서 상징적 사용능력이 발달한다.

② 자기중심적 사고를 가지고 있다.

③ 무생물이 생명과 의식이 있는 존재라고 믿는 물활론적 특징이 있다.

④ 주의집중 시간이 짧고, 모든 사물에 대한 관심과 호기심이 많은 시기이다.

⑤ 신체 조직에 대해 호기심을 갖고 무엇이든 질문하며, 창의적인 생활이 특징인 시기이다.

⑥ 놀이를 통해 자신의 신체와 움직임을 배우는 시기이다.

⑦ 지각과 운동발달은 밀접한 연결이 되어있는데, 운동능력과 지능의 상관관계가 높다.

⑧ 언어만으로 하는 지시는 이해시키기가 어렵고 실제행동과 시범을 좋아한다.

⑨ 의지가 약하기 때문에 암시에 걸리기 쉽다(피암시성).

⑩ 칭찬에 자신감을 가지고 의욕적인 태도를 보인다.

(4) 유아기의 정서발달

출생	• 모든 일차적 정서가 나타나게 된다.
6개월	• 정적 정서의 표출이 격려되고 보다 일반적이 된다. • 부적 정서를 조절하려는 시도를 하게 된다.
7~12개월	• 일차적 정서가 보다 분명해진다. • 정서적 자기조절이 향상된다.
1~3세	• 이차 정서가 등장한다. • 정서조절이 향상된다.
3~6세	• 정서조절을 위한 인지적 책략이 등장하고 세련화가 발생하게 된다.
6~12세	• 표출규칙과 일치정도가 향상된다. • 자기조절 책략이 보다 다양해지고 복잡해진다.

신체적 자기개념

자신의 신체에 대한 긍정 혹은 부정적 평가를 의미한다. 유아는 스포츠에 참여를 통해 신체를 자유롭게 조절하고 탐색하며 문제를 해결하는데 성공적인 경험을 통해 긍정적 자기개념이 형성되게 된다.

(5) 유아기의 사회성 발달

0~1세	• 자기중심적이고 비사회화 된 시기이다. • 친숙한 사람과 친숙하지 않는 사람을 변별한다. • 매우 제한된 사람과의 관계에서만 상호작용이 발생한다.
1~2세	• 다른 사람들이 의도에 따라 행동한다는 것을 인식한다. • 사회적으로 유의미한 차원들에 따라 타인들을 범주화한다.
3~5세	• 4~5세 사이에 유아의 상호놀이와 놀이를 이끄는 주도자의 역할이 나타나게 된다. • 인상은 타인의 행동과 구체적인 속성들에 기초한다. • 우정을 공유하는 활동에 기초한다.
6~10세	• 인상은 타인들이 보이는 특질들에 기초한다. • 우정은 심리적 유사성과 상호적 신뢰에 기초한다.
11세 이상	• 인상은 타인의 성향적 유사성과 차이점에 기초한다. • 편견적 태도는 사회적 영향에 따라 감소하거나 강화된다. • 우정은 의리와 친밀성의 공유에 기초한다.

3 유아기 운동발달

(1) 발달의 일반적 원리

① 성숙과 학습이 발달에 상호 영향을 미치며, 유아의 발달은 일정한 순서를 따른다.

② 발달은 계속적 과정이나, 속도는 일정하지 않다.

③ 발달에는 개인차가 존재한다.

④ 발달에는 최적기가 존재한다.

⑤ 발달은 연속적이고 점진적이다.

⑥ 발달의 각 측면은 서로 밀접한 관계를 갖는다.

(2) 운동기술의 발달 및 운동능력의 변화

① 뇌에 가까운 부분부터 발달한다.

② 중심부분에서 말초부분으로 발달한다.

③ 대근육이 먼저 발달하고 소근육이 발달한다.

④ 양방에서 일방으로 발달한다.

⑤ 수평적 동작에서 수직적 동작으로 발달한다.

4 유아기 발달이론

(1) 성숙주의이론(Arnlod Gesell) *

① 인간 개체가 성숙한 단계에 이르게 되는 결정적인 힘(발달)은 개체가 가진 유전적 요인에 전적으로 의존한다는 관점이다.

② 유아의 발달을 돕기 위해서는 성인의 개입을 최소화하고 유아가 발달적 준비가 되었을 때 자신의 발달수준에 적합한 활동을 스스로 선택해 나가는 것을 기본으로 해야 한다는 이론이다.

③ 유아가 자신을 수용하고 이해하도록 돕는 환경제공이 필요함을 강조한다.

(2) 행동주의이론(B. Skinner)

① 인간의 본성은 태어날 때부터 환경에 따른 훈련에 의해 만들어 진다는 관점이다.

② 유아의 발달은 외부적인 환경적 요인을 잘 조직하고 변화시킴으로써 유아의 행동을 훈련과 학습에 의해 바람직하게 촉진시키고 바람직하지 않은 행동은 감소하거나 소거함으로써 이루어진다고 보았다.

(3) 인지주의이론

① 인간은 단순히 외적 자극에 반응하는 피동적 존재가 아닌 받아들인 정보를 능동적으로 처리하고 그것을 새로운 형태나 유목으로 변형시키는 자율적 존재로 본다.

② 유아의 인지발달은 성숙과 환경과의 끊임없는 상호작용의 결과로 보았다.

③ **피아제의 인지발달이론** : 유아의 행동에 대한 이론을 도식으로 설명하였다. ★★★

도식 ★★★

도식은 동화, 조절, 평형화 과정을 통해 이루어진다고 제시하였다.

도식	기존의 차기동작 경험을 통해 형성된 인지적 구조
동화	새로운 정보 혹은 경험을 자신에게 구성되어 있는 도식에 적용시키려 하는 것
조절	기존에 가지고 있던 도식을 수정하거나 조절하여 새로운 도식을 형성하는 과정
평형화	동화와 조절의 결과로 도식과 현실경험이 일치하는 것
조직화	상이한 도식들이 서로 자연스럽게 결합되는 것으로 현재의 조직들이 서로 상호작용하여 효율적 체계로 결합하여 더 복잡한 수준의 지적 구조로 통합되는 과정

시기	단계	특징
출생~2세	감각운동기	• 환경 탐색과 이해를 위해 감각운동능력을 사용한다. • 선천적인 반사만 가지고 있다. • 감각운동기 말경 복잡한 감각운동 협응이 존재함을 배운다.
2~7세	전조작기	• 환경의 다양한 측면을 나타내고 이해하는 상징적 표현을 사용한다. • 자기중심적 사고로 모든 사람이 자신과 같은 방식으로 세상을 본다고 생각한다. • 겉으로 보이는 방식에 따라 사물과 사건에 반응한다.
7~11세	구체적 조작기	• 인지조작을 획득하고 사용한다. • 사고의 급격한 진전을 보이고 논리적으로 생각하기 시작한다. • 논리적으로 사고는 가능하지만 가설, 연역적 사고에 이르지는 못한다.
11세 이상	형식적 조작기	• 조작에 대한 조작을 허용하는 방식으로 재조직화 된다. • 사고는 체계적이고 추상적이다. • 하나의 문제 해결을 위해 여러 가지 가설과 추리과정을 통한 검증을 할 수 있다. • 모든 가능한 결론을 논리적으로 검증할 수 있다.

(4) 상호작용이론(L. Vygotsky)

① 성인이나 또래와의 상호작용과 협동학습의 중요성을 강조하는 이론이다.

② 유아와 숙련된 협력자와 상호작용을 통한 사회적인 경험을 강조한다.

자기통제와 자기조절	• 자기통제 : 자기조절의 전 단계이다. 양육자의 부재에도 양육자의 지시나 요구가 유아에게 내면화되는 것이다. • 자기조절 : 자신의 행동을 안내해주는 내면화된 성인의 요구에 따르기보다 자기-형성적인 계획에 따라 행동을 조절하는 능력을 말한다. 자신이 세운 계획과 목표를 따르는 행동이다.
지지	• 유아의 활동과정 속에서 부모, 교사, 유능한 또래가 직·간접적으로 도움을 주는 것을 말한다. • 이러한 상호작용에서 인지적 성장을 수반한다.
공동학습	• 유아가 또래들과의 갈등상황에서 서로 협력하여 논쟁을 해결하고 상황에 대한 공동 의견을 통해 문제를 해결하는 것을 말한다.
상호주관성	• 과제의 시작에서 서로 다르게 이해하는 학습자들이 공유된 이해에 도달하는 과정을 말한다.

(5) 정보처리이론

① 인간의 지속적으로 변화하는 사고 과정에 초점을 둔 이론이다.

② 유아가 환경적 요인을 고려하여 그들의 사고과정을 능동적이고 적극적으로 수정해나가는 존재로 본다.

③ 인간의 발달을 지속적으로 변화하는 사고과정으로 본다.

(6) 정신분석이론(S. Freud)

① 인성의 구조를 원초아(id), 자아(ego), 초자아(superego)로 설명한다.

합격 TIP

원초아(id), 자아(ego), 초자아(superego)

원초아	육체적 쾌락을 추구하는 본능적 욕구를 말한다.
자아	원초아에서 발전된 것으로, 외부와 접촉하는 과정에서 발생하는 갈등상황을 타협하고자 하는 욕구를 말한다.
초자아	현실보다는 이상을 대표하고, 쾌락보다는 완전함을 추구하는 것을 말한다. 사회의 가치나 도덕이 의식적·무의식적으로 내면화되어, 사회의 규범을 준수하고 옳고 그름에 대한 기준을 반영하게 된다.

② 무의식을 인간의 행동과 사고를 통제하는 보이지 않는 힘으로 보았다.

③ 인간발달 단계를 구강기, 항문기, 남근기, 잠복기, 생식기로 나누어 설명한다.

구강기 (0~1세)	• 구강을 통해 빨고 깨물고 삼키는 것에서 성적 욕구를 충족한다. • 자신에게 만족이나 쾌감을 주는 대상에게 애착을 가지게 된다.
항문기 (1~3세)	• 배설물을 보유하거나 배출하는 데서 쾌감을 얻는 시기이다. • 충동적 통제와 외부적 통제와의 절충을 통해 자아가 발달하게 된다.
남근기 (3~5세)	• 동성의 부모에 대해 질투를 느끼고 이성의 부모에 대한 성적인 애정과 접근을 시도하는 시기이다.
잠복기 (6~11세)	• 성적욕구가 철저하게 억압이 되어 이전 단계의 욕구들을 잊게 되는 시기이다. • 위험한 충동이나 환상이 잠재되는 시기이다.
생식기 (12세 이후)	• 잠복된 성적 에너지가 다시 분출되는 시기이다. • 무의식에서 의식의 세계로 표현된다. • 충동을 현실적으로 수행할 수 있는 능력을 갖게 된다.

(7) 심리사회발달이론(E. Erikson) ***

인간의 발달단계를 출생부터 노년까지 8단계로 구분하여, 각 단계마다 습득해야 할 기본적 과제를 대칭적으로 설명하고 다음 단계로의 발달을 위해 두 양극이 충분히 균형을 이루어야 한다고 강조하는 이론이다.

단계	시기	내용
1단계	기본적 신뢰감 대 불신감 (0~1.5세)	• 돌보아 주는 사람이 유아의 신체적·심리적 요구와 필요를 적절하게 충족시켜주면 유아는 그 대상에게 최초의 신뢰감을 형성하게 되며, 그렇지 못하는 경우에는 불신감이 형성됨
2단계	자율성과 수치 및 회의 (1.5~3세)	• 유아의 자율성이 발달하는 시기 • 근육발달을 조절할 수 있음 • 자기개념이 형성되기 시작하고 자기주장의 언어적 표현을 많이 하게 됨 • 사회적 기대에 적합한 활동을 원활하게 하지 못하면 수치심과 회의심을 갖게 됨
3단계	주도성 대 죄의식 (3~6세)	• 어떤 목표나 계획을 세워 성공하고자 노력하는 시기 • 세운 목표나 계획을 실천하려는 욕구와 또래의 판단 사이에 갈등을 겪게 되는 시기
4단계	근면성 대 열등감 (6~12세)	• 자아 성장에 결정적인 시기 • 기초적 인지기술과 사회적 기술을 습득하게 되면서 넓은 사회에서 통용되는 유용한 기술을 배우고 숙달하려는 시기 • 실수나 실패를 접하거나 근면성이 발달하지 못하면 열등감을 갖게 되기도 함
5단계	정체감 대 역할혼미 (12~18세)	• 신체적 발달이 급변하고 사회적 압력과 요구에 대한 혼란을 겪는 시기 • 자아 정체감으로 사회 속에서 나의 존재와 위치에 대한 느낌을 확립하게 되는 시기 • 자기 존재에 대한 갈등의 시간이 계속되면 부정적 자아개념을 형성하게 됨 • 사회적 친밀감을 형성하지 못하고 자신에게만 몰두하는 시기

단계	시기	내용
6단계	친밀감 대 고립감 (성인 초기)	• 성인 초기로 성숙한 인간관계를 맺음으로써 친밀감을 형성하는 것이 중요한 발달과업이 되는 시기 • 긍정적 정체감을 확립하면 진정한 친밀감이 성립하게 됨 • 정체감 확립을 못한 경우 자신감을 갖지 못하고 타인과의 친밀감도 형성하지 못함
7단계	생산성 대 자기침체 (성인기)	• 사회적으로 다음 세대를 양성하는데 관심과 노력을 기울이는 시기 • 타인이나 사회에 대한 관심보다 자기 자신을 위한 이기적인 목적에만 몰두하게 됨
8단계	자아통합 대 절망의 단계 (노년기)	• 생애 마지막 시기로 인생에 대한 무력감을 느끼게 되는 시기 • 자아통합의 과정을 거치는 시기인데, 달성에 실패하면 절망감과 불만족감을 느끼게 됨

(8) 사회학습이론(A. Bandura)

인간은 사회적 상황 속에서 모방을 통하여 많은 것을 학습한다고 설명하며, 모방학습의 중요성을 강조하는 이론이다.

관찰학습	직접적인 강화에 의해 새로운 행동을 학습하는 것이 아니라 모델의 행동을 관찰하여 이를 모방함으로써 직접적인 강화 없이도 새로운 행동을 학습하게 된다.
모방학습	단순하게 타인을 모방하는 것이 아닌 유아 주변의 인물, 특히 부모의 언어형태, 성역할, 친사회적 혹은 반사회적 행동을 모방하게 된다.

(9) 생태학적이론

① 인간이 생물로서 다양한 환경에 적응하는 것을 발달적 측면에서 연구하는 이론이다.

② 생태학적 입장에서 유아의 행동은 유아가 속해 있는 환경 속에서만 설명 가능하다.

③ 환경적 경험이 유아의 추후 발달에 영향을 미친다고 본다.

④ 브론펜브뢰너(Bron fen brenner)는 생태학적 체계 모델을 미시체계, 메소체계, 엑소체계, 거시체계의 개념으로 나누어 설명한다.

(10) 도덕성발달이론(L. Kohlberg)

① 나이가 들어가는 것에 따라 도덕성의 변화를 관찰하는 이론이다.

② 인간의 존엄성과 양심에 따라 자율적이고 독립적인 판단이 가능하다고 주장한다.

합격 TIP

도덕발달의 6단계

제1수준 (인습 이전 수준)	1단계 : 처벌과 복종 지향
	2단계 : 욕구충족 지향
제2수준 (인습 수준)	3단계 : 대인관계에서의 조화 지향
	4단계 : 법과 질서 지향
제3수준 (후인습 또는 자율적 수준)	5단계 : 사회계약적인 법률 지향
	6단계 : 보편적인 도덕 원리 지향

(11) 사회적놀이발달이론(M. Parten)

유아의 놀이를 관찰하여 사회적 참여 수준을 기준으로 사회적 놀이를 6단계로 제시하였다.

비참여 행동	• 여기저기 돌아다니거나 의미 없는 행동을 반복함 • 순간적인 흥미로 잠시 몰두해서 바라봄 • 놀이라고 볼 수 없는 행동
방관자적 행동	• 또래의 놀이를 지켜보지만 놀이에는 참여하지 않음
혼자놀이	• 또래가 가까이 있더라도 서로 다른 놀이감을 가지고 혼자 집중해서 놀이
병행놀이	• 근접한 거리의 유아와 비슷한 놀이감을 갖고 나란히 놀이는 하지만 상호작용은 없음
연합놀이	• 활동의 역할분담 및 조직 없이 다른 유아와 함께 놀이
협동놀이	• 조직화된 집단에서 공동의 목표 달성을 위해 함께 놀이

5 갤라휴(D. Gallahue)의 운동발달 단계 ★★

(1) 반사 움직임 단계 (출생~1세)

① 불수의적 움직임이나 전형적인 리듬을 갖는 형태의 움직임이 나타나지만 신경체계는 아직 미성숙 단계이다.

② 반사활동을 통해 환경에 대한 정보를 즉각적으로 획득할 수 있다.

③ 점차적으로 신경계가 성숙하며 수의적인 운동제어가 가능해지고, 반사가 사라지기 시작한다.

(2) 초기 움직임 단계 (1~2세)

① 초기 움직임은 성숙에 의해 결정되고 생물학적 요인, 환경적 요인, 과제 요인에 의해 좌우된다.

② 과정에 대한 예측이 비교적 가능하다.

③ 움직임은 생존에 필요한 수의적 움직임의 기본 형태이다.

④ 물체조작 및 기기, 걷기 등의 이동운동이 발달한다.

(3) 기본 움직임 단계 (2~6세)

① 유아기의 기본 움직임 능력이 발달되는 단계이다.

② 유아가 자신의 신체 움직임 능력을 통해 적극적으로 탐구하고 실험하는 시기이다.

③ 성숙과 환경적 조건(연습의 기회, 동기, 교육)이 중요한 역할을 한다.

④ 지각·운동 능력 발달 및 신체 인식과 균형 유지가 발달한다.

⑤ 다양한 안정성, 이동성, 조작적 움직임을 처음에는 분리하여, 이후에는 이러한 움직임을 결합해서 어떻게 수행할 수 있는지를 발견하는 시기이다.

⑥ 시작단계, 초보단계, 성숙단계로 이루어진다.

시작단계	• 기본기술을 수행하는 유아의 첫 목표 지향적 시도가 이루어지는 시기이다. • 신체의 사용이 제한되거나 과장된 움직임이 나타난다. • 협응이 제대로 되지 않아 움직임이 매끄럽지 못하다.
초보단계	• 기본 움직임의 제어와 협응성이 향상된다. • 움직임 패턴은 협응성이 좋아지지만 아직 제한되거나 과장된 형태를 보인다.
성숙단계	• 역할적 효율성을 가지고 수행이 이루어진다. • 협응성과 제어 측면에서도 향상된 모습을 보인다. • 조작적 기술이 완전하게 발달되지는 않는다.

(4) 스포츠 기술(전문적 움직임) 단계 (7~14세 이후)

① 일상생활 및 스포츠 등에 요구되는 다양하고 복잡한 활동들을 위한 움직임 패턴이 가능하고, 효율적인 형태로 발전하게 된다.

② 동작의 협응력 발달로 각각의 움직임 동작을 서로 연관시켜 하나의 일관된 동작을 형성할 수 있다.

③ 기술발달의 시작과 정도는 다양한 과제요인, 개인요인, 환경요인에 의해 좌우된다.

④ 과도기 단계, 적용 단계, 평생이용 단계 등으로 이루어진다.

과도기 단계	• 7~8세 후기 아동기에 접어드는 아동기가 포함된다. • 스포츠와 레크리에이션 상황에서 전문화된 기술을 수행하기 위하여 기본 움직임 기술을 결합시키고 응용하기 시작한다. • 다양한 활동을 통하여 아동의 능력이 향상될 수 있도록 해야 한다.
적용 단계	• 11~13세까지의 연령이 해당된다. • 인지 능력이 더욱 정교해지고 경험 토대가 확대되어 많은 것을 학습할 수 있다. • 특정 활동을 찾거나 기피하기 시작한다. • 움직임 수행의 형태, 기술, 정확성과 더불어 양적 측면이 강조된다. • 더 복잡한 기술들이 정교해지고 수준 높은 게임과 간이게임 활동, 스포츠에서 사용된다.

평생이용 단계	• 14세쯤부터 시작하여 성인기까지 지속된다. • 운동발달 과정의 정점, 이전 단계들의 축적된 산물이다. • 이전 단계에서 형성된 관심과 능력, 선택이 지속되고 정교해지면서 평생 동안의 일생과 여가 및 스포츠 관련 활동에서 활용된다.

합격 TIP

훗트(C. Hutt)의 놀이와 탐색

- **탐색** : 익숙하지 않은 새로운 물체에 대한 호기심으로 '이 물건의 속성의 속성은 무엇일까?' 라는 의문을 풀기 위한 탐색 행동
- **놀이** : '이 물건을 가지고 무엇을 할 수 있을까?'의 의문에 연관되는 놀이 행동

미국의 유아 및 아동들에 대한 신체활동 가이드라인 (NASPE, 미국 스포츠/체육교육협회)

- 하루에 최소 60분 정도의 구조화된 신체활동을 해야 한다.
- 하루에 60분에서 몇 시간까지 구조화되지 않은 신체활동에 참가하고, 수면시간을 제외하고 60분 이상 앉아 있지 말아야 한다.
- 블록을 쌓거나 좀 더 복잡한 운동 작업을 필요로 하는 운동기술을 발달시켜야 한다.
- 안전기준에 적합한 실내와 실외공간에서 대근육 활동을 실시해야 한다.
- 개개인이 신체활동에 대한 중요성을 인식하고 유아의 운동기술을 발달하게 해야 한다.

세계보건기구(WHO, 2020)에서 권장한 유아, 청소년기 신체활동 지침

만 3~4세	• 최소 60분 이상의 중·고강도 신체활동을 포함한 하루 180분 이상의 신체활동
만 5~17세	• 뼈와 근육을 강화하는 격렬한 강도의 활동은 최소 주 3회 이상 권장된다. • 매일 중등도 내지 격렬한 강도의 신체활동을 권장하며 대부분 유산소 활동이어야 한다.

국립중앙의료원(2010)에서 권장한 아동청소년을 위한 신체활동 권장사항

- 유산소 운동(큰 근육을 오래 사용), 근육강화운동(팔굽혀펴기, 윗몸일으키기, 역기들기, 아령, 암벽타기 등), 뼈 강화 운동(발바닥에 충격이 가해지는 줄넘기, 점프, 달리기, 농구 등)을 일주일에 3일 이상, 1회 운동 시 1시간 이상 해야 한다.
- 인터넷, 텔레비전이나 비디오 시청, 게임 등 앉아서 보내는 시간은 하루 2시간 이내로 제한해야 한다.

초등학교 5~6학년 체육 교과서(2017)의 체력요소별 신체활동 가이드라인

건강체력요소	심폐 지구력	• 1주 3회 / 1회 20~30분 이상 • 숨이 약간 찰 정도
	근력, 근지구력	• 1주 3회 • 횟수 : 서서히 증진 • 밴드운동 : 밴드의 길이를 점점 짧게 • 무게 : 조금씩 늘려서
	유연성	• 1일 1~2회 • 근육을 신전시켜 약간 당겨짐이 느껴질 정도 • 신전상태를 처음 약 6초 유지 → 15~30초 유지
운동체력요소 (수행체력요소)	순발력	• 장애물 활용 : 높이, 간격을 조금씩 늘리기 • 정해진 시간 내 목표 횟수 늘리기
	민첩성	• 목표 횟수 달성에 걸리는 시간 줄이기 • 정해진 시간 내 목표 횟수 늘리기
	협응력	• 공차기(눈–발 협응) : 골대와 공 사이 거리 늘리기 • 셔틀콕 주고받기(눈–손 협응) : 상대방과의 거리 늘리기 • 저글링(눈–손 협응) : 공의 개수 늘리기

6 유아기의 건강과 운동

(1) 유아기 신체건강 3요인

영양	• 신체와 정신발달에 영향을 미친다. • 한 번에 많은 양을 섭취할 수 없기 때문에 나누어서 자주 섭취하게 해야 한다.
수면	• 최소한 6시간의 수면이 확보되어야 성장에 장애가 생기지 않는다.
운동	• 깊은 수면 유도, 에너지와 감정의 발산 등에 유익하다.

(2) 유아기 신체 기능

신경 기능	• 5세에 뇌 중량이 성인의 85%에 이르는 발육을 하였지만, 기능이 동일하게 발달한 것은 아니다. • 성취 가능한 운동의 종류는 증대되나 대뇌 기능의 발달이 현저하지 않기 때문에 성취 가능한 운동은 걷기, 달리기, 뛰기 등의 기본적인 것이다. • 이 시기의 신경 기능 발달은 충분한 영양, 수면, 일상의 자연적 활동에 의하여 대뇌의 본격적인 기능 발달의 준비가 한쪽으로 치우침이 없이 성취되는 것이다.
순환 기능	• 심장의 중량은 남녀 모두 직선적인 증대를 보인다. • 맥박수는 100~120회 정도로 혈액순환은 심장의 펌프 작용의 횟수에 의존한다. • 심장의 중량이 작고 용량이 적어 1회 박출량이 적다. • 심근 수축력이 약하여 낮은 박출 압력 문제를 횟수의 증가로 보충시킨다. • 안정시 맥박수가 높아 운동에 대한 적응능력은 성인보다 낮다. • 기초대사는 연령증가에 따라 직선적으로 감소한다.

호흡 기능	• 폐의 중량은 3세 무렵까지 급속하게 증가한다. • 유아기의 호흡 수(25~40회)는 성인 평균 호흡수(16~18회)의 2배에 이른다.
근 기능	• 1~3세 무렵의 근력 측정은 불가능하다. • 유아기 근 기능의 성질은 3세 정도까지 적용된다. • 1세 유아는 2세 유아와 3세 유아와 비교하여 성취가능한 운동의 종류, 운동의 안전함, 안정도가 상당히 다르다. • 신경의 근 지배 발달, 발육된 체중의 유지와 함께 자세 평형의 유지가 가능하다고 볼 수 있다.

Chapter 2 유아기 운동발달 프로그램의 구성

학습목표

- 유아체육 프로그램의 원리를 이해한다.
- 유아체육 프로그램의 구성 시 고려해야 하는 사항에 대해 알아본다.
- 유아체육 프로그램 구성을 위한 개념적 틀을 이해한다.
- 기본운동발달 구성요소, 지각운동발달 구성요소, 체력발달 구성요소에 대해 알아본다.

1 유아체육 프로그램의 기본원리

(1) 유아체육 프로그램의 기본원리 ★★★

적합성	• 유아의 발달 상태, 움직임 활동에 대한 이전의 경험, 기술, 체력, 수준, 연령 등을 고려하여 발달적으로 적합한 운동발달 프로그램을 구성해야 함
방향성	• 유아의 성장과 발달의 방향성을 고려한 운동발달 프로그램을 구성해야 함
특이성	• 개인의 유전과 환경요인 등의 개인차를 고려한 운동발달 프로그램을 구성해야 함 • 각 신체활동 프로그램이 유아의 어떤 면에 영향을 미치는지에 대한 구체성을 가지고 만들어지고 적용되어야 함
안전성	• 유아들의 일상생활 및 안전에 관한 사항들을 이해하고 예방하는 것 • 스스로의 지각 능력을 과대평가하는 아동의 경향을 고려한 안전한 운동환경의 마련과 사고 예방에 대한 지도를 해야 함
연계성	• 기초부터 향상까지 잘 조직된 운동발달 프로그램을 제공해야 함 • 신체발달, 정서적·사회적 발달을 위한 교육프로그램에 연계성이 있어야 함
다양성	• 흥미를 잃지 않도록 다양한 프로그램을 제공해야 함 • 체력의 다양한 요소를 고려한 프로그램을 제공해야 함

2 유아체육 프로그램을 위한 구성요소

(1) 운동프로그램 구성 시 고려해야 하는 사항

① 발달을 위한 움직임 프로그램은 개인의 발달 수준을 토대로 구성되어야 한다.

② 신체적, 정서적, 사회적, 인지적 발달이 균형 있게 이루어질 수 있도록 구성해야 한다.

③ 협응력 향상에 필요한 다양한 활동을 제공해야 한다.

④ 안전을 고려해야 한다.

⑤ 충분히 활동적이고 흥미로운 놀이로 구성해야 한다.

⑥ 개인차에 대비하고, 유아가 자신의 속도에 맞추어 진행할 수 있도록 한다.

⑦ 평가와 피드백을 실시하도록 한다.

⑧ 이동성, 조작성, 안정성과 관련된 다양한 기본적 능력들을 발달시키고, 간단한 능력에서 복잡한 능력으로 발달시킬 수 있도록 구성한다.

(2) 프로그램의 구성을 위한 개념적 틀

움직임의 범주	• 안정성 관련 움직임 • 이동운동 관련 움직임 • 물체조작운동 관련 움직임	
프로그램 내용	게임 프로그램	단순게임, 간이게임, 정식 스포츠게임 등
	무용 프로그램	율동 움직임, 창작 무용, 사교댄스 등
	체조 프로그램	체력활동, 매트운동, 간이운동, 파트너 운동, 도구 활동 등
인지 개념	움직임 개념 적용	• 신체가 어떻게 움직일 수 있는가에 대한 기본구조 학습 • 노력지각, 공간지각, 관계지각
	기술 개념 적용	• 신체가 어떻게 움직여야 하는지와 관련된 학습 • 기본 움직임, 스포츠 기술 움직임
	활동 개념 적용	• 신체가 어디로 움직일 수 있는지, 어디로 움직여야 하는지에 대한 학습 • 규칙, 패턴, 전략
발달단계	• 기본 움직임 단계 • 전문화된 움직임 단계	
기술수준	• 초급 • 중급 • 고급	
체력요소	• 건강체력 • 운동수행체력	
교수방법	• 직접적 방법 • 간접적 방법 • 혼합적 방법	

기본운동발달 구성요소 ★★★

안정성 프로그램		이동운동프로그램		조작운동프로그램	
축 이용 기술	정적, 동적	기초	복합	추진운동	흡수
• 굽히기 • 늘리기 • 비틀기 • 돌기 • 흔들기	정적 안정성 요소 • 직립균형 • 거꾸로 균형 동적 안정성 요소 • 구르기 • 시작하기 • 멈추기 • 재빨리 피하기	• 걷기 • 달리기 • 리핑 • 호핑 • 점핑	• 기어오르기 • 겔로핑 • 슬라이딩 • 스키핑	• 굴리기 • 던지기 • 때리기 • 차기 • 튀기기 • 펀팅 • 되받아치기	• 잡기 • 볼멈추기

㉰ 리핑 : 허들을 뛰어 넘는 것처럼 한 발로 몸을 지탱하고 다른 발을 앞으로 내밀어 이동하는 동작
㉰ 호핑 : 한 발로 도약 후 도약한 발로 착지하는 동작
㉰ 겔로핑 : 한 발은 앞으로 걷고 다른 발을 재빠르게 앞발에 붙이는 동작
㉰ 스키핑 : 무릎을 들어서 한 발로 거듭해서 뛰는 동작

안정성 운동

- 앉기와 서기를 위해 신체가 중력을 이기는 법
- 자세조절 운동
- **안정성** : 균형
- **축을 중심으로 한 안정성 운동** : 몸을 지나는 축으로 한 좌·우의 움직임, 어깨나 고관절을 축으로 한 움직임
- **정적, 동적 안정성 운동** : 움직이지 않으며 균형을 잡는 움직임(정적), 움직이며 균형을 잡는 움직임(동적)

단계별 안정성 운동능력의 발달

	시작단계의 특징	초보단계의 특징	성숙단계의 특징
축성 움직임	• 지나치게 넓은 지지면 • 순간적으로 균형 상실 • 결합된 움직임들이 조화롭지 못함 • 다른 수준으로의 전환이 원활하지 않음 • 한 번에 한 가지 혹은 두 가지 동작만 가능	• 균형을 잘 유지 • 적절한 지지면 • 시각적 모델 필요 • 유사한 움직임들의 협응성이 좋음 • 다른 성격의 움직임으로 전환하는 데 어려움 • 두 가지 혹은 세 가지 동작을 연결할 수 있음	• 유연하고 리드미컬한 흐름의 동작 가능 • 연속적으로 몇 가지 움직임을 쉽게 함 • 시각이 별로 중요하지 않음 • 전체적으로 제어된 형태 • 네 가지 혹은 그 이상의 움직임을 연결할 수 있음

	시작단계의 특징	초보단계의 특징	성숙단계의 특징
구르기	• 머리를 바닥에 댐 • 늘어진 C자 모양으로 몸을 웅크림 • 양손 협응 능력이 없음 • 뒤로 혹은 옆으로 구르지 못함 • 앞으로 구른 후 몸을 L자로 곧게 폄	• 앞으로 구른 후 동작들이 끊어짐 • 머리가 동작을 리드함 • 머리 위가 여전히 지면에 닿아 있음 • 구르기 시작 시 몸을 압축된 C자 모양으로 웅크리고, 구른 후 L자 모양으로 곧게 폄 • 양손과 팔의 약간 밀어내는 동작이 구르기 동작에 어느 정도 도움이 됨 • 한 시기에 한 번의 구르기	• 머리가 동작을 리드함 • 뒤통수가 바닥에 살짝 닿음 • 몸은 내내 압축된 C자 모양 유지 • 양팔은 힘을 생성하는 데 도움이 됨 • 운동량으로 인해 아동은 원래의 시작 자세로 돌아옴
피하기	• 움직임이 끊어짐 • 몸이 뻣뻣함 • 최소한으로만 무릎 굽힘 • 체중이 한 발에만 실림 • 양발이 항상 엇갈림 • 속임수를 하지 못함	• 협응된 움직임이 이루어지나, 속임수 동작은 거의 없음 • 특정한 한쪽 측면에서만 수행을 잘함 • 지나치게 수직 방향으로 들어 올림 • 양발이 때때로 엇갈림 • 뛰어오르는 동작이 아주 미미함 • 종종 자신이 속으며 당황해 함	• 무릎을 굽히고 몸통을 약간 앞으로 기울이는 준비 자세 • 유연한 방향전환 가능 • 모든 방향에서 동일하게 잘함 • 머리와 어깨를 사용한 속임수 동작이 나타남 • 능숙한 측면 움직임
한 발로 균형 잡기	• 지지하지 않는 발을 몇 인치 들어 올려 허벅지와 접촉면이 거의 평행이 됨 • 균형을 잡거나 잃음(중간 상태는 없음) • 과잉보상행동이 나타남 • 선호하는 다리에 일관성 없음 • 외부 보조로 균형 잡기 • 보조 없이는 일시적 균형 유지 • 시선은 양발을 향함	• 지지하지 않는 발을 지지하는 발과 같은 높이로 들어 올림 • 눈 감고 균형 잡기를 할 수 없음 • 균형을 잡기 위해 팔을 사용하나 한 팔은 몸의 한 측면에 붙임 • 선호하는 다리로 균형을 더 잘 잡음	• 눈 감고도 균형 잡기 함 • 균형 유지에 필요한 만큼만 팔과 몸통 사용 • 지지하지 않는 다리를 들어 올림 • 균형 잡기 동안 외부 대상에 주의를 기울일 수 있음 • 균형을 잃지 않고 선호하지 않는 다리로 바꿀 수 있음

이동성 운동

- 환경에서 움직이기 위한 기본 능력들이 발달하는 것
- 걷기, 달리기 등 신체를 이동하는 기술
- **이동성** : 신체의 위치변화
- **기초** : 한 가지 요소가 작용
- **복합** : 요소들이 복합적으로 작용하는 움직임 예 걷기+뛰기

단계별 이동성 운동능력의 발달

	시작단계의 특징	초보단계의 특징	성숙단계의 특징
걷기	• 직립 자세 유지의 어려움 • 균형을 쉽게 잃음 • 다리 동작이 뻣뻣, 불안정 • 짧은 보폭 • 발바닥 전체로 바닥 접촉 • 지지면 넓음 • 바닥 접촉 시 무릎을 굽히고 곧이어 다리를 빨리 폄 • 패턴의 불규칙함	• 패턴이 점차 매끄러워짐 • 보폭이 커짐 • 뒤꿈치에서 앞꿈치로 바닥 접촉 • 양팔을 측면으로 내려 약간만 흔듦 • 몸통의 측면 내에 지지면이 존재 • 발끝이 바깥쪽으로 향하는 현상이 감소 혹은 사라짐 • 골반이 더 기울어짐	• 반사적으로 이루어지는 팔 흔들기 • 지지면 좁음 • 보폭이 커지고 안정됨 • 수직으로 들어 올리기가 최소화됨 • 뒤꿈치에서 앞꿈치로의 접촉이 뚜렷함
달리기	• 다리를 짧게 제한적으로 흔듦 • 발 내딛는 것이 뻣뻣하고 일정하지 않음 • 비행단계가 나타나지 않음 • 지지 다리를 펴는 동작이 완전하지 않음 • 팔꿈치를 굽히는 정도가 불규칙, 팔 흔들기가 뻣뻣하고 짧음 • 바깥쪽 방향으로 수평으로 양팔 흔들기 • 스윙하는 발이 엉덩이로부터 바깥쪽으로 회전 • 넓은 지지면	• 보폭, 팔 흔들기, 속도 향상 • 제한적이나마 비행단계가 나타남 • 도약 시 지지 다리가 완전히 펴짐 • 백스윙에서 수평으로 팔 흔들기가 줄어듦 • 스윙하는 발이 뒤에 오는 발 높이의 중심선에서 교차	• 보폭의 길이 극대화로 발 내딛는 속도가 빠름 • 뚜렷한 비행단계가 나타남 • 지지 다리가 완전하게 펴짐 • 내리는 발의 허벅지가 지면과 평형을 이룸 • 다리와 반대쪽 팔을 수직으로 흔들기 • 팔을 적당한 각도로 굽힘 • 뒤쪽 다리와 발의 회전운동이 최소화됨

	시작단계의 특징	초보단계의 특징	성숙단계의 특징
호핑	• 지지하는 다리를 90도 이하로 구부림 • 지지하지 않는 쪽 허벅지는 접촉면과 거의 평행 • 직립 자세 • 팔꿈치를 구부리고 팔을 약간 측면으로 보냄 • 한 번 뛰었을 때 약간의 높이와 거리가 생김 • 쉽게 균형을 잃음 • 1~2회의 호핑만 가능	• 지지하지 않는 다리 구부림 • 지지하지 않는 쪽 허벅지를 접촉면과 45도 각도로 기울임 • 지지하지 않는 쪽 허벅지를 굽혔다 펴서 더 큰 힘을 냄 • 착지 시 엉덩이를 굽히고 무릎을 지지해서 힘을 흡수 • 팔을 양쪽으로 활발하게 위아래로 움직임 • 균형조정이 서투름 • 연속적으로 잘하지 못함	• 지지하지 않는 다리를 90도 이하로 구부림 • 지지하지 않는 쪽 허벅지를 들어 올려서 지지하는 발과 수직이 되게 밀침 • 몸을 더 많이 기울임 • 지지하지 않는 다리를 리드미컬하게 움직임 • 지지하는 발을 떼면서 팔을 리드미컬하게 들어 올림 • 균형이 아니라 더 큰 힘을 내기 위해 팔 사용
겔로핑과 슬라이딩	• 빠른 속도일 때는 리드미컬하지 못함 • 리드하지 않는 쪽 발이 뒤에 있지 않고 리드하는 발 앞에 닿음 • 비행단계 동안 뒷발을 45도로 굽힘 • 뒤꿈치에서 앞꿈치로 결합된 방식으로 바닥에 접촉 • 균형을 잡거나 힘을 내는 데 있어서 팔을 많이 사용하지 않음	• 중간 정도의 속도로 이루어짐 • 불규칙하고 뻣뻣한 동작 • 비행 동안에는 뒷발이 리드하나 착지 시에는 리드하는 발에 가깝거나 뒤에 착지 • 과도한 직립자세가 나타남 • 발은 뒤꿈치-앞꿈치 자세나 발끝-발끝 자세가 결합한 방식으로 바닥에 착지 • 팔을 약간 몸 옆에 두고 균형을 유지	• 중간 정도의 속도로 이루어짐 • 동작이 매끄럽고 리드미컬함 • 뒷발이 리드하는 발에 가깝거나 뒤에 착지 • 비행단계 동안 두 다리를 45도 굽힘 • 낮은 비행 패턴 • 뒤꿈치-앞꿈치가 결합된 착지 • 팔은 표현을 한다든지 하는 다른 목적을 위해 사용
스키핑	• 한 발로 스키핑하기 • 의도적인 스텝-호핑 동작 • 2회 연속 호핑 또는 스텝이 가끔 이루어짐 • 과도한 스텝 동작이 나타남 • 팔을 거의 사용하지 않음 • 동작이 연속되지 않음	• 스텝과 호핑이 효과적으로 협응됨 • 운동량을 얻기 위해 팔을 리드미컬하게 사용함 • 호핑 시 수직으로 과도하게 올라감 • 발바닥 전체로 착지함	• 체중의 리드미컬한 이동이 지속적으로 이루어짐 • 팔을 리드미컬하게 사용함 • 호핑 시 수직으로 올라가는 것이 낮아짐 • 발끝으로 먼저 착지함

조작 운동

- 손사용을 하는 운동기술
- 뻗기, 잡기, 놓기와 같은 초보적 능력의 발달 후 다양한 기구 조작 능력이 발달
- **조작운동** : 손이나 발을 사용해 물체에 힘을 가하거나, 물체로부터 힘을 받아 움직이는 움직임
- **추진조작운동** : 기구를 몸에서 밖으로 내보내는 움직임
- **흡수조작운동** : 몸을 향해 들어오는 기구를 받는 움직임

단계별 조작적 운동능력의 발달

	시작단계의 특징	초보단계의 특징	성숙단계의 특징
공 굴리기	• 다리를 벌리고 걸터앉는 자세를 함 • 손바닥을 마주하면서 공을 양손으로 잡음 • 양팔을 뒤쪽으로 움직이면서 허리를 심하게 굽힘 • 눈으로 공을 살핌 • 팔을 양쪽으로 스윙하면서 공을 놓고 몸통을 들어올림	• 다리를 벌리고 선 자세 • 한 손으로는 공의 아랫부분을 잡고 다른 한 손으로는 공의 윗부분 잡기 • 체중을 뒤로 옮기지 않고 팔을 뒤쪽으로 스윙하기 • 제한적 무릎 굽히기 • 제한적 폴로스루와 함께 앞쪽으로 스윙하기 • 무릎과 허리 사이에서 공 놓기 • 눈은 목표와 공을 번갈아 살핌	• 다리를 벌리고 선 자세 • 뒷발과 같은 쪽 손으로 공 잡기 • 엉덩이를 약간 회전시키면서 몸통을 앞으로 기울이기 • 명확한 무릎 굽히기 • 체중을 뒷발에서 앞발로 옮기면서 앞쪽으로 스윙하기 • 무릎 근처 혹은 그 아래에서 공 놓기 • 눈은 계속 목표를 응시함
오버 핸드 던지기	• 팔꿈치 위주의 동작 • 던지는 팔의 팔꿈치가 몸 앞에 있음 • 공을 놓을 때 손가락이 펼쳐짐 • 앞쪽 아래 방향으로 폴로스루가 됨 • 몸통은 목표와 수직이 됨 • 던지기 동안 회전 동작이 거의 이루어지지 않음 • 균형 유지를 위해 체중이 약간 뒤쪽으로 이동함 • 양발은 고정된 상태를 유지함 • 던지기를 준비하는 동안 양발을 이동하는 경우가 자주 있으나 특별한 목적은 없음	• 준비단계에서 팔꿈치를 구부린 자세에서 팔을 위, 옆, 뒤쪽으로 스윙하기 • 머리 뒤에서 공 잡기 • 팔을 어깨 위에서 앞으로 스윙하기 • 준비 동작 시 몸통은 던지는 쪽으로 회전됨 • 어깨는 던지는 쪽으로 회전됨 • 팔이 앞으로 가면서 몸통을 앞으로 굽힘 • 체중은 명확하게 앞쪽으로 이동됨 • 던지는 팔과 같은 쪽의 다리를 앞으로 내림	• 준비단계에서 팔을 뒤로 스윙 • 던지는 팔의 준비 동작 때 반대쪽 팔꿈치를 들어 올려 균형 잡기 • 던지는 팔꿈치를 앞으로 이동시키면서 수평이 되게 뻗음 • 팔뚝을 회전시키고 엄지손가락은 아래를 향함 • 준비동작 동안 던지는 쪽으로 몸통을 분명하게 회전시킴 • 던지는 쪽 어깨를 약간 아래로 떨어뜨림 • 던지는 동안 엉덩이, 다리, 척추, 어깨의 회전이 분명하게 나타남

	시작단계의 특징	초보단계의 특징	성숙단계의 특징
오버 핸드 던지기			• 준비 움직임 동안 체중을 뒷발에 실음 • 체중이 이동하면서 반대 발이 앞으로 나아감
받기	• 얼굴을 돌리거나 양손으로 얼굴을 보호하는 피하기 반응이 종종 나타남 • 양손을 뻗어 몸 앞에 위치시킴 • 신체 움직임은 물체를 접촉하기 전까지 제한적임 • 물체를 퍼내는 동작과 유사한 받기를 함 • 공을 막듯이 몸을 사용함 • 손바닥을 위로 향하게 함 • 손가락을 뻣뻣하게 펼침 • 받기 시 손을 사용하지 않음	• 피하기 반응은 공 접촉 시 눈을 감는 것으로 한정 • 양 팔꿈치는 대략 90도 정도 굽혀 양 측면에 위치토록 함 • 아동이 처음 손으로 공을 접촉할 때는 성공하지 못하는 경우가 많고, 양팔로 공을 막는 것 같은 받기 동작을 함 • 양손을 벌리고 엄지손가락은 위를 향함 • 공을 껴안듯이 받으려 하며, 타이밍을 잘 맞추지 못하고 동작도 매끄럽지 못함	• 피하기 반응 없음 • 눈은 손으로 들어오는 공을 따라감 • 두 팔을 양옆에 편하게 두고, 팔뚝은 몸 앞쪽에 둠 • 팔로 공의 힘을 흡수하면서 접촉함 • 팔을 공의 비행 궤도에 맞춤 • 엄지손가락을 반대에 위치하도록 함 • 정확한 타이밍에 양손으로 동시에 공을 잡음 • 공을 잡을 때 손가락을 더욱 효과적으로 사용
차기	• 차기 동안 움직임들이 제한됨 • 몸통이 똑바른 자세로 유지됨 • 양팔이 균형 유지를 위해 사용됨 • 차는 다리의 움직임은 백스윙 시 제한됨 • 앞으로의 스윙은 짧고 폴로스루가 거의 없음 • 공을 정면으로 차면서 폴로스루를 하기보다는 공의 표면을 차는 형태임 • 차기 동작보다는 밀기 동작이 더 뚜렷함	• 차기 준비를 위한 백스윙은 무릎을 중심으로 일어남 • 차는 다리는 차기가 이루어지는 동안 계속 굽혀진 상태 • 폴로스루는 무릎의 전방 움직임에 제한됨 • 공 앞으로 의도적인 한두 걸음 스텝 밟기	• 차기 동작이 이루어지는 동안 양팔 흔들기 • 폴로스루가 이루어지는 동안 몸통이 허리까지 굽혀짐 • 차는 다리의 움직임은 엉덩이에서 시작됨 • 공 접촉 시 지지 다리는 약간 굽혀짐 • 다리 스윙 길이가 길어짐 • 폴로스루가 높아짐 • 달리거나 껑충 뛰어서 공에 다가감

	시작단계의 특징	초보단계의 특징	성숙단계의 특징
치기	• 동작이 뒤쪽에서 앞쪽으로 이루어짐 • 양발은 고정 • 몸통은 날아오는 공 방향을 향함 • 팔꿈치를 완전히 굽힘 • 몸통 회전이 없음 • 구부린 관절을 아래 방향으로 펴면서 힘 생성	• 날아오는 공의 예상되는 쪽으로 몸통 돌림 • 공을 접촉하기 전에 체중을 앞으로 이동시키지만 서투름 • 몸통과 엉덩이를 함께 회전시킴 • 팔꿈치를 조금 덜 굽힘 • 구부린 관절을 펴면서 힘이 생성됨 • 몸통을 회전시키고 앞으로 움직일 때 자세가 약간 기울어짐	• 날아오는 공의 예상되는 쪽으로 몸통을 돌림 • 체중을 뒷발로 옮김 • 엉덩이를 회전시킴 • 대측성 패턴으로 체중이동 • 물체가 뒤로 움직이고 있을 때 체중을 앞발로 옮김 • 수평 패턴에서 길고 완전한 원형의 치기 동작이 일어남 • 물체 접촉 시 체중을 안쪽으로 이동함

(3) 지각운동발달 구성요소 개념 ★★★

신체지각	• 신체로 무엇을 할 수 있는가 하는 문제 • 신체명칭, 모양, 위치, 신체 움직임에 대한 자각 • 가장 먼저 발달하는 지각능력
공간지각	• 몸을 어디로 움직이는가 하는 문제 • 대상의 위치, 방향, 거리 등을 정확하게 이해하는 것 • 장소, 높이, 방향, 움직임의 범위
방향지각	• 서로 다른 방향을 인지하고 어떻게 방향을 전환하는지 익히는 것 • 위/아래, 오른쪽/왼쪽 • 서로 다른 대상을 지나가는 방법과 서로 다른 방법으로 이동하기 • 똑바로, 커브, 지그재그
시간지각	• 아동의 지각-운동 능력의 시간적인 차원의 발달과정 • 청각적인 다양한 리듬 정보를 통해 시간지각이 발달 • 과거/현재/미래 • 오전/오후, 아침/저녁, 빨리/느리게, 갑작스럽게/천천히
관계지각	• 어떤 움직임을 누구와 함께 하느냐 하는 문제 • 신체 간의 관계, 사람과의 관계, 사물과의 관계
움직임의 질	• 움직임에 포함되어 있는 각 요소의 질적인 측면을 이해하는 것 • 균형, 시간, 힘, 흐름

(4) 체력발달 구성요소 ★

① 건강관련 체력요소

심폐지구력	전신활동을 오래 지속할 수 있는 능력
근력	신체 각 부위의 근육의 힘
근지구력	오래 근육을 움직일 수 있는 능력
유연성	관절의 가동범위와 근육의 탄성
체구성	체지방 성분비

② 수행관련 체력요소

속도	속력과 함께 움직이는 물체의 빠르기의 정도
순발력	순간적으로 낼 수 있는 힘의 능력
협응성	근육, 신경기관, 운동기관 등의 움직임의 상호조정 능력
평형성	평형감각기관에 의하여 운동 중의 안정성을 유지하는 기능
민첩성	자극에 대하여 빠르게 반응하거나, 몸의 균형을 생활에 맞게 움직일 수 있는 능력

합격 TIP

체력측정방법

- **심폐지구력** : 왕복오래달리기
- **근력** : 악력 측정
- **근지구력** : 윗몸말아올리기
- **유연성** : 앉아서윗몸굽히기
- **평형성** : 한 발로 중심 잡기
- **순발력** : 제자리멀리뛰기
- **민첩성** : 왕복달리기 시간 측정

유아체육 프로그램의 기본 모형

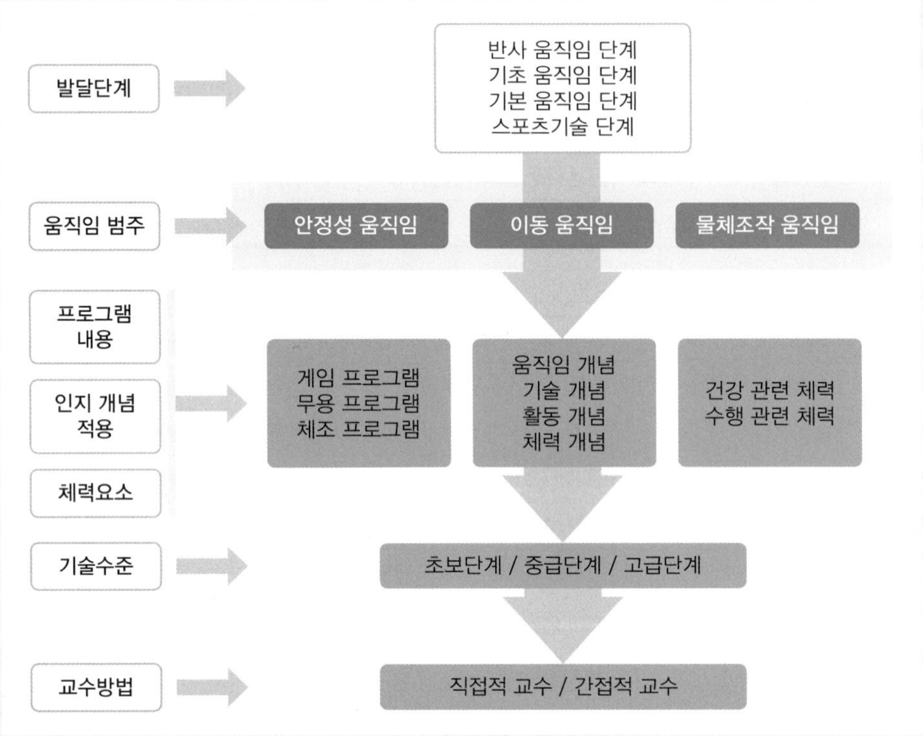

발달단계	→	반사 움직임 단계 기초 움직임 단계 기본 움직임 단계 스포츠기술 단계
움직임 범주	→	안정성 움직임 / 이동 움직임 / 물체조작 움직임
프로그램 내용 인지 개념 적용 체력요소	→	게임 프로그램, 무용 프로그램, 체조 프로그램 / 움직임 개념, 기술 개념, 활동 개념, 체력 개념 / 건강 관련 체력, 수행 관련 체력
기술수준	→	초보단계 / 중급단계 / 고급단계
교수방법	→	직접적 교수 / 간접적 교수

누리과정(2019 개정) 신체운동 · 건강 영역 내용 범주와 내용

신체활동 즐기기	• 신체를 인식하고 움직인다. • 신체 움직임을 조절한다. • 기초적인 이동운동, 제자리 운동, 도구를 이용한 운동을 한다. • 실내외 신체활동에 자발적으로 참여한다.
건강하게 생활하기	• 자신의 몸과 주변을 깨끗이 한다. • 몸에 좋은 음식에 관심을 가지고 바른 태도로 즐겁게 먹는다. • 하루 일과에서 적당한 휴식을 취한다. • 질병을 예방하는 방법을 알고 실천한다.
안전하게 생활하기	• 일상에서 안전하게 놀이하고 생활한다. • TV, 컴퓨터, 스마트폰 등을 바르게 사용한다. • 교통안전 규칙을 지킨다. • 안전사고, 화재, 재난, 학대, 유괴 등에 대처하는 방법을 경험한다.

Chapter 3 유아체육 프로그램 교수·학습법

학습목표

■ 유아체육 교수방법과 지도 원리에 대하여 알아본다.
■ 유아체육지도자의 자질과 자세에 대해 알아본다.
■ 유아체육 프로그램의 목표에 대해 알아본다.
■ 유아체육 수업 운영의 유의점에 대해 알아본다.
■ 안전한 유아체육 프로그램 지도를 위한 환경에 대해 알아본다.

1 유아체육 교수방법 ★★

(1) 직접-교사 주도적 교수방법

① 유아가 무엇을, 언제, 어떻게 할 것인지 모두 교사가 결정하여 가르치는 교수법을 말한다.

② 전체 학습자가 동시에 학습해야 할 기술에 대한 이해나 연습에 효과적인 교수법이다.

지시적 방법	• 모든 결정권을 지도자가 갖는다. • 시범 보이기 → 연습해보기 → 유아들의 활동에 대하여 일반적인 언급해주기 → 필요하면 보충설명과 시범을 다시 보이기 순서로 진행된다.
과제제시 방법	• 유아들의 수준에 맞추어 개별적으로 체육활동을 선택할 수 있는 기회를 갖는다. • 활동에 여러 가지 다른 수준이 있음을 설명하고 시범 보이기 → 유아 자신의 수준에 따라 선택한 과제 연습하기 → 과제를 마친 유아가 보다 높은 수준의 체육활동에 참여하도록 하기 순서로 진행된다.

(2) 간접-유아 주도적 교수방법

① 유아에게 주도권을 주는 것에 초점을 두는 방법이다.

② 유아가 학습과정의 중심이 된다.

③ 체육활동이나 운동을 선택하는 기회를 유아에게 제공한다.

④ 체육실에 있는 어떤 운동기구나 소도구도 자유롭게 이용하게 한다.

⑤ 유아 개개인의 능력이나 흥미의 개인차를 인정한다.

⑥ 유아의 취향에 따라 운동을 선택하게 하며, 유아 스스로 독창성을 발견하여 자기발견을 학습하게 한다.

탐구적 방법	• 지도자가 특별한 활동과제에 대한 해결책을 요구하지 않고 다양한 동작 과제나 질문을 유아에게 제시하고 유아들이 제안한 해결방법은 무엇이나 인정하고 받아들이는 방법이다.
안내-발견적 방법	• 유아는 또래나 지도자의 동작을 관찰함으로써 특별한 과제를 수행하는 방법을 이해한다. • 유아에게 충분한 표현, 창의성, 실험의 기회를 제공하지만, 제시된 활동과제에 유아가 반응하는 방법은 다소 제한적이다.

(3) 유아-교사 상호 주도적·통합적 교수방법

① 유아들에게 적절한 과제를 제시하고, 유아가 충분한 안내를 받아 연습을 하게 하고, 계획적인 교수방법을 제공하여 유아들의 운동기능을 효과적으로 증진시키는 방법이다.

② 유아의 흥미에 근거한 접근방법과 지도자 주도의 체계적인 접근방법을 연결하는 방법이다.

③ 도입 단계, 동작 습득 단계, 창의적 표현 단계 및 평가 단계로 활동이 전개된다.

합격 TIP

유아기의 심리적 특성을 고려한 지도방법

- 자기 차례를 오래 기다리지 않도록 해야 한다.
- 정적인 운동이 집중되지 않도록 해야 한다.
- 단순한 운동을 지속적으로 반복하지 말아야 한다.
- 상호 간 지나친 경쟁을 유도하지 않는다.
- 개인차에 따른 적절한 자극을 부여한다.
- 규칙과 약속을 잘 지킬 수 있도록 한다.

2 유아체육 지도 방법

(1) 유아체육 지도 원리 ★★

① **놀이 중심의 원리** : 유아의 흥미를 고려하여 체육활동이 지속될 수 있도록 다양한 운동도구를 활용한다.

② **생활 중심의 원리** : 유아의 일상생활의 움직임을 잘 관찰하고 일상생활에서의 신체활동 경험을 바탕으로 한다.

③ **개별화의 원리** : 유아의 운동능력 수준이나 경험 수준이 다양한 점을 고려함으로써 유아 개개인의 개인차를 인정하며, 운동능력과 발달속도에 따라 체육활동 경험이 가능하도록 한다.

④ **탐구학습의 원리** : 유아 개개인이 자신의 신체에 대한 움직임, 공간 내에서의 움직임, 방향, 시간 등과 같이 자발적으로 움직임의 기본적 개념을 탐색하도록 한다.

⑤ **반복학습의 원리** : 안정, 이동, 조작운동의 3가지 기초운동을 반복학습하도록 한다.

⑥ **융통성의 원리** : 신체활동 시간의 결정을 유아 스스로 할 수 있도록 하며, 신체활동 과정에서 순서를 제시할 때에도 유아의 체력, 흥미, 활동시간 등을 고려한다.

⑦ **통합의 원리** : 대근육 운동 능력 중 기초운동기술(안정, 이동), 운동능력(협응, 균형, 힘, 속도), 지각-운동능력(공간, 신체 방향, 시간)의 발달이 통합적으로 이루어지도록 한다.

합격 TIP

유아체육 교육과정 설계 시 고려사항

- 다양한 교구의 세팅을 통하여 실제적으로 실행될 수 있는 활동들을 포함시킨다. 발달에 부적절하고 복잡한 특성을 가진 게임이나 활동, 특수한 기구가 필요한 활동들은 제외시킨다.
- 양질의 신체활동의 제공을 위해서 지도자들은 제약 요소들을 적절하게 조절하고, 유아들의 성장 발달에 필수적인 부분들을 제공할 수 있어야 한다.
- 본 운동 전의 준비운동이 중요하다. 흥미로운 방법으로 낮은 강도의 움직임에서 점차 높은 강도로 진행하는 준비운동을 진행해야 한다.
- 많은 발달 영역들을 다루는 다양하고 광범위한 활동 프로그램을 제공한다.

(2) 지도교사의 심리적 기술

① **목표를 향한 동기부여** : 운동효과를 그 내용의 특색에 따라 얻을 수 있도록 유의한다. 유아들에게 흥미롭게 적극적인 자세로 활동할 수 있는 동기를 부여해야 한다.

② **의욕적인 지도** : 유아는 새로운 것에 대해 적극성을 띠지 않는 경우가 많기 때문에 유아의 심리적 특징을 고려하여 스스로 흥미와 의욕을 높일 수 있는 지도 기술의 고안이 필요하다.

③ **변화 있는 지도** : 유아는 동일한 일의 반복활동에 싫증을 느끼므로 지도교사는 창의력을 발휘하여 지도 내용이나 방법 등을 변화시켜 나가야 한다.

④ **심리적 특징을 고려한 지도**

⑤ **개인차를 고려한 지도** : 획일적이고 편협적인 지도보다는 개인의 능력에 맞춰 지도하는 것이 유아들의 성장 발달에 바람직하다.

⑥ **시범의 정확성** : 정확히 반복하여 실시하는 시범을 통해 유아의 정확한 동작과 안전사고의 감소가 가능하다.

합격 TIP

수업 중 신체활동 시간을 증가시키는 전략 ★★★

- 충분한 신체활동이 이루어지지 않으면 활동을 변형시켜 움직임을 찾아낸다.
- 유아들이 참여하기 어렵거나 제외되는 활동이나 게임들은 사용하지 않는다.
- 지시는 간결하고 명료하게 한다.
- 가능한 한 활동적으로 참여하는 것에 대해 긍정적 피드백을 많이 제공한다.
- 비과제 참여 유아들을 재감독한다.
- 대기 시간을 줄이도록 한다.
- 주의 집중을 위한 상호간 약속된 신호를 정한다.
- 수업 전 교구를 효율적으로 배치한다.

(3) 유아체육지도사의 자세 ★★

① 열정적, 긍정적 모습을 보여준다.

② 유아들의 호기심을 자극하고, 반응에 관심을 보이며 지도한다.

③ 과도한 경쟁 의식을 갖지 않도록 지도한다. 반드시 이기는 것이 좋은 것이 아니라 신체동작과 규칙을 잘 지키며 활동하는 것이 중요하다는 것을 강조하며 진행한다.

④ 유아와 긍정적인 상호작용을 갖도록 한다. 부정적 언어보다는 권유하는 언어를 사용한다.

⑤ 놀이를 적극적으로 활용하고, 신체활동 방법을 개별적인 유아의 발달속도에 따라 다양화하도록 한다.

2 유아체육 프로그램 계획

(1) 유아체육 프로그램의 목표

① 다양한 신체활동과 감각 경험을 통하여 자신의 신체와 주변 세계를 인식하는 데 필요한 기초 능력을 기른다.

② 신체활동에 활발하게 참여함으로써 기본적인 운동능력을 기르고 기초체력을 증진시킨다.

③ 건강과 안전에 관련된 지식과 기술을 익힘으로써 건강하고 안전한 생활습관을 가진다.

④ 체육활동에 즐겁게 참여함으로써 건강한 정신을 기른다.

합격 TIP

유아의 신체운동 영역의 목표

: 감각과 신체 인식

감각 능력을 기르고 감각 기관을 활용하여 자신의 신체를 긍정적으로 인식하도록 한다.

:신체 조절과 기본운동

유아가 협응력과 신체조절 능력을 기르고 신체균형감을 익히며 자신의 신체를 유연하고 활발하게 움직이는 의지와 능력을 키우도록 한다.

:신체활동 참여

유아가 신체활동 시 적극적으로 참여하고, 다양한 기구를 활용하여 안전하고 즐겁게 신체활동을 하는 경험을 통해 기초체력을 형성하고 생활하며 규칙적으로 운동할 수 있도록 한다(서로의 차이를 자연스럽게 인정하고, 자신의 특성에 맞는 운동에 참여한다).

운동발달평가

- 측정을 통해 정보를 수집하여 운동행동과 관련된 변화를 관찰, 기록하여 시기별 성장 및 발달 상태를 평가하는 것을 말한다.
- 개인별 발달정보와 문제점을 파악할 수 있다.
- 운동발달 프로그램의 구체적 목표를 구성하는데 도움을 준다.
- 평가는 기준에 따라 규준지향평가와 준거지향평가로 나뉜다.

규준지향평가	집단 내 상대적 서열을 중심으로 평가하는 방법
준거지향평가	사전에 설정된 학습 목표를 준거로 하여 그 목표의 달성도를 평가하는 방법

3 유아체육 프로그램 지도

(1) 유아체육 수업의 운영 지침

① 유아의 일상생활과 밀접한 관련을 가진 다양한 체육활동 프로그램을 개발, 운영한다.

② 유아의 체육능력 발달을 위한 기초운동기술을 먼저 가르치도록 한다.

③ 체육활동은 가벼운 준비운동과 정신적, 육체적으로 체육활동을 준비하게 하는 활동으로 시작한다.

④ 체육기능 훈련만 강조하지 말고 다양성과 통합성을 도모한다.

⑤ 각 체육활동에서 2~3가지 새로운 활동과 활동방법을 제시하되, 이전 실시한 활동과 연계하여 반복, 숙달되게 한다.

⑥ 기본적 운동형태를 모를 경우 개별적 연습 기회를 제공하며, 집단 활동과 병행해 주어야 한다.

⑦ 유아가 필요로 하는 도움을 즉각 알아차려야 한다.

⑧ 각 체육활동에서 유아 혼자, 친구와 함께, 소집단이나 대집단으로 집단을 나누어 다양한 방법의 체육활동을 진행한다. 운동기능이 발달함에 따라 함께하는 체육활동을 점진적으로 더 많이 포함시킨다.

⑨ 체육교육매체 활용을 위한 활동을 먼저 진행한다.

⑩ 유아의 체육능력 향상과 전인발달을 도모할 수 있다는 확신을 갖고 진행하여 유아의 긍정적 자아개념 형성에 도움을 준다.

(2) 유아체육 수업 운영의 유의점

① **체육활동 내용구성** : 체육내용(신체를 활용, 대형 운동기구 활용, 소형 운동도구 활용, 그 외 특별 체육활동)이 고르게 포함된 균형과 조화를 이루는 프로그램으로 진행해야 한다.

② **체육활동 실행** : 개별적으로 기본적 신체욕구를 충족시키며, 일정한 순서를 중요시하는 일관성 있는 체육활동 시간을 계획하고 운영하여 정서적 안정감과 만족감을 충족시켜 준다.

③ **연령집단 운영** : 유아의 발달 정도와 요구도에 따라 전체 대집단 중심의 체육활동과 소집단 중심의 자유선택 체육활동을 조화롭고 융통성 있게 병행한다.

④ **소집단 구성** : 소집단으로 구성하여 운영할 경우 리더가 될 만한 유아(체육활동 진행에 문제를 야기하는 유아)를 집단에 배치한다. 리더의 권한을 주고 질서에 대해 스스로 책임을 지게 한다.

⑤ **가정환경과 부모특성** : 가정에서 도움을 받을 일이 많기 때문에 유아교육기관과 부모 사이에 적절한 요구와 협조가 이루어질 수 있도록 한다.

(3) 유아체육 수업 진행의 유의점

① 체육활동 중 안전사고에 대한 예방책이나 대비책을 미리 마련한다.

② 유아의 발달수준을 고려하여 적절한 체육활동 내용을 단계적으로 계획하여 진행한다.

③ 개별 활동, 소집단 활동, 대집단 활동 등 집단 크기에 따른 적절한 공간을 준비한다.

④ 유아들이 흥미와 능력에 맞는 활동을 선택할 수 있도록 활동자료와 교재교구를 다양하게 제공한다.

⑤ 유아들이 가능한 한 체육활동에 주의 집중할 수 있도록 최대한 노력한다.

⑥ 격렬한 신체게임 놀이 후에는 반드시 마무리 체조로 유아들의 근육을 풀어주도록 한다.

⑦ 체육활동 진행 시 운동기술이나 결과보다 운동의 근본적인 목적을 잘 설명하고 과정을 중시하여, 유아들이 체육활동에서 자신만의 느낌이나 생각을 자연스럽게 표현하도록 도와준다.

⑧ 체육활동 후에는 운동기구나 운동도구를 정리·정돈하는 습관을 길러준다.

⑨ 체육활동 후 위생적인 생활을 하도록 지도한다.

4 안전한 유아체육 프로그램 지도를 위한 환경

(1) 유아체육 지도 환경 원칙 ★★

안전성	• 체육활동을 위한 설비나 용구가 유아들의 건강을 해치거나 위험성이 없어야 함
경제성	• 시간 및 비용 면에서 경제력이 있는 것을 선택하여 예산문제로 발생하는 안전사고가 일어나지 않도록 해야 함
흥미성	• 호기심, 모험심 등을 표현할 수 있는 환경조성은 체육활동의 흥미로움과 적극적인 수업 태도를 만들어낼 수 있음
효율성 (필요성)	• 유아 신체발달에 반드시 필요한 기구나 설비로 판단되면 그 필요성을 인정하고 준비해야 함 • 수업장소의 공간크기, 음향, 냉난방 시설 등은 수업의 효과적인 진행을 위해 고려해야 함

(2) 운동기구의 배치

① 운동기구 배치의 유형

병렬식 배치	• 유아들이 운동기구에 익숙해질 때까지 팀을 나누어 병렬식으로 배치함 • 지도자가 한 곳의 운동기구만 보조할 경우 다른 운동기구들의 난이도를 낮추어 유아들의 부상을 예방해야 함 • 팀별 대장을 선출하여 팀의 질서를 스스로 지킬 수 있는 동기를 부여함
순환식 배치	• 유아들이 운동기구에 어느 정도 자신감을 갖게 되면 순환식으로 배치하여 여러 가지 다양한 기구를 한꺼번에 접할 수 있게 함 • 재미와 만족감을 줄 수 있음

② **시각적 효과의 운동기구 배치** : 기관의 물품을 활용하여 기구를 배치하면 시각적 효과와 보다 많은 프로그램으로 유아들에게 만족감을 제공할 수 있다.

③ **운동기구 관리**

- 여름철 습기 관리
- 조립식 철봉 같은 운동도구는 분해하여 보관하고 쓰러져 유아들이 다치지 않도록 해야 한다.
- 자주 사용하지 않는 도구는 영유아 손이 닿지 않는 곳에 보관한다.

(3) 응급처치 및 실습-응급 시 행동요령

① **응급상황을 인지** : 위험상황에 대한 이해와 분석

② **도움의 유무 결정** : 평소 응급상황에 대한 판단 기준을 명료화

③ **필요 시 구급차 호출** : 신속하게 119로 도움 요청 (일반 차량으로 환자를 옮기는 것은 부적절함)

④ **부상자 진단** : 환자 상태 파악 후 위중할 경우 즉시 응급처치 실시

⑤ **응급처치 실시** : 응급조치가 필요하다 판단되면 즉시 응급처치 실시

합격 TIP

응급처치의 기본원칙

- 호흡정지, 호흡곤란 유무를 먼저 체크한다.
- 응급처치 전 신체손상을 주의 깊게 살펴본다.
- 환자 상태에 확신이 없을 경우나 미숙한 응급처치는 하지 않는다.
- 환자를 수평으로 편안하게 눕혀두고, 충격을 받지 않도록 조치한다.
- 환자 본인이 부상당한 곳을 보지 않도록 주의한다.
- 체온유지를 도와준다.
- 불안해하지 않도록 주위를 조용히 시킨다.
- 119에 신속하게 연락한다.

유아의 응급처치

: 열성경련

유아기에 경험하는 경기의 대부분은 열성경련으로, 유아들의 미성숙한 뇌의 발달과 미숙한 체온조절 기능으로 고열이 지속되며 뇌와 근육이 충격을 받아 정신경련을 일으키게 된다. 고열로 인한 뇌의 산소 부족이나 탈수, 뇌의 독소 침입, 유전적 요인 등이 원인들로 거론된다. 열을 내리는 것이 급선무이며 해열제를 구강내로 복용시키는 것보다는 좌약을 이용하는 것이 효과적이다. 아이가 경련을 하며 손과 발을 떠는 경우 그냥 두는 것이 바람직하며, 혀를 깨물거나 기도가 막히지 않도록 주의한다.

: 유아가 머리를 다친 경우

유아가 머리를 부딪칠 경우 겉으로 보기에는 이상이 없더라도 반드시 의사의 진단을 받아보도록 하고, 평소와 달리 늘어지며 칭얼거리고 보채는지, 먹은 것을 내뿜듯 토하는지, 평소보다 잠의 양이 눈에 띄게 늘었는지 관찰하도록 한다. 이러한 관찰은 외상 후 일주일 후까지 세심하게 이루어져야 한다. 유아가 머리를 다친 후에는 뛰어다니지 않도록 하고 머리를 15도 정도 높인 상태로 잠깐 유지하도록 한다.

: 구토

위장 속 음식물을 입 밖으로 게워내는 증상으로, 구토 발생 시 머리를 옆으로 돌리도록 눕히거나 앉혀서 토사물이 기도로 들어가지 않도록 해야 한다. 구토 후 일정 시간동안에는 아무것도 먹이지 않고 탈수 방지를 위하여 물만 제공하도록 한다. 구토가 어느 정도 진정되게 되면 물 종류부터 소량씩 시작하여, 소화되기 쉬운 죽이나 미음 등으로 식이를 진행하고 이후에도 세심하게 증상을 관찰해야 한다.

[참고문헌]

김선진(2009). 운동학습과 제어. 서울: 대한미디어.
문화체육관광부(2014). 국민체육진흥법 시행령.
박찬종(2019). 중학생의 스포츠 참여와 신체적 자기개념 및 대인관계능력의 구조적 관계 분석. 미간행 석사학위논문, 한국교원대학교 대학원.
백효현(2016). 유아 기본운동기술 검사 도구 개발 및 타당화 검증. 미간행 박사학위논문, 중앙대학교 대학원.
보건복지부(2011). 영유아보육법.
보건복지부(2015). 지역사회 통합건강증진사업안내.
윤은영(2005). 유아 신체활동 프로그램의 개발 및 효과; 대근육 운동능력과 신체적 자아개념을 중심으로. 미간행 박사학위논문, 덕성여자대학교 대학원.
진낙식(2019). 유아체육론. 서울: 스포북스.
충청남도교육청 교육과정과(2019). 누리과정 개정 정책 연구.
한국유아체육학회(2017). 유아체육론. 서울: 대한미디어.
황진, 김상범, 김병준 & 김영숙(2021). 스포츠심리학. 서울: 대한미디어.
국민체력100 홈페이지. https://nfa.kspo.or.kr/front/control/con1203_list.do
이선옥(2012). 유아의 또래놀이 상호작용과 사회적 놀이행동 및 배움성향 간의 관계. 미간행 석사학위논문, 연세대학교 대학원, 서울.

유아체육론

노인체육론

저자 직강 이론 강의

출제기준/출제빈도

주요항목	세부항목	출제빈도				
		2022	2021	2020	2019	2018
1. 노화와 노화의 특성	1. 노화의 개념	1/20	0/20	1/20	1/20	1/20
	2. 노화와 관련된 이론	3/20	4/20	2/20	1/20	3/20
	3. 노화에 따른 신체적·심리적·사회적 변화	2/20	2/20	1/20	1/20	1/20
2. 노인의 운동 효과	1. 운동의 개념과 역할	2/20	1/20	0/20	2/20	0/20
	2. 운동의 효과	2/20	5/20	1/20	3/20	2/20
3. 노인 운동프로그램의 설계	1. 운동프로그램의 요소	3/20	0/20	4/20	3/20	4/20
	2. 지속적 운동참여를 위한 동기유발 방법	2/20	1/20	2/20	1/20	1/20
	3. 운동권고 지침 및 운동방안	2/20	3/20	3/20	4/20	1/20
4. 질환별 프로그램 설계	1. 호흡·순환계 질환 운동프로그램	1/20	1/20	1/20	0/20	4/20
	2. 근골격계 질환 운동프로그램	1/20	2/20	3/20	1/20	1/20
5. 지도자의 효과적인 지도	1. 의사소통기술	1/20	1/20	1/20	1/20	1/20
	2. 노인운동 시 위험관리	0/20	0/20	1/20	2/20	1/20

Chapter 1 노화와 노화의 특성

학습목표

- 노화에 대한 개념과 일반적인 내용을 이해할 수 있다.
- 노화와 관련된 이론을 이해한다.
- 노화에 따른 신체적, 심리적, 사회적 변화를 이해한다.

1 노화의 개념

(1) 노화에 대한 정의

① 노화란 육체적으로 나이가 들어가면서 정신적, 신체적 기능이 약화하는 현상

② 생물학적 자연현상으로 시간이 지남에 따라 신체가 겪게 되는 육체적, 심리적, 사회적 변화의 포괄개념

③ 질병 또는 큰 사고 등에 의한 것이 아니고 연령 증가에 따라 생체 조직이나 기관의 형태가 변화하고, 기능이 감퇴되어 가는 비가역적인 퇴행성 과정

④ 노화는 대부분 사람이 겪는 신체기능의 점진적 감퇴를 수반

⑤ 노화의 속도와 기능 저하의 정도는 개인차가 존재함

(2) 노화의 과정 및 신체적 변화

① 노화는 시작 시기, 속도 및 범위가 개인에 따라 매우 이질적이며 또한 대개 다수의 장기 시스템에서 발생한다.

② 남·여를 막론하고 유전, 환경, 생활양식, 영양 섭취 등이 노화에 영향을 미친다.

③ 생물학적 노화의 특성은 신체 구성 조직 성분 중 지방분은 증가하는 반면, 고형분과 수분은 감소하여 뼛속의 칼슘이 고갈됨에 따라 골다공증의 증세가 나타난다.

④ 연골의 탄력성이 약화되고 퇴행성관절염 등의 발생 빈도가 높게 나타나며, 뼈 구성의 변화로 젊은이에 비해서 쉽게 골절상을 당할 수 있다.

⑤ 골격근의 양과 근력 감소로 유연성, 민첩성, 속도 및 평형성이 저하된다.

⑥ 노화에 따라 남자는 2.25%, 여자는 약 2.5% 정도 신장이 줄어들고 체중도 감소한다.

⑦ 노인의 생활 습관과 삶의 태도는 신체적, 정신적 건강에 중요한 요인이다.

합격 TIP

노화에 따른 주요 생리적 변화

- 최대산소섭취량 감소
- 폐의 탄력성과 호흡기 근력의 저하
- 동정맥 산소 차의 감소
- 수축기 및 이완기 혈압수치의 증가
- 안정 시 심박수 증가
- 항상성의 저하
- 수용기의 기능적 저하
- 유연성, 민첩성, 속도, 평행성 저하
- 대뇌와 신경세포의 감소로 뇌 체중 감소
- 미네랄량의 부족과 같은 뼈 구성의 변화로 골절 상해의 위험도 증가

노인인구에 의한 사회분류

- **고령화사회** : 총인구 중 65세 이상의 노인인구가 7% 이상의 비중을 차지하는 사회
- **고령사회** : 총인구 중 65세 이상의 노인인구가 14% 이상의 비중을 차지하는 사회
- **초고령사회** : 총인구 중 65세 이상의 노인인구가 20% 이상의 비중을 차지하는 사회

(3) 노화의 구분 ★★

① **기능적 연령(Functional age)** : 연령이 증가함에 따라 인체의 생리적 기능(시각, 청각, 운동능력, 심리적 동기, 건강 상태)이 저하되어 가는 과정

② **연대기적 연령(생활 연령, Chronological age)** : 생명의 잉태, 성장, 사춘기를 지나 성년기를 거쳐 생리적으로 노화되어 사망에 이르는 노화 과정

기능적(Functional) 연령

- 연령적 노화라고 일컬어지는 출생을 기점으로 한 역연령과 대비되는 개념이다.
- 연령과 성을 기준으로 한 기능적 체력과 관련이 있다.
- 신체 연령이라고도 말한다.

❷ 노화와 관련된 생물학적 이론 ★

신체의 노화를 초래하고 나이의 증가와 함께 발병률과 사망률의 위험을 증가시키는 요인에 초점을 맞춘 이론

(1) 유전적 이론

수천 개의 유전인자가 질병 발병에 유의한 역할, 유전적 요인이 노화의 속도를 결정한다.

(2) 손상 이론

세포손상의 누적이 세포의 기능장애에 결정요소로 작용한다.

(3) 점진적 불균형 이론

① 생물학적 기능의 노화로 인해 중추신경과 내분비계의 불균형, 호르몬의 이상으로 생리적·대사적 불균형

② 인체 기관이 다른 속도로 노화하면서 신경내분비계에 불균형을 초래한다.

(4) 면역반응이론

① 면역계의 기능변화가 노화를 가져다준다는 이론

② 면역계 퇴화로 정상세포에 대한 공격증가가 노화를 촉진한다.

(5) 신체적변이이론

세포가 어떤 원인에 의하여 상해를 받게 되면 세포 원래의 성질이 변하게 되고 변이된 세포가 축적되어 노화가 일어난다는 이론

❸ 노화와 관련된 심리학적 이론 ★★★

노화 과정에 미치는 심리적 과정과 성격적 특성의 영향에 초점을 맞춘 이론

(1) 에릭슨(E. Erikson)의 심리사회발달 단계 이론

출생부터 노년까지 자아 발달의 8단계를 설명하고 있는 이론으로 각 단계는 발달의 갈등이나 위기를 극복해가면서 진행하기 때문에 성공적인 노화를 위해서는 각 단계의 위기가 잘 해결되어야 한다고 주장

단계	연령기	단계별 특징	특징
1단계	영아기	신뢰 대 불신	신뢰 관계 수립
2단계	유아기	자율성 대 수치	의지와 통제력 발달
3단계	초기 아동기	주도성 대 죄의식	목표감과 가치 추구
4단계	후기 아동기	근면성 대 열등감	인지적, 사회적 기술 연마
5단계	청소년기	자아정체감 대 역할 혼미	자신의 위치 파악
6단계	성인 초기 단계	친밀감과 고립감	대인관계 형성
7단계	중년기	생산 대 자기 침체	생산과 희생을 함
8단계	노년기	자기 통합 대 절망	인생을 평가하고 삶의 의미를 인식

(2) Maslow 욕구 이론

① **인간의 욕구 5단계** : 생리적 욕구 → 안전의 욕구 → 사회적 욕구 → 존경의 욕구 → 자아실현의 욕구

② 기본적 욕구(생리적 욕구, 안전의 욕구) 충족은 성공적 노화의 기본조건

③ 낮은 수준의 욕구는 다음 수준의 욕구 전에 충족되어야 함

④ 기본적 욕구와 존경의 욕구 충족, 자아실현(Self-actualization), 초월시(Transcendent) 성공적 노화

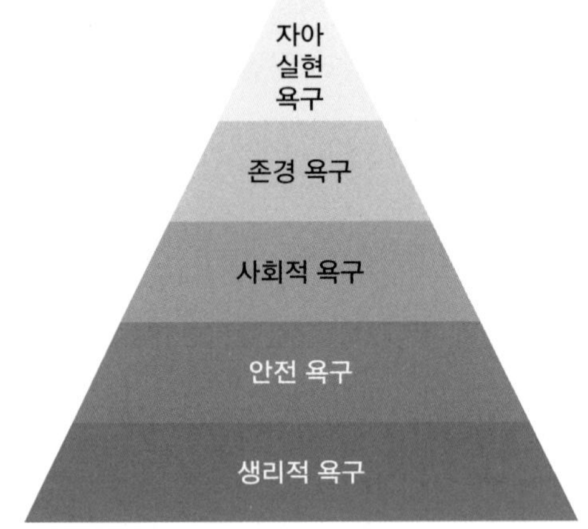

Maslow 욕구 이론 5단계

(3) Baltes의 보상이 수반된 선택적 적정화 이론

① 선택, 적정화, 보상이라는 3가지 전략을 통해 성공적인 노화 수준이 결정되는 이론

② 성공적인 노화는 신체적, 정신적, 사회적 손실에 대한 적응력과 관련이 있으며 기능적 능력의 향상을 통해 노화로 인한 손실을 보완하도록 도움을 줌

③ 기품 있는 노화는 긍정적 마음가짐, 낙천적 전망, 적극적 삶의 정열

합격 TIP

하비거스트(R. Havighust)의 발달과업 이론에서 노년기의 과업

- 배우자의 죽음에 대한 적응
- 은퇴와 수입 감소에 대한 적응
- 자기의 동년배와 친밀한 관계를 유지
- 근력 감소와 건강 약화에 대한 적응

반두라의 자기효능감 이론

변인	증진전략
성공수행경험	운동 참여에 대한 불안과 두려움을 극복하는 경험을 갖도록 지도함
간접경험	운동에 함께 참여하는 동료 노인을 통해 간접경험을 갖게 함
언어적 설득	다른 구성원들로부터 격려의 말을 듣게 함
정서적 상태	불안과 두려움을 조절할 수 있도록 인지적 훈련을 시킴

노화와 관련된 이론

- **하위문화이론** : 공통된 특성을 가진 노인들이 집단을 형성하고 빈번한 상호작용을 통해 그들 특유의 행동양식을 만든다는 이론
- **분리이론** : 노인들이 왜 삶의 현장에서 벗어나는지를 설명하기 위한 노화와 관련된 초기 이론
- **연속성이론** : 과거의 생활 패턴과 비슷한 활동 및 태도를 유지할수록 성공적인 노화가 가능하다는 이론

건강신념모형(health belief model)

- 건강 행위를 연구하기 위한 이론
- 신체활동의 효과를 인식하고 이를 행동으로 옮길 수 있는 자기효능감은 행동 변화를 쉽게 유발할 수 있다.
- 지각된 개연성, 지각된 심각성, 지각된 이익, 지각된 장애, 행동의 계기, 자기효능감의 6가지 요소로 구성됨

4 노화와 관련된 사회학적 이론

노화의 과정에 미치는 사회적 환경과 자연 환경에 초점을 맞춘 이론

(1) 노화의 사회학적 활동이론

평생 일상적으로 정신적, 신체적 활동을 지속해서 하는 사람은 건강하고 행복하게 늙는다는 이론

(2) 노화의 사회학적 지속성 이론

긍정적 건강 습관, 선택, 생활방식, 인간관계를 노년까지 지속하는 사람이 성공적으로 늙는다는 이론

5 노화에 따른 신체적·심리적·사회적 변화

(1) 노화에 따른 신체적 변화

① 연골조직 퇴화

② 신장감소, 관절염, 운동능력 감퇴

③ 소화 기능, 대사기능 저하

④ 근 질량 감소

⑤ 관절 유연성 감소

⑥ 수축기혈압과 이완기혈압 증가

⑦ 체지방 비율 증가

⑧ 안정시 심박수 증가

⑨ 최대산소섭취량 감소

⑩ 최대 심박수 감소

⑪ 혈관 경직도 증가

⑫ 관절 움직임의 제한으로 낙상 위험이 증가

⑬ 관절가동범위의 감소는 평형성과 안정성 상실을 초래함

합격 TIP

스피르두소의 신체적 능력 5단계

- 1단계 : 신체적으로 의존
- 2단계 : 신체적으로 연약
- 3단계 : 신체적으로 독립
- 4단계 : 신체적으로 단련
- 5단계 : 신체적으로 아주 잘 단련

(2) 노화에 따른 주요 심리적 변화

① 건강과 경제적 불안, 생활 부적응에서 오는 불안감

② 개인 자주성 상실에서 오는 의존심 증대

③ 건강쇠퇴로 인한 활동 범위의 제한

④ 과거 생각의 집착과 불안, 초조함

⑤ 사회적 지위 및 경제 능력 상실에 따른 열등감

(3) 노화에 따른 주요 사회적 변화

① 주변 환경 변화에 대한 소극적 대처

② 자아에 대한 투자 감소

③ 권력의 쇠퇴와 경제적 능력의 상실

④ 주위(배우자)의 사별 등으로 인한 사회적 고독감 발생

Chapter 2 노인의 운동 효과

학습목표

- 노인운동의 개념과 역할을 이해할 수 있다.
- 노인운동의 효과에 대해 이해할 수 있다.

1 노인운동의 개념과 역할

(1) 운동(Exercise)

체력을 향상하기 위해 수행되는 계획되고 구조화된 반복적 신체활동으로서 에너지를 소모하는 골격근에 의해 이루어지며 체력과 정적 상관관계를 나타낸다.

(2) 신체활동(Physical activity)

골격근의 수축으로 일어나는 신체의 모든 움직임을 말하며, 걷기, 장보기, 계단 오르내리기, 청소하기 등의 일상적인 활동을 의미한다.

(3) 체력(Physical fitness)

인간의 생존과 활동의 기초가 되는 신체적, 정신적 능력을 말한다.

(4) 체력의 요소

① **심폐지구력** : 심혈관계의 능력으로 전신 활동을 지속할 수 있는 능력을 말한다. 나이가 듦에 따라 자연적인 노화를 지연시키고 활동 부족으로 인한 심폐기능이 저하되지 않도록 지속해서 운동하는 것이 필요하다.

② **근력** : 근수축에 의해 발생하는 물리적 운동에너지로써 근육이 최대로 수축해서 발휘되는 힘이다. 근력은 일상생활에서 힘이 요구되는 동작을 수행할 때 필요한 중요한 체력으로 모든 동작을 수행하는 것으로 효율성을 결정한다.

③ **근지구력** : 동일한 근수축 운동을 반복적으로 지속할 수 있는 능력을 말한다. 근지구력은 지속해서 동작을 수행할 수 있느냐 하는 지표가 되며, 동일한 근력을 가진 사람이라도 근지구력에 있어 차이를 보일 수 있다.

④ **순발력** : 순간적으로 힘을 발휘하는 능력으로 짧은 시간 내에 최대의 힘을 발휘할 수 있는 능력이다. 짧은 순간에 에너지를 힘으로 전환하는 체력으로 힘과 스피드가 동시에 관여하며 투포환, 역도 등 순간적인 힘을 요구하는 동작들에서 순발력은 중요한 체력요인이 된다.

⑤ **민첩성** : 최대한 빠르게 방향을 전환하는 능력이다. 재빠른 동작으로 신체를 잘 조정하고 부드럽게 반응할 수 있는 능력으로 전신적인 동작이나 부분적인 동작을 신속하게 변경한다든지 운동 방향을 빠르게 바꿀 수 있는 능력이다.

⑥ **유연성** : 관절 가동 범위(range of motion)를 넓혀 신체를 여러 방향으로 최대한 멀리 움직이고 뻗을 수 있는 능력이다.

⑦ **평형성** : 신체를 일정한 자세로 유지할 수 있는 능력을 말한다. 나이가 들수록 약화되어 반드시 실시해야 한다.

(5) 체력요소의 분류

건강관련체력요소	운동기능관련체력요소
심폐기능	순발력
신체 구성	스피드
유연성	민첩성
근력	평형성
근지구력	조정력

(6) 노인운동의 역할

① 노인의 스포츠활동은 성인, 청소년과 아주 다르다.

② 노인의 신체활동으로 삶의 보람을 가진다.

③ 노인의 여가생활이 운동 전부인 경우가 대부분이다.

④ 생활의 활력소가 될 수 있다.

⑤ 육체적, 정신적으로 매우 중요하다.

⑥ 운동이 수명에 영향을 미친다.

⑦ 노인의 체력증진은 사망률 감소에 중요한 역할을 한다.

2 운동의 효과 ★★★

(1) 운동의 신체적 효과

① 운동은 체중을 조절할 수 있다.

② 심혈관계 질환의 위험이 줄어든다.

③ 뼈의 골밀도를 감소시키고 골다공증을 예방한다.

④ 비만, 고혈압, 당뇨병 등 대사증후군 위험요인이 감소한다.

⑤ 조기사망 위험이 감소한다.

⑥ 낙상 예방을 할 수 있다.

⑦ 관절 주위의 인대 및 근육의 신축성 증가로 인한 유연성이 개선된다.

(2) 운동의 심리적 효과

① 스트레스와 불안 감소

② 기분전환 및 향상

③ 자신감 회복

④ 인지기능 향상

⑤ 우울증 및 치매 예방

(3) 운동의 사회적 효과 ★★

① 사회성 발달 및 사회적 유대감 강화

② 새로운 인간관계 형성 (집단 신체활동은 새로운 우정과 교류를 촉진)

③ 독립적이고 자립적인 상태 유지

④ 선의의 경쟁, 타인의 존중, 규범 준수, 응집력, 공동체 의식 배양

⑤ 세대 간의 교류 증가

⑥ 역할 유지와 새로운 역할을 맡는 것에 도움이 됨

합격 TIP

노인의 신체활동 지침

노인 신체활동은 하루 30분, 주 3일 이상의 신체활동에 참가하며 근력 운동은 근골격계 질환의 발생을 감소시키고, 낙상의 위험이 있는 노인에게는 하체 근력 강화 운동에 집중하며 질환이 있는 노인은 의학적 상황에 따라 운동의 강도와 빈도를 조절해야 한다.

Chapter 3 노인 운동프로그램의 설계

학습목표

- 노인 운동프로그램의 다양한 요소에 대해 이해할 수 있다.
- 지속적인 운동 참여를 위한 동기 유발 방법에 대해 이해할 수 있다.
- 노인 운동프로그램의 운동 권고 지침 및 운동방안에 대해 이해할 수 있다.

1 노인 운동프로그램의 다양한 요소 ★★★

노화에 따라 노인들의 생리적 기능은 감퇴하고, 체력뿐만 아니라 순환, 감각, 호흡 등의 기능도 약화되기 때문에 여러 가지 조건을 고려하여 운동프로그램을 설계해야 한다. 노인의 특성에 맞는 체계적 프로그램에 따라 이루어져야 하며 노인에 알맞은 운동 빈도, 운동 강도, 운동 시간, 운동 형태를 고려하여 적용해야 한다.

(1) 운동 빈도

① 운동프로그램을 주당 실시한 총 횟수를 말한다.

② 고령자는 운동량과 강도를 줄이고 운동 빈도를 늘리는 것이 효과적이다.

③ 운동초기에는 근피로의 회복과 뼈와 관절의 손상 방지에 목적을 두어 격일제 운동이 적합하며 이후에는 일주일에 4~5일 정도의 운동이 효과적이다.

(2) 운동 강도

① 일정 시간 내에 수행한 운동에 대한 양을 말한다.

② 최대산소섭취량 기준으로 일반인의 50% 이상의 운동강도가 유효하다.

③ 저강도 운동에서 점진적으로 강도를 증가시킨다.

④ 심박수 기준으로 개인차를 고려해야 한다.

> 목표 심박수 설정을 위한 카보넨 공식
> 목표 심박수 = [(220 − 나이 − 안정 시 심박수) × 운동 강도] + 안정 시 심박수

(3) 운동시간

① 정해진 운동 강도로 운동을 얼마나 오래 지속할 것인가에 대한 양적 요소이다.

② 고령자는 생리적 자극의 적응 및 회복 능력이 낮기 때문에 운동단위를 짧게 자주 반복하여 실시한다.

③ 규칙적인 운동은 한 번의 운동단위로 최소 30분이 적합하다.

④ 건강한 고령자들은 운동의 강도를 낮추어 1시간 정도 운동시간을 지속해야 효과적이다.

⑤ 운동지속 시간은 운동강도에 따라 달라지며, 가벼운 운동은 30~45분, 조금 강한 운동은 20~30분, 강한 운동은 15~20분 정도가 적절하다.

(4) 운동 형태(유형)

① 운동 목적에 맞게 우선으로 고려되어야 하며, 적절한 운동 형태를 선택한다.

② 개인의 흥미도 고려한다.

(5) 운동량

운동량 = 빈도 × 강도 × 시간

2 노인 운동프로그램의 원리 ★★

① **특수성의 원리** : 운동 자극에 따라 나타나는 인체의 반응은 행해지는 운동의 형태나 근육군에 따라 달라질 수 있다.

② **과부하의 원리** : 인체의 생리적 자극 수준을 초과하여 운동시키는 것을 말한다.

③ **점증 부하의 원리** : 운동 기간 동안 운동 강도를 점진적으로 증가시키는 것을 말한다.

④ **개별성의 원리** : 자신의 개별성에 맞는 적절한 운동이 진행(나이, 성별, 체력수준)된다.

⑤ **변동성의 원리** : 드는 무게는 가볍게, 운동량은 많게 시작해서 시간 경과에 따라 점진적으로 무게는 무겁게 운동량은 적게 진행한다.

⑥ **가역성의 원리** : 운동하다가 멈추면 다시 체력이 떨어진다는 원리를 말한다.

3 지속적인 운동 참여를 위한 동기유발 방법

(1) 행동변화 이론에 따른 동기유발 ★★

계획 이전단계	• 가까운 미래에 행동을 변화시킬 의사가 없으며 문제를 인식하지 못하거나 간과함 • 변화를 강요당하는 느낌을 받음 • 인지 유도 전략
계획단계	• 미래에 변화할 의사가 없지만, 문제를 인식하는 단계 • 구체적 계획은 없음 • 계획단계에서 멈추고 준비단계로 가지 못하는 경우가 빈번함 • 인지 유도 전략
준비단계	• 행동으로 옮길 계획이 있으며 작은 행동의 변화가 나타남 • 전략 행동 실천 교육
행동 단계	• 현재의 문제를 극복하기 위해 행동을 수행하며 상당한 시간이 필요 • 지속적 행동이 이루어지지 않음 • 중재 전략

유지단계	• 새로운 운동 습관이 지속되는 단계 • 지지해주기 전략

(2) 노인운동 동기유발요소

① **건강과 의료 :** 신체적 기분을 증진하고 질병의 위험을 감소시키며 건강을 증진함

② **정신 건강 :** 정신적 활력을 찾고 스트레스와 불안을 감소시킴

③ **외모 :** 외모를 유지하고 향상함

④ **사회적 요인 :** 운동을 통해 사회적 접촉과 교류를 증가하며 가족과 친구의 격려를 받을 수 있음

(3) 목표설정

① **측정 가능성 :** 설정한 목표에 대해 달성 여부를 판단할 수 있어야 한다.

② **구체성 :** 운동 종목, 시간, 강도 등을 구체적으로 설정해야 한다.

③ **현실성 :** 목표설정이 실현할 수 있도록 현실적이어야 한다.

④ **행동적 :** 참가자는 결과 지향적 목표보다는 행동 지향적 목표를 더욱 직접적으로 통제할 수 있어야 한다.

(4) 자기효능감

① **자기효능감 :** 일정 수준의 수행을 성취할 수 있는 자신의 역량에 대한 판단

② **자기개념 :** 자신에 대해 가지고 있는 모든 의견, 감정, 믿음

4 노인체력검사(Senior Fitness Test)

(1) 리클리와 존스의 노인기능체력검사(SFT)

등 뒤로 손닿기, 등 뒤에서 양손 마주잡기	상체유연성
2분 제자리 걷기	심폐지구력
30초 아령 들기	상체근력
30초 동안 의자에 앉았다가 일어서기	하체근력
6분 걷기	심폐지구력
눈감고 외발 서기	평형성
의자에 앉아 윗몸 앞으로 굽히기	하체유연성
2.44m 왕복 걷기	민첩성 및 동적균형성

(2) 의자에 앉았다 일어서기 테스트(Chair stand test)

계단 오르기, 걷기, 의자에 앉았다 일어서기, 차에서 내릴 때와 같은 많은 활동을 하고자 할 때 요구되는 하체의 근력을 측정하기 위한 테스트이다.

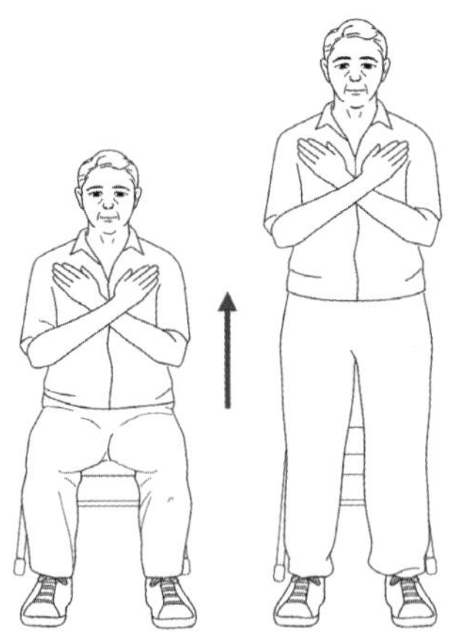

의자에 앉았다 일어서기 테스트

① 양손은 몸에 교차하여 붙인 뒤 일어섰다가 앉은 횟수를 측정한다.

② 의자가 움직이지 않게 바닥과 벽면에 고정하거나 의자를 잡아서 30초 동안 실시한다.

(3) 암 컬 테스트(위팔두갈래근 테스트, Arm curl test)

물건을 들거나 이동시키는 동작을 할 때 필요한 상체의 근력을 측정하기 위한 테스트이다.

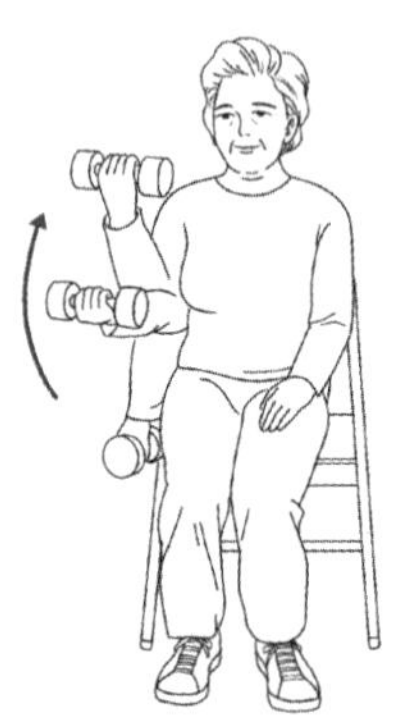

암 컬 테스트

① 등을 곧게 편 상태로 발바닥이 지면에 닿도록 의자에 앉는데, 오른쪽이든 왼쪽이든 힘이 더 강한 쪽 의자 끝으로 앉는다.

② 힘이 더 강한 쪽 손으로 아령을 잡고 팔을 아래로 쭉 펴서 몸통 옆에 가까이 붙인다.

③ 팔을 아래로 편 상태에서 시작하여 팔꿈치를 굽히는 동안 손바닥이 얼굴 쪽으로 향하도록 손목을 회전시키면서 팔꿈치를 굽힌다.

(4) 2분 제자리 걷기 테스트(2-minute step test)

관광 시 걷거나 계단 오르기, 쇼핑 등을 할 때 중요한 유산소성 능력을 측정하기 위한 테스트이다.

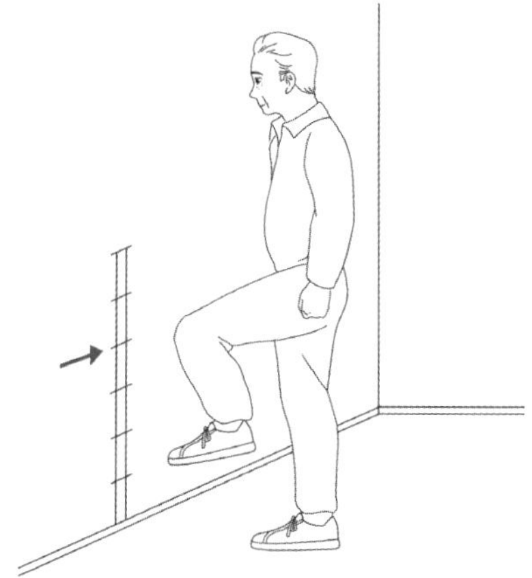

2분 제자리 걷기 테스트

① 무릎뼈와 엉덩뼈 능선(장골능, iliac crest) 사이의 중간지점에 기준점을 표시한다.

② 우측 다리부터 실시하여 기준점까지 무릎을 올린다.

③ 양발 모두 걸었을 때 1회로 실시하여 총 2분간 실시한다.

(5) 의자에 앉아 유연성 테스트(Chair sit and reach test)

다양한 움직임을 할 때 중요하게 고려되는 하체의 유연성을 평가하기 위한 테스트이다.

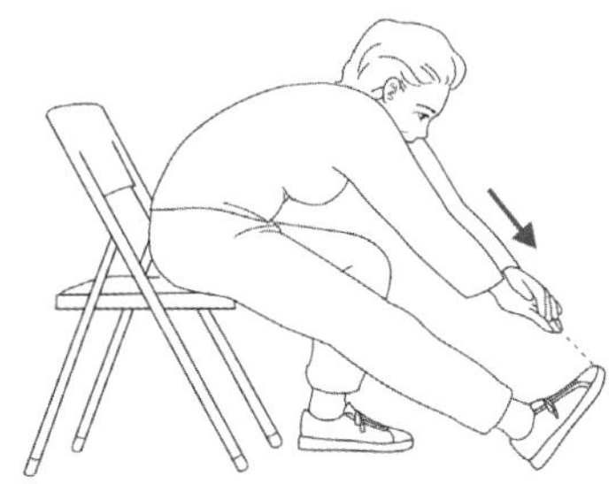

의자에 앉아 유연성 테스트

① 참여자는 유연성이 더 좋은 다리로 두 번 테스트를 시행하여 좋은 점수를 기록한다.

② 양손을 겹쳐 무릎을 편 다리 쪽으로 최대한 내려간다.

③ 중지 끝에서 신발 위까지의 거리를 측정하는데 0.5cm 단위까지 기록한다. 신발 윗부분의 가운데가 기준점이 된다. 만일 이 지점에 도달하지 못한다면 (-)값으로 기록하고, 중지가 발가락에 닿는다면 0값, 중지가 발가락 가운데로 지나간다면 (+)값으로 기록한다.

(6) 상지 유연성 검사(Back scratch test)

자신의 머리를 빗는다거나 머리 위로 옷을 벗을 때, 안전벨트를 착용할 때 요구되는 상체 유연성을 평가하기 위한 테스트이다.

상지 유연성 검사

① 선 상태에서 한 손은 머리 뒤쪽으로 넘기고, 다른 쪽 손은 등 뒤로 굽혀 손바닥이 보이게 올린다.

② 편한 팔을 기준으로 하여 잘되는 쪽으로 연습한 후에 검사를 2회 실시한다.

③ cm 단위로 기록하는데, 손가락이 겹치거나 혹은 중지끼리의 거리를 측정하고 좋은 점수를 체크한다.

④ 만일 중지끼리 닿지 않는다면 (−)점수를 주고, 중지끼리 맞닿았다면 0, 중지끼리 겹친다면 (+)점수를 준다.

(7) 2.44M 왕복 걷기 검사(민첩성, 동적 균형 테스트)

빠른 행동을 하고자 할 때 중요한 민첩성과 평형성을 평가하기 위한 테스트이다.

2.44M 왕복 걷기 검사

① 허리를 펴고 양발은 바닥에, 양손은 허벅지 위에 놓고 대기한다.

② 한 발은 다른 발보다 약간 앞으로 빼고, 몸통은 약간 앞으로 기울인다.

③ 시작 신호와 함께 일어난 다음 고깔 지점을 돌고 의자에 돌아와서 앉는다. 가능한 한 빠르게 돌아서 의자에 다시 앉도록 한다.

④ 기본 동작과 희망 속도로 먼저 시범을 보인 후, 한 번 연습하도록 한다. 총 2회 실시하며, 1/10초까지 좋은 수치를 기록한다.

5 노인운동프로그램의 운동 권고 지침 및 운동방안

(1) 노인 운동프로그램 구성요소

① 운동프로그램에는 심폐지구력, 근력, 유연성 운동 등이 포함된다.

② 운동 빈도, 운동 강도, 운동 시간, 운동 종류를 고려하여 구성한다.

③ 유산소 운동은 주 3회 이상을 권장한다.

④ 저항성 운동은 주 2~3회가 적당하다.

⑤ 운동 강도는 적절한 부하량으로 제공되어야 한다.

⑥ 질환별 특성을 고려하여 운동 시간대를 결정한다.

⑦ 휴식 시간을 충분히 제공하여 저강도의 운동을 진행하고, 운동 빈도는 3~5회 정도로 점차적으로 늘려나간다.

(2) 노인의 신체활동 권고지침

① 주당 유산소 운동시간은 150~300분 권장

② 저·중강도로 주 2회 이상의 대근육군을 이용한 저항운동

③ 1회 유산소 신체활동은 적어도 10분 이상 실시

④ 이동성이 떨어지는 노인은 낙상예방을 위한 신체활동을 주 2회 이상 실시

⑤ 저항운동을 처음 시작할 경우 1RM 40~50%로 실시

⑥ 유연성 향상을 위한 운동은 한 세션에 10분 이상 실시할 것을 권장하고 근육의 긴장감이 느껴지는 정도의 정적스트레칭은 30~60초 동안 유지

⑦ 근육의 긴장과 약간의 불편감이 느껴질 정도의 유연성 운동

합격 TIP

노인의 체력요소와 이를 향상시키는 운동방법

- **심폐지구력** : 고정식 자전거 타기
- **유연성** : 골반 돌리기 및 다양한 스트레칭
- **협응성** : 앉은 상태에서 공 밀기
- **평형성** : 한쪽 다리 들고 20초 동안 외발 서기
- **근력** : 덤벨 들고 앉았다 일어서기

미국스포츠의학회(ACSM)가 제시한 노인을 대상으로 한 운동부하검사 고려사항

- 시력 손상, 보행 실조, 발의 문제가 있는 경우 자전거 에르고미터 검사를 실시
- 트레드밀 부하는 속도보다는 경사도를 증가시킴
- 균형감과 근력이 낮고, 신경근 협응력이 저조하여 검사의 두려움이 있다면 트레드밀의 양측 손잡이를 잡고 검사를 실시
- 낮은 체력을 가진 노인은 초기 부하가 낮고(3METs 이하), 부하 증가량도 작은 노턴(Naughton) 트레드밀 프로토콜을 이용

Chapter 4 질환별 프로그램 설계

학습목표

- 호흡순환계 질환과 운동프로그램을 이해한다.
- 근골격계 질환과 운동프로그램을 이해한다.
- 신경계 질환과 운동프로그램을 이해한다.

1 호흡계 질환 운동프로그램 ★★

(1) 만성폐쇄성 폐질환(COPD)

① 원인이 되는 폐질환이나 심장질환 없이 기도폐쇄가 발생하여 공기 흐름의 속도가 감소하는 질환군을 말하며 만성기관지염과 폐기종의 두 질환이 대표적이다.

② **만성기관지염** : 점차적으로 기도가 좁아져서 공기의 유출이 제한되는 질환 (비가역적 기도폐쇄)

③ **폐기종** : 말단 기도 부위 허파꽈리에서의 파괴와 불규칙한 확장 상태

④ 호흡 효율과 지구력을 위해 운동을 필수적으로 실시해야 하며, 운동자각도(RPE)를 기준으로 운동 강도를 조절한다.

단 운동자각도(RPE) : 노인이 자신의 주관적인 느낌을 통해 운동 강도를 설정할 수 있는 방법

⑤ 체력이 약한 참가자는 30~60초 운동, 30~60초 휴식을 번갈아 실시하는 인터벌트레이닝이 도움이 된다.

⑥ 준비운동과 정리운동을 실시하며, 얇은 호흡이 되지 않도록 호흡 운동을 따로 실시한다.

⑦ 심혈관계 기능과 폐기능 개선을 위한 유산소 운동을 실시한다.

(2) 천식

① 천식은 기관지가 좁아지면서 숨이 차고 기침을 하며 목에서 거친 숨소리가 분 단위 혹은 시간 단위로 반복하여 나타나는 질환이다.

② 천식은 알레르기성 천식과 특발성 천식으로 분류하며, 짧은 시간에 많은 호흡을 하게 되는 축구나 농구, 스키, 하키 등에서 더 유발될 수 있고, 겨울 스포츠나 차고 건조한 날씨에 운동을 하는 경우도 잘 발생한다.

③ 천식이 있는 참가자는 기관지 수축이 운동 중 발생하나 수영은 거의 일으키지 않는다.

④ 천식이 있는 참가자의 약물 투여 유무를 파악하고 있어야 한다. 흡입기는 수분 내 작용하고, 내복약은 30분 이상 걸릴 수 있으므로, 약물 투여와 운동 시간의 조절이 필요하다.

⑤ 최대호기량측정기(peak flow meter)를 통해 운동 시 측정하여, 정상 수치의 20% 이상 낮은 수치면, 운동량을 줄이도록 한다.

⑥ 운동강도는 목표 심박수, RPE, 최대 호기량 측정치를 이용하여 조절한다.

⑦ 운동 유발성 천식이 있는 참가자는 반드시 흡입기를 준비하여야 한다.

⑧ 겨울철이나 실외 운동 시에는 목도리와 마스크를 착용한다.

2 심혈관계 질환 운동프로그램 ★★

(1) 관상동맥 질환

① 관상동맥은 대동맥으로부터 심장에 혈액을 공급하는 3가지 굵은 혈관을 말하며, 왕관 모양처럼 생겼다 하여 관상동맥이라 한다.

② 심혈관계 질환의 대표적인 것은 관상동맥성 심장질환, 고혈압, 뇌졸중 등이 있다.

③ 노인들의 심혈관 체력을 기르기 위해 매일 규칙적으로 30~40분 동안 중·저 강도의 운동 프로그램을 가지고 운동을 하도록 권장한다.

④ 관상동맥질환의 위험인자

요소	기준
나이	남자 45세 이상, 여자 55세 이상
가족력	심근경색, 관상동맥 재생 또는 부계나 다른 남성 직계 가족 중 55세 이전 혹은 모계나 다른 여성 직계 가족 중에 65세 이전에 급사한 가족력
흡연	현재 흡연 혹은 과거 6개월 이내에 금연한 자, 간접흡연에 노출된 자
고혈압	2회 이상 측정으로 수축기 혈압 140mmHg 이상 또는 이완기 혈압 90mmHg 이상 또는 항고혈압제 처방
이상지질혈증	저밀도(LDL)콜레스테롤 130mg/dL 이상(3.37mmol/L) 또는 고밀도(HDL)콜레스테롤 40mg/dL 이하(1.04mmol/L) 또는 총혈청콜레스테롤 200mg/dL 이상(5.2mmol/L) 지질개선약물을 투약 중인 경우
공복혈당	2회 이상 측정으로 공복 시 혈당 100(5.6mmol/L) 이상
비만	체질량지수 30kg/m^3 이상 또는 허리둘레가 102cm(남) 88cm(여) 이상 또는 허리/엉덩이 비율 0.95(남) 0.86(여) 이상
좌식생활	최소 3개월 동안 주당 3일 1회 운동시 30분 이상 중강도 운동을 하지 않는 경우
고밀도 지단백 콜레스테롤	60mg/dl(1.6mmol/L) 이상

(2) 고혈압 ★★★

① 고혈압 정의 및 기준 : 고혈압은 미국스포츠의학회(ACSM)의 기준으로 다른 시간대에 2회 측정한 평균 혈압에서 수축기 혈압 ≥130mmHg, 이완기 혈압 ≥ 80mmHg 또는 항고혈압 약물 복용 중인 상태를 말한다.

구분	수축기 혈압(mmHg)	이완기 혈압(mmHg)
정상	〈 120	〈 80
상승혈압	120 ~ 129	80 미만
고혈압 1단계	130 ~ 139	80 ~ 89
고혈압 2단계	≥ 140	≥ 90

ACC/AHA의 고혈압 기준

구분	수축기 혈압(mmHg)	이완기 혈압(mmHg)
정상	〈 120	〈 80
고혈압 전 단계	120 ~ 139	80 ~ 89
고혈압 1단계	140 ~ 159	90 ~ 99
고혈압 2단계	≥ 160	≥ 100

JNC의 고혈압 기준

② 적절한 약물 치료를 하고, 무리한 운동프로그램을 실시하지 않도록 한다.

③ 고혈압 약물인 베타 차단제는 심박수를 감소시키기 때문에 운동 중에도 심박수 증가가 둔해진다. 그러므로 목표 심박수보다는 RPE(운동자각도)를 확인하는 것이 중요하다.

④ 혈압 강하제는 운동 후 저혈압증을 유발할 수 있으므로, 정리 운동을 철저히 하여 안정적으로 심박수를 낮추도록 한다.

⑤ 여유 심박수 40~59%, RPE 12~13 정도가 적절하다.

⑥ 적절한 체중 유지 및 감소는 혈압 감소에 효과적이다.

합격 TIP

고혈압 질환이 있는 노인의 운동 지도 시 고려해야 할 사항

- **고혈압** : 수축기 혈압 140mmHg 이상, 이완기 혈압이 90mmHg 이상인 경우
- 체중감소에 도움을 줄 수 있는 규칙적인(주 3회~5회, 30분~50분) 저강도 유산소성 운동이 효과적이다.
- 추운 날씨에는 야외운동을 삼가는 것이 좋다.
- 발살바 조작이 동반되는 등척성 및 저항성 운동은 금지한다.

3 대사성 질환 운동프로그램 ★★

(1) 당뇨병

① 혈액 속에 포도당 농도가 비정상적으로 높아서 생기는 질환으로 인슐린의 분비가 부족하거나 정상적인 기능이 이루어지지 않아서 생기는 대사 질환이다.

② **증상 :** 다음(심한 갈증을 느껴 물을 많이 마심), 다뇨(소변으로 포도당이 빠져나가면서 물을 끌고 나가기 때문에 소변량이 많음), 다식(포도당이 제대로 사용되지 못하여 에너지 부족으로 공복감을 느낌)

③ **원인 :** 비만, 노화, 임신, 감염, 수술, 스트레스, 약물남용, 가족력, 만성췌장염 등

④ 운동프로그램은 초기에는 가벼운 운동으로 시작하여 점진적으로 강도를 증가시키며 규칙적인 전신운동이 좋다.

⑤ 운동은 되도록 식후에 하며 인슐린 주사를 맞은 뒤 1시간 후에 운동하고 주사 부위의 중점적인 운동은 피한다.

타입	당뇨 운동 가이드
유산소운동 (Aerobic Exercise)	• 빈도(Frequency) : 3~7일/일주일 • 강도(Intensity) : 낮은 강도의 운동에서 시작하여 중강도 운동으로 지속해서 유지 • 시간(Time) : 20~60분/일 또는 간헐적으로 적어도 10분씩 일주일에 150분 • 운동형태(Type) : 대근육군을 사용하며, 개인의 관심과 원하는 목표에 맞게 운동
저항운동 (Resistance Training)	• 빈도(Frequency) : 2~3일/일주일 • 강도(Intensity) : 반복횟수 8~12회 2~3세트 실시할 수 있는 무게 • 시간(Time) : 8~10회 같은 세션에서 모든 주요 근육 그룹들을 다관절 운동 • 운동형태(Type) : 정적인 작업 그리고 혈압 예방을 위해 발살바 메뉴법 호흡을 피함

(2) 고지혈증

① 콜레스테롤이나 중성지방의 증가 또는 고밀도 지단백이 감소된 것을 의미하며 죽상동맥경화증이나 췌장염 등의 질환을 일으켜 생명을 위협한다.

② **고지혈증 진단 :** 총콜레스테롤 200mg/dL 이상, LDL 콜레스테롤 140mg/dL 이상, HDL 콜레스테롤 40mg/dL 미만, 중성지방 150mg/dL 이상 (ACSM기준)

③ 규칙적인 운동은 고밀도 지단백 증가, 저밀도 지단백 감소, 인슐린 감수성 증가, 포도당 대사를 개선하여 체중감량을 촉진시킨다.

4 근골격계 질환과 운동프로그램 ★★★

(1) 골다공증

① 골량이 감소되어 외부의 작은 충격에도 쉽게 뼈가 부러질 수 있는 상태가 되는 질환을 말한다.

② **골다공증 원인 :** 칼슘 섭취 부족, 카페인 섭취, 흡연, 알코올 섭취, 과도한 동물성 단백질 섭취 등

③ **기전 :** 골흡수와 골형성의 균형이 파괴되거나 최대 뼈의 형성이 부족하여 발생

④ **증상 :** 골밀도가 최대골밀도 T-score에서 −2.5 표준 편차값 미만이면 골다공증이라고 진단하며, −1 ~ −2.5 표준편차값 사이는 골감소증이라고 진단한다.

정상	〉−1.0
골감소증	−1.0 ~ −2.5
골다공증	〈 −2.5
심한 골다공증	〈 −2.5와 골절동반

골밀도 진단 수치표

⑤ **제1형(폐경후) 골다공증 :** 폐경 후 에스트로겐이 결핍되면 골흡수가 현저히 증가되어 혈중 칼슘은 높아지는데, 부갑상선호르몬의 분비가 감소하여 장내 칼슘 흡수가 낮아짐으로써 생기는 골다공증

⑥ **제2형(노인성) 골다공증 :** 연령이 증가함에 따라 비타민 D의 생성이 적어지고 이에 따라 장내 칼슘 흡수가 적어지고 조골세포의 감소가 동반되어 나타나는 골다공증

⑦ **골다공증 치료 및 예방 :** 근력 운동과 평형성 운동의 프로그램을 필수로 실시해야 한다.

⑧ 가장 좋은 치료는 예방으로 하루 적절한 칼슘의 섭취(1,500~1,800mg)와 신체 활동 그리고 1주일에 2회씩은 약 15분 정도 햇볕을 쬐어 뼈에 필요한 비타민 D를 충분히 합성하도록 하는 것이 좋다.

⑨ 과도한 비틀기, 구부리기, 압박이 일어나는 동작은 피하는 것이 좋다.

⑩ 무게가 실리는 등장성 웨이트 운동이 권장되며 유산소성 지구력 운동도 권장한다. 단, 수영의 경우 적정 자극을 주어 뼈에 스트레스를 주어야 하나 부력으로 인해 적절한 스트레스를 주기 힘들기 때문에 효과적인 운동이라 하기 어렵다.

합격 TIP

골다공증 노인에게 운동을 지도할 때 고려사항

- 허리를 뒤로 젖혀서 과신전을 증가시키는 운동은 주의
- 골다공증 노인에게는 골밀도 증가를 위한 체중지지 운동이 권장
- 근력 수준에 적합한 체중부하운동과 저항성 근력 운동을 실시
- 체중부하운동이 불가능한 경우 수중걷기, 수중부하운동을 권장
- 통증을 유발하지 않는 중강도 운동을 권장
- 평형성 향상을 위한 운동을 권장

(2) 관절염

① 뼈와 뼈가 만나는 부위의 관절 염증뿐만 아니라 관절의 병변을 의미한다.

② 퇴행성 관절염은 관절 연골이 닳아 없어지면서, 국소적인 퇴행성 변화가 나타나는 질환을 말한다. 통증, 조조강직, 가동성 저하 등의 증상이 나타난다.

③ 류마티스 관절염은 자가 면역 질환으로 원인 불명의 만성 염증성 질환이다. 아침에 일어나면 관절운동이 유연하지 못하며 피로감, 전신 무력감, 의욕감소 등으로 나타나는 것을 특징으로 주로 40~50대 여성들에게 많이 발생한다.

④ 운동으로 통증과 피로가 줄어들고, 건강 상태가 호전되면 일상생활의 수행 능력이 개선된다.

⑤ 류마티스 관절염의 운동치료 요법은 지나친 운동은 염증을 악화시키기 때문에 근력 소실 예방과 관절 가동 범위 개선에 초점을 맞춘다. (염증의 원인 제거 및 통증 제거)

합격 TIP

퇴행성 관절염과 류마티스 관절염의 비교

	퇴행성 관절염	류마티스 관절염
빈도	10~15%	1%
연령	50대 이후(여성 약 2배)	소아 이상(여성 75%)
원인	연령, 기타 원인	자가면역기능 이상
부위	무릎, 고관절 등	손가락, 손목(작은관절)에서 시작
병리	연골변성	활액막 염증
증상	국소적인 통증	전신 피로감과 통증
타증상	없음	있음
진행	느리다	빠르다
면역검사	정상	비정상

(3) 낙상

낙상을 잘 유발하는 위험요인	• 보행장애가 있는 질환을 앓고 있는 사람 • 기립성 저혈압이 있는 경우 • 4가지 이상 약물을 복용하는 사람 • 발에 이상이 있거나 적절한 신발을 착용하지 않는 사람 • 시력이 떨어져 있는 사람 • 집안에 낙상 위험이 있는 경우

합격 TIP

노인은 시야의 확보가 잘 안되거나 발에 대한 감각 저하 및 발목 가동성의 감소, 기립성 저혈압, 균형 감각의 상실 등으로 인하여 낙상의 위험이 크다.

5 신경계 질환 운동프로그램

(1) 파킨슨병

① 뇌에서 도파민이라는 신경물질이 부족하게 되어 생기는 퇴행성 질환으로 뇌의 흑색질이라는 부위에서 생성되는 도파민의 신경세포가 점차 소실되어 발생하는 신경계의 만성(퇴행성) 질환이다.

② 운동완서(동작이 느려짐), 근육 경직, 안정 시 떨림, 자세 불안정, 균형 감각 이상 등의 증상이 나타난다.

③ 보폭이 점점 짧고 빨라지는 가속 보행이 나타나며, 무게중심을 잘 잡지 못해 넘어지기 쉬우므로 운동 시 주의를 기울여야 한다.

④ 파킨슨병 운동치료는 병의 진행을 막거나 증상을 호전시키는 목적이 아닌 현재 환자의 운동능력을 최대한 발휘되도록 돕고 관절이 굳지 않게 하는 목적이며, 걷기와 몸을 곧게 뻗는 운동 그리고 근력 운동이 중요하다.

(2) 알츠하이머병(치매)

① 대뇌피질의 기능 감소로 일상생활에 장애를 줄 정도로 인지능력과 지적능력이 감소된 상태를 말하며 치매는 정상적인 노화현상이 아니고, 신경질환의 하나이다.

② **알츠하이머형 치매** : 신경세포가 서서히 퇴화되어 소실되는 병으로 현재의 의학으로는 완치가 어렵다.

③ **혈관성 치매** : 뇌혈관 질환으로 인해 뇌조직의 손상이 초래되어 나타나는 치매를 의미하며, 완치는 어렵지만, 악화되는 것을 막을 수는 있는 경우로서 다발성 뇌경색이 대표적이다.

④ 혈관성 치매 위험요인으로 알려져 있는 당뇨병, 고혈압, 고콜레스테롤혈증 등 개별 요인의 유전성을 통해 유전적 영향이 발현되는 것으로 추정되고 있다.

⑤ 인지능력이 떨어지기 때문에 간단한 운동을 반복하는 것이 중요하며, 그룹 수업보다는 개별 지도를 하는 것이 효과적이다.

⑥ 운동프로그램 진행 시 흥미 유발을 위해 용기를 주어야 하고, 가족이나 보호자의 동반 참여를 고려해야 한다.

⑦ 운동을 통해 인지력 향상이나 기억력 증가의 효과를 기대하기는 어려우나, 신체적 약화를 지연시키는 데 도움을 줄 수 있다.

Chapter 5 지도자의 효과적인 지도

학습목표

- 노인스포츠지도자의 지도기법 및 의사소통 기술 및 원칙을 이해한다.
- 노인운동시설의 안전관리에 대해 이해할 수 있다.
- 노인운동 시 발생할 수 있는 응급상황과 대처법을 이해한다.

1 노인스포츠지도자의 지도기법

(1) 노인스포츠지도사가 갖추어야 할 요건

① 우선 실기능력 및 시범능력

② 상냥한 대인 태도와 같은 행동적 덕목을 갖추어야 함

③ 자기 의사를 명확히 표현할 수 있는 표현 능력

④ 운동 참가자의 의견을 경청하고 이해할 수 있는 의사소통 능력이 필요함

⑤ 운동 참가자의 운동몰입 및 운동지속을 끌어낼 수 있는 동기유발 능력이 필요함

(2) 노인스포츠지도자의 의사소통기술 및 원칙 ★★★

① 자신을 소개하고, 전달내용을 명확하고 간결하게 말한다.

② 노인에 대해 알려고 노력해야 한다.

③ 공감을 느끼며 경청하며, 눈을 자주 마주친다.

④ 신체 언어에 주의를 기울이며 전문용어나 일반적으로 흔히 사용하지 않는 단어는 사용하지 않는다.

⑤ 접촉을 적절하게 자주 사용한다.

⑥ 따뜻한 표정으로 비언어적 의사소통을 사용한다.

⑦ 소리를 질러가며 말하지 않고, 따뜻한 표정으로 분명하고 천천히 말해야 한다.

(3) 의사소통 증진을 위한 5가지 신체적 동작

① 참여자의 정면에 서기

② 개방적이고 수용적인 자세 취하기

③ 참여자를 향해 몸을 약간 기울이기

④ 적절한 거리 유지 및 눈높이 맞추기

⑤ 편안하고 안정된 태도 유지

2 노인운동시설의 안전관리

(1) 시설에서 안전하게 장비를 제공하기 위한 교육

① 장비는 적절하게 배치되어 있으며, 정기적으로 검사되고 정비되며, 안전에 유념하라는 표시를 적절한 위치에 명확히 보이도록 한다.

② 참여자들에게 장비를 적절하게 사용하도록, 그리고 운동동작을 올바르게 실행하도록 지도하며, 장비에 내재되어 있는 위험이 어떤 것인지를 알려 주고 지속적으로 감독한다.

③ 장비제조자의 지시대로 장비를 설치하고 사용방법에 대해 지도와 감독을 제공한다.

3 노인운동 시 위험관리 ★★

(1) 노인운동시설에 적용되는 5가지 ACSM(American College of Sports Medicine) 규범

① 기초적인 응급처치방법을 숙지하고, 어떠한 응급상황에서도 신속하게 반응할 수 있어야 하며, 모든 지도자에게 알려져 있는 응급대처 계획을 게시해 놓고, 모든 지도자들을 대상으로 정기적인 응급대처 훈련을 실시한다.

② 프로그램에서의 안전을 위해서는 신체활동 프로그램 시작 전에 각 참여자들을 선별한다.

③ 응급처치 상황에서 심폐소생술을 할 수 있는 응급처치 및 스포츠안전 관련 자격증을 포함하여 지도자가 안전과 관련한 전문 능력을 갖추고 있는지를 증명하도록 요구한다.

④ 운동시설 및 장비를 어떻게 사용하는지에 대한 설명을 제시하고 장비 사용과 관련된 위험에 대한 경고를 게시한다.

⑤ 모든 관련된 법률, 규정, 알려져 있는 규범을 준수한다.

(2) 노인 응급처치의 원칙

① 응급상황 인식

② 도움의 여부를 결정

③ 응급의료서비스기관인 119로의 호출

④ 전문적인 치료가 이루어지기 전까지 응급처치 실시

합격 TIP

운동 중 노인의 심정지 상황에 대한 응급처치

- 자동제세동기(AED)를 이용할 수 있는 경우 사용함
- 의식의 확인과 119 신고 후, 심폐소생술을 실시함
- 의식이 없으면 묵시적 동의라고 간주하고 심폐소생술을 실시함

[참고문헌]

강희성(1993). 운동처방. 보경문화사.
김완수(2022). ACSM's 운동검사·운동처방 지침(11판). 한미의학.
권인순(2007). 노화의 정의 및 분류. 대한의사협회지, 50(3), 208-215.
백영호(1991). 운동과 영양과 노화. 부산대학교 체육과학연구소논문집.
서울아산병원(2022). https://www.amc.seoul.kr/asan/main.do
이윤경(2018). 노인의 건강과 돌봄. 보건복지포럼, 2018(10), 19-30.
장철호, 이기영 & 심연희(2017). 노년기의 정의와 노화의 생리적 변화. Journal of the Korean Medical Association (대한의사협회지), 60(5), 358-363.
전진숙(2007). 노화의 개념. 생물치료정신의학, 13(2), 129-137.
홍양자 & 함정혜(2001). 노화에 따른 생리적 변화와 운동의 효과에 관한 연구. 대한스포츠융합학회지 (구 한국유산소운동과학회지), 5(2), 133-145.
Cutler, R. G., & Mattson, M. P. (2006). Introduction: The adversities of aging. Ageing research reviews, 5(3), 221-238.
조영미 & 백영호(2017). 운동유형에 따른 여성노인의 신체조성, 노인기능체력 및 노화관련호르몬에 미치는 영향. 한국체육과학회지, 26(4), 943-953.
Roberta E. R. (2014). 노인 체력 검사와 평가. 대한미디어.
Vijg, J. & Wei, J. Y. (1995). Understanding the biology of aging: the key to prevention and therapy. Journal of the American Geriatrics Society, 43(4), 426-434.

MEMO

MEMO

MEMO

II

기출문제 정답 및 해설

2022년 기출문제 정답 및 해설
2021년 기출문제 정답 및 해설
2020년 기출문제 정답 및 해설
2019년 기출문제 정답 및 해설
2018년 기출문제 정답 및 해설

2022년 기출문제 스포츠사회학 정답 및 해설

1	2	3	4	5	6	7	8	9	10	11	12	13	14	15	16	17	18	19	20
①	④	①	③	②	③	③	④	①	①	②	①	②	④	③	④	②	④	③	②

1 ① 스포츠사회학의 의미

〈보기〉에서 스포츠는 사회구성원에게 현실에 적합한 사고, 감정, 행동양식 등 학습할 수 있는 장을 마련해주고, 개인의 체력 및 건강증진을 도모하여 효율적으로 사회활동에 참여할 수 있게 하는 파슨즈 모형의 적응에 해당된다.

파슨즈 모형

파슨즈(T. Parsons)의 조직에 대한 유형분류로서 조직을 사회적 기능에 따라 적응(Adaptation), 목표성취(Goal attainment), 통합(Integration), 유형 유지(Latent pattern maintenance) 등으로 분류하고 머리글자를 따서 AGIL 모형이라 하였다.

A : 적응	사회체제의 환경에 대한 적응 기능을 수행하는 조직으로서 경제적 재화의 생산과 배분에 종사하는 조직이며 사기업이 이에 해당
G : 목표성취	사회체제의 목표를 결정하고 순서를 정하여 목표 달성을 촉진
I : 통합	체계 내부의 협동적이고 조화된 사회적 관계를 보장하는 것으로 사회 내의 구성원들의 관계를 통제하고 사회적 규범을 창조하교 유지하는 조직
L : 유형 유지	체제 유지는 사회체제를 유지하거나 문화적 가치를 창조하는 문화적이고 교육적인 기능과 밀접한 관련이 있는 조직

2 ④ 스포츠와 정치의 결합

에티즌(D.Eitzen)과 세이지(G. Sage)가 제시한 스포츠의 정치적 속성에는 보수성, 대표성, 권력투쟁, 상호의존성이 있다. 상호배타성은 해당이 안 된다.

에티즌(D.Eitzen)과 세이지(G. Sage)가 제시한 스포츠의 정치적 속성

보수성	현존하는 질서를 지지하고 유지, 애국 의식, 정치체계 강화
대표성	소속 조직 대표, 충성심, 슬로건, 응원가 등 상징을 통해 조직에 대한 선수의 충성심을 지속시키거나 강화
상호의존성	스포츠는 국가 홍보 역할을 하고, 국가는 스포츠에 혜택을 부여하는 속성
권력투쟁	스포츠가 조직화됨에 따라 불평등하게 배분된 권력을 획득하는 속성

3 ①

스포츠사회화의 의미와 과정

〈보기〉는 사회학습이론 구성요소 중 상과 벌을 통해 행동의 변화가 일어나는 '강화'를 설명한다.

사회학습이론

강화	사회적 역할의 습득과 수행에 있어서 상과 벌의 역할을 강조하는 것, 상과 벌을 통해 행동의 변화가 일어남
코칭	사회화의 대상이 사회화의 주관자에 노출되거나 가르침을 받는 것, 사회화 주관자의 가르침을 통해 행동이 변화함
관찰학습	타인의 행동을 모방하고 관찰함으로써 학습이 이루어지는 것, 다른 사람의 행동을 관찰하여 모방이 일어남
역할학습	개인이 사회 속에서 각자의 사회적 지위를 향한 역할기대 또는 행동양식을 획득하는 과정을 설명하려는 이론

4 ③

스포츠 탈사회화 재사회화

㉠ 스포츠 탈사회화 : 손목수술 후유증으로 인해 골프선수를 그만두게 된 것은 스포츠 참가를 중도에 포기하거나 아예 그만둠으로써 스포츠에서 이탈하는 스포츠 탈사회화 과정이다.

㉡ 스포츠를 통한 사회화 : 골프선수가 되어 사회성, 체력, 준법정신이 함양된 것은 골프를 통해 학습된 기능, 특성, 가치, 태도, 지식 및 성향 등이 다른 사회현상으로 전이 또는 일반화 되는 과정이므로 스포츠를 통한 사회화 과정이다.

㉢ 스포츠로의 사회화 : 아빠와 함께 골프연습장에 자주 가면서 골프를 배우게 된 것은 스포츠 참가 자체를 의미하는 것으로 참가가 전제되는 스포츠로의 사회화 과정이다.

㉣ 스포츠로의 재사회화 : 골프선수 은퇴 후 골프아카데미 원장으로 부임하는 것은 탈사회화 과정을 거쳐 새로운 직업이나 환경으로 변화하는 스포츠로의 재사회화 과정이다.

스포츠사회화 과정

스포츠로의 사회화 → 스포츠를 통한 사회화 → 스포츠 탈사회화 → 스포츠 재사회화

스포츠로의 사회화	스포츠 참가 자체를 의미하는 것으로 스포츠로의 참가가 전제됨
스포츠를 통한 사회화	스포츠 장면에서 학습된 기능, 특성, 가치, 태도, 지식 및 성향 등이 다른 사회현상으로 전이 또는 일반화 되는 과정
스포츠 탈사회화	지속적으로 스포츠 활동을 하던 사람이 스포츠 참가를 중도에 포기하거나 아예 그만둠으로써 스포츠에서 이탈하는 것
스포츠 재사회화	조직화된 경쟁스포츠에 참여했던 개인이 스포츠로부터 탈사회화 과정을 거쳐 사회·심리학적 적응을 경험하면서 스포츠 영역에서 새로운 직업이나 환경으로 변화하는 과정

5 ② 한국의 학원스포츠

학원엘리트스포츠는 학교운동부와 관련된 학교 체육 활동을 말하지만 학교의 자원 및 교육시설을 독점할 수는 없다.

학원엘리트스포츠

학원엘리트스포츠는 학교운동부와 관련된 학교 체육활동을 말한다. 이러한 학원스포츠는 학생 선수의 학습권 제한, 성폭력 문제, 인권침해 등 문제점이 발생하긴 했지만 2021년 6월 22일 국회 본회의에서 '학원엘리트스포츠 체육정상화를 위한 촉구 결의안'이 통과되어 학생들이 공부와 운동을 병행할 수 있도록 모든 학생체육대회의 평일 개최를 금지하고, 주말과 방학기간에 개최할 것을 촉구하고 있다. 또한 학생들이 학업과 운동을 병행하도록 최저학력제를 도입하고, 학교의 합숙소를 점진적으로 폐지하라는 요구가 들어가 있다.

이러한 결의안을 바탕으로 학생들은 소속된 학교의 애교심을 강화시킬 수 있으며, 지위 창출의 수단, 사회이동의 기제로 작용할 수 있으며, 사회에서 요구되는 책임감, 성취감, 적응력 등 배양시킬 수 있으므로 지지하는 입장이 생긴다.

6 ③ 스포츠사회학의 의미

상징적 상호작용론은 미시적 관점의 이론으로 과정을 중시하고 인간의 상호작용에 초점을 맞추고 있는 이론이다. 개인의 행동이나 사고는 사회의 영향을 받는 동시에 사회를 구성하고 변화시키는 역할을 한다.

갈등이론	지배계급은 피지배계급을 억압하고 착취하며, 재화의 불평등한 분배는 사회의 본질적 속성이라는 이론
교환이론	사회적 상호작용을 행위자 간에 가치 있는 물질적·비물질적 보상을 주고받는 교환과정으로 이해하는 이론
상징적 상호작용론	과정을 중시하고 인간의 상호작용에 초점을 맞추고 있는 이론
기능주의이론	사회는 하나의 실체이며 구성원들이 자신의 역할을 충실히 수행할 때 건강한 사회가 유지될 수 있으며, 사회의 주요 구성체는 사회 유지에 기여한다고 보는 이론

7 ③ 스포츠와 정치의 결합

상징은 스포츠에 참여하는 선수나 팀이 스포츠 경기 자체를 뛰어넘어 특정 집단을 대리 또는 대표하는 것으로 의미가 확장되는 것을 말한다. 대표적인 예는 운동선수가 국가를 대표하는 것으로 스포츠 이벤트에서 경기 전 국가연주, 국기에 대한 경례 등의 상징의식에 해당된다.

① 태권도를 보면 대한민국 국기(國伎)라는 상징화가 일어난다.
② 정부의 3S(sports, screen, sex) 정책은 스포츠를 이용하는 조작의 대표적인 방법이다.
④ 올림픽에서 금메달 수상 장면을 보면서 내가 획득한 것처럼 눈물을 흘리는 것은 동일화에 해당한다.

정치의 스포츠 이용 방법

상징	스포츠에 참여하는 선수나 팀이 스포츠 경기 자체를 뛰어넘어 특정 집단을 대리 또는 대표하는 것
동일화	자신과 타인이 일치된 상태로, 대중은 선수나 팀을 자신과 일치시키는 태도를 형성함
조작	정치권력이 인위적 개입을 통해 상징 등의 효과를 극대화하는 것을 말함, 정치인의 비리, 부정 등을 은폐하기 위해 스포츠를 이용

8 ④ 사회계층의 이해

〈보기〉는 개인의 특성, 숙련된 기능이나 능력, 역할의 사회적 기능에 따라 서열화 한 지위의 서열화 과정이다.

투민(M. Tumin)의 스포츠계층 형성과정

지위의 분화	지위 및 역할 분업에 따라 지위를 분화, 사회적 지위에 대하여 각기 다른 역할을 부여
지위의 서열화	개인적 특성, 숙련된 기능이나 능력, 역할의 사회적 기능에 따라 서열화
평가	지위와 명예, 사회적 인기 등에 따른 가치 판단, 가치나 유용성의 정도에 따라 각기 다른 지위를 적절하게 배열
보수부여	평가된 각 지위에 차별적 보상 및 자원 배분

9 ① 스포츠 세계화

〈보기〉는 로버트슨(R. Roberston)이 제시한 세방화(Glocalization)를 뜻한다.

세방화(Glocalization)라고 하는 이 말은 세계화(Globalization)와 지방화(Localization)의 합성어로 세계화와 지방화의 장점을 서로 인정하고 발전시켜 새로운 질서 체계로 나아가는 일을 말한다. 정치·경제·문화 등 다양한 방면으로 확산되고 있다. 예를 들면 한국 전통의 정체성을 유지하면서 세계화시키는 방식, 기업의 세계화를 추구하면서 현지 국가의 기업 풍토를 존중하는 방식 따위가 있다.

10 ① 스포츠와 국제정치

아파르트헤이트(apartheid)는 남아프리카공화국의 극단적인 인종차별정책과 제도로서, 경제적·사회적으로 백인의 특권 유지·강화를 기도한 것이다. 국제연합은 당연하게 이를 비난하고 나섰고, 남아프리카공화국은 국제대회 참여가 거부되었다.

② 미국이 구소련의 아프가니스탄 침공에 항의하여 불참한 올림픽은 1980년 모스크바올림픽이다. 소련의 아프가니스탄 침공에 항의하여 미국을 비롯한 서방 자유주의 국가의 불참, 이념 대립이 표출되었다.

③ 2018년 평창동계올림픽 경기대회에서는 올림픽에서의 최초 단일팀으로 여자 아이스하키 남북 단일팀이 결성되었다. 메달 획득과 단일팀 구성은 상관이 없다.

④ 팔레스타인의 과격 단체 '검은 구월단' 소속 테러리스트 8명이 이스라엘 선수단 숙소를 습격해 이스라엘인 2명을 사살하고 선수 9명을 인질로 납치한 사건은 1972년 뮌헨올림픽이다.

11 ② 스포츠일탈의 유형

㉠ 의례주의 : 승패에 집착하지 않고 참가에 의의를 두는 것, 결과보다는 경기 내용 중시
㉡ 혁신주의 : 불법 스카우트, 금지 약물 복용, 경기장 폭력, 승부조작 등
㉢ 동조주의 : 전략적 시간 끌기 작전, 경기규칙이 허용하는 범위 내에서의 파울 행위 등

머튼의 아노미 이론

의례주의	스포츠에서는 승패보다 규칙을 지키며 참가하는 데 가치가 있다고 생각한다.
혁신주의	스포츠에서 이기기 위해서는 수단과 방법을 가리지 않아야 한다고 생각한다.
동조주의	스포츠에서는 규칙을 준수하면서 이기는 것이 중요하다고 생각한다.
반란(반역)주의	기존의 스포츠를 거부하고 새로운 형태의 스포츠를 개발해야 한다고 생각한다.

12 ①

스포츠와 계층이동

〈보기〉는 사회계층 이동 준거와 유형으로 개인, 수직이동, 세대 내 이동을 말한다.

- 이동 주체 : 개인(개인이 특정 계기를 통하여 이동 주체가 됨)
- 이동 방향 : 수직이동(계층적 지위 변화가 있음)
- 시간적 거리 : 세대 내 이동(같은 세대에서 생겨나는 사회경제적 지위 변화)

사회계층 이동의 유형

이동 주체	집단이동(유사한 조건을 갖추고 있는 집단이 특정 계기를 통하여 단체로 이동), 개인이동
이동 방향	수평이동(계층적 지위 변화 없이 이동), 수직이동
시간적 거리	세대 간 이동(다음 세대로 넘어가는 과정에서 생겨나는 사회경제적 지위 변화), 세대 내 이동

13 ②

스포츠와 미디어의 상호관계

〈보기〉는 개인차이론을 설명하고 있으며 대중들은 능동적 수용자로서 심리적 욕구를 만족하기 위해 매스미디어를 활용한다.

스포츠 미디어 이론

사회범주이론	미디어의 영향력과 스포츠의 소비 형태는 연령, 성, 사회계층, 교육수준, 결혼여부 등에 따라 달라질 수 있음
개인차이론	대중매체가 관람자의 개인적 특성에 호소하는 메시지를 제공하여 개인의 욕구 충족을 제공
사회관계이론	개개인이 원하는 정보를 선택하고 해석할 때는 주변 사람의 영향이 크고, 개인의 대중매체에 대한 접촉 양식은 중요 타자와의 사회관계에 많은 영향을 받음
문화규범이론	대중매체가 현존하는 사상이나 가치를 선택적으로 제시하며 강조

14 ④

상업주의와 스포츠

ⓒ 득점 방법의 단일화가 아닌 득점이 보다 쉽고, 다양화가 이루어져야 된다(농구의 3점 슛 등).

상업주의와 관련된 스포츠 규칙 변화의 충족 조건

- 경기의 속도감 향상(야구 공수교대 시간제한 등)
- 관중의 흥미 극대화(연장전, 승부차기 등)
- 상업적인 광고 시간 할애(농구의 쿼터제 등)
- 경기력의 균형을 맞춤
- 극적인 요소를 극대화

15 ③

사회계층의 이해

〈보기〉는 신인 선수를 선발할 때 지난 시즌에서 성적이 좋지 않았던 팀에게 성적이 좋은 팀보다 먼저 선수를 고를 수 있는 선택권을 주는 드래프트 제도이다. 전력이 약한 팀이 기량이 뛰어난 선수를 영입해 팀 성적을 향상시킬 수 있는 기회를 갖게 되어 팀들의 전력 평준화를 유도한다.

FA (free agent)	일정기간 프로선수로 재직한 사람에게 자신의 뜻대로 구단과 협상할 권리를 주는 제도
샐러리 캡 (salary cap)	팀에 소속된 전체선수의 연봉 총액 상한선에 대한 규정으로 스포츠 스타들의 과도한 몸값을 제한하기 위한 제도
최저연봉 (minimum salary)	프로선수들이 생계고민 없이 운동에 전념할 수 있도록 구단이 지불해야 하는 연봉의 최하한선

16 ④

스포츠와 미디어의 상호관계

㉠,㉣은 스포츠가 대중매체에 미치는 영향을 말한다.

대중매체가 스포츠에 미치는 영향

- 스포츠에 대한 관심과 인기, 참여 증대
- 새로운 스포츠 종목 창출
- 스포츠 경기 규칙 변경 및 일정 변경
- 스포츠 용구의 변화
- 스포츠 기술의 전문화와 일반화, 표준화에 기여
- 스포츠 상품화, 대중화에 기여
- 스포츠 실시간 중계 가능
- 스포츠 정보 습득 용이

17 ②

스포츠의 교육적 기능

스포츠의 교육적 순기능 중 사회선도 기능은 여권신장, 평생체육과의 연계, 장애인의 삶의 질 향상 등이 있으며 학교 내 통합은 포함이 안 된다.

학교 내 통합 : 운동경기는 구성원 모두가 관심을 가지고 참여하게 되며, 운동경기를 통해 학생이나 관람 학생 모두 '우리'라는 일체감을 형성하여 승리를 위해 함께 노력하고 응원하게 되고 이것은 결국 애교심으로 연결된다.

스포츠의 교육적 순기능

- 학업활동 격려 및 촉진
- 전인교육
- 정서함양 및 순화에 기여
- 사회선도
- 사회화 촉진
- 평생체육과의 연계, 평생체육의 여건 형성
- 장애자의 적응력 배양
- 학교와 지역사회 통합
- 학교 내 통합

18 ④

스포츠일탈의 유형

㉠, ㉡, ㉢, ㉣ 모두 옳은 유형과 특징을 설명하는 것이다.

과잉동조를 유발하는 스포츠윤리규범

구분짓기규범	탁월성 추구, 다른 선수와의 차별성을 강조, 운동 수행능력 향상 및 승리를 위한 노력, 본인과의 경쟁을 통한 기록 경신
인내규범	위험과 고통을 감수, 경쟁 과정에서 두려움과 고통 인내
몰입규범	경기에 헌신, 스포츠 경기에 집중하고 그들의 삶에서 우선순위에 둘 것
도전규범	성공을 위한 장애물을 극복하고 역경 헤쳐 나가기

19 ③

스포츠와 미디어의 이해

핫(hot) 미디어 스포츠는 경기 진행 속도가 느리다.

맥루한(M. McLuhan)의 매체이론

핫 미디어 스포츠	• 전달 형태가 논리적이고, 계획적이며, 장시간을 통하여 개별적으로 수용이 가능한 매체 • 정의성 : 높음 • 수용자의 감각 참여성 : 낮음 • 수용자의 감각 몰입성 : 낮음 • 스포츠 유형 : 정적 스포츠, 개인 스포츠, 기록 스포츠, 공격과 수비가 구분된 스포츠
쿨 미디어 스포츠	• 전달 형태가 일시적이고 감각적이며, 비논리적인 매체 • 정의성 : 낮음 • 수용자의 감각 참여성 : 높음 • 수용자의 감각 몰입성 : 높음

20 ②

스포츠 세계화

모든 나라의 전통스포츠가 세계적으로 확대되지는 않았다.

스포츠 세계화 결과

- 스포츠 시장의 경계가 국경을 초월해 전 세계로 확대됨
- 세계인이 표준화된 스포츠 상품과 문화를 소비하도록 만듦
- 프로스포츠의 이윤 극대화에 기여함
- 스포츠 시장의 빈익빈 부익부라는 양극화 문제를 심화시킴

2022년 기출문제 스포츠교육학 정답 및 해설

1	2	3	4	5	6	7	8	9	10	11	12	13	14	15	16	17	18	19	20
①	③	③	④	③	④	④	①	②	②	②	①	①	④	③	④	②	②	③	①

1 ①

스포츠교육의 개념

'학교스포츠'란 학교에서 이루어지는 스포츠 활동을 말한다.

스포츠기본법의 용어 정의

스포츠	건강한 신체를 기르고 건전한 정신을 함양하며 질 높은 삶을 위하여 자발적으로 행하는 신체활동을 기반으로 하는 사회문화적 행태, 체육을 포함함
전문스포츠	선수가 행하는 스포츠 활동
생활스포츠	건강과 체력 증진을 위하여 행하는 자발적으로 일상적인 스포츠 활동
장애인스포츠	장애인이 참여하는 스포츠 활동
학교스포츠	학교에서 이루어지는 스포츠 활동
스포츠산업	스포츠와 관련된 재화와 서비스를 통하여 부가가치를 창출하는 산업
스포츠클럽	회원의 정기적인 체육활동을 위하여 등록을 하고 지역사회의 체육활동 진흥을 위하여 운영되는 법인 또는 단체

2 ③

생활체육

〈보기〉에서 해당되는 지원 사업은 ㉠ 스포츠강좌이용권 지원 ㉡ 행복나눔스포츠교실 운영이다.

스포츠강좌이용권

- 취약계층 유·청소년의 건전한 여가활동을 통한 삶의 질 향상과 건강증진을 위하여 국민체육진흥공단에서 지원하는 강좌이용권
- 지원자격 : 생계, 의료, 주거, 교육급여 수급가구 및 차상위계층, 법정 한부모 지원가구, 학교·가정·성폭력 등 범죄피해 가정

행복나눔스포츠교실

- 소외계층 청소년을 대상으로 한 스포츠 체험기회 제공
- 건전한 여가활동 환경 조성과 다양한 종목을 대상으로 한 체험 교실 운영

3 ③

생활체육 프로그램 개발 및 실천

스포츠 프로그램 구성 시 청소년기에 정적운동 위주의 프로그램보다 동적운동 위주의 프로그램을 구성한다.

청소년스포츠 프로그램 구성 시 고려사항

- 프로그램 지속 및 규칙성 고려
- 청소년 발달운동 중심 프로그램 개발
- 청소년 개개인의 흥미와 요구 고려
- 청소년 생활 패턴 고려

4 ④

생활체육 프로그램 개발 및 실천

㉠ 프로그램의 목표는 구체적으로 진술한다.

생활체육 프로그램 목표 설정 시 고려사항

- 생활체육 프로그램을 설정할 때에는 내용, 예산, 장소 및 설계, 시간대, 홍보 등 여러 가지 목표설정을 고려해야 한다.
- 프로그램 전개 시 일관된 지침 역할을 하도록 설정한다.
- 프로그램 시행 후 목표 달성 여부를 검토할 수 있도록 기술한다.
- 프로그램을 통해 달성하고자 하는 상태 및 운동 능력을 명시한다.
- 프로그램을 구성하는 스포츠활동 내용을 구체적이고 세부적으로 기술한다.

5 ③

스포츠지도를 위한 교육모형

〈보기〉는 협동학습모형을 말한다.

직소(Jigsaw)

팀 별 협동학습	학습자를 몇 개 팀으로 나누고 각 팀마다 학습 과제를 분배함
팀 내 협동학습	각 팀원들이 주제 또는 기술에 전문가가 되기 위해 세부 요소들을 익히게 됨, 개인별 과제 학습 후 전문가 집단에서 심화학습을 하고, 서로 학습한 내용을 발표함

6 ④

스포츠지도를 위한 교수기법

〈보기〉는 과제 제시와 과제 구조에 관한 설명이다.

메츨러(M. Metzler) 교수 학습 과정안 작성

지도 맥락의 간단한 기술, 학습 목표, 시간과 공간의 배정, 학습활동목록, 과제 제시와 과제 구조, 평가, 학습정리 및 종료

할당시간	학생들이 신체활동에 참여하도록 계획된 시간
운동 참여 시간	실제로 참여한 시간
과제 참여 시간	과제 관련 참여한 시간
실제 학습 시간	성공을 경험하며 소비하는 시간

7 ④

스포츠교육전문인의 전문역량

㉠은 위험 상황이 예측되면 중단하여야 한다.

체육활동에서 안전한 학습환경 유지를 위해 간혹 위험한 행동을 하는 학습자가 발견되면 즉각 중단시키고 왜 위험한지 구체적으로 피드백을 전달해야 한다.

8 ①

스포츠지도를 위한 교육모형

타인의 권리와 감정 존중 수준은 타인의 학습권리 & 교사 교수권리를 존중하는 것을 말한다. 타인에 대해 상호 협력적이고 다른 학생들을 돕고자 하는 것은 돌봄과 배려(협동)에 해당한다.

헬리슨이 제시한 개인적·사회적 책임감 수준

0	무책임감	책임감에 대한 수용의지와 참여의지가 없음
1	타인의 권리와 감정 존중	약간의 자기 통제, 타인에 대한 방해 감소
2	참여와 노력	동기부여 존재, 자발적 참여, 열정적으로 참여하는 모습
3	자기 방향 설정	교사의 감독이 없는 과제 진행과 완수, 자기 평가, 스스로 목표 설정
4	돌봄과 배려	타인에 대한 고려, 인정, 경청 및 대응
5	전이	교외에서 타인을 지도하거나 프로그램을 실천하는 단계

9 ②

평가의 이론적 측면

㉠ 진단평가 ㉡ 총괄평가

평가 방법

진단평가	선수학습 능력의 결핍여부 확인, 학습 촉진(학습 초, 교수 도중)
형성평가	교수-학습지도 개선(교수 도중)
총괄평가	성적 결정(학습단위, 학기, 학년 끝)

10 ②

평가의 실천적 측면

운동수행과정의 질적 평가가 불가한 것은 옳지 않다.

다음에 해당하는 평가기법은 체크리스트이다.
실천적 측면에서 평가 기법은 체크리스트, 평정척도, 관찰, 학습자 일지, 설문지 등이 있다.

11 ②

학교체육

학교스포츠클럽을 운영하는 경우 학교스포츠클럽 전담교사를 지정해야 한다.

학교스포츠클럽 운영

- 학교의 장은 학생들이 신체활동 프로그램에 참여할 수 있도록 학교 스포츠클럽을 운영하여 학생들의 체육활동 참여기회를 확대해야 한다.
- 학교의 장은 학교스포츠클럽을 운영하는 경우 학교스포츠클럽 전담교사를 지정해야 한다.
- 학교스포츠클럽 전담교사에게는 학교 예산 범위에서 소정의 지도 수당을 지급한다.
- 학교의 장은 학교스포츠클럽 활동내용을 학교생활기록부에 기록해 상급학교 진학자료로 활용할 수 있도록 한다.
- 학교의 장은 일정 비율 이상의 학교스포츠클럽을 해당 학교의 여학생들이 선호하는 종목의 학교스포츠클럽으로 운영해야 한다.

12 ①

생활체육

㉤은 규모가 운동전용면적 $300m^2$ 이하, 운동전용면적 $300m^2$ 초과 시 배치인원을 설명한다.

체육지도자 배치기준

체육시설업의 종류	규모	배치인원
골프장업	– 골프코스 18홀 이상 36홀 이하 – 골프코스 36홀 초과	1명 이상 2명 이상
스키장업	– 슬로프 10면 이하 – 슬로프 10면 초과	1명 이상 2명 이상
요트장업	– 요트 20척 이하 – 요트 20척 초과	1명 이상 2명 이상
조정장업	– 조정 20척 이하 – 조정 20척 초과	1명 이상 2명 이상
카누장업	– 카누 20척 이하 – 카누 20척 초과	1명 이상 2명 이상
빙상장업	– 빙판면적 1,500제곱미터 이상 3,000제곱미터 이하 – 빙판면적 3,000제곱미터 초과	1명 이상 2명 이상
승마장업	– 말 20마리 이하 – 말 20마리 초과	1명 이상 2명 이상
수영장업	– 수영조 바닥면적이 400제곱미터 이하인 실내 수영장 – 수영조 바닥면적이 400제곱미터를 초과하는 실내 수영장	1명 이상 2명 이상
체육도장업	– 운동전용면적 300제곱미터 이하 – 운동전용면적 300제곱미터 초과	1명 이상 2명 이상
골프연습장업	– 20타석 이상 50타석 이하 – 50타석 초과	1명 이상 2명 이상
체력단련장업	– 운동전용면적 300제곱미터 이하 – 운동전용면적 300제곱미터 초과	1명 이상 2명 이상

13 ①

전문체육

체육지도자의 자격은 18세 이상인 사람에게 부여한다.

- 스포츠지도사는 1급 전문스포츠지도사, 2급 전문스포츠지도사, 1급 생활스포츠지도사, 2급 생활스포츠지도사로 구분한다.
- 2급 생활스포츠지도사는 2급 생활스포츠지도사 자격을 취득하기 위한 자격검정에 합격하고, 연수과정을 이수한 사람으로 한다.
- 1급 생활스포츠지도사는 2급 생활스포츠지도사 자격을 취득한 후 3년 이상 해당 자격 종목의 지도경력이 있는 사람으로서 동일 자격 종목에 대하여 1급 생활스포츠지도사 자격을 취득하기 위한 자격검정에 합격하고, 연수과정을 이수한 사람으로 한다.

14 ④

전문체육 프로그램 개발 및 실천

마튼스(R. Martens)가 제시한 전문체육 프로그램 개발 6단계에서 ㉠ 선수에게 필요한 기술 파악, ㉡ 지도방법 선택

마튼스(R. Martens)가 제시한 전문체육 프로그램 개발 6단계

단계	내용
1단계	선수에게 필요한 기술 파악
2단계	선수 이해
3단계	상황 분석
4단계	우선순위 결정 및 목표 설정
5단계	지도방법 선택
6단계	연습계획 수립

15 ③

스포츠지도를 위한 교육모형

㉠ 개인교사 ㉡ 교정적

동료교수모형은 학생들이 동료교사와 학습자 역할을 번갈아 수행하는 것을 말한다. 경쟁심이 많이 유발되는 팀 경기에는 적용하기 불합리하다.

16 ④

스포츠지도를 위한 교육모형

그리핀(L. Griffin), 미첼(S. Mitchell), 오슬린(J. Oslin)의 이해중심게임모형에서 변형게임 구성 시 반영해야 할 2가지 핵심 개념은 대표성과 과장성이다.

- 대표성 : 본래 게임의 가장 본질적인 특징
- 과장성 : 특정한 사태 초점을 위한 변형

17 ②

세부지도목적에 따른 교수기법

〈보기〉에 해당하는 젠틸(A, Gentile)의 스포츠 기술은 ㉠ 개방기술 ㉡ 폐쇄기술이다.

- 개방기술 : 환경의 변화나 상태에 의해 변화되는 기술을 말한다.
- 폐쇄기술 : 환경적 조건이 안정적이며, 외부 조건이 대부분 변하지 않는다.

18 ②

스포츠지도를 위한 교육모형

〈보기〉는 게임전술의 전이 가능성을 말한다.

영역형, 네트형, 필드형, 표적형 종목을 구분하는 근거는 게임전술의 전이 가능성이다.

- 영역(침범)형 : 축구, 농구, 핸드볼, 하키, 라크로스
- 네트형 : 탁구, 배드민턴, 배구, 테니스
- 벽형 : 스쿼시, 라켓볼
- 표적형 : 골프, 볼링, 당구

19 ③

세부지도목적에 따른 교수기법

〈보기〉는 중립적 피드백의 유형을 설명한다. 중립적 피드백은 판단이나 수정 지시를 하지 않으나 피드백 진술의 의미를 변경할 수 있다.

모스턴의 교수스타일

교수 행동과 학생 행동의 목표 사이의 유대관계는 복잡하게 얽혀 있으며, 학생의 의사결정과 교사의 의사결정이 도달하는 목표로 정의되기 때문에 각 스타일은 독특한 교수 행동, 학생 행동, 목표 관계 구조를 가지고 있다.

20 ①

세부지도목적에 따른 교수기법

시작과제 – 확대과제 – 세련과제 – 적용과제

링크의 내용발달

확대	운동수행의 복잡성과 난이도의 변화
세련	운동 수행의 질
응용	학습한 기능의 테스트
메커니즘 (mechanism)	기초적 수준에서 학습 소개 및 안내

2022년 기출문제 스포츠심리학 정답 및 해설

1	2	3	4	5	6	7	8	9	10	11	12	13	14	15	16	17	18	19	20
①	③	③	④	③	④	④	①	②	②	②	①	①	④	③	④	②	②	③	①

1 ① 스포츠심리학의 정의 및 의미

레빈(Lewin.k)은 인간의 행동(B)은 개인(P)과 환경(E)과의 상호함수관계에 있다고 하여 B = f (P*E) 공식을 제안하였다.

B = f (P*E)
- B(Behavior) : 인간행동
- f(Function) : 함수관계
- P(Person) : 인적요인(개인)
- E(Environment) : 외적요인(환경)

즉, 인간의 행동은 인적요인(개인)과 외적요인(환경)에 의해 결정되며,
P : 개인(person)는 형성 되어있는 것이지만 일정하지 않고,
E : 환경(environment)는 항상 변화하는 것으로 개인과 환경의 상호작용으로 행동은 변화한다.

2 ③ 운동발달

① 낯선 장소에 도착하면 긴장하기 때문에 탐색할 시간을 주어야 한다.
② 평가라는 단어는 아이들의 긴장감을 키울 수 있어 수행능력을 감소시킬 수 있다.
④ 공감대를 형성해 심리적 안정을 도모한다.

3 ③ 운동제어

일반화된 운동프로그램(Generalized Motor Program: GMP)은 특정한 환경적 요구에 적응하도록 움직임의 형태를 조절하는데 관여하는 변수인 매개변수에 의해 운동프로그램이 바뀌게 되는데, 매개변수는 불변매개변수(invariant parameter)와 가변매개변수(variant parameter)로 구분된다.

구분	내용
불변매개변수 (invariant parameter)	• 상대적인 힘, 요소의 순서, 시상 등 • 일반화된 운동계획을 규정하고 변화하지 않는 독특한 특성이 있다.
가변매개변수 (variant parameter)	• 전체 지속시간, 총 힘의 량, 선택된 근육군 등 • 동작들을 여러가지 방식으로 변화시킬 수 있다.

㉠ 자기조직, 비선형성원리에 의해 인간의 운동이 생성되고 변화한다는 이론은 다이나믹 시스템 이론(Degree of freedom: DOF)이다.
㉣ 환경정보에 대한 지각과 동작의 관계를 강조하는 이론은 생태학적 이론이다.

4 ④ 운동제어

힉스의 법칙(Hick's Law) 혹은 힉-하미먼 법칙(Hick-Hymann law)으로 사람이 결정을 내리는데 걸린 시간을 설명하는데 폭이 넓을수록 다중적(logarithmical)으로 결정 시간을 증가시킨다는 법칙이다.

5 ① 운동학습

번스타인(N.Bernstein)은 자유도를 활용한 정도에 따라서 운동 기술의 수행 수준이 다르다고 하면서 자유도의 고정 단계, 자유도 풀림 단계, 반작용의 활용 단계로 구분하였다.

㉠ 자유도 풀림 단계 : 향상 단계라고 하며, 자유도 고정 단계가 지나면 고정했던 자유도를 풀어 자유도 수를 늘리는 단계이며, 운동역학적(kinesiology) 요인과 근육의 공동작용, 관절의 상호작용 등에 변화가 나타난다.

㉡ 반작용의 활용 단계 : 숙련 단계라고 하며, 운동 기술을 수행하는데 있어 환경 간의 상호 작용으로 추진력, 관성, 마찰력 등 신체의 내외적으로 발생하는 힘을 이용한 반작용 현상이 나타난다. 보다 효율적인 동작을 형성하기 위해서는 자유도의 풀림 단계보다 더 많은 자유도를 활용할 수 있어야 한다.

㉢ 자유도의 고정 단계 : 초보 단계라고 하며, 자유도의 수를 줄이는 것을 의미하고, 모든 관절의 각도를 일정하게 유지하거나 두 개 이상의 움직임을 제한한다. 움직임과 관련된 요소들을 단순화 시킬수 있지만 환경적 변화에 적절한 대처를 할 수 없다.

6 ③ 정서와 시합불안

레이데크와 스미스(T. Raedeke & Smith, 2001)가 개발한 운동선수 탈진 진문지(The Athlete Burnout Questionnaire: ABQ)의 세 가지 하위요인은 성취감 저하, 스포츠 평가 절하, 신체적/정서적 고갈이며, 총 3요인 15문항으로 이루어져 있다.

7 ① 정서와 시합불안

웨이스와 아모로스(M. Weiss & A. Amorose)는 스포츠 재미(sport enjoyment)의 영향요인으로 사회적 소속, 동작 자체의 감각 체험, 숙달과 성취를 제시하였다.

8 ③ 운동제어

도식이론

슈미트(Schmidt)는 운동행동의 원리를 폐쇄회로 이론의 피드백과 개방회로 이론의 운동프로그램의 개념을 통합하여 설명하였다. 개방회로 이론으로 빠른 움직임, 폐쇄회로 이론으로 느린 움직임을 설명하고자 하였다.

회상도식 (개방회로)	현재 수행하고자 하는 운동과 유사한 과거의 운동 결과를 근거로 하여 새로운 운동을 계획, 빠른 움직임을 조절하기 위하여 동원됨
재인도식 (폐쇄회로)	피드백 정보를 통하여 잘못된 동작을 평가하고 수정, 느린 움직임을 조절하기 위하여 동원됨

㉡ 재인도식은 피드백을 통한 잘못된 동작을 평가하고 수정하는 도식을 말한다.

㉢ 회상도식은 하고자 하는 운동과 유사한 과거의 운동 결과를 근거로 새로운 운동을 계획하는 도식을 말한다.

9 ④ 운동제어

㉠ 심리적 불응기(Psychological Refractory Period: PRP)는 1차 자극에 대한 반응을 수행하고 있을 때 2차 자극에 대한 반응이 느려지는 현상을 말한다.

㉡ 1차 자극과 2차 자극 간의 최고의 효율을 나타내기 위해선 60ms가 적절하다.

㉢ 페이크(fake) 동작을 하면 효과는 있을지라도 빈도를 높이면 효과적이지 않다.

㉣ 1차 자극과 2차 자극 사이 시간이 너무 짧으면 하나의 자극으로 간주하는 집단화 현상이 나타난다.

10 ④ 운동발달

인간의 발달은 출생부터 사망까지 계속적으로 일어나는 변화의 과정으로서, 신체적, 지적, 사회적 등 전인적인 측면에서 변화한다.

④ 인간의 발달 특징의 질적인 측면은 본질, 구조, 조직의 변화를 의미하며, 인간 발달은 시간이 지남에 따라 양적 또는 질적으로 변화한다.

11 ① 운동학습

시각탐색을 위한 안구의 움직임은 정보를 받아들이는 과정으로 보며 4가지로 나뉘어진다.

빠른 움직임 **(saccadic movement)**	수의적으로 이루어지는 움직임으로 관심을 가진 곳에 순간적으로 손오목(fovea)으로 이동시킨다.
부드러운 추적 움직임 **(smooth pursuit movement)**	정지해 있거나 움직이는 지점에 고정시키는 움직임으로 목표물의 속도와 안구의 속도가 일치한다.
전정안구반사 **(vesticule-ocular reflex, VOR)**	머리 회전에 대한 안구 움직임을 말한다.
빠른 움직임과 추적 움직임의 조화로운 움직임 **(optokinetic nystagmus)**	움직이는 물체를 보다가 다른 물체로 시선을 움직일 때를 말한다.

12 ② 정서와 시합불안

〈보기〉의 설명과 같이 불안의 해석에 따라 운동수행이 달라질 수 있으며, 각성이 높은 상태를 기분좋은 흥분상태 혹은 불쾌한 불안으로 해석할 수 있다고 설명하는 이론은 전환이론이다.

① 역U가설(적정수준 이론, inverted-U theory)은 적절한 각성수준에서 최고의 운동수행이 발휘된다고 보는 이론이다.

③ 격변이론(카타스트로피이론, catastrophe theory)은 인지불안과 신체적 각성을 동시에 고려하여 수행관계를 예측하는 이론이다.

④ 적정기능지역이론(최적수행지역이론, zone of optimal functioning theory)은 적정 각성수준이 개인마다 다르기 때문에 최적의 수행에 이르는 일정한 각성수준은 없으며, 최적의 수행을 위한 자신만의 고유한 각성수준이 있다고 보는 이론이다.

13 ④

정서와 시합불안

㉠ 자생훈련(autogenic training)은 최면 상태가 될 때 일반적으로 나타나는 생리적인 현상인 체온 상승과 신체가 무거워지는 증상에서 착안하여 자신의 감각에 주의를 기울이면서 스스로 명상하는 기법을 말한다.
㉡ 체계적 둔감화(systematic desensitization)은 울페(Wolpe)가 개발한 불안감소법으로 불안감을 야기하는 자극에 대해서 계획적이고 단계적이며 점진적으로 안정감을 강화하는 훈련 방법을 말한다.

14 ④

동기

와이너(B. Weiner)의 귀인모형에 따르면 4가지 귀인 요소(개인 능력, 개인 노력, 운, 과제의 난이도)를 원인 소재(안정성, 인과성, 통제성)로 구분하였다.
④ 과제의 난이도 : 외적 인과성, 안정적, 통제 불가능

귀인 요소	개인 능력	개인 노력	운	과제의 난이도
인과성	내적	내적	외적	외적
안정성	안정적	불안정적	불안정적	안정적
통제성	통제 불가능	통제 가능	통제 불가능	통제 불가능

15 ②

심상

심상효과에 대한 이론은 3가지가 있으며, 각각 심리신경근 이론, 상징학습 이론, 생체정보 이론으로 되어있다.

심리신경근 이론	운동선수가 특정 움직임을 상상할 때 실제 근육의 움직임이 일어나지는 않지만, 뇌와 근육에는 실제 움직임이 일어날 때와 유사한 자극이 일어난다는 이론이다.
상징학습 이론	심상이 움직임의 패턴을 이해하는 데 도움이 되는 기호체계의 역할을 한다고 제안하는 이론이다.
생체정보 이론	심상은 뇌의 장기 기억 속에 저장되어 있는 전제 혹은 특징이라 가정하는 이론으로, 심상을 하게 되면 이미지의 내용을 묘사하는 자극 전제와 그 상황에서 자극에 대한 반응을 묘사하는 반응전제가 활성화된다.

㉡ 심상은 운동과제보다 인지과제에서 더 효과적이다.
㉣ 생리적 반응과 심리 반응을 함께하면 심상의 효과는 높아진다.

16 ②

리더십

첼라드라이(P.chelladuai)는 상황적합이론, 경로목표이론, 상황적리더십모형을 기반으로 스포츠 상황에서의 리더십을 말하는 다차원적리더십모형을 제시하였다. 다차원리더십 모델에서 요구된 리더십행동(규정행동), 실제의 리더십행동(실제행동), 선호된 리더십행동(선호행동)들 간의 일치를 체계적으로 구조화했는데, 3가지 요건이 일치하는 경우 수행결과와 선수의 만족감은 증가하게 된다.

규정 행동	실제 행동	선호 행동	결과
+	+	+	성과 및 만족
–	–	–	성과 및 만족 불확실
+	–	+	리더 추방
–	+	+	성과 불확실

스포츠심리학

17 ①

운동심리 이론

① 사회생태모형은 개인적, 사회적, 환경적 요인들로 인해 개인의 신체활동이 영향을 받거나 이들 간의 상호작용에 영향을 받는다고 보는 이론이다.
② 합리적행동이론은 개인 운동참여 의도가 행동을 유도하는 결정적 원인이라고 보는 이론이다. 개인의 신체활동은 개인의 행동과 노력 정도에 따라 결정된다.
③ 자기효능감이론은 자기효능감(주어진 과제에 대해 잘 수행할 수 있다는 자신에 대한 믿음)이 높을수록 행동의 실현 가능성이 높아진다는 이론이다.
④ 자결성이론은 외적보상이 내적동기에 어떤 영향을 주는지에 대한 이론으로 심리적 욕구요소인 유능성, 자결성, 관계성의 3가지 요소가 행위에 영향을 미친다.

18 ②

운동심리 이론

① 자기효능감은 변화단계의 진전에 따라 점진적으로 향상된다.
③ 변화단계가 높아짐에 따라 운동에 대한 기대할 수 있는 혜택은 점차 증가한다.
④ 현재에는 운동을 참여하지 않지만, 6개월 이내에 운동을 시작할 의도가 있는 것은 계획단계에 해당한다.

19 ③

스포츠심리상담의 개념

한국스포츠심리학회에서 제시한 스포츠심리상담사의 윤리강령 제6조 권력남용과 위협 부분 제2항에 따르면 '스포츠심리상담사는 상담에 참여한 사람으로부터 좋은 평가나 소감(증언)을 요구하지 않는다' 라고 명시되어 있다.

20 ④

자신감

폭스와 코빈(Fox & Cobin ;1989)의 위계적 자기개념은 최상단에 '전반적 자기존중감', 다음에는 '신체적 자기가치', 마지막 하위영역에는 '스포츠 유능감', '신체적 컨디션', '신체 매력(매력적인 몸매)', '신체적 힘(체력)' 4가지가 존재한다. 하위영역 4가지를 지각하여 신체에 대한 자기 가치를 느껴 전체적인 자기개념을 느낄 수 있다.

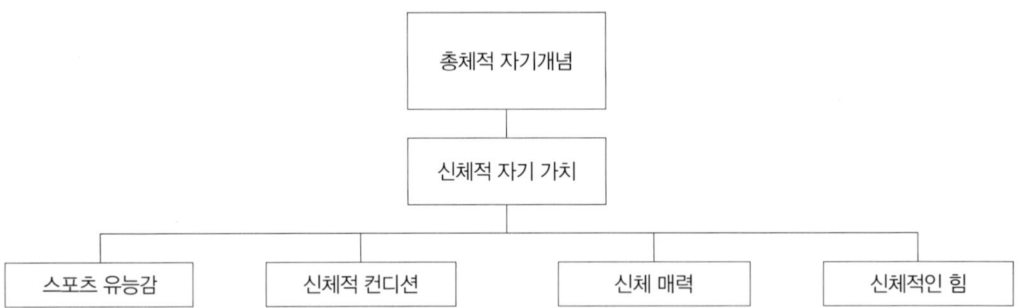

㉠ 신체적 컨디션 : 신체 컨디션, 스테미너, 체력에 대한 인식, 운동을 지속할 수 있는 능력, 운동과 피트니스 상황에서의 자신감이다. 매력적 신체를 유지하는 능력은 신체매력에 해당된다.

㉡ 신체적 자기 가치 : 신체적 자아에 대한 행복, 만족, 자부심, 존중, 자신감에 대한 일반적인 느낌으로 전반적 자기존중감의 하위영역에 속한다.

- 신체 매력 : 외모에 대한 매력 인식, 매력적 신체의 유지 능력
- 스포츠 유능감 : 운동능력, 스포츠 기술학습 능력, 스포츠에서 자신감에 대한 인식

2022년 기출문제 한국체육사 정답 및 해설

1	2	3	4	5	6	7	8	9	10	11	12	13	14	15	16	17	18	19	20
④	③	②	④	②	①	④	④	③	③	①	①	②	①	②	①	④	②	③	③

1 ④ 　체육사 연구 분야

체육과 스포츠의 도덕적 가치판단에 대한 근거를 탐구하는 학문은 스포츠윤리학이다.

체육사는 사회적·시간적 변화에 따라 나타나는 인류문화의 성격과 특성을 판단하고, 스포츠와 체육과의 관련성을 탐구하는 학문으로 인간이 수행해 온 신체활동의 역사이며 인간운동을 본질적으로 이해하며, 현재의 체육 상황을 인식하여 장래를 현명하게 통찰하기 위한 학문이다.

2 ③ 　체육사 연구 분야

ⓒ 문헌은 옛날의 제도나 문물을 아는 데 증거가 되는 자료나 기록으로, 민요, 전설, 시가, 회고담 등은 구전 사료가 된다.

사료(史料)는 과거를 연구하는 데 사용되는 역사적 자료로 유물, 유적 등의 물적 사료, 공문서, 사문서 등의 문헌 사료, 과거 기억에 대한 증언 등의 구술 사료, 트로피, 우승기, 경기 복장 등의 물적 사료가 있다.

3 ② 　선사 및 부족국가시대의 체육

부여는 12월 영고라는 제천행사를 했으며, 동맹은 고구려의 제천행사이다.

제천행사
- 고구려 : 동맹(10월)
- 부여 : 영고(12월)
- 동예 : 무천(10월)
- 신라 : 가배(8월)
- 삼한 : 5월 수릿제와 10월 계절제

4 ④ 　삼국 및 통일신라시대의 체육

㉠ 화랑도의 제정은 정복전쟁이 시작되던 진흥왕 시대(540~576)에 군사적 필요에 의해 종래의 제도를 개편한 것으로 간주하여 무사도(武士道)의 성격을 띠게 되었다고 보았다.

5 ② 　삼국 및 통일신라시대의 체육

㉠은 경당에 관한 내용으로 '허름한 서민의 집에 이르기까지 거리에 큰 집을 지어 이를'이라는 문장을 통해 고구려의 사립교육기관인 '경당'을 유추할 수 있으며, 경당의 주된 교육 내용은 경서 암송과 활쏘기였다.

① 태학 : 고구려 관학

③ 향교 : 고려시대 지방교육기관

④ 학당 : 고려시대 사립학교

6 ① 고려시대의 체육

고려시대의 교육은 관학과 사학으로 구분할 수 있으며, 관학은 중앙에 국자감과 학당을, 지방에는 향교를 두었고, 사학은 12도와 서당이 있다. 강예재(講藝齋)는 국학의 7재 중 무학을 공부하는 곳으로, 이는 무학을 통해 장수를 육성한 것으로 보인다.

7 ④ 고려시대의 체육

㉠ 격구(擊毬)는 군사훈련의 수단이었다.
㉡ 수박희(手搏戲)는 무인 인재 선발의 중요한 방법이었으며, 무신 반란의 주요 원인 중 하나이기도 했다.
㉢ 마술(馬術)은 육예(六藝) 중 어(御)에 속하며, 군자의 중요한 덕목 중 하나였다.
㉣ 궁술(弓術)은 문인과 무인의 심신 수양과 인격도야의 방법으로 중시되었다.

8 ④ 조선시대의 체육

선발 정원은 제한이 있었으며 양인 이상만 응시할 수 있었다.
조선시대 무과는 소과, 대과의 구분 없이 초시(初試:230명), 복시(覆試:28명), 전시(殿試:28명-갑3, 을5, 병20)의 3단계의 시험으로, 무예와 강서 시험으로 구성되었다. 시험은 3년에 1회씩 정기적으로 실시되는 식년시와 증광시, 별시, 정시의 비정규 시험이 있다.

9 ③ 조선시대의 체육

석전(石戰)은 국속으로서의 석전, 무(武)로서의 석전, 관중 스포츠로서의 석전, 운동경기로서의 석전 등으로 분류된다.

① 투호(投壺) : 조선시대 투호는 주로 궁중과 사대부 집안에서 활성화되었으나 조선 후기로 접어들어 민중들의 유희로서도 널리 확산되었으며, 규방의 기생들까지 투호를 즐겼다. 당시 이 놀이는 '방통이'로 불렸는데, 방통이란 작은 화살을 일컫는 말로 도박의 성격을 내포한 명칭이다.
② 저포(樗蒲) : 윷놀이는 대개 정월 초하루부터 대보름까지 행하여 졌으며, 윷놀이의 명칭은 부족국가시대 부여의 사출도라는 관직에서 유래되었다.
④ 위기(圍碁) : 바둑과 비슷한 놀이를 이른다.

10 ③ 조선시대의 체육

㉣ 신라 화랑도 사상을 설명하는 지문으로 불국토사상(佛國土思想)은 세속오계의 임전무퇴, 살생유택에서 찾을 수 있으며, 유교적 덕목인 사군이충, 사친이효, 교우이신과 함께 화랑도 교육의 핵심방향이다.

조선시대 체육사상은 성리학의 발달과 유교적 특성으로 인하여 문존무비의 숭문천무사상이 만연하였으며, 궁술 훈련은 덕(德)을 쌓는 교육 수단으로 심신수련으로써 활쏘기를 하였다.

11 ①

일제강점기는 일본이 1910년 8월 29일 조선을 강제 병합하여 식민 통치를 시작한 시기부터 1945년 8월 15일까지를 이른다.

① 대한국민체육회(大韓國民體育會) : 1907년 10월 체육을 질적으로 보급 및 향상하기 위함을 목적으로 노백린 등이 창립하였다.
② 관서체육회(關西體育會) : 1925년 2월 평양기독교 청년회에서 창립하였다.
③ 조선체육협회(朝鮮體育協會) : 1919년 2월 18일 창립되었다.
④ 조선체육회(朝鮮體育會) : 1920년 7월 13일 창립되었으며, 현 대한체육회의 전신이다.

12 ①

광복 이후의 체육

㉠ 박신자는 아시아 국적 최초로 FIBA 농구 명예의 전당 '선수' 부문에 헌액되었으며, 1967년 세계여자농구선수권대회에 출전해 최우수 선수로 선정되었다.
㉡ 김연아는 2010년 밴쿠버동계올림픽경기대회에 출전해 피겨스케이팅 금메달을 획득하였으며, 제22회 소치 동계올림픽에서는 은메달을 획득하였다.

13 ②

광복 이후의 체육

아시아경기대회는 아시아 여러 나라의 우호 증진과 평화를 목적으로 열리는 국제 운동 경기 대회로 1951년 이후로 4년에 한 번씩 국제 올림픽 대회의 중간 해에 개최된다. 우리나라는 1986년 제10회 서울아시아경기대회, 2002년 제14회 부산아시아경기대회, 2014년 제17회 인천아시아경기대회를 성공적으로 개최하였다.

14 ①

광복 이후의 체육

조오련은 수영선수로 현역 시절 "아시아의 물개"라는 별명을 가지고 있었으며, 1980년, 2002년 대한해협 횡단 및 2008년 독도 33바퀴 회영 등 대한민국 스포츠의 역사적인 인물이다.

② 민관식 : "한국스포츠 근대화의 아버지"로 불렸으며, 1964년 도쿄올림픽대회를 앞두고 대한체육회 회장에 취임해 1971년까지 한국체육계를 선도하였고, 대한올림픽위원회 위원장(1968~1971)을 역임하였다.
③ 김 일 : 한국의 1세대 프로레슬링 선두주자로 불리는 프로레슬러로, 1960~70년대 일본과 한국에서 '박치기왕'이라는 별명을 얻으며 최고의 인기를 누렸다.
④ 김성집 : 대한민국의 역도 선수로 1948년 하계 올림픽에서 출전하여 대한민국 국적으로 동메달을 땄으며, 이는 올림픽에 출전하여 획득한 최초의 메달이다.

15 ②

개화기의 체육

역도는 일제강점기인 1928년 '역기(力技)'라는 이름으로 첫선을 보였다.

황성기독교청년회는 1903년에 설립되어 개화기 우리나라 근대 스포츠의 발달에 큰 역할을 했으며, 회장 터너와 총무 질레트에 의해 농구, 배구, 야구, 유도, 철봉, 역도, 권투, 무용, 텀블링, 곤봉 등의 보급에 지대한 영향을 미쳤다.

16 ①

일제강점기의 체육

조선체육협회는 1919년 2월 18일 창립하였고, 조선체육회는 1920년 7월 13일 창립되었다.
조선체육회는 첫 사업으로 제1회 전조선야구대회(全朝鮮野球大會)를 개최했으며, 그 대회가 현재 전국체전 통산 횟수의 기점이 되었다. 출범 초기 언론사들의 적극적인 후원을 받았는데 조선체육협회가 일본인이 경영하고 발행하는 경성신문사의 후원을 받았다면, 조선체육회는 1920년 민족지를 표방하고 창간한 동아일보의 적극적인 후원을 받았다.

17 ④

일제강점기의 체육

1936년 제11회 베를린올림픽경기대회에서 마라톤의 손기정이 금메달, 남승룡이 동메달을 획득하였으며, 동아일보에서는 일장기를 말소하여 무기정간 처분을 받았다.

① 1924년 제8회 파리올림픽경기대회 : 올림픽 엠블럼이 처음으로 도입된 대회로 제1차 세계대전의 패전국인 독일이 초대받지 못한 올림픽으로, 올림픽 역사상 최초로 흑인 금메달리스트가 나왔다.
② 1928년 제9회 암스테르담올림픽경기대회 : 여자 육상이 공식종목으로 채택된 대회였다.
③ 1932년 제10회 로스앤젤레스올림픽경기대회 : 식민지 조선 출신 선수들이 일장기를 달고 처음으로 참가한 대회로 육상의 김은배, 권태하, 복싱의 황을수 선수가 출전하였다.

18 ②

광복 이후의 체육

㉠ 1984년 제34회 로스앤젤레스올림픽경기대회는 우리나라 여성이 최초로 금메달을 획득한 대회로 서향순이 양궁 개인전에서 금메달을 획득했다.
㉡ 1992년 제25회 바르셀로나올림픽경기대회는 우리나라가 광복 후 최초로 마라톤에서 금메달을 획득한 대회로 황영조가 마라톤에서 금메달을 획득했다.

1988년 제24회 서울올림픽은 스포츠외교를 통해 공산국가들이 대거 참가한 대회로, 생활체육을 활성화하는 계기를 마련하였다.

19 ③

광복 이후의 체육

노태우 정권은 1988년 2월 25일 출범한 제6공화국의 대통령으로 올림픽을 성공적으로 개최한 이후 대중스포츠 운동에 더욱 많은 관심을 기울였다. "호돌이 계획"으로 불리는 "국민생활체육진흥 3개년 종합계획(1990)"을 추진하기 위하여 전국적인 조직을 갖춘 사단법인 "국민생활체육협의회"가 창설되었고, 정부의 적극적인 지원을 받은 대중 스포츠 운동은 급속한 경제 발전을 배경으로 성공을 거두게 되었다.

① 박정희 정권 : 1961년 "체력은 국력"이라는 슬로건을 채택했으며, 1966년 태릉선수촌 완공, 1974년 메달리스트 종신연금계획을 확정하였다.
② 전두환 정권 : 박정희 대통령의 정책 기조를 계승하였으며, 1982년 중앙정부행정조직에 체육부를 신설하였다. 1980년대부터 프로야구(1982), 프로축구(1983), 프로씨름(1983) 시대가 개막됨으로써 관중 스포츠시대를 열었고, 1984년 국군체육부대를 설립, 1986년 제10회 서울아시안게임을 개최하였다.

20 ③

광복 이후의 체육

2002년 5월 31일부터 2002년 6월 30일까지 열린 제17회 한일월드컵은 한국과 일본이 공동개최하였다. 브라질이 우승하였지만 대한민국은 4강에 진출하는 기록을 세웠다. 대회기간 대한민국은 붉은색 물결로 물들었으며 이로 인해 "붉은악마"가 한국 축구에서 상징이 되었다. 특히 대회기간 붉은악마 티셔츠를 입고 응원하는 한국의 길거리 응원은 온 국민 문화축제의 장이었다.

2022년 기출문제 운동생리학 정답 및 해설

1	2	3	4	5	6	7	8	9	10	11	12	13	14	15	16	17	18	19	20
①	④	③	③	④	①	②	③	②	④	③	②	④	①	②	①	①	③	④	②

1 ① 　주요 용어

② 가역성의 원리는 운동을 통해 변화된 결과들이 운동을 중단하게 되면 본래의 상태로 되돌아가는 것을 말한다.
③ 과부하의 원리는 기존의 운동 수준보다 더 강한 수준으로 운동을 하는 것을 말한다.
④ 다양성의 원리는 운동에 대한 흥미로움과 참여도를 높이기 위해 다양한 운동을 하는 것을 말한다.

2 ④ 　체온 조절과 운동

체온 저하 시 인체가 추위에 노출되면 말초혈관 수축이 발생하는데, 이는 피부로부터 혈류량을 감소시켜 열 손실을 최소화하는 것이다. 또한 장기간 추위에서의 노출은 반복된 근 수축과 갈색 지방조직에서의 대사율 증가에 따른 열 생산을 증가시킬 수 있다. 반면에 ① 심박수 증가, ② 피부혈관확장, ③ 땀샘의 땀 분비 증가는 체온 증가 시의 생리적 반응이다.

3 ③ 　운동에 대한 호흡계의 반응과 적응

동-정맥 산소차는 동맥혈과 정맥혈에 포함되어 있는 산소의 차이를 말하는데, 지구성 트레이닝 후 발생하는 미토콘드리아의 수와 크기의 증가, 모세혈관 밀도 증가, 혈류량 증가 등은 근육으로의 산소 운반을 원활하게 하여 동-정맥 산소차이를 증가하게 만든다.

4 ③ 　골격근과 운동

운동유발성 근육경직은 보통 근육 과사용에 따른 피로에 의한 경직이거나 전해질 부족에 따른 경직이 많다. 이를 예방하기 위해선 근경직이 잘 발생하는 부위의 스트레칭과 운동강도와 지속시간을 감소시켜야 한다. 또한, 전해질의 섭취로 균형 유지가 중요하며, 탄수화물의 저장량도 잘 유지하여야 한다.

5 ④ 　순환계의 구조와 기능

1회 박출량은 심장이 1회 수축했을 때 박출되는 혈액의 양을 말하는데, 확장기말 용적에서 수축기말 용적을 뺀 값을 의미한다. 1회 박출량을 조절하는 변인에는 ① 심실 수축력, ② 평균대동맥 혈압, ③ 심실이완기말 혈액량이 있다. 심실 수축력이 증가, 평균대동맥혈압이 감소, 심실이완기말 혈액량의 증가로 1회 박출량을 증가시키며, 정맥혈회귀의 증가 또한 심실이완기말 혈액량의 증가를 가져온다.

6 ① 　신경계의 구조와 기능, 특성

② 대뇌는 복잡한 운동의 조직화, 학습된 경험의 저장, 감각정보의 수용의 중요 기능을 한다.
③ 소뇌는 뇌교와 연수 뒤에 위치하고 있다. 복잡한 운동에서 조정과 감시에 중요한 역할을 하며, 고유수용기로부터 전달된 신호에 반응하여 움직임 조절을 도와준다
④ 척수는 필요한 움직임 수행을 위해 척수중추를 준비한다. 일반적 움직임은 운동중추에서 조절하지만, 추가적인 운동의 수정은 뇌중추와 척수중추의 상호작용으로 일어난다.

7 ②

호흡계의 구조와 기능

② 직립 상태에서 혈류량은 안정 시에는 중력에 의해 신체 하부에 많이 존재하게 된다.
운동을 하게 되면 폐동맥으로 혈액을 많이 보내주게 되어 폐의 상부에 혈류량이 증가하게 되며, 이로 인해 산소가 증가하게 되고 폐의 확산 능력이 증가하게 된다.

8 ③

주요 용어

건강관련 체력 요소에는 신체구성, 심폐지구력, 근력, 근지구력, 유연성이 있다. 추가적으로 기술관련 체력 요소에는 민첩성, 협응성, 평형성, 순발력, 반응시간, 속도가 있는데, ③ 배근력과 제자리 높이뛰기는 순발력 측정으로 기술관련 체력 요소로 볼 수 있다.

9 ②

순환계의 구조와 기능

② 부신수질로부터 분비된 카테콜아민은 외인성 조절로써 자율신경계와 내분비계에 의한 조절을 말하며, 내인성 조절은 대사물질에 의한 조절을 의미한다. ①, ③, ④은 내인성 조절에 대한 내용으로 이산화탄소, 칼륨, 수소이온은 혈관을 확장시켜 혈류량을 증가시키는 부산물이다. 산화질소 또한 혈관을 확장시켜 혈류량을 증가시키는 요인이며, 프로스타글라딘은 혈관 확장과 수축에 모두 관여를 한다.

10 ④

골격근의 구조와 기능

근수축과정은 신경자극에 의해 아세틸콜린이 분비되면서 근형질세망으로부터 칼슘이 나오게 된다. 칼슘은 트로포닌과 결합하여 트로포마이오신의 위치를 변화시켜 액틴이 마이오신으로 미끄러져 들어가 근육이 짧아지면서 근수축이 발생하게 된다.

11 ③

운동에 대한 호흡계의 반응과 적응

㉠~㉣까지 순서대로 폐활량, 1회호흡량, 기능적 잔기량, 잔기량을 의미한다.
㉠ 폐활량은 안정 시 보다 운동시에 감소한다.
㉡ 1회 호흡량은 운동 시에 증가하게 된다.
㉢ 기능적 잔기량은 운동 시에 감소하며.
㉣ 잔기량 또한 운동 시에 감소하게 된다.

12 ②

트레이닝에 의한 대사적 적응

㉠ 저항성 트레이닝으로 운동 스트레스가 뼈에 영향을 주어 골밀도를 높이게 된다. 그러므로 골 무기질 함량은 증가하게 된다.
㉡ 저항성 트레이닝은 액틴과 마이오신의 양을 증가시킨다.
㉢, ㉣ 저항성 트레이닝은 신경근 접합부의 크기 증가와 시냅스 소포 증가로 인해 운동신경의 발화빈도를 증가 시킨다.

13 ④

순환계의 구조와 기능

지구성 트레이닝 후 혈장량은 증가되고 심박수는 감소하게 되는데, 이로 인해 확장 시 혈액 충만 시간 증가 즉, 채워지는 혈액이 많아져 1회 박출량이 증가하게 된다.
또한, 좌심실의 중격과 후벽의 두께가 증가하여 수축력이 증가해 1회 박출량이 증가하게 된다.

14 ①

골격근과 운동

골격근의 신장성 수축(eccentric contraction)은 수축 속도가 빠를수록 큰 힘이 생성되고, 반대로 단축성 수축(concentric contraction)은 수축 속도가 느릴수록 큰 힘을 생성하게 된다.

15 ②

순환계의 구조와 기능

체순환은 좌심실에서 시작하여 대동맥–동맥–세동맥–모세혈관 순으로 진행되는데 혈압은 대동맥에서 혈압이 가장 높으며, 혈관의 저항이 가장 큰 부분인 세동맥에서 혈압이 가장 크게 감소하게 된다.

16 ①

트레이닝에 의한 대사적 적응

스프린트 트레이닝은 유산소성과 무산소성 체력을 향상시키는데 좋은 운동이다. 짧은 시간에 최대 힘의 운동 후 걷기 운동방법은 무산소성 체력이 향상되는데, 이는 속근 섬유의 비대를 가져와 해당과정을 통한 ATP 생산능력 향상을 가져온다.

17 ①

인체의 에너지 대사

지방의 베타산화는 미토콘드리아에서 지방산이 분해되어 아세틸 조효소A와 NADH, $FADH_2$를 생산하는 과정이다. 지방을 에너지로 사용하기 위해서 리파아제라는 효소로 중성지방을 글리세롤과 유리지방산(= 자유지방산)으로 분해한다. 이때, 글리세롤은 간으로 이동하여 포도당으로 변환되고, 유리지방산은 단백질과 결합하여 에너지로 사용된다.

18 ③

신경계의 운동기능 조절

운동 중 교감신경계의 활성화는 운동에 대한 반응을 촉진시키고, 혈액 재분배를 통해 혈류량이 골격근은 증가하고 내장기관은 감소하게 된다.

19 ④

내분비계

㉠ 인슐린은 췌장(이자)의 베타세포에서 분비되며, 혈액 속의 포도당의 양을 유지시켜준다. 즉, 다시 말해 혈당을 낮춰주는 역할을 한다. 반대로 글루카곤은 혈당을 높여주는 역할을 하게 된다.
㉡ 성장호르몬은 뇌하수체 전엽에서 분비되며, 성장을 촉진시킨다.
㉢ 에리스로포이에틴은 신장에서 생성된다.
㉣ 항이뇨호르몬은 뇌하수체 후엽에서 분비된다.

20 ②

신경계의 구조와 기능, 특성

㉠ 안정막전위 상태(−70mV)에서 세포 내에 칼륨이온 농도가 더 높다.
㉡ 탈분극에서 극이 역치에 도달하면 활동전위가 발생한다.
㉢ 재분극은 분극이 최고점에 도달한 후, Na–k펌프로 인해 다시 안정막전위 상태로 돌아가게 된다.
㉣ 과분극은 안정막전위 상태에서 K통로가 열려 있어 잠깐동안 세포 내의 음전하가 더 띄게 된다.

2022년 기출문제 운동역학 정답 및 해설

1	2	3	4	5	6	7	8	9	10	11	12	13	14	15	16	17	18	19	20
④	③	②	③	③	④	②	①	③	①	②	①	④	②	②	④	④	④	③	③

1 ④ 운동역학의 목적과 내용

운동역학이라 함은 물체의 운동을 변화시키는 힘의 결과를 공부하는 학문을 말한다. 따라서 ① 동작분석 ② 운동장비 개발 ③ 부상기전 규명은 운동역학의 목적과 내용에 해당되지만, ④ 운동 유전자 검사는 자신의 유전적 타고난 운동능력 정도를 확인하는 방법으로 운동역학의 목적과 거리가 멀다.

2 ③ 해부학적 기초

뼈의 세로축이 신체의 중심에서 가까워지는 움직임을 모음(내전 : abduction)이라 하며, 뼈의 세로축이 신체의 중심선으로 멀어지는 움직임을 벌림(외전 : adduction)이라 한다.

3 ② 인체의 물리적 특성

인체의 무게중심은 직립 상태에서 남자는 배꼽보다 위에 위치하고, 여자는 배꼽보다 약간 낮은 지점에 위치한다. 그리고 이 무게중심은 움직임에 따라 동일한 위치에 머무르지 않으며, 움직임에 따라 인체의 질량이 다시 재분배되어 위치가 항상 변화한다.

4 ③ 인체의 구조적 특성

그림은 인체 지레에서 발가락을 받침점 삼아 종아리 근육의 힘을 쓰는 2종 지레의 모습으로 순서는 받침점-저항점-힘점과 같다. 따라서 ㉠이 받침점이 되며, 종아리 근육인 ㉢이 힘점이며, 발바닥인 ㉡은 ㉠ 받침점과 ㉢ 힘점 사이의 저항점이다.

5 ③ 운동역학의 목적과 내용

벡터(Vector)는 크기와 방향을 가지는 물리량을 말하며 힘, 변위, 속도, 가속도, 운동량, 충격량, 각운동량 등이 있다. 그리고 크기와 방향을 가지는 벡터와 달리 크기만 갖는 물리량을 스칼라(Scala)라 하며 이동거리, 넓이, 시간, 일, 부피, 에너지 등이 있다.

6 ④ 각운동의 운동학적 분석

회전운동에서의 각변위(angular displacement) 방향은 2가지로 표현이 되는데, 시계 방향은 음(-)의 값을 나타내고, 반시계 방향은 양(+)의 값을 나타낸다. 따라서 반대로 설명했기 때문에 틀렸다고 볼 수 있다.

7 ② 선운동의 운동학적 분석

① 투사체 운동에서 수직력은 중력에, 수평력은 공기저항에 영향을 받는다.
③ 투사체의 수직속도는 위치에 따라 변화하므로 일정하지 않다.
④ 투사높이와 착지높이가 같을 경우, 투사체를 45°의 투사각도로 던질 때 최대 수평거리를 얻을 수 있다.

8 ① 각운동의 운동학적 분석

선속도는 직선방향으로 움직이는 속도를 의미하며 각속도와의 관계에 있어서 하나의 구심점을 가지고 회전하면 이는 연속적인 각운동을 하는 상태로 볼 수 있다. 따라서 공식 선속도(V) = 각속도(ω) × 회전반경(r)으로 봤을 때, 스윙탑에서부터 어깨 관절을 축으로 회전 반지름을 최대한 크게 하는 것이 아니라 짧게 해주어야 각속도를 증가시켜 클럽헤드의 선속도를 증가시킬 수 있다. 그리고 또 선속도를 증가시키기 위해선 빠른 몸통 회전보다도 골프 스윙 동작에서 왼팔을 쭉 뻗어 골프 클럽을 길게 잡아 주는 회전 반경을 통해 증가시킬 수 있다.

9 ③ 선운동의 운동학적 분석

힘은 운동을 일으키거나 운동을 변화시키는 요인으로, 물체를 움직이게 하거나 운동을 하고 있는 물체의 속도와 방향을 변화시키는 것을 말하는데, 가속도는 단위 시간에 따른 속도의 변화율을 의미하므로 물체에 힘이 작용했을 때 반대방향이 아닌 그 힘의 방향으로 가속도가 발생한다.

10 ① 선운동의 운동역학적 분석

충격량(I) = 힘(f) X 시간(t) 인데, 유도에서 낙법은 신체가 지면에 닿는 면적을 넓혀 압력을 증가시키는 것이 아니라 신체가 받는 충격량을 감소시키기 위한 기술이다. 지면에 닿는 면적을 넓히게 되면 신체가 받는 충격량을 골고루 분산시켜 신체가 받는 특정 부상의 위험이 감소하게 된다.

11 ② 선운동의 운동역학적 분석

① 아스팔트 도로에서 마찰계수는 구름 운동보다 미끄럼 운동일 때 정지로 인한 마찰력이 더 커진다.
③ 최대 정지마찰력은 물체가 움직이기 시작하는 순간에 작용하는 마찰력으로 마찰력 중 최대값을 가진다. 따라서 이미 운동하고 있는 물체의 운동 마찰력보다는 늘 크다.
④ 마찰력은 물체의 이동방향과 같은 방향이 아니라 반대 방향으로 작용하는 힘이다.

12 ① 선운동의 운동역학적 분석

양력은 이동하는 물체의 방향에 있어 수직으로 작용하는 힘을 말하는데, 비행기로 예를 들면 날개 윗면이 아랫면 보다 볼록하기 때문에 윗면의 공기 흐름 속도가 아랫면보다 빠르게 된다. 이는 베르누이의 정의에 따라 공기의 흐름인 유체 속도가 빨라지면 압력이 낮아지게 되고, 반대로 아랫면은 압력이 올라가서 압력이 높은 곳에서 낮은 곳으로 흐르는 양력이 발생하게 된다.

13 ④

선운동의 운동역학적 분석

복원계수(반발계수, coefficient of restitution)는 두 물체가 충돌하기 전과 후의 속도 비율을 말하는데, 농구공의 경우 공이 바닥면으로 떨어지는 속도와 튕겨 나오는 속도의 비를 계산하여 복원계수(반발계수, coefficient of restitution)를 알 수 있다. 따라서 문제에서는 농구공은 1m 높이에서 떨어뜨려서 64cm 다시 튀어 올랐으므로 공식을 적용하면,

$e = \sqrt{\frac{h'}{h}}$ $e = \sqrt{\frac{\text{튕겨져 올라간 높이}}{\text{떨어진 높이}}}$ $e = \sqrt{\frac{0.64}{1}}$ 으로 복원계수는 0.8이다.

14 ②

각운동의 운동역학적 분석

다이빙 공중동작을 수행할 때 신체 좌우축을 기준으로 회전속도를 가장 크게 만드는 동작은 해부학적으로 신체를 최대한 좌우축에 가깝게 모으는 자세를 취하는 것이다. 일반적 회전하는 물체의 중심에는 회전축이라는 것이 있는데, 물체의 질량 분포가 회전축에서 멀어질수록 회전속도가 느려지고, 물체의 질량 분포가 회전축에 가까울수록 회전속도가 빨라지게 된다.

15 ②

일과 일률

① 일률(파워 : power) 단위는 W(watt)를 사용하는데, 1W는 1초에 1J의 일을 수행하는 것을 뜻한다.

③ 일률(파워 : power) 공식은 일률(P) = 힘(F) × 속도(V)를 뜻하는데, 속도는 물체가 방향을 가지고 단위시간당 이동한 거리의 변화율을 나타내는 변화량으로 이동거리를 고려한 값이다.

④ 일률(파워 : power)은 일의 양(W) / 걸린 시간(T)으로 소요시간을 짧게 할수록 일률이 증가한다.

16 ④

에너지

장대높이뛰기에서 역학적 에너지의 변화 과정을 살펴보면 (가)는 출발지점에서 도약지점까지 달려가는 운동에너지가 발생되고, (나)는 도약지점에서 장대의 한쪽 끝을 땅에 꽂고 장대의 탄성을 이용해 몸을 위로 올려주는 탄성에너지가 발생되고, (다)는 휘어진 장대가 곧게 펴지면서 꼭대기 지점에 이르는 위치에너지로 전환된다.

17 ④

운동역학의 목적과 내용

정량적 분석이라 함은 측정을 통해 얻은 객관화된 수치 자료를 이용한 동작 분석 방법으로 데이터 분석 과정에서 시간과 노력이 필요하지만 객관성 확보가 용이하며 주관적인 판단을 배제할 수 있다.

18 ④

동작 분석, 힘 분석, 근전도 분석

㉠ 넓다리곧은근(대퇴직근 : rectus femoris)의 활성도를 측정하기 위해서는 근육이 수축할 때 발생하는 미세한 전위차를 증폭시켜 기록하는 근정도를 사용하며, ㉡ 압력중심의 위치를 측정하기 위해서는 압력분포 측정기를 사용하거나 걷거나 도약같이 지면에 전후, 좌우, 상하의 방향의 힘을 지면반력기로 측정하기도 한다. ㉢ 무릎 관절 각속도를 측정하기 위해서는 신체 각 부위별 속도와 각속도를 분석해 주는 동작분석기나 관절각도분석기 등을 사용한다.

19 ③

힘 분석

① 지면반력기는 전후, 좌우, 상하로의 힘을 측정할 수 있다.

② 지면반력기에서 산출된 힘은 인체가 지면에 가해준 힘에 대한 반작용력으로 중력과 더불어 인체운동에서 매우 중요한 역할을 한다.

④ 보행 분석에서 발이 지면에 착지하면서 앞으로 미는 힘은 제동력, 발 앞꿈치가 지면으로부터 떨어지기 전에 뒤로 미는 힘을 추진력이라 한다.

20 ③

인체의 구조적 특성

팔꿈치 관절을 축으로 쇠공을 들고 정적 동작을 유지하는 이 그림은 3종 지레로 팔꿈치 관절점이 받침점, 위팔두갈래근이 힘점, 쇠공이 저항점이라고 보면 된다. 지레에 작용한 힘의 크기를 구하는 방법은 2가지가 있는데, 하나는 일의 원리를 이용하는 방법과 지렛대의 길이 비를 이용하는 방법이다. 공식은 힘(F) = 저항점 무게(50N) × 축에서 작용점과의 거리(20cm) / 축에서 힘점과의 거리(2cm)로 숫자를 대입하면, F = 50N × 20 / 2로 F는 500N이 된다. 지렛대 길이의 비를 이용한 방법으로 구하면, 위팔두갈래근의 힘 × 힘 팔의 길이 = 저항 × 저항팔의 길이이므로 공식을 대입하면 (F)N × 2cm = 50N × 20cm이므로 정답은 500N이다.

2022년 기출문제 스포츠윤리 정답 및 해설

1	2	3	4	5	6	7	8	9	10	11	12	13	14	15	16	17	18	19	20
④	③	③	①	②	②	①	④	①	④	①	②	②	④	②	③	③	③	①	④

1 ④ 스포츠의 윤리적 기초

'도덕적 선'은 어떠한 행위나 사람에 대하여 도덕적 평가를 내렸을 경우 도덕적인 좋음, 좋은 것, 착함을 의미한다. ①, ②, ③의 좋음은 도구적 의미에서의 유용성, 유효성 혹은 이익 등이 있다는 의미의 '선'에 해당한다.

2 ③ 스포츠경기의 목적

㉠ 탁월성 ㉡ 불평등

롤스(J. Rawls)는 탁월성은 인간 발전의 조건이며, 따라서 그것은 모든 이의 관점에서 선이 된다 하였다. 인간이 갖는 신체적 능력의 불평등은 오히려 탁월성을 개발할 계기를 마련해 주며 이를 통해 스포츠 전체의 선(善)이 강화된다. 스포츠는 신체적 불평등을 훈련과 노력으로 극복하여 조건과 기회의 균등이 정의로 작용하는 것을 보여준다.

3 ③ 스포츠의 윤리적 기초

가치판단은 실제 세계의 정보가 아닌 평가로 마땅하게 해야 할 당위에 근거하므로 〈보기〉에서 ㉠, ㉡, ㉢이 가치판단에 해당한다.

㉣은 실제 세계의 사건과 현상에 대한 진술을 의미하는 사실판단에 해당한다.

4 ① 윤리이론

〈보기〉에서 설명하는 내용은 공리주의 이론에 해당한다. 공리주의는 결과론적 윤리체계로, 행위의 옳고 그름은 결과의 좋음과 나쁨에 달려있다고 주장한다. 도덕적으로 옳은 행위는 불행 또는 고통의 양을 최소화 하고 행복 혹은 쾌락을 최대화 하는 일이라고 말한다.

② 의무주의 : 모든 행위의 도덕적 기준은 결과 이전의 동기에 의해 결정되어져야 한다.

③ 덕윤리 : 행위자의 내면적 품성 혹은 덕성이 도덕의 원리나 규칙보다 더욱 중요하다. 도덕이란 결국 습관적 행위를 통해 개인의 덕성을 개발하는 데에 있다.

④ 배려윤리 : 타자의 욕구에 민감하게 반응하고 공감하며 대응하는 것이 도덕의 출발이다.

5 ② 스포츠경기의 목적

아곤은 상대와의 비교 우위를 통해 의미를 찾는다.

스포츠에는 타인과의 경쟁에서 승리하는 것을 목표로 하는 아곤적 요소, 자신의 탁월성을 드러내기 위해 최선을 다하는 아레테적 요소가 함께 포함되어 있다. 아곤과 아레테 모두 자신의 능력을 발휘하는 일과 관련이 있지만, 아레테의 능력 발휘는 탁월성(신체적, 도덕적)의 추구 그 자체에서 의미를 찾는다는 점에서 상대와의 비교적 우위 추구, 즉 승리 추구를 통해 의미를 찾는 아곤의 능력 발휘와는 차별화 된다.

6 ② 도핑

야구의 압축배트, 최첨단 전신수영복 등은 첨단 용품과 기구 사용으로 인해 스포츠의 공정성을 해치는 새로운 형태의 도핑인 기술도핑에 해당한다. 기술도핑은 신체의 퍼포먼스에 작용하는 제반 불공정한 요소로 그 개념이 확대되며 새롭게 등장하게 되었다. 따라서 기술도핑(압축배트, 최첨단 전신수영복)이 공정성 확보에 기여한다는 설명은 옳지 않다.

7 ① 스포츠경기의 목적

독일의 철학자 호네트(A. Honneth)는 인간의 행위에 대한 탐구를 통해 성공적인 삶을 실현하는 사회적 조건으로 '인정'을 말한다. 인간은 누구나 타인에게 인정을 받고 싶은 욕구를 가지며, 타인으로부터 인정받을 때 긍정적 자기의식을 갖는다. 스포츠에 있어 승리추구는 매우 자연스러운 행위의 내적동기이며, 가장 원초적으로 드러나는 '인정 투쟁'이다.

8 ④ 윤리이론

㉠ 의무론적 도덕 추론은 정언적 도덕 추론이라고도 한다.

의무론적 윤리체계

- 행위의 결과보다 행위 자체의 옳고 그름과 행위자의 의도 및 동기로 판단한다.
- 정언적 도덕 추론이라고도 한다.
- 행위에 대한 도덕적 책무나 의무를 중시한다.
- 행위에 있어 선의지가 중요하며, 목적은 수단을 정당화 할 수 없다.

9 ① 페어플레이

㉠ 평균적 정의 : 모든 학생들이 동등한 권리를 갖게 되므로 평균적 정의에 해당한다.
㉡ 절차적 정의 : 통제 불가능한 외적인 요소가 모두에게 동일하게 적용되므로 절차적 정의에 해당한다.
㉢ 분배적 정의 : 선수들의 차이를 다르게 다루어 각자에게 합당한 몫을 부여하는 것이므로 분배적 정의에 해당한다.

10 ④ 스포츠의 윤리적 기초

분할 향유 가능성은 보다 많은 사람이 가질수록, 그리고 아무리 나누어 누리더라도 그 몫이 감소하지 않는 것일수록 서열이 높은 것을 말한다. 상위 팀이 몫을 독점하는 것보다 적더라도 보다 많은 팀이 몫을 받도록 하는 것이 가치가 더 높다는 것은 분할 향유 가능성의 사례로서 적절하지 않다.

셸러(M. Scheler)의 가치 서열 기준

지속성	일시적인 것보다 지속적인 것일수록 서열이 높다.
만족의 깊이	일시적 쾌락보다 만족이 깊을수록 서열이 높다. 만족은 충족의 내면적 체험이며 가치의 깊이에 비례한다. 따라서 정신적 만족이 최고의 가치이다.
근거성	어떤 가치의 근거가 되는 것일수록 서열이 높다. 목적이 되는 가치는 수단적 가치보다 서열이 높다. 따라서 본래적 가치가 최고의 가치이다.
분할 향유 가능성	보다 많은 사람들이 가질수록, 그리고 아무리 나누어 누리더라도 그 몫이 감소하지 않는 것일수록 서열이 높다.

11 ①

스포츠와 인성교육

특정 상황 속에 내포된 도덕적 이슈들을 감지하고, 어떤 행동을 할 수 있는지 그리고 그 행동이 관련된 사람들에게 어떤 영향을 미칠 수 있는가를 상상하는 것은 도덕적 감수성(moral sensitivity)에 해당한다.

레스트(J. Rest)의 도덕성의 4가지 구성요소

도덕적 판단력	어떤 행동의 도덕적 옳고 그름을 판단
도덕적 감수성	어떤 상황을 도덕적 문제 상황으로 감지하고 그 상황에서 어떠한 행동을 할 수 있으며, 그 행동들이 어떤 영향을 미칠 수 있는지 아는 것
도덕적 동기화	다른 가치들에 비하여 도덕적 가치를 더 우위에 두려는 동기
도덕적 품성화	도덕적 실천에 대한 장애요인을 극복할 수 있는 인내, 용기, 확신 등의 품성을 갖는 것

12 ②

스포츠와 환경윤리

〈보기〉에서 설명하는 내용과 관련 있는 자연중심주의 사상가는 테일러(P. Tayior)이다.

테일러(P. Tayior)의 자연중심주의

테일러는 인간의 존재를 다른 생물체와 상호 의존하여 살아가는 생명공동체의 구성원으로 규정하고 인간의 본래적 우월성을 부정하며, 모든 생명체를 자신의 고유한 선을 지닌 도덕적 주체로 대해야 한다고 하였다. 테일러는 환경문제의 해결을 위한 인간의 4가지 의무를 제시하였다.

불침해의 의무	다른 생명체에 해치는 행위를 해서는 안 된다.
불간섭의 의무	개별 생명체의 자유와 생태계에 간섭해서는 안 된다.
신뢰의 의무	낚시나 덫처럼 동물을 기만하는 행위를 해서는 안 된다.
보상적 정의의 의무	부득이하게 해를 끼치는 경우 피해를 보상해야 한다.

13 ②

관중 폭력

〈보기〉는 스포츠와 관중폭력에 대한 사건이다.

아파르트헤이트(Apartheid)는 20세기 남아프리카공화국의 대표적인 인종차별 정책이다. 원주민 토지법, 토착인 대표법, 통혼 금지법, 부도덕 교정법 등의 정책이 실시되었다. 이후 넬슨 만델라의 대통령 당선으로 아파트르헤이트는 모두 폐지된다.

14 ④

스포츠 폭력

① 푸코(M. Foucault)의 규율과 권력 : 위계질서의 엄격한 구조 속에서 권력이 폭력으로 생산될 수 있는 환경이 조성되고 있다. 스포츠계에서 위계적 권력 관계는 폭력으로 변질되어 표출된다.

② 아리스토텔레스(Aristotle)의 분노 : 스포츠 현장에서 인간 내면의 분노로 시작된 폭력은 전용되고 악순환을 반복하는 경향이 있다.

③ 홉스(T. Hobbes)의 폭력론 : 인간은 누구나 자신을 보호하고자 하는 본성을 가지며, 자신 이외의 타인은 자기보존을 위협하는 잠재적 폭력이 된다.

- 한나 아렌트(H. Arendt)의 악의 평범성 : 폭력에 길들여진 위계질서와 문화가 폭력을 폭력으로 인식하지 못하게 한다. 폭력이 관행화 된 스포츠계에서는 폭력에 대한 죄책감이 없어진다.

15 ②

스포츠조직의 윤리경영

㉠ 윤리경영 ㉡ 실천의지 ㉢ 투명성

스포츠현상에서 윤리경영은 기업의 가치경영을 넘어 스포츠 조직이나 개인이 이기고 지는 승패의 정량적 면의 옳고 그름을 구별해주는 정성적 규범기준에까지 확장된 스포츠사회윤리학적 가치체계를 의미한다. 스포츠 현상에서 윤리경영시스템의 실효성 있는 운영을 위해서는 경영자의 윤리적 실천의지와 경영의 투명성 확보가 구축되어야 한다.

16 ③

스포츠와 정책윤리

신고자 및 가해자에 대한 치료와 상담, 법률 지원, 임시보호 연계는 스포츠윤리센터의 역할로 적절하지 않다.

스포츠윤리센터의 역할

- 체육계 비리 및 인권침해에 대한 신고접수 및 조사와 피해지원
- 체육계 비리 및 인권침해에 대한 실태조사 및 제도 개선
- 체육계 비리 및 인권침해 예방교육 및 홍보활동
- 체육계 인권침해 재발방지를 위한 징계정보시스템 운영
- 체육의 공정성 확보 및 인권보호를 위해 필요한 사업

17 ③

스포츠맨십

〈보기〉는 스포츠맨십(sportsmanship)에 대한 내용이다.

스포츠맨십

- 이상적인 신사의 인간상이 스포츠에 적용되며 만들어진 새로운 가치
- 스포츠에서 가장 포괄적이고 일반적인 윤리규범
- 일반적인 윤리규범을 통하여 경쟁에서의 부정적 요소를 억제하여 스포츠의 긍정적 가치를 유지하려는 태도
- 경기 자체에서 일반적인 윤리덕목을 지키고 강화하려는 스포츠 정신

18 ③

인종차별

〈보기〉의 대화에서 나타나는 스포츠의 차별은 인종차별과 관련된 내용이다. 스포츠에서 벌어지는 인종차별은 스포츠 선수들 사이에 존재하는 신체능력의 차이를 특정 인종의 우월로 과장하거나 열등으로 폄하한다.

19 ①

학생선수의 인권

〈보기〉와 같이 학생선수의 학습권 및 인권보호를 위하여 일정수준의 학력기준에 미달하는 학생선수에 대해 선수로서의 활동에 대해 일정 부분의 불이익을 감수하도록 하는 제도는 최저학력제이다.

- 체육특기자 제도 : 학업성적과 관계없이 일정한 경기실적 보유 시 상급학교 진학 허용과 등록금, 수업료 감면 등을 제공하여 학생선수들이 운동에 매진할 수 있도록 하는 제도

20 ④

스포츠와 인성교육

스포츠 인권은 스포츠에서 가져야 할 인간의 보편적 존엄성과 자유에 대한 권리를 말한다. 스포츠 인권은 인종이나 성별에 관계없이 누구나 동등하게 스포츠를 누릴 수 있는 권리이며, 종목이나 대상과 상관없이 모두에게 보장되는 권리이다.

2022년 기출문제 유아체육론 정답 및 해설

1	2	3	4	5	6	7	8	9	10	11	12	13	14	15	16	17	18	19	20
①	①	④	③	①	③	②	②	③	①	②	③	④	①	②	④	②	①	④	③

1 ① 유아기 운동발달

중추신경이 먼저 발달한 다음 말초신경이 발달한다.

발달의 일반적 원리

- 성숙과 학습이 발달에 상호 영향을 미치며, 유아의 발달은 일정한 순서를 따른다.
- 발달은 계속적 과정이나, 속도는 일정하지 않다.
- 발달에는 개인차가 존재한다. 발달의 최적기도 존재한다.
- 발달은 연속적이고 점진적이다.
- 발달의 각 측면은 서로 밀접한 관계를 갖는다.

2 ① 운동프로그램의 구성요소

이동성, 조작성, 안정성과 관련된 다양한 기본적인 능력들을 발달시키고, 유아들이 준비되면 간단한 능력에서 복잡한 능력으로 진행시키는 데 중점을 두어야 한다.

3 ④ 유아기 운동발달

기본 움직임 단계는 초보 움직임의 습득으로 전문화된 움직임을 위한 준비기간이다. 기본 움직임 단계 중 성숙단계는 수행이 역학적 효율성을 가지며 협응성과 제어 측면에서도 향상된 모습을 보이지만, 정교한 시각운동과 신체적 움직임이 완전하게 발달하지 않는다.

움직임 수행의 형태, 기술, 정확성과 더불어 양적 측면을 강조하고, 정교해진 기술이 활동과 선택된 스포츠에서 사용되어지도록 구성하는 단계는 전문화된 움직임 단계 중 적용단계에 해당한다.

4 ③ 유아기의 특징

㉠ 동화 : 새로운 정보 혹은 경험을 자신에게 구성되어 있는 도식에 적용시키려 하는 것
㉡ 조절 : 기존에 가지고 있던 도식을 수정하거나 조절하여 새로운 도식을 형성하는 과정
㉢ 조직화 : 현재의 조직들이 서로 상호작용하며 효율적 체계로 결합하여 더 복잡한 수준의 지적 구조로 통합하는 과정

5 ① 유아기 운동발달

인지단계(cognitive stage)는 학습할 운동기술의 특성을 이해하고 그 과제를 수행하기 위하여 사용되는 전략을 개발하는 단계로, 다양한 감각기관을 통해 들어오는 많은 정보를 활용한다. 지도자는 운동의 목적과 요구되는 기술을 명확하게 설명해야 하며, 복잡한 운동 기술의 경우 여러 단계로 구분하여 지도해야 한다.

6 ③ 유아기 운동발달

㉠ 시작 단계 : 기본 기술을 수행하는 유아의 첫 목표 지향적 시도가 이루어지는 시기로 신체의 사용이 제한되거나 과장된 움직임이 나타나고, 협응이 제대로 되지 않아 움직임이 매끄럽지 못하다.

㉡ 초보 단계 : 기본 움직임의 제어와 협응성이 향상된다. 움직임 패턴은 협응성이 좋아지나 아직 제한되거나 과장된 형태를 보인다.

㉢ 성숙 단계 : 역할적 효율성을 가지고 수행이 이루어지며 협응성과 제어 측면에서도 향상된 모습을 보인다. 그러나 조작적 기술은 완전하게 발달되지는 않는다.

7 ② 운동프로그램의 구성요소

축을 중심으로 하는 안정성 움직임인 축성(axial)움직임은 몸 가운데를 지나는 가상의 선을 가정하고, 그 선을 축으로 하는 좌우의 움직임 혹은 어깨나 고관절을 축으로 하여 움직이는 동작으로 굽히기, 늘리기, 비틀기, 돌기, 흔들기 등이 있다.

8 ② 유아기 운동발달

운동발달 평가는 측정을 통해 정보를 수집하여 운동행동과 관련된 변화를 관찰하고 기록한 후 시기별 성장 및 발달 상태를 파악하여 평가하는 것을 말한다. 운동발달 평가는 개인별 발달 정보와 문제점을 파악할 수 있어 운동발달 프로그램의 구체적인 목표 구성에 큰 도움이 된다. 일반적인 유아의 운동발달 평가도구는 양적인 특성에 중점을 둔 결과 지향 평가도구와 질적인 특성에 중점을 둔 과정 지향 평가도구로 나누어진다.

- 규준 지향 평가도구 : 집단 내 상대적 서열을 중심으로 평가하는 방법
- 준거 지향 평가도구 : 사전에 설정된 학습 목표를 준거로 하여 그 목표의 달성도를 평가하는 방법
- 결과 지향 평가도구 : 운동발달 시기별로 나타나는 다양한 변인들을 양적으로 분석하여 문제점을 진단하기 위한 평가도구
- 과정 지향 평가도구 : 정확한 운동발달 과정을 측정하기 위한 질적 평가도구

9 ③ 유아기의 건강과 운동

국립중앙의료원(2010)은 아동청소년을 위한 신체활동 권장사항으로 큰 근육을 오래 사용하는 유산소운동과 팔굽혀 펴기, 윗몸일으키기, 역기 들기, 아령, 철봉, 평행봉, 암벽 타기 등의 근육강화운동, 발바닥에 충격이 가해지는 줄넘기, 점프, 달리기, 농구, 배구, 테니스 등의 뼈 강화 운동을 일주일에 3일 이상, 1회 운동 시 1시간 이상해야 하며, 인터넷, 텔레비전이나 비디오 시청, 게임 등 앉아서 보내는 시간은 하루 2시간 이내로 제한해야 한다고 하였다.

10 ①

유아기의 특징

유아는 인지발달단계 중 형식적 조작기(12세 이후)에 추상적 사고가 가능하다. 추상적인 것에서 구체적인 것으로 운동을 지도하는 것은 적절하지 않다.

피아제의 인지발달 이론

시기	단계	특징
출생~2세	감각운동기	• 환경 탐색과 이해를 위해 감각운동능력을 사용한다. • 선천적인 반사만 가지고 있다. • 감각운동기 말경 복잡한 감각운동 협응이 존재함을 배운다.
2~7세	전조작기	• 환경의 다양한 측면을 나타내고 이해하는 상징적 표현을 사용한다. • 자기중심적 사고로 모든 사람이 자신과 같은 방식으로 세상을 본다고 생각한다. • 겉으로 보이는 방식에 따라 사물과 사건에 반응한다.
7~11세	구체적 조작기	• 인지조작을 획득하고 사용한다. • 사고의 급격한 진전을 보이고 논리적으로 생각하기 시작한다. • 논리적으로 사고는 가능하지만 가설, 연역적 사고에 이르지는 못한다.
11세 이상	형식적 조작기	• 조작에 대한 조작을 허용하는 방식으로 재조직화 된다. • 사고는 체계적이고 추상적이다. • 하나의 문제 해결을 위해 여러 가지 가설과 추리과정을 통한 검증을 할 수 있다. • 모든 가능한 결론을 논리적으로 검증할 수 있다.

11 ②

안전한 프로그램 지도를 위한 환경

학습자의 시선을 분산하는 것은 적절한 교구배치 방법이 아니다.

운동기구 배치의 유형

병렬식 배치	• 기구에 익숙해질 때까지 팀을 나누어 병렬식 배치로 운동한다. • 반복 사용으로 자신감을 갖도록 유도한다.
순환식 배치	• 여러 가지 다양한 기구를 한 번에 접할 수 있다. • 대기시간을 줄여 실제학습시간을 늘려야 한다. • 많은 재미와 만족감 제공해야 한다.
시각적 효과의 운동기구 배치	• 유아교육기관의 물품을 활용할 수 있다. • 시각적 효과와 보다 많은 프로그램으로 만족감 제공할 수 있다. ㈜ 의자, 스펀지 블록, 훌라후프 등
운동기구 관리	• 계절 등에 주의하여 관리해야 한다. • 안전사고 발생에 주의하며 보관한다.

12 ④

유아기 운동발달

㉠ 인간의 본성은 환경에 따른 훈련으로 이루어진다고 설명하며, 학습에 의한 긍정적 행동의 촉진을 강조하는 이론은 스키너(B. Skinner)의 행동주의이론에 해당한다.

㉡ 유아의 행동에 대한 기본 개념을 도식으로 설명하며, 도식이 동화, 조절, 평형화 과정을 통해 이루어진다는 이론은 피아제(J. Piaget)의 인지발달 이론에 해당한다.

㉢ 인간은 사회적 상황 속에서 모방을 통하여 많은 것을 학습한다고 설명하며, 모방학습의 중요성을 강조하는 이론은 반두라(A. Bandura)의 사회학습 이론에 해당한다.

13 ③

유아기의 특징

스포츠 활동에 전문화된 기술이나 건강 증진을 목표로 하는 것은 청소년 이상 성인들을 대상으로 하는 체육활동에 해당한다.

유아체육과 성인체육은 전인적 발달이나 개인적 웰빙을 최종 목표로 한다는 점은 같지만 내용적 면에서는 전혀 다르다. 유아체육을 통해 유아의 발육발달과 성장, 인지적 측면의 발달을 도모할 수 있으며, 사고 기능도 향상시킬 수 있다.

14 ②

운동프로그램의 구성요소

㉠ 기본 움직임기술 요소는 안정성, 이동운동, 조작운동으로 구분할 수 있다. '징검다리 걷기'는 균형을 중시하는 움직임이므로 안정성 운동에 해당한다.

㉡ 기초체력 요소는 심폐지구력, 근력, 근지구력, 유연성, 신체구성으로 구분할 수 있다. '네발로 걷기'는 근육의 수축에 의해 생기는 힘과 이를 지속적으로 유지할 수 있는 근력/근지구력에 해당한다.

- 조작 운동 : 손이나 발을 사용하여 물체에 힘을 가하거나 물체로부터 힘을 받아 움직이는 것
- 민첩성(수행체력 요소) : 자극에 대한 재빠른 반응, 신체의 빠른 위치 변화, 민첩한 방향 전환

15 ④

유아기의 특징

국민체육진흥법 시행령 제2조(정의) 9에서 '유소년스포츠지도사'는 유소년(만 3세부터 중학교 취학 전까지를 말한다)의 행동양식, 신체발달 등에 대한 지식을 갖추고 자격 종목에 대하여 유소년을 대상으로 체육을 지도하는 사람을 말한다.

16 ③

유아기의 특징

반사는 영아에게 나타날 수 있는 움직임이나 건강상태를 예측할 수 있으며, 반사의 발현 여부를 통하여 중추신경의 이상이 있는지 진단할 수 있다. 걷기반사 검사는 이후 자발적으로 걸을 수 있는지를 보여주기 때문에 수의적 운동행동의 발달을 추측할 수 있다.

17 ①

유아기 운동발달

이마가 지면에 닿게 지도하는 것은 성숙 단계로 발달하는 지도방법으로 적절하지 않다.

구르기 동작 성숙 단계 특징

- 머리가 동작을 리드함
- 뒤통수가 바닥에 살짝 닿음
- 몸은 내내 압축된 C자 모양 유지
- 양팔은 힘을 생성하는 데 도움이 됨
- 운동량으로 인해 아동은 원래의 시작 자세로 돌아옴

18 ④

유아 체육 지도 방법

탐구적 방법은 지도사가 특별한 활동과제에 대한 해결책을 요구하지 않고 다양한 동작과제나 질문을 유아에게 제시하고, 유아들이 제안한 해결방법은 무엇이나 인정하고 받아들이는 방법이다.

① 유아–교사 상호 주도적·통합적 교수방법에 해당한다.
② 과제 제시 방법에 해당한다.
③ 지시적 방법에 해당한다.

19 ④

유아기의 건강과 운동

고강도 운동 시 성인보다 유소년의 심박수는 높게 나타난다.
유아의 경우 심장의 중량이 작고 심장 용량이 적어 1회 박출량이 적으며, 심근 수축력이 약하여 박출 압력이 낮아 안정시 심박수가 성인에 비해 높은 편이다. 안정시 심박수는 성장하며 꾸준하게 감소되어 성인기의 안정시 심박수는 영아기 안정시 심박수의 거의 50%까지 감소한다. 심박수는 경우에 따라 변화하는데 운동을 할 경우에는 증가한다. 유아의 경우 짧은 시간의 운동에도 심박수가 현저히 올라간다.

20 ②

유아기의 특징

㉠ 민감기 : 유아기는 발달 단계에 따라 영향을 많이 받는 민감기가 존재한다. 특정 능력, 행동의 발달에 최적인 시기이다. 인간은 이러한 속성을 길러주는 환경 영향에 특히 민감하다.
㉡ 발달과업 : 연령에 따라 민감기를 고려한 적절한 운동이 적용되면 효과적이고 긍정적인 운동발달을 유도할 수 있다. 각 시기에 따른 유아의 발달은 그 시기에 도달해야 하는 발달과업을 갖는데, 시기를 놓쳐버리면 올바른 성장이 저해될 수 있다.

2022년 기출문제 노인체육론 정답 및 해설

1	2	3	4	5	6	7	8	9	10	11	12	13	14	15	16	17	18	19	20
①	③	④	②	①	③	③	②	④	①	②	③	④	①	②	④	②	①	④	③

1 ① 노화의 개념

〈보기〉는 연령이 증가함에 따라 인체가 생리적으로 노화되는 기능적(functional) 연령에 대한 설명이다.

기능적 나이

- 신체적 나이(physiological age)
- 사회적 나이(social age)
- 심리적 나이(psychological age)

2 ① 노화와 관련된 이론

건강과 일상생활의 기능을 유지하는 기간을 뜻하는 것은 아니다.

건강수명

- 질병이나 신체장애 없이 생존하는 삶의 기간을 뜻한다.
- 성별·연령별로 몇 년을 더 살아갈 것인지 통계적으로 추정한 기대치로 생존 연수를 뜻한다.
- 신체적·정신적·인지적 활력 또는 기능적 웰빙을 유지할 것으로 예상되는 삶의 기간을 뜻한다.

3 ④ 노화와 관련된 이론

에릭슨(E. Erikson)의 심리사회발달단계 이론은 출생부터 노년까지 자아발달의 8단계를 설명하고 있는 이론으로 각 단계는 발달의 갈등이나 위기를 극복해가면서 진행해하기 때문에 성공적인 노화를 위해서는 각 단계의 위기가 잘 해결되어야 한다고 주장한다.

발테스와 발테스(M. Baltes & P. Baltes)의 보상이 수반된 선택적 적정화 이론은 선택, 적정화, 보상이라는 3가지 전략을 통해 성공적인 노화수준이 결정되는 이론을 말한다. 성공적인 노화는 신체적, 정신적, 사회적 손실에 대한 적응력과 관련이 있으며 기능적 능력의 향상을 통해 노화로 인한 손실을 보완하도록 도움을 준다.

하비거스트(R. Havighust)의 발달과업 이론에서 노년기의 과업

- 배우자의 죽음에 대한 적응
- 은퇴와 수입 감소에 대한 적응
- 자기의 동년배와 친밀한 관계를 유지
- 근력 감소와 건강 약화에 대한 적응

4 ②

노화와 관련된 이론

〈보기〉는 현재 가장 널리 인정된 노화의 사회적 이론이며 성공적인 노화는 높은 활동수준을 유지하는 데 달려 있으며 활동의 참여는 삶의 만족과 밀접한 관련이 있다고 보는 활동이론에 대한 설명이다.

노화의 사회적 이론

분리이론	노인들이 왜 삶의 현장에서 벗어나는지를 설명하기 위한 노화의 관련된 초기 이론
하위문화이론	공통된 특성을 가진 노인들이 집단을 형성하고 빈번한 상호작용을 통해 그들 특유의 행동양식을 만듦
연속성이론	과거의 생활 패턴과 비슷한 활동 및 태도를 유지할수록 성공적인 노화가 가능하다는 이론
학습이론	학습이 형성되는 요인이 무엇인가를 설명하는 이론
계획행동이론	신념과 행동 사이의 관계를 설명하는 이론
사회인지이론	인지과정을 이해하기 위해서는 개개인의 성격을 분석해야 함

5 ①

노화에 따른 신체적·심리적·사회적 변화

㉠ 다른 사람이나 사회로부터의 보살핌, 존중, 도움을 받는 사회적 지지가 필요하다.

㉡ 노인은 일정 수준의 목표를 성취할 수 있다는 자신의 역량에 대한 믿음을 뜻하는 자기효능감을 가져야 한다.

사회적 지지	대인관계를 통해 개인의 정서나 행동에 유리한 결과를 갖도록 정보 조언, 구체적인 원조를 포괄한 개념으로 신체적·정서적인 건강상의 문제, 위기 등의 적응상의 문제, 사회적 분리, 독립 등으로 야기된 무력감의 문제 등을 이해하고 해결해가기 위한 불가결한 요인
자기효능감	일정 수준의 수행을 성취할 수 있는 자신의 역량에 대한 판단

6 ③

운동의 효과

㉡ 우울증 감소와 ㉢ 심리적 웰빙 향상은 운동이 노인에게 미치는 심리적 효과이다.

㉠ 운동 기술 습득은 운동의 신체적 효과이며 ㉣ 사회적 연결망 확장은 운동이 노인에게 미치는 사회적 효과이다.

운동의 심리적 역할 및 효과

- 자기개념 및 자아존중감 증가
- 스트레스 해소 및 불안과 우울증 감소
- 정서적 안정감 제공
- 인지능력 및 기억력 향상, 치매 예방
- 긍정적인 기분전환

7 ③

노화에 따른 신체적·심리적·사회적 변화

폐의 탄력성과 호흡기 근력이 저하된다.

노화와 관련된 신체적 변화

- 근 질량 감소
- 관절 유연성 감소
- 수축기혈압과 이완기혈압 증가
- 체지방 비율 증가
- 안정시 심박수 증가
- 최대산소섭취량 감소
- 최대 심박수 감소
- 혈관 경직도 증가
- 관절 움직임의 제한으로 낙상 위험이 증가
- 관절가동범위의 감소는 평형성과 안정성 상실을 초래함

8 ②

운동의 효과

ⓛ, ⓒ, ⓡ은 운동이 노인에게 미치는 생리적 효과이다.

㉠ 인슐린 내성 감소

㉤ 주어진 절대 강도에서 심박수 감소

㉥ 고밀도지단백콜레스테롤(HDL-C) 증가

운동이 노인에게 미치는 생리적 효과

- 동맥 경직도 감소
- 골격근의 모세혈관 밀도 증가
- 인슐린 민감도 증가
- 고밀도지단백콜레스테롤(HDL-C) 증가

9 ④

운동의 개념과 역할

- 체력요인 : 평형성
- 운동 방법 : 한쪽 다리 들고 20초 동안 외발 서기
- 효과 : 의식적인 노력은 균형감 향상에 도움이 되며, 전정계 기능의 증가는 균형감을 향상시킨다.

노인의 체력요소와 이를 향상시키는 운동방법

- 심폐지구력 : 고정식 자전거 타기
- 유연성 : 골반 돌리기 및 다양한 스트레칭
- 협응성 : 앉은 상태에서 공 밀기
- 평형성 : 한쪽 다리 들고 20초 동안 외발 서기
- 근력 : 덤벨 들고 앉았다 일어서기

10 ①

운동프로그램의 요소

카보넨 공식을 이용하면

0.4 × (150 − 80) + 80 = 108

0.5 × (150 − 80) + 80 = 115

카보넨(Karvonen) 공식 : 운동강도 × (최대 심박수 − 안정시 심박수) + 안정시 심박수

11 ②

운동권고 지침 및 운동방안

시설 안전 : 운동장비의 사용방법과 사용 시 주의사항을 적절한 장소에 게시해야 한다.

노인 운동 시설 안전 관리

- 노인 운동 시설과 관련된 법률, 규정, 규범을 준수
- 장비는 적절하게 배치하고 정기적으로 검사, 정비
- 안전에 유념하라는 표시를 장비의 적절한 위치에 명확히 보이도록 함
- 서류로 된 위기관리 계획을 작성해 보고
- 항상 사용하는 시설에도 표시나 스티커 부착
- 지도자가 전문 능력을 갖추고 있는지를 증명하도록 요구
- 지도자는 응급 대처 훈련을 이수

12 ③

호흡·순환계 질환 운동프로그램

㉠ 체중감소에 도움을 줄 수 있는 규칙적인 저강도 유산소성 운동이 효과적이다. 등척성 및 저항성 운동과 함께 발살바 호흡을 동반한 운동은 금지한다.

㉣ 혈관확장 등의 약물에 의한 운동 후 갑작스러운 혈압 감소에 주의하여야 한다.

고혈압 질환이 있는 노인의 운동 지도 시 고려해야 할 사항

- 고혈압 : 수축기 혈압 140mmHg 이상, 이완기 혈압이 90mmHg 이상인 경우
- 체중감소에 도움을 줄 수 있는 규칙적인(주 3회~5회, 30분~50분) 저강도 유산소성 운동이 효과적이다.
- 추운 날씨에는 야외운동을 삼가는 것이 좋다.
- 발사바조작이 동반되는 등척성 및 저항성 운동은 금지한다.

13 ④

운동권고 지침 및 운동방안

노인체력검사에서 2.4m 왕복 걷기는 대표적인 민첩성 및 동적 균형성 운동을 말한다. 이와 비슷한 활동으로는 버스에서 빠르게 타고 내리기가 있다.

리클리와 존스의 노인기능체력검사(Senior Fitness Test : SFT)

검사	요소
등 뒤로 손닿기, 등 뒤에서 양손 마주 잡기	상체 유연성
2분 제자리 걷기	심폐지구력
30초 아령 들기	상체 근력
30초 동안 의자에 앉았다가 일어서기	하체 근력
6분 걷기	심폐지구력
눈감고 외발 서기	평형성
의자에 앉아 윗몸 앞으로 굽히기	하체 유연성
2.4m 왕복 걷기	민첩성 및 동적 균형성

14 ①

운동의 개념과 역할

노화로 인한 평형성과 기동성 변화에 영향을 미치는 요인은 〈보기〉에서 ㉠, ㉡, ㉢, ㉣ 모두 해당한다.

노화로 인한 평형성과 기동성 변화

- 의식적인 노력은 균형감 향상에 도움이 됨
- 시력 강화는 균형감을 향상시킴
- 전정계 기능의 증가는 균형감을 향상시킴
- 체성감각 기능의 저하는 균형감을 떨어뜨림

15 ②

근골격계 질환 운동프로그램

㉡, ㉣, ㉥은 근골격계 질환이 있는 노인에게 적합한 운동으로 특히 수중운동은 근육과 관절에 부담이 적기 때문에 운동 형태로 적합하다.

근골격계 질환 운동프로그램

관절염	• 운동강도는 통증 정도를 고려하여 설정한다. • 수중운동은 근육과 관절에 부담이 적기 때문에 운동형태로 적합하다. • 염증 부위는 휴식을 취할 수 있도록 하고 운동을 하지 않도록 한다. • 저강도 유산소성 운동을 권장한다.
골다공증	• 신체활동의 경우에는 체중이 부하되지 않는 운동의 형태보다 체중이 부하되는 형태의 운동을 권장한다.

16 ④

지속적 운동참여를 위한 동기유발 방법

지각된 자기 인식은 건강신념행동을 구성하는 요소가 아니다.

건강신념모형(health belief model)

- 건강 행위를 연구하기 위한 이론
- 신체활동의 효과를 인식하고 이를 행동으로 옮길 수 있는 자기효능감은 행동 변화를 쉽게 유발할 수 있다.
- 지각된 개연성, 지각된 심각성, 지각된 이익, 지각된 장애, 행동의 계기, 자기효능감의 6가지 요소로 구성됨

17 ②

운동프로그램의 요소

㉠ 개개인의 학습 욕구를 충족시켜줄 수 있는 방법을 모색하는 것은 개별화의 원리에 해당한다.

㉡ 동등한 관계에서 출발하여 교육활동 전반에 상호 간의 합의를 이루도록 하는 것은 사제동행의 원리이다.

노인 운동프로그램 원리

과부하의 원리	일상생활에서 접할 수 있는 부하 이상의 부하, 과부하를 가하여 운동효과를 높이는 것
가역성의 원리	운동을 하다가 중단했을 때 운동 효과가 시간이 지남에 따라 서서히 감소되면서 운동 전의 상태로 되돌아가려고 하는 것
특수성의 원리	특정한 운동 목적에 대한 향상을 위해 트레이닝 방법을 특수하게 구성
개별성의 원리	표준화되거나 획일적인 방법이 아닌 개개인의 체력, 건강, 기호, 체형과 같은 개별적 조건을 고려하여 트레이닝하는 것
점진성의 원리	운동의 양이나 강도를 점진적으로 늘려가면서 운동하는 것
반복성의 원리	일시적이 아닌 정기적으로 반복하여 운동의 효과를 높이는 것

18 ①

운동프로그램의 요소

㉣ 운동형태는 유산소 운동 지침으로 2분 제자리 걷기가 있다.

노인 운동프로그램의 구성요소

- 운동프로그램에는 심폐지구력, 근력, 유연성 운동 등이 포함된다.
- 운동 빈도, 운동 강도, 운동 시간, 운동 종류를 고려하여 구성한다.
- 유산소 운동은 주 3회 이상을 권장한다.
- 저항성 운동은 주 2~3회가 적당하다.
- 운동 강도는 적잘한 부하량으로 제공되어야 한다.
- 질환별 특성을 고려하여 운동 시간대를 결정한다.
- 휴식 시간을 충분히 제공하여 저강도의 운동을 진행하고, 운동 빈도는 3~5회 정도로 점차적으로 늘려나간다.

19 ④

지속적 운동참여를 위한 동기유발 방법

운동참여로 질병치료에 대한 기대감을 갖도록 하는 것은 적절하지 않다.

지속적 운동 참여를 위한 동기 유발 방법

- 자기효능감이 높을수록 행동의 실현 가능성이 높아진다.
- 행동 변화에 대한 기대, 결과에 대한 기대 등이 자아효능감에 영향을 미친다.
- 개인의 행동 변화와 행동 변화를 위한 동기 유발과 관련이 있다.

20 ③

의사소통기술

소리를 질러가며 말하지 않고, 따뜻한 표정으로 분명하고 천천히 말해야 한다.

노인운동 지도 시 의사소통에 관한 설명

- 자신을 소개한다.
- 노인에 대해 알려고 노력해야 한다.
- 공감을 느끼며 경청한다.
- 신체 언어에 주의를 기울인다.
- 접촉을 적절하게 자주 사용한다.
- 따뜻한 표정으로 비언어적 의사소통을 사용한다.

2021년 기출문제 스포츠사회학 정답 및 해설

1	2	3	4	5	6	7	8	9	10	11	12	13	14	15	16	17	18	19	20
②	①	④	②	④	②	④	③	①	③	①	②	②	③	④	③	①	④	④	①

1 ② 스포츠사회학의 의미

운동참여자의 운동수행능력과 관련된 직접적인 원인을 설명한다는 운동역학에 관한 설명이다.

스포츠사회학은 스포츠에서 나타나는 행동 유형과 사회과정에 초점을 두고 있으며, 이를 스포츠 활동이 존재하는 일반 사회구조의 측면에서 설명하는 학문이다. 스포츠 현상에 사회학적 이론과 연구 방법을 적용하여 연구하는 사회학과 스포츠 과학의 한계과학이자 분과 학문, 하위학문이며 스포츠 장면에서 일어나는 행동 유형과 사회과정을 일반 사회구조의 측면에서 설명하는 학문이다.

2 ① 스포츠와 국제정치

② 헤이젤 참사 : 1985년 5월 29일 유러피언컵 결승전이 열린 벨기에 브뤼셀의 헤이젤 경기장에서 이탈리아의 유벤투스 FC와 잉글랜드 리버풀 FC 서포터 사이에 벌어진 싸움으로 39명이 사망하고, 454명이 부상당한 사건이다.

③ 검은 구월단 : 1972년 9월 5일 서독 뮌헨에서 개최된 올림픽에서 팔레스타인의 과격 단체 '검은 구월단' 소속 테러리스트 8명이 이스라엘 선수단 숙소를 습격해 이스라엘인 2명을 사살하고 선수 9명을 인질로 납치하는 사건이 발생했다.

④ 핑퐁외교 : 1971년 미국 탁구 선수단이 중화인민공화국의 초청을 받아 방문한 것을 계기로 오랫동안 적대적으로 대립해 왔던 미국과 중국의 관계가 개선된 사건이다. 미-중 수교의 물꼬를 튼 이른바 '핑퐁외교'는 스포츠 교류를 통해 국가 간의 관계개선을 이룩한 대표적인 사례이다.

축구전쟁

1969년 6월 15일 제9회 멕시코 월드컵의 지역 예선 2차전 경기로 인해 같은 해 7월에 온두라스와 엘살바도르 사이에서 발발한 4일간의 전쟁을 축구전쟁(La guerra del futbol), 또는 '100시간 전쟁'이라고 부른다. 전쟁의 발단은 1969년 6월 8일 테구시갈파에서 열린 예선 1차전에서 온두라스가 승리하자 엘살바도르의 18세 여성 축구팬이 권총으로 자살한 사건에 있었다. 이에 엘살바도르에 국가적인 애도 분위기가 조성되고, 6월 15일 엘살바도르의 수도 산살바도르에서 열린 2차전에서 엘살바도르가 승리하자, 양국 응원단은 장외에서 난투극을 벌였다. 엘살바도르에서 폭행당한 온두라스 응원단이 국외로 추방되는 과정에서 2명이 사망했다. 이에 격분한 온두라스 국민들은 자국의 엘살바도르 이주민을 약탈하고, 폭행했으며, 방화를 저질렀다. 이에 1969년 7월 10일 엘살바도르 공군이 테구시갈파의 공군 기지를 선제공격하고, 7월 14일 보병 1만 2,000명을 동원하여 온두라스를 침공함으로써 전쟁이 시작된 사건이다.

3 ④

스포츠의 사회적 기능

파슨즈의 AGIL 모형에 근거한 스포츠의 사회적 기능은 A : 적응, G : 목표성취, I : 통합, L : 유형 유지이다.

AGIL 모형

파슨즈(T. Parsons)의 조직에 대한 유형분류로서 조직을 사회적 기능에 따라 적응(Adaptation), 목표성취(Goal attainment), 통합(Integration), 유형 유지(Latent pattern maintenance) 등으로 분류하고 머리글자를 따서 AGIL모형이라 하였다.

적응	사회체제의 환경에 대한 적응 기능을 수행하는 조직으로서 경제적 재화의 생산과 배분에 종사하는 조직이며 사기업에 이에 해당
목표성취	사회체제의 목표를 결정하고 순서를 정하여 목표 달성을 촉진
통합	체계 내부의 협동적이고 조화된 사회적 관계를 보장하는 것으로 사회 내의 구성원들의 관계를 통제하고 사회적 규범을 창조하교 유지하는 조직
체재(유형) 유지	사회체제를 유지하거나 문화적 가치를 창조하는 문화적이고 교육적인 기능과 밀접한 관련이 있는 조직

4 ②

스포츠와 국제정치

Title IX 법안은 1972년 스포츠 현장에서 성차별을 해소하기 위해 미국에서 통과된 남녀교육 평등법안, 여성 스포츠에 대한 재정적 지원과 관리방안 등 여성의 스포츠 참여를 활성화 하였다.

훌리한이 제시한 정부(정치)가 스포츠에 개입한 목적

- 시민들의 건강 및 체력 유지를 위해 반도핑 기구에 재원을 지원
- 게르만족의 우월성을 강조하기 위해 1936년 베를린올림픽을 개최
- 공공질서를 보호하기 위해 공원에서 스케이트보드 금지, 헬멧 착용 등의 도시조례가 제정

5 ④

상업주의와 스포츠

프로스포츠의 순기능에는 스포츠의 대중화, 생활의 활력소 역할, 지역사회 연대감 증대, 아마추어 스포츠의 활성화, 스트레스 해소, 사회적 긴장 해소, 지역 경제의 활성화 등이 있다.

프로스포츠

순기능	• 스포츠의 대중화에 기여 • 사회적 긴장을 해소시키는 활력소 역할 • 지역을 대표하는 팀의 존재로 인하여 해당 지역 주민의 공동체 의식이 유발되고, 지역 경제가 활성화되어 스포츠를 통한 지역사회의 발전을 이루는 기회를 제공 • 아마추어 스포츠를 활성화시키는 역할
역기능	• 순수한 아마추어리즘을 퇴색시키고 물질만능주의에 빠지게 만듦 • 종목 간 불균형을 초래 • 국민의 사행심을 조장하고 게임조작이나 불법적인 행동을 유발

6 ②

스포츠 상업화에 따른 변화는 프로페셔널리즘 추구, 직업선수의 등장, 스포츠조직의 세계화, 농구 쿼터제 도입이다.

㉡ 심미적 가치 경향 중심, 심미적 가치를 경시한 것은 아니다.
㉣ 아마추어리즘이 약화, 프로페셔널리즘을 추구

이전에는 심미적 경향 중심이였다면, 스포츠 상업화에 따라 영웅적 경향 중심으로 변화하였다. 심미적 가치를 경시한 것은 아니다. 또한 스포츠 상업화로 인해 아마추어리즘이 약화되었고 프로페셔널리즘을 추구하였다.

7 ④

특정 선수를 선망의 대상으로 생각하거나 팬으로서 특정 선수를 좋아한다는 지위의 평가에 해당한다.

투민(M. Tumin)의 네 가지 스포츠계층 형성과정에는 지위의 분화, 지위의 서열화, 평가, 보수부여가 있다. 이 중 지위의 서열화는 개인의 특성, 능력(기능), 역할의 사회적 기능에 의해 가능해 진다.

8 ③

스포츠는 사회적 배경과는 관계없이 계층과 사회적 경제를 초월한 평등주의가 존재하고, 재능을 가진 사람은 사회적 상승이동을 할 수 있다는 실력 위주의 사회제도라고 여겨지고 있다. 스포츠의 참가 기회 및 결과의 공정성과 사회이동의 기제로서 스포츠와는 관련성이 없다.

사회이동 기제로서의 스포츠

- 프로스포츠 선수들은 다양한 형태의 후원 및 광고출연의 기회가 있다.
- 조직적인 스포츠 참가는 직·간접적으로 교육적 성취도를 향상시킨다.
- 사회생활을 하는 데 가치 있다고 여겨지는 태도 및 행동 양식을 학습시킨다.
- 어린 시절부터 조직적인 스포츠에 참가함으로써 최소한의 교육을 받고서도 신체적 기량 및 능력의 발달을 도모할 수 있다.

9 ①

문화적 차이에 의해 핫 미디어와 쿨 미디어로 구분되는 것은 맥루한(M. McLuhan)의 매체이론이다.

스포츠 미디어 이론

문화규범이론	대중매체가 현존하는 사상이나 가치를 선택적으로 제시하며 강조
사회범주이론	미디어의 영향력과 스포츠의 소비 형태는 연령, 성, 사회계층, 교육수준, 결혼여부 등에 따라 달라질 수 있음
개인차이론	대중매체가 관람자의 개인적 특성에 호소하는 메시지를 제공하여 개인의 욕구 충족을 제공
사회관계이론	개개인이 원하는 정보를 선택하고 해석할 때는 주변 사람의 영향이 크고, 개인의 대중매체에 대한 접촉 양식은 중요 타자와의 사회관계에 많은 영향을 받음

10 ③

스포츠일탈의 유형

㉠ 스포츠에서 이기기 위해 수단과 방법을 가리지 않는 혁신주의
㉡ 승패보다는 규칙을 지키며 참가하는 가치가 있는 의례주의
㉢ 스포츠 참가를 중단하거나 포기하는 도피주의
㉣ 기존의 스포츠를 거부하고 새로운 목표와 수단을 제시하는 반역주의

머튼(R. Merton)의 아노미이론

- 스포츠에서 일탈 현상이 발생하는 원인과 과정을 잘 설명해주는 이론
- 구조 기능론적 관점에서 사회구성원 간 규범적 합의를 기준으로 일탈을 규정
- 일탈의 주요 초점은 사회적 규정보다 규범 위반에 두고 있음

11 ①

스포츠의 사회적 기능

㉠ 군중 속에서 타인의 영향을 받아 폭력적 집합행동이 발생한다고 보는 전염이론
㉡ 익명성의 상황에서 집합행동으로 나타난다고 보는 수렴이론
㉢ 특정 사회적 상황에서 동조압력에 의해 집합행동이 발생한다고 보는 규범생성이론
㉣ 선행요건으로 인해, 순서에 따라 단계적으로 집합행동이 발생한다고 보는 부가가치이론

집합행동 관련 이론

전염이론	군중은 피암시성, 순환적 반작용에 의해 폭력적 집단행동이 나타남
수렴이론	군중들의 반사회적 성향이 익명성, 몰개성화에 의해 집합행동으로 나타남
규범생성이론	특정 사회적 상황에서의 공유의식은 구성원의 감정과 정숙 정도, 수용성 등에 영향을 줌
부가가치이론	선행적 사회구조적·문화적 요인으로 인한 단계적 절차는 집합행동을 생성, 발전 및 소멸시킴

12 ③

스포츠일탈의 유형

㉠ 위험과 고통을 감수하는 인내규범
㉡ 장애물을 극복하고 역경을 헤쳐 나가는 도전규범
㉢ 경기에 헌신하고 이를 그들의 삶에서 우선순위에 둘 것을 강조하는 몰입규범

코클리(J. Coakley)의 일탈적 과잉동조를 유발하는 스포츠윤리규범 유형

몰입규범	운동선수는 경기에 헌신, 스포츠 경기에 집중하고 그들의 삶에서 우선순위에 둘 것을 강조
인내규범	운동선수는 스포츠 상황에서 발생하는 다양한 위험과 고통을 감수
도전규범	운동선수는 성공을 위한 어떤 장애물도 용납하지 않는다. 장애물 극복 및 역경 헤쳐나가기
구분짓기 규범	운동선수는 다른 선수들보다 뛰어난 모습을 보이기 위해 노력하고, 탁월성을 추구

13 ①

스포츠와 계층이동

<보기>는 국가 간 이동이 발생, 개인의 취향에 의해 선택, 흥미로운 장소를 돌면서 스포츠를 즐기는 유형인 유목민형에 해당한다.

매기(J. Magee)와 서덴(J. Sugden)이 제시한 스포츠의 노동이주 유형

구분	내용
유목민형	종목의 특성으로 인해 국가 간 이동이 발생하는 거주
정착민형	경제적 보상 외에 다른 요인에 의해 정착하여, 보다 나은 사회적 환경이나 교육환경에서 거주
개척자형	금전적 보상이 최고의 가치가 아니며, 이주 국가와 친밀한 관계를 형성
귀향민형	해외로 이주했다가 다시 국내로 귀향
용병형	금전적 보상을 최고의 가치라고 생각하는 유형

14 ③

스포츠일탈의 유형

<보기>는 과정을 중시하고 인간의 상호작용에 초점을 맞추고 있는 상징적 상호작용론적 관점에 해당된다. 인간은 사고하고 해석하며 의미를 부여하는 성찰력 있는 존재이며, 개인의 경험과 상호작용이 사회를 구성하고 변화시킨다고 보는 이론이다.

스포츠일탈이론의 관점

관점	내용
갈등론적 관점	경제적 이해관계가 대립되는 집단이나 개인들 간의 경쟁 갈등이 사회의 본질이라고 본다.
구조기능주의 관점	사회를 이루는 정치, 경제, 종교, 교육, 스포츠 등이 각각 기능을 가지고 있고, 유기체처럼 서로 연결되어 있다고 본다. 스포츠가 사회에 어떤 기능을 하는지 관심을 둔다.
상징적 상호작용론적 관점	인간은 상황을 주관적으로 해석하고, 능동적으로 행동하는 존재이기 때문에 사회구조보다 개인의 역량이 중요하다고 본다.
비판론적 관점	스포츠가 사회를 구성하는데 직접 관여한다고 보고, 스포츠를 통한 사회 변화의 가능성에 관심을 둔다.

15 ④

스포츠사회화의 의미와 과정

㉠ 스포츠 재사회화 : '테니스 지도자가 되어 초등학교에서 테니스를 가르치게 되었다'는 새로운 직업이나 환경으로 변화하여 스포츠 활동에 다시 참여하는 스포츠 재사회화에 해당

㉡ 스포츠로의 사회화 : '부모님의 권유로 테니스를 배우게 되었다'는 스포츠 참가 자체를 의미하는 것으로 스포츠로의 사회화에 해당

㉢ 스포츠를 통한 사회화 : '테니스 참여를 통해 사회성, 준법정신이 강한 선수가 되었다'는 스포츠에서 학습된 기능, 특성, 가치, 태도 등이 다른 사회현상으로 전이되는 과정으로 스포츠를 통한 사회화에 해당

스포츠사회화 과정

스포츠로의 사회화 → 스포츠를 통한 사회화 → 스포츠 탈사회화 → 스포츠 재사회화

구분	내용
스포츠로의 사회화	스포츠 참가 자체를 의미하는 것
스포츠를 통한 사회화	스포츠에서 학습된 기능, 특성, 가치, 태도 등이 다른 사회현상으로 전이되는 과정
스포츠 탈사회화	지속적으로 스포츠 활동을 하던 사람이 스포츠 참가를 중도에 포기하거나 아예 그만둠으로써 스포츠에서 이탈하는 것
스포츠 재사회화	스포츠 영역에서 새로운 직업이나 환경으로 변화하여 스포츠 활동에 다시 참여하는 것

16 ②

스포츠 세계화

㉡ 스포츠시장의 빈익빈 부익부라는 양극화 문제를 심화

㉣ 최근 들어 선진국으로 이동하는 전통적인 스포츠 노동이주의 형태와는 반대로 선진국가에서 후발 발전국가로 의도적으로 이동하는 사례가 증가하고 있음

신자유주의 시대 스포츠 세계화 특징

- 스포츠 시장 경계가 국경을 초월해 전 세계로 확대
- 세계인들이 표준화된 스포츠 상품과 스포츠 문화를 소비하도록 만듦
- 스포츠 시장의 빈익빈 부익부라는 양극화 문제를 심화시킴
- 프로스포츠의 이윤 극대화에 기여함
- 최근 들어 선진국으로 이동하는 전통적인 스포츠 노동이주의 형태와는 반대로 선진국가에서 후발 발전국가로 의도적으로 이동하는 사례가 증가하고 있음

17 ②

스포츠와 미디어의 상호관계

- 자본주의 이데올로기는 경제적 가치를 중시하여 스포츠의 상품 소비를 유도하는 것을 의미한다.
- 젠더 이데올로기는 여성스포츠에서 여성 선수의 실력보다 외모를 부각시키는 것을 의미한다.

스포츠 미디어의 이데올로기 전파

구분	내용
자본주의 이데올로기	스포츠 중계를 통해 시청자들의 상품 소비를 유도 및 촉진
젠더(성차별) 이데올로기	여성스포츠를 실력보다 외모를 부각시킴
성공 이데올로기	경쟁에서 승리와 개인 및 팀의 성공만 강조

18 ③

스포츠의 교육적 기능

참여기회의 제한으로 장애인의 적응력을 배양시킨다는 것은 교육현장에서 스포츠의 순기능에 해당한다.

스포츠의 교육적 역기능

- 승리제일주의(승리지상주의)
- 교육 목표의 결핍
- 일반학생의 참가 기회 제한
- 성차별
- 일탈 및 부정행위 조장
- 비인간적인 훈련
- 스포츠 상업화

19 ①

스포츠사회화의 의미와 과정

〈보기〉는 상과 벌(강화), 가르침(코칭), 모방(관찰학습)을 통해 개인이 사회적 행동을 습득하고 수행한다고 보는 사회학습이론에 대한 설명이다.

스포츠사회화 이론

사회학습이론	• 스포츠 역할의 학습을 이해하기 위해 강화, 코칭, 관찰학습의 개념을 활용
역할이론	• 개인이 사회 속에서 각자의 사회적 지위를 향한 역할기대 또는 행동양식을 획득하는 과정을 설명하는 이론
준거집단이론	• 인간은 스스로 집단이나 타인에게 적응하고 이들의 행동, 태도, 감정 등을 자신의 행동이나 태도 감정의 형성을 위한 중요한 판단 기준이 되는 준거의 척도로 삼는다는 이론 • 준거집단은 규범집단, 비교집단, 청중집단 등으로 구성

20 ④

스포츠 변화에 영향을 미치는 요인

통신 및 전자매체의 발달로 스포츠에서 미디어의 영향력이 증가한다.

미래 스포츠의 변화

- 테크놀로지 발전
- 통신 및 전자매체의 발달
- 조직화 및 합리화
- 상업화 및 소비성향의 변화
- 다양한 문화적 배경의 융합

미래 스포츠의 전망

- 스포츠 정보화와 유비쿼터스 패러다임
- 스포츠 다양화와 e-sports 확대
- 노인 인구의 급증에 따른 사회 환경의 변화
- 고령사회 진입에 따른 시니어 건강운동산업 증대

2021년 기출문제 스포츠교육학 정답 및 해설

1	2	3	4	5	6	7	8	9	10	11	12	13	14	15	16	17	18	19	20
③	①	①	②	④	②	②	③	④	③	①	②	②	③	④	③	①	④	④	①

1 ③ 스포츠지도를 위한 교육모형

시덴탑(D. Siedentop)이 제시한 스포츠교육모형의 6가지 핵심적인 특성에서 유도연습은 해당되지 않는다.

시덴탑(D. Siedentop)의 스포츠교육모형의 6가지 핵심적인 특성

- 스포츠시즌
- 팀 소속
- 공식경기
- 결승행사
- 기록작성
- 역할분담

2 ① 학교체육 프로그램 개발 및 실천

〈보기〉에서 ㉢은 교육과정과의 연계를 더 고려해야 하며, ㉣ 학교체육시설, 지도 인력, 예상 등의 제약이 있으므로 참고하여 체육활동 프로그램 개발을 고려해야 한다.

학교 체육활동 프로그램 개발 시 학습자의 적성과 흥미를 고려하고, 구체적인 목표와 미래 지향적 방향을 설정해야 한다. 또한 창의적으로 문제를 해결하고 인성을 기를 수 있는 다양한 학습 활동 및 환경을 제공하고, 통합적인 교수학습 활동 및 효율적인 교수학습 방법을 활용해야 한다.

3 ① 스포츠교육의 역사

〈보기〉에 들어갈 용어는 ㉠ 체육 학문화 운동 ㉡ 이론적이다.

1960년대 중반 미국을 중심으로 전개된 체육 학문화 운동은 스포츠교육학이 체육학의 하위학분 문야로 성장하는데 촉매제 역할을 하였다. 결국 신체활동을 지도할 때 학문을 기반으로 한 이론적 지식을 스포츠 참여자에게 가르쳐야 한다는 주장이 본격적으로 제기되기 시작했다.

4 ② 스포츠교육전문인의 전문역량

위험한 상황이 예측되면 체육활동을 중단하여야 한다.

체육활동에서 안전한 학습환경 유지를 위해 간혹 위험한 행동을 하는 학습자가 발견되면 즉각 중단시키고 왜 위험한지 구체적으로 피드백을 전달해야 한다.

5 ④ 장기적 전문인 성장 및 발달

〈보기〉는 ㉠, ㉡, ㉢ 모두 맞는 설명이다.

성장단계별 스포츠 프로그램의 목적

유소년 스포츠	유아와 아동의 신체적·인지적 발달 도모, 기본적인 사회관계 형성
청소년 스포츠	운동기능 습득, 삶의 즐거움과 활력 찾기, 또래친구와의 여가활동 참여
성인 스포츠	신체적 건강 유지, 사교, 흥미확대, 사회적 안정 추구

6 ② 스포츠지도를 위한 교수기법

〈보기〉는 발달 수준의 특성을 설명하는 것이다.

- 기능 수준 : 기능학습에서 우선적으로 고려되어야 할 요인, 학습자가 과거에 학습과제를 경험하거나 유사한 경험을 가진 정도에 따라 배워야 할 동작 패턴과 지도방법이 달라져야 함
- 발달 수준 : 학습자의 성별, 연령, 환경적 요인 등 학습자의 개인차를 고려해서 학습 단계를 결정하는 것
- 인지 능력 : 주어진 상황을 정확하게 파악하고, 그 지식을 바탕으로 문제를 해결하기 위한 기술

7 ② 세부지도목적에 따른 교수기법

선수가 수단과 방법을 가리지 않고 승리할 수 있도록 지도하는 것은 잘못된 지도방법이다.

선수가 경기 관련 규칙을 준수하며 페어플레이 정신과 스포츠맨십을 갖추도록 지도해야 한다.

8 ③ 스포츠지도를 위한 교육모형

〈보기〉는 개별화지도모형을 말한다.

학습자가 수업 진도를 결정하는 교육모형은 개별화지도모형이다.

9 ④ 스포츠지도를 위한 교수기법

- 김코치 : 한번에 많은 변화가 있도록 지도하는 것은 잘못된 수정 전략이다.
- 박코치 : 결과를 고려하지 않아도 되는 것은 잘못된 수정 전략이다.

수정하려는 행동이 무엇인지 이해할 수 있도록 구체적으로 진술해야 하며, 현재 시급한 문제나 작지만 중요한 문제부터 시작해서 점차적으로 그 폭을 넓혀가야 한다. 또한 행동 수정에 따른 결과를 고려하여 신중하게 결정하고, 긍정적 혹은 부정적 결과를 명시해주어야 한다.

10 ③ 스포츠지도를 위한 교육모형

〈보기〉에 해당하는 용어는 ㉠ 인지적 ㉡ 팀 게임 토너먼트이다.

㉠ 개념적 특징을 비교하고 분석하는 영역은 인지적 영역에 해당한다.

㉡ 1차 평가 및 같은 등위끼리 점수 비교 후 승자에게 상점을 부여하는 전략은 팀 게임 토너먼트에 해당한다. 이를 통해 운동 기능이 낮은 학생들도 자기 팀을 위해 공헌할 수 있다는 자신감을 갖게 된다.

11 ①

학교체육

교육감이 아니라 국가는 학교 운동부지도자의 자질 향상 및 전문성 강화를 위하여 연수교육 계획을 수립하고, 이를 실시하여야 한다.

국가는 학교 운동부지도자의 자질 향상 및 전문성 강화를 위하여 연수교육 계획을 수립하고, 이를 실시하여야 한다.

12 ②

생활체육

〈보기〉에 해당하는 용어는 ㉠ 스포츠 비리 ㉡ 유죄판결이다.

제12조의3 체육계 인권침해 및 스포츠비리 관련 명단공개

제1항	문화체육관광부장관은 체육지도자 및 체육단체의 책임이 있는 자가 체육계 인권침해 및 스포츠비리와 관련하여 유죄판결이 확정되는 경우에는 운영위원회의 심의·의결을 거쳐 그 인적사항 및 비위 사실 등을 공개할 수 있음
제2항	제1항에 따른 공개의 구체적인 내용 및 절차 등에 관하여 필요한 사항은 대통령령으로 함

13 ②

세부지도목적에 따른 교수기법

〈보기〉에 해당하는 특징은 ㉡, ㉢, ㉤이다.

㉠ 감환과정(기준에 적합한 해결책을 찾는 과정)에 필요한 준거를 제시하고 감환과정을 통해 과제를 해결하는 것은 확산발견형이다.

㉣ 과제활동 전 결정군은 의도를 규정하고, 과제활동 중 결정군은 행위를 규정하고, 과제활동 후 결정군은 평가를 규정한다.

㉥ 학습자가 동료와 피드백을 주고받으며 연습하는 데 중점을 두는 것은 상호학습형이다.

14 ③

스포츠지도를 위한 교육모형

야구, 티볼, 크리켓, 소프트볼, 킥볼은 필드형에 속한다.

알몬드(L. Almond)의 게임 유형

영역(침범)형	축구, 농구, 핸드볼, 하키, 라크로스
네트형	탁구, 배드민턴, 배구, 테니스
벽형	스쿼시, 라켓볼
표적형	골프, 볼링, 당구

15 ④

평가의 실천적 측면

체육 수행평가는 아는 것과 실제 적용 능력을 모두 강조한다.

수행평가는 실제 스포츠 활동 상황에서 참여자가 알고 있는 것과 할 수 있는 것을 평가하는 방법이다. 학습과제를 수행하도록 요구하고 그 과정과 결과를 통하여 보여주는 지식, 기능, 태도를 관찰하고 판단하는 평가 방식이다. 수행평가는 아는 것과 실제 적용 능력을 모두 강조한다.

16 ③

스포츠지도를 위한 교수기법

메츨러의 스포츠 지도를 위한 교수학습 과정안 작성요소와 방법이 올바른 것은 ③이다.

평가 목표는 명확하게 작성해야 한다. 학습평가는 평가 시기, 평가의 관리 및 절차상의 고려사항을 제시해야 한다.

17 ①

세부지도목적에 따른 교수기법

〈보기〉에 해당하는 질문 유형이 바르게 연결된 것은 ①이다.

회상형(회고형) 질문	기억 수준의 대답이 요구되는 질문으로 과거에 있었던 사건을 기억해내는 것이 요구되는 질문
확산형(분산형) 질문	경험하지 않은 새로운 문제에 대한 해결 방법을 찾기 위해 요구되는 질문으로, 정해진 정답 없이 다양한 생각을 자유롭게 표현할 수 있는 질문
가치형 질문	어떤 사건에 대한 개인적 가치, 태도, 의견 등의 표현이 요구되는 질문

18 ④

세부지도목적에 따른 교수기법

〈보기〉는 확대(확장) 과제를 설명한다.

난이도와 복잡성이 덧붙여진 형태의 과제는 확대(확장) 과제이다. 세련형 과제는 폼이나 느낌과 같이 운동 기능의 질적 측면에 초점이 맞추어진 과제를 의미한다.

19 ④

스포츠지도를 위한 교수기법

〈보기〉는 슐만의 학습자와 학습자 특성 지식을 설명한다.

수업에 영향을 미치는 학습자에 관한 지식은 학습자 및 학습자 특성 지식을 의미한다. 교육과정 지식은 참여자의 발달 단계에 적합한 내용과 프로그램에 대한 지식을 의미한다. 교육환경 지식은 수업 환경에 미치는 지식을 의미한다. 지도방법 지식은 모든 교과에 적용되는 지도법에 대한 지식을 의미한다.

20 ①

평가의 이론적 측면

〈보기〉의 평가 유형은 절대평가와 상대평가를 설명하는 것이다.

절대평가	25m 완주와 같이 개인의 목표 성취 여부에 관심을 갖고 미리 정해놓은 기준(학습 목표)과 비교하여 학습자의 성취도를 평가하는 방법
상대평가	상위 15%와 같이 다른 학습자와 비교하여 상대적인 서열(석차)을 중심으로 학습자의 성취도를 평가하는 방법

2021년 기출문제 스포츠심리학 정답 및 해설

1	2	3	4	5	6	7	8	9	10	11	12	13	14	15	16	17	18	19	20
④	④	①	②	①	③	④	③	②	①	③	①	②	②	③	②	④	③	④	①

1 ④ 스포츠심리학의 영역과 역할

수영에 대한 자신감이 수영 학습에 어떤 영향을 주는가에 대한 연구는 개인의 심리적 발달이 스포츠와 운동 참여에 미치는 영향에 관한 주제에 해당한다.

2 ④ 운동학습

보강적 피드백은 지도자나 동료 혹은 영상 등을 통하여 학습자의 외부로부터 제공되는 정보를 의미한다. 결과지식은 학습자 외부로부터 제공되는 정보로 보강적 피드백에 해당한다. 시각, 촉각, 청각은 감각피드백에 속한다. 감각피드백은 운동감각 정보, 피부수용기로부터의 정보, 시각적 정보를 통하여 학습자의 내부 시스템으로부터 제공되는 것을 말한다.

3 ① 주의집중

주의는 폭(좁은, 넓은)과 방향(내적, 외적)의 두 가지 차원으로 구성된다. 주의의 폭은 한 번에 얼마나 많은 것에 주의를 기울일 수 있는가를 의미한다. 주의의 폭이 넓을 때에는 많은 것에 주의를 기울일 수 있고, 주의의 폭이 좁을 경우에는 하나 혹은 몇 개의 것에만 좀 더 구체적으로 주의를 기울이게 된다. 주의의 방향은 내적과 외적으로 구분된다. 내적 주의는 주의의 초점이 자신의 생각이나 느낌에 초점을 두고, 외적 주의는 환경과 같이 외부의 주의를 기울인다.

〈보기〉에서 선수가 서브 준비를 하며 상대 진영을 살피는 것은 외부 환경에서 넓은 주의를 기울이는 것으로 광의 외적(넓은-외적)에 해당하고, 빈 곳을 확인하여 그곳에 서브하는 것은 외부 환경에서 좁은 주의를 기울이는 것이므로 협의 외적(좁은-외적)에 해당한다.

4 ② 운동심리 이론

계획된행동이론(theory of planned behavior)의 주요 변인으로는 의도(Intention), 태도(Attitude), 주관적 규범(Subjective Norm), 지각된 행동 통제(Perceived Behavioral Control)가 있다.

5 ① 스포츠심리상담의 개념

심리기술 훈련은 최상의 경기력을 발휘할 수 있도록 선수들에게 이러한 자기 조절적인 기술을 습득하도록 도움을 주는 훈련 과정을 의미한다. 스포츠심리기술 훈련은 평소 연습과 통합되어 지속적으로 진행되어야 하며, 꾸준하게 지속되어야 경기력 향상에 효과를 줄 수 있다. 심리기법으로는 심상, 루틴, 사고조절 등이 활용되며, 연령, 성별, 경기수준과 관계없이 모든 선수들에게 적용가능하다.

6 ③

집단 응집력

캐런(A.V. Carron)이 주장한 집단응집력에 영향을 미치는 요인은 환경 요인, 개인 요인, 팀 요인, 리더십 요인으로 구분된다.

캐런(A.V. Carron)의 팀 응집력 모형에서 응집력의 결정요인

환경 요인	• 집단응집력에 영향을 미치는 가장 일반적 요인 • 계약상의 의무, 규범적 압력, 조직의 지향성, 지리적 요인, 집단의 크기
개인 요인	• 구성원들의 인적 특성이 유사할 경우 응집력 발달의 가능성이 큼 • 개인의 사회적 배경, 개인차, 성별, 개인 만족도
팀 요인	• 팀의 생산성, 과제의 구조, 팀의 안정성, 의사소통, 집단의 투과성, 팀의 구조
리더십 요인	• 리더의 행동, 커뮤니케이션, 리더십 스타일

7 ④

동기

인지평가이론은 내재적으로 동기화된 행동에 외적 보상이 주어질 경우 내재적 동기가 삭감되고 타인에 의해 통제된다는 느낌을 발생시켜 오히려 과업에 대한 흥미를 감소시킨다는 이론이다. 내적동기는 사람들이 유능감을 느끼고 자신의 의지에 따라 도전할 수 있는 재미있는 과제에 참여할 때 나타나는데, 외적인 보상(승진, 급여 인상 등)을 도입하게 되면 오히려 동기유발 정도가 감소된다.

8 ③

운동제어

정보처리 단계는 외부 환경 정보가 감각 기관을 통해 들어와 지각되고(㉠ 감각·지각 단계), 그 자극에 대한 적절한 반응을 선택하여(㉡ 반응선택 단계), 그 반응을 실행하는(㉢ 반응실행 단계) 단계를 거치게 된다.

자극확인 단계	자극의 발생을 인지하고 확인하는 단계
반응선택 단계	자극 발생을 인지하고 확인 후 어떤 반응을 할 것인지 결정하는 단계
반응실행 단계	반응에 대한 선택 후 알맞은 동작을 수행하는 단계

9 ②

운동실천 중재전략

① 행동수정 중재전략 방법 중 프롬프트(단서) 방법에 해당한다.
③ 행동수정 중재전략 방법 중 보상 제공 방법에 해당한다.
④ 행동수정 중재전략 방법 중 출석게시 방법에 해당한다.

운동실천을 위한 행동수정 중재전략

행동수정 전략은 운동 습관에 영향을 줄 수 있는 물리적 환경의 특정 요소를 변화시키는 데 중점을 두는 방법으로, 프롬프트 방법, 계약하기, 보상제공, 출석게시 등의 방법이 있다.

프롬프트 (prompt)	운동을 하는 데 도움이 되는 단서로 언어적·비언어적 프롬프트를 이용한다. 예를 들어 운동 용품을 눈에 띄는 곳에 두거나 포스터나 슬로건을 붙여두기 등이 있다.
계약하기	운동 지도자와 기대되는 행동, 의무사항, 행동 변화에 대한 조건 등이 포함된 운동 계약을 맺어 운동을 촉진한다.
보상 제공	출석 게시와 함께 보상을 주어 운동 실천을 높인다.
피드백 제공	긍정적 피드백을 통해 운동 동기를 이끌어 낼 수 있다.

10 ①

운동실천 중재전략

㉠ 현우는 좋아하지 않으나 자신이 설정한 목표를 달성하기 위하여 운동을 하는 것이므로 확인규제에 해당된다.

㉡ 승아는 지원해 준 부모님에 대한 죄책감 때문에 필라테스 학원을 다닌다. 스스로 압력을 느끼며 운동하는 의무감규제에 해당된다. 운동을 하지 않으면 죄책감이 생기기 때문에 운동을 하는 것은 의무감규제가 동기가 되는 것이다.

11 ③

동기

성취목표성향은 사람들이 유능감이나 성공을 규정하는 방식으로 활동에 대한 목표를 어떻게 지각하는가에 따라 성취행동이 결정될 수 있다는 전제를 갖는다.

자기목표성향	• 능력감이나 성공감을 느끼기 위해서는 타인에 비해 더 잘하거나, 동일한 결과에 비교적 노력이 덜 해야 한다는 것을 말한다. • 비교의 준거를 타인에 둔다. • 자기 능력의 우월성을 증명하는 것을 목표로 하는 것이다.
과제목표성향	• 과제에 대한 숙련과 학습에 초점을 두고 기술이 향상되었거나 노력을 많이 할 경우 유능성의 느낌이 들고 성공했다고 생각하는 것을 의미한다. • 기술숙련과 학습이 중요하다고 판단될 때 성취행동을 보인다. • 비교의 준거가 자신에게 있다.

〈보기〉에서 인호는 자기목표성향, 영찬이는 과제목표성향에 해당한다. 인호가 영찬이를 이겼을 경우에는 자신이 잘 해서 승리하였다고 생각한다.

12 ①

운동학습

〈보기〉는 운동기능 연습법 중 분절화에 대한 설명이다. 분절화는 학습할 전체 기술을 특정한 시·공간적인 영역으로 나누어 연습한 후 각 기술이 특정 수준에 도달하면 전체 기술로 결합하여 연습하는 방법이다.

운동기능 연습법

부분화	운동 과제에 포함되는 하위 요소를 하나 혹은 둘 이상으로 분리하여 연습하는 방법
분산연습	휴식시간이 연습시간보다 긴 경우
집중연습	연습시간이 휴식시간보다 상대적으로 긴 경우

13 ②

정서와 시합불안

스포츠 상황에서 특성불안을 측정하는 검사지는 SCAT(Sport Competitive Anxiety Test-스포츠경쟁불안 검사지)이다.

① SCQ : 스포츠응집력질문지

③ CSAI-2 : 경쟁상태불안검사지

④ 16PF : 16개성격요인측정검사지

14 ②

운동발달

운동발달의 단계는 반사 운동 단계(태아기)-기초 움직임 단계(영아기)-기본 움직임 단계(유아기)-스포츠 기술 단계(아동기)-성장과 세련 단계(청소년기)-최고 수행 단계(성인초기)-퇴보 단계(성인중기, 노인기)로 구분할 수 있다.

15 ③

리더십

와인버그(R.S. Weinberg)와 굴드(D. Gould)의 처벌 행동 지침에 따르면 연습 상황의 실수는 처벌하지 않는다. 연습 상황에서의 처벌은 부정적 영향이 클 수 있다.

와인버그와 굴드의 처벌 지침

- 동일한 규칙 위반에 대해서는 누구든지 동일한 처벌을 하는 일관성을 지킨다.
- 사람이 아닌 행동을 처벌한다.
- 규칙 위반에 관한 처벌 규정을 만들 때 선수의 의견을 반영해야 한다.
- 신체활동을 처벌로 사용하지 않는다.
- 개인적 감정으로 처벌하지 않는다.
- 연습 중 실수한 것에 대해서는 처벌하지 않는다.
- 전체 선수나 학생 앞에서 개개 선수에게 창피를 주지 않는다.
- 처벌을 자주 하는 것은 좋지 않지만 필요한 경우에는 단호함을 보여야 한다.

16 ②

스포츠심리상담의 적용

스포츠심리상담에서 상담자가 활용할 수 있는 기법으로는 적극적 경청, 관심집중, 신뢰 형성, 공감적 이해가 있다.

① 적극적 경청 : 상담자가 내담자의 언어적, 비언어적 메시지를 듣고 적절하게 행동으로 반응하는 과정

② 관심 집중 : 내담자를 향해 앉기, 개방적 자세, 적절한 눈 맞춤, 편안한 몸짓과 표정

③ 신뢰 형성(라포) : 내담자와 상담자 사이의 공감적 관계, 내담자가 개인의 정신적 고민이나 감정적 호소에 귀를 기울임으로써 내담자가 원하는 것을 정확하게 파악

④ 공감적 이해 : 내담자의 생각이나 느낌을 내담자 입장에서 이해하고 받아들이는 것, 내담자에게 생각할 충분한 시간 제공, 상담자는 반응을 짧게 해야 함

17 ④

운동발달

운동발달 상황에서 공통적으로 나타나는 행동은 계통발생적 행동이라고 한다.

개체발생적 운동행동 : 꾸준한 연습과 경험을 통해 형성되는, 환경적 요인에 영향을 받아 학습과정에 의해 획득되는 운동행동을 의미한다.

18 ③

운동심리 이론

신체활동이 무관심, 관심, 준비, 실천, 유지의 다섯 단계를 거쳐 변화한다는 운동행동이론은 변화단계이론이다.

운동행동의 변화단계

무관심 단계	• 현재 운동을 하지 않고 있으며, 6개월 이내에도 운동을 시작할 의도가 없다. • 운동과 관련된 행동 변화의 필요성을 거부한다.
관심 단계	• 현재 운동을 하지 않고 있지만, 6개월 이내에 운동을 시작할 의도가 있다.
준비 단계	• 현재 운동을 하고 있지만, 가이드라인(대개 주당 3회 이상, 1회 20분 이상 기준)을 채우지 못하는 수준이다. • 30일 이내에 가이드라인을 충족하는 수준으로 운동을 시작할 생각이 있다.
실천 단계	• 가이드라인을 충족하는 수준의 운동을 해왔는데 아직 6개월 미만이다. • 운동 동기가 충분하고 운동에 투자도 많이 했다. • 운동으로 인한 손실보다는 혜택을 더 많이 인식한다. • 가장 불안정한 단계로, 하위 단계로 내려갈 위험성이 가장 높다.
유지 단계	• 가이드라인을 충족하는 수준의 운동을 6개월 이상 해왔다. • 운동이 안정 상태에 접어들었으며, 하위 단계로 내려갈 가능성은 낮다.

19 ④

정서와 시합불안

〈보기〉의 내용은 최적수행지역이론에 대한 내용이다. 역U자 이론에 대한 대안으로, 사람마다 적정수준의 각성이 다르기 때문에 최적의 수행에 이르는 일정한 각성수준이 없으며, 각성 수준이 특정 범위 안에 있을 경우 높은 운동 수행 수준을 보여준다고 하는 이론이다.

20 ①

집단 응집력

사회적 태만은 집단에서 발생하는 동기손실을 말한다. 사회적 태만의 극복을 위해서는 구성원의 노력 정도가 엄밀하게 측정되고 공표되어야 하는데, 지도자는 지속적인 동기부여 및 체계적 역할분담을 통해 사회적 태만이 일어나지 않도록 해야 한다.

사회적 태만의 극복 전략(Weinberg & Gould, 2015)

- 개인의 노력 확인
- 개인의 공헌 강조
- 사회적 태만 허용상황 규정
- 선수와 대화
- 소집단 구성
- 포지션 변경
- 긍정적으로 귀인

2021년 기출문제 한국체육사 정답 및 해설

1	2	3	4	5	6	7	8	9	10	11	12	13	14	15	16	17	18	19	20
②	①	②	④	③	①	②	②	③	④	①	④	①	①	④	③	④	③	②	③

1 ② 체육사 연구 분야

광복을 전후로 근대체육과 현대체육으로 구분할 수 있다.

2 ① 체육사 연구 분야

문헌사료는 공문서, 사문서 등 기록물로 무예도보통지, 조선체육계, 손기정 회고록은 문헌사료지만, 고구려 무용총 수렵도는 유적사료에 해당한다.

3 ② 선사 및 부족국가시대의 체육

저포(윷놀이)는 제천의식과 관련된 민속놀이로 대개 정월 초하루부터 대보름까지 행하여 졌으며, 도, 개, 걸, 윷, 모는 돈(豚), 견(犬), 양(羊), 우(牛), 마(馬) 등 동물의 크기와 속도에 연관되어 있다.

① 위기(圍棋)라는 용어로 불리기도 한 것은 바둑과 비슷한 놀이를 이른다.
③ 두 사람이 서로 맞잡고 힘을 겨루는 경기는 각저이다.
④ 달리는 말 위에서 여러 가지 동작을 행하는 경기는 기창이다.

4 ④ 삼국 및 통일신라시대의 체육

삼강오륜은 조선시대 유교의 도덕사상에 기본이 되는 3가지 강령(군위신강, 부위자강, 부위부강)과 5가지의 인륜(부자유친, 군신유의, 부부유별, 장유유서, 붕우유신)을 말한다.

5 ③ 삼국 및 통일신라시대의 체육

방응(放鷹) – 매사냥

① 석전(石戰) – 돌싸움
② 마상재(馬上才) – 말기예
④ 수박(手搏) – 맨손과 발을 이용한 격투기

6 ① 고려시대의 체육

고려시대 국학의 7재 중 무학을 공부하는 강예재(講藝齋)가 있었다. 그것이 무학(武學)이었다는 것 외에 자세한 내용은 알 수 없으나 고려의 교육기관 성격으로 볼 때 무학을 통해 장수를 육성한 것으로 보인다.

② 대빙재(待聘齋)는 7재 중 하나로 상서(尙書)를 익히던 곳이다.
③ 경덕재(經德齋)는 7재 중 하나로 시경(詩經)을 익히던 곳이다.
④ 양정재(養正齋)는 7재 중 하나로 춘추(春秋)를 익히던 곳이다.

7 ② 고려시대의 체육

㉡ 가죽주머니로 만든 공을 발로 차는 형식의 무예는 축국(蹴鞠)이다.
㉣ 귀족들의 오락 및 여가 활동이었다.

격구는 페르시아의 폴로에서 기원을 둔 것으로 알려져 있으며, 실제로 고려 귀족사회에는 격구가 매우 성행했다. 성행 배경에는 첫째, 군사 훈련 수단이었으며, 그 외 기창, 기검, 기사 능력 향상을 위한 수단으로 채택되었기 때문이다. 둘째, 귀족들의 오락 및 여가 활동이었다. 하지만 고려시대의 격구는 무예적 요소와 유희적 요소를 동시에 지니고 발달되었으나 말(馬)이나 장비를 구할 수 있는 여건, 사치성 등으로 인하여 특수 계층만 참여하였고 그 폐단도 심했다.

8 ② 고려시대의 체육

㉠ 수박(手搏)은 고구려시대부터 성행하였던 것으로 맨손과 발을 이용한 격투기로 고려시대 무인들에게 적극 권장되었으며, 명종(1170~1197) 때에는 수박을 겨루게 하여 승자에게 벼슬을 주어, 수박이 출세를 위한 방법이 되기도 하였다. 고려의 인재 등용을 위해 무과가 설치된 것은 말기의 일이며, 그 이전에는 특별 채용 형식을 통해 무인을 등했고, 그 과정에서 수박은 중요한 과목이었다.
㉡ 마술(馬術)은 다른 이름으로 무마(無馬), 원기(猿騎), 마상재(馬上才)라고도 한다. 마상재는 말을 타고 여러 가지 자세나 기예를 보여주는 것이며, 유교를 치국의 도(道)로 삼았던 고려시대에도 6예의 어(御)에 속하는 승마 능력은 군자의 중요한 덕목 중 하나였다.

9 ③ 조선시대의 체육

병서(兵書) 강습과 마상(馬上) 무예 훈련을 주로 한 곳은 훈련원이다.

조선 왕조의 무인 양성과 관련된 공식적인 교육기관은 훈련원(訓練院)이었고, 전국적인 무사 양성 기능을 대신한 곳은 각 지역의 사정(射亭)이었다. 훈련원은 군사의 무재(武才)를 시험하고 무예를 연습하였으며, 병서(兵書) 강습도 하였다. 교육내용은 습득과 활쏘기, 승마 등의 훈련이었으며, 사정은 전국 각지에 산재하여 무예 무사 양성 교육기관 역할을 대신했던 장소였다.

10 ④ 조선시대의 체육

삭전(索戰), 갈전(葛戰)으로도 불리며, 촌락공동체의 의례적 연중행사로 단순한 놀이의 성격을 지닌 것만이 아니라 농사의 결과를 점치는 점세속이나 풍년기원의 주술적 속성도 있었다.

① 동채싸움으로도 불리며, 동네별로 승부를 겨루는 경기는 차전놀이다.
② 상박(相搏)으로 불린 씨름은 서민들의 민속놀이이다.
③ 추천(鞦韆)으로도 불리며, 단오절에 많이 행해진 서민들의 민속놀이는 그네타기였다.

11 ① 개화기의 체육

감리교 계열의 스크랜턴 부인에 의해 1886년 설립된 이화학당은 우리나라 최초의 여성교육기관이다.

② 아펜젤러(H. Appenzeller)가 1885년 설립한 학교로 각종 서구 스포츠를 도입한 학교는 배재학당이다.
③ 이승훈이 1907년 설립한 학교로 민족정신의 고취와 체력단련을 위해 체육을 강조한 학교는 오산학교이다.
④ 개화파 관리들이 중심이 되어 설립한 최초의 근대 학교로 무사양성을 위한 무예반을 설치한 학교는 원산학사로 문예반 50명, 무예반 200명이 학교의 정원이다.

12 ④

㉠ 황성기독교청년회(서울 YMCA)는 1903년 발족되었으며, 1906년 황성기독교청년회운동부를 결성했다. 개화기 결성된 체육 단체 중 가장 왕성한 활동을 했던 단체였다.

㉡ 회장 터너와 총무 질레트 등의 노력으로 이 단체는 개화기 우리나라 근대 스포츠의 발달에 큰 역할을 했으며, 특히 농구, 배구, 야구, 유도, 철봉, 역도, 권투, 무용, 텀블링, 곤봉 등의 보급에 지대한 영향을 미쳤다.

- 회동구락부 : 탁지부(재경부)에서 설립하였으며, 직장체육의 효시로 불린다.
- 대동체육부 : 체육발달을 통한 강력한 국가 수립을 위해 권성연 등이 설립하였다.
- 무도기계체육부 : 최초의 기계체조단체로 군인체육기관의 효시로 윤치호 등이 설립하였다.

13 ①

개화기의 체육

대한체육회의 전신인 조선체육회는 1920년 창립되었으며, 일제 강점기 우리나라 스포츠 운동을 주도했다.

② 대한체육구락부 : 1906년 현양운 등이 설립한 최초의 체육단체이다.

③ 대한국민체육회 : 1907년 노백린 등이 설립한 단체로 체육계몽운동을 통한 강력한 국가건설을 목표로 운영되었다.

④ 대한흥학회운동부 : 1909년 윤기현 등이 회원 친목 및 스포츠 소개와 보급을 위해 설립하였다.

14 ①

일제강점기의 체육

역도는 서상천에 의해 국내에 소개되었다. 그는 조선체력증진법연구회(1926)의 설립을 통해 학교와 일반 사회에 역도를 보급했다. 1928년 YMCA 주최 역도대회가 열렸으며, 1930년 중앙체육연구소와 조선체육회 공동 주최의 전조선역도대회가 열렸다.

③ 이원용 : 조선체육회 초대이사로 전조선야구대회 심판 등을 역임하였다.

④ 유억겸 : 조선기독교청년회 회장으로 미군정청 문교부장, 조선체육회 회장 등을 역임하였다.

15 ④

일제강점기의 체육

일제강점기가 아닌 개화기로, 1896년 5월 5일 영어학교에서 한국 최초의 운동회인 화류회가 개최되었다.

① 1925년 경성운동장이 설립되어 각종 스포츠대회가 개최되었다.

② 1931년 덴마크의 닐스 북(Neils Bukh)일행 26명이 내한하여 경성운동장(지금의 동대문운동장)에서 체조강습회를 개최하였으며, 이는 급속한 체조보급의 계기가 되었다.

③ 1936년 8월 11일 베를린올림픽경기대회에서 손기정이 금메달, 남승룡이 동메달을 획득했다.

16 ③

일제강점기의 체육

〈보기〉의 내용은 조선체육회에 대한 내용으로 1925년 경성운동장 개장을 기념하기 위해 조선신궁경기대회를 개최한 단체는 조선체육협회이다.

17 ④

광복 이후의 체육

- 1991년 제41회 지바세계탁구선수권대회에서 남북 단일팀인 '코리아(KOREA)'팀은 남북 각각 31명씩 62명으로 구성되었으며, 홍차옥, 현정화, 리분희, 유순복 복식조가 우승드라마를 쓴 경기를 했다.
- 1991년 포르투갈세계청소년축구선수권대회는 '코리아'라는 국명으로 한반도기를 국기로 하여 출전한 대회로 단일팀은 8강까지 진출했다.
- 1973년 제32회 세계탁구선수권대회는 107개팀(남자 58팀, 여자 49팀)이 참여했으며, 대한민국 여자선수들은 단체전에서 8전 전승으로 우승을 하였다.
- 1983년 멕시코세계청소년축구대회는 대한민국이 4강 진출의 성적을 거둔 대회이다.

18 ③

광복 이후의 체육

㉠ 1948년 제5회 스위스생모리츠동계올림픽대회에서 한국은 동계올림픽경기대회에 최초로 태극기를 단 선수단을 파견하였다.

㉡ 1988년 제24회 서울올림픽에서 한국은 최초로 하계올림픽경기대회를 개최하였고 종합 4위의 성적을 거두었다.

㉢ 2000년 제27회 호주시드니올림픽에서 남한과 북한의 선수가 최초로 하계올림픽경기대회에서 동시 입장을 하였다.

㉣ 1976년 제21회 캐나다몬트리올올림픽에서 레슬링 양정모 선수가 광복 후 하계올림픽경기대회에서 최초로 금메달을 획득하였다.

따라서 정답은 ㉠-㉣-㉡-㉢이다.

19 ②

광복 이후의 체육

1936년 8월 11일 베를린올림픽에 출전한 조선 출신 선수들은 일본대표팀 소속으로 출전하였다. 마라톤의 손기정과 남승룡, 축구의 김용식, 농구의 이성구, 장이진, 염은현, 복싱 웰터급의 이규환 등 7명이다. 마라톤에서 손기정은 금메달, 남승룡은 동메달을 획득하며, 우리 민족을 비하하던 국민들에게 강한 자신감과 민족의식을 불어넣어주는 기능을 했다.

베를린올림픽 마라톤에서 우승한 손기정 선수가 시상대에서 월계관을 쓴 모습은 일본 아사히신문을 통해 일본에 보도되었다. 이 사진을 8월 말에 입수한 이길용 기자는 편집국 사회부 현진건 부장과 상의한 뒤 손기정 선수의 가슴에 그려진 일장기를 동아일보 전속 화가 이상범에게 부탁하여 물감으로 지워버리도록 하고, 일장기가 없는 모습의 손기정 사진을 1936년 8월 25일자 보도 자료에 넣어 편집하였다.

① 제9회 암스테르담올림픽경기대회 : 1928년 여자 육상이 공식종목으로 채택된 대회였다.

③ 제14회 런던올림픽경기대회 : 1948년 한국은 'KOREA'라는 정식국호를 달고 최초로 참가했다.

④ 제17회 로마올림픽경기대회 : 1960년 개최되었으며 참가결과는 1950년대 한국전쟁 이후 한국 스포츠가 매우 위축되어 있었다는 것을 보여주는 것이다.

20 ③

광복 이후의 체육

태릉선수촌은 1966년 박정희 정권에서 건립하였다.

전두환 정부는 '스포츠 포 올 무브먼트(sports for all movement)'라고 하는 '생활체육'의 확산에 관심을 갖고, 1982년 중앙정부행정조직에 체육부를 신설하였다. 1980년대부터 프로야구(1982), 프로축구(1983), 프로씨름(1983) 시대가 개막됨으로써 관중 스포츠시대를 열었고, 1986년 제10회 서울아시안게임을 개최하였다.

2021년 기출문제 운동생리학 정답 및 해설

1	2	3	4	5	6	7	8	9	10	11	12	13	14	15	16	17	18	19	20
④	③	①	②	②	②	①	③	②	④	①	④	①	①	④	③	②	④	①	④

1 ④ 골격근의 구조와 기능

자율신경계는 인체의 불수의적 내부 기능을 조절하는 역할을 한다. 예를 들면 운동 시에 중요한 심박수, 혈압, 혈액 공급, 폐기능 등이다. 종류로는 교감신경계와 부교감신경계가 있다. 체성신경계는 신체기관을 수의적으로 조절할 수 있는 신경계로 감각신경과 운동신경으로 나뉜다.

Type I 섬유는 지근섬유, 적근이라고도 불리며 높은 유산소성 지구력을 지니고 있어 마라톤의 지구성운동이나 걷기와 같은 낮은 수준의 근력이 필요한 경우 가장 많이 동원된다. Type II 섬유는 속근섬유, 백근이라고도 불리며 산소의 공급이 필요 없는 무산소 운동 시에 더 적합한 형태의 섬유로 Type II $_a$, Type II $_x$ 2가지 종류가 있다.

2 ③ 에너지의 개념과 대사작용

호흡교환율이란, 분당 소비된 산소량(VO_2)과 분당 배출된 이산화탄소량(VCO_2)의 비율을 의미하며, 체내의 탄수화물, 지방, 단백질의 대사 이용 비율을 추정할 수 있다. 탄수화물을 사용할 때에는 1.0, 지방은 0.7, 단백질은 0.8 정도의 호흡교환율 수치를 나타낸다.

3 ① 순환계의 구조와 기능

심근에 혈액을 공급하는 동맥은 관상동맥으로 크게 우관상동맥과 좌관상동맥으로 나눠지며, 좌관상동맥은 또 다시 좌심실 측면과 뒤쪽으로 혈액을 공급하는 좌회선지와 좌심실 앞쪽에 혈액을 공급하는 좌전하행지로 나눠지게 된다.

• 폐동맥 : 허파동맥이라고도 불리며 전신을 순환하고 심장으로 되돌아온 정맥혈을 폐로 보내는 혈관이다.

4 ② 인체 운동에 대한 환경 영향

고지 환경에서 최대하 운동시 심박수와 심박출량은 증가한다. 고지 환경은 해수면에 비해 기압과 산소분압이 감소하는 특징을 보이는데 낮은 산소분압은 폐에서 산소를 적게 흡수할 수밖에 없는 환경을 만들며 헤모글로빈의 산소포화도와 산소섭취량을 감소시키게 된다. 그러므로 세포 내에 충분한 양의 산소를 전달할 수 없게 되며 이를 보상하기 위한 방법으로 심박수가 증가한다. 심박출량은 심박수 × 1회 박출량의 값으로 심박수가 증가함에 따라 심박출량도 증가하게 된다.

5 ② 트레이닝에 대한 대사적 적응

Type II 섬유의 현저한 크기 증가는 저항성 트레이닝에 따른 골격근 적응 현상이다. Type II 섬유는 속근섬유라고도 표현하며, 고도로 발달된 근형질세망을 가지고 있어 높은 해당능력으로 빠른 수축을 할 수 있다. 그에 반해 산화능력은 낮아 쉽게 피로해진다.

6 ② 호흡계의 구조와 기능

호흡계는 전도영역과 호흡영역으로 구분된다. 전도영역은 기관, 기관지, 세기관지를 포함하며 공기의 통로의 역할과 함께 폐의 호흡영역에 도착할 때까지의 공기에 습기를 제공하고, 여과하는 기능을 한다. 습기를 제공하는 이유는 체온을 보호하고 폐의 조직이 건조해지는 것을 예방하기 위해서이다. ㉡ 폐포의 표면장력을 감소시키는 표면활성제를 제공하고, ㉣ 호흡가스 확산을 증가시키는 것은 호흡영역에 해당되는 내용이다.

7 ① 인체의 에너지 대사

㉡ 유산소 시스템은 세포질이 아닌 미토콘드리아에서 진행되며, 크렙스회로와 전자전달계를 통해 ATP를 합성한다.

㉣ ATP를 생성할 때 산소의 도움으로 일어나는 과정을 산화적 인산화라고 하며, 산소의 도움에 상관없이 ATP를 생성하는 과정을 기질-수준 인산화라고 한다. 피부르산이 젖산으로 분해되는 과정은 산소가 없을 경우의 과정으로 기질-수준 인산화이다.

㉤ ATP-PCr 시스템은 세포 내 ADP 또는 Pi의 농도가 증가할 때 포스포프록토키나아제(PFK)가 아닌 크레아틴키나아제(CK)를 활성화시켜 ATP 합성시킨다. 포스포프록토키나아제(PFK)는 해당경로의 속도조절 효소이다.

8 ③ 내분비계

칼슘조절 호르몬은 칼시토닌과 부갑상선 호르몬이 있다. 칼시토닌은 혈중에 칼슘 농도가 증가할 경우 뼈에서의 칼슘 방출을 감소시키는 역할을 하며 갑상선에서 분비된다. 부갑상선 호르몬은 이름처럼 부갑상선에서 분비되며 혈중에 칼슘 농도가 감소할 경우 뼈에서의 칼슘을 분해하여 혈액으로 방출하게 하는 호르몬이다.

안드로겐은 남성의 정소에서 분비되는 스테로이드 호르몬으로 남성 생식계의 성장 및 발달, 기능에 영향을 미치는 모든 남성 호르몬을 말한다.

티록신은 갑상선에서 분비되는 호르몬으로 세포의 대사 속도를 증가시켜 심박수와 심장 수축력을 증가시키는 역할을 한다.

9 ② 골격근의 구조와 기능

① 근섬유는 여러 개의 핵을 가진 다핵세포로 구성되어 있다.

③ 근원섬유의 기본적인 기능적 단위를 근절이라고 하며, 가는 세사인 액틴과 굵은 세사인 마이오신으로 구성된다.

④ 위성세포는 원형질막과 기저막 사이에 위치하여 골격근의 성장과 발달, 근육의 상해 훈련 등 과정 속에서 근육의 적응에 영향을 준다.

10 ④ 골격근과 운동

① 단축성 수축은 동적 수축이며 느린 수축 속도에서 더 큰 힘이 생성된다.

② 단축성 수축은 근절의 길이가 짧아지는 수축이며 최대 힘은 근절이 길이가 약 2.1~2.2㎛일 때로 액틴과 마이오신의 교차다리 형성이 가장 많이 될 때 생성된다.

③ 신장성 수축은 종적 수축이며 빠른 수축 속도에서 최대 힘이 생성된다.

11 ①

㉢ 심박수를 측정하는 방법은 P파, QRS 복합파 등을 볼 수 있지만, 일반적으로 QRS 복합파의 R파의 간격을 통해 심박수를 측정한다.

㉤ ST분절은 QRS파 마지막 부분과 T파의 시작점 사이로 좌심실의 탈분극 및 재분극 사이의 기간을 말한다. ST분절의 상승과 하강은 급성심근허혈을 나타내는 지표로 임상에서 중요하게 사용된다.

12 ④

성장호르몬은 뇌하수체 전엽에서 분비되는 호르몬으로 뼈, 연골의 성장과 지방분해 및 단백질 합성을 촉진시키는 기능을 한다. 주로 청소년기 성장기에 뼈의 길이와 근육의 증가와 같이 성장을 촉진하는 기능을 주로 하며, 성인 이후에는 근육섬유보다 인대, 콜라겐 등을 증가시키며 척추의 골밀도를 높여 골다공증이 발생하지 않도록 하는 기능도 한다.

13 ①

중추 화학적 수용체인 경동맥체와 대동맥체는 동맥의 산소분압 증가가 아닌, 이산화탄소와 수소 이온의 증가에 따라 환기량 증가를 자극한다. 운동을 하게 되면 근육내의 대사과정이 일어나게 되므로 동맥혈에 안정시 보다 더 많은 이산화탄소와 수소 이온이 증가하게 되는데, 이 농도를 낮추기 위한 방법으로 호흡수를 늘려 환기량을 증가시키게 된다.

14 ①

② 탈분극 : 막 사이의 전위 차이가 안정막 전위인 −70mV보다 적어져 Na^+이 세포내로 확산되어 들어와 세포 안쪽이 +30mV까지 상승해 양성이 되는 현상을 말한다.

③ 재분극 : Na^+의 문이 닫히고, K^+의 문이 열림으로서 점차적으로 전위가 안정막 전위 수준으로 돌아가는 현상을 말한다.

④ 불응기 : 활동전위가 하나 발생했을 때 다른 활동전위가 발생하지 못하는 시기를 말한다.

15 ④

① 시냅스(synapse, 연접) : 자극이나 정보를 전달하기 위한 부위로 한 뉴런의 축삭돌기 말단과 다음 뉴런의 가지돌기 사이의 연접 부위를 말한다.

② 운동단위(motor unit) : 1개의 운동 신경에 의해 지배되는 근 섬유군을 말한다. 1개의 운동신경에 연결되어진 근섬유 수가 많을수록 더 큰 힘을 낼 수는 있으며, 근섬유가 적을수록 정교하고 세밀한 동작을 수행할 수 있다.

③ 랑비에르 결절(node od Ranvier) : 신경섬유마디라고도 불리며 슈반세포로 이루어진 미엘린 수초가 감싸져 있지 않은 축삭의 한 부위를 말한다. 이 부위를 통해서 활동전위가 도약전도를 일으키며 신경전달속도가 증가하게 된다.

16 ③

체온 조절과 운동

① 복사 : 일상생활에서의 주된 온도조절 요인으로 인체와 다른 물체 사이의 공간을 통해서 열을 교환하는 방식이다. 신체의 열보다 주위 물체의 열이 낮아질 때 신체의 말초 모세혈관의 확장으로 체표면적이 증가하여 열을 방사하는 방법을 말한다.

② 대류 : 체표면과 공기나 물 등 사이에서 열이 전달되는 것으로 피부에 접하는 공기나 물 분자의 순환에 의해 일어나는 것을 말한다.

④ 전도 : 서로 다른 온도를 갖는 두 표면이 직접 접촉할 때 열의 이동이 일어나는 현상을 말하며, 신체 표면에 접촉된 물체를 통해 체열이 방산되는 방법이다. 예를 들면 추운 겨울 언 손으로 따뜻한 물체가 닿으면 그 열이 피부로 전달되는 것이 있다.

17 ②

체온 조절과 운동

① 열사병 : 과도한 고온 환경에 노출되어 40℃ 이상의 심부체온, 중추신경계의 기능이상, 무한증(땀이 나지 않는 것) 등의 증상이 나타나는 것으로, 시상하부 온도조절 중추가 기능을 잃게 되어 체내의 열을 외부로 발산하지 못함으로 인해 신체 내 장기를 손상시킴으로서 즉각적으로 처치하지 않을 경우 높은 사망률을 보인다.

③ 열순응 : 더운 환경에서 신체가 더 잘 기능할 수 있도록 더위에서 반복적인 운동을 실시하여 과도한 체열을 제거할 수 있는 능력을 키워 순응하는 것을 말한다.

④ 저나트륨혈증 : 혈액 내 나트륨 농도가 135mmol/L 미만으로 낮아진 경우로 신체 내 수분이 과다할 경우 나타나며 가벼운 증상으로는 두통, 구역질 등이 있으며 심한 증상으로는 의식 장애, 발작을 일으킬 수 있다.

18 ④

신경계의 운동기능 조절

감각–운동 신경계의 인체 운동 반응 조절 과정은 다음과 같다. 감각 수용기에 의해 받아들여진 자극을 감각 뉴런을 통해 중추신경계로 전달된다. 중추신경계에서 정보를 해석하고 어떠한 운동반응으로 내보낼지 결정한다. 결정되어진 정보는 운동 뉴런을 통해 전달되어 운동반응이 나타나게 된다.

19 ①

트레이닝에 의한 대사적 적응

Type I 섬유란, 지근섬유라고도 불리며 수축 속도는 느리지만 운동에 따른 피로저항과 산화능력이 높아 유산소성 트레이닝에 의해 발달되는 근섬유이다.

20 ④

운동에 대한 순환계의 반응과 적응

부교감신경계는 자율신경계 종류의 하나로 주요 기능은 소화, 배설, 체액분비, 에너지 보존과 같은 역할이며 휴식할 때 활성화된다. 작용으로는 심박수 및 혈압의 감소, 소화기계 활동의 증가, 관상동맥 수축, 기관지 수축 등이 있다.

2021년 기출문제 운동역학 정답 및 해설

1	2	3	4	5	6	7	8	9	10	11	12	13	14	15	16	17	18	19	20
②	①	③	②	③	②	②	④	③	②	①	②	①	②	①	①	④	②	①	③

1 ② 운동역학의 목적과 내용

운동불안 완화는 스포츠심리학의 연구목적 중 하나로 심리적, 사회적 요인이 스포츠 경기력에 영향을 미치는 원인을 분석한다. 운동기술 향상, 운동장비 개발, 스포츠 손상 예방은 운동역학의 연구목적에 해당된다.

2 ① 해부학적 기초

복장뼈(흉골 : sternum)는 15~20cm 크기의 칼 모양으로 생겼으며, 가슴 앞쪽 한가운데 위치한 세로로 길쭉하고 납작한 뼈로 어깨의 안쪽(내측 : medial)에 위치하여 있다.

3 ③ 운동의 종류

① 병진운동은 선운동이라고도 하며, 물체가 이동할 때 모든 질점이 같은 방향으로 같은 거리, 같은 시간으로 움직이는 운동형태로 직선운동과 곡선운동이 있다.
② 곡선운동은 병진운동(선운동)에 포함되는 운동이다.
④ 한 개의 고정된 축을 중심으로 물체가 회전하는 운동은 회전운동(각운동)이다.

4 ② 인체의 물리적 특성

① kg는 질량의 단위이며, 질량이 있는 물체가 받는 중력의 크기를 무게라고 한다. 무게의 단위는 kgf로 질량에 중력가속도를 곱한 값을 말한다.
③ 무게중심의 위치는 자세에 따라 인체 내부 또는 외부에 위치할 수 있다.
④ 질량은 인체와 모든 물체가 가진 물리량으로 불변하는 값이다.

5 ③ 인체의 물리적 특성

무게중심이란, 중력에 의한 알짜 토크가 0인 지점으로 물체의 각 부분에 작용하는 중력의 합력의 작용점을 말한다. 이 무게중심은 높이가 낮을수록 안정성이 높아지며, 높이가 높을수록 안정성이 떨어진다.

6 ② 인체의 구조적 특성

① 1종 지레는 받침점이 힘점과 저항점 사이에 위치한다. 예를 들면 시소가 있다.
③ 3종 지레는 힘점이 받침점과 저항점 사이에 위치한다. 예를 들면 이두 컬이 있다.
④ 인체 지레는 대부분 3종 지레에 해당되며 적은 이동거리를 움직이지만 많은 힘을 내야 하기에 힘의 효율성은 떨어진다.

7 ② 선운동의 운동역학적 분석

마구누스의 힘이란, 마구누스 효과를 일으키는 힘으로 회전하는 물체가 유체 속을 지나갈 때 압력이 높은 쪽에서 낮은 쪽으로 휘어져 나가는 것을 말한다. 그러므로 공의 회전방향은 압력이 높은 ㉣위치에서 압력이 낮은 ㉡위치로 이동하는 B이며, 마구누스 힘은 ㉡방향 쪽으로 작용하게 되어 공이 ㉡방향으로 움직이게 된다.

8 ④ 선운동의 운동역학적 분석

평균가속도란, 정해진 시간 동안 물체의 속도가 평균적으로 얼마나 빠르게 변했는지를 나타내는 값을 말한다. 표에서 최대 평균가속도는 1초와 3초 사이로 일정 시간당 평균속도가 2.4m/s에서 8.4m/s로 평균속도의 변화량이 제일 크다. 평균가속도가 0인 구간은 평균속도가 10으로 변화가 없는 5초와 7초 사이이다.

9 ③ 선운동의 운동학적 분석

평균속력이란, 단위 시간동안 움직인 거리와의 비율을 말한다. 구하는 공식은 총 움직인 거리를 총 시간으로 나누는 것으로 100m ÷ 100초 = 1m/s이다. 평균속도란, 단위 시간동안 물체의 변위의 변화율을 말한다. 이때 변위란, 물체의 처음 위치에서부터 마지막 위치까지의 방향과 직선거리를 말한다. 하지만, 문제에서 출발과 도착지점이 동일하다고 가정하였으니 직선거리는 0m이며, 그러므로 0m ÷ 100초 = 0m/s이다.

10 ② 각운동의 운동역학적 분석

단축성 수축(concentric contraction)은 힘모멘트가 저항모멘트보다 커서 근육의 길이가 짧아지는 수축 형태를 말한다. 반대로 신장성 수축(eccentric contraction)은 저항모멘트가 힘모멘트보다 작아 근육의 길이가 길어지는 수축 형태를 나타낸다.

11 ① 선운동의 운동역학적 분석

마찰력이란, 두 물체의 접촉면 사이에서 물체의 운동을 방해하는 힘으로, 운동방향과 반대방향으로 작용한다. 이때 마찰력은 추진력 또는 저항력으로 이용될 수 있는데, 추진력은 미끄럼 마찰력을 극대화시키는 경우로 달리기, 축구, 야구에서 스파이크 운동화가 그 예로 볼 수 있다. 저항력은 미끄럼 마찰력을 극소화시키는 경우로 예로는 스키, 썰매, 스케이트가 있다.

12 ② 선운동의 운동역학적 분석

① 뉴턴의 제1법칙은 관성의 법칙으로 외부에서 물체의 상태를 변화시킬 수 있는 힘이 작용하지 않는 한 물체는 가만히 있거나 일정한 속도를 유지하려고 한다는 법칙이다.

③ 뉴턴의 제3법칙은 작용-반작용의 법칙으로 모든 힘에는 그 크기는 같고 방향은 반대인 힘이 있다는 법칙으로 예를 들면 지면반력으로 지면에 가한 힘만큼 지면에 의해 다시 반력을 되돌려 받는 것이 있다.

④ 질량 보존의 법칙은 에너지는 갑자기 생기거나 사라지지 않으며, 항상 보존된다는 법칙이다.

13 ①

선운동의 운동역학적 분석

충격량이란, 물체가 받은 충격의 정도를 나타내는 물리량을 말한다. 충격량을 구하는 공식은 힘(f) × 시간(t)인데, 이는 곧 가와 나의 면적을 뜻한다. 문제에서 가와 나의 면적은 동일하다고 제시하였으니, 충격량은 같다. 하지만 수직 힘과 작용시간이 다르므로 A선수와 B선수의 충격력은 다르다.

② 충격량은 운동량의 변화량과 같다. A와 B선수의 충격량이 같으므로 운동량의 변화량도 동일하다.

③, ④ 충격력이란, 충격이 가해졌을 때의 힘을 말한다. 쉽게 이해하기 위해 예를 들면 A선수의 수직 최대의 힘이 10이고 걸린 시간은 5초, B선수의 수직 최대 힘은 5이고, 걸린 시간은 10초라고 가정해보자. A선수의 경우 5초 동안 10이라는 힘의 충격력을 받았다. 즉 1초당 2라는 충격력을 받게 되었다. B선수의 경우 10초 동안 5라는 힘의 충격력을 받았다. 즉 1초당 0.5라는 충격력을 받았다. 즉, 가해진 힘과 힘의 작용시간에 따라 A선수와 B선수가 받은 충격력이 다름을 알 수 있다.

14 ②

각운동의 운동역학적 분석

① 관성모멘트란, 회전운동에서 외부에서 가해진 회전력에 대해 운동 상태를 변화시키지 않으려는 특성으로 질량분포가 회전축에서 멀어질수록 변화하지 않으려는 성질이 더 커지므로 관성모멘트는 증가한다.

③ 관성모멘트를 구하는 공식은 질량(m) × 회전반경^2(r^2)로 회전반경의 길이가 길어질수록 관성모멘트는 증가한다.

④ 각속도란, 단위시간당 회전한 각도를 뜻한다. 즉 일정한 시간동안 얼마만큼 회전했느냐를 나타내는 단위를 말하는데 공중자세에서 관성모멘트가 증가하거나 감소하게 되면 회전하는 물체의 각도도 변하게 된다. 그러므로 관성모멘트에 따라 각속도도 변한다.

15 ①

일과 일률

② 1N(Newton)은 1kg의 물체를 $1m/s^2$로 가속시키는 힘의 단위이다.

③ $1m^3$(Cubic meter)은 입방미터라고도 하며 용적단위 중 하나로, 가로, 세로, 높이가 1m인 것을 말한다.

④ 1J/s(Joule/sec)은 1초에 1J의 일을 하는 일률로 1W(와트)를 뜻한다.

16 ①

일과 일률

일률이란, 단위 시간당 수행한 일의 양을 말하며, 일을 단시간에 얼마나 빠르게 수행하였는지를 나타내는 것으로 스포츠 영역에서는 순발력이라는 용어로 사용된다. 단위는 W(watt)를 사용하며 구하는 공식은 힘(F) × 속도(V)이다. 힘은 제시되어 있으니 속도를 구한 후 공식에 대입하면 된다. 속도는 거리 ÷ 시간이므로 5m ÷ 10s = 0.5m/s이다. 이제 일률 공식에 대입하면 200N × 0.5m/s = 100Watt이다.

17 ④

에너지

위치에너지는 물체가 높은 곳에 위치할 때 중력에 의해 갖는 에너지로 질량이 크고 높이가 클수록 위치에너지가 크다. 즉, 위치에너지는 물체의 질량과 물체가 위치한 높이에 따라 달라진다.

18 ②

에너지

운동에너지를 구하는 공식은 $\frac{1}{2}$ × 질량 × 속도^2 이다.

①의 제시된 값을 적용하면 $\frac{1}{2}$ × 90 × 7^2 이므로 2,205이다.

②의 제시된 값을 적용하면 $\frac{1}{2}$ × 100 × 8^2 이므로 3,200이다.

위치에너지를 구하는 공식은 질량 × 9.8 × 높이이다.

③의 제시된 값을 적용하면 50 × 9.8 × 5 이므로 2,450이다.

④의 제시된 값을 적용하면 60 × 9.8 × 4 이므로 2,352이다.

그러므로 가장 큰 역학적 에너지를 가지고 있는 것은 ②이다.

19 ①

운동역학의 목적과 내용

운동학적 분석이란, 운동 형태에 따른 분석을 하는 것으로 운동의 변위, 속도, 가속도, 무게중심, 관절각 등을 분석한다. ⓒ 스트레인 게이지 힘 분석과 ⓔ 지면반력 분석은 운동할 때의 힘을 측정하는 방법으로 운동역학적 분석 방법에 해당된다.

20 ③

근전도 분석

근전도 분석이란, 근육이 수축할 때 발생하는 전기적 신호를 측정하는 것으로, 근수축의 세기, 활동근의 종류, 근육의 피로, 동원순서에 대한 정보를 알 수 있다. 제자리높이뛰기에서 무게중심의 3차원 위치 좌표는 근전도가 아닌 3차원 영상분석을 통해 알 수 있는 정보이다.

2021년 기출문제 스포츠윤리 정답 및 해설

1	2	3	4	5	6	7	8	9	10	11	12	13	14	15	16	17	18	19	20
②	①	④	④	③	③	②	④	④	③	②	①	③	②	①	②	④	②	②	①

1 ② 스포츠의 윤리적 기초

스포츠윤리는 일반 윤리와 불가분의 관계를 가지며 스포츠 고유의 윤리적 가치를 통해 일반적 윤리 규범의 근거를 더욱 강화한다. 따라서 의도적인 반칙에 대한 정당화의 근거를 제시하는 것은 스포츠윤리의 목적으로 적절하지 않다.

스포츠윤리의 독자성

- 경쟁의 도덕적 조건과 가치 있는 승리의 의미를 밝힌다.
- 비도덕적 행위의 유형과 공정성의 조건을 제시한다.
- 스포츠를 통한 도덕적 자질과 인격의 함양을 추구한다.
- 스포츠 행위의 궁극적 목적과 교육적 가치, 문화적 가치를 탐색한다.
- 스포츠의 도덕적 가치를 옹호하고 보편적 윤리로서의 정당성을 확보한다.
- 스포츠윤리 규범의 확산을 통하여 바람직한 공동체 모습을 제시한다.

스포츠윤리

2 ① 스포츠의 윤리적 기초

하나의 대상, 사건, 행위에 대한 판단은 크게 사실판단과 가치판단으로 구분된다.

㉠ 진위 : 사실판단은 실제 세계의 사건과 현상에 대한 진술로 경험적 검증이 가능하다. 사실판단은 참과 거짓, 즉 '진위'를 가릴 수 있다.

㉡ 당위 : 가치판단은 실제 세계의 정보가 아닌 평가로 마땅하게 해야 할 '당위'에 근거한다.

3 ④ 페어플레이

진실과 성실의 정신을 바탕으로 경기에 임하는 도덕적 태도와 동일한 의미로 쓰이며, 오늘날 스포츠의 보편적인 윤리규범으로 발전한 것은 '페어플레이(fairplay)'에 대한 설명이다. 스포츠에서의 규칙 준수는 형식적인 규범을 넘어 도덕규범을 충실히 반영하는 정신적인 미덕으로 발전하였다. 페어플레이는 규칙의 숙지뿐만 아니라 준수에 대한 약속이기도 하다.

4 ④ 스포츠경기의 목적

운동선수가 신체적 능력의 탁월성과 도덕적 탁월성을 겸비하는 것은 동시에 요구되는 두 가지의 '아레테'를 이야기 하는 것이다. 아레테는 사람이나 사물이 본래 가지고 있는 것이 좋은 상태에 이르고, 그 기능이 잘 발휘된 것을 의미한다.

5 ③ 윤리이론

〈보기〉의 어떠한 경우에도 '반드시 행하라'와 같이, 무조건 절대적으로 따라야 하는 도덕법칙을 정언명령이라 한다. '네 의지의 준칙이 언제나 동시에 보편적 입법의 원리가 될 수 있도록 행위하라'라는 정언명령을 제시한 사상가는 칸트(I. Kant)이다.

6 ③ 윤리이론

〈보기〉는 배려윤리에 대한 설명이다. 배려윤리는 타인의 욕구에 민감하게 반응하고 공감하며 대응하는 것이 도덕의 출발이라 설명하는 윤리이론이다. Held(2006)는 배려가 특정 타인과의 실제적인 인간관계를 보존하거나 증진하려는 행위라 말한다. 즉 인간의 상호작용에 의해 만들어지는 것이므로 배려윤리는 이성의 윤리가 아닌 감성의 윤리이다.

7 ② 페어플레이

㉠ 평균적 정의 : 모든 사람이 동등한 권리를 갖는 평균적 정의에 대한 내용이다.

㉡ 분배적 정의 : 능력에 따라 결과에 차등을 두어 정의를 실현하는 분배적 정의에 대한 내용이다.

8 ④ 인종차별

아파르트헤이트(Apartheid)는 남아프리공화국의 20세기 대표적인 인종차별 정책이다. 백인으로만 구성된 선수단이 올림픽에 참가하기도 하였으며, 원주민이 포함된 팀과의 경기를 취소해 버리기도 하였다.

① 생물학적 환원주의 : 스포츠 성차별과 관련이 있다. 운동 수행 시 보이는 남성과 여성의 성취수준 차이를 근거로 남성이 여성에 비해 우월하다 생각하는 남성 중심적 사고이다.

② 지속가능한 발전 : 스포츠에서 합리적인 환경문제의 해결과 관련이 있다. 스포츠에서 지속가능한 발전이란 스포츠 환경 및 시설의 개발과 환경의 공존을 말한다.

③ 게발트 : 스포츠에서의 폭력과 관련이 있다. 게발트는 어떤 주체가 다른 주체를 지배하고 통한다는 뜻을 포함하여, 권한, 권능, 자격 등 권력에 가까운 의미로 쓰인다.

9 ④ 스포츠 폭력

〈보기〉와 관련된 사상가는 한나 아렌트(H. Arendt)이다. 아렌트는 폭력을 목적을 이루기 위한 수단으로 여겼으며, 권력이 사람들이 모여 제휴하고 함께 행동할 때 생겨나는 것으로 그 자체로 이미 정당성을 가지고 있다고 하였다. 아렌트는 '악의 평범성'을 주장하며 폭력이 습관처럼 행해지고 이에 익숙해지는 것이 폭력을 지속하게 한다고 보았다.

10 ③ 페어플레이

스포츠에서 반칙은 구성 규칙과 규제 규칙을 의도적이거나 비의도적으로 여겼는지에 따라 의도적 구성 반칙, 비의도적 구성 반칙, 의도적 규제 반칙, 비의도적 규제 반칙으로 구분할 수 있다.

〈보기〉의 반칙 행동은 전술적인 의도적 파울 행동으로 의도적 규제 반칙에 해당된다.

반칙 행동

의도적 구성 반칙	• 의도성을 갖고 구성적 규칙을 위반한 경우 • 스포츠 본질적 성격을 부정하는 제반 행위까지 포함
비의도적 구성 반칙	• 의도성을 갖지 않으나 구성적 규칙을 위반한 경우 • 정확한 이해가 부족하거나 부주의로 일어난 경우가 많음
의도적 규제 반칙	• 의도성을 갖고 규제적 규칙을 어긴 경우
비의도적 규제 반칙	• 경기 중 흔히 발생하는 일반적 반칙 • 승리를 추구하는 과정에서 자연스럽게 일어나는 경향성 • 경쟁 우위를 점하기 위하여 경쟁하는 과정에서의 행위가 상대의 이익과 탁월성을 방해한 것

11 ② 윤리이론

㉠ 서(恕) : 내가 원하지 않는 일을 남에게 하지 말라는 원리는 서의 개념에 해당한다. 서는 나와 타인의 마음이 서로 다르지 않다는 뜻으로 배려와 관용을 나타낸다.

㉡ 정명(正名) : 임금은 임금답고, 신하는 신하답고, 아버지는 아버지답고, 자식은 자식답게 되는 것을 말한다. 사회구성원의 모든 행위가 그 이름에 적합하도록 행해야 한다는 도덕적 요구를 의미하는 것은 정명에 대한 설명이다.

12 ① 스포츠와 정책윤리

국민체육진흥법 제18조3에 근거하여 재단법인 스포츠윤리센터가 설립되었다.

스포츠윤리센터의 주요 사업

- 스포츠비리 및 체육계 인권침해에 대한 신고 접수, 조사, 조사 결과에 따른 조치
- 피해자에 대한 상담, 법률 지원 및 연계
- 스포츠 비리 및 체육계 인권침해에 대한 실태조사 및 인권침해 방지를 위한 예방교육 등

13 ③ 스포츠와 인성교육

레스트(J. Rest)의 도덕성의 4가지 구성요소는 도덕적 판단력(moral judgement), 도덕적 민감성(moral sensitivity), 도덕적 동기화(moral motivation), 도덕적 품성화(moral character)이다. ㉠은 도덕적 가치를 다른 가치보다 더 우위에 두는 것으로 도덕적 동기화와 관련되어 있다.

레스트(J. Rest)의 도덕성의 4가지 구성요소

도덕적 판단력	어떤 행동이 도덕적으로 옳고 그른지 판단하는 것
도덕적 민감성	어떤 상황을 도덕적인 문제 상황으로 감지하고 그 상황에서 어떠한 행동을 할 수 있으며 그 행동들이 어떤 영향을 미칠 수 있는가를 상상하는 것
도덕적 동기화	다른 가치들에 비하여 도덕적 가치를 더 우위에 두려는 동기
도덕적 품성화	도덕적 실천에 있어 장애요인을 극복할 수 있는 인내, 용기, 확신 등의 품성

14 ② 스포츠와 인성교육

인지적 도덕추론과 정의적 가치명료화 등은 도덕성의 함양에 실제적인 도움이 되지 못한다고 비판하며 고전과 인문학에 중점을 둔 전통적인 인격교육으로 돌아가야 한다고 주장하였다. 베닛은 교사들은 해당 사회의 전통적 가치들에 대해 확신을 갖고 학생들에게 제시해야 한다 하였다.

15 ① 스포츠와 인성교육

〈보기〉의 내용은 멕페일(P. Mcphail)에 의해 주장된 내용이다. 멕페일은 도덕적 가치들이 중요한 타자들의 행동에 대한 관찰에 의해 학습된다고 하였다.

16 ②
장애차별

대회의 참여와 참여종목에 대한 선택은 본인에게 맡기도록 한다.

장애차별 없는 스포츠의 조건

기회제공	장애인이 원하는 장소와 시간의 확보되어야 한다.
재정지원	활동에 필요한 장비 및 기구의 재정적 지원이 확보되어야 한다.
계속적 활동	일회성 체험이 아닌 회원으로 관리되는 클럽활동이 보장되어야 한다.
선택의 기회	참여종목과 대회의 참여는 본인의 선택에 맡긴다.
다양한 사람과의 만남	다양한 사람과의 관계를 통하여 사회성 함양의 기회를 주어야 한다.

17 ④
스포츠의 윤리적 기초

㉠ 보편화 결과의 검토 : 모든 사람이 특정한 도덕 원리를 받아들였을 때 일어날 수 있는 결과를 검토하는 것은 보편화 결과의 검토에 해당된다.

㉡ 역할 교환 검토 : 도덕 원리에 대해 입장을 바꾸어 생각해보도록 하는 것은 역할 교환 검토에 해당된다.

도덕 원리의 검토 방법

역할 교환 검토	입장을 바꾸어 생각하도록 하여 도덕 원리의 타당성을 검토하는 방법
보편화 결과의 검토	도덕 원리를 모두가 받아들였을 경우 나타날 수 있는 결과를 예상하여 도덕 원리의 적절성을 검토하는 방법
반증 사례의 검토	도덕 원리가 적용되지 않는 새로운 사례가 없는지 검토하는 방법
포섭 검토	도덕원리가 상위 원리에 포함되는지 검토하는 방법

18 ③
스포츠경기의 목적

공격 당사자의 본능, 감정, 의지를 폭력적인 수단에 의해 관철하는 것은 공격이 간접적인 형태가 아닌 직접적으로 나타나는 것에 해당한다. 스포츠에서 모든 공격은 간접적 형태로 나타나므로 근거로 적절하지 않다. 신체적 탁월성을 발휘할 자유와 충돌하는 공격성은 폭력으로 변질되므로 타인의 자유를 침해하지 말아야 한다. 또 스포츠에서 공격은 소통의 구조를 갖는다. 일방적인 침투나 파괴가 아니라 규칙이 허용한 범위 내에서의 의도와 전술의 교환을 의미하는 것이다. 특히 스포츠의 공격은 승리를 이르는 합리적 방법과 전술의 개발로 이어지는데 이는 스포츠 자체의 고유한 지식 및 문화의 축적을 가능하게 한다.

19 ①
용기구와 생체 공학 기술 활용

운동선수의 인격 향상 기여는 스포츠에 도입된 과학기술의 긍정적인 효과와 거리가 멀다.

스포츠에 과학기술이 기여한 긍정적인 부분은 공정성 강화, 경기력 향상을 들 수 있다. 또한 장비 및 도구의 개선과 안정성을 향상시켜 대중화에 기여하였다.

20 ①

규칙은 해당 스포츠의 역사적 과정에 의해 개정을 거듭하면서 현재의 형태에 이른다. 규칙은 제정과 개정 그리고 변화를 거듭하는 속성을 가지고 있지만 규칙의 구성에는 공평성, 임의성, 제도화의 원리가 작용한다.

스포츠 규칙의 원리

공평성	공정의 원리인 동시에 평등의 원리를 의미
임의성	스포츠의 규칙은 반드시 그러해야 하는 필요성을 가지지 못하는 우연적이고 임의적인 것
제도화	규칙이 임의성을 갖지만 규칙의 제정과 개정은 반드시 별도의 전문화된 조직에 의해 이루어짐

2021년 기출문제 유아체육론 정답 및 해설

1	2	3	4	5	6	7	8	9	10	11	12	13	14	15	16	17	18	19	20
④	①	①	③	②	④	①	①	①	①	②	④	④	③	②	④	③	④	①	④

1 ④

유아기의 특징

피아제(J. Piaget)는 유아의 행동에 대한 기본 개념을 도식으로 설명하며, 도식은 동화, 조절, 평형화 과정을 통해 이루어진다 하였다.

도식

기존의 차기동작 경험을 통해 형성된 인지적 구조

동화	새로운 정보 혹은 경험을 자신에게 구성되어 있는 도식에 적용시키려 하는 것
조절	기존에 가지고 있던 도식을 수정하거나 조절하여 새로운 도식을 형성하는 과정
평형화	동화와 조절의 결과로 도식과 현실경험이 일치하는 것

2 ①

유아기의 특징

ⓒ 안정시 심박수는 성장하며 꾸준하게 감소된다. 또한 근육량의 증가와 심박수의 변화는 관계가 없다.
ⓔ 연령증가에 따라 상체와 하체의 비율은 변화한다.

3 ①

유아기의 특징

비대칭목경직반사(Asymmetric Tonic Neck Reflexes : ATNR)는 출생 전에서 6개월까지 발생하는 목강직 반사작용으로 원시반사에 속한다. 머리를 한쪽으로 돌려놓으면 마치 펜싱을 하듯 얼굴이 향하는 쪽의 팔을 쭉 뻗으며 반대쪽 팔을 구부리는 반사 움직임을 보이며, 눈과 손의 협응을 가능하게 한다.

4 ③

유아기 운동발달

〈보기〉에서 설명하는 발달 이론은 행동주의이론에 해당한다. 행동주의이론은 인간의 본성은 태어날 때부터 환경에 따른 훈련에 의해 만들어진다고 보는 관점이다. 행동주의적 관점에서는 외적요인을 중시하여 유아의 발달은 외부적인 환경적 요인을 잘 조직하고 변화시킴으로써 유아의 행동을 훈련과 학습에 의해 바람직하게 촉진시키고, 바람직하지 않은 행동은 감소하거나 소거함으로써 이루어진다고 보았다.
행동주의이론 중 스키너(B. Skinner)의 조작적 조건화 이론은 자극에 반응한 결과를 강조하는 이론으로, 그 결과 행동의 발생 빈도를 높이기 위해 자극 요인을 조건화하게 된다는 이론이다.

5 ②

유아기 운동발달

성숙단계 드리블의 특징

- 두 발을 좁게 벌리고, 내민 발의 반대편 손을 앞으로 내밀어 드리블 하기
- 몸통을 약간 앞으로 기울임
- 공을 허리 높이로 올림
- 팔과 손목 그리고 손가락이 폴로스루 되면서 공을 바닥 쪽으로 밀어냄
- 아래로 내려치는 힘이 제어됨
- 반복적인 접촉과 밀어내기 동작은 손가락 끝에서 시작됨
- 시각적으로 공을 살핌
- 드리블 방향을 제어함

6 ④

운동프로그램의 구성요소

안정성 운동기술은 축성 안정성, 동적 안정성, 정적 안정성으로 구분한다.
몸통 앞으로 굽히기(bending)는 축성 안정성과 관련이 있다.

안정성 운동기술

축성 안정성	동적 안정성	정적 안정성
• 굽히기 • 늘리기 • 비틀기 • 돌기 • 흔들기	• 구르기 • 시작하기 • 멈추기 • 재빨리 피하기	• 직립 균형 • 거꾸로 균형

7 ①

유아기 운동발달

자기개념 형성이 시작되는 시기는 2단계 : 자율성과 수치 및 회의 단계에 해당한다.

3단계 : 주도성 대 죄의식(3~6세)

- 어떤 목표나 계획을 세워 성공하고자 노력하는 시기
- 목표나 계획을 실천하고자 하는 욕구와 또래의 판단 사이에 갈등을 겪게 되는 시기
- 자신의 계획이나 희망이 사회의 금기 결과를 가져올 경우 죄의식을 느끼게 되는 시기
- 주도적 유아는 스스로 계획과 목표를 설정하여 새로운 행동을 시도하고 창조하면서 목적을 달성하고자 함
- 놀이를 혼자 시도할 수 있고 놀이를 통한 성공 경험은 주도성 형성에 도움이 됨
- 실패에 대한 벌이나 두려움으로 수치를 갖게 되기도 함

8 ①

운동프로그램의 구성요소

㉠ 대상의 위치, 방향, 거리 등을 정확하게 이해하는 것인 공간지각에 해당한다.
㉡ 속도, 리듬과 관련된 시간지각에 해당한다.
㉢ 방향을 인지하고, 전환하는지와 관련된 방향지각에 해당한다.

9 ① 운동프로그램의 구성요소

모둠발로 멀리 뛴 거리의 측정은 순발력 측정 종목에 해당한다.
② 근지구력 : 윗몸말아올리기
③ 평형성 : 평균대 위 한 발로 서있는 시간 측정
④ 민첩성 : 왕복달리기 시간 측정

10 ① 유아기 운동발달

도약과 착지 지점이 매우 가까울 수 있도록 지도한다.

수직점프의 성숙단계 특징
- 무릎을 60~90도 구부린 자세를 취함
- 엉덩이, 무릎, 발목을 힘차게 뻗음
- 동시에 팔을 위로 올리는 협응 동작을 함
- 머리를 위로 들고 목표에 집중함
- 몸 전체를 뻗음
- 뻗은 팔은 견갑부위 부근에서 기울여 위로 들어 올리고 뻗지 않은 팔은 최고점에 올라갔을 때 아래쪽으로 밀어냄
- 도약한 지점에서 매우 가까운 지점에 착지함

11 ② 운동발달 프로그램의 기본원리

㉠은 안정성이다. 안정성은 안전에 관한 사항들을 이해하고 예방하는 것이다. 유아 및 아동은 자신의 운동능력을 과대평가하는 경향이 있는데, 이러한 경향을 고려한 안전한 운동환경을 마련하고 사고를 예방할 수 있는 지도가 이루어져야 한다.
㉡은 적합성이다. 발달적으로 적합하기 위해 프로그램은 유아들의 발달상태, 기술, 수준, 체력 등을 고려해야 한다.

12 ④ 유아기 운동발달

〈보기〉에서 설명하는 유아의 기본운동기술 유형은 조작성에 해당한다. 조작성은 물체에 대한 개인의 관계를 의미하는 것으로, 물체에 힘을 받는 특징을 가진다. 조작성 움직임은 추진운동(던지기, 차기, 치기, 때리기, 올려치기, 공굴리기)과 흡수운동(잡기, 멈추기)이 있으며, 이 운동들은 물체를 정지시켜 빗나가게 할 목적으로 신체나 신체의 한 부위를 움직이는 것을 말한다.

13 ④ 운동프로그램의 구성요소

남아와 여아의 관심과 능력이 비슷하기 때문에 분리 활동을 할 필요가 없다.

운동프로그램 구성 시 고려사항
- 발달을 위한 움직임 프로그램은 개인의 발달 수준을 토대로 구성되어야 한다.
- 신체적, 정서적, 사회적, 인지적 발달이 균형 있게 이루어질 수 있도록 구성해야 한다.
- 협응력 향상에 필요한 다양한 활동을 제공해야 한다.
- 안전을 고려해야 한다.
- 충분히 활동적이고 흥미로운 놀이로 구성해야 한다.

14 ③

유아기의 건강과 운동

세계보건기구(WHO, 2020)에서 권장한 유아·청소년기 신체활동 지침

만 3~4세	• 최소 60분 이상의 중·고강도 신체활동을 포함한 하루 180분 이상의 신체활동
만 5~17세	• 뼈와 근육을 강화하는 격렬한 강도의 활동을 최소 주 3회 이상 권장 • 매일 중등도 내지 격렬한 강도의 신체활동을 권장하며 대부분 유산소 활동이어야 함

15 ②

유아 체육 지도 방법

지시는 최대한 간결하고 명료하게 한다. 안전에 유의하도록 요구하며 움직임을 촉진하기 위한 명확히고 충분한 지시를 하도록 한다.

신체활동 시간을 증가시키는 전략

- 충분한 신체활동이 이루어지지 않으면 활동을 변형시켜 움직임을 찾아낸다.
- 유아들이 참여하기 어렵거나 제외되는 활동이나 게임들은 사용하지 않는다.
- 주의 집중을 위한 상호간 약속된 신호를 정한다.
- 가능한 한 활동적으로 참여하는 것에 대해 긍정적 피드백을 많이 제공한다.
- 비과제 참여 유아들을 재감독한다.
- 수업 전 교구를 효율적으로 배치한다.
- 대기 시간을 줄이도록 한다.

16 ④

유아기의 특징

신체적 자기개념은 자신의 신체에 대한 긍정 또는 부정적 평가를 말한다. 많은 연구에서 운동이 신체적 자기개념을 높인 것으로 나타났다. 유아는 스포츠 참여를 통해 신체를 자유롭게 조절하고 탐색하면서 문제를 해결하는데 성공적인 경험을 통해 긍정적 자기개념이 형성된다.

스포츠 유능감은 신체적 자기개념의 하위 요인으로 스포츠 참여는 스포츠 유능감에 영향을 미친다.

17 ③

유아 체육 지도 방법

참여 동기의 증진을 위한 방법

- 모든 유아의 성공을 가져오는 환경을 만들고, 성공에 대한 실제 관심을 보여준다. 매우 기초적인 과제들을 성취하더라도 과제 성취를 축하해주고 칭찬해준다.
- 긍정적인 역할모델이 된다. 활동 수준을 증가시키고, 자주 긍정적 확신을 제공하며, 유아들의 욕구를 충족시켜주는 역할을 해야 한다.
- 유아들이 제외되거나 참가하지 못하는 활동이나 게임들은 사용하지 않도록 한다(모든 유아가 성공할 수 있도록 과제 난이도를 적절하게 조절한다).

18 ④

유아 체육 지도 방법

신체적 가이던스를 자제하고 말로만 설명하다 보면 유아들이 이해를 잘못하여 안전사고의 위험성이 높아진다. 지도자가 직접 신체를 움직여 정확한 자세로 시범을 보여준다면 보다 정확한 동작이 이루어질 수 있고, 안전사고의 위험성도 감소시킬 수 있다.

19 ①

유아들이 흥미와 능력에 맞는 활동을 선택할 수 있도록 활동자료와 교재교구를 다양하게 제공해야 한다.

유아체육 지도 환경 원칙

안전성	체육활동을 위한 설비나 용구가 유아들의 건강을 해치거나 위험성을 가져서는 안 된다.
경제성	시간 및 비용 면에서 경제력이 있는 것을 선택하여 예산문제로 발생하는 안전사고가 일어나지 않도록 해야 한다.
흥미성	호기심, 모험심 등을 표현할 수 있는 환경조성은 체육활동의 흥미로움과 적극적인 수업 태도를 만들어낼 수 있다.
효율성(필요성)	유아 신체발달에 반드시 필요한 기구나 설비로 판단되면 그 필요성을 인정하고 준비하여야 한다. 수업장소의 공간크기, 음향, 냉난방 시설 등은 수업의 효과적인 진행을 위해 고려해야 한다.

20 ④

누리과정(2019)에서 신체운동·건강 영역의 내용범주는 신체활동 즐기기, 건강하게 생활하기, 안전하게 생활하기이다. 창의적으로 표현하기는 예술경험 영역의 내용범주에 해당한다.

2021년 기출문제 노인체육론 정답 및 해설

1	2	3	4	5	6	7	8	9	10	11	12	13	14	15	16	17	18	19	20
③	①	④	④	②	③	③	②	①	②	③	②	①, ②, ③, ④	③	③	②	②	④	③	④

1 ③ 노화에 따른 신체적·심리적·사회적 변화

노화로 인한 생리적 변화 중 수축기 및 이완기 혈압수치는 점진적으로 증가한다.

노화로 인한 생리적 변화
- 최대산소섭취량 감소
- 폐의 탄력성과 호흡기 근력의 저하
- 동정맥산소차의 감소
- 수축기 및 이완기 혈압수치의 증가
- 안정시 심박수 증가

2 ① 노화와 관련된 이론

㉠ 유전적 이론 : 유전적 요인이 노화의 속도를 결정한다.
㉡ 손상 이론 : 세포손상의 누적이 세포의 기능장애에 결정요소로 작용한다.
㉢ 점진적 불균형 이론 : 인체기관이 다른 속도로 노화하면서 신경내분비계에 불균형을 초래한다.

노화의 생물학적 이론

노화의 유전적 이론	유전적 요인이 노화의 속도를 결정함
노화의 손상 이론	세포손상의 누적이 세포의 기능장애에 결정적 요소를 함
노화의 점진적 불균형 이론	인체기관이 다른 속도로 노화하면서 신경내분비계에 불균형을 초래함
교차결합이론	분자들이 서로 엉켜서 조작이 탄력성을 잃고 세포 내·외부로의 영양소와 화학적 전달물질 교환을 방해하는 현상
사용마모이론	신체기관도 기계처럼 오래 사용하면 기능이 약화되고 정지되는 것처럼 점진적으로 퇴화되는 현상

3 ④ 노화와 관련된 이론

에릭슨(E. Erikson)의 심리사회발달 단계

연령	단계	긍정적 결과
13~18세	독자성 대 역할 혼동	자신이 어떻게 살기 원하는지에 대한 생각을 발달시킨다.
젊은 성인	친분 대 고독	타인과 밀접한 관계를 형성한다.
중년 성인	생산적 대 정체	가족의 부양 또는 어떤 형태의 일을 통해 생산적인 생활을 할 수 있다.
노년기	자아주체성 대 절망	자부심과 만족을 느끼면서 삶을 되돌아볼 수 있다.

4 ④

노화와 관련된 이론

보상이 수반된 선택적 적정화 모델은 선택, 적정화, 보상이라는 3가지 전략을 통해 성공적인 노화 수준이 결정된다는 이론이다.

① 성공적 노화 모델 : 질병이 없는 상태로 높은 수준의 인지적, 신체적 기능을 유지하며 활기찬 인간관계 및 생산적 활동에 적극적으로 참여하는 것

② 분리이론 : 노인들이 왜 삶의 현장에서 벗어나는지를 설명하기 위한 노화와 관련된 초기 이론

③ 자아통합 이론 : 출생부터 노년까지 자아발달의 8단계를 설명하고 있는 이론으로 각 단계는 발달의 갈등이나 위기를 극복해가면서 진행하기 때문에 성공적인 노화를 위해서는 각 단계의 위기가 잘 해결되어야 한다고 주장

5 ②

운동의 개념과 역할

운동 : 체력의 향상과 유지를 위한 계획적인 신체활동

① 신체활동 : 골격근에 의해 에너지 소비가 이루어지는 신체의 움직임

③ 체력 : 신체활동을 수행할 수 있는 기능적 특성

④ 건강 : 질병이 없거나 허약하지 않을 뿐만 아니라 신체적, 심리적, 사회적으로 안녕한 상태

6 ③

운동의 효과

〈보기〉의 대화에서 노인은 고립감, 불안감, 수면장애, 사고력 약화 등이 나타날 수 있다. 고립감 약화는 증상이 아니다.

규칙적인 운동이 노인의 건강에 미치는 영향

- 수면의 질 향상
- 뇌 혈류량의 증가 및 사고력 강화
- 인슐린 감수성의 증가와 인슐린 저항성의 감소
- 근력의 증가

7 ③

노화와 관련된 이론

언어적 설득 : 다른 구성원들로부터 격려의 말을 듣게 함

반두라 자기효능감 이론

성공수행경험	운동참여에 대한 불안과 두려움을 극복하는 경험을 갖도록 지도함
간접 경험	운동에 함께 참여하는 동료 노인을 통해 간접 경험을 갖게 함
언어적 설득	다른 구성원들로부터 격려의 말을 듣게 함
정서적 상태	불안과 두려움을 조절할 수 있도록 인지적 훈련을 시킴

8 ② 의사소통기술

어린아이 다루듯 말하는 것은 적절하지 않다.

노인운동 지도 시 의사소통에 관한 설명

- 자신을 소개한다.
- 노인에 대해 알려고 노력해야 한다.
- 공감을 느끼며 경청한다.
- 신체 언어에 주의를 기울인다.
- 접촉을 적절하게 자주 사용한다.
- 따뜻한 표정으로 비언어적 의사소통을 사용한다.

9 ① 지속적 운동참여를 위한 동기유발 방법

행동주의적 지도방법은 환경을 통해 행동으로 귀결될 수 있게끔 유도해주는 지도방법이다. 개별상담을 통해 운동의 중요성을 인식하게 하는 것은 행동주의적 지도방법이 아니다.

행동주의적 지도방법

- 성공적인 운동참여에 애해 긍정적 강화를 제공함
- 행동적 조성과 유지에서 환경의 역할을 강조
- 인간의 행동은 강화와 처벌에 의해 통제되며, 개인차를 고려하지 않고 보편적 입장을 추구함

10 ② 운동권고 지침 및 운동방안

㉠ 30초 아령 들기 : 상체근력

㉡ 2.4m 왕복 걷기 : 민첩성 및 동적 균형성

리클리와 존스의 노인기능체력검사(Senior Fitness Test: SFT)

등 뒤로 손닿기, 등 뒤에서 양손 마주 잡기	상체 유연성
2분 제자리 걷기	심폐지구력
30초 아령 들기	상체 근력
30초 동안 의자에 앉았다가 일어서기	하체 근력
6분 걷기	심폐지구력
눈감고 외발 서기	평형성
의자에 앉아 윗몸 앞으로 굽히기	하체 유연성
2.4m 왕복 걷기	민첩성 및 동적 균형성

11 ③

운동의 효과

노인이 장기간 저항성 운동을 했을 때 근력과 제지방량의 증가로 낙상 위험의 감소효과를 기대할 수 있으며, 혈관 경직도의 감소는 유산소 운동이 효과적이다.

노인이 장기간 저항성 운동을 했을 때 예상되는 변화

- 체구성 개선 : 근력과 제지방량 증가
- 골밀도 증가
- 심혈관 기능 향상
- 혈당 대사 기능 향상

12 ②

운동권고 지침 및 운동방안

트레드밀 부하는 속도보다는 경사도를 증가시킨다.

미국스포츠의학회(ACSM)가 제시한 노인을 대상으로 한 운동부하검사 고려사항

- 시력 손상, 보행 실조, 발의 문제가 있는 경우 자전거 에르고미터 검사를 실시
- 트레드밀 부하는 속도보다는 경사도를 증가시킴
- 균형감과 근력이 낮고, 신경근 협응력이 저조하여 검사의 두려움이 있다면 트레드밀의 양측 손잡이를 잡고 검사를 실시
- 낮은 체력을 가진 노인은 초기 부하가 낮고(3METs 이하), 부하 증가량도 작은 노턴(Naughton)트레드밀 프로토콜을 이용

13 ①, ②, ③, ④

근골격계 질환 운동프로그램

① ② ③ ④ 모두 정답 처리됨

노인을 위한 수중운동 지도방법

- 충분한 준비운동을 한 후 입수
- 근력이 부족한 노인은 물속 걷기가 적합
- 입수 및 퇴수를 용이하게 하고 안전하게 만전을 기함
- 폐질환, 요도감염, 심부전증 등과 같은 질환이 있는 사람은 전문의의 상담이 필요

14 ③

근골격계 질환 운동프로그램

요통을 예방하는 방법은 장시간 계속 서 있는 것을 피하는 것이다.

요통은 척추뼈, 디스크, 관절, 신경 등의 이상이 발생하는 허리부위의 통증이기 때문에 장시간 서 있는 자세를 피하는 것이 좋다.

15 ③

호흡·순환계 질환 운동프로그램

가족력, 총콜레스테롤, 고밀도지단백질 콜레스테롤, 혈압, 신체활동

- 가족력 : 어머니는 65세 이전인 54세에 심혈관 질환으로 돌아가셨다.
- 총콜레스테롤 : 200mg/dL 이상이면 고콜레스테롤혈증
- 고밀도지단백질 콜레스테롤 : 40mg/dL보다 더 낮은 30mg/dL
- 혈압 : 안정시 혈압에서 수축기 140mmHg보다 높은 190mmHg
- 신체활동 : 평생 전업주부로 생활하고 현재 특별한 신체활동은 하지 않는다.

16 ②

운동의 효과

각 주 근육군의 지속적인 정적 스트레칭과 계단 오르기 운동을 권장

미국스포츠의학회(ACSM)가 제시한 노인 신체활동 프로그램
- 고강도로 주 3일 이상 또는 중강도로 주 5일 이상의 유산소 운동
- 저항운동은 체력수준을 고려하여 실시
- 저·중강도로 주 2회 이상의 대근육군을 이용한 저항운동
- 저항운동을 처음 시작할 경우 1RM 40~50%로 실시
- 근육의 긴장과 약간의 불편감이 느껴질 정도의 유연성 운동
- 유연성 향상을 위한 운동은 한 세션에 10분 이상 실시할 것을 권장하고 근육의 긴장감이 느껴지는 정도의 정적 스트레칭은 30~60%초 동안 유지

17 ②

운동의 효과

준비운동은 폐 혈류의 저항을 감소시켜 혈류량을 증가시켜 폐의 혈액 순환을 향상시킨다.

노인을 위한 준비 및 정리운동의 생리적 효과
- 준비운동은 혈중산소포화도를 증가시켜 근육의 산소 이용률을 증가시킴
- 정리운동은 호흡, 체온, 심박수를 활동 전 수준으로 되돌리는 데 도움을 줌
- 정리운동은 혈중젖산농도를 낮추는 데 도움을 줌

18 ④

운동의 효과

노인의 걷기 특성 중 보폭의 감소로 활보장의 증가가 특성이다.

노인의 걷기 특성
- 분당 보폭수의 증가
- 보행주기 중 양발 지지기 비율의 증가
- 안정된 걷기를 위한 의식적인 관여의 증가
- 보폭의 감소와 활보장의 증가

19 ③

운동권고 지침 및 운동방안

노인의 단기기억 문제를 고려하였을 때 평소보다 동작의 속도와 방향을 천천히, 단순하게 하여 지도한다.

노인의 단기기억 문제를 고려한 지도방법
- 지도자나 보호자를 동반하여 운동을 실시하는 것이 좋음
- 노인 환자가 운동프로그램이나 운동 환경에 흥분할 수도 있는 행동의 변화를 고려
- 노인 환자의 신체 및 정신적 건강이 쇠퇴하면서 생기는 문제에 대처
- 운동프로그램은 가능한 단순하고 쉬운 동작 위주로 구성
- 심상훈련을 활용

20 ④

노화에 따른 신체적·심리적·사회적 변화

체성감각 기능의 저하는 균형감을 떨어뜨린다.

노화로 인한 평형성과 기동성 변화
- 의식적인 노력은 균형감 향상에 도움이 됨
- 시력 강화는 균형감을 향상시킴
- 전정계 기능의 증가는 균형감을 향상시킴
- 체성감각 기능의 저하는 균형감을 떨어뜨림

2020년 기출문제 스포츠사회학 정답 및 해설

1	2	3	4	5	6	7	8	9	10	11	12	13	14	15	16	17	18	19	20
②	①	③	②	④	④	④	②	①	④	③	③	④	②	②	①	③	①	③	①

1 ② 스포츠의 사회적 기능

사회통제 기능은 스포츠의 사회적 역기능에 해당된다.

스포츠의 사회적 역기능
- 사회통제 기능
- 신체소외
- 과도한 상업주의
- 성차별

2 ① 스포츠일탈의 유형

〈보기〉는 지배계급에 의해 그들의 이익 증대, 재화의 불평등한 분배를 통해 갈등 이론이라는 것을 알 수 있다.

① 갈등 이론 : 지배계급은 피지배계급을 억압하고 착취함, 재화의 불평등한 분배는 사회의 본질적 속성 이론
② 비판 이론 : 현대사회의 과학기술, 정치체제 등이 합리성을 증가시켰지만 인간의 자유성은 더욱 억압하고 있다고 보는 이론
③ 상징적 상호작용론 : 과정을 중시하고 인간의 상호작용에 초점을 맞추고 있는 이론
④ 구조기능주의 이론 : 사회는 하나의 실체이며 구성원들이 자신의 역할을 충실히 수행할 때 건강한 사회가 유지될 수 있으며, 사회의 주요 구성체는 사회 유지에 기여한다고 보는 이론

3 ③ 스포츠와 정치의 결합

㉠은 상징, ㉡은 동일화, ㉢은 조작에 대한 설명이다.

정치의 스포츠 이용 방법

상징	선수나 팀이 스포츠 경기 자체를 뛰어넘어 특정 집단을 대리 또는 대표하는 것으로 의미가 확장되는 것
동일화	과정을 통해 자신과 타인이 일치된 상태로, 스포츠를 통하여 스포츠의 영웅이나 국가와 동일화시키는 것을 의미
조작	인위적인 개입을 통해 상징 등의 효과를 극대화하는 것을 의미

4 ②

스포츠와 미디어의 이해

②는 미디어가 스포츠에 미치는 영향에 해당된다.
방송사(미디어) → 배구, 농구 경기규칙(스포츠)에 영향을 미침
나머지는 스포츠가 미디어에 미치는 영향에 해당된다.

미디어가 스포츠에 미치는 영향

- 스포츠에 대한 관심과 인기, 참여 증대
- 스포츠 기술의 전문화와 일반화, 표준화에 기여
- 스포츠 상품화, 대중화에 기여
- 스포츠 실시간 중계 가능
- 스포츠 정보 습득 용이
- 스포츠 경기 규칙 변경 및 일정 변경
- 흥미 위주의 스포츠 규칙 개정
- 스포츠 용구 변화

5 ④

상업주의와 스포츠

경기의 공정성은 내적인 요소로서 상업주의 심화에 따라 관중의 흥미를 극대화하고 더 많은 이윤 창출을 하기 위해 경기 규칙을 개정한다.

상업주의 심화에 따른 스포츠의 변화

- 참여보다 승리 및 성공에 가치 부여
- 심미적 가치보다 영웅적 가치를 중요시함
- 경기 내적인 요소보다 외적인 요소를 중요시함

6 ④

사회계층의 이해

수직이동(선수에서 수석코치), 세대 내 이동(A 선수 개인의 생애 내에서 변화), 개인이동(개인의 능력과 노력으로 사회적으로 상승)

사회계층 이동의 유형

이동방향 기준	수평이동	계층적 지휘 변화 없이 이동
	수직이동	계층적 지휘 변화가 있는 이동
시간 간격 기준	세대 간 이동	다음 세대로 넘어가는 과정에서 생겨나는 사회경제적 지위 변화
	세대 내 이동	선수 개인의 생애 내에서의 이동
이동의 주체	집단이동	유사한 조건을 갖추고 있는 집단이 특정 계기를 통하여 단체로 이동
	개인이동	개인의 능력과 노력으로 사회적으로 상승

7 ④

스포츠와 미디어의 이해

도피적 욕구 : 불안, 초조, 욕구불만, 좌절 등의 감정을 해소하도록 돕는다.
①, ③번은 인지적 욕구에 대한 설명이다.
②은 정의적 욕구에 대한 설명이다.

스포츠 미디어를 통해 충족할 수 있는 욕구유형

통합적 욕구	스포츠는 타 사회집단과 친화하게 하고, 다른 관중과 사회적 경험을 공유하게 하며 공동체의식을 갖게 한다.
인지적 욕구	스포츠에 대한 지식, 경기결과 및 통계적 지식을 제공한다.
정의적 욕구	스포츠에 대한 흥미와 즐거움을 제공한다.
도피적 욕구	불안, 초조, 욕구불만, 좌절 등의 감정을 해소하도록 돕는다.

8 ②

스포츠와 정치의 결합

〈보기〉는 스포츠의 정치적 속성 중 선수의 충성심을 상징적으로 재확인하고 상징을 통해 조직에 대한 선수의 충성심을 지속시키고 강화하는 대표성에 대한 설명이다.

에티즌(D.Eitzen)과 세이지(G. Sage)가 제시한 스포츠의 정치적 속성

보수성	현존하는 질서를 지지하고 유지, 애국 의식, 정치체계 강화
대표성	소속 조직 대표, 충성심, 슬로건, 응원가 등 상징을 통해 조직에 대한 선수의 충성심을 지속시키거나 강화
상호의존성	스포츠는 국가 홍보 역할을 하고, 국가는 스포츠에 혜택을 부여하는 속성
권력투쟁	스포츠가 조직화됨에 따라 불평등하게 배분된 권력을 획득하는 속성

9 ①

스포츠일탈의 유형

스포츠일탈의 유형과 원인은 매우 다양하기 때문에 일탈 사례가 부족하지는 않다.

스포츠에서 일탈의 유형과 원인을 규정하기 어려운 이유

- 스포츠에서 일탈의 유형과 원인은 매우 다양하기 때문에 한 가지 이론으로 모든 것을 설명할 수 없다.
- 스포츠에서 허용된 행동이 사회의 다른 영역에서는 일탈이 될 수 있고, 사회에서 허용된 행동이 스포츠에서는 일탈이 될 수 있다.
- 스포츠에서의 일탈은 규범의 거부보다는 규범을 무비판적으로 받아들이는 것도 포함된다.
- 선수들의 훈련 및 운동수행은 새로운 유형의 과학과 기술과 밀접한 관계를 맺는다.

10 ④

스포츠와 미디어의 이해

쿨 미디어 스포츠는 정의성이 낮고, 감각 참여도와 감각적 몰입도가 높으며, 경기진행 속도가 빠르다.

맥루한(M. mcLuhan)의 매체이론

특성 / 구분	핫 미디어 스포츠	쿨 미디어 스포츠
정의	전달 형태가 논리적이고, 계획적이며, 장시간을 통하여 개별적으로 수용이 가능한 매체	전달 형태가 일시적이고 감각적이며, 비논리적인 매체
정의성	높음	낮음
수용자의 감각 참여성	낮음	높음
수용자의 감각 몰입성	낮음	높음
스포츠 유형	정적 스포츠, 개인 스포츠, 기록 스포츠, 공격과 수비가 구분된 스포츠	동적 스포츠, 팀 스포츠, 득점 스포츠, 공격과 수비가 구분되지 않는 스포츠

11 ③

사회계층과 스포츠 참가

지위의 분화 → 서열화 → 평가 → 보수부여

ⓒ 지위의 분화 : 테니스는 선수, 코치, 감독, 트레이너 등으로 역할이 구분되어 있다.
ⓛ 서열화 : 세계랭킹에 따라 참가할 수 있는 테니스 대회가 나누어져 있다.
ⓡ 평가 : 국제 테니스 대회에서 우승하면 사회적 명성이 높아진다.
ⓖ 보수부여 : 세계적인 테니스 선수는 기업으로부터 많은 후원금을 받고 있다.

투민(M. Tumin)의 스포츠계층 형성과정

지위의 분화	지위 및 역할 분업에 따라 지위를 분화, 사회적 지위에 대하여 각기 다른 역할을 부여
서열화	개인적 특성, 숙련된 기능이나 능력, 역할의 사회적 기능에 따라 서열화
평가	지위와 명예, 사회적 인기 등에 따른 가치 판단, 가치나 유용성의 정도에 따라 각기 다른 지위를 적절하게 배열
보수부여	평가된 각 지위에 차별적 보상 및 자원 배분

12 ③

스포츠 세계화

인종차별 심화는 스포츠 세계화의 원인에 해당이 안 된다.

스포츠 세계화의 원인

종교 전파	원주민의 종교적 거부감을 해소하는 중요한 도구 스포츠 활용
제국주의 확장	자국의 정치적·경제적 지배권을 다른 민족국가의 영토로 확장시키려는 국가의 충동이나 정책, 스포츠는 피식민국에 대한 식민국의 정치적 프로그램이자 식민 지배의 도구로 활용되었고, 전근대적인 피식민지 국민을 깨우칠 수 있는 동화정책의 일환이자 근대적 교육프로그램
과학기술 발전	교통, 통신, 미디어 등 테크놀로지의 진보로 오늘날 세계 각국에서 열리는 스포츠 경기는 시공간의 제약을 넘어 거의 실시간으로 서로 다른 나라와 지역으로 생생하게 전달되고 있으며, 스포츠의 세계화에 결정적 영향을 미치게 됨
민족주의	민족주의가 스포츠 세계화에 대한 결정적 동기부여를 함, 국가의 이름으로 치러진 국제경기는 민족이란 정체성을 확인시켜 주는 과정이었고, 이는 '그들만의 하나,' 즉 '민족형성'을 유발하는 결정적 요인

13 ④

스포츠의 사회적 기능

〈보기〉와 같이 집합행동의 발생원인 및 결정요인을 단계적인 조합으로 보는 이론은 부가가치이론이다.

① 전염이론 : 개인의 사고나 감정이 집단 속에서 타인으로부터 영향을 받아 개인적 정체성을 상실하게 된다고 보는 이론

② 수렴이론 : 일상생활에서 숨겨져 왔던 본연의 실제 자아가 사회적 익명성의 상황에서 감정적 행동으로 표출된다고 보는 이론

③ 규범생성이론 : 개인의 특수성과 장소 고유의 규범이 생성됨에 따라 동조압력에 의해 집합행동이 발생된다고 보는 이론

④ 부가가치이론 : 집합행동의 발생원인 및 결정요인을 단계적인 조합으로 보는 이론

14 ②

스포츠일탈의 유형

긍정적 일탈은 스포츠 규범체계에 대한 과잉동조 성향을 의미한다.

스포츠일탈의 상대론적 접근

긍정적 일탈		부정적 일탈
과잉동조	용인되는 범위	과소동조
규범지향적 (오버트레이닝, 운동중독, 부상투혼)	정상적 행동	반규범지향적 (금지약물, 구타, 폭력)

15 ②

스포츠일탈의 유형

아노미 이론 : 무규범 상태, 사회적 규범의 결핍상태, 목표와 수단의 괴리로 발생

① 갈등 이론 : 경쟁, 인종, 젠더 등 갈등을 취하게 됨

③ 차별교제 이론 : 일탈자가 선천적으로 일탈 행위의 유형을 가지고 있는 것이 아니라 다른 일탈자들로부터 행동을 배우는 학습화 과정을 통해 일탈 행동을 취하게 됨

④ 낙인 이론 : 일탈의 개념을 사회적 규정의 측면에서 낙인을 찍음으로써 일탈 행위를 만들어 냄, 일탈행동의 사회적 상대성을 강조

16 ①

스포츠와 국제정치

1972년 9월 5일 서독 뮌헨에서 개최된 제20회 올림픽에서 팔레스타인의 과격 단체 '검은 구월단' 소속 테러리스트 8명이 이스라엘 선수단 숙소를 습격해 이스라엘인 2명을 사살하고 선수 9명을 인질로 납치하는 사건이 발생했다.

② 축구전쟁(100시간 전쟁) 사건 : 1969년 엘살바도르와 온두라스 사이에 일어난 전쟁을 의미

③ 보스턴 마라톤 폭탄 테러 사건 : 2013년 보스턴 마라톤에서 결승선 직전에 두 개의 폭탄이 터져 관중들과 참가자 및 일반 시민들을 다치게 한 사건을 의미

④ IRA 연쇄 폭탄 테러 사건 : 1996년 아일랜드의 분리 독립을 주장하는 IRA 극렬분자들이 유럽 축구선수권대회가 열리고 있는 영국 맨체스터시에서 연쇄 폭탄 테러를 일으킨 사건

17 ③

스포츠와 계층이동

직접 참여보다 TV 시청을 통한 관람 스포츠를 소비하는 경향이 높은 계급은 하류계급에 속한다.

상류계급

- 과시적 소비성향
- 요트, 승마와 같은 자연친화적 개인 스포츠를 선호
- 직접 참여
- 사생활이 보호된 장소에서 소수 인원이 즐기는 스포츠 참여를 선호

18 ①

스포츠사회화의 의미와 과정

〈보기〉는 스포츠사회화 과정 중 스포츠 참가 자체를 의미하는 스포츠로의 사회화 단계이다.

스포츠로의 사회화는 스포츠 참가 자체를 의미하는 것으로 스포츠로의 참가가 전제된다. 일반적 사회화와는 달리 스포츠에 참여하지 않으면 스포츠로의 사회화는 일어날 수 없으며, 스포츠 참가에 영향을 미친 사람이나, 참가 당시의 주변 상황 등 개입 요소들에 의해 스포츠에 대한 참여 형태, 참여 수준, 경기 성향 등이 결정된다.

19 ③

스포츠의 교육적 기능

〈보기〉는 생애주기에 적합한 스포츠를 즐길 수 있는 습관 형성, 전 생애에 걸쳐 스포츠를 즐길 수 있는 토대를 마련해주는 평생체육과의 연계를 설명하고 있다. 평생체육과의 연계는 학교에서의 스포츠 경험이 평생체육의 기반이 된다.

스포츠의 교육적 순기능

- 학업활동 격려 및 촉진
- 학교 내 통합
- 평생체육과의 연계, 평생체육의 여건 형성
- 정서 순화
- 전인교육
- 사회선도
- 사회화 촉진
- 장애자의 적응력 배양
- 학교와 지역사회 통합

20 ①

사회계층과 스포츠 참가

〈보기〉는 스포츠에 실질적으로 참여하는 형태로서 행동적 참가에 해당한다.

케년(G. Kenyon)의 스포츠 참가유형

행동적 참가	스포츠 상황 내에서 다양한 지위와 규범을 이행함으로써 스포츠에 실질적으로 참여하는 형태(생활체육 동호인, 선수, 감독, 심판, 해설자로 활동)
인지적 참가	스포츠에 관한 정보를 체득함으로써 이루어지는 참여를 의미
정의적 참가	실제로 스포츠 상황에 참여하지는 않지만 개인적으로 선호하는 특정한 선수나 팀에 대하여 감정적 성향을 나타내는 것

2020년 기출문제 스포츠교육학 정답 및 해설

1	2	3	4	5	6	7	8	9	10	11	12	13	14	15	16	17	18	19	20
④	③	①	③	①	①	②	④	①	②	②	④	①	③	③	②	②	③	④	④

1 ④ 세부지도목적에 따른 교수기법

확산발견형은 구체적인 인지 작용을 통해 어느 한 문제 혹은 상황에서 확산적인 다양한 반응을 발견하는 유형을 말한다.

① 연습형 : 피드백이 주어진 기억/모방 과제를 학습자가 스스로 개별적으로 연습하는 것, 학습자는 숙련된 운동 수행이 과제의 반복 연습과 관련이 있음을 이해해야 함
② 수렴발견형 : 미리 결정되어 있는 정확한 반응을 수렴적 과정을 통해 발견
③ 상호학습형 : 특정 기준에 의하여 주어진 사회적 상호작용 및 피드백, 관찰자에게 피드백을 제공하여 2인 1조로 각각 수행자와 관찰자의 역할을 정하여 수행자는 과제를 수행하고 관찰자는 수행자에게 피드백을 주는 것

2 ③ 스포츠지도를 위한 교육모형

헬리슨(D. Hellision)의 개인적·사회적 책임감 모형 중 전이단계(transfer level)는 5단계에 해당하며 지역사회 환경에서 타인을 가르치고, 학습한 내용을 일상생활에서 실천하는 단계이다.

헬리슨(D. Hellision)의 개인적·사회적 책임감 모형
- 0단계 : 무책임
- 1단계 : 타인의 권리와 감정 존중
- 2단계 : 참여와 노력
- 3단계 : 자기방향 설정
- 4단계 : 돌봄과 배려
- 5단계 : 전이

3 ① 평가의 이론적 측면

실제평가(authentic assessment)는 학습자가 배운 내용을 경기상황에서 구현하는 정도를 평가하는 방법을 말한다.

멕티게(J. McTighe)가 제시한 개념
- 실제평가
- 총괄평가
- 규준지향평가
- 준거지향평가

4 ③ 평가의 이론적 측면

'정의적 영역(affective domain)'은 감정이나 가치, 태도, 인성 등 보이지 않는 것들이 포함된 영역으로 보편적인 개념으로 세분화할 수 있다.

체육 프로그램의 목표

정의적 영역	학습자의 감정, 태도, 가치, 사회적 행동 등과 관련된 교육적 영역
심동적 영역	신체적 활동이나 능력의 향상과 관련된 영역
인지적 영역	정보 처리와 관련된 지식 또는 능력의 영역

5 ① 세부지도목적에 따른 교수기법

모스턴(M. Mosston)의 연습형은 교사가 학습자 개개인에게 과제를 스스로 연습할 수 있는 시간을 제공하고 피드백을 개별적으로 제공한다.

모스턴(M. Mosston)의 연습형 스타일에서 지도자는 모든 교과내용과 이에 따른 세부 운영절차를 결정하고 피드백을 학습자에게 개별적으로 제공한다. 학습자들은 수업장소·수업운영 등을 스스로 결정하고 기억·모방 과제를 개별적으로 수행하지만, 학습자 스스로 과제를 평가하지 않는다.

6 ① 세부지도목적에 따른 교수기법

〈보기〉는 어떤 사실이나 현상을 하위 구성요소로 분류하고, 요소들 간의 상호관계를 이해하는 능력으로, 경기 상황에 따라 적절한 전략을 세우는 분석에 해당한다.

블룸(B. Bloom)의 인지적 영역

지식, 이해, 적용, 분석, 종합, 평가의 6단계로 나누어진다.

지식	정보와 지식의 상기
이해	번역, 해석, 추론 능력
적용	개념, 원리, 이론 사용 능력
분석	요소, 관계, 조직 원리 분석 능력
종합	부분과 요소의 종합 능력
평가	내적 준거와 외적 준거에 의한 판단 능력

7 ② 세부지도목적에 따른 교수기법

토큰 수집 : 공개적으로 널리 게시하는 방법, 운동 종목 선택의 기회 부여, 과외 체육시간 부여, 현장 견학, 교사의 개인지도나 보조와 같은 특권 부여 등이다.

① 타임아웃 : 부적절한 행동을 한 학습자를 일정 시간 동안 수업활동에서 분리시키는 방법
③ 좋은 행동 게임 : 자주 부적절한 행동을 하는 집단에 대해 적절한 행동을 하도록 하는 효과적인 방법
④ 지도자-학습자 사이의 계약 : 지도자와 학습자 사이에 맺는 계약에 따라 보상하는 방법

8 ④ 스포츠지도를 위한 교수기법

'이 코치'의 답변은 메츨러(M. Metzler)의 명제적 지식에 해당한다.

메츨러(M. Metzler)의 교사 지식 3가지

명제적 지식	수업시간에 필요한 개념 지식
절차적 지식	실제로 체육 프로그램에 교사가 적용할 수 있는 지식
상황적 지식	교사가 특수한 상황에서 내리는 의사결정에 대한 지식

9 ① 학교체육

학교의 장은 학생선수의 학습권 보장 및 신체적·정서적 발달을 위하여 학기 중의 상시 합숙 훈련이 근절될 수 있도록 노력하여야 하고, 원거리에서 통학하는 학생선수를 위하여 기숙사를 운영할 수 있다.

① 학교의 장은 원거리에서 통학하는 학생선수를 위하여 기숙사를 운영할 수 있다. 이 경우 필요한 사항은 교육부령으로 정한다. (학교체육진흥법 제11조 제4항)
② 학교체육진흥법 제11조 제2항
③ 학교체육진흥법 제12조 제4항
④ 학교체육진흥법 제12조 제7항

10 ② 스포츠교육 지도자

체육지도자의 수업 중 기여행동은 직접기여 행동, 간접기여 행동, 비기여 행동 등이 있다. 〈보기〉에서 '김 코치'의 행동은 간접기여 행동이다.

체육지도자의 수업 중 기여행동

비기여 행동	수업에 전혀 도움이 되지 않는 행동(소방훈련, 전달방송, 외부 손님과의 대화로써 수업 내용에 기여할 가능성이 전혀 없는 행동)
간접기여 행동	학습활동에서의 참여와 경기 운영과 관련된 행동
직접기여 행동	안정한 학습환경의 유지, 과제의 명료화와 강화, 생산적인 학습환경 유지, 피드백의 제공 등의 행동

11 ② 세부지도목적에 따른 교수기법

'신호간섭'은 시선 마주침, 손 움직임 등의 교사행동을 이용하여 학습자의 부주의한 행동을 감소시키는 전략이다.

신호간섭

시선의 마주침, 손 움직임 등으로 수업 부주의한 행동을 감소시키는 교사의 행동을 말한다.

12 ④

전문체육

체육지도자의 자격취소 등(국민체육진흥법 제12조 제1항)

문화체육관광부장관은 체육지도자가 다음 각 호의 어느 하나에 해당하면 그 자격을 취소하거나 1년의 범위에서 자격을 정지할 수 있다. 다만, 제1호부터 제4호까지의 어느 하나에 해당하면 그 자격을 취소하여야 한다.

1. 거짓이나 그 밖의 부정한 방법으로 체육지도자의 자격을 취득한 경우
2. 자격정지 기간 중에 업무를 수행한 경우
3. 체육지도자 자격증을 타인에게 대여한 경우
4. 제11조의5(체육지도자의 결격사유) 각 호의 어느 하나에 해당하는 경우
5. 선수의 신체에 폭행을 가하거나 상해를 입히는 행위를 한 경우
6. 선수에게 성희롱 또는 성폭력에 해당하는 행위를 한 경우
7. 체육지도자의 재교육을 받지 아니한 경우
8. 그 밖에 직무수행 중 부정이나 비위 사실이 있는 경우

13 ①

스포츠지도를 위한 교육모형

〈보기〉는 로젠샤인(B. Rosenshine)의 피드백 및 교정 단계이다.

로젠샤인(B. Rosenshine)의 직접교수수업의 6단계

단계	내용
전시과제 복습	이전에 배웠던 가장 핵심적인 기능이나 개념들을 다룬다.
새로운 과제 제시	학습자가 새로운 내용이 무엇이고 그것을 어떻게 수행해야 하는지에 대해 언어적/시각적인 정보를 통해 얻게 된다.
초기 과제 연습	주어진 과제를 능숙하게 수행하기 위해서 연습을 시작한다.
피드백 및 교정	학습자에게 초기 학습과제와 함께 순차적으로 과제연습이 이루어지는 과정, 지도자는 다음 과제를 제시하기 위해 핵심단서를 다시 가르치거나 이전 학습과제를 뒤풀이 할 수 있다.
독자적인 연습	학습자들이 연습할 때 지도자의 단서나 관찰 감독을 기다리지 않고 스스로 활동 비율을 높게 할 수 있다.
정기적인 복습	이전 학습 과제를 반복하기 위해 계획을 세운다.

14 ③

세부지도목적에 따른 교수기법

ⓒ의 내용은 과제에 대한 체계적인 관찰의 효율성 증가에 포함된다.

ⓒ은 IT매체를 활용하여 정확하고 즉각적인 피드백을 제공하는 것과 관련된 지도사례이다. '운동 참여 시간'이란 학습자들이 체육활동에 소비한 시간으로 준비운동, 기술연습, 체력 훈련, 정리운동 등이 있다.

15 ③

스포츠지도를 위한 교육모형

〈보기〉는 교수기능 연습법에서 축소 수업에 해당하는 용어이다.

① 1인 연습 : 혼자 거울을 보거나 비디오 녹화를 이용하는 방법

② 동료 교수 : 동료끼리 모의로 수업을 만들어 교수 기능을 연습하는 방법

④ 반성적 교수 : 교사에 대한 평가를 통해 반성의 자료를 제공하는 방법

16 ②

스포츠지도를 위한 교수기법

'조작 단서'는 지도자가 의사전달을 위해 학습자의 신체 일부를 이동시키는 방법으로, 자세를 직접 고쳐주는 방법이다.

① 언어 단서 : 간결하고 핵심적인 단어들을 이용하여 제시
③ 과제 단서 : 학습자에게 움직임 반응에 원리를 적용하거나 움직임 반응에서 원리를 발견하는 과제를 제시
④ 시청각 단서 : 언어 및 시범으로 보여준 기능이나 동작을 재현할 수 있는 용어로 제시

17 ②

스포츠지도를 위한 교수기법

〈보기〉의 ⓒ, ⓔ은 본 수업 활동이다.

예방적(proactive) 수업관리는 효과적인 수업 운영을 위하여 수업에 방해되는 문제점들을 예방하는 전략을 말한다. 효과적인 수업 운영을 위한 전략에는 최초 활동의 통제, 수업시간의 엄수, 출석점검 시간의 절약, 주의집중에 필요한 신호체계의 활용, 피드백과 긍정적인 상호작용의 활용, 학생수업운영 시간의 기록 게시, 열정·격려·주의환기의 활용, 즉각적인 효과를 위한 수업운영 게임의 이용 등이 있다.

18 ③

스포츠지도를 위한 교육모형

변형게임은 학생 발달단계에 적합하도록 규칙, 점수, 경기장 크기, 게임시간 등을 변경하여 전술과 기술을 반복 연습하는 것이다.

① 역할수행 : 학생은 선수 또는 코치, 심판, 통계 처리 등과 같은 역할로 참여하고 지식과 기술, 책임감을 배우게 된다.
② 학습센터 : 학생을 소집단으로 나누어 체육관 또는 연습장소 주변에 지정된 몇 개의 센터를 순회하도록 한다.
④ 협동과제 : 소집단 편성을 통한 협동 학습 활동을 하는 것이다.

19 ④

스포츠교육전문인의 전문역량

실제학습시간(Academic Learning Time)이란 학습자가 학습 목표에 대한 성공적인 경험을 하면서 학습과제에 집중하는 시간을 말한다.

실제학습시간(Academic Learning Time)

- 교사가 학업적 과제에 할애한 시간이 아니라 학습자가 수업 내용에 참여하여 소비한 시간이다.
- 학습자의 성취를 예측할 수 있는 가장 강력한 단일 변인이다.
- 학습자가 적절한 난이도로 체육 내용에 실제로 소비한 시간의 양으로 적절한 난이도는 높은 성공률을 포함하는 수준으로 정의된다.

20 ④ 평가의 이론적 측면

평가의 목적에서 학습과정을 배제하고 결과 중심으로 순위를 결정하기 위해 활용하는 것은 부적절하다.

스포츠교육의 평가 목적

- 교수-학습의 효과성 및 과정 적합성 판단
- 학습자 학습 상태 및 수준과 지도 정보 제공
- 학습자 역량 판단을 통한 이수과정 정보 제공
- 학습자의 운동 수행 참여 및 동기촉진
- 학습지도 및 관리 운영 효율성을 위한 집단 편성
- 학습자 미래 수행력 예측

2020년 기출문제 스포츠심리학 정답 및 해설

1	2	3	4	5	6	7	8	9	10	11	12	13	14	15	16	17	18	19	20
③	①	②	③	④	④	③	②	②	④	①	④	②	③	④	①	①	③	③	①

1 ③ 운동제어

상변이는 협응구조의 형태가 변화하는 현상이며 비선형의 원리를 따른다.

다이나믹 시스템 이론은 유기체, 환경, 과제의 상호작용 속에서 자기조직의 원리(제한 요소 간 상호작용이 특정 조건을 충족할 때 의도가 없어도 움직임이 생성)와 비선형성의 원리(제한 요소의 변화에 따른 상변이 현상이 발생)에 의해서 인간의 운동이 생성되고 변화한다는 이론이다.

2 ① 목표설정

농구대회에서 우승한다는 목표는 결과나 성과에 기반을 둔 기준으로 결과목표에 해당된다. 수행목표는 운동수행 성취에 기반을 둔 기준으로, 운동수행의 실행과 관련된 조절 가능한 생각이나 행동에 기반을 둔다.

3 ② 운동학습

㉠ 학습자가 연습한 기술의 수행력을 오랫동안 유지할 수 있는 능력을 평가하는 검사는 파지 검사이다.

㉡ 학습자가 연습한 기술이 다른 수행상황에서 발휘될 수 있는지 평가하는 검사는 전이 검사이다.

4 ③ 주의집중

성공적인 운동수행을 위해서는 경기와 관련 있는 정보에 주의를 기울이고 이를 유지해야 하는데 골프 경기에서 마지막 홀에 있는 해저드에 대해 생각하는 것은 현재 운동수행에 집중하는 것이라 볼 수 없다.

5 ④ 심상

㉠ 운동수행과 관련된 모든 감각을 활용하여 실제처럼 시각화하는 것은 심상의 요소 중 선명도에 관한 설명이다.

㉡ 자신이 원하는 운동수행을 하는 모습으로 이미지를 조절하는 것은 심상의 요소 중 조절력(조절성)에 관한 설명이다.

- 외적 심상 : 운동수행 장면을 관찰자의 관점에서 상상하는 것이다.
- 집중력 : 심상을 통해 성공 장면을 상상하고, 특정 상황에서 어떻게 해야 하는지 떠올려 집중력을 높일 수 있다.

6 ④ 운동학습

피드백은 목표 상태와 수행 간의 차이에 대한 정보를 되돌려 수행자에게 정보를 제공하는 것을 의미하며 감각 피드백과 보강 피드백으로 구분할 수 있다. 보강 피드백은 지도자나 동료들 또는 영상 등을 통해 학습자가 외부로부터 제공되는 정보를 의미하는 것으로 정보의 내용에 따라 결과지식과 수행지식으로 구분 가능하다. 〈보기〉에서 지도자가 제공하는 보강적 피드백의 유형은 수행지식에 해당한다. 수행지식은 학습자에게 동작의 유형에 대한 정보를 제공하는 것으로, 수행자에게 운동 동작의 자세에 대한 운동학적인 질적 정보를 제공하기 때문에 운동학적 피드백이라고도 한다.

- 결과지식 : 학습자에게 움직임의 목표와 움직임의 결과에 대한 수행 차이에 대한 정보를 제공하는 것을 말한다.

7 ③ 집단 응집력

㉠ 링겔만 효과 : 여러 사람이 한 집단을 이루어 일하게 될 때 개인의 평균은 집단 성원의 한 개인으로부터 기대할 수 있는 결과와 일치하지 않고 오히려 더 저하가 된다는 것을 말한다.

㉡ 동기 손실 : 집단의 크기가 커질수록 개인 수행의 평균이 감소하게 되는데 이러한 이유는 동기의 손실 때문이다.

8 ② 운동학습

피츠(P. Fitts)와 포스너(M. Posner)는 정보처리관점에서 운동학습의 단계를 인간의 인지적 처리과정을 중심으로 인지, 연합, 자동화 단계로 구분하였다.

㉠ 자동화 단계 ㉡ 연합 단계 ㉢ 인지 단계

운동학습 단계

단계	내용
인지 단계	초보단계, 학습자가 학습할 운동기술의 특성을 이해하고, 수행하기 위한 전략을 개발하는 단계
연합 단계	중급단계, 과제 수행에 있어 수행 전략을 결정하고, 오류의 발생 시 해결책을 찾아나가는 단계
자동화 단계	숙련단계, 동작이 거의 자동적으로 이루어지기 때문에 움직임에 대한 의식적인 주의가 크게 요구되지 않으며 다른 활동에 의해 간섭을 적게 받고 수행할 수 있는 단계

9 ② 동기

와이너(B. Weiner)는 귀인의 중요한 4가지 소재인 능력, 노력, 과제의 난이도, 운을 바탕으로 원인소재, 안정성, 통제성을 적용하여 귀인 모형을 구축하였다. 드웩(Dweck)은 귀인 개념을 신념 또는 마인드 셋으로 확장시켰다. 성장 마인드셋을 가진 사람들은 '능력'은 노력으로 변화, 향상 시킬 수 있다고 보았다. 〈보기〉에서 A 씨는 재능이 없어 기술 습득이 늦는다고 하였으므로 불안정한 내적 요소이며 통제가 가능한 노력에 귀인할 수 있도록 지도해야 한다.

와이너의 귀인 범주

귀인 소재	원인의 소재	안정성	통제 가능성
능력	내적	안정적	통제 불가능
노력	내적	불안정적	통제 가능
운	외적	불안정적	통제 불가능
과제의 난이도	외적	안정적	통제 불가능

10 ④ 운동학습

운동학습의 전이란 과거의 수행 또는 학습 경험이 새로운 운동기술의 수행과 학습에 영향을 미치는 것을 말한다. 전이는 정적 전이와 부적 전이로 구분할 수 있다. 정적 전이는 운동기술의 요소와 처리 과정이 유사하여 과거의 수행 또는 학습 경험이 새로운 수행과 학습에 도움이 되는 것을 의미한다. 부적 전이는 운동 기술의 요소와 처리과정은 유사하나, 과거의 수행 또는 학습 경험이 새로운 수행이나 학습에 방해가 되는 것을 의미한다. 〈보기〉는 과거의 수행 또는 학습이 새로운 운동기술의 수행이나 학습에 부정적인 영향을 미친 사례이므로 부적 전이에 해당된다.

11 ① 운동제어

㉠ 자극제시와 반응시작 사이의 시간간격을 반응시간이라 한다.
㉡ 반응시작과 반응종료 사이의 시간간격을 움직임 시간이라 한다.
㉢ 자극제시와 반응종료 사이의 시간간격을 전체 반응시간이라 한다.

12 ④ 정서와 시합불안

〈보기〉에서 A는 부정적 자극을 긍정적 생각으로 전환하고 있다. 이와 같이 비합리적이거나 부적응적인 생각 패턴을 찾아내 중지 시킬 수 있는 방법을 인지 재구성(Cognitive Restructuring, CR)이라 한다.

13 ②

정서와 시합불안

〈보기〉와 같이 각성수준이 높아지며 주의를 기울일 수 있는 초점의 폭이 점차 좁아지는 현상을 지각 협소화라 한다. 자신이 집중하고 있는 좁은 주의영역에서 오는 정보에 대해서는 적절하게 반응할 수 있지만, 주의 초점의 폭이 과도하게 좁아지면 과제 수행에 필요한 정보들을 적절하게 받아들이지 못하게 된다.

① 스트룹 효과 : 불일치하지 않는 조건의 자극을 보고 자극을 실행할 경우 일치하는 조건의 자극을 보고 실행할 경우보다 반응속도가 늦어지는 현상이다.

③ 칵테일 파티 효과 : 여러 정보가 주어지는 상황 속에서 특정한 정보에 주의를 기울일 수 있는 현상이다.

④ 맥락간섭 효과 : 운동기술 연습에서 다양한 요소들 간의 간섭이 발생하는 현상이다.

14 ③

리더십

스포츠지도자는 선수에게 적절한 자신감을 부여해야 한다. 과도한 자신감은 오히려 부정적 영향을 미칠 수 있다.

스포츠 리더십의 하위 요인

차원	구체적인 행동
훈련과 지도	선수의 수행 수준을 향상시키기 위한 훈련과 지도 행동
민주적 행동	전술과 전략, 연습방법, 목표의 설정 등 의사결정 시 선수의 참여를 허용하는 정도
전제적 행동	선수와 일정한 거리를 두고 자신이 모든 것을 결정하는 행동의 정도
사회적 지원	선수의 개인적 욕구를 만족시키거나 팀의 좋은 분위기를 유지하려는 행동의 정도
긍정적 피드백	선수의 훌륭한 수행을 칭찬하고 보상하는 행동의 정도

15 ④

운동제어

㉠ 단기기억 ㉡ 감각기억 ㉢ 장기기억

기억의 유형

단기기억	• 감각기억을 통해 들어온 정보를 처리하는 동안 정보를 유지하는 정보저장고이다. • 감각기억보다 다소 긴 시간 동안 정보를 보유할 수 있다. • 저장할 수 있는 정보의 양이 제한되어 있다. • 반복적으로 사용하거나 암송하지 않으면 기억된 정보를 잊어버리게 된다.
감각기억	• 환경으로 들어온 자극이 처리될 때까지 여러 가지 감각 시스템을 사용하여 정보를 잠시 유지하는 정보저장고이다. • 감각시스템을 통해 들어온 정보가 병렬적으로 처리되고, 아주 짧은 시간 동안 많은 양의 정보가 감각기억에 저장된다. • 새로운 정보가 유입되면 쉽게 손실된다.
장기기억	• 단기기억에서 저장된 정보는 다양한 인지적인 처리 과정을 거쳐서 영구적인 정보저장 장소이다. • 기억 용량의 제한이 없다.

16 ①

운동심리 이론

운동변화단계 이론에서 준비단계는 현재 운동을 하고 있지만, 가이드라인(대개 주당 3회 이상, 1회 20분 이상 기준)을 채우지 못하는 수준이며, 30일 이내에 가이드라인을 충족하는 수준으로 운동을 시작할 생각이 있는 것을 말한다. 현재 운동을 참여하지 않지만 6개월 이내에 운동을 시작할 의도가 있는 단계는 관심단계에 해당한다.

운동행동의 변화 단계

무관심 단계	• 현재 운동을 하지 않고 있으며, 6개월 이내에도 운동을 시작할 의도가 없다. • 운동과 관련된 행동 변화의 필요성을 거부한다.
관심 단계	• 현재 운동을 하지 않고 있지만, 6개월 이내에 운동을 시작할 의도가 있다.
준비 단계	• 현재 운동을 하고 있지만, 가이드라인(대개 주당 3회 이상, 1회 20분 이상 기준)을 채우지 못하는 수준이다. • 30일 이내에 가이드라인을 충족하는 수준으로 운동을 시작할 생각이 있다.
실천 단계	• 가이드라인을 충족하는 수준의 운동을 해왔는데 아직 6개월 미만이다. • 운동 동기가 충분하고 운동에 투자도 많이 했다. • 운동으로 인한 손실보다는 혜택을 더 많이 인식한다. • 가장 불안정한 단계로, 하위 단계로 내려갈 위험성이 가장 높다.
유지 단계	• 가이드라인을 충족하는 수준의 운동을 6개월 이상 해왔다. • 운동이 안정 상태에 접어들었으며, 하위 단계로 내려갈 가능성은 낮다.

17 ①

정서와 시합불안

불안은 신체의 활성화와 각성이 어느 정도 존재하는 상태에서 체험하는 초조함, 걱정, 우려 등의 부정적인 정서 상태를 의미한다. 불쾌한 정서반응으로 자율신경계의 각성을 유발시키는 정서의 부적응 상태를 말하며, 상태불안과 특성불안으로 구분된다.

〈보기〉에서 앞 선수의 연기를 보고 불안해지고 긴장된 상태가 되는 것은 특정한 상황에 따라 변화하는 정서 상태인 상태불안에 해당한다.

- 특성불안 : 선천적으로 타고난 잠재적인 특성 또는 성향, 객관적으로 위험이 없는 상황을 위험한 것으로 받아들여 더 큰 상태불안 반응을 보이게 하는 동기나 습득된 행동 성향을 말한다.

18 ③

운동학습

㉠ 배구 기술 하위 요소들을 각 차시별로 연습하는 구획연습 구조에 해당된다.
㉡ 배구 기술 하위 요소들을 무작위로 연습하는 무선연습 구조에 해당된다.

연습구조

맥락간섭효과	**구획연습**	다양한 변인들을 포함하는 하나의 기술 학습에 있어 각 변인들을 나누어 각각 할당된 시간 동안 연습하는 것
	무선연습	학습자가 운동기술에 포함되는 하위 요소들을 무작위로 연습하는 것
시간 배분	**집중연습**	연습 시간이 휴식 시간보다 상대적으로 긴 경우
	분산연습	휴식 시간이 연습 시간보다 상대적으로 긴 경우
과제 분할	**전습법**	운동기술 과제를 한꺼번에 전체적으로 학습하는 방법
	분습법	운동기술 요소를 몇 개의 하위 단위로 나누어 학습하는 방법

19 ③

스포츠심리상담의 개념

한국스포츠심리학회에서 제시하는 스포츠심리상담사의 상담윤리 제10조 제74항에 따르면 스포츠심리상담사는 특별한 경우를 제외하고는 고객과 상담실 밖에서의 사적인 관계를 유지하지 않도록 한다.

20 ①

운동제어

〈보기〉에서 100m 달리기 스타트의 반응시간이 배구 서브 리시브 상황에서의 반응시간보다 빠른 것은, 자극 발생을 인지하고 확인하는 자극확인 단계의 소요시간이 상대적으로 짧기 때문이다.

정보처리 3단계

자극확인 단계	자극의 발생을 인지하고 확인하는 단계
반응선택 단계	자극 발생을 인지하고 확인 후 어떤 반응을 할 것인지 결정하는 단계
반응실행 단계	반응에 대한 선택 후 알맞은 동작을 수행하는 단계

2020년 기출문제 한국체육사 정답 및 해설

1	2	3	4	5	6	7	8	9	10	11	12	13	14	15	16	17	18	19	20
④	②	④	②	①	③	③	④	③	④	①	④	②	①	①	④	②	①	②	③

1 ④ 선사 및 부족국가시대의 체육

성년의식(成年儀式)은 수렵과 채취 중심으로 살아가던 생활에서 농경사회로 접어들면서 성인식이 거행된 것으로 나타난다. 『삼국지』의 「위지동이전」에는 등가죽을 뚫어 줄을 꿰고 나무를 꽂은 의식을 통과하면, '큰 사람'으로 부른 기록이 있다.

① 영고(迎鼓) : 부여(夫餘)에서 하늘에 지낸 제천의식으로 부여의 국중대회(國中大會)로 풍성한 수확에 감사하는 수렵 또는 농경의례 성격의 기원제(祈願祭)이자 감사제(感謝祭)이다.
② 무천(舞天) : 동예의 제천행사로 10월에 열렸다.
③ 동맹(東盟) : 고구려의 제천행사로 10월에 열렸다.

2 ② 삼국 및 통일신라시대의 체육

세속오계는 원광법사가 가르친 화랑의 5가지 계율로 사군이충, 사친이효, 교우시신은 유교의 영향을 받은 덕목이며, 임전무퇴, 살생유택은 불교적 덕목으로, 부처가 거처하는 땅이라는 불국토(佛國土) 사상도 내재되어 있다.

① 삼강오륜(三綱五倫) : 유교의 도덕 사상에서 기본이 되는 3가지의 강령과 5가지의 인륜을 말한다.
③ 문무겸비(文武兼備) : 글 솜씨와 무예를 두루 갖춘 것을 말한다.
④ 사단칠정(四端七情) : 성리학의 철학적 개념 중 하나이다.

3 ④ 고려시대의 체육

무예도보통지(武藝圖譜通志)는 1790년 정조의 명으로 이덕무, 박제가, 백동수 등에 의해 완성되었다. 명과 왜의 무예를 조화시켜 조선의 무예로 발전시켰으며, 24가지 무예에 관한 기예를 그림으로 설명한 종합무예서이다.

4 ② 고려시대의 체육

방응(放鷹)은 사나운 매를 길러 꿩이나 새를 사냥하는 일종의 수렵활동이다.

① 각저(角抵) : 두 사람이 서로 맞잡고 힘과 기를 겨루는 경기로 서양에서는 레슬링이 있었다.
③ 격구(擊毬) : 서양의 폴로 경기와 유사하며, 말을 타고 채를 이용하여 공을 치는 경기이다.
④ 추천(鞦韆) : 그네뛰기 형태의 놀이로 주로 단오절에 가장 많이 행하여졌으며, 여성의 유희나 스포츠로 각광을 받았다.

5 ①

고려시대의 체육

수박(手搏)은 맨손과 발을 이용한 격투기로 고려시대 무인들에게 적극 권장되었으며, 명종(1170~1197) 때에는 수박을 겨루게 하여 승자에게 벼슬을 주어, 수박이 출세를 위한 방법이 되기도 하였다. 고려의 인재 등용을 위해 무과가 설치된 것은 말기의 일이며, 그 이전에는 특별 채용 형식을 통해 무인을 등용했고, 그 과정에서 수박은 중요한 과목이었다. 무인 집권기 시대에는 수박희가 인재 선발의 중요한 수단이었음을 알 수 있는데, 수박희는 무신 반란의 주요 원인 중 하나이기도 했다.

6 ③

개화기의 체육

원산학사(元山學舍)는 최초의 근대 학교로 1883년 원산 주민들이 덕원부사 정현석과 협력하여 세운 학교로 초기 문사양성을 위한 문예반(50명)과 무사양성을 위한 무예반(200명)이 있었다. 무예반에서는 병서, 사격 등의 교과목이 있었으며, 별군관도시절목에는 유엽전, 편전, 기추 등이 편성되어 있었다. 이러한 사실은 우리의 전통 무예가 교육과정에 포함되어 있었다는 점에서 큰 의미가 있다.

① 대성학교(大成學校) : 도산 안창호선생이 설립하였으며, 시대적 상황으로 인해 체육은 군사교육의 성격을 띠고 실시되었다. 체조가 군대식으로 실시되었으며, 운동회는 애국계몽운동의 성격을 띠고 있었다.

② 오산학교(五山學校) : 1907년 남강 이승훈선생이 설립한 학교로 체육이 강조되었으며, 체육의 성격은 군사 훈련이나 다름없었다. 체육이 중요한 교과목으로서 자리를 잡은 것은 사실이었으나 민족주의적, 국방체육의 성격을 띠고 발달되었다.

④ 동래무예학교(東萊武藝學校) : 1878년 부산 동래 지역에 설립된 무예학교이다.

7 ③

체육사 연구 분야

1876년에 개항과 더불어 서구 문화가 도입되면서 체육·스포츠 분야에서도 큰 변화가 왔다. 전통적인 무예 및 민속적 유희 중심의 체육 내용이 체조, 유희, 스포츠 등으로 확대되었다. 1894년 갑오개혁 이후부터 근대 학교에서 서구식 체육이 공식적으로 채택되고 각종 운동회를 수시로 개최함으로써 체육·스포츠 역사의 전환기를 맞았다. 개화기를 통해 한국 근대 체육은 새롭게 정립되고, 근대 체육 사상도 형성되었다.

8 ④

조선시대의 체육

무과(武科)는 일종의 고등무관시험으로 고려말기에 시행된 이 제도가 조선시대로 계승되었다. 무과는 소과, 대과의 구분 없이 초시(初試:230명), 복시(覆試:28명), 전시(殿試:28명-갑3, 을5, 병20)의 3단계의 시험이 있었다. 무과 응시자에게는 궁술, 기창, 격구, 조총 등의 무예와 경서, 병서 등의 시험을 부과하였다. 초시는 서울은 훈련원에서, 지방은 각도의 병사에서 치르고, 복시와 전시는 병조와 훈련원에서 관장했으며, 합격자는 선달(先達)이라고 불렀다. 전시 합격자에게는 홍패를 주었다.

① 무과는 3년에 1회씩 시행되는 식년시와 특별한 말에 시행되는 별시가 있었다.

② 훈련원과 병조에서 주관하였다.

③ 시험은 무예와 경서, 병서 등의 시험이 부과되었다.

9 ③

개화기의 체육

근대화 과정에서 다양한 스포츠가 체계적으로 발달되었던 것은 아니지만 영어학교나 기독교계의 선교학교를 선두로 서구식 스포츠가 소개되기 시작했고, 과외활동의 일환으로 운동회가 활성화되었다. 최초의 운동회는 1896년 5월 5일 영어학교에서 개최한 '화류회'였다.

① 운동회는 주민과 지역 사회의 축제 성격을 지녔으며, 공동체 의식을 강화하는 역할을 하였다.
② 육상 경기 위주로 실시되었다.
④ 과외활동의 일환으로 활성화되었다.

10 ④

조선시대의 체육

훈련원(訓練院)은 조선 왕조의 무인 양성과 관련된 공식적인 교육기관으로 군사의 무재(武才)를 시험하고 무예를 연습하였으며, 병서(兵書)강습도 하였다. 교육내용은 습득과 활쏘기, 승마 등의 훈련을 하였다.

① 사정(射亭) : 전국 각지에 산재하여 무예 무사 양성 교육기관 역할을 대신했던 장소이다.
② 성균관(成均館) : 궁술 교육이 실시되었다. 육일이라는 것은 육예(六藝)의 하나였다는 뜻이며, 대사례(大射禮)도 육일각에서 실시되었다.
③ 사역원(司譯院) : 고려·조선시대 외국어의 통역과 번역에 관한 일을 관장하기 위해 설치되었던 관서이다.

11 ①

조선시대의 체육

활인심방(活人心方)은 퇴계 이황이 펴낸 책으로 주권(朱權)의 『활인심(活人心)』을 필사하여 『활인심방』이라 이름 붙였다. "건강한 사람이 되는 으뜸 건강법이라는 뜻이다." 활인심에서 가장 강조한 건강법은 마음의 평안이었다. 병은 마음이 원인이 되어 생긴다고 했다. 활인심서(活人心序)는 기를 조절하고, 맛을 줄이며, 욕망을 절제하기 위하여 체계화된 수양의 한 방법이었고, 사계양생가(四季養生歌)는 춘하추동으로 나누어 호흡하는 방법이다.

12 ④

광복 이후의 체육

대한체육회

1920년	조선체육회 창립
1948년	조선체육회의 명칭이 대한체육회로 개칭
1961년	'체력은 국력' 슬로건 채택, '국민체조' 보급
1962년	국민체육진흥법 공포
1966년	태릉선수촌 건립
1974년	메달리스트 종신연금계획 확정, 우수선수병역면제 도입
2016년	국민생활체육회와 통합

13 ② 개화기의 체육

우치다(內田)는 1906년 유도를 보급하였다.

① 조원희는 개화기 학교체육 발전에 공헌한 인물로 1909년 종래 병식체조의 문제점을 지적하고 미용술(美容術), 정용술(整容術)의 신편유희법(新編遊戲法, 1910)을 발간하며 일반 학도들에게 근대식 학교체조를 보급시키고자 하였다.
③ 질레트(P. Gillett)는 야구와 농구를 보급하였다.
④ 푸트(L. Foote)는 연식정구(척구, 테니스)를 보급하였다.

14 ① 일제강점기의 체육

권투는 광무대 단성사(團成社) 주인이었던 박승필 등이 유관권구락부를 조직하여 회원들 간에 행한 것이 처음이며, 경성구락부에서 소개된 종목은 '탁구'이다.

15 ① 광복 이후의 체육

제6공화국의 노태우 정권은 올림픽을 성공적으로 개최한 이후 대중 스포츠 운동에 더욱 많은 관심을 기울였다. 그 실례가 1990년의 일명 '호돌이 계획'으로 불리는 "국민생활체육 진흥3개년 종합계획"이다.

② 제1차 국민체육진흥5개년계획 : 김영삼 정권기의 체육정책
③ 제2차 국민체육진흥5개년계획 : 김대중 정권기의 체육정책
④ 참여정부 국민체육진흥5개년계획 : 노무현 정권기의 체육정책

16 ④ 일제강점기의 체육

황국신민체조는 1937년 8월 29일 조선총독부가 무사도 정신을 갖게 할 목적으로 만든 체조이다. 이 시기는 체육 교수요목 개편기로 일본어와 일본사를 강조하면서 학교에서 조선어 사용을 금지하였으며, 황국신민서사를 암송하게 하고 내선일체를 강조하였다. 더하여 일본에 의해 황국신민체조가 도입되었다.
유희 중심의 체조 지도원리에 따라 교육이 된 것은 1914년이다.

17 ② 일제강점기의 체육

1936년 8월 11일 베를린올림픽에 출전한 조선 출신 선수들은 일본대표팀 소속으로 출전하였다. 마라톤의 손기정과 남승룡, 축구의 김용식, 농구의 이성구, 장이진, 염은현, 복싱 웰터급의 이규환 등 7명이다.

① 권태하 : 1932년 제10회 로스앤젤레스올림픽의 마라톤 경기에 출전하였다.
③ 서윤복 : 1947년 제51회 보스턴마라톤대회에 출전하여 세계 신기록을 세우며 동양인 선수로는 처음으로 우승했다.

18 ①

경성운동장은 1925년 개장되었으며, 1945년 해방 후 이름이 서울운동장으로 바뀌었고, 1985년 동대문운동장으로 개칭되었다.

② 효창운동장 : 1960년 개장
③ 목동운동장 : 1987년 개장
④ 잠실종합운동장 : 1984년 개장

19 ②

전두환 정부는 '스포츠 포 올 무브먼트(sports for all movement)'라고 하는 '생활체육'의 확산에 관심을 갖고, 1982년 중앙정부행정조직에 체육부를 신설하였다. 1980년대부터 프로야구(1982), 프로축구(1983), 프로씨름(1983) 시대가 개막됨으로써 관중 스포츠시대를 열었고, 1986년 제10회 서울아시안게임을 개최하였다.

① 박정희 정부 : '체력은 국력'이란 슬로건을 채택했으며, '국민재건체조'를 제정하고 대한체육회의 예산을 정부가 지원하기로 결정했다.
③ 노태우 정부 : '국민생활체육진흥 3개년 종합계획(1990)' 및 '국민생활체육협의회'를 창설하였다.

20 ③

- 1986년 제10회 서울아시아경기의 공식적인 마스코트는 없었으나, 대신 1988년 서울올림픽 마스코트 호돌이를 홍보용으로 사용하였다.
- 1988년 제24회 서울하계올림픽 마스코트는 '호돌이'이다.
- 2002년 제14회 부산아시안경기 마스코트는 부산광역시의 시조(市鳥)인 갈매기를 디자인한 '두리아'이다.
- 2018년 제23회 평창동계올림픽 마스코트는 '수호랑', '반다비'이다.

2020년 기출문제 운동생리학 정답 및 해설

1	2	3	4	5	6	7	8	9	10	11	12	13	14	15	16	17	18	19	20
②	③	④	③	④	①	④	③	①	①	③	②	③	①	②	①	④	②	②	④

1 ② 인체의 에너지 대사

유산소 시스템은 장시간의 운동 시 글루코스와 유리지방산을 이용하여 ATP를 합성하는 시스템으로 산소를 이용하여 에너지 기질을 분해한다. 또한 무산소 해당 시스템과 달리 ATP 합성률은 느리지만 더 많은 ATP를 생성하는 특징을 가진다.

2 ③ 골격근의 구조와 기능

마이오글로빈은 근육 세포 안에 있는 붉은 색소 단백질로 높은 산소결합력으로 산소가 필요한 세포에 전달하는 역할을 한다.

① 알부민(albumin) : 혈장의 기초물질을 구성하는 물질 중 하나로 인체를 구성하는 혈장단백질 중 50~60%를 차지한다. 삼투압 조절을 통해 혈액과 체내의 수분량을 조절하는 역할을 한다.

② 신경전달물질(neurotransmitter) : 신경 시냅스에서 세포간 화학적 신호를 전달하기 위해 쓰이는 화학물질이다.

3 ④ 인체의 에너지 대사

고강도 운동 시 ATP 합성에 가장 먼저 사용되는 기질은 합성해서 만들어 내지 않아도 이미 근육 속에 저장되어 있는 글리코겐과 혈액 속 글루코스이다.

4 ③ 내분비계

① 인슐린(insulin) : 췌장의 랑게르한섬에 있는 β세포에서 분비되는 호르몬으로 당을 세포내로 유입시켜 혈액속의 혈당량을 낮추는 역할을 한다.

② 글루카곤(glucagon) : 췌장의 랑게르한섬에 있는 α세포에서 분비되는 호르몬으로 간에 저장된 글리코겐을 분해시켜 혈액속의 혈당량을 높이는 역할을 한다.

④ 알도스테론(aldosterone) : 부신피질에서 분비되는 호르몬으로 주로 나트륨과 칼륨대사에 관여하여 체내 염분과 수분 평형조절, 혈압 조절에 중요한 역할을 한다.

5 ④ 트레이닝에 대한 대사적 적응

미토콘드리아(mitochondria) 밀도의 증가는 대표적인 유산소 트레이닝에 의한 적응이다. 그 외 모세혈관 밀도 증가, 미오글로빈 수 증가로 인한 산소 확산 능력의 향상, 산소 소비량 감소, 젖산 감소, 무산소성 역치점 증가 등이 있다.

6 ① 트레이닝에 의한 대사적 적응

동–정맥 산소차란, 폐에서 신선한 산소를 받아들인 동맥혈과 말초 조직을 한번 순환하고 돌아온 정맥혈에서의 산소 농도차이를 말한다. 이는 혈액에서 산소를 추출하는 근육의 능력을 말하기도 하는데 동–정맥 산소차이가 증가되었다는 것은 그만큼 운동 중 근육조직이 산소를 많이 사용했음을 뜻하기 때문이다.
지구성 트레이닝 적응으로 근육의 모세혈관 밀도가 증가되면서 산소운반을 원활하게 하고 그 결과 동–정맥 산소차가 증가된다. 최대 1회 박출량은 심장이 1회 수축하면서 전신으로 뿜어내는 혈액량으로 지구성 트레이닝의 적응으로 심장구조의 변화, 심실 용적 증가, 심장근육의 크기와 수축력이 증가됨으로서 최대 1회 박출량 또한 증가하게 된다.

7 ④ 신경계의 구조와 기능, 특성

㉠ 세포가 안정된 상태에서는 세포막의 안쪽이 바깥쪽에 비해서 음의 전하를 띄고 있다. 즉 신경세포 막의 안쪽은 K^+의 농도가 높으며 바깥쪽은 Na^+ 농도가 높다.
㉡ 역치(threshold)란, 활동전위(action potential)를 일으킬 수 있는 최소한의 자극강도를 말하며 안정막전위(resting membrane potential)에서 활동전위(action potential)로 바뀌는 시점이다.

8 ③ 순환계의 구조와 기능

적혈구용적률(hematocrit)이란 혈액에서 적혈구가 차지하고 있는 용적의 비중을 백분율로 표시한 것을 말한다.

① 적혈구용적률이 증가하면 혈액의 점도가 높아져 혈류의 속도는 느려진다.
② 일반적으로 성인 남성이 45% 내외, 여성이 40% 내외로 남성이 더 높은 적혈구용적률을 보인다.
④ 지구성 트레이닝에 대한 적응으로 운동 중 항이뇨호르몬과 알도스테론의 분비가 증가되어 신장에서의 수분 재흡수로 혈액의 액체성분인 혈장량이 증가되고 알부민과 같은 혈장단백질 농도 또한 증가함에 따라 적혈구용적률은 상대적으로 감소하게 된다.

9 ① 골격근의 구조와 기능

근세사 활주설은 근육의 수축기전을 설명하는 방법으로 근육 단백질들이 서로의 사이를 미끄러져 수축한다는 이론이다. 굵은 마이오신과 가는 액틴으로 구성되어 있으며 근육 수축 시 마이오신 머리가 근절의 중앙부위로 액틴을 잡아당기며 수축이 발생한다.

10 ① 인체 운동에 대한 환경 영향

산소해리 곡선이란, 산소분압에 따라 산소헤모글로빈의 생성 또는 해리가 일어난다는 것을 표현한 그래프로 S자 형태를 보인다. 산소해리 곡선에 영향을 주는 인자는 산소분압 뿐만 아니라 혈액 내 온도, 이산화탄소 분압, pH, 2.3–DPG 농도가 있다. 수소이온(H^+) 농도가 증가(pH 감소)되고, 심부체온이 증가하면 산소–헤모글로빈 해리 곡선은 오른쪽으로 이동하는데, 이는 산소가 헤모글로빈으로부터 쉽게 떨어지게(산소 친화력 감소)함으로써 더 많은 산소를 근육에 공급할 수 있게 된다. 이때 낮은 pH에 의해 헤모글로빈의 산소친화도가 떨어져 산소–헤모글로빈 해리 곡선이 오른쪽으로 이동하는 현상을 보어효과(Bohr effect)라고 한다.

11 ③

골격근과 운동

㉡ 단축성 수축은 관절의 각과 근육의 길이가 짧아지며 수축하는 형태로 수축 속도가 빠를수록 힘의 생성은 작아지고 반대로 수축 속도가 느려질수록 힘의 생성이 커지는 특징을 갖는다.

㉢ 동일 근육에서의 신장성 수축은 단축성 수축에 비해 같은 속도에서 더 큰 힘이 발생한다.

12 ②

체온 조절과 운동

① 신체에서 수분 손실이 일어나는 탈수현상이 일어나면 체액의 상실로 혈장량이 감소하게 되어 혈액량도 감소하게 된다.

③ 확장기말 용량(end-diastolic volume, EDV)이란, 좌심실이 수축하기 바로 직전인 확장말기에 최대로 충만 되어진 혈액량으로 탈수로 인한 혈액량 감소로 인해 확장말기 용량도 감소하게 된다.

④ 정맥환류(venous return)량이란, 상하의 대정맥을 거쳐 우심방에 되돌아오는 혈액량으로 탈수로 인해 감소된 혈액량은 정맥환류의 양도 감소하게 한다.

13 ③

신경계의 운동기능 조절

① 운동단위(motor unit)란, 1개의 알파-운동 신경에 의해 지배되는 근섬유군을 말한다.

② Type II(속근)의 운동단위는 300개 이상의 근섬유를 지배하며 Type I(지근)의 운동단위는 300개 이하의 근섬유를 지배함으로 운동단위당 근섬유 수는 Type II(속근)가 많다.

④ Type II(속근)의 알파운동 뉴런은 큰 세포체이며 Type I(지근)의 알파운동 뉴런은 작은 세포체로 Type II(속근)의 알파운동 뉴런의 크기가 더 크다.

14 ①

내분비계

② 노르에피네프린 : 부신수질에서 분비되는 카테콜아민 계열의 신경전달물질이자 호르몬으로 신체에서 2가지 기능을 가진다. 하나는 뇌와 근육의 신경연접에서 신경전달물질로 작용하고 또 다른 하나는 간과 근육에서 연료대사를 조절하는 호르몬으로 작용한다.

③ 성장호르몬 : 뼈와 근육의 발달을 촉진하는 호르몬으로 뇌하수체 전엽에서 분비된다.

④ 인슐린 : 췌장의 랑게르한섬에 있는 β세포에서 분비되는 호르몬으로 당을 세포내로 유입시켜 혈액속의 혈당량을 낮추는 역할을 한다.

15 ②

골격근의 구조와 기능

㉠ 단거리 선수의 근육 형태는 속근섬유, 백근이라고도 한다. 근육 세포 속 미오글로빈의 양이 매우 적거나 없어 색이 무색처럼 보이기 때문이다. 혈관이 잘 발달되어 있지 않은 것에 비해 근 수축에 필요한 에너지원을 많이 저장하고 있어 빠른 수축이 가능한 대신 쉽게 피로해지는 특징을 가진다.

㉡ 장거리 선수의 근육 형태는 지근섬유, 적근이라고도 한다. 근육 세포 속 많은 미오글로빈을 가지고 있어 붉은색을 띠기 때문이다. 수축이 느린 골격근 섬유로 유산소성 대사 능력이 뛰어난 특징을 가지고 있다.

16 ①
순환계의 구조와 기능

② 퍼긴제섬유 : 방실다발의 끝에서 이어져 좌우의 심실벽으로 뻗어나가는 작은 섬유가지들로 미토콘드리아와 글리코겐이 많아 자극 속도를 매우 빠르게 심실의 근육층 전체에 신호를 전달할 수 있다.

③ 방실다발 : His 속, 히스다발이라고도 표현하며 방실결절의 신호를 아래의 다발분지를 거쳐 퍼킨제섬유로 전달하는 중간 전기 신호 전도체계이다.

④ 삼첨판막 : 오른쪽 심방과 심실사이의 구멍을 여닫는 역할을 하는 판막이다.

17 ④
골격근과 운동

① 근비대 : 근원섬유비대와 근형질비대를 통한 근섬유의 크기의 증가를 뜻한다. 초보자인 경우 최소 1RM의 70~85%, 8~12회 정도로 한다.

② 근력 : 근육이 발휘할 수 있는 최대의 힘을 뜻한다. 초보자인 경우 최소 1RM의 60~70%, 세트당 8~12회 정도로 한다.

③ 근파워 : 일의 수행률로 힘과 속도에 의해서 발휘된다. 초보자인 경우 최소 1RM의 0~60%, 세트당 3~6회 정도로 한다.

18 ②
호흡계의 구조와 기능

운동 시 호흡을 통해 폐포로 유입된 산소는 분압차이로 인해 폐 모세혈관으로 확산되어 온몸으로 전달되며 운동 시 근육에서 산소를 사용한 후 생성된 이산화탄소는 다시 모세혈관으로 확산되어 몸 바깥으로 배출하게 된다.

19 ②
신경계의 운동기능 조절

부교감신경계는 자율신경계 종류의 하나로 주요 기능은 소화, 배설, 체액분비, 에너지 보존과 같은 역할이며 휴식할 때 활성화된다. 작용으로는 심박수 감소, 소화기계 활동의 증가, 관상동맥 수축, 기관지 수축 등이 있다.

20 ④
트레이닝에 의한 대사적 적응

장기간의 유산소 트레이닝에 따라 안정시 1회 박출량(stroke volume)은 상당히 증가한다. 1회 박출량을 증가시키는 요인으로는 혈액량 증가, 낮아진 심박수, 확장말기용량 증가 등이 있다. 장기간 유산소 트레이닝에 따라 혈액량이 증가하고 심박수가 낮아짐에 따라 확장말기용량이 증가하게 된다. 프랭크-스탈링 기전에 따라 확장말기용량이 증가하게 되면 심장이 수축력이 높아져 더 많은 혈액량을 박출할 수 있게 되므로 1회 박출량이 증가하게 된다.

2020년 기출문제 운동역학 정답 및 해설

1	2	3	4	5	6	7	8	9	10	11	12	13	14	15	16	17	18	19	20
①	①	④	④	①	①	④	①	③	③	③	④	④	②	③	②	④	②	③	③

1 ① 운동역학의 목적과 내용

운동역학 분석에는 운동학적 분석과 운동역학적 분석 2가지가 있다. 운동학적 분석이란, 운동의 결과와 운동의 형태에 관한 것으로 변위, 속도, 가속도 등 동작을 관찰하고 측정하는 것을 말한다. 운동역학적 분석이란, 운동의 원인이 되는 힘과 무게중심, 관절각 등에 초점을 두어 인체와 주변 환경 사이의 작용 등을 연구하는 것을 말한다. 그러므로 보기의 저항력 분석은 운동역학적 분석이다.

2 ① 선운동의 운동역학적 분석

힘의 단위는 N(뉴턴)으로 1뉴턴(1N)은 1kg의 물체를 1m/s^{2}로 가속시키는 힘의 단위를 말한다. m/s는 1초 동안 몇 m를 갔는지의 속도를 나타내는 단위로 속력 또는 속도를 나타내는 단위이다.

3 ④ 선운동의 운동역학적 분석

① 근력이란 근육조직의 수축력을 말한다.
② 부력이란 물속에 잠긴 물체에 중력과 반대방향으로 작용하는 힘을 말한다.
③ 중력은 지구상의 모든 물체를 지구 중심으로 끌어당기는 힘을 말한다.

4 ④ 각운동의 운동역학적 분석

스포츠에서 일(work)은 양의 일과 음의 일로 나뉜다. 양의 일이란, 힘의 작용하는 방향과 이동방향이 같은 경우를 말하며 음의 일은 힘이 작용하는 방향과 이동방향이 반대인 경우를 말한다. 그러므로 ㉠ 위팔두갈래근의 신장성 수축은 팔 관절에 대해 힘의 방향과 이동방향이 반대이므로 음의 일을 한다. ㉡ 단축성 수축은 힘의 작용하는 방향과 이동방향이 같으므로 양의 일을 한다.

5 ① 선운동의 운동학적 분석

스칼라는 방향을 가지지 않고 이동거리, 질량, 속력, 에너지 등과 같이 크기만을 표현하는 물리량을 말한다. 보통 선운동을 분석할 때 쓰이는 단위이며 물체가 처음부터 마지막까지의 위치까지 움직인 거리의 길이를 말한다.

6 ①

해부학적 기초

자유도란 관절에서 허용되는 독립적인 움직임의 수로 인체는 최대 자유도 3까지 가질 수 있다.

② 타원관절의 예로는 손목관절로 2개의 축을 중심으로 굴곡(flexion)과 신전(extention), 외전(abduction)과 내전(adduction) 움직임이 나타나므로 자유도는 2이다.

③ 경첩관절의 예로는 팔꿈치 관절로 1개의 축을 중심으로 굴곡(flexion)과 신전(extension) 움직임만 나타나므로 자유도는 1이다.

④ 중쇠관절의 예로는 몸쪽 노자관절로 1개의 축을 중심으로 뒤침(supination)과 엎침(pronation)의 움직임만 나타나므로 자유도는 1이다.

7 ④

인체의 구조적 특성

기계적 확대율이란, 저항 팔에 대한 힘 팔의 길이 비율을 말한다. 계산공식은 힘 팔(길이) ÷ 저항 팔(길이)이다. 3종 지레인 경우 힘 팔이 저항 팔보다 항상 짧기 때문에 기계적 확대율이 항상 1보다 작다.

8 ①

근전도 분석

② 근전도를 통해 알 수 있는 정보는 근수축의 세기, 활동근육의 종류, 근육의 활용정도, 근육의 피로, 근육의 동원순서로 관절 각도를 측정할 수는 없다.

③ 선형 포락선이란, 근전도의 정류된 신호를 필터링하여 얻은 신호를 말한다. 이를 통해 근육의 활동을 명확히 알 수 있다.

④ 근전도란, 전극을 이용하여 근육내부의 전기적 활동을 기록하고 전기 자극에 의한 신경전도 속도를 측정하는 것으로 진폭에 따라 근육의 수축형태를 알 수 있다.

9 ③

선운동의 운동학적 분석

① 가속도란 물체의 속도가 시간에 따라 변할 때 단위시간당 변화의 비율을 말한다. ㉮구간은 속도 기울기가 일정하기 때문에 가속도는 일정하다.

② ㉯구간은 속도가 일정하기 때문에 가속도는 0m/s이다.

④ ㉯구간의 속도는 0이 아니므로 정지한 상태라고 볼 수 없다.

10 ③

각운동의 운동학적 분석

① 각속도의 단위는 라디안(rad) ÷ 시간(sec)이다.

② 반지름(회전반경)의 크기가 커져도 중심각은 같이 때문에 1라디안의 값은 일정하다.

④ 360도는 2π라디안이다.

11 ③

각운동의 운동역학적 분석

해머던지기는 해머가 회전할 때 생기는 구심력에 대한 반작용으로 생긴 원심력을 이용하여 최대한 멀리 던지는 경기를 말한다. 구심력을 증가시키면 그에 대한 반작용인 원심력이 증가되어 멀리 던져지게 되는 것이다. 구심력의 공식은 질량(m) × 회전반경(r) × 각속도(ω^2)로 각속도 제곱에 비례함을 알 수 있다. 즉 각속도를 2배 늘리면 구심력은 4배가 된다. 그러므로 각속도를 2배 늘리기 위해서 선수는 4배의 힘으로 해머를 안쪽으로 당겨야 한다.

12 ④

선운동의 운동역학적 분석

반발계수란, 물체의 충돌 전의 상대속도에 대한 충돌 후의 상대속도 비율을 말한다. 그러므로 공을 떨어뜨린 높이와 공이 지면에서 튀어 오른 높이의 차이 값이 아닌 비율 값을 말한다.

반발계수를 구하는 공식은 자유낙하하는 물체일 경우, $e = \sqrt{\frac{\text{튕겨져 올라간 높이}}{\text{떨어진 높이}}}$ 이다.

13 ④

운동역학의 목적과 내용

① 각속도란, 회전하는 물체의 단위시간당 각위치의 변화를 말하는 것으로 공식은 각변위 × 이동시간이다. 드라이버 스윙 시 헤드와 샤프트 모두 이동시간에 따른 이동하는 각도가 일정하므로 각속도는 같다.

② 반발계수란, 물체의 충돌 전의 상대속도에 대한 충돌 후의 상대속도 비율을 말하는 것으로 반발계수가 적어질수록 운동량은 보존되지만 운동에너지는 보존되지 않아 에너지 손실이 크다. 그러므로 더 멀리 보내기 위해서는 골프공의 반발계수가 커야 한다.

③ 관성모멘트란, 물체가 자신의 회전운동을 유지하려는 정도를 나타내는 물리량으로 회전관성이라고도 한다. 관성모멘트는 물체의 질량과 회전반경이 커질수록 증가하므로 샤프트의 길이가 길어지면 관성모멘트도 증가한다.

14 ②

각운동의 운동역학적 분석

높이뛰기는 수평으로 달리는 속도를 강한 발 구르기를 통해 수직으로 전환하는 운동이다. 이때 발 구름 시 지지하는 다리를 최대한 펴는 동작으로 각운동량의 보존과 전이가 일어날 수 있다. 그래야 수평속도의 에너지가 흡수되지 않고 수직운동으로 효율적으로 전환되기 때문이다.

15 ③

동작분석

운동역학적 변인은 운동의 원인이 되는 힘을 측정, 분석하는 것으로 마찰력, 지면반력, 근모멘트 등이 있다. 이 변인들은 쓰여진 힘에 대한 측정, 분석을 해야 하기에 영상분석이 아닌 힘을 측정할 수 있는 지면반력기, 압력분포 측정 장비 등을 통해 측정할 수 있다.

16 ②

에너지

운동에너지를 구하는 문제로 공식은 힘(F) = 질량(m) × 가속도(a)이다. 먼저 질량은 80kg로 제시되었으니 가속도를 먼저 구한다. 가속도를 구하는 공식은 속도(V) = 가속도(a) × 시간(t)이므로 제시된 값을 공식에 넣으면 12 = a × 3으로 가속도는 $4m/s^2$이다. 구한 값을 운동에너지 공식에 대입하면 $80kg \times 4m/s^2$으로 정답은 320N이다.

17 ④

인체의 물리적 특성

㉠ 무게중심이 배 앞쪽에 위치한다.
㉡ 무게중심이 허리 뒤쪽에 위치한다.
㉣ 무게중심이 허리 아래쪽에 위치한다.

18 ②

에너지

㉠ 운동에너지란, 운동하는 물체가 갖고 있는 에너지를 말하며 공식은 1/2 × 질량 × 속력^{2}이다. 따라서 정지하고 있는 선수는 속력이 0임으로 운동에너지임을 알 수 있다.

㉡ 위치에너지는 높은 곳에 위치한 물체가 중력에 의해 갖게 되는 에너지로 높은 플랫폼에서 아래로 낙하하며 높이가 감소함에 따라 위치에너지도 감소하게 된다.

㉢ 높은 플랫폼에서 정지하고 있던 선수가 아래로 낙하하면서 생긴 증가된 속력은 운동에너지를 증가시킨다.

19 ③

운동의 종류

물체의 운동은 크게 병진운동(선운동)과 회전운동으로 구분하며 2가지가 동시에 일어나는 운동을 복합운동이라고 한다.

① 병진운동은 선운동이라고도 하며 물체가 이동할 때 모든 질점이 같은 시간, 같은 거리, 같은 방향으로 평행 이동하는 운동 형태를 말한다.

② 복합운동은 병진운동(선운동)과 회전운동이 결합되어 나타나는 운동이다.

④ 회전운동은 회전축 주위를 일정한 각도로 이동하는 운동을 말한다.

20 ③

각운동의 운동학적 분석

배트의 선속도를 구하는 문제로 공식은 선속도(v) = 각속도(ω) × 회전반경(r)이다. 배트의 각속도는 50rad/s이고, 회전반경은 0.5m이므로 공식에 대입하면 50rad/s × 0.5m이므로 정답은 25m/s이다.

2020년 기출문제 스포츠윤리 정답 및 해설

1	2	3	4	5	6	7	8	9	10	11	12	13	14	15	16	17	18	19	20
①	①	③	②	③	②	③	④	④	①	②	④	②	①	④	②	④	④	①	③

1 ① 스포츠의 윤리적 기초

윤리학의 주요 관심사는 가치판단의 문제로 특히 도덕적인 가치판단의 근거를 탐구하는 데 있다. 스포츠윤리는 스포츠에 참여하는 사람들이 행동하는 데 요구되는 행동원리, 도덕적 표준 또는 도덕적 특성에 관한 탐구로, 스포츠 현상에 대한 사실만 기술하는 것은 아니다.

2 ① 스포츠의 윤리적 기초

'도쿄올림픽이 연기되었다'는 사례는 사실판단에 해당되는 사례이다. 가치판단은 실제 세계의 정보가 아닌 평가를 담는다. 사실판단은 실제 세계의 사건과 현상에 대한 진술로 경험적으로 검증이 가능하다는 차이점을 갖는다.

3 ③ 스포츠경기의 목적

㉠은 아곤에 해당한다.
㉡은 아레테에 해당한다.

스포츠에는 타인과의 경쟁에서 승리하는 것을 목표로 하는 아곤적 요소, 자신의 탁월성을 드러내기 위해 최선을 다하는 아레테적 요소가 함께 포함되어 있다. 스포츠경기의 목적은 아곤적 요소인 승리 추구보다 아레테적 요소인 탁월성 추구에 있다. 그러나 현대사회에서 운동선수나 팬들은 아레테보다는 아곤을 선호하기도 한다. 경쟁심이 과열되고 승리가 절대화될 경우 제도화된 규칙이 무시되고 스포츠는 폭력적 투쟁으로 변질될 수 있으므로 아곤적 요소보다 아레테적 요소를 더욱 중시해야 한다.

4 ② 스포츠경기의 목적

에토스(ethos)는 성격과 관습을 의미한다. 보편적인 도덕적·이성적 요소로 사람이 도덕적으로 옳고 그름을 판단하는 윤리규범을 말한다. '네트에 손이 닿지 않도록 주의한 행위'는 경기 중 규칙을 준수하는 행동이므로 에토스의 실천에 해당되지 않는다.

5 ③ 스포츠윤리의 이해

도덕적 문제에 대해 비판적이고 독립적으로 사고함과 동시에 이러한 도덕적 사고를 스포츠에서 발생하는 도덕적 상황들에 적용하는 능력은 '도덕적 자율'에 대한 설명이다. 스포츠윤리의 궁극적 목적은 스포츠인들의 도덕적 자율성을 함양시키는데 있다.

6 ②

윤리이론

㉡,㉢은 결과론적 도덕 추론에 해당한다.

의무론적 도덕 추론

- 행위의 결과보다 행위 자체가 도덕규칙을 따르느냐, 위반하느냐로 판단한다.
- 정언적 도덕 추론이다.
- 행위에 대한 도덕적 책무나 의무를 중시한다.
- 행위에 있어 선의지가 중요, 목적은 수단을 정당화 할 수 없다.

7 ③

윤리이론

〈보기〉와 같이 도덕적 원칙이 상황에 따라 변화하는 것은 윤리적 상대주의에 해당한다. 윤리적 상대주의는 절대적 진리의 존재와 보편타당한 윤리 규범을 부인한다. 윤리규범은 특정사회에서 특수한 상황에서 통용되는 규범으로써 상황의 특수성이 반영된다는 것이 윤리적 상대주의의 입장이다.

8 ④

도핑

도핑방지와 관련하여 선수는 사용하고 복용한 모든 물질에 대해서 책임을 져야 한다. 선수는 사전에 운동선수임을 고지하고, 의료진과 상의를 통해 도핑으로 분류된 약물을 사용하지 않도록 한다.

도핑검사에서 선수의 역할 및 책임

- 도핑방지기구에 협력해야 한다.
- 시료채취가 언제든 가능할 수 있도록 한다.
- 의료진에게 운동선수임을 고지해야 한다.
- 의료진에게 선수로서 금지약물 및 금지방법을 사용하지 않아야 할 책임이 있음을 고지하고, 어떠한 의료처치도 규정에 위반되지 않도록 확인할 책임을 진다.
- 도핑방지와 관련하여 사용, 복용하는 모든 물질에 대해서 책임을 진다.

9 ④

스포츠 폭력

홉스(T. Hobbes)는 인간의 폭력적 속성을 자연 상태와 욕망의 체계에서 발견하였다. 인간은 누구나 자신을 보호하려는 본성을 가지는데 자신 이외의 타자는 자기 보전을 위협하는 잠재적 폭력이 되며, 주체와 타자의 이러한 폭력적 관계를 확장시켜 '만인의 만인에 대한 투쟁' 혹은 '자연상태'라고 하였다.

10 ①

스포츠와 환경윤리

〈보기〉는 자연중심주의 환경윤리에 대한 내용이다. 베르크(A. Berque)의 환경윤리는 인간중심주의 환경윤리에 속한다. 베르크의 환경윤리는 지구나 생태계, 환경은 모두 인간 존재의 터로 보았을 때 의미와 가치를 가진다고 본다. ②, ③, ④는 자연중심주의 환경윤리에 속한다.

11 ②

윤리이론

〈보기〉에서 A팀의 행동을 지지하는 이론은 결과론적 윤리이론 입장이 된다. 결과론적 윤리이론은 결과에 의해 행위를 평가하기 때문에 정의의 문제에 소홀해지며, 정의나 개인의 권리 같은 근본적인 도덕 개념들과 양립할 수 없는 한계를 갖는다.

㉡, ㉣은 의무론적 윤리이론의 난점에 해당한다.

12 ④
도핑

㉠, ㉡, ㉢, ㉣ 모두 도핑의 원인에 해당한다.

도핑의 원인

- 경기에 참가하고자 하는 지나친 욕구
- 수행능력 향상의 욕구
- 경쟁에서 승리하고자 하는 욕구
- 물질적 보상이 동기가 되어서

13 ②
페어플레이

㉠ 평균적 정의 : 스포츠 경기 내에서 규칙의 동일한 적용, 참가의 동등한 조건, 경쟁에 임하는 모든 선수의 조건을 평등하게 만드는 것은 평균적 정의에 해당된다. 평균적 정의는 모든 사람이 동등한 권리를 가지는 절대적 평균을 의미한다.

㉡ 분배적 정의 : 차이를 다르게 두어 개개인에게 합당한 몫을 부여하는 것은 분배적 정의에 해당한다. 분배적 정의는 '다른 것은 다르게'의 원칙을 유지하여 차별에 대한 근거를 부여한다.

14 ①
윤리이론

맹자가 중시하는 인(仁), 의(義), 예(禮), 지(智)는 각각 측은지심, 수오지심, 사양지심, 시비지심으로 설명할 수 있다. A선수는 이 중 수오지심의 입장으로 설명할 수 있다. 수오지심은 자신의 옳지 못함을 부끄러워하거나 타인의 옳지 못함을 미워하는 마음을 말한다.

② 측은지심 : 다른 어떠한 감정 혹은 외부적 요인을 배제하고, 오직 측은하게 여기는 마음

③ 사양지심 : 겸손하게 사양하는 마음

④ 시비지심 : 옳고 그름을 가릴 줄 아는 마음

15 ④
성차별

〈보기〉에서의 인식과 같이 ①, ②, ③은 남녀에게 요구되는 성역할이라는 고정관념에 의해 이루어지는 젠더에 의한 성차별적 인식이다. ④의 성차별적 인식은 극복하기 어려운 생물학적 성에 기대어 남녀 간의 차이를 차별로 정당화 하는 논리인 '생물학적 환원주의'에서 찾을 수 있다.

16 ②
심판의 윤리

판정의 신뢰성을 높이는 제도의 도입은 사회윤리에 해당되는 내용이다.

심판의 개인윤리적 덕목

- 사적인 이익과 감정에 휘둘리지 않고 공정한 자세를 유지해야 한다.
- 올바른 성품과 행실, 탐욕이 없어야 한다.
- 말과 태도가 분명해야 한다.
- 외부의 지시나 간섭에 휘둘리지 말아야 한다.
- 거짓이나 꾸밈이 없어야 한다.
- 침착한 판단을 해야 한다.

17 ④

스포츠와 환경윤리

(가)는 자연중심주의 환경윤리와 관련된 입장이다. 자연중심주의 환경윤리는 환경에 있어 도덕적 고려의 대상을 자연의 생명체를 포함한 생태계 전체로 확대할 것을 주장한다. 인간은 수많은 자연적 존재와 균형을 맞추는 생태계 일원일 뿐이며, 생명체와 생태계 전체를 윤리적 대상으로 삼아 모든 생명체를 도덕적으로 대우할 것을 강조한다.

㉠,㉡은 인간중심주의 환경윤리의 주장이다.

18 ④

선수 폭력

남녀 선수, 지도자 모두에게 성폭력 예방 교육이 이루어져야 한다.

선수 성폭력 예방 및 대처법

- 선수는 경기장 및 훈련장에서 다른 선수에게 성적인 농담이나 이야기를 해서는 안 된다.
- 선수는 성폭력 예방교육에 적극 참여한다.
- 선수는 가능한 한 피해상황에서 즉시 벗어나도록 한다.
- 선수는 성적 굴욕감을 느꼈을 때 즉시 그 행위를 중단하도록 요구한다.
- 피해 선수는 피해 사실을 기록한다.

19 ①

장애차별

장애인 선수들에게 적합한 훈련으로 진행이 되어야 한다.

장애인 스포츠 선수들의 인권향상을 위한 방안

- 장애인 스포츠 문화에 맞춘 지속적인 예방 교육 및 홍보를 통한 인권의식의 고취
- 장애인 운동선수들의 인권과 경기력 향상, 승리를 위한 지도자들의 과학적 지도방법
- 장애인들을 위한 지속적인 과학적 훈련방법과 인권에 대한 연구, 현장과 연구의 협력
- 장애인들의 접근성과 편리한 이용을 고려한 시설 설치 및 확충

20 ③

인종차별

1968년 멕시코올림픽에서 미국의 토미 스미스와 존 카를로스는 남자 육상 200m에서 금메달과 동메달을 차지하였다. 이들은 시상식에서 고개를 숙이고 검은 장갑을 낀 주먹을 하늘로 치켜들어 '인종차별'에 저항하였다. 흑인들의 가난을 상징하는 의미로 시상대에 오르며 신발을 벗었다. 또 흑인에게 가해지는 폭력에 저항하는 의미로 각자 검은 스카프와 목걸이를 착용하였다.

2020년 기출문제 유아체육론 정답 및 해설

1	2	3	4	5	6	7	8	9	10	11	12	13	14	15	16	17	18	19	20
②	①	③	③	④	④	②	①	③	③	④	②	③	②	①	①	②	④	③	④

1 ② 유아 체육 지도 방법

유아체육지도자는 항상 목표를 염두에 두고 있어야 한다. 유아들에게 흥미롭게 적극적인 자세로 활동할 수 있는 동기를 부여해야 하며, 창의력을 발휘하여 지도의 내용이나 방법 등을 변화시켜나가야 한다.

2 ① 유아기의 건강과 운동

미국 스포츠 · 체육교육협회(NASPE)의 유아들의 신체활동 지침

- 유아들은 하루에 적어도 60분 정도의 구조화된 신체활동을 해야 한다.
- 유아들은 적어도 하루에 60분에서 몇 시간까지 구조화되지 않은 신체활동에 참가하고, 수면시간을 제외하고 60분 이상 앉아 있지 말라.
- 유아들은 블록을 쌓거나 좀 더 복잡한 운동 작업을 필요로 하는 운동기술을 발달시켜야 한다.
- 유아들은 대근육활동을 하기 위해 권장 안전기준에 적합한 실내공간과 실외공간에 있어야 한다.
- 유아들은 개개인이 신체활동에 대한 중요성을 인식하고 유아의 운동기술을 용이하게 하라.

3 ③ 안전한 운동프로그램 지도를 위한 환경

유아의 활동성을 고려하여 넓은 공간을 확보해야 한다.

유아체육 지도 환경 원칙

구분	내용
안전성	체육활동을 위한 설비나 용구가 유아들의 건강을 해치거나 위험성을 가져서는 안 된다.
경제성	시간 및 비용 면에서 경제력이 있는 것을 선택하여 예산문제로 발생하는 안전사고가 일어나지 않도록 해야 한다.
흥미성	호기심, 모험심 등을 표현할 수 있는 환경조성은 체육활동의 흥미로움과 적극적인 수업 태도를 만들어낼 수 있다.
효율성 (필요성)	유아 신체발달에 반드시 필요한 기구나 설비로 판단되면 그 필요성을 인정하고 준비하여야 한다. 수업장소의 공간크기, 음향, 냉난방 시설 등은 수업의 효과적인 진행을 위해 고려해야 한다.

4 ③

운동프로그램의 구성요소

유아의 근지구력은 V자 앉기로 오랫동안 자세를 유지할 수 있는지로 측정한다.

유아의 체력 요소 검사 방법

근지구력	V자 앉기
유연성	앉아서 윗몸 굽히기
평형성	한 발로 중심 잡기
순발력	제자리 멀리 뛰기
민첩성	왕복달리기

5 ④

유아기의 특징

반사는 영아가 미래에 발현하는 수의적인 움직임을 자연스럽게 연습하는 기회이다.

반사의 역할

- 영아의 생존을 돕는 역할을 한다.
- 미래의 움직임을 예측하게 한다.
- 영아의 운동행동을 진단하는 역할을 한다.

6 ④

유아 체육 지도 방법

동작에 대한 시범은 간결하게 보인다.

신체활동 시간을 증가시키는 전략

- 충분한 신체활동이 이루어지지 않으면 활동을 변형시켜 움직임을 찾아낸다.
- 유아들이 참여하기 어렵거나 제외되는 활동이나 게임들은 사용하지 않는다.
- 지시는 간결하고 명료하게 한다.
- 주의 집중을 위한 상호간 약속된 신호를 정한다.
- 가능한 한 활동적으로 참여하는 것에 대해 긍정적 피드백을 많이 제공한다.
- 비과제 참여 유아들을 재감독한다.
- 수업 전 교구를 효율적으로 배치한다.
- 대기 시간을 줄이도록 한다.

7 ②

유아기의 특징

영유아보육법(2011) 제1장 제2조(정의)에 따르면 “영유아”란 6세 미만의 취학 전 아동을 말한다.

8 ①

유아기 운동발달

〈보기〉에서 운동발달과 관련성이 높은 감각체계들은 ㉠ 시각(visual) 체계와 ㉡ 운동감각(kinesthetic) 체계이다. ㉢ 미각(gustatory) 체계와 ㉣ 후각(olfactory) 체계는 운동발달과 높은 관련성을 갖지 않는다.

9 ③

유아기의 특징

㉠ 영유아가 익숙하지 않은 새로운 물체에 대한 호기심을 보이며 '이 물건의 속성은 무엇일까?'라는 의문을 풀기위해 '탐색' 행동을 한다.

㉡ 영유아가 '이 물건을 가지고 무엇을 할 수 있을까?'라는 의문으로 '놀이'라는 행동을 시작하게 된다.

10 ③

유아기 운동발달

에릭슨(E. Erikson)의 심리사회발달이론에서 〈보기〉에 해당하는 단계는 3단계 : 주도성 대 죄의식 단계이다.

3단계 : 주도성 대 죄의식(3~6세)

- 어떤 목표나 계획을 세워 성공하고자 노력하는 시기
- 목표나 계획을 실천하고자 하는 욕구와 또래의 판단 사이에 갈등을 겪게 되는 시기
- 자신의 계획이나 희망이 사회의 금기 결과를 가져올 경우 죄의식을 느끼게 되는 시기
- 주도적 유아는 스스로 계획과 목표를 설정하여 새로운 행동을 시도하고 창조하면서 목적을 달성하고자 함
- 실패에 대한 벌이나 두려움으로 수치를 갖게 되기도 함

11 ④

유아기 운동발달

〈보기〉에 해당하는 이동운동 기술은 리핑(leaping)이다.

① 겔로핑 : 내내 동일한 발로 리드하면서 걷기와 껑충뛰기를 결합하는 기술
② 슬라이딩 : 겔로핑의 동작을 측면으로 이동하는 것
③ 호핑: 한 발로 점프하고 점프한 발로 착지하는 기술
④ 리핑 : 한 발로 몸을 지탱하면서 다른 한 발은 쭉 내밀면서 앞으로 이동하는 기술

12 ②

유아기의 특징

인지발달이론은 인지발달은 성숙과 환경과의 끊임없는 상호작용의 결과라고 주장하는 이론으로, 인간의 본성은 태어날 때부터 환경에 따른 훈련에 의해 만들어진다는 주장은 적절하지 않은 설명이다.

13 ③

운동발달 프로그램의 기본원리

㉠ 유아들을 위한 발달적이고 적합한 활동을 고려해야 하는 적합성의 원리에 해당한다.

㉡ 전형적이고 공통적인 일반화된 특성뿐만 아니라 개개인의 유전과 환경요인을 고려한 개인차를 고려해야 하는 특이성의 원리에 해당한다.

유아체육 프로그램의 구성 원리

적합성	유아의 발달 상태, 움직임 활동에 대한 이전의 경험, 기술, 체력, 수준, 연령 등을 고려하여 발달적으로 적합한 운동발달 프로그램을 구성해야 한다.
방향성	유아의 성장과 발달의 방향성을 고려한 운동발달 프로그램을 구성해야 한다.
특이성	개인의 유전과 환경요인을 고려한 개인차를 고려한 운동발달 프로그램을 구성해야 한다.
안전성	유아들의 일상생활 및 안전에 관한 사항들을 이해하고 예방하는 것이다. 스스로의 지각 능력을 과대평가하는 아동의 경향을 고려한 안전한 운동환경의 마련과 사고 예방에 대한 지도를 해야 한다.
연계성	기초부터 향상까지 잘 조직된 운동발달 프로그램을 제공해야 한다. 신체발달, 정서적·사회적 발달을 위한 교육프로그램에 연계성이 있어야 한다.

14 ②

유아 체육 지도 방법

과제 제시 방법은 지시적 방법과 마찬가지로 유아가 할 행동이나 활동하는 방법을 지도사가 정하지만 유아에게 어느 정도 의사결정을 허용한다.

유아체육 지도 방법

직접-교사 주도적 교수방법	지시적 방법	시범 보이기, 연습해보기, 유아들의 활동에 대하여 일반적 언급해주기, 필요할 경우 보충설명과 시범을 다시 보이기
	과제 제시 방법	활동에 여러 가지 다른 수준이 있음을 설명하고 시범 보이기, 유아 자신의 수준에 따라 선택한 과제 연습하기, 과제를 마친 유아가 보다 높은 수준의 다른 체육활동에 참여하도록 하기
간접-유아 주도적 교수방법	안내-발견적 방법	학습자가 또래나 교사의 동작을 관찰하여 특별한 과제를 수행하는 방법을 이해하고, 충분한 표현, 창의성 그리고 실험의 기회를 제공 받음
	탐구적 방법	지도사가 특별한 활동과제에 대한 해결책을 요구하지 않고 다양한 동작과제나 질문을 유아에게 제시하고 유아들이 제안한 해결방법은 무엇이나 인정하고 받아들임

15 ①

유아기 운동발달

혼자(단독)놀이는 혼자 독자적 놀이에 몰두하는 것으로, 다른 친구의 놀이를 지켜보며 가끔씩 구경하는 친구에게 말을 걸기도 한다는 설명은 적절하지 않다.

16 ①

유아기 운동발달

던지기는 의도한 방향으로 물체에 힘을 가하는 조작적 운동능력이다.

㉠ 초보 ㉡ 성숙 ㉢ 시작

던지기 동작의 발달단계

시작	• 팔꿈치 위주의 동작 • 공을 놓을 때 손가락 펼침 • 몸통은 목표와 수직이 됨 • 던지기 동안 회전 동작이 거의 이루어지지 않음 • 양발은 고정된 상태
초보	• 준비단계에서 팔꿈치를 구부린 자세에서 팔을 위쪽, 옆쪽, 뒤쪽으로 스윙 • 준비 동작 시 몸통은 던지는 쪽으로 회전됨 • 체중은 명확하게 앞쪽으로 이동 • 던지는 팔과 같은 쪽 다리를 앞으로 내밈
성숙	• 준비 단계에서 팔을 뒤로 스윙하기 • 던지는 팔의 준비동작 때 반대쪽 팔꿈치를 들어 올려 균형 잡기 • 던지는 팔꿈치를 앞으로 이동시키며 수평이 되게 뻗음 • 준비동작 동안 던지는 쪽으로 몸통을 분명하게 회전 • 던지는 동안 회전이 분명하게 나타남 • 체중이 이동하며 반대 발이 앞으로 나아감

17 ②

운동프로그램의 구성요소

㉠ 손이나 발을 사용하여 물체에 힘을 가하고 물체로부터 힘을 받아 움직이는 것과 관련 있는 움직임이므로 조작운동에 해당한다(추진 조작운동, 흡수 조작운동).

㉡ 균형을 중시하는 움직임이므로 안정성 운동에 해당한다(축을 중심으로 한 안전성 운동, 정적 안정성 동작, 동적 안정성 동작).

18 ④

운동프로그램의 구성요소

〈보기〉와 같이 앞/뒤, 왼쪽/오른쪽의 위치관계를 이해하는 활동은 방향지각에 해당된다.

① 시간지각 : 속도, 리듬과 관련된 지각

② 관계지각 : 어떤 움직임을 누구와 함께 하느냐에 대한 지각, 사물이나 다른 사람과의 관계에서 사물과 다른 사람과의 위치, 처할 수 있는 형태 등을 포함

③ 신체지각 : 자신과 타인의 신체, 신체의 각 부분의 기능을 알고, 신체의 각 부분을 효율적으로 움직이는 방법을 아는 것

19 ③

유아기의 건강과 운동

누리과정(2019)의 '신체운동 · 건강' 영역 중 신체활동 즐기기의 세부내용

- 신체를 인식하고 움직인다.
- 신체 움직임을 조절한다.
- 기초적인 이동운동, 제자리 운동, 도구를 이용한 운동을 한다.
- 실내외 신체활동에 자발적으로 참여한다.

20 ④

안전한 운동프로그램 지도를 위한 환경

〈보기〉에서 설명하는 질환은 열성경련(경기)에 해당한다. 열성경련은 대개 6개월에서 4세 사이에서 일어나는데, 유아들의 뇌의 발달이 미성숙하고 체온조절 기능이 미숙한 상태이기 때문에 고열이 지속되면서 뇌와 근육이 충격을 받아 전신경련을 일으킨다.

2020년 기출문제 노인체육론 정답 및 해설

1	2	3	4	5	6	7	8	9	10	11	12	13	14	15	16	17	18	19	20
①	②	③	④	①	③	④	③	③	④	②	②	③	④	④	③	①	②	①	④

1 ① 노화의 개념

저출산으로 고령화가 증가하고 있다.

저출산은 사회적 문제로까지 대두되고 있으며 그로 인해 전체 인구의 감소가 가속화되고 있다. 총 인구 중 65세 이상의 인구의 비율이 7% 이상일 때 고령화사회, 14% 이상일 때를 고령사회, 20% 이상일 때는 초고령사회라고 하는데 현재 우리나라는 고령사회에 해당된다.

2 ② 노화에 따른 신체적·심리적·사회적 변화

노인은 연령이 높아질수록 근육량은 감소하고, 최대심박수는 감소하고, 혈관 경직도는 증가하고, 최대산소섭취량은 감소한다.

3 ③ 근골격계 질환 운동프로그램

발목 가동성이 감소되면 노인은 낙상의 위험성이 높다.

노인은 시야의 확보가 잘 안되거나 발에 대한 감각저하 및 발목 가동성의 감소, 기립성 저혈압, 균형 감각의 상실 등으로 인하여 낙상의 위험이 높다.

4 ④ 운동의 효과

인슐린 감수성의 증가와 인슐린 저항성 감소

중강도의 규칙적인 운동이 노인의 건강에 미치는 영향

- 근력의 증가
- 수면의 질 향상
- 뇌 혈류량의 증가
- 인슐린 감수성의 증가와 인슐린 저항성이 감소

5 ① 지속적 운동참여를 위한 동기유발 방법

모험적인 목표보다는 현실적이고 달성 가능한 목표를 통한 동기 유발이 노인에게 더 적절하다.

지속적 운동 참여를 위한 동기 유발 방법

자기효능감 이론	특정 상황에서 주어진 과제를 성공적으로 수행할 수 있다는 개인의 믿음
노인 운동 참여자들의 목표 설정	목표설정은 기본적으로 단기와 장기 목표로 구분함, 구체적이고 측정가능하며 성취 가능성을 고려해서 목표를 설정함

6 ③ 노화와 관련된 이론

자기의 동년배와 친밀한 관계를 유지

하비거스트의 발달과업 이론에서 노년기의 과업

- 배우자의 죽음에 대한 적응
- 은퇴와 수입 감소에 대한 적응
- 자기의 동년배와 친밀한 관계를 유지
- 근력 감소와 건강 약화에 대한 적응

7 ④ 노화와 관련된 이론

계획된 행동 이론은 신념과 행동 사이의 관계를 설명하는 이론으로 개인의 의도가 중요하다. 행동에 대한 태도, 주관적 규범, 인지된 행동과 통제력 등이 영향을 미친다.

자기효능감 이론은 특정 영역에서의 성취를 통해 느끼는 자기만족감 또는 성취감으로 지속적 운동 참여를 위한 동기 유발방법 중에 하나이다.

8 ③ 운동프로그램의 요소

목표심박수는 카보넨 공식을 사용하여서 측정을 하면 70세 남성 노인이 달리기 운동을 할 때 목표심박수의 범위는 운동강도 60%일 때 118회/분, 70%일 때 126회/분 따라서 118에서부터 126까지이다.

카보넨 공식 목표심박수 = [(220−나이 − 안정시 심박수) × 운동강도] + 안정시 심박수

9 ③ 호흡·순환계 질환 운동프로그램

- 연령 : 65세 이상을 노인으로 정의(연령 67세)
- 비만 : 170cm 대비 체중이 87kg(비만)
- 당뇨병 : 공복 후 혈당수치는 126mg/dl 이상(135mg/dl)
- 흡연 : 지속적인 흡연

  따라서 심장질환 위험요인으로 연령, 비만, 당뇨병, 흡연을 꼽을 수 있다.
- 총콜레스테롤 수치 : 190mg/dl로 200mg/dl를 넘지 않은 모습이다.
- 혈압 : 130mmHg/85mmHg로 고혈압 기준에 초과하지 않는다.

10 ④

운동프로그램의 요소

가역성의 원리는 운동을 하다가 중지했을 경우 다시 운동 이전의 상태로 되돌아가는 것을 말한다.

트레이닝 원리

과부하의 원리	더 높은 체력 수준을 달성하려면 평소보다 더 강한 운동을 수행해야 한다는 원리로 신체가 받는 부하를 점차 늘림으로써 근력과 근지구력을 향상 시키는 것
가역성의 원리	운동을 하다가 중단했을 때 운동 효과가 시간이 지남에 따라 서서히 감소되면서 운동 전의 상태로 되돌아가려고 하는 것
개별성의 원리	표준화되거나 획일적인 방법이 아닌 개개인의 체력, 건강, 기호, 체형과 같은 개별적 조건을 고려하여 트레이닝 하는 것
점진성의 원리	운동의 양이나 강도를 점진적으로 늘려가면서 운동하는 것
반복성의 원리	일시적이 아닌 정기적으로 반복하여 운동의 효과를 높이는 것

11 ②

운동권고 지침 및 운동방안

〈보기〉에서 ㉠은 등 뒤에서 양손 마주 잡기 검사항목으로 욕실에서 머리감기, 상의를 입고 벗기, 차에서 안전벨트 매기가 있으며 ㉡은 의자에 앉았다가 일어서기로 걷기, 계단 오르기, 자동차 타고 내리기가 있다.

리클리와 존스의 노인기능체력검사

등 뒤로 손닿기, 등 뒤에서 양손 마주 잡기	상체 유연성
2분 제자리 걷기	심폐지구력
30초 아령 들기	상체 근력
30초 동안 의자에 앉았다가 일어서기	하체 근력
6분 걷기	심폐지구력
눈감고 외발 서기	평형성
2.44m 왕복 걷기	민첩성 및 동적 균형성

12 ②

근골격계 질환 운동프로그램

ACSM에 따르면 저항운동을 처음 시작할 경우 1RM 40~50%로 실시하고 점차적으로 늘려나가는 것을 권장한다.

① 저항운동은 체력수준을 고려하여 실시해야 한다.

③ 유연성 향상을 위한 운동은 한 세션에 10분 이상 실시할 것을 권장하고 정적스트레칭은 30~60초 동안 유지한다.

④ 중강도 유산소운동을 처음 시작할 경우 주당 5일, 하루 30분 실시한다.

13 ③

운동프로그램의 요소

스트레칭의 종류 중에서 정적 스트레칭이 상해 위험이 가장 적다.

① 노인에게 가장 권장되는 스트레칭 방법은 정적 스트레칭이다.
② 스트레칭은 과절의 가동범위와 관련이 있다.
④ 고유수용성 신경근 촉진법은 가장 빠르고 큰 효과를 볼 수 있는 스트레칭 방법으로 꼽힌다.

14 ④

지속적 운동참여를 위한 동기유발 방법

〈보기〉는 프로차스카의 범이론적 모형 5단계는 행동이 변화되는 과정과 전략을 제시한 이론이다.
①은 계획단계에 해당하는 내용이다.
②, ③은 준비단계에 해당하는 내용이다.
④는 유지단계에 해당하는 내용이다.

프로차스카의 범이론적 모형 5단계

- 행동이 변화되는 과정과 전략을 제시
- 목표 설정, 피드백, 보상시스템과 같은 행동전략들이 신체 활동 참여를 유지하는 데 도움이 됨

1단계	계획이전단계	6개월 이내 행위변화의 의지가 없는 단계
2단계	계획단계	6개월 이내 행위변화의 실행 의지가 있지만 구체적 계획은 아직 없고 당장 실행에 옮기지 않는 단계
3단계	준비단계	향후 1개월 이내 행위를 취할 의도가 있는 단계
4단계	행동단계	6개월 이내로 행동변화가 실행되는 단계
5단계	유지단계	행위변화를 최소 6개월 이상 지속하여 생활의 일부분으로 정착하는 단계

15 ④

운동프로그램의 요소

에너지 소비를 최대로 증가시키기 위해 저강도 유산소 운동에서 중강도의 유산소 운동으로 체력 수준을 고려하면서 점차적으로 강도를 높여가는 방식으로 진행하는 것이 좋다.
고강도 운동은 부상의 위험이 있기 때문에 이상지질혈증이 있는 노인에게 권장되지 않는다.

16 ③

근골격계 질환 운동프로그램

골다공증이 있는 노인에게는 골밀도 증가를 위한 체중지지 운동이 필요하다.

골다공증 노인에게 운동을 지도할 때 고려사항

- 허리를 뒤로 젖혀서 과신전을 증가시키는 운동은 주의
- 체중부하운동이 불가능한 경우 수중걷기, 수중부하운동을 권장
- 근력 수준에 적합한 체중부하운동과 저항성 근력 운동을 실시
- 통증 유발하지 않는 중강도 운동을 권장
- 평형성 향상을 위한 운동을 권장
- 골다공증 노인에게는 골밀도 증가를 위한 체중지지 운동이 권장

17 ①

의사소통기술

노인의 이해를 돕기 위해 시각 정보 없이 언어 정보만 제공하는 것은 바람직하지 않다.

노인의 이해를 돕기 위해 다채로운 시각 자료와 언어 정보를 함께 제공하는 것이 좋으며 시각자료는 간결해서 알아보기 쉽게 제작한다.

18 ②

운동권고 지침 및 운동방안

축구, 농구, 배구와 같은 경쟁 스포츠는 고강도 신체활동에 속한다.

중강도 유산소 운동은 주당 5일, 하루 최소 30분 실시하며 필요에 따라 나누어서 실시하는 것을 권장한다. 또한 저·중강도로 주 2회 이상의 대근육군을 이용한 저항운동과 보그스케일의 운동자각도(RPE) 6~20지수에서 6~11은 저강도, 12~16은 중강도, 17~20은 고강도에 해당한다.

19 ①

운동권고 지침 및 운동방안

운동강도를 높일수록 단열성이 높은 의복을 착용하게 되면 열전도율이 낮아져 더 많은 땀의 배출로 인해 탈수증상이 발생할 수 있다. 때문에 얇은 옷을 여러 겹 입고 체온이 상승하게 되면 겉에서부터 순차적으로 탈의하는 것이 좋다.

노인에게 운동을 지도할 때 주의사항

- 탈수증상을 대비하여 수분을 미리 보충하게 함
- 낙상의 위험을 최소화하기 위해 적절한 신발을 착용하게 함
- 추운 환경에서는 준비운동을 평소보다 오랜 시간 진행하도록 함

20 ④

노인운동 시 위험관리

심폐소생술 실시 중 의식이 돌아오지 않으면 가슴 압박을 중단하는 것이 아니라 구급차가 올 때까지 심폐소생술을 멈추지 말고 지속적으로 실시해야 한다.

운동 중 노인의 심정지 상황에 대한 응급처치

- 자동제세동기(AED)를 이용할 수 있는 경우 사용함
- 의식의 확인과 119 신고 후, 심폐소생술을 실시함
- 의식이 없으면 묵시적 동의라고 간주하고 심폐소생술을 실시함

2019년 기출문제 스포츠사회학 정답 및 해설

1	2	3	4	5	6	7	8	9	10	11	12	13	14	15	16	17	18	19	20
④	①	②	②	④	②	①	③	①	②	③	①	②	③	①	③	③	④	④	④

1 ④ 스포츠사회학의 의미

조직은 스포츠사회화의 연구영역과 주제 중 미시적 영역에 해당된다.

스포츠사회학의 연구영역과 주제

거시영역	정치, 경제, 문화, 종교, 교육 등
미시영역	개인의 신체활동, 건강, 체력 증진, 일탈, 사회화, 조직, 소집단 등

2 ① 스포츠의 사회적 기능

사회통합 기능은 성, 연령, 계층과 관계없이 사회적 소통을 촉진시키며, 피부색, 종교, 민족, 지역 등의 모든 장벽을 뛰어 넘어 국민들을 하나로 뭉치게 하는 기능을 말한다. 특히 경제, 사회, 정치적으로 불안정한 많은 개발도상국들은 사회를 통합시키는 데 있어서 스포츠를 적극적으로 활용한다.

스포츠의 사회적 기능

순기능	• 사회 정서적 기능 • 사회화 기능 • 사회통합 기능
역기능	• 사회통제 기능 • 신체소외 • 과도한 상업주의 • 성차별

3 ② 상업주의와 스포츠

쾌적한 생활환경으로 인해 스포츠 참가가 증가하는 현상은 도시로 이동하면서 여가 수요가 증대하는 인구의 고밀도화 현상이라고 볼 수 있다.

현대 스포츠 발전에 영향을 미친 요소

산업의 고도화	스포츠용품의 대량생산 및 용구의 표준화
도시화	일자리가 많은 도시로 이동(인구의 고밀도화), 쾌적한 생활환경으로 인해 스포츠 참가 증가
교통·통신의 발달	수송체계가 원활해지면서 다양한 스포츠 행사가 열림

4 ② 스포츠사회화의 의미와 과정

〈보기〉는 사회적 상황 및 정치, 경제, 문화, 제도와 역사, 종교, 국민성 등 지역의 특성과 전통에 의해 제약을 받는 사회적 상황의 요인이다.

스포츠로의 사회화는 스포츠 참가 자체를 의미하는 것으로 스포츠로의 참가가 전제되어야 한다. 스포츠로의 사회화의 영향 요인은 개인의 특성, 사회적 상황, 스포츠사회화의 주관자가 있으며 그 중 사회적 상황은 사회적 상황 및 정치, 경제, 문화, 제도와 역사, 종교, 국민성 등 지역의 특성과 전통에 의해 제약을 받는 것을 말한다.

5 ④ 스포츠 변화에 영향을 미치는 요인

신자유주의의 가장 중요한 가치관은 이윤을 추구하고, 인기 스포츠가 증가하는 스포츠 시장의 빈익빈 부익부라는 양극화 문제를 심화시킨다.

신자유주의적 세계화는 1990년대 이후 자유로운 선수의 이동과 함께 스포츠의 신자유주의적 세계화를 본격화 시켰다. 전 세계의 우수한 선수들을 영입하는데 더욱더 많은 돈을 지불하며 시장의 확대를 가져왔으며, 우수한 선수들은 미국의 MLB, NBA, 영국의 프리미어리그 등 주요 몇몇 리그로 영입되면서 큰 인기를 끌고 있다. 이는 스포츠시장의 빈익빈 부익부라는 양극화 문제를 심화시키고, 프로스포츠의 이윤 극대화에 기여하였으며 스포츠시장의 경계가 국경을 초월해 전 세계로 확대화하면서 세계인들이 표준화된 스포츠 상품과 스포츠 문화를 소비하도록 만들었다.

6 ② 스포츠와 정치의 결합

냉전시대에는 스포츠를 통한 자국의 이데올로기 선전, 특정 정치 체제 우월성 입증에 초점이 맞춰졌다.

국가가 스포츠에 개입하는 목적

- 사회질서 유지 및 보호
- 국민건강 증진과 체력 향상 및 여가 기회 제공
- 국가 권위의 향상
- 국민의 정체감, 소속감, 단결심 고취
- 정치적 이념(지배이데올로기)에 부합하는 가치나 성향의 강조
- 정부와 정치지도자에 대한 국민적 지지 확보

7 ① 스포츠일탈의 이해

구조기능이론이란 일탈을 가치관의 혼란으로 인해 발생한다고 보는 한편, 일탈이 규범을 재확인하는 기회가 되어 사회기능 유지에 긍정적 영향을 미친다고 보는 것을 말한다. 사회는 하나의 실체이며 구성원들이 자신의 역할을 충실히 수행할 때 건강한 사회가 유지될 수 있다고 본다.

② 갈등이론 : 사회구조나 제도의 불합리함과 불평등으로 인하여 일탈이 발생한다고 주장한다.

③ 차별교제이론 : 일탈자가 선천적으로 일탈 행위의 유형을 가지고 있는 것이 아니라 다른 일탈자들로부터 행동을 배우는 학습화 과정을 통해 일탈 행동을 취하게 된다.

④ 낙인이론 : 일탈의 개념을 사회적 규정의 측면에서 접근, 일탈행동의 사회적 상대성을 강조하고, 사회집단이 규칙을 만들고 그 규칙을 적용시켜 낙인을 찍음으로써 일탈 행위를 만들어 낸다.

8 ③ 상업주의와 스포츠

스포츠 조직의 변화는 스포츠 조직의 관료화 및 세계화, 스포츠 조직의 수익성 및 경영효율성을 중시한다.

스포츠 조직의 변화

- 스포츠 조직의 관료화 및 세계화, 스포츠 조직의 수익성 및 경영효율성 중시
- 상업화는 스포츠를 통제하는 스포츠 조직을 변화시킴
- 스포츠 조직은 경기력 향상, 신기술 개발과 같은 경기의 내면적 성과보다 개·폐회식과 같은 의전행사, 식전과 식후 공개 행사, 경품 규모, 대회 수입, 관중 수, 매스컴의 반응과 같은 경기 외적 요소에 초점을 맞춤
- 스포츠 조직은 관중에게 흥미를 제공하고 경제적 이익의 증대에만 관심을 두게 됨

9 ① 상업주의와 스포츠

보류조항 : 구단이 소속팀 선수를 상대로 다음 시즌 연봉계약 우선권을 가진다.

② 최저연봉제 : 선수들의 기본적 생활권을 위하여 선수의 연봉의 최하한선을 둔 것

③ 샐러리 캡 : 한 팀 선수들의 연봉 총액이 일정액을 넘지 못하도록 제한, 구단 적자 운영방지, 스타 선수가 한 팀에 모이는 것을 방지

④ 트레이드 : 스포츠 팀 간 선수들을 맞바꾸는 이적 방법으로 전적으로 구단에 권리가 있음

10 ② 스포츠와 미디어의 이해

사회범주이론 : 대중매체에 대하여 상이하게 반응하는 하위집단이 존재하고 있다고 가정하며, 스포츠의 소비 형태가 연령, 성별, 사회계층, 교육수준 등에 따라서 차이가 있다는 사실에 근거하고 있다.

① 개인차이론 : 각 개인이 다양한 개인의 스포츠 관련 욕구를 충족하기 위해 미디어를 이용한다.

③ 사회관계이론 : 개인이 원하는 정보를 선택하고 해석할 때는 주변 사람들의 영향이 크며, 개인의 대중매체에 대한 접촉 양식은 중요 타자와의 사회관계에 많은 영향을 미친다.

④ 문화규범이론 : 미디어가 스포츠를 보도하는 형태에 따라서 스포츠에 대한 태도에 영향을 준다.

11 ③ 스포츠와 계층이동

마르크스는 스포츠가 자본주의 사회에서 일부 지배집단에 의해 조작된다고 했다. 마르크스의 계급론은 자본이나 토지와 같은 생산수단 소유 여부에 따라 계급을 구분하였으며, 마르크스의 계급론에 따르면 운동선수는 피지배계급에 속한다.

① 부르디외의 계급론 : 생활양식과 같은 사회문화적 요소를 계급결정 요인으로 간주하고 이를 자본의 개념으로 다룬다.

② 베블렌의 계급론 : 자신이 가진 자원을 다른 사람에게 보여주어 그들로부터 인정받는 것(과시하는 것)이 중요

④ 베버의 계층론 : 사회계급은 생산수단의 소유 여부에 따라 지배 계급과 피지배 계급으로 구분

12 ①

스포츠와 정치의 결합

〈보기〉는 대표팀의 소속 국가 국기부착, 경기 시작 전 국가 연주, 소속 국가나 특정 집단을 대표하는 상징화에 해당된다.

정치가 스포츠를 이용하는 방법

상징화	대표팀의 소속 국가 국기 부착, 경기 시작 전 국가 연주, 소속 국가를 상징
동일화	대중이 선수 개인 또는 대표팀을 자신과 동일화, 몰입, 공동체적 사고 배양
조작화	상징화와 동일화의 극대화를 위해 정치권력이 인위적으로 개입
우민화	국가의 정권이 국민들을 정치와 국정에 관심을 가지지 않는 우민으로 전락시키는 정책

13 ②

스포츠일탈의 유형

구분짓기규범 – 탁월성 추구, 다른 선수와의 차별성을 강조, 운동 수행능력 향상 및 승리를 위한 노력, 본인과의 경쟁을 통한 기록 경신

일탈적 과잉동조는 정상적 범위 내에서 형성된 규칙이나 규범을 무조건적으로 따르는 행동을 의미한다. 선수 개인의 건강을 손상시키는 상해가 발생하더라도 스포츠에서 기대되는 윤리 규범과 이상을 맹목적으로 충족하려 한다.

과잉동조를 유발하는 스포츠윤리규범

몰입규범	경기에 헌신, 스포츠 경기에 집중하고 그들의 삶에서 우선순위에 둘 것
인내규범	위험과 고통을 감수, 경쟁 과정에서 두려움과 고통 인내
도전규범	성공을 위한 장애물을 극복하고 역경 헤쳐 나가기

14 ③

스포츠사회화의 의미와 과정

크로젯의 여성에 대한 남성 선수의 폭력과 남성 스포츠문화와의 관련성에 대한 연구에는 폭력이 남성다움을 확립하고, 여성을 통제하는데 효과적인 전략이라는 내용에 있어서 ①, ②, ④는 해당되지 않는다.
크로젯의 여성에 대한 남성 선수의 폭력과 남성 스포츠문화와의 관련성에 대한 연구에는 폭력이 남성다움을 확립하고, 여성을 통제하는데 효과적인 전략이라는 믿음이 존재한다는 내용이 포함된다.

15 ①

스포츠사회화의 의미와 과정

〈보기〉에서 A고교 농구감독의 예시는 상과 벌을 활용하는 '강화'에 해당하며, B선수의 경우 다른 선수의 타격 자세를 관찰하여 자신만의 것으로 발전시킨 '관찰학습'에 해당된다. 즉 강화, 코칭, 관찰학습의 개념을 활용한 사회학습이론에 해당된다.

스포츠사회화 이론

사회학습이론	스포츠 역할의 학습을 이해하기 위해 강화, 코칭, 관찰학습의 개념을 활용
역할이론	개인이 사회 속에서 각자의 사회적 지위를 향한 역할기대 또는 행동양식을 획득하는 과정을 설명하는 이론
준거집단이론	인간은 스스로 집단이나 타인에게 적응하고 이들의 행동, 태도, 감정 등을 자신의 행동이나 태도 감정의 형성을 위한 중요한 판단 기준이 되는 준거의 척도로 삼는다는 이론. 준거집단은 규범집단, 비교집단, 청중집단 등으로 구성

16 ③

한국의 학원스포츠

〈보기〉는 합숙소, 운동장에서 일반 학생들과 분리되어 배타적이고 폐쇄적인 관계망을 형성, 좁은 인간관계를 보여주는 섬 문화에 해당된다.

① 승리지상주의 문화 : 스포츠의 가치를 변질, 승리쟁취를 우선
② 군사주의 문화 : 코칭에게 절대적 권한이 부여(독재적 코치)
④ 신체소외 문화

17 ③

스포츠와 미디어의 상호관계

스포츠가 미디어에 의존할수록 미디어의 스포츠에 대한 통제력은 증가한다.

스포츠와 미디어의 관계

- 스포츠는 미디어의 주요 콘텐츠로 자리 잡을 때 경제적 가치를 인정받을 수 있다.
- 뉴미디어의 등장으로 스포츠 콘텐츠의 생산자와 수용자의 경계가 모호해지고 있다.
- 미디어는 상업적 가치를 증가시키기 위해 스포츠 규칙의 변화를 요구한다.
- 스포츠 저널리즘은 미디어를 통해 이루어지는 스포츠 관련 커뮤니케이션 활동으로 대중의 호기심과 흥미를 유발하는 '옐로 저널리즘'의 성격이 강함
- 스포츠 메가 이벤트는 미디어의 이윤창출에 기여

18 ④

스포츠 세계화

① 냉전시대 스포츠 세계화는 민족주의를 강화시켰다.
② 민족주의는 스포츠 세계화 현상을 가속화시켰다.
③ 제국주의 시대에 스포츠 세계화는 식민국가와 민족주의를 강화시키는 결과를 초래하였다.

스포츠 세계화와 민족주의의 관계에서 민족주의가 스포츠 세계화에 대한 결정적 동기부여를 하였으며, 스포츠가 가지고 있는 '경쟁'이라는 요소가 이를 뒷받침해주는데, 초창기부터 국가의 이름으로 치러진 국제경기는 민족이란 정체성을 확인시켜 주는 과정이었고, 이는 '그들만의 하나', 즉 '민족형성'을 유발하는 결정적인 요인이다.

19 ④

스포츠사회학의 의미

선수 개인의 행동과 관련된 인간 내면의 특성 및 과정을 설명하는 것은 '스포츠심리학'에 대한 설명이다.

스포츠사회학 정의

- 스포츠와 사회관계에 관심을 두는 학문, 스포츠 현장의 사회구조와 사회과정을 설명하는 학문
- 스포츠 현장에 사회학적 이론과 연구 방법을 적용하여 연구하는 사회학 스포츠 과학의 한계과학이자 분과학문, 하위 학문
- 스포츠에서 나타나는 행동 유형과 사회과정에 초점을 두고 있으며, 이를 스포츠 활동이 존재하는 일반 사회구조의 측면에서 설명하는 학문
- 스포츠 장면에서 일어나는 행동 유형과 사회과정을 일반 사회구조의 측면에서 설명하는 학문
- 스포츠 현장의 인간행동을 예측하고 이해하고, 스포츠의 맥락에서 인간의 사회행동 법칙을 규명
- 사회행동의 과정과 유형을 스포츠의 맥락에서 설명하는 학문
- 스포츠는 사회영역과 밀접한 관계를 맺고 있어 통찰과 분석이 필요

20 ④

스포츠와 계층이동

① 수평이동
② 집단이동
③ 수직이동
④ 계층이동(세대 간 이동)

스포츠와 계층이동 유형

수평이동	종목 간·종목 내 이동	
집단이동	조건이 유사한 집단이 특정 계기를 통하여 집합적으로 이동하는 경우	
수직이동	상승이동	계층적 지위가 높아지는 경우
	하향이동	계층적 지위가 내려가는 경우
계층이동	세대 간 이동	세대 사이에서의 이동
	세대 내 이동	개인의 생애 내에서의 이동

2019년 기출문제 스포츠교육학 정답 및 해설

1	2	3	4	5	6	7	8	9	10	11	12	13	14	15	16	17	18	19	20
②	①	④	③	②	①	③	①	④	④	④	④	③	②	①	④	①	③	③	②

1 ② 스포츠교육의 현재

스포츠교육이 지향하고 있는 내용 중 훈련과정에서 지도자 자신의 직관에만 근거하여 지도하는 것은 옳지 않다.

훈련과정에서 지도자는 체계적이고 과학적인 방법을 적용하여 훈련해야 한다.

2 ① 스포츠교육 학습자

이동 운동 기능 – 한 발로 뛰어 목표 지점까지 도달하기

② 물체 조작 기능 – 훌라후프 던지고 받기
③ 표현 및 해석적 움직임 – 음악을 듣고 움직임 표현하기
④ 비이동 운동 기능 – 평균대 위에서 균형 잡기

3 ④ 학교체육

㉠은 국민체육진흥법에 명시된 내용이 아니다.

학교체육진흥법 제13조 스포츠강사의 배치

- 국가 및 지방자치단체는 학생의 체육수업 흥미 제고 및 체육활동 활성화를 위하여 초등학교에 스포츠강사를 배치할 수 있음
- 제1항에 따른 스포츠강사의 자격기준, 임용 등에 필요한 사항은 대통령령으로 정함

4 ③ 스포츠교육 지도자

학습 목표는 학습자 특성의 맞게 지도자보다는 학습자의 특성을 중심으로 작성한다.

지도계획안 작성을 위한 고려사항

- 정교하고 유연한 계획 수립
- 자신이 사용할 목적으로 작성
- 추가 계획 수립
- 대안적 계획 수립
- 계획안의 보관
- 계획안의 평가

5 ②

평가의 이론적 측면

측정이나 검사는 가치중립적이며, 평가는 가치지향적 활동이다.

평가의 개념과 목적

- 평가의 유사개념은 측정, 사정, 검사 등이 있다.
- 평가는 학습자의 학습 상태와 지도에 관한 정보를 제공할 수 있다.
- 평가는 지도 활동에 대한 피드백이 된다.

6 ①

전문체육

스포츠강사 : 초·중등학교에서 정규 체육수업 보조 및 학교 스포츠클럽을 지도하는 체육 전문 강사를 말한다.
스포츠지도사 : 스포츠지도사의 자격 종목에 대하여 전문체육이나 생활체육을 직접 지도하는 사람을 말한다.

학교체육진흥법 제2조 용어 정의에서 초등학교에서 정규 체육수업 보조 및 학교 스포츠클럽을 지도하는 체육전문 강사를 스포츠강사라고 부른다.

7 ③

스포츠지도를 위한 교육모형

㉠은 역사, 전략, 규칙과 같은 개념과 원리 등 이미 배운 내용을 기억하고 재생해내는 능력인 인지적 영역이며 ㉡은 전략과 전술을 지도하는 수업활동으로 전술 측면의 변형과제인 스크리미지(scrimmage) 체육학습 활동이다.

스포츠교육학 학습 영역

인지적 영역	이해하고 분석하고 추리하고 적용할 수 있는 능력, 지식, 이해력, 사고력, 분석력, 종합력, 평가력 등의 영역
심동적 영역	운동감각을 기반으로 표현되는 신체적인 능력, 건강 및 체력
정의적 영역	감정이나 정서를 기반으로 나타나는 가치관, 인성, 도덕성 등을 의미

체육 학습 활동

스크리미지 (scrimmage)	실제로 경기하는 것처럼 기술, 전술을 익히는 경기로 티칭모멘트가 발생할 경우, 게임을 멈출 수 있는 완전 게임의 형태
리드-업 게임 (lead-up games)	정식 게임을 단순화한 형태로 흥미를 불러일으키고 기능 측면에 초점을 두는 형태

8 ①

스포츠지도를 위한 교육모형

㉠은 교사 중심 수업으로, 교사가 학생들에게 학습 과제를 제시하고 과제 연습을 하는 방법을 활용하였으므로, 이는 '적극적 수업'에 해당한다. ㉡은 다양한 대안 및 해결 방법을 찾기 위해 요구되는 질문인 '확산형 질문'을 하였다.

수업 모형

적극적 수업	교사 중심 수업으로, 교사가 학생들에게 학습 과제를 전달하고, 학생들은 과제를 수행하며 그러한 과정에서 교사는 학생들의 수행정도를 평가해서 발전시키는 수업
과제식 수업	스테이션 수업으로, 둘 이상의 과제들이 한 학습환경에서 동시에 진행되도록 구성, 복습에 효과적
동료 수업	상호학습형
협동 수업	자율적 협동 방식

지도 내용을 전달하는 질문 유형

회상형 질문	기억 수준의 대답이 요구되는 질문으로 과거에 있었던 사건을 기억해내는 것이 요구되는 질문
확산형 질문	경험하지 않은 새로운 문제에 대해 해결 방법을 찾기 위해 요구되는 질문
가치형 질문	어떤 사건에 대한 개인적 가치, 태도, 의견 등의 표현이 요구되는 질문

9 ④

세부지도목적에 따른 교수기법

㉠은 엄지손가락을 세워 보이는 피드백은 '비언어적 피드백'에 해당한다.
㉡은 운동 수행 결과에 대해 불만족을 표현했으므로 '부정적 피드백'에 해당한다.
㉢은 다음 수행 개선과 관련된 방법들과 함께 제공하였으므로 '교정적 피드백'에 해당한다.

- 교정적 피드백 : 오답의 원인을 설명하고 정답반응에 이르도록 하는 것

10 ④

세부지도목적에 따른 교수기법

효율적인 지도는 학습자가 대기하는 시간의 비율이 낮다.

효율적인 지도의 특징

- 효율적인 지도는 운영 시간에 배당된 시간의 비율이 낮다.
- 효율적인 지도는 학습자가 과제에 참여하는 시간의 비율이 높다.
- 효율적인 지도는 학습 과제의 난이도가 적절하다.

11 ④

세부지도목적에 따른 교수기법

교수 스타일은 '비대비접근' 방식에 근거를 둔다.

모스턴(M. Mosston)의 교수 스타일

교수 스펙트럼 형성 과정	대비접근 → 비대비접근 방식에 근거를 둔다.
교수 스타일군	교수 스타일 A~E까지는 모방(reproduction)이 중심이 된다.
교수 스타일 구조	교수 스타일 구조는 과제 활동 전, 중, 후 결정군으로 구성된다.
대전제	교수는 지도자와 학습자의 연속되는 의사 결정 과정을 전제로 한다.

12 ④

스포츠지도를 위한 교수기법

현장(개선)연구는 체육지도자가 동료나 연구자의 도움을 받아 효율성과 결과를 중시하는 것보다 반성적 탐구의 형태로 자신의 실행을 반성하여 다음의 실행을 개선하는 것을 중시한다.
문제파악 및 계획, 실행, 관찰, 반성의 4단계를 거치는데 따라서 결과보다는 과정을 중시한다고 볼 수 있다.

현장(개선)연구의 특징
- 집단적 협동과정
- 자기 성찰 중시
- 도움을 받아 반성적으로 탐구 및 개선
- 연속적인 과정

13 ③

생활체육 프로그램 개발 및 실천

장소는 참여자의 접근성을 고려해서 결정해야 한다.

생활체육 프로그램 설계 시 고려사항
- 목적 및 목표, 내용, 장소, 예산, 홍보 등 포함
- 장소는 학습자가 쉽게 참여할 수 있도록 장소의 접근성을 우선적으로 고려
- 홍보는 시대에 적합하게 다양한 방법으로 실행
- 예산은 시설대여비, 용품구입비, 인건비, 홍보비 등의 경비 예측

14 ②

평가의 이론적 측면

이 감독은 시즌 마지막에 평가를 실시하는 총괄평가, 윤 감독은 시즌 전에 실시하는 진단평가, 김 감독은 수시로 평가하는 형성평가를 활용하고 있다.

- 총괄평가 : 모든 수업과정을 마친 뒤에 학습목표 달성도를 평가
- 진단평가 : 수업 시작 전에 참여자 수준을 파악하는 평가
- 형성평가 : 수업과정에서 수업진행사항을 파악하기 위한 평가

15 ①

스포츠지도를 위한 교수기법

〈보기〉는 스포츠 지도시간에 반복적으로 일어나는 상규적 활동을 말한다.

상규적 활동
- 스포츠 시간에 반복적으로 일어나는 활동
- 학습활동 전, 후에 발생하는 출석점검, 수업준비 상태 확인, 학습자의 이동시간 등 상규적 활동 시간의 증가는 실제 학습자의 과제 참여 시간을 감소시키므로, 이러한 과정을 효율적으로 관리하면 학습자들의 과제참여 시간을 증가시킬 수 있다.

16 ④

학교체육 프로그램 개발 및 실천

학교스포츠클럽 활동은 국가수준 교육과정 편성·운영 지침에 근거하여 운영된다.

학교스포츠클럽

체육활동에 취미를 가진 같은 학교의 학생으로 구성된 학교가 운영하는 스포츠클럽

17 ①

학교체육

'스포츠강사'의 재임용 평가사항에는 복무태도, 강사로서의 자질, 학생의 만족도 등을 고려한다.

전국대회 입상 실적은 '스포츠강사'의 재임용 평가사항에 해당이 안 된다.

18 ③

평가의 실천적 측면

㉠은 배드민턴 평가에 적합하다고 판단되는 특성이나 행동을 구체적으로 기술한 문장을 리스트에 기재한 뒤에 평가자가 이를 읽고 체크하여 판단하는 방법으로 '체크리스트'에 해당한다.

㉡은 지도자가 학습자에게 직접 물어보는 방법으로 '면접법'에 해당한다.

- 체크리스트 : 미리 준비된 평가 항목에 따라 스스로 체크하며 자기 평가하는 방법
- 면접법 : 질문에 대한 대답을 토대로 태도를 평가하는 방법

19 ③

세부지도목적에 따른 교수기법

세련 과제는 확대 과제에 열거된 각각의 경험에 대해 질적 차원을 기술로서, 목표 범위를 줄이고 수행의 질적 발달에 집중하는 것을 의미한다.

- 세련형 과제 : 자세나 기분 등 질적 측면이 향상된 과제
- 확장형 과제 : 학습자에게 많은 동작을 알려줘서 개발하는 과제

20 ②

스포츠지도를 위한 교육모형

㉠ 언어 정보 외에 시각 정보를 같이 활용하면 더 효과적이다.
㉡ 모든 학습자가 쉽게 보고 들을 수 있는 대형을 갖추면 효과적인 과제 제시 방법이다.
㉢ 이해할 수 있는 어휘를 사용하면 효과적인 과제 제시 방법이다.
㉣ 최대한 많은 양을 제공하기보다는 간략하게 제시해야 한다.

효과적인 과제 제시 방법

- 시각적 정보를 제공
- 학습자의 학습단계에 맞게 적절히 제시
- 모든 학습자가 쉽게 보고 들을 수 있는 대형을 갖춤
- 학습자가 이해할 수 있는 어휘를 사용

2019년 기출문제 스포츠심리학 정답 및 해설

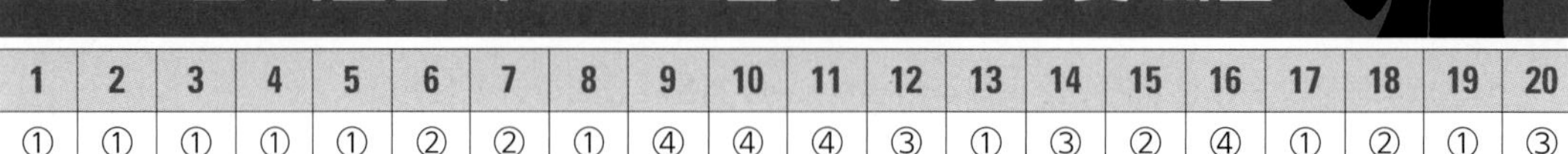

1	2	3	4	5	6	7	8	9	10	11	12	13	14	15	16	17	18	19	20
①	①	①	①	①	②	②	①	④	④	④	③	①	③	②	④	①	②	①	③

1 ① 　운동제어

〈보기〉에서 여러 정보를 종합·판단하여 어떻게 동작을 생성하고 조절하는지와 관련된 원리와 법칙을 밝히려는 영역은 운동제어 분야에 해당된다.

- 운동학습 : 운동기술의 효율적 수행과 학습에 관련된 변인을 주로 인지적 관점에서 연구하는 학문이다.
- 운동발달 : 인간의 생애에 걸쳐 운동이 어떻게 발달하는지를 탐구하는 학문이다.
- 건강심리학 : 건강 증진, 건강 위험 요인 분류, 건강 관리 체계 향상과 같이 인간의 건강 관련 분야에 심리학적 기술을 사용하는 학문이다.

2 ① 　운동학습

과제의 난이도에 따른 분류는 운동기술의 일차원적 분류체계와는 관련이 없다.

운동기술의 일차원적 분류체계

- 기술수행에 사용되는 근육의 크기
- 움직임의 연속성
- 환경의 안정성

3 ① 　루틴

루틴은 선수들이 최상의 운동수행을 발휘하기 위해 필요한 이상적인 상태를 갖추기 위한 자신만의 고유한 동작이나 절차를 의미한다. 선수들이 일정하게 수행하는 습관화된 절차로 훈련과 경기에서 일관성을 유지해야 하는 것이 매우 중요하기 때문에 시합 당일에 수정하는 것은 적절하지 못하다.

4 ① 　스포츠심리상담의 개념

한국스포츠심리학회에서 일반원칙 5조와 일반윤리 11조를 제시하고 있다. 일반윤리 중 10조 1항에 따르면 스포츠심리상담사는 알고 지내는 사람(가까운 친구, 친인척, 제자, 후배)과의 전문적인 상담 관계를 진행하지 않도록 한다.

5 ①

정보처리 단계 중 '반응실행 단계'에서는 운동계획에 따라 운동 명령을 보내고, 실제 움직임의 생성을 위한 움직임을 조직화한다.

정보처리 3단계

자극확인 단계	자극의 발생을 인지하고 확인하는 단계
반응선택 단계	자극 발생을 인지하고 확인 후 어떤 반응을 할 것인지 결정하는 단계
반응실행 단계	반응에 대한 선택 후 알맞은 동작을 수행하는 단계

6 ②

타인(모델)의 성공이나 실패를 보고 판단하는 것, 유사한 모델을 관찰하는 것은 자기효능감 형성에 영향을 준다(간접 경험).

자기효능감은 특정한 임무 또는 과제를 달성할 수 있는 자신의 능력에 대한 개인의 믿음을 의미한다. 자기효능감은 과거의 수행, 간접 경험, 언어적 설득, 신체와 정서상태 4가지 원천에 의해 결정된다. 자기효능감이 높은 사람은 도전, 노력 끈기를 보인다. 반대로 자기효능감이 낮은 사람은 과제를 회피하거나 포기하고 걱정과 우울감이 높다.

7 ②

와이너(Weiner)는 귀인의 4가지 소재(능력, 노력, 운, 과제의 난이도)와 인과성의 소재, 안정성, 통제 가능성을 적용하여 분류하였다. 경기에서 패배한 이유를 상대 선수의 능력이 더욱 우수하였기 때문이라 보는 것은 외적 요소에 해당한다. 타인의 지속적인 노력은 안정적 요소에 해당한다. 또한 사건의 원인이 자신의 통제 밖에 있으므로 통제 불가능한 요소에 해당한다.

와이너의 귀인 범주

귀인 소재	원인 소재	안정성	통제성
능력	내적	안정적	통제 불가능
노력	내적	불안정적	통제 가능
운	외적	불안정적	통제 불가능
과제 난이도	외적	안정적	통제 불가능

8 ①

〈보기〉의 내용과 같이 반전 이론(reversal theory)은 각성과 정서의 관계를 통하여 성격과 동기와의 관계를 설명한다. 각성과 정서의 관계는 각성을 인지적으로 어떻게 해석하느냐에 달려 있는데, 높은 각성은 어떻게 해석되느냐에 따라 흥분이나 불안으로 느껴질 수 있고, 낮은 각성은 지루함이나 편안함으로 느껴질 수 있다는 것이다.

9 ④

운동제어

B 타자보다 A 타자의 스윙 시작이 빨라야 한다. 〈보기〉에서 A 타자는 300ms에 스윙을 실시하고 B 타자는 320ms에 스윙을 시작하기 때문에 A 타자가 스윙 시작이 빨라야 한다.

10 ④

동기

과제목표성향의 선수는 새로운 것을 배워 익히는 그 자체를 학습활동의 궁극 목표로 삼는다. 실패는 학습과정에서 일어날 수 있는 자연스러운 단계의 하나로 인지하며, 과제 완수를 통해 스스로의 능력이 향상된다고 믿는다. 또한 너무 어렵거나 쉬운 과제 보다는 노력하면 성취할 수 있다고 판단되는 과제를 선호한다.

11 ④

동기

죄책감이나 창피함을 피하기 위한 목적, 자기 가치를 높이려는 목적으로 행동하는 것은 의무감규제를 의미한다.

① 무동기 : 내적 혹은 외적동기가 존재하지 않는다.
③ 확인규제 : 개인적으로 중요하다 생각되는 혜택을 확인 또는 인식하기 때문에 하는 행동이다.

12 ③

자신감

자기효능감은 특정한 임무 또는 과제를 달성할 수 있는 자신의 능력에 대한 개인의 믿음을 의미한다. 자기효능감은 과거의 수행, 간접 경험, 언어적 설득, 신체와 정서상태 4가지 원천에 의해 결정된다. 자기효능감이 높은 사람은 도전, 노력 끈기를 보인다. 반대로 자기효능감이 낮은 사람은 과제를 회피하거나 포기하고 걱정과 우울감이 높다.

자기존중감 향상 요인

과거의 수행	• 숙달된 경험 • 자기효능감 형성에 가장 큰 영향을 미침 • 연습, 시합에서 성공, 실패에 대한 경험
간접 경험	• 타인의 성공, 실패를 보고 판단 • 심상을 통한 간접체험 • 유사한 모델 관찰이 효과적
언어적 설득	• 타인으로 받는 격려, 기대
신체와 정서상태	• 생리적 상태, 특히 각성에 대한 해석이 효능감 기대에 영향 • 운동 중 긍정적 정서의 체험이 자기효능감을 증가시킴 • 긍정적 정서가 높을수록 자기효능감이 높음 • 운동 중 부정적 정서의 체험이 자기효능감을 감소시킴

13 ①

운동학습

운동학습은 개인적 특성을 바탕으로 연습이나 경험을 통해 과제와 환경적 변화에 부합하는 가장 효율적인 협응 동작을 생성시켜 나가는 과정이다. 운동학습은 비교적 안정적이고 일관적 특성을 가지는 내적인 변화를 의미하기 때문에 외부에서 관찰할 수 없다. 학습자의 학습 여부는 운동수행의 변화를 반복적으로 관찰하여 유추할 수 있다.

14 ③ 정서와 시합불안

〈보기〉의 심리기술훈련은 바이오피드백에 대한 내용이다. 바이오피드백은 특수한 장비를 이용해서 심신의 반응을 측정하여 소리, 그래프 등의 형태로 피드백 시켜 알려줌으로써 자신의 이완이나 긴장상태를 의지대로 조절하도록 하는 훈련 방법이다.

① 심상훈련 : 모든 감각을 활용하여 마음속으로 어떠한 경험을 재현하거나 창조하는 훈련 방법이다.
② 자생훈련 : 자신이 느끼고자 하는 감각에 주의를 기울이고, 이러한 느낌이 명상에서와 같이 수동적인 상태에서 일어나도록 하는 훈련 방법이다.
④ 점진적이완훈련 : 자기관리를 통해 자율신경계의 기능을 조절함으로써 스트레스를 완화시키는 훈련 방법이다.

스포츠심리학

15 ② 운동실천 중재전략

운동애착을 촉진하기 위해서는 스포츠지도사가 운동을 선택해 주기보다 참여자 스스로가 운동을 선택하는 것이 좋다.

16 ④ 리더십

〈보기〉는 부적처벌에 관한 내용이다. 부적처벌은 '금지형' 처벌로, 어떤 반응이 나타날 확률을 감소시키기 위해 제거되거나 박탈되는 자극이다.

① 정적강화 : 어떤 반응의 빈도를 높이기 위해 제시되거나 주어지는 자극으로, 행동이 일어난 직후 바람직한 강화물을 제공하여 바람직한 행동의 강도와 빈도를 증가시키는 것을 의미한다.
② 부적강화 : 불쾌하거나 고통스러운 자극을 제거함으로써 바람직한 반응의 확률을 높이는 것으로, 행동이 나타났을 때 대상자가 싫어하거나 바라지 않는 것을 제거해주어 바람직한 행동의 강도와 빈도를 증가시키는 것을 의미한다.
③ 정적처벌 : 어떤 행동이 나타난 다음 불쾌하거나 고통스런 자극을 제시하거나 부여해줌으로써 그 반응의 빈도를 낮추는 것을 의미한다.

17 ① 운동제어

㉠과 같이 다른 근육군을 사용하여 같은 움직임을 수행할 수 있는 능력은 운동등가에 대한 설명이다.
㉡과 같이 동일한 근육 활동이 발생하여도 그 운동의 결과는 달라질 수 있다는 것으로, 조건의 가변성에 따라서 운동의 결과에 영향을 준다는 것은 맥락조건 가변성 문제에 대한 설명이다.

자유도 : 시스템의 독립적인 구성요인의 수를 나타내는 것으로, 기하학적 구속 없이 시스템의 위치를 표현하는 데에 요구되는 최소한의 운동학적 좌표의 수를 말한다.

18 ② 집단 응집력

응집력 발달과 관계된 팀 요인으로는 팀의 생산성, 과제의 구조, 팀의 안정성, 의사소통, 집단의 투과성 그리고 팀의 구조 등이 있다. 팀의 규모는 환경 요인에 속한다.

환경적 요인 : 팀의 규모 계약 의무, 조직의 지향성, 지리적 요인, 집단의 크기 등

19 ①

운동학습

과거의 수행 또는 학습 경험이 새로운 운동기술의 수행과 학습에 영향을 미치는 것은 운동학습의 전이이다. 따라서 수영장에서 연습한 수영기술이 바다에서 잘 발휘할 수 있는지를 확인하는 검사로 적절한 것은 전이 검사다.

② 파지 검사 : 파지는 연습으로 향상된 운동기술의 수행력을 오랫동안 유지할 수 있는 능력으로, 운동기술의 파지 검사를 통하여 운동기술에 대한 학습 여부를 판단할 수 있다.
③ 효율성 검사 : 목적의 실현을 합리적으로 실현하였는지 알아보는 검사이다.
④ 수행 검사 : 특정 과제를 실제로 수행하도록 하는 검사이다.

20 ③

운동제어

반응시간은 제시되는 자극과 요구되는 반응의 수에 따라서 단순반응시간(simple RT), 선택반응시간(choice RT), 변별반응시간(discrimination reaction RT)으로 구분된다.

① 변별반응시간 : 두 가지 이상의 자극이 제시되고 어떤 특정한 자극에 대해서만 반응할 때 측정되는 반응시간이다.
② 단순반응시간 : 하나의 자극 신호에 대해 하나의 반응만을 요구할 때 측정되는 반응시간이다.
④ 선택반응시간 : 두 개 이상의 자극이 제시되고 각각의 자극 신호에 대하여 다른 반응을 요구할 때 측정되는 반응시간이다.

2019년 기출문제 한국체육사 정답 및 해설

1	2	3	4	5	6	7	8	9	10	11	12	13	14	15	16	17	18	19	20
④	③	④	③	①	③	①	②	④	①	③	③	①	②	④	④	②	①	②	②

1 ④ 체육사 연구 분야

각종 트로피, 우승기, 메달, 경기 복장 등은 물적 사료이다.

사료(史料)

과거를 연구하는 데 사용되는 역사적 자료로 "사료가 없으면 역사도 없다."라는 말이 있듯이 사료는 역사의 구성 시 근본이 되는 것으로, 사료가 갖추어지지 않거나 확실하지 않으면 역사라 할 수 없는 것이다.

물적 사료	유물, 유적, 트로피, 우승기, 경기 복장 등
문헌 사료	공문서, 사문서 등
구술 사료	과거 기억에 대한 증언 등

2 ③ 선사 및 부족국가시대의 체육

㉠은 고구려의 동맹(10월)을 말하며, ㉡은 신라의 가배(8월)에 관한 내용이다.

제천행사

부여	영고(12월)
동예	무천(10월)
삼한	5월 수릿제와 10월 계절제

3 ④ 삼국 및 통일신라시대의 체육

방응은 사나운 매를 길러 꿩이나 새를 사냥하는 일종의 수렵활동이다.

① 두 사람이 맞잡고 힘을 겨루는 경기는 각저이다.
② 나무 막대로 만든 주사위를 던져서 승부를 겨루는 놀이는 저포이다.
③ 화살 같은 막대기를 일정한 거리에서 항아리나 병 안에 넣는 놀이는 투호이다.

4 ③ 고려시대의 체육

추천(鞦韆)은 그네뛰기 형태의 놀이로 주로 단오절에 가장 많이 행하여졌으며, 여성의 유희나 스포츠로 각광을 받았다.

① 저포(樗蒲) : 백제 때부터 성행했던 윷놀이와 비슷한 놀이였다.
② 축국(蹴鞠) : 가죽 주머니로 공을 만들어 발로 차던 공차기이다.
④ 풍연(風鳶) : 연날리기를 말한다.

5 ①

조선시대의 체육

편사(便射)는 편싸움 즉, 팀을 구성하여 실시하던 궁술 대회였다. 조선시대의 궁술 훈련은 주로 각 지역의 사정(射亭)에서 이루어졌으며, 편사는 5인 이상으로 구성된 여러 단체나 각지의 궁수가 자기 사정을 대표하여 서로 승부를 겨루는 경기였다.

② 기창(騎槍) : 말을 타고 달리면서 창을 쓰던 무예이다.
③ 기사(騎射) : 말을 타며 활을 쏘는 무예이다.
④ 본국검(本國劍) : 신라시대 화랑도들을 중심으로 무술을 연마하기 위해 사용한 우리 고유의 검술이다.

6 ③

고려시대의 체육

수박(手搏)은 고구려시대부터 성행하였던 것으로 맨손과 발을 이용한 격투기로 보인다. 고려시대 무인들에게 적극 권장되었으며, 인재 등용을 위해 무과가 설치된 것은 말기의 일로 그 이전에는 특별 채용 형식을 통해 무인을 등용하였다. 무인 집권기 시대에는 수박희가 인재 선발의 중요한 수단이었다.

① 궁술(弓術) : 삼국시대부터 행해졌으며, 고려시대에 궁술이 장려된 것은 국방력의 강화라는 차원도 연계되어 있으나 활터를 설치하고 일반인들에게 공개한 점으로 보아 군사적 목적 외에 운동경기의 성격도 지닌 활동으로 보인다.
② 각저(角觝) : 두 사람이 서로 맞잡고 힘과 기를 겨루는 경기로 서양에서는 레슬링이 있었다.
④ 격구(擊毬) : 서양의 폴로 경기와 유사하며, 말을 타고 채를 이용하여 공을 치는 경기이다.

7 ①

조선시대의 체육

《무예도보통지(武藝圖譜通志)》는 조선시대를 대표하는 병서이자 무예교범서이다. 이 책은 1790년 정조의 명으로 이덕무, 박제가, 백동수 등에 의해 완성되었다. 명과 왜의 무예를 조화시켜 조선의 무예로 발전시켰다.

② 《무예신보(武藝新譜)》 : 영조 기사년(1749)에 사도세자가 모든 정사를 대리하던 중 기묘년(1759)에 12가지 기예를 넣어 편찬한 무예서이다.
③ 《무예제보(武藝諸譜)》 : 임진왜란 후 전쟁에 시급한 무예서의 필요에 따라 명(明)나라 척계광(戚繼光)의 「기효신서(紀效新書)」를 토대로 6기(六技)를 만들어 한교에 의해 편찬되었다. 우리나라에서 가장 오래된 무예서이다.
④ 《임원경제지(林園經濟志)》 : 조선 후기에 농업정책과 자급자족을 편 실학적 농촌경제 정책서이다.

8 ②

개화기의 체육

황성기독교청년회는 1903년 발족되었으며, 1906년 황성기독교청년회운동부를 결성했다. 개화기 결성된 체육단체 중 가장 왕성한 활동을 했던 단체로 회장 터너와 총무 질레트 등의 노력으로 이 단체는 개화기 우리나라 근대 스포츠의 발달에 큰 역할을 했으며, 독립운동가 윤치호씨가 총무로 취임하면서 한국 역사상 최초의 실내 체육관(gymnasium)이 준공되었다.

① 첫 사업으로 제1회 전조선야구대회를 개최한 단체는 '조선체육협회'이다.
③ 조선에서 최초의 종합경기대회라고 할 수 있는 조선신궁 경기대회를 개최한 단체는 '조선체육협회'이다.
④ 우리나라 근대체육의 선구자였던 노백린이 병식체조 중심의 체육을 비판하며 설립한 단체는 '대한국민체육회'이다.

9 ④

개화기의 체육

언더우드학당(경신학교)은 1885년 언더우드가 정동 자택에 설립하였으며, 오늘날 경신중·고등학교의 전신으로 '오락'이라는 명칭 하에 체조시간이 배정되었으나, 1891년부터 '체조'가 정식교과목에 편성되었다.

① 1903년 한국 YMCA가 설립되어 서구 스포츠가 본격적으로 도입되었다.
② 1895년 5월 5일 영어학교에서 개최한 한국 최초의 운동회가 화류회(花柳會)라는 이름으로 개최되었다.
③ 1906년 3월 11일 현양운 외 30여명이 우리나라 최초의 근대적인 체육 단체인 대한체육구락부를 결성하였다.

10 ①

개화기의 체육

관서체육회(關西體育會)는 1925년 일제강점기 평양기독교청년회관에서 결성되었으며, 1934년 전조선빙상대회(1월), 전조선씨름(6월), 전조선수상(7월), 전조선야구(8월), 전조선탁구(11월) 등과 같은 종목의 대회를 개최하였다.

② 최초의 근대 학교인 원산학사는 1883년 설립되었으며, 무사 양성을 위한 무예반을 개설했다.
③ 개화기 언더우드 학당, 배재학당 등 선교사들이 세운 미션스쿨에서는 서구의 체조 및 근대 스포츠를 도입하였다.
④ 한국 최초의 여성교육기관인 이화학당이 1886년 설립되고, 정규 수업에 체조 수업을 실시하였다.

11 ③

광복 이후의 체육

㉠ 2000년 제27회 호주시드니올림픽
㉡ 1936년 제11회 독일베를린올림픽
㉢ 1948년 제14회 영국런던올림픽
㉣ 1976년 제21회 캐나다몬트리올올림픽
따라서 정답은 ㉡-㉢-㉣-㉠이다.

12 ③

개화기의 체육

아펜젤러(H. Appenzeller)가 1885년 설립한 학교로 각종 서구 스포츠를 도입한 학교는 배재학당으로 초기에 체육은 정규교육과정에 포함되지 않고 과외활동을 통해 야구, 축구, 정구(테니스), 농구와 같은 서구식 스포츠가 도입되었고, 1897년 이후 정규 교과과정에 체육이 편성되었다.

① 스크랜턴(M. F. Scranton)에 의해 설립된 학교로 정기적으로 체조 수업을 실시한 학교는 이화학당이다.
② 알렌(H. N. Allen)은 조선 말기에 활동한 미국 선교사이자 조선 왕실의 의사로, 제중원(광혜원)을 설립하여 학교로 건강 및 보건을 위한 활동을 실시했다.
④ 조선 정부가 영어 교육을 위해서 세운 학교로 다양한 서구 근대 스포츠 문화를 소개한 곳은 영어학교이다.

13 ①

일제강점기의 체육

1920년 7월 13일 현 대한체육회의 전신인 '조선체육회'가 결성되었고, 조선체육회는 첫 사업으로 제1회 전조선야구대회(全朝鮮野球大會)를 개최했으며, 그 대회가 현재 전국체전 통산 횟수의 기점이 되었다. 출범 초기 언론사들의 적극적인 후원을 받았는데 조선체육협회가 일본인이 경영하고 발행하는 경성신문사의 후원을 받았다면, 조선체육회는 1920년 민족지를 표방하고 창간한 동아일보의 적극적인 후원을 받았다.

14 ②
광복 이후의 체육

국군체육부대를 창설한 정부는 전두환 정부이다.

박정희 정부의 체육 정책

1961년	'체력은 국력'이라는 슬로건을 채택
1962년	국민체육진흥법 공포
1966년	태릉선수촌 건립
1974년	메달리스트 종신연금계획 확정
1977년	국립 한국체육대학교 설립

15 ④
광복 이후의 체육

국민체육진흥공단은 국민체육진흥, 스포츠경기 수준 향상 및 청소년 육성과 관련한 사업을 지원하고 제24회 서울올림픽대회를 기념하는 사업을 수행하기 위한 국민체육진흥기금의 조성과 관리를 목적으로 1989년 설립되었다.

① 대한체육회 : 1920년 창립되었고 1938년 해산되었지만 1945년 다시 세워졌다. 1954년 조선체육회는 임의 단체에서 민법에 의한 사단법인 대한체육회로 인가되었고 현재까지 체육운동을 범국민화하여 학교체육 및 사회체육의 진흥으로 국민의 체력향상과 건전하고 명랑한 기풍을 진작시킴과 아울러, 아마추어 경기단체를 통할지도하고 우수한 경기자를 양성하여 국위선양을 도모함으로써 민족문화발전에 크게 이바지하고, 스포츠를 통한 국제친선과 세계평화에 기여함을 목적으로 운영되고 있다.

③ 대한장애인체육회 : 2005년 설립되었으며 장애인의 건강 증진과 건전한 여가 생활 진작을 위한 생활 체육의 활성화와 종목별 경기단체, 장애 유형별 체육 단체 및 시·도 지부를 지원·육성하고 유형별 장애인 체육의 균형적인 발전을 도모하며 우수한 선수와 지도자를 양성하여 국위 선양 및 국제 스포츠 교류 활동을 통한 국제 친선에 기여함을 목적으로 운영되고 있다.

16 ④
개화기의 체육

황성기독교청년회는 1903년 발족되었으며 회장 터너와 총무 질레트 등의 노력으로 이 단체는 개화기 우리나라 근대 스포츠의 발달에 큰 역할을 했다. 특히 농구, 배구, 야구, 유도, 철봉, 역도, 권투, 무용, 텀블링, 곤봉 등의 보급에 지대한 영향을 미쳤다.

① 푸트(L. M. Foote) : 테니스를 국내 최초로 소개했다.

② 반하트(B. P. Barnhart) : YMCA의 선교사로 한국에 배구를 최초로 도입하였으며, 실내 체육을 적극적으로 권장하였다.

③ 허치슨(W. D. Hutchinson) : 관립 외국어학교의 교사로, 우리나라 최초의 운동회인 화류회를 진행하였다.

17 ②

조선시대의 체육

석전(石戰)은 돌싸움으로 단오날이나 명절에 행하던 민속놀이다.

① 사희(柶戲) : 윷놀이
③ 추천(鞦韆) : 그네뛰기의 다른 명칭으로 주로 단오절에 가장 많이 행하여졌으며, 남자도 했지만 여성의 참여가 많았다.
④ 삭전(索戰) : 줄다리기의 다른 명칭으로 단순한 놀이의 성격을 지닌 것만이 아니라 농사의 결과를 점치는 점세속이나 풍년기원의 주술적 속성도 있었다.

18 ①

광복 이후의 체육

1948년 제5회 생모리츠올림픽경기대회는 일제 강점기를 벗어나 정부를 수립한 대한민국이 최초로 국호를 달고 참가한 대회다.

② 1992년 제16회 프랑스알베르빌올림픽경기대회는 쇼트트랙 종목을 통해 사상 최초로 한국이 금메달을 획득한 대회로, 김윤만은 스피드 스케이팅에서 처음으로 은메달을 획득했으며, 새롭게 추가된 쇼트트랙 1,000m에 김기훈은 금메달을 획득하는 등 메달 순위 10위에 올랐다.
③ 2002년 제19회 솔트레이크시티올림픽경기대회는 스피드 스케이팅에서 세계 신기록이 많이 나온 대회로 봅슬레이에서 흑인선수가 금메달을 획득함으로 인종의 벽이 깨는 기록이 수립되었다.
④ 2018년 제23회 평창올림픽경기대회는 우리나라에서 개최된 최초의 동계올림픽으로 여자 아이스하키팀이 남북 단일팀으로 참가했다.

19 ②

광복 이후의 체육

2000년 제27회 호주시드니올림픽경기대회는 태권도가 정식 종목으로 채택되었으며, 최초로 남북한 선수단이 KOREA라는 표지판과 한반도기를 앞세워 동시에 입장하였다.

① 1996년 제26회 애틀란타올림픽경기대회 : 배드민턴 방수현 선수가 여자 단식 금메달을 획득했으며, 복식에서 한국 선수들끼리 결승전을 가져 김동문 · 길아영조가 박주봉 · 나경민조를 누르고 금메달을 획득했다.
③ 2004년 제28회 아테네올림픽경기대회 : 수영에서 미국 마이클 펠프스가 등장한 대회로 총 6개의 금메달을 획득하였고, 일본이 여자 마라톤 올림픽 2연패를 달성한 대회였다.
④ 2008년 제29회 베이징올림픽경기대회 : 박태환이 대한민국 수영 최초로 금메달을 획득한 대회로 우사인 볼트가 출현했으며 마이클 펠프스는 수영에서 8관왕을 기록했다.

20 ②

1964년 도쿄 올림픽 당시 한국은 나라 사정에 비해 상당히 큰 규모의 선수단(선수 165명, 임원 59명)을 내보냈지만, 파견한 선수단 규모에 비해 실망스러운 은메달 2개, 동메달 1개로 종합 27위라는 성적을 냈다. 이 때문에 종합 체육 훈련 시설이 필요하다는 의견이 제기되어 만들어진 것이 1966년 태릉선수촌이다. 대한체육회가 스포츠를 통한 국위선양 및 국민통합 실현 목적으로 건축한 시설로, 국가대표 선수들을 과학적으로 육성하는 기반이 되었다.

① 장충체육관 : 1955년 6월 23일 육군체육관으로 개관했으며, 개관 당시에는 노천체육관으로 대한민국 최대 규모를 자랑했던 체육관이었다.

③ 동대문운동장 : 경성운동장은 1925년 경성부 토목과장인 이와시로의 공사 지휘로 개장되었으며, 1945년 해방 후 이름이 서울운동장으로 바뀌었고, 1984년 서울종합운동장(현 잠실종합운동장)이 개장되어 1985년 동대문운동장으로 개칭되었다.

④ 효창운동장 : 1960년 AFC아시안컵 개최를 위해 효창운동장 건립 계획이 세워졌다.

2019년 기출문제 운동생리학 정답 및 해설

1	2	3	4	5	6	7	8	9	10	11	12	13	14	15	16	17	18	19	20
③	④	②	③	④	①	③	①	①	③	③	④	②	②	②	④	①	④	②	①

1 ③ 주요 용어

① 가역성의 원리 : 운동을 지속적으로 하다가 중단했을 경우 다시 운동 이전의 상태로 되돌아가려한다는 것을 말한다.

② 개별성의 원리 : 개인의 체력, 능력, 건강상태, 체형, 운동종목의 선호도 등을 고려하여 운동해야 한다는 것을 말한다.

④ 특이성의 원리 : 운동 적응은 트레이닝의 유형과 강도에 대해서 특이적으로 나타난다는 것을 말하며, 예를 들면 마라톤 선수에게 스프린트 유형의 인터벌 트레이닝의 필요성을 강조하는 않으며, 역도 선수들이 유산소성 지구력보다 근력 및 파워 트레이닝을 더 많이 훈련하는 것이 있다.

2 ④ 골격근의 구조와 기능

속근은 무산소성 대사 능력이 좋아 수축을 빠르게 할 수 있는 장점을 가지고 있지만 지근에 비해 유산소성 능력이 떨어져 피로에 대한 저항성이 낮은 특징을 가지고 있다.

3 ② 순환계의 구조와 기능

① 글루코스(glucose) : 포도당이라고도 하며, 생체 내 에너지원으로 사용된다.

③ 마이오글로빈(myoglobin) : 근육 세포 안에 있는 붉은 색소 단백질로 높은 산소결합력으로 산소가 필요한 세포에 전달하는 역할을 한다.

④ 유리지방산(free fatty acid) : 중성지방의 분자 형태 중 하나로 1개의 중성지방은 글리세롤 1개와 지방산 3개가 결합되어 있는 구조이다. 유리지방산은 혈액 속을 돌아다니며 지방세포를 자유롭게 드나들며 연소되어 심장, 근육 등 활동조직의 에너지로 쓰인다.

4 ③ 인체의 에너지 대사

코리사이클(cori cycle)이란, 근육 수축 후 생성되는 젖산(lactic acid)을 혈액으로 내보내 제거하고 이를 다시 간에서 포도당으로 전환시켜 에너지로 사용할 수 있게 만드는 대사과정을 말한다.

5 ④ 내분비계

㉠ 글루카곤(glucagon) : 췌장의 랑게르한섬에 있는 α세포에서 분비되는 호르몬으로 간에 저장된 글리코겐을 분해시켜 혈액 속의 혈당량을 높이는 역할을 한다.

㉡ 인슐린(insulin) : 췌장의 랑게르한섬에 있는 β세포에서 분비되는 호르몬으로 당을 세포내로 유입시켜 혈액 속의 혈당량을 낮추는 역할을 한다.

- 알도스테론(aldosterone) : 부신피질에서 분비되는 호르몬으로 주로 나트륨과 칼륨대사에 관여하여 체내 염분과 수분 평형조절, 혈압 조절에 중요한 역할을 한다.

6 ①

주요 용어

① 운동체력 요소 ②, ③, ④는 건강체력 요소

운동체력 요소와 건강체력 요소

구분	내용
운동체력 요소	• 스포츠 활동에 참여하기 위해 필요한 신체 능력 • 순발력, 민첩성, 평형성, 협응성, 스피드 등
건강체력 요소	• 일상을 영위하기 위한 신체능력 • 유연성, 신체 구성, 심폐지구력, 근력, 근지구력 등

7 ③

인체 운동에 대한 환경 영향

① 고지대에서의 처음 2주 동안은 산소 부족으로 인한 신장의 에리스로포이에틴(EPO) 방출을 자극해 적혈구 숫자를 증가시킨다. 또한 적혈구 증가에 따른 혈장량 증가로 혈액량이 약 10% 정도 증가한다.
② 적혈구 양이 증가함에 따라 혈액의 헤모글로빈 양도 증가하면서 산소운반능력도 증가한다.
③ 더 많은 혈액과 산소를 근섬유에 전달하기 위해서 근육의 모세혈관은 증가한다.
④ 호흡운동에 의하여 폐에 공기가 드나드는 양을 뜻하는 폐환기량은 고지대의 낮은 산소분압에 때문에 증가한다.

8 ①

신경계의 운동기능 조절

교감신경과 부교감신경은 자율신경계의 종류로 내장근, 심근, 평활근 등의 불수의적 운동을 조절하는 역할을 한다. 교감신경은 심박수와 수축력을 증가, 혈관 및 폐기관지를 확장하는 등의 역할을 하며, 부교감신경은 인체 항상성 조절에 관련한 심박수 억제, 폐기관지 및 소화관을 수축하는 역할을 한다.
원심성 신경과 구심성 신경은 신경의 정보를 전달하는 경로로 고속도로의 상행선과 하행선과 비슷하다. 원심성 신경은 하행선으로 대뇌에서 결정되어진 정보를 근육과 같은 말초로 정보를 전달하는 경로를 말하며, 운동신경이라고도 한다. 구심성 신경은 상행선으로 말초에서 감지되어진 감각 정보를 대뇌로 전달하는 경로를 말하며, 감각신경이라고도 한다.

9 ①

호흡계의 구조와 기능

인체의 혈액은 폐에서 많은 양의 산소를 받아들여 전신으로 공급한다. 이때 심장과 폐 사이의 혈액 흐름을 폐순환이라고 하는데 전신을 순환하며 산소를 조직에 내어주고 이산화탄소를 싣고 우심방으로 되돌아온 혈액은 우심실을 지나 폐동맥을 통해 폐로 전달된다. 이때 폐동맥의 낮은 산소량은 폐포와 폐모세혈관 사이에서의 산소교환율을 높여 다시 혈액 속에 산소를 가득 채워 좌심방으로 보내준다.

10 ③

골격근의 구조와 기능

근수축 과정은 대뇌 및 척수로부터 알파-운동 뉴런으로 전달되는 전기적 자극 혹은 활동전위에 의해서 일어난다. 신경자극은 축삭을 따라 축삭종말로 전달되어 아세틸콜린을 분비시키고 아세틸콜린의 양의 충분해지면 근육세포막의 이온 출입구가 열리면서 나트륨이 유입되며 활동전위를 일으킨다. 활동전위는 T관에 전달되어 근형질세망에 저장되어 있던 칼슘을 분비시키게 하고 이 칼슘과 친화력이 강한 트로포닌이 액틴 근세사에 있는 활성부위로부터 트로포마이오신 분자를 들어 올림으로써 수축과정이 시작된다.

11 ③

운동에 대한 순환계의 반응과 적응

1회 박출량이란, 심장이 1회 수축하면서 내보내는 혈액의 양으로 심장의 이완기말 용적과 수축기말 용적의 차이를 나타낸다. 잘 훈련된 사람의 경우 1회 박출량이 최대강도까지 비례하여 증가하지만, 비훈련자의 경우 40~60% 지점에서 고원현상으로 정체기가 발생한다.

12 ④

신경계의 운동기능 조절

운동단위(motor unit)란, 1개의 알파 운동 신경에 의해 지배되는 근 섬유군을 말한다. 1개의 운동신경에 연결되어진 근섬유 수가 많을수록 더 큰 힘을 낼 수는 있지만 정교하고 세밀한 동작은 어렵다. 예를 들면 허벅지의 신경지배 비율은 1:2,000으로 한 번에 큰 동작을 할 수 있지만 세밀한 움직임이 부족하고, 눈의 신경지배 비율은 1:10으로 움직임은 작지만 세밀한 움직임이 가능하다.

13 ②

에너지의 개념과 대사작용

호흡교환율(Respiratory Exchange Ratio, RER)이란, 분당 소비된 산소량(VO_2)과 분당 배출된 이산화탄소량(VCO_2)의 비율을 말한다. 운동 에너지원인 영양소 종류에 따라 호흡교환율이 다르게 나타나는데 탄수화물을 사용할 때에는 1.0, 지방은 0.7, 단백질은 0.8 정도의 호흡교환율 수치를 나타낸다.

① 이산화탄소 생성량이 산소 소비량보다 많은 경우는 호흡교환율이 1을 넘어간다.

③ VO_2max 80% 이상의 고강도 운동을 수행할 때에는 산소 소비량에 비해 이산화탄소의 생성량이 증가하여 호흡교환율이 1을 넘어간다.

④ 호흡교환율이 1일 경우 탄수화물이 100% 사용되지만, 호흡교환율이 0.8일 경우 탄수화물은 약 33%, 지방은 약 67%정도 사용되어 진다.

14 ②

트레이닝에 의한 대사적 적응

장기간의 규칙적인 유산소 훈련은 유산소 에너지체계를 이용하며 지근섬유를 가장 많이 사용하게 되므로 고강도 근력운동을 통해 성장하는 속근섬유로의 전환은 알맞지 않다. 그러나 속근섬유 중 유산소와 무산소성 특징을 둘 다 지니고 있는 Type II a섬유의 경우 장기간의 유산소 훈련을 통해 지근섬유로의 전환이 가능하다.

15 ②

내분비계

① 에스트로겐 : 스테로이드 호르몬의 하나로 주로 여성의 난소 안에 있는 여포와 황체에서 주로 분비된다. 여성의 2차 성징과 발달에 가장 중요한 성호르몬이다. 또한 비타민 D와 함께 칼슘의 흡수를 도와 뼈의 손실을 막고 재생산을 하는 역할을 하는데, 폐경기의 여성이 골다공증 위험이 높아지는 이유가 에스트로겐의 농도가 급격하게 감소함으로서 뼈의 손실이 커지기 때문이다. 에스트로겐은 남성의 부신과 정소에서도 분비되나 여성에 비해 극히 소량이며, 주로 정자의 수와 형성에 도움을 주는 것으로 알려져 있다.

③ 성장호르몬 : 뼈와 근육의 발달을 촉진하는 호르몬으로 뇌하수체 전엽에서 분비된다.

④ 갑상선자극호르몬 : 뇌하수체 전엽에서 분비되는 호르몬으로 갑상선을 자극하여 갑상선호르몬을 생성하고 분비하는 역할을 한다.

16 ④

에너지의 개념과 대사작용

㉠ 지방은 중성지방의 형태로 저장된다.

㉡ 중성지방은 탄수화물이 고갈된 이후 지방을 1개의 글리세롤과 3개의 지방산으로 분해함으로써 에너지원으로 사용된다.

17 ①

신경계의 운동기능 조절

② 동방결절 : 상대정맥과 우심방 접합부에 위치하며 정상심장에서 전기자극을 형성하는 역할을 한다.

③ 모세혈관 : 동맥과 정맥을 연결하여 혈액과 세포간질액 사이에서 물질 교환이 이루어지는 부위로 가장 가는 혈관을 말한다.

④ 근형질세망 : 근소포체라고도 불리며, 근육세포에서 근수축에 필요한 칼슘의 흡수, 저장, 방출을 담당하고 있다.

18 ④

운동에 대한 호흡계의 반응과 적응

운동 후 초과산소섭취량(EPOC)이란, 운동이 끝난 직후 몇 분 동안 휴식상태에서 정상적으로 섭취하는 것 이상으로 섭취하게 되는 산소량을 말한다. 이것은 운동을 통해 증가한 체온, 호르몬, 젖산 등을 다시 정상화시키는 데 필요한 산소량이며, 운동이 강하고 지속시간이 길수록 더 많은 초과산소섭취량이 필요하다.

19 ②

순환계의 구조와 기능

① 심박수 : 1분간 뛰는 심장의 박동수를 말하며, 성인의 안정시 심박수는 60~100회이다.

③ 분당 환기량 : 1분간 폐에 공기가 들어오고 나가는 과정에서의 공기량을 말한다. 분당 환기량을 구하는 공식은 1회 호흡량 × 호흡수이다.

④ 최대산소섭취량 : 신체활동이 최대에 이르렀을 때의 산소섭취량을 말한다.

20 ①

인체의 에너지 대사

② 무산소성 해당과정(glycolysis) : 글루코스 혹은 글리코겐으로부터 얻어진 포도당을 피부르산으로 분해시키는 과정을 말한다. 무산소성 해당과정의 제한점은 근육과 체액에 젖산 축적을 가져오는 것이다. 포스포프룩토키나아제(PFK)라는 속도조절효소가 사용되며 약 2분정도의 짧은 시간에 사용되는 시스템이다.

③ 젖산 시스템(lactic acid system) : 무산소성 대사에서 생성된 피부르산이 수소이온과 결합하여 젖산으로 전환되는 과정을 말하며 평균 90초 정도 지속할 수 있는 ATP를 생성하여 단거리 수영이나, 중거리 달리기, 무산소성 운동에 사용된다. 젖산 시스템은 산소를 필요로 하지 않으나 발생된 젖산이 근육 속에 쌓여 피로와 통증을 일으킬 수 있다.

④ 산화적 인산화(oxidative phosphorylation) : 산소의 도움으로 일어나는 과정을 말하며 유산소대사라고 불린다. 산화적 인산화 과정은 미토콘드리아에서 일어나며 지구성 운동 동안 사용되는 주된 에너지 시스템이다.

2019년 기출문제 운동역학 정답 및 해설

1	2	3	4	5	6	7	8	9	10	11	12	13	14	15	16	17	18	19	20
③	③	④	④	③	③	④	①	④	④	④	②	②	②	①	③	④	①	①	③

1 ③ 운동역학의 목적과 내용

멘탈 및 인지 강화 프로그램의 구성은 운동심리학 연구의 주된 목적이다. 운동역학 연구의 주된 목적은 운동수행 능력의 향상, 역학적 이해를 통한 신기술 개발, 운동수행 안전성과 역학적으로 발생하는 상해 원인을 분석해 상해 예방, 트레이닝 방법 개발, 운동 기구의 평가 및 개발 등이 있다.

2 ③ 선운동의 운동학적 분석

벡터(vector)란, 크기뿐만 아니라 방향을 함께 나타내는 물리량으로 예를 들면 변위, 속도, 가속도, 힘, 운동량 등이 있다. 속력이나 에너지, 질량, 이동거리 등은 크기만을 표현하는 물리량으로 스칼라에 해당된다.

3 ④ 해부학적 기초

얕은(superficial, 표층)은 신체 표면에 가까운 부위를 말하며, 표면에 가까운 근육이나 조직의 상대적인 깊이나 위치를 나타낼 때 사용된다. 예를 들면 '피부는 골격근보다 표층에 있다'라고 표현할 수 있다.

4 ④ 에너지

위치에너지란, 물체가 지면에서 보다 높은 곳에 위치했을 때 중력에 의해 갖게 되는 에너지를 말한다. 위치에너지를 구하는 공식은 다음과 같다. 위치에너지(Ep) = mgh(질량 × 9.8 × 높이). 즉 위치에너지는 같은 질량이라고 가정할 때 높이가 낮을수록 감소하고 높이가 높을수록 위치에너지는 더 커진다. 문제에 예시되어진 트램펄린의 경우 높은 점프동작을 할수록 위치에너지가 커지고 트램펄린에 가까워질수록 위치에너지가 감소하게 된다.

① 신체의 점프 높이에 따라 위치에너지는 달라진다.
② 트램펄린에 신체가 닿으면 높이가 0이므로 위치에너지는 0이다.
③ 신체가 트램펄린에 근접할수록 점차 감소하게 된다.

5 ③ 해부학적 기초

벌림(abduction, 외전)은 좌우면(관상면)에서 발생하는 관절운동으로 신체의 중심에서 멀어지는 동작을 말한다. 예를 들면 팔이나 다리를 옆으로 들어 올리는 동작이 있다.

6 ③ 인체의 구조적 특성

패들을 잡은 오른손이 받침점이 되고, 물의 저항력이 가장 바깥쪽에 위치하며, 왼손 힘점이 받침점 가까이 있는 형태는 3종 지레이다. 3종 지레는 힘점의 힘이 바깥쪽 저항보다 힘이 커야 저항을 이겨낼 수 있어 힘의 효율성은 떨어지지만 운동속도 측면에서는 큰 이득을 볼 수 있는 장점이 있다.

① 1종 지레는 받침점이 힘점과 저항점 사이에 위치하는 것으로 예를 들면 가위, 시소 등이 있다.

② 2종 지레는 받침점, 저항점, 힘점 순서로 위치하여 힘팔의 길이가 저항팔의 길이보다 항상 길게 위치하여 힘의 이득이 매우 크다. 예를 들면 발뒤꿈치 들기, 팔굽혀 펴기 등이 있다.

7 ④ 운동역학의 목적과 내용

정역학이란, 작용하는 힘들의 합이 0이 되는 상태, 즉 힘의 평형상태를 주로 연구하는 학문이다. ④ 물체가 가속할 때는 가속에 영향을 받는 시스템을 연구하는 동역학에 해당된다. 동역학은 작용하는 힘들 사이에서 평형이 이루어지지 않아 결과적으로 운동 상태가 변화하게 되는 상황을 연구하는 학문을 말한다.

8 ① 운동의 종류

철봉 대차돌기는 철봉을 축으로 신체가 원을 그리며 회전하는 운동형태로 회전운동(각운동)이다. 회전운동의 예로는 피겨스케이팅에서의 스핀이 있다.

9 ④ 선운동의 운동역학적 분석

마찰력이란, 접촉하고 있는 두 물체 사이에서 움직이는 방향과 반대 방향으로 작용하여 운동을 방해하는 힘을 말한다. 마찰력의 크기는 물체의 마찰계수와 접촉면과 수직으로 작용하는 수직항력에 의해 정해지며 크게 정지마찰력과 운동마찰력으로 나뉜다.

10 ④ 선운동의 운동역학적 분석

충격량을 계산하는 문제로 충격량을 구하는 공식은 충격량 = 힘(f) × 시간(t)이다.

①, ②, ③을 계산하면 모두 60N의 힘이 발생하고 ④는 80N으로 충격량의 크기가 다르다.

11 ④ 인체의 물리적 특성

무게중심이란, 신체에 중력이 한 점에 집중된 균형점을 말하며 토크(torque)의 합이 0인 지점으로 회전 균형을 이룬다.

④ 인체의 무게중심의 위치는 자세에 따라 계속 변하며 몸무게가 같은 사람이라도 무게중심은 다를 수 있다.

12 ② 각운동의 운동역학적 분석

회전속도(각속도)에 영향을 주는 요인은 질량과 회전반경이다. 질량이 동일한 경우 회전반경이 커질수록 회전속도는 반비례하여 감소하게 된다. 다이빙 공중동작 시에 두 팔과 두 다리를 최대한 펼수록 회전반경이 커져 회전속도가 제일 느리며, 두 팔과 두 다리를 최대한 몸통 쪽으로 모으는 자세를 할수록 회전반경이 작아져 회전속도가 가장 빨라진다.

13 ②

힘 분석

지면반력이란, 뉴턴의 작용-반작용 법칙으로 이해할 수 있는 힘으로 물체에 힘을 가한만큼 그 물체로부터 다시 그 힘을 되돌려 받는다는 법칙에 따라 지면에 가한만큼 지면으로부터 반력을 되돌아 받는 힘을 말한다.

② 발이 지면에 가하는 근력을 측정한 값이 아닌 지면으로부터 되돌려 받는 힘을 측정하는 것을 말한다.

14 ②

근전도 분석

근전도 분석이란, 운동 시 근육이 수축하며 발생하는 전위차를 증폭시켜 기록하는 것으로 힘의 크기를 측정할 때 사용된다. 근전도를 통해서 알 수 있는 정보는 근수축의 세기, 활동근의 종류, 근육의 피로, 동원순서 등이 있다. 신체 분절의 위치는 영상분석을 통해 알 수 있다.

15 ①

각운동의 운동역학적 분석

신장성 수축(eccentric contraction)은 근육(힘모멘트)의 힘이 아령(저항모멘트)보다 작아서 근육의 길이가 길어지며 수축하는 형태이다. 반대로 구심성 수축(concentric contraction)은 근육(힘모멘트)이 아령(저항모멘트)보다 더 커서 근육의 길이가 짧아지며 수축하는 형태이다.

16 ③

동작분석

2차원 영상분석이란, 2차원인 평면에서 동작이 일어나는 것을 가정해 운동정보를 얻는 방법이다.

① 지면반력기는 걷거나 도약처럼 지면에 가하는 힘의 세기나 압력중심을 측정하기 위해 사용된다.

② 2대의 카메라가 필요한 것은 3차원 영상분석방법이다.

④ 움직임의 원인이 되는 힘을 직접 측정하는 방법은 지면반력기, 압력분포 측정기, 근전도 등 여러 측정장비를 이용할 수 있다.

17 ④

일과 일률

파워는 단위 시간당 한 일의 양을 말하며 일률이라고도 표현한다. 단위는 와트(Watt ; W)를 사용한다. 에너지는 일을 할 수 있는 능력을 나타내는 물리량으로 단위로 줄(J)을 사용한다.

18 ①

선운동의 운동학적 분석

속력이란, 물체의 빠르기를 나타내는 척도로 단위 시간당 이동한 거리로 정의한다. 포물선 운동은 수평방향으로는 속력이 일정한 등속도 운동을 하지만, 수직방향으로는 공이 올라갈 때는 중력의 영향으로 속력이 감소하고 공이 내려갈 때는 속력이 증가하는 등가속도 직선 운동을 하는 형태이다. 그러므로 포물선 운동에서 공의 속력은 일정하다고 볼 수 없다.

19 ①

선운동의 운동역학적 분석

800N 바벨이 정지상태일 때 작용되는 힘은 중력뿐이므로 수직의 힘 크기는 바벨의 무게와 같다. 하지만 바벨을 위로 들어올리기 위해서는 바벨 무게뿐만 아니라 중력을 힘을 넘어서야 하기에 더 많은 힘으로 필요하다. 그 후 정지하게 되면 바벨에 가해지는 수직 힘은 다시 중력만이 되므로 바벨의 무게와 같은 800N이 된다.

20 ③

선운동의 운동학적 분석

평균속력이란, 단위 시간동안 움직인 거리와의 비율을 말한다. 즉 50초 동안 400m 트랙을 움직였으므로 400m ÷ 50초 = 8m/s이다. 평균속도란, 단위 시간동안 물체의 변위의 변화율을 말한다. 이때 변위란, 물체의 처음 위치부터 마지막 위치까지의 방향과 직선거리를 말한다. 그림에서 육상선수의 출발점(처음 위치)과 도착점(마지막 위치)이 같으므로 변위는 0이다. 그러므로 평균속도 공식에 대입하면 0m ÷ 50초 = 0m/s이다.

2019년 기출문제 스포츠윤리 정답 및 해설

1	2	3	4	5	6	7	8	9	10	11	12	13	14	15	16	17	18	19	20
③	②	③	①	②	①	②	③	④	①	④	④	②	①	④	④	①	③	②	④

1 ③ 스포츠의 윤리적 기초

기술로서 좋은 패스는 '도덕적 선'으로 해석하는 것 보다는 '일반적 선'으로 해석해야 한다. 기술로서 좋은 패스의 '좋음'은 도덕적 평가(선악의 구분)와 무관하게 사물이나 현상을 묘사하거나 서술할 때 쓰이는 '좋음'을 의미한다.

2 ② 스포츠와 인성교육

〈보기〉는 스포츠와 인권에 대한 내용들을 포함하고 있다. 스포츠 인권은 스포츠에서 가져야 할 인간의 보편적 존엄성과 자유에 대한 권리이며, 인종이나 성별에 관계없이 누구나 누릴 수 있는 권리이다.

3 ③ 도핑

세계반도핑규약(WADC)에서 규정하고 있는 도핑 금지방법으로는 혈액 및 혈액 성분의 조작, 화학적·물리적 조작, 유전자 조작이 있다. 침술의 활용은 금지방법에 포함되지 않는다.

- 도핑 : 선수 또는 동물에게 수행능력의 향상을 목적으로 약물을 사용하거나 특수한 이학적 처치를 하는 것, 그리고 사용행위에 대한 은폐를 포함한 총체적 행위

4 ① 윤리이론

〈보기〉에서 지영이는 덕론적 윤리 입장을 보인다. 덕론적 윤리 입장에서는 우리가 어떠한 사람이 되어야 할지에 관심을 갖는다. 덕 윤리의 근본적 질문은 '무엇을 해야 하는가?'가 아니라 '어떻게 살아야 하는가?'로, 행위 자체보다 행위자에 초점을 맞춘다.

5 ② 심판의 윤리

㉠ 공정성 : 심판에게 요구되는 도덕적 책임은 '공정성'으로, 심판은 모든 선수의 이익에 동등한 관심을 가져야 한다. 선수 간 이익 충돌이 발생할 경우 한쪽에 치우치지 않고 동등하게 균형을 맞추어야 한다.

㉡ 전문성 : 심판의 판정은 비가역성의 특성을 갖기 때문에 정확한 판정이 이루어져야 한다. 즉 한번 내린 심판의 결정은 번복하지 못하기 때문에 오랜 훈련과 경험에 의한 '전문성'이 요구된다.

6 ① 윤리이론

〈보기〉에서 (가)의 입장은 승리라는 결과에 초점을 두는 결과론적 윤리 입장이다. 도덕적 강조점을 행위 그 자체보다 행위의 결과에 두는데, (나)에서 ㉠,㉢은 유익한 결과를 위해 의도적 반칙을 찬성하는 입장을 보이고 있다.

7 ② 페어플레이

〈보기〉는 불평등은 그것으로 인해 혜택을 가장 적게 받는 이(최소 수혜자)에게 최대한의 이익을 제공하는 방향으로 이루어져야 한다는 '차등의 원칙'에 해당한다.

① 자유의 원칙 : 타인의 자유를 침해하지 않는 한 개인의 자유에 대한 권리는 보장되어야 하며, 이는 누구에게나 동등하게 부여된 권리
③ 기회균등의 원칙 : 직위와 직책에 대한 동등하고 공정한 기회가 보장된다면 개인의 능력과 노력에 의해 발생하는 사회적 경제적 불평등은 허용될 수 있음
④ 원초적 입장 : 개인이 자신의 이익을 위해 합의에 임하는 순수한 가상적 상황

8 ③ 윤리이론

〈보기〉의 상황은 니부어(R. Niebuhr)의 사회윤리와 관련이 있다. 니부어는 개개인의 인간이 도덕적인 데 비해 인간의 집단은 도덕적으로 무디기 때문에 순수한 공평무사의 도덕을 집단에서 찾기란 불가능하다고 지적하며, 개인의 도덕적 능력만으로 사회정의를 실현할 수 없고 정책과 제도의 개선을 통한 사회적 도덕의 중요성을 강조하였다.

9 ④ 윤리이론

〈보기〉와 같이 있는 인위적 제도나 구속이 요구되지 않고 승리보다 스포츠 자체를 즐길 수 있도록 스스로를 낮추고 겸양과 배려로 상대를 대할 때 스포츠윤리가 자연스럽게 발현될 수 있는 것은 '노자'의 덕 개념을 접목시킨 스포츠윤리 입장에 해당한다.

10 ① 스포츠와 동물윤리

〈보기〉에서 (가)는 싱어(P. Singer)가 주장한 동물 해방론에 해당한다. 즉, 인종차별과 성차별이 윤리적으로 허용될 수 없다면 동물을 학대하고 차별하는 종차별주의도 도덕적으로 허용될 수 없다는 것이다. 싱어는 이익동등 고려의 원리를 통하여 인간의 평등을 보장해 주는 공평성의 원칙은 인간이 아닌 동물과의 관계에도 적용되어야 할 보편타당한 도덕적 근거로 보았다.

11 ④ 스포츠와 인성교육

레스트(J. Rest)는 도덕적 판단력(moral judgement), 도덕적 민감성(moral sensitivity), 도덕적 동기화(moral motivation), 도덕적 품성화(moral character)의 4가지 구성요소가 상호작용하여 도덕행동에 영향을 미친다고 보았다.

도덕적 4구성요소

도덕적 판단력	어떤 행동이 도덕적으로 옳고 그른지 판단하는 것
도덕적 민감성	어떤 상황을 도덕적인 문제 상황으로 감지하고 그 상황에서 어떠한 행동을 할 수 있으며 그 행동들이 어떤 영향을 미칠 수 있는가를 상상하는 것
도덕적 동기화	다른 가치들에 비하여 도덕적 가치를 더 우위에 두려는 동기
도덕적 품성화	도덕적 실천에 있어 장애요인을 극복할 수 있는 인내, 용기, 확신 등의 품성

12 ④ 윤리이론

〈보기〉에서 A선수의 행동은 의무론적 윤리 입장을 취하고 있다. 의무론적 윤리에서는 의무를 규정한 도덕규칙 간의 갈등상황에서 생기는 논리적 난점과, 사회 전체의 이익을 제대로 고려하지 못한 경우가 있다는 난점이 존재한다. 이러한 난점을 극복하기 위해서는 행위가 가져올 사회의 이익과 손해를 고려하여 행동할 필요성이 있다.

13 ② 페어플레이

태권도에서 전자호구를 조작하여 타격이 없더라도 점수를 높이는 행위는 태권도 특유의 운동형식을 위반하는 것으로, 구성적 규칙을 위반한 행위에 해당한다.

스포츠의 규칙

구성적 규칙	• 해당 스포츠가 성립하기 위한 조건을 명시해 놓은 것 • 다른 스포츠와 구별해주는 근거가 되는 것으로 승리에 대한 정의를 포함 • 해당 스포츠의 승리에 이르는 신체적 탁월성이 드러남
규제적 규칙	• 해당 스포츠가 경쟁을 통해 승패를 결정하는 과정에서 탁월성의 발휘에 방해가 되는 행위에 대한 제약적인 조건을 설정한 것 • 경기의 구성에 관여하기보다 경기의 운영에 직접적으로 연관 • 하지 말아야 할 행위와 그에 대한 보상 • 승리의 쟁취라는 본원적 욕구의 적절한 통제와 관련되어 있음

14 ① 페어플레이

페어플레이는 진실과 성실의 정신을 바탕으로 경기에 임하는 도덕적 태도와 동일한 의미로 쓰이며, 오늘날 스포츠에서의 보편적인 윤리규범으로 발전하였다. 따라서 페어플레이는 선수 개인의 의도나 목적에 따라 변화하는 도덕적 행위라 볼 수 없다.

15 ④ 인종차별

〈보기〉에서 나타나는 스포츠에서의 차별은 인종차별과 관련된 내용이다. 스포츠에서 벌어지는 인종차별은 스포츠 선수들 사이에 존재하는 신체능력의 차이를 특정 인종의 우월로 과장하거나 열등으로 폄하한다. 인종차별은 대부분 피부색에 의한 경우가 많지만, 실제로 피부색과 신체적 속성을 관련짓는 것은 불가능하다.

16 ④ 스포츠와 환경윤리

우준, 경태, 관훈은 자연환경을 스포츠 환경으로 활용하는 입장에 해당한다. 지영은 기존 실내 시설을 스포츠 환경으로 활용하는 입장에 해당한다.

17 ① 학생선수의 인권

㉠ 최저학력제 : 학생선수의 학습권 및 인권보호를 위한 수단적 조처로서, 기준에 미달하는 학생선수에 대해 선수로서의 활동에 대해 일정 부분의 불이익을 감수하도록 한다.

㉡ 학습권 : 인간이 형성하고 인간의 존엄과 가치를 실현하며 인간적으로 성장, 발달해 나가기 위해 필요한 권리이다.

18 ③

관중 폭력

관중은 연대감과 소속감을 공유하면서 집단적인 힘을 과시하려는 성향을 가지며, 이러한 성향은 경기의 극적인 순간 감정적 공감과 동조를 일으키고, 과격하게 드러날 경우에 폭력으로 변하게 된다. 그러므로 관중폭력은 선수와 단둘이 있을 때보다 군중으로 있을 때 상대적으로 발생하기 쉽다.

19 ②

윤리이론

〈보기〉에서 ㉠은 공자, ㉡은 맹자의 입장이다. 상선약수는 ㉢노자가 주장하였으므로 맹자와는 상관이 없는 설명이다.

- 상선약수 : 지극히 착한 것은 마치 물과 같다.

20 ④

윤리이론

〈보기〉에서 ㉡은 맹자, ㉢은 노자의 입장이다. 맹자는 인(仁), 의(義), 예(禮), 지(智)를 중점 개념으로 터득된 도덕적 성향을 확장하게 되면 윤리적 문제가 필요한 상황에서 자연스럽게 실천적 행위가 가능하다고 강조하였다. 반면, 노자는 인위적 제도나 규정에 의한 것이 아니라, 내면의 자연스러운 도덕성의 발현을 중요하게 여겼다. 그러므로 노자가 맹자에게 제기할 수 있는 반론은 남의 눈치 때문이 아닌 내면의 윤리성이 중요하다는 내용이 가장 적절하다.

2019년 기출문제 유아체육론 정답 및 해설

1	2	3	4	5	6	7	8	9	10	11	12	13	14	15	16	17	18	19	20
①	④	②	①	②	③	③	①	③	②	①	④	②	④	③	④	①	②	③	②

1 ①

유아기의 특징

유아의 신체운동 영역의 목표

감각과 신체 인식	감각 능력을 기르고 감각 기관을 활용하여 자신의 신체를 긍정적으로 인식하도록 한다.
신체조절과 기본운동	유아가 협응력과 신체조절 능력을 기르고 신체균형감을 익히며 자신의 신체를 유연하고 활발하게 움직이는 의지와 능력을 키우도록 한다.
신체활동 참여	유아가 신체활동 시 적극적으로 참여하고, 다양한 기구를 활용하여 안전하고 즐겁게 신체활동을 하는 경험을 통해 기초체력을 형성하고 생활하며 규칙적으로 운동할 수 있도록 한다(서로의 차이를 자연스럽게 인정하고, 자신의 특성에 맞는 운동에 참여한다).

2 ④

유아기의 특징

유아기의 운동은 신체의 발육과 발달은 물론 지적, 사회적, 인지적 발달 등에 대한 교육효과가 있다.

㉠ 운동기능 발달은 청소년기에 해당한다.
㉢ 원시반사 촉진은 영아기에 해당한다.
㉣ 성조숙증 촉진은 청소년기에 해당한다.

3 ②

유아기의 특징

유아기의 1회 박출량은 성인기에 비해 낮다.

① 최대심박수는 성인기에 비해 높다. 연령이 증가하며 감소하는 경향을 보인다.
③ 유아기 안정시 호흡수는 성인기에 비해 높다. 연령이 증가하며 감소하는 경향을 보인다.
④ 유아의 근육은 3~4세경 급속히 발달하여 5~6세가 되면 근육을 형성하는 근섬유가 굵어지고 근력이 강해진다.

4 ① 유아기 운동발달

〈보기〉에서 설명하는 갤라휴(D. Gallahue)의 운동발달 단계는 기본 움직임 단계에 해당한다.

갤라휴의 운동발달 단계

반사 움직임 단계	• 불수의적 움직임을 주로 한다. • 반사활동을 통해 자신의 직접적인 환경에 대한 정보를 얻는다.
초보 움직임 단계	• 성숙에 의해 결정되고 나타나는 순서를 잘 예측할 수 있다. • 주로 생물학적 요인, 환경적 요인, 과제 요인에 의해 좌우된다.
기본 움직임 단계	• 유아기의 기본 움직임 능력이 발달되는 단계이다. • 유아가 자신의 신체 움직임 능력을 통해 적극적으로 탐구하고 실험하는 시기이다.
전문화된 움직임 단계	• 기본 움직임 단계로부터 파생된 결과이다. • 일상생활, 기본적인 스포츠 기술이나 레크리에이션 분야 등에서 여러 복잡한 활동에 응용되어 보다 더 세련되고 복잡한 활동이 가능하다.

5 ② 유아 체육 지도 방법

이기는 것이 제일 중요하다는 것을 강조하며 지도하는 것은 유아체육지도자의 역할로 적절하지 않다.

유아체육지도자의 역할

• 열정적, 긍정적 모습을 보여준다.
• 유아들의 호기심을 자극하고, 반응에 관심을 보이며 지도한다.
• 과도한 경쟁 의식을 갖지 않도록 지도한다. 반드시 이기는 것이 좋은 것이 아니라 신체동작과 규칙을 잘 지키며 활동하는 것이 중요하다는 것을 강조하며 진행한다.
• 유아와 긍정적인 상호작용을 갖도록 한다. 부정적 언어보다는 권유하는 언어를 사용한다.
• 놀이를 적극적으로 활용하고, 신체활동 방법을 개별적인 유아의 발달속도에 따라 다양화하도록 한다.

6 ③ 운동프로그램의 구성요소

㉡ 유연성은 운동기술 체력요소가 아니라 건강관련 체력요소에 해당한다.
㉣ 민첩성은 자극에 대하여 재빠르게 반응하거나, 신체의 위치를 재빨리 바꾸거나, 방향전환을 민첩하게 하는 능력을 말한다. 오래달리기를 하며 속도를 오랫동안 유지하는 능력은 심폐지구력(건강관련 체력요소)에 해당한다.

7 ③ 운동프로그램의 구성요소

〈보기〉와 같이 외부에서 몸을 향해 들어오는 기구를 받는 방법은 흡수 조작운동에 속한다.

• 정적 안정성 운동 : 움직이지 않는 상태로 균형을 잡는 동작
• 동적 안전성 운동 : 움직이는 상태로 균형을 잡는 동작
• 추진 조작 운동 : 기구를 몸에서 밖으로 내보내는 동작
• 흡수 조작 운동 : 몸을 향해 들어오는 기구를 받는 동작

8 ① 유아기의 특징

〈보기〉에서 설명하는 이론은 피아제(J. Piaget)의 인지발달이론에 해당한다. 피아제는 유아의 행동에 대한 기본 개념을 도식으로 설명하고 도식은 동화, 조절, 평형화의 과정을 통해 이루어진다 하였다.

9 ③

운동발달 프로그램의 기본원리

〈보기〉에서 제시하는 유아체육 프로그램 개발 기본원리는 안전성의 원리에 해당한다.

유아체육 프로그램의 기본원리

적합성	유아의 발달 상태, 움직임 활동에 대한 이전의 경험, 기술, 체력, 수준, 연령 등을 고려하여 발달적으로 적합한 운동발달 프로그램을 구성해야 한다.
방향성	유아의 성장과 발달의 방향성을 고려한 운동발달 프로그램을 구성해야 한다.
특이성	개인의 유전과 환경요인을 고려한 개인차를 고려한 운동발달 프로그램을 구성해야 한다.
안전성	유아들의 일상생활 및 안전에 관한 사항들을 이해하고 예방하는 것이다. 스스로의 지각 능력에 과대평가하는 아동의 경향을 고려한 안전한 운동환경의 마련과 사고 예방에 대한 지도를 해야 한다.
연계성	기초부터 향상까지 잘 조직된 운동발달 프로그램을 제공해야 한다. 신체발달, 정서적·사회적 발달을 위한 교육프로그램에 연계성이 있어야 한다.

10 ②

유아기 운동발달

㉠ 성숙주의 : 유아의 발달을 돕기 위해서는 성인의 개입을 최소화하고 유아가 발달적 준비가 되었을 때 자신의 발달수준에 적합한 활동을 스스로 선택해 활동해나가는 것을 기본으로 해야 한다.

㉡ 생태학적이론 : 인간이 생물로서 다양한 환경에 적응하는 것을 발달적 측면에서 연구하는 이론으로 생태학적 입장에서 유아의 행동은 유아가 속해있는 환경 속에서만 설명 가능한 것으로, 환경적 경험은 유아의 추후 발달에 영향을 미친다고 본다.

- 인지주의 : 인간은 단순히 외적 자극에 반응하는 피동적 존재가 아닌 받아들인 정보를 능동적으로 처리하고 그것을 새로운 형태나 유목으로 변형시키는 자율적 존재로 본다.
- 심리사회발달이론 : 인간의 발달단계를 출생부터 노년까지 8단계로 구분하여, 각 단계마다 습득해야 할 기본적 과제를 대칭적으로 설명하고 다음 단계로의 발달을 위해 두 양극이 충분히 균형을 이루어야 한다고 강조한다.

11 ①

유아 체육 지도 방법

〈보기〉에서 설명하는 유아체육 지도 원리는 통합의 원리에 해당한다.

유아체육의 지도 원리

놀이 중심의 원리	유아의 흥미를 고려하여 체육활동이 지속될 수 있도록 지도한다.
생활 중심의 원리	생활주변에 일어나는 일과 생활에 연결된 체험 등을 통해 유아체육활동을 학습하도록 지도한다.
개별화의 원리	유아의 개인차를 인정하고, 운동능력 발달 속도에 맞추어 지도한다.
탐구학습의 원리	유아 스스로가 움직임을 탐색하고 신체의 가능성과 한계를 발견하며 학습하도록 유도한다.
반복학습의 원리	안정, 이동, 조작운동의 3가지 기초운동의 반복학습을 하도록 한다.
융통성의 원리	유아가 신체활동 시간을 스스로 조절할 수 있도록 융통성을 제공한다.
통합의 원리	유아의 대근육 운동능력 중 기초운동기술(안정, 이동), 운동능력(협응, 균형, 힘, 속도), 지각-운동능력(공간, 신체, 방향, 시간)의 발달이 통합적으로 이루어지도록 한다.

12 ④

유아기 운동발달

〈보기〉에서 설명하는 기초이동 운동능력은 스키핑(skipping)에 해당한다.

① 리핑 : 한 발로 몸을 지탱하면서 다른 한 발은 쭉 내밀면서 앞으로 이동하는 기술

② 겔로핑 : 내내 동일한 발로 리드하면서 걷기와 껑충뛰기를 결합하는 기술

③ 슬라이딩 : 겔로핑의 동작을 측면으로 이동하는 것

④ 스키핑 : 걷기와 뛰기를 리드미컬하게 번갈아 하는 기술

13 ②

유아기 운동발달

㉠은 갤라휴(D. Gallahue)의 운동발달 단계에서 전문화된 움직임 단계에 해당한다.

㉡은 갤라휴(D. Gallahue)의 운동발달 단계에서 기본 움직임 단계에 해당한다.

갤라휴의 운동발달 단계

반사 움직임 단계	• 불수의적 움직임을 주로 한다. • 반사활동을 통해 자신의 직접적인 환경에 대한 정보를 얻는다.
초보 움직임 단계	• 성숙에 의해 결정되고 나타나는 순서를 잘 예측할 수 있다. • 주로 생물학적 요인, 환경적 요인, 과제 요인에 의해 좌우된다.
기본 움직임 단계	• 유아기의 기본 움직임 능력이 발달되는 단계이다. • 유아가 자신의 신체 움직임 능력을 통해 적극적으로 탐구하고 실험하는 시기이다. • 다양한 안정성, 이동성, 조작적 움직임을 처음에는 분리하여, 이후에는 이러한 움직임을 결합해서 어떻게 수행할 수 있는지를 발견하는 시기이다.
전문화된 움직임 단계	• 기본 움직임 단계로부터 파생된 결과이다. • 일상생활, 기본적인 스포츠 기술이나 레크리에이션 분야 등에서 여러 복잡한 활동에 응용되어 보다 더 세련되고 복잡한 활동이 가능하다. • 기술발달의 시작과 정도는 다양한 과제요인, 개인요인, 환경요인에 의해 좌우된다.

14 ④

운동프로그램의 구성요소

신체 각 부분의 명칭과 근육의 긴장과 이완을 이해하는 것은 공간지각이 아닌 신체지각에 해당한다.

공간지각은 몸을 어디로 움직이는가 하는 문제로 대상의 위치, 방향, 거리 등을 정확하게 이해하는 것을 의미한다. 시간지각은 속도, 리듬과 관련된 지각을 말한다.

15 ③

유아기의 특징

〈보기〉와 같이 뒤에서 아기를 뒤에서 안아 상체를 아래로 내리면 손을 앞으로 뻗고 손바닥을 펴 보호하려 하는 반사 움직임은 '낙하산반사(parachute reaction)'에 대한 설명이다.

① 모로반사(moro reflex) : 갑작스런 큰 소리가 나거나 머리가 아래로 떨어지듯 위치가 변하면 아기는 먼저 팔과 다리를 벌리고 손가락을 펴며 마치 무엇을 껴안으려는 듯이 몸 쪽으로 팔과 다리를 움츠리는 반사 움직임

② 당김반사(pull-up reaction) : 앉아 있는 상태에서 손을 잡아주면 팔을 구부려 일어서려고 하는 반사 움직임

④ 바빈스키반사(Babinski reflex) : 발바닥을 건드리면 처음에는 다리를 움츠리고, 다음으로 발가락을 쫙 펴는 반사 움직임

16 ④

유아 체육 지도 방법

〈보기〉에서 지도자가 활용한 교수방법은 유아-교사 상호 주도적·통합적 교수방법이다. 이 방법은 유아들에게 적절한 과제를 제시하고, 유아가 충분한 안내를 받아 연습을 하게 하고, 계획적인 교수방법을 제공하는 교수방법이다.

- 직접-교사 주도적 교수방법 : 유아가 무엇을, 언제, 어떻게 할 것인지 모두 교사가 결정하여 가르치는 교수법
- 간접-유아 주도적 교수방법 : 유아에게 주도권을 주는 것에 초점을 두는 방법으로, 유아가 학습과정의 중심이 됨

17 ①

유아 체육 지도 방법

경쟁과 결과를 강조하는 진행자의 역할은 지도자의 역할로서 적절하지 않다. 게임이나 편을 나누어 하는 체육활동을 진행할 경우 지나친 경쟁의식을 갖지 않도록 유아들을 지도하고, 반드시 이기는 것이 좋은 것이 아니라 정확한 신체동작과 규칙을 잘 지키면서 활동하는 것이 중요하다는 것을 강조하면서 진행해야 한다.

18 ②

유아 체육 지도 방법

복잡한 운동을 지속적으로 반복하는 것은 활동에 싫증을 느낄 수 있으므로 지도의 내용이나 방법 등을 변화시켜나가야 한다.

유아기의 심리적 특성을 고려한 지도방법

- 자기 차례를 오래 기다리지 않도록 해야 한다.
- 정적인 운동이 집중되지 않도록 해야 한다.
- 단순한 운동을 지속적으로 반복하지 말아야 한다.
- 상호 간 지나친 경쟁을 유도하지 않는다.
- 개인차에 따른 적절한 자극을 부여한다.
- 규칙과 약속을 잘 지킬 수 있도록 한다.

19 ③

안전한 운동프로그램 지도를 위한 환경

유아가 머리를 심하게 부딪친 경우에는 겉으로 이상이 없어 보이더라도 반드시 의사의 진단을 받아보도록 한다. 유아가 머리를 부딪쳤다면 다음의 상황들을 외상 후 일주일 후 까지도 세심하게 이루어지도록 한다.

- 평소와 달리 아이가 늘어지며 칭얼거리고 보채는 경우
- 먹은 것을 내뿜듯이 토하는 경우
- 평소보다 잠의 양이 눈에 띄게 늘은 경우

20 ②

유아기 운동발달

유아기의 운동발달의 방향성

- 중심 → 말초
- 대근육 → 소근육
- 위(머리) → 아래(발가락)
- 수평적 동작 → 수직적 동작
- 양방향 → 일방향

2019년 기출문제 노인체육론 정답 및 해설

1	2	3	4	5	6	7	8	9	10	11	12	13	14	15	16	17	18	19	20
④	①	③	①	②	④	④	③	③	②	④	③	④	①	②	①	②	②	④	①

1 ④ 노화의 개념

노화가 진행되는 과정에서 신체적, 심리적, 사회적인 기능과 발달과정의 약화 및 점진적 감퇴를 수반하긴 하지만 종료되지는 않는다.

노화의 특성

- 나이를 먹으면서 정신적, 신체적 기능이 약화되는 현상
- 질병 또는 기타의 큰 사고 등에 의한 것이 아니고 연령 증가에 따라 생체 조직이나 기관의 형태가 변화하고 기능이 감퇴되어 가는 비가역적인 퇴행성 과정
- 노화는 대부분의 사람들이 겪는 신체기능의 점진적 감퇴를 수반
- 노화는 생물학적 노화, 심리적 노화, 사회적 노화의 과정을 포함하며 생물학적 노화는 모든 사람에게 보편적으로 일어남
- 노화의 속도와 기능 저하의 정도는 개인차가 존재

2 ① 노화에 따른 신체적·심리적·사회적 변화

노화로 인해 근육량이 감소하여 근력과 근파워는 감소한다.

3 ③ 지속적 운동참여를 위한 동기유발 방법

도전성이 높은 목표는 부상의 위험이 있어서 적절하지 않다.

노인의 운동참여 시 목표 설정은 성취 가능한 목표를 설정하는 것이 좋다.

4 ① 근골격계 질환 운동프로그램

관절염 노인의 운동강도는 통증 정도를 고려하여 설정해야 한다.

② 수중운동은 근육과 관절에 부담이 적기 때문에 운동형태로 적합하다.

③ 염증 부위의 운동강도는 증가시키지 않고 충분한 휴식을 취할 수 있도록 한다.

④ 고강도 유산소성 운동보다는 저강도 유산소성 운동을 권장한다.

5 ② 운동의 효과

말초혈관의 저항성이 증가한다는 것은 혈관이 수축되어 혈압이 상승하는 부정적인 의미이다. 따라서 혈관이 확장되고 말초혈관의 저항성이 감소하여 혈액순환이 좋아질 수 있다고 봐야 한다.

노인이 운동참여로 얻을 수 있는 신체적 이점

- 안정시 호흡빈도 감소와 폐활량 증가
- 혈관 확장과 말초혈관의 저항성 감소
- 반응시간의 단축과 협응력 향상
- 근육량과 뼈의 강도 증가

6 ④

운동의 개념과 역할

㉠ 순발력 – 짧은 시간 동안 신체의 방향을 빠르게 전환하는 능력
㉡ 민첩성 – 최대한 빠르고 멀리 신체를 이동시키는 능력
㉢ 근지구력 – 동일한 근수축 운동을 반복적으로 수행할 수 있는 능력
㉣ 심폐지구력 – 긴 시간 동안 지속적으로 전신활동을 수행할 수 있는 능력

7 ④

노인운동 시 위험관리

운동강도에 따라 심박수가 증가할 때는 운동을 중지시켜야 할 조건에 해당되지 않는다.

지도자가 노인의 운동을 중지시켜야 할 때

- 급격하게 혈압이 상승할 때
- 참여자가 운동 중단을 요구할 때
- 호흡곤란 및 하지경련이 발생할 때

8 ③

운동권고 지침 및 운동방안

〈보기〉는 노인체력검사의 검사항목에서 동적 균형성과 민첩성이며, 2.44m 왕복 걷기로 테스트 할 수 있다.

리클리와 존스의 노인기능체력검사

등 뒤로 손닿기, 등 뒤에서 양손 마주 잡기	상체 유연성
2분 제자리 걷기	심폐지구력
30초 아령 들기	상체 근력
30초 동안 의자에 앉았다가 일어서기	하체 근력
6분 걷기	심폐지구력
눈감고 외발 서기	평형성
2.44m 왕복 걷기	민첩성 및 동적 균형성

9 ③

운동권고 지침 및 운동방안

비만 노인의 운동방법은 관절에 무리가 가지 않도록 체중부하운동보다는 비체중부하운동을 권장한다.

비만 노인의 운동방법

- 심폐지구력과 함께 근력운동을 권장함, 규칙적 유산소운동으로 체지방률을 감소시킴
- 관절에 무리가 가지 않도록 체중부하운동보다는 비체중부하운동을 권장함
- 운동강도 설정 방법으로 최대심박수보다는 운동자각도를 권장함
- 목표심박수를 활용하여 유산소 운동을 진행하는 것이 바람직함

10 ②

노화와 관련된 이론

㉠은 교차결합이론, ㉡은 사용마모이론에 대한 설명이다.

- 신체적변이이론 : 세포가 방사선 또는 어떤 작용에 노출되어 신체가 변이되어 노화가 진행된다고 본다.
- 면역반응이론 : 면역기능이 저하되어 노화가 나타난다고 본다.

11 ④

운동프로그램의 요소

㉠ 고유수용성 신경근촉진법 ㉡ 동적 스트레칭

- 정적 스트레칭 : 하나의 신체 부위를 움직임이 없게끔 길게 늘이는 형태의 스트레칭으로 보통 15~30초 정도씩 실시하는 것을 권장한다.
- 탄성 스트레칭 : 움직임이 있는 동적 스트레칭의 마지막 구간쯤에 반동을 이용하는 형태의 스트레칭 방법

12 ③

운동권고 지침 및 운동방안

저강도 운동에서 점차적으로 운동 강도를 높여 가는 것이 좋다.

낙상 위험 노인을 위한 일반적인 운동지침

- 사회적 지원, 자기효능감과 같은 행동전략을 활용함
- 발끝서기와 같은 자세유지 근육운동을 권장함
- 저강도 운동에서 점차적으로 운동 강도를 높여나가는 것이 좋음
- 신경근운동과 함께 평형성 운동도 권장함
- 낙상 방지를 위한 자세 안정성 확보 방법은 기저면을 넓게 하고, 무게중심을 낮춤
- 발목 가동성 확보를 위한 스트레칭

13 ④

운동권고 지침 및 운동방안

치매 노인의 신체활동 효과 및 운동지침으로 지도자나 보호자를 동반하여 운동을 실시하는 것이 적절하다.

① 중증 치매 노인의 경우, 개별운동이 그룹운동보다 더 효과적이다.

② 복잡하고 새로운 운동보다는 단순하고 반복적인 운동을 권장한다.

③ 뇌에 산소공급량을 증가시키고 신경세포 활성에 도움을 준다.

14 ①

노인운동 시 위험관리

의식이 있는 경우, 환자의 동의를 구해야 하며 의식이 없는 경우, 응급처치를 즉시 실시한다.

② 척추 손상 시에는 환자를 움직이거나 이동시키지 않도록 해야 한다.

③ 손상 부위를 심장보다 높게 하여 혈류량을 감소시킨다.

④ 타박상으로 부종이 생긴 경우, 냉찜질을 온찜질보다 더 먼저 실시한다.

15 ②

운동의 효과

〈보기〉에서 노인 운동의 심리적 효과는 ㉠ 스트레스 및 불안 감소, ㉢ 긍정적인 기분전환, ㉣ 우울증 감소이다.

㉡ 사회적 통합과, ㉤ 신체기능 향상은 심리적 효과에 해당이 안 된다.

16 ①

운동의 개념과 역할

심폐지구력은 긴 시간 동안 지속적으로 전신 활동을 수행할 수 있는 능력을 말한다. 대표적인 예가 고정식 자전거 타기이다.

② 유연성 : 관절과 근육을 부드럽게 최대로 늘릴 수 있는 능력

③ 협응성 : 근신경계와 운동기관 등의 움직임의 상호조절 능력, 신체의 각 부위가 조화롭게 움직일 수 있는 능력

④ 평형성 : 움직이거나 정지 상태에서 몸의 균형을 유지하는 능력

17 ②

ACSM에서 근육의 긴장감이 느껴지는 정도의 정적 스트레칭을 권고지침으로 설정하였다.

① 운동자각도 7~8수준은 고강도에 속하며 노인은 운동자각도 5~6정도의 중강도 유산소 운동을 권장한다.
② 하루 최소 30분 이상의 중강도 유산소 운동을 한 번에 실시하는 것이 아니라 필요에 따라 나누어 실시하는 것을 권장한다.
④ 부상 및 손상의 위험이 적은 정적 스트레칭을 권장한다.

18 ②

개별성의 원리는 건강정도 및 체력수준을 고려하여 운동형태를 결정해야 한다.

트레이닝 원리

과부하의 원리	더 높은 체력 수준을 달성하려면 평소보다 더 강한 운동을 수행해야 한다는 원리로 신체가 받는 부하를 점차 늘림으로써 근력과 근지구력을 향상 시키는 것
가역성의 원리	운동을 하다가 중단했을 때 운동 효과가 시간이 지남에 따라 서서히 감소되면서 운동 전의 상태로 되돌아가려고 하는 것
개별성의 원리	표준화되거나 획일적인 방법이 아닌 개개인의 체력, 건강, 기호, 체형과 같은 개별적 조건을 고려하여 트레이닝 하는 것
점진성의 원리	운동의 양이나 강도를 점진적으로 늘려가면서 운동하는 것
반복성의 원리	일시적이 아닌 정기적으로 반복하여 운동의 효과를 높이는 것

19 ④

치매 노인 운동으로 인지력에 긍정적인 효과가 있다.

노인이 운동참여로 얻을 수 있는 신체적 이점

- 안정시 호흡빈도 감소와 폐활량 증가
- 혈관 확장과 말초혈관의 저항성 감소
- 반응시간의 단축과 협응력 향상
- 근육량과 뼈의 강도 증가

20 ①

ⓒ 노인은 인지 능력이 떨어지기 때문에 한 번에 많은 정보를 전달하지 않도록 해야 한다.
ⓔ 필요에 따라 동의를 구하고 적절한 신체접촉을 사용하며 지도할 수 있다.

노인과의 의사소통 방법

- 자신을 소개한다.
- 노인에 대해 알려고 노력해야 한다.
- 공감을 느끼며 경청한다.
- 신체 언어에 주의를 기울인다.
- 접촉을 적절하게 자주 사용한다.
- 분명하고 천천히 말한다.
- 따뜻한 표정으로 비언어적 의사소통을 사용한다.
- 노인이 원하는 존칭을 사용해야 한다.

2018년 기출문제 스포츠사회학 정답 및 해설

1	2	3	4	5	6	7	8	9	10	11	12	13	14	15	16	17	18	19	20
①	①	③	①	③	④	②	④	③	②	①	③	②	④	④	②	②	④	②	③

1 ①

스포츠의 사회적 기능

놀이, 스포츠

놀이와 스포츠의 가장 큰 차이점은 놀이는 결과나 목적을 추구하지 않고 즐거움을 추구하는 자발적인 활동이며, 스포츠는 경쟁적인 요소가 포함된 활동이라고 할 수 있다.

놀이	목적을 추구하지 않고, 여러 사람이 모여서 즐겁게 노는 일, 또는 그런 활동
스포츠	일정한 규칙에 따라 개인이나 단체끼리 속력, 지구력, 기능 따위를 경쟁하며 겨루는 일
게임	놀이의 발전된 형태로 규칙을 정해 놓고 승부를 겨루는 놀이

2 ①

한국의 학원스포츠

초·중학교 상시 합숙제도는 학생 선수의 학습권 보장 강화를 위해 점진적으로 폐지하라는 '학원체육정상화를 위한 촉구 결의안'에 포함되어있다.

2021년 6월 22일 국회 본회의에서 '학원체육정상화를 위한 촉구 결의안'이 통과되었다. 여러 가지 문제 원인이 있었지만 그 중에서도 성적 지상주의에 매몰된 학원체육의 파행이 주요 원인이었다. 때문에 결의안의 주요 내용을 보면 학생들이 공부와 운동을 병행할 수 있도록 모든 학생체육대회의 평일 개최를 금지하고, 주말과 방학기간에 개최할 것을 촉구하고 있다. 또한 학생들이 학업과 운동을 병행하도록 최저학력제를 도입하고 학교의 합숙소를 점진적으로 폐지하라는 요구가 들어가 있다.

3 ③

스포츠와 국제정치

외교적 친선 및 승인은 공식적인 외교수단으로 해결하지 못하는 국가 간 분쟁을 해결하는데 기여하는 국제정치에서의 스포츠 역할로 〈보기〉는 외교적 친선 및 승인에 해당된다.

2018년 평창동계올림픽 여자아이스하키에서 남북이 한 팀을 이뤄 출전하는 건 1991년 탁구와 축구에서 남북 단일팀으로 참가한 이후 27년 만으로, 올림픽은 물론 종합대회에서 '사상 최초' 단일팀을 구성하였다. 기존 우리 선수 23명에 북한 선수 12명이 가세해 총 35명으로 엔트리를 확대하였다. 이를 계기로 남북교류가 다시 활성화 되면서 이는 국제정치에서 스포츠를 통한 외교적 친선 및 승인에 해당된다.

4 ①

상업주의와 스포츠

인구의 고령화는 상업주의 스포츠 출현과 관련성이 없다.

상업주의 스포츠 출현의 사회 · 경제적 조건

- 스포츠기반 시설 구축을 위한 거대자본
- 인구가 밀집되어 있는 도시
- 자본주의 시장경제 체제
- 소비를 강조하는 문화
- 교통 · 통신의 발달

5 ③

스포츠와 미디어의 상호관계

① 국가주의 이데올로기는 민족주의나 국민적 일체감과 같은 주체를 강조한다.
② 젠더 이데올로기는 여성 선수의 기량보다는 외모를 부각시켜 성차별을 조장한다.
④ 개인주의 이데올로기는 개인의 노력을 강조하며 개인의 노력으로 대부분의 문제를 해결할 수 있음을 강조한다.

자본주의 이데올로기는 스포츠 중계를 통해 시청자들의 상품 소비를 촉진, 경제적 가치를 중시하여 스포츠의 소비를 유도하는 것을 말한다. 이 외에도 국가주의 이데올로기, 젠더 이데올로기, 개인주의 이데올로기, 성공 이데올로기, 영웅 이데올로기 등 스포츠 미디어의 이데올로기 전파 보도 방식이 있다.

6 ④

스포츠일탈의 유형

① 혁신주의 – 스포츠에서 이기기 위해서는 수단과 방법을 가리지 않아야 한다고 생각한다.
② 의례주의 – 스포츠에서는 승패보다 규칙을 지키며 참가하는데 가치가 있다고 생각한다.
③ 반란(반역)주의 – 기존의 스포츠를 거부하고 새로운 형태의 스포츠를 개발해야 한다고 생각한다.

동조주의 – 스포츠에서는 규칙을 준수하면서 이기는 것이 중요하다고 생각한다.

아노미는 '규범적 체계의 갑작스러운 혼란이나 평생 그에 맞춰 살아온 가치가 붕괴되거나 갈망하는 목적과 그것을 성취하기 위한 능력 사이의 갈등'이라고 할 수 있다. 머튼의 경우 개인의 통제가 어려운 어떤 구조적 요소를 일탈행위의 원인으로 취급하려 한다고 할 수 있다. 따라서 문화목표는 수용하였으나 제도화된 수단이 결여되면 개인은 아노미를 느끼게 되며, 그 결과 비합법적인 방법으로라도 원하는 문화목표를 달성하려고 한다면 이는 곧 범죄나 일탈행위를 저지르는 결과를 초래한다는 것이다. 머튼의 적응양식 유형에는 동주주의, 혁신주의, 의례주의, 도피주의, 반란(반역)주의가 있는데 목적과 수단을 수용하는 동조형을 제외한 나머지 네 가지 유형은 모두 '일탈행위'로 간주하였다.

7 ②

스포츠와 미디어의 상호관계

① 팩 저널리즘 : 취재 방법이나 시각 등이 독창성이 없고 획일적이어서 개성이 없는 저널리즘

③ 하이에나 저널리즘 : 권력 있는 사람, 정치적으로 살아 있는 사람보다 힘없는 사람, 영향력 잃은 사람을 집중적으로 매도하는 저널리즘

④ 뉴 저널리즘 : 1960년대 이후 새롭게 등장한 보도 및 기사 작성의 스타일. 기존 저널리즘이 취해 왔던 속보성, 객관성의 관념을 거부하고, 소설 작가의 기법을 적용하여 사건과 상황에 대한 표현을 독자에게 실감나게 전달하고자 한다.

옐로 저널리즘은 대중의 원시적 본능을 자극하고 호기심에 호소하여 흥미 본위로 보도하는 센세이셔널리즘 경향을 띠는 저널리즘이다. 옐로저널리즘은 미국의 신문왕 조지프 퓰리처와 언론 재벌 윌리엄 허스트에 의해 탄생했다. 퓰리처는 신문은 '옳고 그른 것을 가르치는 도덕교사'라고 믿는 한편 '재미없는 신문은 죄악'이라는 신념을 가지고 있었다. 그는 흥미와 오락 위주의 일요판 신문도 처음으로 시작했다. 그리고 그 과정에서 독자의 시선을 끌기 위해 선정주의에 호소함으로써 '옐로 저널리즘'을 탄생시켰다. 퓰리처는 1889년에 뉴욕월드 일요판에 황색 옷을 입은 소년 "Yellow Kid"를 게재했는데 당시 경쟁사인 허스트의 뉴욕저널과 선정주의로 과대한 경쟁을 함으로써 옐로 저널리즘이란 말이 탄생하게 되었다.

8 ④

사회계층과 스포츠 참가

지위의 서열화는 역할담당을 위해 개인적인 특성에 따라 서열이 형성된다. 예를 들어 축구의 포지션, 선발과 후보의 분리 등이 있다.

투민의 스포츠 계층 형성 과정

: 분화 → 서열화 → 평가 → 보수부여

- 지위의 분화 : 업무의 범위와 역할에 대해 권한과 책임이 명확히 분리(구단주, 감독, 선수, 코치)
- 지위의 평가 : 유용성에 정도에 따라 상이한 위치에 지위를 적절히 배열하는 것(선수의 경기력으로 등급 평가)
- 보수부여 : 연봉

9 ③

스포츠의 사회적 기능

〈보기〉는 선수의 신체를 오직 기록 경신과 승리를 위한 도구로만 인식되는 신체소외 기능에 대한 설명이다.

사회통제 기능

스포츠는 대중의 관심을 끄는 데 가장 효과적이고 특히 강압이나 힘에 의존한다는 비난 없이 사회통제를 이룰 수 있는 매개체로서 사회통제 기능의 적용사례로 정치인들이 국민의 스포츠에 대한 관심을 증대시켜 정치적 무관심을 유도하고, 정치인들이 스포츠 경기를 자신의 이익이나 권력을 공고히 하는데 이용한다.

10 ②

스포츠와 정치의 결합

대중이 선수나 팀을 자신과 일치시킨 상태는 동일화에 대한 설명이다.

스포츠와 정치의 결합 방법

구분	내용
상징	스포츠에 참여하는 선수나 팀이 스포츠 경기 자체를 뛰어넘어 특정 집단을 대리 또는 대표하는 것으로 의미가 확장되는 것을 말한다. 예를 들어 경기 전 국가연주, 국기에 대한 경례 등의 의식을 말한다.
동일화	자신과 타인이 일치된 상태로서 대중은 선수나 팀을 자신과 일치시키는 태도를 형성한다.
조작	정치권력이 인위적 개입을 통해 상징 등의 효과를 극대화 하는 것으로 정치인의 비리, 부정 등을 은폐하기 위해 스포츠를 이용한다.

11 ①

스포츠일탈의 유형

상대방의 심리적 불안을 초래하는 과도한 야유는 제도적 부정행위에 해당한다.

부정행위는 게임에서 승리하기 위하여 혹은 상대방보다 유리한 위치를 차지하기 위하여 규칙이나 규정에 정한 범위를 벗어나는 행위를 하는 것을 말한다. 부정행위의 유형에는 제도적 부정행위와 일탈적 부정행위가 있다.

제도적 부정행위	계획적이고 이성적이며 전술적인 행동으로 전략적 차원에서 용인되는 행위
일탈적 부정행위	사회적으로 용인되지 않으며, 엄격한 제재를 받는 행위

경기력 향상을 위한 금지약물 복용, 상급학교 진학을 위한 승부조작, 승리를 위한 심판 매수 및 금품 제공은 일탈적 부정행위에 해당된다.

12 ③

사회계층과 스포츠 참가

프로스포츠 태동 이후 운동선수들의 지위가 향상되는 것은 스포츠 계층의 일반 사회의 불평등의 역사와 함께 변천하고 스포츠 참여와 관람의 특권이 시대별로 다른 '고래성(역사성)'에 해당된다.

투민(Tumin)의 스포츠 계층의 특성

사회성	사회의 다른 측면과 관련을 맺고 있음
고래성(역사성)	특정시대의 사회·문화적 배경에 따라 상이하게 나타남
보편성(편재성)	어느 곳에서나 존재하고 어디에서든지 발견할 수 있는 문화적 현상
다양성	평등주의적 가치를 반영, 계층 간 사회적 상호작용 증진
영향성	경제적 차이뿐만 아니라 생애기회와 생활양식에도 영향을 미침

13 ②

스포츠의 교육적 기능

㉣ 참여기회의 제한이나 ㉥ 비인간적인 훈련에 해당하는 내용은 위의 내용에 포함되어 있지 않다.

스포츠의 교육적 역기능

- 승리제일주의(승리지상주의)
- 교육목표의 결핍
- 일반학생의 참가 기회 제한
- 성차별
- 일탈 및 부정행위 조장
- 비인간적인 훈련
- 스포츠 상업화

14 ④

스포츠사회화의 의미와 과정

정의적 참가는 실제로 스포츠 상황에 참여하지 않지만 개인적으로 선호하는 특정한 선수나 팀에 대하여 감정적 성향을 나타내는 것을 말한다.

스포츠 참가 유형

행동적 참가	스포츠 상황 내에서 다양한 지위와 규범을 이행함으로써 스포츠에 실질적으로 참여하는 형태
인지적 참가	사회 기관, 학교, 매스컴, 타인과의 접촉 등을 통해 스포츠에 관한 정보를 체득함으로써 이루어지는 참여
정의적 참가	실제로 스포츠 상황에 참여하지 않지만 개인적으로 선호하는 특정한 선수나 팀에 대하여 감정적 성향을 나타내는 것
일차적 일탈 참가	자신의 직업을 등한시하거나 포기하고 대부분의 시간을 스포츠 참가에 할애하는 상태(스포츠 중독)
이차적 일탈 참가	경기 결과에 거액의 돈을 걸고 도박을 할 정도로 스포츠를 탐닉하는 상태

15 ④

스포츠와 미디어의 상호관계

㉠ 미디어 보급 및 확산, ㉤ 미디어 기술의 발달은 스포츠가 대중매체에 미친 영향에 해당된다.

대중매체(미디어)가 스포츠에 미치는 영향

- 스포츠에 대한 관심과 인기, 참여 증대
- 스포츠 기술의 전문화와 일반화, 표준화에 기여
- 스포츠 상품화, 대중화에 기여
- 스포츠 실시간 중계 가능
- 스포츠 정보 습득 용이
- 스포츠 경기 규칙 변경 및 일정 변경
- 흥미 위주의 스포츠 규칙 개정
- 새로운 스포츠 종목 창출
- 스포츠 용구의 변화
- 아마추어 정신 퇴색

16 ②

스포츠와 계층이동

스포츠 노동이주는 스포츠 현장에서 발생하는 국가 간 또는 구단 내 노동력 이동을 의미한다. 여기서 노동력은 선수와 지도자를 지칭하며 최근에는 경기분석관, 스카우터, 마케터, 엠버서더(홍보대사) 등으로 확대되고 있다. 스포츠사회학은 다양한 이주 사례로부터 구조기능론, 갈등론, 세계화, 자본주의, 민족주의 등 지식 체계를 축적해왔다.

- 국수주의 : 자기 나라의 고유한 역사 · 전통 · 정치 · 문화만을 가장 뛰어난 것으로 믿고, 다른 나라나 민족을 배척하는 극단적인 태도나 경향
- 민족주의 : 민족의 독립과 통일을 가장 중시하는 사상
- 제국주의 : 우월한 군사력과 경제력으로 다른 나라나 민족을 정벌하여 대국가를 건설하려는 침략주의적 경향

17 ②

스포츠사회화의 의미와 과정

사회화 주관자나 준거집단의 영향을 수용하여 스포츠에 참가하게 되는 과정은 스포츠로의 사회화에 대한 내용이며, ①, ③, ④는 스포츠를 통한 사회화에 대한 설명을 말한다.

스포츠사회화 과정

스포츠로의 사회화 → 스포츠를 통한 사회화 → 스포츠 탈사회화 → 스포츠 재사회화

- 스포츠로의 사회화 : 스포츠 참가 자체를 의미하는 것으로 스포츠로의 참가가 전제된다.

18 ④

상업주의와 스포츠

야구의 신생팀 창단 제한은 관중의 흥미를 극대화하기 위한 구조(규칙)변화와 관련이 없다.

상업화에 따른 스포츠 변화 중 스포츠 구조(규칙)의 변화

- 관중이 지루하지 않도록 스피디한 경기 진행
- 득점 체계의 다양화
- 경기력의 균형

19 ②

스포츠일탈의 유형

사회적 안전판의 기능, 고정관념에서 벗어나는 창의적 기회는 순기능이다.

일탈은 본래의 목적이나 정해진 영역의 범위에서 벗어나거나 어긋난 행동을 말한다. 하지만 스포츠 환경에서 발생하는 일탈은 일반사회의 엄격한 기준과는 달리 상황의 특수성이 반영되는 경우가 많다. 예를 들어 폭력행위, 금지약물복용, 부정 및 금지행위 과도한 참가, 관중 폭력 등이 있다.

스포츠 일탈의 역기능	• 스포츠의 공정성 및 질서체계 훼손 • 부정적인 사회적 영향
스포츠 일탈의 순기능	• 규범에 순응, 일탈행동 방지 • 사회적 불만을 완화하는 사회적 안전판의 기능 • 창의성 발휘

20 ③

스포츠와 미디어의 이해

스포츠사회화의 주관자에는 지역사회, 또래친구, 학교, 지역사회, 대중매체가 있으며 〈보기〉에 해당하는 주관자는 대중매체에 해당된다.

대중매체는 스포츠사회화의 대상에게 긍정적인 영향을 미친다. 특히 스포츠에 있어서는 각종 경기 중계를 통해 사람들에게 스포츠의 다양한 간접 경험을 제공하고, 스포츠의 기능과 중요성을 부각하여 스포츠 지식을 획득할 수 있는 주요 전달 매체가 되고 있다.

2018년 기출문제 스포츠교육학 정답 및 해설

1	2	3	4	5	6	7	8	9	10	11	12	13	14	15	16	17	18	19	20
③	①	②	④	③	④	②	④	③	②	①	③	②	①	③	④	①	②	②	③

1 ③ 스포츠지도를 위한 교육모형

문제해결 중심의 지도에 활용할 수 있는 체육수업 모형은 탐구수업모형이다.

탐구수업모형

- 교사의 질문이 지도 방법의 핵심, 문제해결 중심의 지도에 활용
- 지도자는 과제 수행 방법을 설명과 시범이 아닌 질문을 통해 학습자들이 스스로 찾도록 유도하며 학습자 스스로 학습 활동에 관련된 문제를 해결
- 학습 영역 우선순위 : 인지적 영역 → 심동적 영역 → 정의적 영역

2 ① 스포츠교육의 역사

진보주의 교육이론은 체육교육의 목적이 '체조 중심의 체육'에서 '신체를 통한 교육'으로 전환되는 철학적 근거를 마련

신체를 통한 교육

- 진보주의 교육이론은 신체와 정신은 서로 분리될 수 없으며, 모든 교육적 활동은 지적·도덕적·신체적 결과를 동시에 가져다준다는 것을 강조함
- 체육교육의 목적이 '체조 중심의 체육'에서 '신체를 통한 교육'으로 전환되는 철학적 근거가 됨

3 ② 학교체육

초등학교 정규 체육수업을 주도적으로 지도하는 역할이 아니라 보조하는 역할을 한다.

초등학교 스포츠강사의 역할

- 초등 체육수업의 보조자로서 담임교사 책임 하에 체육수업 협력지도, 방과 후 학교, 학교스포츠클럽 지도, 방학프로그램 운영, PAPS업무(학생건강체력평가제) 지원 등을 통하여 초등학교 체육 활성화 및 체육인재 조기 발굴에 기여하는 역할
- 체육활동에 취미를 가진 동일 학교의 학생으로 구성·운영되는 스포츠 동아리 지도

4 ④ 스포츠교육 지도자

스포츠 인성교육은 스포츠 활동과 인성의 요소를 독립적으로 구분하지 않고, 전인교육을 추구한다.

전인교육이란 인간이 지니고 있는 모든 자질을 전면적·조화적으로 육성하려는 교육을 말한다. 현대 스포츠 교육에서는 전인적 성장을 목적으로 교육을 한다. 전인적 성장이란 건강증진, 스포츠 기술 습득, 정서 순화의 모든 것을 말한다.

5 ③ 평가의 실천적 측면

〈보기〉의 평가 도구는 평정척도이다.

평정척도는 관심을 갖고 있는 행동을 간접적으로 측정하는 것인데, 행동을 직접 관찰하는 것이 아니라 자기 자신 혹은 타인의 행동에 대해 지각한 바에 따라 평정한다. 〈보기〉는 평가 대상의 특성이나 행동을 '평가항목'과 '달성정도'로 평가하는 평정척도에 해당한다.

6 ④ 스포츠교육 지도자

〈보기〉는 스포츠 지도를 위한 준비 단계에 모두 해당된다.

스포츠 지도를 위한 준비

- 지도자는 자신이 가르칠 수 있는 내용의 수준이 어느 정도인지 고려함(맥락분석)
- 학습자의 성취 결과뿐만 아니라 향상 정도를 평가할 수 있는 방법을 계획(평가)
- 지도의 목표가 모방일 경우에 지시자, 창조일 경우에는 촉진자의 역할이 필요(지도자와 학습자의 역할과 임무)
- 행동 목표는 운동수행 조건, 성취 행동, 운동수행기준을 고려하여 설정(학습 목표 분석)

7 ④ 스포츠지도를 위한 교수기법

보상손실 : 부적절한 행동을 했을 때 무언가 하나를 잃게 함

① 비언어적 제지

② 퇴장

③ 적극적 연습

부적절한 행동을 감소시키는 전략

신호간섭	시선, 손짓 등 지도자의 행동으로 학습자의 운동 참여 방해 행동을 제지하는 것
접근통제	프로그램 진행을 방해하는 학습자에게 가까이 접근하거나 접촉하여 제지하는 것
삭제훈련	부적합한 행동을 하지 않았을 때 보상을 줌
퇴장	위반행동의 벌로 일정한 시간 동안 게임 활동에 참가할 수 없도록 함
적극적 연습	부적절한 행동을 하였을 때 적절한 행동을 일정 횟수로 반복시킴

8 ① 학교체육

학교의 장은 원거리에서 통학하는 학생 선수를 위하여 기숙사를 운영할 수 있다.

학교체육진흥법 제11조 학교운동부 운영 등

- 학교의 장은 학생선수가 최적학력에 미도달 시 기초학력 보장 프로그램을 운영하며 필요시 경기출전을 제한함
- 최저학력 기준 및 실시 시기에 필요한 사항과 기초학력보장 프로그램의 운영 등에 필요한 사항은 교육부령으로 정함
- 학교의 장은 학생선수의 학습권 보장 및 신체적·정서적 발달을 위하여 학기 중의 상시 합숙훈련이 근절됨
- 학교의 장은 원거리 통학하는 학생선수를 위하여 기숙사를 운영할 수 있음

9 ①

생활체육

〈보기〉는 소외계층 체육 진흥정책에 해당한다.

소외계층 체육 진흥정책

- 행복나눔스포츠교실
- 스포츠강좌이용권 사업
- 스포츠 버스(bus)를 활용한 움직이는 체육관 및 작은 운동회

기타정책

- 스마일 100 : 스포츠를 마음껏 일상적으로 100세까지
- 스포츠 7330 : 7일에 3번 이상, 하루 30분 이상 운동을 하자

10 ③

스포츠지도를 위한 교수기법

학습자의 주의를 집중하기 위해 가능하면 학습자가 해를 등지게 하고, 지도자는 해를 볼 수 있도록 한다.

스포츠 지도 시 주의 집중 전략

- 주위가 소란할 때는 학습자와 사전에 약속된 신호를 사용하는 것이 필요함
- 학습자의 주의가 기구에 집중되면, 기구를 정리한 후 집합하여 설명하는 것이 좋음
- 햇빛에 눈이 부신 경우 지도자가 해를 보고, 학습자가 해를 등지게 함
- 학습자가 설명을 정확하게 이해하도록 지도자는 학습자 가까이에서 설명하는 것이 좋음

11 ④

학교체육 프로그램 개발 및 실천

학교스포츠클럽 활동은 비교과 활동으로, 〈보기〉에서 정규교육과정의 교과 활동에 편제되어 있지 않으며, 정규과정 중 창의적 체험활동 시간에 운영되는 정규교육과정이다.

학교스포츠클럽 활동

학교스포츠클럽 활동은 정규교육과정 중 창의적 체험활동 시간에 운영되는 정규교육과정으로, 국가수준 교육과정 편성·운영 지침에 근거하여 운영된다. 학교스포츠클럽은 방과 후나 점심시간에 자율적으로 하는 활동으로서 비정규교육과정으로, 학교체육진흥법 제10조에 근거하여 운영된다.

12 ②

스포츠지도를 위한 교육모형

명시된 수행 기준에 따라 학생이 학습 과제를 완수하게 되면 교사의 허락이나 지시 없이 바로 학습 과제 목록에 있는 다음 과제로 이동하고 개인의 능력에 따라 자신의 속도를 맞춰 학습할 수 있다.

개별화지도모형

- 학생의 학습 과제는 계열성에 따라 학습을 진행하고, 이전 수업이 완료되면 사전 수업이 끝난 시점에서 새로운 수업을 시작한다.
- 학생들이 미리 계획된 학습 과제의 계열성에 따라 자신에게 맞는 속도로 배우도록 설계된 방법이다.
- 학습영역의 우선순위는 심동적, 인지적, 정의적 영역의 순이다.
- 과제는 거의 대부분 수업 매체(교재, 문서, 사진 등)로 전달된다.
- 명시된 수행 기준에 따라 학생이 학습 과제를 완수하게 되면 교사의 허락이나 지시 없이 바로 학습 과제 목록에 있는 다음 과제로 이동하고 개인의 능력에 따라 자신의 속도를 맞춰 학습할 수 있다.
- 각 학생에게 수업 운영 정보, 과제 제시, 과제 구조, 수행 기준과 오류 분석이 포함된 학습 활동 및 평가를 하나의 묶음으로 구성한 수업 자료를 제공한다.

13 ②

세부지도목적에 따른 교수기법

과제 전달 효율성을 높이려면 학습 단서의 수가 적을수록 좋다.

학습자에게 지도 과제를 전달하는 방법

- 스포츠 경험이 많지 않은 학습자에게 구체적인 언어 전달이 필요하다.
- 과제 전달의 효율성을 높이려면 학습 단서의 수가 적을수록 좋다.
- 개방기능의 단서는 복잡한 환경을 폐쇄기능의 연습 조건 수준으로 단순화시켜 제공한다.
- 집중력이 높지 않은 어린 학습자에게는 말이나 행동 정보 외에 매체를 활용하면 효과적이다.
- 모든 학습자가 쉽게 보고 들을 수 있는 대형을 갖춘다.
- 모든 학습자가 이해할 수 있는 어휘를 사용해야 한다.

14 ①

스포츠지도를 위한 교수기법

〈보기〉는 모스턴(M. Mosston)의 체육 교수 스타일 중 유도 발견형 스타일로 미리 예정되어 있는 해답을 학습자가 발견하도록 유도한다. 유도 발견형 스타일은 학생들은 교사가 묻는 질문에 대답하면서 한 가지 개념적 아이디어를 찾아내는 것을 말한다.

모스턴(M. Mosston)의 체육 교수 스타일

교수 스타일 A~E까지는 모방이 중심, F~K까지는 창조가 중심이 된다.

A	**지시형 스타일**	교사가 지시하는 대로 운동을 수행하거나 반응을 보임
B	**연습형 스타일**	교사는 학생 개개인에게 과제 연습시간을 부여 후 개별적 피드백 제공
C	**상호학습형 스타일**	관찰자와 수행자의 역할을 정하여 수행자는 과제를 수행하고 관찰자는 수행자에게 피드백을 제공
D	**자기점검형 스타일**	학습자는 과제를 수행하고 스스로 평가
E	**포괄형 스타일**	동일 과제에서 학습자가 다양한 시작점을 선택할 수 있도록 여러 선택사항 제공
F	**유도 발견형 스타일**	질문에 대한 해답을 말하지 않는다, 학습자의 반응을 기다린다, 지속적으로 피드백을 제공, 수용적이고 인내하는 분위기를 조성-유지
G	**수렴 발견형 스타일**	한 가지 지물에 대한 명확한 한 개의 답
H	**확산 발견형 스타일**	교사는 학생에게 여러 가지 답이 나올 수 있는 질문을 설계-제시
I	**자기 설계형 스타일**	학습자는 교사가 지정한 학습 주제 범위 내에서 학습 목표를 선택, 학생이 전체적 계획을 직접 수립하고 구상
J	**자기 주도형 스타일**	활동 전, 중, 후의 의사결정을 모두 학생이 함, 학생이 교사의 피드백이 필요로 할 경우에만 피드백 제공
K	**자기 학습형 스타일**	학습에 대한 학습자의 개인적 열망 및 개별적인 학습 집착력에 한정, 실제 교육현장에서는 거의 사용하지 않음

15 ③

스포츠지도를 위한 교육모형

〈보기〉는 협동학습모형의 세 가지 개념 중 개인 책무성에 해당한다.

슬라빈(R. Slavin)의 협동학습모형

- 학습성공에 대한 평등한 기회 제공
- 팀 보상
- 개인 책무성

16 ④

스포츠지도를 위한 교수기법

㉠ 학습자의 기능 수준을 고려하지 못함 ㉡ 선수들의 수준에 맞게 가르치는 방법을 생각해 보는 것으로 내용 교수법 지식에 해당

슐만(Shulman)의 7가지 교사 지식

내용 교수법 지식	특정 학생에게 어느 교과나 주제를 특정한 상황에 지도할 수 있는 방법에 대한 지식
내용 지식	가르칠 교과목에 대한 지식
지도방법 지식	모든 교과에 적용되는 지도법에 대한 지식
교육과정 지식	참여자의 발달 단계에 적합한 내용과 프로그램에 대한 지식
교육환경 지식	수업 환경에 영향을 미치는 지식
학습자 및 학습자 특성 지식	수업에 영향을 미치는 학습자에 관한 지식
교육목적 지식	목적, 목표 및 교육시스템의 구조에 관한 지식

17 ①

생활체육 프로그램 개발 및 실천

A 회원이 제안한 내용은 다함께 즐기는 축제형이며, 다양한 역할 경험을 제공하는 스포츠교육모형에 해당한다.

생활체육 프로그램 유형

- 축제형 : 체육에 대한 인식 및 체험 향상을 위한 프로그램
- 강습회형 : 지도자 강습, 건강 강습 등 교육을 위한 프로그램
- 경기 대회형 : 경쟁 기회 및 기술 향상을 위한 프로그램
- 지도형 : 흥미 및 참여 동기에 따른 종목 중심 프로그램

스포츠교육모형

- '유능하고 박식하며 열정적인 스포츠인'으로 성장하는데 목적을 두고 있는 체육수업 모형
- 스포츠 리그 운영에 필요한 다양한 역할 경험을 통해 스포츠 속에 내재된 다양한 관점과 가치를 배움으로써 긍정적이고 교육적인 체험을 함

18 ②

스포츠지도를 위한 교육모형

〈보기〉는 협동학습모형의 교수 전략 중 직소(Jigsaw)에 해당한다.

직소(Jigsaw)

팀 별 협동학습	학습자를 몇 개 팀으로 나누고 각 팀마다 학습 과제를 분배함
팀 내 협동학습	각 팀원들이 주제 또는 기술에 전문가가 되기 위해 세부 요소들을 익히게 됨, 개인별 과제 학습 후 전문가 집단에서 심화학습을 하고, 서로 학습한 내용을 발표함

19 ②

스포츠지도를 위한 교육모형

〈보기〉에서 수비방법을 변형한 것으로 전술적 창의력에 해당한다.

대인방어와 지역 방어를 혼합한 수비법으로 기존의 수비법을 변형한 것으로 전술적 창의력에 해당한다.

20 ③

스포츠교육의 개념

〈보기〉는 가치관, 인성, 도덕성 등을 의미하는 정의적 가치에 해당한다.

정의적 가치

정의적 영역에 속하는 태도, 기질, 정서, 가치관, 동기 등에 관련되는 가치를 말한다. 정의적 가치의 영역에 포함되는 것은 감각적으로 쾌락을 얻는 과정에서 획득되는 정서적 가치, 아름다움을 경험할 때 경험되는 심미적 가치, 의와 선에 대한 관념에 따라서 경험하게 되는 도덕적 가치 등이 있다.

2018년 기출문제 스포츠심리학 정답 및 해설

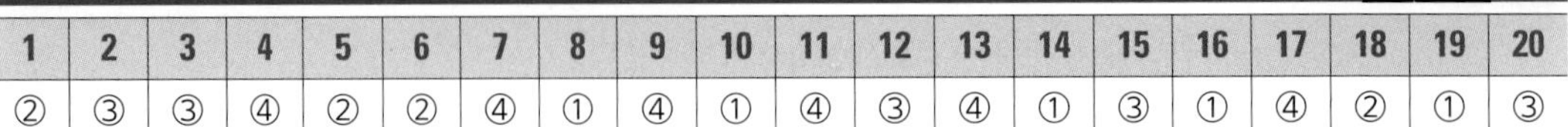

1	2	3	4	5	6	7	8	9	10	11	12	13	14	15	16	17	18	19	20
②	③	③	④	②	②	④	①	④	①	④	③	④	①	③	①	④	②	①	③

1 ② 스포츠심리학의 영역과 역할

㉠과 같이 지속적 운동참여와 그것을 통해 얻는 개인의 정신건강에 관한 연구는 건강운동심리학에 해당한다. ㉡과 같이 연령에 따른 운동행동의 변화 과정에 관한 연구는 운동발달에 해당한다.

2 ③ 정서와 시합불안

스포츠 상황에서 발생하는 경쟁불안의 원인은 실패에 대한 공포, 불만족스런 신체적 증상, 부적합한 느낌, 통제력의 상실, 죄의식이다.

경쟁불안이 일어나는 원인

실패에 대한 공포	선수가 경기상황에서 자신의 능력 부족에 대한 걱정을 하거나 실패에 대한 생각, 수행결과에 대한 불확실함 등으로 인한 불안의 발생
불만족스런 신체적 증상	경쟁상황 중 발생하는 신체적 증상들로 인한 불안의 발생
부적합한 느낌	컨디션이 안 좋은 느낌, 쾌적하지 않은 기분 등
통제력의 상실	경기 중 관중의 행동, 징크스, 심판의 불공정에 대한 반응 등
죄의식	지도자의 지나친 간섭이나 선수 자신의 의도적 파울, 실수, 야유, 욕설, 조롱 등 선수가 죄의식을 느끼게 하는 상황 등

3 ③ 정서와 시합불안

〈보기〉에서 지도자는 불안을 어떻게 해석하느냐에 따라 경기 수행이 달라진다고 설명한다. 각성의 해석에 따라 운동 수행이 달라지는 것은 심리 에너지 이론에 해당하는 내용이다. 심리 에너지 이론은 각성을 긍정적으로 해석하면 긍정적 심리 에너지가 발생하여 운동수행에 긍정적인 영향을 미치며, 부정적으로 해석하면 부정적 심리 에너지의 발생으로 운동수행에 부정적인 영향을 미친다고 본다.

4 ④ 심상

〈보기〉의 내용은 심리신경근 이론에 대한 설명이다. 심리신경근 이론에 따르면 운동선수가 특정 움직임을 상상할 때 실제 근육의 움직임이 일어나지는 않지만 뇌와 근육에는 실제 움직임이 일어날 때와 유사한 자극이 일어나게 되어 어떤 사건을 상상하게 되면 실제 동작과 유사한 아주 미세한 근육의 움직임이 일어난다. 즉, 심상을 통하여 신경과 근육의 기억에 대한 훈련이 가능하다고 설명한다.

5 ②

집단 응집력

집단에서 발생하는 동기 손실을 '사회적 태만'이라 한다. 사회적 태만 현상은 할당 전략, 최소화 전략, 무임승차 전략, 반무임승차 전략으로 설명할 수 있다. 〈보기〉와 같이 타인의 노력에 편승하여 혜택을 얻고자 하는 모습은 무임승차 전략에 해당한다.

사회적 태만 현상

할당 전략	개인 과제에서 능력 발휘를 위하여 집단 안에서는 능력을 절약하려함
무임승차 전략	타인의 노력에 편승하여 혜택을 받고자 함
최소화 전략	최소한의 노력으로 목표를 이루고자 함
반무임승차 전략	타인이 무임승차를 하지 않도록 본인 스스로도 노력하지 않으려 함

6 ②

리더십

쉘라두이(P. Chelladurai)의 다차원적 리더십 모형은 리더십을 다양한 상호작용 과정으로 본다. 이 모형에서 리더의 행동은 ㉠ 특정상황에서 리더에게 요구되어지는 규정된 행동, ㉡ 실제 행동, ㉢ 성원들이 선호하는 리더의 행동 3가지 유형으로 분류된다. 이 리더십 행동이 일치할수록 수행결과와 선수만족에 긍정적 영향을 미치게 된다.

7 ④

운동의 심리적 효과

① 운동은 불안을 감소시키는 효과가 상당히 높은 편이다. 유산소 운동은 불안을 감소시킨다.
② 규칙적인 운동은 인지능력에 긍정적인 효과가 있다.
③ 규칙적인 걷기는 상태불안을 감소시킨다.
④ 우울은 운동에 따른 심리적 혜택이 가장 뚜렷하게 나타나는 변인이며, 유산소, 무산소 운동 모두 우울증을 감소시키는데 효과적이다.

8 ①

운동실천 중재전략

사회적 지지는 타인으로부터 받는 편안한 느낌, 사랑받는다는 인식, 도움이나 정보를 제공받는 것을 말한다. 사회적 지지 유형은 크게 5가지 도구적 지지, 정서적 지지, 정보적 지지, 동반적 지지, 비교확인 지지로 분류된다. 이 중 다른 사람을 격려하고 걱정하는 과정에서 생기는 지지는 정서적 지지에 해당한다.

사회적 지지 유형

정서적 지지	노력에 대한 칭찬이나 어려움 호소 시 걱정해주는 것과 같이 타인을 격려, 걱정하는 과정에서 생기는 지지
도구적 지지	실질적인 행동으로 지지를 제공하는 것
비교확인 지지	타인과의 비교를 통해 자신의 생각, 감정, 문제 등이 정상적임을 확인하는 것
정보적 지지	운동방법에 대한 안내와 조언을 하고 진행 상황에 대한 피드백을 제시하는 것
동반적 지지	운동 시 동반자 역할을 하는 사람이 있는지의 여부

9 ④

주의집중

니드퍼(R. M. Nideffer)에 의하면 주의는 폭(좁은, 넓은)과 방향(내적, 외적)의 두 가지 차원으로 구성된다.

주의의 폭

- 얼마나 많은 것에 주의를 기울일 수 있는지를 의미한다.
- 폭이 넓을 때 : 많은 것에 주의를 기울일 수 있다.
- 폭이 좁을 때 : 하나 혹은 몇 개의 것에만 좀 더 구체적으로 주의를 기울일 수 있다.

주의의 방향

- 내적이거나 외적으로 구분된다.
- 내적 주의 : 주의의 초점을 자신의 생각이나 느낌에 두는 것이다.
- 외적 주의 : 주의 초점을 환경 같은 외부에 두는 것이다.

따라서 효운이의 주의유형은 좁은-외적 주의유형에 해당된다.

10 ①

성격

홀랜더(Hollander)는 성격의 구조를 심리적 핵, 전형적 반응, 전형적 역할행동으로 구분하였다. 심리적 핵은 가장 기초단계로 깊숙이 내재되어 있는 각 개인의 실제 이미지를 의미한다. 심리적 핵은 성격의 속성 중 일관성이 가장 높은 단계로 가치, 흥미, 동기, 개인의 자아, 기본적인 태도 등을 포함한다.

③ 역할행동 : 성격의 가장 바깥 단계로 환경을 어떻게 인식하는지에 따라 행동이 달라지기 때문에 주어진 환경에 가장 민감한 성격의 속성이다.

④ 전형적 반응 : 주변 상황 및 환경의 자극에 의해 상호작용 결과가 나타나는 행동을 말한다.

11 ④

운동심리 이론

운동행동의 변화 단계는 무관심, 관심, 준비, 실천, 유지의 5단계로 구분된다.
운동가이드라인을 충족하는 수준의 운동을 6개월 이상 해온 단계는 실천단계가 아닌 유지단계에 해당한다.

운동행동의 변화 단계

단계	내용
무관심 단계	• 현재 운동을 하지 않고 있으며, 6개월 이내에도 운동을 시작할 의도가 없다. • 운동과 관련된 행동 변화의 필요성을 거부한다.
관심 단계	• 현재 운동을 하지 않고 있지만, 6개월 이내에 운동을 시작할 의도가 있다.
준비 단계	• 현재 운동을 하고 있지만, 가이드라인(대개 주당 3회 이상, 1회 20분 이상 기준)을 채우지 못하는 수준이다. • 30일 이내에 가이드라인을 충족하는 수준으로 운동을 시작할 생각이 있다.
실천 단계	• 가이드라인을 충족하는 수준의 운동을 해왔는데 아직 6개월 미만이다. • 운동 동기가 충분하고 운동에 투자도 많이 했다. • 운동으로 인한 손실보다는 혜택을 더 많이 인식한다. • 가장 불안정한 단계로, 하위 단계로 내려갈 위험성이 가장 높다.
유지 단계	• 가이드라인을 충족하는 수준의 운동을 6개월 이상 해왔다. • 운동이 안정 상태에 접어들었으며, 하위 단계로 내려갈 가능성은 낮다.

12 ③

운동학습

피드백은 목표 상태와 수행 간의 차이에 대한 정보를 수행자에게 동작 그 자체 또는 운동수행의 결과나 평가에 대한 정보를 제공하는 것을 말한다.

피드백은 감각 피드백과 보강 피드백으로 나누어서 설명할 수 있다. 〈보기〉와 같이 지도자나 동료 또는 영상 등을 통해 학습자의 외부로부터 제공되는 정보는 보강적 피드백에 해당한다.

13 ④

운동학습

피츠(P. Fitts)와 포스너(M. Posner)의 운동학습 단계는 인지 단계, 연합 단계, 자동화 단계로 구분된다. 〈보기〉에서 ㉠은 자동화 단계, ㉡은 인지 단계, ㉢은 연합 단계에 대한 설명이다.

운동학습 단계

인지 단계	• 운동 과제를 안전하게 수행하기 위한 방법을 학습한다. • 움직임을 인지하고 움직임의 연속성에 대해 생각한다. • 시행착오가 많이 발생한다.
연합 단계	• 오류가 적어지는 단계이다. • 운동 조절을 잘 하려고 노력하는 단계이다. • 일관성 있고 효율적인 움직임을 위해 노력하는 단계이다. • 동작 능숙, 신뢰성, 동작을 부분적으로 자동 조절하는 단계이다.
자동화 단계	• 일관성 있고 효율적 수행이 가능한 단계이다. • 학습한 움직임이 무의식적으로 실행되는 단계이다. • 이중 과제의 수행이 가능한 단계이다. • 환경과 과제의 변화에도 잘 적응하는 단계이다.

14 ①

운동발달

유아기는 기본 움직임 단계에 해당한다. 반사 움직임 단계는 태아기에 해당한다.

시기별 운동발달 단계

반사 움직임 단계	태아기(출생~1세)
초기 움직임 단계	영아기(1~2세)
기본 움직임 단계	유아기(2~6세)
스포츠 기술(전문적 움직임) 단계	아동기(7~14세 이후)
성장과 세련 단계	청소년기
최고 수행 단계	성인 초기
퇴보 단계	성인 후기

15 ③

운동제어

〈보기〉와 같이 유기체, 환경, 과제의 상호작용 속에서 자기조직의 원리와 비선형성의 원리에 의해서 인간의 운동이 생성되고 변화한다는, 즉 인간의 운동 협응이 이루어진다는 설명은 뉴웰(Newell)의 다이나믹 시스템 이론(dynamic system theory)에 대한 설명이다.

16 ①

운동학습

맥락간섭 조절을 위한 연습방법으로는 분단연습(구획연습)과 무선연습이 있다. ㉠과 같이 과제를 순차적으로 제시하는 방법, 즉 하나의 기술 학습의 변인들을 구분하고 각각 할당된 시간 동안 연습하는 연습방법은 분단연습에 해당한다. ㉡과 같이 과제를 무작위로 제시하는 무작위 연습방법은 무선연습에 해당한다.

17 ④

동기

인지평가이론은 내재적으로 동기화된 행동에 외적 보상이 주어질 경우 내재적 동기가 삭감되고 타인에 의해 통제된다는 느낌을 발생시켜 오히려 과업에 대한 흥미를 감소시킨다는 이론이다. 인지평가이론에 따르면 선수들이 스스로 의사결정을 하게 되면 자결성이 향상되어 내적동기가 증가하게 된다.

18 ②

운동의 심리적 효과

〈보기〉의 설명은 모노아민 가설에 대한 설명이다.

① 생리적 강인함 가설 : 운동을 통해 신체가 건강해지면 스트레스에 대한 반응 과정도 효율성이 좋아진다.
③ 사회심리적 가설 : 운동을 하면 기분이 좋아질 것이라는 기대로 운동 후 심리적으로 좋은 효과를 얻을 수 있다. 운동 시 지도자, 팀 동료 등과 상호작용은 심리적, 정서적으로 긍정적 영향을 미친다.
④ 열발생 가설 : 운동이 체온을 상승시키고 뇌에서 근육에 이완반응을 유발시키고, 이 정보가 뇌로 재전달되어 이완감이나 불안 감소로 인식된다.

19 ①

자신감

자기효능감은 특정한 임무 또는 과제를 달성할 수 있는 자신의 능력에 대한 개인의 믿음을 의미한다. 자기효능감은 과거의 수행, 간접 경험, 언어적 설득, 신체와 정서상태 4가지 원천에 의해 결정된다. 이 중 〈보기〉에서 제시된 내용은 성공경험(과거의 수행)에 해당한다.

자기효능감 향상 요인

과거의 수행	• 숙달된 경험 • 자기효능감 형성에 가장 큰 영향을 미침 • 연습, 시합에서 성공, 실패에 대한 경험
간접 경험	• 타인의 성공, 실패를 보고 판단 • 심상을 통한 간접체험 • 유사한 모델 관찰이 효과적
언어적 설득	• 타인으로 받는 격려, 기대
신체와 정서상태	• 생리적 상태, 특히 각성에 대한 해석이 효능감 기대에 영향 • 운동 중 긍정적 정서의 체험이 자기효능감을 증가시킴 • 긍정적 정서가 높을수록 자기효능감이 높음 • 운동 중 부정적 정서의 체험이 자기효능감을 감소시킴

20 ③

실패결과를 미리 예측하는 것은 오히려 주의집중을 감소시킬 수 있다.

주의집중의 향상 방법

- 주의산만 요인에 노출시킨다(노출시켜 훈련한다).
- 주의 초점의 전환을 훈련한다.
- 지금 현재 하는 수행에 집중한다.
- 적정 각성수준을 찾는다.
- 재집중하도록 훈련한다.
- 조절할 수 있는 것에 집중한다.
- 수행 전 루틴을 개발하고 연습한다.

2018년 기출문제 스포츠윤리 정답 및 해설

1	2	3	4	5	6	7	8	9	10	11	12	13	14	15	16	17	18	19	20
②	④	②	③	②	④	②	②	④	①	①	④	③	①	④	③	①, ③	①	③	④

1 ② 스포츠의 윤리적 기초

스포츠윤리학은 응용학문으로, 스포츠윤리학을 이해하기 위해서는 모학문이라 할 수 있는 윤리학의 개념과 이론적 토대를 이해하는 것이 선행되어야 한다. 스포츠윤리를 이해함에 있어 요구되는 필수적인 개념은 도덕, 윤리, 선이다.

2 ④ 스포츠경기의 목적

스포츠에는 타인과의 경쟁에서 승리하는 것을 목표로 하는 아곤적 요소와 자신의 탁월성을 드러내기 위해 최선을 다하는 아레테적 요소가 모두 내재되어 있다.

아곤과 아레테 모두 자신의 능력을 발휘하는 일과 관련이 있지만, 아레테의 능력 발휘는 탁월성의 추구 그 자체에서 의미를 찾는다는 점에서 상대와의 비교적 우위 추구, 즉 승리 추구를 통해 의미를 찾는 아곤의 능력 발휘와는 차별화 된다. '상대와의 경쟁을 통한 승리 추구'는 아곤에 해당한다.

3 ② 윤리이론

A선수가 아무 잘못이 없는 상대에게 피해를 입히는 행위는 도덕적으로 옳지 않다고 판단한 것과 같이, 어떤 행위를 옳거나 그른 것으로 만드는 기준이 그 행위가 도덕규칙에 따르느냐 혹은 위반하느냐에 있는 것은 의무론적 윤리체계와 관련이 있다.

4 ③ 스포츠의 윤리적 기초

윤리학의 주요 관심사는 가치판단의 문제, 특히 도덕적 가치판단의 근거를 탐구하는 데 있다. 가치판단은 3가지의 형태를 띠는데, 사리분별에 관한 것(prudential values), 미적인 것(aesthetic values), 도덕적인 것(moral values)이다. 따라서 '사실적인 것(realistic values)'은 가치판단의 형태로 적절하지 않다.

5 ② 윤리이론

〈보기〉에서 A선수는 매 경기마다 도덕적 행위를 실천하였다. A선수의 행위는 덕론적 관점에서 유덕한 품성으로 나오는 선한 행동으로 볼 수 있다. 덕론적 관점에서는 행위자의 내면적 품성 혹은 덕성이 도덕의 원리나 규칙보다 더 중요하다고 여기며, 도덕이란 결국 습관적 행위를 통해 개인의 덕성을 개발하는 데에 있다고 본다.

6 ④ 페어플레이

①, ②, ③은 형식주의에 대한 설명이다.

공정시합을 실현하는 방법에 관한 견해들은 형식주의(formalism)와 비형식주의(non-formalism)로 나누어진다. 이 중 비형식주의는 형식적 공정시합의 견해가 경기에서의 공정을 지나치게 협소하게 봄으로써 경기에서 벌어지는 각양각색의 행위에 대하여 합당한 윤리적 판단을 내리지 못하고 있다고 본다. 따라서 구성적 규칙과 규제적 규칙을 포함하여 문자로 표현된 규칙의 준수보다 더 포괄적인 적용과 정당화가 가능하도록 경기에서의 공정의 개념을 확장하여 제안한다. 즉, 규정에는 없으나 좋은 경기를 위해 권장되어야 하는 행위와 비난받아야 하는 행위를 판단할 수 있는 준거, 기준을 정립하려는 견해이다.

7 ② 스포츠맨십

스포츠인이 마땅히 따라야 할 준칙과 갖추어야 할 태도는 스포츠맨십을 의미한다. 스포츠인이 지켜야 할 정정당당한 행위(형식적 페어플레이)로서 경쟁자에 대한 배려를 포함한 태도(비형식적 페어플레이)는 페어플레이를 의미한다. 스포츠맨십은 경기 자체에서 일반적인 윤리 덕목을 지키고 강화하려는 스포츠 정신을 의미하며, 페어플레이는 유리함과 불리함의 계산 없이 경기의 공정성을 끝까지 유지해야 할 의무를 의미한다. 스포츠맨십은 페어플레이에 비해 보다 일반적이고 보편적인 윤리 규범이다.

8 ② 윤리이론

〈보기〉에서 주장은 팀의 승리를 위하여 의도적 반칙을 행하였다. 이는 행위의 결과를 중요시 여기는 결과론적 윤리체계와 관련되어 있다. 결과론적 윤리체계의 난점은 첫째, 경험적 사실에 의거한 '사실판단'을 근거로 도덕적 당위를 다루는 '가치판단'을 도출하는 '자연주의적 오류'를 범한다. 둘째, 개인의 이익과 공공의 이익의 충돌 시 최대행복의 원리를 통하여 개인의 이익의 희생을 당연시 한다.

9 ④ 스포츠윤리의 이해

스포츠윤리는 스포츠인의 경기수행능력의 향상과 관련이 없다. 스포츠윤리는 스포츠인이 스포츠 상황에서 어떤 행동이 옳고, 어떤 목적이 좋은 것인지 결정할 수 있도록 도움을 준다.

10 ① 심판의 윤리

㉠은 개인윤리, ㉡은 사회윤리이다.

윤리는 크게 '개인윤리'와 '사회윤리'로 구분된다. 심판의 윤리는 개인윤리와 사회윤리가 복잡하게 얽혀 있어 상호 보완적 관계를 가진다. 심판에게 있어 개인 윤리는 심판이란 전문적 업무를 수행함에 있어 요구되는 도덕적 덕목(공평무사, 청렴성, 투명성, 자율성, 정직, 냉철함)을 이야기 한다.

11 ① 페어플레이

〈보기〉에서 김태풍 선수는 구성적 규칙을 위반한 것이 아니라, 규제적 규칙을 위반한 것이다.

구성적 규칙	• 스포츠가 성립하기 위한 조건을 명시해 놓은 것 • 선수의 수, 경기장 규격, 경기 시간, 기구의 규격 등
규제적 규칙	• 스포츠가 경쟁을 통해 승패를 결정하는 과정에서 탁월성의 발휘에 방해가 되는 행위에 대하여 제약적인 조건을 설정한 것 • 마라톤에서 총성 전 출발하는 행위에 대한 제재

12 ④

페어플레이

〈보기〉에서 난이도에 따라 차등적으로 점수를 받는다고 한 것과 같이, 사람들 사이의 차이를 다르게 다루어 개개인에게 합당한 몫을 부여하는 것은 분배적 정의에 해당된다.

① 자연적 정의 : 사람들의 승인 여부와 관계없이 어디에서나 동일한 힘을 갖는 것을 말한다.
② 평균적 정의 : 모든 사람이 동등한 권리를 가지는 것을 말한다.
③ 절차적 정의 : 통제 불가능한 우연적 요소가 모두에게 동일하게 적용되는 것을 말한다.

13 ③

인종차별

스포츠에서 인종간의 승패여부는 민족적·생물학적 의미를 가지지 않는다는 것은 인종차별에 대한 내용이 아니다. 오히려 승패여부에 민족적·생물학적 의미를 부여하는 것이 인종차별에 해당한다.

14 ①

장애차별

움직임의 욕구는 모든 사람들이 보편적으로 갖는 권리이다. 장애인이 장애라는 우연히 획득된 성질로 인하여 이 권리가 사라지거나 축소되지는 않는다. 장애를 이유로 스포츠 참여를 원하는 장애인에 대한 제한, 배제, 분리, 거부는 기본권의 침해에 해당한다.

15 ④

스포츠와 동물윤리

이동을 위한 수단은 종차별주의로 희생되고 있는 동물윤리의 문제에 해당되지 않는다.

스포츠에서 만연하는 다양한 종차별주의

- 승리를 목적으로 하는 경쟁 활동
- 인간의 유희수단
- 인간을 대체하는 연구의 희생물

16 ③

스포츠윤리의 이해

〈보기〉에서 영준은 개인적인 측면에서 원인을 파악하는 개인윤리적 관점의 입장이다. 개인의 행동이 사회구조에 의해 결정된다고 보는 것은 효지의 사회윤리적 관점의 입장에 해당한다.

17 ①, ③

도핑

〈보기〉에서 원치 않는 금지약물을 사용하는 것은 '강요'에 해당되며, 검사결과를 조작하는 것은 '공정성'에 해당된다.

도핑이 금지되어야 하는 이유

공정성	모든 스포츠는 공정성을 기반으로 구성되어 있으며, 공정성을 추구하며 진행되어야 한다. 도핑은 경쟁의 본질을 직접적으로 훼손할 수 있기에 공정한 경기를 위해서라면 반드시 금지되어야 한다
역할모형	타인의 일탈을 접했을 경우 그것을 관찰하고 모방할 수 있다.
강요	타인에 의해 강제로 도핑을 하게 되거나 자신도 모르게 도핑을 하게 될 수 있다.
건강상의 부작용	금지약물 및 금지방법으로 지정된 것들이 모두 건강상의 부작용을 초래할 수 있다.

18 ① 스포츠 폭력

〈보기〉의 내용은 잘못된 관행에 복종하는 데 익숙해져서 잘못을 수정하기는커녕 잘못된 관행을 지속시키는 데 더 익숙해져 있다는 아렌트의 '무사유'의 개념으로 설명할 수 있다. 한나 아렌트는 '악의 평범성'이라는 용어를 취하여 무사유의 위험을 경고하였다.

19 ③ 스포츠와 인성교육

스포츠 인권은 스포츠에서 가져야 할 인간의 보편적 존엄성과 자유에 대한 권리를 말한다. 스포츠 인권은 인종이나 성별에 관계없이 누구나 동등하게 스포츠를 누릴 수 있는 권리이며, 종목이나 대상과 상관없이 모두에게 보장되는 권리이다.

20 ④ 스포츠윤리의 이해

공정한 스포츠는 스포츠인의 도덕적 자율성과 제도적 강제성의 조화에서 찾을 수 있다. 도덕적 자율성은 개인윤리를 의미한다. 제도적 강제성은 사회윤리를 의미한다.

2018년 기출문제 운동생리학 정답 및 해설

1	2	3	4	5	6	7	8	9	10	11	12	13	14	15	16	17	18	19	20
④	①	①	①	③	①	③	②	④	②	②	②	④	②	①	①	③	②	④	③

1 ④ 운동생리학의 개념

운동생리학은 운동이라는 자극에 대하여 인체가 반응하여 나타나는 기능적인 변화와 다양한 자극 형태의 트레이닝 등에 의해서 나타나는 적응 현상을 다루는 학문이다. 또한 인체 기능뿐만 아니라 성과 연령, 고온 및 저온과 고지대 및 수중 등과 같은 환경적 특성 등에 의한 인체의 다양한 반응과 적응도 연구한다.

2 ① 내분비계

② 글루카곤(glucagon) : 췌장의 알파세포(α cell)에서 분비되며 체내 혈당이 떨어지면 간에서 글리코겐(glycogen)을 포도당으로 분해시켜 혈당을 높이는 역할을 한다.

③ 알도스테론(aldosterone) : 부신피질에서 분비되는 대표적인 스테로이드 호르몬으로 주로 나트륨의 재흡수와 칼륨의 배출에 관여하여 체내에 염분과 수분 평형을 조절하는데 중요한 역할을 한다.

④ 에피네프린(epinephrine) : 부신수질에서 분비되는 호르몬으로 아드레날린(adrenaline)이라고도 한다. 근육과 간, 지방조직 등에서 심박동수와 심박출량의 증가, 혈관 수축 및 확장과 혈압상승과 같은 에너지 생성 대사 조절에 관여하며, 신경세포에서는 신경전달물질로 기능한다.

3 ① 에너지의 개념과 대사작용

호흡교환율(Respiratory Exchange Ratio, RER)이란, 분당 소비된 산소량(VO_2)과 분당 배출된 이산화탄소량(VCO_2)의 비율을 말한다. 운동 에너지원인 영양소 종류에 따라 호흡교환율이 다르게 나타나는데 탄수화물을 사용할 때에는 1.0, 지방은 0.7, 단백질은 0.8 정도의 호흡교환율 수치를 나타낸다. 호흡교환율(RER)이 1이라는 것은 탄수화물을 주 에너지원으로 사용하는 강도 높은 운동을 하고 있음을 알 수 있다.

4 ① 내분비계

② 에피네프린(epinephrine) : 부신수질에서 분비되는 호르몬으로 근육과 간, 지방조직 등에서 심박동수와 심박출량의 증가, 혈관 수축 및 확장과 혈압상승과 같은 에너지 생성 대사 조절에 관여하며, 신경세포에서는 신경전달물질로 기능한다.

③ 칼시토닌(calcitonin) : 갑상선 C세포에서 분비되는 호르몬으로 혈액 속 칼슘 농도가 높을 경우 그 양을 저하시키는 작용을 한다.

④ 코티졸(cortisol) : 부신피질에서 분비되는 스테로이드 호르몬으로 당질코르티코이드계의 호르몬으로서 탄수화물 대사과정을 주로 조절한다. 외부의 스트레스에 맞서 몸이 최대의 에너지를 만들어 낼 수 있도록 하는 과정에서 분비되어 혈압을 상승시키고 혈당을 높인다.

5 ③ 인체의 에너지 대사

에너지 대사에서 주로 사용되는 것은 탄수화물과 지방이다. 단백질은 에너지 생산에 대한 기여도가 낮아 탄수화물과 지방이 모두 고갈되어 사용할 수 없는 극한의 상황이 왔을 때 단백질을 에너지원으로 사용하게 된다.

6 ① 신경계의 운동기능 조절

② 심장근 : 사람의 의지와 관계없이 수축-이완하는 불수의근으로 자율신경계의 지배를 통해 수축 이완한다.
③ 평활근 : 위, 소화관, 혈관, 방광과 같이 관을 이루는 내부 기관을 둘러싸고 있는 근육으로 주요 기능은 근수축을 통해 관 안의 물질을 이동시킬 수 있는 힘을 제공하는 것으로 불수의근이다.
④ 내장근 : 내장의 기관이나 혈관, 림프관 등의 벽을 이루는 근육을 말하며, 심장근과 같이 의지와 관계없이 수축-이완하는 불수의근으로 자율신경계의 지배를 받는다.

7 ③ 호흡계의 구조와 기능

점증부하 운동으로 발생하는 젖산으로 인해 혈중에 수소이온(H^+) 농도가 증가하게 되면 인체는 혈액의 산-염기 조절을 위해 다양한 방법을 이용하게 된다. 첫 번째는 헤모글로빈, 중탄산염(HCO_3^-)을 이용한 완충작용이며, 두 번째는 호흡환기를 증가시켜 많은 양의 이산화탄소(CO_2)를 배출하게 함으로써 수소이온(H^+) 농도를 낮추는 것이다.

8 ② 골격근의 구조와 기능

① 아데노신삼인산(ATP) : 1개의 아데노신과 3개의 무기인산으로 구성되어진 에너지원으로 근세포에 저장되어있다.
③ 무기인산(Pi) : 아데노신삼인산(ATP) 구성물질 중 하나로 ATPase효소에 의해 무기인산(Pi)가 1개씩 분해되면서 에너지를 발생시키기도 하며, 크레아틴 인산염(PC)에서 크레아틴 키나아제 효소에 의해 분해되어 생긴 무기인산(Pi)이 아데노신이인산(ADP)과 결합하여 아데노신삼인산(ATP)으로 재합성 되기도 한다.
④ 아세틸콜린(Ach) : 운동신경 말단에서 분비되는 신경전달물질 중 하나로 신경자극에 의해 아세틸콜린(Ach)이 분비되면 근형질세망에서 칼슘이 나오게 된다.

9 ④ 호흡계의 구조와 기능

운동 시 호기(expiration)는 복부근과 내늑간근의 능동적인 수축으로 일어난다. 횡격막과 외늑간근은 흡기 시 수축하고 호기 시 이완된다.

10 ② 골격근과 운동

① 단축성(구심성, concentric) 수축 : 근육의 길이가 짧아지며 장력이 발생하는 수축형태로 운동의 예로 biceps curl이 있다.
③ 등척성(isometric) 수축 : 근육의 길이에 변화 없이 장력이 발생하는 수축형태로 부상의 위험이 적어 골절이나 좌상의 초기 재활단계에서 많이 사용된다. 운동의 예로는 벽 밀기가 있다.
④ 등속성(isokinetic) 수축 : 관절각도가 일정한 속도로 최대한 수축하는 형태로 보통의 운동에서는 등속성 수축을 할 수 없다. 고가의 등속성 장비를 이용해야 하며 재활운동이나 스포츠선수의 재활운동에 많이 쓰인다.

11 ②

인체의 에너지 대사

① ATP-PC 시스템 : 산소를 이용하지 않고 가장 빨리 ATP를 생성할 수 있는 무산소성 에너지 시스템이다. 크레아틴 키나아제 효소에 의해 크레아틴 인삼염(PC)이 크레아틴(C)과 인산염(Pi)으로 분해되고 분해되어진 인산염(Pi)이 ADP와 재합성되면서 ATP를 생성한다. ATP-PC 시스템은 10초 내외의 단기간 고강도 운동인 역도나 단거리 달리기 등에서 주로 쓰인다.

③ 유산소 시스템 : 산소를 이용하여 ATP를 생성하는 에너지 시스템으로 해당과정, 크렙스 사이클, 전자전달계 3단계를 거쳐 순차적으로 반응이 일어난다.

④ 단백질 대사 : 아미노산에서 아민기가 떨어지는 탈아민과정을 거쳐 포도당, 지방산 형태로 전환되어 에너지로 사용될 수 있다.

12 ②

골격근의 구조와 기능

① 젖산역치가 빠르게 도달할수록 근육의 수축력은 저하되는데 젖산역치의 시점이 지연된다는 것은 근육의 수축력을 저하시키는 시점을 지연시키는 것과 같다.

③ 근수축을 위해서는 에너지대사에 필요한 다양한 효소가 작용하는데 효소의 활성도가 증가된다는 것은 근수축을 더욱 원활하게 증가시킬 수 있다는 것을 말한다.

④ 근육 내 ATP 저장량이 증가된다는 것은 운동을 하기 위해 필요한 ATP 에너지의 양이 많아진다는 것을 뜻하므로 근육의 수축력을 더 길게 유지시킬 수 있다.

13 ④

순환계의 구조와 기능

① 근육 펌프의 작용은 근육이 수축하며 정맥혈관을 압박하여 혈액이 심장 쪽으로 흐르게 하여 회귀율을 높인다. 이때 역류하지 않고 심장 쪽으로 혈액을 올리는 것이 가능한 이유는 정맥혈관에 있는 판막 때문이다.

② 호흡 펌프의 작용은 숨을 들여 마실 때에 흉곽 내의 압력이 대기압보다 감소함으로써 흉곽 내의 정맥혈이 심장 쪽으로 흐르게 되어 회귀율을 높인다. 그러므로 운동의 강도가 높아질수록 호흡의 빈도가 증가함으로써 호흡 펌프에 의한 정맥혈회귀율도 높아진다.

③ 정맥 수축의 작용은 인체의 정맥 용적 자체를 감소시켜 혈액을 심장 쪽으로 밀어 넣는 역할을 함으로써 회귀율을 높이게 된다.

14 ②

순환계의 구조와 기능

① 분당 환기량 : 1분간 폐에 공기가 들어오고 나가는 과정에서의 공기량을 말한다. 분당 환기량을 구하는 공식은 1회 호흡량 × 호흡수이다.

③ 동정맥산소차 : 폐에서 신선한 산소를 받아들인 동맥혈과 말초조직을 한번 순환하고 돌아온 정맥혈에서의 산소 농도차이를 말하는 것이다. 이것은 혈액에서 산소를 추출하는 근육의 능력을 뜻하기도 하는데 운동 후 적응으로 동정맥산소차가 증가했다는 것은 운동 중 근육조직의 산소추출 능력이 증가되어 산소를 그만큼 많이 활용할 수 있게 되었다는 것을 뜻한다.

④ 최대산소섭취량 : 신체활동이 최대에 이르렀을 때의 산소섭취량을 말한다.

15 ①

운동에 대한 호흡계의 반응과 적응

장기간 지구성 트레이닝에 의한 심혈관계의 적응으로 안정시 심박수는 감소한다. 그 외 심실의 용적 증가와 심실 두께 증가에 따른 1회 심박출량의 증가, 미토콘드리아 수와 모세혈관 밀도 증가에 따른 동정맥산소차의 증가도 있다.

16 ①

신경계의 구조와 기능, 특성

② 재분극(repolarization) : Na^+의 문이 닫히고, K^+의 문이 열림으로서 점차적으로 전위가 안정막 전위 수준으로 돌아가는 현상을 말한다.

③ 과분극(hyperpolarization) : K^+통로가 열린 상태로 유지되어 추가적으로 K^+이 세포 밖으로 나가는 현상을 말한다.

④ 불응기(refractory period) : 활동전위가 하나 발생했을 때 다른 활동전위가 발생하지 못하는 시기를 말한다.

17 ③

체온 조절과 운동

떨림(shivering)의 증가는 인체가 저온 환경에 노출되었을 때 나타나는 반응이다. 인체가 저온 환경에 노출되었을 때에는 몸속의 열을 제한하고 열의 생산을 증가시키기 위한 다양한 반응들이 나타나는데, 떨림과 근육수축, 대사량 증가, 피부혈관의 수축 등이 있다.

18 ②

인체 운동에 대한 환경 영향

고지대에서의 산소분압 감소는 혈액의 헤모글로빈과 산소가 결합하는 양을 감소시킨다. 그에 따라 근육으로 전달되는 산소의 양이 제한되게 된다. 에너지 대사를 위해 산소를 많이 활용해야 하는 지구성 운동은 고지대에서 운동능력이 크게 저하되게 된다.

19 ④

순환계의 구조와 기능

방실결절(AV node)은 심방과 심실의 접합부로서 심방중격 하부에 위치하며 심방에서의 전기적 신호를 받아들여 심실로 자극을 전달하는 역할을 한다. 정상적인 심장에서의 맥박조절자(pacemaker)의 역할을 담당하는 것은 동방결절(SA node)이나, 동방결절(SA node)이 제 기능을 할 수 없을 때에는 방실결절(AV node)이 그 기능을 대신하기도 한다.

20 ③

신경계의 운동기능 조절

① 감각신경계 : 체성신경계 구성 중 하나로 인체의 외부 자극을 감지하여 중추신경계로 연결하는 기능을 하며 구심성 신경이라고도 한다.

② 체성신경계 : 의지대로 움직일 수 있는 골격근, 피부, 관절을 지배하며, 감각신경(구심성 신경)과 운동신경(원심성 신경)으로 나뉜다.

④ 부교감신경계 : 자율신경계 종류의 하나로 휴식을 취하고 있을 때 활성화되는 신경계로 심박수 및 혈압을 감소시키는 기능을 한다.

2018년 기출문제 운동역학 정답 및 해설

1	2	3	4	5	6	7	8	9	10	11	12	13	14	15	16	17	18	19	20
④	②	③	①	③	④	③	③	①	②	④	②	④	①	④	②	④	③	②	①

1 ④ 해부학적 기초

① 코는 귀의 내측(안쪽 : medial)에 위치한다.
② 가슴은 엉덩이의 상측(위쪽 : superior)에 위치한다.
③ 어깨는 목의 외측(바깥쪽 : lateral)에 위치한다.

2 ② 해부학적 기초

다리의 벌림과 모음이 발생하는 면은 좌우면(관상면 : frontal plane)으로 인체를 전후로 나눈 면을 말한다.

① 수평면(횡단면 : horizontal or transverse plane)은 인체를 상하로 나눈 면으로 안쪽돌림, 바깥쪽돌림, 엎침, 뒤침, 수평벌림, 수평모음이 있다.
③ 전후면(시상면 : sagittal plane)은 인체를 좌우로 나눈 면으로 움직임은 굽힘과 폄이 있다.
④ 대각면은 인체의 면에 없는 면이다.

3 ③ 인체의 구조적 특성

3종 지레는 축(A)이 지레의 한 끝에 있고, 축(A)과 작용점(R) 사이에 힘점(F)이 있다. 인체의 움직임의 예로는 이두근 운동인 덤벨 컬, 윗몸일으키기 등이 있다.

4 ① 선운동의 운동역학적 분석

커브볼은 야구공이 직구로 가다가 아래쪽으로 뚝 떨어지는 구종을 말한다. 커브볼에 대한 이론은 스위스의 베르누이가 발견한 '베르누이의 법칙'으로 설명할 수 있다. '베르누이의 법칙'이란, 유체가 좁은 곳을 통과할 때에는 속력이 빨라지기 때문에 압력이 감소하고, 넓은 곳을 통과할 때에는 속력이 느려지기 때문에 압력이 증가한다는 이론이다. 이 베르누이 법칙에 의해 나타나는 현상을 마구누스 효과라고 부른다. 공 위쪽에서는 투구의 방향과 기류선이 반대이기 때문에 기류 감속이 일어나며 기압이 높게 형성되며, 공 아래쪽에서는 투구방향과 같아 기류가속이 일어나게 되어 기압이 낮아지게 되어 공이 아래쪽으로 뚝 떨어지게 된다. 그러면서 공이 진로를 벗어나게 되고 커브를 그리게 된다.

5 ③ 인체 평형과 안전성

안정성이란, 인체의 균형과 평형을 잃지 않으려는 것을 말하며 기저면이 넓을수록, 무게중심이 낮을수록, 수직중심선이 신체 중앙에 가까울수록, 중량이 무겁고 마찰력이 높을수록 안정성은 높아진다.

6 ④

선운동의 운동학적 분석

① 거리(distance)는 물체가 시작한 시점부터 끝점까지의 누적된 이동궤적의 총합을 말하며 스칼라량이라고도 하며, 방향 없이 크기만을 나타낸다.

② 변위(displacement)는 두 지점을 잇는 최단 경로를 말하며 벡터량이라고도 하며, 크기와 방향을 모두 가지고 있다.

③ 속력(speed)은 방향과 상관없이 얼마나 빠르게 이동하였는지를 나타내는 것으로 스칼라량에 속한다.

7 ③

운동역학의 목적과 내용

① 스포츠 상황에서의 경쟁과 불안에 대해서 연구하는 학문은 스포츠심리학이다.

② 스포츠를 사회현상으로 이해하고 설명하는 학문은 스포츠사회학이다.

④ 스포츠 상황에서 인체에서 일어나는 화학반응 및 생리현상에 대해서 설명하는 학문은 스포츠생리학이다.

8 ③

운동역학의 목적과 내용

운동학적 분석이란, 운동 형태에 관한 분석으로 운동의 변위, 속도, 가속도, 무게중심, 관절각 등을 분석하는 것을 말한다. 컬링의 스위핑 시 브러쉬에 가해지는 압력을 측정하는 것은 운동의 원인이 되는 힘인 마찰력, 지면반력 등을 분석하는 것으로 운동역학적 분석에 해당된다.

9 ①

일과 일률

② 질량과 가속도의 곱은 힘(F)이다.

③ N(Newton)은 무게의 단위이며, 일률의 단위는 W(Watt)이다.

④ 일률(power)은 단위 시간당 일을 얼마나 빠르게 수행하였는지를 나타내는 것으로 수행시간을 짧게 할수록 일률이 증가된다.

10 ②

각운동의 운동역학적 분석

다이빙 동작에는 사지를 다 편 레이아웃(layout) 자세와 사지를 웅크린 턱(tuck) 자세가 있다. 사지는 편 레이아웃(layout) 자세에서는 신체 질량이 회전축으로부터 멀리 분포하며 회전반경이 크기 때문에 관성모멘트도 커진다. 턱(tuck) 자세는 신체질량이 회전축에서 가깝고 회전반경이 작으므로 관성모멘트가 작아져 빠르게 회전할 수 있다. 관성모멘트를 구하는 공식은 질량 × 회전반경^2 × 각속도로 질량과 회전반경, 각속도가 증가할수록 관성모멘트도 증가한다.

11 ④

각운동의 운동역학적 분석

토크(Torque)란, 물체에 힘의 작용선이 물체 중심을 통과하지 않고 벗어났을 경우, 그 물체의 축이나 고정점을 중심으로 회전 또는 각운동이 발생하는 것을 말한다. '힘의 모멘트', '돌림힘'이라고도 표현하며, 물체를 회전시켜 각운동량을 만드는 힘으로 운동역학적 변인 중 하나이다.

12 ②

운동역학의 목적과 내용

운동역학적 변인이란, 운동의 원인이 되는 마찰력, 지면반력, 근모멘트를 말한다. 각속도는 운동형태에 관한 것으로 운동학적 분석에 해당된다.

① 토크(torque) : 물체를 회전시켜 각운동량을 만드는 힘으로 운동역학적 변인이다.

③ 족압력(foot pressure) : 발의 압력으로 운동의 원인이 되는 힘으로 운동역학적 변인이다.

④ 양력(lift force) : 유체 속을 운동하는 물체에 운동방향과 수직방향으로 작용하는 힘으로 운동역학적 변인이다.

13 ④

일과 일률

역학적 일(work)이란, 물체에 힘이 작용하는 동안 물체에 작용한 힘과 이동거리를 말한다. 일을 구하는 공식은 힘(F) × 이동거리(S)로 20N의 힘으로 2M를 들어 올렸으니 공식에 대입하면 20N × 2M로 정답은 40N · m(J)이다.

14 ①

선운동의 운동역학적 분석

중력이란, 지구 위의 물체가 지구로부터 받는 힘으로 지구와 물체 사이의 만유인력과 지구의 자전에 따른 물체의 구심력을 합한 힘을 말한다. 일상생활에서 보통 문제를 풀거나 할 때는 중력의 크기를 위치에 따라 변화하지 않는 고정 값으로 가정하지만 실제로는 위치나 환경에 따라 중력의 크기는 달라진다. 이를 중력이상이라고 하는데, 실제 적도 부근에서 중력이 가장 작다고 알려져 있다.

15 ④

각운동의 운동역학적 분석

관성모멘트란, 회전관성이라고도 하며 회전축을 중심으로 회전하는 물체가 계속해서 회전을 지속하려고 하는 성질의 크기를 말한다. 관성모멘트를 구하는 공식은 질량 × 회전반경^2 × 각속도로 물체의 크기나, 형태, 밀도에 따라 질량이나 회전반경, 각속도가 달라질 수 있으므로 관성모멘트는 동일하지 않다.

16 ②

선운동의 운동역학적 분석

① 마찰력의 크기는 마찰계수와 접촉면에 수직으로 가해진 힘의 곱이다.

③ 최대정지마찰력이란, 물체가 움직이기 직전의 마찰력으로 마찰력 중 크기가 가장 크며, 최대정지마찰력을 넘는 힘이 작용하는 순간 물체는 움직이기 시작한다. 운동마찰력은 운동하고 있는 물체에 작용하는 마찰력으로 정지해 있는 물체를 움직이게 하기 위해 넘어야 하는 최대정지마찰력보다 그 크기는 작다.

④ 마찰력은 반작용의 힘이 되어 추진력으로 작용할 수 있다.

17 ④

선운동의 운동역학적 분석

충격량은 질량과 속도의 곱인 운동량의 변화량이며, 가해진 충격력과 접촉시간의 곱이다. 충격량이란, 물체에 힘을 작용하여 운동 상태를 바꿀 때 가한 충격의 정도를 말한다. 충격량을 구하는 공식은 충격력 × 접촉시간으로 같은 힘의 충격력이라도 접촉시간이 길면 충격량은 줄어든다. 또한 충격량은 운동량의 변화량과 같은데, 이때 운동량이란, 질량을 가진 물체가 움직이는 양을 말한다. 예를 들어 운동량을 가지고 있는 야구공이 배트에 맞는 충격을 받으면 운동량은 변화한다. 그 변화량의 크기는 배트에 맞는 순간의 충격량만큼 변화하게 되므로 운동량의 변화량이 충격량과 같은 것이다. 토크란, 물체에 힘의 작용선이 물체 중심을 통과하지 않고 벗어났을 경우, 그 물체의 축이나 고정점을 중심으로 회전 또는 각운동이 발생하는 것을 말한다. 관성모멘트란, 회전관성이라고도 하며 회전축을 중심으로 회전하는 물체가 계속해서 회전을 지속하려고 하는 성질의 크기를 말한다.

18 ③

근전도 분석

① 지면반력을 측정하는 것은 지면반력기라는 기계를 통해 힘을 측정하는 것이다.

② 운동학적 변인은 운동 형태에 관해 분석하는 것으로 변위, 속도, 가속도, 무게중심, 관절각 등을 말한다. 근전도를 통해 알 수 있는 것은 근수축의 세기, 활동근의 종류, 근육의 피로, 동원순서 등으로 운동학적 변인이 아니다.

④ 압력의 변화를 측정하는 것은 압력분포 측정기라는 기계를 통해 측정할 수 있다.

19 ②

선운동의 운동역학적 분석

① 작용·반작용의 법칙은 뉴턴의 제3법칙으로 모든 힘에는 그 크기는 같고 방향은 반대인 힘이 있다는 법칙으로 물체에 힘을 가하면, 힘을 가한만큼 다시 되돌려 받는다는 법칙이다.

③ 가속도의 법칙은 뉴턴의 제2법칙으로 물체가 얻는 가속도는 가해지는 힘에 비례하고, 물체의 질량에 반비례한다는 법칙이다.

④ 훅의 법칙이란, 용수철과 같이 탄성이 있는 물체가 외력의 의해 늘어나거나 줄어드는 등 변형이 되었을 때 본래 모습으로 돌아오려고 저항하는 복원력의 크기와 변형의 정도의 관계를 나타내는 법칙으로 뉴턴의 운동 법칙이 아니다.

20 ①

각운동의 운동역학적 분석

원반던지기의 투사거리에 가장 중요한 3요소는 투사각도, 속도, 높이이다. 이때 투사속도가 빠르면 빠를수록 투사거리가 증가되며, 투사점이 높을수록 투사거리가 증가된다. 투사각도는 투사점과 착지점이 높이가 같고 외력이 작용하지 않는다면 45°가 가장 이상적이며, 상대적인 중요성으로 순서를 본다면 투사속도 → 투사각도 → 투사높이 순이다.

2018년 기출문제 한국체육사 정답 및 해설

1	2	3	4	5	6	7	8	9	10	11	12	13	14	15	16	17	18	19	20
①	④	②	③	①	④	③	①	④	②	①	③	③	④	②	②	④	②	③	①

1 ① 체육사 연구 분야

시대구분은 역사 연구와 서술을 용이하게 하기 위한 것이 목적이다. 역사는 거대한 시간의 흐름 속에서 만들어지기 때문에 대체로 지역별, 시대별로 구분하며 사회, 국가의 구조적 변화에 따라 구분하고, 구조가 '지속'되는 기간을 한 시대로 분류하는 것이 일반적이다.

2 ④ 체육사 연구 분야

사관(史觀)이란 역사가의 역사에 대한 의식이 반영되어 과거의 사실을 확인할 때 역사가의 가치관과 해석원리에 따라 그 기준이 달라지는 것을 말한다. 따라서, 체육사 연구에서 사관(史觀)의 의미는 역사가의 가치관에 따라 체육의 역사를 해석한다고 할 수 있다.

3 ② 선사 및 부족국가시대의 체육

각저(角觝)는 두 사람이 서로 맞잡고 힘을 겨루는 경기로 각력, 각희, 상박, 쟁교 등으로도 불리며 현재 국가무형문화재 제131호로 지정되어 있는 오늘날의 씨름과 같은 형태이다.

① 수박(手搏) : 맨손과 발을 이용하는 격투스포츠로 고려 무인 집권기 시대에는 수박희가 인재 선발의 중요한 수단이었다.

③ 격검(擊劍) : 검을 이용한 대련

④ 사예(射藝) : 활쏘기

4 ③ 삼국 및 통일신라시대의 체육

편력(遍歷)은 화랑도의 교육방식으로 일종의 야외활동이었던 것으로 보인다. 명산대천을 두루 돌아다니며, 야외활동 중 시(時)와 음악과 관련된 활동을 비롯하여 각종 신체적 활동도 포함되어 있었다.

① 기마술(騎馬術) : 말타는 기술로 무예 교육의 한 영역이다.

② 궁술(弓術) : 교육활동의 한 분야로 신라에서는 "궁전법(弓箭法)(원성왕 4년 독서삼품과)"으로 인재를 등용하였다.

④ 수렵(狩獵) : 생존활동이자 스포츠로 정치·군사적 시위의 성격을 지닌 왕·선무행사 중의 수렵, 기사 훈련의 성격을 지닌 군사적 수렵, 스포츠로서의 수렵 등 다양하다.

5 ① 삼국 및 통일신라시대의 체육

저포(樗蒲)는 백제 때부터 성행했던 윷놀이와 비슷한 놀이였다. 윷놀이의 "도, 개, 걸, 윷, 모"는 "돈(豚), 견(犬), 양(洋), 우(牛), 마(馬)"를 의미하며, 짐승의 크기와 빠르기 등이 고려되어 조직화된 놀이다.

② 축국(蹴鞠) : 가죽주머니에 겨를 넣거나 공기를 불어넣어 만든 공을 발로 차고 노는 게임이다.
③ 추천(鞦韆) : 그네뛰기로 고려시대에도 계속되었다. 주로 단오절에 가장 많이 행하여졌으며, 남자, 여자, 혹은 남녀혼성으로 그네를 타기도 하였으나 여성의 유희로 인기가 있었다.
④ 투호(投壺) : 화살 같은 막대기를 일정한 거리에서 항아리나 병 안에 넣는 놀이이다.

6 ④ 삼국 및 통일신라시대의 체육

화랑도 체육의 역사적 의미

- 신체미에 대한 숭배의식
- 심신 일체론적 신체관
- 군사주의 체육사상
- 불국토 사상

7 ③ 고려시대의 체육

무예도보통지(武藝圖譜通志)는 조선시대의 무예 서적으로 1790년 정조의 명으로 이덕무, 박제가, 백동수 등에 의해 완성되었다. 명과 왜의 무예를 조화시켜 조선의 무예로 발전시켰으며, 24가지 무예에 관한 기예를 그림으로 설명한 종합무예서이다.

8 ① 고려시대의 체육

㉠ 축국(蹴鞠)은 가죽 주머니로 공을 만들어 발로 차던 공차기이다.
㉢ 추천(鞦韆)은 그네뛰기 형태의 놀이로 주로 단오절에 가장 많이 행하여졌으며, 여성의 유희나 스포츠로 각광을 받았다.
㉤ 각저(角觝)은 두 사람이 서로 맞잡고 힘과 기를 겨루는 경기로 서양에서는 레슬링이 있었다.

왕이나 귀족들의 유희이자 스포츠는 ㉡ 격구(擊毬) ㉣ 투호(投壺) ㉥ 방응(放鷹)이다.

9 ④ 조선시대의 체육

무과(武科)는 일종의 고등무관시험으로 고려말기에 시행된 이 제도가 조선시대로 계승되었다.

무관 채용시험의 특징

- 소과, 대과의 구분 없이 초시(初試:230명), 복시(覆試:28명), 전시(殿試:28명-갑3, 을5, 병20)의 3단계의 시험
- 응시자에게는 궁술, 기창, 격구, 조총 등의 무예와 경서, 병서 등의 시험을 부과
- 초시는 서울은 훈련원에서, 지방은 각도의 병사에서 치르고, 복시와 전시는 병조와 훈련원에서 관장했으며, 합격자는 선달(先達)이라고 부름
- 초시와 복시는 활쏘기, 기사, 기창, 격구, 전시는 격구(기격구, 보격구)를 시행

10 ②

조선시대의 체육

고려시대부터 조선시대로 계승된 유교적 전통은 많은 장점을 지녔으며, 유교의 육예(六藝) 속에 승마나 궁술이 포함되어 있었다. 그러나 조선의 성리학은 음양사상과 결합되어 변질됨으로써 숭문천무(崇文賤務) 사상이 만연했고, 그러한 결과로 무예나 신체문화가 활성화되지 못함으로써 민족의 기질과 역동성은 약화되는 결과를 낳았다. 예외적으로 문무겸비를 강조한 조선시대의 왕들도 있었는데, 정조대왕은 문과 무를 양립시키는 것이 국가를 부강하게 하는 계책이라고 생각하고, 규장각과 장용영을 설립하여 무예를 장려한 왕으로 평가되고 있다.

11 ①

개화기의 체육

대성학교는 도산 안창호선생이 설립하였으며, 시대적 상황으로 인해 체육은 군사교육의 성격을 띠고 실시되었다. 체조가 군대식으로 실시되었으며, 운동회는 애국계몽운동의 성격을 띠고 있었다.

② 오산학교 : 1907년 남강 이승훈선생이 설립한 학교로 체육이 강조되었으며, 체육의 성격은 군사 훈련이나 다름없었다. 체육이 중요한 교과목으로서 자리를 잡은 것은 사실이었으나 민족주의적, 국방체육의 성격을 띠고 발달되었다.

③ 배재학당 : 1885년 아펜젤러가 설립한 학교이다.

④ 원산학사 : 1883년 원산 주민들과 덕원부사 정현석이 세운 최초의 근대 학교다.

12 ③

개화기의 체육

- 농구–1907년 질레트(YMCA)
- 축구–1882년 인천항에 상륙한 영국 군함 플라잉호스의 승무원
- 야구–1905년 질레트(YMCA)
- 배구–1916년 기독교청년회의 미국인 선교사 반하트

13 ③

개화기의 체육

대한체육구락부는 1906년 결성된 우리나라 최초의 근대적인 체육단체이다.

① 황성기독교청년회 체육부 : 1903년 발족되었으며, 1906년 황성기독교청년회 운동부를 결성했다. 개화기 결성된 체육 단체 중 가장 왕성한 활동을 한 단체다.

② 대한국민체육회 : 1907년 노백린이 설립하였으며, 병식체조 중심 체육을 비판하였고, 체육계몽운동을 통한 강력한 국가건설을 지향했다.

④ 광학구락부 : 1908년 남상목 등이 설립하였고, 정신과 육체의 강장을 위한 활동을 하였다.

14 ④

개화기의 체육

문일평은 체육을 국가의 운명을 결정하는 중요한 교육 영역으로 인식하였으며, 1905년 5월 태극학보 제2호에 실린 "체육론"에 그의 체육 사상을 잘 보여주고 있으며, 체육발전을 위해 다음과 같은 다섯 가지 제언을 남겼다.

첫째, 체육학교를 특설하고 체육교사를 양성할 사

둘째, 과목에 체조, 승마 등을 치(置)할 사

셋째, 평단보필(評壇報筆)이 차(此)에 대하여 특히 주의할 사

넷째, 학교, 가정에서 특히 주의할 사

다섯째, 체육에 관한 학술과 정구(精究)키 위하여 품행단정하고 신체 강장한 청년을 해외에 파견할 사

15 ②

일제강점기의 체육

1914년 학교체조교수요목(學校體操敎授要目) 제정 이후의 변화

- 유희, 병식체조, 보통체조로 구분되어 실시되던 것이 체조, 교련, 유희로 구분
- 군사훈련의 성격을 지닌 병식체조를 교련으로 이관 분리하여 국권회복이란 체육의 성격을 없애 민족주의적 체육을 말살
- 유희는 경쟁적 유희, 발표적 동작을 주로 한 유희 등으로 구분
- 과외활동 시간이나 일상생활 속에서 실시할 종목으로 야구, 수영, 테니스 등과 같은 종목이 권장
- 체조교육의 교수 방법, 목적, 개념 등을 구체적으로 제시하였으며, 단체운동의 지도, 신체 및 정신의 도야, 운동의 생활화, 위생 등의 개념을 언급
- 학교교육체계에서 체육이 필수화
- 교과서는 조선총독부에 의해 소학교, 보통학교 체조교수서(1916)가 개발되었으며, 교수요목의 개정에 따라 소학교, 보통학교 신편체조교수서(1927)가 편찬

16 ②

일제강점기의 체육

1930년 체육 대중화를 위하여 조선인 체육지도자들이 보급한 것은 보건체조이다.

① 라디오체조는 1937년 일제강점기 제국주의의 식민지를 강화하기 위해 했던 '황국신민체조'로서 국민체조와 비슷한 일본의 체조 프로그램, 주로 공영 라디오 방송을 통해 전파되었다.

③ 스웨덴체조는 1911년 조선교육령 공포로부터 1914년 교수요목 반포 조치까지 학교 체육은 총독부 학무국의 주관에 따라 보통체조와 병식체조가 서전체조(스웨덴체조)로 대치되었으며, 각종 유희(놀이)가 도입되었다.

④ 병식체조는 1908년 사립학교령에는 '병식체조' 중심의 학교 체육이 실시되는 등 체육의 목적 개념이 정립되고, 교육과정 속에서 체육이 교과목으로서 위치를 확보하게 되었다.

17 ④

일제강점기의 체육

1936년 8월 11일 베를린올림픽에 출전한 조선 출신 선수들은 일본대표팀 소속으로 출전하였다. 마라톤에서 손기정의 금메달과 남승룡의 동메달 획득은 우리 민족을 비하하던 국민들에게 강한 자신감과 민족의식을 불어넣어주는 기능을 했다. 하지만 태극기가 아닌 일장기를 가슴에 달고 시상대에서 월계관을 쓴 손기정 선수의 모습이 일본 아사히신문을 통해 일본에 보도되었다. 이 사진을 8월 말에 입수한 이길용 기자는 편집국 사회부 현진건 부장과 상의한 뒤 손기정 선수의 가슴에 그려진 일장기를 동아일보 전속 화가 이상범에게 부탁하여 물감으로 지워버리도록 하고, 일장기가 없는 모습의 손기정 사진을 1936년 8월 25일자 보도자료에 넣어 편집하였다.

18 ②

광복 이후의 체육

- 헬싱키올림픽 : 1952년 제15회 핀란드헬싱키올림픽에 대한민국은 한국전쟁 중 참가하였다.
- 몬트리올림픽 : 1976년 제21회 케나다몬트리올올림픽은 레슬링 양정모 선수가 한국 최초로 금메달을 획득한 대회이다.
- 뮌헨올림픽 : 1972년 제20회 독일뮌헨올림픽은 대회기간 팔레스타인의 테러 단체인 검은 구월단이 이스라엘 선수촌에 잠입해 학살극을 벌인 대회로, 인종차별 문제가 극도로 부각된 대회였다.
- 동경올림픽 : 1964년 제18회 일본도쿄올림픽은 아시아 지역에서 개최되는 최초의 올림픽으로 유도가 공식 종목으로 선정된 경기이다.

19 ③

제41회 지바세계탁구선수권대회는 일본 지바현 지바시의 일본 컨벤션 센터에서 1991년 개최되었다. 남북 단일팀인 '코리아(KOREA)'팀은 남북 각각 31명씩 62명으로 구성되었으며, 홍차옥, 현정화, 리분희, 유순복 복식조가 우승한 경기이다.

20 ①

박정희 정부의 체육정책

- 1961년 '체력은 국력'이란 슬로건을 채택
- 1962년 국민체육진흥법 공포
- 1966년 태릉선수촌 건립
- 1974년 메달리스트 종신연금계획 확정
- 1977년 국립 한국체육대학교 설립

김대중 정부의 체육정책

- '사회건강은 생활체육에서'라는 국정과제
- 국민의 체육활동 참여기회 확대
- 체육지도자 양성
- 다양한 여가생활을 위한 복합 체육시설 확충
- 경기단체 재정자립금 지원 및 법인화
- 체육 용기구 품질향상 지원
- 2002년 월드컵 준비

노태우 정부의 체육정책

- 1988년 서울올림픽 개최
- 1990년 국민생활체육진흥 3개년 종합계획
- '국민생활체육협의회' 창설

문재인 정부의 체육정책

- 스포츠 권리와 스포츠 복지 시스템 구축
- 지역공동체를 아울러 남북 스포츠교류까지 확장한 스포츠사회 통합
- 공정·협동·도전 등 스포츠 가치의 사회적 확산
- 민주적 스포츠 행정 시스템 구축

2018년 기출문제 유아체육론 정답 및 해설

1	2	3	4	5	6	7	8	9	10	11	12	13	14	15	16	17	18	19	20
①	④	②	③	①	④	③	①	④	②	①	③	③	④	②	②	④	②	③	①

1 ① 유아기의 특징

유소년은 유아와 소년을 아울러 이르는 말이며, 국민체육진흥법 개정에 따른 유소년은 만 3~12세의 초등학교까지의 아동을 이야기 한다.

2 ③ 운동프로그램의 구성요소

근지구력 측정은 윗몸말아올리기(회)로 측정한다. 5M 왕복달리기는 민첩성 체력요인의 검사방법에 해당한다.

아동의 체력요인과 검사방법

체력요인	검사방법
심폐지구력	왕복오래달리기
근력	악력 측정
근지구력	윗몸말아올리기
유연성	앉아서윗몸굽히기
평형성	한 발로 중심 잡기
순발력	제자리멀리뛰기

3 ① 유아기의 특징

반사의 역할은 영아의 생존을 돕는 역할을 한다. 또한 미래의 움직임을 예측하게 하며 영아의 운동행동을 진단하는 역할을 한다. 반사는 원시반사, 자세반사, 운동반사로 나누어 볼 수 있다.
영아기의 원시반사는 영아의 생존을 돕는 역할을 하며 운동발달의 기초가 된다. 대뇌피질에서 통제되는 불수의적 움직임으로, 반사의 발현 여부를 통하여 중추신경계의 이상여부를 진단할 수 있다.

4 ④ 유아기 운동발달

〈보기〉의 내용은 반두라(A. Bandura)의 사회학습이론에 해당한다. 반두라는 유아가 관찰하여 모방하는 대상의 행동들은 사회화 과정에서 어떠한 행동을 하는가에 대한 중요한 측면이라고 보았다.

사회학습이론

구분	내용
모방학습	유아 주변 인물의 언어형태, 성역할, 친사회적·반사회적 행동에 대한 모방
관찰학습	모델의 행동을 관찰하여 이를 모방하여 직접적 강화 없이도 새로운 행동을 학습하게 됨

5 ③

운동프로그램의 구성요소

조작운동은 손이나 발을 사용하여 물체에 힘을 가하고 물체로부터 힘을 받아 움직이는 것과 관련이 있는 움직임으로 추진조작운동과 흡수조작운동으로 나눌 수 있다.

추진조작운동	흡수조작운동
굴리기, 던지기, 치기, 차기, 튀기기, 펀팅, 맞추기, 되받아치기	잡기, 볼 멈추기

6 ④

유아 체육 지도 방법

아동에 대한 수용적인 태도를 지니는 것은 유소년스포츠지도사의 전문적 자질보다는 개인적 자질에 해당한다. 지도교사의 전문적 자질에는 전문적 지식, 교수 기술, 올바른 교육관과 직업 윤리가 있다.

7 ①

운동프로그램의 구성요소

축성움직임은 정지 자세에서의 몸통 혹은 사지의 정향성 움직임을 말한다. 축성움직임은 더욱 정교한 움직임 기술을 만들기 위하여 다른 움직임과 결합하게 되는데, 이동성 움직임들과 결합하여 좀 더 복잡한 협응동작들로 발전하게 되며 고도의 기술을 필요로 하는 스포츠 기술들을 하기 위한 기본 운동기술이 된다.

② 동적 안정성을 위한 기본 움직임이 아니다. 안정성 운동능력은 동적 평형성, 정적 평형성, 축성 평형성 운동으로 구분할 수 있다.
③ 체조의 텀블링 기술과 연계되어 축성 움직임이 일어난다.
④ 이동운동과 결합할 수 있다.

8 ②

운동프로그램의 구성요소

① 남아와 여아의 관심과 능력이 비슷하기 때문에 분리 활동을 할 필요가 없다.
② 협응성을 강조하면서 속도 및 민첩성과 연계시키지 않도록 한다.
③ 발육발달 상태를 평가한다. 발달을 위한 움직임 프로그램은 개인의 발달 수준을 토대로 구성되어야 한다.
④ 놀이방법을 이해할 수 있는지를 확인하여야 한다.

9 ③

운동프로그램의 구성요소

〈보기〉는 시간지각운동에 해당한다. 시간지각은 지각-운동능력의 시간적인 차원의 발달과정을 의미한다. 청각적인 다양한 리듬 정보를 통해 시간지각이 발달한다.

① 관계지각운동 : 어떤 움직임을 누구와 함께 하는가에 대한 지각하는 형태
② 공간지각운동 : 몸을 어디로 움직이는가 하는 것에 대한 문제, 대상의 위치, 방향, 거리 등을 정확하게 이해하는 형태
④ 환경지각운동 : 운동 중 주변 환경에 대한 지각하는 형태

지각은 사물에 대한 존재를 발견하는 단계부터 그것이 무엇인지를 명확하게 알게 되는 단계까지를 의미한다. 지각과 운동은 상호 의존적으로 다양한 움직임을 경험하며 지각에 대한 학습이 이루어지게 된다.

10 ③

안전한 운동프로그램 지도를 위한 환경

유아체육 수업 시 안전을 위하여 넓은 공간을 확보해야 한다. 확보가 어려운 경우에는 소그룹으로 나누어 활동하도록 한다.

11 ②

유아 체육 지도 방법

상과 벌을 함께 제공하는 것은 유아체육을 지도하는 지도사의 역할수행으로 적절하지 않다.

유아체육지도사의 역할

- 열정적, 긍정적 모습을 보여준다.
- 유아들의 호기심을 자극하고, 반응에 관심을 보이며 지도한다.
- 과도한 경쟁의식을 갖지 않도록 지도한다. 반드시 이기는 것이 좋은 것이 아니라 신체동작과 규칙을 잘 지키며 활동하는 것이 중요하다는 것을 강조하며 진행한다.
- 유아와 긍정적인 상호작용을 갖도록 한다. 부정적 언어보다는 권유하는 언어를 사용한다.
- 놀이를 적극적으로 활용하고, 신체활동 방법을 개별적인 유아의 발달속도에 따라 다양화하도록 한다.

12 ②

유아 체육 지도 방법

유아의 흥미를 고려하여 체육활동이 지속될 수 있도록 다양한 운동도구를 활용한 프로그램으로 모든 유아가 즐겁게 참여하도록 해야 한다.

13 ④

유아기의 특징

피아제(J. Piaget)는 유아의 행동에 대한 기본 개념을 도식으로 설명하였다. 도식은 동화, 조절, 평형화 과정을 통해 이루어진다고 제시하였는데, 평형은 조절과정을 통해 도식과 현실경험이 일치하는 것을 의미한다.

도식

기존의 차기동작 경험을 통해 형성된 인지적 구조

동화	새로운 정보 혹은 경험을 자신에게 구성되어 있는 도식에 적용시키려 하는 것
조절	기존에 가지고 있던 도식을 수정하거나 조절하여 새로운 도식을 형성하는 과정
평형화	동화와 조절의 결과로 도식과 현실경험이 일치하는 것

14 ②

유아기의 특징

아동기의 근력과 근육의 질량은 성장에 따라 자연스럽게 증가하게 된다.

15 ①

유아 체육 지도 방법

유아의 실제 과제참여 시간을 증가시키기 위해서는 수업 전 교구를 배치하여 대기시간을 줄이도록 한다.

신체활동 시간을 증가시키는 전략

- 충분한 신체활동이 이루어지지 않으면 활동을 변형시켜 움직임을 찾아낸다.
- 유아들이 참여하기 어렵거나 제외되는 활동이나 게임들은 사용하지 않는다.
- 지시는 간결하고 명료하게 한다.
- 가능한 한 활동적으로 참여하는 것에 대해 긍정적 피드백을 많이 제공한다.
- 비과제 참여 유아들을 재감독한다.
- 대기 시간을 줄이도록 한다.

16 ④

운동발달 프로그램의 기본원리

〈보기〉에서 제시하는 유아체육 프로그램 개발 기본원리는 연계성의 원리에 해당한다.

유아체육 프로그램의 기본원리는 적합성의 원리, 방향성의 원리, 특이성의 원리, 안전성의 원리, 연계성의 원리로 구분할 수 있다.

유아체육 프로그램 개발의 기본원리

적합성	• 유아의 발달 상태, 움직임 활동에 대한 이전의 경험, 기술, 체력, 수준, 연령 등을 고려하여 발달적으로 적합한 운동발달 프로그램을 구성해야 한다.
방향성	• 유아의 성장과 발달의 방향성을 고려한 운동발달 프로그램을 구성해야 한다.
특이성	• 개인의 유전과 환경 요인을 고려한 개인차를 고려한 운동발달 프로그램을 구성해야 한다.
안전성	• 유아들의 일상생활 및 안전에 관한 사항들을 이해하고 예방하는 것이다. • 스스로의 지각 능력에 과대평가하는 아동의 경향을 고려한 안전한 운동환경의 마련과 사고 예방에 대해 지도해야 한다.
연계성	• 기초부터 향상까지 잘 조직된 운동발달 프로그램을 제공해야 한다. • 신체발달, 정서적·사회적 발달을 위한 교육프로그램에 연계성이 있어야 한다.

17 ②

유아기의 건강과 운동

3세의 유아의 신체조절능력 향상을 위한 프로그램으로 도구를 활용한 조작운동은 적절하지 않다. 도구를 활용한 여러 가지 조작운동을 하는 것은 5세의 유아에게 적절한 운동프로그램이다.

18 ①

유아기의 건강과 운동

세계보건기구(WHO)에 따르면 아동은 유산소성 신체활동을 주로 하는 것이 권고되며, 저항성 운동 역시 권장되고 있다. 고강도의 강도로 60분 이상 주 3회 이상 할 것을 이야기한다. 신체의 발육과 발달은 물론 지적, 사회적, 인지적 발달 등에 대한 교육효과의 이유로 정기적인 신체활동이 권고된다.

19 ④

안전한 운동프로그램 지도를 위한 환경

거상(elevation) : 다리를 심장보다 높게 위치하여 혈액이 몰려 부종이 생기지 않을 수 있도록 한다.

발목 부상 시 처치과정

- 환자가 편히 쉬며 안정을 취하게 한다.
- 부종을 줄이기 위해 3~4일 정도 얼음찜질을 한다.
- 부종이 줄어든 후에 온찜질을 한다.
- 두꺼운 패드로 발목을 싸고 탄성붕대로 압박해준다.
- 다친 발은 심장보다 높은 위치에 올려놓고 안정을 취한다.

20 ③

유아 체육 지도 방법

연령, 건강, 체력 등의 특성을 고려하여 지도하는 것은 개별화의 원리에 해당한다.

유아체육의 지도 원리

놀이 중심의 원리	유아의 흥미를 고려하여 체육활동이 지속될 수 있도록 지도한다.
생활 중심의 원리	생활주변에 일어나는 일과 생활에 연결된 체험 등을 통해 유아체육활동을 학습하도록 지도한다.
개별화의 원리	유아의 개인차를 인정하고, 운동능력 발달 속도에 맞추어 지도한다.
탐구학습의 원리	유아 스스로가 움직임을 탐색하고 신체의 가능성과 한계를 발견하며 학습하도록 유도한다.
반복학습의 원리	안정, 이동, 조작운동의 3가지 기초운동의 반복학습을 하도록 한다.
융통성의 원리	유아가 신체활동 시간을 스스로 조절 할 수 있도록 융통성을 제공한다.
통합의 원리	유아의 대근육 운동능력 중 기초운동기술(안정, 이동), 운동능력(협응, 균형, 힘, 속도), 지각-운동능력(공간, 신체, 방향, 시간)의 발달이 통합적으로 이루어지도록 한다.

2018년 기출문제 노인체육론 정답 및 해설

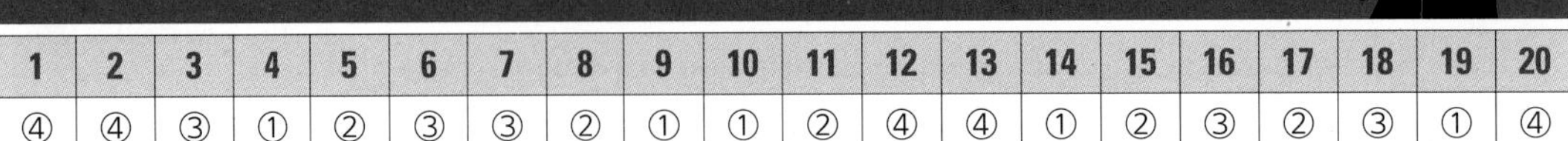

1	2	3	4	5	6	7	8	9	10	11	12	13	14	15	16	17	18	19	20
④	④	③	①	②	③	③	②	①	①	②	④	④	①	②	③	②	③	①	④

1 ④ 노화의 개념

〈보기〉는 고령을 정의하는데 주로 사용하는 연대기적 연령에 대한 설명이다.

① 기능적 연령 : 같은 성별의 나이인 사람들을 기능적 체력으로 구분 짓는 것
② 생리적 연령 : 2차적 노화의 증상으로 신체의 다양한 기능적 감소를 포함
③ 심리적 연령 : 사람의 나이와 동등한 주관적 나이 또는 사람이 느끼는 나이

2 ④ 노화와 관련된 이론

〈보기〉는 스피르두소(W. Spirduso)의 신체적 능력 5단계에서 신체적으로 아주 잘 단련된 수준에 속한다.

스피르두소(W. Spirduso)의 신체적 능력 5단계

단계	내용
1단계	신체적으로 의존
2단계	신체적으로 연약
3단계	신체적으로 독립
4단계	신체적으로 단련
5단계	신체적으로 아주 잘 단련

3 ③ 운동프로그램의 요소

특수성의 원리 : 특정한 운동 목적에 대한 향상을 위해 트레이닝 방법을 특수하게 구성하는 것

트레이닝 원리

원리	내용
과부하의 원리	더 높은 체력 수준을 달성하려면 평소보다 더 강한 운동을 수행해야 한다는 원리로 신체가 받는 부하를 점차 늘림으로써 근력과 근지구력을 향상 시키는 것
가역성의 원리	운동을 하다가 중단했을 때 운동 효과가 시간이 지남에 따라 서서히 감소되면서 운동 전의 상태로 되돌아가려고 하는 것
개별성의 원리	표준화되거나 획일적인 방법이 아닌 개개인의 체력, 건강, 기호, 체형과 같은 개별적 조건을 고려하여 트레이닝 하는 것
점진성의 원리	운동의 양이나 강도를 점진적으로 늘려가면서 운동하는 것
반복성의 원리	일시적이 아닌 정기적으로 반복하여 운동의 효과를 높이는 것

4 ①

운동권고 지침 및 운동방안

미국스포츠의학회(ACSM)에 따르면 일주에 적어도 150분 이상의 중등도 유산소성 활동 또는 일주일에 적어도 75분 이상의 격렬한 유산소성 활동을 권장한다.

미국스포츠의학회(ACSM)에서 제시한 노인의 신체활동 권고지침

- 주당 유산소 운동시간은 150~300분 권장
- 저·중강도로 주 2회 이상의 대근육군을 이용한 저항운동
- 1회 유산소 신체활동은 적어도 10분 이상 실시
- 이동성이 떨어지는 노인은 낙상예방을 위한 신체활동을 주 2회 이상 실시
- 저항운동을 처음 시작할 경우 1RM 40~50%로 실시
- 유연성 향상을 위한 운동은 한 세션에 10분 이상 실시할 것을 권장하고 근육의 긴장감이 느껴지는 정도의 정적스트레칭은 30~60초 동안 유지
- 근육의 긴장과 약간의 불편감이 느껴질 정도의 유연성 운동

5 ②

호흡·순환계 질환 운동프로그램

공복 시 혈당이 100~125mg/dl인 경우에는 문제가 되지 않는 수준으로 운동 참여가 가능하다.

미국스포츠의학회(ACSM)가 제시한 관상동맥 질환의 위험인자

가족력	남성의 친척이 심근경색, 심혈관질환 및 관상동맥질환 등으로 인해 55세 이전에 갑작스럽게 사망을 한 경우, 여성의 직계가족에 있어서는 65세 이전에 갑작스런 사망을 한 경우
흡연	현재 흡연상태이거나 또는 금연한지 6개월 이내의 경우
혈압	수축기 140mmHg 이상 또는 이완기 90mmHg 이상으로 고혈압인 경우
고콜레스테롤혈증	총 혈중 콜레스테롤 200mg/dl 이상 또는 고밀도지단백질 콜레스테롤이 40mg/dl 이하인 경우, 저밀도 지단백질 콜레스테롤이 130mg/dl 이상인 경우
공복혈당 저하	공복혈당 110mg/dl이거나 그 이상일 때
비만	체질량지수 30 이상이거나 허리둘레가 남성은 102cm 이상, 여성은 88cm 이상

6 ③

운동의 효과

새로운 운동기술을 습득하는 것은 노인이 운동참여로 얻을 수 있는 사회적 효과가 아닌 신체적 효과를 말한다.

노인 운동의 사회적 역할 및 효과

- 사회 활동에 참여하고자 하는 욕구 증가
- 노화와 노인의 부정적인 고정관념 탈피
- 집단 신체활동은 새로운 우정과 교류를 촉진
- 소규모 집단에서 이루어져도 사회적, 문화적 교류 증진
- 세대 간의 교류 증가
- 원만한 인간관계 유지
- 역할 유지와 새로운 역할을 맡는데 도움이 됨

7 ③

운동프로그램의 요소

점진적 유산소운동프로그램 참여 전 낙상, 무릎통증 등을 예방하기 위해 근력 운동을 먼저 한다(낙상의 위험이 있는 노인에게는 안전을 최우선으로 확보한 상태에서 운동을 진행).

노인의 운동프로그램

- 심혈관질환자에게는 지속적인 유산소 운동이 효과적이다.
- 협심증이나 부정맥 환자의 가슴 통증이 있는 경우는 운동을 금지하고 전문가의 상담을 받아야 한다.
- 건강한 노인은 고강도 운동을 실시할 수 있다.

8 ②

호흡·순환계 질환 운동프로그램

고지혈증은 혈액 내에 지방성분이 정상보다 많은 상태로 혈관 벽에 쌓여 염증을 일으키거나 혈액순환 장애를 일으켜 심혈관계 질환을 일으키는 질병으로 혈전증, 동맥경화로 악화될 수 있다.

- 류머티스 관절염 : 류머티스 관절염은 손과 손목, 발과 발목 등을 비롯한 여러 관절에서 염증이 나타나는 만성 염증성 질환이다.
- 천식 : 기관지 협착, 기도폐색 또는 염증 발생으로 나타나는 흔한 폐질환으로 90% 이상은 알레르기에 의한 것으로 그 원인물질을 알러젠(allergen)이라고 한다.
- 골다공증 : 신체활동의 경우에는 체중이 부하되지 않는 운동의 형태보다 체중이 부하되는 형태의 운동을 권장한다.

9 ①

호흡·순환계 질환 운동프로그램

운동자각도(RPE)는 노인이 자신의 주관적인 느낌을 통해 운동 강도를 설정할 수 있는 방법이다.

② 최대산소섭취량 : 운동 중 산소섭취량의 최대값을 뜻한다. 운동강도가 높아지면 산소섭취량도 높아져 가는데, 어느 시점에 다다르면 우리 몸이 더 이상 산소를 소비하고 이용할 수 없어 진다.

③ 분당 호흡빈도 : 1분당 호흡을 하는 빈도수

④ 대사당량 : 신체 활동의 강도를 나타내는 지표로, 활동하는 동안의 단위 체중당 산소 혹은 에너지 소모량으로 계산함

10 ①

의사소통기술

긍정적인 피드백을 제공한다. – 전개단계

②, ③은 도입단계, ④ 정리단계의 지도 전략이다.

11 ②

운동프로그램의 요소

정적 스트레칭

정적 스트레칭은 관절의 움직임 없이 근육을 15~30초 동안 늘려주는 동작으로 근골격계 손상 위험이 낮기 때문에 노인에게 가장 적절하다. 반대로 손상 위험이 가장 높은 스트레칭은 반동을 이용한 탄성 스트레칭이다.

12 ④

〈보기〉는 건강신념모형에 대한 설명이다.

① 학습이론 : 학습이 형성되는 요인이 무엇인가를 설명하는 이론
② 범이론적모형 : 행동이 변화되는 과정과 전략을 제시
③ 계획행동이론 : 신념과 행동 사이의 관계를 설명하는 이론, 행동을 향한 태도, 주관적 규범 등이 행동에 영향을 미침

13 ④

최대심박수가 감소한다.

노화로 인한 일반적인 생리적 변화
- 체지방의 비율 증가
- 근육량과 근력이 감소
- 최대산소섭취량이 감소
- 안정시 심박수 증가
- 최대 심박수 감소
- 혈관 경직도 증가
- 골대사의 변화로 뼈의 밀도와 질량이 감소함

14 ①

노인에 대한 유산소성 운동 시 동맥 경직도는 감소한다.

노인에 대한 유산소성 운동의 이점
- 동맥 경직도 감소
- 골격근의 모세혈관 밀도 증가
- 인슐린 민감도 증가
- 고밀도지단백콜레스테롤(HDL-C) 증가

15 ②

고혈압이 있는 노인의 운동에 관한 설명 중 추운 날씨에 야외 운동은 혈압을 올릴 수 있으니 삼가는 것이 좋다.

고혈압이 있는 노인의 운동
- 추운 날씨에는 야외 운동을 삼가는 것이 좋음
- 발살바조작이 동반되는 등척성 및 저항성 운동은 금지
- 체중감소에 도움을 줄 수 있는 규칙적인 저강도 유산소성 운동이 효과적

16 ③

목표는 달성 가능한 것으로 설정하는 것이 좋다.

노인 운동 참여자들의 목표 설정
- 목표설정은 기본적으로 단기와 장기 목표로 구별함
- 구체적이고 측정 가능하며 성취 가능성을 고려해서 목표를 설정함
- 목표는 시간과 기간에 근거를 두어야 함

17 ②

노화와 관련된 이론

하위문화이론이란 공통된 특성을 가진 노인들이 집단을 형성하고 빈번한 상호작용을 통해 그들 특유의 행동양식을 만듦

- 분리이론 : 노인들이 왜 삶의 현장에서 벗어나는지를 설명하기 위한 노화와 관련된 초기 이론
- 활동이론 : 현재 가장 널리 인정된 노화의 사회적 이론
- 연속성이론 : 과거의 생활 패턴과 비슷한 활동 및 태도를 유지할수록 성공적인 노화가 가능하다는 이론
- 학습이론 : 학습이 형성되는 요인이 무엇인가를 설명하는 이론
- 계획행동이론 : 신념과 행동 사이의 관계를 설명하는 이론
- 사회인지이론 : 인지 과정을 이해하기 위해서는 개개인의 성격을 분석해야 함

18 ③

지속적 운동참여를 위한 동기유발 방법

㉠ 자기효능감 : 일정 수준의 수행을 성취할 수 있는 자신의 역량에 대한 판단
㉡ 자기개념 : 자신에 대해 가지고 있는 모든 의견, 감정, 믿음

19 ①

근골격계 질환 운동프로그램

느린 속도로 수영하기는 근비대 및 근력운동이 아니기 때문에 근육증강훈련으로 보기 어려운 운동이다.

20 ④

노인운동 시 위험관리

〈보기〉의 지문 모두 노인 운동 검사 전 의사에게 의뢰가 필요한 이상 징후 및 증상이다.

노인 운동 검사 전 의사에게 의뢰가 필요한 이상 징후 및 증상

- 가슴 통증이나 불편함
- 빠르고 불규칙한 심장박동
- 현기증이나 기절
- 통증을 동반한 발목의 부종

Q PASS

생활 스포츠 지도사

2급 | 필기

전문가 집필진의 신뢰할 수 있는 이론!
학습자를 위한 큰 글자, 보기 좋은 편집!
저자 직강 이론 핵심 요약 강의 제공!

생활 스포츠 지도사

2급 필기

기출 문제

다락원

기출문제

2022년 기출문제 정답 및 해설

2021년 기출문제 정답 및 해설

2020년 기출문제 정답 및 해설

2019년 기출문제 정답 및 해설

2018년 기출문제 정답 및 해설

1 수험자의 편의를 위해 시험지와 유사하게 구성했습니다.
실제 시험을 치르듯이 100분 동안 5개 과목을 풀어보세요.

2 최근 출제된 순서로 실었습니다.

2022년 기출문제 ······ **3**
2021년 기출문제 ······ **41**
2020년 기출문제 ······ **77**
2019년 기출문제 ······ **113**
2018년 기출문제 ······ **149**

3 [기출문제 정답 및 해설] 파트에서 채점과 해설을 확인할 수 있습니다.
인덱스로 해당 과목을 쉽게 확인하세요.

4 더 많은 기출문제는 체육지도자연수 홈페이지에서 확인할 수 있습니다.

2022년도 2급류 체육지도자 필기시험 문제지

(2급 생활 / 유소년 / 노인)

문제유형	A형
시험일지	2022. 5. 7. (토) **10:00~11:40**

유의사항

2급 생활 자격증 응시자	: 선택과목 중 **5개 과목** 선택 (필수과목 없음)
유소년 자격증 응시자	: 선택과목 중 **4개 과목,** 필수과목 중 **유아체육론** 선택
노인 자격증 응시자	: 선택과목 중 **4개 과목,** 필수과목 중 **노인체육론** 선택

과목코드 및 페이지

구분	과목	과목코드	페이지
선택과목	**스포츠사회학**	(과목코드 : 11)	4면
	스포츠교육학	(과목코드 : 22)	8면
	스포츠심리학	(과목코드 : 33)	12면
	한국체육사	(과목코드 : 44)	17면
	운동생리학	(과목코드 : 55)	20면
	운동역학	(과목코드 : 66)	24면
	스포츠윤리	(과목코드 : 77)	28면
필수과목	**유아체육론**	(과목코드 : 02)	32면
	노인체육론	(과목코드 : 03)	37면

2급 스포츠지도사 필기시험

스포츠사회학 (11)

1. 〈보기〉에서 스포츠의 사회적 기능을 설명한 파슨즈(T. Parsons) AGIL 모형의 구성요소는?

〈보기〉

- 스포츠는 사회구성원에게 현실에 적합한 사고, 감정, 행동양식 등을 학습할 수 있는 장을 마련해준다.
- 스포츠는 개인의 체력 및 건강증진을 도모하여 효율적으로 사회활동에 참여할 수 있게 한다.

① 적응
② 목표성취
③ 사회통합
④ 체제유지 및 관리

2. 에티즌(D. Eitzen)과 세이지(G. Sage)가 제시한 스포츠의 정치적 속성이 아닌 것은?

① 보수성
② 대표성
③ 권력투쟁
④ 상호배타성

3. 〈보기〉에서 설명하는 사회학습이론의 구성요소는?

〈보기〉

상과 벌은 행동의 학습과 수행에 긍정적·부정적 영향을 미친다. 스포츠 현장에서 스포츠에 내재된 가치, 태도, 규범에 그릇된 행위는 벌을 통해 중단되거나 회피된다.

① 강화
② 코칭
③ 관찰학습
④ 역할학습

4. 〈보기〉에 해당하는 스포츠사회화 과정이 바르게 연결된 것은?

〈보기〉

- (㉠) : 손목수술 후유증으로 인해 골프선수를 그만두게 되었다.
- (㉡) : 골프의 매력에 빠져 골프선수가 되어 사회성, 체력, 준법정신이 함양되었다.
- (㉢) : 아빠와 함께 골프연습장에 자주 가면서 골프를 배우게 되었다.
- (㉣) : 골프선수 은퇴 후 골프아카데미 원장으로 부임하면서 골프꿈나무를 양성하게 되었다.

	㉠	㉡	㉢	㉣
①	스포츠 재사회화	스포츠를 통한 사회화	스포츠로의 사회화	스포츠 탈사회화
②	스포츠로의 재사회화	스포츠로의 사회화	스포츠를 통한 사회화	스포츠 탈사회화
③	스포츠 탈사회화	스포츠를 통한 사회화	스포츠로의 사회화	스포츠로의 재사회화
④	스포츠 탈사회화	스포츠로의 사회화	스포츠를 통한 사회화	스포츠로의 재사회화

5. 학원엘리트스포츠를 지지하는 입장이 아닌 것은?

① 애교심을 강화시킬 수 있다.
② 학교의 자원 및 교육시설을 독점할 수 있다.
③ 지위 창출의 수단, 사회이동의 기제로 작용할 수 있다.
④ 사회에서 요구되는 책임감, 성취감, 적응력 등을 배양시킬 수 있다.

6. 〈보기〉의 내용과 관련이 깊은 사회학 이론은?

〈보기〉

- 미시적 관점의 이론이다.
- 인간은 사회제도나 규칙에 대해 능동적으로 사고하고 의미를 부여하며 행동한다.
- 스포츠 팀의 주장은 리더십이 필요하기 때문에 점차 그 역할에 맞는 리더십을 발휘한다.

① 갈등이론
② 교환이론
③ 상징적 상호작용론
④ 기능주의이론

7. 정치의 스포츠 이용 방법에 관한 설명 중 옳은 것은?

① 태권도를 보면 대한민국 국기(國技)라는 동일화가 일어난다.
② 정부의 3S(sports, screen, sex) 정책은 스포츠를 이용하는 상징의 대표적인 방법이다.
③ 스포츠 이벤트에서 국가 연주, 선수 복장, 국기에 대한 의례 등은 상징의식에 해당한다.
④ 올림픽에서 금메달 수상 장면을 보면서 내가 획득한 것처럼 눈물을 흘리는 것은 상징화에 해당한다.

8. 〈보기〉에서 설명하는 투민(M. Tumin)의 스포츠계층 형성 과정은?

〈보기〉

- 스포츠 종목에서 요구되는 우수한 운동수행능력을 갖추어야 한다.
- 뛰어난 경기력뿐만 아니라 탁월한 개인적 특성을 갖추어야 한다.
- 스포츠 팀 구성원으로 자신의 능력이 팀 승리에 미치는 영향력이 커야 한다.

① 평가 ② 지위의 분화
③ 보수부여 ④ 지위의 서열화

9. 〈보기〉의 내용과 관련 있는 용어는?

〈보기〉

- 로버트슨(R. Roberston)이 제시한 용어이다.
- LA 다저스팀이 박찬호 선수를 영입하여 좋은 경기력을 펼치면서 메이저리그 경기가 한국에서 인기가 높아졌다.
- 맨체스터 유나이티드팀이 박지성 선수를 영입하면서 프리미어리그 경기가 한국에서 인기가 높아졌다.

① 세방화(Glocalization)
② 스포츠화(Sportization)
③ 미국화(Americanization)
④ 세계표준화(Global Standardization)

10. 국제사회에서 발생한 스포츠 사건에 관한 설명으로 옳은 것은?

① 남아프리카공화국은 아파르트헤이트(apartheid)로 인해 국제대회 참여가 거부되었다.
② 구소련의 아프가니스탄 침공을 이유로 1984년 LA올림픽경기대회에 많은 자유진영 국가가 불참하였다.
③ 2018년 평창동계올림픽경기대회에서 메달 획득을 위해 여자아이스하키 남북 단일팀이 결성되었다.
④ 1936년 베를린올림픽경기대회에서 검은구월단 무장단체가 선수촌에 침입하여 이스라엘 선수를 살해하였다.

11. 〈보기〉의 설명은 머튼(R. Merton)의 아노미(anomie) 이론에 대한 것이다. ㉠~㉢에 해당하는 적응유형이 바르게 연결된 것은?

〈보기〉

- 도피주의–스포츠에 내재된 비인간성, 승리지상주의, 상업주의, 학업 결손 등에 염증을 느껴 스포츠 참가 포기
- (㉠)–승패에 집착하지 않고 참가에 의의를 두는 것, 결과보다는 경기 내용 중시
- (㉡)–불법 스카우트, 금지 약물 복용, 경기장 폭력, 승부조작 등
- (㉢)–전략적 시간 끌기 작전, 경기규칙이 허용하는 범위 내에서의 파울 행위 등

	㉠	㉡	㉢
①	혁신주의	동조주의	의례주의
②	의례주의	혁신주의	동조주의
③	의례주의	동조주의	혁신주의
④	혁신주의	의례주의	동조주의

12. 〈보기〉의 내용을 기든스(A. Giddens)의 사회계층 이동 준거와 유형으로 바르게 묶은 것은?

〈보기〉

- K는 가난한 가정에서 태어나 끊임없는 훈련을 통해 축구 월드스타가 되었다.
- 월드스타가 되고 난 후, 축구장학재단을 만들어 개발도상국에 축구학교를 설립하여 후진양성에 큰 역할을 하고 있다.

	이동 주체	이동 방향	시간적 거리
①	개인	수직이동	세대 내 이동
②	개인	수평이동	세대 간 이동
③	집단	수직이동	세대 간 이동
④	집단	수평이동	세대 내 이동

13. 〈보기〉에서 설명하는 스포츠 미디어 이론은?

〈보기〉

대중들은 능동적 수용자로서 특수한 심리적 욕구를 만족시키기 위해 매스미디어를 적극 이용한다. 이에 미디어 수용자는 인지적, 정의적, 도피적, 통합적 욕구를 충족시키기 위해 스포츠를 주제로 다루는 매스미디어를 이용한다.

① 사회범주이론 ② 개인차이론
③ 사회관계이론 ④ 문화규범이론

14. 〈보기〉에서 코클리(J. Coakley)가 제시한 상업주의와 관련된 스포츠 규칙 변화의 충족 조건으로 옳은 것만을 모두 고른 것은?

〈보기〉

㉠ 경기의 속도감 향상
㉡ 관중의 흥미 극대화
㉢ 득점 방법의 단일화
㉣ 상업적인 광고 시간 할애

① ㉠, ㉡
② ㉢, ㉣
③ ㉠, ㉡, ㉢
④ ㉠, ㉡, ㉣

15. 〈보기〉에서 설명하는 프로스포츠의 제도는?

〈보기〉

- 프로스포츠리그의 신인선수 선발 방식 중 하나이다.
- 신인선수 쟁탈에 따른 폐단을 막기 위해 도입되었다.
- 계약금 인상 경쟁을 막기 위한 방법으로 고안되었다.

① FA(free agent)
② 샐러리 캡(salary cap)
③ 드래프트(draft)
④ 최저연봉(minimum salary)

16. 〈보기〉에서 대중매체가 스포츠에 미치는 영향에 해당되는 것만을 모두 고른 것은?

〈보기〉

㉠ 대중매체의 기술이 발전한다.
㉡ 스포츠 인구가 증가한다.
㉢ 새로운 스포츠 종목이 창출된다.
㉣ 미디어 콘텐츠를 제공한다.
㉤ 경기규칙과 경기일정이 변경된다.
㉥ 스포츠 용구가 변화한다.

① ㉠, ㉡, ㉢
② ㉠, ㉢, ㉣
③ ㉡, ㉢, ㉣, ㉤
④ ㉡, ㉢, ㉤, ㉥

17. 스포츠의 교육적 순기능 중 사회선도 기능이 아닌 것은?
① 여권신장
② 학교 내 통합
③ 평생체육과의 연계
④ 장애인의 삶의 질 향상

18. 다음 ㉠~㉣에서 코클리(J. Coakley)가 제시한 일탈적 과잉동조를 유발하는 스포츠 윤리규범의 유형과 특징으로 옳은 것만을 모두 고른 것은?

	유형	특징
㉠	구분짓기 규범	다른 선수와 구별되기 위해 탁월성을 추구해야 한다.
㉡	인내규범	위험을 받아들이고 고통 속에서도 경기에 참여해야 한다.
㉢	몰입규범	경기에 헌신해야 하며 이를 그들의 삶에서 우선순위에 두어야 한다.
㉣	도전규범	스포츠에서 성공을 위해 장애를 극복하고 역경을 헤쳐 나가야 한다.

① ㉠, ㉡
② ㉡, ㉢
③ ㉠, ㉢, ㉣
④ ㉠, ㉡, ㉢, ㉣

19. 맥루한(M. McLuhan)의 매체이론에 관한 설명으로 옳지 않은 것은?
① 핫(hot) 미디어 스포츠는 관람자의 감각 참여성이 낮다.
② 쿨(cool) 미디어 스포츠는 관람자의 감각 몰입성이 높다.
③ 핫(hot) 미디어 스포츠는 경기 진행 속도가 빠르다.
④ 쿨(cool) 미디어 스포츠는 메시지의 정의성이 낮다.

20. 스포츠 세계화의 특징으로 옳지 않은 것은?
① 스포츠 시장의 경계가 국경을 초월해 전 세계로 확대되었다.
② 모든 나라의 전통스포츠(folk sports)가 세계적으로 확대되었다.
③ 세계인이 표준화된 스포츠 상품과 스포츠 문화를 소비하게 되었다.
④ 프로스포츠 시장의 이윤 극대화로 빈익빈 부익부 현상이 심화되었다.

스포츠교육학 (22)

1. 스포츠기본법(시행 2022.2.11.)의 용어 정의에 관한 설명으로 옳지 않은 것은?

① '학교스포츠'란 건강과 체력 증진을 위하여 행하는 자발적이고 일상적인 스포츠 활동을 말한다.
② '스포츠산업'이란 스포츠와 관련된 재화와 서비스를 통하여 부가가치를 창출하는 산업을 말한다.
③ '장애인스포츠'란 장애인이 참여하는 스포츠 활동(생활스포츠와 전문스포츠를 포함한다)을 말한다.
④ '전문스포츠'란 「국민체육진흥법」 제2조 제4호에 따른 선수가 행하는 스포츠 활동을 말한다.

2. 〈보기〉의 ㉠, ㉡에 해당하는 취약계층 생활스포츠 지원사업이 바르게 연결된 것은?

〈보기〉

㉠ 스포츠복지 사회 구현의 일환으로 저소득층 유·청소년(만5세~18세)과 장애인(만12세~23세)에게 스포츠강좌 혜택을 받을 수 있는 일정 금액의 이용권을 제공하는 사업이다.
㉡ 소외계층 청소년을 대상으로 다양한 체육활동 참여기회를 제공함으로써 참여 형평성을 높이고 사회 적응력을 배양하는 것을 목적으로 시행되는 사업이다.

	㉠	㉡
①	여성체육활동 지원	국민체력100
②	국민체력100	스포츠강좌 이용권 지원
③	스포츠강좌 이용권 지원	행복나눔스포츠 교실 운영
④	행복나눔스포츠 교실 운영	여성체육활동 지원

3. 〈보기〉의 발달특성을 가진 대상을 위한 스포츠 프로그램 구성 시 고려사항으로 적절하지 않은 것은?

〈보기〉

- 신체적·정서적·사회적 발달이 뚜렷하다.
- 개인의 요구와 흥미가 뚜렷하게 나타난다.
- 2차 성징이 나타난다.

① 생활패턴 고려
② 개인의 요구와 흥미 고려
③ 정적운동 위주의 프로그램 구성
④ 스포츠 프로그램의 지속적 참여 고려

4. 〈보기〉에서 생활스포츠 프로그램의 교육목표 진술에 관한 설명으로 옳은 것만을 모두 고른 것은?

〈보기〉

㉠ 프로그램의 목표는 추상적으로 진술한다.
㉡ 학습 내용과 기대되는 행동을 동시에 진술한다.
㉢ 스포츠 참여자에게 기대하는 행동의 변화에 따라 동사를 다르게 진술한다.
㉣ 해당 스포츠 활동이 끝났을 때 참여자에게 나타난 최종 행동 변화 용어로 진술한다.

① ㉠, ㉡
② ㉢, ㉣
③ ㉠, ㉡, ㉢
④ ㉡, ㉢, ㉣

5. 〈보기〉의 교수 전략을 포함하는 체육수업모형은?

〈보기〉

- 모든 팀원은 자신의 팀에 할당된 과제를 익힌 후, 교사가 되어 다른 팀에게 자신이 학습한 내용을 지도한다.
- 각 팀원들이 서로 다른 내용을 배운 다음, 동일한 내용을 배운 사람끼리 모여 전문가 집단을 구성한다. 이들은 자신이 배운 내용을 공유하며, 원래 자신의 집단으로 돌아가 배운 것을 다른 팀원들에게 지도한다.

① 직접교수모형
② 개별화지도모형
③ 협동학습모형
④ 전술게임모형

6. 메츨러(M. Metzler)의 교수·학습 과정안(수업계획안) 작성 시 고려해야 할 구성요소 중 〈보기〉의 설명과 관련 있는 것은?

〈보기〉

- 학생의 흥미를 유발시킬 수 있는 수업 도입
- 과제 제시에 적합한 모형과 단서 사용
- 학생에게 방향을 제시할 과제 구조 설명
- 다양한 과제의 계열성과 진도(차시별)

① 학습 목표
② 수업 맥락의 간단한 기술
③ 시간과 공간의 배정
④ 과제 제시와 과제 구조

7. 〈보기〉에서 안전한 학습환경 유지에 관한 설명으로 옳은 것만을 모두 고른 것은?

〈보기〉

㉠ 위험한 상황이 예측되더라도 시작한 과제는 끝까지 수행한다.
㉡ 안전한 수업운영에 필요한 절차를 분명히 전달하고 상기시켜야 한다.
㉢ 사전에 안전 문제를 예측하고 교구·공간·학생 등을 학습에 도움이 되는 방향으로 배열 또는 배치한다.
㉣ 새로운 연습과제나 게임을 시작할 때 지도자는 학생들의 활동을 주시하고 적극적으로 감독한다.

① ㉠, ㉡
② ㉡, ㉢
③ ㉠, ㉢, ㉣
④ ㉡, ㉢, ㉣

8. 헬리슨(D. Hellison)이 제시한 개인적·사회적 책임감 수준과 사례가 적절하지 않은 것은?

	수준	사례
①	타인의 권리와 감정 존중	타인에 대해 상호 협력적이고 다른 학생들을 돕고자 한다.
②	참여와 노력	새로운 과제에 도전하며 노력하면 성공할 수 있다고 여긴다.
③	자기 방향 설정	지도자가 없는 상황에서도 자신이 수립한 목표를 달성한다.
④	일상생활로의 전이	체육 수업을 통해 학습한 배려를 일상생활에 실천한다.

9. 〈보기〉의 ㉠, ㉡에 해당하는 평가 방법을 바르게 연결한 것은?

〈보기〉

㉠ 수업 전 학습목표에 따른 참여자 수준을 결정하고, 학습과정에서 참여자가 계속적인 오류 상황을 발생시킬 때 적절한 의사결정을 하도록 한다.
㉡ 학생들에게 자신의 높이뛰기 목표와 운동계획을 수립하게 한 다음 육상 단원이 끝나는 시점에서 종합적 목표 달성여부 확인을 위해 평가를 실시한다.

	㉠	㉡
①	진단평가	형성평가
②	진단평가	총괄평가
③	형성평가	총괄평가
④	총괄평가	형성평가

10. 다음에 해당하는 평가기법에 대한 설명으로 옳지 않은 것은?

테니스 포핸드 스트로크 과정	운동수행
• 두 발이 멈춘 상태에서 스트로크를 시도하는가?	Y/N
• 몸통 회전을 충분히 활용하는가?	Y/N
• 임팩트까지 시선을 공에 고정하는가?	Y/N
• 팔로우스로우를 끝까지 유지하는가?	Y/N

① 쉽게 제작이 가능하며 사용이 편리하다.
② 운동수행과정의 질적 평가가 불가하다.
③ 어떤 사건이나 행동의 발생 여부를 신속히 확인할 때 주로 사용한다.
④ 관찰행동을 구체적으로 정의하고 그 행동의 발생 시점을 확인할 수 있다.

11. 학교체육진흥법(시행 2021.6.24.)**의 제10조에서 규정하고 있는 학교장의 역할에 관한 내용으로 옳지 않은 것은?**

① 학생들이 신체활동 프로그램에 참여할 수 있도록 학교스포츠클럽을 운영하여 학생들의 체육활동 참여기회를 확대하여야 한다.
② 학교스포츠클럽을 운영하는 경우 전문코치를 지정하여야 한다.
③ 학교스포츠클럽 활동 내용을 학교생활기록부에 기록하여 상급학교 진학자료로 활용할 수 있도록 하여야 한다.
④ 교육부령으로 정하는 바에 따라 일정 비율 이상의 학교스포츠클럽을 해당 학교의 여학생들이 선호하는 종목으로 운영하여야 한다.

12. 다음 ㉠~㉤에서 체육시설법 시행규칙(시행 2021.7.1.) **제22조 '체육지도자 배치기준'에 부합되는 것을 모두 고른 것은?**

체육시설업의 종류	규모	배치인원
㉠ 스키장업	- 슬로프 10면 이하 - 슬로프 10면 초과	1명 이상 2명 이상
㉡ 승마장업	- 말 20마리 이하 - 말 20마리 초과	1명 이상 2명 이상
㉢ 수영장업	- 수영조 바닥면적이 400m² 이하인 실내 수영장 - 수영장 바닥면적이 400m²를 초과하는 실내 수영장	1명 이상 2명 이상
㉣ 골프연습장업	- 20타석 이상 50타석 이하 - 50타석 초과	1명 이상 2명 이상
㉤ 체력단련장업	- 운동전용면적 200m² 이하 - 운동전용면적 200m² 초과	1명 이상 2명 이상

① ㉠, ㉡, ㉢, ㉣　② ㉠, ㉡, ㉣, ㉤
③ ㉠, ㉢, ㉣, ㉤　④ ㉡, ㉢, ㉣, ㉤

13. **국민체육진흥법**(시행 2021.6.9.)**에서 규정하는 생활스포츠지도사의 자격으로 옳지 않은 것은?**
① 체육지도자의 자격은 19세 이상인 사람에게 부여한다.
② 생활스포츠지도사는 1급, 2급으로 구분한다.
③ 2급 생활스포츠지도사는 2급 생활스포츠지도사 자격검정에 합격하고, 연수과정을 이수한 사람으로 한다.
④ 1급 생활스포츠지도사는 자격 종목의 2급 생활스포츠지도사 자격을 취득한 후 3년 이상 해당 자격 종목의 지도경력이 있는 사람으로 한다.

14. **〈보기〉의 ㉠, ㉡에 해당하는 단계가 바르게 연결된 것은?**

〈보기〉

마튼스(R. Martens)가 제시한 전문체육 프로그램 개발 6단계는 ㉠ ________, 선수 이해, 상황 분석, 우선순위 결정 및 목표 설정, ㉡ ________, 연습계획 수립이다.

	㉠	㉡
①	스포츠에 대한 이해	공간적 맥락 고려
②	선수 발달 단계에 대한 이해	전술 선택
③	선수단(훈련) 규모 설정	체력상태의 이해
④	선수에게 필요한 기술 파악	지도 방법 선택

15. **㉠, ㉡에 해당하는 용어가 바르게 연결된 것은?**

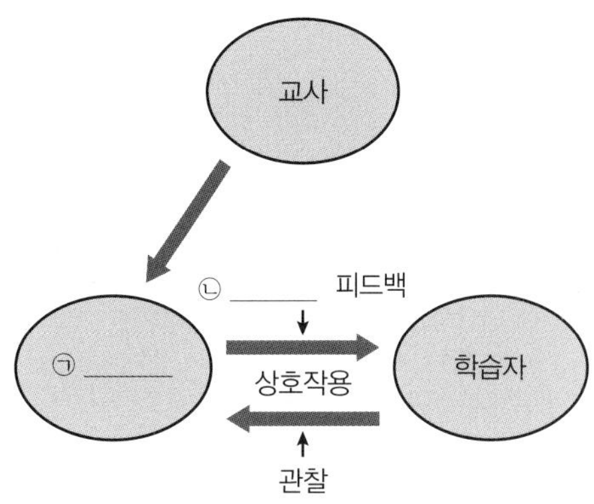

동료교수모형의 수업방식

	㉠	㉡
①	관찰자	교정적
②	개인교사	중립적
③	개인교사	교정적
④	교사	가치적

16. **그리핀**(L. Griffin), **미첼**(S. Mitchell), **오슬린**(J. Oslin)**의 이해중심게임모형에서 변형게임 구성 시 반영해야 할 2가지 핵심 개념은?**
① 전술과 난이도
② 연계성과 위계성
③ 공간의 특성과 학습자
④ 대표성과 과장성

17. **〈보기〉의 ㉠, ㉡에 해당하는 젠틸**(A. Gentile)**의 스포츠 기술이 바르게 연결된 것은?**

〈보기〉

㉠ ________은 환경의 변화나 상태에 의해 변화되는 기술을 말한다. ㉡ ________은 상대적으로 환경적 조건이 안정적이며 외부 조건이 대부분 변하지 않는 속성이 있다.

	㉠	㉡
①	개별기술	복합기술
②	개방기술	폐쇄기술
③	시작형 기술	세련형 기술
④	부분기술	전체기술

18. 〈보기〉와 같이 종목을 구분하는 근거로 적합한 것은?

〈보기〉

- 영역형 : 농구, 축구, 하키, 풋볼
- 네트형 : 배드민턴, 배구, 탁구
- 필드형 : 야구, 소프트볼, 킥볼
- 표적형 : 당구, 볼링, 골프

① 포지션의 수
② 게임전술의 전이 가능성
③ 기술(skill)의 특성
④ 선수의 수

19. 〈보기〉의 설명에 해당하는 피드백 유형은?

〈보기〉

- 모스턴(M. Mosston)이 제시한 피드백 유형이며, 사실적으로 행동을 기술한다.
- 판단이나 수정 지시를 하지 않으나, 피드백 진술의 의미를 변경할 수 있다.
- 다른 피드백 형태로 옮겨가는 특징을 가지고 있다.

① 교정적 피드백(corrective statements)
② 가치적 피드백(value statements)
③ 중립적 피드백(neutral statements)
④ 불분명한 피드백(ambiguous statements)

20. 링크(J. Rink)의 내용발달 단계가 순서대로 연결된 것은?

① 시작과제 – 확대과제 – 세련과제 – 적용과제
② 적용과제 – 시작과제 – 확대과제 – 세련과제
③ 세련과제 – 적용과제 – 시작과제 – 확대과제
④ 확대과제 – 세련과제 – 적용과제 – 시작과제

스포츠심리학 (33)

1. 〈보기〉는 레빈(K. Lewin, 1935)이 주장한 내용이다. ㉠, ㉡에 들어갈 개념으로 바르게 묶인 것은?

〈보기〉

- 인간의 행동은 (㉠)과 (㉡)에 의해 결정된다.
- (㉠)과 (㉡)의 상호작용으로 행동은 변화한다.

	㉠	㉡
①	개인(person)	환경(environment)
②	인지(cognition)	감정(affect)
③	감정(affect)	환경(environment)
④	개인(person)	인지(cognition)

2. 아동의 운동발달을 평가할 때 심리적 안정을 도모하기 위한 평가 방법으로 옳은 것은?

① 평가장소에 도착하면 환경에 대한 탐색 시간을 주지 말고 평가를 바로 진행한다.
② 아동의 평가 민감성을 높이기 위해 평가라는 단어를 강조한다.
③ 운동 도구를 사용하여 평가할 때 탐색할 기회를 제공한다.
④ 아동과 공감대를 형성하지 않는다.

3. 〈보기〉에 제시된 일반화된 운동프로그램(Generalized Motor Program: GMP)에 관한 설명으로 바르게 묶인 것은?

〈보기〉

㉠ 인간의 운동은 자기조직(self-organization)과 비선형성(nonlinear)의 원리에 의해 생성되고 변화한다.
㉡ 불변매개변수(invariant parameter)에는 요소의 순서(order of element), 시상(phasing), 상대적인 힘(relative force)이 포함된다.
㉢ 가변매개변수(variant parameter)에는 전체 동작지속시간(overall duration), 힘의 총량(overall force), 선택된 근육군(selected muscles)이 포함된다.
㉣ 환경정보에 대한 지각 그리고 동작의 관계(perception-action coupling)를 강조한다.

① ㉠, ㉡ ② ㉠, ㉢
③ ㉡, ㉢ ④ ㉢, ㉣

4. 〈보기〉에서 설명하는 개념은?

〈보기〉

• 자극반응 대안 수가 증가할수록 선택반응 시간도 증가한다.
• 투수가 직구와 슬라이더 구종에 커브 구종을 추가하여 무작위로 섞어 던졌을 때 타자의 반응시간이 길어졌다.

① 피츠의 법칙(Fitts' law)
② 파워 법칙(power law)
③ 임펄스 가변성 이론(impulse variability theory)
④ 힉스의 법칙(Hick's law)

5. 〈보기〉에 제시된 번스타인(N. Bernstein)의 운동학습 단계에 대한 설명으로 바르게 묶인 것은?

〈보기〉

㉠ 스케이트를 탈 때 고관절, 슬관절, 발목관절을 활용하여 추진력을 갖게 한다.
㉡ 체중 이동을 통해 추진력을 확보하며 숙련된 동작을 실행하게 한다.
㉢ 스케이트를 신고 고관절, 슬관절, 발목관절을 하나의 단위체로 걷게 한다.

	㉠	㉡	㉢
①	자유도 풀림	반작용 활용	자유도 고정
②	반작용 활용	자유도 풀림	자유도 고정
③	자유도 풀림	자유도 고정	반작용 활용
④	반작용 활용	자유도 고정	자유도 풀림

6. 레이데크와 스미스(T. Raedeke & A. Smith, 2001)의 운동선수 탈진 질문지(Athlete Burnout Questionnaire: ABQ)의 세 가지 측정 요인이 아닌 것은?

① 성취감 저하(reduced sense of accomplishment)
② 스포츠 평가절하(sport devaluation)
③ 경쟁상태불안(competitive state anxiety)
④ 신체적/정서적 고갈(physical, emotional exhaustion)

7. 웨이스와 아모로스(M. Weiss & A. Amorose, 2008)가 제시한 스포츠 재미(sport enjoyment)의 영향 요인으로 옳지 않은 것은?

① 인지능력
② 사회적 소속
③ 동작 자체의 감각 체험
④ 숙달과 성취

8. 〈보기〉에 제시된 도식이론(schema theory)에 관하여 옳은 설명으로 묶인 것은?

〈보기〉

㉠ 빠른 움직임과 느린 움직임을 구분하여 설명한다.
㉡ 재인도식은 피드백 정보가 없는 빠른 운동을 조절하는 역할을 한다.
㉢ 회상도식은 과거의 실제결과, 감각귀결, 초기조건의 관계를 바탕으로 형성된다.
㉣ 200ms 이상의 시간이 필요한 느린 운동과제의 제어에는 회상도식과 재인도식이 모두 동원된다.

① ㉠, ㉡
② ㉡, ㉢
③ ㉠, ㉣
④ ㉢, ㉣

9. 〈보기〉에 제시된 심리적 불응기(Psychological Refractory Period: PRP)에 관하여 옳은 설명으로 묶인 것은?

〈보기〉

㉠ 1차 자극에 대한 반응을 수행하고 있을 때 2차 자극을 제시할 경우, 2차 자극에 대해 반응시간이 느려지는 현상이다.
㉡ 1차 자극과 2차 자극간의 시간차가 10ms 이하로 매우 짧을 때 나타난다.
㉢ 페이크(fake) 동작의 사용 빈도를 높일 때 효과적이다.
㉣ 1차와 2차 자극을 하나의 자극으로 간주하는 현상을 집단화라고 한다.

① ㉠, ㉡
② ㉡, ㉢
③ ㉢, ㉣
④ ㉠, ㉣

10. 인간 발달의 특징에 관한 설명으로 옳지 않은 것은?

① 개인적 측면은 발달에 영향을 미치는 요인이 개인마다 달라서 나타나는 현상이다.
② 다차원적 측면은 개인의 신체적·정서적 특성과 같은 내적 요인 그리고 사회 환경과 같은 외적 요인으로 나눌 수 있다.
③ 계열적 측면은 기기와 서기의 단계를 거친 후에야 자신의 힘으로 스스로 걸을 수 있게 되는 것이다.
④ 질적 측면은 현재 나타나고 있는 움직임 양식이 과거 움직임의 경험이 축적되어 나타나는 것이다.

11. 시각탐색에 사용되는 안구 움직임의 형태로 옳지 않은 것은?

① 지각의 협소화(perceptual narrowing)
② 부드러운 추적 움직임(smooth pursuit movement)
③ 전정안구반사(vestibulo-ocular reflex)
④ 빠른 움직임(saccadic movement)

12. 〈보기〉에 제시된 불안과 운동수행의 관계를 설명하는 이론은?

〈보기〉

• 선수가 불안을 어떻게 '해석'하느냐에 따라 운동수행이 달라질 수 있다.
• 선수는 각성이 높은 상태를 기분 좋은 흥분상태로 해석할 수도 있지만 불쾌한 불안으로 해석할 수도 있다.

① 역U가설(inverted-U hypothesis)
② 전환이론(reversal theory)
③ 격변이론(catastrophe theory)
④ 적정기능지역이론(zone of optimal functioning theory)

13. 〈보기〉의 ㉠과 ㉡에 들어갈 알맞은 용어는?

〈보기〉

- (㉠)은 불안을 감소시키기 위해 자기최면을 사용하여 무거움과 따뜻함을 실제처럼 느끼도록 유도하는 방법이다.
- (㉡)은/는 불안을 유발하는 자극의 목록을 작성한 후, 하나씩 차례로 적용하여 유발 감각 자극에 대한 민감도를 줄여 불안 수준을 감소시키는 방법이다.

	㉠	㉡
①	바이오피드백 (biofeedback)	체계적 둔감화 (systematic desensitization)
②	자생훈련 (autogenic training)	바이오피드백 (biofeedback)
③	점진적 이완 (progressive relexation)	바이오피드백 (biofeedback)
④	자생훈련 (autogenic training)	체계적 둔감화 (systematic desensitization)

14. 와이너(B. Weiner)의 경기 승패에 대한 귀인 이론에 관한 설명으로 옳지 않은 것은?

① 노력은 내적이고 불안정하며 통제 가능한 요인이다.
② 능력은 내적이고 안정적이며 통제 불가능한 요인이다.
③ 운은 외적이고 불안정하며 통제 불가능한 요인이다.
④ 과제난이도는 외적이고 불안정하며 통제할 수 있는 요인이다.

15. 〈보기〉에 제시된 심상에 대한 이론과 설명이 바르게 묶인 것은?

〈보기〉

㉠ 심리신경근 이론에 따르면 심상을 하는 동안에 실제 동작에서 발생하는 근육의 전기 반응과 유사한 전기 반응이 근육에서 발생한다.
㉡ 상징학습 이론에 따르면 심상은 인지과제(바둑)보다 운동과제(역도)에서 더 효과적이다.
㉢ 생물정보 이론에 따르면 심상은 상상해야 할 상황 조건인 자극전제와 심상의 결과로 일어나는 반응전제로 구성된다.
㉣ 상징학습 이론에 따르면 생리적 반응과 심리 반응을 함께하면 심상의 효과는 낮아진다.

① ㉠, ㉡
② ㉠, ㉢
③ ㉡, ㉢
④ ㉢, ㉣

16. 〈보기〉에 제시된 첼라드라이(P. Chelladerai)의 다차원리더십 모델에 관한 설명으로 옳게 묶인 것은?

〈보기〉

㉠ 리더의 특성은 리더의 실제 행동에 영향을 준다.
㉡ 규정 행동은 선수에게 규정된 행동을 말한다.
㉢ 선호 행동은 리더가 선호하거나 바라는 선수의 행동을 말한다.
㉣ 리더의 실제 행동과 선수의 선호 행동이 다르면 선수의 만족도가 낮아진다.

① ㉠, ㉡
② ㉠, ㉣
③ ㉡, ㉢
④ ㉢, ㉣

17. 〈보기〉에서 설명하는 운동심리 이론(모형)은?

〈보기〉

- 지역사회가 여성 전용 스포츠 센터를 확충한다.
- 정부가 운동 참여에 대한 인센티브 정책을 수립한다.
- 가정과 학교에서 운동 참여를 지지해주는 분위기를 만든다.

① 사회생태모형(social ecological model)
② 합리적행동이론(theory of reasoned action)
③ 자기효능감이론(self-efficacy theory)
④ 자결성이론(self-determination theory)

18. 프로차스카(J. O. Prochaska)의 운동변화단계모형(Transtheoretical Model)에 관한 설명으로 옳은 것은?

① 변화 단계와 자기효능감과의 관계는 U자 형태다.
② 인지적·행동적 변화과정을 통해 운동 단계가 변화한다.
③ 변화 단계가 높아짐에 따라 운동에 대해 기대할 수 있는 혜택은 점진적으로 감소한다.
④ 무관심 단계는 현재 운동에 참여하지 않지만, 6개월 이내에 운동을 시작할 의도가 있다.

19. 한국스포츠심리학회가 제시한 스포츠 심리상담사 상담윤리에 대한 설명으로 옳지 <u>않은</u> 것은?

① 스포츠심리상담사는 자신의 전문영역과 한계영역을 명확하게 인식해야 한다.
② 스포츠심리상담사는 상담 과정에서 얻은 정보를 이용할 때 고객과 미리 상의해야 한다.
③ 스포츠심리상담사는 상담 효과를 알리기 위해 상담에 참여한 사람으로부터 좋은 평가나 소감을 요구해야 한다.
④ 스포츠심리상담사는 타인에게 역할을 위임할 때는 전문성이 있는 사람에게만 위임하여야 하며 그 타인의 전문성을 확인해야 한다.

20. 〈보기〉에 제시된 폭스(K. Fox)의 위계적 신체적 자기개념 가설(hypothesized hierarchical organization of physical self-perception)에 관한 설명으로 바르게 묶인 것은?

〈보기〉

㉠ 신체적 컨디션은 매력적 신체를 유지하는 능력이다.
㉡ 신체적 자기 가치는 전반적 자기존중감의 상위영역에 속한다.
㉢ 신체 매력과 신체적 컨디션은 신체적 자기 가치의 하위영역에 속한다.
㉣ 스포츠 유능감은 스포츠 능력과 스포츠 기술 학습 능력에 대한 자신감이다.

① ㉠, ㉡
② ㉠, ㉢
③ ㉡, ㉣
④ ㉢, ㉣

한국체육사 (44)

1. 체육사에 관한 설명으로 옳지 않은 것은?

① 연구대상은 시간, 인간, 공간 등이 고려된다.
② 체육과 스포츠를 역사적 방법으로 연구하는 학문이다.
③ 연구내용은 스포츠문화사, 전통스포츠사 등을 포함한다.
④ 체육과 스포츠의 도덕적 가치판단에 대한 근거를 탐구한다.

2. 〈보기〉에서 체육사 연구의 사료(史料)에 관한 설명으로 옳은 것만을 모두 고른 것은?

〈보기〉

㉠ 기록 사료는 문헌 사료와 구전 사료가 있다.
㉡ 물적 사료는 물질적 유산인 유물과 유적이 있다.
㉢ 기록 사료 중 민요, 전설, 시가, 회고담 등은 문헌 사료이다.
㉣ 전통적인 분류 방식에 따르면, 물적 사료와 기록 사료로 구분된다.

① ㉠, ㉡　② ㉡, ㉢
③ ㉠, ㉡, ㉣　④ ㉡, ㉢, ㉣

3. 부족국가와 삼국시대의 신체활동이 포함된 제천의식에 관한 설명으로 옳지 않은 것은?

① 신라 – 가배
② 부여 – 동맹
③ 동예 – 무천
④ 마한 – 10월제

4. 〈보기〉에서 화랑도에 관한 설명으로 옳은 것만을 모두 고른 것은?

〈보기〉

㉠ 법흥왕 때에 종래 화랑도 제도를 개편하여 체계화되었다.
㉡ 한국의 전통사상과 세속오계(世俗五戒)를 근간으로 두었다.
㉢ 국선도(國仙徒), 풍류도(風流徒), 원화도(源花徒)라고도 불리었다.
㉣ 편력(遍歷), 입산수행(入山修行), 주행천하(周行天下) 등의 활동을 했다.

① ㉠, ㉡　② ㉡, ㉢
③ ㉠, ㉡, ㉣　④ ㉡, ㉢, ㉣

5. 〈보기〉의 ㉠에 해당하는 용어는?

〈보기〉

『구당서(舊唐書)』에 따르면, "고구려의 풍속은 책 읽기를 좋아하며, 허름한 서민의 집에 이르기까지 거리에 큰 집을 지어 이를 (㉠) 이라고 하고, 미혼의 자제들이 여기에서 밤낮으로 독서하고 활쏘기를 익힌다."라고 되어 있다.

① 태학　② 경당
③ 향교　④ 학당

6. 고려시대의 무학(武學) 전문 강좌인 강예재(講藝齋)가 개설된 교육기관은?

① 국자감(國子監)
② 성균관(成均館)
③ 응방도감(鷹坊都監)
④ 오부학당(五部學堂)

7. 〈보기〉에서 고려시대 무예의 특징으로 옳은 것만을 모두 고른 것은?

〈보기〉

㉠ 격구(擊毬)는 군사훈련의 수단이었다.
㉡ 수박희(手搏戱)는 무인 인재 선발의 중요한 방법이었다.
㉢ 마술(馬術)은 육예(六藝) 중 어(御)에 속하며, 군자의 중요한 덕목 중 하나였다.
㉣ 궁술(弓術)은 문인과 무인의 심신수양과 인격도야의 방법으로 중시되었다.

① ㉠ ② ㉡, ㉢
③ ㉡, ㉢, ㉣ ④ ㉠, ㉡, ㉢, ㉣

8. 조선시대 무과제도에 관한 설명으로 옳지 않은 것은?

① 초시, 복시, 전시 3단계로 실시되었다.
② 무과는 강서와 무예 시험으로 구성되었다.
③ 증광시, 별시, 정시는 비정규적으로 실시되었다.
④ 선발 정원은 제한이 없었으며, 누구나 응시할 수 있었다.

9. 〈보기〉에 해당하는 신체활동은?

〈보기〉

- 군사훈련의 성격을 지니고 실시된 무예 활동
- 조선시대 왕이나 양반 또는 대중에게 볼거리 제공
- 나라의 풍속으로 단오절이나 명절에 행해졌던 활동
- 승부를 결정 짓는 놀이로서 신체적 탁월성을 추구하는 경쟁적 활동

① 투호(投壺)
② 저포(樗蒲)
③ 석전(石戰)
④ 위기(圍碁)

10. 〈보기〉에서 조선시대 체육사상에 관한 설명으로 옳은 것만을 모두 고른 것은?

〈보기〉

㉠ 유교의 영향으로 숭문천무(崇文賤武) 사상이 만연했다.
㉡ 심신 수련으로 활쏘기가 중시되었고, 학사사상(學射思想)이 강조되었다.
㉢ 활쏘기를 통해서 문무겸전(文武兼全) 혹은 문무겸일(文武兼一)에 도달하고자 했다.
㉣ 국토 순례를 통해 조선에 대한 애국심을 가지게 하는 불국토사상(佛國土思想)이 중시되었다.

① ㉠, ㉡ ② ㉡, ㉢
③ ㉠, ㉡, ㉢ ④ ㉡, ㉢, ㉣

11. 일제강점기에 설립된 체육 단체가 아닌 것은?

① 대한국민체육회(大韓國民體育會)
② 관서체육회(關西體育會)
③ 조선체육협회(朝鮮體育協會)
④ 조선체육회(朝鮮體育會)

12. 〈보기〉의 ㉠, ㉡에 해당하는 여성 스포츠인이 바르게 연결된 것은?

〈보기〉

- 박봉식은 1948년 런던올림픽경기대회에 출전한 첫 여성 원반 던지기 선수
- (㉠)은/는 1967년 세계여자농구선수권대회에 출전해 최우수선수로 선정
- (㉡)은/는 2010년 밴쿠버동계올림픽경기대회에 출전해 피겨스케이팅 금메달 획득

	㉠	㉡
①	박신자	김연아
②	김옥자	김연아
③	박신자	김옥자
④	김옥자	박신자

13. 〈보기〉의 ㉠, ㉡에 해당하는 개최지가 바르게 연결된 것은?

〈보기〉

우리나라는 1986년 서울아시아경기대회, 2002년 (㉠) 아시아경기대회, 2014년 (㉡) 아시아경기대회를 성공적으로 개최했다.

	㉠	㉡
①	인천	부산
②	부산	인천
③	평창	충북
④	충북	평창

14. 〈보기〉에 해당하는 인물은?

〈보기〉

- 제6회, 제7회 아시아경기대회에서 수영 종목 400 M, 1,500 M 2관왕 2연패
- 2008년 독도 33바퀴 회영(回泳)
- 2020년 스포츠영웅으로 선정되어 2021년 국립묘지에 안장

① 조오련 ② 민관식
③ 김일 ④ 김성집

15. 개화기에 도입된 근대스포츠 종목으로 옳지 않은 것은?

① 농구 ② 역도
③ 야구 ④ 육상

16. 광복 이전 조선체육회에 관한 설명으로 옳지 않은 것은?

① 조선체육협회보다 먼저 창립되었다.
② 조선의 체육을 지도, 장려하는 것이 목적이었다.
③ 첫 사업인 제1회 전조선야구대회는 전국체육대회의 효시이다.
④ 고려구락부를 모태로 하였고, 조선체육협회에 강제 통합되었다.

17. 〈보기〉에서 설명하는 올림픽경기대회는?

〈보기〉

- 우리 민족이 일장기를 달고 출전한 대회
- 마라톤의 손기정이 금메달, 남승룡이 동메달을 획득한 대회

① 1924년 제8회 파리올림픽경기대회
② 1928년 제9회 암스테르담올림픽경기대회
③ 1932년 제10회 로스앤젤레스올림픽경기대회
④ 1936년 제11회 베를린올림픽경기대회

18. 〈보기〉의 ㉠, ㉡에 들어갈 알맞은 용어로 바르게 연결된 것은?

〈보기〉

- (㉠)경기대회는 우리나라 여성이 최초로 금메달을 획득한 대회로, 서향순이 양궁 개인전에서 금메달을 획득했다.
- (㉡)경기대회는 우리나라가 광복 후 최초로 마라톤에서 금메달을 획득한 대회로, 황영조가 마라톤에서 금메달을 획득했다.

	㉠	㉡
①	1984년 로스앤젤레스올림픽	1988년 서울올림픽
②	1984년 로스앤젤레스올림픽	1992년 바르셀로나올림픽
③	1988년 서울올림픽	1988년 서울올림픽
④	1988년 서울올림픽	1992년 바르셀로나올림픽

19. 〈보기〉의 설명과 관련 있는 정권은?

〈보기〉

- 호돌이 계획 시행
- 국민생활체육회(구 국민생활체육협의회) 창설
- 1988년 서울올림픽경기대회의 성공적인 개최
- 제41회 지바 세계탁구선수권대회 남북단 일팀 출전

① 박정희 정권
② 전두환 정권
③ 노태우 정권
④ 김영삼 정권

20. 2002년 제17회 월드컵축구대회에 관한 설명으로 옳지 않은 것은?
① 한국은 4강에 진출했다.
② 한국과 일본이 공동으로 개최했다.
③ 한국과 북한이 단일팀을 구성하여 출전했다.
④ 한국의 길거리 응원은 온 국민 문화축제의 장이었다.

운동생리학 (55)

1. 〈보기〉에서 설명하는 트레이닝의 원리는?

〈보기〉

- 트레이닝의 효과는 운동에 동원된 근육에서만 발생한다.
- 근력 향상을 위해서는 저항성 트레이닝이 적합하다.

① 특이성의 원리
② 가역성의 원리
③ 과부하의 원리
④ 다양성의 원리

2. 체온 저하 시 생리적 반응으로 적절한 것은?
① 심박수 증가
② 피부혈관 확장
③ 땀샘의 땀 분비 증가
④ 골격근 떨림(shivering) 증가

3. 지구성 트레이닝 후 최대 동-정맥 산소차(maximal arterial-venous oxygen difference) 증가에 기여하는 요인으로 적절하지 않은 것은?
① 미토콘드리아 크기 증가
② 미토콘드리아 수 증가
③ 모세혈관 밀도 감소
④ 총 혈액량 증가

4. 〈보기〉에서 운동유발성 근육경직(exercise-associated muscle cramps)을 방지하기 위한 방법으로 적절한 것을 모두 고른 것은?

〈보기〉

㉠ 발생하기 쉬운 근육을 규칙적으로 스트레칭 한다.
㉡ 필요 시 운동 강도와 지속 시간을 감소시킨다.
㉢ 수분과 전해질의 균형을 유지한다.
㉣ 탄수화물 저장량을 낮춘다.

① ㉠　② ㉠, ㉡
③ ㉠, ㉡, ㉢　④ ㉠, ㉡, ㉢, ㉣

5. 1회 박출량(stroke volume)에 관한 설명으로 적절하지 않은 것은?

① 심실 수축력이 증가하면 1회 박출량은 증가한다.
② 평균 동맥혈압이 감소하면 1회 박출량은 증가한다.
③ 심장으로 돌아오는 정맥혈 회귀(venous return)가 감소하면 1회 박출량은 감소한다.
④ 수축기말 용적(end-systolic volume)에서 확장기말 용적(end-diastolic volume)을 뺀 값이다.

6. 〈보기〉에서 설명하는 중추신경계 기관은?

〈보기〉

• 시상과 시상하부로 구성된다.
• 시상은 감각을 통합·조절한다.
• 시상하부는 심박수와 심장 수축, 호흡, 소화, 체온, 식욕 및 음식섭취를 조절한다.

① 간뇌(diencephalon)
② 대뇌(cerebrum)
③ 소뇌(cerebellum)
④ 척수(spinal cord)

7. 직립 상태에서 폐-혈액 간 산소확산 능력은 안정 시와 비교하여 운동 시 증가한다. 이에 기여하는 요인으로 적절한 것은?

① 폐포와 모세혈관 사이의 호흡막(respiratory membrane) 두께 증가
② 증가한 혈압으로 인한 폐 윗부분(상층부)으로의 혈류량 증가
③ 폐정맥 혈액 내 높은 산소분압
④ 폐동맥 혈액 내 높은 산소분압

8. 건강체력 요소 측정으로만 나열되지 않는 것은?

① 오래달리기 측정, 생체전기저항분석(bio electric impedance analysis)
② 앉아윗몸앞으로굽히기 측정, 윗몸일으키기 측정
③ 배근력 측정, 제자리높이뛰기 측정
④ 팔굽혀펴기 측정, 악력 측정

9. 운동하는 근육으로의 혈류량을 증가시키는 국소적 내인성(intrinsic) 자율조절 요소로 적절하지 않은 것은?

① 수소이온, 이산화탄소, 젖산 등 대사 부산물
② 부신수질로부터 분비된 카테콜아민(catecholamine)
③ 혈관 벽에 작용하는 압력에 따른 근원성(myogenic) 반응
④ 혈관내피세포(endothelial cell)에서 생성된 산화질소, 프로스타글랜딘(prostaglandin), 과분극인자(hyperpolarizing factor)

10.〈보기〉의 ㉠~㉢에 들어갈 용어가 바르게 나열된 것은?

〈보기〉

【근육수축 과정】
- 골격근막의 활동전위는 가로세관(T-tubule)을 타고 이동하여 근형질세망(sarcoplasmic reticulum)으로부터 (㉠) 유리를 자극한다.
- 유리된 (㉠)은 액틴(actin) 세사의 (㉡)에 결합하고, (㉡)은 (㉢)을 이동시켜 마이오신(myosin) 머리가 액틴과 결합할 수 있도록 한다.

	㉠	㉡	㉢
①	칼륨	트로포닌	트로포마이오신
②	칼슘	트로포마이오신	트로포닌
③	칼륨	트로포마이오신	트로포닌
④	칼슘	트로포닌	트로포마이오신

11.〈그림〉은 폐활량계를 활용하여 측정한 폐용적(량)을 나타낸 것이다. ㉠~㉣에서 안정 시와 비교하여 운동 시 변화에 대한 설명으로 적절한 것은?

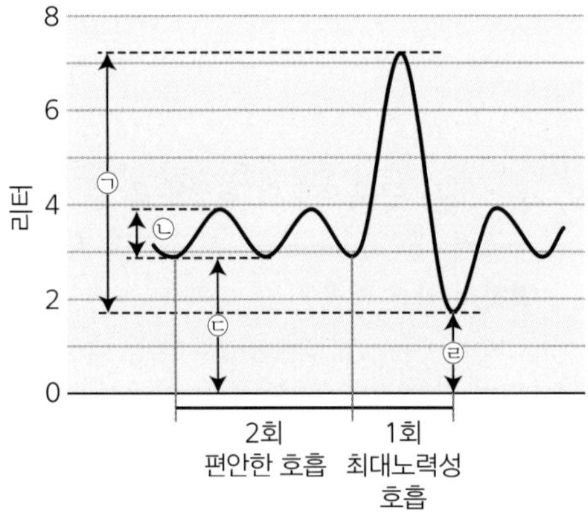

① ㉠ : 증가
② ㉡ : 감소
③ ㉢ : 감소
④ ㉣ : 증가

12.〈보기〉 중 저항성 트레이닝 후 생리적 적응으로 적절한 것을 모두 고른 것은?

〈보기〉

㉠ 골 무기질 함량 증가
㉡ 액틴(actin) 단백질 양 증가
㉢ 시냅스(synapse) 소포 수 감소
㉣ 신경근접합부(neuromuscular junction) 크기 감소

① ㉠　② ㉠, ㉡
③ ㉠, ㉡, ㉢　④ ㉠, ㉡, ㉢, ㉣

13.〈보기〉 중 지구성 트레이닝 후 1회 박출량(stroke volume) 증가에 기여하는 요인으로 적절한 것만 나열된 것은?

〈보기〉

㉠ 동일한 절대 강도 운동 시 확장기말 용적(end-diastolic volume) 감소
㉡ 동일한 절대 강도 운동 시 수축기말 용적(end-systolic volume) 증가
㉢ 동일한 절대 강도 운동 시 확장기(diastolic) 혈액 충만 시간 증가
㉣ 동일한 절대 강도 운동 시 심박수 감소

① ㉠, ㉡　② ㉠, ㉢
③ ㉡, ㉢　④ ㉢, ㉣

14.〈보기〉의 ㉠, ㉡에 들어갈 내용이 바르게 나열된 것은?

〈보기〉

- 골격근의 신장성 수축은 수축 속도가 (㉠) 더 큰 힘이 생성된다.
- 동일 골격근에서 단축성 수축은 신장성 수축에 비해 같은 속도에서 더 (㉡) 힘이 생성된다.

	㉠	㉡
①	빠를수록	작은
②	느릴수록	작은
③	느릴수록	큰
④	빠를수록	큰

15. 혈액순환 시 혈압의 감소가 가장 크게 발생하는 혈관은?

① 모세혈관(capillary)
② 세동맥(arteriole)
③ 세정맥(venule)
④ 대동맥(aorta)

16. 스프린트 트레이닝 후 나타나는 생리적 적응이 바르게 나열된 것은?

① 속근 섬유 비대-해당과정을 통한 ATP 생산능력 향상
② 지근 섬유 비대-해당과정을 통한 ATP 생산능력 향상
③ 속근 섬유 비대-해당과정을 통한 ATP 생산능력 저하
④ 지근 섬유 비대-해당과정을 통한 ATP 생산능력 저하

17. 〈보기〉의 ㉠, ㉡에 들어갈 용어가 바르게 나열된 것은?

〈보기〉

지방의 베타(β)산화는 중성지방으로부터 분리된 (㉠)이 미토콘드리아 내에서 여러 단계를 거쳐 (㉡)(으)로 전환되는 과정을 뜻한다.

	㉠	㉡
①	유리지방산 (free fatty acid)	아세틸 조효소-A (Acetyl CoA)
②	유리지방산 (free fatty acid)	젖산 (lactic acid)
③	글리세롤 (glycerol)	아세틸 조효소-A (Acetyl CoA)
④	글리세롤 (glycerol)	젖산 (lactic acid)

18. 〈보기〉의 ㉠, ㉡에 들어갈 용어가 바르게 나열된 것은?

〈보기〉

운동 시 교감신경계가 활성화되면, 골격근으로의 혈류량은 (㉠)하고 내장기관으로의 혈류량은 (㉡)한다.

	㉠	㉡
①	감소	증가
②	감소	감소
③	증가	감소
④	증가	증가

19. 〈보기〉 중 적절한 것으로만 나열된 것은?

〈보기〉

㉠ 인슐린(insulin)은 혈당을 증가시킨다.
㉡ 성장호르몬(growth hormone)은 단백질 합성을 감소시킨다.
㉢ 에리스로포이에틴(erythropoietin)은 적혈구 생산을 촉진시킨다.
㉣ 항이뇨호르몬(antidiuretic hormone)은 수분 손실을 감소시킨다.

① ㉠, ㉡　　② ㉠, ㉢
③ ㉡, ㉣　　④ ㉢, ㉣

20. 〈그림〉은 막전위의 변화를 나타낸 것이다. ㉠~㉣ 중 탈분극(depolarization)에 해당하는 시점은?

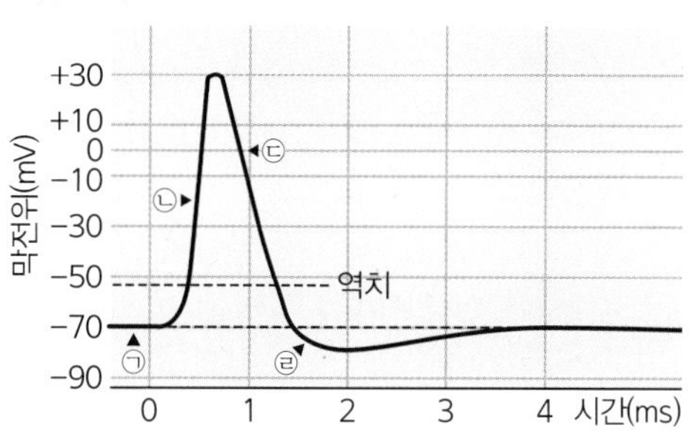

① ㉠　　② ㉡
③ ㉢　　④ ㉣

운동역학 (66)

1. **운동역학(Sports Biomechanics) 연구의 목적과 내용이 아닌 것은?**
   ① 동작분석
   ② 운동장비 개발
   ③ 부상 기전 규명
   ④ 운동 유전자 검사

2. **인체의 움직임을 표현하는 용어로 옳지 않은 것은?**
   ① 굽힘(굴곡, flexion)은 관절을 형성하는 뼈들이 이루는 각이 작아지는 움직임이다.
   ② 폄(신전, extension)은 관절을 형성하는 뼈들이 이루는 각이 커지는 움직임이다.
   ③ 벌림(외전, abduction)은 뼈의 세로축이 신체의 중심선으로 가까워지는 움직임이다.
   ④ 발등굽힘(배측굴곡, dorsi flexion)은 발등이 정강이뼈(경골, tibia) 앞쪽으로 향하는 움직임이다.

3. **인체의 무게중심에 관한 설명으로 옳지 않은 것은?**
   ① 무게중심의 높이는 안정성에 영향을 준다.
   ② 무게중심은 인체를 벗어나 위치할 수 없다.
   ③ 무게중심은 토크(torque)의 합이 '0'인 지점이다.
   ④ 무게중심의 위치는 자세의 변화에 따라 달라진다.

4. **〈그림〉에서 인체 지레의 구성으로 바르게 묶인 것은?**

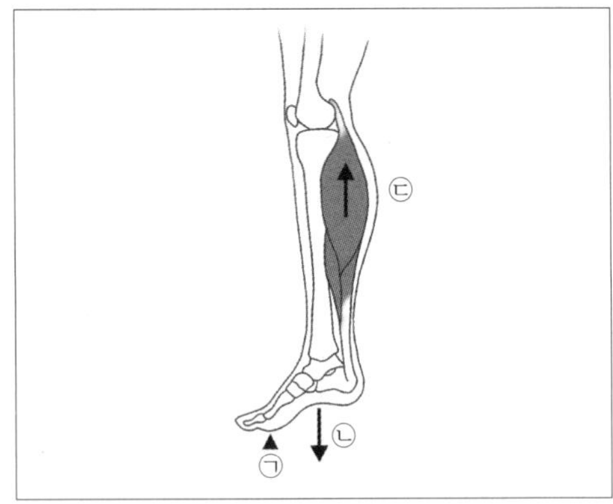

	㉠	㉡	㉢
①	받침점	힘점	저항점
②	저항점	받침점	힘점
③	받침점	저항점	힘점
④	힘점	저항점	받침점

5. **운동학적(kinematic) 및 운동역학적(kinetic) 변인에 대한 설명으로 옳지 않은 것은?**
   ① 질량(mass)은 크기만을 갖는 물리량이다.
   ② 시간(time)은 크기만을 갖는 물리량이다.
   ③ 힘(force)은 크기만을 갖는 물리량이다.
   ④ 거리(distance)는 시작점에서 끝점까지 이동한 궤적의 총합으로 크기만을 갖는 물리량이다.

6. 각운동에 대한 설명으로 옳지 않은 것은?
① 각속도(angular velocity)는 각변위를 소요시간으로 나눈 값이다.
② 각가속도(angular acceleration)는 각속도의 변화를 소요시간으로 나눈 값이다.
③ 1라디안(radian)은 원(circle)에서 반지름과 호의 길이가 같을 때의 각으로 57.3°이다.
④ 시계 방향으로 회전된 각변위(angular displacement)는 양(+)의 값으로 나타내고, 반시계 방향으로 회전된 각변위는 음(−)의 값으로 나타낸다.

7. 투사체 운동에 대한 설명으로 옳은 것은? (단, 공기저항은 고려하지 않음)
① 투사체에 작용하는 외력은 존재하지 않는다.
② 투사체의 수평속도는 초기속도의 수평성분과 크기가 같다.
③ 투사체의 수직속도는 9.8 m/s로 일정하다.
④ 투사높이와 착지높이가 같을 경우, 38.5°의 투사각도로 던질 때 최대의 수평거리를 얻을 수 있다.

8. 골프 스윙 동작에서 임팩트 시 클럽헤드의 선속도를 증가시키는 방법으로 옳지 않은 것은?
① 스윙 탑에서부터 어깨관절을 축으로 회전반지름을 최대한 크게 해서 빠른 몸통회전을 유도한다.
② 임팩트 전까지 손목 코킹(cocking)을 최대한 유지하여 빠른 몸통회전을 유도한다.
③ 임팩트 시점에는 팔꿈치를 펴서 회전반지름을 증가시킨다.
④ 임팩트 시점에는 언코킹(uncocking)을 통해 회전반지름을 증가시킨다.

9. 힘(force)의 개념에 대한 설명으로 옳지 않은 것은?
① 힘의 단위는 N(Newton)이다.
② 힘은 합성과 분해가 가능하다.
③ 힘이 작용한 반대 방향으로 가속도가 발생한다.
④ 힘의 크기가 증가하면 그 힘을 받는 물체의 가속도가 증가한다.

10. 압력과 충격량에 관한 설명 중 옳지 않은 것은?
① 유도에서 낙법은 신체가 지면에 닿는 면적을 넓혀 압력을 증가시키는 기술이다.
② 권투에서 상대방의 주먹을 비켜 맞도록 동작을 취하여 신체가 받는 압력을 감소시킨다.
③ 높은 곳에서 뛰어내릴 때 무릎관절 굽힘을 통해 충격 받는 시간을 늘리면 신체에 가해지는 충격력의 크기는 감소된다.
④ 골프 클럽헤드와 볼의 접촉구간에서 충격력을 유지하면서 접촉시간을 증가시키면 충격량은 증가하게 된다.

11. 마찰력(Ff)에 대한 설명으로 옳은 것은?
① 아스팔트 도로에서 마찰계수는 구름 운동보다 미끄럼 운동일 때 더 작다.
② 마찰력은 물체 표면에 수직으로 작용하는 힘과 관계가 있다.
③ 최대정지마찰력은 운동마찰력보다 작다.
④ 마찰력은 물체의 이동 방향과 같은 방향으로 작용한다.

12. 양력에 대한 설명으로 옳지 않은 것은?

① 양력은 물체가 이동하는 방향의 반대 방향으로 작용한다.
② 양력은 베르누이 원리(Bernoulli principle)로 설명된다.
③ 양력은 형태의 비대칭성, 회전(spin) 등에 의해 발생한다.
④ 양력은 물체의 중심선과 진행하는 방향이 이루는 공격각(angle of attack)에 의해 발생한다.

13. 충돌에 관한 설명으로 옳지 않은 것은?

① 탄성(elasticity)은 충돌하는 물체의 재질, 온도, 충돌 강도 등에 따라 그 정도가 달라진다.
② 탄성은 어떠한 물체에 힘이 가해졌을 때, 그 물체가 변형되었다가 원래 상태로 되돌아가려는 성질을 말한다.
③ 복원계수(반발계수, coefficient of restitution)는 단위가 없고 0에서 1 사이의 값을 갖는다.
④ 농구공을 1 m 높이에서 떨어뜨려 지면으로부터 64 cm 높이까지 튀어 올랐을 때의 복원계수는 0.64이다.

14. 다이빙 공중회전 동작을 수행할 때 신체 좌우축(mediolateral axis)을 기준으로 회전속도를 가장 크게 만드는 동작으로 적절한 것은? (단, 해부학적 자세를 기준으로)

① 두 팔을 머리 위로 올리고, 머리를 뒤로 최대한 젖힌다.
② 신체를 최대한 좌우축에 가깝게 모으는 자세를 취한다.
③ 상체와 두 다리를 최대한 펌 시킨다.
④ 두 팔을 머리 위로 올리고, 두 다리는 최대한 곧게 뻗는 자세를 취한다.

15. 일률(파워, power)에 대한 설명으로 옳은 것은?

① 단위는 J(Joule)이다.
② 힘과 속도의 곱으로 구한다.
③ 이동거리는 고려하지 않는다.
④ 소요시간을 길게 하면 증가한다.

16. 〈그림〉의 장대높이뛰기에서 역학적 에너지의 변화 과정을 순서대로 나열한 것은?

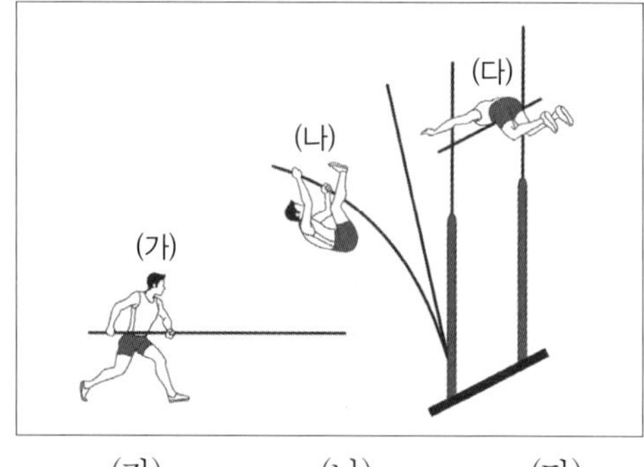

	(가)		(나)		(다)
①	탄성에너지	→	운동에너지	→	위치에너지
②	탄성에너지	→	위치에너지	→	운동에너지
③	위치에너지	→	운동에너지	→	탄성에너지
④	운동에너지	→	탄성에너지	→	위치에너지

17. 〈보기〉의 ㉠, ㉡ 안에 들어갈 내용이 바르게 묶인 것은?

〈보기〉

(㉠)은 다양한 장비를 활용하여 동작 및 힘 정보를 수치화하고 분석하는 방법이다. (㉡)을 통해 객관적이고 정확한 정보를 획득할 수 있으며, 주관적인 판단을 배제할 수 있다.

	㉠	㉡
①	정성적 분석	정량적 분석
②	정량적 분석	정성적 분석
③	정성적 분석	정성적 분석
④	정량적 분석	정량적 분석

18. 달리기 출발구간 분석에서 〈표〉의 ㉠, ㉡, ㉢ 에 들어갈 측정장비가 바르게 나열된 것은?

측정장비	분석 변인
㉠	넙다리곧은근 (대퇴직근, rectus femoris)의 활성도
㉡	압력중심의 위치
㉢	무릎 관절 각속도

	㉠	㉡	㉢
①	동작분석기	GPS 시스템	지면반력기
②	동작분석기	지면반력기	지면반력기
③	근전도분석기	GPS 시스템	동작분석기
④	근전도분석기	지면반력기	동작분석기

19. 지면반력의 측정과 활용에 관한 설명으로 옳은 것은?

① 지면반력기는 수직 방향으로 작용하는 힘만 측정할 수 있다.
② 지면반력기에서 산출된 힘은 인체의 근력으로 지면에 가하는 작용력이다.
③ 높이뛰기 도약 동작분석 시 지면반력기에 작용한 힘의 소요시간을 측정할 수 있다.
④ 보행 분석에서 발이 지면에 착지하면서 앞으로 미는 힘은 추진력, 발 앞꿈치가 지면으로부터 떨어지기 전에 뒤로 미는 힘은 제동력을 의미한다.

20. 〈그림〉과 같이 팔꿈치 관절을 축으로 쇠공을 들고 정적(static) 동작을 유지하기 위해서 위팔두갈래근(상완이두근, biceps brachii)이 발생시켜야 할 힘(F_B)의 크기는?

〈조건〉

- 손, 아래팔(전완), 쇠공을 합한 무게는 50 N이다.
- 팔꿈치 관절점(E_J)에서 위팔두갈래근의 부착점까지의 거리는 2 cm이다.
- 팔꿈치 관절점에서 손, 아래팔, 쇠공을 합한 무게중심(C_G)까지의 거리는 20 cm이다.
- 위팔두갈래근은 아래팔에 90°로 부착되었다고 가정한다.

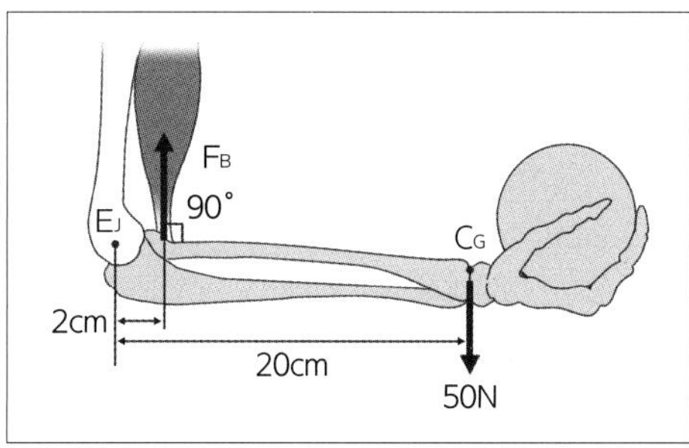

① 100 N ② 400 N
③ 500 N ④ 1,000 N

2급 스포츠지도사 필기시험

스포츠윤리 (77)

1. '도덕적 선(善)'의 의미를 내포한 것은?

① 축구 경기에서 득점과 연결되는 '좋은' 패스
② 피겨스케이팅 경기에서 고난도의 '좋은' 연기
③ 농구 경기에서 상대 속공을 차단하는 수비수의 '좋은' 반칙
④ 경기에 패배했음에도 불구하고 상대팀에게 박수를 보내는 '좋은' 매너

2. 〈보기〉에서 ㉠, ㉡에 들어갈 용어가 바르게 연결된 것은?

〈보기〉

롤스(J. Rawls)는 (㉠)이 인간 발전의 조건이며, 모든 이의 관점에서 선이 된다고 하였다. 스포츠는 신체적 (㉡)을 훈련과 노력으로 극복하며, 기회의 균등이 정의로 작용하고 있음을 보여준다. 즉 인간이 갖는 신체적 능력의 (㉡)은 오히려 (㉠)을 개발할 기회를 마련해주며, 이를 통해 스포츠 전체의 선(善)이 강화된다.

	㉠	㉡		㉠	㉡
①	탁월성	평등	②	규범성	조건
③	탁월성	불평등	④	규범성	불평등

3. 〈보기〉에서 가치판단에 해당하는 것만을 모두 고른 것은?

〈보기〉

㉠ 체조경기에서 선수들의 연기는 아름답다.
㉡ 건강을 위해서는 고지방 음식을 피해야 한다.
㉢ 시합이 끝난 후 상대방에게 인사를 하는 것은 옳은 행위이다.
㉣ 이상화는 2010년 밴쿠버동계올림픽경기대회에서 금메달을 획득하였다.

① ㉠, ㉢　② ㉡, ㉢
③ ㉠, ㉡, ㉢　④ ㉠, ㉡, ㉢, ㉣

4. 〈보기〉에서 설명하는 윤리이론으로 적절한 것은?

〈보기〉

• 모든 스포츠인의 권리는 동등하게 보장되어야 한다.
• 스포츠 규칙 제정은 공평성과 평등의 원칙에 근거해야 한다.
• 선수의 행동이 좋은 결과를 얻었다면 도덕적으로 옳은 것이다.

① 공리주의
② 의무주의
③ 덕윤리
④ 배려윤리

5. 아곤(agon)과 아레테(arete)에 관한 설명으로 옳지 <u>않은</u> 것은?

① 아곤은 경쟁과 승리를 추구한다.
② 아곤은 타인과의 비교를 전제하지 않는다.
③ 아레테는 아곤보다 더 포괄적인 개념이다.
④ 아레테는 신체적·도덕적 탁월성을 추구한다.

6. 스포츠 경기에 적용되는 과학기술에 관한 설명으로 옳지 <u>않은</u> 것은?

① 유전자 치료를 통한 스포츠 수행력의 향상은 일종의 도핑에 해당한다.
② 야구의 압축배트, 최첨단 전신수영복 등은 경기의 공정성 확보에 기여한다.
③ 도핑 시스템은 선수의 불공정한 행위를 감시하고 적발하는 데 도움이 된다.
④ 태권도의 전자호구, 축구의 비디오 보조 심판(VAR: Video Assistant Referees)은 기록의 객관성과 신뢰성을 높인다.

7. 〈보기〉에서 ㉠, ㉡에 들어갈 용어가 바르게 연결된 것은?

〈보기〉

독일의 철학자 (㉠)는 인간의 행위에 대한 탐구를 통해 성공적인 삶을 실현하는 사회적 조건으로 (㉡)을 들고 있다. 인간은 누구나 타인에게 (㉡)을 받고 싶은 욕구가 있다. 스포츠에서 승리에 대한 욕구는 가장 원초적인 (㉡)투쟁이라고 할 수 있다.

	㉠	㉡
①	호네트(A. Honneth)	인정
②	호네트(A. Honneth)	보상
③	아렌트(H. Arendt)	인정
④	아렌트(H. Arendt)	보상

8. 〈보기〉에서 의무론적 도덕 추론에 해당하는 것만을 모두 고른 것은?

〈보기〉

㉠ 의무론적 도덕 추론은 가언적 도덕 추론이라고도 한다.
㉡ 스포츠지도자, 선수 등의 행위 주체에 초점을 맞추고 있다.
㉢ 행위의 결과에 상관없이 절대적인 도덕규칙에 따라 판단을 내린다.
㉣ 선의지는 도덕적인 선수가 갖추어야 할 내적인 태도이자 도덕적 행위의 필요충분조건이다.
㉤ 정정당당하게 경기에 임하려는 선수의 착한 의지는 경기결과에 상관없이 그 자체로 선한 것이다.

① ㉠, ㉡, ㉢
② ㉠, ㉢, ㉣
③ ㉡, ㉣, ㉤
④ ㉢, ㉣, ㉤

9. 〈보기〉의 ㉠~㉢에 해당하는 정의의 유형이 바르게 연결된 것은?

〈보기〉

㉠ 유소년 축구 생활체육지도자 A는 남녀학생 구분없이 경기에 참여하도록 했다. 또한 장애 학생에게도 비장애 학생과 동일한 참여 시간을 보장했다.
㉡ 테니스 경기에서는 공정한 경기를 위해 코트를 바꿔가며 게임을 하도록 규칙을 적용한다.
㉢ B지역 체육회는 당해 연도에 소속 선수의 경기실적에 따라 연봉을 차등 지급하기로 결정했다.

	㉠	㉡	㉢
①	평균적	절차적	분배적
②	평균적	분배적	절차적
③	절차적	평균적	분배적
④	분배적	절차적	평균적

10. 셸러(M. Scheler)의 가치 서열 기준과 이를 스포츠에 적용한 사례로 연결이 적절하지 않은 것은?

① 지속성 – 도핑으로 메달을 획득하는 것보다 지속적으로 훈련을 하여 경기에 참여하는 것이 가치가 더 높다.
② 만족의 깊이 – 자신의 실수를 인정하여 패배하는 것이 속임수를 쓰고 승리하여 메달을 획득하는 것보다 가치가 더 높다.
③ 근거성 – 올림픽 경기에서 메달 획득으로 병역 혜택을 받는 것보다 올림픽 정신을 토대로 세계적인 선수들과 정정당당하게 겨루는 것이 가치가 더 높다.
④ 분할 향유 가능성 – 상위 팀이 상금(賞金)을 독점하는 것보다는 적더라도 보다 많은 팀이 상금(賞金)을 받도록 하는 것이 가치가 더 높다.

11. 〈보기〉의 ㉠에 해당하는 레스트(J. Rest)의 도덕성 구성요소는?

〈보기〉

(㉠)은/는 스포츠 현장에서 발생하는 특정 상황 속에 내포된 도덕적 이슈들을 감지하고 그 상황에서 어떠한 행동을 할 수 있으며 그 행동들이 관련된 사람들에게 어떤 영향을 미칠 수 있는가를 상상하는 것을 말한다.

① 도덕적 감수성(moral sensitivity)
② 도덕적 판단력(moral judgement)
③ 도덕적 동기화(moral motivation)
④ 도덕적 품성화(moral character)

12. 〈보기〉의 설명과 관계있는 자연중심주의 사상가는?

〈보기〉

- 생태윤리에 대한 규칙 : 불침해, 불간섭, 신뢰, 보상적 정의
- 스포츠에 의한 환경오염 발생 시 스포츠 폐지 권고
- 인간의 욕구를 위해 동물의 생존권을 유린하는 스포츠 금지

① 베르크(A. Berque)
② 테일러(P. Taylor)
③ 슈바이처(A. Schweitzer)
④ 하이젠베르크(W. Heisenberg)

13. 〈보기〉에서 설명하는 사건과 거리가 먼 것은?

〈보기〉

- 1964년 리마에서 개최된 페루·아르헨티나의 축구 경기에서 경기장 내 폭력으로 300여 명 사망
- 1969년 온두라스와 엘살바도르의 축구 전쟁
- 1985년 벨기에 헤이젤 경기장에서 열린 리버풀과 유벤투스의 경기에서 응원단이 충돌하여 39명 사망

① 경기 중 관중의 폭력
② 아파르트헤이트(Apartheid)
③ 위협적 응원문화
④ 훌리거니즘(hooliganism)

14. 폭력을 설명한 학자의 개념과 그에 대한 설명이 바르게 연결된 것은?

① 푸코(M. Foucault)의 '분노' – 스포츠 현장에서 인간 내면의 분노로 시작된 폭력은 전용되고 악순환을 반복하는 경향이 있다.
② 아리스토텔레스(Aristotle)의 '규율과 권력' – 스포츠계에서 위계적 권력 관계는 폭력으로 변질되어 표출된다.
③ 홉스(T. Hobbes)의 '악의 평범성' – 폭력이 관행화 된 스포츠계에서는 폭력에 대한 죄책감이 없어진다.
④ 지라르(R. Girard)의 '모방적 경쟁' – 자신이 닮고자 하는 운동선수를 모방하게 되듯이 인간 폭력의 원인을 공격 본능이 아닌 모방적 경쟁 관계에서 찾는다.

15. 〈보기〉의 ㉠~㉢에 해당하는 용어로 바르게 연결된 것은?

〈보기〉

스포츠 조직에서 (㉠)은/는 기업의 가치 경영을 넘어 정성적 규범기준까지 확장된 스포츠 사회·윤리적 가치체계를 의미한다. 이러한 체계가 실효성 있게 작동되기 위해서는 경영자의 윤리적 (㉡)와 경영의 (㉢) 확보가 선행되어야 한다.

	㉠	㉡	㉢
①	기업윤리	공동체	투명성
②	윤리경영	실천의지	투명성
③	기업윤리	실천의지	공정성
④	윤리경영	공동체	공정성

16. 체육의 공정성 확보와 체육인의 인권보호를 위해 설립된 스포츠윤리센터의 역할로 적절하지 않은 것은?

① 스포츠비리 및 체육계 인권침해에 대한 실태조사
② 스포츠비리 및 체육계 인권침해 방지를 위한 예방교육
③ 신고자 및 가해자에 대한 치료와 상담, 법률 지원, 임시보호 연계
④ 체육계 인권침해 및 스포츠비리 등에 대한 신고 접수와 조사

17. 〈보기〉의 내용과 관련 있는 용어는?

〈보기〉

- 상대 존중, 최선, 공정성 등을 포함
- 경쟁이 갖는 잠재적 부도덕성의 제어
- 스포츠 참가자가 마땅히 따라야 할 준칙과 태도
- 스포츠의 긍정적 가치를 유지하려는 도덕적 기제

① 테크네(techne)
② 젠틀맨십(gentlemanship)
③ 스포츠맨십(sportsmanship)
④ 리더십(leadership)

18. 〈보기〉의 대화에서 나타나는 스포츠 차별은?

〈보기〉

영은 : 저 백인 선수는 성공하기 위해서 얼마나 많은 노력과 땀을 흘렸을까.
상현 : 자기를 희생하면서도 끝없는 자기관리와 투지의 결과일 거야.
영은 : 그에 비해 저 흑인 선수가 구사하는 기술은 누구도 가르칠 수 없는 묘기이지.
상현 : 아마도 타고나지 않으면 할 수 없는 거지. 천부적인 재능이야.

① 성차별　② 스포츠 종목 차별
③ 인종차별　④ 장애차별

19. 〈보기〉의 설명과 관련 있는 제도는?

〈보기〉

학생선수가 일정 수준의 학력기준에 도달하지 못한 경우에는 별도의 기초학력보장 프로그램을 운영한다. 학교의 장은 필요한 경우 학생선수의 경기대회 출전을 제한할 수 있다.

① 최저학력제
② 체육특기자 제도
③ 운동부의 인권보장제
④ 학생선수의 생활권 보장제도

20. 〈보기〉에서 스포츠 인권에 대한 내용을 모두 고른 것은?

〈보기〉

㉠ 모든 사람은 평등하게 스포츠와 신체활동에 참여할 권리를 가진다.
㉡ 국가 차원에서 체계적인 스포츠 인권 정책을 마련해야 한다.
㉢ 스포츠의 종목이나 대상에 따라 권리가 상대적으로 보장되어야 한다.
㉣ 국가는 장애인이 스포츠 활동 참여의 권리를 동등하게 보장받도록 노력해야 한다.

① ㉠, ㉢　② ㉠, ㉣
③ ㉠, ㉡, ㉢　④ ㉠, ㉡, ㉣

유아체육론 (02)

1. 영·유아기의 발달에 대한 설명으로 적절하지 않은 것은?

① 말초신경이 먼저 발달한 다음 중추신경이 발달한다.
② 특정 능력이나 행동의 발달에 최적인 시기가 존재한다.
③ 발달은 일정한 순서로 이루어지지만, 발달 속도에는 개인차가 있다.
④ 소근육 운동의 발달은 눈과 손이 협응하여 손기술을 정확하게 구사하는 능력으로, 중추신경계통의 성숙을 의미한다.

2. 유아기의 운동프로그램 구성을 위해 고려해야 할 사항으로 적절하지 않은 것은?

① 다양한 기본 움직임 경험보다 복합적이고 정교한 동작수행에 중점을 두어 구성한다.
② 협응성 운동 시, 속도나 민첩성의 요소가 연계되지 않도록 한다.
③ 운동수행의 성공 빈도를 높일 수 있도록 프로그램을 구성한다.
④ 간단한 움직임에서 복잡한 움직임으로 진행되도록 구성한다.

3. 발달단계에 따른 유소년체육 프로그램 구성 시, 고려해야 할 사항으로 적절하지 않은 것은?

① 대근육에서 소근육으로의 발달단계를 고려하여 구성한다.
② 기본 움직임 단계에서는 다양한 안정성, 이동 및 조작 움직임을 습득하도록 구성한다.
③ 기본 움직임 단계는 협응력이 발달되는 중요한 시기이므로, 다양한 움직임 경험을 갖도록 구성한다.
④ 기본 움직임에서 전문화된 움직임으로의 전환(transition) 단계에서는 움직임 수행의 형태, 기술, 정확성과 더불어 양적 측면을 강조하여 구성한다.

4. 〈보기〉에 들어갈 인지발달 이론의 요소가 바르게 나열된 것은?

〈보기〉

- (㉠) : 새로운 경험과 자극이 유입되었을 때, 기존에 가지고 있는 도식을 사용하여 해석한다.
- (㉡) : 기존의 도식으로는 새로운 사물이나 사건을 이해할 수 없을 때, 새로운 사물이나 대상에 맞도록 기존의 도식을 변경한다.
- (㉢) : 현재의 조직들이 서로 상호작용하며 효율적인 체계로 결합하여 더 복잡한 수준의 지적 구조를 이루는 과정이다.

	㉠	㉡	㉢
①	조절 (accom modation)	동화 (assimilation)	적응 (adaptation)
②	적응 (adaptation)	조절 (accom modation)	조직화 (organization)
③	동화 (assimilation)	조절 (accom modation)	조직화 (organization)
④	동화 (assimilation)	조직화 (organization)	적응 (adaptation)

5. 〈보기〉에서 유소년의 전문화된 운동기술 연습 시, 인지 단계(cognitive stage)의 지도전략에 해당하는 것으로 가장 적절한 것은?

〈보기〉

㉠ 스스로 자신의 운동수행을 평가할 기회를 제공한다.
㉡ 복잡한 운동기술은 여러 단계로 구분하여 지도한다.
㉢ 운동의 목적과 요구되는 기술을 명확히 설명해준다.
㉣ 다양한 기술과 연계지어 동작의 형태를 바꾸는 전략을 찾게 한다.

① ㉡, ㉢
② ㉠, ㉣
③ ㉡, ㉣
④ ㉠, ㉢

6. 〈보기〉에 들어갈 유아의 기본 움직임 발달단계가 바르게 나열된 것은?

〈보기〉

• (㉠) : 기본적인 움직임을 보이지만, 협응이 원활하지 않아 움직임이 매끄럽지 못하다.
• (㉡) : 기본 움직임에 대한 제어와 협응이 향상되지만, 신체사용이 비효율적이다.
• (㉢) : 움직임의 수행이 역학적으로 효율성을 갖게 되어 협응과 제어가 향상된다.

	㉠	㉡	㉢
①	시작 단계	전환 단계	전문화 단계
②	초보 단계	성숙 단계	전문화 단계
③	시작 단계	초보 단계	성숙 단계
④	초보 단계	적용 단계	성숙 단계

7. 안정성(stability) 운동기술 중 축성(axial) 움직임만으로 나열된 것은?

① 구르기(rolling), 늘리기(stretching), 흔들기(swinging)
② 늘리기(stretching), 비틀기(twisting), 흔들기(swinging)
③ 구르기(rolling), 비틀기(twisting), 거꾸로 균형(inversed balance)
④ 비틀기(twisting), 흔들기(swinging), 거꾸로 균형(inversed balance)

8. 운동발달에 대한 검사와 평가에 관한 설명으로 적절하지 않은 것은?

① 운동발달 검사는 전반적인 운동발달 상황을 확인할 수 있는 유용하고 객관적인 지표를 제공한다.
② 평가는 내용에 따라 규준지향 평가와 준거지향 평가로 나뉘고, 기준에 따라 결과지향 평가와 과정지향 평가로 나뉜다.
③ 평가 결과는 특정 기술수행에서 결여된 부분을 확인하고 그 원인을 파악해 프로그램의 구체적인 목표를 설정할 수 있게 한다.
④ 대근운동발달검사(Test of Gross Motor Development)는 만 3~10세 아동을 대상으로 한 이동 및 조작 운동기술에 대한 검사도구이다.

9. 국립중앙의료원(2010)이 제시한 어린이·청소년 신체활동 권장사항이 아닌 것은?

① 인터넷, TV, 게임 등을 위해 앉아서 보내는 시간은 하루 2시간 이내로 한다.
② 일주일에 3일 이상 유산소운동, 근육강화운동, 뼈 강화운동을 한다.
③ 운동강도 조절을 위해 놀이공간의 안전성은 고려하지 않는다.
④ 매일 1시간 이상 운동을 한다.

10. 유아 운동프로그램의 지도 원리로 적절하지 않은 것은?

① 추상적인 것에서 시작하여 구체적인 것으로 운동을 지도한다.

② 유아 간 연령별 체력의 차이, 운동소질 및 적성의 차이를 고려하여 지도한다.

③ 기초체력, 기본운동기술과 지각운동의 발달이 통합적으로 이루어 지도록 지도한다.

④ 다양한 감각을 통해 구체적 경험이 형성되도록 프로그램을 구성하여 지도한다.

11. 유아운동 지도 시 교구배치 방법과 그 효과에 대한 설명으로 적절하지 않은 것은?

① 공간 활용성을 높인 교구배치로 안전사고를 예방한다.

② 시각적 효과를 높인 교구배치로 학습자의 시선을 분산한다.

③ 순환식 교구배치로 대기시간을 줄여 실제 학습시간을 늘려준다.

④ 병렬식 교구배치로 교구 사용을 반복하여 자신감을 갖도록 유도한다.

12. 〈보기〉에 해당하는 발달이론이 바르게 나열된 것은?

〈보기〉

	발달이론
㉠	• 인간의 발달은 환경에 따른 훈련으로 이루어진다. • 학습에 의한 긍정적 행동의 촉진을 강조한다.
㉡	• 유아의 다양한 경험을 토대로 동화, 조절, 평형화의 과정을 통해 도식이 발달된다. • 조직화와 적응을 강조한다.
㉢	• 타인을 관찰하는 것만으로 새로운 행동을 획득할 수 있다. • 모방학습의 중요성을 강조한다.

	㉠	㉡	㉢
①	스키너 (B. Skinner)의 행동주의 이론	게셀 (A. Gesell)의 성숙주의 이론	에릭슨 (E. Erickson)의 심리사회 발달 이론
②	반두라 (A. Bandura)의 사회학습 이론	피아제 (J. Piaget)의 인지발달 이론	비고스키 (L. Vygotsky)의 상호작용 이론
③	에릭슨 (E. Erickson)의 심리사회 발달 이론	게셀 (A. Gesell)의 성숙주의 이론	반두라 (A. Bandura)의 사회학습 이론
④	스키너 (B. Skinner)의 행동주의 이론	피아제 (J. Piaget)의 인지발달 이론	반두라 (A. Bandura)의 사회학습 이론

13. 성인체육과 비교 시 유아체육의 특징으로 적절하지 않은 것은?

① 집중력 저하를 고려한 놀이 중심의 신체활동과 지적 활동을 병행한다.
② 신체활동에 의한 성장과 발달을 통해 전인적 인간 육성을 지향한다.
③ 스포츠 활동에 필요한 전문화된 기술 습득을 강조한다.
④ 발육과 발달에 중점을 둔다.

14. 〈보기〉의 ㉠, ㉡에 들어갈 가장 적절한 용어로만 나열된 것은?

〈보기〉

• 유아교육 교사 : 유아는 다양한 기본 움직임 기술이나 기초체력 향상에 관한 활동을 스스로 익히기 어렵습니다. 유아가 이와 같은 요소들을 자연스럽게 익히려면 어떻게 해야 할까요?
• 스포츠지도사 : 네. 유아는 징검다리 걷기, 네발로 걷기 등의 놀이 중심 신체활동 프로그램을 통해 기본 움직임기술과 기초체력 요소를 향상 시킬 수 있어요.

구분	징검다리 걷기	네발로 걷기
기본 움직임기술 요소	(㉠) 운동	이동 운동
기초체력 요소	평형성	(㉡)

	㉠	㉡
①	안정성	민첩성
②	안정성	근력/근지구력
③	조작	근력/근지구력
④	조작	민첩성

15. 〈보기〉에서 국민체육진흥법(2014)의 유소년스포츠지도사 자격제도에 관한 설명으로 옳은 것을 모두 고른 것은?

〈보기〉

㉠ 유소년은 만 3세부터 중학교 취학 전까지를 말한다.
㉡ '유소년스포츠지도사'란 유소년을 대상으로 체육을 지도하는 사람을 말한다.
㉢ 유소년스포츠지도사는 유소년의 행동양식, 신체 발달 등에 대한 지식을 갖춘다.

① ㉠, ㉡　② ㉠, ㉢
③ ㉡, ㉢　④ ㉠, ㉡, ㉢

16. 영아의 반사에 관한 설명으로 적절하지 않은 것은?

① 비대칭목경직반사(Asymmetric Tonic Neck Reflex) 검사로 눈·손의 협응과 좌·우측 인식의 발달 수준을 추측할 수 있다.
② 신경적 장애 진단을 위한 반사의 출현과 소멸 간의 관계 검사는 전문가의 도움이 필요하다.
③ 걷기반사(Stepping Reflex) 검사로 불수의적 운동행동의 발달을 추측할 수 있다.
④ 모로반사(Moro Reflex) 검사로 신경적인 변이나 손상을 추측할 수 있다.

17. 〈그림〉의 동작에서 성숙 단계로 발달하도록 지도하는 방법이 적절하지 않은 것은?

〈그림〉

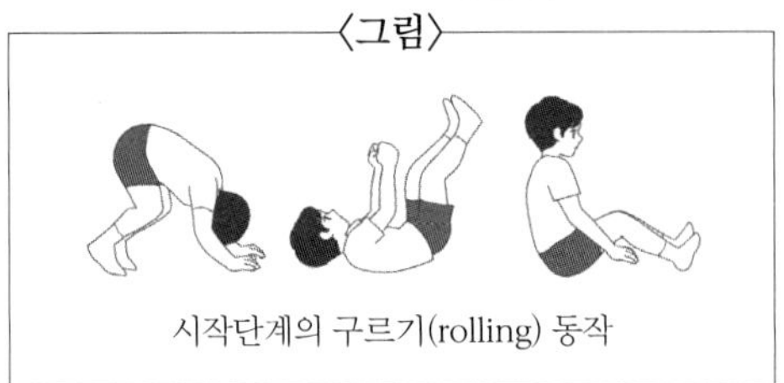

시작단계의 구르기(rolling) 동작

① 이마가 지면에 닿게 지도한다.
② 머리가 동작을 리드할 수 있도록 지도한다.
③ 구르는 힘을 생성할 수 있도록 양팔의 움직임을 지도한다.
④ 몸이 구르는 내내 압축된 C자 모양을 유지할 수 있도록 지도한다.

18. 유아체육 지도 방법 중 '탐구적 방법'에 해당되는 내용으로 적절한 것은?

① 도입, 동작 습득, 창의적 표현, 평가의 단계별 활동 전개하기
② 학습환경에 자유와 융통성을 도입하여 더 많은 책임 부여하기
③ 시범 보이기, 연습해보기, 언급해주기, 보충 설명하기, 시범 다시 보이기
④ 동작 과제나 질문을 제시하고 유아들이 제안한 다양한 해결방법을 인정하고 받아들이기

19. 고강도 운동 시 성인과 비교하여 유소년에게 나타나는 생리적 반응으로 적절하지 않은 것은?

① 1회 박출량 : (성인에 비하여) 낮음
② 호흡수 : (성인에 비하여) 높음
③ 수축기 혈압 : (성인에 비하여) 낮음
④ 심박수 : (성인에 비하여) 낮음

20. 〈보기〉의 ㉠, ㉡에 들어갈 용어가 바르게 나열된 것은?

〈보기〉

- 특정 능력이나 행동의 발달에 최적인 시기를 (㉠)라고 한다.
- 각 시기에 따른 유아의 발달은 특정 시기에 도달해야 할 (㉡)을 갖기 때문에 시기를 놓쳐버리면 올바른 성장이 저해될 수 있다.

	㉠	㉡
①	민감기	통합성
②	민감기	발달과업
③	감각운동기	발달과업
④	전조작기	병변현상

노인체육론 (03)

1. 〈보기〉에서 설명하는 연령지표는?

〈보기〉

- 연령적 노화라고 일컬어지는 출생 이후의 햇수인 역연령과 대비되는 개념이다.
- 연령과 성을 기준으로 한 기능적 체력과 관련이 있다.
- 신체 연령이라고도 말한다.

① 기능적(functional) 연령
② 주관적(subjective) 연령
③ 심리적(psychological) 연령
④ 연대기적(chronological) 연령

2. 건강수명에 대한 설명으로 적절하지 <u>않은</u> 것은?

① 건강과 일상생활의 기능을 유지하는 기간을 뜻한다.
② 질병이나 신체장애 없이 생존한 삶의 기간을 뜻한다.
③ 성별·연령별로 몇 년을 더 살아갈 것인지 통계적으로 추정한 기대치로 생존 연수를 뜻한다.
④ 신체적·정서적·인지적 활력 또는 기능적 웰빙을 유지할 것으로 예상되는 삶의 기간을 뜻한다.

3. 〈보기〉의 ㉠, ㉡에 해당하는 노화와 관련된 심리학적 이론이 바르게 나열된 것은?

〈보기〉

㉠	• 자부심과 만족을 느끼면서 자신의 삶을 되돌아볼 수 있으며 죽음을 위엄있게 받아들인다. • 삶에서 달성해야 하는 것들을 달성하지 못했다고 느끼며, 삶의 종말이 다가오는 것에 대해 좌절감을 느낀다.
㉡	• 성공적 노화는 신체적·정신적·사회적 손실에 적응하는 노인의 능력과 관련이 있다. • 기능적 능력을 향상함으로써 노화로 인한 손실을 보완하도록 도움을 준다.

	㉠	㉡
①	하비거스트 (R. Havighust)의 발달과업 이론	로우(J. Rowe)와 칸(R. Kahn)의 성공적 노화 이론
②	하비거스트 (R. Havighust)의 발달과업 이론	펙(R. Peck)의 발달과업 이론
③	에릭슨(E. Erikson)의 심리사회발달 단계 이론	로우(J. Rowe)와 칸(R. Kahn)의 성공적 노화 이론
④	에릭슨(E. Erikson)의 심리사회발달 단계 이론	발테스와 발테스 (M. Baltes & P. Baltes)의 보상이 수반된 선택적 적정화 이론

4. 〈보기〉에서 설명하는 노화와 관련된 사회학적 이론은?

〈보기〉

- 노화와 관련된 사회학적 이론에서 가장 널리 인정되는 이론이다.
- 노인의 사회활동 참여 정도가 높을수록 생활만족도가 높아진다.
- 지속적인 활동이 성공적 노화의 핵심이다.

① 분리이론　② 활동이론
③ 현대화이론　④ 하위문화이론

5. 〈보기〉의 ㉠, ㉡에 들어갈 용어가 바르게 나열된 것은?

〈보기〉

- 노인은 사회적 역할의 상실 등으로 인하여 자신감을 잃기 쉬우며, 점점 고립되어 고독감을 느끼게 되기 때문에, 다른 사람이나 사회로부터의 보살핌, 존중, 도움을 받는 (㉠)이/가 필요하다.
- 노인은 일정 수준의 목표를 성취할 수 있다는 자신의 역량에 대한 믿음을 뜻하는 (㉡)을 가져야 한다.

	㉠	㉡
①	사회적 지지	자기효능감
②	사회적 설득	자기효능감
③	사회적 설득	자부심
④	사회적 지지	자부심

6. 〈보기〉에서 운동이 노인에게 미치는 심리적 효과로 옳은 것만을 모두 고른 것은?

〈보기〉

㉠ 운동 기술 습득
㉡ 우울증 감소
㉢ 심리적 웰빙 향상
㉣ 사회적 연결망 확장

① ㉠, ㉡ ② ㉠, ㉢
③ ㉡, ㉢ ④ ㉢, ㉣

7. 노화와 관련된 신체적 변화로 옳지 않은 것은?

① 근 질량 감소
② 관절 유연성 감소
③ 폐 탄력성과 흉곽 경직성 증가
④ 수축기혈압과 이완기혈압 증가

8. 〈보기〉에서 운동이 노인에게 미치는 생리적 효과로 옳은 것만을 모두 고른 것은?

〈보기〉

㉠ 인슐린 내성 증가
㉡ 체지방 감소
㉢ 인슐린 감수성 증가
㉣ 안정시 심박수 감소
㉤ 주어진 절대 강도에서 심박수 증가
㉥ 고밀도지단백콜레스테롤(HDL-C) 감소

① ㉠, ㉡, ㉥
② ㉡, ㉢, ㉣
③ ㉡, ㉢, ㉥
④ ㉣, ㉤, ㉥

9. 체력요인에 따른 노인의 운동 방법과 효과가 바르게 연결되지 않은 것은?

	체력요인	운동 방법	효과
①	심폐 지구력	고정식 자전거타기	심혈관계 질환의 위험률 감소
②	근력	덤벨 들고 앉았다 일어서기	근육 및 뼈 강화로 인한 일상생활 수행능력 향상
③	유연성	앉아서 윗몸앞으로 굽히기	신체활동 시 기능적 제한 예방
④	평형성	의자 잡고 옆으로 한발 들기	신체 각 부위가 조화를 이루면서 원활히 움직일 수 있는 능력 향상

10. 〈보기〉의 ㉠, ㉡에 들어갈 목표심박수 범위가 바르게 나열된 것은?

〈보기〉

- 나이 : 70세
- 성별 : 남성
- 안정시 심박수 : 80회/분
- 최대심박수 : 150회/분
- 의사는 심폐지구력 운동 시 목표심박수 40~50% 강도를 권고
- 카보넨(Karvonen) 공식을 활용한 목표심박수의 범위는 (㉠)%HRR에서 (㉡)% HRR이다.

	㉠	㉡
①	108	115
②	115	122
③	122	129
④	129	136

11. 노인운동 시의 위험 관리 항목과 방법이 바르게 연결된 것은?

① 환경과 장소 안전 : 참가자 중 당뇨 환자가 있을 경우, 사탕이나 초콜릿을 준비해 둔다.
② 시설 안전 : 운동장비의 사용방법과 사용 시 주의사항을 적절한 장소에 게시해야 한다.
③ 환경과 장소 안전 : 운동 동선을 파악하여 시설과 장비를 배치한다.
④ 시설 안전 : 무덥고 다습한 곳은 피해야 한다.

12. 〈보기〉에서 고혈압 질환이 있는 노인의 운동 지도 시 고려해야 할 사항으로 적절한 것만을 모두 고른 것은?

〈보기〉

㉠ 등척성 운동을 권장한다.
㉡ 나트륨 섭취 제한, 체중조절, 유산소 운동을 권장한다.
㉢ 저항성 운동 시 발살바 메뉴버에 의한 혈압 상승에 주의한다.
㉣ 이뇨제, 칼슘채널차단제, 혈관확장제 등의 약물에 의한 운동 후 혈압 상승에 주의한다.

① ㉠, ㉡　② ㉠, ㉢
③ ㉡, ㉢　④ ㉢, ㉣

13. 노인체력검사(Senior Fitness Test) 항목에서 2.4 m 왕복 걷기와 관련된 활동으로 옳은 것은?

① 자동차나 목욕탕에 들어가고 나오기
② 손자 안기, 식료품 가방 들기
③ 장거리 보행, 계단 오르기
④ 버스 빠르게 타고 내리기

14. 〈보기〉에서 노화로 인한 평형성과 기동성(balance and mobility) 변화에 영향을 미치는 요인을 모두 고른 것은?

〈보기〉

㉠ 체성감각계
㉡ 시각계
㉢ 전정계
㉣ 운동계

① ㉠, ㉡, ㉢, ㉣
② ㉡, ㉢, ㉣
③ ㉢, ㉣
④ ㉣

15. 〈보기〉에서 근골격계 질환이 있는 노인에게 적합한 운동만을 모두 고른 것은?

〈보기〉

㉠ 등산
㉡ 수영
㉢ 테니스
㉣ 수중 운동
㉤ 스케이팅
㉥ 고정식 자전거 타기

① ㉠, ㉡, ㉢ ② ㉡, ㉣, ㉥
③ ㉢, ㉣, ㉤ ④ ㉣, ㉤, ㉥

16. 건강신념모형에서 건강신념행동을 구성하는 요소로 옳지 않은 것은?

① 지각된 장애
② 지각된 이익
③ 지각된 심각성
④ 지각된 자기 인식

17. 〈보기〉의 ㉠, ㉡에 해당하는 노인운동 교육의 원리와 설명이 바르게 나열된 것은?

〈보기〉

• (㉠) – 지적 능력, 학력, 흥미, 성격, 경험, 건강상태 등 개개인의 학습 욕구를 충족시켜줄 수 있는 방법을 모색한다.
• (㉡) – 지도자와 학습자 간의 동등한 관계에서 출발하여 교육활동 전반에서 상호 간의 합의를 이루도록 한다.

	㉠	㉡
①	다양화의 원리	사회화의 원리
②	개별화의 원리	사제동행의 원리
③	개별화의 원리	사회화의 원리
④	다양화의 원리	사제동행의 원리

18. 〈보기〉에서 미국스포츠의학회(ACSM, 2018)의 노인을 위한 유산소 운동 지침으로 옳은 것만을 모두 고른 것은?

〈보기〉

㉠	운동 빈도 (F)	• 중강도시 5일/주 • 고강도시 3일/주
㉡	운동 강도 (I)	• 중강도 시 5~6 (RPE 10점 만점 도구 기준) • 고강도 시 7~8 (RPE 10점 만점 도구 기준)
㉢	운동 시간 (T)	• 중강도 시 150분~300분/주 • 고강도 시 75분~100분/주
㉣	운동 형태 (T)	• 앉았다 일어서기(스쿼트), 스트레칭

① ㉠, ㉡, ㉢ ② ㉠, ㉡, ㉣
③ ㉠, ㉢, ㉣ ④ ㉡, ㉢, ㉣

19. 〈보기〉에 해당하는 대상자의 운동참여 동기 유발을 위한 노인스포츠지도사의 상담 내용으로 적절하지 않은 것은?

〈보기〉

• 68세 어르신은 체중조절과 건강관리를 위한 운동에 관심이 있다.
• 운동 참여 경험은 없지만, 지속적으로 운동에 참여하고 싶다.

① 가족, 친구들과 함께 운동하며, 사회적 교류 기회가 확대됨을 설명한다.
② 스트레스 해소와 활력감 증진에 도움이 됨을 설명한다.
③ 건강 및 체중 관리에 도움이 됨을 설명한다.
④ 질병치료에 대한 기대감을 갖도록 설명한다.

20. 노인운동 지도 시 의사소통에 관한 설명으로 옳은 것은?

① 어린아이를 다루듯 말한다.
② 스킨십은 사용하지 않는다.
③ 소리를 질러가며 말하지 않는다.
④ 대상자를 정면에서 쳐다보는 언어적 기술을 사용한다.

2021년도 2급류 체육지도자 필기시험 문제지

(2급 생활 / 유소년 / 노인)

문제유형	A형
시험일지	2021. 5. 15. (토) **10:00~11:40**

유의사항

2급 생활 자격증 응시자	: 선택과목 중 **5개 과목** 선택 (필수과목 없음)
유소년 자격증 응시자	: 선택과목 중 **4개 과목,** 필수과목 중 **유아체육론** 선택
노인 자격증 응시자	: 선택과목 중 **4개 과목,** 필수과목 중 **노인체육론** 선택

과목코드 및 페이지

구분	과목	과목코드	페이지
선택과목	**스포츠사회학**	(과목코드 : 11)	42면
	스포츠교육학	(과목코드 : 22)	46면
	스포츠심리학	(과목코드 : 33)	50면
	한국체육사	(과목코드 : 44)	54면
	운동생리학	(과목코드 : 55)	58면
	운동역학	(과목코드 : 66)	62면
	스포츠윤리	(과목코드 : 77)	65면
필수과목	**유아체육론**	(과목코드 : 02)	70면
	노인체육론	(과목코드 : 03)	73면

2급 스포츠지도사 필기시험

스포츠사회학 (11)

1. **스포츠사회학에 관한 설명으로 옳지 않은 것은?**
   ① 스포츠 현장의 사회구조와 사회과정을 설명하는 학문이다.
   ② 운동참여자의 운동수행능력과 관련된 직접적인 원인을 설명한다.
   ③ 사회학의 하위분야로 스포츠현장의 인간행동을 예측하고 이해한다.
   ④ 스포츠는 사회영역과 밀접한 관계를 맺고 있어 통찰과 분석이 필요하다.

2. **〈보기〉에서 설명하는 스포츠의 국제정치적 사건은?**

〈보기〉

- 온두라스와 엘살바도르 간의 갈등 심화
- 1969년 중남미 월드컵 지역 예선 경기에서 발생

   ① 축구전쟁
   ② 헤이젤 참사
   ③ 검은 구월단
   ④ 핑퐁외교

3. **파슨즈(T. Parsons)의 AGIL 모형에 근거한 스포츠의 사회적 기능으로 적절하지 않은 것은?**
   ① 적응
   ② 통합
   ③ 목표성취
   ④ 상업주의

4. **훌리한(B. Houlihan)이 제시한 정부(정치)가 스포츠에 개입한 목적에 해당하지 않는 것은?**
   ① 시민들의 건강 및 체력유지를 위해 반도핑 기구에 재원을 지원한다.
   ② 스포츠 현장에서 인종차별을 해소하기 위해 Title IX 법안을 제정했다.
   ③ 게르만족의 우월성을 강조하기 위해 1936년 베를린 올림픽을 개최하였다.
   ④ 공공질서를 보호하기 위해 공원에서 스케이트보드 금지, 헬멧 착용 등의 도시 조례가 제정되었다.

5. **〈보기〉에서 프로스포츠의 순기능을 모두 고른 것은?**

〈보기〉

㉠ 스포츠의 대중화
㉡ 생활의 활력소 역할
㉢ 지역사회 연대감 증대
㉣ 아마추어 스포츠의 활성화

   ① ㉠ ② ㉠, ㉡
   ③ ㉠, ㉡, ㉢ ④ ㉠, ㉡, ㉢, ㉣

6. **〈보기〉에서 스포츠 상업화에 따른 변화를 모두 고른 것은?**

〈보기〉

㉠ 프로페셔널리즘 추구
㉡ 심미적 가치의 경시
㉢ 직업선수의 등장
㉣ 아마추어리즘의 강조
㉤ 스포츠조직의 세계화
㉥ 농구 쿼터제 도입

   ① ㉠, ㉡, ㉢, ㉥ ② ㉠, ㉢, ㉤, ㉥
   ③ ㉡, ㉢, ㉣, ㉤ ④ ㉡, ㉣, ㉤, ㉥

7. 〈보기〉에서 투민(M. Tumin)의 스포츠계층 형성과정의 서열화에 관한 설명 중 옳은 것을 모두 고른 것은?

〈보기〉

㉠ 특정 선수를 선망의 대상으로 생각하거나 팬으로서 특정 선수를 좋아한다.
㉡ 스포츠 팀 구성원으로 자신의 능력이 팀의 승리에 미치는 영향력이 커야 한다.
㉢ 뛰어난 운동신경과 능력뿐만 아니라 탁월한 개인적 특성을 갖추고 있어야 한다.
㉣ 특정 스포츠 영역에서 요구되는 운동기술이 특출한 기량을 발휘해야 한다.

① ㉠, ㉡　② ㉠, ㉢
③ ㉠, ㉡, ㉢　④ ㉡, ㉢, ㉣

8. 로이(J. Loy)와 레오나르드(G. Leonard)가 제시한 사회이동 기제로서 스포츠 역할의 근거로 적절하지 <u>않은</u> 것은?

① 프로스포츠 선수들은 다양한 형태의 후원 및 광고출연의 기회가 있다.
② 조직적인 스포츠 참가는 직·간접적으로 교육적 성취도를 향상시킨다.
③ 스포츠의 참가 기회 및 결과는 공정하기 때문에 상승이동에 기여한다.
④ 사회생활을 하는 데 가치 있다고 여겨지는 태도 및 행동 양식을 학습시킨다.

9. 스포츠 미디어 이론에 관한 설명이 옳지 <u>않은</u> 것은?

① 문화규범이론－문화적 차이에 의해 핫 미디어와 쿨 미디어로 나누어진다.
② 사회범주이론－미디어의 영향력은 성, 연령, 계층 등에 따라 다르게 반영된다.
③ 개인차 이론－대중들은 능동적 수용자로서 심리적 욕구를 만족하기 위해 매스미디어를 활용한다.
④ 사회관계이론－미디어를 통한 개인의 스포츠 소비 형태는 중요타자의 가치와 소비행동에 의해 영향을 받는다.

10. 〈보기〉의 ㉠~㉣에 해당하는 머튼(R. Merton)의 아노미이론에서 제시한 일탈행동 유형이 바르게 연결된 것은?

〈보기〉

㉠ 벤 존슨은 불법약물복용으로 올림픽 금메달을 박탈당했다.
㉡ 승리에 대한 집념보다는 규칙을 지키며 최선을 다해 경기에 참여한다.
㉢ 스스로 실력의 한계를 느끼고 운동부에서 탈퇴한다.
㉣ 학생선수의 학습권을 보장하기 위해 최저학력제를 도입하였다.

	㉠	㉡	㉢	㉣
①	혁신주의	반역주의	도피주의	의례주의
②	반역주의	혁신주의	의례주의	도피주의
③	혁신주의	의례주의	도피주의	반역주의
④	의례주의	반역주의	혁신주의	도피주의

11. 〈보기〉의 ㉠~㉣에 해당하는 집합행동 이론이 바르게 연결된 것은?

〈보기〉

㉠ 군중의 피암시성, 순환적 반작용에 의해 폭력적 집단행동이 나타난다.
㉡ 군중들의 반사회적 성향이 익명성, 몰개성화에 의해 집합행동으로 나타난다.
㉢ 특정 사회적 상황에서의 공유의식은 구성원의 감정과 정숙 정도, 수용성 등에 영향을 준다.
㉣ 선행적 사회구조적·문화적 요인으로 인한 단계적 절차는 집합행동을 생성, 발전 및 소멸시킨다.

	㉠	㉡	㉢	㉣
①	전염이론	수렴이론	규범생성 이론	부가가치 이론
②	수렴이론	전염이론	부가가치 이론	규범생성 이론
③	규범생성 이론	부가가치 이론	수렴이론	전염이론
④	부가가치 이론	규범생성 이론	전염이론	수렴이론

12. 〈보기〉는 코클리(J. Coakley)가 제시한 일탈적 과잉동조를 유발하는 스포츠 윤리규범의 유형과 특징에 관한 설명이다. ㉠~㉢에 들어갈 내용이 바르게 연결된 것은?

〈보기〉

(㉠) : 운동선수는 위험을 받아들이고 고통 속에서도 경기에 참여해야 한다.
(㉡) : 운동선수는 장애물을 극복하고 역경을 헤쳐 나가는 노력을 해야 한다.
(㉢) : 운동선수는 경기에 헌신해야 하며 이를 그들의 삶에서 우선순위에 두어야 한다.

구분짓기규범 : 다른선수와의 차별성을 강조하며, 운동선수는 경기에서 탁월함을 추구해야 한다.

	㉠	㉡	㉢
①	몰입규범	도전규범	인내규범
②	몰입규범	인내규범	도전규범
③	인내규범	도전규범	몰입규범
④	인내규범	몰입규범	도전규범

13. 〈보기〉에서 매기(J. Magee)와 서덴(J. Sugden)이 제시한 스포츠의 노동이주 유형은?

〈보기〉

- 종목의 특성으로 인해 국가 간 이동이 발생한다.
- 개인의 취향에 의해 선택하는 경우도 발생한다.
- 흥미로운 장소를 돌면서 스포츠를 즐기는 유형이다.

① 유목민형
② 정착민형
③ 개척자형
④ 귀향민형

14. 〈보기〉에서 설명하는 스포츠일탈이론의 관점은?

〈보기〉

- 동일한 행위도 상황에 따라 일탈로 규정되거나 그렇지 않을 수 있다.
- 경기장에서도 다양한 일탈 행동으로 낙인찍힌 선수들이 있다.

① 갈등론적 관점
② 구조기능주의 관점
③ 상징적 상호작용론 관점
④ 비판론적 관점

15. 〈보기〉의 ㉠~㉢에 해당하는 스포츠사회화 과정이 바르게 연결된 것은?

〈보기〉

(㉠) : 테니스 지도자가 되어 초등학교에서 테니스를 가르치게 되었다.
(㉡) : 부모님의 권유로 테니스를 배우게 되었다.
(㉢) : 테니스 참여를 통해 사회성, 준법정신이 강한 선수가 되었다.

스포츠 탈사회화 : 무릎인대 손상으로 테니스 선수생활을 그만두었다.

	㉠	㉡	㉢
①	스포츠 재사회화	스포츠를 통한 사회화	스포츠로의 사회화
②	스포츠로의 사회화	스포츠 재사회화	스포츠를 통한 사회화
③	스포츠를 통한 사회화	스포츠로의 사회화	스포츠 재사회화
④	스포츠 재사회화	스포츠로의 사회화	스포츠를 통한 사회화

16. 〈보기〉에서 신자유주의 시대 스포츠 세계화의 특징에 해당하는 것으로만 묶인 것은?

〈보기〉

㉠ 스포츠 시장의 경계가 국경을 초월해 전 세계로 확대되었다.
㉡ 프로스포츠의 이윤 극대화로 인해 빈익빈 부익부 현상이 해소되었다.
㉢ 세계인들에게 표준화된 스포츠 상품과 스포츠 문화를 소비하게 만들었다.
㉣ 각 나라의 전통스포츠가 전 세계로 보급되어 새로운 스포츠 시장을 개척할 수 있게 되었다.

① ㉠, ㉡
② ㉠, ㉢
③ ㉡, ㉢
④ ㉡, ㉣

17. 〈보기〉의 ㉠, ㉡에 해당하는 용어가 바르게 연결된 것은?

〈보기〉

• 미디어는 스포츠 중계를 통해 시청자들의 상품 소비를 촉진시키는 (㉠) 이데올로기를 생산한다.
• 미디어는 남성스포츠 경기를 역사적 중요성을 갖고 있는 것처럼 묘사하며, 여성 스포츠를 실력보다 외모를 부각시키는 (㉡) 이데올로기를 생산한다.

	㉠	㉡
①	합리주의	젠더
②	자본주의	젠더
③	합리주의	성공
④	자본주의	성공

18. 교육현장에서 스포츠의 역기능에 관한 설명으로 옳지 않은 것은?
① 비과학적 훈련 방법은 학생선수를 혹사시킨다.
② 승리지상주의 심화로 인해 교육목표를 결핍시킨다.
③ 참여기회의 제한으로 장애인의 적응력을 배양시킨다.
④ 학교와 팀의 성공을 위해 학생선수의 의도적 유급, 성적 위조 등을 조장한다.

19. 〈보기〉에서 설명하는 스포츠사회화 이론은?

〈보기〉

• 상과 벌을 통해 행동의 변화가 일어난다.
• 사회화 주관자의 가르침을 통해 행동이 변화한다.
• 다른 사람의 행동을 관찰하여 모방이 일어난다.

① 사회학습이론
② 역할이론
③ 준거집단이론
④ 문화규범이론

20. 미래 스포츠의 변화와 전망에 관한 설명으로 옳지 않은 것은?
① 정보통신기술의 발달로 스포츠 관람형태가 다양해진다.
② '기술도핑(technical doping)'은 스포츠의 공정성을 훼손한다.
③ 다양한 신소재의 개발은 스포츠의 용품 및 장비 개발에 활용된다.
④ 통신 및 전자매체의 발달로 스포츠에서 미디어의 영향력이 감소된다.

스포츠교육학 (22)

1. **시덴탑(D. Siedentop)이 제시한 스포츠교육 모형의 6가지 핵심적인 특성에 해당하지 않는 것은?**
   ① 축제화(festivity)
   ② 팀 소속(affiliation)
   ③ 유도연습(guided practice)
   ④ 공식경기(formal competition)

2. **〈보기〉의 방과 후 학교 체육활동 프로그램 개발 시 고려사항에 관한 설명 중 옳은 것으로만 묶인 것은?**

〈보기〉

> ㉠ 학습자의 적성과 흥미를 고려한다.
> ㉡ 구체적인 목표와 미래 지향적 방향을 설정한다.
> ㉢ 교육과정과의 연계보다 프로그램의 특성을 고려한다.
> ㉣ 학교체육시설, 지도 인력, 예산 등은 제약 없이 사용이 가능하므로 이를 반영한다.

① ㉠, ㉡ ② ㉠, ㉢
③ ㉡, ㉢ ④ ㉡, ㉣

3. **〈보기〉의 ㉠, ㉡에 해당하는 용어가 바르게 연결된 것은?**

〈보기〉

> 1960년대 중반 미국을 중심으로 전개된 (㉠)은 스포츠교육학이 체육학의 하위학문 분야로 성장하는데 촉매제 역할을 하였다. 결국 신체활동을 지도할 때 학문을 기반으로 한 (㉡)지식을 스포츠 참여자에게 가르쳐야 한다는 주장이 본격적으로 제기되기 시작했다.

	㉠	㉡
①	체육 학문화 운동	이론적
②	체육 학문화 운동	경험적
③	체육 과학화 운동	경험적
④	체육 과학화 운동	이론적

4. **체육활동에서 안전한 학습환경 유지에 관한 설명으로 적절하지 않은 것은?**
   ① 활동 전에 안전 문제를 예측하고 교구를 배치한다.
   ② 위험한 상황이 예측되더라도 시작한 과제는 끝까지 수행한다.
   ③ 안전한 수업운영에 필요한 절차를 학습자들에게 명확히 전달한다.
   ④ 새로운 연습과제나 게임을 시작할 때 지도자는 지속적으로 학습자를 감독한다.

5. **〈보기〉의 성장단계별 스포츠 프로그램의 목적 중 옳은 것을 모두 고른 것은?**

〈보기〉

> ㉠ 유소년스포츠 : 유아와 아동의 신체적·인지적 발달 도모, 기본적인 사회관계 형성
> ㉡ 청소년스포츠 : 운동기능 습득, 삶의 즐거움과 활력 찾기, 또래친구와의 여가 활동 참여
> ㉢ 성인스포츠 : 신체적 건강 유지, 사교, 흥미확대, 사회적 안정 추구

① ㉠
② ㉠, ㉡
③ ㉡, ㉢
④ ㉠, ㉡, ㉢

6. **〈보기〉에서 설명하는 스포츠지도자가 고려해야 할 학습자 특성은?**

〈보기〉

> 학습자의 성별, 연령, 환경적 요인 등 학습자의 개인차를 고려해서 학습 단계를 결정하는 것이 중요하다.

① 감정 조절
② 발달 수준
③ 공감 능력
④ 동기유발 상태

7. **스포츠지도자의 자질과 지도방법에 관한 내용으로 옳지 않은 것은?**
① 지도자는 높은 성품 수준을 유지하며 모범을 보여야 한다.
② 선수가 수단과 방법을 가리지 않고 승리할 수 있도록 지도한다.
③ 지도자는 재능의 차원과 인성적 차원의 자질을 고루 갖추어야 한다.
④ 선수가 올바른 도덕적 의식을 가지고 자율적으로 실천하도록 지도한다.

8. **〈보기〉에서 설명하는 수업 주도성 프로파일의 특성을 나타내는 체육수업 모형은?**

〈보기〉
- 학습자는 각 과제의 수행 기준에 도달할 책임이 있다.
- 학습자는 많은 피드백과 높은 수준의 언어적 상호작용의 기회를 갖는다.
- 지도자는 내용선정과 과제 제시를 주도하고, 학습자는 수업 진도를 결정한다.

① 전술게임모형
② 협동학습모형
③ 개별화지도모형
④ 개인적·사회적 책임감 지도 모형

9. **〈보기〉에서 스포츠 활동 참여자의 행동 수정 전략을 잘못 이해하고 있는 지도자들로만 묶인 것은?**

〈보기〉
송 코치 : 저는 지도자가 일관성 있게 지도하는 것이 중요하다고 생각해요.
이 코치 : 학습자의 행동 수정에도 그 단계를 설정할 필요가 있는 것 같아요.
김 코치 : 과거의 행동 수준부터 한 번에 많은 변화가 있도록 지도해야 해요.
박 코치 : 목표행동은 간단히 진술하고 그에 따른 결과는 고려하지 않아도 되요.

① 송 코치, 이 코치 ② 이 코치, 김 코치
③ 박 코치, 송 코치 ④ 김 코치, 박 코치

10. **〈보기〉는 박 코치의 수업 일지 내용이다. ㉠, ㉡에 해당하는 용어가 바르게 연결된 것은?**

〈보기〉
골프 수업에 참여한 학습자들이 골프 규칙을 비롯해, 골프와 유사한 스포츠의 개념적 특징을 비교·분석할 수 있도록 (㉠) 목표를 제시하였다. … (중략) … 또한 각 팀의 1등은 다른 팀의 1등끼리, 2등은 다른 팀의 2등끼리 점수를 비교하여 같은 등수에서 높은 점수를 얻은 학습자에게 정해진 상점을 부여했다. 이와 같이 협동학습 모형의 과제구조 중 (㉡) 전략을 사용하였다.

	㉠	㉡
①	정의적	직소(Jigsaw)
②	정의적	팀-보조 수업 (Team-Assisted Instruction)
③	인지적	팀 게임 토너먼트 (Team Games Tournament)
④	인지적	학생 팀-성취 배분 (Student Teams-Achievement Division)

11. **학교체육진흥법(2020.10.20., 일부 개정)의 제12조에서 규정하고 있는 내용으로 옳지 않은 것은?**
① 교육감은 학교운동부지도자의 자질 향상 및 전문성 강화를 위하여 연수교육 계획을 수립하고, 이를 실시하여야 한다.
② 학교의 장은 학교운동부지도자가 학생선수의 학습권을 박탈하거나 폭력, 금품·향응 수수 등의 부적절한 행위를 하였을 경우 학교운영위원회의 심의를 거쳐 계약을 해지할 수 있다.
③ 국가 및 지방자치단체는 학교운동부지도자의 급여에 필요한 경비를 지원하도록 노력해야 한다.
④ 학교운동부지도자의 자격기준, 임용, 급여, 신분, 직무 등에 필요한 사항은 대통령령으로 정한다.

12. 〈보기〉의 국민체육진흥법(2020.8.18., 일부개정) 제12조의3의 내용 중 ㉠, ㉡에 해당하는 용어가 바르게 연결된 것은?

〈보기〉

문화체육관광부장관은 체육지도자 및 체육단체의 책임이 있는 자가 체육계인권침해 및 (㉠)와/과 관련하여 (㉡)이/가 확정되는 경우에는 운영위원회의 심의·의결을 거쳐 그 인적사항 및 비위 사실 등을 공개할 수 있다.

	㉠	㉡
①	폭행	자격정지
②	스포츠비리	유죄판결
③	폭행	행정처분
④	스포츠비리	자격취소

13. 〈보기〉의 ㉠~㉥ 중 모스턴(M. Mosston)의 '자기점검형(self-check style)' 교수 스타일에 해당하는 특징으로만 묶인 것은?

〈보기〉

㉠ 지도자는 감환과정의 준거를 제시한다.
㉡ 지도자는 학습자의 능력과 독립성을 존중한다.
㉢ 지도자는 학습자가 활용할 평가 기준을 마련한다.
㉣ 학습자는 과제활동 전 결정군에서 내용을 정한다.
㉤ 학습자는 스스로 자신의 과제를 확인하고 교정한다.
㉥ 학습자는 동료와 피드백을 주고받으며 연습하는 데 중점을 둔다.

① ㉠, ㉢, ㉥
② ㉡, ㉢, ㉤
③ ㉠, ㉣, ㉤
④ ㉡, ㉤, ㉥

14. 〈보기〉에서 설명하는 알몬드(L. Almond)의 게임 유형은?

〈보기〉

- 야구, 티볼, 크리켓, 소프트볼 등 팀 구성원 모두가 공격과 수비에 번갈아 참여한다.
- 개인의 역할 수행이 경기에 중요한 영향을 미치므로, 자신의 역할에 대한 이해와 책임감이 강조된다.

① 영역(침범)형
② 네트형
③ 필드형
④ 표적형

15. 체육 수행평가에 관한 설명으로 옳은 것은?

① 학습의 과정보다 결과를 중시한다.
② 일시적이며 단편적인 관찰에 의존한다.
③ 개인보다 집단에 대한 평가를 강조한다.
④ 아는 것과 실제 적용 능력을 모두 강조한다.

16. 메츨러(M. Metzler)의 스포츠 지도를 위한 교수·학습 과정안(지도계획안) 작성 요소와 방법이 바르게 연결된 것은?

	작성 요소	작성 방법
①	학습목표	학습목표는 추상적으로 작성
②	수업정리	과제의 내용을 구조화하고, 제시 방법을 기술
③	학습평가	평가 시기, 평가의 관리 및 절차상의 고려사항을 제시
④	수업맥락 기술	과제의 중요도에 따라 학습활동 목록을 작성

17. 〈보기〉에서 세 명의 축구 지도자가 활용한 질문 유형이 바르게 연결된 것은?

〈보기〉

이 코치 : 지난 회의에서 설명했던 오프사이드 규칙 기억나니?
윤 코치 : (작전판에 그림을 그리면서) 상대 팀 선수가 중앙으로 드리블해서 돌파하고나 할 때, 수비하는 방법들은 무엇이 있을까?
정 코치 : 상대 선수가 너에게 반칙을 하지 않았는데 심판이 상대 선수에게 반칙 판정을 했어. 너는 이런 상황에서 어떻게 하겠니?

	㉠	㉡	㉢
①	회상형(회고형)	확산형(분산형)	가치형
②	회상형(회고형)	수렴형(집중형)	가치형
③	가치형	수렴형(집중형)	회상형(회고형)
④	가치형	확산형(분산형)	회상형(회고형)

18. 〈보기〉에 해당하는 링크(J. Rink)의 내용 발달 과제는?

〈보기〉

- 과제의 난이도와 복잡성에 따른 점진적 발달에 관심을 갖는다.
- 복잡한 기술을 가르치기 전에 기능을 세분화한다.

① 세련과제
② 정보(시작)과제
③ 적용(평가)과제
④ 확대(확장)과제

19. 〈보기〉에서 설명하는 슐만(L. Shulman)의 교사 지식은?

〈보기〉

- 노인의 신체적·정신적 변화 등에 관한 지식
- 장애 유형에 따른 운동방법 등에 관한 지식
- 유소년의 행동양식, 신체발달 등에 관한 지식

① 교육과정(curriculum) 지식
② 교육환경(educational context) 지식
③ 지도방법(general pedagogical) 지식
④ 학습자와 학습자 특성(learners and their characteristics) 지식

20. 〈보기〉에서 두 명의 수영 지도자가 활용한 평가 유형이 바르게 연결된 것은?

〈보기〉

박 코치 : 우리반은 초급이라서 25 m 완주를 목표한다고 공지했어요. 완주한 회원들에게는 수영모를 드렸어요.
김 코치 : 저는 우리 클럽의 특성을 고려해서 모든 회원의 50 m 평영 기록을 측정했습니다. 그리고 상위 15%에 해당하는 회원들께 '박태환' 스티커를 드렸습니다.

	박 코치	김 코치
①	절대평가	상대평가
②	상대평가	절대평가
③	동료평가	자기평가
④	자기평가	동료평가

스포츠심리학 (33)

1. 스포츠와 운동의 참여가 개인의 심리적 발달에 미치는 영향에 관한 연구주제로 적절하지 않은 것은?

① 달리기는 우울증을 조절하는가?
② 스포츠클럽 활동은 사회성과 집중력을 높이는가?
③ 태권도 수련은 아동의 인성 발달에 도움이 되는가?
④ 수영에 대한 자신감이 수영 학습에 어떤 영향을 주는가?

2. 보강적 피드백(augmented feedback)의 유형에 해당하는 것은?

① 시각(visual)
② 촉각(tactile)
③ 청각(auditory)
④ 결과지식(knowledge of result)

3. 나이데퍼(R. Nideffer)의 주의초점모형을 근거로, 〈보기〉의 내용에 해당하는 주의의 폭과 방향은?

〈보기〉

배구 선수가 서브를 준비하면서 상대 진영을 살핀 후, 빈 곳을 확인하여 그곳으로 공을 서브하였다.

① 광의 외적에서 협의 외적으로
② 광의 내적에서 광의 외적으로
③ 협의 내적에서 광의 외적으로
④ 협의 외적에서 협의 외적으로

4. 아이젠(I. Ajen)의 계획된행동이론(theory of planned behavior)의 구성요인으로만 묶인 것은?

① 태도(attitude), 의도(intention), 주관적규범(subjective norm), 동기(motivation)
② 태도(attitude), 의도(intention), 주관적규범(subjective norm), 행동통제인식(perceived behavioral control)
③ 주관적규범(subjective norm), 자신감(confidence), 의도(intention), 태도(attitude)
④ 행동통제인식(perceived behavioral control), 자신감(confidence), 태도(attitude), 동기(motivation)

5. 스포츠심리기술 훈련에 관한 설명으로 옳지 않은 것은?

① 경기력 향상에 즉각적 효과를 줄 수 있다.
② 평소 연습과 통합되어 지속적으로 진행되어야 한다.
③ 심상, 루틴, 사고조절 등의 심리기법이 활용된다.
④ 연령, 성별, 경기수준과 관계없이 모든 선수들에게 적용될 수 있다.

6. 캐런(A.V. Carron)의 팀 응집력 모형에서 응집력의 결정요인으로만 묶인 것은?

① 리더십 요인(leadership factor), 발달 요인(development factor), 환경 요인(environment factor), 팀 요인(team factor)
② 리더십 요인(leadership factor), 팀 요인(team factor), 개인 요인(personal factor), 발달 요인(development factor)
③ 팀 요인(team factor), 리더십 요인(leadership factor), 환경 요인(environment factor), 개인 요인(personal factor)
④ 팀 요인(team factor), 발달 요인(development factor), 환경 요인(environment factor), 개인 요인(personal factor)

7. 인지평가이론(cognitive evaluation theory)에서 내적동기를 높일 수 있는 방법으로 옳지 않은 것은?

① 타인과의 관계성을 높여준다.
② 자신의 능력에 대해 유능감을 높여준다.
③ 행동을 결정하는데 있어 자율성을 갖게 한다.
④ 행동결과에 대한 보상의 연관성을 강조한다.

8. 〈보기〉의 정보처리 과정과 반응시간의 관계에서 ㉠~㉢에 들어갈 단계가 바르게 연결된 것은?

〈보기〉

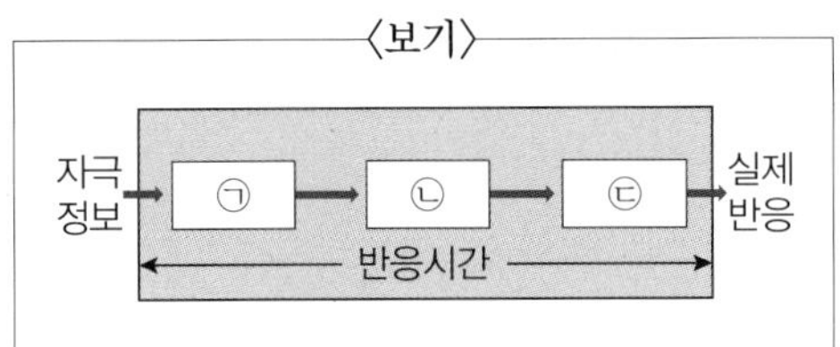

	㉠	㉡	㉢
①	의사결정 단계	반응선택 단계	반응실행 단계
②	의사결정 단계	반응실행 단계	반응선택 단계
③	감각, 지각 단계	반응선택 단계	반응실행 단계
④	감각, 지각 단계	반응실행 단계	반응선택 단계

9. 운동실천을 위한 행동수정 중재전략으로 적절하지 않은 것은?

① 운동화를 눈에 잘 띄는 곳에 둔다.
② 구체적이고 실현 가능한 목표를 설정한다.
③ 지각이나 결석이 없는 회원에게 보상을 제공한다.
④ 출석상황과 운동수행 정도를 공공장소에 게시한다.

10. 〈보기〉의 사례와 관련있는 데시(E..L.. Deci)와 라이언(R..M.. Ryan)의 자결성이론(self-determination theory)의 구성요인이 바르게 연결된 것은?

〈보기〉

㉠ 현우는 뛰는 것을 그다지 좋아하지는 않지만, 체중조절과 건강증진을 위해서 매일 1시간씩 조깅을 한다.
㉡ 승아는 필라테스를 그다지 좋아하지는 않지만, 개인강습비를 지원해준 부모님에 대한 죄책감 때문에 학원에 다닌다.

	㉠	㉡
①	확인규제 (identified regulation)	의무감규제 (introjected regulation)
②	외적규제 (external regulation)	의무감규제 (introjected regulation)
③	내적규제 (internal regulation)	확인규제 (identified regulation)
④	의무감규제 (introjected regulation)	확인규제 (identified regulation)

11. 〈보기〉는 성취목표성향 이론에서 자기목표성향(ego-goal orientation)과 과제목표성향(task-goal orientation)에 관한 예시이다. 이에 대한 해석이 옳은 것은?

〈보기〉

> 인호와 영찬이는 수업에서 테니스를 배운다. 이 둘은 실력이 비슷하다. 하지만 수업에서 인호는 테니스 기술을 배우는 것보다 다른 친구와 테니스 게임을 하여 이기는 것을 좋아한다. 반면에 영찬이는 테니스 기술에 중점을 두며 테니스 기술을 연마할 때마다 뿌듯해 한다.

① 영찬이는 실현 불가능한 과제를 자주 선택할 것이다.
② 인호는 자신의 기술향상을 위하여 개인 노력을 중시한다.
③ 인호는 영찬이를 이겼을 때 자신이 잘해서 승리하였다고 생각한다.
④ 인호는 학습의 증진과 연관된 자기-참고적(self-reference)인 목표를 가진 학생이다.

12. 〈보기〉의 운동기능 연습법 내용과 관련 있는 것은?

〈보기〉

> 각 부분을 따로 연습한 후 전체 기술을 종합적으로 연습하는 순수 분습법(pure-part practice)과 전체 운동기술 중에 첫 번째와 두 번째 요소를 각각 연습한 후 그 두 요소를 결합하고 이후 다음 요소를 다시 학습하는 과정을 거쳐 전체 기술을 습득해가는 점진적 분습법(progressive-part practice)으로 구분된다.

① 분절화
② 부분화
③ 분산연습
④ 집중연습

13. 특성불안을 측정하는 검사지는?

① SCQ(Sport Cohesion Questionnaire)
② SCAT(Sport Competitive Anxiety Test)
③ CSAI-2(Competitive State Anxiety Inventory-2)
④ 16PF(Cattell's Sixteen Personality Factor Questionnaire)

14. 〈보기〉의 ㉠~㉢에 들어갈 운동발달의 단계를 바르게 나열한 것은?

〈보기〉

> 반사 운동 단계 → (㉠) → (㉡) → 스포츠 기술 단계 → (㉢) → 최고 수행 단계 → 퇴보 단계

	㉠	㉡	㉢
①	초기 움직임 단계	성장과 세련 단계	기본움직임 단계
②	초기 움직임 단계	기본 움직임 단계	성장과 세련 단계
③	기본 움직임 단계	성장과 세련 단계	초기 움직임 단계
④	기본 움직임 단계	초기 움직임 단계	성장과 세련 단계

15. 와인버그(R.S. Weinberg)와 굴드(D. Gould)의 바람직한 처벌 행동 지침에 관한 내용으로 옳지 않은 것은?

① 사람이 아니라 행동을 처벌한다.
② 동일한 규칙위반에 대해서는 동일하게 처벌한다.
③ 연습 중에 실수한 것에 대해서는 가볍게 처벌한다.
④ 규칙위반에 관한 처벌규정을 만들 때 선수의 의견을 반영한다.

16. 스포츠심리상담에서 상담자가 활용할 수 있는 기법에 관한 설명으로 옳지 않은 것은?

① 적극적 경청 : 내담자의 말에 적절하게 행동으로 반응한다.
② 관심집중 : 내담자의 말이 끝날 때까지 내담자를 계속 관찰한다.
③ 신뢰형성 : 내담자 개인의 정신적 고민이나 감정적 호소에 귀 기울인다.
④ 공감적 이해 : 내담자에게는 생각할 시간을 충분히 주고, 상담자는 반응을 짧게 한다.

17. 운동발달에 관한 설명으로 옳지 않은 것은?

① 운동발달에는 개인차가 존재한다.
② 운동발달 과정에는 민감기(sensitive period)가 있다.
③ 운동발달은 운동행동이 연속적으로 변화하는 과정이다.
④ 운동발달 상황에서 공통적으로 나타나는 행동을 개체발생적 운동행동이라고 한다.

18. 신체활동은 일련의 단계를 거쳐 변화한다는 것을 기본적인 전제로 하는 운동행동이론은?

① 계획행동이론(theory of planned behavior)
② 건강신념모형(health belief model)
③ 변화단계이론(transtheoretical model)
④ 합리적 행동이론(theory of reasoned action)

19. 〈보기〉의 내용과 관련 있는 불안이론은?

① 적정수준이론(optimal level theory)
② 전환이론(reversal theory)
③ 다차원불안이론(multidimensional anxiety model)
④ 최적수행지역이론(zone of optimal functioning theory)

20. 사회적 태만(social loafing) 현상을 극복하기 위한 지도전략으로 옳지 않은 것은?

① 사회적 태만 허용상황을 미리 설정하지 않게 한다.
② 대집단보다는 소집단(포지션별)을 구성하여 훈련한다.
③ 지도자는 선수 개개인의 노력을 확인하고 이를 인정한다.
④ 선수들이 자신의 포지션뿐만 아니라 다른 역할도 경험하게 한다.

한국체육사 (44)

1. **한국체육사의 시대구분에 관한 내용으로 적절하지 않은 것은?**
   ① 고대체육은 부족국가 및 삼국시대로 구분할 수 있다.
   ② 광복을 전후로 고대체육과 전통체육으로 구분할 수 있다.
   ③ 갑오경장을 전후로 전통체육과 근대체육으로 구분할 수 있다.
   ④ 고대체육, 중세체육, 근대체육, 전통체육으로 구분할 수 있다.

2. **체육 관련 사료 중 문헌사료가 아닌 것은?**
   ① 고구려 무용총 수렵도(狩獵圖)
   ② 무예도보통지(武藝圖譜通志)
   ③ 조선체육계(朝鮮體育界)
   ④ 손기정 회고록(回顧錄)

3. **부족국가시대의 저포(樗蒲)에 관한 설명으로 옳은 것은?**
   ① 위기(圍棋)라는 용어로 불리기도 하였다.
   ② 제천의식과 관련된 대표적인 민속놀이였다.
   ③ 두 사람이 서로 맞잡고 힘을 겨루는 경기였다.
   ④ 달리는 말 위에서 여러 가지 동작을 행하는 경기였다.

4. **화랑도의 교육방법에 관한 설명으로 옳지 않은 것은?**
   ① 입산수행은 화랑도 교육활동의 하나였다.
   ② 심신일체론적 사상을 바탕으로 전인 교육을 지향하였다.
   ③ 편력(遍歷)은 명산대천을 돌아다니며 수련하는 야외활동이었다.
   ④ 삼강오륜(三綱五倫)의 붕우유신(朋友有信)을 바탕으로 도의 교육을 실시하였다.

5. **삼국시대 민속놀이의 명칭이 바르게 연결된 것은?**
   ① 석전(石戰) – 제기차기
   ② 마상재(馬上才) – 널뛰기
   ③ 방응(放鷹) – 매사냥
   ④ 수박(手搏) – 장기

6. **〈보기〉의 (　　) 안에 들어갈 용어는?**

〈보기〉

고려시대 최고의 교육기관인 국자감에는 7재(七齋)를 두었는데, 그 중 무학을 공부하는 (　　　)가 있었다. 이를 통해 고려의 관학에서는 무예교육이 중시되었음을 알 수 있다.

   ① 강예재(講藝齋)
   ② 대빙재(待聘齋)
   ③ 경덕재(經德齋)
   ④ 양정재(養正齋)

7. 〈보기〉의 고려시대 격구(擊毬)에 관한 설명 중 옳은 것으로만 묶인 것은?

〈보기〉

㉠ 왕, 귀족, 무인들의 오락이나 스포츠로 발달했다.
㉡ 가죽주머니로 만든 공을 발로 차는 형식의 무예이다.
㉢ 말타기 능력의 향상 및 군사훈련을 위한 수단으로 활용되었다.
㉣ 서민들의 오락적 신체활동으로 급속히 확산되었다.

① ㉠, ㉡
② ㉠, ㉢
③ ㉡, ㉣
④ ㉢, ㉣

8. 〈보기〉의 ㉠, ㉡에 해당하는 고려시대 무예의 명칭이 바르게 연결된 것은?

〈보기〉

(㉠)은/는 고려시대 무인들에게 적극 권장되었으며, 명종(明宗, 1170~1197) 대에는 이 무예를 겨루게 하여 승자에게 벼슬을 주었다.
(㉡)은/는 유교를 치국의 도(道)로 삼았던 고려시대에서 6예의 어(御)에 속하는 것으로 군자의 중요한 덕목 중 하나였다.

	㉠	㉡
①	격구(擊毬)	수박(手搏)
②	수박(手搏)	마술(馬術)
③	마술(馬術)	궁술(弓術)
④	궁술(弓術)	방응(放鷹)

9. 조선시대 사정(射亭)에 관한 설명으로 옳지 않은 것은?
① 전국에 사정(射亭)을 설치하고 습사(習射)를 장려하였다.
② 관설사정(官設射亭)과 민간사정(民間射亭)이 있었다.
③ 병서(兵書) 강습과 마상(馬上) 무예 훈련을 주로 하였다.
④ 민간사정(民間射亭)으로 오운정(五雲亭), 등룡정(登龍亭) 등이 있었다.

10. 조선시대 줄다리기에 관한 설명으로 옳은 것은?
① 동채싸움으로도 불리며, 동네별로 승부를 겨루는 경기였다.
② 상박(相縛)으로도 불리며, 궁정과 귀족사회의 유희 중 하나였다.
③ 추천(鞦韆)으로도 불리며, 단오절에 많이 행해진 서민들의 민속놀이였다.
④ 삭전(索戰), 갈전(葛戰)으로도 불리며, 촌락 공동체의 의례적 연중행사로 성행했다.

11. 개화기 이화학당에 관한 설명으로 옳은 것은?
① 스크랜턴(M. Scranton)이 설립한 학교로 체조를 교과목으로 편성했다.
② 아펜젤러(H. Appenzeller)가 설립한 학교로 각종 서구 스포츠를 도입했다.
③ 이승훈이 설립한 학교로 민족정신의 고취와 체력단련을 위해 체육을 강조했다.
④ 개화파 관리들이 중심이 되어 설립한 학교로 무사양성을 위한 무예반을 설치했다.

12. 〈보기〉의 ㉠, ㉡에 들어갈 용어가 바르게 연결된 것은?

〈보기〉

(㉠)은/는 1903년 10월 18일에 발족되었으며, 1906년 운동부를 개설하여 개화기에 가장 활발하게 체육활동을 전개한 체육단체 중 하나였다. 이 단체의 총무였던 (㉡)은/는 야구, 농구 등의 다양한 근대스포츠 문화를 우리나라에 소개하고 확산시키는 노력을 하였다.

	㉠	㉡
①	회동구락부	언더우드 (H. Underwood)
②	대동체육부	노백린
③	무도기계체육부	윤치호
④	황성기독교청년회	질레트(P. Gillett)

13. 개화기에 설립된 체육단체가 아닌 것은?

① 조선체육협회
② 대한체육구락부
③ 대한국민체육회
④ 대한흥학회운동부

14. 〈보기〉에서 설명하는 인물은?

〈보기〉

- 조선체력증진법연구회를 설립하고, 전국의 역도 보급에 앞장섰다.
- 1926년 휘문고등학교 체육교사로 부임해 역도부를 조직하고 지도했다.
- 대한체조협회 회장, 대한씨름협회 회장을 역임하며 한국 스포츠 발전에 공헌을 했다.

① 서상천
② 백용기
③ 이원용
④ 유억겸

15. 일제강점기에 발생한 체육사적 사실이 아닌 것은?

① 경성운동장이 설립되어 각종 스포츠대회가 개최되었다.
② 덴마크의 닐스 북(Neils Bukh)이 체조강습회를 개최했다.
③ 남승룡이 베를린올림픽경기대회에서 동메달을 획득했다.
④ 영어학교에서 한국 최초의 운동회인 화류회가 개최되었다.

16. 〈보기〉에 해당하는 체육단체에 관한 설명으로 옳지 않은 것은?

〈보기〉

- 고려구락부를 모체로 설립된 단체이다.
- 1920년 7월 동아일보사의 후원으로 일본 유학생과 국내체육인들이 조선인의 체육을 장려할 목적으로 설립하였다.

① 1920년 전조선야구대회를 개최했다.
② 스포츠 보급의 일환으로 운동구점을 설치하고 운영하였다.
③ 1925년 경성운동장 개장을 기념하기 위해 조선신궁경기대회를 개최했다.
④ 육상경기의 연구를 위한 육상경기위원회 조직과 육상경기규칙을 편찬했다.

17. 〈보기〉의 ㉠, ㉡에 해당하는 국제대회가 바르게 연결된 것은?

〈보기〉

1990년 남북체육장관회담의 결과, 1991년 사상 첫 남북 스포츠 단일팀이 구성되었다. (㉠)에 남북단일팀으로 참가한 코리아 팀은 여자단체전에서 세계를 제패했으며, (㉡)에도 청소년대표팀이 남북단일팀으로 참가하여 8강 진출이라는 위업을 달성했다.

	㉠	㉡
①	41회 지바세계 탁구선수권 대회	제4회 멕시코세계 청소년축구대회
②	32회 사라예보 세계탁구선수권 대회	제6회 포르투갈세계 청소년축구대회
③	32회 사라예보 세계탁구선수권 대회	제4회 멕시코세계 청소년축구대회
④	41회 지바세계 탁구선수권 대회	제6회 포르투갈세계 청소년축구대회

18. 〈보기〉의 ㉠~㉣을 연대순으로 바르게 연결한 것은?

〈보기〉

㉠ 한국은 동계올림픽경기대회에 최초로 태극기를 단 선수단을 파견하였다.
㉡ 한국의 최초로 하계올림픽경기대회를 개최하였고 종합 4위의 성적을 거두었다.
㉢ 남한과 북한의 선수가 최초로 하계올림픽경기대회에서 동시 입장을 하였다.
㉣ 한국의 광복 후 하계올림픽경기대회에서 최초로 금메달을 획득하였다.

① ㉠-㉢-㉡-㉣
② ㉠-㉢-㉣-㉡
③ ㉠-㉣-㉡-㉢
④ ㉣-㉠-㉡-㉢

19. 〈보기〉에서 설명하는 올림픽경기대회는?

〈보기〉

• 1936년에 개최된 하계올림픽경기대회였다.
• 마라톤경기에서 손기정 선수가 금메달을 획득했다.
• 일장기 말소사건은 국권회복과 민족의식을 일깨워주는 계기가 되었다.

① 제9회 암스테르담올림픽경기대회
② 제11회 베를린올림픽경기대회
③ 제14회 런던올림픽경기대회
④ 제17회 로마올림픽경기대회

20. 〈보기〉의 내용을 실시한 정권의 스포츠 정책이 아닌 것은?

〈보기〉

1982년 중앙정부행정조직에 체육부를 신설하고, 아시안게임과 올림픽경기대회의 준비, 우수선수육성 및 지도자의 양성 등 스포츠 진흥운동을 전개했다.

① 프로축구의 출범
② 프로야구의 출범
③ 태릉선수촌의 건립
④ 국군체육부대의 창설

운동생리학 (55)

1. 〈보기〉의 ㉠~㉣에 해당하는 용어를 바르게 나열한 것은?

〈보기〉

- 골격근은 (㉠)신경계의 조절에 의해 (㉡)으로 수축한다.
- 걷기와 같은 저강도 운동 중에는 (㉢) 섬유가 주로 동원되고 전력 질주와 같은 고강도 운동 중에는 (㉣) 섬유가 주로 동원된다.

	㉠	㉡	㉢	㉣
①	자율	수의적	typeⅠ	typeⅡ
②	체성	불수의적	typeⅡ	typeⅠ
③	자율	불수의적	typeⅡ	typeⅠ
④	체성	수의적	typeⅠ	typeⅡ

2. 안정 시와 운동 중 에너지 소비량 측정 및 추정에 관한 설명으로 옳지 않은 것은?

① 직접 열량 측정법은 열 생산을 측정함으로써 에너지 소비량을 측정한다.
② 간접 열량 측정법은 산소 소비량과 이산화탄소 배출량을 이용하여 에너지 소비량을 추정한다.
③ 호흡교환율은 질소 배출량과 산소 소비량의 비율을 의미하며, 체내 지방과 단백질의 대사 이용 비율을 추정한다.
④ 이중표식수(doubly labeled water) 검사법은 동위원소 기법을 사용해 에너지 소비량을 추정한다.

3. 운동 중 심근(myocardium)으로 혈액을 공급하는 동맥은?

① 관상동맥
② 폐동맥
③ 하대동맥
④ 상대동맥

4. 해수면과 비교하여 고지 환경에서 운동 시 생리적 반응으로 옳지 않은 것은?

① 최대하 운동 시 폐환기량이 증가한다.
② 최대하 운동 시 심박수와 심박출량은 감소한다.
③ 최대하 운동 시 동맥혈 산화헤모글로빈 포화도는 감소한다.
④ 무산소 운동능력보다 유산소 운동능력이 더 감소한다.

5. 유산소 트레이닝에 의한 골격근의 적응 현상으로 옳지 않은 것은?

① 모세혈관의 밀도 증가
② TypeⅡ 섬유의 현저한 크기 증가
③ 마이오글로빈의 함유량 증가
④ 미토콘드리아의 수와 크기 증가

6. 〈보기〉에서 운동 중 호흡계 전도영역의 기능으로만 묶인 것은?

〈보기〉

㉠ 호흡하는 공기에 습기를 제공한다.
㉡ 폐포의 표면장력을 감소시키는 표면활성제(surfactant)를 제공한다.
㉢ 공기를 여과하는 역할을 한다.
㉣ 호흡가스 확산을 증가시킨다.

① ㉠, ㉡
② ㉠, ㉢
③ ㉡, ㉢
④ ㉢, ㉣

7. 〈보기〉의 내용 중 옳은 것으로만 묶인 것은?

〈보기〉

㉠ 유산소 시스템 : 장시간의 운동 시 글루코스 외에도 유리지방산을 이용하여 ATP 합성
㉡ 유산소 시스템 : 세포질에서 크렙스회로와 전자전달계를 통해 ATP 합성
㉢ 무산소 해당 시스템 : 혈액 혹은 글리코겐으로부터 얻어진 포도당을 피루브산으로 분해
㉣ 무산소 해당 시스템 : 산화적 인산화를 통해 피루브산을 젖산으로 분해
㉤ ATP - PCr 시스템 : 세포 내 ADP 또는 Pi의 농도가 증가할 때 포스포프룩토키나아제(PFK)를 활성화시켜 ATP 합성
㉥ ATP - PCr 시스템 : 단시간의 폭발적인 힘을 발휘하는 운동 시 PCr이 분해되며 발생한 에너지를 이용하여 ATP 합성

① ㉠, ㉢, ㉥
② ㉠, ㉣, ㉤
③ ㉡, ㉢, ㉥
④ ㉡, ㉣, ㉤

8. 〈보기〉의 ㉠, ㉡에 들어갈 호르몬이 바르게 연결된 것은?

〈보기〉

규칙적인 신체활동을 통해 골형성을 자극하거나 활동부족으로 골손실을 자극하는 칼슘(Ca^{2+}) 조절 호르몬의 역할에 대한 설명이다.
• (㉠)은 혈중 칼슘 농도가 증가하면 뼈의 칼슘 방출을 감소시킨다.
• (㉡)은 혈중 칼슘 농도가 감소하면 뼈의 칼슘 방출을 증가시킨다.

	㉠	㉡
①	인슐린	부갑상선호르몬
②	안드로겐	티록신
③	칼시토닌	부갑상선호르몬
④	글루카곤	티록신

9. 근섬유(muscle fiber) 및 근원섬유(myofibril)에 관한 설명으로 옳은 것은?

① 근섬유는 여러 개의 핵을 가진 다른 세포들과 다르게 단핵세포로 구성된다.
② 근섬유는 결합조직인 근내막(endomysium)으로 싸여 있다.
③ 근원섬유는 근세포라 불리며, 가는 세사와 굵은 세사로 구성된다.
④ 근원섬유의 막 주위에는 위성세포(satellite cells)가 존재한다.

10. 골격근의 수축형태와 기능에 관한 설명으로 옳은 것은?

① 단축성 수축은 동적 수축이며 속도가 빠를수록 더 큰 힘이 생성된다.
② 단축성 수축은 근절의 길이가 짧아지는 수축이며 근절의 길이가 최소일 때 최대 힘이 생성된다.
③ 신장성 수축은 정적 수축이며 속도가 0일 때 최대 힘이 생성된다.
④ 동일 근육에서의 신장성 수축은 단축성 수축에 비해 같은 속도에서 더 큰 힘이 생성된다.

11. 〈보기〉의 심전도(ECG)에 관한 설명 중 옳은 것으로만 묶인 것은?

〈보기〉

㉠ 심방을 통한 전도속도가 감소하면 P파는 넓어진다.
㉡ PR간격은 심방의 탈분극부터 심실의 탈분극 전까지 걸리는 시간이다.
㉢ QRS복합파를 이용해서 심박수를 측정할 수 없다.
㉣ QRS복합파는 심실에서의 탈분극을 일컫는다.
㉤ ST분절은 심실 재분극에 소요되는 총 시간이다.

① ㉠, ㉡, ㉣　② ㉠, ㉡, ㉤
③ ㉡, ㉢, ㉣　④ ㉢, ㉣, ㉤

12. 운동 시 호르몬이 분비되는 내분비선과 주요 기능에 관한 설명으로 옳지 않은 것은?

	호르몬	내분비선	주요기능
①	알도스테론	부신피질	나트륨(Na^+) 흡수, 수분 손실 억제
②	코티졸	부신피질	당신생, 유리지방산 동원 증가
③	에피네프린	부신수질	근육과 간 글리코겐 분해, 유리지방산 동원 증가
④	성장호르몬	뇌하수체 후엽	단백질 합성 증가, 유리지방산 동원 증가

13. 유산소 운동 중 호흡계의 환기량 증가 요인에 관한 설명으로 옳지 않은 것은?

① 중추 화학적 수용체인 경동맥체와 대동맥체는 동맥의 산소 분압 증가에 따라 환기량 증가를 자극한다.
② 근육 내 화학적 수용체는 칼륨(K^+)과 수소(H^+)의 농도 증가에 따라 환기량 증가를 자극한다.
③ 근방추나 골지힘줄기관의 구심성 신경자극 증가는 환기량 증가를 자극한다.
④ 사용된 근육의 운동단위 증가는 환기량 증가를 자극한다.

14. 〈보기〉에서 설명하는 신경세포 활동전위의 단계는?

〈보기〉
- 칼륨(K^+) 채널이 열려있고, 칼륨이 세포 외로 이동하면서 세포 내는 음전하를 띠게 되는 단계
- 이 단계 이후 칼륨 채널이 닫히고, 칼륨의 세포 외 유출이 적어짐에 따라 안정막전위로 복귀

① 과분극 ② 탈분극
③ 재분극 ④ 불응기

15. 〈보기〉에서 설명하는 용어는?

〈보기〉
- 운동뉴런의 말단과 근섬유가 접합되어 있는 기능적 연결부위
- 신경전달물질이 분비되는 공간
- 시냅스 전 축삭말단, 시냅스 간극, 근섬유 원형질막의 운동종판으로 구성

① 시냅스(synapse, 연접)
② 운동단위(motor unit)
③ 랑비에르 결절(node of Ranvier)
④ 신경근 접합부(neuromuscular junction)

16. 〈보기〉에서 설명하는 열손실 기전은?

〈보기〉
- 피부의 땀이나 호흡을 통하여 체열을 손실시킨다.
- 실내 트레드밀 달리기 중 열손실의 가장 주된 기전이다.
- 대기조건(습도, 온도)과 노출된 피부 표면적의 영향을 받는다.

① 복사 ② 대류
③ 증발 ④ 전도

17. 〈보기〉에서 설명하는 것은?

〈보기〉

- 고온환경의 운동 중 극도의 피로, 혼란, 혼미, 현기증, 구토
- 심한 탈수 현상으로 심혈관계가 인체의 요구에 적절히 대처하지 못함
- 심부체온 40 ℃ 미만

① 열사병
② 열탈진
③ 열순응
④ 저나트륨혈증

18. 〈보기〉에 제시된 감각－운동 신경계의 인체 운동 반응 조절 과정을 단계별로 바르게 나열한 것은?

〈보기〉

㉠ 자극이 감각 뉴런을 통해 중추신경계로 전달된다.
㉡ 운동 자극이 중추신경계에서 운동 뉴런으로 전달된다.
㉢ 운동 자극이 근섬유에 전달되면 운동 반응이 일어난다.
㉣ 중추신경계가 정보를 해석하고 운동 반응을 결정한다.
㉤ 감각 수용기가 감각 자극을 받아들인다.

① ㉠ → ㉤ → ㉡ → ㉢ → ㉣
② ㉠ → ㉤ → ㉣ → ㉢ → ㉡
③ ㉤ → ㉠ → ㉡ → ㉢ → ㉣
④ ㉤ → ㉠ → ㉣ → ㉡ → ㉢

19. 저항성 트레이닝에 의한 근력 향상의 요인으로 적절하지 않은 것은?

① Type Ⅰ 섬유 수의 증가
② Type Ⅱ 섬유 크기의 증가
③ 동원되는 운동단위 수의 증가
④ 동원되는 십자형교(cross - bridge) 수의 증가

20. 고강도 운동 시 심박출량 증가 요인으로 옳지 않은 것은?

① 혈중 에피네프린 증가에 따른 심박수 증가
② 활동근의 근육펌프 작용에 따른 정맥회귀량 증가
③ 교감신경계의 활성에 따른 심실수축력 증가
④ 부교감신경계의 활성에 따른 심박수 증가

운동역학 (66)

1. 운동역학의 연구목적으로 적절하지 않은 것은?

① 운동기술 향상
② 운동불안 완화
③ 운동장비 개발
④ 스포츠 손상 예방

2. 해부학적 자세에서 몸의 중심을 기준으로 한 방향용어의 사용이 옳지 않은 것은?

① 복장뼈(흉골 : sternum)는 어깨의 가쪽(외측 : lateral)에 있다.
② 손목관절은 팔꿈치관절보다 먼쪽(원위 : distal)에 있다.
③ 엉덩이는 무릎보다 몸쪽(근위 : proximal)에 있다.
④ 머리는 발보다 위(상 : superior)에 있다.

3. 운동의 종류에 관한 설명으로 옳은 것은?

① 병진운동에는 직선운동만 있다.
② 곡선운동은 회전운동에 포함되는 운동이다.
③ 복합운동은 병진운동과 회전운동이 혼합된 운동이다.
④ 병진운동은 한 개의 고정된 축을 중심으로 물체가 회전하는 운동이다.

4. 인체의 물리량과 물리적 특성에 관한 설명으로 옳은 것은?

① kg은 무게의 단위이다.
② 질량은 스칼라(scalar)이고, 무게는 벡터(vector)이다.
③ 무게중심의 위치는 자세와 상관없이 항상 인체 내부에 있다.
④ 질량은 인체가 가지고 있는 관성의 척도로 장소에 따라 크기가 변한다.

5. 인체의 안정성에 관한 설명으로 옳지 않은 것은?

① 기저면의 크기는 안정성에 영향을 미친다.
② 기저면의 형태는 안정성에 영향을 미친다.
③ 무게중심의 높이는 안정성에 영향을 미치지 않는다.
④ 무게중심을 통과하는 수직선(중심선)이 기저면의 중앙에 가까울수록 안정성은 높아진다.

6. 인체 지레에 관한 설명으로 옳은 것은?

① 1종 지레는 힘점이 받침점과 작용점 사이에 있다.
② 2종 지레는 작용점이 힘점과 받침점 사이에 있다.
③ 3종 지레는 받침점이 힘점과 작용점 사이에 있다.
④ 인체 지레의 대부분은 2종 지레에 해당되어 힘에서 이득을 본다.

7. 〈그림〉의 야구 투구에서 공의 회전방향과 마구누스 힘(Magunus force)의 방향이 바르게 연결된 것은?

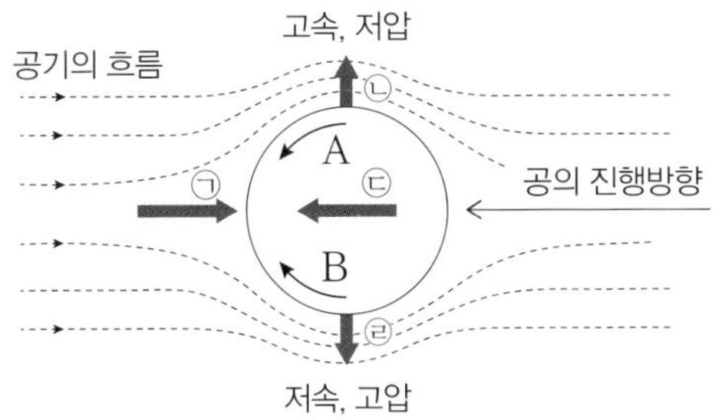

	공의 회전방향	마구누스 힘의 방향
①	A	㉠
②	B	㉡
③	A	㉢
④	B	㉣

8. 〈보기〉는 200 m 달리기 경기에서 경과시간에 따른 평균속도 변화이다. 이에 관한 설명으로 옳지 않은 것은?

〈보기〉

경과시간(초)	0	1	3	5	7	9
평균속도(m/s)	0	2.4	8.4	10	10	9.6

경과시간(초)	11	13	15	17	19	21	23
평균속도(m/s)	9.5	8.9	8.7	8.6	8.5	8.4	8.3

① 평균가속도가 0인 구간이 존재한다.
② 처음 1초 동안 2.4 m를 이동하였다.
③ 후반부의 평균속도는 감속되고 있다.
④ 최대 평균가속도는 5초와 7초 사이에 나타난다.

9. 길이 50 m 수영장에서 자유형 100 m 경기기록이 100초였을 때 평균속력과 평균속도는? (단, 출발과 도착 지점이 동일하다고 가정)
① 평균속력 : 1 m/s, 평균속도 : 1 m/s
② 평균속력 : 0 m/s, 평균속도 : 0 m/s
③ 평균속력 : 1 m/s, 평균속도 : 0 m/s
④ 평균속력 : 0 m/s, 평균속도 : 1 m/s

10. 〈보기〉의 ㉠~㉢에 들어갈 용어가 바르게 연결된 것은?

〈보기〉

(㉠)에서는 주동근에 의해 발휘되는 (㉡)가 (㉢)보다 커서 근육의 길이가 짧아진다.

	㉠	㉡	㉢
①	단축성 수축 (concentric contraction)	저항모멘트	힘모멘트
②	단축성 수축 (concentric contraction)	힘모멘트	저항모멘트
③	신장성 수축 (eccentric contraction)	저항모멘트	힘모멘트
④	신장성 수축 (eccentric contraction)	힘모멘트	저항모멘트

11. 마찰력에 관한 설명으로 옳지 않은 것은?
① 마찰력은 추진력으로 작용될 수 없다.
② 최대정지마찰력은 운동마찰력보다 크다.
③ 마찰계수는 접촉면의 형태에 영향을 받는다.
④ 마찰력은 마찰계수와 접촉면에 수직으로 작용한 힘의 곱으로 구한다.

12. 〈보기〉에서 설명하는 운동법칙은?

〈보기〉

물체에 작용하는 힘의 크기가 일정할 때, 물체의 질량이 증가하면 가속도는 감소하게 된다.

① 뉴턴의 제1법칙 ② 뉴턴의 제2법칙
③ 뉴턴의 제3법칙 ④ 질량 보존의 법칙

13. 〈그림〉은 A 선수와 B 선수가 제자리에서 수직점프 후 착지할 때 착지구간에서 시간에 따른 수직 힘의 변화를 나타내는 그래프이다. 이에 관한 설명으로 옳은 것은? (단, 가와 나의 면적은 동일)

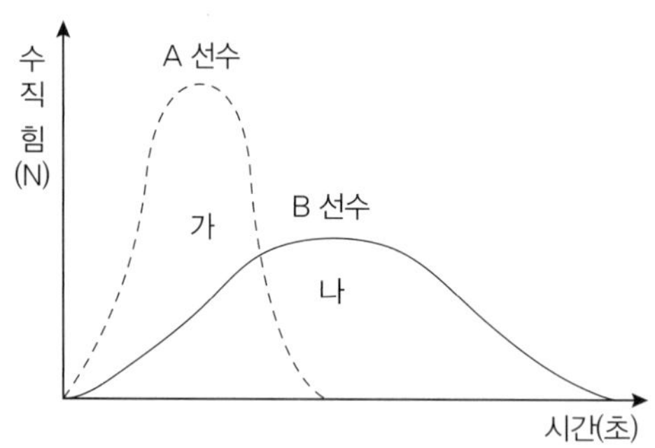

① A 선수와 B 선수의 수직 충격량은 동일하다.
② A 선수와 B 선수에서 수직 운동량의 변화량은 다르다.
③ A 선수와 B 선수의 수직 충격력이 다르기 때문에 수직 충격량이 다르다.
④ A 선수와 B 선수의 수직 힘의 작용시간이 다르기 때문에 수직 충격량이 다르다.

14. 다이빙선수의 공중동작에서 발생할 수 있는 회전운동에 관한 설명으로 옳은 것은?

① 질량분포가 회전축에서 멀수록 관성모멘트는 작아진다.
② 관성모멘트는 각운동량에 비례하고 각속도에 반비례한다.
③ 회전반경의 길이는 관성모멘트의 크기에 영향을 주지 않는다.
④ 공중자세에서 관성모멘트가 달라져도 각속도는 변하지 않는다.

15. 1 N의 힘으로 1 m 거리를 움직였을 때 수행한 일(work)은? (단, 힘의 작용방향과 이동방향은 일치함)

① 1 J(Joule)
② 1 N(Newton)
③ 1 m^3(Cubic meter)
④ 1 J/s(Joule/sec)

16. 어떤 물체에 200 N의 힘을 가해 물체를 10초 동안 5 m 이동시켰을 때 일률(power)은? (단, 힘의 작용방향과 이동방향은 일치함)

① 100 Watt　② 400 Watt
③ 1,000 Watt　④ 10,000 Watt

17. 에너지에 관한 설명으로 옳지 않은 것은?

① 에너지의 단위는 Joule이다.
② 일을 수행할 수 있는 능력이다.
③ 운동에너지는 물체의 속도뿐만 아니라 질량과도 관계가 있다.
④ 위치에너지는 물체의 질량과는 관계가 있으나 높이와는 관계가 없다.

18. 가장 큰 역학적 에너지는?

① 7 m/s로 평지를 달리고 있는 질량 90 kg인 럭비선수의 운동에너지
② 8 m/s로 평지를 달리고 있는 질량 100 kg인 럭비선수의 운동에너지
③ 5 m 높이에 서 있는 질량 50 kg인 다이빙선수의 위치에너지
④ 4 m 높이에 서 있는 질량 60 kg인 다이빙선수의 위치에너지

19. 〈보기〉에서 운동학적(kinematics) 분석방법으로만 묶인 것은?

〈보기〉
㉠ 영상분석
㉡ 고니오미터(goniometer) 각도 분석
㉢ 스트레인 게이지 힘 분석
㉣ 지면반력 분석

① ㉠, ㉡　　② ㉠, ㉢
③ ㉡, ㉣　　④ ㉢, ㉣

20. 근전도(electromyogram, EMG) 분석을 통하여 얻을 수 있는 정보로 옳지 않은 것은?
① 제자리멀리뛰기에서 장딴지근(비복근)의 최대 수축 시점
② 스쿼트에서 넙다리곧은근(대퇴직근)의 근 피로도
③ 제자리높이뛰기에서 무게중심의 3차원 위치좌표
④ 팔굽혀펴기에서 위팔세갈래근(상완삼두근)의 근활성도

스포츠윤리 (77)

1. 스포츠윤리의 목적으로 적절하지 않은 것은?
① 스포츠 행위의 공정한 조건을 제시한다.
② 의도적 반칙에 대한 정당화의 근거를 제시한다.
③ 스포츠를 통한 도덕적 자질과 인격 함양을 추구한다.
④ 스포츠맨십, 페어플레이 등 스포츠윤리 규범을 통한 바람직한 공동체의 모습을 제시한다.

2. 〈보기〉에서 ㉠, ㉡에 들어갈 용어가 바르게 연결된 것은?

〈보기〉
스포츠에서 일어나는 사건이나 현상에 대한 사유작용을 판단이라고 한다. 판단은 크게 사실판단과 가치판단으로 구분된다. 사실판단은 실제 스포츠에서 일어난 사건과 현상에 대한 진술을 말한다. 따라서 (㉠)을/를 가릴 수 있다. 이에 비해 가치판단은 옳고 그름 혹은 바람직하거나 그렇지 못한 것 등 가치에 대한 진술로 이루어진다. 가치판단은 주로 (㉡)에 근거한다.

	㉠	㉡
①	진위	당위
②	진위	허위
③	진리	상상
④	진리	선택

3. 〈보기〉에서 설명하는 스포츠윤리 규범은?

〈보기〉

스포츠의 규범은 근대스포츠의 탄생과 밀접한 연관을 갖는다. 규칙의 준수가 근대 시민 계급의 도덕성 함양에 기여할 수 있다고 여겨지면서 하나의 윤리 규범으로 정착하였다. 특히 진실과 성실의 정신(spirit of truth and honesty)을 바탕으로 경기에 임하는 도덕적 태도와 같은 의미로 쓰이면서 오늘날 스포츠의 보편적인 윤리 규범이 되었다.

① 유틸리티(utility)
② 테크네(techne)
③ 젠틀맨십(gentlemanship)
④ 페어플레이(fairplay)

4. 〈보기〉에서 ( ) 안에 들어갈 용어로 적절한 것은?

〈보기〉

운동선수로서 아무리 뛰어난 능력을 갖추었더라도 인간의 본질인 도덕성(덕)이 부족하면 훌륭한 선수가 될 수 없다. 이런 까닭에 운동선수에게는 두 가지 ( )이/가 동시에 요구된다. 즉 신체적 탁월성과 도덕적 탁월성을 겸비하였을 때 비로소 훌륭한 선수가 되는 것이다.

① 아곤(agon)
② 퓌시스(physis)
③ 로고스(logos)
④ 아레테(arete)

5. 〈보기〉의 ( ) 안에 들어갈 용어와 대표적인 사상가가 바르게 연결된 것은?

〈보기〉

스포츠에서 도덕법칙은 “승리를 원한다면 열심히 훈련하라.”, “위대한 선수가 되기 위해서는 스포츠맨십에 충실하라.” 등과 같이 가언적으로 주어지지 않고, 어떠한 경우에도 선수의 의무로서 반드시 행하라는 ( ) 명령의 형태로 존재한다.

① 공리적 – 칸트(I. Kant)
② 공리적 – 밴덤(J. Bentham)
③ 정언적 – 칸트(I. Kant)
④ 정언적 – 밴덤(J. Bentham)

6. 〈보기〉에서 설명하는 윤리이론은?

〈보기〉

- 윤리적 가치의 근거를 페미니즘에서 찾음
- 이성의 윤리가 아닌 감성의 윤리
- 경기에 처음 출전하는 후배를 격려하는 선배의 친절
- 근육 경련을 일으킨 상대 선수를 걱정하고 보살피는 행위
- 타자의 요구와 정서에 공감하고 대응하는 것이 도덕의 출발임

① 공리주의
② 의무주의
③ 배려윤리
④ 대지윤리

7. 〈보기〉의 ㉠, ㉡에 해당하는 정의의 유형은?

〈보기〉

라우 : 스포츠는 ㉠ 동등한 조건의 참가와 동일한 규칙의 적용이 이루어져야 해. 그렇지 않으면 정의의 원칙에 어긋나게 되거든.

형린 : 그런데 모든 것이 동등하지는 않아. 피겨스케이팅과 다이빙에서 ㉡ 높은 난이도의 연기를 펼친 선수는 그렇지 않은 선수보다 더 높은 점수를 받아야 해. 이것도 정의의 원칙이라고 할 수 있어.

	㉠	㉡		㉠	㉡
①	분배적	절차적	②	평균적	분배적
③	평균적	절차적	④	분배적	평균적

8. 스포츠에서 발생하는 인종차별에 해당하는 것은?

① 생물학적 환원주의
② 지속가능한 발전
③ 게발트(Gewalt)
④ 아파르트헤이트(Apartheid)

9. 〈보기〉의 폭력에 관한 설명과 관계 깊은 사상가는?

〈보기〉

- 학교 스포츠에서 선수에게 폭력을 가하는 감독도 한 가정의 평범한 가장이다.
- 운동 중 체벌을 가하는 것은 좋은 성적을 거두어야 하는 감독의 직업적 행동이다.
- 후배들에게 체벌을 가한 것은 감독의 지시에 따른 행동으로 나의 책임이 아니다.
- 폭력은 괴물이나 악마처럼 괴이한 존재가 아니라 평범한 일상 속에 함께 있다.
- 악(폭력)을 멈추게 할 유일한 방법은 생각과 반성이다.

① 뒤르켐(E. Durkheim)
② 홉스(T. Hobbes)
③ 지라르(R. Girard)
④ 아렌트(H. Arendt)

10. 〈보기〉의 내용에 해당하는 반칙은?

〈보기〉

A팀과 B팀의 농구 경기는 종료까지 12초가 남았다. A팀은 4점 차로 지고 있고 팀 파울에 걸렸다. B팀이 공을 잡자 A팀의 한 선수가 B팀 선수에게 반칙을 해서 자유투를 유도한 후, 공격권을 가져오려고 한다.

① 의도적 구성 반칙
② 비의도적 구성 반칙
③ 의도적 규제 반칙
④ 비의도적 규제 반칙

11. 〈보기〉의 ㉠, ㉡에 해당하는 유교 사상이 바르게 묶인 것은?

〈보기〉

㉠	공자는 "내가 원하지 않는 일을 남에게 하지 말라(己所不欲 勿施於人)"는 원리를 인간관계의 기본적인 행위 준칙으로 보았다. 내가 원하지 않는 것은 타인도 원하지 않을 것이라는 동등고려(equal consideration)의 원리는 스포츠맨십의 바탕이기도 하다. 스포츠맨십은 하지 말아야 할 행위를 하지 않는 것이 아니라 스스로 원하지 않는 것을 상대 선수에게 행하지 않는 원리를 실천하는 것이다.
㉡	사회구성원의 모든 행위가 그 이름(역할)에 적합하도록 행해야 한다는 도덕적 요구를 말한다. "임금은 임금답고 신하는 신하다우며, 아버지는 아버지답고 자식은 자식다워야 한다(君君臣臣 父父子子)"는 주문으로 각자에게 주어진 이름과 역할에 걸맞게 행동하라는 도덕적 명령이다. 스포츠인을 스포츠인답게 만드는 것이 곧 스포츠맨십이다.

	㉠	㉡
①	충(忠)	예시예종(禮始禮終)
②	서(恕)	정명(正名)
③	충(忠)	절차탁마(切磋琢磨)
④	서(恕)	극기복례(克己復禮)

12. 국민체육진흥법 제18조의3(2020. 8. 18, 일부 개정)에 의거하여 체육의 공정성 확보와 체육인의 인권보호를 위해 설립된 단체는?

① 스포츠윤리센터
② 클린스포츠센터
③ 스포츠인권센터
④ 선수고충처리센터

13. 〈보기〉의 ㉠에 해당하는 레스트(J. Rest)의 도덕성 구성요소는?

〈보기〉

상빈 : 직업 선수에게 가장 중요한 것은 무엇이라고 생각해?
미라 : 연봉이지! 직업 선수의 연봉이 그 선수의 능력을 나타내는 것이라고 생각해. 나는 작년 성적이 좋아서 올해 연봉이 200% 인상되었어.
은숙 : 연봉은 매우 중요하지. 하지만 ㉠ 나는 연봉, 명예 등의 가치보다 스포츠인으로서 스포츠맨십과 페어플레이가 가장 중요한 가치라고 생각해.

① 도덕적 감수성(moral sensitivity)
② 도덕적 판단력(moral judgement)
③ 도덕적 동기화(moral motivation)
④ 도덕적 품성화(moral character)

14. 사상가와 스포츠를 통한 도덕교육 방법이 바르게 연결되지 않은 것은?

① 루소(J. Rousseau) – 어린 시절부터 다양한 신체활동을 통해 성평등, 동료애, 공동체에서의 협력과 책임을 지는 습관을 길러준다.
② 베닛(W. Benneitt) – 스포츠 상황에서 발생하는 다양한 사건에 대한 논리적 추론과 가치명료화 등을 통해 도덕적 판단 능력을 길러준다.
③ 위인(E. Wynne) – 스포츠 경기의 전통을 이해하고, 규칙 준수 등의 바람직한 행동을 습관화할 수 있도록 가르친다.
④ 콜버그(L. Kohlberg) – 스포츠에서 발생하는 도덕적 딜레마에 대한 토론을 통해 도덕적 갈등상황을 이해하고, 자율적으로 대처할 수 있도록 가르친다.

15. 〈보기〉의 (　　) 안에 들어갈 사상가는?

〈보기〉

(　　　　)은/는 "도덕적 가치들은 중요한 타자들(significant others)이 어떻게 행동하고 있는가를 관찰하는 것에 의하여 학습된다."고 하였다. 스포츠 도덕교육에서 스포츠지도자는 중요한 타자에 해당된다. 스포츠의 도덕적 가치는 스포츠지도자의 도덕적 모범에 의해 학습되어지며, 참여자는 스포츠지도자를 통해 관찰학습과 사회적 모델링을 하게 된다.

① 맥페일(P. McPhail)
② 피아제(J. Piajet)
③ 피터스(R. Peters)
④ 콜버그(L. Kohlberg)

16. **장애차별 없는 스포츠의 조건에 해당하지 않는 것은?**
① 장애인이 원하는 장소와 시간을 확보해야 한다.
② 대회의 참여와 종목의 선택은 감독에게 맡긴다.
③ 활동에 필요한 장비 및 기구의 재정적인 지원이 확보되어야 한다.
④ 다양한 사람과의 관계를 통해 사회성 함양의 기회를 주어야 한다.

17. **〈보기〉의 ㉠, ㉡에 해당하는 도덕 원리의 검토 방법이 바르게 묶인 것은?**

〈보기〉

㉠ '나 혼자 의도적 파울을 하는 것은 괜찮겠지'라는 판단은 '모든 선수가 의도적 파울을 한다면'이라는 원리에 비추어 검토한다.
㉡ '부상당한 선수를 무시하고 경기를 진행하라'는 주장의 지시에 '자신이 부상당한 경우를 가정하여 판단해보라'고 이야기한다.

	㉠	㉡
①	포섭검토	보편화 결과의 검토
②	반증 사례의 검토	포섭검토
③	역할 교환의 검토	반증 사례의 검토
④	보편화 결과의 검토	역할 교환의 검토

18. **스포츠에서 공격이 윤리적이어야 하는 이유의 근거로 적절하지 않은 것은?**
① 타인의 탁월성 발휘를 침해하지 않아야 하기 때문이다.
② 파괴적인 것이 아니라 합리적인 방법과 전술의 개발 등 생산적이어야 하기 때문이다.
③ 공격 당사자의 본능, 감정, 의지를 폭력적인 수단에 의해 관철해야 하기 때문이다.
④ 규칙의 범위 내에서 공격과 방어의 교환이라는 소통의 구조를 가져야 하기 때문이다.

19. **스포츠에 도입된 과학기술의 긍정적인 효과로 적절하지 않은 것은?**
① 운동선수의 인격 형성에 기여한다.
② 기록의 객관성과 신뢰성을 높인다.
③ 운동선수의 안전과 부상 방지에 도움을 준다.
④ 오심과 편파판정을 최소화하여 경기의 공정성을 향상시킨다.

20. **스포츠 규칙의 원리로 적절하지 않은 것은?**
① 편파성
② 임의성(가변성)
③ 제도화
④ 공평성

유아체육론 (02)

1. 피아제(J. Piaget)의 도식(schema) 형성과정이 아닌 것은?

① 동화과정(assimilation)
② 조절과정(accommodation)
③ 평형과정(equilibrium)
④ 가역과정(reversibility)

2. 〈보기〉에서 영유아의 신체 및 운동발달 특징 중 옳은 것으로만 묶인 것은?

〈보기〉

㉠ 머리에서 다리 방향으로 발달한다.
㉡ 반사 및 반응 행동은 운동발달에 필수적인 단계이다.
㉢ 근육량의 증가로 안정 시 분당 심박수는 점차 증가한다.
㉣ 연령증가에 따라 상체와 하체의 비율은 변화하지 않는다.

① ㉠, ㉡ ② ㉠, ㉢
③ ㉡, ㉢ ④ ㉢, ㉣

3. 비대칭목경직반사(Asymmetric Tonic Neck Reflexes : ATNR)에 관한 설명으로 옳지 않은 것은?

① 생후 6개월에 나타난다.
② 원시반사의 한 유형이다.
③ 눈과 손의 협응력 발달에 중요하다.
④ 머리를 오른쪽으로 돌리면 오른쪽 팔과 다리가 펴진다.

4. 〈보기〉에서 설명하는 발달 이론은?

〈보기〉

• 환경을 변화시켜 바람직한 행동을 형성한다.
• 피드백을 통해 유아의 바람직한 행동을 촉진한다.

① 게셀(A. Gesell)의 성숙주의이론
② 피아제(J. Piaget)의 인지발달이론
③ 스키너(B. Skinner)의 행동주의이론
④ 프로이드(S. Freud)의 정신분석이론

5. 성숙단계 드리블동작(dribbling)의 특징으로 옳은 것은?

① 가슴 높이에서 공을 드리블한다.
② 한발을 앞으로 내밀고 반대편 손으로 드리블한다.
③ 바운드되는 공의 높이가 일정하지 않게 드리블한다.
④ 손목 스냅을 이용하지 않고 손바닥으로 공을 때리면서 드리블한다.

6. 안정성 운동기술에 관한 설명으로 옳지 않은 것은?

① 정적, 동적, 축성 안정성으로 구분한다.
② 구르기(rolling)는 동적 안정성과 관련이 있다.
③ 재빨리 피하기(dodging)는 동적 안정성과 관련이 있다.
④ 몸통 앞으로 굽히기(bending)는 정적 안정성과 관련이 있다.

7. 에릭슨(E. Erikson)의 심리사회발달 단계 중 주도성 대 죄책감에 관한 설명으로 옳지 않은 것은?

① 자기개념 형성이 시작되는 시기이다.
② 놀이를 스스로 시도할 수 있는 시기이다.
③ 취학 전 연령기(만 3세~6세)에 해당된다.
④ 놀이를 통한 성공경험은 주도성 형성에 도움이 된다.

8. 〈보기〉의 ㉠~㉢에 해당하는 지각운동의 요소로 바르게 연결된 것은?

〈보기〉

요소	활동
㉠	몸을 구부려 훌라후프 통과하기
㉡	박수 소리에 맞추어 리듬감 있게 점프하기
㉢	신호에 따라 오른쪽으로 회전하기

	㉠	㉡	㉢
①	공간	시간	방향
②	관계	시간	신체
③	관계	방향	공간
④	공간	방향	관계

9. 유아의 체력 요인과 검사 방법으로 적절한 것은?

① 순발력 : 모둠발로 멀리 뛴 거리의 측정
② 근지구력 : 왕복달리기(2 m) 시간의 측정
③ 평형성 : 1분 간 앉았다 일어나기 동작 횟수의 측정
④ 민첩성 : 평균대 위에서 한 발로 서있는 시간의 측정

10. 〈그림〉의 동작이 성숙단계로 발달하도록 지도하는 방법으로 적절하지 않은 것은?

〈그림〉

수직점프(Vertical jump)의 초보단계

① 도약과 착지 지점이 멀리 떨어지도록 지도한다.
② 두 팔을 동시에 위로 올리는 협응동작을 지도한다.
③ 두 발로 동시에 도약하고 착지할 수 있도록 지도한다.
④ 도약 후 공중에서 몸 전체를 뻗을 수 있도록 지도한다.

11. 〈보기〉의 ㉠, ㉡에 들어갈 유아체육 프로그램의 구성원리로 바르게 묶인 것은?

〈보기〉

- (㉠) 자신의 운동능력을 과대평가하는 경우 안전에 주의하도록 한다.
- (㉡) 동일 연령의 유아라도 발육발달의 개인차를 프로그램에 반영한다.

	㉠	㉡
①	안전성	다양성
②	안전성	적합성
③	적합성	다양성
④	적합성	주도성

12. 〈보기〉에서 설명하는 유아의 기본운동기술 유형은?

〈보기〉

- 물체를 다루는 능력이다.
- 추진운동 기술과 흡수운동 기술로 구분한다.
- 예로는 치기(striking)와 받기(catching)가 있다.

① 안정성(stability)
② 지각성(perception)
③ 이동성(locomotion)
④ 조작성(manipulation)

13. 유아 운동프로그램의 구성방법으로 적절하지 않은 것은?

① 체력을 고려한 신체활동으로 구성한다.
② 연령과 운동발달 수준을 고려한 신체활동으로 구성한다.
③ 눈과 손의 협응력 향상에 필요한 다양한 활동을 포함한다.
④ 남아와 여아의 흥미가 다르기 때문에 분리활동이 필요하다.

14. 세계보건기구(WHO, 2020)가 권장한 유아·청소년기 신체활동 지침으로 옳은 것은?

① 만 1세 이전 : 신체활동을 권장하지 않는다.
② 만 1~2세 : 하루 180분 이상의 저·중강도 신체활동을 권장한다.
③ 만 3~4세 : 최소 60분 이상의 중·고강도 신체활동을 포함한 하루 180분 이상의 신체활동을 권장한다.
④ 만 5~17세 : 최소 주 5회 이상의 고강도 근력 운동을 포함한 하루 60분 이상의 중·고강도 신체활동을 권장한다.

15. 체육수업 중 유아의 신체활동 참여시간을 증가시키는 방법으로 적절하지 않은 것은?

① 활동적 참여에 대해 정적 강화를 한다.
② 과제와 동작을 최대한 자세히 설명한다.
③ 수업 전에 교구를 배치하여 대기시간을 줄인다.
④ 일부 유아들이 어려워하는 활동이나 게임은 피한다.

16. 유아의 신체적 자기개념(self-concept)에 관한 설명으로 적절한 것은?

① 신체적 자기개념은 단일 개념이다.
② 신체적 자기개념은 자기효능감과는 관련이 없다.
③ 스포츠 참여를 통한 성공경험과 스포츠유능감 간의 관련성은 없다.
④ 스포츠 참여는 신체적 능력에 대한 개념을 형성하는 데 도움을 준다.

17. 유아의 신체활동 참여 동기를 증진시키는 방법으로 적절하지 않은 것은?

① 수행력 향상을 위해 역할모델을 활용한다.
② 쉬운 과제를 성취한 경우라도 칭찬해 준다.
③ 과제성취를 운에 의한 것으로 생각하도록 지도한다.
④ 성취경험의 빈도를 높이기 위해 과제 난이도를 조절한다.

18. **유아대상의 운동 지도방법으로 적절하지 않은 것은?**
① 자세한 설명보다는 시범을 자주 보여준다.
② 게임 파트너를 교대하며 다양한 변화를 준다.
③ 미디어를 활용하여 운동참여에 대한 관심을 유도한다.
④ 어렵고 위험한 과제에도 신체적 가이던스(physical guidance)를 자제한다.

19. **유아체육수업의 환경 조성에 관한 설명으로 적절하지 않은 것은?**
① 유아가 선호하는 하나의 교구만을 배치한다.
② 다양한 감각 자극을 제공할 수 있는 환경을 조성한다.
③ 유아가 자유롭게 몸을 움직일 수 있도록 충분한 공간을 확보한다.
④ 적절한 교구 배치를 통해 효과적 지도가 가능한 환경을 조성한다.

20. **누리과정(2019)에서 '신체운동·건강 영역'의 내용범주가 아닌 것은?**
① 신체활동 즐기기
② 건강하게 생활하기
③ 안전하게 생활하기
④ 창의적으로 표현하기

노인체육론 (03)

1. **노화로 인한 생리적 변화가 아닌 것은?**
① 최대산소섭취량의 감소
② 폐의 탄력성과 호흡기 근력의 저하
③ 수축기 및 이완기 혈압수치의 감소
④ 동정맥산소차의 감소

2. **〈보기〉의 ㉠~㉢에 해당하는 노화의 생물학적 이론이 바르게 연결된 것은?**

〈보기〉
- (㉠) : 유전적 요인이 노화의 속도를 결정한다.
- (㉡) : 세포손상의 누적이 세포의 기능장애에 결정요소로 작용한다.
- (㉢) : 인체기관이 다른 속도로 노화하면서 신경내분비계에 불균형을 초래한다.

	㉠	㉡	㉢
①	유전적 이론	손상 이론	점진적 불균형 이론
②	성공적 노화이론	손상 이론	점진적 불균형 이론
③	손상 이론	점진적 불균형 이론	유전적 이론
④	지속성 이론	점진적 불균형 이론	손상 이론

3. 에릭슨(E. Erikson)의 심리사회발달 단계에 관한 내용이 옳은 것은?

	연령	단계	긍정적 결과
①	13~18세	역량 대 열등감	어떻게 살기 원하는지에 대한 생각을 발달시킨다.
②	젊은 성인	독자성 대 역할혼동	타인과 밀접한 관계를 형성한다.
③	중년 성인	친분 대 고독	가족의 부양 또는 어떤 형태의 일을 통해 생산적인 생활을 할 수 있다.
④	노년기	자아 주체성 대 절망	자부심과 만족을 느끼면서 삶을 되돌아볼 수 있다.

4. 〈보기〉에서 설명하는 노화에 관한 심리학적 관점은?

〈보기〉

- 성공적 노화는 신체적, 정신적, 사회적 손실에 대한 적응력과 관련이 있다.
- 기능적 능력의 향상을 통해 노화로 인한 손실을 보완하도록 도움을 준다.

① 성공적 노화 모델
② 분리이론
③ 자아통합 이론
④ 보상이 수반된 선택적 적정화 모델

5. 노인체육 관련 용어의 의미가 옳지 않은 것은?

① 신체활동(physical activity) : 골격근에 의해 에너지 소비가 이루어지는 신체의 움직임
② 운동(exercise) : 관찰 가능한 외현적인 움직임
③ 체력(physical fitness) : 신체활동을 수행할 수 있는 기능적 특성
④ 건강(health) : 질병이 없거나 허약하지 않을 뿐만 아니라 신체적, 심리적, 사회적으로 안녕한 상태

6. 〈보기〉의 대화에서 노인에게 나타날 수 있는 증상이 아닌 것은?

〈보기〉

A : 코로나19로 경로당 운영이 중단돼서 운동도 못하고, 친구들도 못 만나니 너무 두렵고 슬퍼. 예전에 친구들과 함께 운동하던 때가 그립구만…….

B : 나도 그래. 최근 옆집에 혼자 사는 최 씨가 안보여 찾아가보니 술로 잠을 자려고 하던데 정말 걱정이야. 밖으로 나가 운동도 하고 친구도 만나야 하는데……. 저러다 치매에 걸릴까 겁이 나네.

① 수면 장애 ② 불안감 고조
③ 고립감 약화 ④ 사고력 약화

7. 노인의 운동참여에서 불안과 두려움을 극복하기 위한 반두라(A. Bandura)의 자기효능감 이론의 변인과 증진전략으로 옳지 않은 것은?

	변인	증진전략
①	성공수행경험	운동참여에 대한 불안과 두려움을 극복하는 경험을 갖도록 지도한다.
②	간접경험	운동에 함께 참여하는 동료 노인을 통해 간접경험을 갖게 한다.
③	언어적 설득	운동과 관련된 의사결정을 스스로 내리도록 한다.
④	정서적 상태	불안과 두려움을 조절할 수 있도록 인지적 훈련을 시킨다.

8. 노인과의 올바른 의사소통 방법이 아닌 것은?

① 노인이 원하는 존칭을 사용한다.
② 어린아이를 다루듯 말한다.
③ 분명하고 천천히 말한다.
④ 따뜻한 표정으로 비언어적 의사소통을 사용한다.

9. **행동주의적 지도방법이 아닌 것은?**
① 개별상담을 통해 운동의 중요성을 인식하게 한다.
② 체육관 복도에 출석률을 게시한다.
③ 성공적인 운동참여에 대해 긍정적 강화를 제공한다.
④ 런닝머신 걷기를 할 때만 좋아하는 연속극을 시청하게 한다.

10. **〈보기〉의 ㉠, ㉡에 해당하는 노인체력검사(SFT) 항목이 바르게 연결된 것은?**

〈보기〉
- (㉠) : 식료품 나르기와 손자 안아주기가 어렵다.
- (㉡) : 버스에서 신속하게 내리기가 어렵다.

	㉠	㉡
①	30초 아령 들기	등 뒤에서 양손 마주잡기
②	30초 아령 들기	2.4 m 왕복 걷기
③	등 뒤에서 양손 마주잡기	2분 제자리 걷기
④	2.4 m 왕복 걷기	2분 제자리 걷기

11. **운동경험이 없는 노인이 장기간 저항성 운동을 했을 때 예상되는 변화는?**
① 골밀도와 낙상 위험의 감소
② 20대의 근비대 수준으로 근력 회복
③ 근력과 제지방량의 증가
④ 혈관 경직도 증가

12. **미국스포츠의학회(ACSM)가 제시한 노인을 대상으로 한 운동부하검사의 고려사항으로 옳지 않은 것은?**
① 시력 손상, 보행 실조, 발의 문제가 있는 경우 자전거 에르고미터 검사를 실시한다.
② 트레드밀 부하는 경사도보다는 속도를 증가시킨다.
③ 균형감과 근력이 낮고, 신경근 협응력이 저조하여 검사의 두려움이 있다면 트레드밀의 양측 손잡이를 잡고 검사를 실시한다.
④ 낮은 체력을 가진 노인은 초기 부하가 낮고(3 METs 이하), 부하 증가량도 작은(0.5~1.0 METs) 노턴(Naughton) 트레드밀 프로토콜을 이용한다.

13. **노인을 위한 수중운동 지도방법으로 옳지 않은 것은?**
① 안전을 위해 처음 몇 회는 물속에서 자세를 취하는 방법을 가르친다.
② 물에 저항하여 움직이도록 지도하여 에너지 소비를 증가시킨다.
③ 관절염을 앓고 있는 노인은 아픈 관절이 물에 잠기게 한다.
④ 물이 몸통 근육의 역할을 하도록 직립자세로 서서 운동하게 한다.

14. **요통을 예방하는 방법으로 옳은 것은?**
① 등을 굽히고 선다.
② 등을 굽히고 걷는다.
③ 장시간 계속 서 있는 것을 피한다.
④ 등을 굽히고 앉는다.

15. 〈보기〉의 특성을 보인 노인에게 미국스포츠의학회(ACSM)가 제시한 관상동맥질환의 위험인자를 모두 제시한 것은?

〈보기〉
- 연령 : 71세, 성별 : 여자, 신장 : 158 cm, 체중 : 54 kg
- 가족력 : 어머니는 54세에 심혈관 질환으로 돌아가셨다.
- 허리둘레 : 79 cm
- 총콜레스테롤 : 200 mg/dL
- 고밀도지단백질 콜레스테롤 : 30 mg/dL
- 공복혈당 : 135 mg/dL
- 안정 시 혈압 : 190 mmHg / 90 mmHg
- 10대 때 흡연(하루에 20개 피 이상)
- 평생 전업주부로 생활하고 현재 특별한 신체활동은 하지 않았다.

① 연령, 가족력, 허리둘레, 혈압, 흡연
② 비만, 공복혈당, 혈압, 흡연, 신체활동
③ 가족력, 총콜레스테롤, 고밀도지단백질 콜레스테롤, 혈압, 신체활동
④ 허리둘레, 총콜레스테롤, 고밀도지단백질 콜레스테롤, 공복혈당, 혈압

16. 미국스포츠의학회(ACSM)가 제시한 노인 신체활동 프로그램으로 옳지 않은 것은?
① 고강도로 주 3일 이상 또는 중강도로 주 5일 이상의 유산소운동
② 체중부하 유연체조와 계단 오르기를 제외한 근력강화 운동
③ 근육의 긴장과 약간의 불편감이 느껴질 정도의 유연성 운동
④ 저·중강도로 주 2회 이상의 대근육군을 이용한 저항운동

17. 노인을 위한 준비 및 정리운동의 생리적 효과에 관한 설명으로 옳지 않은 것은?
① 준비운동은 혈중산소포화도를 증가시켜 근육의 산소 이용률을 증가시킨다.
② 준비운동은 폐 혈류의 저항을 증가시켜 폐의 혈액 순환을 향상시킨다.
③ 정리운동은 호흡, 체온, 심박수를 활동 전 수준으로 되돌리는데 도움을 준다.
④ 정리운동은 혈중젖산농도를 낮추는데 도움을 준다.

18. 노인의 걷기 특성으로 옳지 않은 것은?
① 분당 보폭수(cadence)의 증가
② 보행주기 중 양발 지지기(double support time) 비율의 증가
③ 안정된 걷기를 위한 의식적 관여의 증가
④ 보폭(step length)의 증가와 활보장(stride length)의 감소

19. 노인의 단기기억 문제를 고려한 지도방법으로 옳지 않은 것은?
① 각자의 페이스로 동작을 수행하도록 한다.
② 동작을 단순화하여 반복적으로 시범을 보여준다.
③ 동작의 속도와 방향을 다양하게 한다.
④ 심상훈련을 활용한다.

20. 노인의 균형감에 관한 설명으로 옳은 것은?
① 의식적인 노력은 균형감 향상과 무관하다.
② 시력 약화는 균형감을 향상시킨다.
③ 전정계 기능의 저하는 균형감을 향상시킨다.
④ 체성감각 기능의 저하는 균형감을 떨어뜨린다.

2020년도 2급류 체육지도자 필기시험 문제지

(2급 생활 / 유소년 / 노인)

문제유형	A형
시험일지	2020. 7. 4. (토) **10:00~11:40**

유의사항

2급 생활 자격증 응시자	: 선택과목 중 **5개 과목** 선택 (필수과목 없음)
유소년 자격증 응시자	: 선택과목 중 **4개 과목,** 필수과목 중 **유아체육론** 선택
노인 자격증 응시자	: 선택과목 중 **4개 과목,** 필수과목 중 **노인체육론** 선택

과목코드 및 페이지

구분	과목	과목코드	페이지
선택과목	**스포츠사회학**	(과목코드 : 11)	78면
	스포츠교육학	(과목코드 : 22)	81면
	스포츠심리학	(과목코드 : 33)	85면
	한국체육사	(과목코드 : 44)	90면
	운동생리학	(과목코드 : 55)	93면
	운동역학	(과목코드 : 66)	97면
	스포츠윤리	(과목코드 : 77)	101면
필수과목	**유아체육론**	(과목코드 : 02)	105면
	노인체육론	(과목코드 : 03)	109면

스포츠사회학 (11)

1. 스포츠의 사회적 순기능으로 적절하지 <u>않은</u> 것은?

① 사회화 기능
② 사회통제 기능
③ 사회통합 기능
④ 사회정서적 기능

2. 〈보기〉에서 설명하는 이론은?

〈보기〉
- 지배계급은 피지배계급을 억압하고 착취한다.
- 재화의 불평등한 분배는 사회의 본질적 속성이다.
- 스포츠는 일부 지배계급에 의해 그들의 이익을 증대시키는 데 이용된다.

① 갈등 이론
② 비판 이론
③ 상징적 상호작용론
④ 구조기능주의 이론

3. 〈보기〉에서 정치가 스포츠를 이용하는 방식을 바르게 연결한 것은?

〈보기〉
㉠ 경기에 앞서 국가연주, 국기에 대한 경례 등의 의식을 갖는다.
㉡ 대중은 선수나 팀을 자신과 일치시키는 태도를 형성한다.
㉢ 정치인의 비리, 부정 등을 은폐하기 위해 스포츠를 이용한다.

	㉠	㉡	㉢
①	상징	조작	동일화
②	동일화	상징	조작
③	상징	동일화	조작
④	조작	동일화	상징

4. 스포츠와 미디어의 상호관계에서 미디어가 스포츠에 미치는 영향에 해당하는 것은?

① 영국 프리미어리그 경기는 방송사에 수준 높은 콘텐츠를 제공하고 있다.
② 방송사의 편익을 위해 배구의 랠리포인트제, 농구의 쿼터제 등 경기규칙을 변경하였다.
③ 손흥민, 류현진 선수 등의 활약으로 스포츠 관련 방송 시장이 확대되었다.
④ 시청자의 욕구를 충족시켜 주기 위해 슬로우영상, 반복영상 등을 제공하고 있다.

5. 상업주의 심화에 따른 스포츠의 변화에 대한 설명으로 적절하지 <u>않은</u> 것은?

① 경기 내적인 요소보다 외적인 요소를 중요시한다.
② 심미적 가치보다 영웅적 가치를 중요시한다.
③ 아마추어리즘보다 프로페셔널리즘을 추구한다.
④ 경기의 공정성을 강화하기 위해 경기 규칙을 개정한다.

6. 〈보기〉의 A 선수에 해당하는 사회계층 이동의 유형을 바르게 연결한 것은?

〈보기〉
A 선수는 2002년부터 2019년까지 프로축구리그 S 팀의 주전선수로 활동하면서 MVP 3회 수상 등 축구선수로서 명성을 얻었다. 은퇴 후, 2020년부터 프로축구 A 팀의 수석코치로 활동하게 되었다.

	이동의 방향	시간적 거리	이동의 주체
①	수평이동	세대 간 이동	집단이동
②	수평이동	세대 내 이동	개인이동
③	수직이동	세대 간 이동	집단이동
④	수직이동	세대 내 이동	개인이동

7. **버렐(S. Birrell)과 로이(J. Loy)가 제시한 스포츠 미디어를 통해 충족할 수 있는 욕구유형에 대한 설명으로 옳은 것은?**
① 통합적 욕구 : 스포츠에 대한 규칙 정보를 제공한다.
② 인지적 욕구 : 스포츠에 대한 흥미와 즐거움을 제공한다.
③ 정의적 욕구 : 스포츠에 대한 지식, 경기결과 및 통계적 지식을 제공한다.
④ 도피적 욕구 : 불안, 초조, 욕구불만, 좌절 등의 감정을 해소하도록 돕는다.

8. **〈보기〉에서 설명하는 에티즌(D. Eitzen)과 세이지(G. Sage)가 제시한 스포츠의 정치적 속성은?**

〈보기〉

- 스포츠 경기에 수반되는 의식과 행동은 선수의 충성심을 상징적으로 재확인하는 것에 목적이 있다.
- 스포츠 조직은 구호, 응원가, 유니폼, 마스코트 등의 상징을 통해 조직에 대한 선수의 충성심을 지속시키거나 강화한다.

① 보수성
② 대표성
③ 상호의존성
④ 권력투쟁

9. **스포츠일탈의 유형과 원인을 규정하기 어려운 이유로 적절하지 않은 것은?**
① 스포츠 현장에서 발생하는 일탈 사례가 부족하기 때문이다.
② 스포츠일탈은 규범에 대한 거부와 함께 무피반적 수용도 포함한다.
③ 스포츠에서 허용되는 행동이 사회의 다른 영역에서는 일탈이 될 수 있다.
④ 과학기술의 급속한 발전과 새로운 스포츠 규범 사이에 시간적 차이가 발생한다.

10. **맥루한(M. McLuhan)의 미디어 이론에 따른 구분 및 특성을 바르게 제시한 것은?**

	특성 / 구분	정의성	감각 참여성	감각 몰입성	경기 진행 속도
①	핫 미디어 스포츠	높음	낮음	높음	빠름
②	쿨 미디어 스포츠	낮음	낮음	낮음	느림
③	핫 미디어 스포츠	높음	높음	낮음	느림
④	쿨 미디어 스포츠	낮음	높음	높음	빠름

11. **〈보기〉를 투민(M. Tumin)의 스포츠계층 형성 과정 순서에 따라 바르게 배열한 것은?**

〈보기〉

㉠ 세계적인 테니스 선수는 기업으로부터 많은 후원금을 받고 있다.
㉡ 세계랭킹에 따라 참가할 수 있는 테니스 대회가 나누어져 있다.
㉢ 테니스는 선수, 코치, 감독, 트레이너 등으로 역할이 구분되어 있다.
㉣ 국제 테니스 대회에서 우승하면 사회적 명성이 높아진다.

① ㉡-㉢-㉠-㉣
② ㉡-㉢-㉣-㉠
③ ㉢-㉡-㉣-㉠
④ ㉢-㉡-㉠-㉣

12. **스포츠 세계화의 원인이 아닌 것은?**
① 종교 전파
② 제국주의 확장
③ 인종차별 심화
④ 과학기술 발전

13. 〈보기〉의 ㉠이 설명하는 집합행동의 유형과 관련된 이론은?

〈보기〉

A : 어제 축구 봤어? 경기 도중 관중 폭력이 발생했잖아.
B : 나도 방송에서 봤는데 관중 폭력의 원인이 인종차별 때문이래.
A : ㉠ 인종차별과 같은 사회구조적·문화적 선행요건이 없었다면, 두 팀 관중들 간에 폭력은 없었을 거야.

① 전염이론
② 수렴이론
③ 규범생성이론
④ 부가가치이론

14. 스포츠일탈에 관한 설명으로 적절하지 않은 것은?

① 부정적 일탈 사례로는 금지약물복용, 구타 및 폭력 등이 있다.
② 부정적 일탈은 스포츠 규범체계에 대한 과잉동조 성향을 의미한다.
③ 긍정적 일탈 사례로는 오버 트레이닝(over-training), 운동중독 등이 있다.
④ 긍정적 일탈은 정상적으로 받아들여지는 행동에 대한 무비판적 수용을 의미한다.

15. 스포츠일탈을 설명하는 이론과 그 특징이 바르게 연결된 것은?

① 갈등 이론-선수의 금지약물복용 등과 같은 일탈적 행위는 개인의 윤리적 문제이다.
② 아노미 이론-선수의 승리에 대한 목표와 수단의 괴리로 인해 일탈이 발생한다.
③ 차별교제 이론-팀 내 우수선수가 금지약물을 복용해도 동료들은 복용하지 않는다.
④ 낙인 이론-선수에게 부여된 악동, 풍운아 같은 이미지는 선수 생활에 영향을 미치지 않는다.

16. 〈보기〉에서 설명하는 사건은?

〈보기〉

• 1972년 제20회 뮌헨올림픽에서 발생
• 팔레스타인 테러조직에 의한 이스라엘 선수단 인질사건
• 국가 간 갈등이 올림픽을 통해 표출된 테러 사건

① 검은 구월단 사건
② 축구전쟁(100시간 전쟁) 사건
③ 보스턴 마라톤 폭탄 테러 사건
④ IRA 연쇄 폭탄 테러 사건

17. 상류계급의 스포츠 참가 특징에 대한 설명으로 적절하지 않은 것은?

① 과시적 소비성향의 스포츠를 선호한다.
② 요트, 승마와 같은 자연친화적 개인 스포츠를 선호한다.
③ 직접 참여보다는 TV 시청을 통한 관람 스포츠를 소비하는 경향이 높다.
④ 사생활이 보호되는 장소에서 소수 인원이 즐기는 스포츠 참여를 선호한다.

18. 〈보기〉에서 설명하는 스포츠사회화 과정은?

〈보기〉

• 이용대 선수의 경기 보도 증가는 대중들의 배드민턴 참여를 촉진한다.
• 부모의 스포츠에 대한 긍정적인 태도는 자녀의 스포츠 참여 가능성을 높인다.
• 학생들은 교내에서 체육교과와 다양한 프로그램을 통해 스포츠에 참여하고 있다.

① 스포츠로의 사회화
② 스포츠로의 재사회화
③ 스포츠를 통한 사회화
④ 스포츠로부터의 탈사회화

19. 〈보기〉에서 설명하는 스포츠의 교육적 순기능은?

〈보기〉

- 스포츠 참여를 통해 생애주기에 적합한 스포츠를 즐길 수 있는 습관을 형성할 수 있다.
- 학교에서의 스포츠 경험은 개인이 전 생애에 걸쳐 스포츠를 즐길 수 있는 토대를 마련해준다.

① 학업활동 촉진
② 학교 내 통합
③ 평생체육과의 연계
④ 정서 순화

20. 〈보기〉에서 설명하는 케년(G. Kenyon)의 스포츠 참가유형은?

〈보기〉

- 스포츠 상황 내에서 다양한 지위와 규범을 이행함으로써 스포츠에 실질적으로 참가하는 형태
- 생활체육 동호인, 선수, 감독, 심판, 해설자로 활동

① 행동적 참가
② 인지적 참가
③ 정의적 참가
④ 조직적 참가

스포츠교육학 (22)

1. 모스턴(M. Mosston)의 수업 스타일 중 학습자가 인지 작용을 통해 문제에 대한 다양한 해답을 찾는 유형은?
① 연습형
② 수렴발견형
③ 상호학습형
④ 확산발견형

2. 헬리슨(D. Hellison)의 개인적·사회적 책임감 모형 중 전이단계(transfer level)에 해당하는 것은?
① 다른 사람을 방해하지 않고 체육 프로그램에 참여하기
② 체육 프로그램에서 타인의 요구와 감정을 인정하고 경청하기
③ 체육 프로그램에서 학습한 배려를 일상생활에서 실천하기
④ 자기 목표를 설정하고 지도자의 통제 없이 체육 프로그램 과제를 완수하기

3. 멕티게(J. McTighe)가 제시한 개념으로 학습자가 배운 내용을 경기상황에서 구현하는 정도를 평가하는 방법은?
① 실제평가(authentic assessment)
② 총괄평가(summative assessment)
③ 규준지향평가(norm-referenced assessment)
④ 준거지향평가(criterion-referenced assessment)

4. 체육 프로그램의 목표로 정의적 영역(affective domain)에 해당하는 것은?

① 축구에서 인사이드 패스를 실행할 수 있다.
② 야구에서 스윙 동작을 분석하고 평가할 수 있다.
③ 배구에서 동료와 협력할 수 있다.
④ 농구에서 지역방어전략을 사용할 수 있다.

5. 모스턴(M. Mosston)의 수업 스타일 중 연습형의 특징으로 적절하지 않은 것은?

① 학습자가 스스로 과제를 평가하게 한다.
② 지도자는 학습자에게 개별적으로 피드백을 제공한다.
③ 학습자가 모방 과제를 스스로 연습할 수 있도록 지도한다.
④ 학습자는 숙련된 운동 수행이 과제의 반복 연습과 관련있음을 이해한다.

6. 〈보기〉에서 블룸(B. Bloom)의 인지적 영역 수준에 해당하는 것은?

〈보기〉

배드민턴 경기에서 상대 선수의 서비스를 받을 때, 낮고 짧은 서비스와 높고 긴 서비스의 대처 방법이 어떻게 달라져야 하는지를 알 수 있다.

① 분석
② 기억
③ 이해
④ 평가

7. 〈보기〉에서 설명하는 알버노(P. Alberno)와 트라웃맨(A. Troutman)의 행동수정기법에 해당하는 것은?

〈보기〉

학습자가 적절한 행동을 할 때마다 지도자가 점수, 스티커, 쿠폰 등을 제공하는 기법이다.

① 타임아웃(time out)
② 토큰 수집(token economies)
③ 좋은 행동 게임(good behavior game)
④ 지도자-학습자 사이의 계약(behavior contracting)

8. 〈보기〉에서 정 코치의 질문에 대한 각 지도자의 답변으로 적절하지 <u>않은</u> 것은?

〈보기〉

정 코치 : 메츨러(M. Metzler)의 절차적 지식에 대해 간단히 설명해 주시기 바랍니다.
박 코치 : 지도자가 학습자에게 움직임 패턴을 연습할 수 있게 하고 이를 경기에 적용할 수 있는 지식입니다.
김 코치 : 학습자가 과제를 연습하는 동안 이를 관찰하고 정확한 피드백을 제공할 수 있는 지식입니다.
한 코치 : 지도자가 실제로 체육 프로그램 전, 중, 후에 적용할 수 있는 지식입니다.
이 코치 : 지도자가 개념을 설명할 수 있는 지식입니다.

① 박 코치
② 김 코치
③ 한 코치
④ 이 코치

9. 학교체육진흥법(시행 2017.10.19.)**의 제11조, 제12조에서 규정하고 있는 학교운동부 운영 및 학교운동부지도자에 대한 내용으로 적절하지 않은 것은?**

① 학교의 장은 학습권 보장을 위한 상시 합숙훈련 금지 원칙으로 원거리에서 통학하는 학생선수를 위하여 기숙사를 운영할 수 없다.

② 최저학력의 기준 및 실시 시기에 필요한 사항과 기초학력 보장 프로그램의 운영 등에 필요한 사항은 교육부령으로 정한다.

③ 학교의 장은 학교운동부지도자가 학생선수의 학습권을 박탈하거나 폭력, 금품·향응 수수 등의 부적절한 행위를 하였을 경우 학교운영위원회의 심의를 거쳐 계약을 해지할 수 있다.

④ 그 밖에 학교운동부지도자의 자격 기준, 임용, 급여, 신분, 직무 등에 필요한 사항은 대통령령으로 정한다.

10. 〈보기〉 중 각 지도자의 행동 유형과 개념이 바르게 연결되지 않은 것은?

〈보기〉

박 코치 : 지도하는 데 갑자기 학습자의 보호자가 찾아오셔서 대화하느라 지도 시간이 부족했어요.
김 코치 : 말도 마세요! 저는 지도하다가 학습자들끼리 부딪혔는데 한 학습자가 쓰러져 일어나지 못했어요! 정말 놀라서 급하게 119에 신고했던 기억이 나네요.
한 코치 : 지도 중에 좁은 공간에서 기구를 잘못 사용하는 학습자를 보면 곧바로 운동을 중지하고, 안전의 중요성을 강조하면서 공간과 가구를 정리하라고 말했어요.
이 코치 : 저는 학습자의 참여를 높이기 위해 신호에 따른 즉각적인 과제 수행을 강조했어요. 그 결과, 개별적인 피드백을 제공할 수 있게 되었고, 학습자의 성취도가 점점 향상되는 것 같았어요.

① 박 코치–비기여 행동
② 김 코치–비기여 행동
③ 한 코치–직접기여 행동
④ 이 코치–직접기여 행동

11. 학습자의 이탈 행동을 예방하고 과제참여 유지를 위한 교수 기능 중 올스테인(A. Ornstein)**과 레빈**(D. Levine)**이 제시한 '신호간섭'에 해당하는 것은?**

① 긴장완화를 위해 유머를 활용하는 것이다.

② 시선, 손짓 등 지도자의 행동으로 학습자의 운동 참여 방해 행동을 제지하는 것이다.

③ 프로그램 진행을 방해하는 학습자에게 가까이 접근하거나 접촉하여 제지하는 것이다.

④ 프로그램에 참여하는 학습자에게 일상적 수업, 루틴 등과 같은 활동을 활용하는 것이다.

12. 〈보기〉의 국민체육진흥법(시행 2020.1.16.)**의 제12조에 명시된 내용 중 체육지도자의 자격 취소 사유를 모두 고른 것은?**

〈보기〉

㉠ 자격정지 기간에 업무를 수행한 경우
㉡ 체육지도자 자격증을 타인에게 대여한 경우
㉢ 선수의 신체에 폭행을 가하거나 상해를 입히는 행위를 한 경우
㉣ 거짓이나 그 밖의 부정한 방법으로 체육지도자의 자격을 취득한 경우

① ㉠, ㉢
② ㉡, ㉢
③ ㉡, ㉢, ㉣
④ ㉠, ㉡, ㉢, ㉣

13. 〈보기〉에서 설명하는 로젠샤인(B. Rosenshine)의 직접교수모형 단계로 적절한 것은?

〈보기〉

- 이 단계는 학습자에게 초기 학습과제와 함께 순차적으로 과제연습이 이루어지는 과정이다.
- 지도자는 학습자에게 다음 과제를 제시하기 위해 핵심단서(cue)를 다시 가르치거나 이전 학습과제를 되풀이 할 수 있다.

① 피드백 및 교정
② 비공식적 평가
③ 새로운 과제제시
④ 독자적인 연습

14. 〈보기〉의 배드민턴 지도사례에서 IT매체의 효과로 바르게 연결되지 않은 것은?

〈보기〉

㉠ 학습자의 흥미 유발을 위해 스마트폰과 스피커를 활용하여 최신 음악에 맞춰 준비운동을 시켰다.
㉡ 배드민턴 스매시 동작을 기록하기 위해 영상분석 애플리케이션(application)을 사용하였다.
㉢ 학습자의 동작 완료 10초 후 지도자는 녹화된 영상을 보고 학습자의 자세를 교정해 주었다.
㉣ 지도자가 녹화한 영상을 학습자의 단체 소셜네트워크서비스(SNS)에 올린 후 동작 분석에 대해 서로 토의했다.

① ㉠-학습자의 동기유발
② ㉡-과제에 대한 체계적 관찰의 효율성 증가
③ ㉢-학습자의 운동 참여 시간 증가
④ ㉣-학습자와 지도자의 의사소통 향상

15. 〈보기〉에서 설명한 시든탑(D. Siedentop)의 교수(teaching) 기능 연습법에 해당하는 용어로 적절한 것은?

〈보기〉

- 박 코치는 소수의 실제 학습자들 앞에서 지도 연습을 했다.
- 자신의 지도 행동을 관찰하기 위해 비디오 촬영을 병행했다.

① 1인 연습(self practice)
② 동료 교수(peer teaching)
③ 축소 수업(micro teaching)
④ 반성적 교수(reflective teaching)

16. 지도자가 의사전달을 위해 학습자의 신체를 올바른 자세로 직접 고쳐주는 지도 정보 단서로 적절한 것은?

① 언어 단서(verbal cue)
② 조작 단서(manipulative cue)
③ 과제 단서(task cue)
④ 시청각 단서(audiovisual cue)

17. 〈보기〉에서 예방적(proactive) 수업 운영 행동에 해당하는 것을 바르게 고른 것은?

〈보기〉

㉠ 이번 주에 배울 내용을 게시판에 공지한다.
㉡ 수업 시작과 종료를 정확하게 지킨다.
㉢ 학습자에게 농구의 체스트 패스에 대한 시범을 보인다.
㉣ 2인 1조로 체스트 패스 연습을 한다.
㉤ 호루라기를 사용하여 학습자의 주의를 집중시킨다.

① ㉠, ㉡, ㉢
② ㉠, ㉡, ㉤
③ ㉡, ㉢, ㉣
④ ㉢, ㉣, ㉤

18. 〈보기〉의 설명과 관련된 용어는?

〈보기〉
- 정규 농구 골대의 높이를 낮춘다.
- 반(half)코트 경기를 운영한다.
- 배구공 대신 소프트 배구공을 사용한다.

① 역할수행
② 학습센터
③ 변형게임
④ 협동과제

19. 체육 프로그램을 지도할 때 실제학습시간(Academic Learning Time)을 바르게 설명한 것은?
① 체육활동에 할당된 시간
② 학습자가 운동에 참여한 시간
③ 학습자가 다른 학습자에게 피드백을 제공하는 시간
④ 학습자가 학습 목표와 부합한 과제의 성공을 경험하며 참여한 시간

20. 체육 프로그램을 지도할 때 학습자 평가의 목적으로 가장 거리가 먼 것은?
① 교수-학습의 효과성 판단
② 학습자의 체육 프로그램 참여 및 향상 동기 촉진
③ 교육목표에 따른 학습 진행 상태 점검과 지도 활동 조정
④ 학습 과정을 배제하고 결과 중심으로 순위를 결정하기 위해 활용

스포츠심리학 (33)

1. 다이나믹 시스템 관점에서의 협응구조 형성에 대한 설명으로 옳지 않은 것은?
① 협응구조는 하나의 기능적 단위로 자기조직의 원리에 따라 형성된다.
② 제어변수는 질서변수를 변화시키는 원인이 되는 것으로, 동작을 변화시키는 속도나 무게 등이 있다.
③ 상변이는 협응구조의 형태가 변화하는 현상이며 선형으로 원리를 따른다.
④ 협응구조의 안정성은 상대적 위상의 표준편차로 측정할 수 있다.

2. 목표설정에서 수행목표로 적합하지 않은 것은?
① 농구 대회에서 우승한다.
② 골프 스윙에서 공을 끝까지 본다.
③ 테니스 포핸드 발리에서 손목을 고정한다.
④ 야구 타격에서 무게중심을 뒤에서 앞으로 이동한다.

3. 〈보기〉의 ㉠, ㉡에 해당하는 것은?

〈보기〉
- (㉠) : 학습자가 새로운 기술을 연습한 후, 특정한 시간이 지난 후 연습한 기술의 수행력을 평가하는 검사
- (㉡) : 연습한 기술이 다른 수행상황에서도 발휘될 수 있는지를 평가하는 검사

	㉠	㉡
①	전이 검사	파지 검사
②	파지 검사	전이 검사
③	망각 검사	파지 검사
④	파지 검사	망각 검사

4. 주의집중 방법으로 적절하지 않은 것은?

① 테니스 서브를 루틴에 따라 실행한다.
② 축구 경기에서 관중의 방해를 의식하지 않는다.
③ 골프 경기에서 마지막 홀에 있는 해저드에 대해 생각한다.
④ 야구 경기에서 지난 이닝의 수비 실책을 잊고 현재 수행에 몰입한다.

5. 〈보기〉에 제시된 심상(imagery)의 요소로 바르게 나타낸 것은?

〈보기〉

㉠ 선수 : 시합에서 느꼈던 자신감, 흥분, 행복감을 실제처럼 시각화한다.
㉡ 선수 : 부정적인 수행 장면을 성공적인 수행 이미지로 바꾼다.

	㉠	㉡
①	주의연합 (attentional assocation)	주의분리 (attentional dissociation)
②	외적 심상 (external imagery)	집중력 (concentration)
③	통제적 처리 (controlled processing)	자동적 처리 (automatic processing)
④	선명도 (vividness)	조절력 (controllability)

6. 〈보기〉에서 지도자가 제공하는 보강적 피드백의 유형으로 적절한 것은?

〈보기〉

지도자 : 창하야! 다운스윙 전에 백스윙이 제대로 이루어지지 않았어.

① 내적 피드백(intrinsic feedback)
② 감각 피드백(sensory feedback)
③ 결과지식(Knowledge of Result: KR)
④ 수행지식(Knowledge of Performance: KP)

7. 〈보기〉의 ㉠, ㉡에 해당하는 것은?

〈보기〉

줄다리기에서 집단이 내는 힘의 총합이 개인의 힘을 모두 합친 것보다 적게 나타나는 현상은 (㉠)이며, 집단의 인원수가 증가할 때 발생하는 개인의 수행 감소는 (㉡) 때문이다.

	㉠	㉡
①	링겔만 효과 (Ringelmann effect)	유능감 손실
②	관중 효과 (audience effect)	동기 손실
③	링겔만 효과 (Ringelmann effect)	동기 손실
④	관중 효과 (audience effect)	유능감 손실

8. 〈보기〉에서 피츠(P. Fitts)와 포스너(M. Posner)의 운동학습 단계와 설명이 바르게 제시된 것은?

〈보기〉

㉠ 테니스 포핸드 스트로크 자세를 안정적이고 일관성 있게 수행할 수 있다.
㉡ 학습자는 오류를 수정하기 위해서 연습하고, 스스로 오류를 탐지하여 그 오류의 일부를 수정할 수 있다.
㉢ 학습자는 테니스 포핸드 스트로크의 개념을 이해한다.

	자동화 단계	인지 단계	연합 단계
①	㉠	㉡	㉢
②	㉠	㉢	㉡
③	㉡	㉢	㉠
④	㉡	㉠	㉢

9. 〈보기〉의 참가자를 위한 와이너(B. Weiner)의 귀인이론에 기반한 지도 방법으로 옳은 것은?

〈보기〉

수영 교실에 참가하는 A씨는 다른 참가자들보다 수영에 재능이 없어 기술 습득이 늦다고 생각한다. 이로 인해 결석이 잦고 운동 중단이 예상된다.

① 외적이며 안정적이고 통제 불가능한 개인의 노력에 귀인할 수 있도록 지도한다.
② 내적이며 불안정적이고 통제 가능한 개인의 노력에 귀인할 수 있도록 지도한다.
③ 외적이며 안정적이고 통제 불가능한 개인의 능력에 귀인할 수 있도록 지도한다.
④ 내적이며 안정적이고 통제 가능한 개인의 능력에 귀인할 수 있도록 지도한다.

10. 〈보기〉에서 설명하는 개념은?

〈보기〉

수현이는 오랫동안 배드민턴을 즐기다가 새롭게 테니스 교실에 등록했다. 테니스 코치는 포핸드 스트로크를 지도할 때, 수현이가 손목 스냅을 습관적으로 사용하는 것을 보고 손목을 고정하도록 지도했다.

① 과제 내 전이(intratask transfer)
② 양측 전이(bilateral transfer)
③ 정적 전이(positive transfer)
④ 부적 전이(negative transfer)

11. 〈보기〉의 ㉠, ㉡, ㉢에 해당하는 것은?

〈보기〉

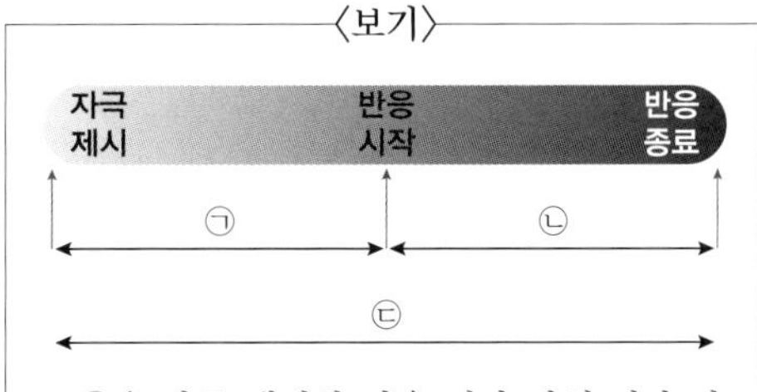

- ㉠은 자극 제시와 반응 시작 간의 시간 간격을 의미한다.
- ㉡은 반응 시작과 반응 종료 간의 시간 간격을 의미한다.
- ㉢은 자극 제시와 반응 종료 간의 시간 간격을 의미한다.

	㉠	㉡	㉢
①	반응시간 (reaction time)	움직임 시간 (movement time)	전체 반응시간 (response time)
②	반응시간 (reaction time)	전체 반응시간 (response time)	움직임 시간 (movement time)
③	움직임 시간 (movement time)	반응시간 (reaction time)	전체 반응시간 (response time)
④	단순 반응시간 (simple reaction time)	움직임 시간 (movement time)	전체 반응시간 (response time)

12. 〈보기〉에서 설명하는 개념은?

〈보기〉

양궁 선수 A는 첫 엔드에서 6점을 한 발 기록했다. 그러나 A는 바람 부는 상황으로 인해 총 36발의 슈팅 중에서 6점은 한 번 정도 나올 수 있는 점수이며, 첫 엔드에 나온 것이 다행이라고 긍정적으로 생각했다.

① 사고 정지(thought stopping)
② 자생 훈련(autogenic training)
③ 점진적 이완(progressive relaxation)
④ 인지 재구성(cognitive restructuring)

13. 〈보기〉에서 설명하는 개념은?

〈보기〉

철수는 처음으로 깊은 바닷속으로 다이빙하면서 각성 수준이 높아졌다. 높은 각성 수준으로 인해 깊은 바닷속에서 시야가 평소보다 훨씬 좁아졌다.

① 스트룹 효과(Stroop effect)
② 지각 협소화(perceptual narrowing)
③ 칵테일 파티 효과(cocktail party effect)
④ 맥락간섭 효과(contextual-interference effect)

14. 스포츠 지도자의 리더십 행동으로 적절하지 않은 것은?

① 선수에게 개별 시간을 할애하는 행동
② 선수가 목표를 수립하도록 도와주는 행동
③ 선수에게 과도한 자신감을 부여하는 행동
④ 선수의 주의산만 요인을 파악하고 지도하는 행동

15. 〈보기〉에서 ㉠, ㉡, ㉢에 해당하는 기억의 유형이 바르게 연결된 것은?

〈보기〉

유형	㉠	㉡	㉢
기억 용량	제한	극히 제한	무제한
특징	반복하거나 시연하지 않으면 사라진다.	새로운 정보가 유입되면 쉽게 손실된다.	반복과 시연을 통해 강화된다.
지도 방법	한 번에 너무 많은 정보를 제공하지 않고, 정보를 처리 할 수 있는 시간을 제공한다.	불필요한 외부정보를 줄이고 집중할 수 있도록 지도한다.	연습을 통해 기억을 강화한다.

	㉠	㉡	㉢
①	감각기억	단기기억	장기기억
②	감각기억	장기기억	단기기억
③	단기기억	장기기억	감각기억
④	단기기억	감각기억	장기기억

16. 프로차스카(J. Prochaska)의 운동변화단계 이론(transtheoretical model)에 대한 설명으로 옳지 않은 것은?

① 준비단계는 현재 운동에 참여하지 않지만, 6개월 이내에 운동을 시작할 의도가 있는 것을 의미한다.
② 의사결정 균형이란 운동을 할 때 기대할 수 있는 혜택과 손실을 평가하는 것을 의미한다.
③ 인지 과정과 행동 과정과 같은 변화과정을 통해 이전 단계에서 다음 단계로 이동하게 된다.
④ 자기효능감은 관심단계보다 유지단계에서 더 높다.

17. 〈보기〉에서 설명하는 개념은?

〈보기〉

피겨스케이팅 경기에서 영희는 앞 선수가 완벽에 가까운 연기를 펼치자, 불안해지고 긴장되었다.

① 상태불안
② 분리불안
③ 특성불안
④ 부적강화

18. 〈보기〉의 ㉠, ㉡에 배구 기술을 지도하기 위한 연습구조가 적절하게 제시된 것은?

〈보기〉

	1차 시	2차 시	3차 시
㉠	서브	세팅(토스)	언더핸드
	서브	세팅(토스)	언더핸드
	서브	세팅(토스)	언더핸드
㉡	서브	세팅(토스)	언더핸드
	세팅(토스)	언더핸드	서브
	언더핸드	서브	세팅(토스)

* 두 가지 연습 구조에서 연습 시간과 횟수는 동일

	㉠	㉡
①	집중연습 (massed practive)	분산연습 (distributed practice)
②	가변연습 (variable practice)	무선연습 (random practice)
③	구획연습 (blocked practice)	무선연습 (random practice)
④	가변연습 (variable practice)	일정연습 (constant practice)

19. 스포츠심리상담사에 관한 설명으로 적절하지 않은 것은?

① 내담자와 공감하며 경청한다.
② 내담자와 라포(rapport)를 형성한다.
③ 내담자와 일상생활에서 개인적 관계를 맺는다.
④ 내담자의 비언어적 메시지에도 관심을 가진다.

20. 정보처리 3단계의 관점에서 100 m 달리기 스타트의 반응시간이 배구 서브 리시브 상황에서의 반응시간보다 짧은 이유로 옳은 것은?

① 100 m 스타트에서는 자극확인(stimulus identification) 단계의 소요 시간이 상대적으로 짧기 때문이다.
② 100 m 스타트에서는 운동 프로그래밍(motor programming) 단계의 소요 시간이 상대적으로 길기 때문이다.
③ 배구 서브 리시브 상황에서는 자극확인(stimulus identification) 단계의 소요 시간이 상대적으로 짧기 때문이다.
④ 배구 서브 리시브 상황에서 반응선택(response selection) 단계의 소요 시간이 상대적으로 짧기 때문이다.

한국체육사 (44)

1. 〈보기〉에서 설명하는 의례는?

〈보기〉

- 부족의 신화를 계승하는 춤을 익혔다.
- 식량 확보를 위한 수렵과 채집 활동을 하였다.
- 『삼국지』의 「위지동이전」에 '큰사람'으로 부른 기록이 있다.

① 영고(迎鼓)
② 무천(舞天)
③ 동맹(東盟)
④ 성년의식(成年儀式)

2. 〈보기〉에서 설명하는 화랑도의 정신은?

〈보기〉

- 사군이충(事君以忠) : 충성심으로 임금을 섬김
- 사친이효(事親以孝) : 효심으로 부모를 섬김
- 교우이신(交友以信) : 신의를 바탕으로 벗을 사귐
- 살생유택(殺生有擇) : 생명체를 함부로 죽이지 않음
- 임전무퇴(臨戰無退) : 전쟁에 임할 때는 후퇴를 삼가함

① 삼강오륜(三綱五倫)
② 세속오계(世俗五戒)
③ 문무겸비(文武兼備)
④ 사단칠정(四端七情)

3. 고려시대의 무예에 대한 설명으로 적절하지 않은 것은?

① 무학교육기관으로 강예재(講藝齋)가 있었다.
② 수박희(手搏戲)는 인재 선발을 위한 기준이 되었다.
③ 격구(擊毬)는 군사훈련 및 여가활동으로 성행하였다.
④ 종합무예서인 『무예도보통지』가 편찬되었다.

4. 〈보기〉에서 설명하는 민속놀이는?

〈보기〉

- 귀족들이 즐겼던 놀이이다.
- 매를 길들여 꿩이나 기타 조류를 사냥하였다.

① 각저(角觝)
② 방응(放鷹)
③ 격구(擊毬)
④ 추천(鞦韆)

5. 〈보기〉에서 설명하는 고려시대의 사건은?

〈보기〉

1170년 의종이 문신들과 보현원에 행차였다. … (중략) … 대장군 이소응이 젊은 병사와 오병수박희(五兵手搏戲)를 겨루었고 패하였다. 그러자 젊은 문신 한뢰가 대장군 이소응의 뺨을 때리며 비웃었다. 이 광경을 보던 정중부와 이의방 등이 선동하여 반란을 일으켰다.

① 무신정변
② 묘청의 난
③ 이자겸의 난
④ 삼별초의 난

6. 〈보기〉에서 설명하는 개화기 사립학교는?

〈보기〉

- 무비자강(武備自强)을 강조하였다.
- 문예반 50명, 무예반 200명을 선발하였다.
- 1883년에 설립된 최초의 근대식 학교이다.

① 대성학교(大成學校)
② 오산학교(五山學校)
③ 원산학사(元山學舍)
④ 동래무예학교(東來武藝學校)

7. 〈보기〉의 ㉠, ㉡에 들어갈 용어는?

〈보기〉

- 나현성의 『한국체육사』에 따른 시대구분이다.
- 갑오경장(甲午更張) 이전은 무예를 중심으로 하는 (㉠)체육을 강조하였다.
- 갑오경장 이후는 「교육입국조서(教育立國詔書)」를 중심으로 하는 (㉡)체육을 강조하였다.

	㉠	㉡
①	현대	전통
②	근대	전통
③	전통	근대
④	전통	현대

8. 조선시대 무과제도에 관한 설명으로 적절한 것은?

① 정기적으로만 실시하였다.
② 예조와 음양과에서 주관하였다.
③ 시험은 무예 실기만 시행되었다.
④ 초시, 복시, 전시의 3단계로 진행되었다.

9. 개화기 운동회에 대한 설명으로 적절한 것은?

① 일본인을 위한 축제의 성격이었다.
② 최초 시행 종목은 야구와 농구였다.
③ 우리나라 최초의 운동회는 화류회(花柳會)이다.
④ 학교 정규교과목으로 학생에게 장려된 활동이었다.

10. 〈보기〉에서 설명하는 조선시대의 기관은?

〈보기〉

- 무예의 수련을 담당하였다.
- 병서의 습독을 장려하였다.
- 군사의 시재(試才)를 담당하였다.

① 사정(射亭)
② 성균관(成均館)
③ 사역원(司譯院)
④ 훈련원(訓鍊院)

11. 『활인심방(活人心方)』에 대한 설명으로 적절하지 않은 것은?

① 이이(李珥)가 『활인심방』이라는 책을 펴냈다.
② 도인법(導引法)은 목 돌리기, 마찰, 다리의 굴신 등의 보건체조이다.
③ 사계양생가(四季養生歌)는 춘하추동으로 나누어 호흡하는 방법이다.
④ 활인심서(活人心序)는 기를 조절하고, 식욕을 줄이며, 욕망을 절제하는 방법이다.

12. 〈보기〉에서 대한체육회에 대한 옳은 설명을 모두 고른 것은?

〈보기〉

㉠ 1920년－조선체육회가 창립되었다.
㉡ 1948년－대한체육회로 개칭되었다.
㉢ 1966년－태릉선수촌을 건립하였다.
㉣ 2016년－국민생활체육회와 통합되었다.

① ㉡, ㉢
② ㉡, ㉣
③ ㉠, ㉡, ㉢
④ ㉠, ㉡, ㉢, ㉣

13. 개화기에 도입된 스포츠에 대한 설명으로 옳지 않은 것은?

① 조원희는 교육체조를 보급하였다.
② 우치다(内田)는 검도를 보급하였다.
③ 질레트(P. Gillett)는 야구와 농구를 보급하였다.
④ 푸트(L.Foote)는 연식정구(척구)를 보급하였다.

14. 일제강점기 스포츠 종목의 도입에 대한 설명으로 옳지 않은 것은?

① 권투－1914년 경성구락부에서 소개하였다.
② 경식정구－1919년 조선철도국에서 소개하였다.
③ 스키－1921년 나카무라(中村)가 소개하였다.
④ 역도－1926년 서상천이 소개하였다.

15. 〈보기〉에서 설명하는 최초의 체육진흥계획은?

〈보기〉

- 국민생활체육협의회가 설립되었다.
- 서울올림픽기념 생활관이 건립되었다.
- '호돌이 계획'으로 생활체육 진흥을 도모하는 계기가 되었다.

① 국민생활체육진흥종합계획
② 제1차 국민체육진흥5개년계획
③ 제2차 국민체육진흥5개년계획
④ 참여정부 국민체육진흥5개년계획

16. 일제강점기 황국신민체조에 대한 설명으로 적절하지 않은 것은?

① 군국주의 함양을 위한 것이다.
② 무사도 정신을 고취하기 위한 것이다.
③ 식민지 통치체제의 일환으로 실시되었다.
④ 유희 중심의 체조 지도원리에 따라 교육되었다.

17. 1936년 제11회 베를린올림픽경기대회 마라톤에서 손기정과 함께 입상한 선수는?

① 권태하
② 남승룡
③ 서윤복
④ 함길용

18. 〈보기〉에서 설명하는 일제강점기의 체육시설은?

〈보기〉

- 축구장, 야구장, 정구장, 수영장 등이 있었다.
- 전국규모의 대회와 올림픽경기대회 예선전 등이 열렸다.
- 1925년에 건립되었고, 1984년에 동대문운동장으로 개칭되었다.

① 경성운동장
② 효창운동장
③ 목동운동장
④ 잠실종합운동장

19. 〈보기〉의 설명과 관련 있는 정부는?

〈보기〉

- 서울아시아경기대회를 개최하였다.
- 정부 행정조직에서 체육부가 신설되었다.
- 프로야구, 프로축구, 프로씨름 등이 출범하였다.

① 박정희 정부
② 전두환 정부
③ 노태우 정부
④ 김영삼 정부

20. 〈보기〉의 ㉠, ㉡에 들어갈 알맞은 국제대회의 명칭은?

〈보기〉

- 1988년 개최된 (㉠)의 마스코트는 '호돌이'이다.
- 2018년 개최된 (㉡)의 마스코트는 '수호랑'과 '반다비'이다.

	㉠	㉡
①	서울올림픽경기대회	서울아시아경기대회
②	서울아시아경기대회	부산아시아경기대회
③	서울올림픽경기대회	평창올림픽경기대회
④	부산아시아경기대회	평창올림픽경기대회

운동생리학 (55)

1. 유산소 시스템의 특징으로 적절하지 않은 것은?

① 장시간의 저강도 운동 시 사용된다.
② 무산소 시스템에 비해 ATP 합성률이 빠르다.
③ 산소를 이용하여 에너지 기질(substrate)을 분해한다.
④ 에너지 기질로 탄수화물과 지방을 모두 이용할 수 있다.

2. 근육 내에서 산소를 운반하는 물질은?

① 알부민(albumin)
② 신경전달물질(neurotransmitter)
③ 마이오글로빈(myoglobin)
④ 아세틸콜린(acetylcholine)

3. 고강도 운동 시 ATP 합성에 사용되는 주요 기질(substrate)로 적절한 것은?

① 젖산
② 지방
③ 근육 단백질
④ 근육 글리코겐

4. 〈보기〉가 설명하는 호르몬은?

〈보기〉

- 부신수질로부터 분비된다.
- 운동의 강도와 시간이 증가함에 따라 분비가 증가하며, 지방조직과 근육 내 지방의 분해를 촉진하는 역할을 한다.

① 인슐린(insulin)
② 글루카곤(glucagon)
③ 에피네프린(epinephrine)
④ 알도스테론(aldosterone)

5. 장기간의 저항성 트레이닝에 따른 골격근의 적응으로 적절하지 않은 것은?

① 근형질(sarcoplasm)의 양이 증가한다.
② 근원섬유(myofibril)의 수가 증가한다.
③ 속근섬유(type Ⅱ fiber)의 단면적이 증가한다.
④ 미토콘드리아(mitochondria)의 밀도가 증가한다.

6. 〈보기〉의 ㉠과 ㉡에 들어갈 용어를 바르게 나열한 것은?

〈보기〉

지구성 트레이닝에 대한 적응으로 최대 동-정맥산소차는 (㉠)하고, 최대 1회 박출량(stroke volume)은 (㉡)한다.

	㉠	㉡
①	증가	증가
②	증가	감소
③	감소	감소
④	감소	증가

7. 〈보기〉의 신경세포 구조 및 전기적 활동에 관한 적절한 설명을 고른 것은?

〈보기〉

㉠ 안정 시 신경세포 막의 안쪽은 Na^{+}의 농도가 높고, 바깥쪽은 K^{+}의 농도가 높다.
㉡ 역치(threshold)는 신경세포 막의 차등성 전위(graded potential)가 안정막전위(resting membrane potential)로 바뀌는 시점을 말한다.
㉢ 활동전위(action potential)는 신경세포 막의 탈분극(depolarization)을 유도한다.
㉣ 신경세포는 신경-근접합부(neuromuscular junction)를 통해 근섬유와 상호신호전달을 한다.

① ㉠, ㉡　② ㉠, ㉣
③ ㉡, ㉢　④ ㉢, ㉣

8. 적혈구용적률(hematocrit)에 관한 설명으로 적절한 것은?

① 높은 적혈구용적률(60% 이상)은 혈액의 흐름을 수월하게 한다.
② 일반적으로 성인 여성이 성인 남성보다 높은 적혈구용적률을 보인다.
③ 전체 혈액량 대비 혈장(plasma)량의 비율이 높을수록 적혈구용적률은 낮다.
④ 지구성 트레이닝에 대한 적응으로 혈장량이 감소하여 적혈구용적률은 증가한다.

9. 근세사 활주설(sliding filament theory)에 관한 설명으로 적절하지 않은 것은?

① 액틴(actin)은 근절(sarcomere)의 중앙부위로 마이오신(myosin)을 잡아당긴다.
② 마이오신 머리(myosin head)에 있는 인산기(Pi)가 방출되면서 파워 스트로크(power stroke)가 일어난다.
③ 활동전위는 근형질세망(sarcoplasmic reticulum)으로부터 나온 Ca^{2+}을 근형질(sarcoplasm) 내로 유입하게 한다.
④ Ca^{2+}은 액틴 세사의 트로포닌(troponin)과 결합하고 트로포닌은 트로포마이오신(tropomyosin)을 이동시켜 마이오신 머리가 액틴과 결합할 수 있도록 한다.

10. 〈보기〉는 산소-헤모글로빈 해리 곡선의 운동 시 변화에 관한 설명이다. ㉠, ㉡, ㉢, ㉣에 들어갈 용어를 바르게 나열한 것은?

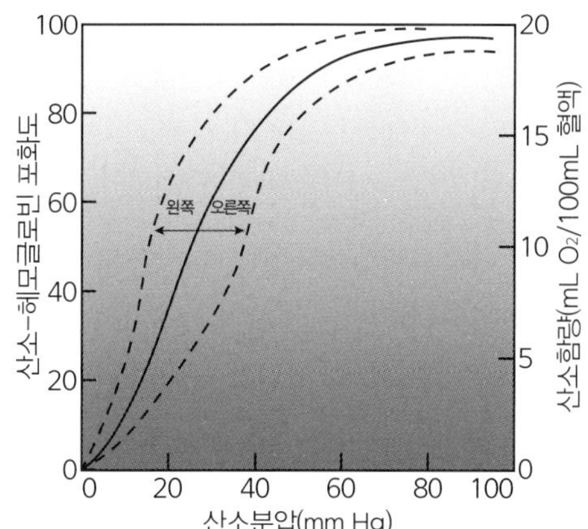

〈보기〉

- 심부체온이 증가하여 산소-헤모글로빈 해리 곡선은 (㉠)으로 이동하며, 헤모글로빈의 산소 친화력을 (㉡)시킨다.
- 신체의 pH가 감소하여 산소-헤모글로빈 해리 곡선은 (㉢)으로 이동하며, 헤모글로빈의 산소 친화력을 (㉣)시킨다.

	㉠	㉡	㉢	㉣
①	오른쪽	감소	오른쪽	감소
②	오른쪽	증가	왼쪽	감소
③	왼쪽	증가	왼쪽	증가
④	왼쪽	감소	오른쪽	증가

11. 〈보기〉의 근수축 유형에 따른 힘-속도-파워 간의 관계에 관한 설명으로 적절한 것만 고른 것은?

〈보기〉

㉠ 신장성 수축은 수축 속도가 빠를수록 힘이 더 증가한다.
㉡ 단축성 수축은 수축 속도가 빠를수록 최대 파워가 더 증가한다.
㉢ 동일 근육에서의 느린 단축성 수축은 빠른 신장성 수축에 비해 더 큰 힘이 생성된다.
㉣ 동일 근육에서의 신장성 수축은 단축성 수축에 비해 같은 속도에서 더 큰 힘이 생성된다.

① ㉠, ㉢　② ㉠, ㉢, ㉣
③ ㉠, ㉣　④ ㉡, ㉢

12. 장시간의 운동 시 발생하는 탈수현상이 심혈관계에 미치는 영향으로 적절한 것은?

① 혈액량이 점차 증가한다.
② 심박수가 점차 증가한다.
③ 심실의 확장기말 용량(end-diastolic volume)이 점차 증가한다.
④ 우심방으로 돌아오는 정맥환류(venous return)의 양이 점차 증가한다.

13. 운동단위(motor unit)에 관한 설명으로 적절한 것은?

① 하나의 근섬유와 연결되는 여러 개의 알파 운동뉴런을 말한다.
② Type Ⅰ 운동단위는 Type Ⅱ 운동단위 보다 단위 당 근섬유 수가 많다.
③ Type Ⅰ 운동단위는 Type Ⅱ 운동단위 보다 일반적으로 먼저 동원된다.
④ Type Ⅰ 운동단위는 Type Ⅱ 운동단위 보다 알파운동뉴런의 크기가 크다.

14. 〈보기〉가 설명하는 호르몬은?

〈보기〉

- 운동 시 뇌하수체 전엽에서 분비된다.
- 트라이아이오드타이로닌(T_3)과 티록신(T_4) 호르몬의 분비를 조절한다.

① 갑상선자극호르몬(thyroid-stimulating hormone)
② 노르에피네프린(norepinephrine)
③ 성장호르몬(growth hormone)
④ 인슐린(insulin)

15. 〈보기〉에서 ㉠과 ㉡의 근섬유 유형별 특성으로 적절한 것은?

〈보기〉

훈련되지 않은 사람과 비교하여 단거리 선수의 장딴지 근육은 주로 (㉠)의 비율이 높고, 장거리 수영선수의 팔 근육은 (㉡)의 비율이 높은 경향이 있다.

① ㉠은 ㉡에 비하여 수축 속도가 느리다.
② ㉠은 ㉡에 비하여 피로에 대한 저항성이 낮다.
③ ㉡은 ㉠에 비하여 미토콘드리아 밀도가 낮다.
④ ㉡은 ㉠에 비하여 해당 능력(glycolytic capacity)이 높다.

16. 〈보기〉가 설명하는 것은?

〈보기〉

- 우심방 벽에 위치한다.
- 심장수축을 위한 전기적 자극이 시작되므로 페이스메이커(pacemaker)라고 한다.

① 동방결절(SA node)
② 퍼킨제섬유(purkinje fibers)
③ 방실다발(AV bundle)
④ 삼첨판막(tricuspid valve)

17. 저강도(1RM의 30~40%)의 고반복(세트당 20~25회) 저항성 트레이닝에 따른 골격근의 주요 변화로 적절한 것은?

① 근비대(muscle hypertrophy)
② 근력(muscle strength) 향상
③ 근파워(muscle power) 향상
④ 근지구력(muscle endurance) 향상

18. 〈보기〉에서 인체 내 가스교환에 관한 설명 중 ㉠과 ㉡에 들어갈 용어를 바르게 나열한 것은?

〈보기〉

- 운동 시 폐포로 유입된 (㉠)는 폐 모세혈관으로 확산된다.
- 운동 시 근육에서 생성된 (㉡)는 모세혈관으로 확산된다.

	㉠	㉡
①	산소	산소
②	산소	이산화탄소
③	이산화탄소	이산화탄소
④	이산화탄소	산소

19. 운동 시 교감신경계의 활성화에 따른 반응으로 적절하지 <u>않은</u> 것은?

① 심박수가 증가한다.
② 소화기계 활동이 증가한다.
③ 골격근의 혈류량이 증가한다.
④ 호흡수 및 가스교환율이 증가한다.

20. 장기간의 유산소 트레이닝에 따른 심혈관계의 적응으로 적절하지 않은 것은?
① 안정시 심박수 감소
② 최대산소섭취량(VO_2max) 증가
③ 최대 심박출량(cardiac output) 증가
④ 안정시 1회 박출량(stroke volume) 감소

운동역학 (66)

1. 수영 동작의 운동학(kinematics)적 분석이 아닌 것은?
① 저항력(drag force) 분석
② 턴 거리(turn distance) 분석
③ 스트로크 길이(stroke length) 분석
④ 추진 속도(propelling velocity) 분석

2. 힘(force)에 관한 설명으로 옳지 않은 것은?
① 단위는 m/s이다.
② 벡터(vector)이다.
③ 중력(gravitational force)은 힘이다.
④ 내력(internal force)과 외력(external force)으로 구분할 수 있다.

3. 보행 동작에서 지면으로부터 보행자의 발에 가해지는 힘은?
① 근력(muscle force)
② 부력(buoyant force)
③ 중력(gravitational force)
④ 지면반력(ground reaction force)

4. 〈보기〉에서 근수축 형태와 기계적 일(mechanical work)과의 관계를 설명한 것 중 옳은 것만을 모두 고른 것은?

〈보기〉

㉠ 위팔두갈래근(상완이두근, biceps brachii)의 신장성 수축(eccentric contraction)은 팔꿉관절(elbow joint)에 대해 양(positive)의 일을 한다.
㉡ 위팔두갈래근의 단축성 수축(concentric contraction)은 팔꿉관절에 대해 음(negative)의 일을 한다.
㉢ 위팔두갈래근의 등척성 수축(isometric contraction)이 팔꿉관절에 대해 한 일은 0이다.

① ㉠, ㉡, ㉢
② ㉠, ㉢
③ ㉡, ㉢
④ ㉢

5. 충격량(impulse)에 관한 설명으로 옳지 않은 것은?

① 스칼라(scalar)이다.
② 단위는 kg·m/s이다.
③ 운동량(momentum) 변화의 원인이 된다.
④ 시간에 대한 힘의 곡선을 적분한 값이다.

6. 신체 관절의 움직임 자유도(degree of freedom)에 관한 설명으로 옳은 것은?

① 절구관절(ball and socket joint)의 움직임 자유도는 3이다.
② 타원관절(ellipsoid joint)의 움직임 자유도는 3이다.
③ 경첩관절(hinge joint)의 움직임 자유도는 2이다.
④ 중쇠관절(pivot joint)의 움직임 자유도는 2이다.

7. 3종 지레에 관한 설명으로 옳지 않은 것은?

① 팔꿈치 굽힘(굴곡, flexion) 동작은 3종 지레의 특성으로 이해할 수 있다.
② 받침점(회전중심)을 기준으로 저항점 위치가 힘점의 위치보다 더 멀다.
③ 관절의 평형상태를 유지하기 위해 저항력보다 더 큰 근력이 요구된다.
④ 기계적 확대율(mechanical advantage)은 1보다 크다.

8. 근전도(electromyography, EMG) 신호에 관한 설명으로 옳은 것은?

① 양과 음의 값을 모두 가지고 있다.
② 신호의 분석을 통해 관절 각도를 측정할 수 있다.
③ 측정 시간을 곱한 값을 선형 포락선(linear envelop)이라고 한다.
④ 진폭(amplitude)과 근력과의 관계는 근육의 수축 형태와 상관이 없다.

9. 〈보기〉의 그래프에 대한 설명으로 옳은 것은?

〈보기〉

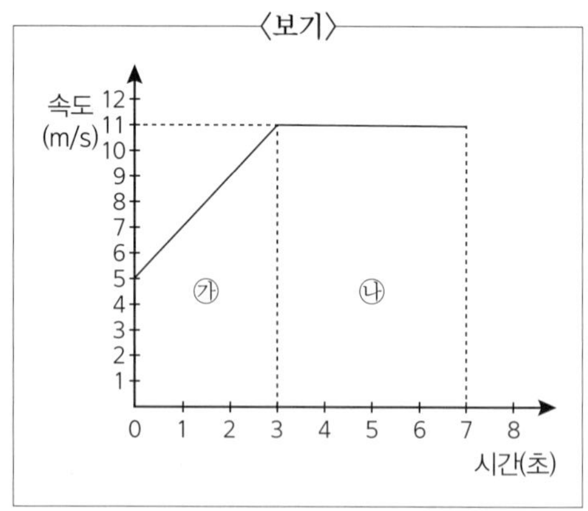

① ㉮구간의 가속도는 증가한다.
② ㉯구간의 가속도는 $1m/s^2$이다.
③ ㉮구간의 가속도가 ㉯구간의 가속도보다 크다.
④ ㉯구간은 정지한 상태이다.

10. 각운동에 관한 내용으로 옳은 것은?

① "접선속도(선속도) = 반지름 × 각속도"에서 각속도의 단위는 도(degree)이다.

② 반지름(회전반경)의 크기가 커지면 1라디안(radian)의 크기는 커진다.

③ 라디안은 반지름과 호의 길이의 비율로 계산한다.

④ 360도는 2라디안이다.

11. 해머던지기에서 구심력과 원심력에 관한 설명으로 옳지 않은 것은?

① 7kg의 해머와 비교하여 14kg의 해머를 동일한 각속도로 회전시키려면 선수는 구심력을 두 배로 증가시켜야 한다.

② 직선으로 운동하려는 해머의 관성을 이겨내고 원형경로를 유지하려면 안쪽으로 당기는 힘이 요구된다.

③ 해머의 각속도를 두 배로 증가시키려면, 선수는 두 배의 힘으로 해머를 안쪽으로 당겨야 한다.

④ 선수가 해머를 안쪽으로 당기는 힘을 증가시키면 해머도 선수를 당기는 힘을 증가시킨다.

12. 반발계수(coefficient of restitution)에 관한 설명으로 적절하지 않은 것은?

① 0부터 1 사이의 값이다.

② 두 물체 간의 충돌 전후의 상대속도의 비율로 측정한다.

③ 완전탄성충돌(perfectly elastic collision)의 반발계수는 1이다.

④ 공을 떨어뜨린(drop) 높이와 공이 지면에서 튀어 오른(bounce) 높이의 차이 값이다.

13. 골프에 관한 운동학(kinematics)적 또는 운동역학(kinetics)적 개념에 관한 설명으로 옳은 것은?(단, 샤프트(shaft)는 휘어지지 않는다고 가정함)

① 드라이버 스윙 시 헤드(head)와 샤프트의 각속도는 다르다.

② 골프공의 반발계수를 작게 하면 더 멀리 보낼 수 있다.

③ 샤프트의 길이가 길어지면 샤프트의 관성모멘트는 작아진다.

④ 7번 아이언 헤드의 선속도는 헤드의 각속도와 샤프트의 길이에 비례한다.

14. 각운동량의 보존과 전이에 관한 운동 동작의 예시로 적절하지 않은 것은?

① 배구에서 공중 스파이크를 하기 전에 팔과 다리를 함께 뒤로 굽히는 동작

② 높이뛰기에서 발 구름을 할 때 지지하는 다리를 최대한 구부리는 동작

③ 멀리뛰기에서 착지하기 전에 팔과 다리를 함께 앞으로 당기는 동작

④ 다이빙에서 공중회전을 할 때 팔을 몸통 쪽으로 모으는 동작

15. 영상분석에 관한 설명으로 옳지 않은 것은?

① 2차원 영상분석은 평면상에서 관찰되는 운동을 분석하는 것이다.

② 3차원 영상분석은 2대 이상의 카메라를 사용한다.

③ 운동역학(knetics)적 변인을 직접 측정할 수 있다.

④ 동작의 정량적 분석이 가능하다.

16. 100 m 달리기경기에서 80 kg인 선수가 출발 3초 후 12 m/s의 속도가 되었다면 달리는 방향으로 발휘한 평균 힘의 크기는?

① 240 N　　② 320 N
③ 800 N　　④ 960 N

17. 〈보기〉에서 무게중심(center of gravity)이 신체 내부에 위치하는 자세를 모두 고른 것은?

〈보기〉

① ㉠, ㉡, ㉢, ㉣　　② ㉠, ㉢
③ ㉡, ㉢, ㉣　　④ ㉢

18. 〈보기〉의 다이빙 선수가 가지는 에너지의 변화에 관한 설명에서 ㉠, ㉡, ㉢에 들어갈 용어로 적절한 것은?

〈보기〉

플랫폼에서 정지하고 있는 선수의 (㉠)에너지는 0이고, 낙하할수록 (㉡)에너지는 감소하고, (㉢)에너지는 증가하게 된다.

	㉠	㉡	㉢
①	운동	운동	역학적
②	운동	위치	운동
③	역학적	위치	운동
④	운동	위치	역학적

19. 운동의 형태에 관한 설명으로 옳은 것은?

① 병진운동은 회전축 주위를 일정한 각도로 이동하는 운동이다.
② 복합운동은 선운동과 병진운동이 결합되어 나타나는 운동이다.
③ 곡선운동은 회전운동이 아닌 병진운동에서 일어나는 운동이다.
④ 회전운동은 신체의 각 부위가 동일한 거리를 이동하는 운동이다.

20. 야구공이 야구배트의 회전축에서부터 0.5 m 지점에서 타격되었다. 야구공이 타격되는 순간 배트의 각속도가 50 rad/s이면 타격지점에서 배트의 선속도는?

① 12.5 m/s
② 12.5 rad/s
③ 25 m/s
④ 25 rad/s

스포츠윤리 (77)

1. 스포츠윤리의 역할로 적절하지 않은 것은?

① 스포츠 현상에 대한 사실만을 기술한다.
② 스포츠인의 행위에서 요구되는 도덕적 원리와 덕목을 고찰한다.
③ 도덕적 의미의 용어를 스포츠 환경에 적용할 때 그 기준과 방법에 대해 탐색한다.
④ 스포츠 상황에서 행동과 목적의 옳고 그름을 결정할 수 있는 근본원리를 탐색한다.

2. 가치판단의 사례로 적절하지 않은 것은?

① 2020년 제32회 도쿄올림픽이 1년 연기되었다.
② 선수들에게 폭력을 행사하면 안 된다.
③ 피겨스케이팅 선수들의 연기는 매우 아름답다.
④ 스포츠 선수들의 기부는 사회적으로 긍정적인 영향을 준다.

3. 〈보기〉의 ㉠, ㉡에 들어갈 용어로 바른 것은?

〈보기〉

스포츠에는 (㉡)적 요소와 (㉡)적 요소가 모두 내재되어 있다. (㉠)적 요소는 경기에 긴장과 흥미를 불러일으킨다. 선수들은 승리하려는 강렬한 욕망으로 인해 경기에 몰입하고, 스포츠팬들 역시 승부로 인해 응원의 동기를 갖게 된다. 그러나 경쟁심이 과열되고 승리가 절대화될 경우 제도화된 규칙이 무시될 우려가 있으며, 스포츠는 폭력의 투쟁으로 변질될 수 있다. 이것이 스포츠에서 (㉠)적 요소보다 (㉡)적 요소를 더욱 중시하는 이유이다.

	㉠	㉡
①	도덕(morality)	윤리(ethics)
②	미미크리(mimicry)	일링크스(ilinx)
③	아곤(agon)	아레테(aretē)
④	사실판단 (factual judgement)	가치판단 (value judgement)

4. 에토스(ethos)의 실천으로 적절하지 않은 것은?

① 축구에서 상대 선수가 부상으로 쓰러져 걱정되는 마음에 공을 경기장 밖으로 걷어냈다.
② 배구에서 블로킹할 때 훈련한 대로 네트에 손이 닿지 않도록 주의를 기울였다.
③ 야구에서 투수가 던진 공에 상대팀 타자가 맞아 투수는 모자를 벗어 타자에게 미안함을 표현했다.
④ 농구에서 경기 종료 1분을 남기고, 우리 팀이 큰 점수 차로 이기고 있는 상황에서 감독은 상대를 배려하는 마음에 작전타임을 부르지 않았다.

5. 〈보기〉의 괄호에 들어갈 용어로 적절한 것은?

〈보기〉

스포츠윤리 교육의 목적은 스포츠인의 도덕적 (　　　) 함양이라고 할 수 있다. 도덕적 (　　　)이란 "도덕적 문제에 대한 비판적, 독립적인 사고를 바탕으로 스포츠 상황에 적용하는 능력"을 의미한다.

① 민감성　　② 존엄성
③ 자율성　　④ 우월성

6. 〈보기〉에서 의무론적 도덕 추론에 해당하는 것을 바르게 고른 것은?

〈보기〉

㉠ 행위의 결과에 상관없이 절대적인 도덕규칙에 따라 판단을 내린다.
㉡ 행위를 함에 있어 유용성의 원리, 공평성의 원리 등이 적용된다.
㉢ 행위의 옳고 그름은 그 행위로 인해 발생하는 결과에 따라 결정된다.
㉣ 의무론적 도덕 추론은 정언적 도덕 추론이라고도 한다.
㉤ 행위에 있어 선의지가 중요하며, 목적은 수단을 정당화할 수 없다.

① ㉠, ㉡, ㉣　　② ㉠, ㉣, ㉤
③ ㉡, ㉢, ㉤　　④ ㉢, ㉣, ㉤

7. 〈보기〉에서 국제축구연맹(FIFA)의 판단과정에 영향을 준 윤리 이론은?

〈보기〉

국제축구연맹은 선수부상 위험과 종교적인 갈등을 불러일으킬 수 있다는 이유로 경기 중 히잡(hijab) 착용을 금지했었다. 그러나 국제축구연맹 부회장인 알리빈 알후세인은 이러한 조치가 오히려 종교적인 역차별이라는 주장을 내세우며 제도개선을 요구하였다. 오늘날 국제축구연맹은 히잡을 쓴 이슬람권 여성 선수의 참가를 허용하고 있다.

① 윤리적 의무주의　　② 윤리적 절대주의
③ 윤리적 상대주의　　④ 윤리적 환원주의

8. 도핑검사에서 선수의 역할 및 책임으로 적절하지 않은 것은?

① 시료채취가 언제든 가능하도록 해야 한다.
② 의료진에게 운동선수임을 고지해야 한다.
③ 도핑방지규정위반을 조사하는 도핑방지기구에 협력해야 한다.
④ 치료목적으로 처방되어 사용(복용)한 물질에 대해서는 책임지지 않는다.

9. 폭력을 설명한 학자의 개념과 그에 대한 설명으로 바르게 연결되지 않은 것은?

① 푸코(M. Foucault)의 규율과 권력 – 스포츠계에서 위계적 권력 관계는 폭력으로 변질되어 작동된다.
② 아렌트(H. Arendt)의 악의 평범성 – 스포츠계에서 폭력과 같은 잘못된 관행에 복종하는 데 익숙해진 나머지 이를 지속시키는데 기여한다.
③ 아리스토텔레스(Aristotle)의 분노 – 스포츠 현장에서 인간 내면의 분노 감정에서 시작된 폭력은 전용되고 악순환을 반복하는 경향이 있다.
④ 홉스(T. Hobbes)의 폭력론 – 자기가 좋아하는 운동선수의 폭력을 따라 하게 되듯이 인간 폭력의 원인을 공격 본능이나 자연 상태가 아닌 모방적 경쟁 관계라 주장한다.

10.〈보기〉의 내용과 연관된 학자의 이론으로 적절하지 않은 것은?

〈보기〉

자연중심주의 환경윤리는 환경에 있어서 도덕적 고려의 대상을 자연의 생명체를 포함한 생태계 전체로 확대할 것을 주문한다. 이런 점에서 보면 동물 스포츠라 불리는 스페인의 투우, 한국의 전통 민속놀이인 소싸움 등은 동물을 인간의 오락 대상으로 삼았다는 점에서 윤리적으로 허용되기 어렵다.

① 베르크(A. Berque)의 환경윤리
② 레오폴드(A. Leopold)의 대지윤리
③ 네스(A. Naess)의 심층적 생태주의
④ 슈바이처(A. Schweitzer)의 생명중심주의

11.〈보기〉의 (가)에서 A팀의 행동을 지지하는 이론의 제한점을 (나)에서 모두 고른 것은?

〈보기〉

(가)	A팀과 B팀의 축구 경기가 진행 중이다. 경기 종료 20분을 남기고 A팀이 1대0으로 이기고 있으나 A팀 선수들의 체력은 이미 고갈되었고, B팀은 무섭게 공격을 이어가고 있다. 이때 A팀 감독은 이대로 경기가 진행될 경우 역전당할 위험이 있다는 판단하에 선수들에게 시간을 끌 것을 지시하였다. A팀 선수들은 부상 당한 척 시간을 지연시키는 이른바 침대축구를 하였고, 결과적으로 A팀이 승리하게 되었다.
(나)	㉠ 결과로 행위를 평가하기 때문에 정의의 문제가 소홀해질 수 있다. ㉡ 도덕규칙 간의 충돌 문제가 발생했을 때 실질적인 도움을 주지 못할 수 있다. ㉢ 일반적인 사실로부터 도덕적인 당위를 추론하지 못할 수 있다. ㉣ 사회 전체의 이익을 제대로 고려하지 못하는 경우가 있다. ㉤ 개인의 이익과 공공의 이익이 충돌할 때 사익(私益)의 희생을 당연시한다.

① ㉠, ㉡, ㉤　② ㉠, ㉢, ㉤
③ ㉡, ㉢, ㉣　④ ㉡, ㉣, ㉤

12.〈보기〉의 스포츠 현장에서 발생하는 도핑(약물복용)의 원인을 모두 고른 것은?

〈보기〉

㉠ 선수 또는 동물의 수행능력 향상을 위한 것이다.
㉡ 상대와의 경쟁에서 승리하기 위한 것이다.
㉢ 경기에 참가하고 싶은 지나친 욕구 때문이다.
㉣ 물질적 보상이 동기가 되기 때문이다.

① ㉠, ㉢
② ㉡, ㉢, ㉣
③ ㉠, ㉡, ㉣
④ ㉠, ㉡, ㉢, ㉣

13.〈보기〉의 ㉠, ㉡과 스포츠에서의 정의(justice)에 대한 개념이 바르게 묶인 것은?

〈보기〉

㉠ 핸드볼 – 양 팀에 동일한 골대의 규격을 적용
㉡ 테니스 – 시합 전 동전 던지기로 선공/후공을 결정

	㉠	㉡
①	평균적 정의	분배적 정의
②	평균적 정의	절차적 정의
③	분배적 정의	평균적 정의
④	분배적 정의	절차적 정의

14. 〈보기〉에서 밑줄 친 A 선수의 입장과 관련된 맹자(孟子)의 사상으로 적절한 것은?

〈보기〉

태권도 국가대표선발 결승전, 먼저 득점하면 경기가 종료되는 서든데스(sudden death) 상황에서 A 선수가 실수로 경기장 한계선을 넘었다. A 선수가 패배해야 할 상황이었지만 심판은 감점을 선언하지 않았다. 상대 팀 감독과 선수는 강력히 항의했으나 판정은 번복되지 않았고 경기는 계속 진행됐다. 결국 A 선수는 승리했지만, 부끄러운 마음에 팀 동료들과 승리의 기쁨을 나누지 않고 조용히 집으로 돌아갔다.

① 수오지심(羞惡之心)
② 측은지심(惻隱之心)
③ 사양지심(辭讓之心)
④ 시비지심(是非之心)

15. 〈보기〉의 대화 내용과 성차별적 인식이 다른 것은?

〈보기〉

보연 : 내 친구 수현이는 얼마 전부터 권투를 시작했어. 남자들이나 하는 거친 운동을 여자가 겁도 없이 한다기에 내가 못하게 적극적으로 말렸어.
지웅 : 잘했어. 여자에게 어울리는 스포츠도 많잖아. 요가나 필라테스처럼 여자에게 어울리는 종목을 추천해줘.

① 남자라면 거칠고 투쟁적인 스포츠를 즐겨야 한다.
② 남성다움, 여성다움을 강조하는 스포츠 참여를 권장한다.
③ 권투에 참여하는 여성은 여성성을 잃게 되어 매력적이지 않다.
④ 여자보다 남자의 근력이 강하기 때문에 권투와 같은 종목은 여자에게 적합하지 않다.

16. 심판에게 요구되는 개인윤리적 덕목에 대한 설명으로 적절하지 않은 것은?

① 외부의 지시나 간섭을 단호히 뿌리쳐야 한다.
② 판정의 신뢰성을 높이는 제도를 도입해야 한다.
③ 어느 한쪽으로 치우침과 사사로움이 없어야 한다.
④ 성품이 고결하여 탐욕이 없고, 심판으로서 품위를 지켜야 한다.

17. 〈보기〉의 (가)에서 환경단체의 입장과 관련이 있는 주장을 (나)에서 모두 고른 것은?

〈보기〉

(가)	평창올림픽 활강경기장 건립을 둘러싸고 환경단체로부터 반대의 의견이 나오게 되었다. 가리왕산은 활강경기의 특성상 최적의 장소이지만 이곳은 산림자원 보호구역으로 지정된 곳이기 때문이다. 올림픽으로 얻어지는 경제적 효과를 강조하는 측과 산림의 가치를 경제적으로 환산할 수 없다는 환경단체의 입장이 팽팽히 맞서고 있다.
(나)	㉠ 효율성의 극대화를 목표로 하는 경제학을 추구한다. ㉡ 인간의 사용 가치에 비례하여 자연의 가치를 평가한다. ㉢ 인간을 소중히 여기는 마음으로 자연환경도 소중히 대한다. ㉣ 인간도 생태계 구성원으로 보는 생태공동체 의식을 기른다.

① ㉠, ㉡　　② ㉠, ㉢
③ ㉡, ㉣　　④ ㉢, ㉣

18. **성폭력 예방 또는 대처에 대한 설명으로 적절하지 않은 것은?**
① 선수는 피해 사실을 기록하도록 한다.
② 선수는 가능한 한 피해 상황에서 즉시 벗어나도록 한다.
③ 성폭력 사실을 고발한 선수가 피해받지 않는 분위기를 조성한다.
④ 여성 선수와 남성 지도자 위주로 성폭력 예방 교육이 이루어져야 한다.

19. **장애인 선수들의 인권향상을 위한 방안으로 적절하지 않은 것은?**
① 장애인 선수들에게 비장애인과 동일한 훈련량과 지도방법을 적용해야 한다.
② 인권에 대한 문제는 예방이 중요하므로 지속적인 예방교육과 더불어 홍보가 필요하다.
③ 장애인 국가대표 선수단 역시 훈련에 필요한 안정적인 지원이 확보되어야 한다.
④ 장애인 선수들의 접근과 이용이 불편하지 않도록 시설 확충과 설계가 이루어져야 한다.

20. **〈보기〉의 괄호에 들어갈 용어로 적절한 것은?**

〈보기〉

1968년 제19회 멕시코올림픽의 육상 200 M 경기에서 1위와 3위로 입상한 미국의 토미 스미스와 존 카를로스는 시상식에서 검은 장갑, 검은 양말 등으로 (　　　)에 대해 저항을 표현했다.

① 성차별
② 장애차별
③ 인종차별
④ 계급차별

유아체육론 (02)

1. **유아의 발달적 특성을 고려한 신체활동 지도 방법으로 적절하지 않은 것은?**
① 지도 내용과 방법에 변화를 준다.
② 목표 설정이 없는 동일한 활동을 반복한다.
③ 개인차를 고려하여 적절한 자극을 부여한다.
④ 놀이 상대를 바꾸어 주어 흥미를 유지한다.

2. **미국스포츠·체육교육협회(NASPE)의 유아기 신체활동 촉진을 위한 지도지침으로 적절하지 않은 것은?**
① 근육과 뼈를 강화시키는 신체활동은 피하도록 한다.
② 매일 최소 60분의 계획된 신체활동에 참여해야 한다.
③ 안전한 실내와 실외에서 대근육 활동을 해야 한다.
④ 수면시간을 제외하고 60분 이상 눕거나 앉아있지 않도록 한다.

3. **유아발달에 적합한 실내·외 지도 환경에 대한 설명으로 적절하지 않은 것은?**
① 공간의 구성은 놀이 형태와 지속시간에 영향을 준다.
② 놀이 공간과 놀이 교구는 유아의 놀이에 영향을 미친다.
③ 활동성을 고려해 좁은 공간을 확보하는 것이 바람직하다.
④ 발달과 학습을 유도할 수 있는 환경을 의도적으로 구성해야 한다.

4. 유아의 체력 요소 검사 방법으로 적절하지 않은 것은?

① 순발력 – 모둠발로 멀리 뛴 거리를 측정한다.
② 균형성 – 평균대 위에서 외발로 서 있는 시간을 측정한다.
③ 근지구력 – 스키핑 동작으로 뛴 높이를 측정한다.
④ 민첩성 – 7 m 거리를 왕복하여 달린 시간을 측정한다.

5. 영아기 반사의 기능이 아닌 것은?

① 생존을 돕는다.
② 운동 행동을 진단한다.
③ 미래의 움직임을 예측한다.
④ 미래에 발현하는 불수의적인 움직임을 자의적으로 연습하게 한다.

6. 신체활동 프로그램에서 실제학습시간(Academic Learning Time: ALT)을 증가시키는 전략으로 적절하지 않은 것은?

① 설명은 간결하고 명확하게 한다.
② 주의집중을 위해 상호 간에 약속된 신호를 만든다.
③ 수업 시작 전 교구를 효율적으로 배치한다.
④ 동작에 대한 시범을 위해 오랜 시간을 할애한다.

7. 영유아보육법(2011) 제1장 제2조에서 정의한 영유아에 관한 내용으로 옳은 것은?

① 생후 4주부터 1년까지의 아동을 말한다.
② 만 6세 미만의 취학 전 아동을 말한다.
③ 만 3세부터 초등학교 2학년까지의 아동을 말한다.
④ 만 6세부터 초등학교 6학년까지의 아동을 말한다.

8. 〈보기〉에서 운동발달과 관련성이 높은 감각 체계들을 바르게 고른 것은?

〈보기〉

㉠ 시각(visual) 체계
㉡ 운동감각(kinesthetic) 체계
㉢ 미각(gustatory) 체계
㉣ 후각(olfactory) 체계

① ㉠, ㉡　　② ㉠, ㉣
③ ㉠, ㉢　　④ ㉡, ㉢

9. 〈보기〉의 훗트(C. Hutt)가 제시한 놀이 관련 행동에 대한 설명에서 ㉠, ㉡에 들어갈 용어는?

〈보기〉

구분	(㉠)	(㉡)
맥락	새로운 물체	익숙한 물체
목적	정보 획득	자극 생성
행동	정형화됨	다양함
기분	심각함	행복함
심장박동 변화	낮은 변화성	높은 변화성

	㉠	㉡
①	모방	놀이
②	모방	과제 관련 행동
③	탐색	놀이
④	탐색	과제 관련 행동

10. 〈보기〉에 해당하는 에릭슨(E. Erikson)의 심리사회발달 단계는?

〈보기〉

- 목표나 계획을 세워 성공하고자 노력하는 시기이다.
- 이동성이 커지면서 성인과 다를 바 없다는 사실을 자각한다.
- 아동은 의미 있는 놀잇감을 조작하면서 만족스러운 성취감을 경험한다.

① 1단계 – 신뢰감(trust) 대 불신감(mistrust)
② 2단계 – 자율성(autonomy) 대 수치심(shame)
③ 3단계 – 주도성(initiative) 대 죄책감(guilt)
④ 4단계 – 친밀성(intimacy) 대 고립감(isolation)

11. 〈보기〉에 해당하는 이동운동 기술은?

〈보기〉

- 체중을 한 발에서 다른 발로 이동시키는 기술이다.
- 달리기보다 더 높이, 더 멀리 뛰면서 바닥을 접촉하지 않는 상태를 유지한다.
- 한 발로 멀리 건너뛰기를 하거나 보폭을 크게 하여 달리는 모습과 비슷하다.

① 겔로핑(galloping)
② 슬라이딩(sliding)
③ 호핑(hopping)
④ 리핑(leaping)

12. 유아기 발달에 관한 이론의 설명으로 적절하지 않은 것은?

① 성숙주의이론(A. Gesell) : 인간의 발달은 유전적 요인에 기인한다고 주장하였다.
② 인지발달이론(J. Piaget) : 인간의 본성은 태어날 때부터 환경에 따른 훈련에 의해 만들어진다고 주장하였다.
③ 사회적놀이이론(M. Parten) : 파튼은 사회적 놀이를 사회적 참여도에 따라 여섯 가지 형태로 분류하였다.
④ 도덕성발달이론(L. Kohlberg) : 인간의 존엄성과 양심에 따라 자율적이고 독립적 판단이 가능하다고 주장하였다.

13. 〈보기〉의 ㉠, ㉡에 들어갈 유아체육 프로그램의 구성 원리는?

〈보기〉

(㉠)	• 연령에 따른 민감기를 고려하여 적절한 운동이 적용되면 운동발달에 효과적이다. • 신체활동의 경험, 기술 및 발달 수준, 체력을 고려한 프로그램 구성이 필요하다.
(㉡)	• 운동발달 프로그램을 구성할 때 개인의 유전과 환경요인이 반영된 개인차를 고려하여 구성한다.

	㉠	㉡
①	연계성 원리	특이성 원리
②	연계성 원리	적합성 원리
③	적합성 원리	특이성 원리
④	적합성 원리	연계성 원리

14. 유아체육 지도 방법과 해당 설명의 연결이 올바르지 않은 것은?

① 지시적 방법 – 시범 보이기, 연습해보기, 일반적인 언급해주기, 보충설명과 시범 다시 보이기
② 과제 제시 방법 – 동작을 위해 지도자나 또래의 활동을 관찰함으로써 과제수행 방법을 이해시키기
③ 안내·발견적 방법 – 올바른 동작 방법을 제시하고 자유롭고 창의적으로 표현하게 하기
④ 탐구적 방법 – 동작 과제나 질문을 제시하고 유아들이 제안한 다양한 해결방법을 인정하고 받아들이기

15. 파튼(M. Parten)의 사회적 놀이 발달이론에 대한 설명으로 적절하지 않은 것은?

① 혼자(단독)놀이 : 다른 친구의 놀이를 지켜보며 가끔씩 구경하는 친구에게 말을 걸기도 한다.
② 병행놀이 : 주변의 친구들과 동일한 놀이를 하지만 함께 놀이를 하지는 않는다.
③ 연합놀이 : 다른 유아와 활동을 공유하며 놀이에 대해 이야기를 주고받거나 놀잇감을 빌려주기도 하지만 놀이 내용이 조직적으로 전개되지는 않는다.
④ 협동놀이 : 역할을 분담과 목적의 공유가 이루어지는 단계로서 병원 놀이 같은 것이 있다.

16. 〈표〉의 ㉠, ㉡, ㉢에 들어갈 던지기(overarm throw) 동작의 발달단계를 바르게 짝지은 것은?

발달단계	특징	동작
㉠	• 체중은 명확하게 앞쪽으로 이동됨 • 던지는 팔과 같은 쪽의 다리를 앞으로 내밈	
㉡	• 준비 움직임 동안 체중을 뒷발에 실음 • 체중이 이동하면서 반대 발이 앞으로 나아감	
㉢	• 양발은 고정된 상태를 유지함 • 던지기를 준비하는 동안 양발을 이동하는 경우가 자주 있으나 특별한 목적은 없음	

	㉠	㉡	㉢
①	초보	성숙	시작
②	성숙	시작	초보
③	시작	성숙	초보
④	초보	시작	성숙

17. 〈보기〉의 ㉠, ㉡에 들어갈 기본 운동발달의 요소는?

〈보기〉

(㉠)	• 배트로 치기 연습하기(striking) • 날아오는 공을 발로 잡기(trapping)
(㉡)	• 철봉 잡고 앞뒤로 흔들기(swinging) • 몸통을 굽히거나 접기(bending)

	㉠	㉡
①	이동운동	조작운동
②	조작운동	안정성운동
③	안정성운동	조작운동
④	조작운동	이동운동

18. 〈보기〉의 밑줄친 ㉠과 관련 깊은 지각운동의 유형은?

〈보기〉

지도사 : 오늘은 잡기 놀이를 해볼까요? 술래 친구가 정해지면 술래를 피해 달아나 보세요. 술래를 잘 피하려면 어떻게 해야 할까요?
유　아 : 술래에게 안 잡히려고 빨리 도망가야 해요!
지도사 : 네! 맞았어요. ㉠ 술래가 움직이는 걸 보고 술래의 앞쪽이나 뒤쪽, 술래의 왼쪽이나 오른쪽으로 가면 잡히지 않고 도망갈 수 있어요. 그럼 우리 모두 한번 해볼까요?
유　아 : 네!

① 시간지각
② 관계지각
③ 신체지각
④ 방향지각

19. 2019 개정 누리과정에서 '신체운동·건강' 영역의 세부내용에 대한 설명으로 적절하지 않은 것은?
① 신체 움직임을 조절한다.
② 신체를 인식하고 움직인다.
③ 경쟁 활동을 통해 스포츠 기술을 습득하고 건강을 증진한다.
④ 기초적인 이동운동, 제자리 운동, 도구를 이용한 운동을 한다.

20. 〈보기〉가 설명하는 질환은?

〈보기〉

- 주로 생후 6개월~5세 사이의 영유아에게서 발생한다.
- 갑자기 올라간 고열과 함께 경련을 일으킨다.
- 주된 원인으로 고열, 뇌 손상, 유전적인 요인 등이 거론된다.

① 독감
② 근육경련
③ 2도 화상
④ 열성경련

노인체육론 (03)

1. 우리나라 인구 변화에 관한 설명으로 적절하지 않은 것은?
① 저출산으로 고령화가 감소하고 있다.
② 현재 노인 인구의 비율이 14% 이상인 고령사회이다.
③ 노인인구 증가로 인해 국가의 의료비 부담이 증가하고 있다.
④ 노인인구 증가로 인해 생산가능 인구의 노인에 대한 부양비가 증가하고 있다.

2. 〈보기〉의 ㉠, ㉡, ㉢, ㉣에 들어갈 용어로 알맞은 것은?

〈보기〉

노인은 연령이 높아질수록 근육량은 (㉠)하고, 최대심박수는 (㉡)하고, 혈관 경직도는 (㉢)하고, 최대산소섭취량은 (㉣)한다.

	㉠	㉡	㉢	㉣
①	증가	증가	감소	증가
②	감소	감소	증가	감소
③	감소	증가	감소	감소
④	증가	감소	증가	증가

3. 노인에게 낙상의 위험성이 높은 원인으로 적절한 것은?
① 보폭의 증가
② 자세 동요의 감소
③ 발목 가동성의 감소
④ 보행 속도의 증가

4. 중강도의 규칙적인 운동이 노인의 건강에 미치는 영향으로 적절한 것은?

① 근력의 감소
② 수면의 질 감소
③ 뇌 혈류량의 감소
④ 인슐린 저항성의 감소

5. 노인의 지속적인 운동참여를 위한 동기유발 방법으로 적절하지 않은 것은?

① 모험적인 목표를 세워 동기를 유발한다.
② 운동 시설에 대한 접근성을 높인다.
③ 동료의 성공적인 경험을 공유하게 한다.
④ 체력 수준에 맞게 운동 목표를 구체적으로 설정한다.

6. 하비거스트(R. Havighurst)의 발달과업 이론에서 노년기의 과업으로 적절하지 않은 것은?

① 배우자의 죽음에 대한 적응
② 은퇴와 수입 감소에 대한 적응
③ 선호하는 사회적 모임에 대한 적응
④ 근력 감소와 건강 약화에 대한 적응

7. 〈보기〉에서 설명하는 행동 변화 이론으로 가장 적절한 것은?

〈보기〉

65세인 조 할머니는 요즘 살이 계속 찌고 움직이는 것도 점점 힘들어졌다. 가족과 친구들이 운동을 권유하였으나 완강하게 거부하며 운동을 하지 않았다. 그러나 최근 병원에서 당뇨병 판정을 받고 의사의 운동 권유로 운동에 대한 믿음과 의지가 생겨서 구체적인 운동 목표를 세우고 헬스센터장에서 운동을 시작하였다.

① 지속성 이론　② 사회생태 이론
③ 자기효능감 이론　④ 계획된 행동 이론

8. 〈보기〉의 ㉠과 ㉡에 들어갈 심박수(회/분)는?

〈보기〉

70세 남성 노인이 달리기 운동을 할 때, Karvonen(여유심박수, %HRR) 공식을 활용한 목표 심박수의 범위는 (㉠)에서부터 (㉡)까지이다.

[분당 안정 시 심박수 70회, 여유심박수 60~70% 강도]

	㉠	㉡
①	90	105
②	112	119
③	118	126
④	124	138

9. 〈보기〉에서 김 할아버지의 죽상경화증 심혈관질환의 위험요인을 바르게 제시한 것은?

〈보기〉

건강증진 운동프로그램에
참여하고자 하는 김 할아버지의 정보

- 연령 : 67세, 성별 : 남성, 신장 : 170 cm, 체중 : 87 kg
- 총콜레스테롤 : 190 mg/dL
- 안정 시 혈압 : 130 mmHg / 85 mmHg
- 공복혈당 : 135 mg/dL
- 흡연 : 30대부터 하루에 10~20 개비

* 미국스포츠의학회(ACSM, 2018)를 참고한 기준 적용

① 연령, 과체중, 혈압, 흡연
② 비만, 총콜레스테롤, 혈압, 흡연
③ 연령, 비만, 당뇨병, 흡연
④ 과체중, 총콜레스테롤, 혈압, 당뇨병

10. 〈보기〉에서 적용되는 트레이닝 원리는?

〈보기〉

올해 70세인 박 할머니는 지난 6개월 동안 집 근처 헬스장에서 하루 1시간씩, 주 5회 이상 노인스포츠지도사와 운동을 하여 체력이 향상되었으나 최근 코로나19(COVID-19) 때문에 운동을 3개월 동안 하지 못하여 지금은 계단을 오르기조차 힘들어졌다.

① 개별성의 원리　② 특이성의 원리
③ 과부하의 원리　④ 가역성의 원리

11. 〈보기〉에서 ㉠, ㉡에 들어갈 용어를 바르게 나열한 것은?

〈보기〉

리클리와 존스(Rikli & Jones)의 노인체력검사(Senior Fitness Test: SFT)		
검사항목	㉠	㉡
일상생활 능력	• 욕실에서 머리 감기 • 상의를 입고 벗기 • 차에서 안전벨트 매기	• 걷기 • 계단 오르기 • 자동차 타고 내리기

	㉠	㉡
①	등 뒤에서 양손 마주 잡기	의자에 앉아 윗몸 앞으로 굽히기
②	등 뒤에서 양손 마주 잡기	의자에 앉았다가 일어서기
③	아령 들기	의자에 앉았다가 일어서기
④	아령 들기	의자에 앉아 윗몸 앞으로 굽히기

12. 미국스포츠의학회(ACSM, 2018)에서 제시한 노인을 위한 운동 권장 사항으로 적절한 것은?

① 저항운동은 체력수준을 고려하지 않고 실시한다.
② 저항운동을 처음 시작할 경우 1 RM의 40~50%로 실시한다.
③ 유연성 향상을 위해 정적스트레칭을 60~90초 동안 유지한다.
④ 중강도 유산소운동을 처음 시작할 경우 주당 총 300~450분을 실시한다.

13. 노인을 위한 스트레칭에 관한 설명으로 적절한 것은?

① 탄성 스트레칭을 우선적으로 권장한다.
② 스트레칭은 관절의 가동범위와 관련이 없다.
③ 정적 스트레칭은 동적 스트레칭에 비해 상해 위험이 적다.
④ 고유수용성 신경근 촉진법은 효과가 없어 사용하지 않는다.

14. 〈보기〉에 해당하는 프로차스카(J. Prochaska)의 범이론적 모형 단계와 지도 내용을 바르게 나열한 것은?

〈보기〉

운동을 하지 않았던 김 할아버지는 당뇨병 진단을 받은 후 지난 한 해 동안 매일 만보계를 가지고 중강도의 걷기 운동을 하고 있다.

	단계(stage)	지도내용
①	무의식 (precontemplation)	운동이 당뇨에 미치는 효과를 지도
②	의식 (comtemplation)	운동 방법 및 만보계 사용법을 지도
③	행동 (action)	운동강도 조절에 관하여 지도
④	유지 (maintenance)	즐길 수 있는 스포츠를 경험하도록 지도

15. 이상지질혈증이 있는 노인을 위한 운동 방법으로 적절하지 않은 것은?

① 하루 30~60분의 운동이 적당하다.
② 유연성 운동, 저항운동 및 유산소 운동을 실시한다.
③ 대근육을 이용한 지속적이고 리드미컬한 형태의 운동을 한다.
④ 에너지 소비를 최대로 증가시키기 위해 고강도 운동을 한다.

16. 골다공증이 있는 노인의 운동에 관한 설명으로 적절하지 않은 것은?

① 심각한 골다공증이 있는 노인에게는 최대 근력검사를 권장하지 않는다.
② 통증을 유발하지 않는 중강도 운동을 권장한다.
③ 체중지지 운동은 권장하지 않는다.
④ 평형성 향상을 위한 운동을 권장한다.

17. 〈보기〉에서 바람직하지 않은 노인스포츠지도사는?

〈보기〉

김 지도사 : 어르신의 이해를 돕기 위해 시각 정보 없이 언어 정보만을 제공한다.
박 지도사 : 어르신들의 신체활동에 대한 개인차를 고려하여 수준별로 운동을 지도한다.
최 지도사 : 어르신의 특성을 고려해서 한 번에 한두 가지의 동작에 대한 시범을 보여준다.
이 지도사 : 운동을 지도할 때, 어르신들이 이해할 수 있는 언어와 그림을 함께 사용한다.

① 김 지도사 ② 이 지도사
③ 박 지도사 ④ 최 지도사

18. 미국스포츠의학회(ACSM, 2018)에서 제시한 노인의 중강도 신체활동으로 적절하지 않은 것은?

① 3.0 mi/h(4.83 km/h)의 속도로 걷기
② 축구, 농구, 배구와 같은 경쟁 스포츠
③ 청소, 창 닦기, 세차, 페인팅 등의 가사 활동
④ 보그 스케일(Borg Scale)의 운동자각도(RPE)에서 12~13 수준의 신체활동

19. 노인에게 운동을 지도할 때, 주의사항으로 적절하지 않은 것은?

① 운동강도를 높일수록 단열성이 높은 의복을 착용하게 한다.
② 탈수증상을 대비하여 수분을 미리 보충하게 한다.
③ 낙상의 위험을 최소화하기 위해 적절한 신발을 착용하게 한다.
④ 추운 환경에서는 준비운동을 평소보다 오랜 시간 진행하도록 한다.

20. 운동 중 노인의 심정지 상황에 대한 응급처치로 적절하지 않은 것은?

① 자동제세동기를 이용할 수 있는 경우 사용한다.
② 의식의 확인과 119 신고 후, 심폐소생술을 실시한다.
③ 의식이 없으면 묵시적 동의라고 간주하고 심폐소생술을 실시한다.
④ 심폐소생술 실시 중 의식이 돌아오지 않으면 가슴 압박을 중단한다.

2019년도 2급류 체육지도자 필기시험 문제지

(2급 생활 / 유소년 / 노인)

문제유형	A형
시험일지	2019. 5. 11. (토) **10:00~11:40**

유의사항

2급 생활 자격증 응시자	: 선택과목 중 **5개 과목** 선택 (필수과목 없음)
유소년 자격증 응시자	: 선택과목 중 **4개 과목,** 필수과목 중 **유아체육론** 선택
노인 자격증 응시자	: 선택과목 중 **4개 과목,** 필수과목 중 **노인체육론** 선택

과목코드 및 페이지

구분	과목	과목코드	페이지
선택과목	스포츠사회학	(과목코드 : 11)	114면
	스포츠교육학	(과목코드 : 22)	118면
	스포츠심리학	(과목코드 : 33)	122면
	한국체육사	(과목코드 : 44)	126면
	운동생리학	(과목코드 : 55)	130면
	운동역학	(과목코드 : 66)	133면
	스포츠윤리	(과목코드 : 77)	136면
필수과목	유아체육론	(과목코드 : 02)	141면
	노인체육론	(과목코드 : 03)	145면

스포츠사회학 (11)

1. 스포츠사회학의 연구영역과 주제 중 거시영역의 사회제도와 관련된 연구내용이 아닌 것은?

① 정치
② 경제
③ 교육
④ 조직

2. 〈보기〉에서 설명하는 스포츠의 사회적 기능으로 적절한 것은?

〈보기〉

2002년 한일월드컵에서 한국축구대표팀은 4강 신화를 만들었다. 이 과정에서 성별, 연령에 관계없이 많은 국민들이 길거리 응원에 참가하며 국가에 대한 애착심과 소속감을 되새겼다.

① 사회통합
② 사회통제
③ 신체소외
④ 사회차별

3. 현대 스포츠의 발전에 영향을 미친 요소에 대한 설명으로 옳지 않은 것은?

① 산업의 고도화 : 스포츠용품의 대량 생산 체계가 갖춰지고 용구가 표준화되었다.
② 인구의 저밀도화 : 쾌적한 생활환경으로 인해 스포츠 참가가 증가하였다.
③ 교통의 발달 : 수송체계가 원활해지면서 다양한 스포츠 행사가 열릴 수 있게 되었다.
④ 통신의 발달 : 정보 유통이 원활해져 스포츠저널리즘이 발달하게 되었다.

4. 스포츠로의 사회화(socialization into sport) 요인 중 〈보기〉의 설명에 해당하는 것은?

〈보기〉

여성의 신체노출을 금기시 하는 일부 중동 국가의 문화는 여성의 스포츠 참가를 불가능하게 하며 스포츠 경기 관람조차 허용하지 않고 있다.

① 개인적 특성
② 사회적 상황
③ 스포츠 개입
④ 스포츠 사회화 주관자

5. 신자유주의 시대의 스포츠 세계화에 대한 특징으로 적절하지 않은 것은?

① 프로스포츠의 이윤 극대화에 기여하였다.
② 스포츠 시장의 경계가 국경을 초월해 전 세계로 확대되었다.
③ 세계인들에게 표준화된 스포츠 상품을 소비하도록 만들었다.
④ 각 나라의 전통스포츠가 전 세계로 보급되어 새로운 스포츠시장을 개척할 수 있게 되었다.

6. 스포츠정책과 정치에 대한 설명으로 적절하지 않은 것은?

① 국가는 스포츠정책을 통해 스포츠에 개입한다.
② 냉전시대 국가의 국제스포츠정책은 스포츠를 통한 상업주의 팽창에 초점이 맞춰졌다.
③ 스포츠는 상징, 동일화, 조작의 과정을 통해 정치적 기능이 극대화된다.
④ 정부는 의료비 지출을 줄이고 산업생산력을 향상시키기 위해 스포츠에 관여한다.

7. 〈보기〉에서 설명하는 스포츠일탈에 관한 스포츠사회학 이론은?

〈보기〉

일탈은 현존하는 사회질서의 유지에 기여한다는 점에서 정상적인 것으로 간주된다. 예를 들어, 도핑은 그 자체로는 일탈행위에 해당되지만, 이를 통해 사람들은 그런 행동을 경멸하게 되고 이에 대한 경각심을 갖게 된다.

① 구조기능이론 ② 갈등이론
③ 차별교제이론 ④ 낙인이론

8. 스포츠의 상업화에 따른 변화 중 〈보기〉의 사례에 해당하는 것은?

〈보기〉

2013년 미국프로야구 LA 다저스와 신시내티 레즈의 경기에서 한국의 류현진 선수와 추신수 선수 간의 맞대결이 펼쳐지자 미국프로야구 사무국은 이 날을 코리안 데이로 지정하고 한국의 걸그룹 소녀시대를 초청하여 애국가를 제창하게 하였다. 이 외에도 미국프로야구 사무국은 각종 의전행사 및 경품행사를 개최하여 언론의 반응에 촉각을 곤두세웠다.

① 스포츠 기술의 변화
② 스포츠 규칙의 변화
③ 스포츠 조직의 변화
④ 선수, 코치의 경기 성향 변화

9. 프로스포츠에서 시행되는 제도와 특징이 바르게 연결된 것은?

① 보류조항(reserve clause) - 일정 기간 선수들의 자유로운 계약과 이적을 막아 선수단 운영비를 줄이기 위한 목적으로 도입되었다.
② 최저연봉제(minimum salary) - 신인선수의 연봉협상력을 줄여 선수단 운영경비를 줄이기 위한 목적으로 도입되었다.
③ 샐러리 캡(salary cap) - 선수 개인에게 지불할 수 있는 최대 연봉 상한선으로, 선수 간 연봉격차를 줄이기 위한 목적으로 도입되었다.
④ 트레이드(trade) - 선수가 새로운 팀으로 이적하기 위해 구단에 요구할 수 있는 권리로, 구단은 특별한 사유가 없는 한 선수의 요구에 응해야 한다.

10. 〈보기〉에서 설명하는 디 플로어(M. De Fleur)의 미디어 이론은?

〈보기〉

• 미디어의 영향력과 스포츠의 소비 형태는 연령, 성, 사회계층, 교육수준, 결혼여부 등에 따라 달라질 수 있다.
• 미디어의 영향력이 서로 다른 하위집단의 구성원에게 획일적으로 미치지 않을 수 있다.

① 개인차 이론(Individual differences theory)
② 사회범주 이론(Social categories theory)
③ 사회관계 이론(Social relationships theory)
④ 문화규범 이론(Cultural norms theory)

11. 스포츠와 계급·계층에 대한 설명으로 옳지 않은 것은?

① 부르디외(P. Bourdieu)의 계급론에 따르면, 골프는 상류계급의 스포츠로 분류된다.
② 베블렌(T. Veblen)의 계급론에 따르면, 상류계급이 스포츠에 참가하는 이유는 자신의 지위를 과시하기 위해서이다.
③ 마르크스(C. Marx)의 계급론에 따르면, 운동선수는 생산수단을 소유한 지배계급에 속한다.
④ 베버(M. Weber)의 계층론에 따르면, 프로스포츠에서 감독과 선수의 사회계층 수준은 연봉액수만으로 평가되지 않는다.

12. 정치가 스포츠를 이용하는 방법 중 〈보기〉의 사례에 해당하는 것은?

〈보기〉

스포츠에 참여하는 선수나 팀이 스포츠 경기 자체를 뛰어넘어 특정 집단을 대리 또는 대표하는 것으로 의미가 확장되는 과정을 일컫는다.

① 상징화
② 동일화
③ 조작화
④ 우민화

13. 코클리(J. Coakley)가 제시한 일탈적 과잉동조를 유발하는 스포츠 윤리규범의 유형과 특징이 바르게 연결되지 않은 것은?

① 몰입규범 - 운동선수는 경기에 헌신해야 하며 이를 그들의 삶에서 우선순위에 두어야 한다.
② 구분짓기규범 - 운동선수는 다른 선수와 구별되기 위해 자신만의 경기 스타일을 만들어야 한다.
③ 인내규범 - 운동선수는 위험을 받아들이고 고통 속에서도 경기에 참여해야 한다.
④ 도전규범 - 운동선수는 스포츠에서 성공을 위해 장애물을 극복하고 역경을 헤쳐나가는 노력을 해야 한다.

14. 크로젯(T. Crosset)의 여성에 대한 남성선수의 폭력과 남성 스포츠문화와의 관련성에 대한 연구내용에 해당하는 것은?

① 지역사회는 남성 선수의 폭력에 대해 경외감을 갖지 못하도록 철저히 처벌한다.
② 여성 선수를 존경의 대상으로 삼고 함께 공동체성을 나누어야 할 대상으로 간주한다.
③ 폭력이 남성다움을 확립하고 여성을 통제하는데 효과적인 전략이라는 믿음이 존재한다.
④ 폭력이 남성의 사회적 유대를 강화하고 자만심에 사로잡히지 않도록 분위기를 조성한다.

15. 〈보기〉에서 설명하고 있는 레오나르드 (W.Leonard II)의 스포츠 사회화 이론은?

〈보기〉

- A고교 농구 감독은 팀 훈련 과정에서 학생 선수들의 운동 수행 능력을 향상시키기 위하여 상과 벌을 활용한다.
- B선수는 다른 팀 선수가 독특한 타격 자세로 최다 안타상을 획득하자 그 선수의 타격 자세를 관찰하여 자신만의 것으로 발전시켰다.

① 사회학습이론 ② 역할이론
③ 준거집단이론 ④ 근거이론

16. 우리나라 학원스포츠의 문화적 특성 중 〈보기〉의 설명에 해당하는 것은?

〈보기〉

학생선수들은 교실공간과 분리되어 합숙소와 운동장에서 주로 생활하며 그들만의 공동체 문화를 만들어 간다. 또한 그들만의 동질감을 바탕으로 끈끈한 인간관계를 맺지만, 일반학생들과는 이질화되고 있다.

① 승리지상주의 문화 ② 군사주의 문화
③ 섬 문화 ④ 신체소외 문화

17. 스포츠의 상업화에 따른 스포츠와 미디어의 관계에 대한 설명으로 적절하지 않은 것은?

① 스포츠는 미디어의 주요 콘텐츠로 자리 잡을 때 경제적 가치를 인정받을 수 있다.
② 뉴미디어의 등장으로 스포츠 콘텐츠의 생산자와 수용자의 경계가 모호해 지고 있다.
③ 스포츠가 미디어에 의존할수록 미디어의 스포츠에 대한 통제력은 감소한다.
④ 미디어는 상업적 가치를 증가시키기 위해 스포츠 규칙의 변화를 요구한다.

18. 스포츠 세계화와 민족주의의 관계에 대한 설명으로 적절한 것은?

① 냉전 시대에 스포츠 세계화는 민족주의를 약화시켰다.
② 민족주의는 국가 간 갈등의 원인이 되어 스포츠 세계화의 걸림돌로 작용해 왔다.
③ 제국주의 시대에 스포츠 세계화는 식민국가의 민족주의를 약화시키는 결과를 초래하였다.
④ 스포츠에 내재된 민족주의적 속성은 다국적 기업의 세계화 전략에 중요한 자원으로 활용되고 있다.

19. 스포츠사회학의 정의에 대한 설명으로 적절하지 않은 것은?

① 스포츠의 맥락에서 인간의 사회행동 법칙을 규명한다.
② 스포츠 현상을 일반 사회구조의 측면에서 설명한다.
③ 사회학의 하위분야로 스포츠 현상에 사회학적 개념을 적용한다.
④ 선수 개인의 행동과 관련된 인간 내면의 특성 및 과정을 설명한다.

20. 스포츠와 계층이동 유형에 대한 설명으로 적절한 것은?

① 수직이동은 한팀의 선수가 다른 팀으로 같은 대우를 받고 이적하는 경우를 말한다.
② 개인이동은 소속 집단이 특정 계기를 통하여 집합적으로 이동하는 것을 말한다.
③ 수평이동은 팀의 2군에 소속되어 있던 선수가 1군으로 승격하여 이동하는 경우를 말한다.
④ 세대 간 수직 이동은 운동선수가 부모보다 더 많은 수입과 명예를 얻게 되는 경우를 말한다.

스포츠교육학 (22)

1. 스포츠교육이 지향하고 있는 내용으로 적절하지 않은 것은?

① 활동 목표와 내용, 방법에 있어 통합화와 다양화를 추진하고 있다.
② 훈련과정에서 지도자 자신의 직관에만 근거하여 지도한다.
③ 유아, 청소년, 성인, 노인, 장애인 등 다양한 학습자를 대상으로 한다.
④ 학교체육 - 생활체육 - 전문체육을 연계적으로 발전시키고자 한다.

2. 움직임 기능에 적합한 학습과제가 바르게 연결된 것은?

① 이동 운동 기능 - 한 발로 뛰어 목표 지점까지 도달하기
② 비이동 운동 기능 - 훌라후프 던지고 받기
③ 물체 조작 기능 - 음악을 듣고 움직임 표현하기
④ 도구 조작 기능 - 평균대 위에서 균형 잡기

3. 〈보기〉에서 국민체육진흥법(2019.1.15. 일부개정)에 명시된 내용에 해당하는 것으로만 묶인 것은?

〈보기〉

㉠ 국가와 지방자치단체는 스포츠 강사와 체육지도자를 배치하여야 한다.
㉡ 지방자치단체는 직장인 체육대회를 연 1회 이상 개최하여야 한다.
㉢ 국가와 지방자치단체는 우수선수와 체육지도자 육성을 위해 필요한 표창제도를 마련하여야 한다.
㉣ 체육동호인조직이란 같은 생활체육 활동에 지속적으로 참여하는 자의 모임을 말한다.

① ㉠, ㉡, ㉢ ② ㉠, ㉡, ㉣
③ ㉠, ㉢, ㉣ ④ ㉡, ㉢, ㉣

4. 교수·학습 지도안을 작성할 때 고려해야 할 사항으로 가장 거리가 먼 것은?

① 진행할 학습 과제, 각 과제에 배정한 시간 등을 포함한다.
② 과제 전달 방법 및 과제 수행 조건, 교수단서 등을 포함한다.
③ 학습 목표는 학습자 특성보다 지도자 중심으로 작성한다.
④ 예상치 못한 상황이 발생했을 때를 대비하여 대안적 계획을 수립한다.

5. 〈보기〉의 대화에서 평가의 개념과 목적을 잘못 이해하고 있는 지도자는?

〈보기〉

박 코치 : 평가의 유사개념에는 측정, 사정, 검사 등이 있는 것으로 알고 있습니다.
정 코치 : 네, 측정이나 검사는 가치 지향적이고 평가는 가치 중립적인 활동입니다.
김 코치 : 평가는 학습자의 학습 상태와 지도에 관한 정보를 제공할 수 있습니다.
유 코치 : 그래서 평가는 지도 활동에 대한 피드백이 될 수 있습니다.

① 박 코치
② 정 코치
③ 김 코치
④ 유 코치

6. **국민체육진흥법과 동 시행령(2019. 1. 15) 제2조에서 규정한 체육지도자의 명칭과 역할에 대한 설명이 적절하지 않은 것은?**

① 스포츠지도사 : 초·중등학교 정규수업 보조 및 학교스포츠 클럽을 지도하는 체육전문강사를 말한다.

② 노인스포츠지도사 : 노인의 신체적·정신적 변화 등에 대한 지식을 갖추고 … (중략) … 노인을 대상으로 생활체육을 지도하는 사람을 말한다.

③ 유소년스포츠지도사 : 유소년의 행동양식, 신체발달 등에 대한 지식을 갖추고 … (중략) … 유소년을 대상으로 체육을 지도하는 사람을 말한다.

④ 장애인스포츠지도사 : 장애 유형에 따른 운동방법 등에 대한 지식을 갖추고 … (중략) … 장애인을 대상으로 전문체육이나 생활체육을 지도하는 사람을 말한다.

7. **〈보기〉는 지역 스포츠클럽 강사 K의 코칭 일지의 일부이다. ㉠에 해당하는 스포츠교육의 학습 영역과 ㉡에 해당하는 체육 학습 활동이 바르게 묶인 것은?**

〈보기〉

코칭 일지

나는 스포츠클럽에서 배구의 기술뿐만 아니라 ㉠ 역사, 전략, 규칙과 같은 개념과 원리를 참여자들에게 가르쳤다. 배구 게임을 제대로 이해하기 위해서 전술 연습을 진행했다. ㉡ 게임을 진행하는 도중에 '티칭 모멘트'가 발생할 경우, 게임을 멈추고 전략과 전술을 지도하는 수업활동을 적용했다.

① 정의적 영역, 스크리미지(scrimmage)
② 정의적 영역, 리드-업 게임(lead-up games)
③ 인지적 영역, 스크리미지(scrimmage)
④ 인지적 영역, 리드-업 게임(lead-up games)

8. **〈보기〉는 이 코치의 수업을 관찰한 일지의 일부이다. ㉠, ㉡에 알맞은 용어로 바르게 묶인 것은?**

〈보기〉

관찰일지

2019년 5월 7일

이 코치는 학습자들에게 농구 드리블의 개념과 핵심단서를 가르쳐주고, 시범을 보였다. 설명과 시범이 끝나고 "낮은 자세로 드리블을 5분 동안 연습하세요."라는 과제를 제시하였다. … (중략) … 이 코치는 (㉠)을 활용했고, 과제 참여 시간의 비율이 높은 수업을 운영했다. 수업의 마지막에는 질문식 수업을 활용했다. "키가 큰 상대팀 선수에게 가로막혔을 경우 어떻게 해야 합니까?"라는 (㉡) 질문을 통해 학습자가 다양한 대안을 찾을 수 있도록 했다.

	㉠	㉡
①	적극적 수업	확산형
②	과제식 수업	가치형
③	동료 수업	확산형
④	협동 수업	가치형

9. 〈보기〉는 정코치의 반성 일지이다. ㉠, ㉡, ㉢에 해당하는 피드백이 바르게 나열된 것은?

〈보기〉

반성 일지

2019년 5월 7일

오늘은 초등학교 방과 후 테니스 수업에서 지난 시간에 이어서 모둠별로 포핸드 드라이브 연습을 수행했다. '테니스의 왕자'라고 자부하는 시안이는 포핸드를 정확하게 수행한 후 자랑스러운 듯 나를 바라보았다. ㉠ 나는 고개를 끄덕이며 엄지손가락을 세워 보였다. … (중략) … 한편, 경민이는 여전히 공을 맞히는데 힘들어 보였다. 나는 ㉡ "정민아 지금처럼 공을 끝까지 보지 않으면 안 돼!" ㉢ "왼손으로 공을 가리키고 시선을 고정하면 정확하게 공을 맞힐 수 있어."라고 피드백을 주었다.

	㉠	㉡	㉢
①	가치적 피드백	구체적 피드백	중립적 피드백
②	가치적 피드백	중립적 피드백	교정적 피드백
③	비언어적 피드백	부정적 피드백	일반적 피드백
④	비언어적 피드백	부정적 피드백	교정적 피드백

10. 효율적인 지도의 특징으로 적절하지 않은 것은?

① 운영 시간에 배당된 시간의 비율이 낮다.
② 학습자가 과제에 참여하는 시간의 비율이 높다.
③ 학습 과제의 난이도가 적절하다.
④ 학습자가 대기하는 시간의 비율이 높다.

11. 모스턴(M. Mosston)의 교수(teaching) 스타일에 대한 설명으로 옳지 않은 것은?

① 교수 스타일 A~E까지는 모방(reproduction)이 중심이 된다.
② 교수 스타일의 구조는 과제 활동 전, 중, 후 결정군으로 구성된다.
③ 교수는 지도자와 학습자의 연속되는 의사결정 과정을 전제로 한다.
④ 교수 스타일은 '대비접근' 방식에 근거를 둔다.

12. 〈보기〉에서 설명하는 현장(개선)연구의 특징으로 적절하지 않은 것은?

〈보기〉

현장(개선)연구는 체육지도자가 동료나 연구자의 도움을 받아 자신의 강좌를 반성적으로 탐구하여 개선하는 데 목적이 있다.

① 집단적 협동과정이다.
② 자기 성찰을 중시한다.
③ 연속되는 순환 과정이다.
④ 효율성과 결과를 중시한다.

13. 스포츠지도사가 생활체육 프로그램 설계시 고려해야 하는 구성요소에 대한 설명으로 적절하지 않은 것은?

① 프로그램 설계시 목적 및 목표, 내용, 장소, 예산, 홍보 등이 포함된다.
② 홍보는 시대에 적합하게 다양한 방법으로 실행한다.
③ 장소는 접근성보다 최신식 시설을 우선으로 고려한다.
④ 예산은 시설대여비, 용품구입비, 인건비, 홍보비 등의 경비를 예측해야 한다.

14. 〈보기〉의 대화에서 각 지도자들이 활용하고 있는(활용하고자 하는) 평가 유형이 바르게 나열된 것은?

〈보기〉

이 감독 : 오리엔테이션 때 학생들에게 최종 목표를 분명하게 얘기했어요. 그 목표의 달성 여부를 종합적으로 확인하기 위해 시즌 마지막에 평가를 실시할 계획이에요.
윤 감독 : 이번에 입학한 학생들은 기본기가 많이 부족했어요. 시즌 전에 학생들의 기본기 수준을 평가했어요.
김 감독 : 학교스포츠클럽에서 배구를 가르칠 때 수시로 학생들의 기본기능을 확인하고 있어요.

	이 감독	윤 감독	김 감독
①	총괄평가	형성평가	진단평가
②	총괄평가	진단평가	형성평가
③	진단평가	형성평가	총괄평가
④	진단평가	총괄평가	형성평가

15. 〈보기〉에서 설명하는 스포츠 지도 활동에 해당하는 용어로 적절한 것은?

〈보기〉

이 활동은 스포츠 지도시간에 반복적으로 일어나는 활동이다. 예를 들어 출석점검, 수업준비 상태 확인, 화장실 출입 등이다. 이러한 과정을 효율적으로 관리하면 학습자들의 과제참여 시간을 증가시키는 데 도움이 된다.

① 상규적 활동
② 개인적 활동
③ 사회적 활동
④ 전략적 활동

16. 현행 학교스포츠클럽에 대한 설명으로 적절하지 않은 것은?

① 학교스포츠클럽은 방과 후, 점심시간, 토요일 등에 실시한다.
② 학교스포츠클럽 대회의 리그 유형에는 통합리그, 조별리그, 스플릿 리그 등이 있다.
③ 학교스포츠클럽의 활성화를 위해 단위학교는 학교스포츠 클럽 리그를 운영한다.
④ 학교스포츠클럽은 국가수준 교육과정 편성·운영 지침에 근거하여 운영된다.

17. 학교체육진흥법과 동 시행령(2017. 10. 17)에서 규정하고 있는 '스포츠강사'의 재임용 평가사항이 아닌 것은?

① 전국대회 입상 실적 ② 복무 태도
③ 학생의 만족도 ④ 강사로서의 자질

18. 〈보기〉의 ㉠, ㉡에 해당하는 평가기법으로 적절한 것은?

〈보기〉

배드민턴 평가 계획

㉠ 하이클리어 기능 평가 도구

항목	예	아니오
포핸드 스트로크를 할 때 타점이 정확한가?		
시선을 고정하고 있는가?		
팔꿈치를 펴서 스트로크를 하는가?		

㉡ 배드민턴에 대한 태도 평가
- 수강생의 배드민턴에 대한 열정과 의지를 물어봄
- 반구조화 된 내용으로 질의응답을 함

	㉠	㉡
①	평정척도	면접법
②	평정척도	관찰법
③	체크리스트	면접법
④	체크리스트	관찰법

19. 링크(J. Rink.)의 내용 발달(content development)에 대한 설명으로 적절하지 않은 것은?

① 응용 과제는 실제 게임에 적용할 수 있는 기회를 제공한다.
② 확대 과제는 쉬운 과제에서 어렵고 복잡한 과제로 발전시킨다.
③ 세련 과제는 학습자에게 가능한 한 많은 동작을 알려주는 형태로 개발한다.
④ 시작(제시, 전달) 과제는 기초적인 수준에서 학습하도록 소개하고 안내한다.

20. 〈보기〉의 효과적인 과제 제시 방법에 대한 설명이 적절한 것으로 묶인 것은?

〈보기〉

㉠ 시각 정보보다는 언어 정보에 중점을 둔다.
㉡ 모든 학습자가 쉽게 보고 들을 수 있는 대형을 갖춘다.
㉢ 학습자가 이해할 수 있는 어휘를 사용한다.
㉣ 학습자에게 한 번에 최대한 많은 양의 정보를 제공한다.

① ㉠, ㉡
② ㉡, ㉢
③ ㉢, ㉣
④ ㉠, ㉣

스포츠심리학 (33)

1. 〈보기〉에서 ㉠에 해당하는 스포츠심리학의 하위 분야는?

〈보기〉

- 야구에서 공을 잡은 외야수는 2루 주자의 주력과 경기상황을 고려하여 홈으로 송구하기로 결정한다. 그리고 홈까지의 거리와 위치를 확인하고 공을 던진다.
- (㉠) 분야에서는 외야수가 경기상황에서의 여러 정보를 종합·판단하여 어떻게 동작을 생성하고 조절하는지와 관련된 원리와 법칙을 밝히는 데 관심을 가진다.

① 운동제어
② 운동발달
③ 운동심리학
④ 건강심리학

2. 운동기술(motor skill)의 일차원적 분류체계가 아닌 것은?

① 과제의 난이도에 따른 분류
② 환경의 안정성에 따른 분류
③ 움직임의 연속성에 따른 분류
④ 움직임에 동원되는 근육의 크기에 따른 분류

3. 스포츠 상황에서 루틴(routine)에 대한 설명으로 적절하지 않은 것은?

① 시합 당일에 수정한다.
② 불안을 감소시키고 집중력을 증대시킨다.
③ 심상과 혼잣말이 포함될 수 있다.
④ 상황이 달라져도 편안함을 유지 시킨다.

4. 응용스포츠심리학회(Association for the Advancement of Applied Sport Psychology: AAASP)가 제시하는 스포츠심리상담의 윤리 규정이 아닌 것은?

① 평소 알고 지내는 사람(가족, 친구 등)과의 상담과정은 전문적으로 진행한다.
② 나이, 성별, 국적, 종교, 장애, 사회경제적 지위 등의 개인차를 존중한다.
③ 교육, 연수, 수련 경험 등을 통해 인정받은 전문 지식과 기법을 제공한다.
④ 내담자의 이익을 최우선에 두고 상담을 진행하며 필요한 경우 다른 전문가에게 의뢰한다.

5. 정보처리 단계 중 '반응실행 단계'에 해당하는 내용으로 적절한 것은?

① 실제 움직임을 생성하기 위하여 움직임을 조직화한다.
② 받아들인 정보의 내용을 분석하여 의미를 부여한다.
③ 자극을 확인한 후, 환경특성에 맞는 반응을 선택한다.
④ 환경정보 자극에 대한 확인과 자극의 유형에 대해 인식한다.

6. 반두라(A. Bandura)의 자기효능감(self-efficacy) 이론에 대한 설명으로 적절하지 않은 것은?

① 자기효능감이 높은 선수는 역경 상황에 잘 대처한다.
② 타인의 수행에 대한 관찰은 자기효능감에 영향을 주지 않는다.
③ 자기효능감은 농구드리블과 같은 구체적인 기술을 수행할 수 있다는 믿음이다.
④ 경쟁상황에서 각성상태에 대해 부정적으로 인식할 때 자기효능감은 떨어질 수 있다.

7. 〈보기〉에 해당하는 와이너(B. Weiner)의 귀인 범주를 바르게 나열한 것은?

〈보기〉

탁구 선수 A는 경기에서 패배한 것을 상대 선수의 능력이 자신보다 더 우수하였기 때문이라고 생각했다.

	안정성	인과성	통제성
①	안정적 요인	외적 요인	통제가능요인
②	안정적 요인	외적 요인	통제불가능요인
③	불안정적 요인	외적 요인	통제가능요인
④	불안정적 요인	내적 요인	통제불가능요인

8. 〈보기〉에서 설명하는 이론은?

〈보기〉

- 각성 수준에 대한 개인의 인지적 해석에 따라 정서 경험이 다를 수 있다.
- 각성 수준이 높은 상태를 기분 좋은 흥분상태나 불쾌한 정서로 해석할 수 있다.
- 결정적 순간에 발생하는 심판의 오심은 선수의 정서 상태를 순간적으로 변화시킬 수 있다.

① 반전 이론(reversal theory)
② 카타스트로피 이론(catastrophe theory)
③ 다차원불안 이론(multidimensional anxiety theory)
④ 최적수행지역 이론(zone of optimal functioning theory)

9. 〈보기〉의 야구 투구와 타격 상황에 대한 해석으로 적절하지 않은 것은?

〈보기〉

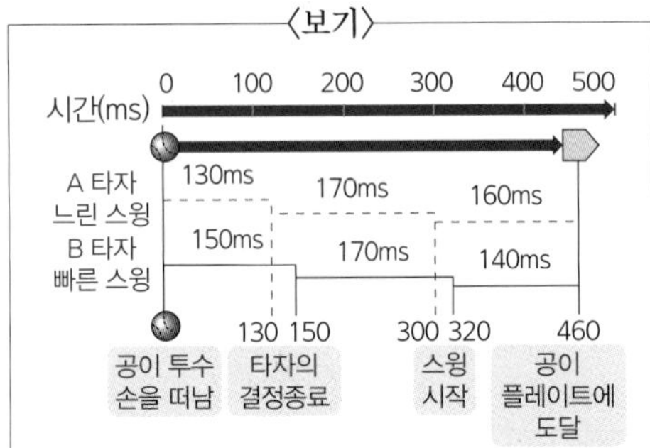

- 투수가 시속 145 km의 속도로 던진 공이 홈플레이트에 도달하는 시간은 460 ms이다.
- 두 명의 타자 중 A 타자의 스윙 시간은 160 ms이며, B 타자의 스윙 시간은 140 ms이다.
- 두 타자의 신체 조건, 사용하는 배트, 기술 수준, 공이 맞는 지점은 모두 같다고 가정한다.

① B 타자는 A 타자보다 구질을 파악하는데 더 많은 시간을 활용할 수 있다.
② B 타자는 A 타자보다 타격의 충격력이 커서 더 멀리 공을 쳐 낼 수 있다.
③ B 타자는 A 타자보다 공에 대한 정보를 파악하는데 유리하다.
④ B 타자는 A 타자보다 스윙 시작이 빨라야 한다.

10. 자기목표성향(ego-goal orientation) 보다 과제목표성향(task-goal orientation)이 높은 선수의 특성으로 가장 적절한 것은?

① 달성하기 어려운 목표를 설정한다.
② 평가상황에서는 평소보다 수행이 더 저조할 수 있다.
③ 상대 선수의 실수로 인해 승리하였다고 생각한다.
④ 자신의 노력 부족으로 인해 패배하였다고 생각한다.

11. 〈보기〉가 설명하는 자기결정이론(self-determination theory)의 동기 유형으로 가장 적절한 것은?

〈보기〉

동수는 배드민턴에 흥미를 느끼고 스포츠 클럽 활동을 시작했다. 시간이 지날수록 재미가 없어져서 클럽을 그만두고 싶었지만, 지도자와 동료들로부터 부정적인 평가를 받기 싫어서 클럽 활동을 유지하고 있다.

① 무동기(amotivation)
② 행동규제(behavior regulation)
③ 확인규제(identified regulation)
④ 의무감규제(introjected regulation)

12. 〈보기〉에서 설명하는 자기존중감(self-esteem) 향상과 관련된 가설로 가장 적절한 것은?

〈보기〉

- 정기적으로 운동하여 체지방의 감량과 체형의 변화를 확인하였다.
- 피트니스센터에 가면 정서적 안정감을 느낀다.
- 스포츠지도사로부터 칭찬을 자주 받는다.
- 가족들로부터 운동참여에 대한 지지를 받고 있다.

① 신체상(body-image) 향상설
② 자기도식(self-schema) 향상설
③ 자기효능감(self-efficacy) 향상설
④ 자기결정성(self-determination) 향상설

13. 운동학습의 정의 및 특성에 대한 설명으로 옳지 않은 것은?
① 학습 과정 그 자체를 직접 관찰할 수 있다.
② 신경가소성(neural plasticity)의 특성을 나타낸다.
③ 비교적 영구적인 운동 수행의 향상으로 나타나는 일련의 내적 과정이다.
④ 연습과 경험에 의해서 나타나는 현상이며, 성숙이나 동기 또는 훈련 등에 의해 일시적으로 변화하는 것은 포함하지 않는다.

14. 〈보기〉에서 설명하는 심리기술훈련은?

〈보기〉

테니스선수 A는 평소 연습과는 달리 시합만 하면 생리적 각성상태가 높아져서 서비스 실수가 자주 발생한다. 스포츠지도사 B는 A 선수의 어깨 부분에 근육의 긴장도를 측정하는 센서와 가슴에 심박수를 측정하는 센서를 부착하였다. 불안감이 높아질 때 어깨 근육의 긴장도가 함께 증가하는 것을 시각적으로 보여 주면서 각성 조절능력을 높이도록 하였다.

① 심상훈련(imagery training)
② 자생훈련(autogenic training)
③ 바이오피드백훈련(biofeedback training)
④ 점진적이완훈련(progressive relaxation training)

15. 운동 애착(exercise adherence)을 촉진하는 스포츠지도사의 전략으로 적절하지 않은 것은?
① 개인적인 피드백을 제공한다.
② 참여자를 위해 운동을 선택해준다.
③ 운동을 자극하는 표어나 포스터를 활용한다.
④ 친구 또는 가족과 함께 운동하는 것을 장려한다.

16. 〈보기〉에서 대한야구협회가 활용한 행동수정 전략은?

〈보기〉

\- 공고문 -

본 협회는 선수들의 경기장 폭력을 감소시키기 위해 폭력 정도에 따라 출전시간을 제한하는 제도를 시행합니다.

2019. 5. 11.

대한야구협회

① 정적강화
② 부적강화
③ 정적처벌
④ 부적처벌

17. 〈보기〉의 ㉠과 ㉡에 들어갈 용어가 바르게 묶인 것은?

〈보기〉

• (㉠)은/는 다른 근육군을 사용하여 같은 움직임을 수행할 수 있는 능력을 말한다.
• (㉡)은/는 근육의 활동이 동일해도 조건에 따라 운동결과가 달라질 수 있다는 것이다.

	㉠	㉡
①	운동 등가 (motor equivalence)	맥락 조건 가변성 (context-conditioned variability)
②	운동 등가 (motor equivalence)	자유도 (degree of freedom)
③	맥락 조건 가변성 (context-conditioned variability)	자유도 (degree of freedom)
④	맥락 조건 가변성 (context-conditioned variability)	운동 등가 (motor equivalence)

18. 캐론(A. V. Carron)의 응집력 모형에서 응집력과 관련이 있는 팀 요소가 아닌 것은?

① 팀의 능력
② 팀의 규모
③ 팀의 목표
④ 팀의 승부욕

19. 수영장에서 연습한 수영기술이 바다에서도 잘 발휘할 수 있는지를 확인하는 검사로 적절한 것은?

① 전이 검사(transfer test)
② 파지 검사(retention test)
③ 효율성 검사(efficiency test)
④ 수행 검사(performance test)

20. 반응시간(reaction time)의 유형이 아닌 것은?

① 변별반응시간(discrimination reaction time)
② 단순반응시간(simple reaction time)
③ 자유반응시간(free reaction time)
④ 선택반응시간(choice reaction time)

한국체육사 (44)

1. 체육사 연구에서 사료(史料)에 대한 설명으로 옳지 않은 것은?

① 유물, 유적 등의 유산은 물적 사료이다.
② 공문서, 사문서, 출판물 등은 문헌 사료이다.
③ 과거의 기억에 대한 증언 등은 구술 사료이다.
④ 각종 트로피, 우승기, 메달, 경기 복장 등은 구전 사료이다.

2. 〈보기〉의 ㉠, ㉡에 들어갈 알맞은 용어는?

〈보기〉

선사시대에는 애니미즘(animism, 만유정령설)에 대한 믿음을 바탕으로 놀이와 신체활동이 포함된 제천의식을 시행하였다. 부족국가와 삼국시대의 제천의식으로는 부여의 영고, 동예의 무천, 고구려의 (㉠), 신라의 (㉡)이/가 있었다.

	㉠	㉡
①	가배	동맹
②	동맹	10월제
③	동맹	가배
④	가배	10월제

3. 삼국시대 민속놀이에 대한 설명으로 옳은 것은?

① 윷놀이는 두 사람이 맞잡고 힘을 겨루는 경기이다.
② 장기는 나무 막대로 만든 주사위를 던져서 승부를 겨루는 놀이이다.
③ 마상재는 화살 같은 막대기를 일정한 거리에서 항아리나 병 안에 넣는 놀이이다.
④ 방응은 사나운 매를 길러 꿩이나 새를 사냥하는 일종의 수렵활동이다.

4. 〈보기〉에서 설명하는 고려시대의 민속놀이는?

〈보기〉

- 단오절 행사에 여성들의 놀이로 인기가 있었다.
- 두 줄을 붙잡고 온몸을 흔들고 발의 탄력을 이용해 온몸을 마음껏 날려 보내는 놀이이다.

① 저포(樗蒲)
② 축국(蹴鞠)
③ 추천(鞦韆)
④ 풍연(風鳶)

5. 〈보기〉에서 설명하는 조선시대의 무예는?

〈보기〉

- 무과 시험 과목의 하나였다.
- 각 사정을 대표하는 궁수 5인 이상이 편을 나누어 활을 쏘는 단체경기였다.

① 편사(便射)
② 기창(騎槍)
③ 기사(騎射)
④ 본국검(本國劍)

6. 〈보기〉에서 설명하는 고려시대의 무예는?

〈보기〉

- 무인집권시대에 인재 선발의 중요한 수단이었다.
- 맨손으로 치기, 주먹지르기 등의 기술을 사용하는 일종의 격투기였다.

① 궁술(弓術)
② 각저(角觝)
③ 수박(手搏)
④ 격구(擊毬)

7. 〈보기〉의 괄호 안에 들어갈 알맞은 용어는?

〈보기〉

정조(正祖, 1752~1800)는 문무겸비를 강조한 왕으로서 문과 무를 양립시키는 것이 국가를 부강하게 하는 계책이라고 여겼다. 그는 규장각의 이덕무, 박제가와 장용영의 백동수를 통해 (　　　　)를 편찬케 하였다. 이 책은 조선시대를 대표하는 병서이자 무예교범서였다.

① 《무예도보통지(武藝圖譜通志)》
② 《무예신보(武藝新譜)》
③ 《무예제보(武藝諸譜)》
④ 《임원경제지(林園經濟誌)》

8. 〈보기〉에서 설명하는 단체의 활동으로 옳은 것은?

〈보기〉

- 1903년 '황성기독교청년회'라는 이름으로 창설된 단체이다.
- 외국인 선교사를 주축으로 근대스포츠를 도입, 보급하여 한국 근대스포츠 발전에 많은 영향을 미쳤다.
- 1910년 한일병합 이후에도 스포츠 보급 활동에 기여하였다.

① 첫 사업으로 제1회 전조선야구대회를 개최했다.
② 1916년 우리나라 최초의 체육관을 개관하여 스포츠 활동의 활기를 도모했다.
③ 조선에서 최초의 종합경기대회라고 할 수 있는 조선신궁 경기대회를 개최했다.
④ 우리나라 근대체육의 선구자였던 노백린이 병식체조 중심의 체육을 비판하며 설립한 단체였다.

9. 개화기 교육입국조서(敎育立國詔書)가 반포된 이후의 체육사적 사실이 아닌 것은?

① 한국 YMCA가 설립되어 서구 스포츠가 본격적으로 도입되었다.
② 한국 최초의 운동회가 화류회(花柳會)라는 이름으로 개최되었다.
③ 우리나라 최초의 근대적인 체육 단체인 대한체육구락부가 결성되었다.
④ 언더우드(H. G. Underwood)학당이 설립되어 체조가 정식교과목에 편성되었다.

10. 개화기에 발생한 체육사적 사실이 아닌 것은?

① 관서체육회(關西體育會)가 결성되어 전조선빙상대회가 개최되었다.
② 최초의 근대 학교인 원산학사에서는 무사양성을 위한 무예반을 개설했다.
③ 선교사들이 미션 스쿨을 설립하고, 서구의 체조 및 근대 스포츠를 도입하였다.
④ 한국 최초의 여성교육기관인 이화학당이 설립되고, 정규 수업에 체조 수업을 실시하였다.

11. 〈보기〉의 ㉠~㉣을 연대순으로 바르게 연결한 것은?

〈보기〉

㉠ 태권도가 하계올림픽경기대회에서 정식 종목으로 채택되었다.
㉡ 손기정은 하계올림픽경기대회 마라톤 종목에서 금메달을 획득했다.
㉢ 한국은 하계올림픽경기대회에 'KOREA'라는 정식 국호를 달고 최초로 참가했다.
㉣ 양정모는 하계올림픽경기대회 레슬링 종목에서 한국선수 최초로 금메달을 획득했다.

① ㉣-㉠-㉡-㉢ ② ㉡-㉢-㉠-㉣
③ ㉡-㉢-㉣-㉠ ④ ㉢-㉡-㉠-㉣

12. 개화기 배재학당에 대한 설명으로 옳은 것은?

① 스크랜턴(M.F. Scranton)에 의해 설립된 학교로 정기적으로 체조수업을 실시했다.
② 알렌(H. N. Allen)에 의해 설립된 학교로 건강 및 보건을 위한 활동을 실시했다.
③ 아펜젤러(H. G. Appenzeller)가 설립한 학교로 서구 스포츠가 과외활동을 통해 보급되었다.
④ 조선 정부가 영어교육을 위해서 세운 학교로 다양한 서구 근대 스포츠 문화를 소개했다.

13. 조선체육회에 대한 설명으로 옳지 않은 것은?

① 경성일보사의 적극적인 후원으로 설립되었다.
② 조선의 체육을 지도, 장려하는 것을 목적으로 설립된 단체였다.
③ 민족주의 사상을 토대로 일본체육단체에 대응하기 위해 창립되었다.
④ 운동경기에 관한 연구 활동뿐만 아니라 스포츠 보급의 일환으로 운동구점을 설치하고 운영했다.

14. 〈보기〉에서 설명하는 정부가 시행한 체육 정책에 해당하지 않는 것은?

〈보기〉

이 정부는 '체력은 국력'이란 슬로건을 채택했으며, '국민재건체조'를 제정하고 대한체육회의 예산을 정부가 지원하기로 결정했다. 그 외 국민체육진흥법 공포(1961), 체육진흥법 시행령 공포(1963), 체육의 날 제정(1962), 매월 마지막 주의 '체육주간' 제정 등과 같은 조치가 이루어졌다.

① 태릉선수촌의 건립
② 국군체육부대의 창설
③ 우수선수 병역면제 시행
④ 메달리스트 체육연금제도 도입

15. 〈보기〉에서 설명하는 체육 단체는?

〈보기〉

- 제24회 서울올림픽경기대회를 기념하여 1989년 공익법인으로 설립되었다.
- 체육지도자 국가자격시험을 전담하고 있다.
- 경정, 경륜, 스포츠토토 등의 기금조성사업을 하고 있다.

① 대한체육회
② 문화체육관광부
③ 대한장애인체육회
④ 국민체육진흥공단

16. 〈보기〉에서 설명하는 인물은?

〈보기〉

- 1903년 황성기독교청년회 초대 총무를 역임하였다.
- 우리나라 최초로 야구와 농구를 소개하였다.
- 개화기 YMCA를 통해서 우리나라 근대스포츠의 발달에 큰 역할을 담당했다.

① 푸트(L. M. Foote)
② 반하트(B. P. Barnhart)
③ 허치슨(W. D. Hutchinson)
④ 질레트(P. L. Gillett)

17. 조선시대에 남성들이 양편으로 나누어 서로 마주 보고 돌을 던지던 민속놀이는?

① 사희(柶戲) ② 석전(石戰)
③ 추천(鞦韆) ④ 삭전(索戰)

18. 우리나라가 대한민국 국호를 걸고 최초로 참가한 동계올림픽 경기대회는?

① 1948년 제5회 생모리츠올림픽경기대회
② 1992년 제16회 알베르빌올림픽경기대회
③ 2002년 제19회 솔트레이크시티올림픽경기대회
④ 2018년 제23회 평창올림픽경기대회

19. 〈보기〉에서 설명하는 올림픽 경기대회는?

〈보기〉

- 분단 후 남한과 북한의 선수가 최초로 동시에 입장한 대회였다.
- 남한과 북한의 대표선수단은 KOREA라는 표지판과 한반도기를 앞세우고 함께 입장하여 세계인의 박수를 받았다.
- 태권도가 올림픽 정식 종목으로 시행되었다.

① 1996년 제26회 애틀란타올림픽경기대회
② 2000년 제27회 시드니올림픽경기대회
③ 2004년 제28회 아테네올림픽경기대회
④ 2008년 제29회 베이징올림픽경기대회

20. 〈보기〉에서 설명하는 장소는?

〈보기〉

- 대한체육회가 1966년 우수선수의 육성을 위해 건립했다.
- 스포츠를 통한 국위선양 및 국민통합 실현의 목적이 있다.
- 국가대표선수들을 과학적으로 육성하는 기반이 되었다.

① 장충체육관
② 태릉선수촌
③ 동대문운동장
④ 효창운동장

운동생리학 (55)

1. 〈보기〉에서 설명하는 운동 훈련의 원리는?

〈보기〉
- 운동 훈련에 의한 효과는 운동량이 일상생활 수준보다 높을 때 일어난다.
- 운동량은 운동의 빈도, 강도 또는 지속시간을 증가시킴으로써 늘릴 수 있다.

① 가역성의 원리
② 개별성의 원리
③ 과부하의 원리
④ 특이성의 원리

2. 근섬유의 형태에 따른 특성으로 적절하지 않은 것은?
① 지근은 속근에 비해 모세혈관의 밀도가 높다.
② 지근은 속근에 비해 미토콘드리아 수가 많다.
③ 속근은 지근에 비해 ATPase의 활성도가 높다.
④ 속근은 지근에 비해 피로에 대한 저항성이 높다.

3. 혈액 내 산소운반 물질은?
① 글루코스(glucose)
② 헤모글로빈(hemoglobin)
③ 마이오글로빈(myoglobin)
④ 유리지방산(free fatty acid)

4. 고강도 운동 중 젖산역치(LT)가 발생하는 원인으로 적절하지 않은 것은?
① 근육 내 산소량 감소
② 속근섬유 사용률 증가
③ 코리사이클(cori cycle) 증가
④ 무산소성 해당과정 의존율 증가

5. 〈보기〉는 췌장에서 분비되는 혈당조절 호르몬에 대한 설명이다. ㉠, ㉡에 들어갈 용어를 바르게 나열한 것은?

〈보기〉
- (㉠)은 혈당 저하 시 글리코겐과 중성지방의 분해를 증가시켜, 혈당을 높여주는 역할을 한다.
- (㉡)은 혈당 증가 시 세포 안으로 포도당 흡수를 촉진하여, 혈당을 낮추는 역할을 한다.

	㉠	㉡
①	인슐린	글루카곤
②	인슐린	알도스테론
③	글루카곤	알도스테론
④	글루카곤	인슐린

6. 건강체력 요소가 아닌 것은?
① 순발력 ② 유연성
③ 신체구성 ④ 심폐지구력

7. 고지대에서 장기간 노출 시 나타나는 생리적 적응 현상으로 적절하지 않은 것은?
① 적혈구 수 증가
② 혈액의 산소운반능력 향상
③ 근육의 모세혈관 밀도 감소
④ 주어진 절대강도 운동 시 폐환기량 증가

8. 〈보기〉의 ㉠, ㉡에 들어갈 용어를 바르게 나열한 것은?

〈보기〉
- 신경계는 중추신경계(CNS)와 말초신경계(PNS)로 구분된다.
- 말초신경계 중, 자율신경계(autonomic nervous system)는 '흥분성'의 (㉠)과 '억제성'의 (㉡)으로 구분된다.

	㉠	㉡
①	교감신경	부교감신경
②	부교감신경	교감신경
③	원심성신경	구심성신경
④	구심성신경	원심성신경

9. 운동 시 폐포와 폐모세혈관 사이에서의 산소 교환율을 증가시키는 직접적인 원인은?

① 폐동맥의 낮은 산소량
② 폐동맥의 높은 산소량
③ 폐정맥의 낮은 산소량
④ 폐정맥의 높은 산소량

10. 〈보기〉에 제시된 근수축 과정을 단계별로 바르게 나열한 것은?

〈보기〉

㉠ 근육세포의 활동전위(action potential) 발생
㉡ 근형질세망(SR)에서 칼슘이온(Ca^{2+}) 분비
㉢ 축삭 종말에서 아세틸콜린(ACh) 방출
㉣ ATP 분해에 따른 근세사 활주 시작

① ㉠-㉢-㉣-㉡
② ㉡-㉢-㉠-㉣
③ ㉢-㉠-㉡-㉣
④ ㉣-㉢-㉡-㉠

11. 운동 시 비훈련자의 심혈관계 변화로 적절하지 <u>않은</u> 것은?

① 최대강도까지 운동강도에 비례하여 심박수 증가
② 최대강도까지 운동강도에 비례하여 심박출량 증가
③ 최대강도까지 운동강도에 비례하여 1회 박출량 증가
④ 최대강도까지 운동강도에 비례하여 동정맥산소차 증가

12. 〈보기〉에 제시된 운동단위(motor unit)에 대한 설명 중 옳은 것을 있는 대로 고른 것은?

〈보기〉

㉠ 하나의 운동신경과 그 신경에 의해 지배되는 근육섬유들로 정의된다.
㉡ 운동신경에 연결된 근섬유 수가 많을수록 큰 힘을 내는 데 유리하다.
㉢ 자극비율(innervation ratio)이 낮은 근육은 정교한 움직임에 적합하다.

① ㉠　　② ㉠, ㉡
③ ㉡, ㉢　　④ ㉠, ㉡, ㉢

13. 호흡교환율(Respiratory Exchange Ratio: RER)이 〈보기〉와 같을 때의 생리적 현상에 대한 설명으로 가장 적절한 것은?

〈보기〉

호흡교환율(RER) = 0.8

① 이산화탄소 생성량이 산소 소비량보다 많다.
② 에너지 대사의 주 연료로 지방을 사용하고 있다.
③ $\dot{V}O_2max$ 80% 이상의 고강도 운동을 수행하고 있다.
④ 에너지 대사의 연료로 탄수화물은 전혀 사용되지 않고 있다.

14. 장기간의 규칙적인 유산소 훈련에 따른 생리적 적응 현상으로 적절하지 <u>않은</u> 것은?

① 근섬유의 항산화능력 향상
② 지근섬유의 속근섬유로의 전환
③ 근섬유의 미토콘드리아 밀도 증가
④ 최대하운동 중 지방대사능력의 향상

15. 〈보기〉에서 설명하는 호르몬은?

〈보기〉

- 운동 시 부신수질로부터 분비가 증가된다.
- 간과 근육의 글리코겐 분해를 촉진시킨다.
- 심박수와 심근의 수축력을 증가시킨다.

① 에스트로겐(estrogen)
② 에피네프린(epinephrine)
③ 성장호르몬(growth hormone)
④ 갑상선자극호르몬(thyroid stimulating hormone)

16. 〈보기〉의 지방(fat)에 대한 설명 중 옳은 것으로만 묶인 것은?

〈보기〉

㉠ 지방은 유리지방산의 형태로 지방조직과 골격근 등에 저장된다.
㉡ 중성지방은 탄수화물이 고갈되더라도 에너지원으로 사용되지 않는다.
㉢ 중성지방은 리파아제(lipase)에 의해 지방산과 글리세롤(glycerol)로 분해된다.
㉣ 운동강도가 증가함에 따라 에너지 생산을 위한 주연료는 지방에서 탄수화물로 전환된다.

① ㉠, ㉡ ② ㉠, ㉣
③ ㉡, ㉢ ④ ㉢, ㉣

17. 〈보기〉에서 설명하는 근육 기관은?

〈보기〉

- 골격근에서 발견된다.
- 근육의 길이를 감지한다.
- 근육의 급격한 신전 시 반사적 근육활동을 촉발시킨다.

① 근방추 ② 동방결절
③ 모세혈관 ④ 근형질세망

18. 운동 후 초과산소섭취량(Excess Post-exercise Oxygen Consumption : EPOC)이 발생하는 원인으로 적절하지 <u>않은</u> 것은?

① 운동 중 증가한 혈압 감소
② 운동 중 증가한 젖산 제거
③ 운동 중 증가한 체온 저하
④ 운동 중 증가한 산소 제거

19. 〈보기〉에서 설명하는 용어는?

〈보기〉

- 심실이 수축할 때 배출되는 혈액의 양
- 확장기말 혈액량(EDV)과 수축기말 혈액량(ESV)의 차이

① 심박수
② 1회 박출량
③ 분당 환기량
④ 최대산소섭취량

20. 〈보기〉에서 설명하는 에너지 시스템은?

〈보기〉

- 순간적인 고강도 운동을 위한 주요 에너지 시스템
- 운동 시작 시기에 가장 빠르게 에너지를 생산하는 방법
- 역도, 높이뛰기, 20 m 달리기 등에 사용되는 주요 에너지 시스템

① ATP-PC 시스템
② 무산소성 해당과정(glycolysis)
③ 젖산 시스템(lactic acid system)
④ 산화적 인산화(oxidative phosphorylation)

운동역학 (66)

1. **운동역학 연구의 주된 목적이 아닌 것은?**
   ① 운동기술의 향상
   ② 운동 용기구의 개발 및 평가
   ③ 멘탈 및 인지 강화 프로그램의 구성
   ④ 운동수행 안전성의 향상 및 손상의 예방

2. **골프 수행에 관한 변인 중 벡터(vector)에 해당하는 것은?**
   ① 골프공의 속력(speed)
   ② 골프공의 비거리(distance)
   ③ 골프클럽의 가속도(acceleration)
   ④ 골프공의 위치에너지(potential energy)

3. **해부학적 방향을 나타내는 용어와 의미가 바르게 묶이지 않은 것은?**
   ① 앞쪽(anterior, 전) – 인체의 정면 쪽
   ② 아래쪽(inferior, 하) – 머리로부터 먼 쪽
   ③ 안쪽(medial, 내측) – 인체의 중심 쪽
   ④ 얕은(superficial, 표층) – 인체의 안쪽

4. **트램펄린 위에서 점프 동작을 할 때 신체의 위치에너지에 대한 설명으로 옳은 것은? (단, 공기 저항은 무시함)**
   ① 위치에너지는 신체의 점프 높이에 상관없이 일정하다.
   ② 위치에너지는 신체가 트램펄린에 닿을 때 최대가 된다.
   ③ 위치에너지는 신체가 트램펄린에 근접할 때 최대가 된다.
   ④ 위치에너지는 신체가 수직으로 가장 높이 올라갔을 때 최대가 된다.

5. **인체의 좌우축을 중심으로 전후면(시상면)에서 발생하는 관절운동이 아닌 것은?**
   ① 굽힘(flexion, 굴곡)
   ② 폄(extension, 신전)
   ③ 벌림(abduction, 외전)
   ④ 발바닥굽힘(plantar flexion, 저측굴곡)

6. **〈그림〉에서 카누선수가 보트 위에서 오른손으로 패들의 끝을 잡고, 왼손으로 패들을 잡고 당기는 순간에 적용되는 지레는?**

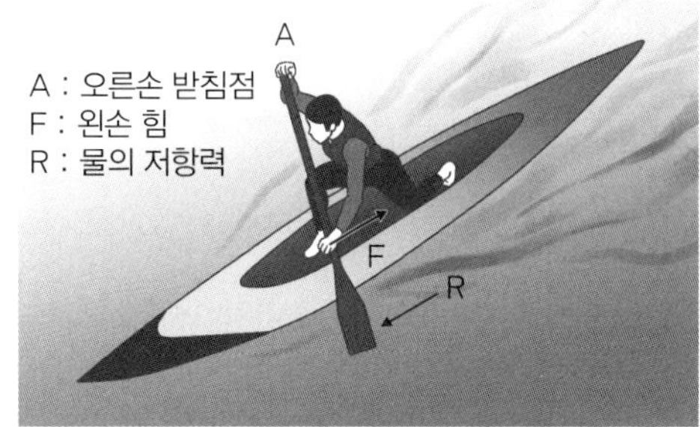

   ① 1종 지레
   ② 2종 지레
   ③ 3종 지레
   ④ 1종과 2종 지레의 혼합

7. **정역학(statics)의 범주에 해당하지 않는 것은?**
   ① 물체에 작용하는 모든 힘이 평형을 이루고 있고 회전이 발생하지 않을 때
   ② 물체가 일정한 속도로 움직일 때
   ③ 물체가 정지하고 있을 때
   ④ 물체가 가속할 때

8. **운동의 종류에 대한 설명으로 옳지 않은 것은?**
   ① 철봉 대차돌기는 복합운동 형태이다.
   ② 각운동은 중심선(점) 주위를 회전하는 운동이다.
   ③ 선운동(병진운동)에는 직선운동과 곡선운동이 있다.
   ④ 대부분의 인간 움직임은 각운동과 선운동 요소가 결합되어 나타난다.

9. '마찰'에 대한 설명으로 옳지 않은 것은?
① 마찰력은 저항력 또는 추진력으로 작용할 수 있다.
② 마찰계수는 접촉면의 형태와 성분에 따라 달라진다.
③ 마찰력의 크기는 접촉면에 가한 수직 힘의 크기에 비례한다.
④ 마찰력은 접촉면과 평행하게 작용하며 물체의 운동 방향으로 작용한다.

10. 물체에 힘을 가할 때 충격량(impulse)의 크기가 다른 것은?
① 한 사람이 2초 동안 30 N의 일정한 힘을 발생시켰을 때
② 한 사람이 3초 동안 20 N의 일정한 힘을 발생시켰을 때
③ 한 사람이 4초 동안 15 N의 일정한 힘을 발생시켰을 때
④ 한 사람이 2초 동안 40 N의 일정한 힘을 발생시켰을 때

11. 인체의 무게중심에 대한 설명으로 옳지 않은 것은?
① 무게중심의 위치는 안정성에 영향을 줄 수 있다.
② 무게중심은 회전력의 합이 '0'인 지점이다.
③ 무게중심은 인체 외부에 위치할 수 있다.
④ 무게중심의 위치는 변하지 않는다.

12. 다이빙 공중 동작을 할 때 신체의 좌우축에 대한 회전속도(각속도)의 크기가 가장 큰 동작으로 적절한 것은? (단, 각운동량(angular momentum)은 같음)
① 두 팔과 두 다리 모두 편 자세를 취할 때
② 두 팔과 두 다리를 동시에 몸통 쪽으로 모으는 자세를 취할 때
③ 두 다리는 편 상태에서 두 팔만 몸통 쪽으로 모으는 자세를 취할 때
④ 두 팔은 편 상태에서 두 다리만 몸통 쪽으로 모으는 자세를 취할 때

13. 걷기 동작에서 측정되는 지면반력(ground reaction force)에 대한 설명으로 옳지 않은 것은?
① 지면반력기로 측정할 수 있다.
② 발이 지면에 가하는 근력을 측정한 값이다.
③ 지면이 신체에 가하는 반력을 측정한 값이다.
④ 뉴턴의 작용-반작용 법칙으로 설명할 수 있다.

14. 근전도(electromyography: EMG) 검사와 평가에 대한 설명으로 옳지 않은 것은?
① 근수축과 관련된 전기적 신호를 측정하는 것이다.
② 근전도 검사를 통해 신체 분절의 위치를 측정할 수 있다.
③ 근전도 검사에 사용되는 전극은 표면전극과 삽입전극으로 구분된다.
④ 근전도 신호의 분석을 통해 근 피로에 대한 정보를 일부 추정할 수 있다.

15. 〈보기〉의 ㉠, ㉡에 알맞은 내용으로 바르게 나열된 것은?

〈보기〉

신장성 수축(eccentric contraction)은 근육군에 의해 발휘되는 힘모멘트가 외력에 의한 저항모멘트보다 (㉠), 근육이 (㉡) 발생하는 수축형태이다.

	㉠	㉡
①	작아서	길어지며
②	작아서	짧아지며
③	커서	길어지며
④	커서	짧아지며

16. 달리기 동작의 2차원 영상분석에 대한 설명으로 옳은 것은?

① 지면반력기를 사용한다.
② 반드시 2대의 카메라가 필요하다.
③ 2차원 상의 평면 운동을 분석하는 것이다.
④ 움직임의 원인이 되는 힘을 직접 측정하는 방법이다.

17. 파워(power)에 대한 설명으로 옳지 않은 것은?

① 단위 시간 당 수행한 일(work)의 양이다.
② 일의 빠르기를 나타내는 물리량이다.
③ 단위는 watt 혹은 Joule/s이다
④ 단위는 에너지의 단위와 같다.

18. 공의 포물선 운동에 대한 설명으로 옳지 않은 것은? (단, 공기저항은 무시함)

① 공의 속력은 항상 일정하다.
② 공의 수평가속도는 0 m/s²이다.
③ 공의 수직가속도는 중력가속도와 같다.
④ 공의 투사각도는 투사거리에 영향을 미친다.

19. 800N 바벨을 정지상태에서 위로 올린 후 다시 정지시키는 벤치프레스 동작에서 바벨에 가한 시간-수직 힘크기 그래프로 가장 옳은 것은?

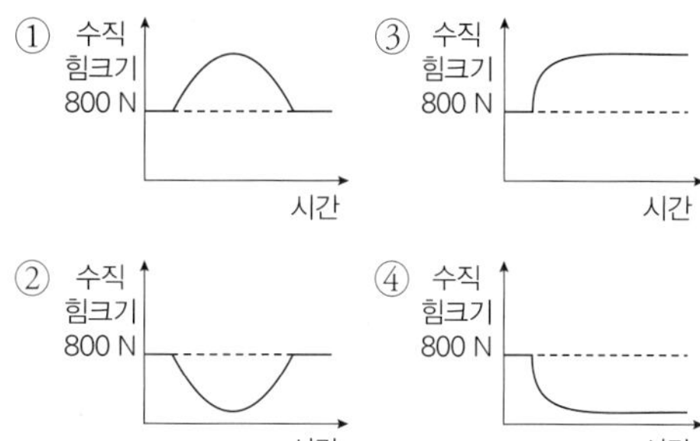

20. 400m 트랙 한 바퀴를 50초에 달린 육상선수의 평균속력과 평균속도로 적절한 것은? (단, 출발점과 도착점의 위치가 같음)

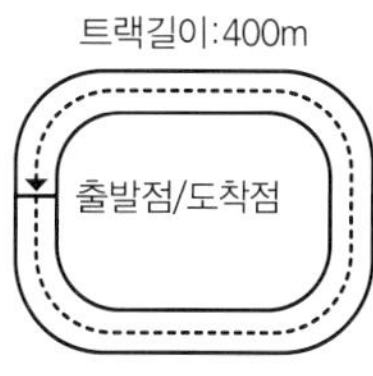

	평균속력(m/s)	평균속도(m/s)
①	0	8
②	0	0
③	8	0
④	8	8

스포츠윤리 (77)

1. **스포츠윤리의 개념에 대한 설명으로 적절하지 않은 것은?**
   ① 윤리는 실천의 자율성을 중시한다.
   ② 도덕은 양심, 자율성 등 개인의 내면성 문제를 주로 다룬다.
   ③ 절묘한 기술로서 '좋은 패스'는 도덕적 선(善)으로 해석된다.
   ④ 스포츠맨십은 합규칙성을 넘는 적극적인 도덕적 마음가짐이다.

2. **〈보기〉의 법 또는 헌장이 지향하고 있는 개념으로 가장 적절한 것은?**

〈보기〉

- 모든 국민은 인간으로서 존엄과 가치를 가지며, 행복을 추구할 권리를 가진다(헌법 제10조).
- 어느 국가 또는 개인에 대해서도 인종·종교 또는 정치상의 이유로 차별대우해서는 안 된다(올림픽 헌장 6조).
- 학교의 장은 학생선수가 일정 수준의 학력기준에 도달하지 못한 경우에는 별도의 기초학력보장 프로그램을 운영하여 최저학력이 보장될 수 있도록 노력하여야 하며, 필요할 경우 경기대회 출전을 제한할 수 있다(학교체육진흥법 제11조).

   ① 스포츠와 평등　　② 스포츠와 인권
   ③ 스포츠와 환경　　④ 스포츠와 교육

3. **세계반도핑규약(WADC)에서 규정하고 있는 도핑 금지방법에 해당하지 않은 것은?**
   ① 물리적 조작
   ② 화학적 조작
   ③ 침술의 활용
   ④ 유전자 도핑

4. **〈보기〉에서 지영이의 윤리적 입장에 대한 설명으로 적절하지 않은 것은?**

〈보기〉

상화 : 스포츠윤리는 선수들이 규칙과 도덕적 원리만 따르면 확립될 수 있다고 생각해.
지영 : 아니야. 나는 스포츠윤리에서 중요한 것은 도덕적 원리가 아니라 행위자의 내면적 품성과 도덕적 행위의 실천이라고 생각해.

   ① 행위의 주체보다는 행위 자체에 초점을 맞추고 있다.
   ② 인간에게 내재되어 있는 감정을 도덕적 동기로 인정한다.
   ③ '무엇을 해야 하는가'보다 '어떻게 살아야 하는가'가 중요하다.
   ④ 인간 내면에 있는 도덕성의 근원과 개인의 인성을 중요시한다.

5. 〈보기〉의 ㉠, ㉡에 해당하는 심판의 덕목으로 바르게 묶인 것은?

〈보기〉

㉠ 심판은 선수의 이익을 동등하게 대우하는 엄격한 중립성을 가져야 하며, 개인적 감정을 배제해야 한다.
㉡ 심판은 한 번 내린 판정을 번복하기가 힘들기 때문에, 정확한 판정을 내릴 수 있는 오랜 경험과 훈련이 필요하다.

	㉠	㉡		㉠	㉡
①	공정성	자율성	②	공정성	전문성
③	전문성	자율성	④	개방성	전문성

6. 〈보기〉에서 (가)의 상황과 동일한 윤리적 입장으로 볼 수 있는 내용을 (나)에서 찾아 바르게 묶은 것은?

〈보기〉

(가) 블루팀과 레드팀의 농구경기는 종료까지 2분 남았다. 블루팀은 1점 차이로 뒤지고 있고, 팀 파울에 걸려 있다. 그때부터 블루팀은 의도적인 반칙을 통해, 시간 단축과 더불어 공격기회를 한 번이라도 더 얻기 위해 노력하였다.

(나)
㉠ 팀 승리 및 사기 진작을 위해서는 스포츠에서 용인될 수 있는 행동이다.
㉡ 상대에게 고의적으로 반칙을 하는 행동은 목적 자체가 그릇된 행동이다.
㉢ 팀원뿐 아니라 팀을 위해 응원하는 관중에게 보답하고자 하는 행동이다.
㉣ 형식주의 관점에서 규칙을 위반했기 때문에 정당화될 수 없는 행동이다.

① ㉠, ㉢
② ㉠, ㉣
③ ㉡, ㉢
④ ㉡, ㉣

7. 〈보기〉에서 설명하는 롤스(J. Rawls)의 '정의의 원칙'으로 가장 적절한 것은?

〈보기〉

상대적으로 사회적 약자인 저소득층 자녀들에게 지역의 사설 스포츠 센터 무료 이용권, 건강운동 강좌 수강이 가능한 스포츠 바우처(voucher)를 제공하여 누구나 경제적 형편에 상관없이 공평하게 스포츠를 누릴 수 있도록 정책을 마련한다.

① 자유의 원칙
② 차등의 원칙
③ 기회균등의 원칙
④ 원초적 원칙

8. 〈보기〉의 상황과 관련된 학자와 이론이 바르게 연결된 것은?

〈보기〉

학생선수 A는 양심적으로 교칙을 준수하고, 다친 친구 대신 가방을 들어주는 등 도덕적 성품을 지니고 있다. 하지만 축구 경기에서는 상대 선수를 심판 모르게 공격하는 등 반칙을 하거나 상대 선수를 배려하지 않고 팀의 이익을 위해 행동하는 팀 분위기에 동화되고 있다.

① 베버(M. Weber) – 책임윤리
② 요나스(H. Jonas) – 책임윤리
③ 니부어(R. Niebuhr) – 사회윤리
④ 나딩스(N. Noddings) – 배려윤리

9. 〈보기〉에서 설명하는 스포츠에 대한 입장으로 적절한 사상가는?

〈보기〉

승리지상주의가 팽배하는 현대 스포츠 현장에서 승리의 추구보다 스포츠 자체를 즐길 수 있도록 자기 자신을 낮추고 겸양과 배려로 상대를 대할 때, 진정한 의미의 스포츠윤리가 발현될 수 있다. 이를 위해서는 스포츠에서 인위적 제도나 구속이 최소화되도록 해야 하며, 윤리적 행위가 스포츠 자체를 통해 자연스럽게 발현되도록 해야 한다.

① 공자(孔子) ② 맹자(孟子)
③ 순자(荀子) ④ 노자(老子)

10. 〈보기〉의 (가)에 해당하는 윤리적 관점에서 제기할 수 있는 (나) 상황의 문제점으로 가장 적절한 것은?

〈보기〉

(가) 만약 한 존재가 고통이나 행복이나 즐거움을 느낄 수 없다면, 고려해야 할 것은 아무것도 없다. 이러한 것이 타자의 이익을 고려할 때, '쾌고감수능력'이라는 기준이 유일하게 옹호되는 이유이다.

(나) 경마(競馬)는 일정 거리를 말을 타고 달려 그 빠르기를 겨루는 경기이다. 이를 위해 말들은 자신의 의지와 무관하게 고통스러운 훈련을 받고 비좁은 축사에 갇혀 살아가게 된다.

① 동물도 이익에 맞는 동등한 대우를 받아야 한다.
② 모든 생명이 지니고 있는 고유한 가치를 존중해야 한다.
③ 인간의 생존을 위해 동물을 더욱 효율적으로 사육해야 한다.
④ 생태계 전체의 이익을 고려하여 그들의 정체성을 존중해야 한다.

11. 〈보기〉는 레스트(J. Rest)의 도덕성 4구성요소 모형을 스포츠윤리 교육에 적용한 내용이다. ㉠, ㉡에 해당하는 것으로 바르게 연결된 것은?

〈보기〉

1. 도덕적 민감성(moral sensitivity) : 스포츠 상황에서 도덕적 딜레마를 지각하게 하는 것
2. 도덕적 판단력(moral judgement) : 스포츠 상황에서 옳고 그름을 판단하게 하는 것
3. (㉠) : (㉡)
4. 도덕적 품성화(moral character) : 스포츠 상황에서 장애 요인을 극복하여 실천할 수 있는 강한 의지, 용기, 인내 등의 품성을 갖게 하는 것

	㉠	㉡
①	도덕적 추론화 (moral reasoning)	상대 선수와 팀을 존중하게 하는 것
②	도덕적 동기화 (moral motivation)	상대 선수의 의도적 반칙에 반응하게 하는 것
③	도덕적 추론화 (moral reasoning)	감독의 부당한 지시를 도덕적 문제 상황으로 감지하게 하는 것
④	도덕적 동기화 (moral motivation)	다른 가치보다 정정당당하게 경기하는 것에 가치를 두게 하는 것

12. 〈보기〉에서 A선수가 취한 윤리적 입장의 난점으로 가장 적절한 것은?

〈보기〉

A선수는 마라톤 대회에 참가하여 2등으로 달리고 있던 중, 결승선 바로 앞에서 탈진하여 쓰러진 1등 선수를 발견하였다. A선수는 그 선수를 무시하고 1등을 차지할 수 있었지만, 쓰러진 선수를 돕는 것이 스포츠선수로서의 마땅한 행위라고 생각했다. 그래서 넘어진 선수를 부축하여 결승선까지 함께 도착하였으나 최종 성적은 순위권 밖으로 밀려났다.

① 인간 그 자체를 항상 목적으로 대해야 한다.
② 자연적인 경향성을 극복하고 의무를 따라야 한다.
③ 보편적 입법의 원리가 될 수 있도록 행동해야 한다.
④ 행위가 가져올 사회의 이익과 손해를 고려하여 행동해야 한다.

13. 스포츠에서 규제적 규칙(regulative rules)을 위반한 행위가 아닌 것은?

① 야구에서 배트에 철심을 넣어 보다 강력한 타격이 나오게 만드는 행위
② 태권도에서 전자호구를 조작하여 타격이 없더라도 점수를 높이는 행위
③ 수영에서 화상자국을 은폐하기 위해 전신 수영복을 입고 출전하는 행위
④ 사이클에서 산소운반능력을 높이기 위하여 도핑을 하고 출전하는 행위

14. 페어플레이에 대한 설명으로 적절하지 않은 것은?

① 선수 개인의 의도나 목적에 따라 변화하는 도덕적 행위이다.
② 규칙 준수, 상대 존중 등 근대적 시민의 도덕규범과 일치한다.
③ 규칙의 준수로서 페어플레이는 행위에 대한 요구와 제재를 의미한다.
④ 패자 앞에서 과도한 승리 세리모니를 하는 것은 규범으로서의 페어플레이를 위반한 것이다.

15. 〈보기〉의 대화 내용에서 나타나는 스포츠에서의 차별에 대한 설명으로 적절한 것은?

〈보기〉

아나운서 : A선수의 파워와 스피드, 그리고 순발력 앞에서 아무도 버틸 수 없을 것 같네요.
해설위원 : 맞습니다. A선수는 흑인 특유의 탄력과 유연성뿐만 아니라 파워까지 겸비하고 있기에 지금까지 승승장구해 왔다고 할 수 있지요.
아나운서 : 위원님, 그렇다면 이번 대결에서 B선수는 어떤 방법으로 대처하는 것이 좋을까요?
해설위원 : 아무래도 B선수는 백인들의 장점이라 할 수 있는 냉철한 판단력을 바탕으로 A선수의 허점을 공략하는 것이 가장 좋을 것 같습니다. A선수는 신체능력이 우수한 반면에 심리적으로 약할 가능성이 큽니다.
아나운서 : 저도 그렇게 생각합니다. 신체능력을 극복하는 판단력과 의지, 그것이 백인의 우수성 아니겠습니까?

① 단일 민족에게는 해당되지 않는 문제이다.
② 여성 스포츠에서 성의 상품화는 문제가 될 수 있다.
③ 여성의 스포츠 참여 제한은 차별에 해당하지 않는다.
④ 피부색에 따른 정신적·신체적 능력의 차이는 절대적이지 않다.

16. 〈보기〉의 대화에서 스포츠와 환경윤리에 대한 견해가 다른 사람은?

〈보기〉

우준 : 우리 집 근처에 스키장이 생겼으면 좋겠어. 나는 스키가 좋은데, 스키장이 너무 멀어서 불편해.
경태 : 스키장 건설은 환경을 파괴하는 행위야. 그래서 나는 환경파괴가 없는 서핑이 좋더라.
관훈 : 서핑은 환경파괴가 없는 거야? 나는 잘 모르겠어. 그냥 나는 그런 것보다 동물과 함께하는 것이 좋아. 그래서 주말에 승마를 하러 가.
지영 : 나는 쾌적한 환경에서 운동하는 게 좋더라. 그래서 집 앞 센터에서 요가를 하고 있어. 나는 실내운동이 좋아.

① 우준 ② 경태
③ 관훈 ④ 지영

17. 〈보기〉의 대화에서 ㉠, ㉡에 들어갈 학교체육 진흥법과 관련된 용어가 바르게 나열된 것은?

〈보기〉

A : (㉠)가 도입되면서부터 운동할 시간이 줄어들었어.
B : 그것은 지금까지 우리가 (㉡)을 보장 받지 못했기 때문이야.
A : 그래도 갑작스러운 (㉠) 도입은 형평성에 문제가 있어. 일반학생들은 공부하기 싫으면 안 해도 되지만, 우리는 시합 출전을 위해 어쩔 수 없이 해야 되는 제도잖아.
B : 그것도 틀린 말은 아니지만, (㉡)은 우리가 정당하게 누려야 하는 권리이면서 의무이기도 해. 그것을 보장받기 위해 이런 제도가 도입된 거야.

	㉠	㉡
①	최저학력제	학습권
②	기초학력제	학습권
③	최저학력제	경기출전권
④	기초학력제	경기출전권

18. 관중 폭력에 대한 설명으로 적절하지 않은 것은?

① 선수나 심판에 대한 욕설이나 비방도 넓은 의미에서 관중 폭력에 해당한다.
② 신체적 폭행이 아닌 경기 시설물을 파괴하는 행위도 관중 폭력에 해당한다.
③ 군중으로 있을 때보다 선수와 단둘이 있을 때, 상대적으로 발생하기 쉽다.
④ 축구팬의 훌리거니즘(hooliganism)은 관중 폭력의 실제 사례 중 하나이다.

※ **[19~20] 〈보기〉는 고대 동양 사상가들의 윤리적 입장이다. 물음에 답하시오.**

〈보기〉

㉠ 인(仁), 의(義), 효(孝), 우(友), 충(忠), 신(信), 관(寬), 서(恕), 공(恭), 경(敬)을 포함한 10가지 덕을 터득하여, 그 상황에서의 인식, 판단, 도덕적 행위를 선택할 수 있는 능력을 배양해야 한다.
㉡ 인(仁), 의(義), 예(禮), 지(智)가 도덕적 성향의 토대가 되면, 윤리적 사고가 필요한 상황에서 자연스럽게 실천적 행위가 가능하다.
㉢ 무릇 도(道)는 실재한다는 확실한 믿음이 있지만, 인위적인 행함이 없고, 그 형체도 없다. 마음으로 전할 수는 있으나, 형체가 있는 것처럼 주고받을 수는 없다.

19. ㉠과 ㉡의 입장에 대한 설명으로 적절하지 않은 것은?

① ㉠ : 정도(正道)를 지키기 위해 정정당당하게 승부한다.
② ㉡ : 상선약수(上善若水)를 중심으로 한 스포츠맨십을 중요시한다.
③ ㉠ : 선수 개인의 윤리와 함께 스포츠에서 제도의 중요성을 강조한다.
④ ㉡ : 부상 당한 선수를 도와주는 것은 본능적인 행동이기에 권장한다.

20. ㉢의 입장에서 ㉡에 대해 제기할 수 있는 반론으로 가장 적절한 것은?

① 지속적인 교육을 통해 넘어진 선수를 도와줄 수 있도록 만들어야 한다.
② 넘어진 선수를 도와줄 수 있도록 제도나 규정을 강화하여야 할 것이다.
③ 넘어진 선수를 부축하는 것은 순자(荀子)의 주장에 위배되는 행동이다.
④ 남의 눈치 때문에 다른 사람을 부축하기보다 내면의 윤리성이 중요하다.

유아체육론 (02)

1. 누리과정에서 제시한 유아체육의 목표에 해당하지 않는 것은?

① 원시반사에 의존하여 자극에 반응하게 한다.
② 신체 각 부분의 명칭을 알고 움직임에 관심을 가지게 한다.
③ 신체 각 부분의 움직임을 조절해보며, 눈과 손을 협응하여 소근육을 조절한다.
④ 자신과 다른 사람의 운동능력의 차이를 이해하며 친구와 함께 신체활동에 참여한다.

2. 〈보기〉에서 유아기의 운동 효과에 해당하는 내용으로만 묶인 것은?

〈보기〉

㉠ 운동기능 발달	㉡ 사회성 촉진
㉢ 원시반사 촉진	㉣ 성조숙증 촉진
㉤ 정서 발달	㉥ 체력 발달

① ㉠, ㉢, ㉤
② ㉠, ㉣, ㉤
③ ㉡, ㉣, ㉥
④ ㉡, ㉤, ㉥

3. 유아기 건강체력 발달에 대한 특징으로 적절하지 않은 것은?

① 최대심박수는 성인기에 비해 높다.
② 유아기 1회 박출량은 성인기에 비해 높다.
③ 유아기 안정시 호흡수는 성인기에 비해 높다.
④ 성장함에 따라 근력이 증가하고 근섬유도 굵어진다.

4. 〈보기〉에서 설명하는 갤라휴(D. Gallahue)의 운동발달 단계는?

〈보기〉

- 초보 움직임의 습득으로 전문화된 움직임을 위한 준비 기간이다.
- 걷기, 달리기, 던지기 등의 기본동작을 적절하게 발달시켜야 한다.
- 육체·정신적으로 발달이 왕성한 시기이므로 놀이 위주의 신체활동이 필요하다.

① 기본 움직임 단계
② 전문화된 움직임 단계
③ 초보 움직임 단계
④ 반사 움직임 단계

5. 유아체육지도자의 역할로 적절하지 않은 것은?

① 호기심을 자극하고, 반응에 관심을 보이며 지도한다.
② 이기는 것이 제일 중요하다는 것을 강조하며 지도한다.
③ 주제와 장소를 고려하여 적절한 장비를 선택하며 지도한다.
④ "해보자!", "해보지 않겠니?" 등의 권유형 언어를 사용하여 지도한다.

6. 〈보기〉에서 운동기술체력 요소와 운동능력이 적절한 것으로 바르게 묶인 것은?

〈보기〉

㉠ 협응력 – 상대방에게 공을 던지고 받는 능력
㉡ 유연성 – 무릎을 펴고 몸을 앞으로 굽히는 능력
㉢ 순발력 – 제자리에서 모둠발로 점프하여 멀리 뛰는 능력
㉣ 민첩성 – 오래달리기를 하며 속도를 오랫동안 유지하는 능력

① ㉠, ㉡　　② ㉡, ㉣
③ ㉠, ㉢　　④ ㉢, ㉣

7. 〈보기〉의 괄호 안에 들어갈 알맞은 용어는?

〈보기〉

(　　　　)은 날아오거나 굴러오는 물체에 힘을 가해서 정지시키거나 속도를 줄이는 운동으로 잡기, 받기, 볼 멈추기 운동 등이 포함된다.

① 정적(static) 안정성 운동
② 추진(propulsive) 조작 운동
③ 흡수(absorptive) 조작 운동
④ 동적(dynamic) 안정성 운동

8. 〈보기〉에서 설명하는 유아기 발달이론은?

〈보기〉

다양한 속도로 날아오는 공을 때리는(striking) 경험은 도식(schema)의 변화를 유도하여 때리기 동작을 점차 발달시킨다.

① 피아제(J. Piaget)의 인지발달이론
② 프로이드(S. Freud)의 정신분석이론
③ 에릭슨(E. Erickson)의 심리사회발달이론
④ 하비거스트(R. J. Havighurst)의 환경이론

9. 〈보기〉에서 설명하는 유아체육 프로그램의 기본원리는?

〈보기〉

- 신체조정능력과 판단력이 완전히 발달되지 않은 유아에게 우선적으로 고려해야 할 원리이다.
- 자신의 능력을 과대평가하는 아동의 성향을 고려한 운동환경을 마련한다.
- 우발적 사고에 대한 부모나 지도자의 올바른 인식이 중요하다.

① 연계성의 원리
② 방향성의 원리
③ 안전성의 원리
④ 주도성의 원리

10. 아래의 ㉠, ㉡에 들어갈 유아기 발달 이론이 바르게 묶인 것은?

발달이론	내용
(㉠)	• 발달단계에 이르게 되는 결정적인 힘은 개체가 가진 유전적 요인에 전적으로 의존한다는 관점이다. • 유아가 발달 준비가 되었을 때, 성인의 개입을 최소화하고 자신의 발달수준에 적합한 활동을 스스로 선택하도록 한다.
(㉡)	• 최근 대두되는 관점으로, 인간이 생물로서 다양한 환경에 적응하는 것을 발달적 관점에서 연구하는 이론이다. • 유아의 행동을 미시체계, 메소체계, 엑소체계, 거시체계의 개념으로 나누어 연구한다.

	㉠	㉡
①	성숙주의 (A. Gesell)	심리사회발달이론 (E. Erikson)
②	성숙주의 (A. Gesell)	생태학적이론 (U. Bronfenbrenner)
③	인지주의 (J. Piaget)	생태학적이론 (U. Bronfenbrenner)
④	인지주의 (J. Piaget)	심리사회발달이론 (E. Erikson)

11. 〈보기〉에서 설명하는 유아체육의 지도 원리는?

〈보기〉

• 대근육 운동능력 중 안정과 이동의 기초운동기술, 협응과 균형의 운동능력, 공간과 방향의 지각-운동능력 발달이 이루어지도록 한다.
• 과거 경험, 현재 흥미의 고려는 물론 다양한 문화적 경험을 할 수 있도록 한다.

① 통합의 원리
② 개별화의 원리
③ 반복학습의 원리
④ 탐구학습의 원리

12. 〈보기〉에서 설명하는 기초이동 운동능력은?

〈보기〉

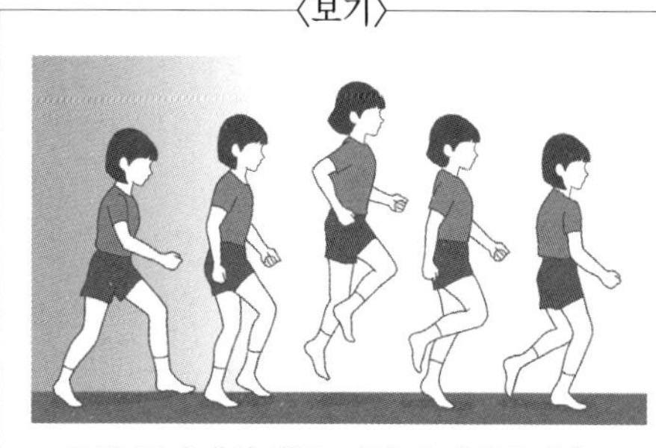

• 모든 구간에서 체중 이동이 자연스러움
• 체중 이동이 이루어지는 동안 팔의 움직임이 줄어듦
• 호핑 구간 동안 지지하는 다리의 발이 지면 가까이 있음

① 리핑(leaping)
② 겔로핑(galloping)
③ 슬라이딩(sliding)
④ 스키핑(skipping)

13. 아래의 ㉠, ㉡에 들어갈 갤라휴(D. Gallahue)의 운동발달 단계로 바르게 묶인 것은?

단계	내용
(㉠)	• 움직임은 일상생활, 기본 스포츠 기술, 레크리에이션 분야 등에 응용되고, 세련된 활동이 가능하다. • 기술 발달의 시작과 정도는 다양한 과제요인, 개인요인, 환경요인에 의해 좌우된다.
(㉡)	• 수행이 역학적 효율성을 가지며, 5~6세 유아의 움직임 기술에 해당된다. • 움직이는 물체를 추적하는 정교한 시각운동과 신체의 움직임 등은 완전히 발달하지 않는다.

	㉠	㉡
①	전문화된 움직임	초보 움직임
②	전문화된 움직임	기본 움직임
③	기본 움직임	초보 움직임
④	기본 움직임	전문화된 움직임

14. 유아의 지각운동발달 요소와 설명이 적절하지 않은 것은?

① 공간지각 - 높이가 다른 뜀틀 넘기를 한다.
② 시간지각 - 음악에 맞추어 율동 동작을 한다.
③ 시간지각 - 다양한 속도로 날아오는 야구공을 받는다.
④ 공간지각 - 신체 각 부분의 명칭과 근육의 긴장과 이완을 이해한다.

15. 〈보기〉에서 설명하는 반사의 종류는?

〈보기〉

- 신생아에게 나타날 수 있는 자세반사로써 중력반사라고도 한다.
- 자세 유지를 위해 나타나며, 생후 10개월 이후에도 나타난다.
- 아기를 뒤에서 안아 상체를 아래로 내리면 손을 앞으로 뻗고 손바닥을 펴 자신을 보호하려 한다.
- 추락에 대한 보호반응이다.

① 모로반사(Moro reflex)
② 당김반사(pull-up reaction)
③ 낙하산반사(parachute reaction)
④ 바빈스키반사(Babinski reflex)

16. 〈보기〉의 대화에서 지도자가 활용한 유아체육 교수방법은?

〈보기〉

지도자 : 제자리에서 공을 앞으로 멀리 던져 볼까?
아 동 : 어떻게 하면 공을 멀리 보낼 수 있어요?
지도자 : 공을 던지는 팔은 뒤로 하고 반대쪽 발은 앞으로 나가야 해.
아 동 : 그럼 몸통도 같이 돌아가요. 손을 뒤로 많이 하니까 공이 더 멀리 가요.
지도자 : 멋진 걸 발견했구나!

① 결과 중심 교수방법
② 교사 주도적 교수방법
③ 유아 주도적 교수방법
④ 유아-교사 상호 주도적·통합적 교수방법

17. 3~4세 유아의 체육활동에서 진행 통제가 어려운 경우 지도자의 역할로 적절하지 않은 것은?

① 경쟁과 결과를 강조하는 진행자 역할
② 서로 다투는 유아를 위한 중재자 역할
③ 뜀틀을 무서워하는 유아의 수행을 위한 보조자 역할
④ 언어적 지시를 이해하지 못하는 유아에게 시범을 보여주는 안내자 역할

18. 유아기의 심리적 특성을 고려한 지도방법으로 적절하지 않은 것은?

① 차례를 오래 기다리지 않도록 한다.
② 복잡한 운동을 지속적으로 반복한다.
③ 규칙과 약속을 잘 지킬 수 있도록 한다.
④ 활동이 정적 위주로 진행되지 않도록 한다.

19. 유아가 외상으로 머리를 다쳤을 때, 일반적으로 나타나는 증상으로 적절하지 않은 것은?

① 먹은 것을 내뿜듯이 토한다.
② 평소보다 잠의 양이 눈에 띄게 늘어난다.
③ 식욕이 왕성해지고 신체활동량이 증가한다.
④ 평소와 달리 아이가 늘어지거나 칭얼거리며 보챈다.

20. 유아기 운동발달의 방향성에 대한 특징으로 적절하지 않은 것은?

① 중심에서 말초로 발달한다.
② 전면에서 후면으로 발달한다.
③ 대근육에서 소근육으로 발달한다.
④ 머리(위)에서 발가락(아래)으로 발달한다.

노인체육론 (03)

1. 노화의 특성으로 적절하지 않은 것은?

① 노화는 생물학적 노화, 심리적 노화, 사회적 노화의 과정을 포함한다.
② 생물학적 노화는 모든 사람에게 보편적으로 일어나는 것이다.
③ 노화의 속도와 기능 저하의 정도는 개인차가 존재한다.
④ 신체적, 심리적, 사회적인 발달과정이 종료된다.

2. 노화로 인한 근골격계 변화로 적절하지 않은 것은?

① 근육량의 변화로 근력과 근파워는 증가한다.
② 골대사의 변화로 뼈의 밀도와 질량이 감소한다.
③ 관절 움직임의 제한으로 낙상 위험이 증가한다.
④ 관절가동범위의 감소는 평형성과 안정성 상실을 초래한다.

3. 노인의 운동참여 시 목표설정 방법으로 적절하지 않은 것은?

① 구체적인 목표를 설정한다.
② 측정 가능한 목표를 설정한다.
③ 도전성이 높은 목표를 설정한다.
④ 성취 가능성을 고려해서 목표를 설정한다.

4. 관절염 노인의 운동에 대한 설명으로 가장 적절한 것은?

① 운동강도는 통증 정도를 고려하여 설정한다.
② 수중운동은 운동형태로 적합하지 않다.
③ 염증 부위의 운동강도를 증가시킨다.
④ 고강도 유산소성 운동을 권장한다.

5. 노인이 운동참여로 얻을 수 있는 신체적 이점으로 적절하지 않은 것은?

① 안정 시 호흡빈도 감소와 폐활량 증가
② 혈관 확장과 말초혈관의 저항성 증가
③ 반응시간의 단축과 협응력 향상
④ 근육량과 뼈의 강도 증가

6. 〈보기〉에서 체력요소별 정의로 바르게 묶인 것은?

〈보기〉

㉠ 순발력 – 짧은 시간 동안 신체의 방향을 빠르게 전환하는 능력
㉡ 민첩성 – 최대한 빠르고 멀리 신체를 이동시키는 능력
㉢ 근지구력 – 동일한 근수축 운동을 반복적으로 수행할 수 있는 능력
㉣ 심폐지구력 – 긴 시간 동안 지속적으로 전신활동을 수행할 수 있는 능력

① ㉠, ㉡
② ㉠, ㉢
③ ㉡, ㉣
④ ㉢, ㉣

7. 지도자가 노인의 운동을 중지시켜야 할 조건으로 적절하지 않은 것은?

① 급격하게 혈압이 상승할 때
② 참여자가 운동 중단을 요구할 때
③ 호흡곤란 및 하지경련이 발생할 때
④ 운동강도에 따라 심박수가 증가할 때

8. 〈보기〉의 기능을 평가하기 위한 리클리와 존스(Rikli & Jones)의 노인체력검사(Senior Fitness Test: SFT)의 검사항목은?

〈보기〉

- 버스 타고 내리기
- 빨리 일어나서 전화 받기
- 욕조에 들어가고 나오기
- 자동차나 다른 물체로부터 신속하게 몸 피하기

① 덤벨 들기
② 2분 제자리 걷기
③ 2.44 m 왕복 걷기
④ 의자 앉아 앞으로 굽히기

9. 비만 노인의 운동방법에 대한 일반적인 설명으로 적절하지 않은 것은?

① 심폐지구력과 함께 근력운동을 권장한다.
② 규칙적 유산소운동으로 체지방율을 감소시킨다.
③ 비체중부하운동보다는 체중부하운동을 권장한다.
④ 운동강도 설정 방법으로 최대심박수(HR max)보다는 운동자각도(RPE)를 권장한다.

10. 〈보기〉는 생물학적 노화이론에 대한 설명이다. ㉠, ㉡에 들어갈 용어를 바르게 나열한 것은?

〈보기〉

- (㉠) : 분자들이 서로 엉켜서 조직이 탄력성을 잃고 세포 내·외부로의 영양소와 화학적 전달물질 교환을 방해하는 현상
- (㉡) : 신체기관도 기계처럼 오래 사용하면 기능이 약화되고 정지되는 것처럼 점진적으로 퇴화되는 현상

	㉠	㉡
①	신체적변이이론 (somatic mutation theory)	면역반응이론 (immune reaction theory)
②	교차결합이론 (cross-linkage theory)	사용마모이론 (wear and tear theory)
③	신체적변이이론	사용마모이론
④	교차결합이론	면역반응이론

11. 〈보기〉는 노인의 유연성 운동형태에 대한 설명이다. ㉠, ㉡에 들어갈 용어를 바르게 나열한 것은?

〈보기〉

- (㉠) : 해당 근육군(muscle group)과 건(tendon)에 등척성 수축을 일으킨 후, 같은 근육군을 정적으로 스트레칭하는 방법
- (㉡) : 하나의 신체 부위에서 다른 신체 부위로 자세를 반복적으로 바꾸어 관절가동범위를 점진적으로 증가시키는 방법

	㉠	㉡
①	탄성 스트레칭 (bouncing stretching)	동적 스트레칭 (dynamic stretching)
②	고유수용성 신경근촉진 (proprioceptive neuromuscular facilitation)	정적 스트레칭 (static stretching)
③	탄성 스트레칭	정적 스트레칭
④	고유수용성 신경근촉진	동적 스트레칭

12. 낙상 위험 노인을 위한 일반적인 운동지침으로 적절하지 않은 것은?
① 사회적 지원, 자기효능감과 같은 행동전략을 활용한다.
② 발끝서기와 같은 자세유지 근육운동을 권장한다.
③ 고강도 운동에서 저강도 운동으로 진행한다.
④ 신경근운동과 함께 평형성 운동도 권장한다.

13. 치매 노인의 신체활동 효과 및 운동지침으로 가장 적절한 것은?
① 중증 치매 노인의 경우, 그룹운동이 개별운동보다 더 효과적이다.
② 단순하고 반복적인 운동보다는 복잡하고 새로운 운동을 권장한다.
③ 뇌에 산소공급량을 감소시키고 신경세포 활성에 도움을 준다.
④ 지도자나 보호자를 동반하여 운동을 실시한다.

14. 노인의 운동 중 발생한 손상에 대한 지도자의 응급처치로 가장 적절한 것은?
① 의식이 있는 경우, 환자의 동의를 구해야 한다.
② 척추 손상 시에는 즉시 척추를 바로잡아 이동시킨다.
③ 손상 부위를 심장보다 낮게 하여 피를 말단 쪽으로 쏠리게 한다.
④ 타박상으로 부종이 생긴 경우, 온찜질을 냉찜질보다 먼저 실시한다.

15. 〈보기〉에서 노인 운동의 심리적 효과에 해당하는 내용으로 묶인 것은?

〈보기〉
㉠ 스트레스 및 불안 감소
㉡ 사회적 통합
㉢ 긍정적인 기분전환
㉣ 우울증 감소
㉤ 신체기능 향상

① ㉠, ㉡, ㉢
② ㉠, ㉢, ㉣
③ ㉡, ㉢, ㉣
④ ㉢, ㉣, ㉤

16. 노인의 체력요소와 이를 향상시키는 운동방법이 바르게 연결된 것은?
① 심폐지구력 – 고정식 자전거 타기
② 유연성 – 덤벨 들고 앉았다 일어서기
③ 협응성 – 의자 잡고 옆으로 한발 들기
④ 평형성 – 의자에 앉아서 등 굽혔다 펴기

17. ACSM(American College of Sports Medicine)에서 제시한 노인의 신체활동 권고지침으로 가장 적절한 것은?
① 운동자각도 7~8수준(10점 척도기준)의 중강도 유산소운동을 한다.
② 근육의 긴장감이 느껴지는 정도의 정적 스트레칭을 한다.
③ 한 번에 최소 30분 이상의 중강도 유산소운동을 한다.
④ 빠른 움직임의 동적 스트레칭을 한다.

18. 운동프로그램의 원리 중 '개별성의 원리(individualization principle)'에 대한 설명으로 적절한 것은?

① 훈련자극 및 강도를 지속적으로 증가시켜야 한다.
② 건강정도 및 체력수준을 고려하여 운동형태를 결정해야 한다.
③ 운동의 효과는 운동 중 사용한 특정 근육 및 부위에만 적용된다.
④ 신체의 기능 향상을 위해서는 특정운동 유형에 더 강한 부하를 주어야 한다.

19. 노인의 만성질환에 따른 운동의 효과에 대한 설명으로 적절하지 않은 것은?

① 비만 노인은 체지방량이 감소되고 제지방량이 증가된다.
② 당뇨 노인은 혈당량이 감소되고 인슐린 감수성이 향상된다.
③ 골다공증 노인은 골밀도 감소가 개선되고 낙상이 예방된다.
④ 치매 노인은 기억력이 감소되고 인지력 저하가 개선된다.

20. 〈보기〉에서 노인의 의사소통 방법이 적절한 것으로 묶인 것은?

〈보기〉

㉠ 공감하며 경청한다.
㉡ 분명하고 명확하게 말한다.
㉢ 한 번에 많은 정보를 전달한다.
㉣ 신체접촉을 사용하지 않는다.
㉤ 시각적 도구는 쉽게 읽을 수 있게 만든다.

① ㉠, ㉡, ㉤　　② ㉠, ㉡, ㉢
③ ㉡, ㉢, ㉣　　④ ㉡, ㉣, ㉤

2018년도 2급류 체육지도자 필기시험 문제지
(2급 생활 / 유소년 / 노인)

문제유형	A형
시험일지	2018. 5. 12. (토) **10:00~11:40**

유의사항

2급 생활 자격증 응시자	: 선택과목 중 **5개 과목** 선택 (필수과목 없음)
유소년 자격증 응시자	: 선택과목 중 **4개 과목,** 필수과목 중 **유아체육론** 선택
노인 자격증 응시자	: 선택과목 중 **4개 과목,** 필수과목 중 **노인체육론** 선택

과목코드 및 페이지

선택과목	**스포츠사회학**	(과목코드 : 11)	150면
	스포츠교육학	(과목코드 : 22)	154면
	스포츠심리학	(과목코드 : 33)	158면
	스포츠윤리	(과목코드 : 44)	163면
	운동생리학	(과목코드 : 55)	167면
	운동역학	(과목코드 : 66)	170면
	한국체육사	(과목코드 : 77)	173면
필수과목	**유아체육론**	(과목코드 : 02)	176면
	노인체육론	(과목코드 : 03)	180면

스포츠사회학 (11)

1. 〈보기〉의 ㉠, ㉡에 알맞은 용어는?

〈보기〉

친구들과 개울가에서 물장구를 치면서 장난을 하는 경우 (㉠)의 한 형태가 되지만, 제도화된 규칙 하에서 상대방과 경쟁하는 수영은 (㉡)(이)라고 할 수 있다.

	㉠	㉡
①	놀이	스포츠
②	놀이	게임
③	게임	놀이
④	스포츠	게임

2. 학원스포츠의 정상화를 위한 정책으로 적절하지 않은 것은?

① 초·중학교 상시 합숙제도
② 주말리그제 시행
③ 학교운동부 운영 투명화
④ 최저학력기준 설정

3. 국제정치에서의 스포츠 역할 중 〈보기〉의 설명에 해당하는 것은?

〈보기〉

2018 평창동계올림픽에서 남북한 여자 아이스하키단일팀이 구성되었으며, 이를 계기로 그동안 중단되었던 남북교류가 다시 활성화되고 있다.

① 외교적 항의
② 국가 경제력 표출
③ 외교적 친선 및 승인
④ 갈등 및 전쟁의 촉매

4. 상업주의 스포츠 출현 및 발전의 사회·경제적 조건에 해당되지 않는 것은?

① 인구의 고령화
② 스포츠기반시설 구축을 위한 거대자본
③ 인구가 밀집되어 있는 도시
④ 자본주의적 시장경제 체제

5. 스포츠미디어에 내포된 이데올로기와 이를 보도하는 방식이 바르게 연결된 것은?

① 국가주의 이데올로기 – 특정 선수만이 아닌 모든 선수를 함께 부각하여 보도
② 젠더 이데올로기 – 여성 선수의 탁월한 기량에 초점을 두어 보도
③ 자본주의 이데올로기 – 경제적 가치를 중시하여 스포츠의 소비를 유도하는 보도
④ 개인주의 이데올로기 – 결과만을 중시하고 항상 승자의 시각에서 보도

6. 머튼(R. K. Merton)의 아노미(anomie)이론에서 일탈행동에 대한 적응형태와 특징이 바르게 연결된 것은?

① 반란(반역)주의 – 스포츠에서 이기기 위해서는 수단과 방법을 가리지 않아야 한다고 생각한다.
② 도피주의 – 스포츠에서는 승패보다 규칙을 지키며 참가하는데 가치가 있다고 생각한다.
③ 혁신주의 – 기존의 스포츠를 거부하고 새로운 형태의 스포츠를 개발해야 한다고 생각한다.
④ 동조주의 – 스포츠에서는 규칙을 준수하면서 이기는 것이 중요하다고 생각한다.

7. 선수 개인의 사생활이나 비공식적인 내용을 중심으로 대중을 자극하고 호기심에 호소하는 흥미 위주의 스포츠 관련 보도를 지칭하는 용어는?

① 팩 저널리즘(pack journalism)
② 옐로 저널리즘(yellow journalism)
③ 하이에나 저널리즘(hyena journalism)
④ 뉴 저널리즘(new journalism)

8. 투민(M. M. Tumin)의 스포츠계층 형성과정 중 〈보기〉의 설명에 해당되는 것은?

〈보기〉

축구에서 우수한 미드필더 자원이 되기 위해서는 체격, 체력, 순발력 등의 뛰어난 신체적 능력뿐 아니라 경기의 흐름을 읽고 조율할 수 있는 통찰력 등 탁월한 개인적 특성을 갖추고 있어야 한다.

① 평가
② 지위의 분화
③ 보수부여
④ 지위의 서열화

9. 〈보기〉의 내용에 나타나는 스포츠의 사회적 기능으로 옳은 것은?

〈보기〉

올림픽에서 농구 주전선수인 ○○이는 1차전 경기에서 어깨에 심각한 부상을 입었다. 그러나 팀의 승리와 메달획득 때문에 감독은 응급처치 후 ○○이를 다시 경기에 출전하도록 강요하였고 이후 부상이 심각해져서 결국 입원하게 되었다.

① 사회통제 기능
② 사회차별 기능
③ 신체소외 기능
④ 신체적응 기능

10. 정치의 스포츠 이용방법은 일련의 과정을 거쳐 발현되는데, 다음 설명 중 옳지 않은 것은?

① 상징은 직접 자각할 수 없는 의미나 가치 등을 유사적인 표현을 사용해 구상화하는 것을 의미한다.
② 상징의 과정을 통해 대중은 선수나 팀을 자신과 일체시킨다.
③ 상징과 동일화의 효과를 극대화하기 위한 행위는 조작이다.
④ 상징, 동일화, 조작은 일련의 과정이지만 동시다발적으로 발생하기도 한다.

11. 스포츠 현장에서 발생하는 일탈적 부정행위가 아닌 것은?

① 상대방의 심리적 불안을 초래하는 과도한 야유
② 경기력 향상을 위한 금지약물 복용
③ 상급학교 진학을 위한 승부조작
④ 승리를 위한 심판 매수 및 금품제공

12. 스포츠계층의 특성 중 '보편성(편재성)'의 사례로 적절하지 않은 것은?

① 스포츠는 인기종목과 비인기종목으로 구분된다.
② 태권도, 유도는 승단체계에 따라 종목 내 계층이 형성된다.
③ 프로스포츠 태동 이후 운동선수들의 지위가 향상되고 있다.
④ 종합격투기는 체급에 따라 대전료와 중계권료 등에 차등이 있다.

13. 아래 내용에 나타나는 스포츠의 교육적 역기능을 〈보기〉에서 찾아 바르게 묶은 것은?

○○이는 초등학교에서 씨름선수로 활약하면서 늘 좋은 성적을 내는 상위권 선수였다. 학교의 명성을 높이려는 A중학교에서 메달을 따는 조건으로 ○○이에게 장학금 형태의 학비보조, 숙식제공 및 학업성적 보장을 해주겠다며 스카우트 제의가 들어왔다. 그래서 ○○이는 A중학교로 진학하기로 결정했다.

〈보기〉

㉠ 승리지상주의
㉡ 학원스포츠의 상업화
㉢ 일탈과 부정행위
㉣ 참여기회의 제한
㉤ 학업에 대한 편법과 관행
㉥ 비인간적 훈련

① ㉠, ㉢, ㉤, ㉥
② ㉠, ㉡, ㉢, ㉤
③ ㉡, ㉢, ㉣, ㉤
④ ㉡, ㉢, ㉤, ㉥

14. 〈보기〉에서 설명하는 케년(G. Kenyon)의 스포츠 참가(참여)의 유형은?

〈보기〉

실제 스포츠에 참가하지는 않지만 간접적으로 특정 선수나 팀 또는 경기상황에 대해 감정적인 태도나 성향을 표출하는 참가

① 행동적 참가
② 인지적 참가
③ 일탈적 참가
④ 정의적 참가

15. 〈보기〉에서 대중매체가 스포츠에 미치는 영향으로만 바르게 묶인 것은?

〈보기〉

㉠ 미디어 보급 및 확산
㉡ 경기규칙과 경기일정 변경
㉢ 스포츠 인구 증가
㉣ 스포츠용구의 변화
㉤ 미디어 기술의 발달
㉥ 새로운 스포츠종목 창출

① ㉠, ㉡, ㉣, ㉥
② ㉡, ㉢, ㉤
③ ㉠, ㉢, ㉣
④ ㉡, ㉢, ㉣, ㉥

16. 〈보기〉와 같이 스포츠의 세계화로 인해 파생되는 현상은?

〈보기〉

최근 들어 우리나라 야구, 축구 선수들의 해외리그 진출이 증가하고 있다. 또한 우리나라에도 축구, 농구, 배구 등에서 많은 외국선수들이 활동하고 있다.

① 스포츠 국수주의
② 스포츠 노동이주
③ 스포츠 민족주의
④ 스포츠 제국주의

17. 〈보기〉의 내용에 해당하는 스포츠사회화 과정의 특징으로 옳은 것은?

〈보기〉

○○이는 어린이날에 야구를 좋아하는 삼촌을 따라 처음으로 야구장에 가게 되었다. 처음 보는 현장 경기에서 실제로 본 선수들의 모습이 너무 멋있었다. 다음 날 부모님을 졸라 주변에 있는 리틀 야구단에 입단하였다.

① 스포츠 경험을 통해 자신이 속한 특정 사회의 가치, 태도, 행동양식을 습득하는 과정
② 사회화 주관자나 준거집단의 영향을 수용하여 스포츠에 참가하게 되는 과정
③ 스포츠를 통해서 페어플레이, 바람직한 시민의식 같은 인성·도덕적 성향이 함양되는 과정
④ 스포츠 활동에서 학습한 기능, 특성 등이 다른 사회현상으로 전이 또는 일반화되는 과정

18. 상업화에 따른 스포츠의 변화 중 관중의 흥미를 극대화하기 위한 구조(규칙)변화의 사례로 옳지 않은 것은?

① 배구의 랠리포인트 시스템
② 농구의 공격시간 제한
③ 테니스의 타이브레이크 시스템
④ 야구의 신생팀 창단 제한

19. 〈보기〉에서 스포츠일탈의 역기능을 모두 고른 것은?

〈보기〉

㉠ 스포츠의 공정성 및 질서체계 훼손
㉡ 스포츠참가자의 사회화에 부정적인 영향
㉢ 사회적 안전판의 기능
㉣ 고정관념에서 벗어나는 창의적 기회

① ㉠ ② ㉠, ㉡
③ ㉠, ㉡, ㉢ ④ ㉠, ㉡, ㉢, ㉣

20. 〈보기〉의 내용에 해당하는 스포츠사회화의 주관자는?

〈보기〉

박태환 선수의 올림픽 금메달 획득 장면이 언론에 집중적으로 보도되자 국내 수영장에는 많은 어린이들의 수영강습 신청에 대한 문의가 증가했다.

① 지역사회 ② 또래친구
③ 대중매체 ④ 학교

스포츠교육학 (22)

1. 문제해결 중심의 지도에 활용할 수 있는 체육수업 모형이나 방식으로 적절한 것은?

① 적극적 교수
② 직접교수모형
③ 탐구수업모형
④ 상호학습형 스타일

2. 〈보기〉에서 괄호 안에 알맞은 용어는?

〈보기〉

진보주의 교육이론은 신체와 정신은 서로 분리될 수 없으며, 모든 교육적 활동은 지적, 도덕적, 신체적 결과를 동시에 가져다준다는 것을 강조한다. 이 이론은 체육교육의 목적이 '체조 중심의 체육'에서 (　　　　　)으로 전환되는 철학적 근거를 마련해 주었다.

① 신체를 통한 교육
② 체력 중심의 교육
③ 신체의 교육
④ 움직임 교육

3. 초등학교 스포츠강사의 역할에 대한 설명으로 옳지 않은 것은?

① 학교스포츠클럽 및 방과 후 체육활동 등을 지도한다.
② 담임교사의 보조를 받아 초등학교 정규 체육수업을 주도적으로 지도한다.
③ 체육수업에 대한 흥미를 유발하고 즐거운 경험의 기회를 제공한다.
④ 학교스포츠클럽 리그 및 토너먼트 경기를 기획하고 운동 프로그램을 개발한다.

4. 스포츠 인성교육 조건에 대한 설명으로 적절하지 않은 것은?

① 스포츠 활동에서 바람직한 행동을 지속적으로 반복하도록 한다.
② 학습자가 올바른 도덕적 의식을 가지고 자율적으로 실천하도록 한다.
③ 지도자가 바람직한 인성의 역할 모델로서 스포츠맨십의 모범을 보여준다.
④ 스포츠 활동과 인성의 요소를 독립적으로 구분하여 지도한다.

5. 〈보기〉는 생활체육 참여자가 지도자의 자질을 평가하는 도구이다. 이 평가 도구의 명칭은?

〈보기〉

평가 요소		매우 만족	만족	보통	불만족	매우 불만족
안전관리	운동상해 예방 및 관리, 안전사고 대응 지식					
시설관리	시설, 운동기수의 배치 및 관리 지식					
의사소통	참가자를 대상으로 한 운동 상담 기본 지식					

① 보고서
② 루브릭
③ 평정척도
④ 학습자 일지

6. 〈보기〉의 스포츠 지도를 위한 준비 단계에 대한 설명 중 옳은 것을 모두 고른 것은?

〈보기〉

㉠ 지도자는 자신이 가르칠 수 있는 내용의 수준이 어느 정도인지 고려한다.
㉡ 학습자의 성취 결과뿐만 아니라 향상 정도를 평가할 수 있는 방법을 계획한다.
㉢ 지도의 목표가 모방일 경우에는 지시자, 창조일 경우에는 촉진자의 역할이 필요하다.
㉣ 행동 목표는 운동수행 조건, 성취 행동, 운동수행 기준을 고려하여 설정한다.

① ㉠
② ㉠, ㉡
③ ㉠, ㉡, ㉢
④ ㉠, ㉡, ㉢, ㉣

7. 학습자의 부적절한 행동을 감소시키는 전략의 명칭과 사례가 바르게 연결된 것은?

① 신호간섭(signal interference) – 지도자가 옆 사람과 잡담하는 학습자에게 가까이 다가간다.
② 접근통제(proximity control) – 동료의 연습을 방해하는 학습자를 일정 시간 동안 연습에 참여시키지 않는다.
③ 삭제훈련(omission training) – 운동 기구 정리를 잘 하지 않는 학습자에게 기구 정리를 반복하여 연습시킨다.
④ 보상손실(reward cost) – 연습 시간에 계속 지각하는 학습자의 경기 출전권을 제한한다.

8. 학교체육진흥법의 주요 내용 중 옳지 않은 것은?

① 학교의 장은 학교운동부 운영의 투명성을 위해 기숙사를 운영할 수 없다.
② 학교의 장은 학생선수의 최저학력이 보장될 수 있도록 노력해야 하며, 경기대회 출전을 제한할 수 있다.
③ 기초학력보장 프로그램의 운영 등에 필요한 사항은 교육부령으로 정한다.
④ 국가 및 지방자치단체는 예산의 범위에서 학교운동부 운영과 관련된 경비를 지원할 수 있다.

9. 〈보기〉의 사업을 포함하는 생활체육 활성화 정책은?

〈보기〉

• 행복나눔스포츠교실
• 스포츠강좌이용권 사업
• 스포츠 버스(bus)를 활용한 움직이는 체육관 및 작은 운동회

① 소외계층 체육 진흥정책
② 동호인 체육 진흥정책
③ 직장체육 진흥정책
④ 유아체육 진흥정책

10. 스포츠 지도 시 주의 집중 전략으로 적절하지 않은 것은?

① 주위가 소란할 때는 학습자와 사전에 약속된 신호를 사용하는 것이 필요하다.
② 학습자의 주의가 기구에 집중되면, 기구를 정리한 후 집합하여 설명하는 것이 좋다.
③ 학습자의 주의를 집중하기 위해 가능하면 지도자는 햇빛을 등지고 설명한다.
④ 학습자가 설명을 정확하게 이해하도록 지도자는 학습자 가까이에서 설명하는 것이 좋다.

11. 〈보기〉에 ㉠, ㉡의 용어가 바르게 묶인 것은?

〈보기〉

2015 초·중등학교 교육과정 총론에 의하면, 중학교 '학교스포츠클럽 활동'은 정규교육과정의 (㉠)에 편제되어 있지 않으며, (㉡)의 동아리활동에 매학기 편성하도록 하고 있다.

	㉠	㉡
①	교과 활동	재량 활동
②	비교과 활동	창의적 체험활동
③	비교과 활동	재량 활동
④	교과 활동	창의적 체험활동

12. 개별화지도모형에 대한 설명으로 옳은 것은?

① 학생의 학습 과제는 사전에 계열화되지 않는다.

② 학습 진도가 빠른 학생은 지도자의 동의 없이 진도를 나갈 수 있다.

③ 학습영역의 우선순위는 인지적, 심동적, 정의적 영역의 순이다.

④ 지도자는 운영 과제 전달 시 미디어 사용을 자제하고, 학습 과제 정보 전달 시간을 늘린다.

13. 학습자에게 지도 과제를 전달하는 방법에 대한 설명으로 적절하지 않은 것은?

① 스포츠 경험이 많지 않은 학습자에게는 구체적인 언어 전달이 필요하다.

② 과제 전달의 효율성을 높이려면 학습 단서의 수가 많을수록 좋다.

③ 개방기능의 단서는 복잡한 환경을 폐쇄기능의 연습조건 수준으로 단순화시켜 제공한다.

④ 집중력이 높지 않은 어린 학습자에게는 말이나 행동 정보 외에 매체를 활용하면 효과적이다.

14. 〈보기〉의 수업 장면에서 활용된 모스턴(M. Mosston)의 교수 스타일에 대한 설명으로 적절하지 않은 것은?

〈보기〉

- **운동종목** : 축구
- **학습목표** : 수비수를 넘겨 멀리 인프런트킥으로 패스하기
- **수업장면**

지도자 : 네 앞에 수비가 있을 때, 멀리 있는 동료에게 패스하려면 어떻게 킥을 해야 할까?

학습자 : 수비수를 피해 공이 높이 뜨도록 차야 해요.

… (중략) …

지도자 : 그럼, 달려가면서 발의 어느 부분으로 공의 밑 부분을 차면 멀리 보낼 수 있을까?

학습자 : 발등과 발 안쪽의 중간 지점이요 (손으로 신발끈을 묶는 곳을 가리킨다).

지도자 : 좋은 대답이야. 그럼, 우리 한 번 수비수를 넘겨 킥을 해볼까?

① 지도자는 미리 예정되어 있는 해답을 학생에게 직접적으로 전달한다.

② 지도자는 논리적이며 계열적인 질문을 설계해야 한다.

③ 지도자는 질문(단서)에 대한 학습자의 해답(반응)을 검토하고 확인한다.

④ 지도자와 학습자가 지속적으로 상호작용하며 의사결정을 내린다.

15. 〈보기〉에서 설명하는 슬라빈(R. Slavin)의 협동학습모형의 개념은?

〈보기〉

모든 팀원의 수행이 팀 점수 또는 평가에 포함되기 때문에 모든 학습자는 팀의 과제 수행을 위해 노력해야 한다.

① 평등한 기회 제공
② 팀 보상
③ 개인 책무성
④ 팀워크

16. 〈보기〉는 김 감독과 강 코치의 대화이다. ㉠에서 강코치가 고려하지 못한 학습자 상태와 ㉡에 해당하는 적절한 교사 지식이 바르게 묶인 것은?

〈보기〉

김 감독 : 요즘 강 코치님 팀 선수들 지도에 어려움은 없는지요?
강 코치 : 감독님. ㉠ 제가 요즘 우리 팀 승리에 집착하다보니 초보 선수들에게도 너무 어려운 기능을 가르친 것 같습니다.
김 감독 : ㉡ 그럼, 선수들의 수준에 맞게 적절한 기능을 선정하고 가르칠 수 있는 방법을 함께 생각해봅시다.

	㉠	㉡
①	체격 및 체력	지도 방법 지식
②	기능 수준	지도 방법 지식
③	체격 및 체력	내용 교수법 지식
④	기능 수준	내용 교수법 지식

* 지도 방법 지식 : general pedagogical knowledge
* 내용 교수법 지식 : pedagogical content knowledge

17. 〈보기〉에서 A 회원이 제안한 내용에 적절한 생활체육프로그램 유형과 교육 모형(instructional model)이 바르게 묶인 것은?

〈보기〉

회 장 : 우리 축구 동호회는 너무 기술이 좋은 사람들 위주로만 경기를 하는 것 같습니다. 회원 모두가 즐겁게 참여할 수 있는 방법이 없을까요?
A 회원 : 전체 회원을 기능이 비슷한 몇 개 팀으로 나눠서 리그전을 하면 됩니다. 회원과 팀의 공식 기록도 남기고, 시상도 하면 어떨까요? 그리고 팀마다 코치, 심판, 기록원, 해설가 등의 역할을 맡도록 하면 모두가 실력에 상관없이 다양한 활동을 체험하며, 친목도 도모할 수 있을 것 같습니다.

① 축제형, 스포츠교육모형
② 강습회형, 스포츠교육모형
③ 강습회형, 협동학습모형
④ 축제형, 협동학습모형

18. 〈보기〉에서 설명하는 협동학습모형의 교수 전략은?

〈보기〉

- 지도자는 학습자를 몇 개 팀으로 나누고, 각 팀마다 학습 과제를 분배한다(테니스의 경우, A팀은 포핸드 스트로크, B팀은 백핸드 스트로크, C팀은 발리, D팀은 서비스).
- 각 팀의 모든 팀원들은 팀에 할당된 과제를 익힌 후, 다른 팀에게 해당 과제를 가르친다.

① 학생 팀-성취 배분(STAD)
② 직소(Jigsaw)
③ 팀 게임 토너먼트(TGT)
④ 팀-보조 수업(TAI)

19. 〈보기〉에 해당하는 스포츠 창의성의 요소로 가장 적절한 것은?

〈보기〉

농구 경기에서 상대팀의 기능이 우수한 센터를 방어하기 위해 팀원들이 기존의 수비법을 변형하고 대인방어와 지역 방어를 혼합한 수비법을 즉흥적으로 구상하여 적용한다.

① 표현적 창의력
② 전술적 창의력
③ 기능적 창의력
④ 심미적 창의력

20. 〈보기〉에서 지용이가 학교스포츠클럽 활동을 통해 얻은 교육적 가치로 가장 적절한 것은?

〈보기〉

지용이는 학교스포츠클럽 농구팀에 소속되어 다양한 대회에 참여하면서 경기 규칙을 준수하고, 친구들과 서로 협동하고 배려하는 행동을 보여주었다.

① 신체적 가치
② 인지적 가치
③ 정의적 가치
④ 기능적 가치

스포츠심리학 (33)

1. 〈보기〉의 괄호 안에 들어갈 스포츠심리학의 하위영역이 바르게 나열된 것은?

〈보기〉

- (㉠)은 지속적인 운동참여와 그것을 통해 얻을 수 있는 개인의 정신건강에 관한 연구 분야
- (㉡)은 운동행동이 연령에 따라 계열적이고 연속적으로 변해가는 과정에 관한 연구 분야

	㉠	㉡
①	응용스포츠심리학	운동발달
②	건강운동심리학	운동발달
③	건강운동심리학	운동학습
④	응용스포츠심리학	운동학습

2. 〈보기〉에서 경쟁불안이 일어나는 원인으로만 나열된 것은?

〈보기〉

㉠ 실패에 대한 두려움
㉡ 적절한 목표설정
㉢ 높은 성취목표성향
㉣ 승리에 대한 압박

① ㉠, ㉢
② ㉢, ㉣
③ ㉠, ㉣
④ ㉡, ㉢

3. 〈보기〉의 대화 내용 중 지도자의 설명과 관련된 불안이론은?

〈보기〉

선 수 : 감독님! 시합이 다가오니 초조하고 긴장이 되어 잠이 오질 않습니다.
지도자 : 영운아! 시합이 다가오면 누구나 불안을 느끼지만, 불안을 어떻게 해석하느냐에 따라 경기수행이 달라지는 거야! 시합을 좀 더 긍정적이고 희망적인 것으로 해석하도록 노력하렴! 나는 너를 믿는다!

① 추동(욕구) 이론(drive theory)
② 카타스트로피 이론(catastrophe theory)
③ 심리 에너지 이론(mental energy theory)
④ 최적수행지역 이론(zone of optimal functioning theory)

4. 〈보기〉에서 설명하는 심상효과와 관련된 이론은?

〈보기〉

- 운동선수가 특정 움직임을 상상할 때, 뇌에서는 실제 움직임이 일어날 때와 유사한 반응이 발생한다.
- 어떤 동작을 생생하게 상상하면 실제 동작과 유사한 근육의 미세 움직임이 일어난다.

① 상징학습 이론(symbolic learning theory)
② 간섭 이론(interference theory)
③ 정보처리 이론(information processing theory)
④ 심리신경근 이론(psychoneuromuscular theory)

5. 〈보기〉에서 설명하는 사회적 태만 현상의 동기(motivation) 손실 원인은?

〈보기〉

영운이는 친구들과 줄다리기를 할 때, 자신의 힘은 전혀 쓰지도 않고 친구들의 노력에 편승해서 경기에 이기려는 모습을 보이고 있다.

① 할당 전략(allocation strategy)
② 무임승차 전략(free ride strategy)
③ 최소화 전략(minimizing strategy)
④ 반무임승차 전략(sucker strategy)

6. 〈보기〉의 쉘라두라이(P. Chelladurai) 다차원 리더십 모형에서 제시하는 리더행동이 바르게 나열된 것은?

〈보기〉

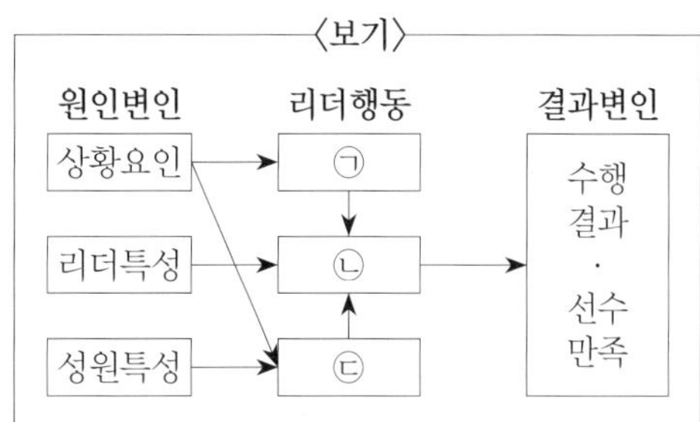

	㉠	㉡	㉢
①	규정행동	선호행동	실제행동
②	규정행동	실제행동	선호행동
③	선호행동	실제행동	규정행동
④	선호행동	규정행동	실제행동

7. 운동과 정신건강의 관계를 바르게 설명한 것은?

① 규칙적인 운동은 불안의 감소와 상관이 없다.
② 규칙적인 운동은 인지능력 개선에 효과가 없다.
③ 규칙적인 걷기는 상태불안을 증가시킨다.
④ 유·무산소성 운동은 우울증을 감소시키는 효과가 있다.

8. 사회적 지지 유형 중 다른 사람을 격려하고 걱정하는 과정에서 생기는 지지는?

① 정서적 지지
② 도구적 지지
③ 비교확인 지지
④ 정보적 지지

9. 〈보기〉의 상황에 해당하는 니드퍼(R. M. Nideffer)의 주의유형으로 가장 적절한 것은?

〈보기〉

사격선수인 효운이는 시합에서 오로지 표적을 바라보며 조준하고 있다.

① 넓은 - 내적
② 좁은 - 내적
③ 넓은 - 외적
④ 좁은 - 외적

10. 〈보기〉에서 설명하는 홀랜더(E. P. Hollander)의 성격구조는?

〈보기〉

- 깊숙이 내재되어 있는 실제 이미지를 의미한다.
- 자아, 태도, 가치, 흥미, 동기 등을 포함한다.
- 일관성이 가장 높다.

① 심리적 핵
② 전형적 역할
③ 역할행동
④ 전형적 반응

11. 프로차스카(J. O. Prochaska)의 운동행동변화 단계이론에 대한 설명으로 옳지 않은 것은?

① 무관심단계 : 현재 운동을 하고 있지 않으며 6개월 이내에도 운동을 시작할 의도가 없다.
② 관심단계 : 현재 운동을 하고 있지 않지만 6개월 이내에 운동을 시작할 의도가 있다.
③ 준비단계 : 현재 운동을 하고 있지만 운동가이드라인을 충족하지 못하는 수준이다.
④ 실천단계 : 운동가이드라인을 충족하는 수준의 운동을 6개월 이상 해왔다.

12. 〈보기〉에서 공통적으로 제공하고 있는 피드백은?

〈보기〉

- 육상 : 경기장면을 담은 영상을 보고 무릎의 동작을 수정하였다.
- 테니스 : 코치가 "체중이동이 빠르다"라는 정보를 제공하였다.

① 내재적 피드백(intrinsic feedback)
② 고유감각 피드백(proprioceptive feedback)
③ 보강적 피드백(augmented feedback)
④ 바이오피드백(biofeedback)

13. 〈보기〉에 제시한 피츠(P. Fitts)와 포스너(M. Posner)의 운동학습 단계와 설명이 바르게 나열된 것은?

〈보기〉

운동학습 단계	ⓐ 인지 단계 ⓑ 연합 단계 ⓒ 자동화 단계
설명	㉠ 동작 실행 시 의식적 주의가 거의 필요 없으며 정확성과 일관성이 매우 높다. 동작에 대한 오류를 탐지하고 수정할 수 있는 능력이 있다. ㉡ 학습해야 할 운동기술의 특성을 이해하고 그 과제를 수행하기 위한 전략을 개발한다. 오류 수정 능력을 갖추지 못했기 때문에 운동수행 시 일관성이 부족하다. ㉢ 과제에 대한 전략을 선택하고 잘못된 수행에 대한 해결책을 찾아 나갈 수 있게 된다. 동작의 일관성이 점점 좋아진다.

① ⓐ - ㉠, ⓑ - ㉡, ⓒ - ㉢
② ⓐ - ㉡, ⓑ - ㉠, ⓒ - ㉢
③ ⓐ - ㉢, ⓑ - ㉡, ⓒ - ㉠
④ ⓐ - ㉡, ⓑ - ㉢, ⓒ - ㉠

14. 시기별 운동발달 단계가 바르지 않은 것은?

① 유아기 - 반사 움직임 단계
② 아동기 - 스포츠 기술 단계
③ 청소년기 - 성장과 세련 단계
④ 성인초기 - 최고수행 단계

15. 〈보기〉에서 설명하고 있는 운동제어 이론은?

〈보기〉

- 유기체, 환경, 과제의 상호작용 속에서 자기조직의 원리와 비선형성의 원리에 의해 인간의 운동이 생성되고 조절된다.
- 일반화된 운동프로그램과 같은 기억표상의 구조가 필요하지 않다고 주장한다.

① 정보처리이론(information processing theory)
② 도식이론(schema theory)
③ 다이내믹시스템이론(dynamic systems theory)
④ 폐쇄회로이론(closed-loop theory)

16. 〈보기〉는 맥락간섭효과를 유발하는 연습방법에 대한 내용이다. 괄호 안에 들어갈 용어가 바르게 나열된 것은?

〈보기〉

스포츠지도사인 류현진은 야구수업에서 오버핸드(A), 사이드 암(B), 언더핸드(C) 던지기동작을 지도하기 위해 2가지 연습방법을 계획하였다. (㉠) 연습은 ABC 던지기 동작을 각각 10분씩 할당하여 연습하게 하는 것이고 (㉡) 연습은 30분 동안 ABC 던지기 동작을 순서 없이 무작위로 연습하는 것이었다.

※ 야구수업 연습구성의 예

방법 1 (㉠) 연습 : AAAAA(10분) ➔ BBBBB(10분) ➔ CCCCC(10분)

방법 2 (㉡) 연습 : ACBABACABCBACBC (30분)

	㉠	㉡
①	분단(blocked)	무선(random)
②	분단(blocked)	계열(serial)
③	분산(distributed)	무선(random)
④	분산(distributed)	계열(serial)

17. 데시(E. L. Deci)의 인지평가이론에 대한 내용이 아닌 것은?

① 칭찬과 같은 긍정적 정보를 제공하면 유능성이 향상되어 내적동기가 증가한다.
② 부정적 피드백을 제공하면 유능성이 낮아져 내적동기가 감소된다.
③ 지도자의 일방적 지시는 자결성을 낮추어 내적동기를 감소시킨다.
④ 선수들이 스스로 의사결정을 하게 되면 유능성이 향상되어 내적동기가 증가한다.

18. 〈보기〉에서 설명하는 가설은?

〈보기〉

운동이 우울증에 긍정적 효과가 있는 이유는 세로토닌, 노에피네프린, 도파민과 같은 뇌의 신경전달물질의 변화 때문이다. 즉, 운동을 하면 신경원에 의한 신경전달 물질의 분비와 수용이 촉진되어 신경원 간의 의사소통이 향상된다.

① 생리적 강인함 가설
② 모노아민 가설
③ 사회심리적 가설
④ 열발생 가설

19. 〈보기〉에 제시된 내용과 관련된 반두라(A. Bandura)의 자기효능감 향상 요인은?

〈보기〉

• 자신이 판단하기에 기술적으로 과거보다 향상되었음을 느꼈다.
• 시합 전 우승 장면을 자주 떠올린다.
• 결승골을 넣어 이겼던 적이 많다.

① 성공경험
② 간접경험
③ 언어적 설득
④ 신체·정서 상태 향상

20. 주의집중을 향상시키는 방법으로 적절하지 않은 것은?

① 적정 각성 수준 찾기
② 수행 전 루틴 개발하기
③ 실패결과를 미리 예측하기
④ 조절할 수 있는 것에 집중하기

스포츠윤리 (44)

1. 스포츠윤리학의 이론적 토대가 되는 개념을 바르게 묶은 것은?

① 가치 - 인성 - 교육
② 도덕 - 윤리 - 선
③ 관습 - 규칙 - 법률
④ 인성 - 경쟁 - 승리

2. 스포츠 상황에서 아레테(aretē)가 갖는 의미와 거리가 먼 것은?

① 선수의 덕성
② 지도자의 탁월성
③ 선수의 최적의 기능수준
④ 상대와의 경쟁을 통한 승리추구

3. <보기>에서 A선수의 판단과 관련이 있는 가장 적절한 윤리 이론은?

<보기>

심판은 페널티킥을 선언했다. A 선수는 심판에게 다가가 "상대선수의 발에 걸려 넘어진 것이 아니라 내가 스스로 넘어진 것이니 반칙이 아니다"라고 판정을 번복해 달라고 요청했다. 아무 잘못이 없는 상대에게 피해를 입히는 행위는 도덕적으로 옳지 않다고 판단했기 때문이다.

① 결과론　② 의무론
③ 상대론　④ 계약론

4. 스포츠윤리학의 주요 관심사인 가치판단의 형태로 적절하지 않은 것은?

① 도덕적인 것(moral values)
② 미적인 것(aesthetic values)
③ 사실적인 것(realistic values)
④ 사리분별에 관한 것(prudential values)

5. <보기>에서 A 선수의 행위를 판단하는 윤리적 관점으로 옳은 것은?

<보기>

프로야구 A 선수는 매 경기마다 더위에 고생하고 있는 어린 볼보이들을 위해 시원한 음료를 제공했다.

① 의무론적 관점에서 A 선수의 행위는 선수로서 긍정적인 이미지를 구축하기 위한 행동으로 볼 수 있다.
② 덕론적 관점에서 A 선수의 행위는 유덕한 품성으로부터 나온 선한 행동으로 볼 수 있다.
③ 결과론적 관점에서 A 선수의 행위는 어린 볼보이들을 안쓰럽게 여겼기 때문에 나온 행동이라고 볼 수 있다.
④ 상대론적 관점에서 A 선수의 행위는 도덕 법칙에 따라 행동한 것이라고 볼 수 있다.

6. 공정시합에 관한 견해 중 비형식주의에 대한 설명으로 가장 적절한 것은?

① 명확한 판정기준을 제공한다.
② 규제적 규칙의 준수를 강조한다.
③ 구성적 규칙과 규제적 규칙을 준수하면 공정시합은 실현된다고 강조한다.
④ 공정의 개념을 규칙의 준수보다 더 포괄적으로 적용할 것을 제안한다.

7. 〈보기〉의 ㉠, ㉡에 알맞은 용어는?

〈보기〉

- (㉠)은/는 스포츠인이 마땅히 지켜야 할 준칙과 갖추어야 할 태도를 의미한다.
- (㉡)은/는 스포츠인이 지켜야 할 정정당당한 행위로서 경쟁자에 대한 배려를 포함한다.
- 이처럼 (㉠)은/는 (㉡)에 비해 보다 일반적이고, 보편적인 윤리규범이라 할 수 있다.

	㉠	㉡
①	페어플레이	스포츠맨십
②	스포츠맨십	페어플레이
③	규칙준수	페어플레이
④	규칙준수	스포츠맨십

8. 〈보기〉에서 A팀 주장이 취한 윤리적 입장의 난점으로 볼 수 없는 것은?

〈보기〉

프로축구 A팀 감독은 주장을 불러 상대팀 선수에게 의도적 반칙을 하여 부상을 입히라는 작전지시를 내렸다. A팀 주장은 고민 끝에 실행에 옮겼고, 결과적으로 팀의 승리를 가져왔다.

① 결과만 놓고 보면 부상을 입힌 선수의 행위는 옳은 것으로 간주될 수 있다.

② 팀 전체의 이익보다 선수 개인의 이익이 더 중요할 수 있다.

③ 선수가 갖는 상식적이고 보편적인 도덕적 직관과 충돌하는 결론을 이끌어 낼 수 있다.

④ 우리 팀이 행복할 수 있다고 해서 축구경기에 참가한 모든 사람이 행복한 것은 아니다.

9. 스포츠윤리가 스포츠인에게 필요한 이유로 가장 거리가 먼 것은?

① 스포츠인의 도덕적 삶을 위한 지침을 제시해준다.

② 스포츠 상황에서 어떤 목적이 좋은가를 결정하는데 도움을 준다.

③ 스포츠인으로서 올바르게 행동하는데 도움을 준다.

④ 스포츠선수로서 자신의 경기수행능력을 향상 시키는데 도움을 준다.

10. 〈보기〉의 ㉠, ㉡에 알맞은 용어는?

〈보기〉

심판의 윤리는 (㉠)와 (㉡)가 복합적으로 얽혀 있어 상호 보완적 관계를 가진다. (㉠)는 심판 개인의 공정성, 청렴성 등의 인격적 도덕성을 의미하며, (㉡)는 협회나 기구의 도덕성과 밀접한 연관을 가진다.

	㉠	㉡
①	개인윤리	사회윤리
②	책임윤리	심정윤리
③	덕윤리	의무윤리
④	배려윤리	공동체윤리

11. 〈보기〉의 내용을 찬성하는 입장으로 적절하지 않은 것은?

〈보기〉

프로농구 결승전, 경기종료 1분을 앞두고 3점차로 지고 있던 A팀의 선수 '김태풍'은 의도적 반칙을 행한다. 그런데 우리는 종종 반칙을 한 선수에게 비난하기 보다는 뛰어난 선수라며 오히려 칭찬하는 경우를 발견한다.

① 김태풍이 구성적 규칙을 위반한 것이 사실이지만, 규제적 규칙을 위반한 것은 아니다.
② 의도적 반칙은 농구경기의 일부이며, 농구의 본질, 가치를 손상시키지 않는다.
③ 팀의 전략적 능력과 그 전략을 실행하는 선수의 수행능력을 표현한 것이다.
④ 능력에 따라 승패를 결정하는 경기, 즉 경쟁적 스포츠의 윤리에서 벗어난 것이 아니다.

12. 〈보기〉에서 설명하는 정의의 유형은?

〈보기〉

다이빙, 리듬체조, 피겨스케이팅 등의 종목은 기술의 난이도에 따라 차등적으로 점수를 받는다. 경기 수행이 어려울수록 더 많은 점수(가산점)를 받는 것이다. 다만 이 경우 모든 참가자가 동의할 수 있는 절차가 마련되어 있어야 한다.

① 자연적 정의
② 평균적 정의
③ 절차적 정의
④ 분배적 정의

13. 스포츠에서 나타나는 인종차별에 대한 내용으로 볼 수 없는 것은?

① 남아프리카공화국에서는 1960년까지 백인선수만 올림픽에 참가하였다.
② 흑인선수의 경기력은 발생학적이고, 백인선수는 후천적 노력의 결과이다.
③ 스포츠에서 인종간의 승패여부는 민족적·생물학적 의미를 가지지 않는다.
④ 미디어에서는 흑인선수가 수영종목에 적합하지 않은 신체조건을 갖고 있다고 설명한다.

14. 〈보기〉에서 ㉠, ㉡, ㉢, ㉣에 알맞은 용어로 바르게 묶인 것은?

〈보기〉

스포츠에서의 장애차별이란 장애로 인해 스포츠 참여의 권리와 기회를 비장애인과 동등하게 누리지 못하는 불평등을 말한다. 장애를 이유로 스포츠 참여를 원하는 장애인에 대한 (㉠), (㉡), (㉢), (㉣)는 기본권의 침해에 해당한다.

	㉠	㉡	㉢	㉣
①	제한	배제	분리	거부
②	권리	의무	추구	자유
③	노동	배제	차별	분리
④	감금	체벌	구속	착취

15. 스포츠와 관련하여 종차별주의로 희생되고 있는 동물윤리의 문제로 볼 수 없는 것은?

① 경쟁을 위한 수단
② 유희를 위한 수단
③ 연구를 위한 수단
④ 이동을 위한 수단

16. 〈보기〉에서 영준과 효지의 윤리적 입장에 대한 설명으로 옳지 않은 것은?

〈보기〉

> 영준 : 승부조작이 발생하는 원인은 모두 개인의 도덕성 결핍에 있다고 생각해.
> 효지 : 아니야. 윤리적 문제는 스포츠 사회구조나 제도가 정의롭지 않을 때 발생하는 거야.

① 영준은 개인의 도덕적 의지와 책임을 강조하는 입장이다.
② 효지는 문제의 원인이 잘못된 사회 제도에 있다고 본다.
③ 영준은 개인의 행동이 사회 구조에 의해 결정된다고 본다.
④ 효지는 사회 윤리적 관점, 영준은 개인 윤리적 관점이다.

17. 도핑을 금지해야 하는 이유 중 〈보기〉의 사례와 가장 관련이 깊은 것은?

〈보기〉

> 러시아는 국가가 주도적으로 자국의 선수들에게 원치 않는 금지약물을 사용하게 하고, 도핑 검사결과를 조작하였다.

① 공정성
② 역할모형
③ 강요
④ 건강상의 부작용

18. 〈보기〉의 내용을 가장 잘 설명할 수 있는 개념과 학자가 바르게 연결된 것은?

〈보기〉

> 스포츠계에서는 오랫동안 폭력이 아무런 죄책감 없이 습관처럼 행해지고 있다. 폭력에 길들여진 위계질서와 문화가 폭력을 폭력으로 인식하지 못하게 하고 있다. 이러한 사회에서는 사유(思惟)의 부재로 인해 폭력적이고 억압적인 행위가 지속될 수밖에 없다.

① 악의 평범성 – 한나 아렌트(H. Arendt)
② 책임의 원칙 – 한나 요나스(H. Jonas)
③ 분노 – 아리스토텔레스(Aristoteles)
④ 본능 – 로렌츠(K. Lorenz)

19. 스포츠 인권에 대한 설명으로 옳지 않은 것은?

① 스포츠에서 가져야 할 인간의 존엄성을 말한다.
② 스포츠에서 가져야 할 인간의 자유에 대한 권리이다.
③ 스포츠의 종목이나 대상에 따라 상대적으로 보장되는 권리이다.
④ 인종이나 성별에 관계없이 누구나 스포츠를 동등하게 누릴 수 있는 권리이다.

20. 〈보기〉는 개인윤리와 사회윤리에 대한 내용이다. 괄호 안에 공통으로 들어갈 용어는?

〈보기〉

> 공정한 스포츠는 스포츠인의 도덕적 자율성과 (　　　)의 조화에서 찾을 수 있다. 하지만 (　　　)이 집중되면 조직의 감시와 통제, 억압, 착취를 받을 가능성이 높다.

① 제도적 자율성　② 개인적 존엄성
③ 개인적 정당성　④ 제도적 강제성

운동생리학 (55)

1. 〈보기〉의 괄호 안에 들어갈 가장 적절한 용어는?

〈보기〉

'운동생리학'은 일정 기간 동안 운동 형태로 가해진 자극에 대해 인체가 적절하게 반응하고 (　　)하는 과정 속에서 나타나는 생리학적 현상을 연구하는 학문 분야이다.

① 선택　② 수용
③ 회피　④ 적응

2. 〈보기〉에서 설명하는 호르몬은?

〈보기〉

- 췌장의 베타세포에서 분비된다.
- 혈당(glucose) 조절에 관여한다.
- 장시간의 운동 중 혈액 내 농도는 감소된다.

① 인슐린(insulin)
② 글루카곤(glucagon)
③ 알도스테론(aldosterone)
④ 에피네프린(epinephrine)

3. 운동 중 호흡교환율(Respiratory Exchange Ratio : RER)이 〈보기〉와 같을 때 옳지 않은 설명은?

〈보기〉

호흡교환율(RER) = 1

① 상대적으로 낮은 강도의 운동을 수행하고 있다.
② 주 에너지 대사연료로 탄수화물을 사용하고 있다.
③ 지방은 에너지 생성 대사에 거의 사용되지 않고 있다.
④ 혈중 젖산 농도가 안정 시보다 높다.

4. 운동 시 뇌하수체후엽에서 분비되어 신장(콩팥)을 통한 수분손실을 감소시켜주는 호르몬은?

① 항이뇨호르몬(antidiuretic hormone)
② 에피네프린(epinephrine)
③ 칼시토닌(calcitonin)
④ 코티졸(cortisol)

5. 체내 주요 영양소의 에너지 대사에 대한 설명으로 옳지 않은 것은?

① 포도당은 근육 및 간에서 글리코겐의 형태로 저장될 수 있다.
② 지방산은 베타산화(β-oxidation)를 거쳐 ATP 생성에 사용된다.
③ 단백질은 근육의 구성 물질로서 에너지 대사과정에 주로 사용된다.
④ 포도당과 지방은 서로 전환되어 에너지원으로 사용되기도 한다.

6. 체성신경계의 지배를 통해 수의적(voluntary)으로 수축 및 이완할 수 있는 근육은?

① 골격근　② 심장근
③ 평활근　④ 내장근

7. 〈보기〉의 괄호 안에 들어갈 용어를 바르게 나열한 것은?

〈보기〉

호흡에 의한 인체 내 산-염기 균형 조절은 점증부하 운동 시 증가된 혈중 (㉠) 농도가 (㉡)의 완충작용과 폐환기량의 증가에 의해 감소되는 것을 의미한다.

	㉠	㉡
①	산소(O_2)	염소이온(Cl^-)
②	산소(O_2)	중탄산염(HCO_3^-)
③	수소이온(H^+)	중탄산염(HCO_3^-)
④	수소이온(H^+)	염소이온(Cl^-)

8. 골격근의 수축과정 중 근형질세망(sarcoplasmic reticulum)에서 분비되어 트로포닌(troponin)과 결합하는 물질은?

① 아데노신 삼인산(ATP)
② 칼슘이온(Ca^{2+})
③ 무기인산(Pi)
④ 아세틸콜린(Ach)

9. 호흡의 원리에 대한 설명으로 옳지 않은 것은?

① 폐내 압력이 대기압보다 낮아지면서 흡기(inspiration)가 일어난다.
② 안정 시 흡기는 흡기에 동원되는 호흡근(respiratory muscles)의 능동적인 수축으로 일어난다.
③ 안정 시 호기(expiration)는 흡기 시 수축했던 호흡근이 이완되면서 수동적으로 일어난다.
④ 운동 시 호기는 횡격막(diaphragm)과 외늑간근(external intercostal muscles)의 능동적인 수축으로 일어난다.

10. 등장성(isotonic) 근수축의 형태로 근육의 길이가 늘어나는 동안 장력(tension)이 발생되는 것은?

① 단축성(구심성 : concentric) 수축
② 신장성(원심성 : eccentric) 수축
③ 등척성(isometric) 수축
④ 등속성(isokinetic) 수축

11. 〈보기〉가 설명하는 에너지 생성 시스템은?

〈보기〉

- 400 m 전력 달리기 시 필요한 ATP 공급
- 아데노신 이인산(ADP) 및 무기인산(Pi)에 의한 인산과당분해효소(Phosphofructokinase : PFK)의 활성
- 대사분해에 의한 피루브산염(pyruvate)의 생성

① ATP-PC 시스템
② 해당작용(glycolysis) 시스템
③ 유산소 시스템
④ 단백질 대사

12. 근육의 수축력이 저하되는 경우는?

① 젖산역치 시점의 지연
② 근육 세포의 산성화
③ 에너지대사 효소의 활성도 증가
④ 근육 내 ATP 저장량 증가

13. 운동 중 정맥혈 회귀(venous return)를 조절하는 요인이 아닌 것은?

① 근육 펌프
② 호흡 펌프
③ 정맥 수축
④ 모세혈관 수축

14. 〈보기〉에서 설명하는 심혈관계의 구성요소는?

〈보기〉

- 1분 동안 심장으로부터 박출되는 혈액의 양이다.
- 심박수와 1회 박출량의 곱(HR × SV)으로 계산된다.

① 분당 환기량
② 심박출량
③ 동정맥산소차
④ 최대산소섭취량

15. 장기간 지구성 트레이닝에 의한 심혈관계의 적응으로 옳지 <u>않은</u> 것은?

① 안정 시 심박수가 증가한다.
② 안정 시 1회 박출량이 증가한다.
③ 최대하 운동 시 동일한 절대적 운동강도에서 심박수가 감소한다.
④ 최대하 운동 시 동일한 절대적 운동강도에서 1회 박출량이 증가한다.

16. 근섬유 수축을 위한 신경 활동전위(action potential)의 단계 중 〈보기〉가 설명하는 것은?

〈보기〉

신경 뉴런(neuron)의 활동전위(action potential)가 생성되는 첫 번째 단계로서 나트륨 이온(Na^+)의 세포막 투과성을 높여 세포 내 양(+)전하를 만들고 활동전위를 역치수준에 이르게 한다.

① 탈분극(depolarization)
② 재분극(repolarization)
③ 과분극(hyperpolarization)
④ 불응기(refractory period)

17. 더운 환경에서 운동 시 나타나는 인체의 생리적 반응으로 옳지 <u>않은</u> 것은?

① 심박수가 증가한다.
② 땀 분비가 증가한다.
③ 떨림(shivering)이 증가한다.
④ 피부혈관의 혈류가 증가한다.

18. 고지대에서 지구성 운동능력이 저하되는 원인은?

① 동정맥산소차 증가
② 산소분압 감소
③ 최대산소섭취량 증가
④ 호흡빈도와 호흡량 감소

19. 심장의 구조와 기능에 대한 설명으로 옳지 <u>않은</u> 것은?

① 판막은 혈액의 역류를 방지한다.
② 심장은 두 개의 방과 두 개의 실로 구성되어 있다.
③ 심실중격은 좌·우심실 간 혈액의 혼합을 방지한다.
④ 방실결절은 좌심방에 위치하며 맥박조정자(pacemaker)의 역할을 담당한다.

20. 〈보기〉의 괄호 안에 들어갈 알맞은 용어는?

〈보기〉

자율신경계는 신체의 내부 환경을 일정하게 유지하는 항상성(homeostasis) 조절에 중요한 역할을 한다. 예를 들어 (   )가 활성화되면 심박수 및 혈압이 증가된다.

① 감각신경계
② 체성신경계
③ 교감신경계
④ 부교감신경계

운동역학 (66)

1. 해부학적 자세(anatomical position)에서 방향 용어의 표현으로 적절한 것은?

① 코는 귀의 외측(바깥쪽 : lateral)에 위치한다.
② 가슴은 엉덩이의 하측(아래쪽 : inferior)에 위치한다.
③ 어깨는 목의 내측(안쪽 : medial)에 위치한다.
④ 머리는 가슴의 상측(위쪽 : superior)에 위치한다.

2. 그림에서 다리의 벌림(외전 : abduction)과 모음(내전 : adduction)이 발생하는 면(plane)은?

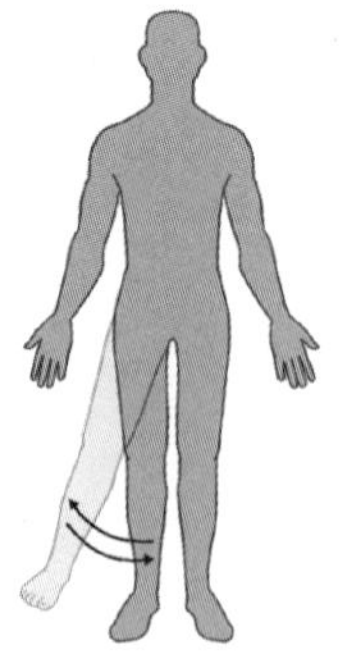

① 수평면(횡단면 : horizontal or transverse plane)
② 좌우면(관상면 : frontal plane)
③ 전후면(시상면 : sagittal plane)
④ 대각면(diagonal plane)

3. 지렛대 원리에 대한 설명으로 틀린 것은?

〈보기〉
- 힘점 : Force (F)
- 축 : Axis (A)
- 작용점 : Resistance (R)

① 지면에서 수직으로 발뒤꿈치 들고 서기(calf raise)는 인체의 2종 지렛대 원리이다.
② 2종 지레는 작용점(R)이 축(A)과 힘점(F) 사이에 있다.
③ 3종 지레는 축(A)이 힘점(F)과 작용점(R) 사이에 있다.
④ 시소(seesaw)의 구조는 축(A)이 힘점(F)과 작용점(R) 사이에 있는 1종 지렛대 원리이다.

4. 〈보기〉의 ㉠, ㉡에 알맞은 내용으로 연결된 것은?

〈보기〉
투수가 야구공을 톱스핀으로 회전시켜 커브볼을 던졌을 때

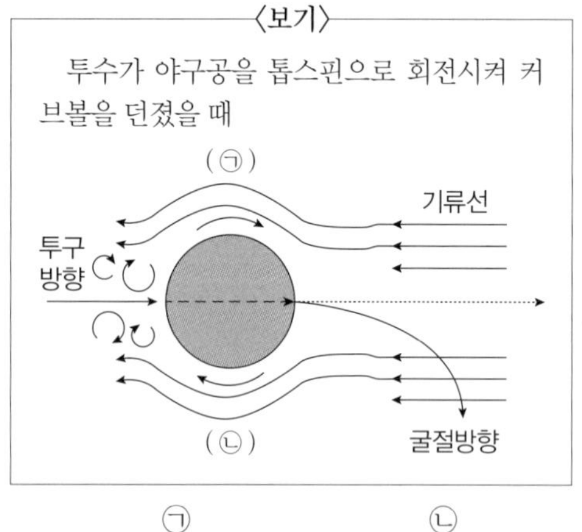

	㉠	㉡
①	고기압대 - 기류감속	저기압대 - 기류가속
②	고기압대 - 기류가속	저기압대 - 기류감속
③	저기압대 - 기류감속	고기압대 - 기류가속
④	저기압대 - 기류가속	고기압대 - 기류감속

5. 〈보기〉의 ㉠, ㉡, ㉢에 알맞은 내용은?

〈보기〉

직립자세에서 안정성을 높이기 위해서는 기저면(base of support)을 (㉠), 무게중심을 (㉡), 수직무게중심선을 기저면의 (㉢)에 위치시키는 동작이 효과적이다.

	㉠	㉡	㉢
①	좁히고	높이고	안
②	좁히고	높이고	밖
③	넓히고	낮추고	안
④	넓히고	낮추고	밖

6. 선운동(linear motion)에 대한 설명으로 옳은 것은?

① 거리(distance)는 두 지점을 잇는 최단 경로이다.
② 변위(displacement)는 시작점에서 끝점까지의 누적된 이동궤적의 총합이다.
③ 속력(speed)은 스칼라량으로 방향만 가지고 있다.
④ 속도(velocity)는 벡터량으로 크기와 방향을 가지며 변위를 경과시간으로 나눈 것을 말한다.

7. 운동역학(sport biomechanics)에 대한 내용으로 가장 적절한 것은?

① 스포츠 상황에서의 경쟁과 불안에 대해서 연구하는 학문이다.
② 스포츠를 사회현상으로 이해하고 설명하려는 학문이다.
③ 스포츠 상황에서 인체 힘의 원인과 결과를 다루는 학문이다.
④ 스포츠 상황에서 인체에서 일어나는 화학반응 및 생리 현상에 대해서 설명하는 학문이다.

8. 운동학(kinematics)적 측정의 예가 아닌 것은?

① 자유투 시 농구공이 날아가는 궤적을 측정한다.
② 야구 스윙 시 배트의 각속도를 측정한다.
③ 컬링의 스위핑 시 브러쉬에 가해지는 압력을 측정한다.
④ 테니스 스트로크 동작 시 팔꿈치 각도를 측정한다.

9. 일률(power)에 대한 설명으로 옳은 것은?

① 단위 시간당 수행한 일(work)의 양이다.
② 질량과 가속도의 곱이다.
③ 단위는 N(Newton)이다.
④ 수행시간을 길게 하면 증가된다.

10. 〈보기〉의 ㉠, ㉡에 알맞은 내용은?

〈보기〉

다이빙 선수가 전방으로 공중 회전하는 동작에서 사지를 쭉 편 레이아웃(layout) 자세보다 사지를 웅크린 턱(tuck)자세가 회전수를 (㉠)시킨다. 레이아웃 자세는 신체 질량이 회전축으로부터 멀리 분포되어 있어 회전반경과 관성모멘트가 (㉡)

	㉠	㉡
①	감소	커진다.
②	증가	커진다.
③	증가	작아진다.
④	감소	작아진다.

11. 한 축에서 발생하는 토크(torque, moment of force)에 대한 설명 중 틀린 것은?

① 토크는 회전력을 말한다.
② 토크는 가해진 힘과 축에서 힘의 작용선까지 수직거리의 곱이다.
③ 힘이 작용하는 방향이 다르면 토크가 달라진다.
④ 힘의 작용선이 물체의 회전축을 통과할 때 토크가 발생한다.

12. 운동역학(kinetics)적 변인이 아닌 것은?

① 토크(torque)
② 각속도(angular velocity)
③ 족압력(foot pressure)
④ 양력(lift force)

13. 농구선수가 20 N의 힘으로 농구공을 수직으로 2 m 들어 올렸을 때 역학적 일(work)의 크기는?

① 0 N·m (J)
② 10 N·m (J)
③ 22 N·m (J)
④ 40 N·m (J)

14. 중력에 대한 설명으로 틀린 것은?

① 지구의 모든 지역에서 동일하게 작용된다.
② 물체의 질량과 중력가속도의 곱이다.
③ 물체의 질량에 비례한다.
④ 인체나 물체를 지구 중심을 향해 끌어당기는 힘이다.

15. 관성모멘트(moment of inertia)에 대한 설명 중 틀린 것은?

① 단위는 $kg \cdot m^2$이다.
② 질량이 회전축으로부터 멀리 분포될수록 커진다.
③ 어떤 물체를 회전시키려 할 때 잘 돌아가지 않으려는 속성이다.
④ 물체의 크기, 형태, 밀도가 변해도 동일하다.

16. 마찰력에 대한 설명 중 옳은 것은?

① 마찰력의 크기는 마찰계수와 접촉면에 수평으로 가해진 힘의 곱이다.
② 접촉면의 형태와 성분(재질)은 마찰계수에 영향을 미친다.
③ 최대정지마찰력은 운동마찰력보다 작다.
④ 마찰력은 추진력으로 작용할 수 없다.

17. 〈보기〉의 ㉠, ㉡에 알맞은 내용은?

〈보기〉

충격량은 질량과 속도의 곱인 (㉠)의 변화량이며, 가해진 (㉡)과(와) 접촉시간의 곱이다.

	㉠	㉡
①	토크	관성모멘트
②	토크	충격력
③	운동량	관성모멘트
④	운동량	충격력

18. 근전도(EMG)기에 대한 설명으로 옳은 것은?
① 지면반력을 측정한다.
② 운동학적 변인을 측정한다.
③ 근육의 수축을 유발하는 전기적 신호를 측정한다.
④ 압력의 변화를 측정한다.

19. 〈보기〉에서 설명하는 뉴턴의 운동법칙은?

〈보기〉

물체는 외부로부터 외력이 가해지지 않는 한 정지 또는 운동 상태를 계속 유지한다.

① 작용·반작용의 법칙
② 관성의 법칙
③ 가속도의 법칙
④ 훅의 법칙

20. 원반던지기의 투사거리에 중요한 영향을 미치는 3가지 요소는?
① 투사각도 – 투사속도 – 투사높이
② 투사속도 – 조파항력 – 부력
③ 투사높이 – 부력 – 투사속도
④ 조파항력 – 투사각도 – 투사속도

한국체육사 (77)

1. 체육사 연구에서 시대를 구분하는 이유로 가장 적절한 것은?
① 체육사의 종합적인 이해와 서술을 돕기 위해서
② 체육사의 옳고 그름을 판단하기 위해서
③ 체육사의 현재를 설명하기 위해서
④ 체육사의 사료를 비판하기 위해서

2. 체육사 연구에서 사관(史觀)이 갖는 의미로 가장 적절한 것은?
① 체육의 현상을 개념화 한다.
② 체육에 대한 기록으로의 역사와 사실로서의 역사를 기술한다.
③ 체육에 대한 문헌사료를 제시한다.
④ 역사가의 가치관에 따라 체육의 역사를 해석한다.

3. 〈보기〉에서 설명하는 부족국가시대의 신체활동은?

〈보기〉

- 두 사람이 맨손으로 허리의 띠를 맞잡고 힘과 기를 겨루어 넘어뜨리는 경기이다.
- 현재 국가무형문화재 제131호로 지정되었다.

① 수박(手搏)
② 각저(角觝)
③ 격검(擊劍)
④ 사예(射藝)

4. 〈보기〉에서 설명하는 화랑도의 신체활동은?

〈보기〉

신라 화랑들은 명산대천(名山大川)을 두루 돌아다니며 야외활동의 과정에서 시(詩)와 음악을 비롯한 각종 신체 수련 활동을 하였다.

① 기마술(騎馬術)
② 궁술(弓術)
③ 편력(遍歷)
④ 수렵(狩獵)

5. 삼국시대의 민속놀이에 대한 설명으로 옳은 것은?

① 저포(樗蒲)는 나무로 만든 막대기(주사위)를 던져서 승부를 겨루는 놀이이다.
② 축국(蹴鞠)은 말 위에서 여러 동작을 보이는 것이다.
③ 추천(鞦韆)은 화살 같은 막대기를 일정한 거리에서 항아리나 병 안에 넣는 놀이이다.
④ 투호(投壺)는 동편과 서편으로 나누어 돌팔매질 방법으로 승부를 겨루는 놀이이다.

6. 신라화랑의 체육사상으로 옳지 않은 것은?

① 신체의 미(美)와 탁월성을 중시하였다.
② 불국토사상은 편력활동과 연계되었다.
③ 신체관은 심신일체론에 바탕을 두었다.
④ 임전무퇴는 개인을 위한 계율이었다.

7. 고려시대의 무예에 대한 설명으로 옳지 않은 것은?

① 수박희(手搏戱)는 무인 선발의 중요한 수단이었다.
② 무인정신은 충, 효, 의에 기반을 두었다.
③ 무예도보통지(武藝圖譜通志)가 편찬되었다.
④ 강예재(講藝齋)에서 무예를 장려하였다.

8. 〈보기〉에서 고려시대 서민의 민속놀이를 모두 고른 것은?

〈보기〉

㉠ 축국(蹴鞠)	㉡ 격구(擊毬)
㉢ 추천(鞦韆)	㉣ 투호(投壺)
㉤ 각저(角觝)	㉥ 방응(放鷹)

① ㉠, ㉢, ㉤
② ㉡, ㉤, ㉥
③ ㉢, ㉣, ㉥
④ ㉣, ㉤, ㉥

9. 조선시대 무과시험에 대한 설명으로 옳지 않은 것은?

① 무과는 초시(初試), 복시(覆試), 전시(展試)로 이루어져 있다.
② 복시는 병조와 훈련원에서 주관하였다.
③ 전시는 기격구(騎擊毬)와 보격구(步擊毬)를 시행하였다.
④ 초시, 복시, 전시 모두 동일한 인원을 선발하였다.

10. 〈보기〉의 ㉠, ㉡에 알맞은 용어는?

〈보기〉

조선시대는 유교의 영향으로 인하여 (㉠) 사상이 만연하였다. 그러나 정조는 (㉡) 사상이 국가를 부강하게 한다고 생각하였다.

	㉠	㉡
①	단련주의(鍛鍊主義)	문무겸전(文武兼全)
②	숭문천무(崇文賤武)	문무겸전(文武兼全)
③	숭문천무(崇文賤武)	심신일여(心身一如)
④	금욕주의(禁慾主義)	단련주의(鍛鍊主義)

11. 〈보기〉에서 설명하는 사립학교는?

〈보기〉

- 1907년 국권회복운동의 일환으로 도산 안창호가 설립하였다.
- 구(舊) 한국군 출신이 체육교사로 부임하였다.
- 일반 체조를 포함하여 군대식 조련을 실시하였다.

① 대성학교
② 오산학교
③ 배재학당
④ 원산학사

12. 개화기에 질레트가 도입한 스포츠로 바르게 묶인 것은?

① 농구 - 배구
② 축구 - 농구
③ 야구 - 농구
④ 축구 - 배구

13. 개화기에 설립된 우리나라 최초의 체육단체는?

① 황성기독교청년회 체육부
② 대한민국체육회
③ 대한체육구락부
④ 광학구락부

14. 개화기 체육사상가인 문일평이 체육발전을 위하여 제안한 내용으로 옳지 않은 것은?

① 체육학교를 설치하고, 체육교사를 양성하자.
② 과목에 체조, 승마 등을 개설하자.
③ 체육에 관한 학술을 연구하기 위하여 청년을 해외에 파견하자.
④ 체육활동을 통괄할 단체를 설립하자.

15. 일제강점기의 학교체조교수요목(1914)에 대한 설명으로 옳지 않은 것은?

① 식민지통치하 학교체육을 본격적 궤도에 올려놓았다.
② 유희, 보통체조, 병식체조가 체조과 교재로 도입되었다.
③ 일본식 유희가 도입되었다.
④ 체조과 교수시간 이외에 여러 가지 운동을 실시하였다.

16. 1930년대 체육 대중화를 위하여 조선인 체육지도자들이 보급한 체조는?

① 라디오체조　② 보건체조
③ 스웨덴체조　④ 병식체조

17. 일장기말소사건(1936)과 관련이 없는 것은?

① 손기정　② 이길용
③ 베를린올림픽　④ 조선일보

18. 〈보기〉의 ㉠, ㉡에 알맞은 용어로 바르게 묶인 것은?

〈보기〉
- (㉠) 경기대회는 한국전쟁 중 우리나라가 참가한 대회로, 올림픽에 대한 한국의 열정을 극명하게 보여주었다.
- (㉡) 경기대회는 우리나라가 최초로 금메달을 획득한 대회로, 금 1개, 은 1개, 동 4개로 종합순위 19위를 차지하였다.

	㉠	㉡
①	헬싱키올림픽	동경올림픽
②	헬싱키올림픽	몬트리올올림픽
③	뮌헨올림픽	동경올림픽
④	뮌헨올림픽	몬트리올올림픽

19. 남한과 북한이 최초로 단일팀을 구성하여 '코리아(KOREA)'라는 명칭으로 참가한 종목은?

① 태권도
② 축구
③ 탁구
④ 농구

20. 〈보기〉의 체육정책이 추진된 정부는?

〈보기〉
- 국민체육진흥법 제정
- 태릉선수촌 건립
- 체력장 제도 실시

① 박정희 정부
② 김대중 정부
③ 노태우 정부
④ 문재인 정부

유아체육론 (02)

1. 국민체육진흥법 개정(2013)에서 제시하는 유소년의 정의로 옳은 것은?

① 만 3세부터 중학교 취학 전까지의 어린이
② 만 3세부터 중학교 1학년까지의 어린이
③ 만 3세부터 중학교 2학년까지의 어린이
④ 만 3세부터 중학교 3학년까지의 어린이

2. 아동의 체력요인과 검사방법이 바르게 연결되지 <u>않은</u> 것은?

① 순발력 – 제자리 멀리뛰기
② 평형성 – 평균대 위에서 외발서기
③ 근지구력 – 5 m 왕복달리기
④ 유연성 – 앉아서 몸 앞으로 굽히기(좌전굴)

3. 영아기 원시반사(primitive reflexes)에 대한 설명 중 옳은 것은?

① 반사는 운동발달의 기초가 된다.
② 영아의 중추신경계 장애를 진단할 수 없다.
③ 반사는 영아의 생존과는 무관하다.
④ 대뇌피질에서 통제되는 수의적 움직임이다.

4. 〈보기〉에서 제시하는 발달 이론으로 가장 적절한 것은?

〈보기〉

- 아동은 주변 친구들의 운동기술을 관찰하여 자신의 운동기술을 개발한다.
- TV 속 정현의 포핸드스트로크 모습을 보고 흉내 내며 치기(striking) 기술을 향상시킨다.

① 비고츠키(L. Vygotsky)의 상호작용이론
② 피아제(J. Piaget)의 인지발달이론
③ 에릭슨(E. Erickson)의 심리사회발달이론
④ 반두라(A. Bandura)의 사회학습이론

5. 〈보기〉에서 갤라휴(D. L. Gallahue)가 제시한 조작운동기술 중 추진운동에 해당되는 것은?

〈보기〉

㉠ 공 던지기(throwing)
㉡ 공 멈추기(trapping)
㉢ 공 치기(striking)
㉣ 공 차기(kicking)
㉤ 공 받기(catching)
㉥ 공 튀기기(bouncing)

① ㉠, ㉡, ㉤, ㉥　　② ㉠, ㉡, ㉣, ㉥
③ ㉠, ㉢, ㉣, ㉥　　④ ㉠, ㉢, ㉤, ㉥

6. 유소년스포츠지도사의 전문적 자질을 향상시키는 방법으로 가장 적절하지 않은 것은?

① 유소년스포츠지도사 자격증을 취득한다.
② 유소년스포츠지도사 연수과정에 참여한다.
③ 아동의 안전사고에 대비하여 필요한 지식을 습득한다.
④ 아동에 대한 수용적인 태도를 지닌다.

7. 갤라휴(D. L. Gallahue)의 기본운동 분류 중 축성움직임(axial movement)에 대한 설명으로 옳은 것은?

① 늘리기(stretching)는 축을 이용하는 움직임이다.
② 동적 안정성(dynamic stability)을 위한 기본 움직임이다.
③ 체조의 텀블링 기술과 연계되지 않는다.
④ 이동운동(locomotion)과 결합될 수 없다.

8. 2~3세 유아에 적합한 체육프로그램의 고려사항으로 옳지 않은 것은?

① 성별의 차이는 고려하지 않는다.
② 협응성을 강조하면서 속도 및 민첩성을 연계한다.
③ 발육발달 상태를 평가한다.
④ 놀이방법을 이해할 수 있는 지를 확인한다.

9. 〈보기〉를 가장 잘 설명하는 지각운동은?

〈보기〉

- 음악에 맞추어 동작을 학습한다.
- 다양한 속도로 날아오는 공을 받는다.
- 악기의 연주 빠르기에 따라 다양한 속도로 이동기술을 연습한다.

① 관계지각운동
② 공간지각운동
③ 시간지각운동
④ 환경지각운동

10. 유아체육 수업의 환경 구성에 대한 설명으로 옳지 않은 것은?

① 흥미유발을 위해 다양한 교구를 사용한다.
② 대근운동 시 충격 흡수를 위한 안전매트를 깔아준다.
③ 안전을 위해 가능한 좁고 한정된 공간을 확보한다.
④ 필요하면 음향시설을 활용할 수 있다.

11. 유아체육을 지도할 때 지도사의 역할수행으로 적절하지 않은 것은?

① 열정을 보여준다.
② 상과 벌을 함께 제공한다.
③ 지나친 경쟁의식을 갖지 않도록 지도한다.
④ 유아들의 반응에 관심을 가진다.

12. 아동의 신체적 유능감 향상을 위한 지도전략으로 적절하지 않은 것은?

① 운동기술 수준에 맞는 도전적인 프로그램을 제공한다.
② 흥미를 위해 경쟁적인 프로그램을 제공한다.
③ 무조건적인 칭찬이 아닌 노력에 연계된 격려를 제공한다.
④ 개개인의 발달 수준을 고려한 개별화 프로그램을 제공한다.

13. 피아제(J. Piaget)의 인지발달이론 중 차기동작(kicking)의 도식(schema)과 그 도식의 형성 과정에 대한 설명으로 적절하지 않은 것은?

① 도식은 기존의 차기동작 경험을 통해 형성된 인지적 구조이다.
② 동화(assimilation)는 다른 속도로 굴러오는 공에 기존의 차기기술로 반응하는 것이다.
③ 조절(accommodation)은 다른 속도로 굴러오는 공에 새로운 차기기술로 반응하는 것이다.
④ 평형(equilibrium)은 동화와 조절의 균형을 통해 도식이 변화하는 것이다.

14. 아동청소년기 신체적 발달의 특징이 아닌 것은?

① 안정 시 분당 호흡수는 출생 후 점차 줄어든다.
② 아동기의 근력은 성장에 따라 발달하지 않는다.
③ 남성의 유연성은 사춘기 전후에 여성보다 빠르게 감소한다.
④ 안정 시 분당 심박수는 평균적으로 신생아가 4~5세 아동들보다 높다.

15. 체육수업 중 유아의 실제 과제참여 시간을 증가시키는 방법은?

① 장비와 기구를 충분히 제공해 준다.
② 기구의 안전관리 점검을 실시한다.
③ 운동기구는 활동마다 재배치한다.
④ 언어적 지시는 최대한 자세히 한다.

16. 〈보기〉에서 제시하는 유아체육 프로그램 개발의 기본 원리로 가장 적절한 것은?

〈보기〉

- 신체적, 사회적, 정서적 발달을 함께 고려한다.
- 발육발달과 운동기술발달의 수준을 동시에 고려한다.
- 쉬운 과제에서 어려운 과제의 순서로 구성한다.

① 안전성 원리
② 방향성 원리
③ 복잡성 원리
④ 연계성 원리

17. 누리과정에서 3세 유아의 신체조절능력을 향상시키기 위한 프로그램의 내용으로 적절하지 않은 것은?

① 신체균형을 유지해본다.
② 도구를 활용한 조작운동을 한다.
③ 공간, 힘, 시간 등의 움직임 요소를 경험한다.
④ 신체 각 부분의 움직임을 조절해 본다.

18. 2012년 세계보건기구(WHO)에서 제시하는 아동의 신체활동 지침에 대한 설명으로 옳은 것은?

① 유산소성 신체활동을 주로 한다.
② 저항성 운동을 실시하지 않는다.
③ 누적 60분 이상의 중고강도 수준으로 신체활동을 주3회 한다.
④ 정기적인 신체활동을 권고하는 이유는 안전 때문이다.

19. 발목부상의 처치과정에 대한 설명으로 옳지 않은 것은?

① 휴식(rest) : 부상부위를 고정하고 안정을 취한다.
② 얼음찜질(ice) : 부상부위에 얼음주머니를 대고 붕대를 감는다.
③ 압박(compression) : 탄성붕대를 이용하여 압박한다.
④ 거양(elevation) : 다리를 심장보다 낮게 놓고 안정을 취한다.

20. 유아체육의 지도 원리와 설명으로 적절하지 않은 것은?

① 표현성 원리 : 음악의 리듬에 맞추어 효과적인 표현지도
② 사회화 원리 : 소규모 집단으로 구성하여 지도
③ 연속성 원리 : 연령, 건강, 체력 등의 특성을 고려하여 지도
④ 흥미성 원리 : 흥미를 존중하여 학습 능력을 높이도록 지도

노인체육론 (03)

1. 〈보기〉에서 설명하는 연령지표는?

〈보기〉

- 가장 보편적인 지표로 출생 이후 살아온 시간의 길이를 의미한다.
- 노인의 경우, 연소노인(young-old : 65~74세), 중고령노인(middle-old : 75~84세), 고령노인(old-old : 85~99세), 초고령노인(oldest-old : 100세 이상)으로 구분한다.

① 기능적 연령(functional age)
② 생리적 연령(physiological age)
③ 심리적 연령(psychological age)
④ 연대기적 연령(chronological age)

2. 스피르두소(W. Spirduso)의 신체적 능력 5단계에서 〈보기〉의 활동이 가능한 노인의 신체 기능 수준은?

〈보기〉

- 경쟁스포츠 (예 : 축구, 농구 등)
- 파워스포츠 (예 : 역도, 원반던지기 등)
- 모험스포츠 (예 : 행글라이딩, 레프팅 등)

① 신체적으로 연약한 수준
② 신체적으로 독립적 수준
③ 신체적으로 단련된 수준
④ 신체적으로 아주 잘 단련된 수준

3. 〈보기〉에서 제시하는 트레이닝 원리는?

〈보기〉

노인의 하체 근육을 강화시키기 위해서 걷기와 계단 오르기를 실시한다.

① 과부하(overload)의 원리
② 가역성(reversibility)의 원리
③ 특수성(specificity)의 원리
④ 개별성(individuality)의 원리

4. 2010년 세계보건기구(WHO)가 제시한 65세 이상의 노인을 위한 신체활동 권장 지침의 내용으로 옳지 않은 것은?

① 매주 저강도 유산소 신체활동을 60분 이상 실시한다.
② 주요 근육을 포함하는 근력강화활동을 주 2회 이상 실시한다.
③ 1회 유산소 신체활동은 적어도 10분 이상 실시한다.
④ 이동성이 떨어지는 노인은 낙상예방을 위한 신체활동을 주 2회 이상 실시한다.

5. 노인의 운동 참여를 제한해야 할 경우가 아닌 것은?

① 심부전 징후가 나타날 경우
② 공복 시 혈당이 115~125 mg/dl인 경우
③ 고온다습 또는 추운 환경인 경우
④ 약물로 조절이 잘 되지 않는 고혈압인 경우

6. 노인이 운동참여로 얻을 수 있는 사회적 효과로 옳지 않은 것은?

① 새로운 우정과 교류를 촉진시킨다.
② 역할 유지와 새로운 역할을 맡는데 도움이 된다.
③ 새로운 운동기술을 습득한다.
④ 세대 간의 교류 기회를 확대시킨다.

7. 노인의 운동프로그램에 대한 설명으로 옳은 것은?

① 심혈관질환자에게는 지속적인 등척성 운동이 효과적이다.
② 협심증이나 부정맥 환자의 가슴통증이 있는 경우 중강도 이상의 점진적 유산소운동이 가능하다.
③ 점진적 유산소운동프로그램 참여 전 낙상, 무릎통증 등을 예방하기 위해 근력운동을 먼저 한다.
④ 건강한 노인은 고강도 운동을 실시할 수 없다.

8. 〈보기〉와 관련된 노인 질환은?

〈보기〉

- 원인 : 과도한 열량섭취와 운동부족
- 운동법 :
  - 근력운동보다는 유산소운동이 더욱 효과적이다.
  - 운동과 식이제한을 병행할 경우 더욱 효과적이다.
  - 유산소운동은 대략 20분 이상 지속할 것을 권장한다.

① 류머티스 관절염　② 고지혈증
③ 천식　④ 골다공증

9. 노인이 자신의 주관적인 느낌을 통해 운동강도를 설정할 수 있는 방법은?

① 운동자각도(Ratings of Perceived Exertion : RPE)
② 최대산소섭취량(Maximal Oxygen Consumption : $\dot{V}O_2max$)
③ 분당 호흡빈도(Frequency of Breath)
④ 대사당량(Metabolic Equivalent of Task : MET)

10. 도입－전개－정리단계로 진행되는 노인체육 수업에서 전개단계의 지도 전략으로 가장 적절한 것은?

① 긍정적인 피드백을 제공한다.
② 지난 수업내용에 대해 다시 설명한다.
③ 수업시간에 진행될 사항을 설명한다.
④ 참여자들이 성취한 것을 정리한다.

11. 노인에게 근골격계 손상 위험이 낮은 스트레칭으로 가장 적절한 것은?

① 탄성 스트레칭(ballistic stretching)
② 정적 스트레칭(static stretching)
③ 동적 스트레칭(dynamic stretching)
④ 압박 스트레칭(compressive stretching)

12. 〈보기〉의 내용을 설명할 수 있는 노인의 건강행동 이론 또는 모형은?

〈보기〉

- 신체활동의 효과를 인식하고 이를 행동으로 옮길 수 있는 자기효능감은 행동 변화를 쉽게 유발할 수 있다.
- 지각된 개연성, 지각된 심각성, 지각된 이익, 지각된 장애, 행동의 계기, 자기효능감의 6가지 요소로 구성된다.

① 학습이론(learning theory)
② 범이론적모형(transtheoretical model)
③ 계획행동이론(planned behavior theory)
④ 건강신념모형(health belief model)

13. 노화로 인한 일반적인 생리적 변화에 대한 설명 중 옳지 않은 것은?

① 체지방의 비율이 증가한다.
② 근육량과 근력이 감소한다.
③ 최대산소섭취량이 감소한다.
④ 최대심박수가 증가한다.

14. 노인에 대한 유산소성 운동의 이점으로 틀린 것은?

① 동맥 경직도 증가
② 골격근의 모세혈관 밀도 증가
③ 인슐린 민감도 증가
④ 고밀도지단백콜레스테롤(HDL-C) 증가

15. 고혈압이 있는 노인의 운동에 관한 설명으로 가장 적절한 것은?

① 고강도 저항성 운동을 하는 것이 바람직하다.
② 추운 날씨에는 야외 운동을 삼가는 것이 좋다.
③ 주 1회 운동으로도 혈압저하 효과는 크게 나타난다.
④ 발살바조작(Valsalva maneuver)이 동반되는 저항성 운동이 권장된다.

16. 노인의 지속적인 운동참여를 위한 목표설정 방법으로 옳지 않은 것은?

① 목표는 시간과 기간에 근거를 두어야 한다.
② 목표설정은 단기와 장기 목표로 구분한다.
③ 목표는 달성하기 어려운 것으로 설정한다.
④ 목표는 노인의 신체능력에 맞게 구체적으로 설정한다.

17. 〈보기〉에서 설명하는 노화와 관련된 사회학적 이론은?

〈보기〉

공통된 특성을 가진 노인들이 집단을 형성하고 빈번한 상호작용을 통해 그들 특유의 행동양식을 만든다.

① 분리이론(disengagement theory)
② 하위문화이론(subculture theory)
③ 활동이론(activity theory)
④ 현대화이론(modernization theory)

18. 〈보기〉에서 괄호 안에 들어갈 용어는?

〈보기〉

노인이 일정 수준의 수행을 성취할 수 있는 자신의 역량에 대한 판단은 (㉠)을 뜻하며, (㉡)은 자신에 대해 가지고 있는 모든 의견, 감정, 믿음이다.

	㉠	㉡
①	자존감	자기개념
②	자기효능감	자존감
③	자기효능감	자기개념
④	자존감	자기효능감

19. 근감소증을 겪고 있는 노인이 일상생활에서 할 수 있는 근육증강훈련으로 가장 효과가 낮은 것은?

① 느린 속도로 수영하기
② 무게를 이용한 저항성 운동하기
③ 앉았다 일어서기 반복하기
④ 계단 오르기 반복하기

20. 〈보기〉에서 노인 운동 검사 전 의사에게 의뢰가 필요한 징후나 증상을 모두 고른 것은?

〈보기〉

㉠ 가슴 통증이나 불편함
㉡ 빠르고 불규칙한 심장박동
㉢ 현기증이나 기절
㉣ 통증을 동반한 발목의 부종

① ㉠
② ㉠, ㉡
③ ㉠, ㉡, ㉢
④ ㉠, ㉡, ㉢, ㉣

MEMO

IV

2023년 기출문제

2023년 기출문제

2023년 기출문제 정답 및 해설

스포츠사회학

전반적으로 고르게 출제됩니다. 따라서 특정 단원을 집중하는 전략보다는 전체적인 흐름과 개념을 중심으로 공부하시면 좋을 것 같습니다.

스포츠교육학

스포츠교육의 지도방법론에서 가장 많이 출제되었습니다. 다양한 스포츠지도를 위한 교육모형 및 스포츠지도를 위한 교수기법을 중심으로 공부하시면 되겠습니다.

스포츠심리학

인간운동행동의 이해와 스포츠수행의 심리적 요인 영역에서 가장 많은 문제가 출제되었습니다. 이는 매년 많은 문제가 출제되는 영역입니다. 특히 운동제어, 운동학습, 운동발달과 관련된 내용들은 중요도 있게 학습해야 할 부분입니다. 스포츠 수행의 심리적 요인, 스포츠 수행의 사회 심리적 요인의 각 세부항목의 개념과 이론에 대해서도 학습이 필요합니다. 2023년에는 2022년 출제되지 않은 세부 항목에서 출제되기도 하였으나, 리더십과 동기에 관한 문제는 매년 1문제 이상씩 출제되고 있으므로 기본적으로 숙지해야 합니다.

한국체육사

2023년 시험 역시 사관, 화랑도, 신체활동, 민속놀이, 수박, 궁술, 개화기 체육단체, 조선체육회, 조선체육협회와 최초라는 수식어가 붙은 국제대회는 기존 기출문제를 통해 검증된 것처럼 출제 빈도가 높은 주제로 한국체육사를 선택한 수험생들은 이 주제만큼은 확실하게 이해하고 정리해야 합니다. 그리고 그 외 주제들은 기출문제를 중심으로 꾸준히 학습하고 개념을 정리해야 합니다. 이는 체육사적 흐름과 문제의 출제경향을 파악하는데 도움이 됩니다. 따라서 기출문제를 통해 검증된 주제들을 중심으로 철저하게 학습하고, 다른 주제들에 대해서도 꾸준한 학습과 개념 정리를 병행한다면 문제해결능력을 향상시킬 수 있습니다.

운동생리학

호흡·순환계와 운동 영역에서 가장 많은 문제가 출제되었고, 2023년에는 특히 에너지 대사와 골격근과 운동영역에서 출제비율이 높아졌습니다. 운동생리학은 신체가 안정시일 때, 혹은 운동을 할 때 신체 내에서 발생하는 다양한 생리학적 변화가 어떻게 일어나는지에 대한 개념을 이해하는데 중점을 두고 공부하시면 되겠습니다.

운동역학

어김없이 운동학과 운동역학의 스포츠 적용 영역에서 많은 문제가 출제되었습니다. 역학적인 이론을 바탕으로 실제 스포츠 상황에서 이루어지는 내용을 담고 있는 단원이다 보니 매해 출제 빈도가 높은 영역이라고 볼 수 있겠습니다. 그 외 무게중심, 안정성, 지레에 관한 문제 등 반복적으로 꾸준히 나오고 있는 문제들이 있으므로 여러 해 기출문제를 기반으로 공부하시면 되겠습니다.

스포츠윤리

스포츠와 윤리 영역에서 가장 많은 문제가 출제되었습니다. 특히 윤리이론은 관련 문제들이 2023년 다수 출제되었을 뿐만 아니라 매년 출제되므로 필수적으로 학습해야 합니다. 그 외에도 경쟁과 페어플레이, 스포츠와 불평등, 경기력 향상과 공정성 영역에서 다수 문제가 출제되었는데, 특히 페어플레이와 인종차별은 매년 1문제 이상씩 출제되고 있습니다. 스포츠와 환경윤리, 용기구와 생체 공학 기술 활용, 스포츠 윤리센터에 관한 문제도 앞으로도 충분히 출제가 가능하므로 관련된 내용들을 알고 있는 것이 필요하다고 생각됩니다.

유아체육론

유아체육의 이해와 유아기 운동발달 프로그램의 구성 영역에서 가장 많은 문제가 출제되었습니다. 유아기의 특징, 유아기의 발달이론, 유아체육 프로그램의 기본원리, 유아체육 프로그램을 위한 구성요소, 안전한 운동프로그램 지도를 위한 환경에 관한 내용들을 중점적으로 학습하는 것이 필요합니다.

노인체육론

노화와 노화의 특성(노화와 관련된 이론 등)과 노인 운동프로그램의 설계(노인운동프로그램의 요소 등)에서 가장 많은 문제가 출제되었습니다. 노화에 대한 기본적인 개념 및 노인과 관련된 다양한 운동프로그램 요소와 운동권고 지침 및 운동방안에 중점을 두고 공부하시면 되겠습니다.

2023년도 2급류 체육지도자 필기시험 문제지

(2급 생활 / 유소년 / 노인)

문제유형	A형
시험일지	2023. 4. 29. (토) **10:00~11:40**

유의사항

2급 생활 자격증 응시자	: 선택과목 중 **5개 과목** 선택 (필수과목 없음)
유소년 자격증 응시자	: 선택과목 중 **4개 과목**, 필수과목 중 **유아체육론** 선택
노인 자격증 응시자	: 선택과목 중 **4개 과목**, 필수과목 중 **노인체육론** 선택

과목코드 및 페이지

구분	과목	과목코드	면
선택과목	**스포츠사회학**	(과목코드 : 11)	188면
	스포츠교육학	(과목코드 : 22)	192면
	스포츠심리학	(과목코드 : 33)	195면
	한국체육사	(과목코드 : 44)	200면
	운동생리학	(과목코드 : 55)	203면
	운동역학	(과목코드 : 66)	206면
	스포츠윤리	(과목코드 : 77)	210면
필수과목	**유아체육론**	(과목코드 : 02)	214면
	노인체육론	(과목코드 : 03)	218면

스포츠사회학 (11)

1. 〈보기〉에서 스포츠의 교육적 순기능으로만 묶인 것은?

〈보기〉

㉠ 학교와 지역사회의 통합
㉡ 평생체육의 연계
㉢ 스포츠의 상업화
㉣ 학업활동의 격려
㉤ 참여기회의 제한
㉥ 승리지상주의

① ㉠, ㉡, ㉣
② ㉠, ㉢, ㉤
③ ㉡, ㉢, ㉣
④ ㉡, ㉤, ㉥

2. 〈보기〉에서 코클리(J. Coakley)의 상업주의에 따른 스포츠의 변화에 관한 설명으로 옳은 것을 모두 고른 것은?

〈보기〉

㉠ 스포츠 조직의 변화 : 스포츠 조직은 경품 추첨, 연예인의 시구와 같은 의전행사에 관심을 갖게 되었다.
㉡ 스포츠 구조의 변화 : 스포츠의 심미적 가치보다 영웅적 가치를 중시하게 되었다.
㉢ 스포츠 목적의 변화 : 아마추어리즘보다 흥행에 입각한 프로페셔널리즘을 추구하게 되었다.
㉣ 스포츠 내용의 변화 : 프로 농구의 경우, 전·후반제에서 쿼터제로 변경되었다.

① ㉠, ㉡
② ㉠, ㉢
③ ㉡, ㉢, ㉣
④ ㉠, ㉢, ㉣

3. 〈보기〉에서 설명하는 스포츠 세계화의 원인은?

〈보기〉

'코먼웰스 게임(commonwealth games)'은 영연방국가들이 참가하는 스포츠 메가 이벤트로, 영연방국가의 통합에 기여하는 측면이 있다. 영국의 스포츠로 알려진 크리켓과 럭비는 대부분 영국의 식민지였던 영연방국가에서 인기가 있다.

① 제국주의
② 민족주의
③ 다문화주의
④ 문화적 상대주의

4. 〈보기〉에 해당하는 케년(G. Kenyon)의 스포츠 참가유형은?

〈보기〉

- 특정 선수의 사인볼 수집
- 특정 스포츠 관련 SNS 활동
- 특정 스포츠 물품에 대한 애착

① 일탈적 참가
② 행동적 참가
③ 정의적 참가
④ 인지적 참가

5. 〈보기〉의 ㉠, ㉡에 해당하는 거트만(A. Guttmann)의 근대스포츠 특징은?

〈보기〉

- (㉠) : 국제스포츠조직은 규칙의 제정, 대회의 운영, 종목 진흥 등의 역할을 담당한다.
- (㉡) : 투수라는 같은 포지션 내에서도 선발, 중간, 마무리 등으로 구분된다.

	㉠	㉡
①	관료화	평등성
②	합리화	평등성
③	관료화	전문화
④	합리화	전문화

6. **스나이더(E. Snyder)가 제시한 스포츠 사회화의 전이 조건이 아닌 것은?**
① 참가의 가치
② 참가의 정도
③ 참가의 자발성 여부
④ 사회화 주관자의 위신과 위력

7. **〈보기〉는 버렐(S. Birrell)과 로이(J. Loy)의 스포츠 미디어를 통해 충족할 수 있는 욕구에 관한 설명이다. ㉠~㉢에 해당하는 용어가 바르게 연결된 것은?**

〈보기〉
- (㉠) 욕구 : 스포츠 경기의 결과, 선수와 팀에 대한 통계적 지식을 제공해 준다.
- (㉡) 욕구 : 스포츠에 대한 흥미와 흥분을 제공해 준다.
- (㉢) 욕구 : 다른 사회집단과 경험을 공유하게 하며 공동체 의식을 갖게 한다.

	㉠	㉡	㉢
①	정의적	인지적	통합적
②	인지적	통합적	정의적
③	정의적	통합적	인지적
④	인지적	정의적	통합적

8. **〈보기〉의 ㉠, ㉡에 해당하는 용어가 바르게 연결된 것은?**

〈보기〉
- (㉠) : 국민의 관심이 높은 스포츠 경기를 무료 혹은 저렴한 비용으로 시청할 수 있는 권리를 말한다.
- (㉡) : 선수 개인의 사생활을 중심으로 대중을 자극하고 호기심에 호소하는 흥미 위주의 스포츠 관련 보도를 지칭한다.

	㉠	㉡
①	독점 중계권	뉴 저널리즘 (new journalism)
②	보편적 접근권	옐로 저널리즘 (yellow journalism)
③	독점 중계권	옐로 저널리즘 (yellow journalism)
④	보편적 접근권	뉴 저널리즘 (new journalism)

9. **〈보기〉에서 설명하는 프로스포츠의 제도는?**

〈보기〉
- 프로스포츠 구단이 소속 선수와의 계약을 해지하고 다른 구단에게 해당 선수를 양도받을 의향이 있는지 공개적으로 묻는 제도이다.
- 기량이 떨어지거나 심각한 부상을 당한 선수를 방출하는 수단으로 이용하고 있다.

① 보류 조항(reserve clause)
② 웨이버 조항(waiver rule)
③ 선수대리인(agent)
④ 자유계약(free agent)

10. **스포츠 일탈의 순기능에 관한 사례로 적절하지 않은 것은?**
① 승부조작 사례를 보고 많은 선수들이 경각심을 갖는다.
② 아이스하키 경기에서 허용된 주먹다짐은 잠재된 공격성을 해소시켜 준다.
③ 스포츠에서 선수들의 약물복용이 지속되면 경기의 공정성이 훼손된다.
④ 높이뛰기에서 배면뛰기 기술의 창안은 기록경신에 기여하고 있다.

11. 〈보기〉는 스트렌크(A. Strenk)가 제시한 국제 정치에서 스포츠의 기능에 관한 설명이다. ㉠~㉢에 해당하는 내용이 바르게 연결된 것은?

〈보기〉

- (㉠) : 2002년 한일월드컵 4강 진출로 대한민국이 축구 강국으로 인식
- (㉡) : 1980년 모스크바올림픽에서 서방국가들의 보이콧 선언
- (㉢) : 1936년 베를린올림픽에서 나치즘의 정당성과 우월성 과시

	㉠	㉡	㉢
①	외교적 도구	정치이념 선전	국위선양
②	국위선양	외교적 항의	정치이념 선전
③	국위선양	외교적 도구	외교적 항의
④	외교적 도구	외교적 항의	정치이념 선전

12. 〈보기〉에서 설명하는 부르디외(P. Bourdieu)의 문화자본 유형은?

- 테니스의 경기 기술뿐만 아니라 경기 매너도 습득하게 된다.
- 스포츠 활동처럼 몸으로 체득하게 되는 성향을 의미한다.
- 획득하는데 시간이 오래 걸리고, 타인에게 양도나 전이, 교환이 어렵다.

① 체화된(embodied) 문화자본
② 객체화된(objectified) 문화자본
③ 제도화된(institutionalized) 문화자본
④ 주체화된(subjectified) 문화자본

13. 〈보기〉에서 투민(M. Tumin)이 제시한 스포츠 계층의 특성 중 보편성(편재성)에 해당하는 것으로만 묶인 것은?

〈보기〉

㉠ 스포츠는 인기종목과 비인기종목으로 구분된다.
㉡ 과거에 비해 운동선수들의 지위가 향상되고 있다.
㉢ 종합격투기는 체급에 따라 대전료와 중계권료 등에 차등이 있다.
㉣ 계층에 따라 스포츠 참여 빈도, 유형, 종목이 달라지며, 이러한 차이는 개인의 삶에 영향을 미친다.

① ㉠, ㉡
② ㉠, ㉢
③ ㉡, ㉣
④ ㉢, ㉣

14. 〈보기〉의 밑줄 친 ㉠, ㉡을 설명하는 집합행동 이론이 바르게 연결된 것은?

〈보기〉

이 코치 : 어제 축구 봤어? 경기 도중 관중폭력이 발생했잖아.
김 코치 : <u>㉠ 나는 그 경기를 경기장에서 직접 봤는데 관중들의 야유 소리가 점점 커지면서 관중폭력이 일어났어.</u>
이 코치 : <u>㉡ 맞아! 그 경기 이전에 이미 관중의 인종차별 사건이 있었잖아. 만약 인종차별이 먼저 발생하지 않았다면, 어제 경기에서 그런 관중폭력은 없었을 거야.</u>

	㉠	㉡
①	전염이론	규범생성이론
②	수렴이론	부가가치이론
③	전염이론	부가가치이론
④	수렴이론	규범생성이론

15. 메기(J. Magee)와 서덴(J. Sugden)이 제시한 스포츠 노동이주의 유형에 관한 설명 중 적절하지 않은 것은?

① 개척자형 : 스포츠 보급을 통해 금전적 보상을 추구하는 유형
② 정착민형 : 영구적으로 정착할 수 있는 곳을 찾는 유형
③ 귀향민형 : 해외에서의 스포츠 경험을 바탕으로 자국으로 복귀하는 유형
④ 유목민형 : 개인의 취향대로 흥미로운 장소를 돌아다니면서 스포츠에 참여하는 유형

16. 〈보기〉는 코클리(J. Coakley)가 제시한 스포츠 일탈에 관한 설명이다. ㉠, ㉡에 해당하는 용어가 바르게 연결된 것은?

〈보기〉

- (㉠)에 따르면 스포츠 일탈이 용인되는 범위는 사회적으로 타협하는 과정을 통해 구성된다.
- (㉡)는 과훈련(over-training), 부상 투혼 등을 거부감 없이 무비판적으로 수용하는 것이다.

	㉠	㉡
①	상대론적 접근	과소동조
②	절대론적 접근	과잉동조
③	절대론적 접근	과소동조
④	상대론적 접근	과잉동조

17. 스포츠사회화를 이해하기 위한 사회학습이론의 관점으로 적절하지 않은 것은?

① 상과 벌을 통해 행동이 변화한다.
② 다른 사람의 행동을 관찰하여 모방이 일어난다.
③ 사회화 주관자의 가르침을 통해 행동이 변화한다.
④ 개인은 자신이 처해있는 상황을 스스로 학습하고 변화한다.

18. 〈보기〉에서 설명하는 스포츠의 정치적 속성은?

〈보기〉

에티즌(D. Etizen)과 세이지(G. Sage)에 의하면 다양한 팀, 리그, 선수단체 및 행정기구는 각각의 특성에 따라 불평등하게 배분된 자원과 권한을 갖게 되고, 더 많은 권한을 갖기 위해 대립적 갈등을 겪게 된다.

① 보수성　　② 긴장관계
③ 권력투쟁　　④ 상호의존성

19. 〈보기〉에서 설명하는 맥퍼슨(B. McPherson)의 스포츠 미디어 이론은?

〈보기〉

- 대중매체를 통한 개인의 스포츠 소비 형태는 중요타자의 가치와 소비행동에 의해 영향을 받는다.
- 스포츠 수용자 역할로의 사회화는 스포츠에 참여하는 가족 구성원으로부터 받은 스포츠 소비에 대한 승인 정도가 중요하게 작용한다.

① 개인차 이론　　② 사회범주 이론
③ 문화규범 이론　　④ 사회관계 이론

20. 〈보기〉에서 설명하는 스포츠사회학 이론은?

〈보기〉

- 일상에서 특정 물건을 소비하는 것은 자신의 계급 위치를 상징화하는 행위이다.
- 자원과 시간의 소비가 요구되는 스포츠에 참여하는 것은 계급 표식 행위이다.
- 고가의 스포츠용품, 골프 회원권 등의 과시적 소비 양상이 나타난다.

① 갈등이론　　② 구조기능이론
③ 비판이론　　④ 상징적 상호작용론

스포츠교육학 (22)

1. 〈보기〉에서 설명하는 스포츠 교육 평가의 신뢰도 검사 방법은?

〈보기〉

- 동일한 검사에 대해 시간 차이를 두고 2회 측정해서 측정값을 비교해 차이가 작으면 신뢰도가 높고, 크면 신뢰도가 낮은 것으로 판단한다.
- 첫 번째와 두 번째 측정 사이의 시간 차이가 너무 길거나 짧으면 신뢰도가 낮게 나올 수 있다.

① 검사 – 재검사 ② 동형 검사
③ 반분 신뢰도 검사 ④ 내적 일관성 검사

2. 〈보기〉의 수업 장면에서 활용한 모스턴(M. Mosston)의 교수 스타일에 관한 설명으로 적절하지 않은 것은?

〈보기〉

신체활동	축구
학습목표	인프런트킥으로 상대방 수비수를 넘겨 동료에게 패스할 수 있다.

수업 장면
지도자 : 네 앞에 상대방 수비수가 있을 때, 수비수를 넘겨 동료에게 패스하려면 어떻게 공을 차야 할까?
학습자 : 상대방 수비수를 넘길 수 있을 정도의 높이로 공을 띄워야 해요.
지도자 : 그럼, 발의 어느 부분으로 공의 밑부분을 차면 수비수를 넘길 수 있을까?
학습자 : 발등과 발 안쪽의 중간 지점이요. (손가락으로 엄지발가락을 가리킨다)
지도자 : 좋은 대답이야. 그럼, 우리 한 번 상대방 수비수를 넘기는 킥을 연습해볼까?

① 지도자는 논리적이며 계열적인 질문을 설계해야 한다.
② 지도자는 질문에 대한 학습자의 해답을 검토하고 확인한다.
③ 지도자는 학습자에게 예정된 해답을 즉시 알려준다.
④ 지도자는 학습자와 지속적으로 상호작용하며 의사결정을 한다.

3. 로젠샤인(B. Rosenshine)과 퍼스트(N. Furst)가 제시한 학습성취와 관련된 지도자 변인에 해당하지 않는 것은?

① 지도자의 경력
② 명확한 과제제시
③ 지도자의 열의
④ 프로그램의 다양화

4. 링크(J. Rink)가 제시한 교수 전략(teaching strategy) 중 한 명의 지도자가 수업에서 공간을 나누어 두 가지 이상의 과제를 동시에 진행하는 것은?

① 자기 교수(self teaching)
② 팀 티칭(team teaching)
③ 상호 교수(interactive teaching)
④ 스테이션 교수(station teaching)

5. 〈보기〉는 국민체육진흥법(시행 2022.8.11.) 제18조의3 '스포츠윤리센터의 설립'에 관한 내용이다. ㉠, ㉡에 들어갈 용어가 바르게 연결된 것은?

〈보기〉

- 체육의 (㉠) 확보와 체육인의 (㉡)를 위하여 스포츠윤리센터를 설립한다.

	㉠	㉡
①	정당성	권리 강화
②	정당성	인권 보호
③	공정성	권리 강화
④	공정성	인권 보호

6. 스포츠 교육 프로그램의 지도 원리에 관한 설명이 적절하지 않은 것은?

① 개별성의 원리 : 개인차를 고려한 다양한 수준별 지도
② 효율성의 원리 : 학습자 스스로 내용을 파악하고 문제해결
③ 적합성의 원리 : 지도자의 창의적인 지도 활동의 선정과 활용
④ 통합성의 원리 : 교수·학습 내용의 다양화와 신체활동의 총체적 체험

7. 직접교수모형에 관한 설명으로 적절하지 않은 것은?

① 학습 영역의 우선순위는 심동적 영역이다.
② 스키너(B. Skinner)의 조작적 조건화 이론에 근거한다.
③ 지도자 중심으로 의사결정이 이루어져 학습자의 과제참여 비율이 감소한다.
④ 수업의 단계는 전시과제 복습, 새 과제 제시, 초기과제 연습, 피드백과 교정, 독자적 연습, 본시 복습의 순으로 진행된다.

8. 스포츠기본법(시행 2022.6.16.) 제7조 '스포츠 정책 수립·시행의 기본원칙' 중 국가와 지방자치단체의 스포츠 정책에 관한 고려사항에 해당하지 않는 것은?

① 스포츠 활동을 존중하고 사회 전반에 확산되도록 할 것
② 스포츠 대회 참가 목적을 국위선양에 두어 지원할 것
③ 스포츠 활동 참여와 스포츠 교육의 기회가 확대되도록 할 것
④ 스포츠의 가치를 존중하고 스포츠의 역동성을 높일 수 있을 것

9. 모스턴(M. Mosston)의 포괄형(inclusion) 교수 스타일에 관한 설명으로 적절하지 않은 것은?

① 지도자는 발견 역치(discovery threshold)를 넘어 창조의 단계로 학습자를 유도한다.
② 지도자는 기술 수준이 다양한 학습자들의 개인차를 수용한다.
③ 학습자가 성취 가능한 과제를 선택하고 자신의 수행을 점검한다.
④ 과제 활동 전, 중, 후 의사결정의 주체는 각각 지도자, 학습자, 학습자 순서이다.

10. 〈보기〉에서 설명하는 링크(J. Rink)의 학습 과제 연습 방법은?

〈보기〉

- 복잡한 운동 기술의 경우, 기술의 주요 동작이나 마지막 동작을 초기 동작보다 먼저 연습하게 한다.
- 테니스 서브 과제에서 공을 토스하는 동작을 연습하기 전에 공을 라켓에 맞추는 동작을 먼저 연습한다.

① 규칙 변형
② 역순 연쇄
③ 반응 확대
④ 운동수행의 목적 전환

11. 〈보기〉에 해당하는 쿠닌(J. Kounin)의 교수 기능은?

〈보기〉

- 지도자가 자신의 머리 뒤에도 눈이 있다는 듯이 학습자들의 행동을 파악하는 것
- 지도자가 학습자들 간에 발생하는 사건을 인지하는 것

① 접근통제(proximity control)
② 긴장 완화(tension release)
③ 상황이해(with-it-ness)
④ 타임아웃(time-out)

12. 〈보기〉에서 활용된 스포츠 지도 행동의 관찰 기법은?

〈보기〉

- 지도자 : 강 감독
- 관찰자 : 김 코치
- 수업내용 : 농구 수비전략
- 시간 : 19:00~19:50

	피드백의 유형	표기(빈도)	비율
대상	전체	∨∨∨∨∨ (5회)	50%
	소집단	∨∨∨ (3회)	30%
	개인	∨∨ (2회)	20%
성격	긍정	∨∨∨∨∨∨∨∨ (8회)	80%
	부정	∨∨ (2회)	20%
구체성	일반적	∨∨∨ (3회)	30%
	구체적	∨∨∨∨∨∨∨ (7회)	70%

① 사건 기록법(event recording)
② 평정 척도법(rating scale)
③ 일화 기록법(anecdotal recording)
④ 지속시간 기록법(duration recording)

13. 배구 수업에서 운동기능이 낮은 학습자의 참여 증진을 위한 스포츠 지도 방법으로 적절하지 않은 것은?
① 네트 높이를 낮춘다.
② 소프트한 배구공을 사용한다.
③ 서비스 라인을 네트와 가깝게 위치시킨다.
④ 정식 게임(full-sided game)으로 운영한다.

14. 메이거(R. Mager)가 제시한 학습 목표 설정의 요소가 아닌 것은?
① 설정된 운동수행 기준
② 운동수행에 필요한 상황과 조건
③ 학습자에게 기대되는 성취행위
④ 목표 달성이 불가능할 경우의 대처방안

15. 〈보기〉에서 메츨러(M. Meztler)의 탐구수업 모형에 관한 설명으로 옳은 것을 모두 고른 것은?

〈보기〉

㉠ 모형의 주제는 '문제해결자로서의 학습자'이다.
㉡ 학습 영역의 우선순위는 심동적, 인지적, 정의적 순이다.
㉢ 지도자는 학습자가 '생각하고 움직이기'를 할 수 있도록 과제를 제시한다.
㉣ 지도자의 질문에 학습자가 바로 대답하지 못하는 경우 즉시 답을 알려준다.

① ㉠, ㉢
② ㉡, ㉢
③ ㉠, ㉡, ㉢
④ ㉠, ㉡, ㉣

16. 스포츠 참여자 평가에서 심동적(psychomotor) 영역에 해당하는 것은?
① 몰입
② 심폐지구력
③ 협동심
④ 경기 규칙 이해

17. 〈보기〉에 해당하는 운동기능의 학습 전이(transfer) 유형은?

〈보기〉

- 야구에서 배운 오버핸드 공 던지기가 핸드볼에서 오버핸드 공 던지기 기능으로 전이되는 경우이다.

① 대칭적 전이
② 과제 내 전이
③ 과제 간 전이
④ 일상으로의 전이

18. **스포츠 교육 프로그램의 구성요소에 관한 설명으로 적절하지 않은 것은?**
① 평가 : 프로그램을 개선하는 데 도움을 준다.
② 내용 : 스포츠 지도의 철학, 이념 또는 비전이다.
③ 지도법 : 프로그램을 체계적으로 전달하는 방법이다.
④ 목적 및 목표 : 일반적인 목표와 구체적인 목표로 구분할 수 있다.

19. **메츨러(M. Metzler)의 개별화지도모형의 주제로 적절한 것은?**
① 지도자가 수업 리더 역할을 한다.
② 나는 너를, 너는 나를 가르친다.
③ 유능하고, 박식하며, 열정적인 스포츠인으로 성장한다.
④ 학습자가 가능한 한 빨리, 필요한 만큼 천천히 학습 속도를 조절한다.

20. **학교체육진흥법 시행령(시행 2021.4.21.) 제3조 '학교운동부지도자의 자격기준 등'에서 제시한 학교운동부지도자 재임용의 평가 내용이 아닌 것은?**
① 복무 태도
② 학교운동부 운영 성과
③ 인권교육 연 1회 이상 이수 여부
④ 학생선수의 학습권 및 인권 침해 여부

스포츠심리학 (33)

1. **스포츠심리학의 주된 연구의 동향과 영역에 포함되지 않는 것은?**
① 인지적 접근과 현장 연구
② 경험주의에 기초한 성격 연구
③ 생리학적 항상성에 관한 연구
④ 사회적 촉진 및 각성과 운동수행의 관계 연구

2. **데시(E. Deci)와 라이언(R. Ryan)이 제시한 자기결정이론(self-determination theory)에서 외적동기 유형으로 분류되지 않는 것은?**
① 무동기(amotivation)
② 확인규제(identified regulation)
③ 통합규제(integrated regulation)
④ 의무감규제(introjected regulation)

3. **〈보기〉에서 설명하는 개념은?**

〈보기〉

체육관에서 관중의 함성과 응원 소리에도 불구하고, 작전타임에서 코치와 선수는 서로 의사소통이 가능하다.

① 스트룹 효과(Stroop effect)
② 지각협소화(perceptual narrowing)
③ 무주의 맹시(inattention blindess)
④ 칵테일파티 효과(cocktail party effect)

4. 〈표〉는 젠타일(A. Gentile)의 이차원적 운동기술분류이다. 야구 유격수가 타구된 공을 잡아서 1루로 송구하는 움직임이 해당하는 곳은?

<table>
<tr><th colspan="3" rowspan="3">구 분</th><th colspan="4">동작의 요구(기능)</th></tr>
<tr><th colspan="2">신체 이동 없음 (신체의 안정성)</th><th colspan="2">신체 이동 있음 (신체의 불안정성)</th></tr>
<tr><th>물체 조작 없음</th><th>물체 조작 있음</th><th>물체 조작 없음</th><th>물체 조작 있음</th></tr>
<tr><td rowspan="4">환경적맥락</td><td rowspan="2">안정적인 조절 조건</td><td>동작 시도 간 환경 변이성 없음</td><td></td><td></td><td></td><td></td></tr>
<tr><td>동작 시도 간 환경 변이성</td><td></td><td></td><td></td><td></td></tr>
<tr><td rowspan="2">비안정적 조절 조건</td><td>동작 시도 간 환경 변이성 없음</td><td>①</td><td></td><td>③</td><td></td></tr>
<tr><td>동작 시도 간 환경 변이성</td><td></td><td>②</td><td></td><td>④</td></tr>
</table>

5. 뉴웰(K. Newell)이 제시한 움직임 제한(constraints) 요소의 유형이 다른 것은?

① 운동능력이 움직임을 제한한다.
② 인지, 동기, 정서상태가 움직임을 제한한다.
③ 신장, 몸무게, 근육형태가 움직임을 제한한다.
④ 과제목표와 특성, 규칙, 장비가 움직임을 제한한다.

6. 〈보기〉에서 설명하는 게셀(A. Gesell)과 에임스(L. Ames)의 운동발달의 원리가 아닌 것은?

〈보기〉

- 머리에서 발 방향으로 발달한다.
- 운동발달은 일련의 방향성을 갖는다.
- 운동협응의 발달순서가 있다.
  양측 : 상지 혹은 하지의 양측을 동시에 움직이는 형태를 보인다.
  동측 : 상하지를 동시에 움직이는 형태를 보인다.
  교차 : 상하지를 동시에 움직이는 형태를 보인다.
- 운동기술의 습득 과정에서 몸통이나 어깨 근육을 조절하는 능력을 먼저 갖추고, 이후에 팔, 손목, 손, 그리고 손가락 근육을 조절하는 능력을 갖춘다.

① 머리-꼬리 원리(cephalocaudal principle)
② 중앙-말초 원리(proximodistal principle)
③ 개체발생적 발달 원리 (ontogenetic development principle)
④ 양측-동측-교차 운동협응의 원리(bilateral-unilateral(ipsilateral)-crosslateral principle)

7. 스포츠를 통한 인성 발달 전략에 대한 설명으로 옳지 않은 것은?

① 상황에 맞는 바람직한 행동을 설명한다.
② 도덕적으로 적절한 행동에 대하여 설명한다.
③ 바람직한 행동을 강화하고, 적대적 공격행동은 처벌한다.
④ 격한 상황에서 자신의 감정을 공격적으로 표출하도록 격려한다.

8. 〈보기〉에서 설명하는 목표의 유형은?

〈보기〉

- 운동기술을 잘 수행하기 위해서 필요한 핵심 행동에 중점을 둔다.
- 자기효능감과 자신감을 높이고 인지 불안을 낮추는 데 도움이 된다.
- 자신의 운동수행에 대한 목표를 달성하는 데 중점을 두는 목표로 달성의 기준점이 자신의 과거 기록이 된다.

① 과정목표와 결과목표
② 수행목표와 과정목표
③ 수행목표와 객관적목표
④ 객관적목표와 주관적목표

9. 스미스(R. Smith)와 스몰(F. Smol)이 개발한 유소년 지도자 훈련 프로그램인 CET(Coach Effectiveness Training)의 핵심 원칙이 아닌 것은?

① 자기관찰
② 운동도식
③ 상호지원
④ 발달모델

10. 균형유지와 사지협응 및 자세제어에 주된 역할을 하는 뇌 구조(영역)는?

① 소뇌(cerebellum)
② 중심고랑(central sulcus)
③ 대뇌피질의 후두엽 (occipital lobe of cerebrum)
④ 대뇌피질의 측두엽 (temporal lobe of cerebrum)

11. 골프 퍼팅 과제를 100회 연습한 뒤, 24시간 후에 동일 과제에 대해 수행하는 검사는?

① 속도검사(speed test)
② 파지검사(retention test)
③ 전이검사(transfer test)
④ 지능검사(intellogence test)

12. 〈보기〉에서 설명하는 일반화된 운동프로그램(generalized motor program)의 불변 특성(invariant feature) 개념은?

〈보기〉

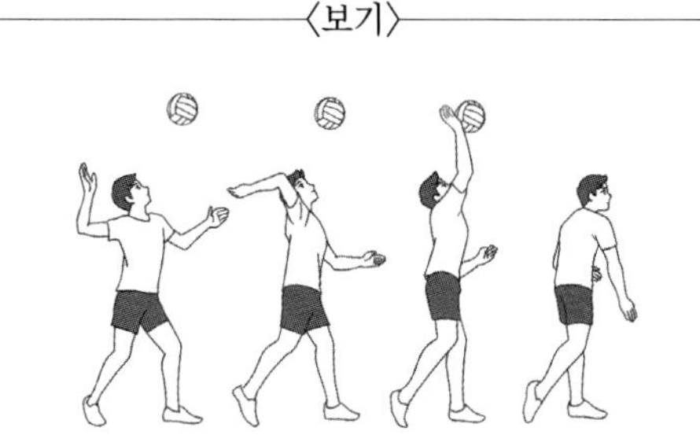

A 움직임 시간(movement time) = 500ms			
하위 움직임 1 = 25%	하위 움직임 2 = 25%	하위 움직임 3 = 25%	하위 움직임 4 = 25%

B 움직임 시간(movement time) = 900ms			
하위 움직임 1 = 25%	하위 움직임 2 = 25%	하위 움직임 3 = 25%	하위 움직임 4 = 25%

- A 움직임 시간은 500ms, B 움직임 시간은 900ms로 서로 다르다.
- 4개의 하위 움직임 구간의 시간적 구조 비율은 변하지 않는다.
- 단, A와 B 움직임은 모두 동일인이 수행한 동작이며, 하위 움직임 구성도 4개로 동일함

① 어트랙터(attractor)
② 동작유도성(affordance)
③ 상대적 타이밍(relative timing)
④ 절대적 타이밍(absolute timing)

13. 〈보기〉에서 구스리(E. Guthrie)가 제시한 '운동기술 학습으로 인한 변화'에 관한 설명으로 옳은 것을 모두 고른 것은?

〈보기〉

㉠ 최대의 확실성(maximum certainty)으로 운동과제를 수행할 수 있다.
㉡ 최소의 인지적 노력(minimum cognitive effect)으로 운동과제를 수행할 수 있다.
㉢ 최소의 움직임 시간(minimum movement time)으로 운동과제를 수행할 수 있다.
㉣ 최소의 에너지 소비(minimum energy expenditure)로 운동과제를 수행할 수 있다.

① ㉠, ㉡, ㉢
② ㉠, ㉢, ㉣
③ ㉡, ㉢, ㉣
④ ㉠, ㉡, ㉢, ㉣

14. 〈보기〉에 제시된 공격성에 관한 설명과 이론(가설)이 바르게 연결된 것은?

〈보기〉

• (㉠) 환경에서 관찰과 강화로 공격행위를 학습한다.
• (㉡) 인간의 내부에는 공격성을 유발하는 에너지가 존재한다.
• (㉢) 좌절(예, 목표를 추구하는 행위가 방해받는 경험)이 공격 행동을 유발한다.
• (㉣) 좌절이 무조건 공격행동을 유발하지 않고, 공격행동이 적절하다는 외부적 단서가 있을 때 나타난다.

	㉠	㉡	㉢	㉣
①	사회학습 이론	본능이론	좌절-공격 가설	수정된 좌절-공격 가설
②	사회학습 이론	본능이론	수정된 좌절-공격 가설	좌절-공격 가설
③	본능이론	사회학습 이론	좌절-공격 가설	수정된 좌절-공격 가설
④	본능이론	사회학습 이론	수정된 좌절-공격 가설	좌절-공격 가설

15. 〈보기〉에서 하터(S. Harter)의 유능성 동기이론 모형에 관한 설명으로 옳은 것을 고른 것은?

〈보기〉

㉠ 심리적 요인과 관련된 단일차원의 구성개념이다.
㉡ 실패 경험은 부정적 정서를 갖게 하여 유능성 동기를 낮추고, 결국에는 운동을 중도 포기하게 한다.
㉢ 성공 경험은 자기 효능감과 긍정적 정서를 갖게 하여 유능성 동기를 높이고, 숙달(mastery)을 경험하게 한다.
㉣ 스포츠 상황에서 성공하기 위한 능력이 있다는 확신의 정도나 신념으로 특성 스포츠 자신감과 상태 스포츠 자신감으로 구분한다.

① ㉠, ㉡　　② ㉠, ㉣
③ ㉡, ㉢　　④ ㉡, ㉣

16. 〈보기〉에서 설명하는 용어는?

〈보기〉

번스타인(N. Bernstein)은 움직임의 효율적 제어를 위해 중추신경계가 자유도를 개별적으로 제어하지 않고, 의미 있는 단위로 묶어서 조절한다고 설명하였다.

① 공동작용(synergy)
② 상변이(phase transition)
③ 임계요동(critical fluctuation)
④ 속도-정확성 상쇄 현상(speed-accuracy trade-off)

17. 〈보기〉에서 연구 결과를 통해 확인할 수 있는 목표설정에 관한 설명으로 옳은 것을 고른 것은?

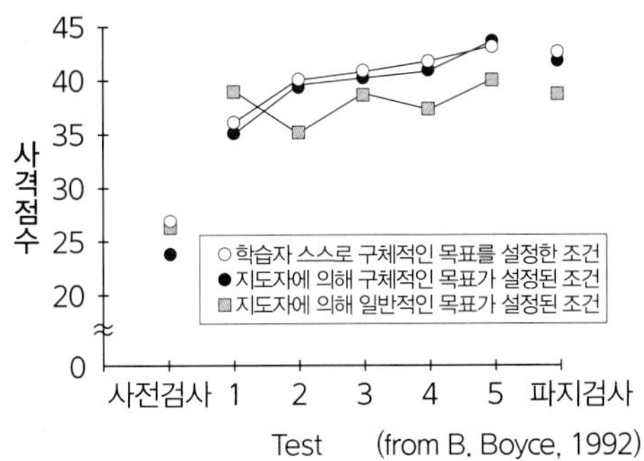

(from B. Boyce, 1992)

〈보기〉

㉠ 목표설정이 운동의 수행과 학습에 효과적이다.
㉡ 학습자에게 어려운 목표를 설정하도록 조언해야 한다.
㉢ 구체적인 목표를 설정했던 집단에서 더 높은 학습 효과가 나타났다.
㉣ 구체적이고 도전적인 목표를 향해 전념하도록 격려하는 것은 운동의 수행과 학습의 효과를 감소시킨다.

① ㉠, ㉡ ② ㉠, ㉢
③ ㉡, ㉢ ④ ㉡, ㉣

18. 〈보기〉에서 설명하는 피드백 유형은?

〈보기〉

높이뛰기 도약 스텝 기술을 연습하게 한 후에 지도자는 학습자의 정확한 도약 기술 습득을 위해 각 발의 스텝번호(지점)를 바닥에 표시해주었다.

① 내적 피드백(intrinsic feedback)
② 부적 피드백(negative feedback)
③ 보강 피드백(augmented feedback)
④ 부적합 피드백(incongruent feedback)

19. 〈보기〉는 칙센트미하이(M. Csikszentmihalyi)가 주장한 몰입의 개념이다. ㉠~㉣에 들어갈 개념이 바르게 연결된 것은?

〈보기〉

• (㉠)과 (㉡)이 균형을 이루는 상황에서 운동 수행에 완벽히 집중하는 것은 몰입(flow)이라 한다.
• (㉡)이 높고, (㉠)이 낮으면 (㉢)을 느낀다.
• (㉡)이 낮고, (㉠)이 높으면 (㉣)을 느낀다.

	㉠	㉡	㉢	㉣
①	기술	도전	불안	이완
②	도전	기술	각성	무관심
③	기술	도전	각성	불안
④	도전	기술	이완	지루함

20. 학습된 무기력(learned helplessness) 상태에 있는 학습자에게 귀인 재훈련(attribution retraining)을 위한 적절한 전략은?

① 실패의 원인을 외적 요인에서 찾게 한다.
② 능력의 부족을 긍정적으로 받아들이게 한다.
③ 운이 따라 준다면 다음에 성공할 수 있다고 지도한다.
④ 실패의 원인을 노력 부족이나 전략의 미흡으로 받아들이게 한다.

한국체육사 (44)

1. **체육사 연구에서 사관(史觀)에 관한 설명으로 적절하지 않은 것은?**
   ① 유물사관, 관념사관, 진보사관, 순환사관 등이 있다.
   ② 체육 역사에 대한 견해, 해석, 관념, 사상 등을 의미한다.
   ③ 체육 역사가의 관점으로 다양한 과거의 역사적 사실을 해석한다.
   ④ 과거 체육과 관련된 사실을 담고 있는 역사 자료를 의미한다.

2. **〈보기〉의 ㉠~㉢에 들어갈 용어가 바르게 연결된 것은? (단, 시대구분은 나현성의 방식을 따름)**

〈보기〉
- (㉠) 이전은 무예를 중심으로 한 무사 체육 등의 (㉡) 체육을 강조하였다.
- (㉠) 이후는 「교육입국조서(教育立國詔書)」를 통한 학교 교육에 기반을 둔 (㉢) 체육을 강조하였다.

	㉠	㉡	㉢
①	갑오경장(1894)	전통	근대
②	갑오경장(1894)	근대	전통
③	을사늑약(1905)	전통	근대
④	을사늑약(1905)	근대	전통

3. **〈보기〉에서 설명하는 민속놀이는?**

〈보기〉
- 사희(柶戲)라고도 불리었다.
- 부여의 사출도(四出道)라는 관직명에서 유래되었다.
- 남녀노소 누구나 즐길 수 있으며, 장소에 크게 구애받지 않은 놀이였다.

① 바둑　② 장기
③ 윷놀이　④ 주사위

4. **화랑도에 관한 설명으로 옳지 않은 것은?**
   ① 진흥왕 때에 조직이 체계화되었다.
   ② 세속오계는 도의교육(道義教育)의 핵심이었다.
   ③ 신체미 숭배 사상, 국가주의 사항, 불국토 사상이 중시되었다.
   ④ 서민층만을 대상으로 한 청소년단체로서 문무겸전(文武兼全)을 추구하였다.

5. **〈보기〉에서 설명하는 신체활동은?**

〈보기〉
- 가죽 주머니로 공을 만들어 발로 차는 놀이였다.
- 한 명, 두 명, 열 명 등 다양한 형식으로 실시되었다.
- 〈삼국사기(三國史記)〉와 〈삼국유사(三國遺事)〉에 따르면 김유신과 김춘추가 이 신체활동을 하였다.

① 석전(石戰)　② 축국(蹴鞠)
③ 각저(角羝)　④ 도판희(跳板戲)

6. **〈보기〉에서 민속놀이와 주요 활동 계층이 바르게 연결된 것으로만 묶인 것은?**

〈보기〉
㉠ 풍연(風鳶) – 귀족
㉡ 격구(擊毬) – 서민
㉢ 방응(放鷹) – 귀족
㉣ 추천(鞦韆) – 서민

① ㉠, ㉡　② ㉢, ㉣
③ ㉠, ㉣　④ ㉡, ㉢

7. 고려시대 수박(手搏)에 관한 설명으로 옳지 않은 것은?
① 관람형 무예 경기로 성행되었다.
② 응방도감(鷹坊都監)에서 관장하였다.
③ 무인 선발의 기준과 수단이 되었다.
④ 무예 수련과 군사훈련 등의 목적으로 활용되었다.

8. 〈보기〉에서 조선시대의 훈련원에 관한 설명으로 옳은 것을 모두 고른 것은?

〈보기〉
㉠ 성리학 교육을 담당하였다.
㉡ 활쏘기, 마상무예 등의 훈련을 실시하였다.
㉢ 무인 양성과 관련된 공식적인 교육기관이었다.
㉣ 〈무경칠서(武經七書)〉, 〈병장설(兵將說)〉 등의 병서 습득을 장려하였다.

① ㉠, ㉡
② ㉢, ㉣
③ ㉡, ㉢, ㉣
④ ㉠, ㉡, ㉢, ㉣

9. 조선시대 궁술(弓術)에 관한 설명으로 옳지 않은 것은?
① 육예(六藝) 중 어(御)에 해당하였다.
② 무관 선발을 위한 무과 시험의 한 과목이었다.
③ 대사례(大射禮), 향사례(鄕射禮) 등으로 행해졌다.
④ 왕, 무관, 유학자 등 다양한 계층에서 실시하였다.

10. 〈보기〉에서 설명하는 조선시대의 무예서는?

〈보기〉
• 24종류의 무예가 기록되어 있다.
• 정조의 명령하에 국가사업으로 간행되었다.
• 한국, 중국, 일본의 관련 문헌 145권이 참조되었다.

① 무예제보(武藝諸譜)
② 무예신보(武藝新譜)
③ 무예도보통지(武藝圖普通志)
④ 무예제보번역속집(武藝諸譜飜譯續集)

11. 〈보기〉에서 설명하는 개화기 민족사립학교는?

〈보기〉
• 1907년에 이승훈이 설립하였다.
• 대운동회를 매년 1회 실시하였다.
• 체육은 주로 군사훈련의 성격을 띠었다.

① 오산학교
② 대성학교
③ 원산학사
④ 숭실학교

12. 개화기의 체육사적 사실에 관한 설명으로 옳은 것은?
① 동래무예학교는 문예반 50명, 무예반 200명을 선발하였다.
② 개화기 최초의 운동회는 일본인 학교에서 주관한 화류회(花柳會)였다.
③ 양반들이 주도하여 배재학당, 이화학당, 경신학당 등 미션스쿨을 설립하였다.
④ 고종은 「교육입국조서(教育立國詔書)」를 반포하고, 덕양, 체양, 지양을 강조하였다.

13. 개화기의 체육단체에 관한 설명으로 옳은 것은?

① 청강체육부 : 탁지부 관리들이 친목 도모를 위해 1902년에 조직하였고, 최초로 연식정구를 도입하였다.
② 회동구락부 : 최성희, 신완식 등이 1910년에 조직하였고, 정례적으로 축구 시합을 하였다.
③ 무도기계체육부 : 우리나라 최초 기계체조 단체로서 이희두와 윤치오가 1908년에 조직하였다.
④ 대동체육구락부 : 체조 교사인 조원희, 김성집, 이기동 등이 주축이 되어 보성중학교에서 1909년에 조직하였고, 병식체조를 강조하였다.

14. 일제강점기 체육에 관한 사실로 옳지 않은 것은?

① 박승필은 1912년에 유각권구락부를 설립해 권투를 지도하였다.
② 조선체육협회는 1920년에 동아일보사 후원으로 설립되었다.
③ 서상천은 1926년에 일본체육회 체조학교를 졸업하고, 역도를 소개하였다.
④ 손기정은 1936년에 베를린 올림픽경기대회 마라톤 종목에서 우승하였다.

15. 〈보기〉에서 설명하는 단체는?

〈보기〉

- 외국인 선교사가 근대스포츠인 야구, 농구, 배구를 도입하였다.
- 1916년에 실내체육관을 준공하여, 다양한 실내스포츠를 활성화하였다.

① 황성기독교청년회
② 대한체육구락부
③ 조선체육회
④ 조선체육협회

16. 〈보기〉에서 박정희 정부 때 실시한 체력장 제도에 관한 설명으로 옳은 것을 모두 고른 것은?

〈보기〉

㉠ 1971년부터 실시되었다.
㉡ 1973년부터 대학입시에 체력장 평가가 포함되었다.
㉢ 국제체력검사표준회위원회에서 정한 기준과 종목을 대상으로 하였다.
㉣ 시행 종목에는 100m 달리기 제자리멀리뛰기, 팔굽혀 매달리기(여자), 턱걸이(남자), 윗몸일으키기, 던지기가 있었다.

① ㉠, ㉡
② ㉢, ㉣
③ ㉠, ㉡, ㉢
④ ㉠, ㉡, ㉢, ㉣

17. 〈보기〉에서 설명하는 스포츠 경기 종목은?

〈보기〉

- 1988년 제24회 서울올림픽경기대회에서 시범 종목으로 채택되었다.
- 2000년 제27회 시드니올림픽경기대회에서 정식 종목으로 채택되었다.
- 2007년에 정부는 이 종목을 진흥하기 위한 법률을 제정하였다.

① 유도　② 복싱
③ 태권도　④ 레슬링

18. 1848년 제5회 동계올림픽경기대회에 관한 설명으로 옳지 않은 것은?

① 개최지는 스위스 생모리츠였다.
② 제2차세계대전을 일으킨 독일과 일본도 출전하였다.
③ 광복 이후 최초로 태극기를 단 선수단이 파견되었다.
④ 이효창, 문동성, 이종국 선수는 스피드스케이팅 종목에 출전하였다.

19. 대한민국에서 개최된 하계아시아경기대회가 아닌 것은?
① 1986년 제10회 서울아시아경기대회
② 2002년 제14회 부산아시아경기대회
③ 2014년 제17회 인천아시아경기대회
④ 2018년 제18회 평창아시아경기대회

20. 1991년에 남한과 북한이 단일팀으로 탁구 종목에 참가한 국제경기대회는?
① 제41회 지바세계선수권대회
② 제27회 시드니올림픽경기대회
③ 제28회 아테네올림픽경기대회
④ 제6회 포르투갈세계청소년선수권대회

운동생리학 (55)

1. ATP를 합성하는데 사용되는 에너지원이 아닌 것은?
① 근중성지방
② 비타민 C
③ 글루코스
④ 젖산

2. 근수축에 필수적인 Ca^{2+} 이온을 저장, 분비하는 근육 세포 내 소기관은?
① 근형질세망(sarcoplasmic reticulum)
② 위성세포(satellite cell)
③ 미토콘드리아(mitochondria)
④ 근핵(myonuclear)

3. 운동 후 초과산소섭취량(EPOC)에 영향을 미치는 요인으로 적절하지 않은 것은?
① 운동 중 증가한 체온
② 운동 중 증가한 젖산
③ 운동 중 증가한 호르몬(에피네프린, 노르에피네프린)
④ 운동 중 증가한 크레아틴인산(phosphocreatine, PC)

4. 수중 운동 시 체온유지를 위한 요인으로 옳지 않은 것은?
① 폐활량
② 체지방량
③ 운동 강도
④ 물의 온도

5. 운동강도 증가에 따라 동원되는 근섬유 순서로 옳은 것은?

① TypeⅡa 섬유 → TypeⅡx 섬유 → Type Ⅰ 섬유
② TypeⅡx 섬유 → TypeⅡa 섬유 → Type Ⅰ 섬유
③ Type Ⅰ 섬유 → TypeⅡa 섬유 → TypeⅡx 섬유
④ Type Ⅰ 섬유 → TypeⅡx 섬유 → TypeⅡa 섬유

6. 장기간 규칙적 유산소 훈련의 결과로 최대 운동 시 나타나는 심폐기능의 적응으로 옳은 것을 모두 고른 것은?

〈보기〉

㉠ 최대산소섭취량 증가
㉡ 심장용적과 심근수축력 증가
㉢ 심박출량 증가

① ㉠, ㉡　② ㉠, ㉢
③ ㉡, ㉢　④ ㉠, ㉡, ㉢

7. 항상성 유지를 위한 신체 조절 중 부적 피드백(negative feedback)이 아닌 것은?

① 세포외액의 CO_2 조절
② 체온 상승에 따른 땀 분비 증가
③ 혈당 유지를 위한 호르몬 조절
④ 출산 시 자궁 수축 활성화 증가

8. 운동 중 1회 박출량(stroke volume) 증가 원인으로 옳지 않은 것은?

① 대동맥압 증가에 따른 후부하(after load) 증가
② 호흡펌프작용에 의한 정맥회귀(venous return) 증가
③ 골격근 수축에 의한 근육펌프작용 증가
④ 교감신경 자극에 의한 심근 수축력 증가

9. 〈보기〉의 ㉠, ㉡에 들어갈 내용이 바르게 연결된 것은?

〈보기〉

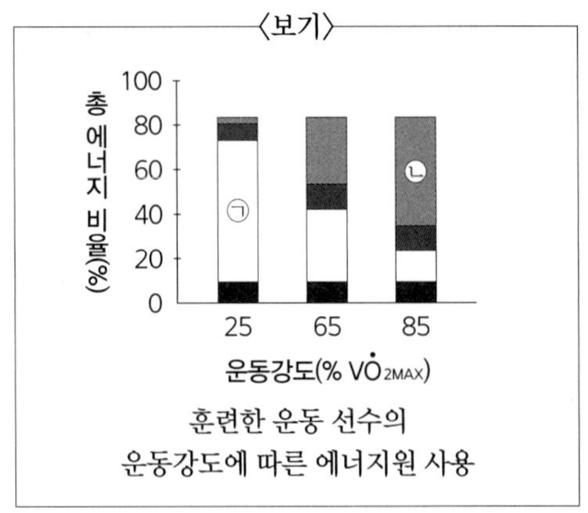

훈련한 운동 선수의
운동강도에 따른 에너지원 사용

	㉠	㉡
①	혈중 포도당	근중성지방
②	혈중 유리지방산	근글리코겐
③	근글리코겐	혈중 포도당
④	근중성지방	혈중 유리지방산

10. 운동 중 소뇌의 기능에 대한 설명으로 옳은 것을 모두 고른 것은?

〈보기〉

㉠ 골격근 운동 조절의 최종 단계 역할
㉡ 빠른 동작의 정확한 수행을 위한 통합 조절
㉢ 고유수용기로부터 유입되는 정보를 활용하여 동작 수정

① ㉠, ㉡
② ㉠, ㉢
③ ㉡, ㉢
④ ㉠, ㉡, ㉢

11. 운동에 따른 환기량의 변화로 옳은 것을 모두 고른 것은?

〈보기〉

㉠ 운동 시작 직전에는 운동 수행에 대한 기대감으로 환기량이 증가할 수 있다.
㉡ 운동 초기 환기량 변화의 주된 요인은 경동맥에 위치한 화학수용기 반응이다.
㉢ 운동 강도가 증가하면 1회 호흡량은 감소하고 호흡수는 현저히 증가한다.
㉣ 회복기 환기량은 운동 중 생성된 체내 수소이온 및 이산화탄소 농도와 관련 있다.

① ㉠, ㉡　　② ㉠, ㉢
③ ㉠, ㉣　　④ ㉡, ㉢, ㉣

12. 〈보기〉의 ㉠, ㉡에 들어갈 내용이 바르게 연결된 것은?

〈보기〉

1개의 포도당 분해에 따른 유산소성 ATP 생성		
대사적 과정	고에너지 생산	ATP 누계
해당작용	2 ATP	2
	2 NADH	7
피루브산에서 아세틸조효소 A까지	2 NADH	12
㉠	2 ATP	14
	6 NADH	29
	2 $FADH_2$	㉡
합계		㉡ ATP

	㉠	㉡
①	크랩스회로	32
②	β산화	32
③	크랩스회로	35
④	β산화	35

13. 체중이 80kg인 사람이 10METs로 10분간 달리기 했을 때 소비 칼로리는? (단, 1MET = $3.5ml \cdot kg^{-1} \cdot min^{-1}$, O_2 1L 당 5Kcal 생성)

① 130Kcal　　② 140Kcal
③ 150Kcal　　④ 160Kcal

14. 〈보기〉는 신경 세포의 안정 시 막전위에 영향을 주는 Na^+과 K^+에 대한 그림이다. ㉠~㉣에 들어갈 내용이 바르게 연결된 것은?

〈보기〉

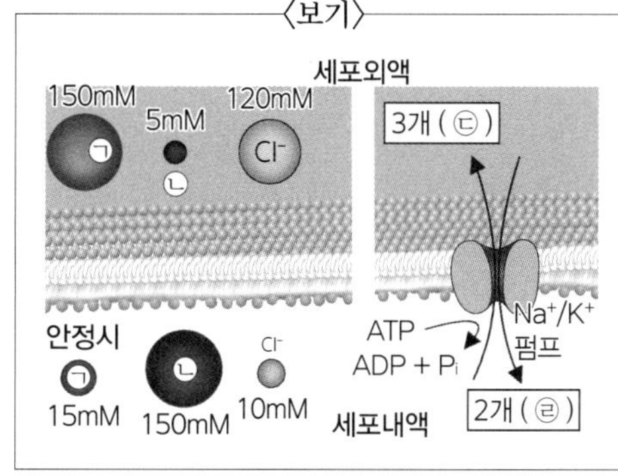

	㉠	㉡	㉢	㉣
①	K^+	Na^+	Na^+	K^+
②	Na^+	K^+	Na^+	K^+
③	K^+	Na^+	K^+	Na^+
④	Na^+	K^+	K^+	Na^+

15. 〈보기〉의 최대산소섭취량 공식에서 장기간 지구성 훈련에 의해 증가되는 요소를 모두 고른 것은?

〈보기〉

최대산소섭취량 = ㉠ 최대1회박출량 × ㉡ 최대심박수 × ㉢ 최대동정맥산소차

① ㉠　　② ㉠, ㉡
③ ㉠, ㉢　　④ ㉡, ㉢

16. 〈보기〉의 내용이 모두 증가되었을 때 향상되는 건강체력 요소는?

〈보기〉

- 모세혈관의 밀도
- 미토콘드리아의 수와 크기
- 동정맥 산소차(arterial-venous oxygen difference)

① 유연성　　② 순발력
③ 심폐지구력　　④ 근력

17. 1시간 이내의 중강도 운동 시 시간 경과에 따라 혈중 농도가 점차 감소하는 호르몬은?

① 에피네프린(epinephrine)
② 인슐린(insulin)
③ 성장호르몬(growth hormone)
④ 코르티솔(cortisol)

18. 〈보기〉에서 설명하는 고유수용기는?

〈보기〉
- 감각 및 운동신경의 말단이 연결되어 있다.
- 감마운동뉴런을 통해 조절된다.
- 근육의 길이 정보를 중추신경계로 보낸다.

① 근방추(muscle spindle)
② 골지건기관(Golgi tendon organ)
③ 자유신경종말(free nerve ending)
④ 파치니안 소체(Pacinian corpuscle)

19. 근력 결정요인으로 옳지 않은 것은?

① 근육 횡단면적
② 근절의 적정 길이
③ 근섬유 구성비
④ 근섬유막 두께

20. 상완이두근의 움직임에 대한 근육 수축 형태로 옳지 않은 것은?

① 자세를 유지할 때 – 등척성 수축
② 턱걸이 올라갈 때 – 단축성 수축
③ 턱걸이 내려갈 때 – 신장성 수축
④ 공을 던질 때 – 등속성 수축

운동역학 (66)

1. 운동역학(sports biomechanics)의 내용으로 적절한 것은?

① 스포츠 현상을 사회학적 연구 이론과 방법으로 설명하는 학문이다.
② 운동에 의한 생리적·기능적 변화를 기술하고 설명하는 학문이다.
③ 스포츠 수행에 영향을 주는 심리적 요인을 설명하는 학문이다.
④ 스포츠 상황에서 인체에 발생하는 힘과 그 효과를 설명하는 학문이다.

2. 근육의 신장(원심)성 수축(eccentric contraction)이 아닌 것은?

① 스쿼트의 다리를 굽히는 동작에서 큰볼기근(대둔근, gluteus maximus)의 수축
② 팔굽혀펴기의 팔을 펴는 동작에서 위팔세갈래근(상완삼두근, triceps brachii)의 수축
③ 턱걸이의 팔을 펴는 동작에서 넓은등근(광배근, latissimus dorsi)의 수축
④ 윗몸일으키기의 뒤로 몸통을 펴는 동작에서 배곧은근(복직근, rectus abdominis)의 수축

3. 단위 시간당 이동한 변위(displacement)를 나타내는 벡터량은?

① 속도(velocity)
② 거리(distance)
③ 가속도(acceleration)
④ 각속도(angular velocity)

4. 지면반력기(force plate)를 통해 얻을 수 있는 변인이 아닌 것은?

① 걷기 동작에서 디딤발에 가해지는 힘의 방향
② 외발서기 동작에서 디딤발 압력중심(center of pressure)의 이동거리
③ 서전트 점프 동작에서 발로 지면에 힘을 가한 시간
④ 달리기 동작의 체공기(non-supporting phase)에서 발에 작용하는 힘의 크기

5. 인체의 시상(전후)면(sagittal plane)에서 수행되는 움직임이 아닌 것은?

① 인체의 수직축(종축)을 중심으로 회전하는 피겨스케이팅 선수의 몸통분절 움직임
② 페달링하는 사이클 선수의 무릎관절 굴곡/신전 움직임
③ 100m 달기를 하는 육상 선수의 발목관절 저측/배측굴곡 움직임
④ 앞구르기를 하는 체조 선수의 몸통분절 움직임

6. 〈보기〉에서 복합운동(general motion)에 해당하는 것을 모두 고른 것은?

〈보기〉

㉠ 커브볼로 던져진 야구공의 움직임
㉡ 페달링하면서 직선구간을 질주하는 사이클 선수의 대퇴(넙다리) 분절 움직임
㉢ 공중회전하면서 낙하하는 다이빙 선수의 몸통 움직임

① ㉠
② ㉠, ㉢
③ ㉡, ㉢
④ ㉠, ㉡, ㉢

7. 인체 무게중심에 대한 설명으로 옳은 것은? (단, 공기저항은 무시함)

① 무게중심은 항상 신체 내부에 위치한다.
② 체조 선수는 공중회전하는 동안 무게중심을 지나는 축을 중심으로 회전하게 된다.
③ 지면에 선 상태로 팔을 위로 올리면 무게중심은 아래로 이동한다.
④ 서전트 점프 이지(take-off) 후, 공중에서 팔을 위로 올리면 무게중심은 위로 이동한다.

8. 농구 자유투에서 투사된 농구공의 운동에 대한 설명으로 옳은 것은?(단, 공기저항은 무시함)

① 농구공 질량중심의 수직속도는 일정하다.
② 최고점에서 농구공 질량중심의 수평속도는 0m/s가 된다.
③ 최고점에서 농구공 질량중심은 수평방향으로 등속도 운동을 한다.
④ 최고점에서 농구공 질량중심은 수직방향으로 등속도 운동을 한다.

9. 〈그림〉과 같이 공이 지면(수평 고정면)에 충돌하는 상황에 관한 설명으로 옳은 것은?(단, 공의 충돌 전 수평속도 및 수직속도는 같음)

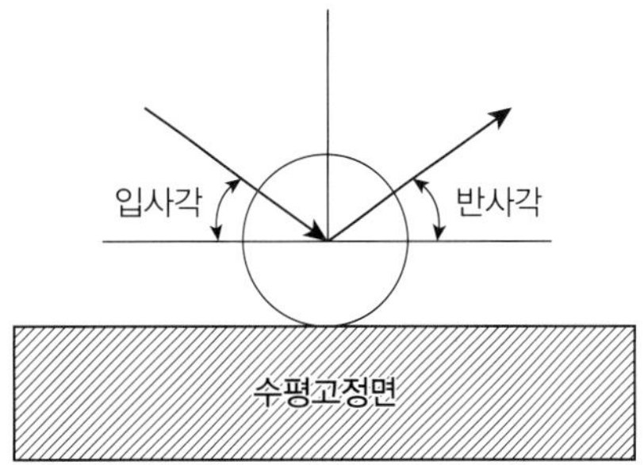

① 충돌 후, 무회전에 비해 백스핀된 공의 수평속도가 크다.
② 충돌 후, 무회전에 비해 톱스핀된 공의 수직속도가 크다.
③ 충돌 후, 무회전에 비해 톱스핀된 공의 반사각이 크다.
④ 충돌 후, 무회전된 공과 백스핀된 공의 리바운드 높이는 같다.

10. 〈그림〉에서 달리기 선수의 질량은 60kg이며 오른발 착지 시 무게중심의 수평속도는 2m/s이다. A와 B의 면적이 각각 80N·s와 20N·s일 때, 오른발 이지(take-off) 순간 무게중심의 수평속도는?

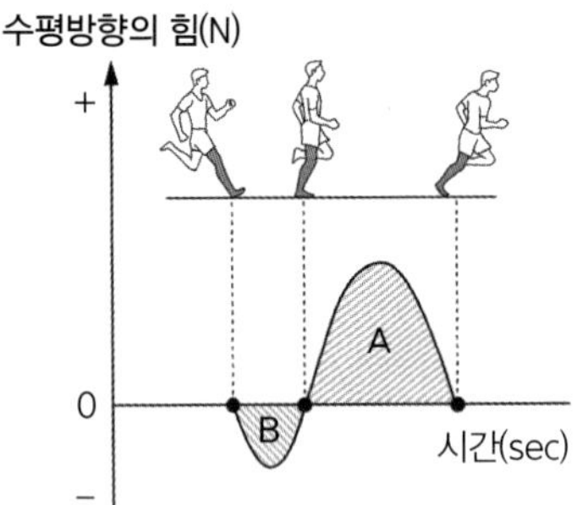

① 3m/s ② 4m/s
③ 5m/s ④ 6m/s

11. 〈보기〉의 ㉠, ㉡에 들어갈 용어가 바르게 연결한 것은?

〈보기〉

농구선수는 양손 체스트패스 캐치 동작에서 공을 몸쪽으로 당겨 받는다. 그 과정에서 공을 받는 (㉠)은 늘리고 (㉡)은 줄일 수 있다.

	㉠	㉡
①	시간	충격력(impact force)
②	충격력	시간
③	충격량(impulse)	시간
④	충격력	충격량

12. 역학적 일(work)을 하지 않은 것은?

① 역도 선수가 바닥에 있던 100kg의 바벨을 1m 높이로 들어 올렸다.
② 레슬링 선수가 상대방을 굴려서 1m 옆으로 이동시켰다.
③ 체조 선수가 철봉에 매달려 10초 동안 정지해 있었다.
④ 육상 선수가 달려서 100m를 이동했다.

13. 마그누스 효과(Magnus effect)에 관한 내용이 아닌 것은?

① 레인에서 회전하는 볼링공의 경로가 휘어지는 현상
② 커브볼로 투구된 야구공의 경로가 휘어지는 현상
③ 사이드스핀이 가해진 탁구공의 경로가 휘어지는 현상
④ 회전(탑스핀)이 걸린 테니스공이 아래로 빠르게 떨어지는 현상

14. 스키점프 동작의 역학적 에너지에 대한 설명으로 옳지 않은 것은?(단, 공기저항은 무시함)

① 운동에너지는 지면 착지 직전에 가장 크다.
② 위치에너지는 수직 최고점에서 가장 크다.
③ 운동에너지는 스키점프대 이륙 직후부터 지면 착지 직전까지 동일하다.
④ 역학적 에너지는 스키점프대 이륙 직후부터 지면 착지 직전까지 보존된다.

15. 〈보기〉의 그림에 제시된 덤벨 컬(dumbbell curl) 운동에서 팔꿈치관절 각도(θ)와 팔꿈치관절에 발생되는 회전력(torque)의 관계를 옳게 나타낸 그래프는?(단, 덤벨 컬 운동은 등각속도 운동임)

〈보기〉

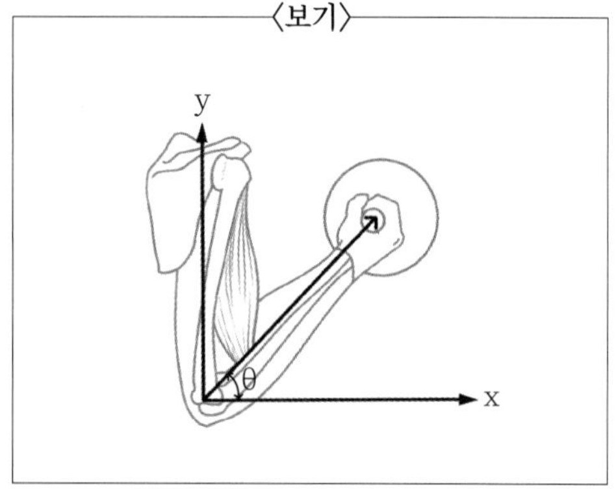

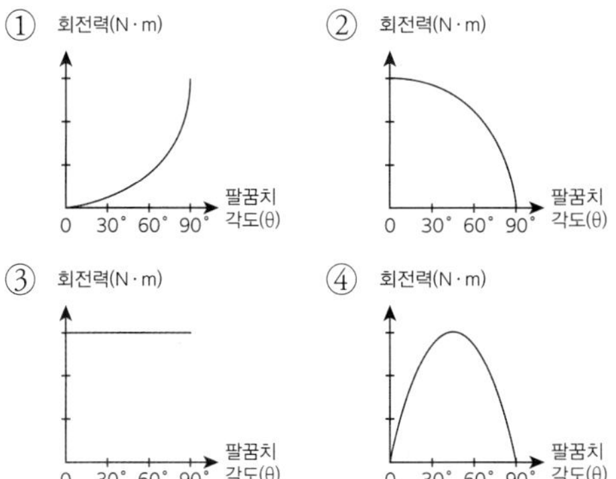

16. 인체 지레에 대한 설명 중 옳은 것은?

① 지레에서 저항팔이 힘팔보다 긴 경우에는 힘에 있어서 이득이 있다.
② 1종지레는 저항점이 받침점과 힘점 사이에 있는 형태로, 팔굽혀펴기 동작이 이에 속한다.
③ 2종지레는 받침점이 힘점과 저항점 사이에 있는 형태로, 힘에 있어서 이득이 있다.
④ 3종지레는 힘점이 받침점과 저항점 사이에 있는 형태로, 운동의 범위와 속도에 있어서 이득이 있다.

17. 〈보기〉의 ㉠~㉣에 들어갈 내용을 바르게 연결한 것은?

〈보기〉

다이빙 선수의 공중회전 동작에서는 다이빙 플랫폼 이지(take-off) 직후에 다리와 팔을 회전축 가까이 위치시켜 관성모멘트를 (㉠) 시킴으로써 각속도를 (㉡)시켜야 한다. 입수 동작에서는 팔과 다리를 최대한 펴서 관성모멘트를 (㉢)시킴으로써 각속도를 (㉣)시켜야 한다.

	㉠	㉡	㉢	㉣
①	증가	감소	증가	감소
②	감소	증가	증가	감소
③	감소	감소	증가	증가
④	증가	증가	감소	감소

18. 30m/s의 수평투사속도로 야구공을 던질 때, 야구공의 체공시간이 2초라면 투사거리는?(단, 공기저항은 무시함)

① 15m
② 30m
③ 60m
④ 90m

19. 일률(power)의 단위가 아닌 것은?

① N·m/s
② kg·m/s^2
③ Joule/s
④ Watt

20. 〈보기〉의 ㉠~㉢에 들어갈 내용을 바르게 연결한 것은?

〈보기〉

신체의 정적 안정성을 높이기 위해서는 기저면(base of support)을 (㉠), 무게중심을 (㉡), 수직 무게중심선을 기저면의 중앙과 (㉢) 위치시키는 것이 효과적이다.

	㉠	㉡	㉢
①	좁히고	높이고	가깝게
②	좁히고	높이고	멀게
③	넓히고	낮추고	가깝게
④	넓히고	낮추고	멀게

2급 스포츠지도사 필기시험

스포츠 윤리 (77)

1. 스포츠맨십(sportmanship) 행위가 아닌 것은?

① 패자에게 승리의 우월성 과시
② 악의없는 순수한 경쟁
③ 패배에 대한 겸허한 수용
④ 승자에 대한 아낌없는 박수

2. 〈보기〉에서 스포츠에 관한 결과론적 윤리관에 해당하는 것으로만 고른 것은?

〈보기〉

ㄱ 경기에서 지더라도 경기규칙은 반드시 준수해야 한다.
ㄴ 개인의 최우수선수상 수상보다 팀의 우승이 더 중요하다.
ㄷ 운동선수는 훈련과정보다 경기에서 승리하는 것이 더 중요하다.
ㄹ 스포츠 경기는 페어플레이를 중시하기 때문에 승리를 위한 불공정한 행위를 해서는 안 된다.

① ㄱ, ㄷ　② ㄱ, ㄹ
③ ㄴ, ㄷ　④ ㄷ, ㄹ

3. 스포츠에서 나타나는 인종차별에 관한 설명으로 적절하지 않은 것은?

① 경기실적 향상을 위해 우수한 외국 선수를 귀화시키기도 한다.
② 개인의 운동기량을 인종 전체로 일반화시켜 편견과 차별이 심화되기도 한다.
③ 스포츠미디어는 인종에 대한 편견과 차별을 재생산하기도 한다.
④ 일부 관중들은 노골적으로 특정 인종을 비하하는 모욕 행위를 표출하기도 한다.

4. 스포츠윤리 이론 중 덕윤리의 특징으로 적절하지 않은 것은?

① 스포츠 상황에서는 행위의 정당성보다 개인의 인성을 강조한다.
② 비윤리적 행위는 궁극적으로 스포츠인의 올바르지 못한 품성에서 비롯된다.
③ '어떠한 행위를 하는 선수가 되어야 하는가'보다 '무엇이 올바른 행위인지'를 판단하는 데 더 주목한다.
④ 스포츠인의 미덕을 드러내는 행동은 옳은 것이며, 악덕을 드러내는 행동은 그릇된 것으로 간주한다.

5. 〈보기〉에서 스포츠윤리의 역할로 적절한 것으로만 고른 것은?

〈보기〉

ㄱ 스포츠 상황에서 행동의 옳고 그름을 판단할 수 있는 원리 탐구
ㄴ 스포츠 현상을 사실적으로 기술하는 방법 탐구
ㄷ 스포츠 현상의 미학적 탐구
ㄹ 윤리적 원리와 도덕적 덕목에 기초하여 스포츠인에게 요구되는 행위 탐구

① ㄱ, ㄴ　② ㄱ, ㄹ
③ ㄴ, ㄷ　④ ㄴ, ㄹ

6. 〈보기〉의 괄호 안에 공통으로 들어갈 용어는?

〈보기〉

- 칸트(I. Kant)에게 도덕성의 기준은 (　　)이다.
- 칸트에 의하면, 페어플레이도 (　　)이/가 없으면 도덕적이라 볼 수 없다.
- (　　)은/는 도덕적인 선수가 갖추어야 할 내적인 태도이자 도덕적 행위의 필요충분조건이다.

① 행복　② 선의지
③ 가언명령　④ 실천

7. 〈보기〉에서 스포츠 선수의 유전자 도핑을 반대해야 하는 이유로 적절한 것을 모두 고른 것은?

〈보기〉

㉠ 선수의 신체를 실험 대상화하여 기계나 물질로 이해하도록 만들기 때문
㉡ 유전자조작 인간과 자연적 인간 사이에 갈등을 초래하기 때문
㉢ 생명체로서 인간의 본질을 훼손하고 존엄성을 부정하기 때문
㉣ 선수를 우생학적 개량의 대상으로 만들기 때문

① ㉠, ㉢　② ㉡, ㉢
③ ㉠, ㉡, ㉣　④ ㉠, ㉡, ㉢, ㉣

8. 〈보기〉의 괄호 안에 들어갈 정의(justice)의 유형은?

〈보기〉

운동선수의 신체는 훈련으로 만들어지기도 하지만 유전적 요인으로 결정되는 경우가 많다. 농구와 배구선수의 키는 타고난 우연성에 해당한다. 일반적으로 스포츠 경기에서는 이러한 불평등 문제에 (　) 정의를 적용하지 않는다. 왜냐하면 스포츠는 전적으로 개인의 자발적인 선택의 문제이기 때문이다.

① 자연적　② 절차적
③ 분배적　④ 평균적

9. 〈보기〉에서 A선수의 판단 근거가 되는 윤리 이론의 난점에 관한 설명으로 적절한 것은?

〈보기〉

농구경기 4쿼터 종료 3분 전, 감독에게 의도적 파울을 지시받은 A선수는 의도적 파울이 팀 승리에 기여할 수 있지만, 상대 선수에게 위협을 가하거나 자칫 부상을 입힐 수 있기 때문에 도덕적으로 옳지 않다고 판단했다.

① 사회 전체의 이익을 고려하지 않는 경우가 발생한다.
② 상식적이고 보편적인 도덕직관과 충돌하는 판단을 내릴 수 있다.
③ 행위의 결과를 즉각 산출하기 어려울 경우에 명료한 지침을 제시하지 못할 수 있다.
④ 도덕을 수단적으로 인식한다는 점에서 근본적인 도덕개념들과 양립하기 어렵다.

10. 〈보기〉의 괄호 안에 공통으로 들어갈 용어는?

〈보기〉

예진 : 스포츠에는 규칙으로 통제된 (　)이 존재해. 대표적으로 복싱과 태권도와 같은 투기종목은 최소한의 안전장치가 마련되고, 그 속에서 힘의 우열이 가려지는 것이지. 따라서 스포츠 내에서 폭력은 용인된 폭력과 그렇지 않은 폭력으로 구분할 수 있어!
승현 : 아니, 내 생각은 달라! 스포츠 내에서의 폭력과 일상 생활에서의 폭력은 본질적으로 동일하지. 그래서 (　)은 존재할 수 없어.

① 합법적 폭력　② 부당한 폭력
③ 비목적적 폭력　④ 반사회적 폭력

11. 〈보기〉에서 국제수영연맹(FINA)이 기술도핑을 금지한 이유는?

〈보기〉

2008년 베이징올림픽 수영종목에서는 25개의 세계신기록이 쏟아져 나왔다. 주목할만한 것이 23개의 세계신기록이 소위 최첨단 수영복이라 불리는 엘지알 레이서(LZR Racer)를 착용한 선수들에 의해 수립되었다는 것이다. 그러나 이 같은 수영복을 하나의 기술도핑으로 간주한 국제수영연맹은 2010년부터 최첨단 수영복의 착용을 금지하였다.

① 효율성 추구　② 유희성 추구
③ 공정성 추구　④ 도전성 추구

12. 〈보기〉에서 나타난 현준과 수연의 공정시합에 관한 관점이 바르게 연결된 것은?

〈보기〉

현준 : 승부조작은 경쟁적 스포츠의 본래적 가치를 훼손시키는 행위지만, 경기규칙을 위반하지 않았다면 윤리적으로 문제없는 것이 아닌가?

수연 : 나는 경기규칙을 위반하지 않았다 하더라도, 스포츠의 역사적·사회적 보편성과 정당성 속에서 형성되고 공유된 에토스(shared ethos)에 충실해야 한다고 생각해! 그래서 스포츠의 가치를 근본적으로 훼손시키는 승부조작은 추구해서도, 용인되어서도 절대 안돼!

	현준	수연
①	물질만능주의	인간중심주의
②	형식주의	비형식주의
③	비형식주의	형식주의
④	인간중심주의	물질만능주의

13. 〈보기〉의 ㉠, ㉡과 관련된 맹자(孟子)의 사상이 바르게 연결된 것은?

〈보기〉

㉠ 농구 경기에서 자신과 부딪쳐서 부상을 당해 병원으로 이송되는 상대 선수를 걱정해 주는 마음

㉡ 배구 경기에서 자신의 손에 맞고 터치 아웃된 공을 심판이 보지 못해서 자기 팀이 득점을 했을 때 스스로 부끄러워하는 마음

	㉠	㉡
①	수오지심(羞惡之心)	측은지심(惻隱之心)
②	측은지심(惻隱之心)	수오지심(羞惡之心)
③	사양지심(辭讓之心)	시비지심(是非之心)
④	측은지심(惻隱之心)	사양지심(辭讓之心)

14. 장애인의 스포츠 참여를 지원하는 방법으로 적절하지 않은 것은?

① 장애인이 접근 가능한 장소의 확보
② 활동에 필요한 장비 및 기구의 안정적 지원
③ 비장애인과의 통합수업보다 분리수업 지향
④ 일회성 체험이 아닌 지속적인 클럽활동 보장

15. 스포츠의 지속 가능한 발전에 관한 설명으로 적절하지 않은 것은?

① 새로운 스포츠 시설의 개발 금지
② 스포츠 시설의 개발과 자연환경의 공존
③ 건강한 인간과 건강한 자연환경의 공존
④ 스포츠만의 환경 운동이 아닌 국가적, 국제적 협력과 공조

16. 〈그림〉은 스포츠윤리규범의 구조이다. ㉠~㉢에 해당하는 용어가 바르게 연결된 것은?

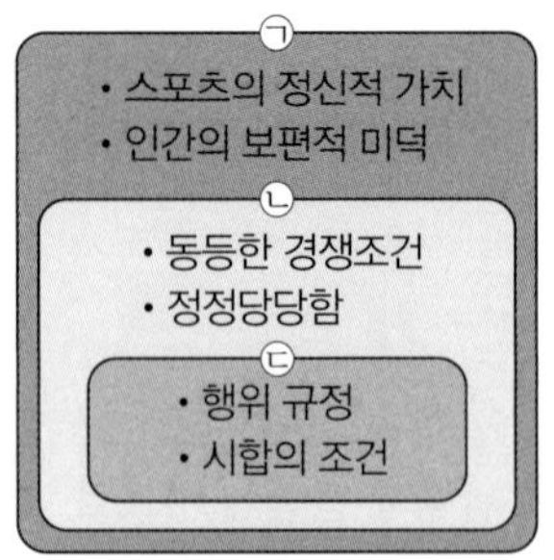

	㉠	㉡	㉢
①	규칙준수	스포츠맨십	페어플레이
②	스포츠맨십	페어플레이	규칙준수
③	페어플레이	규칙준수	스포츠맨십
④	스포츠맨십	규칙준수	페어플레이

17. 국민체육진흥법(시행 2022.8.11.) 제18조의3 '스포츠윤리센터의 설립'에 관한 사항으로 옳지 않은 것은?
① 스포츠윤리센터는 문화체육관광부 장관이 감독한다.
② 스포츠윤리센터의 정관에 기재할 사항은 국무총리령으로 정한다.
③ 스포츠윤리센터가 아닌 자는 스포츠윤리센터 또는 이와 비슷한 명칭을 사용하지 못한다.
④ 스포츠윤리센터의 장은 문화체육관광부 장관의 승인을 받아 관계 행정 기관 소속 임직원의 파견 또는 지원을 요청할 수 있다.

18. 〈보기〉에서 국제육상경기연맹(IFFA)이 출전 금지를 판단한 이유는?

〈보기〉

2011년 대구세계육상선수권대회에서 남아프리카공화국의 의족 스프린터 피스토리우스(O. Pistorius)는 비장애인육상경기에 참가 신청을 했으나, 국제육상경기연맹은 경기에 사용되는 의족의 탄성이 피스토리우스에게 유리하다는 이유로 출전을 허용하지 않았다고 한다.

① 인종적 불공정
② 성(性)적 불공정
③ 기술적 불공정
④ 계급적 불공정

19. 스포츠에서 나타나는 성차별의 원인이 아닌 것은?
① 사회적 성 역할을 고착화
② 차이를 차별로 정당화하는 논리
③ 신체구조와 운동능력에 대한 편견
④ 여성성을 해치는 스포츠에의 여성 참가 옹호

20. 스포츠에서 심판윤리에 관한 설명으로 옳지 않은 것은?
① 심판의 사회윤리는 협회나 종목단체의 도덕성과 밀접한 관련이 있다.
② 심판은 공정하고 엄격한 도덕적 원칙을 적용해야 한다.
③ 심판의 개인윤리는 청렴성, 투명성 등의 인격적 도덕성을 의미한다.
④ 심판은 '이익동등 고려의 원칙'에 따라 전력이 약한 팀에게 유리한 판정을 할 수 있다.

유아체육론 (02)

1. 영유아기 뇌 발달에 대한 설명으로 옳지 않은 것은?

① 대뇌피질은 출생 이후에도 발달한다.
② 3세의 뇌 무게는 성인의 75% 정도이다.
③ 6세경 뇌 무게는 성인의 90% 정도에 도달한다.
④ 뇌는 영유아기까지 완만하게 발달하다 이후에는 급격히 발달한다.

2. 영유아의 시지각(visual perception)에서 '형태(form)지각'에 대한 설명으로 옳지 않은 것은?

① 신생아는 형태를 지각할 수 있으며, 직선보다 곡선을 더 선호하는 것으로 알려졌다.
② 모양을 구별하고 여러 가지 양식들을 분간할 수 있는 능력이다.
③ 자신으로부터 대상이 떨어져 있는 거리를 판단하는 능력이다.
④ 생후 6개월경에 급속히 발달한 후에 정교해진다.

3. 기본움직임기술(fundamental movement skills: FMS)과 움직임 양식과의 연결이 옳지 않은 것은?

① 조작 운동 : 굽히기(bending), 늘리기(stretching), 직립균형(upright balance)
② 조작 운동 : 때리기(striking), 튀기기(bouncing), 되받아치기(volleying)
③ 이동 운동 : 걷기(walking), 호핑(hopping), 스키핑(skipping)
④ 이동 운동 : 점핑(jumping), 갤로핑(galloping), 슬라이딩(sliding)

4. 유아체육 지도환경 조성 원칙에 따른 내용이 옳지 않은 것은?

원칙	내용
① 흥미성	호기심, 모험심 등을 표현할 수 있는 지도환경 조성
② 안전성	부드러운 마감재나 바닥 재질, 공간의 벽 등을 고려한 지도환경 조성
③ 필요성	음향시설, 냉난방시설, 활동공간의 크기 등을 고려한 지도환경 조성
④ 경제성	설비나 용구로 인한 건강 저해나 활동의 위험성이 없도록 지도환경 조성

5. 전문화된(specialized) 움직임 시기의 '적용(application) 단계'에 대한 설명으로 옳지 않은 것은?

① 특정 활동을 찾거나 기피하기 시작한다.
② 움직임 수행의 정확성과 더불어 양적 측면이 강조된다.
③ 다양한 과제, 개인, 환경 요인 등을 토대로 어떤 활동에 참여할 것인지를 결정한다.
④ 인지능력이 저하되고 경험 토대가 축소되면서 많은 것을 학습하기가 어려워진다.

6. 〈보기〉에서 유소년 신체활동을 통한 자기개념(self-concept) 발달에 대한 설명으로 옳은 것을 모두 고른 것은?

〈보기〉

㉠ 움직임은 긍정적인 자기개념을 촉진시킬 수 있는 최상의 방법이다.
㉡ 유소년에게 용기를 북돋아 주고, 생활에 모험활동이 포함되도록 한다.
㉢ 자신들의 한계 내에서 합리적인 수행목표를 세울 수 있도록 도와준다.
㉣ 실패의 가능성을 높이고, 실패와 실패지향적 경험들을 많이 제공한다.

① ㉠　　② ㉠, ㉣
③ ㉡, ㉢　　④ ㉡, ㉢, ㉣

7. 〈보기〉의 ㉠~㉢에 들어갈 용어를 옳게 나열한 것은?

〈보기〉

- 피카(R. Pica)는 동작요소를 (㉠), 형태, (㉡), 힘, 흐름, 리듬으로 구성된다고 하였다.
- 퍼셀(M. Purcell)은 (㉠) 인식, 신체 인식, 노력, (㉢) 같은 동작요소에 대한 이해를 바탕으로 이를 응용영역에 적용시킬 수 있어야 한다고 하였다.

	㉠	㉡	㉢
①	공간	시간	관계
②	저항	속도	무게
③	공간	관계	시간
④	무게	속도	저항

8. 〈표〉의 ㉠, ㉡에 들어갈 기본움직임기술의 발달 단계를 바르게 제시한 것은?

단계	(㉠)	(㉡)
움직임 기술	물구나무서기	공 차기
설명	• 삼각지지를 통한 물구나무서기 가능 • 일정하지 않은 균형점을 보이고, 간헐적으로 자세를 오랫동안 유지함 • 감각적으로 사지의 위치를 살피려고 노력함	• 차기동작 동안 양팔 흔들기가 나타남 • 팔로우 스로우가 이루어지는 동안 몸통이 허리까지 굽혀짐 • 다리 스윙이 길어지고, 달리거나 껑충 뛰어서 공에 다가감

	㉠	㉡
①	시작	시작
②	시작	성숙
③	초보	초보
④	초보	성숙

9. 에릭슨(E. Erikson)이 제시한 심리사회발달 단계에 대한 내용의 연결이 적절하지 않은 것은?

	단계	내용
①	신뢰감 대 불신감	정체감을 확립하지 못한 경우 자신감을 가지지 못함
②	자율성 대 수치 · 회의	근육 발달을 조절할 수 있으며 자기 주위를 탐색함
③	주도성 대 죄의식	목표나 계획을 세워 성공하고자 노력함
④	근면성 대 열등감	기초적인 인지 기술과 사회적 기술을 습득함

10. 〈보기〉에서 동일한 유형의 반사(reflex)나 반응(reaction)인 것을 고른 것은?

〈보기〉

㉠ 모로(Moro)
㉡ 당김(pull-up)
㉢ 목가누기(neck righting)
㉣ 바빈스키(Babinski)
㉤ 비대칭목경직(asymmetrial tonix neck)
㉥ 낙하산(parachute)

① ㉠, ㉡, ㉥
② ㉠, ㉣, ㉤
③ ㉡, ㉢, ㉣
④ ㉡, ㉢, ㉤

11. 〈보기〉에서 '영유아 기도폐쇄' 응급처치에 관한 설명으로 옳은 것을 모두 고른 것은?

〈보기〉

㉠ 1세 미만의 경우 등 두드리기 및 흉부압박이 권장된다.
㉡ 의식이 없는 경우 혀에 의한 기도폐쇄가 있는지 확인한다.
㉢ 등 두드리기를 할 때 머리를 가슴보다 낮게 하고, 안은 팔을 허벅지에 고정시킨다.
㉣ 흉부를 압박할 때 등을 받치고 머리를 가슴보다 낮게 하여, 안은 팔을 무릎 위에 놓는다.

① ㉠, ㉡　② ㉠, ㉢
③ ㉡, ㉢, ㉣　④ ㉠, ㉡, ㉢, ㉣

12. 〈표〉에서 체력의 구분 및 요소, 검사방법의 연결이 옳은 것을 고른 것은?

	구분	체력요소	검사방법
㉠	건강체력	순발력	모둠 발로 멀리뛰기
㉡	건강체력	심폐지구력	셔틀런(페이서, PACER)
㉢	운동체력	평형성	평균대 위에서 한발로 서기
㉣	건강체력	유연성	1분간 앉았다 일어나기

① ㉠, ㉢　② ㉠, ㉣
③ ㉡, ㉢　④ ㉡, ㉣

13. 초등체육 교육과정의 3~4학년군 성취기준에 대한 내용으로 옳지 않은 것은?

① 체력운동이나 스포츠활동보다 신체를 인식하고 움직이는 기초적인 이동운동을 한다.
② 기본 체력운동의 방법과 절차를 익히며 자신의 수준에 맞는 운동을 시도한다.
③ 기본 움직임 기술의 의미와 종류를 이해하고 스포츠와의 관계를 파악한다.
④ 움직임의 심미적 표현에 대한 호기심과 감수성을 나타낸다.

14. 스포츠 기술에 반영된 조작 운동과 지각운동 구성요소의 연결이 옳은 것은?

	스포츠 기술	조작운동	지각운동 구성요소
①	골프공 때리기, 축구공 차기	추진	안정
②	농구패스잡기, 핸드볼패스 잡기	추진	공간
③	티볼 펀팅, 탁구공 되받아치기	흡수	시간
④	축구패스공 멈추기, 야구 공중볼 받기	흡수	공간

15. 〈보기〉의 대화에서 ㉠, ㉡에 들어갈 유아체육 프로그램 기본원리와 교수방법은?

〈보기〉

A 지도자 : 저는 수업에서 유아 간에 체력이나 소질 같은 개인차가 발생하는 부분이 늘 고민이었어요. 운동프로그램 구성을 위한 원리 같은 것이 있을까요?
B 지도자 : (㉠)의 원리 같은 경우가 적용될 수 있을 것 같아요. 이 원리는 일반화된 특성뿐만 아니라 유전과 환경요인 같은 개인차를 고려하는 것을 말해요.
A 지도자 : 그렇다면 유아가 창의성 있게 자발적으로 참여하게 하는 지도방법은 어떤 것이 있을까요?
B 지도자 : (㉡) 방법이 효과적일 것 같아요. 이 방법은 유아 스스로의 실험과 문제해결, 자기 발견을 통해 학습이 일어나는 과정을 강조하는 방법이예요.

	㉠	㉡
①	특이성	탐색적(exploratory)
②	특이성	과제 중심 접근(task-oriented)
③	연계성	탐색적(exploratory)
④	연계성	과제 중심 접근(task-oriented)

16. **기본 움직임 기술에 대한 대근운동발달검사(TGMD)에서 검사항목과 수행기준이 적절하지 않은 것은?**

	기본움직임 기술	검사항목	수행기준
①	이동운동	달리기 (15m)	팔꿈치를 구부리고 팔과 다리는 엇갈려 움직인다.
②	이동운동	제자리 멀리뛰기	던지는 팔의 반대쪽 발을 내딛으며 무게를 이동시킨다.
③	조작 운동	던지기 (over-hand throw)	엉덩이와 어깨를 목표지점을 향하여 회전시킨다.
④	조작 운동	공 차기	디딤발로 외발 뛰기를 하면서 차는 발을 길게 뻗는다.

17. **미국 질병통제예방센터(CDC)가 제시한 연령별 신체활동 가이드라인으로 옳지 않은 것은?**

① 미취학 아동에게 성장과 발달을 위해 일정 시간 이상의 신체활동이 권장된다.
② 미취학 아동의 보호자는 제한적인 활동유형의 소근육 위주 놀이를 장려해야 한다.
③ 어린이와 청소년에게 매일 60분 이상의 중강도 신체활동을 장려해야 한다.
④ 어린이와 청소년들에게 연령에 적합하며, 즐겁고 다양한 신체활동에 참여할 수 있는 기회와 격려의 제공이 권장된다.

18. **유치원 체육수업에서 실제학습시간(ALT)을 증가시킬 수 있는 공간 구성 전략으로 옳지 않은 것은?**

① 유아의 호기심 및 모험심 등을 표현할 수 있는 환경 조성을 추구한다.
② 유아의 주의 집중을 위해 체육시설이나 기구를 효율적으로 배치한다.
③ 운동이 익숙해지는 시기에는 순환식보다 병렬식 위주로 기구를 배치한다.
④ 수업 중인 신체활동과 관련 없는 놀잇감 배치를 지양한다.

19. **〈표〉는 미국스포츠의학회(ACSM)의 '어린이와 청소년을 위한 FITT(빈도, 강도, 시간, 형태) 권고사항'이다. ㉠~㉢에 들어갈 용어를 바르게 연결한 것은?**

구분	(㉠) 운동	(㉡) 운동	(㉢) 운동
빈도	고강도 운동을 최소 주 3일 이상 포함되도록 함	주 3일 이상	주 3일 이상
강도	중강도에서 고강도	체중 또는 8~15회 반복 가능한 무게	충격이나 기계적 부하와 같이 부하를 주는 신체활동이나 운동자극

	㉠	㉡	㉢
①	무산소	심폐체력	평형성
②	유산소	저항	평형성
③	유산소	저항	뼈 강화
④	유산소	뼈 강화	저항

20. **유소년 체육활동에서 체온조절과 관련된 내용으로 지도자가 고려해야 할 사항으로 옳지 않은 것은?**

① 적당한 온도 및 습도가 유지된 환경을 조성해야 한다.
② 체온조절을 위해 가능한 더운 공간에서의 활동을 장려한다.
③ 더운 여름철의 체육 활동에는 적절한 수분 보충을 장려한다.
④ 유소년은 체육활동 시 성인에 비해 열을 빨리 획득하게 된다는 것을 인지한다.

노인체육론 (03)

1. 기대수명(life expectancy)에 대한 설명으로 옳지 않은 것은?

① 나이가 증가함에 따라 변화한다.
② 기대수명과 평균수명은 동일한 개념이다.
③ 대부분의 나라에서 꾸준히 증가하고 있다.
④ 평균적으로 여성의 기대수명이 남성의 기대수명보다 높다.

2. 무릎골관절염 노인의 운동을 지도할 때 고려사항으로 옳지 않은 것은?

① 저항성 운동할 때 통증을 유발하는 운동은 등척성 운동으로 대체할 수 있다.
② 불편함을 느끼기 시작하는 강도보다 낮은 강도로 운동을 시작한다.
③ 수중운동의 경우 물의 온도는 약 29~32℃를 권장한다.
④ 무릎관절에 충격이 큰 체중부하 운동을 권장한다.

3. 〈보기〉에서 설명하는 운동 원리는?

〈보기〉

노인스포츠지도사는 일상적인 환경에서의 움직임과 연관된 동작을 포함하는 운동프로그램을 설계하고 실행해야 한다.

① 기능 관련성 원리
② 난이도 원리
③ 점진성 원리
④ 과부하 원리

4. 〈보기〉에서 설명하는 것은?

〈보기〉

- 노화와 관련한 대표적인 증상 또는 질환이다.
- 근육 위축(muscle atrophy)으로도 알려져 있다.
- 유산소 능력, 골밀도, 인슐린 민감성 및 신진대사율 감소를 유발할 수 있다.

① 근감소증(sarcopenia)
② 근이영양증(muscular dystrophy)
③ 루게릭병(amyotrophic lateral sclerosis)
④ 근육저긴장증(muscle hypotonia)

5. 〈보기〉에서 체중부하운동을 모두 고른 것은?

〈보기〉

㉠ 걷기
㉡ 등산
㉢ 고정식 자전거
㉣ 스케이트
㉤ 수영

① ㉠, ㉢
② ㉠, ㉡, ㉣
③ ㉡, ㉢, ㉣
④ ㉡, ㉢, ㉣, ㉤

6. '국민체력 100'에서 제시한 노인 체력에 대한 측정 방법과 운동 방법의 연결이 옳지 않은 것은?

	체력	측정 방법	운동 방법
①	동적 평형성	의자에 앉아 3m 표적 돌아오기	베개 등 다양한 지지면 위에서 균형 걷기
②	유연성	앉아 윗몸 앞으로 굽히기	스트레칭
③	하지 근기능	30초간 의자에 앉았다가 일어서기	밴드 잡고 앉아서 다리 밀기
④	심폐 지구력	8자 보행	고정식 자전거 타기

7. 노인이 규칙적인 유산소운동을 통해 얻을 수 있는 효과로 옳지 않은 것은?

① 최대산소섭취량과 1회 박출량 증가
② 분당 환기량 증가와 안정 시 호흡수 감소
③ 말초혈관의 저항 감소와 혈관 탄력성 증가
④ 복부지방 감소와 안정 시 인슐린 분비의 증가

8. 〈보기〉는 만성질환 노인의 운동 효과이다. ㉠~㉢에 들어갈 용어를 바르게 연결한 것은?

〈보기〉

- 비만 노인의 체지방량이 (㉠)하고, 근육량은 유지 및 증가된다.
- 당뇨 노인의 혈당량이 감소하고, 근육의 인슐린 민감성이 (㉡)된다.
- 골다공증 노인의 골밀도 (㉢)가 개선되고, 낙상과 골절이 예방된다.

	㉠	㉡	㉢
①	감소	증가	감소
②	증가	증가	감소
③	감소	증가	증가
④	증가	감소	증가

9. 운동프로그램의 원리 중 '특수성의 원리(specificity principle)'에 대한 설명으로 옳은 것은?

① 훈련 자극 및 강도를 지속적으로 증가시켜야 한다.
② 신체의 기능 향상을 위해서는 더 강한 부하를 주어야 한다.
③ 운동의 효과는 운동 중 사용한 특정 근육 및 부위에서 나타난다.
④ 노인의 개인 특성과 운동능력 및 체력 수준을 고려하여 운동 형태를 결정해야 한다.

10. 건강한 노인의 걷기운동을 지도할 때 주의사항으로 옳지 않은 것은?

① 팔은 자연스럽게 앞뒤 교대로 흔들면서 걷게 한다.
② 안전한 보행을 위하여 앞꿈치, 발바닥, 뒤꿈치 지지순서로 걷게 한다.
③ 기립 안정성을 위해 배를 내밀지 않은 상태에서 허리를 바로 세우고 걷게 한다.
④ 발바닥 전체로 내딛거나 보폭을 너무 크게 하면 피로가 빨리 오고 발바닥에 통증이 발생하므로 주의시킨다.

11. 〈보기〉에서 설명하는 노화와 관련된 유전인자는?

〈보기〉

- 세포의 분열수명을 제어
- 조로증(progeria)의 원인

① 마이오카인(myokine)
② 사이토카인(cytokine)
③ 글루코오스(glucose)
④ 텔로미어(telomere)

12. 〈보기〉에서 설명하는 이론은?

〈보기〉

85세의 마이클 조던은 노화로 인한 신체기능 저하로 더 이상 예전의 농구기량을 보여줄 수 없게 되었다. 농구를 계속하고 싶었던 마이클 조던은 다음과 같은 전략을 수립했다.

- 농구를 계속하기로 함
- 풀코트 대신 하프코트, 40분 정규시간 대신 20분만 뛰기로 함
- 동일한 연령대의 그룹과 경기하기로 함

① 반두라(A. Bandura)의 자기효능감 이론
② 로우(J. Powe)와 칸(R. Kahn)의 성공적 노화 이론
③ 펙(R. Peck)의 발달과업 이론
④ 발테스와 발테스(M. Baltes & P. Baltes)의 보상이 수반된 선택적 적정화 이론

13. 〈보기〉의 ㉠, ㉡에 들어갈 내용을 바르게 연결한 것은?

〈보기〉

- 폐경으로 인한 (㉠) 감소로 골다공증 위험 증가
- 대사작용의 산물인 (㉡)의 증가가 여러 노화 관련 질환 유발

	㉠	㉡
①	테스토스테론	활성산소
②	테스토스테론	젖산
③	에스트로겐	활성산소
④	에스트로겐	젖산

14. 〈보기〉에서 설명하는 행동 변화 이론 또는 모형은?

〈보기〉

- 자신의 신념(belief)과 행동(behavior)을 연결하는 이론
- 구성 요인은 태도, 주관적 규범, 지각된 행동 통제, 의도, 행동통제인식

① 학습이론(learning theory)
② 건강신념모형(health belief model)
③ 계획행동이론(theory of planned behavior)
④ 행동변화단계모형(behavior change model)

15. 〈보기〉에서 노인과의 원활한 의사소통 방법으로 옳은 것을 모두 고른 것은?

〈보기〉

㉠ 참여자의 정면에 선다.
㉡ 시선을 한곳에 고정한다.
㉢ 적절한 눈맞춤을 한다.
㉣ 참여자를 향해 몸을 약간 기울인다.
㉤ 손을 계속 움직이며 손가락으로 지적한다.

① ㉠, ㉡
② ㉡, ㉤
③ ㉠, ㉢, ㉣
④ ㉠, ㉢, ㉣, ㉤

16. 대사당량(METs)에 대한 설명으로 옳지 <u>않은</u> 것은?

① 안정시 MET값은 연령에 따라 다르다.
② 중강도의 신체활동 기준은 3.0~6.0METs이다.
③ 노인의 유산소 운동시 안전한 운동강도 설정 지표로 활용된다.
④ 1MET는 휴식상태에서 체중 1kg당 1분 동안 사용하는 산소량이다.

17. 〈표〉는 노인이 운동할 때 응급상황에 대한 응급처치 방법과 목적을 제시한 것이다. ㉠~㉢에 들어갈 용어를 바르게 연결한 것은?

방법	목적
• (㉠)	• 추가적 손상 방지
• Rest(휴식)	• 심리적 안정
• Ice(냉찜질)	• (㉡)
• Compression(압박)	• 부종 감소
• Elevation(거상)	• 부종 감소
• Stabilization(고정)	• (㉢)

	㉠	㉡	㉢
①	Posture (자세)	근 경련 감소	마비 예방
②	Posture (자세)	통증, 부종, 염증 감소	마비 예방
③	Protection (보호)	통증, 부종, 염증 감소	근 경련 감소
④	Protection (보호)	마비 예방	근 경련 감소

18. 노화로 인한 낙상의 원인으로 옳은 것은?

① 보행속도의 증가
② 자세 동요의 감소
③ 발목의 발등굽힘 증가
④ 보폭이 좁은 오리걸음 패턴

19. 노화로 인한 체력 저하에 대한 설명으로 옳지 않은 것은?

① 근력은 20대에 최대치를 이루고 그 후 점차적으로 저하된다.

② 순발력은 10대에 최대치를 이루고 근력에 비해 빠르게 저하된다.

③ 평형성은 20대에 최대치를 이루고 그 후 급속히 저하된다.

④ 지구력은 근력, 순발력에 비해 느리게 저하된다.

20. 생물학적 노화의 특징으로 옳지 않은 것은?

① 노화로 인한 변화는 점진적이다.

② 모든 사람에게 보편적으로 나타난다.

③ 발달과 쇠퇴를 모두 포함하는 변화이다.

④ 환경적 요인을 배제한 내재적 요인에 의해 발생한다.

2023년 기출문제 스포츠사회학 정답 및 해설

1	2	3	4	5	6	7	8	9	10	11	12	13	14	15	16	17	18	19	20
①	②	①	②, ③, ④	③	①	④	②	②	③	②	①	②	③	①	④	④	③	④	①, ②, ③, ④

1 ① 스포츠의 교육적 기능

스포츠의 상업화, 참여기회의 제한, 승리지상주의는 스포츠의 교육적 역기능에 해당한다.

스포츠의 교육적 순기능

- 사회통합 기능 : 스포츠가 사회구성원을 결집하고 조직의 일체감을 조성한다는 사실에 흥미를 갖는다(학교와 지역사회의 통합).
- 사회화 기능 : 스포츠를 통해 가치와 규범을 배우며 사회가 원하는 일반적 가치관을 학습하게 된다.
- 체제 유지와 평생체육의 연계 : 스포츠가 일반 대중에게 사회의 기본적 가치와 규범을 가르친다는 사실에 관심을 둔다(평생체육의 연계).
- 목표성취 및 격려 : 스포츠는 사회제도의 목적을 달성하는 데 동원할 수 있는 수단을 합법화하고, 그것을 재확인시켜 주는 기능을 지닌다. 스포츠 참가를 통해 능력 발휘가 배양되는 스포츠맨십 및 페어플레이 정신은 스포츠와 일반 사회가 공통으로 추구하는 목표를 성취하기 위한 전제 조건이 된다(학업활동의 격려).
- 적응 : 스포츠는 격렬한 신체활동을 통하여 체력, 정신력, 극기심 등을 배양함으로써 자연적, 사회적 환경의 도전을 극복할 수 있는 적응기제를 강화해 준다.

2 ② 상업주의와 스포츠

㉡ 스포츠 내용의 변화 : 스포츠의 심미적 가치보다 영웅적 가치를 중시하게 되었다.
㉣ 스포츠 구조의 변화 : 프로 농구의 경우, 전·후반제에서 쿼터제로 변경되었다.

상업주의에 의한 스포츠 변화

구분	내용
스포츠 본질의 변화	• 아마추어리즘의 약화 • 스포츠의 직업화 : 스포츠 활동을 본업으로 삼고 있는 직업 스포츠인은 금전적 이익을 위해 스포츠에 참여하고 있고, 어떠한 형태로든 보수를 받으며, 그들에게 스포츠란 즐거움이기보다는 하나의 직업일 뿐이다.
스포츠 구조의 변화	• 규칙적인 변화 • 결승전 경기 시간 조정, 광고 시간 삽입, 결승전 주말 유도, 지명타자제도, 연예인 캐스터, 농구의 3점 슛 규칙 개정 등
스포츠 내용의 변화	• 관객이 증가함으로써 전문화된 경기 규칙, 작전, 기술을 이해하지 못하므로 스포츠의 본질적 요인보다는 비본질적 요인을 중시하여 경기 자체보다 경기 외적 사실을 중요시하는 것을 의미한다. • 관중의 이목을 끌기 위한 플레이나 화려함 위주의 플레이를 하게 된다(심미적 가치 경시, 영웅적 가치 중시).
스포츠 조직의 변화	• 상업주의 스포츠 경기가 기획·조직되는 방식에 있어 영향력을 행사해 왔다. 대부분의 대회는 대중매체, 팀 구단주 그리고 대회 후원자의 지원으로 개최됨으로써 쇼(show)화된다는 것이다. • 경제적 가치 극대화를 위해 스포츠 외적 요소 강조 : 치어리더, 연예인 시구, 초대가수 등 • 선수들의 권리보다는 소수의 관리자와 스폰서의 이익을 증대시키는 방향으로 조직 운영
스포츠 목적의 변화	• 관중의 흥미를 유발한다(경제적 이윤을 중요시한다).

3 ①

제국주의 : 강력한 군사력을 토대로 정치, 경제, 군사적 지배권을 다른 민족이나 국가로 확장시키려는 패권주의 정책을 말한다.

코먼웰스 게임

코먼웰스 게임은 4년마다 개최되는 영국 연방 국가들 간의 종합 스포츠 대회로 코먼웰스 게임 연맹이 이 대회를 주관한다. 1930년에 브리티시 엠파이어 게임이라는 이름으로 첫 대회가 열렸으며 1978년 대회에 코먼웰스 게임으로 명칭이 변경된 이래 지금까지 이 명칭이 사용되고 있다.

스포츠 세계화

- 스포츠 세계화는 규칙과 경쟁을 기초로 스포츠를 통해 지구적 차원의 사회관계를 유연하게 할 뿐만 아니라 문화적, 정치적, 경제적 교류 등을 꾀하게 하는 시대적 교류를 의미한다.
- 스포츠의 탈영토화를 의미한다.
- 스포츠 소비문화의 측면에서도 이루어지고 있다.
- 스포츠가 내재하고 있는 가치를 전 세계에 전파하는 데 이바지한다.

4 ②, ③, ④

케년(G.Kenyon)은 스포츠 참가의 형태를 참가 내용의 특성에 따라 행동적 참가, 인지적 참가, 정의적 참가로 구분하고 스포츠 참가의 역할에 의해 참가자, 생산자, 소비자로 세분하고 있다.

케년(G.Kenyon)의 스포츠 참가유형

- 행동적 참가 : 스포츠에 실질적으로 참가하는 형태를 말한다. 행동적 참가에는 일차적 참가와 이차적 참가로 구분되며, 이차적 참가는 직접 생산자, 간접 생산자, 직접 소비자, 간접 소비자로 구분된다.

	직접	간접
생산자	경기 결과에 직접적으로 영향을 미치는 지도자, 심판 등과 같은 역할	스포츠 상황에 참가하지만, 경기 결과에 직접적인 영향을 미치지 않는 기업가, 기술 요원, 서비스 요원 등과 같은 역할
소비자	관중, 직접 경기 현장에 입장하는 팬	언론, 매스컴을 통해 스포츠와 관계를 맺고 있는 팬

- 인지적 참가 : 학교, 사회기관, 미디어 등을 통해 스포츠에 관한 정보를 수용함으로써 이루어지는 참가
- 정의적 참가 : 특정 선수나 팀 또는 경기 상황에 대해 감정적 태도, 성향을 표출하는 간접적인 참가

5 ③

- 관료화 : 규칙의 제정, 경기를 조직적으로 운영
- 전문화 : 포지션의 분화와 리그의 세분화를 촉진

거트만(A. Guttmann)의 근대스포츠 특징

- 세속화 : 즐거움, 건강, 경제적 이익, 명예 등을 추구
- 기록화 : 스포츠는 기록의 수립과 갱신을 강조
- 수량화 : 스포츠는 거리, 시간, 점수 등 측정 가능한 숫자로 표현
- 관료화 : 규칙을 제정하고 경기를 조직적으로 운영
- 합리화 : 스포츠는 규칙과 전략으로 구성
- 전문화 : 포지션의 분화와 리그의 세분화를 촉진
- 평등화 : 모든 경쟁자는 동등한 조건에서 경쟁되어야 함

6 ①

스포츠사회화의 의미와 과정

스나이더의 스포츠 사회화의 전이 조건

- 스포츠 참가 정도
- 참가의 자발성 여부
- 참가자의 개인적·사회적 특성
- 사회화 주관자의 위신 및 위력

7 ④

스포츠와 미디어의 상호관계

버렐(S. Birrell)과 로이(J. Loy)의 스포츠 미디어를 통해 충족할 수 있는 욕구

- 인지적 욕구 : 스포츠 경기의 결과, 선수와 팀에 대한 통계적 지식을 제공해 준다.
- 정의적 욕구 : 스포츠는 미디어를 통해 대중에게 즐거움, 흥미, 관심을 느끼게 한다.
- 통합적 욕구 : 대중에게 공유할 수 있는 경험을 제공해 사회집단을 통합하는 기능을 한다.

8 ②

스포츠와 미디어의 이해

- 보편적 접근권 : 국민의 관심이 높은 스포츠 경기를 무료 혹은 저렴한 비용으로 시청할 수 있는 권리를 말한다.
- 옐로 저널리즘 : 선수 개인의 사생활을 중심으로 대중을 자극하고 호기심에 호소하는 흥미 위주의 스포츠 관련 보도를 지칭한다.

뉴 저널리즘

1960년대 이후 새롭게 등장한 보도 및 기사 작성의 스타일. 기존 저널리즘이 취해 왔던 속보성, 객관성의 관념을 거부하고, 소설 작가의 기법을 적용하여 사건과 상황에 대한 표현을 독자에게 실감나게 전달하고자 한다.

옐로 저널리즘

대중의 원시적 본능을 자극하고 호기심에 호소하여 흥미 본위로 보도하는 센세이셔널리즘경향을 띠는 저널리즘이다. 옐로 저널리즘은 미국의 신문왕 조지프 퓰리처와 언론 재벌 윌리엄 허스트에 의해 탄생했다. 퓰리처는 신문은 '옳고 그른 것을 가르치는 도덕교사'라고 믿는 한편 '재미없는 신문은 죄악'이라는 신념을 가지고 있었다. 그는 흥미와 오락 위주의 일요판 신문도 처음으로 시작했다. 그리고 그 과정에서 독자의 시선을 끌기 위해 선정주의에 호소함으로써 '옐로 저널리즘'을 탄생시켰다. 퓰리처는 1889년에 뉴욕월드 일요판에 황색 옷을 입은 소년 "Yellow Kid"를 게재했는데 당시 경쟁사인 허스트의 뉴욕저널과 선정주의로 과대한 경쟁을 함으로써 옐로 저널리즘이란 말이 탄생하게 된 것이다.

9 ②

스포츠와 계층이동

- 웨이버 조항(waiver rule) : 프로스포츠 구단이 소속 선수와의 계약을 해지하고 다른 구단에게 해당 선수를 양도받을 의향이 있는지 공개적으로 묻는 제도이다. 기량이 떨어지거나 심각한 부상을 당한 선수를 방출하는 수단으로 이용하고 있다.
- 보류조항(reserve clause) : 선수 계약 해제나 교환이 되지 않는 한 이적하지 못하는 제도
- 선수대리인(agent) : 선수를 대신하여 연봉협상, 광고 계약, 이적 등에 관한 업무 처리
- 자유계약(free agent) : 일정 기간 선수 자신의 뜻대로 구단과 협상할 권리 제공

10 ③

스포츠일탈의 이해

스포츠에서 선수들의 약물복용이 지속되면 경기의 공정성이 훼손된다. - 스포츠 일탈의 역기능에 해당된다.

스포츠 일탈의 순기능

- 스포츠일탈은 규범의 존재를 재확인(규범에의 동조를 강화)한다.
- 부분적인 스포츠일탈은 사회적 안전판의 역할을 한다.
- 사회개혁과 창의성을 가져다주는 역할을 한다.
- 공격본능의 합법적 표출과 경기력 향상에 영향을 준다.

스포츠 일탈의 역기능

- 스포츠 체계의 질서 및 예측 가능성을 위협하고 긴장과 불안을 조성한다.
- 스포츠 참가자의 사회화에 부정적인 영향을 미칠 수 있다.
- 스포츠 본질과 의미를 상실한다.

11 ②

스포츠와 국내정치

- 국위선양 : 운동선수와 국가의 동일시는 특정 국가가 세계의 매스컴에 자연스럽게 명성을 떨칠 수 있는 기회를 제공한다.
- 외교적 항의 : 특정 국가가 자국의 이익에 어긋나는 행동을 하거나 위협을 가한 국가에 대해 외교적 항의할 때 극심한 외교적, 통상적, 정치적 피해를 보게 된다. 그러나 스포츠를 통해 이와 같은 항의를 전달하면 직접적인 피해나 손해를 입지 않고도 외교적 목적을 달성할 수 있게 된다.
- 정치이념 선전 : 국제 스포츠에서의 경쟁은 승자와 패자를 가르는 스포츠의 경쟁 원리에 입각하고 있다는 점에서 특정 정치체제의 입지를 강화하기 위한 대리 전적 성격을 띠고 있을 뿐만 아니라 국제경기에서의 승리는 특정 정치체제의 우월성을 입증하는 증거가 된다.

외교적 도구

국제 수준에서 스포츠를 이용하는 가장 보편적인 방법은 외교적 승인이다. 오늘날에는 어느 한 국가가 다른 국가와 스포츠 경기를 하게 되면 공식적 외교 관계가 성립되어 있지 않은 국가 간이라 할지라도 양국 및 해당 정부를 승인함을 상징하게 된다.

12 ①

상업주의와 스포츠

부르디외의 문화자본 유형

- 체화된 문화자본 : 지식, 교양, 기능, 취미, 감상의 형태로 구체화되며 개별행위자가 개인적으로 소유할 수 있는 능력을 벗어나서 축적될 수는 없다.
- 객체화된 문화자본 : 객체화된 상태의 문화자본은 체화된 문화자본과 연관 지어서 정의할 수 있다. 문학작품, 미술작품, 유적, 악기 등과 같이 물질적 대상과의 매개물로서 존재한다.
- 제도화된 문화자본 : 한 개인이 교육을 통해 사용하는 자본이며, 그것은 객체화는 교육적인 성취 안에서 이루어지며 문화자본의 결핍은 교육 현장에서 학업성취의 결핍과 직접적으로 관련되게 된다.

13 ②

스포츠와 계층이동

㉡ 과거에 비해 운동선수들의 지위가 줄어들고 있다.

㉣ 스포츠 종목 간 계층 현상은 야구, 농구, 축구, 배구, 씨름 등과 같은 일부 스포츠는 인기 스포츠로 취급되고, 체조, 육상, 럭비, 하키, 역도, 사이클 등과 같은 스포츠는 비인기 종목으로 인식

스포츠 계층의 보편성

- 재화와 용역의 일반적인 분배 방식에 대한 불만이 스포츠 장면에서 지속해서 표출. 이러한 불만은 스포츠 제도 내에 계층이 존재하고 있음을 확신시켜 주는 명확한 증거
- 편재성이란 어느 곳에서나 존재한다는 의미로서 스포츠 계층 또한 어느 곳에서나 존재하고 어디에서든지 발견할 수 있는 보편적인 사회 문화적 현상
- 스포츠 종목 간 계층 현상은 야구, 농구, 축구, 배구, 씨름 등과 같은 일부 스포츠는 인기 스포츠로 취급되고, 체조, 육상, 럭비, 하키, 역도, 사이클 등과 같은 스포츠는 비인기 종목으로 인식
- 스포츠 종목 내 계층 현상은 예를 들어 태권도와 유도 같은 경우 띠를 매개로 단이나 급의 층을 형성하고, 격투기 종목 경우 체급에 따라 위광의 수준이나 수입이 계층화됨
- 계층 없는 사회인 공산국가에서도 스포츠 계층이 존재

14 ③

스포츠일탈의 유형

- 전염이론 : 개인의 사고나 감정이 집단 속에서 타인으로부터 영향을 받아 개인적 정체성을 상실하게 된다고 보는 이론
- 수렴이론 : 일상생활에서 숨겨져 왔던 본연의 실제 자아가 사회적 익명성의 상황에서 감정적 행동으로 표출된다고 보는 이론
- 규범생성이론 : 개인의 특수성과 장소 고유의 규범이 생성됨에 따라 동조압력에 의해 집합행동이 발생된다고 보는 이론
- 부가가치이론 : 집합행동의 발생원인 및 결정요인을 단계적인 조합으로 보는 이론

15 ①

스포츠와 계층이동

개척자형 : 스포츠 보급을 통해 금전적 보상을 추구하기보다 이주 국가와 친밀한 관계를 형성

매기(J. Magee)와 서덴(J. Sugden)이 제시한 스포츠의 노동이주 유형

유목민형	종목의 특성으로 인해 국가 간 이동이 발생하는 거주
정착민형	경제적 보상 외에 다른 요인에 의해 정착하여, 보다 나은 사회적 환경이나 교육환경에서 거주
개척자형	금전적 보상이 최고의 가치가 아니며, 이주 국가와 친밀한 관계를 형성
귀향민형	해외로 이주했다가 다시 국내로 귀향
용병형	금전적 보상을 최고의 가치라고 생각하는 유형

16 ④

스포츠일탈의 유형

상대론적 접근 : 단순규정으로서가 아닌 사회적으로 용인되는 범위 의미

- 과잉동조 : 기준, 규범을 무비판적으로 수용하는 태도로 집단에서 설정된 규칙이나 목표를 무조건적으로 따르는 행동(㉑ 무패행진을 계속하는 권투선수, 운동중독 등)
- 과소동조 : 규범을 무시하거나 거부하는 유형(㉑ 금지약물 복용, 조작, 스포츠폭력, 음주 등)

17 ④

스포츠사회화의 의미와 과정

개인은 자신이 처해있는 상황을 학습하고 이해하기 위해 강화, 코칭, 관찰학습의 개념을 활용한다.

- 사회학습이론 : 스포츠 역할의 학습을 이해하기 위해 강화, 코칭, 관찰학습의 개념을 활용
- 역할이론 : 개인이 사회 속에서 각자의 사회적 지위를 향한 역할기대 또는 행동양식을 획득하는 과정을 설명하는 이론
- 준거집단이론 : 인간은 스스로 집단이나 타인에게 적응하고 이들의 행동, 태도, 감정 등을 자신의 행동이나 태도 감정의 형성을 위한 중요한 판단 기준이 되는 준거의 척도로 삼는다는 이론. 준거집단은 규범집단, 비교집단, 청중집단 등으로 구성

18 ③

스포츠와 정치의 결합

권력투쟁 : 스포츠가 조직화됨에 따라 불평등하게 배분된 권력을 획득하는 속성

에티즌(D.Eitzen)과 세이지(G. Sage)가 제시한 스포츠의 정치적 속성

보수성	현존하는 질서를 지지하고 유지, 애국의식, 정치체계 강화
대표성	소속 조직 대표, 충성심, 슬로건, 응원가 등 상징을 통해 조직에 대한 선수의 충성심을 지속시키거나 강화
상호의존성	스포츠는 국가 홍보 역할을 하고, 국가는 스포츠에 혜택을 부여하는 속성
권력투쟁	스포츠가 조직화됨에 따라 불평등하게 배분된 권력을 획득하는 속성

19 ④

스포츠와 미디어의 이해

사회관계 이론 : 개개인이 원하는 정보를 선택하고 해석할 때는 주변 사람의 영향이 크고, 개인의 대중 매체에 대한 접촉 양식은 중요 타자와의 사회관계에 많은 영향을 받음

스포츠 미디어 이론

사회범주 이론	미디어의 영향력과 스포츠의 소비 형태는 연령, 성, 사회계층, 교육수준, 결혼여부 등에 따라 달라질 수 있음
개인차 이론	대중매체가 관람자의 개인적 특성에 호소하는 메시지를 제공하여 개인의 욕구 충족을 제공
문화규범 이론	대중매체가 현존하는 사상이나 가치를 선택적으로 제시하며 강조
사회관계 이론	개개인이 원하는 정보를 선택하고 해석할 때는 주변 사람의 영향이 크고, 개인의 대중 매체에 대한 접촉 양식은 중요 타자와의 사회관계에 많은 영향을 받음

20 ①, ②, ③, ④

스포츠사회학의 의미

- 갈등 이론 : 경쟁, 인종, 젠더 등 갈등을 취하게 됨
- 구조기능이론 : 일탈을 가치관의 혼란으로 인해 발생한다고 보는 한편, 일탈이 규범을 재확인하는 기회가 되어 사회기능 유지에 긍정적 영향을 미친다고 보는 것을 말한다. 사회는 하나의 실체이며 구성원들이 자신의 역할을 충실히 수행할 때 건강한 사회가 유지될 수 있다고 본다.
- 상징적 상호작용론 : 미시적 관점의 이론으로 과정을 중시하고 인간의 상호작용에 초점을 맞추고 있는 이론이다. 개인의 행동이나 사고는 사회의 영향을 받는 동시에 사회를 구성하고 변화시키는 역할을 한다.

2023년 기출문제 스포츠교육학 정답 및 해설

1	2	3	4	5	6	7	8	9	10	11	12	13	14	15	16	17	18	19	20
①	③	①	④	④	②	③	②	①	②	③	①	④	④	①	②	③	②	④	③

1 ①

평가의 이론적 측면

- 검사–재검사 : 동일한 검사를 다른 두 시기에 실시하여 그간에 얻어진 상관 계수. 오차는 다른 두 시기에 같은 검사를 같은 개인에게 실시했을 때 점수의 차를 가져오는 모든 것이라는 견지에서 얻어진 신뢰도가 된다.
- 동형 검사 : 같은 집단에 대해서 다른 두 가지에 각각 다른 두 동형 검사를 실시하여 얻은 점수 간의 상관관계. 이 신뢰도는 다른 두 검사를 실시함으로써 검사–재검사가 포착하는 오차를 포함할 뿐만 아니라 다른 두 동형 검사를 실시함으로써 문항의 표집에서 기인되는 오차까지도 포함한다.
- 반분 신뢰도 검사 : 한 개의 검사를 한 피험자 집단에게 실시하되 그것을 적절한 방법에 의해 두 부분으로 나누어 반분된 검사 점수들 간의 상관계수를 산출하여 둘 간의 유사성을 추정하는 신뢰도이다.
- 내적 일관성 검사 : 한 번의 검사로 신뢰도를 추정하는 것으로, 문항 하나하나를 하나의 검사로 간주하여 문항 간 유사성을 추정하는 방법이다.

2 ③

스포츠지도를 위한 교수기법

모스턴의 교수 스타일 중 유도발견형 스타일은 질문에 대한 답을 말하지 않고, 학습자의 반응을 기다린다.

모스턴의 교수 스타일

교수 스타일 A~E까지는 모방이 중심, F~K까지는 창조가 중심이 된다.

A	지시형 스타일	교사가 지시하는 대로 운동을 수행하거나 반응을 보임
B	연습형 스타일	교사는 학생 개개인에게 과제 연습시간을 부여 후 개별적 피드백 제공
C	상호학습형 스타일	관찰자와 수행자의 역할을 정하여 수행자는 과제를 수행하고 관찰자는 수행자에게 피드백을 제공
D	자기점검형 스타일	학습자는 과제를 수행하고 스스로 평가
E	포괄형 스타일	동일 과제에서 학습자가 다양한 시작점을 선택할 수 있도록 여러 선택사항 제공
F	유도 발견형 스타일	질문에 대한 해답을 말하지 않는다, 학습자의 반응을 기다린다, 지속적으로 피드백을 제공, 수용적이고 인내하는 분위기를 조성–유지
G	수렴 발견형 스타일	한 가지 지물에 대한 명확한 한 개의 답
H	확산 발견형 스타일	교사는 학생에게 여러 가지 답이 나올 수 있는 질문을 설계–제시
I	자기 설계형 스타일	학습자는 교사가 지정한 학습 주제 범위 내에서 학습 목표를 선택, 학생이 전체적 계획을 직접 수립하고 구상
J	자기 주도형 스타일	활동 전, 중, 후의 의사결정을 모두 학생이 함, 학생이 교사의 피드백이 필요로 할 경우에만 피드백 제공
K	자기 학습형 스타일	학습에 대한 학습자의 개인적 열망 및 개별적인 학습 집착력에 한정, 실제 교육현장에서는 거의 사용하지 않음

3 ① 세부지도목적에 따른 교수기법

로젠샤인과 퍼스트 학습성취와 관련된 지도자 변인에서 지도자의 경력은 학습성취와 관련된 지도자 변인에 해당이 안 된다.

로젠샤인과 퍼스트 학습성취와 관련된 지도자 변인

명확한 과제 제시	학습 지도, 시범, 토론 등이 학생들에게 명확히 전달되는 것뿐만 아니라 명확한 과제 전달에 의한 시간의 절약까지를 의미한다.
교사의 열의	긍정적 학습분위기를 조성하는 데 기여할 뿐만 아니라 활발한 학습을 진행하는 원동력으로 작용한다.
수업활동의 다양화	학생들의 지루함을 막아주며 학생들이 학습 내용에 몰두할 수 있게 만든다.
수업 내용의 적절성	수업내용 또는 교과를 강조하는 변인이다. 교과에 투자한 시간이 많으면 많을수록 전체 시간 가운데 학생이 학습에 투자한 시간이 증가하게 된다.
과제지향적 교수행동	수업 내용이 줄넘기든 축구든 간에 교육의 가장 중요한 목적이 교과학습을 중시하는 것임을 의미한다. 교과학습은 우수 교사가 가장 중시하는 변인이다.

4 ④ 스포츠지도를 위한 교수기법

스테이션 교수

수업을 여러 개의 소집단으로 나누어 진행할 수 있는 방법이 스테이션 교수이다. 스테이션 교수는 학생들을 여러 개의 소집단으로 나누고, 수업을 여러 스테이션으로 나누어 개별 소집단이 각각의 스테이션에서 서로 다른 활동을 돌아가면서 하게 하는 방법이다. 각각의 교사는 개별 스테이션을 담당하여 교수를 제공한다.

5 ④ 전문체육

국민체육진흥법(시행 2022.8.11.) 제18조3 '스포츠윤리센터의 설립'에 관한 내용으로 체육의 공정성 확보와 체육인의 인권 보호를 위하여 스포츠윤리센터를 설립한다.

제18조의3(스포츠윤리센터의 설립)

① 체육의 공정성 확보와 체육인의 인권 보호를 위하여 스포츠윤리센터를 설립한다.
② 스포츠윤리센터는 법인으로 한다.
③ 스포츠윤리센터는 다음 각 호의 사업을 한다.
  1. 다음 각 목에 해당하는 체육계 인권침해 및 스포츠비리 등에 대한 신고 접수와 조사
    가. 선수에 대한 체육지도자 등의 성폭력 등 폭력에 관한 사항
    나. 승부조작 또는 편파판정 등 불공정에 관한 사항
    다. 체육 관련 입시비리에 관한 사항
    라. 체육단체·경기단체 및 그 임직원의 횡령 · 배임 및 뇌물수수 및 「보조금 관리에 관한 법률」 제22조에 따른 보조금 및 「지방재정법」 제32조의4에 따른 지방보조금의 용도 외 사용 금지 위반에 관한 사항
    마. 그 밖에 체육계 인권침해 및 스포츠비리에 해당된다고 인정되는 사항

6 ② 스포츠지도를 위한 교수기법

효율성의 원리 : 교육활동에 최소한의 인적, 물적, 재정적 자원과 시간을 투입하여 최대의 성과를 가져오려는 원리

7 ③

스포츠지도를 위한 교육모형

지도자 중심으로 의사결정이 이루어지며 학습자의 새로운 과제 제시를 통해 학습자가 새로운 내용이 무엇이고 그것을 어떻게 수행해야 하는지에 대해 언어적/시각적인 정보를 통해 얻게 된다.

직접교수모형

- 교사는 수업 내용과 의사결정의 주관자이며, 수업의 계획과 실행에 주도적인 역할을 한다.
- 수업 내용 및 관리와 학생의 참여에 대한 모든 의사결정을 주도한다.
- 학생이 연습 과제와 기능 연습에 높은 비율로 참여하기 위해 수업 시간과 환경을 가장 효율적으로 이용한다.

8 ②

평가의 이론적 측면

스포츠 대회 참가 목적을 국위선양에 두어 지원할 것은 스포츠기본법 제7조 스포츠 정책 수립·시행의 기본원칙에 해당 안 된다.

제7조(스포츠 정책 수립·시행의 기본원칙)

국가와 지방자치단체는 스포츠에 관한 정책을 수립하고 시행할 때에는 다음 각 호의 사항을 충분히 고려하여야 한다.

1. 스포츠권을 보장할 것
2. 스포츠 활동을 존중하고 사회전반에 확산되도록 할 것
3. 국민과 국가의 스포츠 역량을 높이기 위한 여건을 조성하고 지원할 것
4. 스포츠 활동 참여와 스포츠 교육의 기회가 확대되도록 할 것
5. 스포츠의 가치를 존중하고 스포츠의 역동성을 높일 수 있을 것
6. 스포츠 활동과 관련한 안전사고를 방지할 것
7. 스포츠의 국제 교류·협력을 증진할 것

9 ①

스포츠지도를 위한 교수기법

발견 역치 : 두 능력의 경계를 구분하는 한계선 / 포괄형 스타일에서 유도 발견형 스타일로 넘어간다.

포괄형(inclusion) 교수 스타일

교사의 역할	• 과제와 다양한 과제 난이도를 준비할 수 있다. • 과제에 적합한 평가 기준을 준비할 수 있다. • 학습자의 질문에 대답할 수 있다. • 학습자와 의사소통을 할 수 있다.
학습자의 역할	• 연습형 스타일의 9가지 의사결정을 할 수 있다. • 여러 수준의 과제를 점검할 수 있다. • 자신에게 적절한 수준을 선택할 수 있다. • 과제를 수행할 수 있다.

10 ②

스포츠지도를 위한 교수기법

역순 연쇄

역순 연쇄는 연쇄된 행동의 여러 동작을 뒤에서부터 거꾸로 하나씩 연결해 가는 방법이다. 전체 행동의 마지막 행동을 먼저 가르친 다음, 바로 그 앞의 행동을 가르치고 그다음 또 그 앞의 행동을 가르치는 방식으로 뒤에서 앞으로 나아간다. 학습이 어려운 행동일수록 전진 행동연쇄보다 역순 연쇄 방법을 더 많이 사용한다. 역순 연쇄에서는 이전의 행동학습에서 강화를 받아오면서 그 행동이 강화와 연합되어 조건강화의 작용을 하기 때문에 정적 강화가 매우 효과적으로 적용된다.

11 ③ 스포츠지도를 위한 교수기법

상황이해(with-it-ness) : 무슨 일이 발생하고 있는지 파악하고 적절한 시기에 정확하게 표적행동을 발견할 수 있는 능력

12 ① 스포츠지도를 위한 교수기법

스포츠 지도 행동의 관찰기법

사건 기록법	사건 기록법은 다른 관찰방법보다 일반적으로 비공식적이며, 그 체계성이 적다. 또한 시기에 따른 체계적인 시간표집이 되는 것이 아니라 그때그때 사건이 생길 때마다 기록되므로 다른 관찰방법보다 덜 신뢰로울 가능성이 있다.
평정 척도법	평정 척도는 관심을 갖고 있는 행동을 간접적으로 측정하는 것인데, 행동을 직접 관찰하는 것이 아니라 자기 자신 혹은 타인의 행동에 대해 지각한 바에 따라 평정한다.
일화 기록법	제3자의 의해서 기록되는 일화 기록 방법에는 일정한 양식이 있는 것은 아니지만 일반적으로 다음과 같은 내용과 특징을 가지고 있다. ① 어떤 행동이 언제, 어떤 조건하에서 발생되었는가의 사실적 기술이 있어야 한다. ② 이러한 행동에 대한 해석과 처리방안이 각각 따로 분리되어 기록 제시되어야 한다.
지속시간 기록법	지속시간 기록법은 표적행동이 시간적으로 비교적 오래 지속되는 경우에 표적행동이 단위시간에 얼마나 오랫동안 지속되었는지를 측정하는 방법이다.

13 ④ 스포츠지도를 위한 교육모형

정식 게임(full-sided game)보다는 연습 게임을 통해 운동기능이 낮은 학습자의 참여를 증진 시킨다.

14 ④ 스포츠교육 학습자

목표 달성이 불가능할 경우 대처방안은 메이거(R.Mager)가 제시한 학습 목표 설정의 요소가 아니다.

메이거(R.Mager)가 제시한 학습 목표 설정의 요소

- 설정된 운동수행 기준
- 운동수행에 필요한 상황과 조건
- 학습자에게 기대되는 성취행위

15 ① 스포츠지도를 위한 교육모형

㉡ 학습 영역의 우선순위는 인지적 → 심동적 → 정의적 영역 순이다.

㉣ 지도자의 질문에 학습자가 바로 대답하지 못하는 경우 즉시 답을 알려주는 것이 아니라 지도자는 과제 수행 방법을 설명과 시범이 아닌 질문을 통해 학습자들이 스스로 찾도록 유도하며 학습자 스스로 학습한다.

탐구수업모형

- 교사의 질문이 지도 방법의 핵심, 문제해결 중심의 지도에 활용
- 지도자는 과제 수행 방법을 설명과 시범이 아닌 질문을 통해 학습자들이 스스로 찾도록 유도하며 학습자 스스로 학습 활동에 관련된 문제를 해결
- 학습 영역 우선순위 : 인지적 영역 → 심동적 영역 → 정의적 영역

16 ②
평가의 이론적 측면

몰입, 협동심 : 정의적 영역
경기 규칙 이해 : 인지적 영역

스포츠 참여자 평가

- 정의적 영역(affective domain) : 학습자의 감정, 태도, 가치, 사회적 행동 등과 관련된 교육적 영역
- 심동적 영역 : 신체적 활동이나 능력의 향상과 관련된 영역
- 인지적 영역 : 정보 처리와 관련된 지식 또는 능력의 영역

17 ③
스포츠지도를 위한 교수기법

- 과제 간 전이 : 처음 습득한 기술과 전혀 다른 움직임을 수행하도록 하는 검사형태
- 과제 내 전이검사 : 다른 수행환경에서 같은 기술을 구사하도록 요구하는 검사형태

18 ②
생활체육 프로그램 개발 및 실천

스포츠 지도의 철학, 이념 또는 비전은 스포츠 교육 프로그램의 구성요소 중 내용에 해당이 안 된다.

19 ④
스포츠지도를 위한 교육모형

① 지도자가 수업 리더 역할을 한다. – 직접 교수 모형
② 나는 너를, 너는 나를 가르친다. – 동료 교수 모형
③ 유능하고, 박식하며, 열정적인 스포츠인으로 성장한다. – 스포츠 교육 모형

개별화지도모형

- 수업진도는 학생이 결정한다. 가능한 빨리, 필요한 만큼 천천히
- 미리 계획된 학습과제의 계열성에 따라 자신에게 맞는 속도로 배우도록 설계

20 ③
학교체육

인권교육 연 1회 이상 이수 여부는 재임용 평가 내용이 아니다.

학교체육진흥법 시행령(시행 2021.4.21.) 제3조 학교운동부지도자의 자격기준 등

학교의 장은 학교운동부지도자를 재임용할 때에는 다음 각 호의 사항을 평가한 후 그 결과에 따라 재임용 여부를 결정해야 한다. 〈개정 2021.4.20〉

1. 제3항 각 호의 직무수행 실적
2. 복무 태도
3. 학교운동부 운영 성과
4. 학생선수의 학습권 및 인권 침해 여부

2023년 기출문제 스포츠심리학 정답 및 해설

1	2	3	4	5	6	7	8	9	10	11	12	13	14	15	16	17	18	19	20
③	①	④	④	④	③	④	②	②	①	②	③	②	①	③	①	②	③	①	④

1 ③ 스포츠심리학의 정의 및 의미

생리학적 항상성에 관한 연구는 운동생리학 영역에 해당한다.

스포츠심리학 이론관점

심리생리적 접근	• 스포츠와 운동상황에서 인간의 행동을 연구 • 뇌의 생리적 과정 분석 • 심리생리적 변인과 스포츠 행동사이의 연관성 분석
사회심리적 접근	• 사회 환경과 개인의 타고난 특성 사이의 복잡한 상호작용에 의해 행동이 결정된다고 본다. • 개인이 처한 사회적 환경이 행동에 주는 영향 분석 • 행동이 사회심 심리적 환경에 주는 영향 분석
인지행동적 접근	• 선수, 운동 참가자가 갖고 있는 인지, 생각, 해석 등이 행동에 미치는 영향 분석

2 ① 동기

자기결정이론은 인간행동에 영향을 주는 동기로 내적동기, 외적동기, 무동기를 이야기한다. 이중에서 외적동기는 외적규제, 의무감규제, 확인규제, 통합규제의 4가지 유형이 있다.

외적규제 (external regulation)	• 자기결정수준이 가장 낮은 동기이다. • 보상을 얻기 위한 목적, 처벌을 피하려는 목적, 외적 요구를 충족시키기 위한 목적일 때 나타난다.
내적규제 (introjected regulation, 의무감규제)	• 죄책감이나 창피함을 피하기 위한 목적이나 자기 가치를 높이려는 목적으로 행동하는 것이다.
확인규제 (identified regulation)	• 개인적으로 중요하다 생각되는 혜택을 확인하거나 인식하여 나타나는 행동이다.
통합규제 (integrated regulation)	• 자기결정성이 가장 높은 동기이다. • 스포츠 참가에 대해 갈등이 없는 상태로 자신이 갖고 있는 가치와 자신에 대한 생각이 스포츠와 일치할 때 나타난다.

3 ④ 주의집중

〈보기〉에서 코치와 선수의 수행과 전혀 상관이 없는 정보를 무시하거나 배제시킬 수 있는 능력, 선택적 주의와 관련된 개념은 칵테일파티 효과이다.

① 스트룹 효과 : 선택적 주의가 요구되는 통제적 처리를 수행하는 과정에 자동적 처리과정이 개입하여 반응시간의 증가를 가져오는 간섭효과이다.
② 지각협소화 : 각성 수준이 증가함에 따라 주의를 기울일 수 있는 폭이 점점 좁아지게 되는 현상이다.
③ 무주의 맹시 : 특정 부분에 주의 집중을 할 때 예상하지 못한 사물이 나타났는데도 이를 알아차리지 못하는 현상이다.

4 ④ 운동제어

- 환경적 맥락 : 야구에서 유격수가 타구된 공을 잡아서 1루로 송구하는 움직임은 환경적 맥락 측면에서 환경적 상황이 변화하는 운동상태이다. 송구하는 동안 다른 특성을 보이기 때문에 동작의 가변성이 있다.
- 동작의 기능 : 동작의 기능 측면에서 신체의 위치가 계속적으로 변화하고, 볼과 같은 도구를 사용하기 때문에 물체 조작이 있는 동작이다.

젠타일의 이차원적 운동기술 분류

젠타일은 환경적 맥락과 동작의 기능에 근거하여 운동기술 분류방법을 제시했다.

환경적 맥락	• 조절 조건 : 움직임에 영향을 주는 환경의 특성. 운동수행 성공을 위하여 수행자가 고려해야 하는 환경적 특징	• 안정상태 : 환경적 상황이 변하지 않음 • 비안정적상태(운동상태) : 환경적 상황이 변함
	• 동작의 가변성 : 수행동안 나타나는 동작의 가변성 여부	• 있다 : 동작의 가변성이 있음 • 없다 : 동작의 가변성이 없음
동작의 기능	• 신체이동 : 신체의 움직임 포함 여부	• 신체의 안정성 : 신체이동 없음 • 신체의 불안정성 : 신체이동 있음
	• 물체조작 : 물체 조작 여부	• 조작없음 : 어떠한 물체도 조작하지 않음 • 조작있음 : 도구를 사용

5 ④ 운동제어

①, ②, ③은 움직임 제한 요소 중 유기체 요소에 해당한다.

뉴웰(K. Newell)이 제시한 움직임 제한 요소

유기체	• 인간 개인이 갖는 다양한 특성 • 물리적 특성(키, 몸무게, 신체 등), 인지적 특성, 정서적 특성, 심리적 특성
환경	• 수행자의 물리적 환경, 사회 및 문화적 환경 예 중력, 부력, 기온, 습도, 밝기, 소음, 지면의 흔들림, 물체의 크기 등
과제	• 과제 자체의 특성이 움직임의 형태에 많은 제한을 줌 예 빠르기, 정확성, 반복의 유무, 동작의 순서, 균형 유지, 이동, 기술적 요구 등

6 ③ 운동발달

개체발생적 발달 원리는 운동행동이 환경적 요인에 영향을 받아 학습과정을 통해 획득된다는 것으로, 성숙으로 자동화 되는 것이 아니라 일정한 시기 동안의 꾸준한 연습과 경험을 통해 형성된다는 것이다.

7 ④ 사회성 발달

격한 상황에서 자신의 감정을 자제할 때 격려해준다.

스포츠를 활용한 인성 발달 전략

- 선수들에게 상황에 맞게 스포츠맨십을 설명해준다.
- 스포츠맨다운 행동은 강화하고 격려하며, 공격적인 행동은 벌을 준다.
- 필름을 통하여 프로 경기나 국가대표 선수들의 모범적인 경기를 관람시킨다.
- 필요한 때 도덕적으로 적절한 행동에 대하여 설명해준다.
- 실제적으로 부딪히는 도덕적인 곤경 상황에 대하여 토론하고 행동을 선택하게 한다.
- 격한 상황에서 자신의 감정을 자제할 때 격려해준다.
- 코치나 경기 임원은 선수들의 적개심을 부추길 수 있는 언행과 행동은 피한다.

8 ② 목표설정

〈보기〉에서 운동기술을 잘 수행하기 위해 필요한 핵심 행동에 중점을 두고, 자기효능감과 자신감을 높이고 인지불안을 낮추는데 도움이 된다는 설명은 과정목표에 대한 설명이다.
〈보기〉에서 자신의 운동수행에 대한 목표달성에 중점을 두는 목표로 달성의 기준점이 자신의 과거 기록이 된다는 설명은 수행목표에 대한 설명이다.

목표의 유형

주관적 목표	• 객관적이지 않기 때문에 개개인마다 다른 해석을 할 가능성이 높다. ㉠ 즐겁게 하겠다. 최선을 다하겠다.
객관적 목표	• 구체적인 수치, 객관적 기준을 설정한 목표이다. ㉠ 1개월 이내 5kg를 감량하겠다. 2개월 이내 3kg를 증량하겠다.
결과목표	• 시합의 결과에 중점을 둔 목표이다. • 목표 달성이 스스로 통제하지 못하는 요인(상대의 능력, 대진표 등)에 의해 영향을 많이 받는다.
수행목표	• 자신의 수행에 대한 목표를 달성하는 데 중점을 둔다. • 기준점이 자신의 과거 기록이 되는 경우가 많다. • 결과목표와 다르게 스스로 통제하며 유연한 적용이 가능하다. • 타인의 영향을 거의 받지 않고 개인의 노력에 따라 달성이 가능하다. ㉠ 축구에서 슈팅 성공률을 90%로 높이겠다.
과정목표	• 동작의 우수한 수행을 위해 필요한 핵심적 행동에 중점을 두는 목표이다. • 자기효능감과 자신감 높이고 인지불안을 낮추는데 도움이 된다. ㉠ 하체를 끝까지 고정하고 스윙하기

9 ② 리더십

스미스(R. Smith)와 스몰(F. Smol)이 개발한 유소년 지도자 훈련프로그램(CET, Coach Effectiveness training)의 5가지 핵심원칙은 발달모델, 긍정적 접근, 상호지원, 선수참여, 자기관찰이다.

발달모델	노력중심, 긍정적 발달환경 제공
긍정적 접근	긍정적 강화와 격려, 처벌이나 적대적 대응 자제
상호지원	선수 간 상호의무 중시, 팀원 간 단결 촉진
선수참여	선수의 의사결정 참여
자기관찰	지도자 스스로 본인의 코칭행동 관찰, 역할 연기 및 시범

10 ① 운동제어

소뇌는 동작의 제어에 매우 중요한 기능을 한다. 생성될 동작의 조절 기능, 동작오차의 감지와 수정을 담당한다. 동작의 협응과 조절을 담당하고 자세의 안정성과 원활한 보행 형태를 유지하는 부분에도 중요한 역할을 한다.

11 ② 운동학습

연습이 끝난 후 일정한 시간이 지난 뒤에, 연습을 통해 향상된 수행력이 지속되는지를 확인하기 위한 검사는 파지검사이다.

③ 전이검사 : 학습한 내용을 새로운 수행 상황이나 관련된 기술에 얼마나 활용할 수 있는지에 대한 검사를 말한다.

12 ③ 운동제어

일반화된 운동프로그램의 불변 특성은 운동프로그램 내에서 변화하지 않고 동일하게 유지하는 특성을 말한다. 〈보기〉에서는 전체 움직임 시간을 각 하위 움직임에 적절하게 분배하는 과정인 상대적 타이밍이 불변특성에 해당된다.

13 ② 운동학습

구스리(E. Guthrie)는 운동기술을 최소한의 시간과 에너지를 소비하여 최대의 확실성을 가지고 목표를 달성할 수 있는 능력이라고 정의하였다. 움직임의 인지적 부분이 가장 최소한으로 줄어들어 자동적으로 움직임이 수행되어지는 자동화는 인지적 모델의 자동화 단계에서 일어나게 된다.

14 ① 사회성 발달

㉠ 사회학습이론에 대한 설명이다. 반두라의 사회학습이론은 공격행위를 환경 속에서 관찰, 강화에 의한 학습으로 설명한다. 개인이 타인의 공격행위를 관찰하면 모방하는 경향이 있으며, 그 행위가 벌이 아닌 보상을 받으면 공격행위는 강화되어 유사한 상황에서 공격행위의 가능성이 커진다고 본다.

㉡ 본능이론에 대한 설명이다. 본능이론은 공격성은 선천적인 본능현상이라는 입장이다.

㉢ 좌절-공격 가설에 대한 설명이다. 이 이론은 공격행위는 언제나 좌절(목표 추구의 행위가 방해를 받는 경험)의 결과로 일어나고, 좌절은 언제나 공격행위를 초래한다고 가정한다. 어떠한 목표를 세우고 그것을 이루기 위해 노력하는 과정에서 방해를 받으면 좌절을 경험하게 되고, 좌절은 공격행위를 일으킨다는 것이다. 공격행위가 성공하면 청정효과가 있고, 실패하면 보다 큰 좌절을 경험하여 공격 욕구를 증가시킨다는 것이다.

㉣ 수정된 좌절-공격 가설에 대한 설명이다. 베코위츠(berkowitz)는 좌절이 항상 공격행동을 유발하지 않고, 공격행동이 적절하다는 외부적 단서가 있을 경우 나타난다고 하였다. 즉, 내부적 힘인 분노와 외부적 자극인 공격 단서의 결합이 있어야 공격행동이 나타난다고 보았다.

15 ③ 자신감

㉠ 하터의 유능성 동기이론 모형은 다차원적 모형, 발달적 접근 모형이다. 전반적 자기존중감 형성에 기여하는 다수의 중요한 영역들이 있으며, 내용과 중요도는 성장에 따라 변화한다.

㉣ Vealey의 스포츠자신감 모형에 대한 설명이다.

16 ①

운동제어

〈보기〉와 같이 중추신경계가 자유도를 만드는 구성요소들을 각자 따로 조절하지 않고 의미있는 단위로 묶어서 조절하는 것은 공동작용(시너지, synergy)이다.

② 상변이 : 협응구조의 안정성(외부의 물리적 방해작용에도 자신의 동작 형태를 유지하려는 저항력) 변화로 인해 협응구조의 형태에 변화가 발생하는 현상을 말한다.

③ 임계요동 : 시스템 변이가 일어나는 임계점에 접근함에 따라서 요동의 증폭이 점차 증가되어 변이가 일어나는 임계점 직전에 가장 커지는 현상을 말한다.

④ 속도-정확성 상쇄 현상 : 일반적으로 운동 속도가 빨라지게 되면 운동의 정확성이 감소하는 현상이다(모든 운동에 적용되지는 않는다).

17 ②

목표설정

㉡ 목표는 어렵지만 노력하면 달성할 수 있는, 실현이 가능해야 한다. 과도하게 어려운 목표는 실패와 자신감 저하를 가져올 수 있다. 너무 쉬운 목표는 노력하지 않게 되거나 목표에 대한 관심이 떨어지게 된다.

㉣ 구체적이고 도전적인 목표를 향해 전념하도록 격려하는 것은 운동의 수행과 학습 효과를 증가시킨다.

목표설정의 원리

- 구체적인 목표를 설정한다.
- 긍정적인 목표를 설정한다.
- 도전적이지만 실현가능한 목표를 설정한다.
- 결과목표와 과정목표를 함께 설정한다.
- 장기목표를 세운 후 단기목표를 세운다.
- 목표를 기록하고 보이는 곳에 붙인다.

18 ③

운동학습

〈보기〉에서 지도자가 학습자에게 연습 후 정확한 기술 습득을 위해 지점을 바닥에 표시해 주는 상황과 같이, 지도자나 동료 혹은 영상 등을 통해 학습자 외부로부터 주어지는 정보는 보강 피드백에 해당한다.

- 감각 피드백 : 운동감각 정보, 피부수용기로부터의 정보, 시각적 정보를 통해 학습자 내부의 감각 시스템으로부터 제공되는 것

19 ①

주의집중

몰입은 기술(실력)이 도전(과제)과 균형을 이루는 상황 속에서 수행에 완전하게 집중하는 것을 말한다. 칙센트미하이의 개정 발표한 몰입 모델(2005)에서는 기술과 도전(과제)에 대한 인식수준이 평균 이상일 경우 몰입이 발생하고, 기술과 도전(과제)에 대한 인식수준이 평균 이하일 경우 무관심을 느낀다고 하였다. 도전이 높고 기술이 낮으면 불안을 느끼고, 도전이 낮고 기술이 높으면 이완을 느낀다고 하였다.

20 ④

동기

실패에 대처하는 방식 중 하나인 학습된 무기력은 실패는 노력을 하더라도 통제할 수 없다고 믿는 경향을 말한다. 학습된 무기력 상태는 부정적 결과가 안정적이고 통제불가능한 요인인 능력부족, 지능부족 때문이라고 귀인한다. 실패가 노력이나 전략과 같은 통제 가능하고 불안정한 요인이 원인이었다고 여기도록 하는 귀인 재훈련은 실패에도 불구하고 미래에 성공할 수 있다는 기대감 증가와 긍정적 정서 체험을 통해 수행을 향상시킨다.

2023년 기출문제 한국체육사 정답 및 해설

1	2	3	4	5	6	7	8	9	10	11	12	13	14	15	16	17	18	19	20
④	①	③	④	②	②	②	③	①	③	①	④	③	②	①	④	③	②	④	①

1 ④ 체육사 연구 분야

사관(史觀)이란 역사가의 역사에 대한 의식이 반영되어 과거의 사실을 확인할 때 역사가의 가치관과 해석 원리에 따라 그 기준이 달라지는 것을 말한다. 따라서, 체육사 연구에서 사관(史觀)의 의미는 역사가의 가치관에 따라 체육의 역사를 해석한다고 할 수 있다. ④는 사료(史料)에 대한 설명이다.

2 ① 개화기의 체육

갑오경장(1894)을 전후로 전통체육과 근대체육으로 구분할 수 있으며, 교육조서의 공포는 지배계급에만 한정되어 있던 교육 기회가 전 국민으로 확대된 것을 의미함과 동시에 교육 방침이 전통적 유교중심의 교육에서 근대적 전인교육으로 전환됨을 의미한다.

3 ③ 선사 및 부족국가시대의 체육

윷놀이는 대개 정월 초하루부터 대보름까지 행하여 졌으며, 도, 개, 걸, 윷, 모는 돈(豚), 견(犬), 양(羊), 우(牛), 마(馬) 등 동물의 크기와 속도와 연관되어 있다.

① 바둑 = 위기(圍棊)

② 장기 = 상희(象戱), 상기(象棋), 상혁(象奕)

④ 주사위 = 쌍육(雙六) 또는 악삭(握槊)

4 ④ 삼국 및 통일신라시대의 체육

신분상으로 화랑은 귀족 출신의 자제였던 반면, 낭도들은 왕경에 거주하는 평민의 자제였고, 연령은 신라시대 성인으로 공인되는 15~18세까지였다. 그러므로 ④ 서민층만 대상으로 한 청년단체로 표현한 부분은 옳지 않다.

5 ② 삼국 및 통일신라시대의 체육

축국(蹴鞠)은 가죽주머니에 겨를 넣거나 공기를 불어넣어 만든 공을 발로 차고 노는 게임이다.

① 석전(石戰) : 돌싸움

③ 각저(角抵) : 씨름

④ 도판희(跳板戱) : 널뛰기

6 ②

왕이나 귀족들의 유희이자 스포츠 : ⓒ 방응(放鷹), ⓛ 격구(擊毬)
서민층의 민속놀이 : ㉠ 풍연(風鳶), ㉣ 추천(鞦韆)
따라서 바르게 연결된 것은 ⓒ, ㉣이다.

7 ②

수박(手搏)은 관람형 무예 경기로 고려시대 인재선발을 위한 중요한 수단이었으며, 무인들에게 적극 권장되었다. 특히 명종(1170~1197) 때에는 수박을 겨루게 하여 승자에게 벼슬을 주어, 수박이 출세를 위한 방법이 되기도 하였다. 고려의 인재 등용을 위해 무과가 설치된 것은 말기의 일로 그 이전에는 특별 채용 형식을 통해 무인을 등용했고, 그 과정에서 수박은 중요한 과목이었다. 하지만 수박희는 무신 반란의 주요 원인 중 하나이기도 했다.

② 응방도감(鷹坊都監)에서는 방응(放鷹)을 관장하였다.

8 ③

조선 왕조의 무인 양성과 관련된 공식적인 교육기관으로 훈련원(訓練院)은 군사의 무재(武才)를 시험하고 무예를 연습하였으며, 〈무경칠서(武經七書)〉, 〈병장설(兵將說)〉 등의 병서(兵書) 강습을 하였다.

㉠ 성리학 교육을 담당한 기관은 성균관이다.

9 ①

조선시대 궁술은 왕부터 일반 양민들에 이르기까지 가장 기본적인 신체활동으로서 예의작법이었고, 놀이었으며, 심신단련의 수단이었다. 성종 치세 때부터 사례는 하나의 의식으로 완성되어 강한 교육적 성격을 띠고 정착되었다. 성균관에는 문묘, 명륜당 등을 비롯하여 교육에 필요한 13종의 건물이 있었으며, 그 중 육일각에서 궁술 교육이 실시되었다. 육일이라는 것은 육예(六藝)의 하나였다는 뜻이며 궁술은 육예의 사(射)에 속했고, 대사례도 육일각에서 실시되었다. 향교에서는 일종의 과외 활동으로 궁술교육과 경기가 장려되었다. 이곳에서는 해마다 춘추 두 차례 향사례에서 주배, 궁사, 음악을 즐겼다.

따라서 ① 궁술은 육예(六藝) 중 어(御)가 아닌 사(射)에 해당한다.

10 ③

무예도보통지(武藝圖譜通志)는 조선시대의 무예 서적으로 1790년 정조의 명으로 이덕무, 박제가, 백동수 등에 의해 완성되었다. 명과 왜의 무예를 조화시켜 조선의 무예로 발전시켰으며, 24가지 무예에 관한 기예를 그림으로 설명한 종합무예서이다.

① 무예제보(武藝諸譜)는 1598년(선조 32년)에 한교가 명나라 척계광의 《기효신서》 등을 참고하여 편찬한 무예서이다.
② 무예신보(武藝新譜)는 영조 기사년(1749)에 사도세자가 모든 정사를 대리하던 중 기묘년(1759)에 명하여 12가지 기예를 더 넣어 편찬한 무예서이다.
④ 무예제보번역속집(武藝諸譜翻譯續集)는 1610년 훈련도감의 도청 최기남이 한교의 『무예제보』 중 빠진 것을 보충하여 속집으로 편찬한 병서이다.

11 ①

개화기의 체육

오산학교는 1907년 남강 이승훈선생이 설립한 학교로 체육이 강조되었으며, 체육의 성격은 군사 훈련이나 다름없었다. 체육이 중요한 교과목으로서 자리를 잡은 것은 사실이었으나 민족주의적, 국방체육의 성격을 띠고 발달되었다.

② 대성학교는 도산 안창호선생이 설립하였으며, 시대적 상황으로 인해 체육은 군사교육의 성격을 띠고 실시되었다. 체조가 군대식으로 실시되었으며, 운동회는 애국계몽운동의 성격을 띠고 있었다.
③ 원산학사는 1883년 원산 주민들과 덕원부사 정현석이 세운 최초의 근대 학교다.
④ 숭실학교는 1897년 미국인 선교사 베어드(Baird,W.M.)가 평양에 설립한 미션계의 중·고등교육기관이다.

12 ④

개화기의 체육

1895년 고종은 『교육조서(敎育詔書)』를 반포하였고, 그 속에는 체육을 강조하는 내용이 담겨 있었으며 덕양과 체양, 그리고 지양에 힘쓸 것을 명백히 제시하고 있다.

① 문예반 50명, 무예반 200명을 선발한 곳은 최초의 근대 학교인 원사학사이다.
② 개화기 최초의 운동회 화류회(花柳會)는 1896년 5월 5일 영어학교에서 개최했다.
③ 배재학당, 이화학당, 경신학당 등 미션스쿨은 선교사들에 의해 설립되었다.

13 ③

개화기의 체육

무도기계체육부는 우리나라 최초 기계체조 단체로서 이희두와 윤치오가 1908년에 조직하였다.

① 청강체육부는 최성희, 신완식 등이 1910년에 조직하였고 정례적으로 축구 시합을 하였다.
② 회동구락부는 탁지부 관리들이 친목 도모를 위해 1902년에 조직하였고, 최초로 연식정구를 도입하였다.
④ 체조연구회는 체조 교사인 조원희, 김성집, 이기동 등이 주축이 되어 보성중학교에서 1909년에 조직하였다.

14 ②

일제강점기의 체육

조선체육협회는 경성신문사의 후원을 받았으며, 대한체육회의 전신인 조선체육회는 1920년 동아일보의 후원으로 창립되었다. 일제는 1938년 조선체육회를 해산시키고 조선체육협회로 통합하였다.

15 ①

개화기의 체육

황성기독교청년회(서울 YMCA)는 1903년 발족되었으며, 1906년 황성기독교청년회운동부를 결성했다. 개화기 결성된 체육 단체 중 가장 왕성한 활동을 했던 단체였다. 회장 터너와 총무 질레트 등의 노력으로 이 단체는 개화기 우리나라 근대 스포츠의 발달에 큰 역할을 했으며, 특히 야구, 축구, 농구, 배구, 테니스 등의 보급에 지대한 영향을 미쳤다.

② 대한체육구락부는 1906년 결성된 우리나라 최초의 근대적인 체육단체이다.
③ 대한체육회의 전신인 조선체육회는 1920년 동아일보의 후원으로 창립되었다.
④ 조선체육협회는 일본체육협회를 모델로 1919년 발족했으며, 출범 당시에는 민간단체였지만 실제로 조선총독부에 의해 곧 변질이 되면서 일본체육협회의 조선지부 역할을 했다.

16 ④

광복 이후의 체육

체력장 제도는 학생의 기초체력을 향상시키기 위하여 1971년부터 실시되어 10세에서 17세까지의 전학생을 대상으로 체력검사를 실시하였으며, 이를 바탕으로 1973년부터는 대학입시에 체력장 평가가 포함되었다. 국제체력검사표준회위원회에서 정한 기준과 종목을 대상으로 시행되었고, 종목에는 100m 달리기, 제자리멀리뛰기, 팔굽혀 매달리기(여자), 턱걸이(남자), 윗몸일으키기, 던지기가 있었다.

17 ③

광복 이후의 체육

태권도는 1988년 제24회 서울올림픽경기대회에서 시범 종목으로 채택되고, 2000년 제27회 시드니올림픽경기대회에서 정식 종목으로 채택되었으며, 정부는 2007년 태권도 진흥을 위한 법률을 제정하였다.

① 유도는 1964년 도쿄올림픽에서 김의태 선수가 우리나라 유도사상 처음으로 올림픽에서 동메달을 획득했으며, 1984년 LA올림픽에서 하형주와 안병근이 최초의 금메달을 획득하였다.

② 복싱은 광복 이후 올림픽에서 최초의 메달을 획득한 종목으로 1948년 런던올림픽에서 한수안 선수가 동메달을 획득하였다.

④ 레슬링는 1976년 제21회 몬트리올올림픽에서 양정모 선수가 자유형 페더급에서 광복 이후 첫 올림픽 금메달을 획득했다.

18 ②

광복 이후의 체육

1948년 제5회 동계올림픽경기대회는 대한민국이 태극기를 들고 처음으로 참가한 올림픽으로 우리나라는 이효창, 문동성, 이종국 선수가 스피드스케이팅 종목에 출전하였다.

② 제2차 세계대전을 일으킨 독일과 일본은 출전금지 당했다.

19 ④

광복 이후의 체육

2018년 제18회 하계아시아경기대회는 자카르타·팔렘방으로 개회식에 남북한 선수단이 한반도기를 들고 공동입장했다.

20 ①

광복 이후의 체육

제41회 지바세계탁구선수권대회는 일본 지바현 지바시의 일본 컨벤션 센터에서 1991년 개최되었다. 남북 단일팀인 '코리아(KOREA)'팀은 남북 각각 31명씩 62명으로 구성되었으며, 홍차옥, 현정화, 리분희, 유순복 복식조가 우승한 경기이다.

2023년 기출문제 운동생리학 정답 및 해설

1	2	3	4	5	6	7	8	9	10	11	12	13	14	15	16	17	18	19	20
②	①	④	①	③	④	④	①	②	③	③	①	②	②	③	③	②	①	④	④

1 ② 에너지의 개념과 대사작용

ATP를 합성하는 데 사용되는 에너지원은 탄수화물, 지방, 단백질로 근중성지방, 글루코스, 젖산 등이 있으며, 비타민 C는 ATP 합성 에너지와 관련이 없다.

2 ① 골격근의 구조와 기능

② 위성세포란, 골격근에 있는 단핵세포로 근육세포가 손상되었을 때 분열하여 근육의 재생을 돕는 역할을 한다.

③ 미토콘드리아란, 산소를 사용하여 세포에 필요한 에너지인 ATP를 생산하는 세포 소기관이다.

④ 근핵이란, 근육 세포핵이라고도 하며 저항운동을 통해 근섬유와 융합한 위성세포가 새로운 근핵을 만들어내며 수가 증가한다. 근핵이 많은 근섬유는 더 많은 단백질 합성을 만들어 낼 수 있으므로 더 강한 근섬유를 만들게 된다.

3 ④ 운동에 대한 호흡계의 반응과 적응

운동 후 초과산소섭취량(EPOC)이란, 운동이 끝난 직후 몇 분 동안 휴식 상태에서 정상적으로 섭취하는 것 이상으로 섭취하는 산소의 양을 말한다. 이는 운동 중에 증가한 체온, 젖산, 호르몬 등을 정상범위로 되돌리고, 운동 중 사용되어 고갈되어진 크레아틴인산을 재합성하는데 추가적인 산소가 필요하게 되는 것이다.

4 ① 체온 조절과 운동

수중 운동 시 체온유지는 체지방량이 많을수록 체열을 덜 뺏기고, 운동 강도가 높을수록, 물의 온도가 따뜻할수록 체온유지가 잘 될 수 있다. 폐활량이란, 최대로 흡기한 후 최대로 호기하는 호흡의 양으로 체온유지와는 관련이 없다.

5 ③ 골격근과 운동

운동 강도가 낮을 때에는 지근섬유인 Type I 섬유가 먼저 동원되며, 운동 강도가 증가할수록 지근섬유와 속근섬유의 특징을 동시에 가지는 Type II a, 그 다음 속근섬유만의 특징을 가진 Type II b 섬유가 순차적으로 동원된다.

6 ④ 운동에 대한 호흡계의 반응과 적응

장기간 규칙적인 유산소 운동훈련은 다양한 심폐기능의 적응을 가져온다. 가장 먼저 혈액량이 증가하게 되면서 좌심실에 더 많은 혈액을 담을 수 있는 심장용적이 늘어나고, 심근수축력이 증가하게 된다. 또한 1분간 심장에서 박출되는 혈액의 양을 의미하는 심박출량의 증가, 1분 동안에 체중 1kg당 섭취하는 산소 호흡량의 최대치를 뜻하는 최대산소섭취량도 증가하게 된다.

7 ④ 운동생리학의 개념

①, ②, ③은 반응의 결과가 시스템의 작동을 억제하거나 조절하는 과정의 부적 피드백(음성 되먹임)에 해당하며, ④ 출산 시 자궁 수축 활성화 증가는 옥시토신 호르몬을 더욱 촉진시키는 과정으로 양적 피드백(양성 되먹임)에 해당한다.

8 ① 운동에 대한 순환계의 반응과 적응

후부하(after lord)란, 전신에 혈액을 공급하기 위해 심실이란 큰 공간에서 대동맥판막을 지나 좁은 동맥으로 혈액을 내보낼 때의 저항 크기를 말하는 것으로, 후부하가 증가할수록 1회 박출량은 감소한다.

9 ② 인체의 에너지 대사

운동 강도가 낮을수록 지방의 대사가 더 활발하게 이루어지는데 ㉠의 경우 운동 강도가 매우 낮은 수준으로 혈중에 돌아다니고 있는 유리지방산을 이용해 에너지원으로 사용하며 ㉡은 매우 고강도의 운동수준으로 근육당원인 근글리코겐을 분해하는 과정 속에서 에너지원을 얻는다.

10 ③ 신경계의 운동기능 조절

㉠ 골격근 운동 조절의 최종 단계 역할을 하는 것은 대뇌이다.

11 ③ 운동에 대한 호흡계의 반응과 적응

㉡ 운동 초기 환기량 변화의 주된 요인은 경동맥에 위치한 화학수용기 반응이 아닌, 활동 근육의 운동결과로 나타나는 관절에서의 자극과 관련이 있다.
㉢ 운동 강도가 증가하면 1회 호흡량은 증가하고 호흡수 또한 증가한다.

12 ① 인체의 에너지 대사

대사적 과정의 순서는 세포질에서 이루어지는 해당작용을 시작으로 미토콘드리아 기질에서 이루어지는 피루브산에서 아세틸 조효소까지의 과정을 거쳐 ㉠ 크랩스회로로 넘어가게 된다. ATP 생성량은 1분자의 NADH가 2.5ATP를 생성하며, $FADH_2$ 1분자가 1.5ATP를 생성한다. 그러므로 ㉡ $2FADH_2$는 3개의 ATP를 추가 생성하게 되므로 총 32개의 ATP를 만들게 된다.

13 ② 주요 용어

체중이 80kg인 사람이 10METs로 10분간 달리기 했을 때의 소비 칼로리를 구하기 위해서는 아래 제시되어진 공식에 값을 넣어 먼저 산소소비량을 구한다. 값을 넣어 계산하면 3.5ml × 10METs × 80kg × 10min = 28,000ml이다. 이 값을 소비 칼로리를 구하기 위한 단위로 환산하면 28.0L이다. 즉 28.0L × 5Kcal = 140Kcal가 된다.

14 ② 신경계의 구조와 기능, 특성

세포의 안정 시 막전위에서는 세포 안은 칼륨(K^+)이 많아 음 전위를 띠고, 세포 밖은 나트륨(Na^+)이 많아 양 전위를 띤다. 세포막에는 나트륨칼륨펌프가 존재하는데, 이는 세포 밖으로 3개의 나트륨(Na^+)을 내보내고 세포 안으로 2개의 칼륨(K^+)을 이동시키는 역할을 한다.

15 ③

운동에 대한 순환계의 반응과 적응

장기간 지구성 훈련을 하면 정맥회귀율 증가와 확장기말 혈액량이 증가하여 최대1회박출량이 증가하고, 근육이 산소를 끌어당기는 능력이 증가하면서 최대동정맥산소차도 증가하게 된다. ⓒ 최대심박수는 변화가 없거나 약간 감소한다.

16 ③

에너지의 개념과 대사작용

모세혈관의 밀도 증가는 조직에 원활한 산소공급을 하게 하며, 미토콘드리아 수와 크기 증가는 조직에 필요한 에너지 생산을 더 많이 하게 된다. 동정맥 산소차의 증가는 조직에서의 산소추출능력이 증가되어 나타나는 것으로 이 것 모두 대표적인 심폐지구력 향상의 원인이 된다.

17 ②

운동과 호르몬 조절

운동 중 혈중 글루코스의 양을 증가시키기 위해 글리코겐 분해 및 글루코스 신생합성 과정을 촉진시키는 에피네프린, 코르티솔, 글루카곤, 노르에피네프린 등이 증가하며, 지구성 운동 중 지방대사의 의존성이 높아지면서 유리지방산의 동원과 지방분해를 증가시키는데 기여하는 성장호르몬, 에피네프린, 코르티솔, 노르에피네프린 또한 증가하게 된다. ② 인슐린은 혈액속의 혈당을 내리는 역할을 하는 호르몬으로 간 및 근육의 글리코겐 분해 및 지방분해를 억제시키는 작용을 하며 운동 중 농도가 감소하게 된다.

18 ①

신경계의 구조와 기능, 특성

② 골지건기관이란, 근육과 힘줄 사이에 위치하여 근육의 장력에 반응하여 과도한 수축을 억제하는 기능을 한다.

③ 자유신경종말이란, 관절수용기 중 인체에 가장 많이 분포되어 있는 것으로 접촉과 압력에 매우 민감하며, 통각, 온각, 냉각, 촉각 등의 자극을 감지하는 수용기이다.

④ 파치니안 소체란, 관절수용기 중 하나로 관절낭 심층에 위치하며 신체의 움직임이 시작되면 빠르게 적응하여 관절회전속도를 감지하는 역할을 한다.

19 ④

골격근의 구조와 기능

근력의 결정요인으로는 근육의 횡단면적이 클수록, 근절의 적정 길이로 위치하여 액틴과 미오신의 결합이 많을수록, 근섬유 구성비가 속근섬유의 구성비율이 더 높을수록 더 큰 근력을 얻을 수 있다. ④ 근섬유막이란, 근섬유를 감싸고 있는 형질막으로 근력의 결정요인과 관련이 없다.

20 ④

골격근과 운동

등속성 수축이란, 속도가 일정한 상태에서 관절이 각이 움직이는 것을 말한다. 공을 던지는 동작은 속도가 일정하지 않으며, 자세에 따라 팔꿈치를 펴거나(야구) 혹은 구부리며(볼링) 공을 던지기에 신장성 또는 단축성 수축이 이루어 질 수 있다.

2023년 기출문제 운동역학 정답 및 해설

1	2	3	4	5	6	7	8	9	10	11	12	13	14	15	16	17	18	19	20
④	②	①	④	①	④	②	③	④	①	①	③	①	③	②	④	②	③	②	③

1 ④ 운동역학의 정의

① 스포츠 현상을 사회학적 연구 이론과 방법으로 설명하는 학문은 스포츠 사회학이다.
② 운동에 의한 생리적 기능적 변화를 기술하고 설명하는 학문은 스포츠 생리학이다.
③ 스포츠 수행에 영향을 주는 심리적 요인을 설명하는 학문은 스포츠 심리학이다.

2 ② 선운동의 운동역학적 분석

근육의 신장(원심)성 수축이란, 근육의 길이가 길어지며 힘을 쓰는 움직임을 말한다. ② 팔굽혀펴기의 팔을 펴는 동작에서 위팔세갈래근의 수축 움직임은 근육의 길이가 짧아지며 힘을 쓰는 움직임으로 단축(구심)성 수축에 해당한다.

3 ① 선운동의 운동학적 분석

③ 가속도란, 시간에 따른 속도 변화의 비율, 즉 시간당 속도의 변화량을 말한다.
④ 각속도란, 시간에 따른 각변위 변화의 비율, 즉 시간당 각변위 변화량을 말한다.

4 ④ 힘 분석

지면반력기란, 인체의 근력으로 지면에 가하는 반작용력을 측정하는 기계로, ④ 체공기에서 발에 작용하는 힘의 크기는 지면에 닿지 않기에 알 수가 없다.

5 ① 해부학적 기초

시상(전후)면이란, 인체를 좌우로 나누는 면으로 인체의 관상축을 중심으로 움직임이 일어난다. ① 수직축(종축)을 중심으로 하는 회전하는 피겨스케이팅 선수의 몸통분절 움직임은 횡단(수평)면을 이용한 움직임이다.

6 ④ 운동의 종류

복합운동이란, 선운동과 각운동이 함께 일어나는 운동을 말한다. ㉠ 커브볼로 던져진 야구공은 앞으로 나아가는 선운동을 하면서도 커브가 더해진 회전이 결합되어 복합운동이다. ㉡ 페달링하며 직선구간을 질주하는 사이클 선수의 대퇴(넓다리) 분절의 움직임은 직선구간을 질주하는 선운동과 페달링하고 있는 무릎관절은 각운동을 하고 있으므로 복합운동이다. ㉢ 다이빙 선수의 몸통 움직임은 공중회전하는 각운동과 아래로 낙하하는 선운동이 결합되어진 복합운동이다.

7 ②

인체 평형과 안정성

① 무게중심은 신체 외부에도 존재할 수 있다.
③ 지면에 선 상태로 팔을 위로 올리면 무게중심은 위로 이동한다.
④ 서전트 점프 이지(take off) 후, 공중에서 팔을 위로 올릴 때의 무게중심은 중력 영향에 아래로 끌어당기게 된다.

8 ③

선운동의 운동학적 분석

① 농구공 질량중심의 수직속도는 중력의 영향에 의해 속도가 일정하게 증가하는 등가속도 운동을 한다.
② 최고점에서 농구공 질량중심이 0m/s가 되는 것은 수평속도가 아닌 수직속도이다.
④ 최고점에서 농구공 질량중심은 수직방향으로 등가속도 운동을 한다.

9 ④

선운동의 운동학적 분석

회전하는 공이 지면에 충돌하는 상황이 되면 방향과 속도가 변한다. 톱스핀 된 공은 마찰력과 동일한 방향으로 공이 회전하여 수평속도의 크기가 커져 반사각이 크고 속도는 빨라진다. 백스핀 된 공은 마찰력과 반대방향으로 공이 회전되므로 수평속도의 크기가 작아져 반사각은 작아지고 속도는 느려진다. 즉 ① 충돌 후, 무회전에 비해 백스핀된 공은 수평속도가 느려진다. ② 충돌 후, 무회전에 비해 톱스핀된 공의 수직속도는 느려진다. ③ 충돌 후, 무회전에 비해 톱스핀된 공의 반사각은 작아진다. ④ 공에 가해진 스핀에 의하여 충돌이 생긴 수평방향의 힘은 공의 수직운동에 영향을 끼치지 않기 때문에 공의 리바운드 높이는 동일하다.

10 ①

선운동의 운동역학적 분석

이 문제는 충격량과 운동량의 관계에 대한 문제로 오른발 이지 순간 무게중심의 수평속도, 즉 충돌 후 운동량 값의 속도를 구하는 문제이다. 문제를 이해하기 위해서는 충격량과 운동량에 대해 알아야 한다. 먼저 운동량이란, 운동하는 물체가 가지는 물리량으로 구하는 공식은 질량 × 속도이다. 이 공식을 통해 오른발 착지 시점의 운동량, 즉 충돌 전 운동량을 구하면 60kg × 2m/s = 120kg·m/s이다. 다음 충격량이란, 정해진 시간 동안 운동량의 변화를 나타내는 것으로 단위는 N·s, 구하는 공식은 충돌 후 운동량 − 충돌 전 운동량이다. 문제에 제시된 A와 B의 충격량은 80N·s, 20N·s로 오른발 이지 순간의 충격량은 B면적에서 A면적을 뺀 값인 60N·s가 된다. 이 값을 위에서 구한 충돌 전 운동량을 함께 충격량 공식에 대입하면 다음과 같은 식이 성립된다.
60N·s(충격량) = 60kg × 이지 순간 수평속도(충돌 후 운동량) − 120kg·m/s(충돌 전 운동량), 즉 60N·s = 60kg × 이지 순간 수평속도 − 120kg·m/s이므로 이지 순간 수평속도는 3m/s가 된다.

11 ①

선운동의 운동역학적 분석

충격량이란, 물체가 받은 충격의 정도를 나타내는 양으로, 충격력과 접촉시간을 곱한 값을 말한다. 농구선수의 양손 체스트패스 캐치동작에서 공을 몸 쪽으로 당겨 받는 것은 접촉시간을 늘려 충격력을 줄이기 위함이다.

12 ③

일과 일률

역학적 일을 하지 않은 경우로 보는 상황은 3가지가 있다. 작용한 힘이 0인 경우, 이동거리가 0인 경우, 힘과 이동방향이 수직인 경우이다. ③ 체조 선수가 철봉에 매달려 10초 동안 정지해 있는 경우는 이동거리가 없는 경우에 해당되어 역학적 일을 하지 않은 것이다.

13 ① 선운동의 운동역학적 분석

마그누스 효과란, 유체 속에서 회전하는 물체에 양력이 작용하여 경로가 휘어지는 현상을 말한다. ① 레인에서 회전하는 볼링공은 양력이 작용하여 경로가 휘어지는 것이 아니기에 마그누스 효과와는 관련이 없다.

14 ③ 에너지

역학적 에너지란, 운동에너지와 위치에너지를 합한 값으로 운동하고 있는 물체의 역학적 에너지는 외력이 작용하지 않는 한 변하지 않고 항상 일정한 값을 갖는다. ③ 운동에너지는 스키점프대 이륙 직후부터 지면 착지 직전까지 점점 증가하게 된다. 이는 높은 스키점프대에서 지면까지의 위치에너지가 점차 줄어들며 운동에너지가 증가하기 때문이다.

15 ② 선운동의 운동학적 분석

등각속도 운동을 하는 덤벨 컬이란, 같은 속도로 팔꿈치가 굽혀지며 운동을 하고 있다는 뜻이다. 이와 같은 경우 팔꿈치 각도 90°에서 0°도 가까이 움직여질수록 회전력은 증가하게 된다. 팔꿈치 관절의 토크, 즉 회전력을 이해하기 위해서는 내적토크와 외적토크를 이해해야 하는데, 내적토크란 근육의 힘과 힘 모멘트를 이야기하며, 외적토크란 중력과 저항 모멘트팔 길이를 말한다. 덤벨을 들고 팔꿈치 각도 90°일 경우 외적토크와 내적토크의 값이 동일한 상태이지만, 근육의 힘이 발생하며 내적토크를 증가시킴으로 인해 회전이 발생하게 되고 회전력, 즉 토크의 크기가 증가하게 된다.

16 ④ 인체의 구조적 특성

① 지레에서 힘의 이득은 힘팔이 저항팔보다 긴 경우에 해당된다.
② 1종지레는 받침점이 저항점과 힘점 사이에 있는 형태이며, 팔굽혀펴기는 2종지레에 속한다.
③ 2종지레는 저항점이 받침점과 힘점 사이에 있는 형태로 힘의 이득을 보며, 운동의 범위와 속도에 있어서 늘 손해를 본다.

17 ② 각운동의 운동역학적 분석

다이빙 선수의 공중회전 동작에서 다리와 팔을 회전축 가까이 위치시키는 것은 회전운동에서의 관성의 크기 즉, 관성모멘트를 감소시키고 각속도를 증가시켜 빠른 회전을 하기 위해서이다. 입수 동작 시에 다리와 팔을 최대한 펴는 것은 관성모멘트를 증가시키고 각속도를 감소시킴으로서 회전의 속도를 늦춰 수면의 저항을 감소시키며 입수하기 위함이다.

18 ③ 선운동의 운동학적 분석

속도를 구하는 공식은 $\frac{\text{이동거리}}{\text{소요시간}}$ 이다. 문제에 제시되어 있는 값을 공식에 대입하면 $\frac{\text{투사거리 } x}{\text{체공시간 2초}} = 30\text{m/s}$로

x값의 투사거리는 60m이다.

운동역학

19 ②

일과 일률

일률이란, 단위 시간동안 한 일의 양, 즉 일의 효율을 나타낸다. 일률을 나타내는 단위는 N·m/s, Joule/s, Watt가 있다. ② kg·m/s^2은 힘의 단위이다.

20 ③

인체 평형과 안정성

신체의 정적 안정성을 높이기 위해서는 기저면을 넓히고, 무게중심을 낮춰야 하며, 수직 무게중심선을 기저면 중앙에 가깝게 위치시켜야 한다. 또한 질량이 무거울수록, 마찰력이 클수록 안정성도 높아진다.

2023년 기출문제 스포츠윤리 정답 및 해설

1	2	3	4	5	6	7	8	9	10	11	12	13	14	15	16	17	18	19	20
①	③	①	③	②	②	④	④	①	①	③	②	②	③	①	②	②	③	④	④

1 ① 스포츠맨십

패자에게 승리의 우월성 과시가 아닌 패자에 대한 배려가 스포츠맨십의 행위이다.

스포츠맨십은 일반적인 도덕규범을 통하여 자기중심적이고 이기적인 본능 및 감정 등 경쟁의 부정적인 요소를 억제한다. 스포츠맨십의 행위로는 경기 자체를 즐기는 것, 악의 없는 순수한 경쟁, 상대방에 대한 배려, 규칙의 준수, 페어플레이, 심판의 권위에 대한 복종, 결과에 대한 겸허한 수용, 패자에 대한 배려, 승자에 대한 아낌없는 박수 등이 있다.

2 ③ 윤리이론

결과론적 윤리체계는 도덕적 강조점을 행위의 결과에 두어, 유익한 행위의 결과라면 도덕적으로 옳다고 본다. 또한 '최대 다수의 최대 행복'은 공리주의(결과론적 윤리체계의 대표적 형태)의 핵심 원리이다. 따라서 'ⓒ 개인의 최우수선수상 수상보다 팀의 우승이 더 중요하다.'와 'ⓔ 운동선수는 훈련과정보다 경기에서 승리하는 것이 더 중요하다'가 결과론적 윤리관에 해당되는 내용이다.

3 ① 인종차별

스포츠에서 인종차별은 스포츠계에서 특정한 인종의 다른 인종에 대한 차별이나 분리와 같은 비합리적인 사고방식으로, 일어나는 이유는 다음과 같다.

- 신체적 우월감이나 열등감을 스포츠의 속성(신체적 강건함과 탁월성을 경쟁)에 연결
- 스포츠에 오랜 민족 간 갈등, 역사적 라이벌 의식, 종교적 반목을 스포츠에 투영하여 승리를 통한 대리만족을 느끼고자 하는 왜곡된 집단 의식
- 스포츠의 국제화에 따라 개인의 운동기량을 인종 전체로 일반화 시키는 것
- 팀 패배의 원인을 특정 인종의 선수에게 전가
- 신체적 충돌에 의한 부상을 특정 인종 전체의 기질로 책임을 전가
- 일부 극우 관중들의 노골적인 특정 인종을 비하하는 모욕행위를 표출하기 위한 무대로 스포츠 대회를 이용
- 매스미디어를 통해 만들어진 특정 인종에 대한 이미지로 인한 편견 형성

4 ③ 윤리이론

덕윤리는 '무엇이 올바른 행위인지'를 판단하기 전에 '어떠한 행위를 하는 선수가 되어야 하는가'에 더 주목한다. 덕윤리는 도덕적 원리가 아니라 인격에 대한 판단과 도덕적 행위의 실천이 중요하다고 본다. 즉, 행위자의 내면적 품성이나 덕성을 도덕의 원리나 규칙보다 더 중요하게 여기며, 도덕이란 습관적인 행위를 통하여 덕성을 개발하는 데에 있다고 본다. 덕 윤리는 미덕(책임, 정직, 충성, 신뢰 등)을 드러내는 행동은 옳은 것, 악덕(거짓, 배신, 불성실, 무책임 등)을 드러내는 행동은 그릇된 것으로 간주한다.

5 ②

스포츠의 윤리적 기초

스포츠윤리의 역할

- 스포츠 상황에서 어떤 행동이 옳고, 어떤 목적이 좋은가 결정할 수 있는 근본 원리를 탐구
- 스포츠에 참여하는 사람들이 행동하는 데 요구되는 행동원리, 도덕적 표준이나 특성에 관한 탐구
- 일반윤리의 윤리적 원리와 도덕적 덕목에 기초하여 스포츠인의 행위에서 요구되는 도덕적 원리와 덕목에 대한 고찰

6 ②

윤리이론

칸트 윤리학의 핵심개념인 선의지는 행위가 다만 옳다는 이유만으로 행하는 것을 말한다. 선의지는 의욕 그 자체가 선인 것으로, 자신의 성향, 기호, 행복 등을 고려하지 않고 의무를 수행하고자 하는 순수의지에서 비롯해야 한다. 칸트는 선의지가 없으면 페어플레이도 악한 것이 될 수 있다고 하였다. 선한 동기를 바탕으로, 페어플레이가 선수의 의무라는 이유만으로 실천할 때에만 완벽한 선이 된다는 것이다. 선의지는 도덕적인 선수가 갖추어야 하는 내적인 태도이자 도덕적 행위의 필요충분조건이다.

7 ④

유전자 조작

유전자 도핑의 비윤리적 근거

- 선수의 신체를 실험 대상으로 하여 기계나 물질로 이해하도록 하는 것은 인간의 생명체로서의 본질을 훼손하고 존엄성을 부정하는 일이다.
- 스포츠선수를 우생학적 개량의 대상으로 만든다.
- 유전자 조작인간과 자연인간 사이의 갈등을 초래하기 때문이다.
- 유전자 조작에 의해 태어난 운동선수는 윤리적 태도나 마음가짐을 이식시킬 수 없기 때문에 악해진다면 스포츠와 폭력의 경계가 허물어질 수 있다.

8 ④

스포츠의 윤리적 기초

스포츠는 자발적 참여를 근본으로 하고 있기 때문에, 〈보기〉의 '유전적 요인에 의해 결정되는 운동선수의 신체'와 같은 신체적 불평등에는 평균적 정의가 적용되지 않는다.

정의의 유형

광의의 정의	자연적 정의	• 사람들의 승인 여부와 관계없이 어디에서나 동일한 힘을 갖는 정의
협의의 정의	평균적 정의	• 모든 사람이 동등한 권리를 가지는 절대적 평균 • 스포츠 경기 내에서의 평균적 정의 : 규칙의 동일한 적용, 참가의 동등한 조건, 경쟁에 임하는 모든 선수의 조건을 평등하게 만드는 것
	분배적 정의	• 사람들 간의 차이를 다르게 두어 각자에게 합당한 몫을 부여하는 것 • '다른 것은 다르게'의 원칙을 유지하여 차별에 대한 근거를 부여 • 능력에 따라 결과에 차등을 두어 정의를 실현함 • 스포츠에서 분배적 정의 : 결과의 명확한 불평등과 보상

9 ①

윤리이론

〈보기〉에서 A선수의 판단 근거가 되는 윤리이론은 의무론적 윤리체계에 해당한다. 의무론적 윤리체계의 난점은 개인의 권리를 강조하여 사회 전체의 이익을 제대로 고려하지 못하는 경우가 있다. 또 의무를 규정한 도덕규칙 간의 갈등상황에서 생기는 논리적 난점(하나의 규칙을 따를 때 다른 규칙을 위반하게 되는 도덕규칙 간의 충돌문제)이 존재한다.

10 ①

스포츠 폭력

이종격투기에 대한 윤리적 논쟁

• 찬성(예진의 입장) : 스포츠에 존재하는 폭력은 규칙에 의해 통제된 합법적 폭력이다. 투기종목에는 최소한의 안전장치가 있고 그 속에서 힘의 우열이 가려진다. 이종격투기는 더 폭력적인가 겨루는 것이 아닌 여러 스포츠종목의 신체적 탁월성을 복합적으로 겨루는 고차원 종목이다.
• 반대(승현의 입장) : 스포츠에 존재하는 폭력은 일상생활 속 폭력과 본질적으로 동일하다. 정당한 폭력이 존재한다면 모든 폭력은 정당화될 수 있다. 정당한 폭력은 존재할 수 없다.

11 ③

용기구와 생체 공학 기술 활용

국제수영연맹(FNA)은 2010년부터 스피도의 'LZR', 아레나의 'X-글레이드', 제이키드의 '제이키드 01'을 기술도핑 해당 수영복으로 규정, 착용을 금지해왔다. FNA가 첨단 수영복 착용을 금지한 것은 상대선수와의 형평성에 무게를 둔 결정이다. 이런 형평성은 공정성을 전제로 성립되는 페어플레이의 구성요소이다. 수영 이외의 종목에서도 기술도핑은 자주 일어나는데, 기술도핑은 모두 공정성을 이유로 금지되었다.

12 ②

페어플레이

공정시합 실현 방법에 관한 견해는 형식주의, 비형식주의로 나눌 수 있다. 〈보기〉에서 본래적 가치를 훼손시키는 행위여도 경기규칙을 위반하지 않았다면 윤리적 문제가 없다는 현준의 입장은 '형식주의 견해', 경기규칙을 위반하지 않았더라도 에토스에 충실해야 한다는 수연은 '비형식주의 견해'에 해당한다.

공정시합에 관한 두 가지 견해

구분	내용
형식주의	• 공정시합은 공적 조직에 의해 정해진 공식의 성문 규칙(구성적 규칙, 규제적 규칙)을 준수하며 경기하는 것이다. • 참가자들이 규칙을 준수하기만 하면 공정이 실현되기 때문에 참가자들이 규칙을 준수해야 하는 것이 스포츠 윤리의 핵심이다.
비형식주의	• 규칙의 준수보다 더욱 포괄적인 적용, 정당화가 가능하도록 경기에서의 공정의 개념을 확장해 제안한다. • 규정에 없으나 좋은 경기가 되기 위해 권장되어야 하는 행위와 비난받아야 하는 행위를 판단할 수 있는 준거와 기준의 정립을 제안한다. • 경기에서의 공정은 경기의 관습을 지키는 것이고, 관습이 지켜지는 경기가 공정한 것이다. • 경기에서 행위의 공정 여부는 관습에 의해 판정된다.

13 ②

윤리이론

〈보기〉에서 상대방을 걱정해주는 마음인 ⓒ은 측은지심에 해당한다. 자신의 옳지 못함에 부끄러워하는 마음인 ⓔ은 수오지심에 해당한다.

맹자의 사상

구분	내용
측은지심	남을 불쌍하게 여기는 타고난 착한 마음
수오지심	자신의 옳지 못함은 부끄러워하고 타인의 옳지 못함은 미워하는 마음
사양지심	겸손하여 사양할 줄 아는 마음
시비지심	옳고 그름을 가릴 줄 아는 마음

14 ③

장애차별

비장애인과의 분리수업을 지향하는 것보다는 다양한 사람과의 만남을 통해 사회성 함양 기회를 제공한다.

장애차별 없는 스포츠의 조건

기회제공	장애인이 원하는 장소, 시간이 확보되어야 한다.
재정지원	활동에 필요한 장비 및 기구의 재정적 지원이 확보되어야 한다.
계속적 활동	일회성 체험이 아닌 회원으로 관리되는 클럽활동이 보장되어야 한다.
선택의 기회	참여종목과 대회의 참여는 본인의 선택에 맡긴다.
다양한 사람과의 만남	다양한 사람과의 관계를 통하여 사회성 함양의 기회를 주어야 한다.

15 ①

스포츠와 환경윤리

스포츠에서의 지속가능한 발전은 스포츠 환경 및 시설의 개발과 환경의 공존이다. 개발을 하지만 한정된 자원 내에서 지속가능한 방법을 모색하는 것, 건강한 인간과 건강한 자연환경의 공존을 추구하는 것이다. 환경의 문제는 통합적이고 상호의존적이기 때문에 스포츠만의 환경 운동이 아닌 국가적, 국제적 협력과 공조도 스포츠의 지속가능한 발전에 중요하다. 따라서 개발을 금지한다는 ①의 설명은 적절하지 않다.

16 ②

스포츠맨십

㉠은 스포츠맨십에 대한 설명이다.
㉡은 페어플레이에 대한 설명이다.
㉢은 규칙준수에 대한 설명이다.

스포츠맨십	• 스포츠 참여자가 마땅하게 따라야 할 준칙, 갖추어야 하는 태도이다. • 페어플레이, 상대편이나 선수 존중, 경쟁상대에 대한 공손한 태도 등을 포함한다.
페어플레이	• 경기의 공정성을 처음부터 끝까지 유지해야 할 의무이다. • 정정당당하게 경기에 임해야 할 의무이다.
규칙준수	• 규칙 : 경기 중 허용이 되는 신체활동의 범위를 약속의 체계 • 스포츠는 규칙을 바탕으로 이루어지는 경쟁적 신체활동으로, 규칙준수라는 도덕적 행위를 요구한다. • 스포츠에서 경쟁의 필요조건은 규칙준수에 대한 약속이다.

17 ②

스포츠와 정책윤리

국민체육진흥법(시행 2022. 8. 11.) 제18조의3 '스포츠윤리센터의 설립'에 따르면 스포츠윤리센터의 운영, 이사회의 구성 및 권한, 임원의 선임, 감독 등 스포츠윤리센터의 정관에 기재할 사항은 대통령령으로 정한다.

18 ③

용기구와 생체 공학 기술 활용

국제육상경기연맹(IFFA)이 2011년 의족스프린터 피스토리우스의 비장애인육상경기 출전금지를 판단한 이유는 기술적 불공정에 있다. 특수한 경쟁을 제외하고 스포츠 경쟁은 공정성을 전제로 이루어지는데, 의족스프린터는 의족을 착용하지 않은 선수들과의 경쟁에 있어 불공정한 이점(의족 착용이 더욱 빨리 달리고자 하는 목적 달성에 영향을 미치는 것)을 갖기 때문이다.

19 ④

성차별

여성성을 해치는 스포츠에 대한 혐오가 스포츠에서 나타나는 성차별의 원인이다.

스포츠에서 나타나는 성차별의 원인

- 스포츠에 내재된 공격성, 위계화, 경쟁적 요인 등이 남성적 영역으로 여겨짐
- 사회적 성역할의 고착화(여자에게 요구되는 성역할이라는 고정관념에 의한 성차별)
  - 스포츠를 여성에게 적합하지 못한 종목으로 규정, 그런 종목을 즐기는 여성을 비하하는 행위
  - 여성성을 해치는 스포츠에 대한 혐오
  - 새로운 스포츠로의 도전을 무모한 객기로 평가절하하는 행위
- 여성의 신체적 조건에 대한 편견(남녀 간의 차이를 극복하기 어려운 생물학적 성에 기대어 차별로 정당화)

20 ④

심판의 윤리

심판에게는 공정성 혹은 정의의 원칙이 요구된다. 즉 심판은 모든 선수의 이익에 동등하게 관심을 가져야 한다. 선수 간 이익이 충돌할 때 한쪽에 치우치지 않고 공정하게 균형을 맞추어야 하므로, 전력이 약한 팀에게 유리한 판정을 할 수 있다는 설명은 옳지 않다.

2023년 기출문제 유아체육론 정답 및 해설

1	2	3	4	5	6	7	8	9	10	11	12	13	14	15	16	17	18	19	20
④	③	①	④	④	③	①	④	①	②	④	③	①	④	①	②	②	③	③	②

1 ④ 　유아기의 특징

두뇌발달은 영아기에 생후 어느 시기보다 급격히 일어난다.

영유아기 뇌 발달

- 3세 아동의 대뇌 무게는 성인의 약 75%이다.
- 6세가 되면 거의 90%에 이른다.
- 중뇌는 출생 시 거의 완전하게 발달되지만 대뇌피질은 4세가 될 때까지 완벽하게 발달되지 않는다.
- 영아기에 두뇌발달은 생후 어느 시기보다 급격히 일어난다.

2 ③ 　유아기의 특징

자신으로부터 대상이 떨어져 있는 거리를 판단하는 능력은 형태지각이 아닌 '깊이지각'에 해당한다.

형태지각

- 모양을 구별하고 여러 양식들을 분간할 수 있는 능력이다.
- 전체보다 부분을 선호한다.
- 정지된 것보다 움직이는 물체를 선호한다.
- 흑백보다 컬러를 선호한다.
- 직선보다 곡선을 선호한다.
- 출생 초기 단순한 도형을 선호하지만 점차적으로 복잡한 도형을 더욱 선호한다.
- 영아의 주의를 끄는데 색깔, 명암보다 형태가 더욱 큰 영향을 준다.

3 ① 　운동프로그램의 구성요소

굽히기, 늘리기, 직립균형은 안정성 운동에 속한다. 조작 운동에는 굴리기, 던지기, 때리기, 차기, 튀기기, 펀팅, 되받아치기, 잡기, 볼 멈추기 등이 있다.

안정성 프로그램		이동운동 프로그램		조작운동 프로그램	
축 이용 기술	정적, 동적	기초	복합	추진운동	흡수
• 굽히기 • 늘리기 • 비틀기 • 돌기 • 흔들기	정적 안정성 요소 • 직립균형 • 거꾸로 균형 동적 안정성 요소 • 구르기 • 시작하기 • 멈추기 • 재빨리 피하기	• 걷기 • 달리기 • 리핑 • 호핑 • 점핑	• 기어오르기 • 겔로핑 • 슬라이딩 • 스키핑	• 굴리기 • 던지기 • 때리기 • 차기 • 튀기기 • 펀팅 • 되받아치기	• 잡기 • 볼멈추기

4 ④

안전한 운동프로그램 지도를 위한 환경

유아체육 지도환경 조성 원칙 중 경제성은 시간, 비용 부분에서 경제력이 있는 것을 선택하여 예산문제로 인한 안전사고가 일어나지 않도록 하는 것을 말한다.

안전성	• 체육활동을 위한 설비나 용구가 유아들의 건강을 해치거나 위험성이 없어야 한다.
경제성	• 시간, 비용 부분에서 경제력이 있는 것을 선택하여 예산문제로 인한 안전사고가 일어나지 않도록 해야 한다.
흥미성	• 호기심, 모험심 등을 표현할 수 있는 환경조성은 체육활동의 흥미로움과 적극적인 수업 태도를 만들어낼 수 있다.
필요성 (효율성)	• 음향, 냉난방, 활동공간 크기 등은 효과적인 수업 진행을 위해 고려되어야 한다. • 유아의 신체발달에 반드시 필요한 기구, 설비로 판단될 경우, 그 필요성을 인정하고 준비해야 한다.

5 ④

유아기 운동발달

전문화된 움직임 시기에서 적용단계에는 인지능력이 더욱 정교해지고 경험 토대가 확대되면서 많은 것을 학습할 수 있게 된다. 다양한 과제, 개인, 환경 요인들을 바탕으로 무엇에 참여할 것인가 결정할 수 있게 된다. 이 단계에서는 특정 활동을 기피하거나 찾기 시작한다. 움직임 수행의 형태, 기술, 정확성과 더불어 양적 측면이 강조되고, 더 복잡한 기술들이 정교해지며 보다 높은 수준의 게임, 간이게임, 선택된 스포츠에서 사용되는 단계이다.

6 ③

운동프로그램의 구성요소

유소년 신체활동을 통한 자기개념 발달

- 움직임 교육 프로그램은 건강한 자기개념의 형성에 도움이 된다.
- 긍정적 강화를 많이 포함할 경우 실패에 대한 두려움을 줄일 수 있다. 성인으로부터 격려와 긍정적인 강화를 받을 수 있는 기회가 많으면 긍정적인 자기개념을 지속적으로 발달시킬 수 있다.
- 유소년의 용기를 북돋아주고, 생활에 모험활동이 포함되도록 한다.
- 자신의 한계 내에서 합리적 수행목표를 세울 수 있도록 도와준다.

7 ①

운동프로그램의 구성요소

동작의 구성요소

Gilliom(1970)	공간, 신체인식, 힘, 시간, 흐름
North(1973)	힘, 시간, 흐름, 공간, 무게
Pica(1995)	공간, 시간, 힘, 흐름, 형태, 리듬
Purcell(1994)	공간 인식, 신체 인식, 노력, 관계
Slater(1993)	공간, 신체, 노력, 관계

8 ④

유아기 운동발달

		물구나무서기	공 차기
단계	시작	• 삼각지지 형태의 낮은 균형자세 유지 가능 • 삼각지지 물구나무서기 자세 3초 이상 가능 • 보이지 않는 신체부위에 대한 낮은 수준의 운동감각 • 아주 낮은 수준의 움직임에 대한 협응된 제어능력	• 차기 동안 움직임들이 제한됨 • 몸통의 똑바른 자세 유지 • 균형 유지를 위한 양팔의 사용 • 백스윙 시 차는 다리의 움직임 제한 • 앞으로의 스윙이 짧음 • 팔로스루가 거의 없음 • 팔로스루 시 공의 표면을 차는 형태 • 밀기 동작이 차기보다 더 뚜렷함
	초보	• 제어된 감각지지 물구나무서기, 두 지점을 지지하며 낮은 자세의 물구나무서기 유지 가능 • 3초 이상의 균형을 유지가 가능하거나 또 다른 균형점이 자주, 부가적으로 주어질 경우 더 오래 유지 가능 • 보이지 않는 신체부위를 살피는 능력이 점차적으로 향상	• 무릎을 중심으로 차기 준비를 위한 백스윙 • 차기가 이루어지는 동안 차는 다리는 계속 굽혀진 상태 • 무릎 전방 움직임에 팔로스루 제한됨 • 공 앞으로 의도적인 한 두 걸음의 스텝
	성숙	• 바닥과 접촉하는 자세가 좋음 • 머리, 목의 제어가 잘됨 • 신체 부위의 위치에 대한 운동감각이 좋음 • 신체 제어 능력이 좋음 • 두 지점 혹은 세 지점 지지를 하며 낮거나 높은 균형자세 3초 이상 유지 가능 • 정적 자세 제어 가능	• 차기 동작 동안 양팔 흔들기 • 팔로스루 동안 몸통이 허리까지 굽혀짐 • 엉덩이에서 차는 다리의 움직임이 시작 • 공 접촉 시 지지 다리가 약간 굽혀짐 • 길어진 다리 스윙 길이 • 높아진 팔로스루 • 달리거나 껑충 뛰어 공에 다가감

9 ①

유아기의 특징

신뢰감 대 불신감 단계에서는 돌보아주는 사람이 유아의 신체적, 심리적 요구와 필요를 적절하게 충족시켜주면 유아는 그 대상에게 최초의 신뢰감을 형성하게 되고, 그렇지 못할 경우에는 불신감을 갖게 된다.

1단계	기본적 신뢰감 대 불신감	• 돌보아 주는 사람이 유아의 신체적·심리적 요구와 필요를 적절하게 충족시켜주면 유아는 신뢰감을 형성하게 되며, 그렇지 못하는 경우에는 불신감이 형성된다.
2단계	자율성과 수치 및 회의	• 유아의 자율성이 발달하는 시기이다. • 근육발달을 조절할 수 있다. • 자기개념이 형성되기 시작, 자기주장의 언어적 표현을 많이 하게 된다. • 사회적 기대에 적합한 활동을 원활하게 하지 못하면 수치심과 회의심을 갖게 된다.
3단계	주도성 대 죄의식	• 어떤 목표나 계획을 세워 성공하고자 노력하는 시기이다. • 세운 목표, 계획을 실천하려는 욕구와 또래의 판단 사이에 갈등을 겪게 되는 시기이다.
4단계	근면성 대 열등감	• 자아 성장에 결정적인 시기이다. • 기초적 인지기술과 사회적 기술을 습득하게 되면서 넓은 사회에서 통용되는 유용한 기술을 배우고 숙달하려는 시기이다. • 실수, 실패를 접하거나 근면성이 발달하지 못할 경우 열등감을 갖게 되기도 한다.
5단계	정체감 대 역할혼미	• 신체적 발달이 급변하고 사회적 압력과 요구에 대한 혼란을 겪는 시기이다. • 자아 정체감으로 사회 속에서 나의 존재와 위치에 대한 느낌을 확립하게 되는 시기이다. • 자기 존재에 대한 갈등의 시간이 계속되면 부정적 자아개념을 형성하게 된다. • 사회적 친밀감을 형성하지 못하고 자신에게만 몰두하는 시기이다.

6단계	친밀감 대 고립감	• 성인 초기로 성숙한 인간관계를 맺음으로써 친밀감을 형성하는 것이 중요한 발달 과업이 되는 시기이다. • 긍정적 정체감을 확립하면 진정한 친밀감이 성립하게 된다. • 정체감 확립을 못한 경우 자신감을 갖지 못하고 타인과의 친밀감도 형성하지 못한다.
7단계	생산성 대 자기침체	• 사회적으로 다음 세대를 양성하는데 관심과 노력을 기울이는 시기이다. • 타인이나 사회에 대한 관심보다 자기 자신을 위한 이기적인 목적에만 몰두하게 된다.
8단계	자아통합 대 절망의 단계	• 생애 마지막 시기로 인생에 대한 무력감을 느끼게 되는 시기이다. • 자아통합의 과정을 거치는 시기인데, 달성에 실패하면 절망감과 불만족감을 느낀다.

10 ②

유아기의 특징

반사는 원시반사, 자세반사, 운동반사로 구분된다. ㉠ 모로반사, ㉣ 바빈스키반사, ㉤ 비대칭목경직반사는 원시반사에 해당되는 예이다. ㉡ 당김반사, ㉢ 목가누기반사, ㉥ 낙하산반사는 자세반세에 해당되는 예이다.

11 ④

안전한 운동프로그램 지도를 위한 환경

• 1세 이상의 경우 하임리히법이 권장되나 1세 미만의 영아는 하임리법을 사용하지 않는다.
• 1세 미만의 경우 등 두드리기와 흉부 압박이 권장된다. 환자의 머리를 아래쪽으로 향하게 하여 엎드린 자세로 위치 시킨 후, 한 손으로 턱을 지지하고 다른 손으로 견갑골 사이를 손바닥 아랫부분으로 5회 연속하여 두드린다(머리는 가슴보다 낮게, 안은 팔은 허벅지에 고정한다). 환자를 다시 돌려서 흉골 부위에 손가락 두 개를 대고 가슴을 5회 압박한다(등을 받치고 머리를 가슴보다 낮게, 안은 팔을 무릎 위에 놓는다).
• 의식이 없는 경우에는 혀에 의한 기도폐쇄가 있는지 확인한다.

12 ③

운동프로그램의 구성요소

㉠ 순발력은 운동체력 요소에 속한다.
㉣ 유연성은 앉아서 윗몸 굽히기를 통해 검사한다.

구분	요소	검사방법
건강체력 요소	심폐지구력	왕복오래달리기(셔틀런)
	근력	악력
	근지구력	윗몸 말아 올리기
	유연성	앉아서 윗몸 굽히기
	체구성	–
운동(수행)체력 요소	평형성	한 발로 중심 잡기
	협응성	공 던지기, 공 차기, 버튼 누르기
	민첩성	(5M×4회)왕복달리기
	스피드	–
	순발력	–
	반응시간	–

13 ①

운동프로그램의 구성요소

다양한 운동 수행을 통해 체력의 향상과 건강한 생활을 경험한다. 건강을 유지하고 증진하기 위한 체력운동 및 여가생활을 실천한다.

14 ④

운동프로그램의 구성요소

축구 패스 공 멈추기, 야구 공중볼 받는 것은 몸쪽으로 들어오는 공을 받는 흡수 조작운동, 물체와의 위치나 방향, 거리 등을 이해하는 공간지각에 해당한다.

조작운동

기구를 다루는 능력이다.

추진	• 몸에서 밖으로 기구를 내보내는 동작 • 굴리기, 던지기, 때리기, 차기, 튀기기, 펀팅, 되받아치기
흡수	• 몸으로 들어오는 기구를 받는 방법 • 잡기, 볼멈추기

지각운동

신체지각, 공간지각, 방향지각, 시간지각, 관계지각, 움직임의 질로 구성된다.

신체지각	• 신체로 무엇을 할 수 있는가 하는 문제 • 신체명칭, 모양, 위치, 신체 움직임에 대한 자각
공간지각	• 몸을 어디로 움직이는가 하는 문제 • 대상의 위치, 방향, 거리 등을 정확하게 이해하는 것 • 장소, 높이, 방향, 움직임의 범위
방향지각	• 서로 다른 방향을 인지하고 어떻게 방향을 전환하는지 익히는 것 • 위/아래, 오른쪽/왼쪽 • 서로 다른 대상을 지나가는 방법과 서로 다른 방법으로 이동하기 • 똑바로, 커브, 지그재그
시간지각	• 아동의 지각-운동 능력의 시간적인 차원의 발달과정 • 청각적인 다양한 리듬 정보를 통해 시간지각이 발달 • 과거/현재/미래, 오전/오후, 아침/저녁, 빨리/느리게, 갑작스럽게/천천히
관계지각	• 어떤 움직임을 누구와 함께 하느냐 하는 문제 • 신체 간의 관계, 사람과의 관계, 사물과의 관계
움직임의 질	• 움직임에 포함되어 있는 각 요소의 질적인 측면을 이해하는 것 • 균형, 시간, 힘, 흐름

15 ①

운동발달 프로그램의 기본원리

유아체육 프로그램 구성 시 '㉠ 일반화된 특성뿐만 아니라 유전과 환경요인 같은 개인차를 고려하는 것'은 특이성의 원리에 해당한다. '㉡ 유아 스스로 실험과 문제해결, 자기 발견을 통해 학습이 일어나는 과정을 강조하는 지도방법'은 탐색적 방법에 해당한다.

16 ②

'던지는 팔의 반대쪽 발을 내딛으며 무게를 이동시킨다'는 던지기의 수행기준에 해당한다.

기본움직임기술	검사항목	수행기준
이동운동	달리기	• 팔과 다리는 엇갈려 움직이고, 팔꿈치는 구부린다. • 양발이 동시에 땅에서 떨어지는 순간이 있다. • 발뒤꿈치나 앞꿈치의 좁은 면적으로 착지한다(발바닥 전체 착지 아님). • 땅에 닿지 않은 발을 90도 정도 뒤로 구부린다(엉덩이에 닿을 만큼).
	제자리멀리뛰기	• 준비 동작은 팔을 몸 뒤로 편 다음 두 무릎을 구부린다. • 앞과 위로 힘껏 팔을 펴며 머리 위로 팔을 최대한 든다. • 두 발을 동시에 이지하여 착지한다. • 양팔을 아래로 내리며 착지한다.
조작운동	던지기 (over-hand throw)	• 와인드업은 손/팔의 아랫방향에서 시작한다. • 던지지 않는 쪽이 벽을 향한 상태에서 엉덩이와 어깨를 던지는 쪽(point)으로 회전시킨다. • 던지는 팔의 반대 발을 앞으로 내밀면서 체중을 이동한다. • 볼을 던진 후에 던진 팔의 반대 측면을 향해 대각선 방향으로 팔로스루한다.
	공차기	• 공에 빠른 속도로 접근한다. • 공을 차기 직전 순간적인 립 동작이나 넓은 보폭이 있다. • 차지 않는 발은 공의 바로 옆이나 약간 뒤에 위치한다. • 주로 사용하는 발의 안쪽이나 발끝으로 찬다.

17 ②

미취학 아동의 보호자는 아이들이 놀이를 할 때 활발한 활동을 장려해야 한다.

미국 질병통제예방센터(CDC)가 제시한 연령별 신체활동 가이드라인

구분	내용
3~5세 아동을 위한 권장 사항	• 성장과 발달을 위해 하루 종일 신체활동을 해야 한다. • 보호자는 아이들이 놀이를 할 때 활발한 활동을 장려해야 한다.
6~17세 어린이와 청소년을 위한 권장 사항	• 매일 60분 이상 혹은 중간 강도-고강도 이상의 강도에서의 신체활동을 해야 한다. • 유산소 활동 : 대부분의 하루를 60분 걷기, 뛰기 또는 심박수를 빠르게 하는 활동 등을 포함해야 한다. 일주일에 최소 3일은 고강도의 활동을 포함해야 한다. • 근력 강화 : 일주일에 최소한 3일, 등산이나 팔굽혀펴기와 같은 활동을 포함해야 한다. • 골(뼈) 강화 : 일주일에 최소한 3일, 점프나 달리기와 같은 활동을 포함해야 한다.

18 ③

운동기구의 배치는 유아들이 운동기구에 익숙해질 때까지 병렬식으로 배치하도록 한다. 이후 어느 정도 자신감을 갖게 되면 다양한 기구들을 한꺼번에 접할 수 있도록 순환식으로 배치하도록 한다.

19 ③

㉠ : 유산소 운동 ㉡ : 저항 운동 ㉢ : 뼈 강화 운동

미국스포츠의학회(ACSM)의 어린이와 청소년을 위한 FITT 권고사항

	유산소 운동	저항 운동	뼈강화 운동
빈도	• 매일 • 고강도 운동을 최소 주 3일 이상 포함되도록 함	• 주 3일 이상	• 주 3일 이상
강도	• 중강도(심박수, 호흡이 눈에 띌 정도로 상승)에서 고강도(심박수, 호흡이 상당히 상승)	• 체중을 저항으로 사용 • 8~15회 반복이 가능한 무게	• 충격이나 기계적 부하와 같이 부하를 주는 신체활동이나 운동 자극
시간	• 하루 60분 이상	• 하루 60분 이상	• 하루 60분 이상
형태	• 술래잡기, 달리기, 하이킹, 활기차게 걷기, 뛰기, 뛰어넘기, 줄넘기, 수영, 춤, 자전거 타기, 축구, 농구, 테니스와 같은 스포츠를 포함한 즐길 수 있고 성장발달에 적절한 활동	• 구조화되지 않은 활동 : 운동장기구 놀이, 나무 오르기, 줄다리기 • 구조화된 활동(감독 하) : 팔굽혀펴기 및 윗몸일으키기, 중량들기, 저항성 밴드	• 달리기, 줄넘기, 농구, 테니스, 저항성 운동

20 ②

안전한 운동프로그램 지도를 위한 환경

유소년은 체육활동을 할 경우 성인에 비해 열을 빨리 획득하므로 가능한 더운 공간에서의 활동은 위험할 수 있다. 유아들이 편안하게 활동에 몰입할 수 있도록 적절한 온도, 습도, 환기 등이 유지되는 환경을 조성해야 한다.

2023년 기출문제 노인체육론 정답 및 해설

1	2	3	4	5	6	7	8	9	10	11	12	13	14	15	16	17	18	19	20
②	④	①	①	②	④	④	①	③	②	④	④	③	③	③	①	③	④	③	③

1 ② 노화의 개념

기대수명은 의학의 발달과 생활 수준의 향상으로 건강관리를 잘한다면 오래 살 수 있는 수명을 말하는 것이며, 평균수명은 전체 인구의 수명을 더한 평균치를 나타내는 수명이다.

기대수명은 출생자가 출생 직후부터 생존할 것으로 기대되는 평균 생존 연수를 말한다. 평균 생존 연수이므로 생명을 다해 살다가 죽는 경우만을 대상으로 하며 자살이나 교통사고로 인한 생존 기간은 평균치 계산에 포함하지 않는다.

2 ④ 근골격계 질환 운동프로그램

불편함을 느끼기 시작하는 강도보다 높은 강도로 운동을 시작한다.

무릎골관절염

- 뼈와 뼈가 만나는 부위의 관절 염증뿐만 아니라 관절의 병변을 의미한다.
- 퇴행성관절염은 관절 연골이 닳아 없어지면서, 국소적인 퇴행성 변화가 나타나는 질환을 말한다. 통증, 조조강직, 가동성 저하 등의 증상이 나타난다.
- 류마티스 관절염은 자가 면역 질환으로 원인 불명의 만성 염증성 질환이다. 아침에 일어나면 관절운동이 유연하지 못하며 피로감, 전신무력감, 의욕 감소 현상, 관절통이 나타나는 것을 특징으로 주로 40~50대 여성들에게 많이 발생한다.
- 운동으로 통증과 피로가 줄어들고, 건강 상태가 호전되면 일상생활의 수행 능력이 개선된다.
- 류마티스 관절염의 운동치료 요법은 지나친 운동은 염증을 악화시키기 때문에 근력 소실 예방과 관절 가동범위 개선에 초점을 맞춘다(염증의 원인 제거 및 통증 제거).

3 ① 운동프로그램의 요소

기능 관련성 원리 : 움직임과 연관된 동작을 포함하는 기능적인 운동프로그램을 설계하고 실행하는 원리

노인운동 프로그램의 원리

특수성의 원리	운동 자극에 따라 나타나는 인체의 반응은 행해지는 운동의 형태나 근육군에 따라 달라질 수 있다.
과부하의 원리	인체의 생리적 자극 수준을 초과하여 운동시키는 것을 말한다.
점증 부하의 원리	운동 기간, 운동 강도를 점진적으로 증가시키는 것을 말한다.
개별성의 원리	자신의 개별성에 맞는 적절한 운동이 진행(나이, 성별, 체력수준)된다.
변동성의 원리	드는 무게는 가볍게, 운동량은 많게 시작해서 시간 경과에 따라 점진적으로 무게는 무겁게 운동량은 적게 진행한다.
가역성의 원리	운동하다가 멈추면 다시 체력이 떨어진다는 원리를 말한다.

4 ①

노화에 따른 신체적·심리적·사회적 변화

근감소증(sarcopenia) : 근육을 구성하는 근 섬유수가 줄어드는 증상. 근감소증은 노화에 따라 근육량이 줄어들고 근육 기능이 저하되는 질환이다. 1초에 1m도 채 못 갈 정도로 걸음 속도가 느려지고, 앉았다 일어날 때 유독 힘들어하는 게 근감소증 증상이다. 근감소증에 걸리면 낙상사고 시 골절·뇌출혈로 이어질 수 있다.

- 근이영양증 : 유전적인 요인으로 진행성 근력 저하 및 위축을 보이고, 병리학적으로 근육섬유의 괴사 및 재생을 특징으로 하는 퇴행성 근육병증을 말한다.
- 루게릭병 : 운동신경세포만 선택적으로 사멸하는 질환으로 대뇌 겉질(피질)의 위운동신경세포(upper motor neuron, 상위운동신경세포)와 뇌줄기(뇌간) 및 척수의 아래운동신경세포(lower motor neuron) 모두가 점차적으로 파괴되는 특징을 보인다.
- 근육저긴장증 : 근긴장 저하는 운동신경에 영향을 주는 여러 가지 원인에 의해서 초래될 수 있다. 근긴장 저하를 갖고 있는 사람들은 흔히 양팔과 다리를 힘없이 축 늘어뜨리는 모습을 하게 되고 머리를 잘 가누지 못한다. 이동과 자세를 취하는 데에도 어려움을 보일 뿐만 아니라 호흡과 발화에도 곤란을 겪는다. 근긴장 저하는 지능에 직접적인 영향을 주지 않을 수 있지만 아동이 발달기를 거치면서 사회적 능력, 언어, 그리고 전반적인 학습에 있어서 다른 사람들보다 더 많은 시간과 노력이 필요할 수 있다.

5 ②

운동의 개념과 역할

체중부하운동 : 걷기, 등산, 스케이트

ⓒ 고정식 자전거는 앉은 자세에서 체중을 뺀 상태에서 운동을 실시하기 때문에 체중부하운동이라고 할 수 없다.

ⓔ 수영의 경우 적정 자극을 주어 뼈에 스트레스를 주어야 하나 부력으로 인해 적절한 스트레스를 주기 힘들다.

6 ④

스포츠사회학의 의미

8자 보행 같은 경우 노인기(만 65세 이상)를 대상으로 사용되고 있으며, 협응력 항목을 측정하는 데 사용된다.

8자 보행

측정방법	• 가로 3.6m, 세로 1.6m인 직사각형을 만들고, 양쪽 상단 모서리 안에 고깔을 설치한다. • 3.6m선의 중앙(1.8m)에서 수직으로 1.6m지점이면서 양쪽 고깔의 대각선 2.4m되는 지점에 의자를 설치한다. • 의자는 팔걸이가 없는 의자를 사용하며, 고깔사이즈는 가로 약 19cm, 높이 약 30cm로 통일한다. • 의자에 앉아서 대기하다가 '출발'신호에 따라 오른쪽 후방에 있는 고깔을 안쪽에서 바깥쪽으로 돌아 의자에 앉는다. • 이 과정을 두 번 반복 실시하고 그 소요 시간을 0.1초 단위로 기록한다. • 1~2회 연습 후 검사를 실시한다.
측정 시 유의사항	• 절대 뛰지 않는다. • 미끄럽지 않은 곳에서 실시한다. • 의자에서 일어날 때 의자가 움직이지 않도록 고정한다.

7 ④

운동의 효과

복부지방 감소와 안정 시 인슐린 분비의 감소

노인의 규칙적인 유산소운동 효과

- 최대산소섭취량과 1회 박출량 증가
- 분당 환기량 증가와 안정 시 호흡수 감소
- 말초혈관의 저항 감소와 혈관 탄력성 증가
- 복부지방 감소와 안정 시 인슐린 분비의 감소

8 ①

운동의 효과

만성질환 노인의 운동 효과

- 비만 노인의 체지방 감소
- 근육량 유지 및 증가
- 당뇨 노인의 혈당량 감소
- 근육의 인슐린 민감성 증가
- 골다공증 노인의 골밀도 증가
- 낙상과 골절 예방

9 ③

운동프로그램의 요소

특수성의 원리 : 운동 자극에 따라 나타나는 인체의 반응은 행해지는 운동의 형태나 근육군에 따라 달라질 수 있다.

노인운동 프로그램의 원리

특수성의 원리	운동 자극에 따라 나타나는 인체의 반응은 행해지는 운동의 형태나 근육군에 따라 달라질 수 있다.
과부하의 원리	인체의 생리적 자극 수준을 초과하여 운동시키는 것을 말한다.
점증 부하의 원리	운동 기간 운동 강도를 점진적으로 증가시키는 것을 말한다.
개별성의 원리	자신의 개별성에 맞는 적절한 운동이 진행(나이, 성별, 체력수준)된다.
변동성의 원리	드는 무게는 가볍게, 운동량은 많게 시작해서 시간 경과에 따라 점진적으로 무게는 무겁게 운동량은 적게 진행한다.
가역성의 원리	운동하다가 멈추면 다시 체력이 떨어진다는 원리를 말한다.

10 ②

운동권고 지침 및 운동방안

안전한 보행을 위하여 발뒤꿈치, 발바닥, 앞꿈치 지지순서로 걷게 한다.

노인의 걷기운동을 지도할 때 주의사항

- 걷기 운동을 최대한 활용하려면 노인들은 안전하고 효과적인 특정 기술을 따라야 한다.
- 운동 프로그램을 시작하기 전에 근육을 스트레칭하고 풀어주는 워밍업을 실시한다(이렇게 하면 부상을 예방하고 유연성을 높일 수 있다).
- 노인들은 또한 시간이 지남에 따라 걷기 운동의 강도와 지속 시간을 점차적으로 늘려야 한다.
- 짧은 거리부터 시작하여 점진적으로 더 긴 걷기로 작업한다.
- 적절한 신발을 착용하고 필요한 경우 보행 보조기를 사용하는 것도 중요하다.
- 고령자는 극심한 더위나 추위와 같은 극단적인 기상 조건에서 걷는 것을 피하고 고르지 않은 표면, 차량 및 장애물과 같은 잠재적인 위험에 유의해야 한다.
- 걷는 동안 주의를 기울이고 주변을 인식하는 것이 중요하다.

11 ④

노화와 관련된 이론

텔로미어(telomere)는 고대 그리스어에서 '끝'을 뜻하는 'telos'와 '부분'을 뜻하는 'meros'가 합성되어 만들어진 단어로, 선형 염색체의 끝 부분에 존재하는 반복 서열과 이와 결합된 특정한 단백질이 형성하는 복합 구조체를 의미한다. 진핵생물 염색체의 양팔 각각의 말단부에 존재하는 특수한 입자로서, 이 말단부의 DNA는 일정한 염기서열이 여러 번 반복되는 특수한 반복서열을 갖는다. 구조의 맨 끝에 있는 단일가닥 영역은 반복서열의 다른 부분과 루프를 형성하고, 여기에 텔로미어 결합단백질들이 결합하여 염색체의 말단을 보호하게 된다.

- 사이토카인(cytokine) : 그리스어로 세포를 의미하는 'cyto-'와 움직임을 의미하는 'kine'이 결합해 만들어진 단어이다. 사이토카인은 넓은 의미로는 세포 신호전달에 사용되는 단백질을 널리 지칭하는 단어로 사용되지만, 좁은 의미로는 면역조절과 관련된 세포 신호전달 물질을 의미하는 단어로 사용된다.

12 ④

노화와 관련된 이론

발테스와 발테스의 보상이 수반된 선택적 적정화 이론

- 선택, 적정화, 보상이라는 3가지 전략을 통해 성공적인 노화 수준이 결정되는 이론
- 성공적인 노화는 신체적, 정신적, 사회적 손실에 대한 적응력과 관련이 있으며 기능적 능력의 향상을 통해 노화로 인한 손실을 보완하도록 도움을 줌
- 기품 있는 노화는 긍정적 마음가짐, 낙천적 전망, 적극적 삶의 정열

반두라(A. Bandura)의 자기효능감 이론

반두라가 사회인지이론(social cognitive theory)에서 제시한 개념으로, 어떤 목표를 성취하기 위해 필요한 행동을 조직하고 실행하여 원하는 결과를 기대한 만큼 얻어 낼 수 있다는 자신의 능력에 대한 기대 또는 신념을 말한다.

로우와 칸(Rowe와 Kahn, 1998)의 성공적 노화 이론

성공적 노화는 최적의 노화에 해당하는 것으로 성공적 노화는 생물, 심리, 사회적 기능 수준이 높고 삶의 만족과 환경에 대한 적응 수준이 높은 상태라는 데 노년학자들은 전반적으로 일치된 견해를 보이고 있다.

펙(R. Peck)의 발달과업이론

펙은 에릭슨(Erikson)의 7단계와 8단계를 통합하여 7단계 모델을 제시하면서, 7단계인 노년기를 의미 있고 만족스럽게 보내기 위해서는 다음의 세 가지 차원에서 심리적 적응을 해야 한다고 제안하였다.

13 ③

노화에 따른 신체적·심리적·사회적 변화

- 폐경으로 인한 에스트로겐 감소로 골다공증 위험 증가
- 대사작용의 산물인 활성산소의 증가가 여러 노화 관련 질환 유발

제1형(폐경 후) 골다공증

폐경 후 에스트로겐이 결핍되면 골 흡수가 현저히 증가하여 혈중 칼슘은 높아지는데, 부갑상선호르몬의 분비가 감소하여 장내 칼슘 흡수가 낮아짐으로써 생기는 골다공증

14 ③

노화와 관련된 이론

계획행동이론(theory of planned behavior) : 기존에 있던 합리적 행위 이론이 확장된 것으로, 태도와 행동 사이의 관계를 설명하는 대표적인 이론 중 하나다. 태도와 주관적 규범, 지각된 행동 통제감, 행위 의도, 행동을 포함하는 개념으로 광고나 공공 캠페인 등 설득 커뮤니케이션의 다양한 분야에서 광범위하게 사용된다.

- 학습이론(learning theory) : 학습이 이루어지는 요인이 무엇인가를 설명해 주고 있는 이론. 즉, 어떤 행동이 왜 지속되는지 또는 중단되는지에 대하여 설명해 주는 이론을 통틀어 학습이론이라 한다.
- 건강신념모형(health belief model) : 아무런 증상이 없을 때 질병을 예방하고 찾아내기 위한 행위. 즉, 질병 발생을 사전에 막기 위한 행동으로 증상이나 질환을 조기에 발견하기 위한 행동이다.
- 행동변화단계모형(behavior change model) : 행동 변화에 대한 일반적이고 광범위한 이론적 모델로 새로운 건강 행동에 대한 개인의 준비 상태를 평가하고 개인을 지도하기 위한 전략 또는 변화 과정을 제공하는 통합 요법 이론이다.

15 ③

의사소통기술

㉡ 시선은 한곳을 고정하는 것이 아니라 노인이 등을 보이고 있으면 접촉하여 시선을 집중하도록 한다.
㉤ 손가락으로 지적하는 것은 노인과의 원활한 의사소통이 아니다.

16 ①

운동권고 지침 및 운동방안

안정시 MET값은 운동강도에 따라 다르다.

- 대사당량(METs) : 신체 활동의 강도를 나타내는 지표로, 활동하는 동안의 단위 체중당 산소 혹은 에너지 소모량으로 계산한다.

17 ③

노인운동 시 위험관리

- 보호(Protection) : 추가적 손상 방지
- 냉찜질(Ice) : 통증, 부종, 염증 감소
- 고정(Stabilization) : 근 경련 감소

PRICES 원칙

노인이 운동할 때 응급상황 발생 시 PRICES 원칙을 이용한다.

방법	목적
Protection(보호)	추가적 손상 방지
Rest(휴식)	심리적 안정
Ice(냉찜질)	통증, 부종, 염증 감소
Compression(압박)	부종 감소
Elevation(거상)	부종 감소
Stabilization(고정)	근 경련 감소

18 ④

근골격계 질환 운동프로그램

노인은 시야의 확보가 잘 안되거나 발에 대한 감각저하 및 발목 가동성의 감소, 기립성 저혈압, 균형 감각의 상실 등으로 인하여 낙상의 위험이 크다. 보폭이 좁은 오리걸음 패턴은 노화로 인한 낙상의 원인이다.

낙상을 잘 유발하는 위험요인

- 보행장애가 있는 질환을 앓고 있는 사람
- 보폭이 좁은 오리걸음 패턴
- 기립성저혈압이 있는 경우
- 4가지 이상 약물을 복용하는 사람
- 발에 이상이 있거나 적절한 신발을 착용하지 않는 사람
- 시력이 떨어져 있는 사람
- 집안에 낙상 위험이 있는 경우

19 ③

노화에 따른 신체적·심리적·사회적 변화

평형성은 10대에 최대치를 이루고 그 후 급속히 저하된다.

20 ③

노화와 관련된 이론

발달과 쇠퇴를 모두 포함하는 변화가 아니라 신체의 노화를 초래하고 나이의 증가와 함께 발병률과 사망률의 위험을 증가시키는 요인에 초점을 맞춘다.

노화의 생물학적 이론

노화의 유전적 이론	유전적 요인이 노화의 속도를 결정함
노화의 손상 이론	세포손상의 누적이 세포의 기능장애에 결정적 요소를 함
노화의 점진적 불균형 이론	인체기관이 다른 속도로 노화하면서 신경내분비계에 불균형을 초래함
교차결합이론	분자들이 서로 엉켜서 조작이 탄력성을 잃고 세포 내·외부로의 영양소와 화학적 전달물질 교환을 방해하는 현상
사용마모이론	신체기관도 기계처럼 오래 사용하면 기능이 약화되고 정지되는 것처럼 점진적으로 퇴화되는 현상

MEMO

MEMO

는 **'원큐에 패스'**
즉, **한 번에 합격**을 뜻합니다.

생활스포츠지도사 2급 필기

지은이 강명성 · 박민혁 · 이종창 · 안정 · 정인숙 · 김대성
펴낸이 정규도
펴낸곳 (주)다락원

초판 1쇄 발행 2023년 1월 20일
개정판 2쇄 발행 2024년 4월 10일

기획 권혁주, 김태광
편집 이후춘, 김효은

디자인 정현석, 김예지
일러스트 오정경
영상기획 홍범석
영상촬영 · 편집 전광욱, 최지훈

다락원 경기도 파주시 문발로 211
내용문의: (02)736-2031 내선 291~298
구입문의: (02)736-2031 내선 250~252
Fax: (02)732-2037
출판등록 1977년 9월 16일 제406-2008-000007호

ISBN 978-89-277-7336-8 13690

- 원큐패스 카페(http://cafe.naver.com/1qpass)를 방문하시면 각종 시험에 관한 최신 정보와 자료를 얻을 수 있습니다.